*Über dieses Buch* Die Geschichte Europas kennt einige überragende Gestalten, denen der Ehrentitel »der Große« zuerkannt worden ist. Bei näherer Betrachtung der jeweiligen Begründung stellt sich in der Regel heraus, daß vor allem Erfolge in der *Kriegskunst nach außen* und die Bildung von Großreichen für diese Charakterisierung maßgeblich waren.

An der *Friedenskunst nach innen* als Gestaltung eines an der Freiheit orientierten Verfassungsstaates haben sich diese Großen selten mit dem gleichen Eifer erprobt – oder neben sich einen Staatsmann von Format dulden wollen. So überdauerten ihre Herrschaftssysteme kaum ihren Tod.

In dieser Reihe gibt es eine Ausnahme: Gustav Adolf (1594–1632). Dem König von Schweden wurde zwar auch der Beiname »Der Große« zuerkannt, er konnte sich indessen nicht einbürgern. Ein wesentlicher Grund dafür dürfte in seinem Doppelnamen zu suchen sein und in der Streitfrage, ob er nun »Deutschlands Eroberer« oder »Deutschlands Erretter« war. Sie hat auch von seinen Leistungen in Schweden selbst abgelenkt, die sein Kanzler Axel Oxenstierna (1583–1654), der »größte Staatsmann seiner Zeit« (Hugo Grotius), nach seinem Tod zu sichern verstand.

Das Leben dieses Königs gehört zu unserer politischen Kultur, die in einer schwierigen Zeit Handreichungen aus der Geschichte braucht, wenn sie sich in ihrer freiheitlichen Substanz erhalten will. Zum 350. Todestag wurde 1982 eine vielbeachtete Forschungsbiographie vorgelegt. Sie vermittelt nicht nur in fundamentalen Bereichen ein neues und lehrreiches Bild, sondern zugleich auch ein einzigartiges Panorama aus der Zeit des 30 Jahre dauernden Teutschen Krieges, in der Deutschland – auch aus eigener Schuld – zum Schlachtfeld Europas geworden ist.

*Der Autor* Günter Barudio, geb. 1942, Studium der Rechte, Philosophie, Skandinavistik und der Osteuropäischen Geschichte in Frankfurt/M., 1969/70 Forschungsaufenthalt an der Universität Uppsala/Schweden, 1973 Promotion, Assistententätigkeit und weitere Forschungsaufträge. Seit 1981 freier wissenschaftlicher Schriftsteller.

Bisherige Veröffentlichungen: ›Absolutismus – Zerstörung der ‚libertären‘ Verfassung‹ (1976), ›Das Zeitalter des Absolutismus und der Aufklärung. 1648–1779‹ (Band 25 der ›Fischer Weltgeschichte‹, 1981), ›Deutscher Herbst ’46‹ (Übersetzung des Reiseberichtes von Stig Dagerman), ›Moskau und der Dreißigjährige Krieg‹ (im ›Handbuch der Geschichte Rußlands‹, Band II, 1981). Im Herbst 1985 erscheint bei S. Fischer ›Der Teutsche Krieg (1618–1648)‹.

Zur Zeit arbeitet Barudio an einer politischen Biographie über Axel Oxenstierna.

Günter Barudio

# Gustav Adolf – der Große

## Eine politische Biographie

Fischer Taschenbuch Verlag

»Zur notwendigen Defension
Reiner christlicher Religion
So wohl auch der Teutschen Freiheit wert
so ich streit für die alle beed.«

*Aus einem zeitgenössischen Flugblatt*

Ungekürzte Ausgabe
Veröffentlicht im Fischer Taschenbuch Verlag GmbH
Frankfurt am Main, August 1985

Lizenzausgabe mit freundlicher Genehmigung
des S. Fischer Verlages GmbH, Frankfurt am Main

Gesetzt wurde nach der zweiten Auflage,
die vom Autor durchgesehen wurde.
Lektorat: Walter H. Pehle
Umschlagentwurf: Jan Buchholz/Reni Hinsch
unter Verwendung eines Ölgemäldes
(unbekannter Meister) des 17. Jahrhunderts;
mit freundlicher Genehmigung
des Nationalmuseums Stockholm (Gripsholm)
Printed in Germany
1980-ISBN-3-596-24358-0

Nils Runeby

# Inhalt


| | |
|---|---|
| Vorwort | 9 |
| Wie Gold unter den Menschen | 19 |
| Schwedens Reich | 38 |
| Erziehung zur Verfassung | 64 |
| Eriksgata | 82 |
| Ein Adelskönig | 100 |
| Königliches Tagwerk | 133 |
| Svea Hofgericht | 141 |
| Hauptsachen und Nebenstunden | 150 |
| Krönungen | 162 |
| Eine Reise nach Westerreich | 184 |
| Der Böhmische Brand | 200 |
| Auf dem Wege zum Hauskreuz | 211 |
| Elend eines entthronten Königs | 226 |
| Die Esel des Aristoteles | 236 |
| Verstärkung der Vormauer | 250 |
| Staatsraison ... | 257 |
| Alpträume und Visionen | 268 |
| Auf Hehler und Pfennig ... | 278 |
| Teutsche Apotheke – Zwischenspiel | 289 |
| Beriksgata | 297 |
| Man mache sich ein Bild | 310 |
| Von der Kriegskunst | 331 |
| Die schwedische Gefahr | 353 |
| Stralsund – »Die Kunst des Schraubens« | 363 |
| Defensio Sueciae – Occupatio Germaniae | 385 |
| Der Gebrauch der Gifte | 405 |
| »Über die ganze Welt hin« | 416 |

Widerstand dem »Tyrannen« 450
Krieg auf Kredit 460
Im Schlagkreis von Bärwalde 469
»Unserer Nation Gebrechen« 482
Norma futurarum actionum 492
Breitenfeld – »Gott mit uns« 504
Fantasticon . . . 520
»Dominium totius orbis« 530
»Höchst erzürnt« – in Hoechst 541
Von Mainz aus – der Friede? 551
Ein bizarrer Zukunftsplan 557
»Ekel vor eurer Nation« 562
»Der Habicht auf dem Zaun . . .« 575
Im großen Labyrinth 585
Lützen – ein letztes Leiden 602
Geringe Mittel – Große Macht 618

Anhang 627
Zeittafel 629
Genealogie des Hauses Vasa 635
Abkürzungen 636
Anmerkungen 639
Literaturhinweise 700
Namen- und Sachregister 705

# Vorwort

Die Historie ist eine Kunst, die im Sinne der Altvorderen Wissenschaft über das Vergangene zu geben hat, damit die Mitwelt zum Nutzen künftiger Jahre belehrt werden kann. Dieser Auftrag verlangt vom Geschichtsschreiber, daß er sich stets im Rahmen eines dreifachen *Richtens* bewähren muß. Der Forderung des »historein« gemäß, aus dem sich sein Amt herleitet, hat er sich auf die Suche zu begeben, um in der Begegnung mit den hinterlassenen Bruchstücken der Geschichte *Fehler zu tilgen, Urteile zu finden* und *Ziele zu benennen.*

Wer sich dieser Herausforderung sperrt und »bloß sagen will, wie es eigentlich gewesen« (Ranke), der schneidet sich nicht nur von allen Traditionen seit Thukydides ab, sondern verweigert sich auch der Einsicht des Livius, derzufolge die Historie eine Lehrmeisterin vornehmlich des politischen Lebens zu sein habe. Im Verzicht auf diese Qualität hat sich die Geschichtswissenschaft vor allem im deutschen Bereich unter den Einwirkungen des Relativismus in eine Sinnkrise gesteigert, aus der ihr Positivismus keinen Ausweg zu finden scheint, weil er in der Sucht nach Objektivität als meßbarer Größe den Menschen vernachlässigt.

An menschliches Leben zu erinnern und dabei die Kunst des Richtens zu pflegen, macht das Wesen der Historie aus. In diesem antiken Sinne hat eine Gestalt der Geschichte stets das Streben und Sterben der Vorfahren aufgefaßt und sich selbst danach zu richten bemüht, die wie kaum eine andere über Generationen hinweg die Gemüter beschäftigt und auch bewegt hat. Mitunter so sehr, daß aus der Begegnung mit ihr gar eine Manie entstehen konnte, eine fast neurotische Sehnsucht nach einem

König als Vaterfigur und Mythos zugleich, wie sie in den überlieferten Formen wohl einmalig sein dürfte.
Nietzsche in seinem unstillbaren Bedürfnis nach Nobilität nannte die Ursache des betäubenden Fiebers seiner Zeit in einem Brief an den dänischen Gelehrten Georg Brandes denn auch heftig beim Namen, als er bei der Auskunft über sein Leben mit Stichworten brennende Zeichen setzte: »Vita. Ich bin am 15. Oktober 1844 auf dem Schlachtfelde von Lützen geboren. Der erste Name, den ich hörte, war der *Gustav Adolfs.*«
Was sich der im Dörfchen Röcken unweit von Lützen geborene Pastorensohn im Jahre 1888 mit einem gewissen Augenzwinkern als Einstieg in sein biographisches Selbstverständnis ausgedacht hatte, entsprach einer verbreiteten Stimmungslage im Zweiten Reich. Ob in den Hofkreisen der Hohenzollern oder in allen Schichten des protestantischen Bildungsbürgertums, überall wurde um den Schwedenkönig ein Kult getrieben, dem die oft wütenden Attacken aus papistischen Federn zur Zeit des »Kulturkampfes« und danach wenig anhaben konnten.
Deren Vorwurf, Gustav Adolf sei mit seiner Intervention in den *Teutschen Krieg* vom Jahre 1630 an nicht »Deutschlands Erretter« geworden, sondern habe sich als »Deutschlands Eroberer« gebärdet, verfing nicht. So gern man sich auf dieser Seite von Treitschke den »deutschen Beruf« des nationalen Einigens erklären ließ, ohne zu erkennen, daß Bismarck in Wirklichkeit eine staatliche Teilung der Deutschen mit einem Kaiser in Wien und einem in Berlin arrangiert hatte, so wenig war man geneigt, auf eine gewichtige Stimme aus dem eigenen Lager zu hören. Gustav Droysen hatte nämlich mit seiner zweibändigen Biographie Gustav Adolfs von 1869 an versucht, anhand der verfügbaren Quellen gegen alle Beschwörungen der »protestantischen Geschichtsschreibung« die religiöse Erlöser-Gestalt durch eine machtbewußte Eroberer-Figur zu ersetzen.
Sein Erfolg war bescheiden genug. Denn er vermochte es nicht, den fast industriell betriebenen Personenkult um diesen König im Vorfeld der wissenschaftlich angelegten Historie zu brechen und in dieser selbst wesentlich einzuschränken. Das Bedürfnis nach einer historisierten Identifizierung mit dem »Löwen aus

Mitternacht« war zu ausgeprägt, um rationalen Einreden zugänglich zu sein. Schließlich war Gustav Adolf durch seine Mutter zur Hälfte Deutscher und mit einer Hohenzollern-Prinzessin verheiratet. Und in dem alten Schlachtruf »Gott mit uns«, wie er bei Breitenfeld und auch bei Lützen gegen die Kaiserischen ertönt war, durfte der Hohenzollern-Militarismus um so mehr einen Schein von Legitimation auf sich ziehen, als sich der Haus-Heros Friedrich II. enthusiastisch über ihn geäußert hatte.

Ein neuer Anlauf zu einer Biographie wurde nach dem Abfeiern des Staatskitsches zum dreihundertsten Geburtstag im Jahre 1894 erst wieder unternommen, als sich nach dem Sturz der Monarchie die Republik eingerichtet hatte und schon ihr vorzeitiges Ende nahen sah. Zum dreihundertsten Todestag 1932 wurde dem immer noch empfänglichen Publikum der dritte und letzte Band zu einem Werdegang vorgelegt, dessen Heldentum eine seltsame Aktualität bekommen sollte.

Johannes Paul hatte eine Biographie zu Gustav Adolf abgeschlossen, die weitgehend wissenschaftlich angelegt war. Aber im Aufnehmen der bestehenden Forschung gestaltete er gegen Droysen dieses politische Leben nicht aus dem Recht und dem Gerechten, was der Forschung wirklich einen substantiellen Schub eingebracht hätte, sondern rückte wieder das ältere Motiv von »Christ und Held« in den Vordergrund. Dabei besorgte er zusätzlich eine teutonistische Aufladung von Gestalt und Geschichte, die einer verbreiteten Stimmung entsprach und der Sehnsucht nach dem »Nordischen Wesen« entgegenkam. Einer Ideologie demnach, die seit der Romantik gerne die romanischen gegen die germanischen Völker ausspielte und seit der Reichsgründung von 1871 in weiten Gelehrtenkreisen auch nach der Revolution von 1918 als Geschichtsdeutung und Zukunftsvision zugleich Bestandteil eines deutschtümelnden Selbstverständnisses war.

Ähnlich wie Droysen hat auch Paul auf die inneren Verhältnisse in Schweden vor und während der Regierungszeit Gustav Adolfs wenig Wert legen wollen. Die Verengung einer Großmachtsbildung auf das Wirken von Machtstaatsideen (Rankes

Wille und Vorstellung), das Abkoppeln der Sicherheitspolitik von ihren Rechts- und Vertragsbedingungen, die Ignoranz einer libertären Staatlichkeit gegenüber, wie sie schon vor der Reformation betätigt und noch lange nach ihrer Durchführung angewandt worden ist, sowie die Weigerung, sich im Zeichen linearen Fortschrittsdenkens auf Begriffe und Denkweisen einer Zeit einzulassen, in der Europas Gemeinwesen unter heftigen Krisen ihr Staatsleben meistens nach alttestamentarischen, aristotelischen und römischen Vorbildern ausrichteten – allen voran Schweden selbst –, haben neben anderen Gründen dazu geführt, die Persönlichkeit Gustav Adolfs aus ihren strukturellen Bezügen zu drängen. Seine Staatskunst nach innen, ohne die das Werk nach außen kaum möglich gewesen wäre, wurde nicht in ihrem Vertragswesen erkannt, seine Kriegskunst mit den Romantizismen von Clausewitz und anderen bewertet und darüber hinaus die sensitiven Seiten seines überreichen Lebens ausgespart. Gustav Adolf und Teufelsträume oder Rosenkreuzertum? Das wollte man sich bei dem »strengen Lutheraner« nicht vorstellen.

Eine wirkliche Annäherung an das Innenleben dieses Königs, des »Erwägers des Rechts«, wie ihn Hölderlin nicht ohne Grund nannte, konnte unter der Anhäufung solcher Vorbelastungen der Machthistorie nur bedingt gelingen. Verbale Überhöhungen und das unausbleibliche »Gleisnerslob« verraten denn auch schnell die mühsam verdeckten Lücken und offenbaren dabei ein besonderes Hindernis, das erklärt, warum sich an diese einzigartige Gestalt relativ wenige Historiker über das Allgemeine hinaus herangewagt haben. Es ist keineswegs nur das zahlreiche Quellenmaterial, das abschrecken kann, sondern auch die Forderung an den Biographen, zu seiner Erschließung gleich gute Kenntnisse im Schwedischen, Lateinischen und Deutschen zu besitzen. Denn in diesen drei Sprachen hat sich der König wie seine Umgebung in der Hauptsache bewegt und mitgeteilt. Von Quellen und Literatur in anderen Sprachen zu seiner Geschichte ganz abgesehen.

Seit Paul hat es von deutscher Seite auch keinen ernsthaften Versuch mehr gegeben, dieses dichte politische Leben als Forschungsaufgabe in einem wissenschaftlichen Rahmen neu zu fassen. Nur Michael Roberts vermochte es von englischer Seite her, zwei Bände vorzulegen, in denen er bis 1958 eine Sichtung der Forschung unternahm. Darin hält er sich aber im wesentlichen an Bahnen, die Nils Ahnlund, der letzte schwedische Biograph Gustav Adolfs, in seiner schwer kontrollierbaren Art vorgezeichnet hat. So verdienstvoll Roberts' Arbeit ist, der noch eine Reihe von Einzelarbeiten zum Thema gefolgt sind, die erwähnten Mängel bei Droysen und Paul hat auch sie nicht beheben können.

Es scheint fast so, als ob sich Strindbergs Urteil und Frage in einem Brief von 1903 an seinen deutschen Übersetzer Emil Schering auch nach diesem englischen Einsatz bestätigen wollte: »Ich habe euch vor Gustav Adolf gewarnt. Der ist unbegreiflich und muß für den Preußen unsympathisch sein. Was weiß schon der Deutsche von Gustav Adolfs Blutschuld, was von Karl IX. und den Herren von Linköping?«

Tatsächlich hat Strindberg bei seinen Vorarbeiten zu dem Theaterstück »Gustav Adolf« – einem »Meisterwerk mit vielen Fehlern« (E. Hedén) – etwas Wesentliches aus dem verfügbaren Material herausgespürt, was vielen Historikern nie zum Problem geworden ist: die Spannung nämlich zwischen Recht und Macht! Sie hatte sich im Jahre 1600 im »Blutbad von Linköping« auf eine tragische Weise entladen, als Herzog Karl fünf Senatoren des Reiches Schweden nach einem Schauprozeß öffentlich die Köpfe abschlagen ließ. Erst in der Zeit nach diesem grausigen Strafgericht gegen Rechtstreue vermochte er es, mit einiger Rücksichtslosigkeit die Voraussetzungen dafür zu schaffen, daß sein ältester Sohn Gustav Adolf das Erbrecht zur Krone wahrnehmen durfte.

Diese Blutschuld, die nicht Karls IX. Nachfolger anzulasten ist, wenn man nicht die unmündigen Kinder für die Verbrechen ihrer Väter büßen lassen will, hat in einem hohen Maße die Ausübung des Königsamtes nach Karls Tod geprägt, nicht weniger als die Erinnerungen an die schrecklichen Sture-Morde unter Erik XIV. und an das »Blutbad von Stockholm«, als sich 1520 an Adel und Unadel eine unbarmherzige Tyrannis austoben durfte. Ja, auch der rote Faden in der Geschichte Schwedens hat seine Farbe vom Blut erhalten. Und es kostete nach jedem Rausch der enthemmten Macht unendliche Mühen und Mut zum Vertrauen, um im Geiste vertraglicher Freiheit wieder den Boden für das Verträgliche zu bereiten und die Nation in Ruhe zu versöhnen.

Die Tyrannis in ihren schauerlichen Energien kennzeichnet den schwierigen Weg Schwedens, nach den Wirren des religiös durchwirkten Bürgerkrieges und den Belastungen im Krieg mit dem Moskauer Zartum, Vasa-Polen und Dänemark allmählich wieder zu dem zu gelangen, was der Reichskanzler Axel Oxenstierna einmal auf deutsch in eine klassische Formel gebracht hat – zu einer »Regierung des Rechts«.

Ihr Wesen und das Wirken ihres Regelsystems sind im Zeichen von Machtstaats-Ideologie, Karolinischem Heldenkult und Rechtspositivismus in der schwedischen Historie nur selten wahrgenommen und in ihrem Wert erkannt worden. Der Einfluß der »Deutschen Staatslehre« mit ihrer dualistischen Grundsicht, die ein vertragliches Drittes als Ausdruck der Gegenseitigkeit im »inneren Staatsrecht« (Hegel) nicht anerkennen will, hat zusätzlich die Einsicht erschwert, daß Schweden von 1611 an als libertärer Verfassungsstaat eine große Macht in Europa geworden ist und diese Position aufgeben mußte, als nach 1680 die Könige Karl XI. und Karl XII. bis 1718 eine Diktatur nach Art des »absoluten Dominats« so ausgereizt hatten, daß das Land an den Rand des Staatsruins getrieben wurde!

Ein derartiges Machtsystem des »blinden Gehorsams« gab es weder unter Gustav Adolf in Schweden selbst, noch wollte er ein solches im Heiligen Römischen Reich Teutscher Nation zulassen, weil es unausweichlich die Sicherheit seines Reiches erst gefährdet und dann auch beendet hätte. Denn wurde die in Feudalverträge gebundene Machtmasse in der Mitte Europas unter Habsburgs und Spaniens Anleitung absolutistisch mißbraucht, um eine »Universalmonarchie« und Hegemonie zu errichten, dann mußte eine derartige Vormachtstellung jede Form von Freiheit und Selbständigkeit im weiteren Umfeld auf die Dauer vernichten.

Die Intervention Gustav Adolfs in den Teutschen Krieg (1618–1648) hat demnach für das Verständnis unserer eigenen Geschichte und unseres eigenen Werdeganges eine ähnliche Bedeutung wie der militärische Eingriff Wilhelms von Oranien in England, um dort 1688 den Bürgerkrieg zu beenden und die libertäre Verfassung zu retten; oder auch wie die Invasion der Alliierten 1944, um mit der Befreiung von der NS-Diktatur dem Rechtsstaat wieder zur Macht zu verhelfen.
Diese drei welthistorischen Interventionen haben eines gemeinsam. Sie lehren uns gegen alles historistische Einmaligkeitsdenken und positivistische Vereinzeln, wieviel Kraft von außen her aufgebracht werden muß, damit in einem verwirrten Gemeinwesen von innen her wieder erkannt wird, was an Toleranz, Einsicht und Disziplin zu leisten ist, wenn sich das politische Leben eines Volkes in Freiheit gestalten und erhalten soll.
Wer sich von *Institutionen langweilen* läßt (Alexander-Biograph Fox), der wird zum Wesen des Staatsmannes Gustav Adolf und zur Geschichte Schwedens nur schwer oder gar keinen Zugang finden und sich bei jeder Stellungnahme mit Klischees behelfen müssen, mit Lobreden, wo dieser für sich selber sprechen kann. Es gehört zu den besonderen Berufsgeheimnissen der etablierten Historie, daß sie den Reichtum einer libertären Kultur, wie ihn das Zusammenwirken von Recht, Personen und Handlungen in der Geschichte angehäuft hat, weitgehend unter Verschluß hält. Einleuchtende Gründe für dieses zünftige Verhalten gibt es nicht. Aber vielleicht bedarf es erst der Einsicht, daß das Wort der Ort ist, wo der Mensch zu sich selbst kommen kann und sich im Begreifen der Begriffe an ein Stück seiner Vergangenheit herantastet, um in den geprüften Fragmenten eine Antwort auf seine Fragen und eine Handreichung für das eigene politische Leben zu finden.
Dieser Versuch hat bei all seinem Streben nach umfassender Aufklärung nicht den Ehrgeiz, im Stile der bisherigen Tausend- und Zweitausend-Seiten-Biographien zu Gestalten der Frühen Neuzeit Vollständigkeit zu suggerieren. Hier geht es nicht um das Anhäufen von Akzidentien, sondern um das Sichern des Substantiellen. Gewisse Verästelungen stehen diesem Bemühen

nicht im Wege, das im Teilchen das Ganze erkennt. Die Geschichte hat uns Bruchstücke hinterlassen; unser Arbeitsvermögen ist bei aller Anstrengung begrenzt; also darf man nur ein Fragment erwarten. Doch dies braucht deswegen noch lange kein Torso zu sein.

Die kriegerischen Zustände in Regionen, wo heute wieder um den Erhalt von Religionen gekämpft wird, vermitteln uns täglich die historische Erfahrung, daß der Mensch anscheinend nicht nur vom Brote alleine leben will, und bestätigen die Ansicht des spanischen Gelehrten Barrientos, daß es im Werdegang der Völker zwar andauernd »andere Menschen und Zahlen gibt, die Gewohnheiten aber bleiben«. Was dieser Gelehrte mit Tacitus gegen Machiavelli ins Feld führt, ist die Hoffnung, daß sich der Mensch der Lockungen der enthemmten Macht erwehrt und sich im Rahmen des Rechts auf ein gutes und gerechtes Leben zubewegt – eingedenk all seiner Fehler, Mängel und Brüche.

Diese Grundhaltung kann man bei Gustav Adolf und seiner aristokratischen Umgebung wiederfinden. Ein stoisches Streben, das zu unserer politischen Kultur gehört, die sich in schwieriger Zeit auf ihre Geschichte besinnen muß, wenn sie sich auch in Zukunft ihre Substanz erhalten will.

Die entscheidende Anregung zu dieser politischen Biographie hat Frau Dr. Hildegard Baur-Heinhold (München) gegeben. Sie wurde während meiner Forschungsarbeit an einem ähnlichen Projekt zu Leben und Werk Axel Oxenstiernas angenommen und gegen manch einen Widerstand von außen verwirklicht.

Ich widme dieses Buch N i l s R u n e b y (Uppsala). Er war für mich in wichtigen Phasen meiner Schweden-Studien ein sensibler Gesprächspartner, der mich bei allen Anregungen stets in dem Wunsch bestärkte, meinen eigenen Weg in der Historie zu suchen. In meinen herzlichen Dank für seine geistige Hilfe möchte ich auch meine Eltern einschließen, deren moralische Stütze so wertvoll war, wie ihr selbstloses Mäzenatentum in dürftiger Zeit die notwendigen Archivreisen ermöglichte.

Der Aufmerksamkeit Bo Lindbergs (Uppsala) verdanke ich viel. Die Diskussionen über das Gerichtswesen in Alt-Europa, den Einfluß der Clementia-Lehre nach Seneca auf das Rechtsverhalten in Schweden und zum Eigentumsbegriff in jener Zeit haben immer wieder Klärungen gebracht und in den Annäherungen an das Wahre die Sinne für das Gute geschärft, ohne sich dem Schönen zu verschließen. Die Begegnung mit Anders Fogelklou hat diesen Vorgang der dauernden Befragung und Überprüfung fundamentaler Begriffe in den Humaniora zusätzlich stimuliert und bereichert. Darüber hinaus hat er mit seiner Gastfreundschaft und Liberalität die Möglichkeit geboten, diese Biographie im ›Sound of Stocksund‹ fertigstellen zu können.

Das aber wäre mit Sicherheit nicht recht gelungen, wenn mir nicht noch andere dabei geholfen hätten. Walter H. Pehle bin ich vor allen anderen zu besonderem Dank verpflichtet. Er hat mit mir das gesamte Manuskript durchgearbeitet und mit Können und Erfahrung einen hohen Anteil daran, daß daraus ein Buch geworden ist. In diesen Dank schließe ich auch Matthias Birkelbach ein, dem es gelungen ist, Spannungen von Form und Inhalt typographisch umzusetzen.

Nicht weniger wichtig, wenn auch auf einer anderen Ebene, waren für mich Doris und Hans-Günter Schmidt, bei denen ich während meiner Krisen freundschaftlichen Zuspruch und menschliches Verständnis gefunden habe.

Auf eine nicht alltägliche Weise hat mir Astri Kleppe (Bergen) geholfen. Neben dem unwiderstehlichen Reiz, von ihrer Beschäftigung mit Supernova-Systemen auf den Astral-Menschen bei Weigel und Paracelsus zu kommen, hat sie mir generös etwas Banales und doch Unabdingbares zur Verfügung gestellt, nachdem das eigene Werkzeug auf der Reise nach Stockholm zu Schaden gekommen war – eine gute Schreibmaschine vom Typ »Everest«. . .

Stocksund, im Frühjahr 1982 Günter Barudio

# Wie Gold unter den Menschen

Die Erscheinung im hohen Portal des Domes zu Uppsala war nicht der lebendige Gott. Aber in den Insignien des Rechts und des Reiches, den sichtbaren Zeichen des Königtums, durfte jeder, der noch für das Feierliche empfänglich war, eine Vorstellung des Menschen vom Göttlichen erblicken und für einen Augenblick lang dessen gewiß sein, als der *gesetzesgekrönte König* aus dem Tor des Gotteshauses ins Freie trat – als der aus dem Recht für die Macht Geborene.

Denn die *Krone,* ein mit rötlichem Email betupfter Goldzauber, begann im Licht des Oktobertages anno 1617 auf ihre Weise zu leuchten und hüllte den König unter einem Himmel aus steifem Brokat in eine Aura übersinnlicher Autorität. Sie war das Symbol dafür, daß »ein König weise, klug, verständig, fein und geläutert sein soll wie Gold; und wie edle und kostbare Steine in Gold, so leuchte er unter den anderen Menschen«[1].

Diese hatten sich auch zur Feier seines Krönungsfestes nach Maßgabe ihres Standes in ihr bestes Gewand gekleidet, und schienen mit dem übrigen fiebernden Volk zwischen Domplatz, Templum Trinitatis und Schloßberg vom Anblick ihres Königs wie betäubt zu sein, erkannten sie sich doch in den fünf Insignien selbst wieder. Von allen Seiten erscholl dann auch nach dem Moment des Erstaunens und Begreifens die Anrufung des Lebens wie die Beschwörung eines Prinzips. Sogar in der Sprache Roms waren Stimmen zu hören. Klänge aus den universalen Krönungstraditionen der vorreformatorischen Zeit – »Vivat rex . . . Gustavus Adolphus«.

Seit den bedrückenden Tagen und Wochen im Herbst des Jahres 1611, als Gustav Adolf[2] nach dem Tode seines Vaters,

Karls IX., die volle Regierungsgewalt nach Abschluß eines Herrschaftsvertrages übernehmen durfte, hatten viele der anwesenden Adligen, der Geistlichen, der Bürger aus den Städten und der Kron- und Steuerbauern auf diesen Akt der zeremoniellen Vollendung des Königtums in seiner Person gehofft. Darauf vor allem, daß er als *erwählter König* von nun an im anerkannten Besitz seines Erbreiches Schweden als ein *gekröntes Haupt* zu gelten hatte – als souveräner Träger der Krone Schwedens nach außen und als oberster Richter nach innen.

Nach den Konflikten, wie sie auf zwei vorausgegangenen Reichstagen dieses Jahres benannt, besprochen und bewältigt worden waren[3], wußten alle Vertreter der vier Stände, welchen Wert dieser Doppelbezug des Königtums für die Anrainer und Einwohner Schwedens besaß. In ihm manifestierte sich das Königtum von Gottes Gnaden als Inbegriff nationaler Freiheit und Unabhängigkeit, deren Bedeutung jedem bewußt war, der nur daran dachte, daß in Polen der Vasa Sigismund III. mit erhöhtem Eifer darauf hinarbeitete, sein Erbrecht zur Krone Schweden dadurch verwirklicht zu sehen, daß er Gustav Adolf vom Throne drängen könnte. Nach den verhaltenen Riten der Kirche Christi von der Augsburgischen Confession (1530) erlebte dieser König in den Hochrufen der Stände und des gemeinen Volkes eine zusätzliche Bestätigung seines Status, eine Akklamation unter freiem Himmel, ein allgemeines Zeichen der Zustimmung, diese *große Ehe* zwischen ihm und dem Reich auf Gedeih und Verderb führen zu dürfen.

Gustav Adolf wußte, wie sich die Stände Schwedens ihr Selbstverständnis bewahrten. Jeder Stand war nach seinen uralten und neueren Vorrechten zwar Untertan der legitimen Obrigkeit, aber gleichzeitig auch ein konstitutives Glied des vorhandenen politischen Corpus, dessen Rechte und Pflichten auf das Prinzip der Gegenseitigkeit gerichtet waren, auf das »Treu Herr – Treu Knecht«[4].

Dieses Machtmodell ist an vertragliches Recht gebunden und setzt voraus, daß die Stände in ihrer Gesamtheit als das Reich an sich bei der Gewaltenübergabe (translatio imperii) im Herrschaftsvertrag und in einer Krönung über dem König stehen.

*Zeitgenössischer Stich zu Gustav Adolfs Krönung im Jahre 1617 mit allen Landschaftswappen Schwedens (KB – Stockholm).*

Mit der Überlassung der Insignien bedeuten sie ihm, daß er fortan mittels der Gnade Gottes seine Majestät als König, die Autorität des Reichsrates und die Libertät des Reichstages zu respektieren hat. Tut er das nicht, dann muß er damit rechnen, daß ihm aktiver Widerstand geleistet wird, an dessen Ende seine Absetzung stehen kann. Zwei Vorgänger – Erik XIV. (1568) und Sigismund III. (1598) – hatten bereits auf diese Weise erfahren, daß sie bei aller *Macht und Mündigkeit,* die ihnen als Erbkönigen gewährt worden waren, über die Krone und das Reich Schweden nicht wie über einen Privatbesitz herrschen durften, sondern sich stets *nach Gesetz* verhalten mußten. Als sie davon abgewichen waren und meinten, sie dürften *nach Gutdünken* die Verfassungen dieses Reiches untergraben oder gar in ihr Gegenteil verkehren, da war ihr vorzeitiger Abgang als König gekommen. Denn Tyrannen und unmilde Herrscher wollte man im Hause Vasa so wenig dulden wie in den Ständen, waren doch beide auf das Recht des Reiches vereidigt worden!

Am *Szepter* in der Rechten des von Gestalt mittelgroßen Königs entdeckte kaum einer in den Reihen des drängelnden und von herausgeputzten Garden auf Abstand gehaltenen Ständevolkes die Löwenköpfe und Greifenmäuler. Polierte Perlen zitterten zwischen ihnen an Golddrähten wie Eisbeeren, und neben grazilen Gazellenbögen und wunderlichen Trollnasen blinkten gebogene Lackblüten und gehämmerte Blattfassungen der Edelsteine. All das war zierlich abgestimmt, ineinander gesetzt und verlangte zum Genuß die unmittelbare Nähe. Aber aus der gebotenen Ferne, von geschmückten Holzrängen, Fenstern und auch von Bäumen herab beflügelte die bloße Anschauung alle Ahnungen, bestätigten sich Glaubensgewißheiten und ergötzte sich so manch ein Auge an diesem Zauberstab. Angesichts eines Königs, der sich in den vergangenen fünf Jahren in seinem schweren Amt bewährt hatte, stärkte dieses kostbare Herrschaftszeichen das Vertrauen in die heilsame Kraft und die fruchtbringende Wirkung seiner Macht, zumal sie von einem *Vasa* ausging – dem Geschlecht der *Garbe.*

Verfing sich in diesem Wunderwerk eines Antwerpener Goldschmiedes der Herbstwind und entlockte den Perlen ein leises Dingeln, so glitt er geschmeidig über den *Reichsapfel* dahin. Diesen trug Gustav Adolf in seiner Linken. Wurde er durch das Szepter daran erinnert und ermahnt, »sein Reich, Land und Volk mit Recht und Gesetz zu regieren und dabei ohne Ansehen der Person, frei von Freundschaft . . . zu verfahren«[5], so hatte er beim Reichsapfel daran zu denken, daß er unter den Menschen »vollkommen und stetig sein soll«. Damit wird der Wunsch verbunden, daß Gott dem König »den Geist der Vollkommenheit, des Verstandes, der Kraft und Weisheit geben und verlehnen wolle«, wenn der Jüngste Tag gekommen ist. Denn, so tröstet der Apostel Paulus das Gebrechliche des Menschen in dieser Welt als Jammertal: Es wird »in dem anderen Leben Vollkommenheit erhalten, während wir hier auf Erden nur von Bruchstücken wissen«.[6]

Was also soll das Jammern um den Tod, wenn das Leben doch nur aus Fragmenten bestehen kann und stets darauf gesehen werden muß, ob sich einer in seinem Tun und Lassen auf das Rechte besinnt oder sich wider bessere Einsicht dem Unrechten verschrieben hat? Sterben muß ein jeder. Das ist der Sinn der Natur und des Lebens. Aber zwischen Geburt und Tod entscheidet sich, wie es einer angestellt hat, den Herausforderungen zu begegnen. In diesem Kampf war es die hohe Aufgabe des Königs, »die Frommen zu beschirmen und die Bösen zu strafen«. Das große *Reichsschwert* als Zeichen der ultima ratio – »wenn andere Mittel nicht helfen wollen« – war das Richtschwert und Ausdruck der Macht über Leben und Tod, Frieden und Krieg.

Gustav Adolf hat sich seiner Anwendung bisher als würdig erwiesen und es in Zusammenarbeit mit den »fünf hohen Ämtern« und dem Reichsrat auch verstanden, das fünfte Herrschaftszeichen, den *Reichsschlüssel,* zu handhaben, sich als Haushalter der Krone zu betätigen, die aufgrund der schweren Kriege in Rußland gegen Vasa-Polen und mit Dänemark an die Grenzen ihrer Leistungsfähigkeit und Belastbarkeit getrieben worden war.

In all der Prachtentfaltung war eine Besonderheit nicht zu übersehen. Dem König wurden nämlich diese fünf Insignien von den Inhabern der »fünf hohen Ämter« vor der Krönung demonstrativ vorangetragen. Dabei war dem *Drost* als Vice-König und oberstem Administrator des Gerichtswesens die Krone überlassen worden, dem *Marsch* als höchstem Kriegsherrn des Reiches das Schwert, dem *Admiral* das Szepter, dem *Kanzler* der Apfel und dem *Schatzmeister* der Schlüssel. Sie verkörperten den Vorrang des Reiches gegenüber dem König, verdeutlichten ihm damit auch die Ewigkeit des Staates (»Respublica est aeterna« – Axel Oxenstierna) und die Dauer des Rechts im Rahmen des Gerechten. Ist die Krone das Unendliche, dann muß der König das Endliche sein. Ist die Krone das Unbewegliche, dann kann der König nur das Bewegte sein. Er ist mit der Krönung die Änderung im Stetigen und hat darauf zu sehen, daß in seiner Politik das Bewegte immer nur auf das Gute, das Gleiche und damit auf das Gerechte gerichtet werde.

Die »fünf hohen Ämter« sollten ihm gleichsam als die fünf Sinne des vernünftigen Menschen dabei helfen, die übertragene Macht in libertäre Regierungskunst zu verwandeln. Dabei hatte der Reichsrat darauf zu achten, daß der König stets »mit dem Rat des Rates« alle Bewegungen so absicherte, daß sein eigenes Recht (Jus regis) und das des Reiches in Gestalt der vier Stände (Jus regni) in seiner vertraglichen Substanz erhalten blieb[7].

Das Donnern der Kanonen aber und das Belfern der Musketen, das den Zug des Gekrönten vom Dom zum Schloß begleitete, erinnerte im Überschwang der Stunde mit jedem Schuß an die Nachtseiten dessen, was die königliche Lichtgestalt – das *beseelte Gesetz* – im Schattengriff des Todes zu erwarten hatte und was das Reich dann auf sich nehmen mußte, wenn es keinen Träger der Insignien mehr gab und es auf sich selbst gestellt war.

Doch daran wollte jetzt kaum einer denken. Das Leben hatte von allen Besitz ergriffen. Hände wurden gereckt, Hüte zuckten nach ausgeworfenen Münzen, Hochrufe mischten sich mit dem Geklirr des silbernen Zaumzeugs und mit dem Getrappel der edlen Pferde. Im Wind knatterten die Fahnen der Heeresabteilungen, und das große schwere Reichsbanner bahnte sich seinen Weg, als wäre es das Segel des Staatsschiffes, das durch den Atem der Freude den Berg hinaufgetragen wird. Paukenschläge und Trompetenschall begleiteten den König mit seinem prächtigen Gefolge. Er genoß den Rausch des Lärmens. Die Menge hatte ihren Auftritt, umtoste den kostbaren Kern, dieses innere Licht, einen König, der erneut den Bund zwischen Gott und seinem Volk beschworen hatte und dem selbst Treue gelobt worden war. Es schien so, als ob durch dieses Tosen und Toben alles Böse auf Dauer ferngehalten werden müßte und sich manch einer vom Anblick des lebendig Göttlichen Mut holen wollte, um nach allem Vermögen jede Bedrohung von diesem König abzuwehren, der bereit war, sein eigenes Leben nicht zu schonen, um Schwedens Freiheit zu sichern.

Am Eingang des Winters labten sich die Blicke an diesem seltenen Fest der Farben, erwärmten sich die Gemüter am Feuer der Insignien um so lieber, als sich die eigene Kirche fast ganz vom Pomp des Papismus entkleidet und das Mysterium der Messe weitgehend in der Predigt und Verkündigung der »reinen Lehre« aufgelöst hatte. Die Sehnsucht nach dem Sinnlichen, nach dem Ritual und nach der erhebenden Form löste dagegen das Königtum in der ihm eigenen Sucht nach Reputation ein.

Gerade Gustav Adolf verstand es, nicht nur ein reales Kriegstheater in all seinen Stadien der inneren Steigerung bis hin zu Sturm oder Schlacht zu inszenieren, sondern auch in Zeiten der Ruhe das Verlangen nach Ruhm, nach Erprobung von Kraft und nach Ausspielen von Geschick auf das Erleben ritterlicher Bräuche zu lenken. Was die Kirche in ihrer spirituellen Anspruchslosigkeit nur noch in Bruchstücken als Erbauung am Wort bot, suchte er zumindest für sich, sein fürstliches Gefolge und den Adel im Agieren auf einer Turnierbahn auszugleichen. Dabei genügte es ihm aber nicht, lediglich alte Kriegerkünste am Leben zu erhalten, vielmehr galt ihre sorgsame Pflege einem ethischen und politischen Ziel – der Bildung von »vielen guten Männern«[8].

Körper, Geist und Seele verlangten nach Betätigung und ehrbezogener Bestätigung. Und dafür mußte einiges geleistet werden. Spaß allein ohne persönliches Risiko reizte diesen König wenig. Er wollte echte Mut- und Mannesproben sehen. Wie im Felde, wo er rastlos tätig sein konnte und selbst bei niederen Arbeiten mit Hand anlegte, so forderte er auch auf der Kampfbahn den ganzen Mann und ging dabei mit gutem Beispiel voran, ohne auf die Gefahren zu achten, die ihn in die Nähe des Todes treiben konnten. Das Turnier auf dem hergerichteten Heidplatz unterhalb des Schlosses zu Uppsala, das anläßlich seiner Krönung stattfand, ließ dann auch manch einen Atem stocken, als die auserwählten Recken und Ritter ihre Kräfte und Geschicklichkeit maßen – auf das Glück hofften.

Bei diesem Turnier sollte aber nicht nur der Manneswert an sich harten Proben ausgesetzt werden, sondern sich auch in einem besonderen ideologischen Gewand präsentieren. Mit einem historisierten Fabelwerk wollte der gekrönte König die angetretenen Fürsten und Ritter auf eine Idee nationaler Vergewisserung einstimmen. Denn eine gotische Glut hatte sein eiferndes Gemüt entzündet. Der Glaube an die Großtaten der alten Goten sollte alle zum Kampf für die Freiheit anfeuern, den Mut für das Gerechte entbrennen lassen und steigerte er noch den Kunstsinn für das Gute, dann war ein Zustand irdischer Vollendung erreicht. Am Einklang eines vorgegebenen Auftrages durch die Geschichte mit individuellem Geschick wollte Gustav Adolf jetzt zu Ehren seiner Krönung ungeteilte Freude haben.

Bald nach seiner Rückkehr auf das große Schloß mit den runden Ecktürmen kleidete er sich auch für diese Feuerproben um. Denn zwei Tage nach seiner Vermählung mit dem Reich hatte er für den 14. Oktober 1617 eine Apotheose vorgesehen, wie sie in diesem Land und in dieser Form noch nie zuvor erlebt worden war trotz des eifrigen Turnierens seit seines Großvaters Tod (1560). Es galt hierbei, einen berühmten Anführer der alten und unüberwindlichen Goten zu feiern, in dessen Maske er schlüpfte – König Berik.

Von diesem Gotenkönig berichteten Fama und eifrige Chronisten, daß er einst in heidnischen Zeiten mit seinen Kriegern von Schweden aus übers Meer gezogen sei, um sich an den Kurländern und anderen Völkerschaften jenseits der Baltischen See dafür zu rächen, daß er von jenen mit seinen Landen und Leuten in ungerechter Weise behandelt worden war. Berik und seine Nachfolger im Königsamt sollen sich auf ihren Kriegszügen so sehr hervorgetan haben, daß darüber ganz Europa ins Staunen geriet.

Was Wunder auch, wenn sich Gustav Adolf in seinem feierlich anberaumten Schauspiel gerade auf Berik beruft. In dessen Namen fordert er die zur Krönung versammelten Recken und Ritter auf, sich der löblichen Vorfahren zu erinnern und dabei des tugendhaften Zustandes im Reich der einstigen Schweden und Goten zu gedenken – der Heimstatt des Mannesmutes.

Zur Sicherung der weiteren Pflege dieser Traditionen wurde »bei dem mächtigen Kriegsgott, unserem Freunde und Landsmann Odin (den die Römer Mars nennen) mit Fleiß um Erlaubnis angehalten«, dem Brauch der Alten gemäß verfahren zu dürfen. Mit dieser Bitte an die heidnischen Götter ist nichts anderes gemeint, als ihnen und dem gekrönten König »zu Ehren und den hochlöblichen Frauenzimmern zu Gefallen und Kurzweil allerhand Ritterspiel durchzuführen«. Damit allein aber wollte er sich nicht begnügen. Dieses Spiel hatte vom Ernst zu leben, sonst war die Freude nur ein leerer Wahn, und dafür war er sich zu schade. Deshalb wurde jeder Ritter in der Anrufung der unsterblichen Götter auf das Wesen des *Tempels der Treue* verwiesen und damit auf die zugehörige *Tugend und Kraft*.

Dieses farbenfrohe Tugendritual gründete in der Einstimmung des turnierbereiten Adels, den Wert der eigenen Wehr zu begreifen. Denn »keine auswärtige Macht, wie groß sie auch sein mag, kann ein Reich und Land ins Verderben treiben oder bezwingen, in dem dieser Tempel eine Heimstatt hat und in gehöriger Achtung und Verehrung gehalten wird«.

Auf den rechten Manneswert kommt es also an. Er soll sich unter den Blicken der hohen Frauen darstellen und erproben.

Vor allem hat er sich in einem ritterlichen Ringrennen zu bewähren. Dafür sind von Gustav Adolf eigens sechzehn Regeln festgelegt worden, an die sich jeder Kavalier und Abenteurer halten mußte, sollte seine Kunst des Anreitens, Stechens und Abreitens dem strengen Auge der Richter genügen und den Damen gefallen[9].

Wer unter den anwesenden Fürsten, Rittern und Adligen »Herz und Lust hatte, unser Mannestum einer Prüfung auszusetzen«, der sollte sich durch vier Herausforderungen verlokken lassen. Wie Paukenschläge dröhnt es denn auch am Ende des Anschlages aus der Hand des König Beriks (Gustav Adolfs): »1. Daß der alten Goten rechter Ursprung aus Schweden kommt. 2. Daß die Schwedischen und Gotischen keiner anderen Nation an Mannestum, Tapferkeit und Treue weichen. 3. Daß nicht Mammon und Reichtümer die rechten Mittel sind, ein Reich zu gewinnen und zu verteidigen, sondern ein männlich Herz, gute Kriegsdisziplin und Unverdrossenheit. 4. Daß das Königreich Schweden für alle fremden und auswärtigen Mächte unüberwindlich ist, wenn dessen Einwohner königstreu und unter sich einig sind.«

Hat irgendeiner der Kavaliere dagegen etwas einzuwenden »oder sonst um der Lust willen und dem Frauenzimmer zu Ehren« Mut genug, den abgeschrankten Heidplatz zu betreten, dann soll er sich ein Herz fassen und »gegen uns . . auf die Bahn kommen«[10].

Das politische Programm im Geiste des *Goticismus* ist unverkennbar. Der ritualisierte Versuch nämlich, eine ruhmreiche Vergangenheit so zu beleben, daß mit dem althergebrachten Ehrbegriff der in der Gegenwart vorhandene Kleinmut gedämpft und die Forderungen des Tages mit Hilfe der Geschichte überhöht werden konnten. Diese bisweilen manisch betriebene Rückbesinnung auf das *Glück der Vorzeit,* wie es Francesco Guicciardini beschwor, um aus der einstigen Größe Roms Kraft für eigene politische Tagträume zu ziehen, war mehr als nur das spielerische Produkt einer zeitweiligen Phantasie, von der Paracelsus einmal in ihrer Abgrenzung von der Imagination sagte, sie sei »ein Eckstein der Narren«[11].

Hier gestaltete sich bei Gustav Adolf in der Erinnerung an erfolgreiche Gotenzüge aus einem inneren Legitimationsbedürfnis heraus eine Imagination, gemäß der sich ein Mensch die Erde nach seinem Willen baut, das begonnene Werk durch einen festen Glauben an sich selbst zu vollenden sucht und den damit verbundenen Geist zu einer Macht werden läßt, die unbeirrt von allen Einreden der Spötter und Zyniker dem eigenen Ingenium folgt wie einem Stern der Verheißung.

Das ist ein Grundgedanke des *Paracelsismus*, der hier in einem goticistischen Gewand auf Gustav Adolf eingewirkt hat[12]. Diese Imagination fließt aus dem Bestreben, für sich und sein Königtum neben Erbrecht und Herrschaftsvertrag auch Aufträge und Absicherungen durch die Geschichte zu finden. Diese Macht sollte das erhöhen und erhalten helfen, was Reputation genannt wurde, der ehrbare Rang einer souveränen Krone und der Ruf, die Fama eines legitimen Königs in der weiten Christenheit und noch darüber hinaus. Denn seit dem Konzil von Basel, das 1449 mit dem Bekenntnis zur *Gleichwertigkeit der christlichen Nationen* beendet worden war, hatte sich allerorten das Bedürfnis verstärkt, im Niedergang der beiden universal angelegten Mächte des Kaisertums und des Papsttums das regionale Eigenleben zu fördern und den nationalen Selbstwert in Erinnerung zu rufen. Bischof Ragvaldsson von Växjö hatte auf diesem Konzil 1434 den ersten Rang der *germanischen Nation* beansprucht und dabei die Schweden und Goten ins Spiel gebracht, als wären sie die Abkömmlinge von Gog und Magog, den Enkeln Noahs, und damit die ältesten Völker der Welt. Der Bischof von Burgos machte in gleichem Maße geltend, daß auch die Spanier von den Goten abstammen würden. Belege dafür konnten vom Kirchenvater Isidor von Sevilla angeführt werden, der ein Westgote war[13].

Diese Suche nach Beweisen nationaler Rangqualität und der Drang, sich als *Urvolk* zu begreifen[14], hat seitdem die Geister nicht mehr ruhen lassen. In dieser Sehnsucht nach dem Vergangenen und dem Ursprung erscheint ein herostratischer Zug. Eine Angst, die Geschichte als das brüchige Gedächtnis der Menschheit könnte den Namen der eigenen Nation übersehen, die großen Taten als Individuum vergessen oder gar die Erinnerung daran löschen, daß sich »die Bedeutung eines Menschen letzten Endes doch nach seinen begnadeten Augenblicken bemißt (und) nicht nach den gnadenlosen, die keinem Leben erlassen sind«[15].

Bedenkt man die Unkenrufe dieser Zeit vom bevorstehenden Weltuntergang, an dessen Berechnung nach Angaben der Bibel und Kabbala sich auch ein Lehrer Gustav Adolfs ernsthaft beteiligt hat, dann wird das Verlangen danach verständlich, im letzten Aufbäumen des sündhaften Menschengeschlechts den eigenen Namen und den der Nation einer gereinigten Nachwelt zu erhalten oder gar durch ein anständiges Leben dem drohenden Untergang zu entgehen. Nicht umsonst begründet Gustav Adolf als Berik sein Bestreben auch damit, daß er »von einem besonders löblichen Eifer und Begehren entflammt sei, uns und unsere Untertanen mit Hilfe von *Tugend und männlichen Großtaten* über die ganze Welt hin bekannt und berühmt zu machen«[16].

Er, der dem Tod schon mannigfach begegnet und sich seiner zeitlichen Endlichkeit bewußt war, verlangte danach, wie der Gotenkönig *Alarik* »einen unsterblichen Namen zu erlangen«. War das nicht der Name des Eroberers von Rom (410)? In dessen Maske nun sollte zum Höhepunkt des Turniers ein teutscher Fürst schlüpfen: Der Pfalzgraf *Johann Casimir* aus dem Hause Zweibrücken. Seit zwei Jahren mit Catharina, der Halbschwester Gustav Adolfs[17], verheiratet, ließ er sich die begonnene Vertrautheit mit dem jungen Schwedenkönig nicht entgehen und nahm die Herausforderung eines rituellen Kampfes an.

In seiner teutsch verfaßten Ansage gelüstet es ihn, sein »martialisch Gemüt« trotz aller bisher vollzogenen Taten erneut in eigener Person zu erproben, um den »gewünschten Palmzweig« zu erringen. In diesem Streiten begleiten ihn »Minerva, Prudentia und Fortitudo, die drei vornehmsten Stützen und Erhalterinnen meines Reiches«. Außerdem gesellen sich ihm die »drei schnellsten Rosse hinzu – Alacritas, Promptitudo

*Turnierrüstung Gustav Adolfs beim Ritterfest zu seiner Krönung 1617 (Livrustkammaren – Stockholm).*

(und) Celeritas«. Sie sind es im wesentlichen, welche alle Kavaliere, soweit »sie von der Ratio regieret werden, zu den wahren Tugenden führen«. Des Grafen Kampfziel besteht also darin, mit den ritterlichen Übungen auf der Bahn herauszufinden, ob die heutigen Schweden und Goten »mit ihrem berühmten Namen übereinstimmen . . ., sich des Götischen Geblüts würdig erweisen, und indem sie ihrer Vorfahren löbliche Taten imitieret, die *Gabe der Unsterblichkeit* erlangt haben . . .«

Es war nicht allein Ehrgeiz, im Verschachteln der Worte seine Zuhörer von Stufe zu Stufe in Ungeduld zu versetzen, um ihnen am Ende eines sprachlich verschlungenen Weges zu bedeuten, »daß kein Cavalier zu der höchsten Stufe der Tugend würdig kommen kann, wenn er nicht zuvor die meinem Wagen nachfolgenden Laster überwunden hat«. Dieses Vorgehen ist vielmehr Ausdruck einer adligen Lebenshaltung, die nur zu realisieren ist, wenn das Überleben in einer feindlichen Umwelt vom stetigen Bemühen um die Tugend abhängig gemacht wird. Der Geduldsfaden darf nicht reißen, wenn das Labyrinth des Lebens würdig gemeistert werden soll – bis hin zu seinem Ausgang.

Und diesen nannten alle Tod. Viele schauderten davor. Aber einigen kam der Ausgang des Lebens wie der Eingang in die *eleusischen Gefilde* vor, als Übergang auch vom Kampf auf Erden, dem täglichen Streit mit sich selbst und allen Gegnern, Übeln und Mängeln, hin zu einem ewigen Frieden und zu endlosen Freuden in der Glückseligkeit des Himmels[18].

Davon wollten sich jetzt Gustav Adolf als Berik und Johann Casimir als Alarik – der einheimische und der auswärtige Nachfahre der Goten – eine irdische Probe gönnen. Auf einer Kampfbahn, die von erregten Gemütern gesäumt war. Das Tänzeln der prachtvoll geschmückten Hengste, das Spiel der Federhauben auf den Visierhelmen und das Blinken der blanken Harnische reizte alle Sinne. Schon beim Anreiten der Ritter steigerten sich die Erwartungen, wie der mächtige Stoß auf den Gegner zu gelingen würde. Schwer lagen die Lanzen im gepanzerten Arm. Aus den Atemlöchern der Visiere drang der Puls der Anstrengung zu den fürstlichen und adligen Damen in den

Logen hin, die festlich gestimmt und gekleidet waren. Mit ihren hohen Stehkragen aus feiner Spitze, oft einem Halbkreis vernähter Libellenflügeln gleich, müssen sie neben den Märchenrittern wie Feenwesen gewirkt haben, die im Lächeln Lust auf die Ritterschar herabfächelten und diese stets neu zu einem Rennen anstachelten, damit sie entweder einen aufgehängten Ring trafen oder einen Gegner aus dem Sattel hoben.

Von diesen Spielen dürfte bereits einiges geboten worden sein, ehe Berik und Alarik ihre Pferde in die Kampfbahn lenkten, um die Kräfte zu messen, das Geschick zu erproben und nach dem Glück zu greifen, das auch hier dem Tüchtigen zur Seite stand. Auf diesem absoluten Höhepunkt des Krönungsturniers »unterhalb des Schlosses« muß dann etwas geschehen sein, was während dieses Rituals, beim Anrufen der Götter und des Glücks nicht vorgesehen war oder erwartet wurde. Denn *Abraham Graf Brahe* berichtet in seinem »Zeitenbuch« über das Zusammentreffen Gustav Adolfs und Johann Casimirs, daß der König »beinahe ein Unglück hatte, als der Pfalzgraf und andere gegen ihn anrannten. Aber Gott sei Lob, der dies gnädig verhindert hat«[19].

Über die näheren Umstände dieses Unglücks ist nichts bekannt. Die Chronistik der Zeit hat außer dieser Notiz Stillschweigen darüber bewahrt, und die Historie hat lange Zeit diese Begebenheit ausgespart oder nicht einmal wahrgenommen. Es schien nämlich einen Augenblick lang, als gefährdete ein Ritterspiel mit einem teutschen Fürsten das Leben dieses kampferprobten und geschickten Königs, das 1594 begonnen und seit seinem Regierungsantritt 1611 so hoffnungsvoll auf die Geschicke Schwedens eingewirkt hatte.

Manch einer wird dabei an das Ende *Heinrichs II.* von Frankreich in einem ähnlichen Kampf gedacht haben oder aber an einen Fingerzeig des christlichen Gottes, im heidnischen Getriebe und ritterlichen Gepränge nicht zu vergessen, was in diesem Leben auf dem Spiele stand. Ein Leben, an dessen Wesen Gustav Adolfs Feldprediger *Johannes Rudbeckius* etwa zur gleichen Zeit bei der Erfassung des unendlichen Gottes in der Bildersprache des Alten Testamentes auf die Vergänglichkeit verwies, auf die allgegenwärtige Vanitas, die Leere im Schein der Fülle: »Leben ist Nebel. Eine kleine Wolke, die hastig die Hitze der Sonne flieht. Wie ein Schatten ist es oder ein Gras auf dem Felde, das am Morgen grünt, am Abend aber verwelkt ist. Wie ein Traum ist es, den man schnell vergißt[20].«

Wäre Gustav Adolf an diesem 14. Oktober 1617 auf der Kampfbahn geblieben, hätten diese Worte wohl vielen Bewunderern des Königs nicht genügt. Denn er hatte zu diesem Zeitpunkt schon Erstaunliches geleistet und sich bemüht, den Forderungen des Königsamtes zu entsprechen; weit über das hinaus, was von seinen Vorgängern dazu geleistet worden ist. Doch was hätte er zu jener Litanei gesagt, die später über ihn verbreitet wurde und etwas von den Wunschträumen ahnen läßt, die im Menschen umgehen können, wenn er im Erlebnis des Guten das Bessere sucht und dabei vergißt, daß das Gute an sich schon etwas Großes ist, weil es das Böse besiegt?

»In der Kirche war er mehr als ein Priester. Im Staate mehr als ein König. Beim Bereden von Abstimmungen mehr als ein Senator. Im Gerichtsgang mehr als ein Rechtskundiger. Im Heere mehr als ein Feldherr. In der Schlachtreihe mehr als ein Soldat. Im Überwinden von Unrecht und im Schenken mehr als ein Mann. Beim Schutz der Freiheit mehr als ein Bürger. Im Pflegen von Freundschaft mehr als ein Freund. Beim geselligen Umgang mehr als nur vertraulich. Auf der Jagd mehr als ein Löwe. Im ganzen übrigen Leben mehr als ein Philosoph[21].«

Lassen wir ihn selbst mit Passagen aus seiner Autobiographie zu Worte kommen, die selten genug von seinen Biographen und den Chronisten seiner Geschichte benutzt oder verstanden worden ist. Die folgende Selbsteinschätzung soll unserem Versuch einer Annäherung so etwas wie ein Leitstern sein, der Licht über das wirft, was andere oft im Dunkel gelassen haben.

Er läßt dabei aufleuchten, was wenig mit dem Anhäufen von Akzidentien zu tun haben will, sondern sich auf das Sichern von Substantiellem an diesem politischen Leben konzentriert, dessen inneres Erfassen im Wesen der Geschichte von der Erkenntnis dieses Königs selbst geprägt worden ist:
»Beim Beginn dieses Werkes zweifle ich nicht wenig, ob es der Mühe wert ist; ob nicht die Feder und Zunge des Widersachers zusammen mit denjenigen, die Lust am Kritisieren haben, mich auf die Waage legen und zu leicht befinden . . . Und dann ist es doch so, daß alle Geschichte im gemeinen kaum etwas anderes beschreibt als elendige Kriege, unsichere Frieden, der Nachbarn Haß, inneren Streit, falsche Freundschaft. Daraus ziehen einige den Schluß, daß auch die allerköstlichste Geschichte nichts anderes mitsichbringt, als daß diejenigen, die Schaden, Spott und Verdruß erlitten haben, sich darüber erzürnen und zur Rache gereizt werden, und diejenigen, welche Sieg, Ehre und Reputation gewonnen haben, danach den Stolz übertreiben und aufgeblasen werden . . . Diese Leute bewundern nur die großen und männlichen Taten tapferer Männer, deren Glück und Erfolg. Und sie bedenken mit Spott und Verlachen das Elend all jener, die bezwungen und überwunden worden sind. Diese halten sie für richtige Stümper und die vorigen zählen sie unter die Helden und Gewaltigen. Und dies alles im Glauben, daß die Geschichte im gemeinen keinen anderen Nutzen hat. Hätte also das, was ich hier aufzeichne, in ihren Augen nicht noch weniger Gewinn? Denn hier wird nicht des Römischen Reiches oder des Türken Krieg beschrieben, die Kriegslager der Spanischen oder Türkischen, womit die Welt in Spannung (i suspenso) gehalten wird und sich vor einem gemeinen Joch und Sklaverei (trälldom) fürchten muß, sondern einzig und allein *Schwedens Zustand* über ein paar Jahre hin . . .
Im Beschreiben meiner Aktionen und Lebensdaten strebe ich nach Wahrheit, versehe meine Entschuldigungen mit Gründen und sage, was ich falsch gemacht habe. *Denn es gibt keinen Menschen, der nicht sündigt.* Gott und die Welt bitte ich aber, daß eine auf das Recht bedachte Zeit nicht meine Tugenden vergessen

und meine Fehler verstecken möchte[22] wie es schon vielen hervorragenden Männern und Regenten widerfahren ist . . .
Die Geschichte sei das Licht der Wahrheit und eine Lehrmeisterin des Lebens. Das haben die Heiden gesehen. Aber wir Christen sollten die Geschichte mit noch größerem Nutzen lesen, wissen wir doch, daß Gott die Regierungs-Ordnungen aufrechterhält. Und aus diesem Grunde sollten wir auf sein Wunderwerk achtgeben, wie er mitunter durch gewisse Mittel, bisweilen ohne solche Mittel denjenigen hilft, die er aus Unterdrückung befreien will und deren Stadt er wieder auf die Beine hilft, von der es nun den Anschein hat, als wollte sie in ein Joch und Sklaverei fallen[23] . . . Wiederum kann alles ganz anders bei ihm ablaufen. Wie er das, was dem menschlichen Auge sicher und fest vorkommt, ins Gegenteil umschlagen läßt – um der Sünden willen. Wie er männlicher Nationen Mut und Mannestum zergehen läßt, streitbarer Helden Herzen zum Weibergemüt macht, weiser Männer Gründe und Urteil verwirft und die klügsten Ratschläge mitunter lächerliche, bisweilen elendige Ergebnisse zeitigen . . .
Daraus muß die Lehre gezogen werden, daß wir uns nicht auf das Gedeihen (medgång) verlassen sollen, aber auch nicht im Verderben (mootgång) verzweifeln, sondern auf Gott vertrauen und uns unsere Sünden zu Herzen gehen lassen. In ihnen liegen die Ursachen zu den wunderlichen Dingen in der Welt . . .«[24].
Es sind nicht Worte des lebendigen Gottes, vielmehr ein Echo christlicher Heilserwartung, die zu einer besonderen Staatskraft wird und überall im Gemeinwesen nach innen zu wirken versucht, damit es sich nach außen um so nachhaltiger wehren kann. Das ist nicht immer gelungen. Der guten Absicht stellten sich oft mannigfache Hindernisse in den Weg. An das Vollkommene durfte nur gedacht werden, wenn das Dürftige im Menschen bedacht wurde und man vom Bösen den Schritt zum Guten hin wagte. Das ist der Einfluß des *Paulinismus,* die Vorstellung auch, daß sich das »Gefäß der Auserwählung« in allen Stürmen der Zeit und des tätigen Lebens bewähren muß, um bewahrt zu bleiben.

Gustav Adolf hat in diesem Sinne Politik betrieben, und es war ihm dabei stets bewußt, daß er in seinen christlichen Aufträgen und weltlichen Bedingungen auch nur das anstreben konnte, was der Heide Marc Aurel als politische Lebenseinsicht seinen Lesern als Wegzehrung empfahl: »Hoffe nicht auf Platos Staat, sondern sei zufrieden, wenn das Kleinste vorwärtsgeht, und bedenke, daß der Ausgang davon nichts Geringes ist.«

# Schwedens Reich

In einem letzten Grübeln über die Zukunft seiner Untertanen und schon von der Krankheit zum Tode gezeichnet, stellte Gustav I. im Herbst 1559 seiner Umgebung die sorgenvolle Frage: »Wie wird es Euch, Ihr Schwedischen, sonst unter einem neuen Regiment ergehen?« Mit den Gedanken bei seinem abwesenden Sohn und Nachfolger, Herzog Erik, und von diesem aus auf Schwedens Umwelt gelenkt, fügte er noch hinzu: »Dieser schnöden Welt besondere Lagen könnt ihr kaum verstehen«[1].

Waren die Verhältnisse im und um das *mitternächtige Reich* schon so unübersichtlich geworden, daß die Orientierung und das Ausrichten aller Politik kaum noch berechenbar oder einsichtig war? Es ist, als ahnte der greise König, daß sein ältester Sohn aus seiner ersten Ehe mit der teutschen Fürstin Catharina von Sachsen-Lauenburg versucht sein könnte, das Königsamt zu mißbrauchen. Sei es mit einem Krieg gegen die drei Anrainer oder auch mit dem eigenen Stände-Volk, das gegen alle bestehenden Staatsverträge dann unterdrückt werden konnte, wenn es Erik einfallen sollte, das Erbkönigtum in der *Unio haereditariae* von 1544 nicht mehr nach den Bedingungen eines Erblehens zu verstehen, sondern aus einem patrimonialen Empfinden und Begehren heraus zu deuten.

Mit dieser Problemstellung wird die Substanz einer Staatsstruktur erhellt, über die von der »protestantischen Geschichtsschreibung« vor allem im deutschen Bereich nichts anderes verbreitet wurde als ein frommes Wunschdenken, das sich von der Geschichte, wie sie uns in den vorhandenen Quellen entgegentritt, nicht belehren lassen wollte. Es ist aber von entscheidender Bedeutung, die inneren Bindungen des Königtums in

Schweden über das Zeremoniale hinaus in ihrem Wesen und Werden zu kennen, wenn Gustav Adolfs historische Leistung verständlich werden soll, die neben seinem häufigen Bekenntnis zu den Grundlagen einer universalen Ethik auch aus einem nationalen Selbstverständnis gespeist wurde. Dessen Programm hat in der Geschichte Europas kein Gegenbeispiel. Denn keine Verfassung Alteuropas, so weit sie uns bekannt sind, begann in christlicher Zeit mit einer unmittelbaren Ableitung aus dem Heidentum. So heißt es dann auch im Artikel I des »Reichsrechtes« (Landslag) aus dem Jahre 1442, das unter der Regierung des Unionskönigs Christopher aus dem teutschen Hause Wittelsbach kodifiziert wurde: »*Schwedens Reich ist von heidnischer Welt. . .*«[2]

Dieser erstaunliche Bezug hat alle Veränderungen der Reformation überdauert und wurde von Gustav Adolf unmittelbar zitiert, um den Lesern seiner eigenen Geschichte nahezubringen, was Schwedens nationale Qualität in ihrem Inneren bestimmte: Dieses Reich braucht aus solchem unvordenklichen Wesen heraus »keinem Königreich vom Alter her zu weichen. Denn alle Königreiche, von denen man überhaupt reden kann, sind ja irgendwann, seit das Christentum ans Licht gekommen ist, bezwungen worden . . . oder haben doch zumindest ihre Majestät vom Römischen oder Teutschen Kaiser empfangen. Das hat Schweden niemals getan, weshalb es auch billigerweise Vortritt und Vorrang vor anderen Königreichen haben soll (bör). Dessen große Weite übertrifft die meisten aller Europäischen Königreiche[3]. Dessen Macht bezeugen auch zur Genüge die langwierigen Kriege, welche die Schwedischen geführt haben. Dessen Gesetze, Ordnungen und Sitten sind gerecht und gut . . .«[4]

Ganz anders haben es die Großmeister der borussischen Historie gesehen. Ohne jeden Anflug von Zweifeln oder kritischer Distanz wurde von einem verkündet, daß »die Verfassung von Schweden auf dem Protestantismus beruht; der Ruhm, die Macht, die Weltstellung dieses Landes sind darauf gegründet«[5]. Ein anderer, dem »die Reformation der Kirche und die Gründung eines europäischen Staatensystems« nahtlos ineinander übergehen und der im »modernen Heerwesen . . . die Grundlage der modernen Staatsmacht« sieht[6], weiß im abschätzigen Urteil über die vorreformatorische Zeit nur, »daß das Königreich Schweden zu Anfang des 16. Jahrhunderts gegründet wurde und der Gründer desselben Gustaf Adolfs Großvater war«[7]. Eine Generation später wird noch behauptet, daß »die Stärkung der monarchischen Gewalt, die in den Institutionen des Lehnswesens und in der Einwirkung römisch-byzantinischer Ordnungen und Ideen beruht, in Schweden eben fehlt«[8]. Mehr noch, seinem überkommenen Verfassungssystem, das sich bei allen Brüchen in Zeiten der Tyrannis und des Absolutismus über Jahrhunderte hin bewährt hatte, wird diese Qualität abgesprochen: »Sollte Schweden einmal in einen Kampf um seine Lebensinteressen oder gar um seine Existenz verwickelt werden, so würde sich diese Verfassung schwerlich behaupten können. Die Geschichte lehrt, daß solche Kämpfe nur durch eine starke Staatsgewalt mit einheitlicher Spitze durchgeführt werden können . . .«[9]

Das ist das Credo der Machthistorie, die mit Vertragsverfassungen oder mit dem »Luxus ›freiheitlicher‹ Institutionen« wenig oder gar nichts zu tun haben wollte[10] und sich auch deshalb völlig vom Rechtswesen absonderte. Von der Lehre der Geschichte, daß auch libertäre Verfassungsstaaten schwere nationale Krisen und Herausforderungen bestanden und auf Dauer gelöst haben, wollte man nichts wissen. Vom linearen Fortschrittsdenken beherrscht und in selbstgenügsamer Quellenferne akademisch beruhigt, konnte man darauf verzichten, sich Staatlichkeit auch noch anders vorzustellen oder einzusehen, wie kurzatmig doch das Machtstaatsprinzip in der Geschichte sein konnte[11].

Von einer *Leidenschaft fürs Recht,* wie sie Ortega y Gasset bei den republikanischen Römern entdeckt hat[12], ist in dieser einflußreichen Gelehrtenschule kaum etwas zu finden[13], weshalb auch ihre Einschätzungen hinsichtlich Schwedens Werdegang und Gustav Adolfs Leben für die Politik abseits von den historischen Realitäten liegen. Sind diese aber nicht in ihrer Substanz und Wirkung bekannt, dann muß jedes Urteil auf Klischees ausweichen oder mit Pathos ersetzen, was durch Analyse und Beschreibung nicht geleistet werden kann. Die Geschichte dieses Königs aber ist zum näheren Verständnis unseres eigenen Geschicks zur Zeit des *Teutschen Krieges* vor allem zu wichtig, als daß weiterhin in diesen Denkbahnen verfahren werden darf.

Trotz der Reformation, die in Schweden fast zeitgleich mit dem Niedergang der *Kalmarer Union* von 1397 zusammenfiel, konnte im Staatsleben eine besondere konstitutionale Kontinuität bewahrt werden. Diese äußerte sich darin, daß die Vertragssubstanz des Landslag von 1442, das für den Zutritt zum Königsamt eine Königswahl vorgesehen hatte[14], unberührt von den Veränderungen im kirchlichen Bereich bei der Wahl Gustav Erikssons aus dem adligen Hause Vasa 1523 eine volle Bestätigung fand[15].

Die in diesem Staatsvertrag festgelegte Dreiteilung der Verfassungsorgane in Gestalt des Königs selbst, des bereits erwähnten Reichsrates und des mit vier Ständen beschickten Reichstages[16] konnte auch erhalten werden, als Gustav I. für seine Verdienste um das Reich Schweden 1544 in Västerås ein Erbrecht zur Krone gewährt wurde.

Diese Verschiebung vom Wahlkönigtum zum Erbkönigtum hob das bestehende Feudalsystem oder Lehnswesen nicht auf, sondern festigte es auf eine einzigartige Weise. Denn es war gelungen, mit einem vertraglichen Machtmodell die Erb- und Regierungsansprüche des Hauses Vasa mit den Rechts- und Besitzbedürfnissen der Stände so zu verbinden, daß sich Erb- und Wahlprinzip nicht völlig ersetzten, sondern auf eine besondere Art und Weise ergänzten. Möglich wurde dieser historische Kompromiß durch die Rechtsregeln der Emphyteuse oder des *Erblehens*. Seiner Natur nach darf eine Dynastie *auf Dauer* das Königsamt mit einem geeigneten Erben besetzen; aber gleichzeitig muß dieser vor seinem Amtsantritt die Krone oder das Reich in Gestalt des Senates und der Stände durch einen Herrschaftsvertrag in den vorhandenen Rechten und Freiheiten sichern und dabei institutionelle Garantien anerkennen. Diese Regelung ist demnach *perpetuell und mutuell* ausgerichtet und kann deshalb auch die Vertragsbedingungen aus dem Landslag weiterhin gelten lassen[17].

Die Donationsbriefe Gustavs I. an seine Söhne, die als Herzöge mit Fürstentümern versorgt wurden, und sein Testament gegen Ende seines Lebens strebten nicht gegen die Vertrags- und Vertrauensbasis, wie sie die Erbvereinigung von 1544 vorgesehen hatte[18]. Beachtet man diesen fundamentalen Befund nicht, dann müssen alle Darstellungen der Krisen und Machtkämpfe in der Folgezeit ein verzerrtes Bild ergeben und eine rationale Aufklärung verhindern. Denn nur unter den genannten Bedingungen wird verständlich, worauf Gustavs I. Ahnung vor seinem Tode zielte, nämlich auf die Gefahr hin, daß Erik XIV. versucht sein könnte, das Erbkönigtum nicht in seinem libertären Vollzug und Sinn auszubauen, sondern mit Hilfe einer patrimonialen Deutung die vorhandenen Verfassungsgesetze in ihr Gegenteil zu verkehren. Juristisch gesprochen wollte der neue Erbkönig das Nutzrecht an der Krone (Dominium utile) und damit die Treuhänderschaft in eine Verfügungsgewalt (Dominium directum) und absolutistische Dienstbarkeit verwandeln, die dem Senat, den Gerichten und den Ständen jede Rechtssicherheit und Eigentumsschutz nehmen mußte[19].

Genau das ist im Gefolge des Siebenjahr-Krieges (1563–1570) auch geschehen, als Erik XIV. damit begann, die libertären Errungenschaften zu gefährden. Er richtete zwar 1561 den Grafen- und Freiherrenstand ein, um damit ein inneres Gegengewicht zu den Herzögen des eigenen Hauses zu schaffen[20], und bemühte sich auch um die Reform des Gerichtswesens sowie um den Aufbau einer stark national bestimmten Armee und Flotte[21], aber unter dem Schutz von Not- und Kriegszustand wurde die innere Erosion des vorhandenen Rechtsstaates betrieben. Was immer man auch den Wirkungen einer schleichenden Geisteskrankheit in diesem ersten genuinen Erbkönig Schwedens zuschreiben mag, sein Wüten nach innen bei den schauerlichen *Sture-Morden* und nach außen bei der *Vernichtung*

*Ronnebys* sind Zeichen am Wege hin zu einem patrimonialen und auf Absolutesse bezogenen Machtstaat. Er wollte die konzentrierte Kraft nur für sich. In seinen kurzen Stößen offenbart er die Unfähigkeit zu einem langen Atem und Geduld. Neuerungssucht ohne gehörige Vermittlung im bestehenden Recht kennzeichnet sein hektisches *Regiment der Sekretäre* – die Krankheit manch eines kurzsichtigen Königs[22].

Unter diesen Umständen war es nicht verwunderlich, daß bald ein Streit im Hause Vasa aufkam, und Herzog Johan, der erste Sohn Gustavs I. aus seiner zweiten Ehe mit Margareta Leijonhuvud, von Finnland aus, das ein gleichberechtigter Teil der Krone Schweden war, einen Widerstand aufbaute und sich allmählich als Alternative zu Erik XIV. anbot. Aber erst als sich auch noch der junge Herzog Karl seinem Bruder anschloß, weil er in der Politik des Erbkönigs sein eigenes Erbe und die Sicherheit Schwedens gefährdet sah, gelang es mit Hilfe einer militärischen Operation gegen Stockholm, den König 1568 gefangenzunehmen. Die Absetzung dieses »Menschenverächters« und »Tyrannen«, der alle Schweden »zu Pferden und Sklaven« machen wollte[23], war die Folge und damit auch die Herstellung des alten Herrschaftsvertrages zwischen dem Hause Vasa und dem Reiche Schweden.

Der erste Versuch, das vertragliche Erbrecht in einen patrimonialen Absolutismus umzupolen, war damit gescheitert. In der Erklärung der aufständischen Herzöge und der Stände zur Begründung dieser äußersten Maßnahme, die sogar einen Bürgerkrieg in Kauf genommen hatte, wird auf dieses politische Lebensgesetz der größte Wert gelegt, nämlich die lehnsrechtlichen Absprachen von 1544 wieder herzustellen. Mit einem Syllogismus wird diese Bewährungsprobe des noch jungen Erbkönigtums begründet: »Sind nun alle Obrigkeiten von Gott verordnet, das Gute zu stärken und das Böse zu strafen/ Und König Erik im unmittelbaren Gegensatz dazu die Bösen erhöht und die Frommen ungerechterweise verfolgt hat/ So hat er offenbar gegen Ordnung, Wille und Befehl Gottes gehandelt.«

Und damit niemand anzunehmen brauchte, daß man sich hier gewisser Spitzfindigkeiten aus dem Arsenal der Scholastik bediente, wurde sogleich eine Rechtsbelehrung und Aufklärung darüber angefügt, worin das Staatsverbrechen des Abgesetzten bestanden hat: »König Erik hat allen Schweden und dem Reiche Schweden im Namen Gottes seinen königlichen Eid gelobt und geschworen, daß er ihnen ein guter und gerechter, christlicher und frommer Regent sein wolle, so lange er lebe. Auf dieses Versprechen hin hat ihm das ganze Reich gehuldigt und ihn als König angenommen. Dieses Gelöbnis aber hat er Gott und den Schwedischen ziemlich übel gehalten und deshalb hat er seine Königliche Huldigung und deren Eid selbst kraftlos und zunichte gemacht. Und daraus will unausweichlich folgen, daß er vor Gott und den Menschen all seine Königliche Hoheit und Rechte verwirkt und gebrochen hat. Alle Tyrannis . . . ist Sündenstrafe, . . . doch Gottes Angesicht steht gegen diejenigen, die Böses tun, und er wird auf der Erde ihr Angedenken auslöschen. Der Falsche und Blutgierige soll nicht zur Hälfte seines Lebensalters kommen. Viele Tyrannen wurden schon auf der Erde abgesetzt, und die Krone wurde jenem zuteil, an den man nicht dachte.«[24]

Der letzte Hinweis war bewußt gewählt. Er erinnerte nämlich auch daran, daß Christian II. (»Christian Tyrann«) mit dem Blutbad von Stockholm im Jahre 1520 den Widerstand Gustav Erikssons (Vasa) herausforderte und diesem den Weg zum Königtum bahnte. Gott hatte damit einen Einfachen vom Adel erhöht und das Haus Vasa auf sein Gesetz verpflichtet, das mit dem Kraftakt des Widerstandes im Sinne rechtlicher Notwehr wieder hergestellt werden sollte, indem Herzog Johan als *erwählter Erbkönig* angenommen wurde. Die Vertragssubstanz von 1442 (Wahl durch die Stände) und von 1544 (Erbe durch das Haus) war in ihr volles Recht zurückgekehrt, und dieses hatte von seiner Natur aus nichts mit Protestantismus zu tun, wohl aber etwas mit dem Prinzip der Gegenseitigkeit[25].

Mit der Annahme König Johans III., der mit der katholischen Prinzessin Catharina Jagellonica aus Polen verheiratet war[26], hatte man zwar die innere nationale Krise gelöst und das ganze Reich von einem lähmenden und erniedrigenden Zwang erlöst, aber der Druck von außen war allein dadurch noch nicht beseitigt worden. Das gelang Johan III. erst mit dem epochalen Friedenswerk in Stettin im Jahre 1570, das bis 1610 das Verhältnis mit dem Erbfeind Dänemark und die Verbindungen mit den Hansestädten des Heiligen Reiches regulierte, sowie mit Polen unter *Sigismund August* einen zeitweiligen Ausgleich hinsichtlich Livland bescherte, aber zwei Dinge nicht auf die Dauer verhindern konnte: den Kampf mit dem Moskauer Zartum und Polen um die *Baltische Vormauer* sowie die säkulare Auseinandersetzung um die Kontrolle über das *Dominium Maris Baltici,* an der ja auch Dänemark und später die Habsburgische Macht vital interessiert waren[27].

An dieser Stelle ist es von Bedeutung, *konzentriert* auf die äußere Lage des Reiches Schweden einzugehen. In seiner riesigen Landmasse schien sich die nur etwas mehr als eine Million Einwohner zählende Bevölkerung fast zu verlieren. Aber diese quantitative Schwäche spielte im Zeitalter der Söldnerheere und der kleinen Militärkontingente keine so große Rolle, war kein Hindernis dafür, Schweden auf den Weg einer großen Macht zu bringen und darauf auch so lange zu halten, wie es die Kombination aus eigenen und geliehenen Kräften zur dauerhaften Sicherung benötigte. Denn in dieser numerischen Schwäche lag eine qualitative Stärke, die gerne übersehen wird, wenn von Großmachtbildung in der Geschichte gesprochen werden muß und das Beispiel des Stadt-Staates Rom mit seiner inneren republikanischen Stärke der »vielen guten Männer« und der »wenigen Gesetze« zur Verdrängung ansteht, weil absolutistische Macht in machiavellistischem Sinne mehr zu faszinieren weiß.

Schweden kannte zwar in älteren Zeiten den »Träl« als vertragsunfähigen Menschen[28], aber eine *Leibeigenschaft der Bauern* im Sinne einer Mediatisierung, die zu völliger politischer Entmündigung führte und gar Entrechtung bedeutete, hat es nicht gegeben, auch wenn die Adelsbauern auf den Reichstagen nicht erscheinen durften. Dafür waren die Kron- und Steuerbauern repräsentiert, vergegenwärtigten also ihren Besitz mit seinen besonderen Rechtsqualitäten, die auch zu politischer Betätigung berechtigten[29].

In diesem Reich wurden trotz vieler Krisen und Spannungen nicht die Energien von unten abgedrängt, wie es im Moskauer Zartum und auch in einzelnen Regionen des Heiligen Reiches schon zunehmend der Fall war. In seiner Ständestruktur gab es Raum für soziale und politische Kraftentfaltung. Sie hatte sich auch noch nicht in dem Maße nach oben hin verkapselt wie die Adelsrepublik Polen, wo nur der Adel in seinen besonderen Standesvorrechten die Fähigkeit zum Reichstag im doppelten Sinne des Wortes besitzen durfte, oder wie beim Erbfeind Dänemark, wo sich das Königshaus zunehmend mit dem Hochadel verschwägerte und die anderen Stände politisch abdrängte oder gar nicht recht zur Entfaltung kommen ließ.

Adel und Unadel waren im Staatsleben Schwedens trotz unterschiedlicher Gewichte – so hatte der Klerus mit der Reformation seine führende Position an den Adel abgeben müssen und sie auch nicht mehr erlangt[30] – relativ gut aufeinander abgestimmt, so daß nicht ohne Grund in Zeiten der Krise im Geiste des Aristoteles und seiner Forderung vom Wohlüberschaubaren, sowie im Sinne des Seneca und dessen Besitzdenken die Ordnung eines *Wohlproportionierten Regiments* beschworen wurde[31].

An dieser inneren und libertären Qualität Schwedens kommt man nicht vorbei, wenn man nach Gründen dessen fragt, was Gustav Adolf von den Voraussetzungen her in die Lage versetzt haben mag, mit wenigen Leuten viel ausgerichtet zu haben.

Die Politiker in seinem Umkreis, sei es als Träger der hohen Ämter des Reiches und damit als Instrumente seiner Regierung, sei es als Senatoren und Vermittler zum Reichstag hin, mußten aber neben der Anerkennung des Ständewesens und der Verfassung noch ein zweites Lebensgesetz dieses Reiches begriffen haben, wenn es seine Chancen zum Überleben nutzen sollte. Gustav I. hat es nicht aus sich selber gefunden und mit der Reformation erst die auswärtige Politik erfunden, sondern aus der Geschichte und geographischen Lage seines Reiches abgeleitet, als er von 1525 an damit begann, sich auf Dauer einzurichten und die zerrütteten Verhältnisse nach innen und außen zu regulieren.

»*Schwedens Reich*«, erläutert er im Zusammenhang mit seinem Recht und Wunsch, »in diesem Winter nach dem Gesetzbuch unsere Eriksgata zu reiten«[32], »ist ein *eingebundenes Land*. Auf der einen Seite hat man den Russen, Preußen und Teutschen und auf der anderen Seite die Dänischen.« Und diese Lage der Einkreisung verlangte zur eigenen Sicherheit danach, daß wir »uns deshalb mit irgendeinem auswärtigen Herrn und Fürsten verbinden«. Entweder in Gestalt einer vertraglich geregelten »Freundschaft (oder) mit Heirat«[33].

In dieser Einsicht liegt das Wesen der Sicherheits- und Außenpolitik nicht nur Schwedens, sondern aller Gemeinwesen der Christenheit und ihrer heidnischen und ketzerischen Anrainer. Ob das nun Tataren und Türken oder die Beys im Norden Afrikas waren oder die Moskowiter, die immer noch nicht als vollwertiges Glied der Respublica Christiana angesehen wurden, nach dem Überfall von Ivan IV. (dem Schrecklichen) auf Livland 1558 schon gar nicht mehr, obwohl es von protestantischer Seite eine Annäherung an die Orthodoxie in Moskau gegeben hat und die Möglichkeit bestand, dieses Land religiös zu integrieren. Das sollte aber erst 1648 unter besonderen Bedingungen und mit Hilfe Schwedens gelingen[34].

Die Verhältnisse selbst legen es deshalb nahe, zur übersichtlichen Orientierung in diesem Labyrinth mit zwei besonderen Begriffen zu operieren, die vom Zustand der Einkreisung ausgehen. Die unmittelbaren Anrainer Schwedens sollen als in sich gestaffelter *Innenring* gelten, gleichsam als Ausdruck der Substanz und der Sicherheit im direkten Umfeld der Grenzen auf dem Land und der Begrenzungen durch die weite Ostsee. Diesen Ring zu beherrschen, war die wichtigste Aufgabe jedes Staatsmannes, wenn des »Reiches Conservation, ja Amplifikation« gedeihen sollte[35]. Aber seine Benutzung konnte nur dann mit höchster Effektivität gelingen, wenn auch der *Außenring* aktiviert und einbezogen wurde, demnach jene Länder, die gleichsam als Drittfaktoren auf die äußeren Grenzen des vorhandenen Innenrings einwirken konnten: Türken und Tataren auf Polen und die Habsburg-Mächte samt Moskauer Zartum; England und die Niederlande auf Dänemark und das Heilige Reich; Venedig und Frankreich auf Spanien und wiederum auf die Habsburg-Mächte![36]

Und in dieser Hinsicht – wir möchten vom *sekurativen Imperativ* sprechen – wurde nun unter Johan III. eine Politik nach außen fortgesetzt, die lange vor der Reformation angelegt worden war, aber jetzt erst in ein besonderes Stadium treten konnte, weil das Reich Schweden nicht nur die universale Kirche verlassen hatte, sondern auch den übernationalen Verband der Kalmarer Union und sich nun genötigt sah, die Sicherung der Verhältnisse nach innen mit der Sicherheit nach außen zu verbinden, zumal sich die Streitkräfte des Moskauer Zartums regten. Zu ihrer Bekämpfung kam der Friede von Stettin anno 1570 gerade recht, weil dadurch die West- und Südflanke so gesichert schien, daß alle verfügbaren Kräfte auf die Sicherung und mögliche Erweiterung der Ostgrenze konzentriert werden konnten. Was auch unter dem Kriegsobersten *de la Gardie* vor allem gelingen sollte[37].

Dafür aber standen im Inneren einige Kämpfe bevor, die äußerlich die Religionsfrage betrafen, weil Johan III. einen Krypto-Catholizismus pflegte und seinen Sohn Sigismund auch in der Religion Roms gegen die bestehende Kirchenverfassung erziehen ließ. Im Kern aber stellten sie Jahr um Jahr die Machtfrage hinsichtlich der Rechtsqualitäten jener Region, welche den Herzögen verbrieft worden war. Und unter ihnen gewann Herzog *Karl von Södermanland* immer größeres Gewicht. Sein Krypto-Calvinismus und der damit verbundene Glaube an die Vorsehung, seine gelebte Politik vom eigenen und freien Willen und manch eine Eskapade außerhalb der Legalität verweisen auf eine gewisse Autonomie, die sich bald zu einer Macht entwickelte, ohne deren Mitwirkung Schweden an den Rand des Bürgerkrieges getrieben werden konnte.

Und der sollte sich auch nach dem Tode Johans III. im Jahre 1592 allmählich vollziehen, als dessen ältester Sohn Sigismund, der seit 1587 Wahlkönig von Polen war[38], nach den agnatischen Bedingungen der Erbfolge von 1544 Erbkönig von Schweden wurde.

Vor seiner Annahme als König aber war es einem nationalen Konzil in Uppsala 1593 gelungen, mit der *Unio religionis* die Sicherung der Augsburgischen Confession so zu betreiben, daß sich der papistische Vasa aus Polen an ihre unumschränkte Garantie zu halten hatte, wenn er nicht sein Amt verlieren wollte[39]. So massiv diese Manifestation für den Protestantismus auch war und dazu führte, daß diese Religions-Vereinigung in der berühmten »Regierungsform« von 1634 als erstes Fundamentalgesetz der *cumulativen Constitution* Schwedens gelten durfte[40], die Prädominanz des vertraglichen Erbrechts ist dennoch unverkennbar – auf ihm beruht die Verfassung des Reiches vom Prinzip her!

Damit Sigismund III. ja nicht zu glauben brauchte, er habe es hier am Rande der Christenheit mit ungebildeten und barbarischen Leuten zu tun, die man nach Gutdünken regieren könnte, indem man einfach das Erbkönigtum wie Erik XIV. auch patrimonial ausdeutete und sich eine »absolute Potestät« (Axel Oxenstierna) einbildete, wurde ihm in einer Rede vor dem Abschluß des Herrschaftsvertrages erläutert, was er zu beachten hatte.

Diese *Oration des geeinigten Adels* von 1594 ist ein besonderer Höhepunkt in der libertären Kultur Alteuropas, aus der wir nur zwei essentielle Hinweise herausgreifen möchten, um zu zeigen, wie sich das nationale Selbstverständnis Schwedens im Rahmen einer universalen Ethik darzustellen verstand, die von der Reformation nicht erschüttert werden konnte, mochte auch Luther noch so sehr gegen das Teufelswerk der Nikomachischen Ethik des Aristoteles Galle und Tinte verspritzen[41].

Sigismund darf sich die Einleitung zum Artikel I des Landslag anhören und darüber nachdenken, daß das »Svea- und Göta-Reich mit eines der ältesten Königreiche in der Christenheit ist«. Und dann: »Der berühmte König Alfons von Aragonien hat (einst) einen Pelikan malen lassen und darunter sein

Motto gesetzt *Pro lege et grege.* Das ist *Für das Gesetz und die Untertanen*«[42].

Beide Bezüge waren kühn und klug aus dem Reichtum republikanischen Denkens gegriffen. Ein Doppelschlag, wie ihn nur große Imaginationen in der gekonnten Konzentration von Bild und Bedeutung zu leisten vermögen. Denn vor allem die Wahl des libertären Königswortes erhellte für jeden der Beteiligten die Lage Schwedens auf eine einzigartige Weise, wurde doch Sigismund III. mit seinen spanischen Sympathien gezeigt, wo für ihn im mitternächtigen Reiche nach Maßgabe der universalen Ansprüche des *Gobierno espagnol* die Grenzen seiner Königsmacht lagen. Gleichzeitig konnte ihm unmißverständlich klargemacht werden, daß jedes Überschreiten der vorhandenen Rechtsschranken dorthin führen mußte, wo jetzt die Niederlande im Abwehrkampf gegen das machtversessene und rechtsvergessene Madrid standen. Dort hatte man mit Bedacht und Berechnung auf die aragonesische Achtung des Rechts zurückgegriffen und im Aufnehmen des libertären Königsnamens eine schlagkräftige Widerstandsformel gefunden, den Inbegriff des Staatsdenkens in Alteuropa schlechthin: *Pro lege, rege et grege*[43].

Was die Stände der Niederlande auf ihre Fahnen schrieben, war die legitime Erinnerung daran, was das Königtum sich selbst schuldig zu sein hat, wenn es in Verbindung mit dem »Volk« und dessen »Verfassung« zum Gedeihen aller drei Staatskräfte seinen vertraglichen Beitrag leisten will. In dessen Erfüllung liegt alles beschlossen, was die politische Kultur in Freiheit und Selbstbestimmung zu leisten versteht. Und daß es sich hier nicht um Abstrakta handelt, sondern um die gerechte Erfassung konkreter Zustände, vermittelt der Hauptverfasser der Adels-Oration an Sigismund III., der Vice-Kanzler *Erik Sparre,* in einer der bedeutendsten Staatsschriften der Zeit, die um 1585 entstanden ist und unter dem angeführten Motto eine Fundamentalfrage des Reiches Schweden zu beantworten sucht: Wie muß der Feudalnexus zwischen König und Herzögen verstanden werden?

Sparre leitet seine Antwort mit einer substantiellen Bestimmung des geltenden Gesetzesbegriffes ein. Im Vergleich zwischen »alten römischen Gesetzbüchern« und »Schwedens Gesetz«, wie es sich seit 1442 gestaltet hat, stellt er eine Gleichheit in der Gesetzgebung fest, d. h. »ohne Ja und guten Willen aller« darf dieser Prozeß nicht begonnen und nicht beendet werden. Diese Definition entspricht in jeder Weise dem alten Grundsatz aus dem Römischen Recht, der in allen libertären Gemeinwesen des Abendlandes zur Anwendung gekommen ist, bis ihn der Absolutismus beseitigt hat – »Quod omnes tangit, ab omnibus debet approbari.«[44]

Von dieser Grundlage aus erörtert er die Rechte und Kompetenzen, die dem König alleine gehören, und diejenigen, welche den Herzögen seit 1544 zugestanden worden sind. In der Verteidigung des absoluten Vorrangs von »König und Krone« vor den Herzögen weist er nach, daß diese allein schon aufgrund ihres besonderen Lehnseides dem König gegenüber Untertanen sind. Allerdings mit einer besonderen Qualität: Sie »sind Fürsten hier im Reich und inkorporierte Mitglieder«. Dieser Status soll nach Maßgabe der Erbvereinigung von 1544, der einzelnen Donations- und Lehnsbriefe von 1557 und des Testamentes von Gustav I. aus dem Jahre 1560 zwar erhalten bleiben, aber es darf nicht sein, daß die Herzöge in ihrem Herrschaftsbereich die Kompetenzen des Königtums verdrängen. Kein geltendes Verfassungsstatut habe es je erlaubt, »das königliche Recht . . . zu mindern«[45].

Ganz im Gegenteil. Es ist unabdingbare Eides- und Vertragspflicht der Senatoren oder Reichsräte, den König an das Recht des Reiches und damit des Stände-Volkes (Allmogen) zu erinnern und ihn darin zu bestärken. Aus diesem System der Gegenseitigkeit sind die Herzöge als Lehnsfürsten so wenig entlassen worden wie andere Stände. Das Erbprinzip hat demnach als Vertrag zu wirken, was auch in der Huldigung an den König zum Ausdruck kommt. Und das bedeutet, juristisch gesprochen, daß dem König im Feudalnexus das »Dominium directum« zusteht, d. h., er darf als Treuhänder der Krone aus deren materiellen Liegenschaften (im Grunde das Krongut von

»Uppsala öde«) besondere Vorrechte an Untertanen für Verdienste verlehnen, die nur ein »Dominium utile« übertragen bekommen – ein Nutz- und Nießrecht. König und Krone müssen jedem Herzog und Fürstentum vorgeordnet bleiben, wenn es im ganzen Reich weiterhin die Autorität von »Schwedens Gesetz« geben soll: »Denn zwischen Gleichen gibt es keine Autorität des Herrschens.«[46]

An diesem Strukturgesetz einer *vertikalen Ungleichheit* erweist sich Herrschaft nicht als Unterdrückung, sondern als Berücksichtigung qualitativer Erfordernisse in einem Gemeinwesen, die durch eine *horizontale Gleichheit* ergänzt werden müssen, wenn sich das Gerechte als Inbegriff der Balance von Qualität und Quantität erfüllen soll. Und dafür waren der Reichsrat und Reichstag eingerichtet. Vertragsorgane, welche im Dienste des Vergleichs standen, wenn die Fragen nach Krieg und Frieden, Gesetzgebung und Besteuerung anstanden, an deren Beantwortung alle Stände mitwirken mußten![47]

Ein solches System erforderte von allen Beteiligten ein Höchstmaß an Sachverstand, Disziplin und Fähigkeit zum Dialog. Nur wenn diese Qualitäten zum Tragen kamen, bestand Aussicht auf Erfolg, mit der Kunst des Kompromisses die stets neu entstehenden Konflikte im Inneren und die andringenden Kriege nach außen zu bewältigen. Verständlich war es allerdings, daß sich die Herzöge diesen Einschränkungen nicht immer beugen wollten, zumal ideologische Auseinandersetzungen die strittigen Kompetenzfragen belasteten. Das war im berühmten »Liturgischen Streit« zwischen Johan III. und Herzog Karl von Södermanland so[48] und entwickelte sich auch jetzt zu einem Streit, wie Schweden in Abwesenheit König Sigismunds III. regiert werden sollte. War er doch papistisch und auf die Durchführung der Gegenreformation bedacht, Herzog Karl aber trotz calvinistischer Neigungen auf die Augsburgische Confession eingeschworen und bei Wahrung seiner Eigeninteressen bestrebt, die Einheit des Reiches zu verteidigen, notfalls bis zum aktiven Widerstand hin, bis zum Bürgerkrieg[49].

Und für ein solches Blutvergießen mehrten sich die Zeichen, als Sigismund III. seinen Verfassungseid geleistet hatte und nach dem Ritus der Ketzerkirche im Dom zu Uppsala gekrönt worden war, was selbst ein Malaspina, Jesuit und Berater Sigismunds, nicht verhindern konnte[50]. Denn in den dynastischen Verhältnissen Herzog Karls hatte sich in diesem Jahre 1594 etwas ereignet, was darauf schließen lassen konnte, daß er sich nicht nur im Hause Vasa als »Miterbe« auffaßte, sondern im Reiche Schweden auch als ›Mitkönig‹ fungieren wollte, wenn der polnische Vasa nicht zugegen war, um letztlich als Krönung seines politischen Lebenswerkes den Griff nach der Krone selbst zu wagen.

Doch das war noch Zukunftsmusik. Nach der Abreise Sigismunds III. aus Schweden, bei der nicht alles so geregelt worden war, wie es für alle Seiten wünschenswert erschien[51], plagte den Herzog, der sich willig zeigte, das Reich zusammen mit dem Reichsrat treuhänderisch zu administrieren[52], eine nicht näher bekannte Krankheit. Diese veranlaßte ihn, im Juli 1594 in Nyköping, der Hauptstadt seines aufstrebenden Fürstentums, ein Testament für den Fall seines Todes zu verfassen.

In diesem Dokument, das noch keine eingehende Beachtung gefunden hat[53], gibt er zwar zu, daß Sigismund »nach dem Gesetz . . . der nächste Vormund unserer lieben Kinder sein soll«, aber weil er »von einer anderen Religion« sei und »nicht immer ständig hier im Reich anwesend sein könne«, bittet er »die guten Herren in des Reiches Rat« zusammen mit dreien seines eigenen Fürstenrates, darunter *Axel Rynning,* die erforderliche Vormundschaft zu übernehmen. In der Regierung des Fürstentums jedoch sollte auch »unsere liebe Hausfrau« Sitz und Stimme haben, die nach der Geburt einer Tochter im Jahr zuvor jetzt wieder schwanger war und bei Herzog Karl die Hoffnung keimen ließ, daß es endlich ein Sohn werde. Denn aus seiner ersten Ehe mit Maria von der Pfalz war nur die Tochter Catharina am Leben geblieben und das erwähnte Töchterchen aus seiner zweiten Ehe mit Christina von Holstein, die er im Alter von 42 Jahren 1592 geheiratet hatte, nachdem sie mit Sigismund III. verlobt gewesen war (!)[54].

Es blieb ihm in dieser Hinsicht nichts an menschlichem Leid erspart. Ohne seine stoische und auf die Vorsehung gerichtete Lebenshaltung wären alle privaten und politischen Nackenschläge kaum auszuhalten gewesen. Aber in seiner zähen Natur fand er immer wieder Kraft und neue Ideen, alle Hindernisse zu bewältigen. Auch jetzt in der leiblichen Not wird er nicht müde, für sich, sein Haus und das Reich Schweden zu wirken. So erwartet er von seinen Kindern, daß sie »ihrem lieben Vaterland zur Ehre« ihr Dasein nutzen und »daß auch unserem lieben Sohn, wenn uns der allmächtige Gott einen bescheren wird, unser ganzes Fürstentum mit allen Rechten so eingeräumt werde, wie wir es selbst innegehabt haben und nießen durften ... nach unseres Herrn Vaters Testamentsordnung«[55].

Nießen. Das ist der richtige Ausdruck für ein Lehen und das zugehörige »Dominium utile«, dessen Möglichkeiten Herzog Karl beim Ausbau seines Fürstentums allerdings so stark genutzt hatte, daß es mit seinem Eigengewicht auf das übrige Reich eine Sogwirkung ausübte und damit die Königsmacht schwächte. Als dann am 9. Dezember 1594 tatsächlich ein Sohn geboren wurde, da wußte ein jeder, der die Entwicklung des Herzogs verfolgt hatte, daß er damit wieder ein Stück stärker geworden war; hatten doch jetzt sein Leben und sein Eigeninteresse einen neuen Sinn bekommen[56].

Die Freude über diesen »jungen Sohn und Manneserben« war bei Herzog Karl übergroß, und als Ausdruck der Dankbarkeit seiner »herzallerliebsten Frau« gegenüber, die er mit Konfekt verwöhnte und mit exotischen Vögeln erfreuen konnte, gestattete er, entgegen allen Königstraditionen in Schweden, seinem Nachfolger einen Doppelnamen zu geben.

Nach dem Großvater auf der Vaterseite wurde er *Gustav* genannt und nach dem Großvater auf der Mutterseite *Adolf.* Was vordergründig als schwedisch-teutsche Namensverbindung aussah, fand bald eine besondere Ausdeutung, wollte man doch im latinisierten Gustavus nichts anderes erkennen als den römischen Kaisernamen Augustus. Und das bedeutete nicht nur »der Erhabene«, sondern auch das, was den römisch-teutschen

*Karl IX. mit Maria von der Pfalz (oben-links) und Christina von Holstein (rechts). An beiden Seiten verkürztes Detail aus einer Genealogie von Nützel. Im Jahre 1598 entworfen (KB – Stockholm).*

Kaisern einen doppelsinnigen Beinamen verschafft hat, nämlich »ein Mehrer des Reichs« zu sein. Den Zweitnamen ließ man mit der Erläuterung des ersten Anagramms beiseite, obgleich er genau das Kontrastprogramm zum ersten andeutete. In Adolphus steckt nämlich das griechische Wort Adelphos, und das bezeichnet den Bruder, jenen also, der mit seinem Namen für Gleichberechtigung und Eintracht wirken soll.

Dieses griechisch-römische Amalgam »Gustavus Adolphus« wollte in seiner Wortform vermitteln, was über das private Moment hinaus zum Inbegriff des Königtums geworden war, zu einer gelungenen Umsetzung dessen, was das »Pro lege et grege« zur Nachahmung empfahl: Nach außen ein *Mehrer des Reichs* und nach innen ein *Heger des Rechts.* Was sich doch an dieses Fürstenkind für Hoffnungen und Wünsche knüpfen ließen, dem es nicht erspart blieb, im Schatten eines Bürgerkrieges aufwachsen zu müssen!

Die Macht eines Freistaates lebt aus der Freistatt des Rechts. Im Blick auf Roms Republik hat Machiavelli gelernt, was es heißt, »daß Freistaaten die gesetzliche Möglichkeit haben, daß sich die Wut des Volkes gegen einen Mitbürger Luft machen kann. Sind keine gesetzlichen Mittel hierzu da, so greift man zu ungesetzlichen, und diese haben ohne Zweifel viel schlimmere Folgen als jene . . . Aus der alten Geschichte des Coriolan . . . ersieht jeder, wieviel Unheil dem römischen Staat erwachsen wäre, wenn dieser im Aufruhr getötet worden wäre. Dies wäre der Anlaß gewesen, daß einer den anderen angegriffen hätte; solche Angriffe erzeugen Furcht, die Furcht aber sucht Schutz; zum Schutz wirbt man Anhänger; durch Anhänger entstehen feindliche Gruppen im Staat, und die feindlichen Gruppen haben den Untergang desselben zur Folge . . .«[57]

Eine Ursituation des Bürgerkrieges. Sie kann in einer Monarchie mit republikanischer Struktur dadurch gefördert werden, daß sich der Zorn des Volkes mit den Interessen eines Fürsten verbindet und sich gegen einen ungerechten König wendet. Der Fall Eriks XIV. ist deutlich genug. Eine Variante wäre dabei, daß ein solcher Fürst den Zorn erst entfacht, sogar den König mit Waffen bekämpft, dann aber unliebsame Gesetzeswächter und unbequeme Senatoren vom Volke selber richten läßt – »nach Gesetz«!

Zum Verständnis dieses Sonderfalles, der sich von der Krönung Sigismunds und der Geburt Gustav Adolfs (1594) bis zum »Blutbad in Linköping« (1600) aufladen und furchtbar entladen sollte, genügt es nicht, den komplizierten Einzelbewegungen zu folgen, wenn über die Triebkräfte besonders bei Herzog Karl keine Klarheit besteht. Und dazu gibt es eine Streitschrift aus dem Jahre 1592, die in gnadenloser Offenheit eine rhetorische Hinrichtung des Herzogs liefert und sich aus individueller Ohnmacht heraus eine staatliche Öffentlichkeit erzwungen hat, wurde sie doch auf Anraten des Herzogs selbst im Reichsrat verlesen[58].

Das spricht für den Vasa, der sich in der vorgelegten Analyse einiges anhören muß. Glänzend geschrieben, ist sie ein Höhepunkt in der politischen Polemik Alteuropas. Eine Feuerseele war hier am Werk. Sie setzte ein Menetekel nach dem anderen an die Wände des Ratssaales im Schloß Drei Kronen zu Stockholm, gekonnt aus Geschichte und Tagespolitik zu einer flammenden Anklage getrieben.

So weit ist es schon wieder in diesem Reich gekommen, »daß keiner mehr offen reden will und etwas anderes zu sagen wagt als das, was Ihr (Herzog Karl) gern hören wollt. Alle eure Taten und Unternehmungen sollen als richtig angesehen werden. Und wer sich untersteht, die Dinge anders zu sehen, muß mit Gefahr für Leib und Leben rechnen.« O ja, da mache man sich nichts vor. Wie »ein wilder Ochse, der nach seinem freien Willen die Erde zertrampelt«, so gebärdet sich der Vasa-Herzog. Er ist nicht weit davon entfernt, »wie ein reißender Wolf in die Herde armer Schafe einzubrechen« und Christian »Tyrann« mit seinem »ungerechten und gewaltsamen Regiment« nachzuahmen oder den »tyrannischen König Erik«.

All das verwundert nicht, hat doch schon Gustav I., »der nicht mehr war als ein Mann des Adelsstandes«, nach seiner Annahme als König oft genug vergessen, daß er von den Schweden und dem allmächtigen Gott nur erhöht worden ist, um das Land »bei Gesetz und Gericht« zu halten. »Alles sollte nur seinem Willen und Behagen unterworfen sein.« Und das war nicht wenig, denn er vergriff sich am Eigentum der Kirche und hatte mit der Reformation als Abwehr Roms und des Kaisers nur eines im Sinn: »In hunderttausend Teufel Namen bin ich König. Das ist mein Reich und nicht ein . . . Bischofs- und Mönchs- und Bauernreich.«

Darum dreht sich alles in diesem Reiche Schweden, wie anderswo auch – um »besonderen Eigennutz«. Schlimm, wenn er vom König zur privaten Bereicherung herhalten muß und als Inbegriff aller Staatskunst ausgegeben wird. Und: Man denke doch einmal darüber im Ernst nach, ob ein »vermeintliches Recht« dazu wirklich berechtigt, einer »Gewalt mit Gewalt zu begegnen«? Versteht ihr alle überhaupt »dieses Wort, das von Euch (Herzog Karl) oft zu hören ist, nämlich daß *Treu Herr Treu Knecht* hätte, wie auch umgekehrt (?) Es wäre gut, wenn Ihr Euch mit anderen in gehöriger Weise daran erinnern würdet.«

Wohin führt denn diese unersättliche Gier nach Gut und materiellen Besitztümern auf Kosten Andersdenkender? Zu »einer Hand voll mit Blut«. Ist es das, was sich der Herzog vorgenommen hat, der auf eigene Faust und oft genug gegen den König Johan III. besonders mit Fürsten des Heiligen Reiches sogar eine Art Außenpolitik versucht hat? Schwächungen des Königtums um der eigenen Stärkungen willen? Und das alles über die Köpfe der Stände hinweg? Und rechtsvergessen, nur darauf bedacht, die Schweden zu »leibeigenen Sklaven« zu machen, den eigenen Gütern entfremdet und politisch entmündigt? Wehe, wenn »ihr alle euere Herzen wie Pharao verstocken wollt und weiterhin nichts anderes treibt, als mit Gewalt und Tyrannei fortzufahren, Gottes Wort verfolgt und eurem Vaterreich zur Unterdrückung gereicht . . . Da denkt nur an meine Verfluchung (spadom): Ehe zwanzig Jahre verflossen sind, werdet Ihr (Herzog Karl) um euere Macht und gewaltsame Regierung gekommen sein. Und es wird kaum noch einen auf der Erde geben, der euren Namen in Erinnerung tragen wird. Das wird geschehen, so wahr Gott ein gerechter Herr und aller Obrigkeiten Obrigkeit ist«[59].

Nimmt man diese Prophezeiung beim Wort, dann müßte sich Herzog Karls schreckliches Schicksal Ende 1611 erfüllen. Wahrlich für die Zeit mit ihrem Wunderglauben ein grausiger Gedanke. Und erfüllte er sich noch, was mochte man dann wohl denken?

Aber noch war es nicht so weit, und was sich *Axel Graf Leijonhuvud* in seinem Protest gegen ein halbes Jahrhundert Geschichte und Politik von der Seele geschrieben hatte, traf nicht nur das Haus Vasa in seiner Besitzgier, sondern auch ihn selbst. Denn er vermochte es in seinem politischen und possessiven Verhalten nicht, den ethischen Ansprüchen in jedem Fall zu genügen, die er gegen Herzog Karl anmahnte. Er hatte weiß Gott genügend Dreck am Stecken[60] und erfüllte auf seine Weise einige Charakterzüge, die Gustav I. einst an seinen »unruhigen und neidischen Schweden« feststellen konnte und sich darüber verwunderte – mit einem hohen Maß an Selbstkritik.

»Es ist der Fehler des Befehlenden, wenn der Gehorchende nicht gehorcht. Denn dem Gesetz soll ohne alle Umstände gefolgt werden, dauernd und ohne daran erinnert zu werden.« Wer Obrigkeit ist, unterliegt ganz anderen Bedingungen als Menschen im reinen Privatstand, obgleich auch diese sich nur im Rahmen des Rechts frei bewegen dürfen – »es tue keiner, was er gerade will, sondern was er soll«!

Und bei aller Ungleichheit zwischen oben und unten, so ermahnte er einmal seine Söhne, die ihre Abstammung von den »alten Goten«, ja selbst von den Asen, »von Odins Stamm«, herleiten wollten[61], sollten sie nie vergessen, daß sie sterbliche Menschen sind: »Und ist das Schauspiel (des Lebens) vorüber, dann sind wir alle gleich.« Und ein jeder hat dann vor dem Richterstuhle Gottes für seine Taten und Unterlassungen einzustehen. Dachte er dabei an seine Schweden, dann mußte er sehr nachdenklich werden und sich fragen, was er zu ihrer Erziehung während seines Königtums getan hatte. Glühte doch immer noch ein unruhiges Gemüt in ihnen. »Sie sind sehr schnell dabei, allem zuzustimmen, ehe sie die Dinge richtig verstanden und untersucht (utransakat) haben, was wahr und nützlich ist. Dabei ist ihnen kein Geschwätz zu viel und kacken sich ins eigene Nest. Aber sie haben es gar nicht gern, wenn man sie selbst verleumdet . . . Den Ausländer wollen sie in des Landes eigenen Ämtern nicht leiden, . . . obgleich wir nicht in der Lage waren, allein alle Bedürfnisse des Reiches zu erfüllen« und daher auswärtige Kräfte nötig hatten, vor allem in der *Teutschen Periode,* als Schweden auf den neuesten Stand innerer Verwaltung nach teutschen Vorbildern gebracht wurde[62]. Wie war es denn zu jener Zeit mit den Schweden? »Diese rohen Schulfuchser haben nichts Sonderliches ausrichten können, aber nun da sie durch unsere Fürsorge zu Verstand gekommen sind, gehört ihnen im Verwaltungsbereich unterhalb des Königs die Erledigung anfallender Geschäfte. (Ja, ja) sie zerreißen sich das Maul über unseren stattlichen Hof, gleichsam als dürften sich der HERR und die Gesalbten des HERRN nicht mit Herrlichkeit umgeben. Es ist ihre Pflicht, dem Gemeinwesen zur Ehr. Und die anderen sollen die Majestät heilig halten und sich nicht einbilden, ihren Trägern gleich zu sein (sig vara geliker), dem Lande zu geringem Frommen. Alles andere wäre ungebührliche Verschwendung.«

Man erkennt an diesem Bekenntnis zur Darstellung von Macht und Herrlichkeit das Bedürfnis, auf das Königtum den Pomp der Repräsentation zu übertragen, den einst die Römische Kirche in Schweden zelebriert hatte. Ihre Kultur hatte er auch mit Hilfe teutscher Söldner zerschlagen, die Bauern unter *Nils Dacke* bekämpft, nur weil sie ökonomisch autonom und römisch-katholisch bleiben wollten[63]. An der Forderung nach einem Ersatz kam er jedoch nicht vorbei. Allein der oft sehr kritische Reformator *Olaus Petri* half ihm während des Umbruchs auf die Sprünge[64] und zu der Einsicht, daß »Tugend, Vernunft und Mannestum den Adel machen«. Deshalb ruft er seinen Söhnen eine weitere Staatsmaxime zu: »Haltet euch an die Rechtsinnigen. Mit diesen könnt ihr die anderen zügeln. So habe ich es gemacht.«

Das Recht und die Ehrlichkeit. Auch sie mußten ständig neu erworben werden, was immer auch die Macht erzwingen wollte. Und dies gerade bei einem Volk, das politisch in seinen vier Ständen und in diesen selbst einer starken sozialen Abstufung unterworfen war. Gustav I. stellte dazu fest: »Der Schwede ist hochgesinnt, oft zu ungelegener Zeit. Die Mächtigen, die wir noch haben, sind meist regierungssüchtig . . ., haben aber einen Sinn für den eigenen Manneswert (karlasinne) und treten furchtlos vor ihren König . . . Sie dulden keine Ungerechtigkeit und Versklavung (träldom) . . . Sie sind stark und mutig vom Wesen her; wollen gerne berühmt werden und sind in diesem und jenem Bereich durchaus tüchtig. Im Krieg möchten sie Blut lecken und kein Gelaber (parlementering) hören. Ja sie schämen sich, wenn sie dabei zu wenig selbst getan haben. In ihrem gewinnenden Wesen sind sie erfinderisch und der Gelehrsamkeit geneigt wie jedes andere Volk auch – jedoch gleichzeitig ziemliche Angeber (tämmeligen dröngöther).«

Also, nützt den Tag und belohnt die guten Arbeiter im Weinberg des Reiches; verscheucht die Tagediebe; treibt den Ackerbau, den Bergbau, den Handel und vergeßt darüber nicht »das Buchwesen und die Künste«; kümmert euch um das Beste dieses Volkes mit seinen Vor- und Nachteilen, errichtet Schulen und Spitäler; fördert das Kriegswesen zu Wasser und zu Land; haltet die Untertanen »bei Gottes Wort, Gebet und Kirchgang . . . darin liegt die Ruhe des Reiches«. Und bedenkt bei allem eines: »Man äfft euch nach«![65]

Keiner seiner Söhne hat sich diese Ermahnung so zu Herzen genommen wie Herzog Karl, der gelehrteste unter den begabten Söhnen Gustavs I. Und er stand nun vor der Aufgabe, gegen Sigismund III., Teile des Reichsrates (darunter auch Erik Sparre) und der Stände, das politische und possessive Erbe seines Vaters zu bewahren. Das gelang ihm auch über viele Stationen. Dabei spielte die Schlacht bei Stångebro im Jahre 1598, entlang eines uralten Königswegs während der »Eriksgata«, die entscheidende Rolle, als im Kern Schweden gegen Schweden kämpften, an den Rändern aber auch Polen und Teutsche[66]. Herzog Karl gewann dieses Ringen gegen König Sigismund III. und setzte es durch, daß ihm diejenigen Reichsräte ausgeliefert wurden, die sich trotz einiger Mißgriffe des Königs an ihren Verfassungseid gebunden fühlten und dem Schweden-Vasa nicht zu Willen sein wollten.

Zur Wahrung des Scheins, mit ihnen nach Maßgabe von »Schwedens Gesetz« zu verfahren, strengte er gegen sie ein Gericht an, das von herzogtreuen Ständevertretern beschickt worden war. Welche Gründe Herzog Karl auch immer hatte, diesen Machtkampf rechtlich abzusichern, so war es doch ein gelenkter Schauprozeß, und er wie die verordneten Richter durften hören, was die Angeklagten davon hielten, als sie im Jahre 1600 Rede und Antwort zu stehen hatten: »Diese guten Männer, die im Gericht sitzen, standen IFG:de immer sehr nahe. Und es scheint mir, sagte er *(Ture Bielke),* daß keiner weder nach Schwedens noch nach einem anderen Gesetz in seiner eigenen Sache urteilen soll.«

Das ist ein Fundamentalsatz aller Rechtsstaatlichkeit, ein Bekenntnis zum dreiteiligen Vertragswesen allen Rechts. Herzog Karl verteidigte sich damit, daß er »hier nicht als Richter stehe, sondern als Ankläger für seine eigene Person und im Auftrag der Stände des Reiches«[67]. Die »eidgeschworenen Ratspersonen« verteidigten sich geschickt und forderten sogar »unparteiische Richter« aus dem Ausland[68]. Sie setzten sich aber nicht durch, sondern hatten nur eines zu erkennen, daß sie als Senatoren und Mediatoren zwischen die Mühlsteine von Machtinteressen geraten waren, ja selbst dem Vorwurf ausgesetzt wurden, schon zu König Johans III. Zeit zur Regierung gelangen zu wollen[69].

Bei Lichte betrachtet war das ein absurder Vorwurf, der von den tatsächlichen Verhältnissen ablenken sollte. Erik Sparre, dieser leidgeprüfte, arbeitsame und hochgelehrte Staatsmann, nannte das Problem denn auch bei seinem rechten Namen: Die Senatoren konnten und durften nach der Verfassung »nicht in der Weise zwei Herren dienen, von denen der eine gebot und der andere verbot«[70]. Das war der Hauptgrund des gesamten Streites, an dessen Ende sie für das Machtstreben Herzog Karls und König Sigismunds III. im wahrsten Sinn des Wortes den Kopf hinhalten mußten, nur damit sich die beiden Vasa-Erben rechtfertigen konnten.

Nach dem Schauprozeß wurden die Senatoren Erik Sparre, Sten Banér, Gustav Banér, Göran Posse und Ture Bielke auf dem Marktplatz zu Linköping öffentlich hingerichtet. Man schrieb das Jahr 1600, in dem auch *Giordano Bruno* einen schrecklichen Tod erlitt. Macht stand gegen Recht, und der physisch Stärkere hatte zeitweilig die Oberhand. Wo sollte diese Blutspur enden, wenn es nicht gelang, die Mächtigen im Recht zu bändigen?

Dort, wo Herzog Karl in seinen Reimkünsten den Stab über seine Schweden brach, wenn er von ihrem unsteten Gemüt klagte: »Die Schweden pflegen sich nicht lang zu quälen/ Bald pflegen sie eine andere Obrigkeit zu wählen/ Seit alters her war das so ihre Art . . .«[71]

Die Angst vor einem solchen Umsturz hat ihn im Schatten

der Blutschuld von Linköping nie mehr verlassen und Schwedens innere wie äußere Politik bis zu seinem Tode hin belastet. Es kostete eine unerhörte Anstrengung der besten Generation, die dieses Land je regieren durfte, um dem Reiche Schweden wieder allmählich zum inneren Frieden zu verhelfen. An dem, das muß man dazu sagen, Herzog Karl trotz allem auch seinen Anteil beitragen durfte.

# Erziehung zur Verfassung

Der Lebensauffassung des *Erasmus von Rotterdam* gemäß, mit dessen Schriften junge Schweden aus dem Adelsstand Erkenntnis gewinnen, Bildung erleben und ihr Latein verbessern sollten[1], wird der Mensch nicht geboren, sondern auf eine besondere Weise für sein irdisches Dasein geformt. Erziehung läßt ihn dabei seine individuellen Anlagen erkennen, entwickelt seinen Charakter im Bekämpfen von Untugenden und stimmt ihn auf fundamentale Lebensziele ein. Werden diese Bedingungen optimal erfüllt, dann vermag das Leistungsprinzip das vorherrschende Geburtsprinzip zu durchbrechen. Als lebendiger Beweis dieser Durchsetzungskraft des geistigen Eigentums von unten nach oben müssen die beiden ersten Lehrer Gustav Adolfs angesehen werden.

*Johan Skytte,* dem Herzog Karl 1602 den Auftrag erteilte, den achtjährigen Erben durch ein gezieltes Lehrprogramm auf seinen Status als Fürst vorzubereiten[2], und *Johannes Bureus,* der daneben diese verantwortungsvolle Arbeit unterstützen durfte[3], haben sich alle Mühe gegeben, den gestellten Anforderungen zu genügen. Es war ihnen in hohem Maße bewußt, was sie als Unadlige zu leisten hatten, um dem Fürstensohn das beizubringen, was in ihrer Zeit »adliges Werk« genannt wurde. Nämlich die Vermittlung umfassender Kenntnisse und Tätigkeiten nach Maßgabe der Kriegskünste und Buchkünste an einen Jungen, der frühzeitig lernen sollte, worin der rechte Manneswert zu bestehen hatte.

Die Ansprüche an eine gediegene Erziehung waren nach den Belastungen im überstandenen Bürgerkrieg erheblich gestiegen, und ein jeder wußte, daß vom Benehmen des jungen Fürsten auch das Verhalten des Adels und seiner Söhne abhängig sein konnte. Nach geltendem Recht traten Schwedens Adlige bereits mit fünfzehn Jahren in den Stand rechtlicher Mündigkeit. Und das bedeutete nicht nur die individuelle Handhabe der Vertragsfähigkeit und damit auch der Berechtigung zur Heirat, sondern auch das Wahrnehmen des Wehrdienstes im Sinne einer aktiven Teilnahme am Rüst- oder Roßdienst, aus dessen Leistung sich die Erlaubnis ableitete, in einem Kriegszug sich selbst und das eigene Adelsgeschlecht zu vertreten[4].

Das *Adelsaufgebot* bildete trotz der Annahme von auswärtigen Söldnern und eigenen ausgehobenen Bauern-Soldaten den Kern des Heeres und erforderte körperliche Ertüchtigung. Reiten und Fechten, Ringrennen und das Erproben in Ritter-Turnieren waren unabdingbare Voraussetzungen für eine Verwendung in den einzelnen Offiziersrängen. Ballschlagen und Tanzen sowie die Kunst des Jagens trugen außerdem dazu bei, dem jungen Adelsvolk ein gefälliges Wesen beizubringen und es auf die Erfordernisse der *Manneszucht* einzustimmen. Auf das Wirken einer virilen Qualität, an der das Wohl und Wehe eines Gemeinwesens hängen konnte. Denn Anlässe zum Streiten gab es mehr als genug.

Die Kämpfe um Ehre und Erbe, Land und Leute hatten gerade in der säkularen Auseinandersetzung zwischen Herzog Karl und König Sigismund III. gezeigt, wie wichtig es für die Zukunft sein mußte, daß in der Sucht nach Macht die Suche nach dem Recht und der Selbstbeherrschung nicht unterging. Wurde diese Tugend der Leitstern des Politischen, dann erfüllte sich gleichsam als ein Wink Gottes die Sehnsucht nach dem Vollenden des Gerechten. Verständlich auch, daß die Frage nach dem Wesen der Gerechtigkeit und ihren Mitteln stets die Gemüter bewegte: »Wer ein Mittel finden könnte, das nach Recht und Billigkeit darüber zu urteilen und die Menschen nach Vernunft an ihren Platz zu stellen erlaubte, der würde mit diesem einen Schlag eine vollkommene Staatsform errichten . . . Wir folgen mehr der Rücksicht auf Gewohnheit und Vorbilder als der Vernunft«[5].

*Montaignes* Ermahnung, neben Bodin auch in Schweden eifrig gelesen, nimmt im Erleben des Gerechten eine universale Ethik auf und verweist auf die Erkenntnis vom Wert des eigenen Standes, wie er sich im Vergleich mit anderen Rängen und Ständen ergibt. So denkt der humanistisch gebildete Geistesadel über alle religiösen und regionalen Grenzen hinweg. Er dehnt sich wahrhaft aus, um von allen Enden der Welt her mittels der Lehren aus der Geschichte bei sich selbst immer wieder neu einen Anfang zu machen, und im Vollzug des Gerechten, in dem auch jeder Vorzug beschlossen ist, das Wesen und Wirken des realen Manneswertes zu erkennen[6].

Darin hat das Ziel des Staates zu liegen, und alle Erziehung muß deshalb auf die Geschichte des Gerechten gerichtet sein, weil sich nur in ihr der Mann als Mensch wiederfinden kann. Und was für den einfachen Adligen zu gelten hat, das wird bei einem Fürstensohn noch viel höher gesetzt. Denn »so wie in einem Gemeinwesen die Regierenden in ihrem Staatssinn beschaffen sind, so pflegen auch die übrigen Bürger zu sein«[7].

Diese Maxime Ciceros führt Johan Skytte in seinem gedruckten Erziehungsprogramm von 1604 an, das man als eine Art Rechenschaftsbericht für die Öffentlichkeit betrachten kann. Sie soll nach seinem Willen sehen und nachprüfen können, wie er Gustav Adolf auf die Zukunft einzustellen gedachte und welche Früchte seine Bemühungen trugen. Das Ausweichen auf den republikanischen Römer wurde von Skytte bewußt gewählt, weil er als Anhänger des *Ramismus* im methodischen Bereich der Wissensvermittlung vom System dogmatisierter Lehrsätze der Scholastik und des Aristotelismus abging, und in einer fast induktiven Art zu Urteil, Schluß und Definition in der Begriffsbestimmung gelangen wollte[8]. Aber bei aller Verschiedenheit der Wege ist das Ziel der Politik, wie es bei Cicero entdeckt und aus dessen berühmter Schrift »De officiis« abgeleitet wird, auf die Einsicht des Aristoteles gerichtet, »daß das wichtigste Mittel zur Erhaltung der Verfassung . . . die *Erziehung zur Verfassung* ist. Denn auch die nützlichsten und von allen Staatsmännern einstimmig angenommenen Gesetze sind nutzlos, wenn die Staatsbürger nicht gewöhnt und im Sinne der

Verfassung auferzogen sind ... Ist der einzelne zügellos, so ist es auch der ganze Staat«[9].

In einer Monarchie wie Schweden, die sich nach dem Bürgerkrieg wieder in einem libertären Sinne und Vertragsrecht zu organisieren begann, war ein derartiger Auftrag für das allmähliche Gedeihen des in vielen Bereichen vernachlässigten Gemeinwesens unabdingbar. Ihre politische Ordo war dabei von zwei besonderen Bedingungen abhängig: vom *ephoralen Wirken* des Reichsrates und von der Anwendung des Gerechten in seinen *proportionalen Formen*.

Und zu diesen fundamentalen Forderungen an Sinn und Ziel des libertären Vertragslebens in einem monarchischen Staat hat Skytte seinem Schützling in der Abstimmung mit Herzog Karl, der sich seit 1604 »erkorener König« nannte[10], das Wesentliche und Zukunftsweisende beigebracht. Er stand bei diesem Vorgehen in unmittelbarem Kontakt zur politischen Wirklichkeit. Denn im Jahre 1602 war der Reichsrat restituiert worden, und das bedeutete nach den Wirren der voraufgegangenen Zeit den ersten Schritt hin zu einer bewußten Vermarktung der Macht im vertraglichen Recht, d. h. Herzog Karl stellte wieder die institutionelle Drittwirkung her. Das Gleichgewicht zwischen dem Königsrecht und dem Ständerecht hatte mit dieser Maßnahme seinen inneren Ruhepunkt gefunden, das Organ des Ausgleiches und Vergleiches[11]. Dessen Natur leitete sich aus dem Marktprinzip ab, aus dem kommutativen Vertragswesen, das mit romantischen Vorstellungen von einem »germanischen Staatsrecht« gar nichts zu tun hat[12], wohl aber mit diesem universellen Gesetz: »Gewinn bedeutet zuviel Vorteil und zuwenig Nachteil und der Gegensatz dazu ist der Verlust. Als Mittleres zwischen beiden erwies sich das Gleiche, das wir als das Gerechte bezeichnen. So ist das Gerechte als ein Regulierendes nichts anderes als die Mitte zwischen Verlust und Gewinn. Wenn es daher Streitigkeiten gibt, so geht man zum Richter um Hilfe. Der Weg zum Richter aber ist der Weg zum Recht, denn das Wesen des Richters will gleichsam verkörpertes Recht sein.

Und man sucht den Richter als den Mann, der in der Mitte steht, und mancherorts nennt man ihn ›Mittler‹ . . .«[13]

In diesem Kernsatz aus dem fünften Buch der »Nikomachischen Ethik« liegt das ganze Geheimnis der libertären Verfassungs- und Vertragsgeschichte Alt-Europas. Und kein Potentat hat sich um den Ausbau und die Anwendung dieses Prinzips auf allen denkbaren Ebenen des Staatslebens so sehr bemüht wie Gustav Adolf. Nicht umsonst verweist Skytte im Rahmen seiner Darlegungen zum Wesen der *Politica* auch darauf, daß es die vornehmste Aufgabe eines Fürsten zu sein hat, sich als Richter zu betätigen. Und in dieser Funktion muß er sich dauernd bewußt bleiben, daß er ein »custos legum« zu sein hat – ein *Gesetzeswächter!*[14]

Die Fülle der Aufgaben im Fürsten- oder Königsamt, das Gustav Adolf gemäß der Verneuerten Erbvereinigung von 1604 unter besonderen Bedingungen nach dem Tode seines Vaters übernehmen sollte[15], erlaubte es aber nicht, daß der Träger dieses Amtes überall gleichzeitig walten konnte. Aus diesem Grund soll er sich »nicht einbilden, einen so klugen und geschickten Kopf zu haben, daß er alle hochwichtigen Angelegenheiten des Reiches ohne Ratspersonen verrichten könne«[16].

Unter Berufung auf Philippe de Commines, Justus Lipsius und Tacitus kommt Skytte wiederholt auf die wertvolle Funktion der Räte oder Senatoren zurück. Ihnen obliegt ja in einem libertären Gemeinwesen wie dem in Schweden neben verschiedenen Aufträgen in der öffentlichen Administration als Statthalter, Richter oder Diplomaten, die bei Verhandlungen zwischen zwei Mächten stets als »Mediatoren« zu fungieren hatten, vornehmlich die Aufgabe, dem König gegenüber eine Rechtskontrolle wahrzunehmen. Damit erhalten sie die Qualität von Ephoren wie in der Verfassung des antiken Sparta, werden zù Gesetzeswächtern und auch im »inneren Staatsrecht« zu Mediatoren, die auf die Verfassung vereidigt waren, aber oft genug erleben durften, was es bedeuten konnte, wenn diese nicht mehr von den Königen und Teilen der Stände verteidigt wurde – den Tod auf dem Richtblock.

Der rechte Manneswert dieser Amtsträger setzte Vertragstreue, juristischen Sachverstand und Gelehrsamkeit voraus, damit das Recht auf eine freie Meinung im Senat zu seiner nützlichen Wirkung kommen konnte. Dieses Mittlerorgan oder Zwischenmacht[17] durfte zwar nicht beschließen, daß dies oder jenes im Gemeinwesen nach innen und außen geschehen müsse, wohl aber mußte sie darauf hinweisen, was zu unterlassen sei, damit nicht das Ungerechte herrsche! Demnach hatte sich ein gerechter König nach dem Grundsatz zu richten: »Guter und nützlicher Rat kommt nicht von denjenigen, denen der Mund zugefroren ist«[18].

Mit diesem Bild, das im eisigen Schweigen die Natur von Terror und Tyrannis erkennt, macht Skytte seinen Zögling darauf aufmerksam, daß seine eigene Regierung an innerer Stärke gewinnt und machtvoll wird, wenn er gute Ratgeber hat und sie in Ehren hält. In der Form rhetorischer Fragen lenkt er deshalb auch alles Interesse auf die Qualitäten von Einzelpersonen, sucht er Antworten auf den reinen Begriff vom wertvollen Menschen zu bringen, der im Beherrschen seiner Affekte für das Gemeinwesen die höchsten Effekte erzielen kann.

Am Ausgang des Bürgerkrieges mit seinen furchtbaren Blutbädern, Racheakten und Verdächtigungen erschien diese Einstimmung auf die Notwendigkeit des Senats wie eine versöhnende Handreichung des Rechts. Man lese etwas über die »Pathologie des Krieges« bei Thukydides, um zu verstehen, daß hier das Selbstverständliche der in sich ruhenden Friedenszeiten mit ihren eingedämmten Leidenschaften erst wieder errungen werden mußte[19].

Und dazu gehörte ein eifriges Lernen für den Umgang mit dem Wichtigsten in einem Gemeinwesen, mit dem Eigentum! Mit Nachdruck legt Skytte denn auch das größte Gewicht auf das Studium der Geschichte und der Jurisprudenz, auf daß Gustav Adolf nach den Auskünften des Thukydides und am Beispiel der Athener erfahre und begreife, was es auch in Schweden heißt, »mit dem zufrieden zu sein, was sein Eigen ist«[20].

Ohne Aristoteles, den Erzieher Alexanders des Großen, zu nennen, wird hiermit auf das »Suum cuique« in der »Nikomachischen Ethik« verwiesen, auf das »Jedem das Seine«, das in seiner imperativen Form genau das ausdrückt, was auch das Mosaische Gesetz in seinem Kern bestimmt – das Umsetzen einer Eigentumsphilosophie in eine universale Gesetzesethik[21]. Das Besondere an der aristotelischen Einstellung zu diesem Fundamentalbereich politischen Lebens und Strebens ist nur, daß der »Lehrer des Menschengeschlechts« das reine Vergeltungsprinzip der Pythagoräer, und wie es im Alten Testament vorkommt (»Auge um Auge, Zahn um Zahn«), mit dem Verhältnismäßigkeitsprinzip wesentlich ergänzt hat.

Mit seiner Definition des Gerechten als »eines Proportionalen« und in der Berücksichtigung der Umstände einer Straftat hat er jene Grundlagen des »besten Staates« gelegt, ohne die weder der libertäre Verfassungsstaat Alt-Europas hätte existieren können noch der liberale Vertragsstaat der Modernen. Skytte vermittelt dieses innere Gestaltungspotential eines optimal ausgerichteten Staates oder Gemeinwesens dort, wo er Gustav Adolf in die Geheimnisse der Geometrie und der Arithmetik einweist[22]. Denn in beiden mathematischen Denkmodellen finden sich die Mittel zur Verwirklichung der Gerechtigkeit, um die es in aller Politik zu gehen hatte und deren strukturelle Voraussetzungen in der allgemeinen Staatslehre der Modernen unbekannt geblieben oder verdrängt worden sind[23].

Ohne die Kenntnis aber der Wirkung, wie sie die *»geometrische Proportion«* als Steuerinstrument der »zuteilenden Gerechtigkeit« (justitia distributiva) hat, wird man das Wesen des hier vorherrschenden Feudal-Systems nie verstehen können. Denn in diesem Bereich des Gerechten geht es um individuelle Qualitäten, um die Leistung, Tugend und gelebte Virtus eines Mannes, der sich um König und Krone verdient gemacht hat. Für seine Verdienste (merita) erwartet er eine Belohnung (praemium) meist in Form einer Belehnung mit Krongut. Der König muß also diese Leistung erkennen und im Verhältnis zu anderen Leistungen anerkennen. Das Gesetz fordert deshalb von ihm, sich »nach Proportion« (secundum rationem) zu verhalten und bei der Zuteilung des gerechten Entgelts alle Umstände zu berücksichtigen, welche die Verlehnung rechtfertigen. In diesem Verfahren erlebt sich das *Teile und Herrsche* (Divide et impera) als konkrete Anwendung der mathematisierten Steuerung von Gütern und anderen Ehrungen im Rahmen der zuteilenden Gerechtigkeit. Wer die zugehörigen Mechanismen nicht beherrschte, Merita und Praemia nicht unter zureichenden Gründen so mischen konnte, daß sich dabei eine innere Balance von Geben und Nehmen herstellte, der verlagerte recht bald die *Symmetrie des Besitzes* und verursachte mit seinen Maßnahmen Unruhe und Unzufriedenheit[24]. Das aber war nicht der Sinn der Handlungsweise eines gerechten Königs.

Ein solcher mußte wissen, wie er Qualitäten zu handhaben hatte. Das setzte genaue Beobachtung der Umgebung voraus, ein hellwaches Erfassen der Leistungen aller Amtsträger und ein gerüttelt Maß an Menschenkenntnis. Wehe einem Fürsten, der sich auf diese geometrische Kunst nicht verstand, auf das Abwägen von Verdiensten vor allem im Adel, aber auch im Unadel, der zu besonderen Leistungen angehalten werden mußte, um in der Hoffnung auf sozialen Aufstieg seine Energien zu nutzen. Die Geschichte des Lehnswesens und der Besteuerung von Besitz bis hin zu der des Wahlrechts mit seinem Proportionalverfahren wäre ganz undenkbar ohne das Geometrische in der Gunst der Könige oder im Gewähren des Volkes als Souverän.

Nicht anders verhält es sich mit dem Wesen und Wirken der *»arithmetischen Proportion«*, welche nach dem Denkmodell des Aristoteles die »ausgleichende Gerechtigkeit« (justitia commutativa) strukturiert[25]. Skytte nennt sie indirekt die »Kunst der Kaufleute, Kämmerer und Rentmeister«[26]. Wer sich in ihr nicht auskennt, der vermag es kaum, eine gerechte Rechenordnung bei Zöllen und Steuern, Sold und Lohn zu erstellen oder gar zu begreifen, daß diese Art des gerechten Verhaltens nur möglich ist, wenn von individuellen Qualitäten abstrahiert werden kann und letztlich nur Quantitäten gezählt werden. Gäbe es dieses Verfahren der Kommutation nicht, wären Verträge zwischen einem König und den Bauern ausgeschlossen. Denn der qualitative Unterschied ihres Ranges in der sozialen Hierarchie ist so beschaffen, daß sie außerhalb der Reichstage den gebührenden Abstand zueinander halten. Auf diesen Versammlungen aber wirkt dann das »Sine respectu personarum« um so mehr, indem bei den zahlreichen Staatsverträgen »ohne Ansehen der Person« vorgegangen wird. Ein Verfahren, wie es die Gerichte nicht weniger kennen und darauf eingeschworen sind, damit das Recht im Rahmen einer *horizontalen Gleichheit* zur Anwendung kommt und in der Kommutation den Tausch als materiellen Vergleich zwischen Vertragspartnern garantieren kann.

Zum Aufgabenbereich dieser Gerechtigkeit, die sich mit den Regelungen der Erfordernisse im gesamten Gemeinwesen befaßt und damit nicht auf die »Einzelnen« (singuli), sondern auf »Alle« (omnes) und besonders »Allmogen« gerichtet ist[27], gehört auch das Regulieren und Balancieren der Verhältnisse mit äußeren Mächten. Diese haben oft eine völlig andere Qualität im geistlichen und weltlichen Regiment. Man braucht da nur an das Moskauer Zartum zu denken, das sich der Orthodoxen Religion und einem Patrimonialen Absolutismus verschrieben hatte. Dennoch waren zwischen diesem Gemeinwesen und dem Reiche Schweden völkerrechtlich wirksame Absprachen, Verträge und sogar »ewige Frieden« möglich.

Ein Fürst und König mußte sich aber nicht nur im Labyrinth eines Haushaltes auskennen oder in der Anwendung gerechter Mittel gegenüber Anrainern und ferneren Ländern, sondern hatte auch darauf zu achten, wie er mit der Arithmetik dann umgehen konnte, wenn die üblichen Gesetze zum Schweigen gebracht wurden: Sie »ist eine Meisterin in Kriegssachen, lehrt sie doch, wie man auf kunstvolle Weise eine Schlachtordnung anlegen soll«[28].

Wie wichtig die Beherrschung dieser rechenhaften Kunst mit ihren schier unerschöpflichen Variationen noch werden sollte, wird sich bald zeigen und davon etwas vermitteln, daß Gustav Adolf diese »Königliche Kunst« der Mathematik so gut handhaben konnte wie sein Zeitgenosse *Kaiser Rudolf II.,* der mit *Tycho Brahe* und *Johannes Kepler* eben nach den Bedingungen auch der Kommutation zwei Protestanten in seiner nächsten Umgebung dulden konnte, obgleich ihn die Römische Kirche zur Gegenreformation verpflichtet hatte[29].

Das Ziel aller Politik in einem libertären Verfassungsstaat hatte die Herrschaft des Rechts und die Verwirklichung des Gerechten zu sein, dessen ethischer Gehalt ohne die erwähnten mathematisierten Umsetzungen nicht denkbar war. Johan Skytte hat es sich angelegen sein lassen, Gustav Adolf mit diesen fundamentalen Bedingungen seiner Regierungsverantwortung vertraut zu machen, in denen man das System der *Doppelten Gerechtigkeit* so gut erkennt wie das der *Doppelten Wahrheit* nach Averroes.

Der junge Fürst, der sich gleichzeitig eifrig in fremden Sprachen zu üben hatte und dabei ein erstaunliches Talent offenbarte, beim Latein gleich mit den Klassikertexten, vor allem Cicero konfrontiert wurde und sich beim Erlernen der lebenden Hauptsprachen des westlichen Europa manches im Umgang mit Offizieren aus diesen Ländern aneignete[30], erlebte aber nicht ein überstrenges Regiment seines ehrgeizigen Lehrers. Es gehörte zu den Prämissen des Ramismus, in der Wissensvermittlung die natürlichen Anlagen des Schülers im doppelten Sinn des Wortes zum Sprechen zu bringen. Und daran hat sich Skytte gehalten, der sein intellektuelles Rüstzeug vor allem an der Universität Marburg geholt hatte und den mit dem zweiten Lehrer Gustav Adolfs, Johannes Bureus, ein glühender Goticismus verband[31].

Das Heranführen des jungen Vasa an die universalen Schätze des Altertums und des Abendlandes stand zwar ganz im Zeichen des »Wage es, weise zu sein«, in dem später Kant den Sinn und Auftrag der Aufklärung erkannte[32], schloß aber nicht aus, daß sich das Universale mit dem Nationalen ergänzte. So wie sich in der inneren Politik in einer systematischen Verschränkung »Omnes et singuli« im Zeichen des Gerechten zu balancieren hatten, demnach Quantität und Qualität aufeinander abstimmten, so verstand man auch das Verhältnis Schwedens zu

Europa, zu einer in sich zerbrochenen Christenheit, die im Humanismus wieder zu einer geistigen Einheit fand.

In dieser Spannung vollzog sich die Jugend Gustav Adolfs, stets von den Schatten des Bürgerkrieges begleitet und darauf verwiesen, daß es für ihn ein individuelles und nationales Überleben nur dann geben konnte, wenn er den Mut aufbrachte und alle Sinne darauf richtete, das Wagnis der Weisheit auf sich zu nehmen und sich aus selbstgewisser Autarkie des eigenen gut ausgebildeten Verstandes zu bedienen.

Da waren Glaubensgewißheiten am Werk. Auch dort, wo das Rationale, der ewig wandernde Geist der Zahlen, das Irrationale betastete und unzählige Fragen an das *Mysterium magnum* stellte. Das »Gott geometrisiert immer« Platos[33] verlockte zu immer neuen Spekulationen und Kombinationen, zu einem Zahlenkult, der den Himmel an die Erde binden sollte.

Von einem strengen Verdikt aus, das Gustav Adolf einmal gegen die Erscheinung eines »schwarzen Mannes« in Kalmar und Umgebung erlassen hat, ist der schnelle Schluß gezogen worden, daß er von Aberglauben, vom Einfluß sonderbarer Vorzeichen und sonstigen Dingen der Magie völlig frei gewesen sei. Das trifft in solchen Fällen zu, wo an derartige Geschichten allerhand Prophezeiungen gehängt wurden, die den »einfältigen gemeinen Mann« beunruhigen mußten und als »Erdichtung bösgesinnter Menschen« aufgefaßt werden durften[34]. Aber sein lebhaftes Interesse am *Paracelsismus* ist bezeugt, in dessen auf fundamentale Dreiheiten gerichtetes Wesen ihn Johannes Bureus eingeweiht hat.

Zu diesem Gelehrten, der in seiner Ausbildung zunächst das Lesen und Schreiben zu überwachen hatte, faßte Gustav Adolf ein Vertrauen, das sich bei aller Wertschätzung gegenüber Skytte in dieser Form nicht einstellen wollte.

Bureus, ein Schüler des streitbaren Kirchenmannes *Schepperus,* war für einige Zeit Kanzlist bei König Johan III. und Konzilssekretär in Uppsala (1593). Schon früh näherte er sich der Geheimwissenschaft um die Kabbala; der schwarzen Magie war er nicht minder zugänglich und huldigte einem exzessiven Zahlenmystizismus, ohne sich jedoch so zu vergessen wie seine Schwiegerleute. Diese hatten von ihren angeblichen Besuchen im Himmel und in der Hölle nicht schweigen können und endeten auf Richtblock und Scheiterhaufen[35].

Er war in diesen Dingen vorsichtig, wich gerne auf das Feld der »Antiquitas« aus und erhöhte seinen Wert als geschickter Siegelschneider sowie als Maler von Kleinporträts, wie sie auf Medaillons schon lange in Mode gekommen waren. Ein solches will er auch im Jahre 1604 von Gustav Adolf angefertigt haben, an dessen Fürstentafel es ihm nach dem Genuß von Wein übel werden konnte[36].

Lernte Gustav Adolf in Skytte den Rationalisten kennen, den unermüdlichen Verfechter der Selbstdisziplin, der Manneszucht und der Lernbegierde, so traf er in Bureus auf einen Gelehrten, der Skytte in nichts nachstand, aber ein Grübler vor dem HERRN war. Er berauschte sich an seiner Mystik, gab sich seinen Exstasen hin, beobachtete wie Herzog Karl auch Traumgesichte über die eigenen Zähne, schreckte im Schlaf hoch wegen der Sündhaftigkeit aller Mitmenschen in Schweden, geriet in Weinkrämpfe darüber und fühlte sich auf den Tod erschrokken, als er in einem Alptraum das von Sünden zerfressene Herz von Jesus Christus betrachten durfte[37].

Doch neben diesen Irrlichtern der Nacht, die dem harten Tagwerk in paracelsistischem Sinne wie ein Rauch folgten, der nicht verbrennen wollte, erlebte Bureus in einer unerhörten Konzentration aller Sinne politische Imaginationen, an denen er den jungen Gustav Adolf teilnehmen ließ. Dazu gehörte eine Darstellung des Königs Magog, der unter die uralte Reihe der Herrscher Schwedens gerechnet wurde; dann auch ein Tabellarium all jener Landschaften, die seinen nationalen Traum von den natürlichen Räumen Schwedens erfüllten, wenn diese in der Zukunft von den Dänen erobert und auf ewige Zeiten inkorporiert wurden. Die Insel Gotland, das reiche Schonen und die wichtigen Länder an der Westküste wie Blekinge und Halland soll er darin aufgeführt haben. Ein Groß-Schweden schwebte ihm vor, und dies unter dem Zeichen der Drei Kronen. Beim Grenztreffen mit einer Gesandtschaft Dänemarks im Jahre 1602 in Ulvsbäck soll er die Besitzdimension dieses Reichswappens erläutert haben[38]. Und es bedurfte keiner sonderlichen Anstrengung, aus seinen Aktivitäten das goticistische Programm einer berechtigten Expansion herauszulesen.

Und dieser Tagtraum, das Berauschen an künftiger Größe, wurde mit jedem neuen Einsatz genährt. Ob er gegen den Dänen *Vormius* Schweden als das Ursprungsland der Runenschrift verteidigte, am Druck einer Schweden-Bibel arbeitete, oder norwegische, finnische und selbst isländische Gesetzbücher und Schriftwerke studierte, alles unternahm er mit Lust und in der Gewißheit, mit dem König am Geheimnis Gottes die eigenen Offenbarungen zu nutzen, sich selber zur Ehre und dem eigenen Vaterland zur begründeten Größe.

Seinen wichtigsten Einsatz leistete er mit der Übersetzung des epochemachenden Werkes »De regimine principum«. Diese Staatsschrift aus der Feder des *Aegidius de Colonna* hatte seit dem 14. Jahrhundert in Europa weite Verbreitung gefunden und wurde später in einer vollkommenen Verwirrung politischer Begriffe und rechtlicher Zustände als »Bibel des Absolutismus« bezeichnet. Tatsächlich wird in diesem besonderen Werk das Wesen und Wirken eines *Erblehens* dargestellt, das den Vorstellungen Gustav Adolfs von Nomismus und Depotismus in einem starken libertären Königtum entsprach. Handschriften dieses Titels wurden Bureus von Axel Oxenstierna und Johan Skytte zur Verfügung gestellt, damit er eine Druckausgabe besorgen konnte, die in den Schulen Schwedens als Lehrmaterial eingesetzt werden sollte[39].

Ein Zeichen mehr dafür, daß nicht nur Gustav Adolf nach seinen guten Erfahrungen mit einer gezielten »Erziehung zur Verfassung« vital daran interessiert war, wie dieses Stände-Volk auf seine politischen Aufträge vorbereitet und eingestimmt werden mußte, wenn der eingeschlagene Weg zum Erfolg führen sollte. Dieser war 1604 mit der Erneuerung des Erbrechtes in Norrköping beschritten worden und lenkte nun auch Gustav Adolf, dem bei der Krönung seines Vaters am 15. März 1607 bewußt wurde, was für ihn vorgesehen war, als

*Gedenkmünzen zur Krönung Karls IX. im Jahre 1607 mit den Porträts seiner Manneserben Gustav Adolf (links) und Carl Filip (rechts) (KB – Stockholm).*

er unterm »hermelingefütterten Hut mit einer fürstlichen Goldkrone« zwischen Herzog Johan und Herzog Carl Filip seinem Vater in den Dom zu Uppsala folgte, wo dieser endlich ein vollgültiger *Svea- und Göta-König* wurde[40].

In diese Zeit der Krönung seines Vaters, die gleichzeitig eine Manifestation der dynastischen und nationalen Eigenbestimmung war, wurde doch bei diesem Akt der rechtlichen Vermählung des Königs mit der Krone lang und breit dargelegt, daß »allen Ständen des Reiches . . . wie allen anderen fremden Nationen kundig und wissentlich ist, aus welchen Ursachen König Sigismund von diesem hochlöblichen Königreich geschieden worden ist«[41], fallen ein paar Tagebuchnotizen[42], die einen persönlichen Einblick in den Erziehungsgang Gustav Adolfs geben.

Nur drei Tage vor der Krönung kommt er der Anweisung des »Magisters Johan (Skytte)« nach und liest »aus Cornelius (Nepos) das letzte Kapitel«. Dann fügt er, schon von einem stoischen Gleichmut geführt, der nicht lähmt, sondern alle Kräfte zu konzentrieren vermag, in Stichworten noch an: »Beginne am Freitag, wenn Gott will, mit Cicero vor Magister Bureus. Hörte Magister Olof und Forbesius.« Also das berühmte Streitgespräch des eigenen Klerus mit einem Calvinisten aus Schottland, bei dem sein Vater Klärungen in theologischen Streitfragen gesucht hatte und er selbst Aufklärungen darüber bekam, wie das Wesen der Sünde zu verstehen sei[43]. Dann hat er zwischendurch »mit Herrn Clas Flemming gefochten«, sich also in die Techniken des Nahkampfes einführen lassen, und vermerkt auch, daß er »mit Prinzessin Sophia in der Kirche gewesen ist«.

Die Geschichte des »Ersten Punischen Krieges« fesselt ihn, und wie erleichtert stellt er nach der Lektüre auf Latein fest, daß »der Sieg am Ende doch den Römern gehörte«. Da bildeten sich bereits Imaginationen aus, die sich zu Einübungen in seinen Auftrag als Fürst und möglicher König verdichteten: »Der HERR herrscht über Krieg und alles Streiten. Wer im Namen des HERRN streitet, der streitet auch männlich. Amen.«

Bei aller Bewunderung und Anerkennung der vorchristlichen Antike, die als Vorbild angenommen wurde, erlebt er die andere Qualität des Menschen als Christ, der zwar sündigt, aber auch der Erlösung teilhaftig werden kann. So »kamen Zeitungen, daß (des) seligen König Erichs Herr Sohn in Rußland gestorben ist. Gott gebe ihm eine freudenvolle Auferstehung. *Memento mori*«[44].

Man mag davon überrascht sein, wie ein Dreizehnjähriger sein Dasein auf den Tod bezieht, auf das Endliche. Aber nur diese Einstellung konnte in die Lage versetzen, sich mit innerer Kraft den Belastungen des Amtes und des Tages auszusetzen, sich für ein Ziel einzusetzen, das nur erreichbar war, wenn man sich den Schwierigkeiten des Weges stellte und sich darauf vorbereiten ließ. »Das Sein im Regiment« heißt es da an einer Stelle der Aufzeichnungen. Und zu dessen Beherrschung müssen in einem dauernden Lernprozeß Bereitschaft und Lust vorhanden sein, wenn die Lasten getragen und gerecht verteilt werden sollen: »Wissenschaft (kunskap) und die Buchkünste sind wie eine reiche Quelle, die niemals versiegt. Wandele fleißig in diesem Wissen und du wirst Weisheit gewinnen«[45].

Mit solchen Anleitungen und Einsichten wurde der junge Gustav Adolf behutsam und doch mit Energie, mit politischem Überlebenswillen und Zuversicht an seine Aufgabe herangeführt, wußten doch seine Erzieher, was von ihm dereinst erwartet wurde: »Fürsten und alle, die dafür eingesetzt sind, das Schwert zu führen, sollen sich der Weisheit befleißigen. Wer im HERRN regiert, der regiert weise. König Karl regiert weise«[46].

Aristoteles soll Alexander das Politische vorenthalten haben, als dieser schon im vierzehnten Lebensjahr stand. Ob das wirklich stimmt? Wer das Politische in seinem Verbund mit dem Philosophischen nur als »abstrakt« auffassen kann und nach den Traditionen der Positivierung und Vereinzelung aller Wissenschaft vorgeht, der wird nie erkennen können, daß die Kenntnis der »Lebenswege eines Tintenfisches« etwas Politisches ist, weil sich darin ein Werdegang der Natur ausdrückt[47]. Sie bestimmt doch das Leben und den Tod und streckt ihre Fangarme aus, läßt Saugnäpfe zucken, tastet sich an Säfte heran und droht Gefahr, wird das Wasser getrübt, pulsieren Wolken und ziehen Nebel Streifen. Es erscheint alles zwischen »Stirb und Werde« in einem Zusammenhang, und es vermengen sich wie in einem Mörser des Alchimisten alle Körner der Elemente. Und greift er nach ihnen, liegt alles auf der Hand: ›Seht nur, wie die Körner und Kerne sich stoßen. Schaut auf die Schatten der Schlakken. Seufzt nicht über das Taube. Im Reichtum des Staunens wird sich viel erfüllen. Fühlt nur, was das Leben euch zu bieten vermag‹.

Bei der »Auferstehung der Toten« wird sich alles zeigen, was einer geleistet und sich geleistet hat. Deshalb Vertiefung in eine »neue Bibel von der Königin, mit Zierart aus Silber beschlagen« und dann »habe ich heute drei Kapitel in des Thomas Kempis (Buch) De Christo imitando gelesen«. Und »mit Göran Gyllenstierna habe ich gefochten« – »es wurde vom Tod (des alten Erzbischofs) Abraham Angermannus berichtet«[48]. Die Gesandten aus Pommern wurden abgefertigt, und da war er dabei. Graf Magnus Brahe ist aus Mecklenburg zurückgekehrt. Schöne Länder an der anderen Küste des Meeres – »las Teutsch mit der Königin«. Und dann »habe ich mit dem würdevollen Bischof Olaus Martini aus der Heiligen Schrift gelesen«, und Herzog Johan aus Öster-Götland kam mit prunkendem Gefolge, zog aber am selben Abend noch fort. »Las ich über die Römer mit Magister Johan (Skytte), spielte ich Ball mit Bertil Jönsson und Per Banér«[49]. Und dann »hörte ich, wie Forbesius mit Meister Olaus disputierte« – es »starb Olof Svensson, mein Reitknecht, am Abend und kam dann mit Mörner zur Öster-Långgatan, wo das Feuer los war«[50]. Aber in diesem Wirbel des Wissens und des Lebens vergißt er nicht, daß seine wachsende Kraft auf den »Schutz der Schwachen« gerichtet sein muß und auf diejenigen, denen das Recht auf ihre Religion bestritten wird. »Den Gesetzen Gottes und der Menschen« hat er zu genügen[51], wenn das Gerechte aus seinen Händen wachsen soll, dereinst gesalbt mit Chrisma, auf daß er der Gnade teilhaftig werde und mit Charisma dem Tod die Stirn biete.

Welch ein Gelingen der beiden Gelehrten aus dem Unadel, Gustav Adolf am Adel des *inneren Menschen* teilnehmen zu lassen, dessen Fülle das materielle Geburtsprinzip durchbricht! Und wer noch empfänglich ist für das Staunen, der wird hier den Zuruf des Spaniers Seneca verstehen und seine Tragik nachempfinden können, die ihm sein Zögling Nero auferlegt hat: »Du bist ein Mann von innerem Format. Allein, wie soll ich das erkennen, wenn dir das Schicksal die Gelegenheit vorenthält, diese Größe zu beweisen?«

Das Wahre dieses Wortes, die lichte Höhe allen Maßes, das an den Rändern jeglicher Materie mit einem Lichtstrich die exakten Zeichen setzt, verlangt aber nach Mühen und Nöten. Daran führt kein Weg vorbei, »daß gute und den Göttern liebe Menschen sich anstrengen müssen und sich im Schweiße ihres Angesichtes auf steilen Pfaden vorwärtszukämpfen haben«. Wer wollte deshalb auch betrübt sein, daß die Allmacht »den Guten nicht verzärtelt, sondern ihn prüft, ihn härter werden läßt, ihn nach ihrem Bilde formt«[52]?

Das war der innere Königsweg des Menschen. Auf äußeren Königswegen aber hatte ein Svea- und Göta-König zu wandeln, wenn er das Gesetz erfüllen wollte und in dessen Geist das Licht des Rechts in seinem Reich zu verbreiten gedachte – auch eine Erziehung zur Verfassung.

# Eriksgata

Seit alter Zeit, und das war lange vor der Reformation, besaßen die Könige Schwedens das Vorrecht, nach ihrer Krönung einen besonderen Umritt durch einige Hauptländer der Krone abzuhalten. Es war ein Recht des vereidigten Königs, nicht jedoch eine unumgängliche Pflicht, wenn man den Artikel 6 des Königsrechtes aus dem Landslag von 1442 zugrunde legte, dessen Geltung Karl IX. so wichtig gewesen war[1]. Dieser Umritt wurde *Eriksgata* genannt, über deren Bedeutung in der Historie heftig gestritten wurde. Vor allem in Philologenkreisen glaubte man, den ersten Teil der Formel aus »ed-riki« ableiten zu müssen. Daraus ergab sich, daß eine Eriksgata in der Regel entweder als *Eidbekräftigungsfahrt* des neuen Königs bezeichnet wurde[2] oder als *Eidgangsfahrt*[3].

Auf die Möglichkeit, daß beide Funktionen bei diesem Rechtszug zusammenfielen, kam man nicht, weil versäumt wurde, sich mit dem realen Ablauf eines solchen Zuges zu beschäftigen. Außerdem wurde im philologischen Eifer übersehen, daß im Alt-Schwedischen das Wort »ed« nicht nur »Eid« bedeuten konnte, sondern auch »ein Stück Land«. Die Wortform »öde« drückt diesen nicht unwichtigen Bezug nachdrücklich aus, und berücksichtigt man den rechtlichen Umstand, daß der vereidigte König Treuhänder von »Uppsala öde« wurde und damit Sachwalter des Kronbesitzes, dann ergibt sich aus diesem wesentlichen Befund noch eine dritte Deutung dieses Vorrechtes: Die Eriksgata wurde zum *Landnahmeritt* und dabei auch zu einem überfälligen *Gerichtszug*[4].

Nehmen wir Paracelsus beim Wort und »bedenken wir recht die Zahl, so hat Gott Drey für sich genommen und aus Dreyen alle Ding gemacht«[5]. Im Herrschaftsvertrag wurde dieser Geist Gottes überdeutlich und in seiner Emanation zumal. Hier ist es die Eriksgata, die den drei erwähnten Funktionen entspricht, von denen wir jetzt einen Bericht geben wollen, den *Per Persson* aus Uppsala hinterlassen hat. Er ist es, der die Eriksgata Karls IX. im Jahre 1609 erlebt und in ihren wesentlichen Teilen aufgezeichnet hat. Dieses bedeutende Dokument, das an die feierlichen Rechtszüge in der Republik Venedig erinnert und etwas vom sinnlichem Reiz des Rechts vermittelt, ist bisher kaum untersucht worden. Eine Analyse ist aber schon deshalb geboten, weil bei der Lektüre dieses Berichtes die Sinne dafür geschärft werden, was es einmal in einer Welt unmittelbarer Verhältnisse bedeuten konnte, wenn sich im Rahmen des Rechts ein Machtvollzug derart gestaltete, daß Form und Inhalt ohne jeden schalen Rest einander antworteten und der betroffene wie der beteiligte Mensch erkannte, was er sich selbst mit der Anwendung des Rechtes als Mensch schuldig war, um nicht in ein animalisches Verhalten zu gleiten, das sich in der bloßen Macht des scheinbar Stärkeren erschöpfte.

Nach seiner Krönung anno 1607 und der Drucklegung des Landslag im folgenden Jahr wollte König Karl nun 1609 jedem noch einmal verdeutlichen, der an seinem rechtmäßigen Königtum zweifeln wollte, daß er der wahre Inhaber des Thrones und der Krone Schwedens war und nicht der Eidbrecher Sigismund III. in Polen. Er hatte diesen Status revolutionär in dem Sinne erworben, daß er für sein Haus und Schweden das vertragliche Widerstandsrecht wahrgenommen hatte, um im Rückgriff auf das gute alte Recht einen nationalen Notstand und Sündenfall zu beheben. Das will er sich jetzt noch einmal in Begleitung Gustav Adolfs, seines möglichen Nachfolgers im Amt, auf dieser Eriksgata bestätigen lassen.

Zu ihrem Wesen und ihrer Rechtsfunktion schickt Persson ganz im Sinne des Gekrönten eine Rechtsbelehrung für den Leser voraus, der ja nicht nur unterrichtet werden, sondern aus dem Gebotenen auch etwas lernen soll. Während einer Eriksgata, heißt es in diesem ausführlichen Bericht, »*bekräftigen* die Könige all ihrem Volk, den Jungen wie den Alten, den Ungeborenen wie den Geborenen, den Unliebsamen wie den Friedfertigen, den Abwesenden wie den Anwesenden all das, was sie vor Gott . . . bei der Huldigung und königlichen Krönung geschworen, zugesagt und gelobt haben«. Und im Gegenzug dazu, gleichsam als Erfüllung des Herrschaftsvertrages auf Gegenseitigkeit, »*bekräftigt* alles Volk, dem König *gerechten Gehorsam* zu leisten«.

Er bestätigt demnach die erste Funktion und weist darauf hin, daß dieser Akt der Eidbekräftigung nicht unnötig gestört werden oder gar zu einer leiblichen Bedrohung für den König ausarten dürfe. Zur Verhinderung solcher Übelstände müssen gerechte Geiseln gestellt werden. Sie stehen dem reitenden König »im Lande mit Frieden und Sicherheit« ein und garantieren damit auch seine Begegnung mit den Bewohnern jedes großen Gerichtsbezirks. Mit dieser Gestellung von rituellen Geiseln soll verhindert werden, daß Karl IX. das traurige Los König Ragvalds widerfährt, der anno 1129, also in der Umbruchszeit vom Heidentum zum katholischen Christentum, in Väster-Götland während einer Eriksgata erschlagen worden ist. Diese Bluttat war laut Persson »gegen Gott« gerichtet. Denn die Untertanen sind von Gott nicht dazu ausersehen, »der Könige Richter zu sein«. Vielmehr sind sie in erster Linie verpflichtet, der »Obrigkeit in all dem zu gehorchen, was ihnen auferlegt wird. Gott allein haben sie das Urteil und die Rache zu überlassen.«

Ein aktives *Widerstandsrecht von unten* will Persson also nicht erlauben. Er hat hier natürlich vor allem die gegenwärtige Position Karls IX. vor Augen, von der er zu berichten weiß, daß sich sein »königliches Regiment streng an Gesetz und Gericht halte«, fühle sich doch der Erbkönig selbst »Recht und Gesetz unterworfen. Nicht anders als der fromme Kaiser Theodosius, welcher bezeugt und bekennt, daß seine, wie die Macht aller Potentaten, von Recht und Gesetz komme. Diejenigen, welche auf eine andere Weise leben, ihre Regierungen nicht nach Recht und Gesetz führen und die Gerechtigkeit im Gericht nicht lieben, sondern Recht und Gesetz kränken, wohlempfangene Privilegien und Freiheiten verwerfen, werden Tyrannen genannt und dafür von ihrem Regiment gesetzt, damit andere darin eingesetzt werden können.«

Die Rechtfertigung der Vertreibung und Absetzung König Sigismunds III. wird hier offensichtlich. Verweise auf Beispiele in der Bibel, auf Christian II. (den Tyrannen), Erik XIV., selbst Maria Stuart von Schottland, Waldemar IV. von Dänemark und Erik von Pommern geben dem Vorgehen Karls in Schweden historisches Gewicht und zusätzliche Legitimation. Bei diesen Überlegungen geht Persson davon aus, daß das Erbrecht zur Krone nicht einer Einzelperson gewährt wurde, sondern einem ganzen Geschlecht – ein Bezug, der bei Gustav Adolf zwanzig Jahre später eine fundamentale Bedeutung erlangen sollte[6]. Das *Salische Gesetz* bei der Erbfolge in Frankreich beweise diese Auffassung ebenso wie die Regelung »in Rußland«. Dort sei »das Regiment von Ivan Vasiljevič Geschlecht auf das der Godunover übergegangen und von den Godunovern auf Vasilij Ivanovič Šujskij, welcher nun der rechtmäßig regierende Zar und Großfürst der Moskowiter ist«.

Das Ende des Rurikiden-Hauses im Jahre 1598, dessen Ursprung in dieser Zeit selbst von Schweden hergeleitet wurde, der überraschende Tod von Boris Godunov 1605 und die Erhöhung Šujskijs, der von König Karl IX. mit einer Armee unterstützt wurde, um von Moskau aus Sigismund III. bekämpfen zu können, waren dem Chronisten also geläufig. Überraschend ist nur, daß er zwischen der Erbfolge in Frankreich und derjenigen im Moskauer Zartum keinen qualitativen Unterschied macht. Denn die Loi Salique war dem Prinzip nach wie ein Erblehen strukturiert, während das Vatererbe oder die *Votčina* des Zartums im Sinne eines Patrimoniums angelegt war, das keinen Vertragscharakter besaß. Aus dessen Natur aber leitete sich erst ein *aktives Widerstandsrecht von oben* her, wenn der regierende König in substantiellen Bereichen die beschworene Verfassung gebrochen hatte.

Zu diesem Widerstand können die Träger hoher Reichsämter berechtigt sein. Als *Ephoren* (Gesetzesinspektoren) haben sie die Pflicht, den ungerechten König auf seine Rechtsbrüche hinzuweisen und mit allen friedlichen Mitteln zu versuchen, ihn von seinem ungesetzlichen Treiben abzubringen.

Nach Persson gibt es solche Ämter »in allen Königreichen«. Ohne die Verhältnisse im Moskauer Zartum zu nennen, wo dies übrigens nicht der Fall war, bemüht er in seiner Aufklärung die »Droste, Marschälle, Kanzler, Admirale (und) Räte. Sie sind nicht nur des Königs Eidgeschworene, sondern auch die des Vaterlandes, dessen Wohl und Bestes sie sich angelegen sein lassen müssen.« Hält demnach ein König sein Volk nicht bei Recht und Gesetz und läßt auch die Ermahnungen der Räte ungehört, dann beginnt die Phase der Auflösung des Herrschaftsvertrages bis hin zum bewaffneten Aufstand[7].

Von solchen Gedanken über die ephoralen Aufgaben der hohen Reichsämter und des Senats als vertragliche Zwischengewalt und damit institutionelle Drittwirkung ist der politische Sinn Gustav Adolfs früh geprägt worden. Als er sich selbst gleich zu Beginn seines eigenen Königtums in einem Streitfall mit Herzog Johan von Östergötland der Frage ausgesetzt sah, wie er im schwierigen Verhältnis zu Sigismund III. korrekt zu reagieren hätte, gab er dem manchmal halsstarrigen Herzog eine Antwort, in der die Substanz der libertären Verfassung liegt. »Man weiß aus täglicher Erfahrung«, klärt der Vasa den Vasa auf, »daß in einem Land oder Königreich, wo zwischen dem König und den Ständen ein Mißverständnis aufkommt, die *Vornehmsten* im Land und insbesondere die Reichsräte *tamquam intermediae personae* sind, die sich der Sache befleißigen sollen, damit weder die Autorität des Königs noch der Stände Recht in irgendeiner Weise gekränkt oder genommen werde.«[8]

Die Herstellung dieses fundamentalen Mechanismus im Verfassungsleben Schwedens nach dem Bürgerkrieg hatte er Zug um Zug mitverfolgen können. Der krönende Abschluß dieses Prozesses der Restituierung sollte nun die Eriksgata sein, an der er neben seinem Vater teilnehmen durfte. Dieser Umritt galt als »beschwerlich und sehr ermüdend« und wurde nicht »zum Nutzen der eigenen Person« des gekrönten Königs durchgeführt, sondern zu »des Reiches und des gemeinen Mannes

Wohlfahrt«. Dieses Unternehmen war demnach tief im Wesen einer *Monarchie* als *Einherrschaft nach Gesetz* begründet, mit dem ihr Repräsentant in all seiner öffentlichen Macht den Untertanen vorführen konnte, wie er dem Gesetz zu seinem Recht zu verhelfen und weshalb er auch zu Gericht zu sitzen gedenkt. Der König kommt als Friedensfürst und Richter zu seinem Volk, um sich in ausgewählten Landschaften seiner wahren Legitimation zu versichern. Sigismund III. hatte keine Eriksgata geritten. Schon aus diesem Mangel heraus fühlte sich Karl IX. um so sicherer, als er mit seinen 59 Lebensjahren den beiden Söhnen, seinem übrigen Haus und allen Ständen demonstrierte, wie er Schwedens Gesetz erfüllte.

Am 7. Februar 1609 brach König Karl von Stockholm aus zu seinem monatelangen Umritt auf. Was in der Hauptstadt Rang und Namen hatte, fand sich beim festlichen Abschied ein. Die steuerfähigen Bürger der Stadt waren in ihrer Kriegsrüstung angetreten. Spieß-Bürger, freie Leute also, mit blinkenden Waffen, flauschigen Federn an den Hüten und die Fahnen ihrer Abteilungen in den Winterwind gereckt. Mit diesem Aufmarsch zeigten sie dem König die Zeichen ihrer Wehr und Freiheit, gaben ihm zu verstehen, daß sie ihre Treue halten werden, und wünschten durch ihre Sprecher »dem ganzen königlichen Gefolge viel Glück«.

Anschließend setzte sich dieser seltsame Rechtszug in Richtung Tälje in Bewegung. Ordnung und Ausstattung entzückten nicht nur die Zuschauer am Rande des eingeschlagenen *Königsweges*[9], sondern ließen auch den Chronisten schwelgen. Mochten Roms Cäsaren alle Reichtümer aufbieten, um in ihren Triumphzügen dem entmachteten Senat und dem entrechteten Volk zu zeigen, wie sie sich als Halbgötter über das Recht hinwegsetzten[10], so wurde hier in nicht geringerem Maße alles an Glanz aufgeboten, um das Recht zu feiern – eine republikanische Tradition Roms vor der Erniedrigung durch Caesar.

Zwölf kostbar geschmückte Leibpferde des Königs ritten dem Zug voran. Das war die Zahl der Apostel. Das war die

Zahl der Reichsräte, wie sie das Landslag vorgesehen hatte[11]. Das war die Zahl der Natur und ihres Reigens, der »dreimal den ganzen Zyklus der Dinge enthält« und daher auch in sich die Möglichkeit des Krieges entwirft[12], die Entscheidung über Leben und Tod, die der Richter zu fällen hat. »Mit goldgelben und blauen Seidendecken waren die Pferde auf das herrlichste ausstaffiert«, demnach in den Farben des Reiches Schweden und nicht in den Farben des Hauses Vasa, die wie bei Habsburg die Verbindung Schwarz und Gelb ausmachten. Die Majestät des Reiches voran. Das große Wappen mit den beiden mächtigen Löwen zu jeder Seite des Hoheitsschildes, von einer Gruppe mit Pauken und Trompeten begleitet, steigerte die Auskunft darüber, in wessen Namen der König durch die Länder der Mitternacht zog.

Zwei Stallmeister schlossen auf, hinter denen nicht weniger als achtzig Hengstreiter auf ihren Prachtsätteln die Temperamente der wahrscheinlich rot eingefärbten Pferde zügelten und mit ihrer Reitkunst zur Würde des Rechtszuges beizutragen hatten. Es waren »große stattliche Pferde mit kostbarem Tuch . . . zwei und zwei nebeneinander«.

Der Hofmarschall *Jöran Classon,* ein Senator des Reiches, hatte die Ehre, den Hof- und Kammerjunkern Karls IX. voranzureiten. Dieser Abteilung gesellten sich die Adligen aus jedem größeren Gerichtsbezirk (lagsagu) hinzu. Sie gehorchten damit der Pflicht des Gesetzes und empfanden sicher auch Lust an der Ehre, Reich und König in dieser Weise zu Diensten sein zu dürfen. Diese erfüllten sie aber nur so lange, wie sich der Rechtszug in ihrem Bezirk aufhielt. Gelangte er an die jeweilige Grenze, wurden die Adligen von ihren benachbarten Standesgenossen abgelöst. In Kleidern aus Seide und Samt – Symbole für Eide und Amt – und mit Gold- und Silberschnüren verziert, lenkten sie stolz ihre Hengste, vergoldete Degen an der Seite und um den Hals »große Goldketten mit kostbaren Perlenbändern und stattlichen Federn an den Hüten« - der spanischen Mode gemäß. Ihre Sättel waren mit Silberplatten beschlagen und so eifrig poliert worden, daß sie wie das Licht des Mondes glänzten.

Auf diese Vorhut des Hauptzuges, die fast einen Kilometer Länge ausgemacht haben dürfte, folgten »Ihrer Königlichen Majestät lieben Söhne, die hochgeborenen Fürsten und Herren, Herr *Gustav Adolf* . . . Herzog von Finnland und Åland« und neben ihm »Herr Carl Filip . . ., der Herzog von Södermanland«, ein Kind von sieben Jahren. Sie wurden von »Jürgen Johann, dem Pfalzgrafen bei Rhein, Herzog von Bayern« begleitet, dem »Schwestersohn« Karls IX.

Erst nach dieser Fürstengruppe erschien der König selbst hoch zu Roß. Diener und bewehrte Trabanten, Kammerknechte und Hofleute begleiteten ihn zu Fuß. Alle in prächtige Gewänder gehüllt. Karl IX. wußte zu gut, was er dem Rangbewußtsein der Zeit in Gestalt eines *gesetzesgekrönten Königs* schuldig war. Vor sich die Zeichen des Reiches und die eigenen Erben, die personalen Garanten des Fortgangs seines Hauses, die Träger der Herrschaft in der Zukunft. Und hinter sich Christina, seine Frau, eine Fürstin des Heiligen Reiches.

Ihr ritten der Hofmeister und einige Hofjunker voraus. Sie selber folgte in einem Prunkwagen. Er war »mit schwarzem Samt bedeckt, den Goldschnüre und Fransen« zierten. Vergoldete Silberbeschläge reichten bis zu den Stützen hin, die das Dach des Wagens hielten und selbst aus Silber getrieben waren. Nicht anders die kunstvollen Knöpfe, die das Dach abzuschließen hatten. Sechs Apfelschimmel zogen diese Pracht auf Rädern über holperige und gefrorene Königswege. In ihre schwarzen Samtdecken waren vergoldete Silberstücke eingenäht, die sich mit allerlei Blumenornamenten und Perlstickereien ergänzten. Auch hier schritten Diener und Trabanten als Begleitung nebenher – gefolgt von fünfzehn Hengstreitern.

Diesem Doppelkern aus König und Königin schlossen sich die Wagen der anderen »königlichen Frauenzimmer« an, gesichert von »drei Fahnen schwedischer und teutscher Reiter«. Sie hielten die Sekretäre, Kämmerer, Rittmeister, Referendare, Kanzleibedienten, Notare und all die anderen Amtsträger am Hofe des Königs auf Distanz. Einspänner (fahrende Boten), Weinschenke, Köche, Schneider und andere, »jeder nach seinem Stand«, schlossen auf und bildeten zusammen mit der

Leibgarde Karls IX. samt Troß und weiteren Trabanten die Nachhut.

Dieser Februartag war nach Persson »düster und trüb«. Aber von all dem Gold und Silber des mehr als zwei Kilometer langen Zuges soll ein solcher Glanz ausgegangen sein, daß es auf dem winterlichen Wege »licht, klar und hell« wurde – »als ob die Sonne geschienen hätte«.

Es muß ein besonderes Schauspiel gewesen sein, das auf den Königswegen *sunnan skog* (südlich des Waldes) Betrachtern und Teilnehmern geboten wurde. Ein Fest der Sinne. Ein Rausch des Rechts. »Das Gesetz als das Licht der Völker« (lux gentium lex) und der König als Verkörperung des Gerechten. Die Monarchomachen der Zeit, die ja nicht das Königtum an sich bekämpften, wie der Name fälschlicherweise angibt, sondern nur seine »patrimoniale Entartung« (O. Hintze) und in deren Gefolge den Absolutismus[13], hätten an diesem Rechtszug Karls IX. ihre helle Freude gehabt. Denn in ihm fand ein Staatsideal würdigen Ausdruck, dessen Sicherung für das Weiterbestehen der Monarchie im libertären und republikanischen Sinne fundamental war – die *Stetigkeit*.

Sie war nur möglich, wenn das Königtum in der Fülle seiner Macht auf den Rahmen des Rechts bezogen wurde, in dessen Vielfalt es als ordnender Kern ruhte und nach allen Seiten hin wie die Sonne dem politischen Leben seinen Sinn gab. Nur dieser Bezug verschaffte die gewünschte Dauerhaftigkeit nach Maßgabe der Gegenseitigkeit und der gelebten Treuhänderschaft[14].

Von ihr bekam jeder eine konkrete Anschauung, als dieser Zug nach Tälje gekommen war. Adel und Geiseln standen zum Empfang bereit und sicherten das Geleit. *Axel Rynning* als Reichs-Admiral und einer der fünf hohen Amtsträger oder Ephoren bekräftigte bei dieser Gelegenheit vor dem König und allen Leuten seinen Eid, den er am Krönungstag in Uppsala geleistet hatte. Die *obligatio mutua* (gegenseitige Verpflichtung) war damit aufs neue vollzogen worden und gestaltete eine lebensspendende Kraft nach innen.

Aber was auch immer auf diese Weise im Ritual und in der Realität seine Erfüllung finden mochte, nichts in diesem Reich geschah ohne den besorgten Blick über die eigenen Grenzen hinaus. Dem Lob der »väterlichen Sorge für das ganze Vaterland«, die Karl IX. diesem Schweden angedeihen ließ, war stets ein Stück Unruhe beigemischt. Denn weit im Osten und doch für die Gedanken ganz nah kämpften eigene Truppen *für* den Russen und *gegen* die Polen. Werden sie Erfolg haben und diesen Rechtszug im Inneren auf ihre Weise nach außen sichern können? Als man nach dem Besuch von Gripsholm, Strängnäs, Eskilstuna und Vibyholm zum Leibgeding der Königin kam, gut getrunken und gegessen hatte, trafen »glückliche Zeitungen aus Rußland« ein. Ihnen zufolge war es dort mit der Hilfe aus Schweden dem Zaren und Großfürsten Šujskij gelungen, die »aufrührerischen Feinde« zu überwinden: »Darüber wurden alle treuen Schweden sehr froh.«

Neben den treuen gab es auch die untreuen Schweden. Jene Adligen vor allem, die Sigismund nicht als König aufgeben wollten, in Polen weilten und sich an der Hetze gegen Karl IX., den Usurpator, beteiligten. Diesem aber schien es Genugtuung zu verschaffen, ohne Zwischenfälle günstig aufgenommen worden zu sein. In Nyköping, dem aufstrebenden Zentrum seines Herzogtums Södermanland, traf er außerhalb der Stadt mit deren Bürgerschaft zusammen und hielt *Gerichtstag*. Ein jeder, der sein Recht suchte, bekam bei ihm »solche Antwort, die gesetzlich und christlich war«. Als das lebendige Gesetz entschied er in seiner Funktion als oberster Richter des Reiches alle vorgetragenen Rechtsfälle, die von unteren Gerichten nicht bewältigt worden waren oder als Revisionen anstanden.

Die nächste Station war Östergötland. An seiner Grenze begrüßte Herzog Johan offiziell den hohen Gast. Umgeben von Ritterschaft und Adel dankte er dem Vaterbruder in einer wohlgesetzten Rede dafür, daß dieser ihm »in der Jugend alle fürstlichen Sitten, Künste und Kenntnisse angedeihen ließ«. Darunter Reiten und Fechten, Turnieren und Ringrennen samt »anderes adliges Werk«.

Karl IX. wird es nicht ungern gehört haben, wenngleich er sein persönliches Mißtrauen gegen Herzog Johan nie recht aufgeben konnte, die Befürchtung nämlich, daß sich dieser doch noch nach seinem Tod mit Sigismund auf Kosten vor allem von Gustav Adolf arrangieren könnte. Aber nun geleitete der Sohn Johans III. seinen Onkel ein gutes Stück des Weges auf Norrköping zu – jene Stadt, in der König Karl anno 1604 vertraglich die Erbfolge seines Hauses sichern konnte.

Dort hatte der Klerus auf dem Marktplatz einen *hohen Palast* errichten lassen, wohl eine Art Empore, die von rotem Tuch eingefaßt worden war und vor der den königlichen Herrschaften allerlei Künste und Figurieren geboten wurden. Bei aller Lust des Königs am festlichen Begrüßen und Feiern kam man von der hohen Politik auch hier nicht los: Wurde doch Karl IX. gewünscht, daß er gegen seine und »des Reiches Schweden Feinde die Oberhand gewinne« - dem »königlichen Hause zu großem Ruhm«.

Bis hierhin war die Eriksgata sowohl Eidbekräftigungsfahrt als auch Gerichtszug. Auf dem berühmten Schloß zu Vadstena, wo einst die Heilige Birgitta gewirkt und eine der größten Bibliotheken des Abendlandes aufgebaut hatte[15], nahm sie dann auch den Charakter eines Eidganges und rechtlicher Landnahme an.

Bereits morgens um neun Uhr erwartete Karl IX. allen Adel und Unadel Östergötlands. Er und sein zahlreiches Gefolge erlebten nun, wie Herzog Johan »mit Pracht und Prunk« in den Schloßhof einzog, wo wiederum ein großer Palast errichtet worden war. Diesen umritt der Herzog mit seinem stattlichen Gefolge und zeigte in der Morgenröte das farbensatte Öst-Göta-Wappen mit einem geflügelten Drachen.

Nach seinem rituellen Umritt, der einem Schutzgang für den König gleicht, wurde Herzog Johan unter freiem Himmel als Herr und Landesfürst von den anwesenden Ständen angenommen. Dazu legte er einen besonderen Eid ab, in dem er gelobte, »mit meines Rates Rat mein Lehen (län) und Fürstentum zu regieren«, in keinem Fall »Uppsala öde« oder andere Krongüter beherrschen zu wollen, sowie König und Reich die Treue zu halten.

Vor Gott und aller Welt hatte er damit bezeugt, daß er sich den Bedingungen des Lehnswesens beugt und nicht gewillt ist, seinem Halbbruder Sigismund in Polen behilflich zu sein, wieder nach Schweden und auf den Thron zurückzukehren. Anschließend leistete der übrige Adel seinen Eid auf den König und Landesherrn und umkreiste ebenfalls dreimal den errichteten Palast, während die Stände des Unadels nach ihrem Eid jene Zeremonie nur zweimal vollziehen durften, die man als Eidgang betrachten muß.

Schließlich wurde festlich getafelt und getanzt. Die Kräftigung von Leib und Seele war auch hochnötig, denn der weitere Weg nach Småland hinein, in dieses ewig unruhige und gebeutelte Grenzland nach Dänemark hin, war in vielerlei Hinsicht mehr als beschwerlich, zumal in dieser Jahreszeit.

In Jönköping machte König Karl halt und ließ sich von *Magnus Graf Brahe,* dem Reichs-Marsch, zu dessen Tochter Ebba der junge Gustav Adolf bald in einer ritterlichen Liebe entbrennen sollte, die Lage des Landes erläutern. Er konnte daraus entnehmen, daß in dieser Gegend während des Bürgerkrieges viele Dinge »in Ungesetz gekommen sind«. Es wurde deshalb auch hier ein Gerichtstag anberaumt, der vor allem in Güter- und Eigentumsfragen Abhilfe schaffen sollte. Die Fülle der anstehenden Fälle legte nahe, wie wichtig es in Zukunft war, in Jönköping für das ganze Göta-Land ein permanentes königliches Gericht einzusetzen. Karl IX. war diese Reform nicht mehr vergönnt. Seinem Nachfolger jedoch, der mit wachen Sinnen das Vorgehen seines Vaters beobachtet hatte, sollte es gelingen, den Plan eines Göta-Hofgerichtes voranzutreiben, dessen erster Präsident Johan Skytte werden durfte[16].

Mittlerweile war es schon Ende März geworden. Karl IX. saß immer noch Tag für Tag im Rathaus zu Jönköping zu Gericht, um den dringend benötigten Rechtsfrieden zwischen seinen Untertanen herzustellen. Hier hatte er unmittelbaren Einfluß und genügend Autorität, das Unrecht zu richten, aber auf das Vorgehen seines Nachbarn in Dänemark, Christian IV., vermochte er vorerst nur mit der Bereitschaft zur Landesverteidigung zu reagieren. An der Grenze nämlich türmten sich Kriegswolken, und es war nur eine Frage der Zeit, bis der *Jute und Erbfeind* losschlagen würde. Karl IX. sah genau, wie man jenseits der Grenze mit seinem vorgerückten Alter rechnete, aber er wollte dem jugendlichen Herausforderer jeden Angriff auf Schweden so sauer wie möglich machen. Deshalb war er entschlossen, in diesem gefährdeten Teil des Reiches die Stände und Untertanen in Waffen und Wehr zu halten. Und damit niemand an seinem Willen zweifeln konnte, erteilte er dazu eine seiner Geschichtslektionen, mit denen er oft politische Aktionen vorbereitete oder im nachhinein legitimierte: ein Verfahren, das sein Sohn Gustav Adolf bis zur Perfektion entwickeln sollte.

Es solle sich doch jeder, der die Geschichte zum Beispiel nehme, ins Gedächtnis rufen, was der »bewaffnete Caesar« an »unbewaffneten Ländern überwunden« habe! Und haben nicht auch »die Göter einst auf die gleiche Weise das Römische Reich bezwungen, die Araber das Orientalische Kaisertum, Ägypten und Spanien . . ., die Portugiesen Indien, die Kastilianer die Neue Welt und Soliman, der Türkische Kaiser, Ungarn?«

Nicht nur die Ständevertreter von Göta-Land und Småland werden bei diesem Panorama gelungener Eroberungen aufgemerkt haben, sondern auch Gustav Adolf, dem mit dieser Wehrbereitschaft seines Vaters von einer ganz anderen Seite her vorgeführt wurde, was er in Zukunft sich selbst, dem eigenen Haus und vor allem dem Reiche Schweden schuldig war, wenn er dessen König werden sollte – Wachsamkeit zu üben, um nicht Opfer der Nachbarn zu werden!

Aber auch bei dieser Staatstugend galt nicht Haudegentum, sondern die Bedingung, »vorsichtig zu handeln«. Und das bedeutete, nichts zu unternehmen, was der »Untertanen Herz kalt und frostig gegen die Obrigkeit« macht. Die beabsichtigte militärische Dauerbereitschaft muß demnach so organisiert werden, wie sie Land und Leuten zuträglich ist und zugemutet werden kann, ohne daß es zur Ablehnung dieses Systems kommt oder gar zum Aufstand und Abfall vom Reich.

Die Gedanken des Königs waren aber nicht diejenigen des gemeinen Mannes. Dieser wollte von der Notwendigkeit einer erhöhten Landesverteidigung erst überzeugt werden, ehe er sich zu konkreten Leistungen bereit fand. Das erlebte Karl IX., als er mit seinem Zug Anfang April nach Väster-Götland zog – auf *Älvsborg* zu, bald das Symbol der Erniedrigung Schwedens durch Christian IV.

Kanonendonner kündigte Schweden diesseits und Dänen jenseits der Grenze an, daß der Svea- und Göta-König nahte und entschlossen war, das Gebiet um den Göta-Älv zur Nordsee hin so zu befestigen, daß Schwedens bisher einziger Zugang zum Meer im Westen auf Dauer gesichert blieb. Wie ernst es König Karl mit diesen Plänen war, vermittelten seine Aktivitäten zugunsten von *Gotenburg* oder *Göteborg,* einer Stadt, die er 1607 in der Hoffnung »fundieren« (gründen) ließ, daß sie »mit den schönsten und vornehmsten Städten in Teutschland, den Niederlanden und Frankreich gleich« werden möge. Dieser Herzenswunsch seines zivilen Goticismus sollte sich später durchaus erfüllen, aber im Augenblick hatte er mit diesem wegweisenden Projekt »viel Ungemach«.

Mit dem Einsetzen von Bürgermeister, Vögten, Räten und anderen Amtsträgern suchte er die wirre Situation zu ordnen und schaute sehr darauf, daß seine Anweisungen, die notwendigen Befestigungsanlagen um die neue Stadt zu bauen, auch befolgt wurden und die Bürger sich bemühten, ihre Vorrechte für sich und das Reich zu nutzen[17].

Wohin er auch kommt, stets strebt Karl IX. danach, Ordnung in eingerissene Mißstände zu bringen und in bestehenden Strukturen Verbesserungen einzuziehen. Aber als er mit den Bauern aus den Härads-Bezirken dieser Länder im Westen zusammentraf, um von ihnen zu erfahren, »wieviel Kriegsvolk jeder Bezirk stellen könne«, da schlug manch eine freudige Miene in einen düsteren Blick um, erkalteten schlagartig hochgestimmte Sinne, obgleich ein jeder seine Ermahnung gehört hatte, den geleisteten Treue-Eid auf ihn und das Reich so lange zu halten, wie »das Blut in ihnen warm ist«.

Laut Persson legte König Karl den halsstarrigen und mißtrauischen Bauern in einer Rede dar, wie sich die Bedingungen des Kriegens und damit auch die Sicherung Schwedens in den letzten Zeiten geändert hätten. Das versteht doch jeder Einsichtige, daß sich ein König, der »nicht für ein Jahr Kriegsvolk halten will«, genötigt sieht, als Ersatz dafür die eigenen Untertanen »in Gestellungsbezirken (i rotetal) auszuheben«. Denn er muß doch auch seinen Verfassungsauftrag erfüllen, nämlich nicht nur nach innen den Rechtsfrieden als höchster Richter zu sichern, sondern auch nach außen als oberster Kriegsherr zu wirken, wenn es nötig ist. Und im Augenblick sieht es Vasa-Polen und Dänemark gegenüber nicht so aus, als könnte man in Ruhe die Hände in den Schoß legen.

Früher hätten es die Römer so gehalten, eigene Leute auszuheben. In Dänemark und Frankreich sei es auch üblich gewesen. Denn dieses Verfahren sei nicht so kostspielig wie die Haltung von *stehendem Kriegsvolk,* das von Jahr zu Jahr geworben und bezahlt werden müsse. Und dann bedenke man außerdem, wie wenig König Karl seine Schweden belastet, obwohl er mit der »polnischen Fehde so beschwert« ist, wenn man sich nur einmal in der weiten Welt umsieht. »Der Großfürst in Moskau hält jährlich an einem Ort 5000 Strelitzen, wenn er stillsitzt.« Nicht wesentlich anders verhalte sich der König in China, der König von Siam oder der König von Persien.

Schillernde Namen, morgenländisches Gegaukel. Wer konnte das schon nachprüfen oder sich nur einmal vorstellen, wo doch die meisten kaum von ihrer Scholle wegkamen, sich das Leben in beinahe geschlossenen Kreisläufen enger Besitztümer und Bezirke bewegte! Mit dem König kam ein Hauch von großer Welt in das Land am Rand der unermeßlichen Wälder, lockte das Phantastische und grub sich dennoch die Furcht immer tiefer ihre Furche, daß dieser König mit seiner Eriksgata nur gekommen sei, um die wehrfähigen und wehrberechtigten Bauern »nach Livland gegen den Polen zu senden«.

Das war der Samen der Angst, der in den Gemütern quellen

durfte und das Mißtrauen nährte. Und was konnte das Gemeinwesen mehr vergiften als diese Abwehr königlicher Forderungen? Trotz der Bedrohung von Dänemark her trat Karl IX. und Gustav Adolf viel Widerspenstiges entgegen. Nicht zuletzt darin wird deutlich, daß die Auffassung nicht zutrifft, Karl sei ein ausgesprochener *Bauernkönig* gewesen[18].

Seine wesentliche Stütze im Militär- und zivilen Ämterwesen war und blieb der Adel, den er nach dem Blutbad von Linköping für sich und die nationale Sache gewinnen konnte, indem er sich als Garant des Besitzstandes empfahl und bei der Restituierung der libertären Verfassungsordnung darauf schaute, daß in der Hauptsache der Adel als dessen Träger aktiviert wurde, und dies trotz seiner Vorliebe für unadlige Sekretäre[19].

Und was auch immer die soziale Herkunft bedeuten mochte, sie galt in dem Augenblick nichts, wenn ein Amtsträger im Dienst des Königs und des Reiches seinen Verfassungseid zu leisten hatte. Wie wichtig dieses republikanische Ritual als Ausdruck der Herrschaft des Rechts war und ein Wesensmerkmal libertärer Kultur zu sein hatte, in deren realem Erleben immer wieder ein metaphysischer Bezug zu Gott und dem Recht hergestellt wurde, erläuterte König Karl den schwedischen Bauern anhand der zum Schwur erhobenen und der abgebogenen Finger der rechten Hand:

Der Daumen symbolisiert nach Karls Erklärung, der sich ein Menschenleben lang mit politisierter Theologie beschäftigt hatte[20], Gott-Vater, der Zeigefinger hingegen Gott-Sohn und der Mittelfinger Gott-Heiliger Geist. Die Trinität in den Gestalten des höchsten Wesens bildet auf ihre Weise genau den Trialismus des Eides als Vertragswesen mit Drittwirkungen ab und stimmt darauf ein, was die beiden übrigen Finger dem vernunftbegabten Menschen noch ins Bewußtsein seines ethisch-politischen Wertes senken. Der nach unten abgebogene Ringfinger sagt nämlich, daß »die Seele im Körper des Menschen tief verborgen liegt. Der kleinste Finger« aber gibt an, daß »der Körper weniger als die Seele zu achten ist«!

Konnte mit dieser Erklärung nicht auch der Kriegsdienst im

Namen Gottes und zum Nutzen des Reiches eingefordert werden, zumal die ganze Hand nichts anderes vermittelte als »den einigen ewigen allmächtigen Gott, der den Menschen erschaffen hat und alle Kreatur im Himmel und auf Erden«? Wurde damit nicht der stets hochgelobte Mannesmut der Schweden eingedenk dessen angestachelt, daß Gott »sein heiliges kostbares Blut für alle Menschensünden vergossen hat«?

Jeder, der auf diese Deutung eingeschworen wurde, konnte sich fortan an den fünf Fingern abzählen, daß er sich in die Hand des Teufels begab, wenn er meineidig wurde und sich in seiner Eidvergessenheit wie der abgesetzte König Sigismund III. nicht mehr daran erinnern wollte, was er Krone und König schuldig war. In politischem Klartext: Wer Karl IX. und dessen Haus nicht die Treue halten wollte, der war ein *unehrlicher Schwede,* ein ausgemachter Feind des Reiches, ein Erzverräter und untragbarer Schelm.

Auf der Rückreise, die über die alte Bischofsstadt Skara führte, gelangte der Zug nach Mariestad. Ein Städtchen, das König Karl an seine erste Ehefrau aus der Pfalz erinnerte, deren Namen es trug. Bald kam man in die Landschaft Närike, nach Örebro und in das historisch so bedeutsame Arboga. Dort soll neues Kriegsvolk nach Livland abgefertigt worden sein in der Hoffnung, die polnische Fehde gut zu überstehen. Hoffnungen setzte er auch auf seinen ältesten Sohn, als er Gustav Adolf zum Herzog und Lehnsfürst über Västmanland machte und ihn damit in dessen fünfzehntem Lebensjahr zusätzlich in die Pflicht nahm, damit er erkenne, was auf ihn zukomme, wenn er dereinst das Amt des Königs anzutreten habe.

Nachrichten darüber, daß Sigismund in Livland mit einer großen Offensive begonnen habe, beunruhigten König und Reichsrat. Es drängte sie, umgehend nach Stockholm zurückzukehren, wo die zuverlässigeren Auskünfte zu erhalten waren und alle Entscheidungen, Instruktionen und militärischen Leistungen an der *Baltischen Vormauer* des Reiches schneller umgesetzt werden konnten.

Also wurde die vorletzte Eriksgata in Schwedens Geschichte – diese Eidfahrt, Gerichtszug und Landnahme in einem – in Arboga beendet. Der Monat Mai war schon fast vorüber, als Karl IX. mit seinem Gefolge auf dem Wasserwege wieder in Stockholm eintraf[20] und dort das Schloß Drei Kronen bezog, das Machtzentrum Schwedens, von dem aus bald nicht mehr nur nordische Politik betrieben werden sollte – Europa stand vor der Tür.

# Ein Adelskönig

Was war das nur für eine Welt zwischen *Nix und Nichts,* zwischen *Schnee und Leere?* Johannes Kepler vertrieb sich zum Jahreswechsel 1611 die Zeit mit einem wunderbaren Wortspiel und der Schrift »Über den sechseckigen Schnee«, in der er etwas vom Zauber der »Göttlichen Proportion« erzählt, vom Reichtum des Rationalen in der Natur, von der Einsicht in die Brükken der Erkenntnis, die sich dem aufrichtigen Suchenden erschließt[1]. Eine Antwort auf die gestellte Frage darf man den Büchern seiner Weltharmonik entnehmen, die er Jakob I. gewidmet hat[2]. Einem König und vermeintlichen Harmoniestifter, dessen Freundschaft sich Johan Skytte erfreute und dessen Tugendstreben er Gustav Adolf zu vermitteln suchte[3]. Es lag in der geforderten Antwort begründet, die Kepler im Geiste des Neuplatonikers Proklos wie einen Schlüssel in ein Geheimschloß steckte: »Für die Betrachtung der Natur leistet die Mathematik den größten Beitrag, indem sie das wohlgeordnete Gefüge der Gedanken enthüllt, nach dem das All gebildet ist, und die Analogie aufzeigt, die, wie Timäus einmal sagt, alles in der Welt miteinander verbindet, Widerstreitendes aussöhnt und Fernliegendes in Zusammenhang und Sympathie bringt . . .«[4]

Wie doch ein großer Geist von der proportionalen Struktur einer Schneeflocke auf das Wesen aller Dinge schließen kann, im Kleinsten das Walten einer ordnenden Kraft spürt und damit die Anweisung auch an den Geschichtsschreiber gibt, das scheinbar Isolierte in einen Zusammenhang zu bringen und um sechs Ecken selbst widerborstige Dinge in einem Bezugsrahmen so zu befestigen, daß sich aus ihrer Vielheit eine Einheit ergibt. Gerade so auch, wie es sich der Bischof von Strängnäs, *Laurentius Paulinus Gothus,* in einem Hirtenbrief zum Jahre 1611 vorgestellt hat, als er den Gläubigen dieser von König Karl IX. so geschätzten Stadt und ihrem sörmländischen Umkreis das Wirken des allmächtigen Gottes erklärte. Dieser habe nämlich »vom Anfang der Welt diese drei Hauptstände gestiftet: den *Lehrstand* oder das Predigtamt, den *Wehrstand* oder das weltliche Regiment und den *Nährstand* oder den Haushalt«.

Wird diese Dreiheit nicht in Ehren gehalten, dann ist »der Menschen ewige Seligkeit, Recht und Einigkeit« gefährdet. »Die Geschichte und die Erfahrung selbst bezeugen es zur Genüge.«[5] Alles, was sich aus dem Geiste Gottes auf die Dreizahl beziehen läßt, erscheint von besonderer Vernunft, von gerechter Balance und einem guten Sinn für das dem Menschen Zuträgliche, Nützliche und Überschaubare. In diesen Bereichen wirkt etwas Qualitatives, eine systematische Kraft, die Hierarchien aufbaut und in dieser Stufung ein Bollwerk gegen alles Teufelswerk erkennt[6].

Wem es also verwunderlich erscheint, daß Karl IX. nach der Verneuerten Erbvereinigung von Norrköping (1604) in seinem Testament von 1605, einem der ausführlichsten Dokumente der Erbgeschichte überhaupt[7], »des Reiches Stände bittet und ermahnt«, sie möchten keinen der berechtigten Erben zur »Königlichen Regierung kommen lassen, ehe sie 24 Jahre alt sind, und das Reich so versichert haben, wie es sich gehört« und ihnen nur eine Teilhabe daran gewähren sollen, »wenn sie 18 Jahre alt geworden sind«[8], der hat hier eine Erklärung.

Vierundzwanzig und Achtzehn sind Zahlen mit einer Drei als Basis, Ausdruck einer Ratio, die auf die Erfahrung abgestimmt wird und sich mit dem Gang der Gestirne in Einklang wähnt. Was aber geschieht, wenn sich das private Leben und der politische Werdegang nicht so glatt nach geometrischer oder adliger Art (more geometrico) vollziehen, und die Allmacht den Zufall schickt, die Mächtigen plötzlich abberuft, ehe sich ihre Pläne und Berechnungen erfüllt haben?

König Karl war es vergönnt, wenigstens in die Nähe einer Erfüllung seines Lebenswerkes zu gelangen. Zwar mußte er immer wieder seinen auserwählten Nachfolger Gustav Adolf und dessen jüngeren Bruder väterlich ermahnen, sich durch dauerndes Lernen und Üben in den Stand zu versetzen, »weise und vernünftig zu werden«[9], aber durch sie war das Erbe seiner Linie gesichert. Was ihm von innen her trotz einiger Sorgen hinsichtlich der Verläßlichkeit Herzog Johans genügen konnte, wurde jedoch von außen gefährdet. Denn Christian IV. von Dänemark hatte unterm Bruch des Stettiner Friedens von 1570 Feindseligkeiten gegen Schweden begonnen und mit seinen Angriffen von Süden her den *Kalmar-Krieg* eröffnet[10].

Der noch unerfahrene Dänen-König hatte sich im Kampf mit dem eigenen Senat durchgesetzt und glaubte, seinem schwedischen Erbfeind einiges in den Grenzregionen um Kalmar und womöglich die Stadt selber erobern zu können, nachdem Karl einen wichtigen Teil seiner Truppen zur Unterstützung der Moskowiter gegen Vasa-Polen eingesetzt hatte und deshalb im eigenen Reich militärisch geschwächt war. In seiner leiblichen Not, von einem Schlaganfall halbseitig gelähmt, versuchte er aber, den Dänen-Einfall abzuwehren, und gestattete es, daß sich Gustav Adolf dem Kriegen aussetzte[11], während seine Kräfte von Tag zu Tag abnahmen.

Er schaffte es gerade noch, auf dem Wasserwege von der Front in sein geliebtes Nyköping zu gelangen. Dort kam er Ende Oktober 1611 so ermattet an, daß er beim Verlassen des Flußschiffes gestützt werden mußte, um das Schloß zu erreichen[12]. Er, der einst dabei half, den Tyrannen Erik XIV. zu stürzen, Johan III. energisch die Stirn geboten hatte und vor mehr als zehn Jahren sein Leben wagte, um den Tyrannen Sigismund III. zu vertreiben; er, der als Freier stolz aufs Heidelberger Schloß geritten war, sich in schwierigen Lagen mannhaft gezeigt hatte und sich nach Art der alten Goten dem Dänen-König zum Zweikampf stellen wollte – er war nun nicht mehr Herr seiner selbst.

»Streng und streitbar«[13]. So war er sein ganzes Leben hindurch, stets durch Sorgen in Spannung gehalten und im Austeilen von Angst und Schrecken geübt. Die Not hatte ihn bitter werden lassen, der Tod setzte ihm zu. Es gab aber in seinem unruhigen Gemüt Gottvertrauen und den Hang, Lebensfreude öfters, als es seiner Leibeskonstitution zuträglich war, dadurch zu krönen, daß er gerne »lustig« war. Eine listige Umschreibung dafür, daß er im Wein nicht nur die Wahrheit suchte, auf die er jeden Geschichtsschreiber einschwören konnte[14], sondern auch das Verdrängen andringender Lebensängste.

Er konnte sich auf der Stelle in Rage reden und beherrschte ihn ein Rausch, hatte er sich »lustig« getrunken, dann Gnade Gott den Opfern seiner Laune. Der finnische Jesuit *Johannes Jussoila* hatte 1601 erleben können, was es bedeutete, wenn »der Fürst vom Wein erregt wurde und den Befehl gab, seinen Spaß an der Freude zu erhöhen«. Dann war jede Erniedrigung erlaubt. Mitten in der Nacht hatte man den verhaßten Papisten aus dem Gefängnis geholt, ihm Wein aufgezwungen und genötigt, mit dem Leibmedicus des Fürsten einen Pfaffentanz hinzulegen. Während der Medizinmann »mit Fuchspelz und Wolfsschwanz maskiert und betrunken« den Kirchenmann auf der Diele zu Verrenkungen trieb, wollte sich Karl halb totlachen und »begann, seine üblichen Schmähworte zu verteilen«, um den Jesuiten dann zu einem Erpressungsopfer herabzuwürdigen[15].

Königlich war das nicht. Und die Behandlung des altersschwachen *Hogenskild Bielke,* dessen Gelehrsamkeit und Patriotismus im Sinne des libertären Verfassungsdenkens Erik Sparre in nichts nachstand, im Jahre 1605, als dieser wegen Hochverrat angeklagt und dann hingerichtet wurde[16], hat ihm so wenige Sympathien eingebracht, wie die hohen Weinzuwendungen an den zu Gericht sitzenden Reichsrat die Einsicht in das Wesen des Rechts verstärkten[17]. Und was hatte er sich dabei gedacht, dem unglücklichen *Petrus Petrosa* nach Tortur und Schauprozeß vor den Augen der entsetzten Stände in Örebro bei lebendigem Leib das Herz herausreißen zu lassen? Konnten solche Exzesse des Strafvollzuges weitere Verräter abschrecken?[18] Stumpften die andauernden Hinrichtungen nicht ab und schadeten sie nicht seiner Fama, seinem guten Ruf, wenn er überall als der

»Schlächter« galt? Und wie kleinlich hatte er sich manchmal auch sonst verhalten! Die Erlebnisse des französischen Condottiere *La Borde de Luxe* um 1607 sprechen da für sich, hatte sich doch der Schweden-Vasa in seinen dauernden Geldverlegenheiten und von einem krankhaften Mißtrauen befallen, zu Reaktionen verleiten lassen, die »Graf Axel« bereits 1592 in seiner Kampfschrift angemahnt hatte. In den Worten des Condottiere, dem der gerechte Lohn für seine Anwerbungen von Söldnern vorenthalten worden war: »Wenn Ihr (König Karl) Euere Versprechen brecht, dann löst Uns auch von unseren Verpflichtungen. Wir sind Euch in nichts verbunden, und wir werden unser Vaterland wissen lassen, wie man in Schweden getroffene Absprachen hält und wie Völkerrecht und Dankbarkeit dort in Ehren gehalten werden«[19].

Ob König Karl das alles noch einmal durch den Kopf gegangen ist, als er im Sterben lag, unfähig, ein Wort zu sprechen, und vor den getrübten Augen Christina zusammen mit Carl Filip und Gustav Adolf, der die Last schon spürte, noch ehe sie ihm in aller Form auferlegt werden sollte? Er hatte einiges falsch gemacht, aber doch auch Grundlagen dafür geschaffen, daß in Zukunft ein gedeihliches Arbeiten möglich war. Die »fünf hohen Ämter« als Kollegial-Regierung und der Reichsrat sind trotz seiner Neigungen, gelegentlich mit »Sekretären« zu operieren, gestärkt worden. Der Reichstag selbst, durch sein Bedürfnis nach Legitimation immer wieder aktiviert, hatte an Staatskraft gewonnen, und mit der Rechts-Reform des »Landslag« und des »Stadslag« (Stadtrechtes) hatte er zusammen mit der begonnenen Umorganisation von Heer und Flotte fundamentale Instrumente hinterlassen, die der Erprobung und des Ausbaus harrten.

Es war also nicht so, wie es gerne dargestellt wird, daß sich mit seinem Tod und der Annahme Gustav Adolfs als »auserwählten Erbkönig« ein *Systemwechsel* vollzogen habe, gleichsam ein Sprung vom tyrannischen Naturzustand einer persönlichen Diktatur in eine geniale Staatsreform, vom Schatten ins Licht[20]. Als Karl IX. am 30. Oktober 1611 für immer die Augen schloß, da ähnelte die Lage dem Übergang von Philipp auf

Alexander[21], und die Worte des Aristoteles, daß »die jungen Männer ihren wechselhaften Gelüsten schutzlos ausgeliefert sind, ... ihre Hoffnungen so hochfliegend wie die eines Trunkenboldes sind, ... und sie das Lachen lieben«[22], hatten fast zweitausend Jahre später in diesen trüben Trauertagen eine denkwürdige Entsprechung.

Von *Otto Mörner,* der oft im Auftrage Karls einige Weinkannen zu Gerichtsverhören heranschaffen ließ[23], wird nämlich berichtet, wie sehr er um den verstorbenen König trauerte, »der ihm so viel Gutes gewährt hatte«. In seinem Schmerz soll er, der zeitweise ein Zuchtmeister des Thronfolgers war, zu seiner Umgebung gesagt haben, »daß er nicht länger leben möchte, weil sich der junge Prinz, Herr *Gustavus Adolphus,* seit einiger Zeit nicht mehr im Zaum halten lassen wollte, sondern sich meistens an diejenigen hielt, die ihm seinen *freien Willen* ließen, sei es bei den Damen, im Kartenspiel und während der Jagd, von anderen Kriegsübungen nicht zu reden«[24].

Also das übliche Vorspiel. Es kann aber zwischen 1609 und 1611 trotz gelegentlicher Ermahnungen von seiten des alternden Königs nicht üppig gewesen sein. Denn Gustav Adolf hatte bereits als Herzog von Finnland vor allem und aufgrund der zunehmenden Leibesschwäche seines Vaters frühzeitig öffentliche Verpflichtungen übernehmen müssen, die für Eskapaden wenig Raum ließen. Und jetzt, nachdem der Druck des strengen Regimentes seines Vaters von allen betroffenen Gemütern gewichen war und sich die Hoffnungen auf ihn richteten, erschienen Kurzweil und lockeres Leben davor bescheiden genug, wenn man nur daran dachte, was nun auf ihn zukam.

Wie vergeßlich doch Historiker sein können, wenn ihnen die reale Geschichte bei ihren Welterklärungen widerspricht. Es ist bei der Erörterung und Einordnung dieses Wechsels im Amt des Königs allen Ernstes behauptet worden, daß die Akteure während der anstehenden »Translatio imperii« erhebliche Schwierigkeiten gehabt hätten, »einen Erbkönig ans Gesetz zu binden«. Mehr noch, das Erbreich selbst als »neuer staatsrechtlicher Begriff hätte es schwer gehabt, sich zur Geltung zu bringen und sich im allgemeinen Bewußtsein festzusetzen«[25].

Überlegenheitsdünkel und der verderbliche Einfluß der »Deutschen Staatslehre«, die sich das Staatsrecht auf Vertragsbasis nicht vorstellen konnte oder durfte, haben hier künstliche Hindernisse aufgerichtet, um gleichzeitig auch das Klischee vom selbstsetzenden König ein Stück weit kultivieren zu können. Tatsächlich vollzog sich der Übergang in einer Weise, die dem Ernst der Stunde angemessen war und dabei all das bestätigte, was sich seit 1544 in diesem Erbreich nach den Bedingungen eines vertraglichen Erblehens an Traditionen herausgebildet hatte. Erkennt man natürlich nicht die institutionellen Garantien dieses Systems auf Gegenseitigkeit und reziproker Absprachen, dann müssen fast zwangsläufig Spekulationen die Sachverhalte ersetzen[26].

Die Hauptaktionen hin zum Abschluß eines neuen Herrschaftsvertrages zwischen der Krone Schweden und Gustav Adolf als erstem Erben des Hauses Vasa liefen nahezu programmgemäß ab und waren in jeder Hinsicht verfassungskonform. Die Initiativen der Königinwitwe Christina mit dem Reichsrat, so weit er in Nyköping zugegen war, entsprachen den Bedingungen der Erbvereinigung von 1604 und dem Geiste nach ebenso dem Testament von 1605. Denn beim Abruf »unseres allergnädigsten Königs und Herrn aus dieser jammervollen Welt in die ewige Freude«[27] war Herzog Gustav Adolf weder im Sinne des Testamentes volljährig, um König sein zu dürfen (24 Jahre), noch hatte er das Berechtigungsalter (18 Jahre) erreicht. Es mußte also jene Vormundschaftsregierung tätig werden, die 1605 vorgesehen und 1609 in einem Entwurf spezifiziert worden war. Dazu wurde Christina an erster Stelle genannt, dann Herzog Johan von Öster-Götland und einige Senatoren, darunter Axel Oxenstierna, der noch nicht Reichskanzler war[28].

Bedingung für diese Vormundschaft aber war die Zustimmung der zu einem ordentlichen Reichstag versammelten Stände, mußte doch diese Regierung wie ein »vollmündiger König« selbst auf die Verfassung vereidigt werden. Und das war eben nicht möglich, weil die Stände erst nach Nyköping berufen werden mußten! Deshalb fungiert Christina mit dem Reichsrat als Ad-hoc-Vormundschaft und damit nur vorläufig. Denn erstens ließ Herzog Johan lange auf sich warten, ehe er sich mit dem Senator *Nils Bielke* nach Nyköping bequemte, und dann fehlten eine ganze Reihe wichtiger Senatoren. Berief Christina, die in dieser Lage ganz anders als *Maria Medici* nach der Ermordung Heinrichs IV. im Jahr zuvor politisches Format bewies, den Reichstag ein, so forderte Axel Oxenstierna die abwesenden Träger der hohen Reichsämter in ihrem Namen auf, so schnell wie möglich an der Bahre des toten Königs zu erscheinen, um das entstandene Interregnum in geordnete Bahnen zu bringen. Auf die Rückseite seiner Schreiben hatte er biblische Worte gesetzt, die einer ganzen Generation eine unerhörte Kraft aus Glaubensgewißheit verleihen sollten: »Der Herr Sabaoth ist mit uns. Jakobs Gott ist unser Schutz«[29].

Zu diesen Aktivitäten, deren Rechtmäßigkeit sich darin bestätigt fühlte, daß aus dem weitläufigen Reich fast täglich Treuebekundungen aus allen Ständen eintrafen[30], paßt auch Gustav Adolfs eigene Zurückhaltung mit dem Königstitel. Dafür bringt er um so stärker die Krone Schweden ins Spiel. Seine Aufforderung an den »gemeinen Mann« im Jämtland, das von Westen her tief in den Reichscorpus hineinragte und oft ein dänisches Einfallstor war, er möge sich »unter der Krone Schweden Protektion« begeben und sich »ganz und gar von dem dänischen König und Dänemarks Krone absagen«, um fortan »bei Schwedens Gesetz und Gericht und alten Freiheiten« gehalten zu werden, vermittelt etwas von seiner Behutsamkeit und Genauigkeit. Er unterschreibt diese Zusagen nur »mit fürstlicher Hand« und setzt darunter lediglich sein »fürstliches Siegel«[31].

Viel hat diese Bemühung nicht eingebracht, sollte doch das Jämtland erst 1645 nach Oxenstiernas geschickter Politik an Schweden kommen. Dafür aber erreichte er mehr, als Herzog Johan endlich am 5. Dezember 1611 mit einem stattlichen Gefolge in schwerer Trauerpracht in Nyköping eingeritten war und die Proposition für den Reichstag fertiggestellt werden konnte, d. h. die Gesamtvorlage zur Lösung der Probleme. Dieser hielt nämlich seine Versprechen und hatte nichts gegen den Vorschlag einzuwenden, in welcher Ordnung man mit den anwesenden Ständen verhandeln sollte. Zunächst war die Frage nach der Besetzung der *Regierung* und damit nach der Annahme Gustav Adolfs als regierendem König zu beantworten, dann stand das Problem hinsichtlich des *Friedens* mit den Anrainern an und schließlich die weiteren Erfordernisse der *Kriegführung*.

Nach einigen äußerst anstrengenden Wochen, in denen für den Krieg in Rußland und gegen Dänemark zahlreiche Anordnungen getroffen werden mußten, während gleichzeitig Maßnahmen anstanden, um mit einer würdigen Totenkrönung Karl IX. zu ehren[32], fiel bereits am 9. Dezember, am Geburtstag Gustav Adolfs, eine Vorentscheidung zu seinen Gunsten. Und eine Woche danach gab Herzog Johan bekannt, daß er »bezüglich der Regierung und Vormundschaft für Herzog Gustav in Anwesenheit aller Stände darauf verzichtete und diesem die Regierungsgewalt überantwortete«. Axel Oxenstierna, der in diesen Wochen zur Vertrauensperson aller Interessenten geworden war und einen wesentlichen Anteil daran hatte, daß das Interregnum verfassungskonform überwunden wurde, gab dann in einer Rede den Verzicht auf eine weitere Vormundschaft Christinas bekannt, die ihn zu dieser Aufkündigung im Angesicht der Vertreter des Reiches ermächtigt hatte. In der gegenwärtigen Lage fand die Königinwitwe »eine solche Regierungsform für nicht nützlich«, d. h. eine Vormundschafts-Regierung, und bittet um »des Reiches und der Stände langer, stetiger Wohlfahrt willen« darum, daß Herzog Johan, der Reichsrat und der Reichstag zusammen ihren ältesten Sohn »für mündig . . . und als ihren regierenden Herrn und König erkennen und annehmen«. Er soll »selbst dem Reich vorstehen können und sein liebes Vaterland . . . nach Schwedens geschriebenem Gesetz christlich und wohl regieren«[33].

Damit war der Weg frei für die Erarbeitung eines neuen Herrschaftsvertrages zwischen der Krone und dem »auserwählten Erbkönig«. Die Beratungen dazu im Reichsrat und in jedem einzelnen Stand bestätigen in ihrer Fülle die gelungene Verbindung von Erb- und Wahlprinzip, so daß die erstellte »Versicherung« des Reiches Schweden durch den neuen König nichts anderes ist als eine vertragliche Entsprechung zu der »Kapitulation« der Kaiser im libertären Heiligen Reich, der »Handfeste« in Dänemark, welche die Wahlkönige anerkennen müssen oder zu den »Pacta conventa« in der Adelsrepublik Polen[34].

Als Auftakt dieses schwierigen Unternehmens, die Interessen der Dynastie und der Stände so abzuwägen und zu sichern, daß der innere Friede gewahrt blieb und die äußeren Feinde mit Erfolg bekämpft werden konnten, darf man die Antworten der einzelnen Stände auf die Renuntiationen (Verzichterklärungen) von Christina und Johan betrachten. So zeigt sich der Stand der Städte-Bürger in seiner politischen Qualität als »steuerschuldige Untertanen« mit den anderen Ständen über diesen Verzicht befriedigt. Sie sind voller Anerkennung, daß Gustav Adolf bereit ist, »im Namen der Heiligen Dreifaltigkeit das hohe und mühevolle Regiment anzunehmen«. Aber ehe er in das Königsamt trete, wird erwartet, daß er »Schwedens Gesetz und eines jeden wohlerworbene Privilegien und Freiheiten in aller Weise ungekränkt« halten muß, wenn er »unsere Treue und Eidespflicht« erhalten will[35].

Treu Herr – Treu Knecht. Unter diesem vertraglichen Vorzeichen wurde ein Vorschlag zur Rechts-Versicherung des Reiches erarbeitet. Er wurde bereits am 19. Dezember zur Beratung unterbreitet. In dreizehn Artikeln wird darin ein politisches und possessives Programm entwickelt, das alle fundamentalen Bereiche der *cumulativen Constitution* Schwedens erfaßt und im Kern von der Schlußfassung übernommen wurde, die am 31. Dezember angenommen werden konnte[36].

Im Eingangsteil der »Versicherung« wird Gustav Adolf nach Maßgabe des »Landslag« von 1442 und der »Erbvereinigung« von 1544 ein »auserwählter König und Erbfürst« genannt und geschildert, wie er aufgrund der vorgezogenen Mündigkeitserklärung durch die Stände zur »vollkommenen . . . reichsköniglichen Regierung« gelangt ist. Dieses Stück, Ausdruck des hohen Empfindens für eine Begründung der Legitimation aus der jüngsten Geschichte, fehlt in der Vorlage.

Was nun den ersten Punkt der Bedingungen des Königsamtes angeht, so ist in der letztgültigen Versicherung, die sprachlich milder gefaßt ist, der Hinweis auf das »Concordienbuch« ausgelassen worden. Doch in der Sicherung der eigenen Confession blieb man hart und verlangte von Gustav Adolf, daß er »in diesem unserem Reich die Ausübung oder Exercitium irgendeiner anderen Religion weder öffentlich noch heimlich« gestatten darf, »von welcher Nation, Stand oder anderer Bedingung« jemand auch sein mag. Die weitere Forderung der Vorlage, die um »der Einheit in der Religion« willen erwartete, daß alle Angehörigen der »papistischen, calvinistischen, anabaptistischen oder anderen Religion«, die in »irgendeinem Amt des Reiches gebraucht« werden, sofort zu entfernen seien, wurde in der Endfassung mit einer wichtigen Einschränkung versehen. Es wird nämlich »ausländischen Privatpersonen mit einer anderen Religion« erlaubt, »Handel und Wandel« in Schweden zu treiben, »hier im Reich ein Gewerbe gesetzlich zu unterhalten« oder sich an »Kriegssachen« zu beteiligen. Bedingung für diese Vergünstigung muß aber sein, daß sich alle diese Leute »still und ruhig verhalten, ihr Willfahren nicht verbreiten und unsere Religion und unseren Gottesdienst . . . nicht schmähen: *Denn keine Obrigkeit hat die Macht, über eines anderen Gewissen zu herrschen und zu regieren . . .*«[37]

Diese Konzession des Königs an andere Konfessionen war ein Gebot praktischer Vernunft. Es war die Einsicht, dem arg gebeutelten Reich nicht noch dadurch zu schaden, daß man es allein wegen der Religion hermetisch von der Umwelt abriegelte und dadurch auswärtiges Kapital, Können und Investitionswillen blockierte. Von den Calvinisten Johann Casimir, Abraham Cabeliau, Louis de Geer, Hugo Grotius oder Comenius, um nur einige zu nennen, sollten Gustav Adolf und Schweden nicht wenig Nutzen ziehen. Hier war die Kommutation des Vertragswesens am Werk und auch der Einfluß des Averroes. Man nimmt akzidentielle Abweichungen in Kauf und sichert die Substanz der eigenen Konfession[38].

Im Artikel drei wird in fast genauer Übereinstimmung von Vorlage und Versicherung von der »Liebe« des Königs zur eigenen Familie gesprochen, die ja bei dieser Übergabe von Mündigkeit und Macht eine wesentliche Rolle gespielt hat. Diese Fähigkeit wird auch gegenüber dem Reichsrat und dem Reichstag erwartet. Sie soll vornehmlich darin bestehen, daß alle Stände in beiden Verfassungsorganen »bei Schwedens geschriebenem Gesetz, des Reiches uralter Freiheit und Gerechtigkeit gehalten werden«. Das bedeutet auch, daß jeder Einzelstand für sich »bei seinen wohlempfangenen Freiheiten, Privilegien, Immunitäten, Rechten und löblichen Gewohnheiten« gesichert leben darf.

Vor allem der *Adelsstand* sollte in Zukunft »bei Macht und gehöriger Würde« belassen bleiben. Die Verhandlungen über die Neufassung der Adelsprivilegien hatten ebenfalls am 17. Dezember begonnen, lagen auch mit dieser Vorlage zur Versicherung zwei Tage später vor, sie wurden aber von Gustav Adolf erst am 10. Januar 1612 rechtsgültig ausgefertigt, also nach seinem *Verfassungseid,* der Gegenstand des Artikels vier war[39].

Er hat den kürzesten Wortlaut in beiden Dokumenten, doch liegt in ihm das Wesen des libertären Erbkönigtums begründet. So heißt es in der Versicherung dazu: »Wir geloben und sagen zu, daß wir unser Reich Schweden nach Maßgabe des Königseides steuern und regieren wollen, wie es im Kapitel vier des Königsrechtes vermeldt ist«[40]. Damit ist eindeutig das »Landslag« von 1442 gemeint. Ein glänzender Beleg dafür, daß seine Bedingungen weder von der Einführung der Reformation noch von der Einrichtung eines Erbreiches aufgehoben worden waren. Hier ergänzten sich fundamentale Verfassungswerte und ersetzten sich nicht, wie die Vertreter des »Dualismus« immer wieder in ihren gekünstelten Denkmodellen suggerieren wollen. Den Akteuren von 1611 war voll bewußt, was sie dem alten Reichsrecht zu verdanken hatten. Deshalb wählten sie auch die allgemeine Form in der Versicherung, während die Vorlage noch den Zusatz enthielt – »mit . . . Herzog Johans und des Reiches Rat«[41]. Denn mit dem Hinweis auf das »vierte Kapitel« konnte man auf eine elegante Art und Weise Herzog Johan abdrängen und sich eindeutig auf das Verhältnis von *König und Rat* beschränken.

Nicht unwesentliche Veränderungen sind auch im Artikel fünf beider Fassungen auszumachen. Wird in der Vorlage bei der Rangfolge der »fünf hohen Ämter« das Amt des Kanzlers vor dem des Admirals geführt, so erfolgt in der Versicherung selbst die Korrektur, wie sie bis zum Absolutismus hin Bestand haben sollte: »Drost, Marsch, Admiral, Kanzler, Schatzmeister«[42].

Die Forderungen zur Reform des Kanzleramtes in der Vorlage fehlen in der Versicherung ganz. Neben anderen Auslassungen wurde auch die Formel »eingeborene schwedische Männer von Adel« verändert, die allein für die Besetzung von Härads-Richterstellen vorgesehen waren. Dafür wurde die Formulierung »schwedische Männer und am liebsten vom Adel« gefunden[43]. Damit war dem König die Möglichkeit gegeben, auch Rechtsgelehrte aus dem Unadel in diese wichtigen Ämter zu bringen. Sein eigener Lehrer Johannes Bureus sollte in den Genuß dieser offeneren Regelung kommen[44]. Belohnungen der Träger von Reichsämtern in Gestalt von Belehnungen aus dem Krongut durften nur »mit unserem lieben Reichsrat« erfolgen, dessen Mitglieder neben anderen Amtsinhabern einen besonderen Rechtsschutz erhielten. Denn ihre Entlassung durch den König wurde nur dann gestattet, wenn sie »vor einem Gericht gesetzlich von ihrem Amt geurteilt« worden waren[45].

Neben der umfassenden Sicherung des Indigenats (Amtsträger sollten in Schweden geboren sein), der materiellen Ämterbestallung und eines weitgehenden Rechtsschutzes vor möglichen Übergriffen des Königs erfolgte die *Garantie der Gesetzgebung*. In Übereinstimmung von Vorlage und Versicherung verpflichtete man Gustav Adolf auf ein Verfahren, das noch älter als das »Landslag« war und nur im Hinblick auf die personale Lage neu gefaßt werden mußte: »Wollen wir auch nicht irgendein neues Gesetz machen oder den Ständen aufdrängen, auch nicht irgendein altes und angenommenes Gesetz verwandeln, unterdrücken oder einfach abschaffen, ohne . . . Herzog

Johans, des Reiches Rats und der gemeinen Stände Ja, Zustimmung und Vollzug – ganz und gar nach dem Gesetz und nach des Königs Eid«[46].

Die späteren Mißverständnisse und Verzerrungen dieser und anderer Manifestationen der vertraglichen *nomothetikè* (Gesetzgebung) in Schwedens Verfassungsgeschichte gehen zu Lasten des Rechtspositivismus und des Dualismus. Zwei Denkrichtungen, die mitunter recht unbeholfen den Reichtum des Rechts mit Wortgewölk verdunkelt haben, um sich vor der Aussage der Quellen zu drücken, die den Gesetzesbegriff klar und deutlich an das Vertragswesen mit seiner Gegenseitigkeit und institutionellen Drittwirkung binden, indem der Reichsrat die Funktion eines *nomophylax* oder Gesetzeswächters übernehmen muß. Und diese Aufgabe ist etwas Substantielles, weil darin die Dreiteilung des Verfassungssystems vermittelt wird und sagt, daß der König zwar das Gewaltmonopol hat, aber nicht über das Gesetzesmonopol verfügen darf. Die Macht muß stets dem Recht unterworfen sein, und dieses hat überall zu gelten. Deshalb erweitert auch die Versicherung die Vorlage und hält fest, daß bei Gesetzen, Verboten und Ordnungen jeglicher Art »im Fürstentum wie im Königreich gleiche Ordnung gehalten werden soll, auf daß über das ganze Reich eine Gleichheit sein möge«[47].

Die volle Anwendung dieses Artikels in der Versicherung war von der Absicht her, alle Macht im Gemeinwesen zu verrechtlichen, sicher bei diesem König gewährleistet, aber die Wirklichkeit hatte Hindernisse aufgerichtet, aus denen zu ersehen ist, wie sich in der Praxis die Gewichte verlagern mußten. Während des Reichstages in Nyköping waren nämlich Stimmen laut geworden, die sich darüber beschwerten, daß in den letzten Jahren zu viele Herrentage gehalten worden seien. Denn diese an sich erfreuliche Aktivierung der politischen Gemüter in Schweden hat einen wesentlichen Nachteil: Die Stände mußten dafür ihre eigene Ökonomie anstrengen. Das fiel dem Adel leichter als dem Klerus und diesem wiederum leichter als den Stadt-Bürgern, während die Vertreter der Bauernschaft trotz gewisser Unterstützungen aus ihrem Wahlbezirk (Härad) es am wenigsten aushalten konnten, viele Wochen lang von Haus und Hof abwesend zu sein. Da standen für die Zukunft Probleme an, deren Lösung nicht einfach war, mußte doch eine Verringerung der Reichstage das Gewicht des Reichsrates als permanentem Verfassungsorgan im gleichen Maße erhöhen[48].

Was noch im weiteren zum Kirchen- und vor allem zum Gerichtswesen an Reformen vorgeschlagen wurde, zeugt von einer Wertschätzung der Altvorderen und ihrer politischen Klugheit, wie sie im Gefolge des linear angelegten Fortschrittsdünkels kaum möglich sein durfte. Der Schritt vom Bösen auf das Bessere zu gelingt diesen Staatsmännern des libertären Ständewesens nur, weil sie den Blick auf das Gute in der Geschichte richten und ihre Reformen darauf abstellen, lediglich das zu bewahren, was sich bewährt hat. In ihrer Anstrengung vollzieht sich etwas Großes und Wertvolles. Man erkennt es in seiner ganzen Dichte an der Garantie im Schlußartikel dieses Herrschaftsvertrages, daß keinem Schweden »etwas Ungesetzliches zugefügt werden möge«. Jeder habe Anspruch auf einen gerechten »Prozeß und Urteil, wie es das Gesetz vermag und es des Reiches Recht ist«[49].

Nur in einem solchen Rahmen kann sich der politische Mensch verwirklichen, wenn ihm Recht und Eigentum an sich selber verbürgt sind; wenn er Bürger sein darf, weil man ihn als Bürge braucht. Und das setzt eine besondere Qualität voraus, ohne die kein freiheitliches Gemeinwesen auskommen kann – Vertrauen oder die »fides publica«[50].

Das hat sich Gustav Adolf in seiner behutsamen und doch strebsamen, in seiner auf Ausgleich bedachten Art in zunehmendem Maße erworben. Man erkennt sehr wohl seinen Einfluß, das sensible Bemühen, bei aller Härte und Klarheit in der Substanz doch im Bereich der Akzidens flexibel zu bleiben, um sich nicht durch Dogmatik Chancen zu begeben, deren Nutzen lebenswichtig war.

Nachdem sich die Stände bei aller eigenen Not noch bereit gefunden hatten, ihm einige *Kriegshilfen* zu bewilligen, um die Herausforderungen an den Grenzen des Reiches und in den Vorposten der Baltischen Vormauer bestehen zu können[51], durfte Gustav Adolf mit der Annahme des Herrschaftsvertrages zufrieden sein. Und die Stände konnten allmählich in ihre Heimatorte mit der begründeten Hoffnung zurückkehren, daß die Zeit der Verdächtigungen, überfallartigen Hausdurchsuchungen und grausamen Schauprozesse aus politischen und auch aus nichtigen Gründen in Zeitläufte überging, wo sich ein jeder auf das Seine konzentrieren durfte, dessen Gedeihen dem Ganzen zugute kam.

Auf eine Krönung Gustav Adolfs nach der Annahme und Besiegelung des Herrschaftsvertrages wurde verzichtet. Es fehlte das Geld, um ihm mit diesem Akt weitere Rechtsgeltung nach außen zu verschaffen. Ein Mangel, der sich bald bei den Friedensverhandlungen mit Dänemark in Knäröd bemerkbar machen sollte. Dafür aber erlebten der »auserkorene König« und die Ständevertreter am 5. Januar 1612 nach einer Hochmesse mit Predigt eine seltsam anmutende *Totenkrönung*.

Sie fand im Schloß zu Nyköping statt und gestaltete sich zu einem Staatsfest, das im Zeichen der Embleme des Reiches Schweden und des Hauses Vasa jedem verdeutlichte, daß der Staat nicht aus der Not geboren wurde[52], sondern von dieser in Todesgefahr gebracht wurde, wenn sich die Lebenden den Geboten Gottes und den Gesetzen der Natur verschlossen.

Die Spur der Symbole im Zeichen der »Drei Kronen« des Mitternächtigen Reiches, diese »dreiständigen Sinnbilder zu fruchtbringendem Nutzen«, wurde in jener Trauerfeier auf eine Weise mit Worten begleitet und zugleich bekleidet, als wollte der Hauptredner einem geheimen Zuruf aus den Kulissen genügen: »Ihr kraftberaubte Wort', ihr seid zerstückte Stück'/ Und seichte Schattenstreif, allein, entweicht zurück/ Vermehlet mit Gemähl ihr werdet zugelassen/ Wenn ein tief Sinnbild hilft das Verborgne fassen«[53].

Doch ehe das Sichtbar-Unsichtbare im Wechselspiel von Symbol und Sprache im Umkreis des balsamierten Leichnams beginnen konnte, wurde aus den stimmungsvoll hergerichteten Sälen »alles gemeine Volk hinausgetrieben«. Die Königinwitwe, der neue König samt Herzögen und Fürstinnen sollten ungehinderten Zutritt zu dem aufgebahrten Toten haben. Die Frauen waren ganz in Schwarz gekleidet. Haupt und Gesicht hielten sie so dicht mit Trauerschleiern bedeckt, daß »von ihnen nicht mehr als die Augen wahrgenommen werden konnte«. Umgeben und geleitet von den Grafen Magnus und Abraham Brahe, von Göran Gyllenstierna und Niels Bielke, von Seved Ribbing und Axel Rynning – hochgestellten Männern des Reiches –, schritten sie zu ihren Thronsesseln, den Blick auf den doppelt geschichteten und offenen Zinksarg gerichtet.

Als Ruhe eingekehrt war, trat ein Aristokrat vor die in Trauer vereinte Reichsversammlung, der erst achtundzwanzig Jahre alt war, aber seit seiner Berufung in den Reichsrat (1609) und vor allem in den vergangenen Monaten in vollendeter Manier gezeigt hat, welch einzigartige Qualitäten ihn vor allen anderen auszeichneten und zu großen Hoffnungen berechtigten – *Axel Oxenstierna.*

In der gebotenen Form verkündete er eingangs Stand und Titel der anwesenden »hohen Personen« aus der Dynastie und hielt dann eine Rede über »Die Tyrannis und Gewalt des Todes«. In ihrem Verlauf weinten die fürstlichen Frauen »bitterlich, am meisten jedoch Fräulein Catharina«, König Karls Tochter aus seiner ersten Ehe mit Maria von der Pfalz.

Nach seinen Ausführungen vollzog Oxenstierna, einem alten Brauch gemäß, zusammen mit den Trägern der Krönungs-Insignien ein besonderes Ritual. Er stattete den toten König mit den Zeichen seiner einstigen Macht aus und erläuterte dabei deren Sinngehalt im Hinblick auf das irdische und das ewige Leben. Als er dann mit Magnus Brahe, dem Reichsdrosten, an den toten Karl IX. herantrat, um auf die über Kreuz gekämmten drei Haarsträhnen die Totenkrone aus gutem Gold zu setzen, erläuterte er unter anderem den menschlichen Wunsch, daß diese Krone auch »im Himmel unter allen Engeln Gottes und Gottesfürchtigen leuchte. Der Prophet Daniel hat dazu gesagt: Ein jeder trage zu ewigen Zeiten die unvergängliche Krone, die ihm verehrt worden ist. Das gilt auch für Ihre Königliche Majestät, nachdem sie einen guten Kampf gekämpft hat.«

Mit dieser Verbindung von Endlichem und Ewigem sollte Trost über einen Verlust gespendet werden, der als Tod das Leben bestätigte. Gäbe es diesen Tod nicht, das Ende des Kampfes mit sich selbst und allen Lastern, was wäre dann das Leben, die Natur wert? Und was Gott selbst, der sich als etwas Unendliches und Allmächtiges dadurch zu erkennen gibt, daß er dem Menschen das Sterben als ein Streben zugewiesen hat, das sich nur in Stufen vollziehen kann? Wird diese Erkenntnis angenommen, dann vergewissert sich ein jeder des Waltens Gottes und er begreift, »daß das Weise etwas von allem Gesonderten ist«.

Der Lobpreis der Krone und des Königtums als Inbegriff einer Qualität, die sich nicht gemein machen darf, sondern als das Auserwählte dem Vollkommenen am nächsten zu stehen hat, ohne es aufgrund der menschlichen Schwächen ganz zu erreichen, will das Konservative, das Bewahren einer Ordnung, nach der verständlich wird, was »Gott und dem Recht« zusteht. Das Wertvolle und Lautere verdichtet sich in diesem Symbol und gilt als Ausdruck der offensichtlichen Geometrisierung des unsichtbaren Gottes. In diesem Sinne versteht auch Axel Oxenstierna eine Generation später Gustav Adolf als einen »Adelskönig«, dem nicht nur das materielle Wohl dieses vornehmsten Standes unter allen anderen Ständen dauernd am Herzen liegt, sondern sich aus seinem Status heraus »more geometrico« verhalten kann, indem er jede individuelle Leistung selbst im Unadel zu würdigen versteht.

Hier wurde mit dem Geburts- und Erbprinzip etwas Elitäres zelebriert. Elite aber war nicht ein Anagramm von Eitel! Leistung mußte erbracht werden, wenn die Anforderungen des höchsten Amtes annähernd erfüllt werden sollten. Als das Ritual beendet war, gab Axel Oxenstierna in diesem Sinne seiner Hoffnung Ausdruck. Er sprach der Königsfamilie Trost zu und dankte Gustav Adolf noch einmal dafür, daß er »nach dem einhelligen Begehren der Stände diese schwere Regierungsbürde auf sich genommen habe (und) seinen Untertanen ein König werden wolle, der ihnen Gunst und Gnade erweist«.

Hielten sich Gustav Adolf, Carl Filip und Herzog Johan, die

Senatoren und Stände in ihrer Trauer mit Gemütsaufwallungen zurück, so war Christina einer Ohnmacht nahe, als sie zu dem kunstvoll zusammengesetzten Sarg ging und »unter vielen Tränen Ihrer Königlichen Majestät die Hände streichelte«. Catharina brach am Sarg ohnmächtig zusammen, während es Maria Elisabeth für besser hielt, nicht an ihren toten Vater heranzutreten. Bald danach sang der versammelte Klerus mit mächtiger Stimme das »Memento mei Domine«, und der Bischof von Strängnäs, Laurentius Paulinus Gothus, der unter Karl IX. zusammen mit anderen Klerikern manch Unbill zu ertragen hatte, predigte vom »höchsten Elend des Menschengeschlechts«, daß nämlich »alle dem Tod untergeben sind«.

Daran sei seit Adam und Eva der Sündenfall schuld. Und niemand werde davon ausgenommen, selbst die Propheten seien der Gewalt des Endlichen ausgesetzt gewesen. Nicht anders die Könige, von denen das Alte Testament berichte und aus deren Ahnenreihe der Bischof schnell auf Gustav I., den Stammvater der nationalen Dynastie, kam und von ihm auf Karl IX. Diesen verglich er mit Josua, und in Anspielung auf den derzeitigen Krieg mit dem Erbfeind Dänemark hoffte er, daß es dem neuen König gelinge, die schwere Krise des Reiches zu meistern.

Nach der Melodie »In exitu Israel« wurde anschließend das Lied »Nun läßt Du Deinen Diener in Frieden ziehn« angestimmt und Abschied von einem König genommen, der nun noch in einen dritten Sarg aus Eiche gelegt worden war – mit schwarzem Samt überzogen und »auf allen Seiten so dicht mit vergoldeten Nägeln beschlagen, daß man kaum einen Messerrücken dazwischen klemmen konnte«.

Unter einem kostbaren Himmel, in dessen Tuch die dreißig Wappen jener Landschaften gestickt waren, »die Ihre Königliche Majestät während Ihrer Regierungszeit innegehabt hat«, sowie umrahmt von den hehren Symbolen des Reiches und seines Hauses, trat König Karl seine letzte Fahrt an – hin zum Dom in Strängnäs[54].

Das Eindringliche dieser Zeremonie hat manch ein Gemüt bewegt. Im Erleben dessen, welche Würde, Ruhe und welche Zuversicht Axel Oxenstierna trotz seines noch jungen Alters vermitteln konnte, wurde bei den Gedanken an die Zukunft alle Last etwas leichter. Das Überlegene in seinem Wesen gestaltete sich aus dem Überlegten. Den realen Bindungen des vertraglichen Königtums hatte er eine zeremoniale Seite abgewonnen, die etwas von Reputation wußte, von libertärem Staatsgefühl und von dem Bedürfnis vieler Menschen, die Religion als Trost und Instrument zur nationalen Einigkeit so einzusetzen, daß sie das Gebot der »christlichen Freiheit«, der »brüderlichen Liebe« und des »Eifers im Guten« erfüllte. Der Geist dieser Paulus-Worte an die Epheser lag fortan über dem begonnenen Versöhnungswerk zwischen dem jungen König und allen, die unter seinem Vater gelitten hatten. Jeder hatte des anderen Last mitzutragen, wenn das politische Werk gedeihen sollte.

Gustav Adolf hatte in den vergangenen Wochen erkannt, was für ein einzigartiges Werkzeug ihm mit diesem Senator für die künftigen Aufgaben zur Verfügung stand. Deshalb überreichte er Axel Oxenstierna auch einen Tag nach dessen Auftreten bei der Totenehrung am 6. Januar 1612 die offizielle Vollmacht für das schwerste Amt nach dem des Königs und tat damit kund, daß der Hocharistokrat aus einer der ältesten Familien Schwedens von diesem Zeitpunkt an »unser und des Reiches Schweden Kanzler sein soll«[55].

Damit begann eine Fron mit schier unendlicher Last, Verantwortung und Leistungsdruck, die zweiundvierzig Jahre lang anhalten sollte. Ehe Kardinal Richelieu im Jahre 1624 sein Zweites Ministerium antreten konnte, war Axel Oxenstierna bereits seit zwölf Jahren Kanzler, und als der Erste Minister des »Allerchristlichsten Königs« anno 1642 starb, da war es dem »Uomo del Stato« aus Schweden vergönnt, noch einmal genau zwölf Jahre lang die Geschicke seines Landes und auch die des Heiligen Reiches zu lenken. Er wurde einer der Väter des *Westfälischen Friedens* und sollte auf der Mittagshöhe dieses großen Jahrhunderts als eine Art *Kanzler der Christenheit* gelten.

Geachtet wegen seines ungewöhnlichen Wissens und seiner

Sprachfertigkeiten, geehrt aufgrund seines ausgeprägten Rechtssinns und auch geliebt, weil er, wie wenige Staatsmänner vor ihm oder nach ihm, väterlicher Güte fähig war. All das aber konnte nur gelingen und Schweden auf die Bahn einer Großmacht bringen, weil er bei allen natürlichen Anlagen mit unerhörtem Willen an sich selbst arbeitete und von niemandem etwas verlangte, was er selber nicht zu leisten vermochte. Er, der früh seinen Vater verloren hatte, einen überaus redlichen Mann, der unter Wilhelm von Oranien im Zeichen des »Pro lege, rege et grege« sein Leben für die Freiheit gewagt hatte, wollte sich mit dem Geburtsprinzip nicht zufriedengeben, wie so manch ein Adliger, sondern stellte an sich die höchsten Anforderungen. In diesem Sinne förderte er auch auf eigene Kosten Talente aus dem Unadel – wie *Johan Adler Salvius*[56], der später neben seinem Sohn Johan Oxenstierna Chefverhandler in Osnabrück werden sollte – stets bemüht, sein Amt und die wachsende Administration mit guten Leuten zu versorgen.

In Rostock, Wittenberg und Jena hatte er sich mit Fleiß und Bedacht auf das Studium der Theologie, der Jurisprudenz und verschiedener Sprachen konzentriert und seit seinem Eintritt in die Dienste Karls IX. und des Reiches Schweden im Jahre 1604 sein intellektuelles Rüstzeug Jahr um Jahr erweitert und praktisch erprobt. Mochte sich Richelieu einreden, daß er der beste Lateiner der Christenheit sei[57], so sollte er es noch erleben, wieviel seine Kenntnisse wert waren, als er im Jahre 1635 in Compiègne dem Reichskanzler gegenübersaß, der den größten Juristen des Jahrhunderts als Gesandten Schwedens in Paris gewinnen konnte – *Hugo Grotius*.

Zwischen dem Niederländer und Schweden – beide wurden 1583 geboren – hat es seit ihrer ersten Begegnung in Frankfurt am Main anno 1634 eine Freundschaft und Seelenverwandtschaft gegeben, wie sie in der Geschichte wohl einmalig sein dürfte. Ihr lateinischer Briefwechsel legt Zeugnis ab von einem Höhepunkt politischer Kultur aus dem Geist der Gegenseitigkeit. Daß er noch nicht erschlossen worden ist, vermittelt etwas von den Verlusten nachfolgender Generationen, die im Dünkel lieber das Dunkel kultivierten, als sich von zwei überlegenen Geistern erziehen zu lassen.

Die Freundschaft und Vertrautheit zwischen Axel Oxenstierna und Hugo Grotius hatte eine eigentümliche Qualität, die sich nicht auf das Verhältnis zwischen König und Kanzler übertragen läßt. Wer demnach suggeriert, daß die Zusammenarbeit zwischen Gustav Adolf und Axel Oxenstierna auf einer »Freundschaft« beruht hat[58], der gibt zu erkennen, wie wenig er mit den Bedingungen dieser Beziehung vertraut ist. Denn hier wird von den Personen auf das jeweilige Amt geschlossen. »Schwedens Gesetz« schrieb aber für den König und jeden Amtsträger des Reiches zwingend vor, »keine Freundschaft« bei der Ausübung aller auferlegten Pflichten walten zu lassen! Und das mußte auch so sein, wenn die Rechtsstaatlichkeit einen Sinn haben sollte; verlangten doch die vorhandenen Verträge die Einhaltung der Kommutation, das »Ohne Ansehen der Person«[59].

Diese Abgrenzung schloß allerdings nicht aus, daß beide Staatsmänner einen vertraulichen Umgang miteinander pflegten und sich ein jeder um das persönliche Wohl und Wehe des anderen sorgte. Aber in der Regel gestaltete sich dieses Verhältnis aus gegenseitigem Respekt und einer nicht zu übersehenden Distanz, die der Kanzler trotz seines Amtes schon wegen seines Status als Untertan zu wahren hatte. Nicht ein einziges Mal hatte er vergessen, was er seinem König schuldig war, und dieser hatte nie geleugnet, was er seinem und des Reiches Kanzler verdankte. Ihre Zusammenarbeit auf der Grundlage der Verfassung nährte sich aus einem einzigen Ziel – Schwedens innere Sicherheit und äußere Sicherung, die Arbeit an der Festigung einer »Regierung des Rechts«.

Darauf war auch Axel Oxenstiernas Vollmacht als Kanzler abgestellt, wobei ihm ausdrücklich eine besondere Autonomie in der Hantierung und Organisation dieses Kollegiums zugestanden wurde[60]. Eine kluge, eine königliche Entscheidung, wurde doch hier der Redlichkeit die Möglichkeit gegeben, sich zu bewähren. Vertrauen: Das hat diese Zusammenarbeit ausgezeichnet. Und diese Qualität war hochnötig in einem Gemeinwesen, das in vielen Bereichen heruntergekommen war, sich während und nach dem Bürgerkrieg vergiftet hatte und nun vor den größten Herausforderungen seiner Geschichte stand.

Es gehört zur inneren Struktur des Ständewesens und seiner libertären Lebensweise besonders in dieser Zeit der barocken Besinnung auf die »Zwei Augen der Seele«, daß grundlegende Verhältnisse in einem Gemeinwesen aus dualen Gegensätzen und nicht aus dualistischen Widersprüchen aufgebaut wurden. Auf Vermittlungen waren deshalb alle politischen Sinne gerichtet, auf das »Tertium comparationis« als das »eingeschlossene Dritte«. Erik Sparre hat dieses Staatsdenken in der Nachfolge des *Baldus de Ubaldus* und im Geiste überall wirkender Feudalverträge gelungen umgesetzt, wobei er die Einheit von Symbol und realem Recht entwickelt hat. Im Richter als Mittler finden die auftretenden Spannungen zwischen Wort und Werk ihren rechtmäßigen und logischen Ausgleich[61]. Es ist, als hörte man auch hier den Schlag der »zwei Schwingen«, mit denen sich Paracelsus »das obere und untere Reich« zu erschließen sucht und dabei auf die Engel hofft, die Mittler zwischen Gott und Mensch[62].

Diese Stände-Welt der Drittwirkungen kannte auch die Ausbildung der *zwei Nationen,* die sich über Verträge und Verfassungen zwar abgrenzen konnten, aber auch vital daran interessiert waren, daß sie sich bei allen Unterschieden aufeinander bezogen. Das galt für das Verhältnis von »Arm und Reich« (Pauperes et Potentes), für »Adel und Unadel« oder auch für die »katholische« und »evangelische Nation«, wie sie sich im teutschen Bereich seit dem »geharnischten Reichstag« von 1548 herausgebildet hatten.

Die Nation ist in ihrem inneren Wert und von der Wortbedeutung her auf die Geburt bezogen. Und diese Beziehung bestimmt auch im ständischen Wesen ihren sozialen, politischen und religiös-ideologischen Gehalt. Die »zwei Nationen« in einem Gemeinwesen oder Volk bezeichnen demnach zwei Geburtskreise, in denen sich der Mensch abgesondert bewegt und die einzig und allein durch vertragliches Recht in einem höheren Dritten zusammengehalten werden. Beide Confessionen können sich als Christen verstehen oder auch als Teutsche und somit auf einer Ebene miteinander umgehen, die sonst verschlossen ist. Von dieser Seite aus gesehen, war der Augsburger Religions-, Profan- und Landfriede von 1555 ein kunstvoller Kompromiß und Ausdruck vertraglicher Kommutation.

Wie sehr doch deutsche Gelehrte aus Unkenntnis der Geschichte des eigenen Volkes »den Staat als Vertrag im Sinn der Übereinkunft zwischen freien Bürgern« nur als »spezifisch westliches Ideal« gelten lassen wollen und in der Verkennung des politischen Luthertums den »Dualismus von Obrigkeit und Untertan, Herrschern und Beherrschten« zu einem Fetisch gemacht haben! Eine großartige Vertragstradition der Teutschen im tausendjährigen Heiligen Reich wird gar nicht zur Kenntnis genommen, weil sich das Philosophem von der »verspäteten Nation« (oder sollte man es »fixe Idee« nennen?) als Vor-Urteil in den Erkenntnisgang schiebt und ihn völlig blockiert[63]. Nicht viel anders hat sich die Historie in Schweden verhalten, indem sie sich von der »Deutschen Staatslehre« und ihrem Dualismus-Modell beeinflussen ließ, ohne recht wahrzunehmen, welchen Reichtum die eigene Vertragskultur zu bieten hat. Die Klage über die Spaltung des schwedischen Volkes in zwei Nationen, wie sie sich aus der »schwedischen Armut« ergeben habe[64], beherrscht immer noch die Diskussion, weil über die strukturellen Wirkungen der Doppelten Gerechtigkeit keine Klarheit besteht und ein mechanischer Begriff von der Gleichheit die Einsicht ins Ständewesen versperrt[65].

Luther hat bei aller Abwehr der Nikomachischen Ethik zugeben müssen, daß es ein Bedürfnis nach qualitativer Gleichheit gibt, die in ihrer Abstufung eine Ungleichheit bewirkt. »Im äußerlichen, weltlichen Leben«, stellt er einmal fest, »da soll die Ungleichheit bleiben, wie denn die Stände ungleich sein. Ein Bauer führt ein ander Leben und Stand denn ein Bürger. Ein Fürst einen andern Stand denn ein Edelmann. Das ist alles ungleich und soll ungleich bleiben . . . Das will Gott also haben, der hat die Stände also geordnet und geschaffen«[66].

Dieses ständische Gefüge der vertikalen Ungleichheit und der horizontalen Gleichheit bedarf aber der dauernden Integration und Einsicht, »daß wir allesamt ein Körper sein, doch ein jeglich Glied sein eigen Werk hat, damit es den andern dienet«[67]. Nur unter dieser Bedingung wird das Verhältnis von »arm und reich«, »unten und oben«, »Unadel und Adel« verständlich, wird die Einlösung von »Consilium et auxilium«, von »Rat und Hilfe« über die Standesgrenzen hinweg einsichtig, wenn sich jeder Stand als Glied eines Ganzen begreift und von Geburt an respektiert, daß der König das Haupt sein muß, der Reichsrat der Hals und die Stände der Leib mit den Gliedern. Alle drei Teile zusammen aber ergeben eine Einheit und verweisen darauf, daß *»Schweden ein Mann geworden ist«*[68].

In diesem Sinne hatte man sich auf dem nationalen Konzil von Uppsala im Jahre 1593 im religiösen Bereich geeinigt und daraus eine nationale Qualität und ein Selbstverständnis geformt. Schwede sollte fortan nur sein, wer Glied in der eigenen Kirche war. Aber diese geforderte Gleichheit schloß zwingend ein, daß die soziale, politische und rechtliche Differenzierung in der Gesellschaft erhalten blieb. Die Garantie der *Adelsprivilegien* vom 10. Januar 1612 durch Gustav Adolf bestätigt diesen Befund und erläutert zusätzlich, warum er vom Reichskanzler ein *Adelskönig* genannt worden ist.

In vierundvierzig Einzelartikeln festigt der neue König die Stellung des vornehmsten Standes im Reiche Schweden, dessen rechtliche Sicherheiten mit allem Nachdruck vermitteln, daß das »Freiheitsideal der Aufklärer« nicht »ein zutiefst bürgerliches Ideal war«[69], sondern sich im wesentlichen aus aristokratischen Ansprüchen speiste, aus der Sicherung des Individuums und seiner Qualitäten. Und das ist nichts anderes als das konsequente Vorgehen »more geometrico«.

Nach den schrecklichen Erfahrungen mit Erik XIV., aber auch unter Johan III., der den Senatorenkreis um Erik Sparre mit ökonomischen Mitteln politisch zu erpressen suchte, und nun mit Karl IX. wollte der Adel Schwedens endlich die Ruhe im Recht genießen. Und Gustav Adolf hatte anzuerkennen, daß keiner aus diesem Stand »weder an Leib und Leben verdorben wird und ihm erst recht nicht seine Häuser und Höfe, Briefe und Eigentum, beweglich oder unbeweglich, weggenommen werden« dürfen, »wenn er es ehrlich erwerben und ererben konnte«. Nur im Falle »einer groben Missetat«, bei der Leib, Ehre und Güter verlustig erklärt werden mußten, sollte der König mit seiner Rechtsmacht eingreifen und das Urteil vollstrecken, wenn der Adelsmann »nach Schwedens Gesetz ... überführt und verurteilt ist«[70].

Eigentums-Sicherung an der Einzelperson und an den materiellen Gütern: Das ist der Kern einer libertären Constitution! Aus dieser Garantie ist der Rechts- und Verfassungsstaat liberalen Zuschnitts erwachsen, indem Haus- und Landfrieden mit staatlicher Macht erzwungen werden konnten, um einen jeden »bei dem Seinen« zu schützen. Dieser Vorgang aber lebte von der Gegenseitigkeit, aus der Balance von Rechten und Pflichten. Und davon zeugt in den Adelsprivilegien besonders Artikel 14. Darin heißt es, daß es Pflicht aller Inhaber von Adelshöfen und Lehnsgütern ist, bei Veränderungen in der Regierung »in gesetzlicher und vorgeschriebener Zeit den König aufzusuchen, der eingesetzt ist – um für diese Güter eine Bekräftigung zu erhalten«. Der König garantiert, daß diese Sicherung der Besitzverhältnisse »ohne Verweigerung« gewährt werden soll![71]

Der Feudalnexus ist nach Maßgabe von Geben und Nehmen unverkennbar und eine Bestätigung für das fundamentale Recht des Königs, »Lehen zu verlehnen (att läna län)«. Und doch wurde in Unkenntnis der Quellen behauptet, daß es in Schweden kein Lehnswesen gegeben habe[72]. Wie doch das Ausgrenzen von Besitzfragen das historiographische Urteil über Generationen hin gesteuert hat! Das »Aufkommen großer Individuen« wird in dieser Abwehrhaltung geradezu als Gesetzmäßigkeit empfunden. Die Voraussetzung dafür ergebe sich demnach aus dem Umstand und »der Ahnung, daß die Krisis (eines Gemeinwesens) einmal von ihrem miserablen Terrain ›Besitz und Erwerb‹ plötzlich auf ein anderes geraten, und daß dann der ›Rechte‹ einmal über Nacht kommen könnte ...«[73]

Was aber wäre in der Geschichte das Politische ohne das Possessive? Was wären Recht und Gesetz ohne die Sicherung von Leib und Leben, ohne die Garantie von Haus und Hof? Was wäre eine Verfassung ohne Verträge zwischen Land und Leuten als Besitzständen? Der historischen Erkenntnis wird kein guter Dienst erwiesen, wenn diese Fragen ausgeklammert werden – in dieser Abkehr gar ein Kriterium von Größe gesehen wird.

Viele Geschichtsschreiber können sich »Größe« anscheinend nur in Entgrenzungen vorstellen, nachdem sie das Gespür für die Bedeutung des Details verloren oder nie entwickelt haben. Die Geschichte selbst kennt andere Wege. Gustav Adolf hat 1611 einen von ihnen eingeschlagen und mit dem Privilegienbrief an den Adel ein gutes Stück fortgesetzt, dem nicht nur zahlreiche ökonomische Rechte gesichert wurden, daß man fast von einem *Adelskapitalismus* sprechen müßte[74], sondern der auch in die Pflicht genommen wurde.

Das spätere »Noblesse oblige« (Duc de Levis) hat in diesem grandiosen Freiheitsbrief an den Adel seinen Ausdruck dadurch gefunden, daß das liberale Verfassungsgebot von »Eigentum verpflichtet« hier auf libertäre Weise festgeschrieben wurde. Die Steuerfreiheit dieses Standes und die Zuerkennung von »Adelsbauern« im Rahmen einer sogenannten »Freiheitsmeile« im Umkreis des adligen Hauptsitzes[75] hatte ihren hohen Preis. Denn, wenn »die hohe Notdurft drängt und man aus dem Hause gehen muß«, um das Reich zu verteidigen, dann war es die Pflicht des Adels, dem König »Rüst-« oder »Roßdienst« zu leisten.

Diese Form der militärischen Gestellung in Gestalt eines Adelsaufgebotes hat sei dem Alsnö-Statut Ende des 13. Jahrhunderts[76] immer wieder einige Modifizierungen erfahren. So im Jahre 1442 bei der Annahme des »Landslag«, dann auch bei der Neufassung der Adelsprivilegien nach der Absetzung Eriks XIV. (1569) und im Zuge einer politischen Aktion zur Bestrafung des »Un-Rates« (Senatsopposition um Erik Sparre) im Jahre 1590 unter König Johan. Aber im Prinzip galt die Verpflichtung, daß mindestens ein wehrfähiger Mann aus jedem Adelsgeschlecht dem König auch außerhalb von Not- und

Kriegslagen jährlich zu Diensten stand. Und dafür mußte jeder Betroffene »ein so gutes Pferd halten, daß es wohl vierzig Lot Silber wert ist, eher besser als schlechter ... Einen Harnisch und vollständige Gewehre mit Büchsen und Schwert ... Und dazu einen guten Knecht, der Pferd ... und Dienst redlich aufrechterhalten kann«[77].

Steuerfreiheit, das Kennzeichen allen Adelsgutes, war also mit Wehrdienst erkauft worden – mit dem Einsatz von Gut und Leben! Doch mit dieser Abgrenzung zum steuerpflichtigen Unadel nicht genug. Der Adel durfte nur zu »seiner Notdurft« Handel treiben und war von »jedem bürgerlichen Gewerbe« vornehmlich in den Städten ausgeschlossen, was ihn allerdings nicht hindern sollte, »auf seinem Eigentum auf eigene Kosten« Bergwerke, Mühlen aller Art und Manufakturen einzurichten, ohne »unser Recht zu verkürzen«[78].

Gustav Adolf ließ es sich angelegen sein, die eigenen Interessen als größter Grundbesitzer im Reich, als Treuhänder des verbliebenen Kronguts und als Förderer dieses wichtigsten Standes stets auf einen stabilen Rechtsrahmen zu beziehen. Der Gemeinnutz konnte nur dann gefordert werden, wenn der Eigennutz gefördert wurde. Wer sich seiner selbst nicht sicher war, stets nur des Verrats verdächtigt wurde und nicht an der Verbesserung von Hab und Gut arbeiten durfte, weil dessen Zukunft dauernd gefährdet wurde, der konnte dem Gemeinwesen nicht von Nutzen sein. Die Autonomie des einzelnen war von der Autarkie seines Eigentums abhängig, das seinen inneren Wert erst dadurch erhielt, daß es unter den vertraglichen Bedingungen soziativer Bindungen erhalten werden konnte.

Es gehört zum Wesen dieser gezielten Adelspolitik des jungen Königs und des Kanzlers Oxenstierna, der den Privilegienbrief in der Hauptsache ausgearbeitet hat, nicht nur auf materielle Innovationen und Investitionen zu sehen, sondern den Adel im Sinne eines »Uomo universale« zu bilden. Nach diesem Statut wird ihm erlaubt, »in fremde Länder zu wandern, sowohl zum Studieren als auch zum Dienen bei fremden Herren, um sich im Krieg gebrauchen zu lassen«. Sie sollen reichlich Erfahrung sammeln und sich in der Gelehrsamkeit üben, um bei ihrer Rückkehr »uns und ihrem Vaterland desto besser einen Dienst erweisen« zu können.

Lernbegierde und Wagemut wurden angemahnt. Ja, der Adel wurde sogar darauf verpflichtet, daß er »seine Kinder zu Gelehrsamkeit, Tugend und Erfahrung erziehe«[79]. Was für ein republikanischer Geist! Aus ihm gestaltete sich auch das Motto des Ritterhauses von 1626, des Adelsparlamentes als Kern des Reichstages und der Standesrepräsentation. »Arte & Marte« lautet es heute noch und sagt auch, daß die Politik voranzugehen hat, die »Ars Aequi et Boni« (Die Kunst des Gleichen und Guten), ehe die »Ars militaris« (Die Kriegskunst) notgedrungen zur Anwendung kommen muß. Es sollte jeder wissen, daß Schwedens Adel bereit war, aus Notwehr und Selbstschutz für den König und das Reich das Leben zu wagen. Das ist der Sinn dieses universalen Auftrages im Dienste der eigenen Krone – »Für Kunst und Krieg«[80].

Das war das Besondere an der inneren Gestaltung Schwedens, daß sich das Verhältnis der »zwei Nationen« oder Geburtskreise – Adel und Unadel – auf Vertragsbasis bewähren konnte und eine gewisse Durchlässigkeit, die Anerkennung des individuellen Leistungsprinzips, zugelassen wurde. Der soziale Aufstieg mußte möglich sein. Er aktivierte die Begabungen im Unadel und schuf Voraussetzungen für einzigartige Karrieren. Vom Bettler fast bis zum Baron. Das konnte es wirklich geben[81].

In Schweden führte die Gemeinschaft der »Beati possidentes« (glücklich Besitzenden) nicht zu jenem Phänomen einer *Adelsnation,* wie sie sich in der Szlachta Polens ausgebildet hatte. In dieser schottete sich der Adel als Besitzstand und vom Geburtsprinzip her politisch so hermetisch von den anderen Ständen ab, daß es kaum einen Durchlaß gab. Die Anerkennung des Unadels als politischer Mitstand war unter diesen Umständen nicht mehr möglich. Bei allem römischen Reiz der Adelsrepublik in Polen – man denke nur an die große Staatsschrift des Kanzlers *Zamoyski* über den Römischen Senat[82] –

muß hier im Vergleich mit Schweden gesagt werden, daß seine zunehmende Schwächung auch aus dieser Adelskonzentration kommt. Sie schließt wertvolle Kräfte aus. In Schweden aber schließt sie die unadligen Ansprüche und Rechte der Einzelstände ein – zum Nutzen aller.

Das war die libertäre Staatskunst auf einer breiten sozialen Basis: Einzelkräfte bündeln. Dafür aber mußte man auch mit Konflikten leben. Gustav Adolf war sich dessen bewußt, was in Zukunft an gegenseitiger Erziehung zum Kompromiß zu leisten war, wenn Schweden aus seinen Kriegen in Rußland und gegen Dänemark herauskommen und sich im Inneren kräftigen wollte. Er kannte die *Sechs Hauptsünden* seiner Untertanen: den Eigennutz ohne Gemeinsinn, den versteckten Haß gegen Mitmenschen, die Verachtung bestehender Gesetze, die Vernachlässigung des Gemeinen Besten, das Hochjubeln alles Ausländischen und schließlich den schier unersättlichen Neid gegenüber den eigenen Landsleuten[83].

Doch bei aller Klage: Das ist nichts spezifisch Schwedisches. Die Natur des Menschen bricht sich hier nur Bahn, und der unstillbare Wunsch nach dem Paradies will sich bestätigt sehen, aus dem wir alle nur eine ›Tugend‹ gerettet haben – die Trägheit. Wie hat doch auch Kardinal Richelieu seine Franzosen eingeschätzt! »Geht es ihnen gut, so sind sie wie mit Blindheit geschlagen . . . Und im Unglück wie in der Anstrengung verlieren sie die Fähigkeit zu urteilen. Frankreich ist nie angegriffen worden, ohne daß seine Feinde französische Parteigänger gefunden hätten. *Vipern, welche die Eingeweide ihrer eigenen Mutter fressen.*« Dann aber, nach der Darstellung ihrer Vorzüge, kommt er auf eine Einsicht, die auch im Mitternächtigen Reich, am Rande der Christenheit, ihre Anhänger hatte: »Jede Nation hat ihre Fehler, und die weiseste ist diejenige, die sich anstrengt, durch Kunst zu erwerben, was ihr die Natur nicht geschenkt hat.«[84]

Im Adel und Unadel Schwedens gab es Leute – »multi boni viri« –, die zielstrebig in diesem Sinne an sich selbst arbeiteten und dabei spürten, welche Chancen ihnen unter Gustav Adolf geboten wurden. Dieser aber, den Habsburg dereinst und abfällig einen *Schneekönig* nennen sollte und der am liebsten im Sommer die Kriegskunst anwandte, ritt nach dem überstandenen Reichstag zu Nyköping mit gemischten Gefühlen durch Eis, Wind und sechseckigen Schnee bald gen Süden auf die Kriegszone zwischen Kalmar und Älvsborg zu. Ob er dabei an den immer noch unruhigen »Grafen Axel« Leijonhuvud gedacht hat, gar an dessen Fluch von 1592, der sich an seinem Vater scheinbar erfüllen durfte? Er selber war der Beweis dafür, daß der zweite Teil der Prophezeiung, die Tilgung des Vasa-Namens, noch nicht eingetroffen war!

Es schien jetzt in diesem Jahr 1612 sogar, als könnte sich der Vasa-Name noch ein drittes großes Reich als Herrschaftsgebiet zueignen. Denn die »Novgorodischen Stände« hatten sich vorgenommen, einen der Söhne Karls IX. zum Zaren zu wählen, um mit dessen Regierung endlich den seit Jahren tobenden Bürgerkrieg in eine Epoche innerer Befriedung übergehen zu lassen. War dafür zunächst Gustav Adolf selbst vorgesehen, der auch als Zar und Großfürst Verlehnungen vorgenommen hat[85], so verlagerte sich nach seiner Annahme als König von Schweden das Angebot auf seinen erst zehn Jahre alten Bruder *Carl Filip*. Dieser wurde auch trotz Widerstände von seiten der Königinwitwe Christina bis nach Viborg gesandt, um die Verhandlungen hinsichtlich seiner Stellung als Zar abzuwarten, war doch die Machtlage in Rußland verworrener denn je.

Die große Perspektive, einen Vasa nicht nur in Schweden und in Polen in Regierungsstellung zu sehen, sondern auch im Moskauer Zartum, erfüllte sich aber nicht[86]. Sie wäre für Schweden selbst eher eine Belastung geworden, zumal auch Sigismund III. mit seinem Vasa-Zweig auf den Zarenthron drängte[87] und sich damit der säkulare Konflikt des Erbstreites in diesem Haus nur noch weiter ausgedehnt hätte. Es war schon schwer genug, Truppen unter *Jakob de la Gardie* zur »Rettung der griechischen Religion« und der »Freiheit des Russischen Reiches« weit ab vom Mutterland operieren zu lassen[88], während an dessen Südgrenze und in der Ostsee Christian IV. mit Gewalt seinen Vorteil suchte.

Als es ihm gelungen war, Kalmar in seine Hand zu bekommen und die materielle Erschöpfung Schwedens eine erfolgreiche Kriegführung erheblich erschwerte, fand sich Gustav Adolf zu Friedensverhandlungen bereit. Am 17. November 1612 erteilte er Axel Oxenstierna als »auserkorener König und Erbfürst« eine umfassende Instruktion, wie dieser sich bei den Verhandlungen mit dem Erbfeind Dänemark in Sjöryd an der Reichsgrenze zu verhalten habe[89].

Dort gab es dann eine Überraschung. Denn die dänische Delegation mit dem Reichskanzler *Christian Frijs* an der Spitze wollte Gustav Adolf nicht recht als König anerkennen. Er könne nämlich »noch als unmündig angesehen werden«, und außerdem sei er »überhaupt nicht gekrönt. Man solle ja nicht die königliche Krönung als irgendeine eitle Zeremonie betrachten, sondern erkennen, daß sie in allen Königreichen üblich ist, wenn irgendein Herr in die königliche Regierung tritt«[90].

Es sollte einige Mühen kosten, in dieser und anderen Fragen zu einem friedlichen Vergleich zu kommen, der vor allem im materiellen Bereich sehr zu Lasten Schwedens ging. Zwar wurde Gustav Adolf im *Frieden von Knäröd* (1613) als »auserkorener König« anerkannt, aber er mußte auf »alles jus (Recht), jede Hoheit und dominium maris (Vollgewalt über ein Meeresgebiet) zwischen Titisfjord und Varanger« an der Westküste des Nordmeeres verzichten. Das war ein wichtiger Rückzug aus einem Gebiet, das handelspolitisch und strategisch immer wichtiger werden sollte[91].

Dieser Verzicht im hohen Norden über die Köpfe der betroffenen Samen hinweg hatte in der Anerkennung der Rechte Dänemarks auf der Insel Ösel im Osten eine Entsprechung und im Westen dazu. Denn Gustav Adolf sah sich gezwungen, für die Rückgabe »der Festung Kalmar, der Schanze Rissby . . . samt ganz Öland mit allen Liegenschaften« an die Krone Schweden eine Lösesumme zu bezahlen. »Zehn mal hunderttausend Reichstaler in specie, wie sie in Teutschland üblich sind«, mußte er an Christian IV. entrichten, und zwar in vier jährlichen Raten, jeweils zum 20. Januar und von 1616 an gerechnet. Das Geld sollte in Älvsborg pünktlich hinterlegt werden, dessen Festung an der Westküste mit umliegendem Land als »frei zu nutzendes Pfand« in der Hand Dänemarks bleiben sollte, bis die Gesamtsumme erlegt worden war[92].

Das tat weh und zeigte jedem schmerzhaft an, daß Schweden von drei Seiten her ein wirklich eingebundenes Land war und dabei immer nur auf Dänemark traf, das sich mit Vasa-Polen zu verständigen suchte und wachsam genug blieb, Schwedens Annäherungen an das Moskauer Zartum und die Generalstaaten zu beobachten und im gegebenen Fall zu stören.

Was Axel Oxenstierna ausgehandelt hatte, war eine schwere Hypothek. Sie beruhigte allerdings die Südgrenze und gab Kräfte frei, sich von der Baltischen Vormauer her und von russischem Gebiet aus gegen Vasa-Polen stärker zur Wehr zu setzen. Und außerdem zwang diese Belastung zu einer inneren Reform auf allen Ebenen, mußten doch sämtliche materiellen und personellen Reserven ausgeschöpft werden, um die künftigen Herausforderungen zu bestehen.

Die Lage war dramatisch. Aber es herrschte die Einsicht vor, daß diese Krise der Krone und der Nation nicht von einem einzigen überlegenen Staatsmann gemeistert werden konnte, sondern nur im zähen Willen, mit der Majestät des Königs, der Autorität des Senats und der Libertät der Stände die Belastungen zu streuen und die Not politisch zu bewältigen, ohne sich vom eigenen Recht abbringen zu lassen. War nicht Gustav Adolf bei Vittsjö in äußerste Lebensgefahr geraten, als er im Kampf mit den Dänen über das Eis floh, und hatte er nicht über Wochen hin mit einem heimtückischen Fieber zu tun gehabt?[93]

Auf einen einzigen Menschen das Wohl und Wehe eines Gemeinwesens zu setzen, wäre als Hybris empfunden worden, als in höchstem Maße unklug. Was wirklich helfen konnte, war nur der gute Kampf mit sich selber – und dies jeden Tag neu in der Hoffnung auf ungehinderte Kraft, auf Mut und Gottvertrauen.

# Königliches Tagwerk

Der äußere Glanz des Königtums, das Magische seiner Macht auch, erweckt oft den Eindruck, als müßten seine Träger nichts anderes täglich zur Schau stellen als das Träge. Die Verbindung von Monarchie und Arbeit will sich heute kaum jemand vorstellen. Die überzeitliche Kron als Fron und dauernder Entscheidungsdruck, bei dem die ganze Persönlichkeit des Monarchen gefordert wird, scheint das Klischee vom ausbeuterischen Wohlleben, von Machtgier und unbedingter Herrschsucht nur schwer korrigieren zu können.

Und doch wußten die Eingeweihten lange vor Seneca, daß ein solcher Mensch in seinem hohen Amt nur ein »Sklave des Staates« sein konnte. Diese Einschätzung empfanden noch viele Generationen nach ihm alle diejenigen, welche aus nächster Nähe miterleben konnten, was ein König zu leisten hatte. An keiner Stelle eines Gemeinwesens außer in der Kanzlei mußte so genau und umsichtig gearbeitet werden wie im Königsamt[1]. Nicht selten stand die Frage über Leben und Tod an, so weit ein Einzelwesen davon betroffen war, oder auch die Entscheidung über Krieg und Frieden, an der das Schicksal des gesamten Gemeinwesens hing.

Trotz der Hilfe durch die »fünf hohen Ämter«, den Reichsrat und die übrige Administration, besonders durch die Gerichte, oblag dem König eine Fülle von Entscheidungsfällen. Die Verantwortung dafür zehrte an all seinen verfügbaren Kräften, mußte doch jede Resolution auf das Gerechte gerichtet sein, auf daß sich bei den Untertanen das in ihn gesetzte Vertrauen rechtfertigte. Mochten alle Organe des Reiches als »Causa efficiens« genügen, er mußte stets die »Causa finalis« sein!

Ein Einblick in den konzentrierten Ablauf eines Arbeitstages von Gustav Adolf, wie er sich in der Reichsregistratur spiegelt, mag verdeutlichen, was von ihm alles gefordert wurde und auch ein Stück weit erklären, weshalb er bei zunehmender Leibesfülle frühzeitig alterte und in seinen späteren Kriegszügen nichts von einem jugendlichen Helden an sich hatte.

Wir haben dafür den 1. April 1613 ausgewählt, weil in der Regel um diese Zeit herum der Winter auch in dem Schneereich Schweden seinen Griff lockerte und mit dem ersten offenen Wasser das private Kaufmannsgebaren so gut belebte, wie es dem öffentlichen Leben neue Aktivitäten abverlangte. Die Abfolge der Tätigkeiten von Gustav Adolf ist in der überlieferten Form belassen worden, um auch einen Eindruck davon zu vermitteln, wie sich die Bereiche und Beschlüsse, die Anordnungen und Anfragen durchmischen konnten, demnach den König immer wieder zwangen, sich neu einzustellen.

An diesem Tage erwartet er beispielsweise von einigen Adligen, daß sie sich gute Pferde, Sättel und Zaumzeug verschaffen, um von ihm dann mit Harnisch und Pistolen versorgt zu werden, wenn sie zu ihm nach Stockholm kommen, dessen Charakter als Hauptstadt des Reiches von ihm in jeder Weise gefördert wurde[2]. Einem Länsmann, einer Art Kronanwalt mit Polizeigewalt, sagt er die Lieferung von zwölf Tonnen Getreide im Jahr zu als Entgelt für »die umfangreiche Bewirtung, die er für Uns und Unsere Diener geleistet hat«.

Einem Kapitän mit Namen Nils Hindrichsson, dem das Schiff Salvator (Erlöser) anvertraut worden ist, erteilt er eine weitreichende Vollmacht zu einem überaus kitzligen Auftrag. Er soll nämlich nach Danzig segeln, um dort genaue Kenntnisse und Zeitungen über den Verlauf und die Beschlüsse des Sejm zu erfahren, des polnischen Reichstags. Dann hat er den Weg nach Bornholm einzuschlagen, um in lübischem Fahrwasser von Schiffen Neues über die Niederlande und die umliegenden Gebiete einzuholen und auch in Erfahrung zu bringen, warum »in diesem Frühjahr keine niederländischen Schiffe angekommen sind«. Der König will rechtzeitig wissen, ob »sie im Sund sind oder angehalten werden«. Gegenüber allen angetroffenen

Schiffen soll sich der Kapitän ruhig und besonnen verhalten und bald mit entsprechenden Meldungen wieder in die Schären vor Stockholm zurückkehren.

Nach diesem Auftrag, der seinen nachrichtenpolitischen Reiz hat, nimmt sich der König einige Militaria vor. Da soll ein Erich Drake binnen eines Monats mit einem »Fähnlein Soldaten« aus Småland nach Stockholm kommen, und *Philipp Skeding,* der ihm stets gute Dienste leistete[3], hatte sich zu beeilen, »mit seinen Reitern« ebenfalls in die Hauptstadt zu gelangen, was noch zwei anderen Kommandeuren anbefohlen wird. Ein Isaak Beem hat sich mit Soldaten aus Norrland – »die besten, die gefunden werden können« – einzuschiffen und von Härnösand aus den Seeweg nach Stockholm zu nehmen, nicht anders das Kriegsvolk aus Ingermanland und Norrbotten. Bis Ende April haben sie dann alle zur Verfügung zu stehen.

Auf Schloß Läckö sind nicht alle Tagewerke geleistet worden. Also habe man sich dort um die Erfüllung dieser Leistungen zu kümmern, sonst werde man es mit der Ungnade des Königs zu tun bekommen. Denn er hat nicht nur zahlreiche Rechte zu garantieren, sondern muß auch darauf sehen, daß die daraus resultierenden Pflichten erfüllt werden. Diese aber hat eine Frau sich selbst, ihrer Leibesfrucht und der Krone gegenüber vergessen, indem sie »ihr Kind ermordet hat«. Gustav Adolf will in diesem Fall nicht Gnade vor Recht ergehen lassen, was ihm möglich wäre, sondern entscheidet sich dafür, daß dieses verdorbene Weib (hona) »ihre Strafe erhalten soll«, und das bedeutete hier den Tod. Dagegen entsprach er der flehentlichen Bitte einer Witwe Margareta, die seinen Rechtsschutz suchte. Ein Ritter aus der Uppland-Fahne »wollte sie von ihrem Haus treiben« und durfte des Königs Eingriff spüren, der dieses Vorgehen untersagte. Ein Beispiel mehr, wie sehr sich Gustav Adolf bemühte, ein Rex justus zu sein.

Mit der Situation auf Läckö ist er auch noch aus einem anderen Grunde unzufrieden. Dort sitzen nämlich »dänische Gefangene, die von Bohus getürmt sind«. Sie sollen dem dänischen Statthalter überstellt werden, »doch nur unter der Bedingung, daß es auch umgekehrt geschieht«. Eine Geldanweisung für den Hofmeister seines Halbbruders *Carl Carlsson* (*Gyllenhielm*) wird bewilligt und einem Offizier in Finnland das Vatergut überlassen, »solange er es vermag, Uns und der Krone Dienste zu leisten«. Ein Verfahren, das die unmittelbare Wirkung des Feudalnexus zeigt, ein wesentliches Instrument der königlichen Politik, nicht nur Dienste an der Krone materiell mit Krongut zu entgelten, sondern auch den jeweiligen Nutznießer rechtlich per Vertrag an sich zu binden.

Das Prinzip der Gegenseitigkeit mit seiner Forderung des Gebens, um im doppelten Sinne zu erhalten, prägt dieses Tagwerk eines Königs, der buchstäblich an alles zu denken hatte. Bauern in einem Kirchspiel (Åkersocken) erläßt er in diesem Zeichen zwar die Bewirtung für die Reiterei, gibt also einer Forderung nach, dafür aber haben die Bauern mit Naturalien an die Krone einzukommen! Nach dieser Maßnahme auf der untersten Ebene des weitläufigen Reiches folgt dann sofort der Sprung nach oben, in einen äußerst unbequemen Bereich hinein. Gabriel Oxenstierna, seit einiger Zeit auch Kanzler des Herzogs Johan in Östergötland[4], wird die Anordnung gegeben, ein scharfes Auge auf diejenigen Schweden zu werfen, die nach Polen gegangen sind, aber nach einer Weile wieder zurückkehren, sich hier einschmeicheln wollen und doch nur eines im Sinne haben – das Reich in Uneinigkeit zu stürzen!

Die Befürchtungen Gustav Adolfs, daß die Wühlarbeit von Sigismund III. und Vasa-Polen mit der Zeit Früchte tragen könnte und sein Königtum in Unbestand brächte, haben ihn nie verlassen und von Zeit zu Zeit veranlaßt, Härte zu demonstrieren. So darf *Gabriel Oxenstierna* einem durchreisenden österreichischen Freiherrn und einem Finnischen von Adel kein Geleit gewähren. Er hat sich auch Fremden gegenüber sehr in acht zu nehmen, und die eigenen Untertanen soll er gar zur Warnung bei Bedarf »am Kopfe fassen«, ihnen gehörig Bescheid geben, wer in Schweden der rechtmäßige König sei. Ein entsprechendes Dekret gegen die Infiltration wurde auch anderen Reichsräten zugestellt, die Statthalterfunktionen auszuüben hatten[5].

Es galt in diesen unruhigen Zeiten, in hohem Maße wachsam

zu sein und aufkeimende Konflikte im Inneren einzudämmen. Dabei wurde seine Aufmerksamkeit nicht allein von Spannungen zwischen Adel und Unadel in Anspruch genommen, sondern auch von Streitigkeiten innerhalb der Stände selbst. Im wichtigen Kupfergebiet um Falun (vid Kopparberget) etwa schwelte Unmut zwischen »neuen . . . und alten Bergleuten«, demnach zwischen den Eingesessenen und Neuankömmlingen, die sich erst zurechtfinden mußten und mit ihren Forderungen bald das Interesse des Königs weckten, der Abhilfe zu schaffen suchte[6]. Gleichzeitig hatte er Gelegenheit, sich auch über die Zolleinbußen in Enköping aufzuregen, wo die gesetzlichen Abgaben für »Eisen und Kupfer«, neben Holz die wichtigsten Rohstoffe Schwedens, nicht korrekt geleistet worden waren.

Das Zollwesen war eine wichtige Einnahmequelle des Königs und der Krone. Seine Effektivität aber hing vornehmlich davon ab, wie die jeweiligen Zöllner ihre nicht leichte Arbeit verrichteten. Es verwundert deshalb auch nicht, daß sich Gustav Adolf darum bemühte, diesem Berufsstand besondere Sicherheiten zu gewähren und damit auch einen Anreiz zu bieten, sich der Geldeinnahme zu verschreiben, an der auch das Gemeinwohl gerade in Kriegszeiten hing. So nimmt er den Schloßschreiber Daniel Simonsson »in unseren königlichen Schutz (hegn), in Friede und Verteidigung«, was dessen »bewegliche und unbewegliche Güter« betrifft, nachdem er seinen Amtseid als Zöllner in Narwa geleistet hat. Ihm wird darüber hinaus auch die Verwaltung von Landgütern in der Nähe dieser wichtigen Stadt an der Baltischen Vormauer gegen den Russen und Vasa-Polen übertragen. Gustav Adolf macht mit dieser Verschreibung von Gütern, welche Simonsson »in seiner Lebenszeit nutzen« darf, auch ein »großes Unrecht« wieder gut, das diesem Mann widerfahren sein soll, und zeigt mit seinem verbrieften Gesetzesschutz an, welche Bedeutung es hat, wenn Träger öffentlicher Ämter in ihrem eigenen Tagwerk gesichert werden[7].

Wie wenig das Medizinalwesen in Schweden entwickelt war, wußte der König nur zu gut. Deshalb stellt er auch einem Arzt gerne einen besonderen Paß aus, der es diesem erlaubt, bei seiner Dienstreise durch das Reich Pferde anfordern zu können[8]. Und zuguterletzt gewährt er einem Waldwächter aus Västergötland seinen königlichen Rechtsschutz vor Übergriffen, die sich »Hauptleute und Soldaten« gegen ihn erlaubt haben[9].

Waren Schwedens Wälder nach Kupfer und Eisen der dritte große Schatz im mitternächtigen Reich, der gut gehütet werden mußte, wenn es sich über alle vorhandenen Kriegsnöte hinaus vom Kleinsten her zum Gemeinen Besten hin entwikkeln sollte, so bedurften die inneren Schätze nicht weniger der Fürsorge. Denn wenn das Recht in Gestalt von Krönungen, einer Eriksgata oder Beisetzungsfeiern nur zeitweiligen Glanz verbreitete, aber nicht in der Lage war, mittels des Königs als des obersten Vollstreckers dem Gesetz Genüge zu verschaffen, dann war das bloße Verfügen über die materiellen Verhältnisse nicht viel wert und alle Politik an ein unseliges Ende gekommen.

Gustav Adolf wurde sich dessen von Tag zu Tag mehr bewußt. In seiner geschliffenen Rede an den Reichsrat kurz vor der Eröffnung des Reichstages in Örebro im Januar 1614 ließ er keinen Zweifel daran, daß nach zwei Jahren Arbeit im Amt des Königs der Zustand des Reiches und vor allem seines Rechtswesens trotz seiner persönlichen Anstrengungen wenig zur Erbauung veranlaßte.

»Ich weiß sehr wohl«, sagte er an die Senatoren gewandt, »daß Euch der gegenwärtige zerrüttete Zustand des Reiches, sowohl drinnen wie draußen (domi som foris), zur Genüge bekannt ist. Daraus darf man annehmen, daß Ihr mir leicht einen Rat geben könnt, bedarf es doch jetzt wie zu allen Zeiten vor allem eines zeitigen, guten und ratsamen Bedenkens. Das gilt nicht allein für diejenigen Dinge im zivilen, sondern auch im militärischen Bereich (togam som arma)«. Aus diesen Gründen »habe Ich es als richtig empfunden, mit Euch im Namen der Heiligen Dreifaltigkeit das Beratungsverfahren zu beginnen. Gott lasse es zu Ehre und Preis seines göttlichen Namens geschehen und unserem lieben Vaterland zu einem langen stetigen Bestand und Ordnung . . . Das Regiment, das wir unter unseren Händen auszuüben haben – und zu welchem ich von Gott berufen bin zu *regieren,* während Ihr dazu berufen seid, mir darin zu *raten* –, soll mit Recht und Gerechtigkeit geführt werden, deshalb will Ich euch zu einem Beginn und Eingang in unsere Beratungen empfohlen haben, darüber nachzudenken, auf welche Weise die vielfältige Unordnung (myckna oskick), die eingerissen ist, in der Justiz vor allem am besten beseitigt und geheilt werden kann ...«[10]

Mit dieser Rede leitete Gustav Adolf eine Reform ein, deren institutionelles Ergebnis noch heute Bestand hat und damit auch anzeigt, daß sich die Substanz des Königtums weniger von der Person des jeweiligen Königs ableitet und in der Geschichte wirksam bleibt, als vielmehr Ausdruck eines bewegten Unbewegten ist und in der Verbindung *Gott und das Recht* seinen überzeitlichen Auftrag erhalten hat. Nur wenn man sich diese Größen dauernd vor Augen hält, wird sich das Verständnis dafür einstellen, warum sich dieser König so sehr angestrengt hat, im Kleinsten zu wirken und alles in seinem Machtbereich mit einem Rechtsdenken zu durchdringen, dessen Anwendung erst den politischen Menschen ausmachte.

In zwei überaus feinen Wendungen, einem gelungenen Amalgam aus Latein und Schwedisch, deutet er an, was einem Reich wirklich die Kraft gibt, sich auf Dauer zu behaupten. »Domi som foris.« Das erinnert an den Aufstieg und die Macht Lübecks und der Hanse, unter deren Politik Schweden gelitten, aber auch gelernt hat, was nötig ist, um ein Gemeinwesen zum Erfolg zu führen – »Concordia domi, foris pax«.

Der Wahlspruch Lübecks über dem Eingang des Holstentores aus dem Jahre 1477 hat etwas Doppelsinniges, das auch in der Rede Gustav Adolfs anklingt. Denn die Verbindung von Eintracht im eigenen Haus (concordia domi) und dem Frieden in der Umwelt (foris pax) geht von einem System der Sicherheit und Gegenseitigkeit aus, wie sie nur eine konfliktregulierende Marktordnung aus den Bedingungen des Vertragswesens heraus kommutativ entwickeln kann. Das »foris pax« verweist demnach trotz seiner adverbiellen Ausrichtung auch auf die mögliche Bedeutung *Friede auf den Märkten.*

Und damit wird eingestanden, worum es neben Handel und Wandel auch zu gehen hat: Man überlebt nur dann, wenn das Wachen und Wehren (toga som arma) ernstgenommen wird und jedem Nachbarn bewußt bleibt, was er sich einhandelt, wenn er Streit sucht. Im eigenen Haus sitzt nur derjenige sicher, der auch bereit ist, aus dem Haus herauszugehen, um es bei Bedarf zu verteidigen. »Ur huset«: So hieß der Kampfruf von Schwedens Bauernschaft (Allmogen)! Er hatte im Zeitalter der Söldner einiges an Kraft verloren, sollte aber in zäher Kleinarbeit, in einer täglichen Bataille en detail unter Gustav Adolf etwas von seiner früheren Stärke zurückgewinnen, nachdem der Kampf ums Recht ein Stück weit gediehen war. Dieser Erfolg aber mußte Stückwerk bleiben, wenn es nicht gelang, das königliche Personalwerk in ein juridisches Realwerk umzusetzen und damit organisatorisch auf Dauer zu sichern.

# Svea Hofgericht

An Wesen und Wirken einer Gerichtsordnung erkennt man am besten den Wert eines Gemeinwesens, erscheint doch in ihm das Gesetz als das Licht der Völker oder verlöscht im Dunkel einer Diktatur, die Macht vor Recht ergehen läßt und mit dieser »Waffe des Tieres« (Machiavelli) dem Menschen ein reißender Wolf sein will und nicht eine nährende römische Wölfin.

Dieses Bild vom sündigen Menschen, der gottvergessen und gesetzesfern den Mitmenschen überfällt, weil er mangels Erziehung in sich selbst keine Schranken mehr kennt und auch von außen her keine Beschränkung seiner Untaten zu befürchten hat, verweist auf einen Übelstand, den Bürgerkriege hervorbringen oder Schwächen der öffentlichen Hand vorbereiten. Was hat es Karl IX. seit dem blutigen Unglück mit Sigismund III. eingebracht, daß die Strafbestimmungen immer wieder angezogen werden? Die *Hurerei* z. B. in allen denkbaren Varianten wurde mit empfindlichen Bußen belegt – eine nicht unerhebliche Einnahmequelle[1]. Und wer »die Obrigkeit verleumdet hat, dem wird ein Brandzeichen auf die Stirn gesetzt und es werden ihm beide Ohren abgeschnitten«[2] – ein Kainsmal unter anderen.

Karl IX. hatte mit dieser Anordnung kurz vor seinem Tod so wenig die Verhältnisse bessern können wie während der vergangenen zehn Jahren seines unruhigen Königtums. Alle Vergehen und Verbrechen gegen den Dekalog hatten sich in dieser Gesellschaft fortgesetzt, welcher Gustav Adolf seit seinem Amtsantritt nur das Versprechen geben konnte, die Rechtssicherheit zu garantieren. Eingelöst hatte er es immer noch nicht. Das lag weniger an ihm persönlich als vielmehr daran, daß das

Gerichtswesen weder auf dem Lande (Härads- und Bezirksgerichte) noch in den Städten (Ratsgerichte) seinen Ansprüchen und Aufträgen nachkommen konnte. Der Mangel an geeignetem Personal machte sich ebenso bemerkbar wie die Lockerung des Gesetzesgriffes während des Krieges. Das *Homo homini lupus* war nur der reale Reflex auf das *Inter arma silent leges* mit all seinen Entäußerungen bis hin zum Faustrecht des physisch Stärkeren. Und dessen Anwendung war die schwerste Beleidigung und Herausforderung des Königtums, weil diesem durch einen solchen Akt der Eigengewalt der göttliche Auftrag entzogen wurde, »allein das Schwert zu tragen und zu führen, den Guten zum Schutz und den Bösen zur Strafe«[3].

Nichts ist schändlicher, als sich an diesem Gerichtsmonopol zu vergreifen; und »was ist schädlicher, als ohne Gesetz und Gericht Blut vergießen zu wollen? Das zu raffen und wegzunehmen, was man selbst nicht erworben hat, ist das nicht solch eine Untat, die gegen alle Zehn Gebote Gottes verstößt? Kain vergoß seines Bruders Blut, deshalb wurden er und alle seine Kinder auf ewig verbannt.« Mit derartigen Vorwürfen und Lehrbeispielen versuchte der Klerus Ende 1613, die eingerissene Zuchtlosigkeit in der Landschaft Dalarna und besonders unter den Mora-Leuten zu benennen. Von Hurenvögeln und Zauberweibern ist die Rede, von Kindesmördern, Räubern, Dieben und Radaubrüdern, die zwar »verurteilt worden sind und doch unter uns leben dürfen«. Da stimmt doch etwas nicht, meint man in den frommen Kreisen von Västerås, und stellt fest, daß die Schwert- und Feuerurteile für alle erkannten Verbrechen nicht zur Vollstreckung gelangen[4] – eines der Grundübel der Zeit, das auch die Politik selbst prägte, wenn es dem König nicht gelingen wollte, die Beschlüsse des Reichstages zu vollziehen und seine Versprechungen einzulösen.

Nicht genug mit all diesen Rechtsbrüchen, die auch in den Augen des weltlichen Regimentes Sündenfällen gleichkamen und unerlaubte Verstöße gegen die Ordnung Gottes waren. Die aufrührerischen Mora-Leute vergriffen sich ebenso am Adel, der in der Regel alle wichtigen Ämter seinen Privilegien gemäß besetzen durfte und neben seiner Funktion als Amtsadel gleichzeitig als Land- und Lehensadel die führende Position als Grundbesitzer einnahm. Was sollte man also von einem Land halten, »in dem es keinen Adel gibt«? Ein solches kann vernünftigerweise »nicht als Königreich gerechnet und gehalten werden, wie es Schweden doch ist, sondern muß noch schlimmer als irgendeine Barbarei (betrachtet werden), wo es weder Tugend, Ehre noch Redlichkeit gibt«.

Und wenn die Leute in und um Mora, sowie der Bauernstand überhaupt, keinen Begriff davon haben, was Adel an sich ist, dann sei ihnen gesagt, daß »der schwedische Adel meist aus fürstlichem und königlichem Stamm entsprossen ist, der früher hier im Reich regiert hat«. Der Adel war demnach nicht aus Allmogen nach oben gestiegen, sondern leitete sich von oben ab. Er allein wurde mit »Verlehnungen . . ., Gütern und Höfen ausgestattet, welche er nach Schwedens geschriebenem Gesetz Mann auf Mann noch heute vererbt«. So pflanzt er sich fort, befleißigt sich aller Tugend, nimmt deswegen auch alle wichtigen Ämter ein und gibt jenen die Möglichkeit, die sich in fremden Ländern ausgebildet haben, sowie »für die klügsten gehalten werden, mit dem König im Reichsrat zu sitzen«. So hat es bereits Moses im Auftrag Gottes gehandhabt, und so soll es auch in Schweden seinen Fortgang haben[5].

Diese Klage über Allmogen als Hort der Untugend, des Neids und der Unbildung wurde von Gustav Adolf geteilt, auch wenn er deshalb nicht der Illusion nachhing, daß es im Adel nur Tugendbolde gab. Aber dessen Anspruch an die fortgesetzte Ausbildung zum Wohle des Reiches war vorhanden und wurde auch in die Wirklichkeit umgesetzt. Der neue Reichskanzler Axel Oxenstierna war dafür ebenso ein zukunftsweisendes Beispiel, wie es Johan Skytte für den Unadel, vornehmlich für das Bürgertum der langsam wachsenden Städte abgeben konnte. Bildung war ein entscheidender Schritt zum Aufstieg in dieser sich differenzierenden Stände-Gesellschaft, die durch einen Ausbau des Ämterwesens in ihren Energien gebündelt und zielgerichtet organisiert werden mußte, wenn sie aus ihren inneren Dauerkrisen herauskommen wollte[6].

Der erkrankte Corpus bedurfte eines Heilmittels. Und das war Vertrauen in die Gerechtigkeit der Königsmacht, die sich dafür besonderer Mittel bedienen mußte, um jederzeit der fundamentalen Forderung nachkommen zu können, die in den *Richterregeln* des Reformators Olaus Petri ihre klassische Form gefunden hatte und dem kommenden Reichstag in Örebro aus der Geschichte heraus den einzig gangbaren Weg aufzeigte: »Für die Steuern, die der Bauer dem König gibt, will er in Gesetz und Gericht gehalten werden, und aus dem gleichen Grunde, aus dem der König vom Bauern seine Steuern fordert, mag auch der Bauer vom König Gesetz und Gericht verlangen.«[7]

An der Erfüllung dieser Gegenseitigkeit von *Do, ut des* hat es aber immer wieder gefehlt. Deshalb sollte nicht nur das untere Gerichtswesen geordnet werden, sondern auch der Instanzenweg, das Revisionsrecht und, als Krönung dieser Reformarbeit, die Einrichtung eines *obersten Gerichtshofes,* der anstelle des Königs das »supremum judicium« in einem Rechtsfall zu finden hatte, ein Schlußurteil, das nicht mehr appellationsfähig sein sollte[8].

Dieses Gericht, mitunter auch »oberstes Parlament« genannt, was auf einen möglichen Einfluß der Arbeitsweise des »Parlement de Paris« schließen läßt[9], jedoch ein gewisses Vorbild im Reichskammergericht zu Speyer und selbst in der Württembergischen Hofgerichtsordnung haben dürfte[10], war zwar in Schwedens Gesetz (Landslag) vorgesehen und wurde auch von Fall zu Fall eingesetzt, aber es fehlte ihm eine feste Ordnung. Diese wurde von Axel Oxenstierna erarbeitet und dem Reichstag in Örebro vorgelegt. Dabei mußte nicht nur das Vertragsverhältnis zwischen König und Allmogen berücksichtigt werden, sondern auch das Verhältnis des Königs zu den beiden Königinwitwen Christina und Catharina, die ja auf ihrer Morgengabe und Witwensitz Jurisdiktionsrechte besaßen, zu den beiden Herzögen Johan und Carl Filip, dann auch die besondere Beziehung des Königs zum Adel und dessen Vorrechten. Und nicht zuletzt mußte der Umstand bedacht werden, daß die Krone Schweden Revals Appellationsrecht und Rechtszug an den Oberhof in Lübeck jetzt auf sich bezog!

Man kann sich denken, wieviel Gegensätze in dieser Situation aufbrechen mußten, ging es doch nicht allein um die Akzidentien, die einzelnen Instanzen des Gerichtsweges, sondern um die Substanz des Königtums selbst, um das wichtigste Majestätsrecht. Denn »es ist Schwedens Gesetz und des Reiches Beschlüssen gemäß, daß Könige ihren Rechtsbeirat[11] haben mögen, der in Gerichten und an Gerichtstagen des Königs Urteil *faßt*« – aber nicht immer *fällt*[12].

Diese Unterscheidung ist in der sporadischen Diskussion über Entstehung, Wesen und Funktion dieses Königsgerichtes (curia regis)[13] nicht genügend beachtet worden, weil über das Verhältnis von Recht und Gerechtigkeit keine Klarheit bestand und auch keine Kenntnisse darüber eingeholt wurden, wie Gesetz und Sündenbegriff hier aufeinander abgestimmt worden sind. Akzidentielle Verfahrensfragen und die Personalbesetzung haben stets mehr interessiert[14] als die Substanz. Und die liegt für Axel Oxenstierna und den König selbst darin, daß zwar diesem höchsten Gericht in der Krone Schweden »nach dem Gesetz Vollmacht erteilt wird, das Königs-Urteil zu fassen (att dömma Konungz-Domb), doch ohne Unserer rechtmäßigen Hoheit einen Einbruch zu tun, die nach dem Gesetz darin besteht, alle Abweichung und Übergriff (Skrock-Sochnir och Aff-Socknir)[15] zu brechen«, d. h. jedes ergangene Urteil auch von diesem Gerichtshof in besonderen Fällen und unter zugehörigen Bedingungen aufzuheben, um *»die Wahrheit herauszufinden«*[16].

Die fundamentale Bedeutung dieser Regelung liegt darin, daß *von unten her* eine Appellation an eine noch höhere Instanz als dieses »Judicium supremum, a quo non est appellatio«[17], nicht gestattet werden kann, aber der König selbst *von sich aus* in der Lage bleiben muß, nach dem Fassen des Gerichtsbeschlusses diesen aufheben zu können, um dann nach einer neuen Behandlung endgültig das Fällen zu betreiben. Dem König allein bleibt also die Kassation! Drei wesentliche Gründe sind für diese Regelung von Belang. Erstens wird damit jedem gezeigt, daß der König qua Amt keiner Jurisdiktion unterliegt, damit souverän nach außen und nach innen ist. Das Einbeziehen Revals in die Rechtshoheit Schwedens bestätigt diesen Bezug zusätzlich[18]. Zweitens wird ihm damit die Handhabe des »Gnade vor Recht« belassen[19], und drittens erfährt jeder Rechtsuchende, daß der König der Inbegriff des Gerechten zu sein hat, ein Rex justus, der mit der Verpflichtung auf die Wahrheit an die Gerechtigkeit gebunden ist, die in bestimmten Fällen ein anderes Urteil erfordert, als es das positive Recht vorschreibt.

Die Königsformel »von Gottes Gnaden«, immer wieder mißverstanden[20], erfährt hier ihre Bestätigung in der Ansicht, daß der König in seinem Amt als oberster Richter im Reich, dem auch die Königinwitwen und Herzöge nichts von seiner Rechtsqualität nehmen können[21], Stellvertreter Gottes auf Erden ist – der Herr über Leben und Tod. Beachtet man diese Zusammenhänge, dann erschließt sich auch die Ermahnung des Kirchenmannes Terserus an die murrenden Leute von Mora: »Ihr wißt doch selbst, daß unser Erlöser Christus gesagt hat, wer nicht die *Wahrheit* vor den Menschen hier in dieser Welt bekennt, sondern sie verschweigt, einen solchen will auch er nicht bekennen . . . am Jüngsten Tag«[22]. Deshalb will Gustav Adolf jeden Rechtsbruch als »öffentliche Sünde anderen zur Warnung und rechtzeitig bestraft« sehen. Gibt der gesetzesvergessene Mensch sein begangenes Unrecht zu, läßt er die Wahrheit in der Gerichtsverhandlung hervorkommen, dann braucht der König nicht zum Äußersten zu gehen, das mitunter die Tortur nicht als Bestrafung zur Hilfe nahm, sondern als Mittel der Rechtsfindung und damit der Wahrheit[23].

Auch die Befürchtung der drei unadligen Stände, daß sie übervorteilt werden könnten, wenn der Adel bei Verbrechen, die »Leib, Ehre und Gut« angingen, an dieses ständige Hofgericht in Stockholm gezogen wird[24], wurde in einem zuweilen heftigen, aber rechtspolitisch hochkarätigen Beratungsgang ausgeräumt. Jeder Stand und jeder Mitbürger sollte sein Recht »nach Schwedens Gesetz« finden, wenn er es nach den neuen Regeln und seinen Vorschriften suchte. Die Richter wurden mit

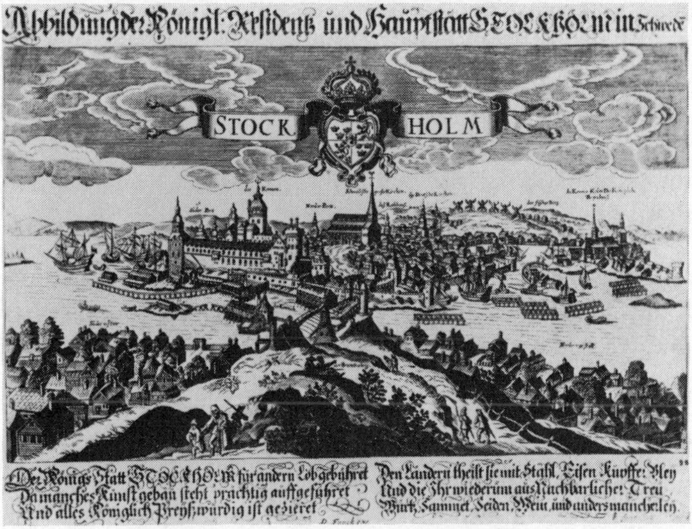


*Ansicht vom Kern Stockholms (Gamla Stan).*
*Links das Schloß »Drei Kronen«, in der Mitte die »Große Kirche«*
*und nach rechts hin die »Teutsche Kirche« (KB – Stockholm).*

aller Strenge angewiesen, jeden Rechtsfall *»ohne Ansehen der Person«* zu behandeln und sich beim Beschlußfassen »nicht von Freundschaft . . . leiten zu lassen«[25].

Hier traten die Bedingungen der Verkehrsgerechtigkeit zutage, der »justitia commutativa«, die in der Nikomachischen Ethik eingehend behandelt worden und den schwedischen Reformern bis in letzte Einzelheiten bekannt war[26]. Mit dieser Neufassung des Gerichtswesens organisiert man das Vertragsdenken, sichert das Vertrauen, die »fides publica«, in den »gerechten König«, der ein Jahr später der ergangenen Gerichtsordnung auch eine *Prozeßordnung* folgen läßt[27]. Er schuf so Bedingungen, die den inneren Heilungsprozeß des Staatskörpers voranbringen konnten. Aber es sollte noch eine Reihe von Jahren dauern, bis sich die Gerichte auf dem Land und in den Städten auf die neue Ordnung einstellen konnten. Besonders das Verhältnis zwischen dem Stockholmer Stadtgericht und dem *Svea Hofgericht,* wie es später in der Abgrenzung vom Göta Hofgericht in Jönköping genannt wurde[28], blieb gespannt, nicht weniger als die Beziehungen zur Territorialgerichtsbarkeit in den Fürstentümern. Dennoch hat sich diese Reform auf die Dauer bewährt und gab diesem Gericht eine Autorität, die sich nicht zuletzt auch darin äußerte, daß sich sein Präsident, der stets auch der Reichs-Drost zu sein hatte[29], im Dezember 1622 sehr selbstbewußt gegenüber Eingaben der gerade eroberten Stadt Riga verhalten konnte. Magnus Graf Brahe macht dem Magistrat dieses teutsch bestimmten Gemeinwesens klar, daß die Autorität des »höchsten Gerichtshofes im ganzen Reich« leiden müßte, wenn dieser den Rechtsverkehr mit Riga in teutscher Sprache halte. Sie sollten sich der schwedischen Sprache bedienen und damit anzeigen, was sie als Untertanen ihrer Obrigkeit schuldig sind[30].

Zu diesem Zeitpunkt hatte sich für das Königtum als Ordnungsprinzip auch der leidige Streit zwischen Zentralmacht und Fürstengewalt auf natürliche Weise gelöst[31] und das zielbewußte Bemühen manch einen Erfolg eingebracht, die Stände des Reiches an der inneren Aufbauarbeit zu beteiligen. Es ist bei allen Mängeln besonders eindrucksvoll zu beobachten, wie in Zeiten großer Bedrohung Gustav Adolf die Kraft aufbringt, mit Hilfe der Regierungskollegien und des Reichsrates dieses Ständevolk zu aktivieren, während gleichzeitig (1614) in Frankreich die Generalstände zu spüren bekommen, daß ihre Rolle in der Machtkontrolle von unten ausgespielt ist und sie diese dem Parlement de Paris bis 1789 überlassen müssen[32].

Dieser Reichstag von Örebro vermittelte eine hohe politische Vitalität: den Willen, sich in der Kunst des Gleichen und Guten zu üben[33], und die Hoffnung, daß man sich im Schärfen »der Waffen des Rechts« (Machiavelli) des eigenen Menschseins in christlicher Verantwortung versicherte und damit allmählich Grundlagen schuf, ohne die der Aufstieg zu einer übernationalen Ordnungsmacht nicht möglich geworden wäre.

Aus seiner Livius-Lektüre wußte Gustav Adolf, daß das Gesetz, wenn es ein Ausdruck des Göttlichen sein sollte, so hart und unerbittlich wie Gestein zu sein hatte. Nur sein königliches

Recht der Gnade, seine Verpflichtung auch zur Milde, wie sie Seneca verstanden hat, und christliche Barmherzigkeit mit einem Sünder konnten und durften es erweichen. Er hat sich in strenger Selbstdisziplin und im dauernden Lernen mit dem politischen Prozeß selbst, den er in Bewegung hielt, in dieser Hinsicht immer wieder geprüft und in mühevoller Kleinarbeit die innere Lage zu verbessern versucht. Aber was er dem einen oder anderen Untertan gewähren konnte, mußte er sich selbst vielfach versagen, und dort, wo sich der Untertan im Rahmen seines Standes und nach seinen individuellen Möglichkeiten auf ein persönliches Glück einstellen durfte, wurde er hart und unerbittlich von den Erbgesetzen der Verfassung Schwedens in die Pflicht genommen.

War das Recht Ausdruck des Menschlichen, dann bedeutete dies umgekehrt noch lange nicht, daß das Menschliche stets zu seinem Recht kommen mußte.

Der junge König hat in dieser Zeit zwischen dem Frieden von Knäröd (1613) und dem kommenden Kriegszug nach Rußland (1614) erlebt, in welch eisernem Griff ihn die Rechtsräson hielt, als er dem Eros auf die Spur kam.

# Hauptsachen und Nebenstunden

Die Verwicklungen der Jülicher Erbsache nahmen zu. Heinrich IV. von Frankreich hatte sich vorgenommen, als eine Art Schutzherr der teutschen Stände in der Evangelischen Union zu fungieren. Es galt, deren Besitzinteressen gegen den Habsburg-Kaiser zur eigenen Sicherung zu wahren. Er schickte deshalb sogar den Gesandten de Boissize zu Karl IX., um den Schwedenkönig in ein europaweites Bündnis gegen Habsburg zu ziehen[1]. Der »große Plan« Sullys aus dem Jahre 1605 ist in diesem Bemühen von der Absicht her zu erkennen, eine Ordnung von saturierten und balancierten Besitzmächten zu errichten, die das Erwerben durch Ererben besser zu regeln verstand[2].

Karl IX. war dieser Initiative aus Paris nicht abgeneigt, nahm sie doch den Bogen wieder auf, den sein Vater Gustav I. und Franz I. einst zu spannen begannen, als sich im Schmalkalder Krieg von 1542 an den beiden Außenmächten einige Möglichkeiten boten, eine Intervention gegen Kaiser Karl V. im Heiligen Reich zu proben[3]. Eine Gesandtschaft unter der Leitung von Abraham Leijonhuvud sollte die Kontakte verstärken, aber die Ermordung des »guten Königs«, der von der Gegenseite wegen seiner Religionspolitik als »unmilder Tyrann« aufgefaßt worden war[4], setzte dieser Annäherung vorläufig ein Ende, bis zwanzig Jahre später wieder eine Intervention anstand.

Eine zweite Gesandtschaft, die fast gleichzeitig in den Niederlanden und in England zu sondieren hatte, was von diesen beiden Mächten im Westen an Hilfen für Schweden zu erwarten war, das sich einem Großkrieg mit dem Moskauer Zartum, Vasa-Polen und dem Erbfeind Dänemark gegenübersah, war da etwas erfolgreicher. Nicht zuletzt auch aus einem besonderen

Grunde, der dem jungen Gustav Adolf anzeigte, daß er bereits auf der obersten Ebene des Heiratsmarktes wie eine kostbare Ware ohne Eigenleben gehandelt wurde. Das war die Wirkung der Kommutation im Wesen der Verträge, des ohne Ansehen der Person, das nur akzidentiell persönliche Wünsche zuließ. So glaubte man in London, daß die Gesandtschaft aus Schweden mit Johan Skytte an der Spitze »auf eine Heirat aus sei«, nämlich zwischen der Prinzessin Elisabeth und eben Gustav Adolf, dem Skytte am Beispiel Jakobs I. zeigen konnte, was ein guter und tugendhafter König ist[5].

Während einer Begegnung mit der hochgebildeten Prinzessin, die später in engem Kontakt mit Descartes stehen sollte[6], hatte sie in dieser Heirats- und Hauptsache den Legaten aus der Mitternacht erklärt, daß ihr »Herzog Gustav genehmer sei als irgendein Prinz in der Welt«. Und dies auch schon deshalb, weil er von »königlichem Geschlecht und Stamm« ist und sie »keine Lust auf irgendeinen papistischen Herrn hätte«. Diese Auskunft bestätigte Johan Skytte die Bemühungen Sigismunds III., für seinen ältesten Sohn Władysław in Whitehall werben zu lassen[7]. Die Religion, so scheint es, hätte eine Heirat verhindern können. Aber die vorhandenen Gegenstücke in der jüngsten Geschichte zeigten deutlich genug, daß man im Zweifelsfalle das Abfangen à l'Averroes übte. Elisabeth selbst sollte das Wirken dieser Staatsmaxime bald erleben, als sie 1613 mit dem Calvinisten Friedrich V. von der Pfalz verheiratet wurde. Denn von seiten Gustav Adolfs bestand kein sonderliches Interesse, während seines Großkrieges mit allen Anrainern auf Freiersfüßen zu wandeln.

Das hatte noch Zeit. Doch im Vorfeld des Ehestandes, dessen Bindungen auch den Bedingungen der Rechtsraison unterlagen, fand sich manch eine Möglichkeit, sich am Eros zu versuchen und sich als oberster Hirte im Hinterraum der Hauptsachen ein Schäferstündchen zu genehmigen; Nebenstunden abzuzweigen und sich darin Prüfungen auszusetzen, die zwischen Eros und Cupido Spannungen bereithielten, deren Bewältigung erst den Mann im Sinne des Vir-bonus-Ideals zur stoischen Reife gelangen ließ – den Mann von Wert.

Über die Jugendliebe Gustav Adolfs zu *Ebba Brahe*, der Tochter des Reichsdrosten Magnus Graf Brahe, haben die Chronisten und Reichshistoriographen der Zeit Stillschweigen bewahrt. Aber von Gustav III. an, der ein glühender Verehrer und nach seinem absolutistischen Staatsstreich von 1772 ein Nachäffer Gustav Adolfs war, bekam diese Episode im frühen Leben des Königs eine romantische Deutung, die nicht aufklären wollte, sondern nur verklären sollte. Sie beeinflußte gar die Auffassung in der Historie, daß Gustav Adolf in seinen Gefühlen gewillt gewesen sei, dieses hochadlige Fräulein »zu seiner Königin zu machen«[8].

Ist mit dieser doppeldeutigen Formel wirklich die Ehefrau gemeint, die nach geltendem Verfassungsrecht zur Königin ohne Regierungsbefugnis gekrönt werden sollte, dann läßt sich für einen solchen Plan kein überzeugender Beleg beibringen. Nur die Heiratsgeschichte der Könige aus dem Hause Vasa könnte für die unterstellten Absichten sprechen, wenn man den nicht unwesentlichen Umstand außer acht läßt, daß außer Erik XIV. alle seine Vorgänger im Amt des Königs erst auswärtige Fürstinnen geehelicht hatten, ehe sie in einer weiteren Ehe einheimische Adelsdamen heimführten oder wie sein Vater wieder eine Fürstin des Heiligen Reiches heiratete[9].

Es ist ausgeschlossen, daß Gustav Adolf nicht gewußt hatte, was er sich seinem Status als König und Vorstand des Hauses Vasa in Schweden schuldig war, als er in einer »Liebe« zu Ebba Brahe entbrannte. Er hatte doch aus nächster Nähe miterlebt, was Staatsraison als Statusraison bedeuten konnte, wenn Hausinteressen auf dem Spiele standen. Wurde nicht seine eigene Schwester Maria Elisabeth noch vor dem Tod seines Vaters mit Herzog Johan von Öster-Götland verlobt und 1612 gegen den harten Widerstand der Kirche vermählt, obwohl das Verbot des zweiten Grades in der Verwandtschaft umgangen worden war?[10] Wie statusbewußt er selbst war, bewies er beim Aushandeln des Heiratsvertrages zwischen seiner Halbschwester Catharina und dem Pfalzgrafen Johann Casimir, als er auf der Sicherung von »Stand, Herkunft und Würde« bestand[11].

Das war 1614. Und in der Zeit zwischen den Eheverträgen seiner Schwestern entspann sich eine Beziehung, die platonisch blieb und alle Anzeichen eines ritterlichen Rituals hatte, das sich Hindernisse errichtete, um nur nicht an das wirkliche Ziel zu gelangen.

Ebba Brahe war nach dem Tode ihrer Mutter vom Gut Lerjeholm in Väster-Götland an den königlichen Hof in Stockholm geschickt worden, um dort bei der Königin Christina als Hoffräulein aufzuwarten und das Hofleben kennenzulernen[12]. Hatte sie in der Erziehungsfibel ihres Großvaters gelesen – nach ihrem Bildungsstand zu schließen, muß das der Fall gewesen sein –, dann ist ihr sicher nicht die Warnung entgangen, daß man bei Hofe kein Herz habe und jeder nur sagen kann, der die Zustände kennt: »Lange zu Hofe – lange zur Hölle«[13].

Wie berechtigt diese Einsicht war, ging ihr bald auf, als Gustav Adolf damit begann, ihr auf ritterliche Weise den Hof zu machen. Das ist seiner überwachen Mutter Christina natürlich nicht entgangen, und in einem Brief vom 19. Januar 1613 sieht sich der junge König gezwungen, in seinem Werben um ihre Gunst bereits einen Rückzieher zu machen, noch ehe sich diese »Jugendliebe« entfalten konnte. Zum neuen Jahr wünscht er ihr »Nutzen und Freude« und will alles tun, damit Ebba Brahe nicht noch »weiter in meiner Frau Mutter Ungnade gerät«. Es dürfe nicht dazu kommen, »daß meine Taten zu Euerem Unglück eine Ursache werden«. Dennoch hofft er auf die Veränderung in der Gesinnung Christinas, glaubt er an die Umwandlung von »Zorn . . . in desto größere Liebe«, zumal »meine stetige und unverfälschte Liebe gegen Euch« Kraft genug entwickeln kann, um mit Gottes Hilfe die Königinwitwe gnädiger oder gar umzustimmen[14].

Er sollte sich in dieser Annahme gründlich täuschen. Zwar gab es Phasen, in denen Christina scheinbar nachgab und einige Hoffnungen machte[15], aber darauf war nicht zu bauen. Nach Absprachen mit Ebbas Vater, dem das Gerede über eine mögliche Verbindung des Königs mit seiner Tochter gar nicht recht sein konnte, schon um ihrer Statusehre willen, wurde sie auch aus der Aufwartung bei Christina entlassen und kam in die

Obhut der alten Königinwitwe Catharina Stenbock, Gustavs I. dritte und letzte Ehefrau[16].

Was nun Gustav Adolf »mit brennendem Herzen« seiner »Herzallerliebsten« mitteilen ließ, entspricht selbst in den wenigen Zeugnissen aus dieser Zeit allen Bedingungen des *Petrarkismus* – einer Lebenshaltung, die aus Liebesschmerz einen besonderen Reiz zog und diesen literarisch zu zelebrieren verstand. Paul Fleming, einer der vielen zeitgenössischen Verehrer Gustav Adolfs, war ein Meister im Umsetzen einer schmerzhaften Liebe in Poesie und lockendes Wortgepränge, die sich real nicht erfüllen durfte[17]. Und darum ging es hier.

Auch wenn man annehmen möchte, daß er in dieses Adelsfräulein im heutigen Sinne ›verliebt‹ war, so vermitteln die überkommenen Briefe die Normen und Formen »einer Eroserfahrung, die nicht friedvollen Besitz, sondern ruheloses Sehnen will, die nicht im Glück der Vereinigung, sondern in der ewigen Spannung sich vollendet«[18]. Gustav Adolf, so gewinnt man im Sog dieser begründeten Ansicht den Eindruck, spielt einen Heros, der am Eros leiden will und dafür ein Stimmungs-Ambiente schafft, das auf Belastbarkeit ausgerichtet wird und darin den Auftrag des Seneca für sich selbst erprobt: »Ziehe dich soviel als möglich in dich selbst zurück.« Diese Haltung geht aber mit der Aufforderung Hand in Hand, sich im gegebenen Falle so weit vorzuwagen, wie dies vertretbar erscheint.

Dazu paßt nicht nur sein Angebot, in der weiteren Hoffnung auf Liebe jede Unannehmlichkeit auf sich zu nehmen – »die Trauer hängt bei mir allein«[19] –, sondern auch das Motiv der fiktiven oder wirklichen Reise. Sie bewirkt eine physische Distanz und reizt damit zum Ausspielen eines zeitweiligen Daseins in Einsamkeit. Von Narwa aus schreibt Gustav Adolf auch in vollendeter Beherrschung dieses stoischen und petrarkistischen Lebensstils an Ebba Brahe, daß es ihn mit Trauer erfülle, weil er von ihr »mit dem Körper scheiden muß«. Und damit sie diese Geste eines Ritters der Werbeminne, die nie auf eine Ehe gerichtet sein konnte[20], ja richtig verstand, legte er ihr eine Blume bei, »welche die Teutschen ›Vergeßt nicht mein‹ nennen«[21].

Die Steigerung dieses Rituals wird erreicht, als der König seinem Vertrauten Lars Sparre, dem Sohn des anno 1600 hingerichteten Kanzlers Erik Sparre (!), den Auftrag erteilt, er solle bei dem Goldschmied Lorenz Hartmann, der aus Mecklenburg nach Stockholm gekommen war, für Ebba Brahe »einen Brustschmuck ... mit Diamanten« bestellen und diesen der »Jungfrau« zukommen lassen[22]. Mit dieser Auszeichnung war für ihn das ehrbare Spiel mit den ernsten Interventionen seiner Mutter beendet, und es fällt nicht schwer, dabei an Bleyers Stück »Ernelinde« zu denken, wo es an einer Stelle heißt: »Dieser Demant bezeuget/ die Härte sey an der Hand und nicht im Hertzen. Nehmet beydes und bringet's der Ernelinde/ Daher wird sie verspüren, wie hoch sie der König ehre«[23].

In diesen Rahmen ritterlicher Gesten gehört auch ein Brief Ebba Brahes vom 19. Oktober 1614, der etwas vom Zittern des Eros in einer feindlichen Umwelt durchschimmern läßt, das Gebrechliche andeutet und kaum etwas anderes will, als in platonischer Zuneigung der Ehre teilhaftig zu bleiben, mit der Gustav Adolf umging und auf Unverständnis getroffen war.

Als eine »treue untertänige Dienerin« wünscht sie dem König eine »stetige Gesundheit und Wohlergehen, sowohl für seine eigene königliche Person, dem Reich zum großen Wohlergehen, wie auch für das Glück und die Gnade, die mir geringer Jungfrau von IKM:ts lieben Schreiben und Gedanken widerfährt«. Und dieser Zuneigung kann sie nur in der Weise entsprechen, daß sie ihm von einem »treuen liebevollen Herzen« erzählt, von »dem der höchste Gott weiß, daß ich es in der Stunde, wo ich lebe, für IKM:t trage«.

Das ist die Sonnenseite, die das rastlose Sehnen hochtreibt. Im Gegenzug dazu aber wird die Nachtseite ausgebreitet und die inständige Bitte vorgetragen, der König möge doch seine Bemühungen zurücknehmen, mittels seiner Schwester Catharina bei der Königinwitwe zu intervenieren. Das erhöhe nur ihre »tägliche Furcht und Betrübnis von den vielen Reden«. Im übrigen »steht es mir geringer Jungfrau nicht an, IKM:ts königlicher Person nachzutrachten«[24].

Ein solches Verhalten wäre auch gegen die Spielregeln gewesen. Denn die Werbung hatte vom Mann auszugehen, ob im Darstellen ritterlicher Tugendrituale, die mißverstanden werden konnten, oder bei einer wirklichen Brautwerbung. Gut beraten legte Ebba Brahe die Betonung auf die königliche Qualität in der Person Gustav Adolfs. Dieser Bezug stellte die Abgrenzung des jeweiligen Status fest, zeigt die Unterscheidung von Herz und Leib, von öffentlicher Verpflichtung und privater Neigung, obgleich die Brahes nach den Vasas die erste Familie des Reiches Schweden waren.

Auf diese schier unlösbare Spannung wurde Gustav Adolf während dieses Liebeshandels mehrfach hingewiesen, und vieles spricht dafür, daß er sie verinnerlicht hat; einen Liebes- und Weltschmerz nähren wollte, um sich an diesen Lockungen zu härten und im Vergleich mit anderen Bewerbern um die Gunst der Edeldame den reinen Ruhm des Siegens davonzutragen[25]. Und wie Paul Fleming in späteren Tagen des bitteren Enthusiasmus, dieser goldenen Gier nach unerfüllbarem Glück, greift auch er zur Feder, wird der Potentat zum Poeten: »Ich will in Einsamkeit verweilen/ Die Trauer mein will ich allein beklagen/ Und aller Jungfraun Lieblichkeit enteilen/ Denn ich kann ihnen ja doch nicht behagen . . .«[26]

Die Klage eines Königs, der sich sehr wohl der Erfordernisse seines Status bewußt ist. So läßt er 1614 mitten im oft verzweifelten Suchen der Senatoren nach Gold und Geld, um den Bedingungen des Knäröd-Friedens hinsichtlich des Älvsborg-Pfandes zu genügen, die Anweisung an den Reichskanzler und die Kammer gehen, doch so viel Gold zu beschaffen, daß man von ihm »drei Konterfeis mit Diamanten« in zwei Güteklassen und »fünfzig Konterfeis ohne Diamanten« anfertigt. Eine Reihe besonderer Halsketten kommt hinzu. Sie waren als Zeichen königlicher Gunst, Anerkennung und Belohnung hoch begehrt und ein Mittel, diesen König über Schweden hinaus bekannt zu machen[27].

In seinem Verhalten drückt sich eine Lebenshaltung aus, die auf der Suche nach dem seelischen Gleichmut ist, in der Last des Gemütes und in der Lust des Leibes ein Drittes sucht, wo sich alles aufgehoben wähnt. Nicht umsonst wurden deshalb auch die Worte auf die Goldwaage gelegt, Sprichwörter als Einübung in die Tugend verordnet und in Gedichten ein Begriff vom inneren und äußeren Menschen geprägt, als ob er dauernd auf der Lauer liegen müsse und zum Sprung bereit, um sich vor Täuschungen und Sünden zu bewahren.

Hier deutete sich im privaten Erleben ein Stück Weltflucht an und im König das Verlangen nach Selbstzucht, nachdem die Selbstsucht zu einem Wagnis verleitet hat, das nur zur Unruhe fähig schien. Verwies der *Eros* den jungen König an eine besondere Form der Liebe, die sich aus vorgegebenen Statusgründen nicht in einer Ehe erfüllen durfte, so gab ihm *Cupido* bald zu spüren, daß er trotz aller Anstrengungen nicht immer Herr seines stoischen Selbst war.

Die geschickte Brautwerbung des in Rußland so erfolgreichen Feldherrn Jakob de la Gardie durch Henrik Horn ließ Ebba Brahe 1618 in dessen Hände übergehen, ohne daß sich Gustav Adolf in diesen Heiratshandel zweier hochadliger Geschlechter einmischen wollte. Er erhob in dieser Zeit den Feldherrn für seine besonderen Verdienste sogar in den begehrten Grafenstand[28]. Eine Ehre und Statuserhöhung, die er dem Kanzler Oxenstierna bei aller Wertschätzung nicht vergönnte. Diesem oblag es aber in einer schwierigen sicherheitspolitischen Lage, diese Affäre mit all ihren Peinlichkeiten für den König auszustehen[29] und ihm klarzumachen, was die Lage des Reiches besonders in Rußland jetzt von allen erforderte.

Mochten in Nebenstunden ein paar Aufwallungen des Gemüts zu Gedankenflügen einladen, gar zu Poeterei veranlassen, so hielten ihn die Hauptsachen der hohen Politik um so gnadenloser auf dem Boden eines Tagwerks, bei dem er seinen Mann zu stehen hatte.

Und wo konnte diese Verpflichtung mehr Einsatz fordern als nun im laufenden Krieg mit dem Moskauer Zartum? Allen Einreden zum Trotz entschloß sich denn auch Gustav Adolf, in eigener Person die notwendigen Operationen zu leiten. Die

Sorge seiner Mutter, daß Schweden »unter das Joch kommt, das Rußland nun zu ertragen hat«, nämlich »eine fremde Herrschaft erbetteln« zu müssen, wenn die vorhandenen Erbfürsten unvermutet durch den Tod abgingen[30], leuchtete ihm ein, vermochte es aber nicht, ihn von seinem Entschluß abzubringen. Selbst Axel Oxenstierna gelang es nicht, den König vom Kriegsschauplatz fernzuhalten[31].

Es war schon sein eigenartiges Ingenium, in diesen lebenswichtigen Dingen höchste Ansprüche durchzusetzen. In seiner berühmten Abschiedsrede an die Mutter Christina begründete er sein Vorhaben vor allem damit, wegen der knappen Geldmittel »des Reiches Verteidigung« am Ort selbst und in eigener Person zu leiten. Den möglichen Vorwurf, er würde hier aus einem jugendlichen »Vorwitz« heraus einen Kriegszug beginnen, weist er mit Nachdruck zurück. Er hatte bisher alle diplomatischen Mittel genutzt, um mit dem östlichen Nachbarn zu einem annehmbaren Frieden zu kommen – aber genutzt hat es nichts. Was ihm nach dem Ausschöpfen dieser Politik noch bleiben konnte, war das massive Nachhelfen mit militärischen Operationen. Deren Berechtigung aber legitimierte er aus einem überaus sensiblen Verhältnis zur Sünde.

Noch während seiner Lehrjahre bei Skytte und Bureus war er Zeuge eines Religionsdisputes zwischen dem Calvinisten Forbesius und einheimischen Klerikern geworden. Dabei spielte die Wesensbestimmung der Sünde nach den logischen Bedingungen des Gesetzes von Ursache und Wirkung eine fundamentale Rolle. Dem Theologen Rudbeckius, seinem späteren Feldprediger, war es dabei gelungen, Forbesius mit einem stringenten Beweis zum Schweigen zu bringen: »Geht das Verbrechen der Strafe voraus, sowie die Sünde der Verstocktheit, dann folgt unbestreitbar daraus, daß die Sünde des Menschen und nicht Gott die Verstocktheit verursacht.«[32]

Von dieser Position aus war es nur ein logischer Schritt zu der Erkenntnis, daß »alle Landesplagen und Strafen ihren rechten Ursprung in der Sünde haben, welche zu allem Unglück eine Mutter ist«. Nur inbrünstige Buß- und Bettage über das ganze Reich hin konnten wieder mit Gott versöhnen und »uns gegen unsere Feinde helfen«[33]. Die Mangelhaftigkeit des Menschen wird zum Maßstab einer ethischen Einschätzung des Kriegens, das bei allen ritterlichen Emphasen aus dem Bruch der Gebote Gottes herrührt, an dessen Beseitigung der König als dessen Stellvertreter auf Erden nicht nur zu denken, sondern auch mit allem Ernst zu arbeiten hat bis hin zum Einsatz des eigenen Lebens. »Daß die Sündenstrafe den Krieg noch immer fortsetzt, geschieht nicht um meiner, sondern um unser aller Sünden willen. Denn Gott hat im Sinn, unsere beiden Nationen (Schweden und Russen) zu strafen. Aus diesem Grunde verstockt er das Herz des Feindes, auf daß er durch ihn seine Macht beweisen kann.« Beispiele des Pharao und andere Stellen in der Heiligen Schrift legen ihm dafür zusätzlich ein historisches Zeugnis und Vorbild ab, daß er sich hier richtig verhält. Wäre es nach ihm selbst gegangen, dann hätte er diese Last des Krieges schon längst abgestellt[34].

In Übereinstimmung mit Rudbeckius wendet er sich dabei gegen die Vorstellung, daß der »Krieg vom Gang des Himmels kommt«, demnach von der Konstellation der Gestirne. Vielmehr ist es Gott selber, der diese Plage wegen der begangenen Sünden schickt. Sie entspringt nicht dem »Zufall«, einer »Comödie oder Tragödie«, sondern einzig und allein der Schlechtigkeit des Menschen, seiner sündhaften Lust am Töten und Blutvergießen, am Rauben und gewaltsamen Besitzerwerben. Ehrgeiz und die Sucht nach »einem großen Namen« lassen unter diesen Umständen jeden Krieg als »ungerecht« erscheinen. Tut ein jeder Buße, dann verschwindet die Hauptursache des Krieges fast von selbst. Buße aber muß vom Herzen kommen. Lippenbekenntnisse taugen dazu nicht. Gewiß, »die sündige Natur können wir nicht ganz und gar ablegen«, aber jeder sollte sich darum befleißigen, nach den Geboten Gottes zu leben und besonders »Saufen, Hurerei, Mord, Wucher und Gier« aufzugeben[35].

All das und noch einiges mehr rief Rudbeckius im Lager zu Pskov am 1. September 1615 unter den Augen des jungen Königs und in dessen Erziehungsstreben den versammelten Soldaten zu, die sich seit Monaten vergeblich bemüht hatten, entscheidende Kriegs- und Belagerungserfolge zu erringen[36]. Ein merkwürdiges, aber für die Zeit typisches Verhalten, mitten im Krieg und im Angesicht des Feindes eine Friedenspredigt zu halten, Soldaten ins christliche Gewissen zu reden. Diese Rhetorik ist darauf abgestellt, im Anrufen der Allmacht Gottes und seiner Gnade jedem die Vergänglichkeit des Lebens vor Augen zu führen, ihn im Vorfeld des Todes an die Ungnade des Himmels zu erinnern, die aus der sündhaften Lust des Leibes wächst[37].

Der streitbare und in vieler Hinsicht verdienstvolle Kirchenmann wird beim Nachdenken über diese Predigt nicht wenig erstaunt gewesen sein, als er fast auf den Tag genau neun Monate später erfahren mußte, daß eine junge Frau namens *Margareta Cabeliau* seinem König einen Sohn zur Welt brachte – *Gustav Gustavsson,* den späteren Grafen von Vasaborg![38]

Während er von der Sünde der Hurerei gepredigt hatte, war Gustav Adolf dabei, nach dem Eros-Erlebnis mit Ebba Brahe nun jene Sehnsucht des Leibes zu stillen, die er einmal in einem auf Teutsch verfaßten Gedicht zu Worte kommen ließ: »Mein Sorg und Klag/ Mein Schmerz und Plag/ Könnt ihr (o Götter) wohl sehen/ Macht daß ich mach (mag) leben den Tach (Tag)/ Daß Cupido mich ziehen/ In ihr kaltes und hartes Herz . . .«[39]

Der Prediger verwirft die Sünde, und hinter seinem Rücken findet sein König Gründe, Tod und Liebe in Fleischeslust aufgehen zu lassen; Thanatos und Eros in der Cupido einfach zu vergessen; die angestauten Spannungen in einem vorehelichen Beischlaf zu verdrängen. Hingabe an den Augenblick, das Ergreifen der günstigen Gelegenheit, die Tochter des niederländischen Kaufmanns und Kriegswerbers *Abraham Cabeliau*[40] im Feldlager vor Pskov zu verführen, was bei den eigenen Soldaten als todeswürdiges Verhalten galt und trotzdem begangen wurde, was ist es denn? Der Ausbruch eines Mannes von 21 Jahren aus der Unerbittlichkeit von Gesetzen, die sich seiner Natur widersetzen und ihn in den Augen der Kirche Gottes in Schweden mit schwerer Sünde belegen.

In einer Nebenstunde hatte er also die Hauptsache als Mann

genossen, und mochte er sein Verhalten bereuen, nachdem ihm Rudbeckius »von Amts wegen« diesen Schandfleck auf seinem sonst so königlichen Habitus vorgehalten haben soll[41], einen Vorteil hatte dieser Cupido-Coup: Er konnte dadurch den Senatoren und Ständen des Reiches den Nachweis erbringen, daß er zeugungsfähig war und damit die Aussicht bestand, bald die Forderungen seines Erbrechtes erfüllen zu können.

Und das zählte hier mehr als der Bruch des sechsten Gebotes[42], zumal ihn der Status als König und oberster Richter davor bewahrte, wegen einer solchen Schäferstunde bestraft zu werden. Außerdem sorgte man sich in den Kreisen des Weltlichen Regimentes weniger um diese ›Schande‹ als darum, daß er nun endlich seine Krönung anstelle und sie »ohne Spott« mit der zugehörigen Prachtentfaltung ablaufen lasse[43]. Denn solange er sich in seiner Titulatur »erkorener König« schreiben mußte, verstärkte Sigismund III. seine Anstrengungen, Unruhe ins Reich Schweden zu tragen. Das war schon zu Zeiten seines Vaters so gewesen[44] und belastete auch jetzt die hohe Politik.

Er sah nach diesen Abenteuern auch zu, sich in dieser Hinsicht anzustrengen und sich endgültig mit der Krone zu ›vermählen‹.

# Krönungen

Der Eros, auf dessen Erfüllung auch er als Mensch ein Recht gehabt hätte, war ihm nicht hold, und die Erosion durch die tägliche Fron zehrte bereits an seinem Leben, als er sich nach den Kriegszügen in den Ländern der Russischen Herrschaft darauf einzustellen begann, mit allem Ernst die »große Ehe« vorzubereiten – den Vertrag von König und Krone im Akt der Krönung.

Auf dem Reichstag zu Örebro, den Gustav Adolf erst nach fast drei Wochen Verspätung am 24. Januar 1617 eröffnen konnte[1], machte er die Stände mit dem Gedanken vertraut, daß er sich nach altem Brauch endlich krönen lassen wolle, um damit auch als vollgültiger König angesehen zu werden.

Dabei brauchte er sich nicht jene Sorgen zu machen, die der Klerus zur Hebung der Kirchenzucht anstellte. Es mißfiel nämlich den frommen Herren und selbst dem Reichsrat gerade auf diesem Herrentag, daß sich im Schatten des Krieges mit dem Russen und Polen Unsitten eingeschlichen hatten. Das Unreine nahm sich immer öfter das Recht auf gelebten Eros heraus, ehe das Ritual des Ehe-Vertrages vollzogen war. Und das konnte man nicht dulden. Deshalb durfte auch eine Braut, die in ihrer Ehre als Jungfrau von ihrem künftigen Mann »gekränkt« worden war, indem er mit ihr vor der Trauung den Beischlaf (sängelag) geübt hatte, »keine Krone tragen«, wenn man ihre Sünde entdeckte. Es wurde ihr deshalb nur »ein Kranz, bedecktes Haupt, versteckte Haare und etwas Silber auf der Brust« zugestanden[2].

Strafe für den Bruch des Mythos mußte sein, wenn seine Moral einen Sinn haben sollte. Die Trägerin der Lebenskrone hatte unbefleckt in den Ehestand zu treten. Das erwartete man zwar auch von einem König in der Weise, daß er der »reinen Lehre« folgte und in seinem Lebenswandel untadelig als Vorbild wirkte, aber wenn nun einmal ein Seitensprung des Souveräns nicht ohne Folgen geblieben war, dann gab es keine Möglichkeit, ihn dadurch zu bestrafen, daß man ihm seitens der Kirche etwas von den äußeren Symbolen seines Königtums nahm, die für sich selbst ja als Prinzip des Gerechten galten. Mit der vom Dekalog her verbotenen Verbindung zur Margareta Cabeliau hatte sich Gustav Adolf als ein sündiger Mensch erwiesen, aber damit hatte er dennoch nicht als König die Krone Schwedens in Unehren gebracht, der er nun schon seit mehr als fünf Jahren zu Diensten stand: Er konnte daher darauf hoffen, mit ihr so vermählt zu werden, wie es sich für richtige Könige gehörte.

Doch ehe ihm dieses Fest erlaubt wurde, das zum Höhepunkt seines politischen Lebens werden sollte und in dessen Verlauf er immer wieder neu auf den Kern des wahren Königtums zu sprechen kam, um sich auch gegenüber Sigismund III. zu rechtfertigen, mußte all das durchgestanden werden, was Pieter Brueghel an Imaginationen zum Thema Patientia ersonnen hatte. Denn vor den Glanz haben die Götter die Geduld gesetzt. An ihren Mühlsteinen kam auch er nicht vorbei, und es hatte mehr als einmal den Anschein, als könnte er zwischen ihnen zerrieben werden.

Da waren zunächst die Verhältnisse der Krone Schweden nach außen. Noch im Juli 1616 sieht sich Gustav Adolf veranlaßt, mit dem Reichsrat in ernste Diskussionen darüber einzutreten, was denn nun mit dem Moskauer Zartum nach all den Verhandlungen zu unternehmen sei, die in eine Sackgasse geraten waren. »Der Russe will nicht ohne großen Zwang und Not auf die vorgeschlagenen Friedenskonditionen eingehen«, erläuterte er den Senatoren[3]. Und das konnte im Klartext nur heißen, daß man hier mit einem neuen Kriegsunternehmen nachhelfen müsse.

Das aber war beim gegenwärtigen Zustand des Reiches kaum zu verantworten. Die Reichsräte sagten das auch ohne jeden Vorbehalt. Solange der Russische Krieg währte, war nicht daran zu denken, gegen Vasa-Polen ein Heer einzusetzen, also an zwei Fronten gleichzeitig mit erforderlicher Kraft vorzugehen. Und sollte das Streiten mit dem Zartum beendet werden, dann »fordert des Reiches Zustand eine gewisse Zeit der Ruhe und Erholung«, in der »viele durch den Krieg in allen Ständen eingerissene Unordnungen abgeschafft werden« müssen, damit sich durch die innere Kräftigung die Sicherheit erhöhen könne[4].

Da schwang Hoffnung mit, daß es dem Juristen *Brederode* aus den Niederlanden und dem Kaufmann *Merick* aus England doch noch als Mediatoren (Vermittler) gelingen möge, zwischen dem Moskauer Zartum und der Krone Schweden einen Frieden auszuhandeln. Die Bereitschaft von seiten des Zaren *Michail,* seit 1613 »aller Reussen Selbsterhalter«, allmählich zu einer »guten Ruhe der Christenheit« zu gelangen, war zwar da, aber die Forderung Schwedens hatte ihre Haken. Da ging es in erster Linie um die Sicherung des Besitzstandes, um »Ihrer Zarschen Hoheit Erbgüter«, die vom Kriegsvolk der Schweden »zu der Zeit durch Eidesbrechung« eingenommen worden sind, als »das Land ohne Herr war«. Und dann diese enorme Satisfaktion, die der Zar »dem König in Schweden, Gustavus Adolphus, und der Krone Schweden zahlen soll: Zwanzig hunderttausend Rubel oder vierzig hunderttausend Reichstaler. Auf vier Termine und ein Jahr zwischen jedem Termin, ehe die (eroberten) Städte wieder zurückgegeben werden«[5].

Was für ein schlaues Geschäft! Man muß Dänemark eine neue Rate für das Älvsborg-Pfand entrichten und verhandelt darüber wieder auf diesem Reichstag mit den Ständen[6]. Aber als eine Art Kompensation dafür spannt man das Zartum ein. Doch dort wurden diese Forderungen und andere Vorschläge als »unbillig« empfunden und der ganze Krieg von Schweden her als »ungerechtfertigt« angeprangert. Da war von schrecklichen Verwüstungen die Rede, von Kirchenschändungen aller Art[7] und auch von Vertragsbrüchen samt Grausamkeiten an den Zivilbevölkerungen. Kurz: »Die Ungerechtigkeit und der Anfang dieses Krieges und Blutvergießens ist von seiten des Königs in Schweden entstanden.«[8]

Damit konnte man sich moralisch behelfen und im Schutz dieser Position die schwedische Satisfaktion, den Schadensersatz für die militärische Hilfe an Moskau in seinem Kampf gegen die Invasion Vasa-Polens, herunterschrauben. Merick hoffte in einem Brief an Brederode auf die Einsicht Gustav Adolfs, hier nicht mehr zu verlangen, als zu erhalten möglich war und in Zukunft von Nutzen sein konnte. Ihr Hauptziel als Mediatoren bestand in der zermürbenden Vergleichsarbeit darin, »diese beiden mächtigen Potentaten in Liebe und Einigkeit zu starker Zusammenbindung« zu bewegen. Natürlich auch, um damit Englands und der Niederlande Handelsinteressen im Umkreis der Ostsee auf die Dauer zu sichern[9].

Gustav Adolf hat dann auch bald eingesehen, daß sich sein von Bürgerkrieg und Invasionsheeren leidgeprüfter Nachbar in einem »fast ganz ruinierten Zustand« befand, dem Rechnung getragen werden mußte, wenn ein »beständiger Friede getroffen werden sollte«. Er hat dabei trotz aller Schwierigkeiten mit dem »Übermut und der Halsstarrigkeit« der Moskowiter ein »festes Vertrauen zu Gott«, daß man doch noch übers Jahr zu einer Einigung kommen kann, wenn nur nicht etwas zugelassen wird, was »zu der königlichen Krone und Reputation Verkleinerung« gereichen kann[10].

Der König macht in seinen Rechtfertigungen darauf aufmerksam, daß er »notgedrungen in diesen Krieg geraten« sei, und das war so falsch nicht, hatte er ihn doch von seinem Vater übernehmen müssen. Außerdem will er »auf den Friedensfall alle Prätention und alle Gerechtigkeit an das Russische Reich ... renuncieren und Groß-Novgorod mit allen eingenommenen und besessenen Festungen restituieren«. Die Entschädigungssumme in barem Geld will er außerdem auf ein billigeres Maß senken. Man bedenke doch hier, daß »wir in der Naugardischen Herrschaft ein solches Jus (Recht) erlangt und durch die vornehmsten Reussischen Räte zum Großfürsten berufen«

worden sind, was »große Unkosten« und »unwiederbringlichen Schaden« verursacht hat, d. h. »sie wollen uns mit 100 000 Rubel abfinden«[11].

Mit diesen und anderen Forderungen vornehmlich der territorialen Entschädigung um den Finnischen Meerbusen bis hin zum Ladoga- und Peipussee hatten sich die Verhandlungsdelegationen bis in den Winter hinein herumzuschlagen, während in Schwedens Regierungskreisen gleichzeitig überlegt wurde, wie man sich gegenüber Vasa-Polen zu verhalten habe. Von dort kam im Augenblick die größte Gefahr, und es bedurfte allen Raffinements in der Titelfrage, um mit diesem Erbfeind auf der Basis eines Waffenstillstandes wenigstens zu einer Atempause zu gelangen. Da man sich keine Hoffnungen machen konnte, daß Sigismund III. bald den vollen Königstitel von Gustav Adolf akzeptieren würde, verfiel man im Reichsrat auf die Idee, Sigismunds Titel »mit Protest« anzunehmen, »so daß zwar ein Konsens über die Personen besteht, nicht aber über die Titel«[12].

Das war eine klare Trennung von Person und Sache, von König und Krone, mit der man juristisch ein kompliziertes Verhältnis von Besitzansprüchen zu regulieren gedachte. In diese Überlegungen ging auch die Furcht ein, daß sich »der Russe, wo er mit uns nicht in einen Frieden tritt, leicht mit Polen einlassen werde – zu IKM:t und des Reiches größter Gefahr«. Es mußte demnach auch gegenüber Vasa-Polen einiges geschehen, um aus dem Dauerkrieg herauszukommen und das ganze Reich mit dem »armen ausgebluteten Livland« im Inneren zu stärken. Denn es sei »sicher und gewiß, daß die Regimente nicht nur in der Kriegsmacht bestehen, die man dann und wann auf die Beine bringen kann, sondern oft genug in der Meinung, die ein Nachbar und besonders ein Feind darüber haben kann«[13].

Es ist von der Fama die Rede, vom guten Ruf, und diese schloß ein, daß ein Gemeinwesen auch nach innen genügend Kraft besaß, um sich in Zeiten der Not aus der schier unerschöpflichen Quelle des Vertrauens, der »fides publica«, zwischen Regierenden und Regierten zu stärken. Damit aber war es im Königreich Schweden zu Beginn des epochemachenden Jahres 1617 nicht zum Besten bestellt.

Auf seinem Weg nach Örebro, wo er mit dem Reichsrat und den vier Ständen des Reichstages lebenswichtige Beratungen über des Reiches Not anstellen wollte, um auch »des gemeinen Mannes natürlicher Eitelkeit« begegnen zu können, die sich allerlei Gerüchten über sein Königtum hingegeben hatte[14], erreichte ihn eine unbequeme Nachricht. Herzog Johan von Östergötland ließ sich entschuldigen. Ein »unvermutetes Fieber« hielt ihn von der Reise ab. Gustav Adolf hat diese Auskunft »ungern vernommen«, konnte jedoch nichts dagegen ausrichten. Er versprach aber dem Schwager, daß er ihn »in eigener Person« besuchen werde, sobald »die Stände in Deliberation (Beratung) gesetzt sind«[15].

Worin das Fieber in Wirklichkeit bestand, erfuhr der junge und ungekrönte König recht bald. Herzog Johan hatte sich darüber aufgeregt, daß ihm in der neuen Sessions-Ordnung auf dem Reichstag eine Degradierung seines Status zugemutet worden war. Seine beiden Abgesandten – Gabriel Oxenstierna und Lindorm Ribbing – sollten dagegen »höchlich protestieren«. Denn ihm war stets der »vornehmste Platz« im Reichstag zugestanden worden, bis Gustav Adolf »zum König gewählt worden war«. Und das bedeutete, daß er auch »vor unserem lieben Bruder und Schwager Herzog Carl Filip« sitzen durfte. Jede Degradierung dieser Art verstößt gegen seine besonderen Qualitäten als »Königssohn und Reichs-Erbfürst«, und überhaupt empfände er es als schädlich, daß »zwischen uns und den gemeinen Ständen ein geringer Unterschied gemacht wird«. Seiner Meinung nach sei es daher am besten, wenn man bei »der Ordnung bleibe, die vorher üblich war«[16].

Gerade das aber wollte die Regierung aus vielen vernünftigen Gründen nicht. Axel Oxenstierna redete denn auch im Reichssaal den anwesenden Ständen im Angesicht des Königs auf seine unnachahmliche Weise ins Gewissen. Die Unordnung, die bei den Zusammenkünften der Stände in Schweden herrsche, gehe dem König sehr zu Herzen. Vielleicht haben da einige nicht recht verstanden, worum es bei den Herrentagen geht. Darum nämlich, »daß IKM:t den Ständen die Vorlage macht, welche Fehler, Mängel und Gefahren dem Reich anhängen und mit ihnen darüber Beratungen anstellt und sie wiederum mit IKM:t, auf welche Weise solche Mängel, Fehler und Gefahren am besten abgestellt werden sollen. Diese Aufgabe nun soll (bör) einzig und allein von IKM:t und den Ständen bewältigt werden.«

Es ist also die Macht des Mangels, die das Recht des Reiches mitkonstituiert, indem der König dergestalt an die Krone gebunden wird, daß die Stände ihm aus dem Bewußtsein aller vorhandenen Verträge sagen: Sieh her, Du darfst uns nutzen, weil wir Dich brauchen! Unter diesen Bedingungen haben sich aber die Stände in ihrem hohen Vertragswert auch entsprechend zu benehmen und nicht mit ungebührlichem Auftreten sich selbst und vor allem ihren König zu beleidigen. Das ist es doch, dieses Umherlaufen und unübersichtliche Durchmischen der Stände, zu denen sich Spione und allerlei unerwünschtes Gesindel gesellen können – »uns zu Schaden«.

Wie soll denn ein gedeihliches Arbeiten möglich sein, wenn die Regierung in ihren schwierigen Aufträgen nicht recht erkennen kann, mit was für Leuten sie es auf Reichstagen zu tun hat? »Da steht hier ein Edelmann herum, dort ein Kirchenmann; hier ein Bürger (der Städte) und dort ein Bauer.« Was also dringend abgeschafft werden muß, ist die bisherige Unordnung, die in jeder Beziehung »schädlich« ist und »uns in fremden Ländern und Königreichen zu Hohn und Spott gerät – die lachen darüber«. Bei jedem Häradsgericht herrscht bessere Ordnung als auf einem Reichstag[17], der ja in seinem Wesen so etwas wie ein Gericht ist, ein Parlament, auf dem sich zwei Vertragspartner rechtlich begegnen und damit, vom Reichsrat überwacht, das Gemeinwesen wieder in seine innere Balance bringen – ob das nun beim Haushalt ist oder in allen anderen Bereichen, die Krone und König angehen, von dem gesagt werden muß, daß er »von Gott am meisten aufgeklärt (uplyst) worden und mit Autorität, Weisheit und Verstand versehen ist«.

Er allein »ist das höchste Haupt in Schweden und fühlt sich keinem hier im Reiche gleich und wenigen außerhalb, erkennt also keinen über sich an außer den allregierenden höchsten Gott. Dagegen sind IKM:ts Untertanen wie Glieder. Sie müssen regiert und nach dem Haupte gerichtet werden und danach ein Glied nach dem anderen, damit sie sich nicht gegenseitig im Wege stehen.«[18]

Der Adel darf hier vernehmen, daß bei ihm »große Fehler« das Benehmen stören. Er lasse es an Aufmerksamkeit und Ernst fehlen. Da werde ein Herrentag eher als Anlaß für Gelage benutzt denn als Demonstration politischer Disziplin.

Und auch die Bauern bekommen ihre Lektion für ihr ungebührliches Auftreten, das sogar dazu geführt hat, daß sie sich von zwei Schreibern hereinlegen ließen, die dann mit wichtigem Material zu Sigismund nach Polen gegangen sind[19]. Wem nützt also diese Art, das vornehmste Recht der Stände beim Verhandeln mit dem König so zu mißbrauchen und gering zu achten? Doch nur dem Erbfeind in Polen und allen Kräften, die sich gerne der Treue zum eigenen König entledigen wollen.

Darauf pochte Gustav Adolf, der sich nach dem Kanzler vernehmen ließ und der Hoffnung Ausdruck gab, daß sich bald mit dem Russen und auch dem Polen etwas Friedliches tun werde[20]. Treue, das war nichts anderes als die Forderung nach Einhaltung von fundamentalen Verträgen und darin die Anerkennung des Königs als höchsten Richter. Wird dieser Bezug nicht hergestellt, dann hat man ein Wesensmerkmal der politischen Biographie Gustav Adolfs ebenso mißverstanden wie die tragende Kraft des Reichstages. Denn wenn dem König gemäß der neuen *Reichstagsordnung,* die im Rangbereich einige Ähnlichkeit mit der Bank-Ordnung auf den Reichstagen des teutschen Nachbarn hat[21], nach dem gegenseitigen Beratungsvorgang im Zweifels- und Streitfall das alleinige Recht zusteht, sich für den Lösungsvorschlag zu entscheiden, welcher »am besten begründet ist«, dann erweist er sich als Richter[22].

Diese Verbindung ist der Parlaments- und Verfassungsforschung bislang kaum aufgegangen, weil sie sich vom Rechtswesen abgekoppelt hat und von der »Deutschen Staatslehre«

irreführen ließ, die ihrerseits zur Substanz des alteuropäischen Stände-Parlamentarismus nie einen Zugang gefunden hat[23]. Die Bedeutung der Funktion des Königs als Richter und des Reichstags als Gericht wurde hier in Örebro nicht nur bei der Diskussion und Anwendung der Reichstagsordnung jedem Interessierten mit allem Nachdruck vor Augen geführt, sondern auch bei der leidigen Frage nach der Zuständigkeit der Jurisdiktion des Königs und der Appellation.

Darum ging der Streit zwischen Gustav Adolf und den Herzögen. Dabei sah es zeitweise so gefährlich aus, daß ein Bruch befürchtet werden konnte. Johan und die Königinwitwe Christina, die über Carl Filip »Tutel und Cura« (Vormundschaft) besaß[24], feuerten regelrechte Breitseiten auf den König ab und donnerten mit feurigen Protesten dagegen, daß sich Gustav Adolf vor allem für »Majestätsverbrechen« (crimina laesae Majestatis) auch in den Fürstentümern »das höchste Urteil« vorbehalten lassen und damit dem vorhandenen Fürsten-Stand klarmachen wollte, daß auch dieser der Krone untertan war, und zwar als Lehnsleute, deren Jurisdiktionsrechte aus den »Donations- oder Lehnsbriefen« auch in ihrer zusammengefaßten Autonomie nicht den König ersetzen durften, sondern höchstens ergänzen konnten[25].

Gustav Adolf hatte allen Anlaß, in dieser fundamentalen Frage Härte zu zeigen und mit Hilfe des Landslag vor allem das Unerbittliche von Schwedens Gesetz zu erzwingen. Zwischen König, Reichsrat und Reichstag durfte sich nicht eine vierte Kraft schieben, die ihre autonomen Rechte so handhabte, daß die drei Staatsorgane in den Herzogtümern paralysiert wurden und das ganze Reich in Unbestand brachten. Die Verbindungen Herzog Johans zu Sigismund III. waren freilich nicht so beschaffen, daß sie tatsächlich eine Bedrohung bedeuteten, aber die Vorgänge um einige seiner Ratgeber erhöhten zu dieser Zeit keineswegs das Vertrauen[26]. Und genau darauf kam es dem König an, wenn er Schweden aus seinen äußeren Kriegen und inneren Krisen herausbringen wollte.

»Wir sind keine Götter«, erklärte er seiner widerborstigen Mutter, die ihm nach der Ebba-Affäre eine neue Demütigung als König zumuten wollte, »die allen und jedem ins Herz schauen können.« Es ist deshalb von höchstem Wert, daß alle Fälle, die mit Verrat zu tun haben und »gegen IKM:t und das Reich gerichtet sind«, dem König selbst »vorbehalten bleiben« müssen. Hinter dieser harten Haltung stand die Angst, daß sich gegen den Willen des Königs in einem Fürstentum eine »schelmische Partei« einnisten könnte[27], und dies nur, weil einer der Fürsten sein Sonderinteresse über das des Reiches stellte, das der König schließlich auch nach innen zu verteidigen hatte.

Königsrecht bricht Fürstenmacht. Das war der eindeutige Standpunkt. Und die Ermahnung an die Herzöge fehlte nicht, die nach den Donationsbriefen verpflichtet waren, den »brüderlichen Treuebund« zu stärken und nicht zu schwächen: »Es würde ganz und gar unmöglich sein, daß das Regiment in dieser Ordnung weiterbestehen könnte, wo nur Verdächtigungen und Suspiciones herrschen ... Das ist schädlich, ja es ist in Wahrheit schädlich«[28].

Vertrauen ist die Grundlage aller Verträge. Wird dieses untergraben – und was kann es schneller schädigen als der Glaube an eine Übervorteilung in Besitzfragen?[29] –, dann steht ein derartiges Gemeinwesen an der Grenze zum Bürgerkrieg. Das war dem König bewußt und seinem Kanzler. In einer gut abgestimmten Operation mit den anderen Kollegien, dem Reichsrat und den Ständen, gelang es ihnen, den Widerstand zu brechen. Sie erzwangen sogar vom Kanzler der Königinwitwe, dem eifrigen Verfechter der Fürsteninteressen, deren Handhabe er wohl bei den Landgrafen von Hessen gelernt hatte, eine öffentliche Abbitte. Und *Nils Chesnecopherus* leistete sie in schriftlicher Form![30]

Auf diesem Reichstag ging es hochdramatisch zu, bestand doch im Konflikt zwischen König und Herzögen die Gefahr zu »des Reiches Verderb und Untergang«[31]. Sie wurde abgewendet, und bei allen Belastungen fand man noch die Kraft, mit dem *Örebro-Statut* gegenüber jedem Vertreter des Papismus und der Polen-Partei die größtmögliche Einigkeit im Verhalten nach innen zu erzielen, die Wachsamkeit zu erhöhen und das Bewußtsein dafür zu schärfen, daß es sich in diesen Zeiten um ernste Herausforderungen handelte, die nur gemeinsam bewältigt werden konnten[32].

In diesem Ringen um das salvo jure regis et regni[33] vergaß man aber nicht, die Stände auf die erforderliche »Krönungshilfe« einzustimmen[34], Absprachen für Älvsborg-Lösen zu treffen[35] und sich auch um eine neue *Handelsordnung* zu kümmern. Mit guten Gründen hatten sich vor allem die Städte-Bürger und hier vornehmlich das aufstrebende Stockholm beim König verwendet. Sie hofften darauf, daß er »ihnen wieder den freien Handel gönnen wolle« und in dessen Rahmen auch die »üblichen Freimärkte, wie es das Stadt-Recht ausweist«[36]. Selbst die Vertreter des Bauernstandes unterstützten diese Forderung, um die Versorgungslage in den entlegeneren Landschaften des Reiches zu verbessern und den »Tausch Fisch für Getreide« zu befördern[37].

Das bestehende Geflecht von Verordnungen, das den Markt behinderte, den freien Austausch von Waren und anderen Dienstleistungen, sollte einer Ordnung weichen, die der individuellen Initiative größeren Raum gab und damit auch die Lage im Reich allmählich verbessern half. Es scheint, als habe trotz des Hausstreites der Vasa dieser Reichstag einen Durchbruch geschafft hin zu einer Erziehung des Stände-Volkes, dem ein großes Angebot unterbreitet worden war; aber auch hin zu einer Öffnung in den ökonomischen Dingen.

Nicht umsonst wurden vor allem die Adligen aufgefordert, sich als Kolonisten in den eroberten russischen Gebieten niederzulassen[38], nicht umsonst bemühte man sich, die Gewerbebetriebe vor allem in Mittelschweden anzukurbeln. Die Namen *de Besche* und *de Geer,* die bald nach diesem Reichstag und jenem im Spätsommer 1617 mit Privilegien gelockt wurden, um die verarbeitende Industrie zu erweitern, stehen für eine schwierige, aber stetige Entwicklung in diesem Bereich[39]. Natürlich auch, um mit dem neuen Eisenguß die Produktion von Kanonen zu betreiben und sonstige Ausrüstungen zu fertigen, die Schweden meist in Lübeck oder in Riga bei privaten Waffenhändlern für teures Geld oder wertvolles Kupfer erstehen mußte[40].

Es bahnte sich etwas an. Gustav Adolf hatte allen Anlaß, zum Abschluß dieses Reichstages »Gott im Himmel« zu danken. In einer Rede fand er am Ende der aufreibenden Sessionen denn auch versöhnende Worte, erwies er sich bei all seiner Jugend und trotz unverheirateten Standes als fürsorglicher Regent, der seine Hand ausstreckte. Nicht nur um zu nehmen, sondern auch um zu geben. Er möchte im Namen des Allmächtigen allen im Reich, ob Fürsten oder Ständen, »ein lieber Bruder (und) gerechter König (sein), der allen und jedem nach dem Gesetz, Testamenten, Donationen und wohlerhaltenen Privilegien und Gerechtigkeiten bei Gesetz und Gericht halten wird«[41].

Mit ihnen zusammen (jempte med them) will er außerdem »unseren christlichen Glauben, des Vaterlandes Freiheit und all ihre Wohlfahrt verteidigen und dafür das Leben wagen«. Gott möge sie alle »vor dem Teufel und bösartigen Menschen bewahren« und behilflich sein, sich weiterhin in »brüderlicher Liebe« zu bewähren[42].

War es Zufall, daß am selben Tag, dem 27. Februar 1617, in dem Weiler Stolbova, viele Meilen von Örebro entfernt, der *ewige Friede* zwischen dem Moskauer Zartum und der Krone Schweden unterzeichnet wurde?[43] Eine Krönung war es in jedem Fall, ein fast glückliches Zeichen in der Geschichte dieses Königs, der erneut bewiesen hatte, welche Qualitäten in ihm steckten und wie er es verstand, hervorragende Ratgeber in ihrem Eigenwert zu erkennen und für die Politik dort einzusetzen, wo ein allgemeiner Nutzen erwartet werden konnte.

Hatte das gute Ende des Reichstages zu Örebro die Hoffnung aufkommen lassen, endlich in mehr Ruhe leben zu können, so zehrten die anstehenden Herausforderungen hinsichtlich Vasa-Polens bald wieder an allen Nerven und Kräften. Da gab es einen gewissen *Altheim*, der mit dem Segen des Papstes Truppen für eine Art Kreuzzug gegen Schweden warb[44], und in Dünkirchen sollte eine spanische Flotte ausgerüstet werden, um in kühnem Bogen durch die Nordsee Schweden von Westen her anzugreifen[45], während Sigismund auf Livland zu und von Danzig her kriegerische Anschläge vorbereitete[46]. Es mußte im schlimmsten Fall mit einem Drei-Fronten-Krieg gerechnet werden, und das gerade jetzt, wo alle Geldmittel aufs äußerste angestrengt waren[47].

Was also tun? Bewegungen im Außenring kamen zu Hilfe. Denn von Süden her hatten die Türken unter dem Befehl von Iskander Pascha gegen Polen einen Kriegszug begonnen, der zur Niederlage einer seiner Armeen geführt hatte[48], und im Osten war ja noch immer nicht die Auseinandersetzung mit den Moskowitern beendet. Diese Bindung polnischer Kräfte machte man sich zunutze, indem man den Abenteurer Farensbach gewinnen konnte. Mit seinen Aktionen arbeitete er einem Offensivdrang der schwedischen Macht vor, die unter Nils Stiernsköld von Ende Juli bis Anfang August im Laufe von zwei Wochen erst die Schanze an der Düna und dann auch Pernau einnehmen konnte. Als aber Farensbach zu den Polen übergelaufen war, ihnen Dünamünde übergab und *K. Radziwiłł* mit seinem Heer Kurland zurückerobert hatte, auf Livland drückte und gar nach Estland ausschwärmen ließ, zog man sich von schwedischer Seite in die Defensive zurück, indem man die Eroberungen sicherte und abwartete[49]. Riga konnte nicht genommen werden. Das hatte Zeit. Was sich jetzt aber nicht mehr aufhalten ließ, das war ein neuer Reichstag und die ersehnte Krönung.

Zur Kennzeichnung der beiden Ereignisse wollen wir uns mit zwei Reden begnügen, die Gustav Adolf zur Lage Schwedens und zum Selbstverständnis seines Königtums vor den versammelten Ständen gehalten hat. In ihnen entwickelt der König wesentliche Züge seines politischen Denkens, wobei er mit dem Griff in die Geschichte die Aufmerksamkeit auf die Ziele in der Zukunft lenkt, sich also im besten Sinne historisch verhält, so wie er es auch aus der Lektüre des Livius gelernt hat.

Abweichend von einigen interessanten Vorentwürfen fand er am 26. August 1617 in seiner Eröffnungsrede den klaren Einstieg ins Thema, als er nach seinem Dank an den allmächtigen Gott sofort auf den »großen und herrlichen Sieg« zu sprechen kam, der ihm und dem Reich verliehen worden ist. Die Freude darüber, »daß wir diesen unseren mächtigen Nachbarn zurückgetrieben haben«, bleibt aber nicht beim Wortgepränge, wie es in der Zeit bei solchen Anlässen üblich war, sondern mündet sogleich in eine Analyse der Lage, wird augenblicklich zu einem Lehrstück: Thukydides hätte es nicht besser machen können.

Er sieht in diesem ewigen Frieden »Gottes Wunder« am Werk, hat doch Schweden jetzt seine Grenzen so weit vorgeschoben, daß sie fast als natürliche Sperren gegen den Moskowiter gelten konnten. Die Gnade Gottes hat es vermocht, daß er nun »durch Seen, Sümpfe und Ströme von uns geschieden ist, über die er nicht so leicht herankommen kann, um uns Schaden zuzufügen«[50].

Auch alle die Ströme, die er nutzen konnte, um in Kriegs- wie Friedenszeiten seine Überfälle auszuführen, sind ihm nun versperrt, was in diesen Gebieten die Sicherheit erhöht hat, zumal ihm noch »aus einer gerechten Ursache heraus« zahlreiche Festungen und viele herrliche Länder abgenommen werden konnten. Und das von einem der mächtigsten Reiche der Erde, von einem Potentaten, der »über einen großen Teil Europas und Asiens zu herrschen vermag, über die vornehmsten Teile der Welt gar. Seine Macht ist nicht zu verachten. Denn diese seine Länder sind mit reichem Adel und vielen Bauern bevölkert. Volkreich sind die Städte. Man hat dafür oft einen Beweis dadurch bekommen, daß er bemerkenswert große Heere ins Feld geführt hat.« Man denke da nur an die Zeit des Boris Godunov und bedenke, wie schnell er seine Truppen vom Kaspischen Meer an die Ostsee verlagern konnte und welches Gewicht die Masse seiner eroberten und beherrschten Länder hat: »All diese vornehmlich große Macht, gute Lage und das erwünschte Glück hat seinen hohen Mut, seine Hoffart verursacht, so daß er sich keinem gleich schätzte«[51].

Die Vorstellung einer universal ausgerichteten Vormacht ist es, die Gustav Adolf seinen Zuhörern entwickelt. Die Gestalt des *Dritten Rom* taucht hinter seiner ausgefeilten Rhetorik auf[52], die darauf gerichtet ist, den Einsatz Schwedens zur Beschneidung dieser Hegemonie gebührend herauszuheben: »Ja. Es hat sich früher wohl kaum jemand träumen lassen, daß Schwedens Macht, schwedischer Männer Mut ihn durch Gottes gnädigen Beistand dazu hätte zwingen können, daß er mit uns einen solchen Frieden eingehen müßte, der nun Gott sei Dank geschlossen worden ist. Dieser Sieg, sage ich . . ., hat den Nutzen und Gewinn, daß wir hiernach den Russen vorgezogen werden, und das Glück, das wir gegen sie bekommen haben, fügt uns all deren früheren Ruhm zu, den sie sich von vielen besiegten Nationen auf sich gezogen haben. Und was das Ganze noch steigert, ist die Tatsache, daß sie uns zu diesem Triumph als ein ewiges Angedenken die Festungen Ivangorod, Jama, Coporie, Nöteborg (und) Kexholm mit ihren weiten Ländern und Lehen überlassen mußten . . .«[53]

Aber mit diesem Ruhmestitel, der Sicherung Finnlands[54] und der Beherrschung aller Einfallstore an den Flüssen[55] nicht genug. Es ist auch gelungen, den eigenen Kaufleuten »den russischen Handel, der viele Städte aufgebaut, in Blüte gebracht und mit Leuten bevölkert hat, alleine zu überlassen, wovon sie einen großen Gewinn haben können«[56]. Der König macht sich hier Hoffnungen auf erhöhte Einnahmen durch einen »gleichmäßigen und niedrigen Zoll«, wenn der Handel von Rußland durch diese Gebiete gehen muß, also durch die erwähnten Eroberungen[57]. Seine Rechnung sollte aber nicht aufgehen, denn bald nach dem Einspielen dieses Friedens und seiner Handelsabsprachen[58] kam man von englischer Seite auf eine Idee, die schon ein paar Jahre vorher in London und Moskau die Gemüter bewegt hatte: nämlich den Seeweg über Archangelsk, das heutige Murmansk, zu wählen. Ein in den Sommermonaten eisfreier Stützpunkt am Nordmeer, der im Winter mit der erforderlichen Handelsware versorgt werden konnte[59] und dessen Eroberung unter dem Obristen *Arnim* 1614 abgebrochen werden mußte – für Schweden auf lange Sicht zum Nachteil[60].

Diese Entwicklung konnte freilich Gustav Adolf in dieser Stunde nicht voraussehen oder auch nur ahnen. Sein Blick war auf andere Ziele gerichtet, auf die Sicherung der neuen Länder von innen her. Deshalb ruft er dem vornehmsten Stand im

Reiche zu: »Ihr vom Adel und Ihr anderen, die ihr freie Güter begehrt. Was drängelt Ihr Euch hier, reißt und verschleißt Euch wegen ein paar armseliger Güter. Zieht hin in diese Länder und rodet euch so große Güter, wie es euch selbst gelüstet und eines jeden Macht zuläßt. Ich werde euch mit Privilegien und Freiheit versorgen, helfen und alle Gunst beweisen. Ist das nicht ein großer Nutzen, den diese Länder dem Vaterland bringen?«[61]

Gewiß, in einem Entwurf zu einer anderen Rede, die sich nur mit Schwedens Sieg über den Russen befassen wollte, vermerkt er am Ende, welchen Preis der Erwerb dieser Länder trotz des Zugeständnisses vom »ewigen Eigentum«[62] in Zukunft noch haben konnte: »Sollte hier einer so wenig wissen und gar denken, daß er diesen Verlust von Provinzen dulden will und dabei stillsitzt und sich ausruht?«[63] Im Klartext: Wir müssen auch nach diesem Frieden darauf gefaßt sein, daß der Zar entgegen allen Absprachen den Versuch unternimmt, diese Festungen und Länder wiederzuerlangen. Gustav Adolf brauchte nicht erst im Werk des Rußland-Kenners Petrejus »Regni Moscovitici Sciographia« von 1615 nachzulesen, daß sein Nachbar einen ewigen Frieden nur so lange zu halten pflegt, wie der »Potentaten Lebenszeit reicht«, die einen Vertrag geschlossen haben[64]. Der Friede von Stolbova sah selbst eine Regelung vor, daß von demjenigen Land, dessen Herrscher zuerst stirbt, die Bekräftigung der getroffenen Regelungen beim anderen eingeholt werden soll[65]. Was aber, wenn er es nicht tat . . .?

Das Mittel der Erzwingbarkeit durch einen Dritten war nicht vorhanden. Denn die erwähnte Vermittlung Englands und der Niederlande lief nicht auf eine Dauer-Garantie in der Weise hinaus, daß beide Handelsmächte im Streitfall mit Waffengewalt den Vertrag in seiner Wortform aufrechterhalten sollten. Er war auf die gegenwärtige Schwächung Rußlands durch die *Smuta,* durch die *Zeit der Wirren*[66], gerichtet und für die neue Romanov-Dynastie wichtig, um sich mit Vasa-Polen auseinanderzusetzen, wo sich der Sigismund-Sohn Władysław als Zar über das ganze russische Land wähnte und seine Rechtsansprüche mit der Waffe durchzusetzen hoffte[67]. Ansprüche, die der Vasa in Schweden mit diesem Friedensschluß aufgegeben hatte, dessen Ratifikation nach russischem Brauch mit dem Kreuzküssen erfolgen mußte[68], einem religiös angelegten Verfahren, das Gott zum Zeugen nahm und als eingeschlossenen Dritten benannte. Und das bedeutete, daß auch dieser fundamentale Vertrag in erster Linie auf Vertrauen gerichtet sein mußte.

Es war für Gustav Adolf und seine Regierung sicher nicht leicht, dem »alten Erbfeind« in seiner durch die Geschichte häufig bezeugten »Falschheit« zu vertrauen, zumal in dieser Angelegenheit, die ihn von der Ostsee aussperrte, indem ihm jeglicher Zugang verwehrt wurde[69]. Die zähen und ermüdenden Grenzlegungen in den Folgejahren haben dann auch manch eine Befürchtung aufkommen lassen, der Friede könne vorzeitig gebrochen werden. Aber er wurde gehalten[70]. Das russische Reich war im Innern zu stark geschwächt, als daß an eine wirkliche Revision des Länderverlustes mit Hilfe eines Waffenganges in absehbarer Zeit zu denken war. Dafür war Schweden derzeit doch zu geschickt, eigene Kräfte mit geliehener Macht erfolgreich zu bündeln.

Diese Kunst aber setzte voraus, daß das Gemeinwesen nach innen leistungsfähig war und in solchen Ordnungen lebte, daß es im Krisen- oder Kriegsfall wenigstens zeitweise die Hauptlast der Herausforderung tragen konnte. Und da hatte Gustav Adolf trotz allen Lobes und Rühmens einige Zweifel.

In seiner Fähigkeit, die inneren Verhältnisse stets auf die äußeren Zustände im nächsten Umfeld Schwedens zu beziehen, zeigt er seinen Zuhörern im Reichssaal, daß »dieser Friede ... uns in unserem eigenen Regiment und Land nicht weniger von Nutzen ist. Denn wenn wir ihn erhalten können, gibt er (uns) die Gelegenheit, die großen Beschwernisse zu heilen, dic uns nun eine Zeitlang belastet haben ... Wir können unsere sehr heruntergekommene gute Ordnung und das Gesetz wieder aufrichten, das zuvor in unserem Vaterland geherrscht hat und durch diese langwierigen Kriege gleichsam vergessen ist. Unser geschriebenes Gesetz und die Statuten sind wohl in sich selbst gut, aber durch die anhaltende Unordnung ganz und gar aus dem Gebrauch gekommen. Gericht wird wohl bis zum Häradsting gehalten, aber Allmogen bekommt selten genug sein Recht . . . Habe ich mich nicht dagegen gewehrt? Aber sicher doch, Gott ist mein Zeuge, habe ich es getan, so weit es möglich war. Ist nicht durch Patente und gute Ordnungen das Gesetz gleichsam von den Toten auferstanden? Die Drucklegungen weisen es aus! Was hat da nur seinen Fortgang gehindert und mich davon abgehalten, daß ich meine gerechten Gedanken nicht ins Werk gesetzt habe? Es war allein der Unfriede, der dagegenstand und das Unrecht bestärkt hat«[71].

So redete er auf die Stände ein, die in guter Ordnung um ihn herum versammelt waren, und versprach ihnen, die kommende Friedenszeit mit aller Kraft zu nutzen. Sie hörten die Botschaft gern, und am Tag danach durften sie sich »in ihrem gerechten Begehren« bestätigt finden, »daß ich den Königsnamen, wozu mir Gott durch seine Vorsehung verholfen hat, mit der in aller Welt löblichen und gebräuchlichen Zeremonie schmücken und festigen will, die eine Krönung genannt wird«.

Doch ehe er sich in den Dom zu Uppsala begeben könne, um dort, vermittelt durch die Kirche, aus der Hand der hohen Ämter des Reiches Schweden die Krone neben den anderen Symbolen des Rechts zu empfangen, müsse er die »gerechte Gelegenheit« wahrnehmen und noch einmal darlegen, »welche Gründe und Ursachen mich vornehmlich bewegt haben, das Regiment an und auf mich zu nehmen«[72].

Es ist schon eine »unverschämte Unwahrheit«, welche alle seine Feinde verbreiten, wenn sie behaupten, »daß ich mich durch Zwang, Gewalt und andere ungesetzliche Mittel in den gegenwärtigen Stand gedrängt hätte«. Und was ist die Wahrheit in seinem Fall? Sie hat verschiedene Qualitäten und beginnt damit, daß »jeder redliche Mann sein Vaterland liebt und um dessen Wohlfahrt besorgt sein soll«. Es hat dem allmächtigen Gott gefallen, »durch die Natur eine solche Liebe zu diesem Vaterland einzupflanzen«, die sich bei allen Menschen findet, auch wenn es mitunter solche gibt, »die so unmenschlich sind, daß sie eine derartige natürliche Liebe in sich verlöschen lassen«. Begreift man unter dem Begriff des Vaterlandes in erster Linie die eigenen Eltern, dann hat man sich an die Bindungen dieser Liebe zu erinnern, die darin liegen, »daß Gott in seinem Gesetz das vierte Gebot gegeben hat, womit er uns zu einer solchen Tugend hoch verpflichtet«. Und welchen Lohn stellt er dem Menschen in Aussicht, der sich der Ehre seiner Eltern und seines Vaterlandes annimmt? »Ein langes Leben hier auf Erden, welches das liebste ist, was hier in dieser Welt existiert.«[73]

Wer das versteht, der kann ihm doch nicht vorwerfen, daß er sich in einer äußerst bedrängten Lage des Vaterlandes seiner Pflichten entzieht und abseits steht, während es von Tyrannen zugrunde gerichtet wird. Der eigene Großvater ist doch das beste Beispiel für die *Amor patriae*. Obgleich Gustav I. nur eine »Privatperson war, unternahm er es dennoch, sein Vaterland zu befreien und zu erlösen, (und zwar) von dem unmilden König Christian und aus der Hand der Dänischen, die hier im Reich unsere Vorväter auf greuliche Weise tyrannisiert haben. Und er achtete es nicht, daß der mächtige Kaiser Karl V., der dessen Schwager war, diesem (Tyrannen) beigestanden hat.« Doch damit nicht genug. Gustav I. hat Schweden gleichzeitig auch aus der »Seelen-Tyrannis der Papistischen Finsternis« befreit, und als Belohnung dafür ist ihm »vom höchsten Gott und Schwedens Ständen zur königlichen Würde verholfen worden«[74].

Bedenkt man diesen Bezug von Gott und Natur, von Vaterland und gutem Ruf, dann war es doch nur seine Pflicht, der er nachgekommen ist. »Alle anderen Menschen denken in der Hauptsache nur daran, was ihnen zum höchsten Nutzen gereichen kann, der Fürsten und Herren Lage und Status ist aber anderen Bedingungen unterworfen. Sic sollen (bör) ihre Angelegenheiten dahin richten, daß sie einen guten und ehrlichen Ruf behalten mögen.«

Es wäre demnach ein schwerer Fehler gewesen, sich damals dem Regiment versagt zu haben[75]. Zu diesen Bedingungen gehört auch, daß es »durch des allwissenden Gottes Vorsehung und Schickung« dazu gekommen ist, daß »ich lange, bevor ich geboren, als ein Erbherr zu diesem Reich ausersehen worden bin – durch die Erbvereinigung, die anno 1544 in Västerås eingerichtet worden ist«. Will man ihm zur Last legen, daß »König Erik XIV. . . . wegen seiner Rechtsbrüche vom Reich gesetzt worden ist« und »Sigismundus von dem christlichen reinen Glauben abgefallen ist und Zusagen samt Gelöbnisse gebrochen hat«? Und hat nicht auch Herzog Johan von Östergötland »sein Recht abgesagt« und die neue Erbvereinigung von 1604 anerkannt, die alle Rechte zur Krone Schweden auf Karl IX., seinen Vater, »transferiert« hat? Und haben nicht »meine Frau Mutter und der Reichsrat«, welche gemeinsam die Vormundschaft über mich ausüben sollten, ihr Recht aus dem Beschluß von 1604 aufgegeben und »alles so belebt, daß das Regiment durch mich allein und als König geführt werden soll«? Wer jetzt noch an der Legitimation seines Königtums zweifelt, der weiß nicht recht, was »Gottes Wille und Vorsehung ist. Er allein kennt alle Herzen und lenkt der Völker Streben – ganz nach seinem Willen«[76].

Sage doch keiner, er habe irgendeinen bei seinem Regierungsantritt genötigt (truget) oder sich ungesetzlich verhalten, sich gar die Würde eines »gesetzlichen Königs und Herrn« erschlichen, andern zum Unrecht: »Denn wer war Ich denn, als ich zum Regiment kam, daß ich irgendeinen hätte zwingen können? War ich nicht ein Jüngling von 17 Jahren, der überhaupt keine Autorität besaß, mit der er irgend jemand hätte Zwang auferlegen können . . . schon gar nicht den Ständen des Reiches gegen deren löblichen guten Willen?«[77]

An ihnen hängt es doch auch. König kann er nicht durch sich selber sein. Sie müssen ihre freiwillige Bewilligung dazu geben und aus gutem Willen dazu beitragen, daß »mein höchster Ehrentag« Gott und der Welt ein Wohlgefallen ist. Er wolle alles dafür tun, sie gerecht zu regieren, und bittet die »Göttliche Majestät darum, daß sie mir gehörigen Verstand des Göttlichen und Weltlichen Gesetzes *verlehnen* möge«.

Immer wieder bezieht er sich auf dieses Verlehnen von Gott, auf Natur und Völkerrecht und auf die Stände des Reiches[78], um sich Gewißheit darüber zu verschaffen, was die Substanz des Königtums ausmacht. Sie liegt in einem Auftrag, der nur über einen Vertrag gerecht und gut geregelt und von ihm bewältigt werden kann. Deshalb läßt er auch am Ende seiner langen Rede den Ständen das letzte Wort, verbindet seine Majestät mit ihrer Libertät in der Autorität des Rechts und überläßt ihnen die von ihm verfaßten Verfassungseide zur Prüfung. Alles nur deswegen, weil »Versicherungseid und Jurament, das Obrigkeit und Untertanen auf Gegenseitigkeit (emoot hwarandra) leisten, das Vornehmste ist, auf das sich ein wohlbestelltes Regiment wie Gubernation gründen und ganz und gar ohne Rechtsbruch (obråtzligen) eingehalten werden sollen[79], wenn das Regiment einen guten Fortgang haben und dauerhaft bleiben soll . . .«[80]

Wann hat je ein König in dieser Zeit oder zuvor so zu seinem Volk gesprochen? Es war eine große, eine republikanische Rede in dem Sinn, daß sich die Monarchie dadurch in ihrem Wesen stärkte, daß sie sich einer *Regierung des Rechts* befleißigte[81], das Stände-Volk in die Politik einbezog und nicht den im Grunde zerstörerischen Versuch unternahm, durch Abbau des Verfassungsstaates das Königtum auf die Dauer zu schwächen.

Aber es sollte noch einige Wochen dauern, ehe der prunkvolle Krönungszug vom Schloß in Uppsala zum Dom hinab alle Herzen und Sinne höher schlagen ließ. Denn die fünfhundertachtundsiebzig Vertreter der Stände[82], und unter ihnen die fünfzehn Reichsräte, zu denen jetzt auch Johan Skytte zählte[83], sowie die »Fünf hohen Ämter«, hatten noch harte Reichstagsarbeit zu leisten, die sie in dem Bemühen erprobten, den Standard der politischen Kultur zu heben[84].

Am 12. Oktober 1617 war dann endlich die Stunde gekommen, in der eine Zeremonie vollzogen wurde[85], die noch nicht zur sinnentleerten Form verkommen war, sondern das Feudalwesen in seinem rechtlichen Reichtum als eine Lebenskraft feierte, die mit der Krone, dem Schwert, dem Szepter, dem Reichsapfel und dem Schlüssel dem König bedeutete – *wir gehören dir, damit du dem Rechte Gehör verschaffst!* Laut und deutlich buchstabierte dann auch der Reichskanzler Axel Oxenstierna vor der Krönung Gustav Adolf den Eid des Königs auf die

Verfassung Schwedens – und mit jedem Wort goß die Gnade Gottes ihren belebenden Willen in diesen Lebensbund zwischen König und Krone.

So hat man diesen Akt aufgefaßt, und die Inschrift auf der Krönungsmünze, die bei diesem Anlaß verteilt wurde, wollte dafür ein Echo sein, ein Versprechen im Vertrauen – »Florebo prospiciente Dei«.

# Eine Reise nach Westerreich

Die Gelehrten stellten sich eine Scheidelinie vor, die von Schottland über Jütland, Gotland, Livland ins Moskowitische ging und die gemäßigte Zone Europas von der kalten trennte. Entsprechend mußte auch der Menschenschlag ausfallen. Doch dessen Wesen wurde nicht so sehr von den äußeren Umständen bestimmt als vielmehr vom Einfluß des Erdinneren. So gesehen zeichneten sich die Völker des Nordens durch einen starken Blutgehalt und viel Lebenswärme aus, während die Menschen im Süden wenig Blut und einen kalten Körper hatten. Diese Umstände brächten es mit sich, daß »die nördlichen und südlichen Völker weniger für das Rechtsleben geeignet sind«. Gerade im Norden zeige doch der Zweikampf als Mittel der Rechtsfindung, wie richtig diese Annahme ist.

Was sich Jean Bodin da zurechtgelegt hat, war notwendig, um den Wert des Maßes in der Mitte Europas zu bestimmen, die Kultur der Mäßigung und inneren Balance. Er wußte dabei aber, daß der *freie Wille des Menschen* für das Rechtsleben so wichtig war wie das *»Ohne Ansehen der Person«* im Vertragswesen mit seiner kommutativen Verdinglichung[1]. Und was den Zweikampf betrifft, so war dieser nicht nur dem Norden eigen, sondern wurde gerade in Mittel- und Südeuropas Ritter- und Lehnskultur gepflegt, die in Schweden mit dem Turnieren einen neuen Höhepunkt erreichte. Die Krönung Gustav Adolfs und das anschließende Turnier hatten diese Dinge bestätigt und jedem gezeigt, der die Welt kannte, wie sehr das mitternächtige Reich bemüht war, dem Prinzip der Mäßigung zu folgen.

Bei alledem war auch das Aufwallen des Blutes mit im Spiel.

Fürstenzorn traf auf Königswillen. Nur mit Mühe gelang es, einen ›Zweikampf‹ zwischen Gustav Adolf und Carl Filip zu vermeiden. Diesem wurde wohl zur inneren Abkühlung eine Reise genehmigt, die nicht mit dem Fiasko von 1611 enden sollte. Damals hatte er sich bekanntlich bereithalten und ausstaffieren lassen, um der Zar-Kandidatur zu genügen, also nicht zum »eigenen Profit und Nutzen«, sondern zu des Königs und der Krone Schwedens »Gewinn und den Feinden des Reiches zum Schaden«[2]. Nun aber stand eine Kavalierstour an, die »in fremde Länder« gehen sollte und nur nebenbei politisch zu sein hatte, auf ein Sondieren an einigen Fürstenhöfen des Heiligen Reiches gerichtet, weil die Heiratsfrage für Gustav Adolf doch drängend geworden war[3].

Anfang Dezember machte er sich fertig, nahm er als Dux Sudermaniae (Herzog von Södermanland) seine fast dreißig Kopf starke Begleitung unter Eid, darunter Schneider, Schreiber, Koch, Barbier, Kammerdiener, Sattelknechte und natürlich einen Marschall und Hofmeister in der Funktion als Aufpasser und Lehrmeister. Nachdem der Herzog seinem König das Versprechen gegeben hatte, sich in Konfessionssachen da draußen nicht anfechten zu lassen[4], gelangte er bald von Nyköping aus nach Vadstena.

Dort bereitete ihm Herzog Johan einen freundlichen Empfang. Carl Filip wußte sich aber zu hüten. Der Verdacht Gustav Adolfs, daß er sich mit diesem Fürsten, der gern in Kräuterwasser badete, gegen ihn und mit Sigismund III. verbünden könnte, war immer noch nicht ganz ausgeräumt, die Affäre um Jöns Nilsson noch in frischer Erinnerung. Es wird ihm auch aufgefallen sein, daß der Turnierkönig des Nordens nicht mehr gut bei Kräften war[5], und sich seinen Teil gedacht haben, als er von ihm Abschied nahm und alles Gute wünschte.

Über Jönköping, das ihm von der Eriksgata in Erinnerung war, erreichte er mit seiner Reisegesellschaft bereits am 15. Dezember die Grenze nach Dänemark und wurde schon am 17. im Haus des dänischen Statthalters in Hälsingborg begrüßt, das »einen schönen lustigen Garten mit Springbrunnen« besaß. Aufmerksam registrierte der begleitende Verfasser dieses Reiseberichts, daß das Alte Schloß, auf einer »ziemlichen Höhe gelegen«, nunmehr verfallen sei. Mit dieser Beobachtung macht der Chronist ein Interesse deutlich, das damals in Mode war, nämlich neben dem privaten Genießen von Land und Leuten all das zu erkunden, was in und für die Kriegskunst von Bedeutung sein konnte[6].

Mit einer Schute wurde der Sund überquert. Eine Kutsche, von Christian IV. entgegengeschickt, brachte den Schweden-Prinzen auf Schloß Kroneborg, das als Festung ausgebaut war. Von deren Wall herab dröhnte aus »groben Stücken (Kanonen) die königliche Losung«, und die Soldaten standen in guter Ordnung »mit brennenden Lunten auf beiden Seiten«, als Carl Filip den Königsort betrat. Christian IV. ließ sich bei diesem Empfang nicht lumpen. In Anwesenheit seines ältesten Sohnes, des Herzogs Ernst von Sachsen, und des Kanzlers Christian Frijs wurden 36 Schalen Konfekt angeboten. Eine »stattliche Musik im Saal« sorgte für Unterhaltung, und beim Auftragen des Essens wurden Pauken und Trompeten als Begleitmusik betätigt, während sonst Motetten gesungen wurden, Schalmeien erklangen, Posaunen dröhnten und Lauten die angeregten Sinne umschmeichelten.

Im Laufe des Aufenthaltes erhielt Carl Filip »ein Kleinod« im Wert von etwa 500 Reichstalern, sein Marschall und der begleitende Hofmeister eine der üblichen Ketten mit dem königlichen Bildnis. Ein Feuerwerk – »soll über 3000 Rt gekostet haben« – krönte den Abschied von Kroneborg, bei dem die Gruppe aus Schweden und Teutschen bereits gemerkt hatte, daß es sich im Staate Dänemark in der Umgebung des weinseligen Königs recht gut leben lassen mußte. Vielleicht dachte auch einer daran, als man in Fredriksborg »alles von Gold und Silber« bewundern konnte, was Christian IV. mit dem Ablösegeld für Älvsborg anzuschaffen beliebte, das noch immer nicht ganz entrichtet worden war[7]. Nicht nur die zahlreichen Gemälde wußten zu beeindrucken, sondern auch die Decke in dem Raum, wo der König die Predigt zu hören pflegte. Sie war »aus Muskatnußholz gearbeitet und mit Silber durchzogen«. In der ganzen Pracht durften auch zwei Kamine bewundert werden,

»so auf 40 000 Rt belaufen. Diese wurden zu Hamburg gefertigt.« All die kostbaren Tapeten an den Wänden des Schlosses, die Diamanten und Saphire, die als Schmuck verwendet worden waren, das edle Holz überall, die Steinarbeiten – »ist fast unmöglich zu beschreiben«.

Christian IV., ein leidenschaftlicher Spieler[8], verstand sein Geschäft als König und Wirt der Krondomänen[9] und wußte, was er sich und seinem Haus an Repräsentation, an Vergegenwärtigung seiner königlichen Macht, schuldig war – auch nach außen. Carl Filip durfte erfahren, was für ein Interesse der Spanier an diesem nordischen Reich hatte. Während Johan Skytte fast zur gleichen Zeit im Haag bei den Generalstaaten das Abkommen von 1614 bemühte und in der inneren Krise um den Staatsmann *Oldenbarnevelt* und die Religionsfrage zu vermitteln suchte und den Verbündeten zur Einigkeit mahnte, damit ihre »angeborene Freiheit« nicht verlorengehe und Schweden dadurch in Unbestand gerate[10], versuchte der spanische Gesandte *Francisco de Medina,* Christian IV. für die *Catholische Liga* zu gewinnen![11] Ein solcher Anschluß hätte sowohl die Niederlande als auch Schweden in seinem Krieg mit Vasa-Polen unter Druck gesetzt, weshalb bald Verhandlungen anliefen, Dänemark in die *Protestantische Union* zu ziehen trotz des gemeinsamen Streitpunktes um die Besetzung des Erzbischof-Stuhles in der Hansestadt Bremen, den dereinst Schweden zu seinen Gunsten entscheiden sollte[12].

Bis dieses Ziel jedoch erreicht war, bedurfte es noch großer Geduld und unendlicher Zähigkeit, kurz: Patientia. Das war auch der Name eines der Schiffe, die im Hafen lagen und von dem Schweden-Prinzen besichtigt werden durften. Ein anderes trug die Bezeichnung Drei Kronen, und bei diesem Anspruch konnte es Carl Filip bei aller Gastfreundschaft Christians recht schwermütig ums Herz werden. So viel wußte er, daß es einst zwischen den beiden nordischen Reichen um dieses Symbol einen Krieg gegeben hatte, der mit dem Frieden von Stettin anno 1570 abgeschlossen worden war, aber eben von diesem Christian wieder aufgenommen wurde, der Schweden in Knäröd gedemütigt, um nicht zu sagen: geknebelt hatte.

Der Blick in das Kernstück dänischer Seemacht, der sich Spanien zu versichern suchte, mit dem bereits eifrig Handel getrieben wurde, erweiterte sich noch um eine neue Dimension, die viele Sinne gefangenhalten konnte. Denn neben den Kriegsschiffen lagen die großen Segler, die »nach Indien abfahren sollen«. Hier öffnete sich ein Tor zu jenen fernen Welten, an deren Reichtum und Ausbeutung Dänemarks König und Kaufleute so gut wie der Adel schon einen gewichtigen Anteil hatten und mit der Gründung der Ostindischen Companie noch verstärken sollten[13].

Die Kavaliere aus der Mitternacht durften in Lustgärten wandeln, an Kräuterbeeten exotische Gewächse beschnuppern und beim »Badegeschirr von Silber« daran denken, wie die eigenen Verhältnisse zu Hause waren, wo der König sein Tafelsilber verpfänden mußte, um Christian die Ablösegelder für Älvsborg pünktlich entrichten zu können[14]. Kam da Neid auf, Wut sogar oder auch Rachegefühl? Oder hatte das Gebaren eines uomo universale, eines Weltmannes, schon die Gemüter so durchdrungen, daß sie der Reichtum ihres Staunens für all das entschädigte, was andere zur Schau stellen konnten? Der Bericht hält sich da zurück, gibt aber zwischen den Zeilen manch einen Hinweis, läßt ahnen, was die wachen Sinne beschäftigte.

Von Kopenhagen als weitläufiger Stadt ist man recht angetan. Ihre Befestigung mit fünfzehn Betonarden (Vorwerken) imponiert. Auch die »vier vornehmen Kirchen, die mit Kupfer, Blei und Schiefer gedeckt sind«. Der Dom selbst und das Collegium Universitatis hinterlassen einen guten Eindruck, nicht weniger als die Häuser, die auf holsteinische und niedersächsische Weise gebaut sind, nämlich mit Ziegelsteinen, die schön mit den vorhandenen Fachwerkhäusern kontrastieren. Am königlichen Schloß entdeckt man die verschiedenen Bauepochen, merkt sich den Graben mit Wasser und den »feinen Springbrunnen«. Und damit nicht nur Leib und Geist zu ihrem Recht kommen, genehmigt man sich am Christtag, dem 25. Dezember 1617, in Kopenhagen auch eine gehörige Seelenspeise und hört »in der Schloßkirche die Predigt«.

Am Tag danach geht die Reise nach Roskilde, wo im Dom die Marmorgrabmäler dänischer Könige in Augenschein genommen werden und wo man sich verwundert, daß am Grabmal der Königin *Margareta I.* »noch täglich die Vigilien gesungen« werden. Gingen hier die Gedanken zur Kalmarer Union zurück und wurden sie beim Anblick des Altares vom Heiligen Knut noch tiefer in die Geschichte gelenkt, so gemahnte sie der Bau einer Grabkapelle an der Nordseite des Domes an das Memento mori ihres eigenen Daseins, wurde doch dieser Anbau »zu dem Begräbnis Christians IV. bereitet, des jetzt regierenden Königs«.

Auf der Weiterfahrt nach Nyborg trafen Carl Filip und sein Gefolge auf schöne Klöster, wohlproportionierte Kirchen und königliche Einrichtungen zur Erziehung des Adels. Der Eindruck vom Wohlstand in diesem Reich wurde noch dadurch verstärkt, daß der Prinz mit zwei königlichen Kutschen, jede von sechs Pferden gezogen, das Land durchquerte, bis er zum Schloß des Reichskanzlers *Jacob Uhlefeldt* kam und hier von langen Schatten der Geschichte eingeholt wurde, von schmerzhaften Begegnungen zwischen Dänemark und Schweden: »Christianus II., der Tyrann, ist an diesem Ort (Schloß Nyborg) gestorben.«[15] Ist doch dieser letzte Unions-König für das Blutbad von Stockholm im Jahre 1520 mitverantwortlich gewesen und ein Anlaß dafür, daß das Geschlecht der Vasa auf den schwedischen Thron kam[16].

Neujahr feierte man auf dem königlichen Schloß zu Schleswig, wo alle »stattlich traktiert« wurden und ein Bankett mit Musik das Jahr 1618 einleitete, das hundert Jahre nach der Reformation auf seine Weise Geschichte machen sollte. Auf Gottorp in Holstein wurde Carl Filip aus der dänischen Gastfreundschaft entlassen und von Herzog Friedrich von Holstein willkommen geheißen – nicht nur im Heiligen Römischen Reich, sondern auch in der Familie, aus der seine Mutter Christina stammte.

Über den herzlichen Empfang konnte er sich so wenig beklagen wie über den anläßlich seines baldigen Einzugs in Lübeck, dem stolzen Haupt der Hanse. Mit dessen Hilfe hat sein

Großvater das nationale Königtum zu sichern verstanden, um dann auch darum bangen zu müssen, als *Wullenweber* das Regiment in der Stadt führte und Pläne bestanden, Svante Sture zum Gegenkönig zu erheben[17]. Am 8. Januar 1618 hieß der Syndicus der Stadt jedoch nicht mehr Oldendorp, wie zu Wullenwebers und Marcus Meiers Zeit, sondern Faber. Und dieser überreichte dem Schweden-Prinzen einen großen Pokal. Auch das zusätzliche Traktament in Form von Vieh und Naturalien konnte sich sehen lassen, war eines Fürsten würdig. Der aufmerksame Blick auf Kirchen, Zeughaus, Schiffe aller Art, den Bau der Stadt selbst mit Wällen und Bollwerken ließ ahnen, welche Kraft einst von diesem Zentrum des Handels auf den ganzen Norden und insbesondere Schweden ausgegangen war. Von den Zeichen des Niedergangs aber hat der Berichterstatter nichts erwähnt. Es war jedoch längst kein Geheimnis mehr, daß die Hanse und vor allem Lübeck am Ende ihrer Blütezeit angekommen waren und die einstigen Beherrschten nun den Spieß umdrehten, den Handelsherren zeigten, wer jetzt Herr des Baltischen Meeres sein sollte[18].

Carl Filip, von Gustav Adolf angewiesen, sich in allen politischen Dingen zurückzuhalten und im Genießen nur zu beobachten, hat diese Kavalierstour aber nicht nur passiv ertragen, sondern auch den Wert eines Prinzen zu erproben versucht. Als er nämlich nach Hamburg kam, hatten es ein paar »Stadtverwiesene« fertiggebracht, mit seinem Gefolge in die Hansestadt hineinzukommen. Die sofortige Ausweisung hätte die rechtliche Folge sein müssen. Es soll ihm aber mit einer Intercession gelungen sein, für die Betroffenen einige Milderungen ihrer Strafen zu erreichen. Die Fürsprache eines Fürsten hatte sich bewährt und das Selbstbewußtsein gestärkt, nicht weniger als die beiden schönen Pferde, die ihm von Bremens Erzbischof verehrt wurden, während sein Marschall und Hofmeister (Soop und Falkenberg) mit goldenen Ketten vorliebnehmen durften. In der Hansestadt Bremen, die ihm außerdem noch einen großen vergoldeten Pokal zukommen ließ, traf er den Landgrafen Philipp von Hessen und erfuhr in diesem Namensvetter die Beziehungen des Hauses Vasa zum Hause Hessen, das besonders die Philipp-Traditionen pflegte. Auch Moritz von Nassau besuchte ihn, und mit dessen Namen verband sich für den Schweden das Bemühen, die Oranische Art der Kriegs-Kunst auf das eigene Verteidigungssystem zu übertragen. Ein Vorgang, den *Johann von Nassau* von 1602 an in Schweden und Livland versuchte und sein Bruder mit der Heeresreform weiterzuentwickeln begonnen hatte.

Als Carl Filip Bremen – wahrscheinlich am 20. Januar 1618 – mit seinem Gefolge den Rücken kehrte, wurden 14 Stücke »zur Ehre des Herzogs« abgefeuert. Der Kanonendonner war noch ein friedliches Zeichen, und auch der Empfang in den Hansestädten Lüneburg und Braunschweig hielt sich im Rahmen dessen, was das Recht an Reputation dem hohen Gast zu bieten hatte. Statt Salz und Brot, eher das Zeichen der Gastfreundschaft auf dem Lande, wurden »Hafer und Wein« gereicht. Aber die Freundlichkeiten bekamen bald einen Dämpfer. Denn als Carl Filip sich nach Wolfenbüttel begeben wollte, wurde seine höfliche Anmeldung nicht einmal beantwortet. Ein Affront, der in dieser etiketten- und rangbewußten Gesellschaft andeutete, welche Ausmaße ein Konflikt schon angenommen haben mußte, wenn man sich gegenüber einem auswärtigen Gast und entfernten Verwandten auf diese Weise verhalten konnte. Es ging um einen Streit zwischen Wolfenbüttel und dem Bischof von Minden. Er zeigte, daß die oft belobigte Ruhe des Reiches sehr schnell umschlagen konnte, wenn anstehende Besitzfragen und Erbkonflikte alle Sinne beherrschten und selbst zum Sinn des Daseins gemacht wurden[19].

Es blieb den Reisenden nichts anderes übrig, als sich auf den Weg nach Minden zu machen. Und dies bei »ziemlich großer Kälte« und während einer Jahreszeit, in der »aufgrund des großen und frischen Schnees die Ströme sehr angelaufen sind«. Es war sicher nicht besonders angenehm, bei dieser Witterung durch das Heilige Römische Reich zu reisen, aber man kam leidlich voran, über Minden mit seiner »steinernen Brücke über die Weser« bis hinunter nach Kassel. Dort wurde Carl Filip von einer Ehreneskorte der landgräflichen Reiterei empfangen. Neben dem Landgrafen selbst und seinem Sohn Wilhelm begegnete er dem Grafen *Reinhold Philipp von Solms,* der Gustav Adolf und der Krone Schweden im Heiligen Reich noch gute Dienste leisten sollte. Der Hofadel war versammelt, und »mit fünf Wagen zu sechs Pferden fuhr der Herzog durch die Stadt . . . zum Schloß . . . und weil es finster und kalt war, hatte man in den Gassen Feuer entzündet«.

Hier gab es schon einiges zu besichtigen: das Ballhaus, das Theater, die Bibliothek, die Apotheke und das Fürstliche Collegium. Äußere Zeichen eines kulturellen Status, dessen Ruf weit über Hessen hinaus gedrungen war, nicht anders als die »beste Festung im Land« bei Ziegenhain mit ihren vier Betonarden, doppelten Wällen und Wassergräben, drei Gräben und einer eigenen Wasserquelle. Einige Jahre später sollte Schwedens Adels- und Ritterhaus in Stockholm das Motto »Arte & Marte« wählen[20]. Hier in Hessen-Kassel hatte es sich in einem hohen Grade bereits verwirklicht, diese Verbindung aus der Ars Aequi & Boni und der Ars Militaris, in der Bereitschaft des Geistes, Leib und Leben dafür einzusetzen, daß das Seelenheil schon hier auf Erden eine ritterliche Zuflucht finden konnte. Auch jene Verschränkung von Theorie und Praxis, mit der Gustav Adolf die Basis seiner Heeresreform sicherte, sie hatte hier ein Vorbild[21].

Welche Gefühle weckte neben diesem Erlebnis von Kassel und Umgebung die Begegnung mit Marburg, als Carl Filip den Boden betrat, auf dem sein Lehrer Johan Skytte 1598 große Spuren des Goticismus abgeschritten hatte, ohne großspurig zu werden? Hier kündete Skytte vor dem Landgrafen selbst und der ganzen Akademie vom biblischen Alter der Schweden und Goten und von ihrem hohen Mannesmut. Aufträge, deren Wirkung einen ritterlichen Einsatz nötig macht, zumal nicht nur die Ehre der schwedischen Nation auf dem Spiele steht, sondern auch das Recht zum »reinen Wort«[22]. Und dessen Forderungen wollte Carl Filip gerne entsprechen: Er hörte in der Stadtkirche die Predigt.

Die »schöne große breite Straße« durch Friedberg fand allgemeines Gefallen, auch der Dom St. Bartholomäus in Frankfurt am Main, »da der Kaiser gekrönt worden«. Man ist sogar auf den Turm gestiegen, hat sich dann nach diesem Rundblick auf die herrliche Reichsstadt den Römer zeigen lassen, »da der Kaiser Mahlzeit gehalten« und logierte am Roßmarkt. Den jungen Fürsten aber trieb es bald hinaus. Inkognito soll er nach Aschaffenburg geritten sein, um dort das angeblich »herrlichste und stattlichste Schloß in ganz Teutschland« besichtigen zu dürfen, in dem »der Kurfürst von Mainz itzo seine Hofhaltung hat«. Er wurde laut Reisebericht auch vom Marschall des Kurfürsten eingelassen und kehrte bald wieder zu seinem Gefolge zurück, um über Darmstadt »durch die Bergstraße bei den Weinbergen« nach Heidelberg zu gelangen. Dort wurde Carl Filip wohl am 14. Februar von Kurfürst Friedrich V. »in eigener Person mit zwei Kutschen und vielen Pferden eingeholt«.

Von einem Fürsten, der an der Schwelle eines Verfahrens stand, dessen Ablauf das Heilige Römische Reich in eine innere Unruhe stürzen sollte, aus der Schweden einen historischen Gewinn ziehen konnte, weil es seinen Staatsmännern gelang, in dem ehrwürdigen Bau dieser ewigen Republik (Montesquieu) ein paar tragende Streben zu erneuern, die seinen völligen Einsturz verhinderten. Die Beschreibung des unteren Saales im Heidelberger Schloß mit seinen »sechs schönen (und) starken Türmen« hat etwas von einem wunderlichen Gleichnis und reizt zu einer Imagination vom Heiligen Reich selbst.

Wer diesen Saal betrat, blickte in ein »Gewölbe, das keine Säulen hatte«. War das nicht ein Sinnbild des Reiches als überwölbende Rechts- und Friedensordnung, Ausdruck einer Idee, als ob sich dieses Gemeinwesen in der Mitte Europas selbst trage, in einer überzeitlichen Form als ein bewegt Unbewegtes auf der Stelle schwebe, unfaßbar und doch vorhanden? Und »100 Tische können gar wohl in diesem Saale stehen«. Hatte das Haus des HERRN nicht viele Wohnungen und das Heilige Reich eine lange Bank für die geistlichen und weltlichen Stände, noch mehr als hundert an der Zahl? Und dieser Saal »hat vierzehn Fenster«. War das nicht gerade recht, damit die sieben Kurfürsten bei ihrer Wahl den Durchblick behielten, indem sie aus dem einen Fenster *Regio* schreien konnten und aus dem anderen *Religio* und doch alles im gleichen Rahmen blieb?

Wunderlich! Gewiß: Und dann noch die Springbrunnen und Grotten, die Pomeranzen und Limonen, die Rosmarinstauden, der »lustige Kräutergarten« und ein Vogelhaus, die goldenen Credenzen und alten Schwerter, Silberkannen und kostbares Tafelgeschirr, »so von lauter Gold gearbeitet«: »item eine Menge Pokale, so dem Kurfürsten von dem Lande und den Städten bei der Huldigung verehrt worden«.

Selbst in diesem nüchtern verfaßten teutschen Reisebericht, der wohl Gustav Adolf vorgelegt werden sollte, spürt man etwas von der magischen Kraft, die Reichtum ausstrahlen kann, wenn er erworben wurde, um von denen in Besitz genommen zu werden, die sich seiner Ansprüche würdig erweisen.

Carl Filip weilte in diesem Schloß, das sein Vater Karl so liebte, nur drei Tage lang und wandte sich nach Westen auf Schloß und Feste Mannheim zu, um am 17. Februar gegen Abend hin den Rhein zu überqueren und in Richtung Speyer zu ziehen.

Hatte er sich in Heidelberg ein »trefflich großes langes Einhorn« zeigen lassen, so logierte er in dieser Reichsstadt »im Einhorn«. Dort bereitete er den Besuch des romanischen Domes vor mit seinen Portalbögen aus weißem und rotem Sandstein, dem Kaiserchor und dem Grabmal *Rudolfs von Habsburg,* mit dessen Kaisertum dieses Haus seinen Aufstieg begonnen hatte. Ölberg und Kreuzgang, der Bischofshof selbst mit seinen schönen Zimmern und Sälen verfehlten ihre Wirkung nicht. Auch hier glänzte etwas von der Herrlichkeit des Heiligen Reiches, aber auch die Schatten waren nicht weit davon entfernt. Denn im »Haus, da das Kaiserliche Kammergericht gehalten wird«, verhielt man sich nicht immer gemäß jenes Auftrages, daß das Gesetz das Licht der Völker zu sein hat, obgleich dieses Gericht, im ganzen gesehen, trotz seiner einseitig katholischen Besetzung auch zu jenem guten Ruf beitrug, der im Norden Europas als »Kejsarelag« (Kaiserrecht) in Rechtskreisen die Runde machte und nicht nur Erik Sparre beeinflußt hatte. Es spricht einiges dafür, daß die Einrichtung des Svea Hofgericht anno 1614 Anleihen bei diesem Gericht gemacht hat, dessen Reform bald Schwedens größtem Staatsmann vorbehalten sein sollte[23].

Ja, es gab viel zu entdecken in diesem großen und ehrwürdigen Reich teutscher Nation, das so vielgestaltig angelegt und in jeder Landschaft oder Region für Überraschungen gut war, und, seltsam genug, von Holstein bis nach Hessen, von Pommern bis in die Pfalz immer wieder einen schwedischen Bezug aufzuweisen hatte, das Interesse der Vasas weckte, sich mit Fürsten des Heiligen Reiches zu verbinden. Als Carl Filip mit seinem Gefolge durch die Rheinebene ritt, nach Westen hin dem Wasgenwalde zu, kam er in das Gebiet des Pfalzgrafen Johann Casimir, der mit seiner Halbschwester Catharina verheiratet war und zwischen Kleeburg im Elsaß und Zweibrücken im »Westerreich« einiges in Streulage sein Eigen nennen durfte. Dazu sollte auch das Städtchen Annweiler gehören, wie der Chronist meint, dem der Ritt ins »nahe hohe westreichische Gebiet« zu dieser Winterzeit manches zum Grübeln gab. Denn das »seltsam gespitzt aussehende Gebirg« mit seinen »etlichen hohen Bergschlössern« gehörte sicher zum Wunderlichsten, was er in der Natur seit der Abreise in Nyköping gesehen hatte.

Was er, Carl Filip, und die übrigen auf dem »bösen tiefen Weg auf Zweibrücken« zu antrafen, waren Burgen zum Teil aus der Staufer-Zeit, als das Bergland vom Trifels aus bis zur Lützelhart, von Weissenburg bis zum Kloster Echternach als *Kern des Reiches* galt, als *Westerreich,* das heute noch in der althochdeutschen Form *Westrich* sprachlich vorhanden ist[24]. Wie geheimnisvoll dieses waldreiche Bergland auf den Chronisten gewirkt hat, läßt er nach einem Besuch im Tal der Wieslauter vernehmen. Carl Filip hatte sich nämlich vom Pfalzgrafen überreden lassen, mit seinem Marschall Mathias Soop, dem Hofmeister Falkenberg und Axel Banér einen Abstecher nach Paris zu machen, über dessen Verlauf noch nichts bekannt ist. Das übrige Gefolge aber erkundete von Zweibrücken aus die nähere Umgebung und kam dabei ins Lautertal »auf Bruchweiler. Hier ist ein sehr hoher voll steinichter Berg, welchen man den Jungfrauberg nennet, herunter soll eine Jungfrau gesprungen sein, und keinen Schaden empfangen haben«. Daß der Jungfernsprung in Dahn bestaunt werden kann und nicht in Bruchweiler, kann man ihm nachsehen. Das Auslassen des Umstandes, daß die Jungfrau nicht ihre Ehre verlieren wollte und deshalb vor einem Ritter in den Abgrund sprang, kann Schmunzeln verursachen. Ein echter Ritter tut so etwas nicht, also läßt man jeden störenden Hinweis weg und betrachtet dafür lieber die seltsamen Felsen in diesem Gebirge: Sie haben »Spitzen, als wenn es Schlösser und Paläste wären . . .«

Don Quijote im Wasgau, dem Land des römischen Waldgottes Vosegus: Lassen wir ihn »auf Weißenburg« ziehen! Eine »Reichsstadt, so recht am Ende des Westerreichischen Gebirges«. Hier wartete das Gefolge des Königssohnes aus Schweden neun Tage lang und machte sich Gedanken über ein Kloster an diesem Ort, das von einem »Dagobert Rex Francorum« im Jahre 923 gegründet worden sein soll und seitdem große Freiheiten genießen durfte. Nachdem Axel Banér vorzeitig aus Metz zurückgekehrt, der Tod eines Kutschers beklagt und ein Abstecher nach Bergzabern absolviert war, suchte man vom 5. März an »bei ziemlich starkem Wetter« den Weg über den Rhein nach Baden-Baden, wo »die warmen Bäder sind. Hier haben wir auf die Ankunft unseres gnädigen Fürsten und Herrn gewartet«. Der traf auch am 11. März mit einer Straßburger Kutsche »aus Frankreich« dort ein. Als dann noch am selben Tag die »königlichen Briefe aus Schweden« abgeliefert wurden, war die Freude doppelt groß.

Aus Frankreich – aus Schweden. Zwei sonderbare Zeichen an einem Weg, dessen Richtung die Evangelischen Stände des Heiligen Reiches bereits in ihrem Bericht an Gustav Adolf vom Reichstag in Regensburg vor vier Jahren zu erkennen gegeben haben[25], dessen Spuren aber noch nicht zu entdecken waren, wenn man die Länder und Städte dieses Reiches als ein hoher Gast durchquerte. Carl Filip hat jedenfalls dazu keine Reflexionen oder Andeutungen hinterlassen, und sein Chronist vermerkte auf der Weiterreise über die Markgrafschaft Baden, durch Württemberg und Schwaben nichts Politisches. Aber es war doch ein gewisses Politikum, daß der Schweden-Prinz

Augsburg, die Stadt des eigenen Bekenntnisses, aufsuchte und dann ins Frankenland zog, um sich Nürnberg anzusehen. Eine Reichsstadt, die für ihren evangelischen Eifer bekannt war und wo man es sich nicht entgehen ließ, Bilder von Albrecht Dürer zu betrachten. Darunter gefiel dem Chronisten vor allem die Darstellung der vier Temperamente in Gestalt einiger Apostel und Evangelisten: »S. Johannes ist ein Sanguinis, S. Lucas ein Phlegmaticus, S. Petrus ein Cholericus, S. Paulus ein Melancholicus«[26].

Wo hätte sich Carl Filip selbst am liebsten eingeordnet? Er lernte nur ungern in den Buchkünsten, war hierbei also ziemlich phlegmatisch, konnte aber auch plötzlich heftig werden, cholerisch gar, und sein Gemüt war dem Genießen so wenig fremd wie dem Grübeln. Nicht das Erdinnere steuerte sein Verhalten, sondern das Leben selbst. Und dazu mußte der Mensch lernbereit bleiben, offen für die Schätze der Welt und ihre Schatten dazu. Was immer er auch bei Christian IV., Friedrich V. oder in reichen Städten gesehen hatte, der Glanz in Dresden übertraf alles, und in Magdeburg am Grabmal Ottos I. (des Großen) durfte ein historischer Kopf nachempfinden, wie sich in diesem Heiligen Reich immer wieder die politischen Schwerpunkte verlagern konnten, von den Regionen des Schwabenspiegels zu denjenigen des Sachsenspiegels; von Aachen über Mainz, Frankfurt am Main, Nürnberg bis nach Prag strahlten mächtige Städte aus, die im Norden von Bremen über Hamburg, Lübeck, Berlin bis Dresden ihre Gegenstücke hatten. Deshalb traf Carl Filip auch keine ausgesprochene Hauptstadt des Heiligen Römischen Reiches an. Alle diese Städte und noch einige mehr wie Köln, München oder Danzig im Preußischen übertrafen Stockholm und Kopenhagen an Reichtum und waren doch in ihrer staatlichen Qualität diesen beiden Residenzstädten unterlegen!

Die regionale und föderative Struktur des Heiligen Reiches mit ihrem hohen Grad an Selbstverwaltung und rechtlicher Autonomie hat schon den französischen Philosophen Michel de Montaigne verwundert[27]. Sie kann auch nicht Carl Filip und seiner Begleitung entgangen sein, so wenig wie das Erleben einer *teutschen Nation,* deren politische Stände Kraft genug besaßen, den Kaiser mit den vorhandenen Reichs-Constitutionen unter gehöriger Kontrolle und sich selbst gegenseitig in Atem zu halten. Was aber war bei all dem ständischen Reichtum diese Constitution wert ohne den vertraglichen Kredit und die nötige Erzwingbarkeit der eigenen Rechte? Wohin mußten die vorhandenen Rechts- und Erbhändel führen, wenn die Verfassungen des Reiches im Bruch des Vertrauens zerrieben wurden?

Diese Fragen erhitzten schon an einigen Orten die Gemüter in allen Ständen. Von der Jülicher Erbsache bis zum Verfassungskampf in Böhmen reichten die Brandherde, die bereits halb Europa beschäftigten. Der Chronist der Reise, die über »606 Meilen« gegangen war, teilt davon nichts mit. Aber als Carl Filip am 1. Mai 1618, »am Tage Philippi«, ein Schiff bestieg, um nach Schweden zurückzusegeln[28], konnte er dies im Bewußtsein tun, seine Dynastie gut vertreten zu haben, besonders in einem Reich, das nach außen hin recht stabil wirkte, in dessen Innerem es aber schon mächtig gärte. Gustav Adolf wird seinen mündlichen Bericht mit Aufmerksamkeit und Neugier angehört haben, mußte er doch bei jeder Veränderung der politischen Gewichte jenseits der Ostsee darauf bedacht sein, seine eigene Sicherheitslage entsprechend zu justieren, besonders jetzt im aktuellen Konflikt mit Vasa-Polen. Es stand dabei stets die Überlegung an, ob ein entstandenes Feuer gelöscht werden soll oder aber ob es gar notwendig war, ein Gegenfeuer zu legen, zur besseren Sicht im Dunkel der anderen und auch zur Reinigung – die Sünde des Kriegens hat es in sich.

An der Lösung dieses brennenden Problems der nächsten Zukunft, Feuer mit Feuer zu bekämpfen, wurde Carl Filip trotz des vertraulichen Umgangs mit Gustav Adolf kaum wesentlich beteiligt. Es ist auch nach allem, was bisher in Erfahrung zu bringen war, nicht der Versuch gemacht worden, ihn systematisch auf eine mögliche Amtsführung als König vorzubereiten. Und so energisch, wie man besonders von Christinas Seite gegen Gustav Adolf operierte, als er sein Ritterspiel mit Ebba Brahe übte, hatte man sich anscheinend nicht verhalten, als

Carl Filip nach seiner Rückkehr die Reise ins Reich der Sinne antrat und mit *Elisabeth Ribbing* ein Verhältnis begann, das 1620 in einen Ehevertrag mündete.

In dieser Absprache gibt der Herzog, dessen Wert in der Erbfolge sich noch dadurch erhöht hatte, daß Herzog Johan 1618 kinderlos gestorben war, etwas von seiner paulinischen Lebensauffassung preis. Die Ehe sei dazu da, »daß das Menschengeschlecht vermehrt wird . . . Deshalb ist ein jeder verpflichtet, sich in diesen Stand zu begeben, wie Paulus rät, wenn er sagt, daß jeder im mannesreifen Alter verpflichtet ist, sich in die Ehe zu begeben, auf daß Gottes Tempel, welcher unser Körper ist, nicht verunreinigt wird. Denn so sagt er auch, wer den Tempel Gottes verdirbt, den wird Gott verderben.« Aus diesem Grunde und zum Schutz seiner Geliebten vor übler Nachrede nimmt er den »Befehl Gottes« an und schließt diese Ehe und »vollkommene Heirat, zu der nicht mehr erfordert wird, als beider Wille und Zustimmung und dann die eheliche Liebe, welche . . . bei uns vollkommen ist«[29].

Es beunruhigte ihn also wenig, was die Verfassung zur Heirat von Königssöhnen in der Thronfolge vorschrieb. Allerdings gab er dem hochadligen Fräulein sein Eheversprechen nur zur linken Hand, schloß demnach nur eine morganatische Ehe mit ihr, die zumindest der Form nach die Möglichkeit offenließ, sich im Ernstfall aus Gründen der vorhandenen Rechtsräson für eine andere Verbindung bereitzuhalten.

Von diesem, insgeheim bald legalisierten Seitensprung seines Bruders war Gustav Adolf nicht sonderlich erbaut, nachdem Herzog Johan und seine Schwester Maria Elisabeth allzu früh, von inzestuösen Drangsalen zermürbt und in ihrer Sexualität mehr als nur gestört, ohne der Vasa-Dynastie einen Erben zu hinterlassen, das irdische Jammertal verlassen hatten[30]. Und das zu einer Zeit, in der sich seit dem Schreiben der *Union* im Jahre 1614 die Situation im Heiligen Reich in seinen südlicheren und westlichen Regionen dramatisch zuzuspitzen begann, und zwar mit einer solch starken Strahlkraft, daß vom Widerschein der kommenden Kriegsfeuer auch der »Löwe aus der Mitternacht« angelockt werden konnte.

# Der Böhmische Brand

Bald nach den Ereignissen, die der *Fenstersturz* zu Prag am 23. Mai 1618, einem Mittwoch, im Herzen Europas ausgelöst hatte[1], erschien unter dem sachlichen Titel »Acta Bohemica« eine Sammlung von Dokumenten, die dem Leser und Beobachter des böhmischen Szenariums ein ausgewogenes Bild davon geben wollte, was im Konflikt zwischen dem Hause Habsburg und den Drei Ständen der Krone Böhmen »Recht und Unrecht« war.

Es ging nach der vorliegenden Darstellung letztlich darum, welcher der beiden kämpfenden Teile »entweder zur Erhaltung der Religion, des Vaterlandes, der Privilegien und Freiheiten oder aber zu Verderbung, Cassierung und Verwüstung derselben« das Feuer gelegt, angeblasen und über die Grenzen dieser Krone hinausgetragen hat. Der Kommentator dieser Quellenschrift ist sich dessen sicher, daß auf den »angefangenen Böhmischen Krieg . . . auch in etlichen anderen Ländern auf solch heftige Motus und Zerrüttung«, wie sie hier bereits nach kurzer Zeit festgestellt werden müssen, »gewaltige Mutationes und Veränderung erfolgen« werden[2].

Die Pranken des aufrechten böhmischen Löwen, der dem Deckblatt dieser Schrift sein emblematisches Gewicht gibt, zeigen auch in Richtungen und auf Mächte, die von diesem böhmischen Brand angelockt wurden. So strahlte er über Schlesien nach Polen aus[3] und damit auch nach Schweden, über die Interessen der Pfalz im Heiligen Reich wurden die Niederlande einbezogen[4], und von Siebenbürgen aus erhöhte sich die Aufmerksamkeit der Hohen Pforte, die gegen Spanien stand – den schlimmsten Feind der libertär gesonnenen Böhmen[5].

Mit einem einzigen Schlag war der Außenring in Mitleidenschaft gezogen worden. So dicht war bereits die Interessenlage in Europa geworden, daß jeder Konflikt in einer Region nicht nur den umliegenden Innenring der Anrainer und deren unmittelbare Sicherheit betraf, sondern sogleich auch in einer Kettenreaktion andere Mächte und Gemeinwesen berührte, deren Sicherung ebenfalls tangiert wurde.

Das ist zunächst die Lehre aus diesem Konflikt, in dem die *patrimonialen Erbinteressen* Wiens und Madrids als Träger der Casa de Austria an den Ländern der Wenzelskrone auf die *libertären Wahlrechte* der Stände bei der Entscheidung über die Besetzung des Königsamtes trafen. Habsburg glaubte wohl, es könnte mit Hilfe von Hausabsprachen, wie sie 1617 im Rahmen einer ignoranten Arkanpolitik zustande gekommen waren[6], über dieses wichtige und lebenskräftige Königreich nach Maßgabe von Erbregeln verfügen, die auf die Verfassungsrechte der Stände keine Rücksicht zu nehmen brauchten[7].

Der Kampf um die Freiheits- und Eigentumsrechte hatte die Stände seit den Garantien des »Majestätsbriefes« von 1608 in einem hohen Maße engagiert und zu einem politischen Bewußtsein geführt, wie es nur aus einer possessiven Gewißheit herfließen kann, deren Sicherung zum obersten Gebot wurde. Es war den Wortführern der Ständeopposition um Georg Erasmus von Tschernembl und Heinrich Matthias Graf von Thurn als treibenden Kräften vollkommen klar, daß das *spanische Servitut* mit seinem *absoluten Dominat* nur dahin führen konnte, daß aus freien Besitz-Bürgern mit Hilfe des Kriegsrechtes und nach Maßgabe einer anti-konstitutionalen Erbregelung Staats-Sklaven gemacht werden mußten – das war das innere Gesetz des Absolutismus[8].

Die Politiker der Casa de Austria mußten bald zugeben, daß in ihren Reihen die »Dummheit« und damit die Unfähigkeit zur Einsicht nicht ohne Wirkung geblieben war[9]. Sie haben ganz offensichtlich den Willen der Stände in Böhmen unterschätzt, für die Garantien ihrer Religion und Region einen bewaffneten Aufstand zu wagen. Legitimiert vom aktiven Widerstandsrecht und getragen von Patriotismus entwickelte er im

Glauben an Gott und an die eigenen Besitztümer eine Leidenschaft für das Recht[10], welche die Vorstellungen der Casa de Austria bei weitem überstieg.

Alle Warnungen der Stände Österreichs, den Konflikt in Böhmen nicht zur Krise und dann gar zum Krieg ausarten zu lassen, wurden in Wien im Kreis um den schwerkranken und geistig auch schwerfälligen Kaiser Mathias nicht ernstgenommen. Mit allem Nachdruck verwies man von dieser Seite auf den schlechten Einfluß »übermütiger und eigennütziger« Ratgeber. Hatte man denn schon die jüngsten Erfahrungen aus der Geschichte vergessen: die schlimmen Ratschläge des Herzogs Alba? Er wollte, daß »der Kaiser die Teutschen, so er schon gedemütigt hätte, nimmer zu den vorigen Freiheiten kommen, sondern mit Ernst und Schärfe regieren lasse«. Der »erfahrene und vernünftige Obrist Castaldo« aber hatte geraten, Moderation zu üben und der »zur Freiheit geneigten Teutschen Nation etwas nachzugeben«, um die eigene Sicherheit und Reputation zu erhalten. Was hat die Weigerung, dieser Politik zu folgen, letztlich eingebracht? Nicht nur den »Verlust der Niederlande«, sondern auch die Zerstörung aller Reputation. Außerdem, durch die Politik der Diktatur hätten »die Reichsfürsten und Stände hernach viel mehr Freiheiten, sowohl in Religion als in weltlichen und politischen Sachen bekommen, als sie je begehrt oder erwünscht haben«[11].

Freiheit und Wahl durch Vererbung und Qual zu ersetzen, das hat selten etwas eingebracht. »Unruhen stillen« und »Frieden schaffen«, das ist Auftrag der Obrigkeit und nicht, die »Neuerungssucht der Könige zu besänftigen«. Jedem Einsichtigen und in der Politik Erfahrenen muß doch geläufig sein, »daß jede Rebellion, jeder Aufstand und dergleichen Unruh in der Republik eine Krankheit ist. Will man sie mit Schärfe dämpfen, so bläset man nur das Feuer auf.« Ist Rom nicht groß geworden, weil es zum Verzeihen fähig war und darin der Freiheit ihre Chancen ließ?[12]

Diese libertären Mahnungen fruchteten nichts. Wien am Gängelband Madrids, das beim Verlust Böhmens die Sicherheit Spaniens gefährdet sah[13], ereiferte sich an kleinsten Anlässen, regte sich über die »äußerste Bedrohung unserer Stadt Crumma als unser eigentümlich Erbgut« auf[14] und verdrängte die wahren Ursachen des bevorstehenden Bürgerkrieges, der später gern mit dem gewaltsamen Übergang von der Republik zum Dominat unter Caesar verglichen wurde[15]. Und dazu gehörten die unleidlichen Übergriffe auf das Kirchengut der Böhmischen Confession in Braunau, die nachlässige Besetzungspolitik der Landesämter durch Einheimische, wie sie laut Verfassung geboten war, und vor allem die Ablehnung eines vertraglichen Wahlrechtes der Stände bei der Annahme eines neuen Königs[16].

Die Sicherung dieses Wahlvorgangs war gemäß der *Fundamentalgesetze (Constitution)* Böhmens etwas Unabdingbares und damit Substantielles, wenn die Freiheit der Stände auf einer Basis der Gegenseitigkeit erhalten bleiben sollte[17]. Aus diesem Grund war man auf Leben und Tod entschlossen, Habsburgs patrimoniale Erbrechte nicht anzuerkennen und zu einer ordentlichen Wahl zu schreiten, als Kaiser Mathias starb und Ferdinand II. seine Ansprüche geltend machte. Dabei kam noch erschwerend hinzu, daß die Stände annahmen, die Kur-Stimme Böhmens zur Wahl des römisch-teutschen Kaisers gehöre der Krone an sich und damit zum Realwerk des Verfassungsbestandes Böhmens, nicht aber dem jeweiligen König: Sie war demnach nicht dem Personalwerk anhängig![18]

Dieses hochentwickelte Verfassungsverständnis ging vom transpersonalen Wesen der Krone aus, von einem kumulativen Bestand überzeitlicher Rechte, wie sie seit der Goldenen Bulle von 1348 schriftlich gefaßt und mit dem Majestätsbrief neben anderen Fundamentalsatzungen als Fundus der Freiheit empfunden wurden. Eine Delegation der Stände machte sich deshalb auch auf den Weg nach Frankfurt am Main, um dort bei der Wahl Ferdinands II. zum Kaiser die Kur-Stimme Böhmens zu repräsentieren. Sie wurde jedoch vom Kurfürsten aus Mainz zum Wahlakt nicht zugelassen und mußte unverrichteterdinge wieder abreisen[19].

Dafür hatte man bei der Wahl des Kurfürsten von der Pfalz zum König von Böhmen mehr Glück und konnte nach der

Wahl Bethlen Gabors zum König von Ungarn[20] darauf hoffen, daß dessen besondere Schutzmacht, die Hohe Pforte, auch die Wahl in Böhmen zu stützen gesonnen war, von der man sich wahre Wunderdinge versprach. Denn mit der Annahme Friedrichs V. glaubte man, mit einem Schlag alle andringenden Probleme von innen her und nach außen hin lösen zu können. In einem Vorschlag zur Wahl seiner Person heißt es dazu:

Er ist »von Jugend auf wohl und tugendlich auferzogen, führte ein christliches und gottseliges Leben. Wären auch, obzwar Sie noch ein junger Herr, eines vortrefflichen Urteils fähig, sintemal von Gott nicht nach dem Alter und Jahren Verstand und Weisheit gegeben werden, sondern wer in seiner Furcht Ihn darum ansuchen und bitten täte.
So wären Sie allezeit um Vornehme und um Kriegsverständige oder weltweise Leute gewesen, unterschiedlicher Sprachen kundig also in literis et armis recht und wohl instruiert . . . Ihr Regiment ist löblich, Sie halten arm und reich gleiche Justiz, befleißigen sich vornehmer Leute, hielten ein *Formatum Consilium*[21], wohnten gern den Ratssitzungen bei, lebeten mäßig, im Reden bedächtig . . . und obwohl Ihre Churfürstliche Gnade der *reformierten Religion* (Calvinismus, d. V.) zugetan, würde doch in Ihrem Lande ein Jedweden in Gewissen und Religionsausübungen ungetrübt gelassen . . . Sei auch sonst tolerant und halte den Prophanfrieden.
Als ein vornehmer Churfürst des Heiligen Römischen Reiches und desselben Vicarius hätten Sie Ihre Macht und großes Ansehen . . ., hätten den König aus Groß-Britannien zum Schwager, den König von Dänemark, König in Frankreich und die weltlichen Churfürsten zu nächsten Verwandten, den Prinzen Moritzen (von Oranien-Niederlanden, d. V.) auch . . . Wäre das Haupt der teutschen christlichen Union[22] und mit guter Correspondenz mit Savoyen, Venedig und der Schweiz, hätten Schweden, die See- und Hansestädte zu Freunden, stünden bei allen vornehmen Reichsstädten in gutem Credit, mit dem Fürsten in Siebenbürgen und Oberungarn (Bethlen Gabor, d. V.) in Freundschaft, also dass die Kron Böheim mit diesem Herrn

aller derer Freundschaft und Hilfen bekommen, welche sonsten mit großer Mühe und Zeitaufwand zu erfolgen pflegen – auf einmal fast ohne Mühe und Uncosten.
Und könne mit deren Hilfe, Macht und Assistenz aller Ihrer Feinde Macht mit Hilfe des Allerhöchsten ausstehen und derselben begegnen«[23].

Es ist schon erstaunlich, wie auf der einen Seite alle Anstrengungen unternommen werden, um die eigene Ämter- und Eigentumsordnung als Realwerk auszugeben, dem personalistischen und patrimonialen Zugriff Wiens und Habsburgs entzogen, und wie man gleichzeitig den Glauben nährt, mit dieser Person, deren Qualitäten durchaus den Ansprüchen genügen konnten, die Sicherung der Krone selbst fast im Alleingang zu erhalten, als ob es nicht in den meisten der angeführten Gemeinwesen genauso zuging, wie es sich die Böhmen im eigenen Lande wünschten – ohne ein »absolutum dominatum« mit seinen Schnellschüssen und unkontrollierten Aktionen über die Köpfe der Stände hinweg.

Freundschaft und gute Korrespondenz allein genügten hier nicht. Und die Schwäger waren oft schwieriger einzuschätzen als vorsichtige Stände, die um Bewilligungen gebeten werden mußten. Was konnte denn Jakob I. von England seinem Schwiegersohn viel an Hilfe leisten, wenn es zum Krieg mit Habsburg kam, der ja vor der Tür stand? Das Parlament achtete sehr darauf, daß England nicht aus Familiengeschichten heraus in einen Unbestand geriet, und außerdem war der Einfluß Spaniens in Whitehall so stark, daß Friedrich V. kaum mit der Unterstützung rechnen konnte, die er sich vielleicht erhofft hatte[24]. Er mußte sogar in dieser *Causa Bohemica* die Hochmögenden der Niederlande angehen und bitten, das Hilfsgesuch an Jakob I. weiterhin zu unterstützen[25]. Zu diesem Schritt war er bald nach seiner Wahl und Krönung in Prag genötigt worden. Denn er hatte ja nicht nur das aufständische Böhmen gegen das andringende Habsburg-Heer zu verteidigen, sondern auch sein Kurfürstentum am Rhein, das durch spanische Truppen schon mehr als bedroht war[26].

Seine Lage war Anfang 1620 bei allem Glanz der Feste, die zu seiner, Elisabeths und seines neugeborenen Sohnes Ehren in Böhmen veranstaltet wurden[27], keineswegs rosig. Er sieht sich daher auch veranlaßt, den Hochmögenden im Haag eine lange Erklärung dafür zu liefern, warum er diesen Schritt der Königswahl unternommen und warum er von ihnen weiterhin Geld und andere Güter angefordert habe. Bei der Annahme der Königskrone von Böhmen sei nicht sein »privater Nutzen« entscheidend gewesen, sondern all sein Interesse habe lediglich der »sonderbaren Regierung Gottes, der Gerechtigkeit und der Erhaltung der bedrängten Evangelischen Religion« gegolten, sowie der »Abwehr der unerhörten verübten Tyranney der mordenden, raubenden, brennenden Schändung ehrlicher Frauen und Jungfrauen, auch der großen Gefahr, so nicht allein dem Römischen Reich, sondern ebenso der ganzen werten Christenheit entstehen könne«. Er dankt den Hochmögenden für ihre bisherige Hilfe, die ja auch ein gerüttelt Maß eigener Sicherheitspolitik bedeutete und bittet darum, daß »Ihro Hochmögenden in solchen guten Bezeigungen fortfahren«[28].

In der weiteren Analyse seiner Lage beschreibt er aus der besonderen Rechtslage Böhmens und des Heiligen Reiches vorzüglich das Verhältnis von Innen- und Außenring seines Sicherungssystems. Man habe die Hochmögenden zur »jüngsten Evangelischen Correspondenz-Versammlung zu Nürnberg« einladen wollen, sich aber dann doch dagegen entschieden und die Absicht auf eine künftige Versammlung »aller Evangelischen« verschoben. Christian IV. von Dänemark sei nur deshalb angeschrieben worden, weil er als Herzog von Holstein Reichsstand sei. »Schweden aber und die Evangelische Eidgenossenschaft seien darzu gar nicht erfordert worden.« Nur diejenigen, »welche im Reich gesessen«. Auf diesem Nürnberger Treffen habe man sich trotz der Bemühungen Maximilians von Bayern, »als das Haupt dero papistischen Liga in Deutschland«, den protestantischen Ständen einzureden, sie hätten von der Gegenseite »ganz keine Offension zu verstehen«, darauf geeinigt, »von seiten der Evangelisch Unierten in der angestellten

Gegenverfassung zu bleiben . . . dem Gemeinen und Böhmischen Wesen zum Besten«.

Aus diesem Grunde ist die Hilfe der Hochmögenden von entscheidender Bedeutung, um die Krone Böhmen behaupten zu können, denn es »sei kein Zweifel, es werden die Papisten und sonderlich das Haus Österreich und Spanien das Äußerste daran wagen«. Man soll daher über den Gesandten *Cornelius Haga* »zu Constantinopel die spanischen Praktiken zu hintertreiben suchen« mit dem Ziel, wieder in die böhmischen Länder zu kommen. Kein Friede Spaniens mit dem Türken! Das fordert Friedrich V. von den Hochmögenden in einer Situation, die noch immer vom Staatsmord an Oldenbarnevelt überschattet wurde und im Nachzittern des abgelaufenen Schauprozesses auch die Flucht des *Hugo Grotius* nach Frankreich zu bewältigen hatte[29].

Und noch mehr liegt ihm im strategischen Sinn. Es würde einen guten Effekt ergeben, meint Friedrich V. weiter in seinem sicherheitspolitischen Programm, wenn Haga »den türkischen Kaiser dahin disponieren wollte, daß er den König in Polen von allen Feindlichkeiten wider das Königreich Böhmen und dessen incorporierten Landen abmahnte. Ingleichen auch man . . . dergleichen officia (Dienste) bei Moskau und Schweden einwenden täte.« Auch Frankreich sollten die Hochmögenden in diesem Sicherheitssystem für die Sache Böhmens interessieren. Mit Genugtuung vermerkt er eine Meldung, daß die Hochmögenden mit der »Herrschaft Venedig ein Bündnis geschlossen« hätten. Damit lag man gleichsam im Rücken der Habsburger und konnte von Friaul her Diversionen betreiben: eine gute Gelegenheit und eine Hoffnung, die dann freilich zerstob.

Sorgen bereiten dem Böhmenkönig »allerhand gefährliche Mißverständnisse zwischen dem König in Dänemark und den Hansestädten, sodann zwischen den Grafen zu Oldenburg und dem Bischof von Bremen«. Christian IV., obgleich selbst ein Wahlkönig und in Dänemark auf den Reichsrat und Reichstag verwiesen[30], hat sich in beiden Konflikten ähnlich Habsburg in Böhmen auf Erbprätentionen eingestellt. Die

Hansestadt Hamburg und ihre freien Einwohner betrachtete er als Erbuntertanen[31], und in Bremen versuchte er, seinen Sohn Friedrich, der 1661 das Wahlkönigtum radikal in ein absolutistisches Erbwesen verwandeln sollte, auf den Erzbischof-Stuhl zu bringen[32] – eine Politik demnach, die mit der von Friedrich V. geforderten *Evangelischen Coniunction* gegen die Mächte und Stände der *Catholischen Liga* wenig in Einklang stand[33].

Es fällt auf, daß Friedrich V. in diesem bislang nicht beachteten Programm, das sein Gesandter *Rosellus* im Haag zu überreichen hatte, Schweden nur zum Außenring rechnet und auf eine Diversion gegen Vasa-Polen hofft, um den konzentrierten Griff vom Innenring her zu lockern. Denn Absprachen Wiens mit Bayern und selbst mit Sachsen verstärkten die Einkreisung Böhmens[34], wenn Polen noch dazu kam und Bethlen Gabor, der Calvinist, mit seinen Truppen vornehmlich in Gestalt seiner berühmten leichten Reiterei nicht rechtzeitig eintreffen sollte.

Den Niederlanden mißt der Böhmenkönig das Hauptgewicht zu, aber Schweden war dennoch auf seine Weise präsent. Gustav Adolf wurde zwar nicht Mitglied der *Union,* in die Böhmen übrigens trotz Fürsprachen einzelner Reichsstände nicht aufgenommen wurde[35], aber von dieser immer wieder gut unterrichtet. So war es 1614 und auch im Sommer 1619. Aus Heilbronn geht ihm zur Lage im Heiligen Reich und vor allem der Evangelischen Stände ein besonderes Schreiben zu, in dem die Gefahr einer »gänzlichen Ausrottung des heiligen Evangeliums und Einführung einer fremden Monarchie und unerträglichen Jochs« gesprochen wird. Man erwartet den *Universalruin* durch das unerträgliche Servitut einer *Universalmonarchie,* unter der in erster Linie die Mutation der Mutuation in der Reichsverfassung verstanden wird, die vollkommene Umwälzung des vertraglichen Wahl- und Feudalsystems durch ein patrimoniales Erbverhalten Habsburgs, das nicht hingenommen werden kann[36].

Über die fortwährenden Verfassungsbrüche der »großen Kriegsmacht zu Roß und Fuß« kann man sich nur noch bitter beklagen, zumal »in dem angrenzenden Königreich Böhmen die allda erregte Unruhe und Kriegsgefahr mit dem tyrannischen Morden, Brennen und Blutvergießen vorgehen tut . . . Seine Flammen können auf dem einen oder anderen Weg leichtlich in das benachbarte und anrainende Römische Reich schlagen und äußerste Confusion und wohl ganz verderbliche Ruinam verursachen.«

Die Ruhe im Reich scheint dahin zu sein. Man wolle aber auf der Hut und äußerst wachsam sein, um als getreue Patrioten der andringenden Not des geliebten Vaterlandes begegnen zu können. Zur besseren Koordinierung aller Ständekräfte zu Schutz und Trutz »gegen männigliche Widergewalt« werden die interessierten Fürsten, Stände und Städte zum Unionstag nach Mühlhausen geladen, der am 22. August 1619 beginnen sollte[37].

Die Verhältnisse in Böhmen hatten sich seit der Krise um den realen Vollzug des »Majestätsbriefes« von 1608 und seiner Folgeordnungen, seit der *Jülicher Erbsache* von 1609, im Laufe eines einzigen Jahrzehnts in einer Weise geändert, die Gustav Adolf recht gut in seiner Stellungnahme vom 25. April 1620 zum Bremer Stiftsfall und Holsteiner Hausstreit zu fassen versteht. Das Zerwürfnis der Beteiligten bereitet ihm Sorge nicht weniger als Friedrich V. selbst, der im Nordwesten des Heiligen Reiches das unselige Verzetteln der Kräfte in den inneren Besetzungs- und Besitzhändeln beklagt, während im Südosten sein durch Wahl erworbenes Böhmen allmählich in Brand gerät.

Gustav Adolfs Vorwurf an die Streithähne, daß sie sich den Bedingungen des anhängigen »gerichtlichen Prozesses« entzogen hätten und »vom ordentlichen und in den Rechten gegründeten Weg abgetreten« sind, offenbart sein stetiges Streben, den Rahmen des Rechts nur im äußersten Notfall zu verlassen. Trotz der »sehr starken Blutsbande und Verwandtschaft« mit dem Haus Holstein will er nicht, daß in dieser fundamentalen Frage etwas »außerhalb des Rechtsweges« (extra viam Juris) geschieht. Denn ein solches Vorgehen kann nur zur unleidlichen Vergiftung aller beteiligten Gemüter führen. Am Ende stünde man dann vor einem Haus- und Bürgerkrieg, mit dem niemand gedient sei[38].

Der Rechtsweg. Darin lag nicht nur für Machiavelli die manchmal kurvenreiche Spur des menschlichen Wesens. Wurde er verlassen, dann wucherte die Wildnis der Macht, und wohin das entäußerte Faustrecht den enthemmten Menschen treiben konnte, das durfte ein jeder an den fünf Fingern abzählen.

# Auf dem Wege zum Hauskreuz

Die Erholung des *Kriegsvolkes,* das während der vergangenen Feldzüge zwischen Ladoga- und Peipus-See durch Kämpfe und Krankheiten schwer gelitten hatte und »unter die vornehmsten Stützen des Regimentes« gezählt wurde, »durch welche alle Reiche aufrechterhalten und geschützt werden«[1], lag Gustav Adolf im Herbst 1616 sehr am Herzen. Sorge bereitete ihm auch der Mangel an geeignetem *Seevolk* für die Flotte und die weitere Finanzierung einer militärischen Dauerbereitschaft gegen die östlichen Anrainer. Dieses Kreuz hoffte er durch eine Naturalabgabe bei Kron-, Steuer- und Adelsbauern etwas erleichtern zu können, zumal »Gott dieses Jahr das Land mit einer guten Ernte reichlich gesegnet hat«[2].

Im Feuer des Furchtbaren, wie es Mars entfachen konnte, hatte sich das Fruchtbare an einem anderen Licht genährt, am Eros der Erde selbst. Die Geburt des unehelichen Sohnes aus dem Schoße der Margareta Cabeliau erinnerte ihn zusätzlich daran, was er seinem ledigen Stande in naher Zukunft schuldig war, wenn er das Gebot Gottes und Schwedens Gesetz erfüllen wollte. Das biblische *Wachset und mehret euch* forderte auch von ihm den Vollzug, jedoch nicht in der Fortsetzung der kalten Lust von Cupido, sondern im Rahmen eines löblichen und christlichen Ehestandes.

Doch der Eintritt in diesen Stand wollte besonders für einen Fürsten und König überlegt sein. Die Mahnung des Sirach, »Wer ein böses Weib erhält, der bekommt einen Skorpion«, mußte auch hier bedacht werden. Deshalb erschien es wichtig, sich in einer solchen Handlung dem »Rat der Eltern, der Familie und der Freunde« zu versichern[3] und alle Vorsicht walten zu lassen. In diesem Sinne erhält bald ein Agent namens Birckholtz den Auftrag, am Hofe des Kurfürsten Johann Sigismund von Brandenburg in Berlin die Stimmung zu sondieren. Der Legat sollte »über den Winter hin in Teutschland bleiben und zurückhaltender (als bisher?) über eine Eheverbindung verhandeln. Die Freundschaft aber wolle er befördern, so gut er es vermag (und) darauf bedacht sein, die Pläne der Feinde auszukundschaften«[4].

Überlegungen zu einer Verbindung der beiden Häuser Vasa und Hohenzollern sind zwar schon im Jahr zuvor angestellt worden, aber die militärische und politische Lage war nicht so günstig, daß eine schnelle Heirat zwischen Gustav Adolf und der Fürstin Maria Eleonora bewirkt werden konnte, zumal es noch persönliche Abneigungen der Kurfürstin Anna gab, die am Berliner Hof über großen Einfluß verfügte. Andere Hindernisse und Widerstände kamen hinzu. Der Übergang Johann Sigismunds zum Calvinismus (1613) spielte in diesem Zusammenhang die geringste Rolle. Denn Gustav Adolfs Mutter stammte selbst aus calvinistischem Hause, und seine Halbschwester Catharina hatte gerade den Pfälzer Calvinisten Johann Casimir geheiratet. Außerdem war Maria Eleonora bei diesem spektakulären Glaubenswechsel lutherisch geblieben, und das kommutative Wesen eines Heiratskontraktes konnte diese Qualitäten ohnedies übergehen.

Wesentlich schwerer wogen die rechtlichen Verflechtungen einer solchen Heirat. Denn der Kurfürst von Brandenburg war nicht nur als hoher Stand dem Heiligen Reich verpflichtet, sondern auch als Herzog von Preußen der Krone Polen und damit Sigismund III. als personalem Lehnsherrn – Gustav Adolfs Erbfeind!

Man konnte sich leicht ausrechnen, wohin es für Berlin führen mußte, wenn Vasa-Schweden und Vasa-Polen von Livland her ihre Auseinandersetzungen steigerten und sie auf dem Boden Preußens auszutragen gedachten, dessen Bedeutung für Dänemarks Sicherheit auch nicht zu unterschätzen war, so daß sich Brandenburg im Ernstfall von drei Seiten her bedrängt sehen konnte. Auf der anderen Seite vermochte eine besondere

Verbindung mit dem aufstrebenden Schweden den eigenen Status zu sichern und die Reputation zu erhöhen, schließlich gab es nicht allzu viele Prinzen in der evangelischen Christenheit. Zwar hing Gustav Adolf immer noch der Geruch des »Usurpators« an, wobei man ihn für die Politik seines Vaters einiges büßen ließ, aber diese Belastung konnte man bei gutem Willen ausräumen. An diesem jedoch muß es in der Umgebung der Kurfürstin gefehlt haben, versuchte sie doch, mit allen Mitteln diese schwedische Heirat zu hintertreiben. Selbst Interventionen des Landgrafen Moritz von Hessen, Friedrichs V. von der Pfalz und der Niederlande nutzten nicht sonderlich viel. Als dann auch noch Johann Casimirs Werbung für seinen Schwager in Berlin negativ zu verlaufen drohte, begann auch Gustav Adolf zu schwanken, ob sich mit Maria Eleonora jemals etwas arrangieren lassen würde. Aber er war entschlossen, dem Rat seines Schwagers zu folgen, wenigstens eine Ehefrau aus den Häusern »der Union zu nehmen. Das wäre mir auch am angenehmsten, sofern es der gute Gott so vorgesehen hat«[5].

Die Vorsehung aber, jenes wunderliche Erklärmittel des Calvinismus, das sich der junge Schwedenkönig ebenso zu eigen gemacht hat wie die Forderung nach dem freien Willen, diesem Steuerinstrument des Catholizismus[6], wollte es, wie geplant, jedoch erst nach Überwindung vieler Hürden.

Und dazu schien wohl eine Reise und die persönliche Vorstellung am Berliner Hof das tauglichste Mittel zu sein, diesen Heiratshandel abzuschließen, der alles andere war als eine »stürmische Brautwerbung« (Koser). Das geht aus allen verfügbaren Quellen hervor, unter denen ein Tagebuch über die Reise des Königs in die Mark Brandenburg und in die Süd-Regionen des Heiligen Reiches einen besonderen Platz einnimmt. Es beschreibt aus nächster Nähe die Begegnungen Gustav Adolfs mit Land und Leuten in einem Bereich Europas, dessen innere Unruhe und Umbrüche ihm selbst bald zum Schicksal werden sollten.

»In einem schlichten grauen Reisekleid« vermerkt der Chronist[7], ging Gustav Adolf am 29. April 1620 an Bord des Kriegsschiffes »Jupiter«. Es wurde von dem größeren Flaggschiff »Szepter« begleitet, auf dem sein Schwager Johann Casimir von Älvsnabben aus die Fahrt nach Süden durchzustehen hatte.

Bald hatten die beiden Schiffe Gotland erreicht, das früher zu Schweden gehörte, jetzt aber zur Krone Dänemark gerechnet wurde. Bei Öland mußte man wegen Gegenwind etwas verweilen. Den Aufenthalt nutzte der König, um Jagd auf Seehunde zu machen. Trotz Seekrankheit, die beinahe jeden Zweiten geplagt haben soll, erreichten die Brautfahrer bald die Insel Bornholm, die Gustav Adolf aus der Zeit des Kalmar-Krieges kannte und von dort aus Rügen vor der Küste Pommerns: ein Ort, den er sich gut in Erinnerung behalten sollte.

Unter dem Decknamen *Adolf Carlsson* setzte er nun zu Lande eine Reise fort, die ursprünglich »nicht länger als bis nach Berlin dirigiert werden sollte«, dann aber doch erheblich ausgedehnt werden mußte, was nicht jedem im Gefolge gefallen wollte.

Zur Wahrung des Inkognitos wies der Freier seine Begleiter an, ihn wie einen »Stallbruder und Kameraden« zu behandeln. Das hatte auch für das Nachtlager zu gelten. Dabei gab es manch eine lustige Szene in der hohen und auch rohen Kunst des Verstellens, auf deren Nachtseiten zugleich Gefahren lauerten und andeuteten, wie vorsichtig alle Beteiligten auf dem beschwerlichen Weg durch Pommern zu sein hatten, damit der König nicht erkannt wurde. Denn in Böhmen brauten sich größere kriegerische Auseinandersetzungen zusammen. Und das strahlte aus, steigerte alte Empfindlichkeiten, Rang- und Statusstreitigkeiten bis ins Absurde. Aus diesem Grunde vermied man auch einen Besuch beim Herzog Bogislav von Pommern, weil dort ein »papistischer Herzog von Sachsen« in seiner Eigenschaft als Gesandter des Kaisers zu Gast war und Johann Casimir die Qualität eines Gesandten des Königs von Böhmen (Friedrichs V.) besaß. Landsleute zwar mit der gleichen Sprache, aber doch bittere Feinde. Zerstrittene Brüder, die sich aus dem Wege gingen, um sich nicht demütigen zu müssen.

Gustav Adolf sah angesichts dieser beiden Reichsstände unmittelbar eine Konstellation aufblitzen, wie sie auch zwischen seinem Vater und König Johan III., ja sogar zwischen ihm selbst und seinen Angehörigen im eigenen Haus zu beklagen gewesen war: der Drang nach Autonomie und Absondern vom Ganzen.

Doch jetzt war sein Interesse auf einen Lebensbund gerichtet, den er unter allen Umständen mit dieser Unternehmung abzuschließen gedachte. Und dabei störte es ihn auch nicht, wenn Herbergsprobleme zu erhöhter Wachsamkeit nötigten. Als einmal eine Magd durchs Fenster in sein Zimmer stieg, zog er vom Bett aus blitzschnell den Degen, weil er glaubte, »irgendein Dieb und Schelm« wollte ihm an Gut und Leben. Mit Neugierde und Sachkenntnis studierte er auf dem Weg nach Berlin die Wallanlagen und Befestigungen der Städte von außen her, um jeder Entdeckung auszuweichen. Rostock wurde nur deshalb nicht besucht, »weil es dort viele schwedische Studenten gebe«.

In Doberan jedoch besichtigte Gustav Adolf das Grabmal Albrechts von Mecklenburg, der einst König von Schweden gewesen war und damit auch eine Verbindung hergestellt hatte, die immer noch einen gewissen Bestand hatte, waren doch die Heiratsbeziehungen zwischen diesem Land des Heiligen Reiches mit Schweden in der Folgezeit erneuert[8] und damit Freundschaften zu den regierenden Herzögen fortgesetzt worden[9].

Auf Bauernwagen ging es weiter zum Gut eines Hauptmannes. Dort wurde fleißig getrunken und die Erfahrung gemacht, wieviel Lust ein Evangelischer an lockeren Redensarten haben konnte. Vor Schwerin dann lüftete Johann Casimir das Inkognito Gustav Adolfs für die nähere Umgebung des Herzogs, was ein freudiges Erstaunen auslöste und den Reisenden einige Annehmlichkeiten einbrachte. Sechsspännig erreichte man bald nach diesem Aufenthalt Perleberg und Mitte Mai bereits Wusterhusen – »eine kleine schöne Stadt. Sie ist aber sehr schmutzig, wie alle anderen kleinen Städte ... Hier stehen noch die Misthaufen bis unters Fenster. Das gesamte Vieh haben die

Leute bei sich in den Häusern. Und jeden Morgen hört man zwischen ihnen eine mächtig schöne Musik. Zuerst bläst der Kuhhirt in sein Horn, dann setzen der Ziegenhirt und Schafhirt mit kleinen Pfeifen ein. Der Schweinehirt knallt mit seiner Peitsche vor jeder Tür und läßt den Gänsehirten dazukommen. Darauf antworten Ochs und Kuh, Schaf und Geiß, Sau und Gans, ein jedes Vieh nach seiner Art. Kinder, Hühner, Hunde und Katzen stimmen gerne mit ein – mächtig lustig für einen jeden, der morgens gerne länger schläft.«

Aufmerksam wurde nicht allein die funktionierende Vielgliedrigkeit des Lebens im Heiligen Reich, sondern auch die Ökonomie beobachtet und begutachtet. »Alles ist meist sandig«, die Häuser sind aus Fachwerk errichtet und ihre Dächer mit Stroh gedeckt. Selbst in Berlin entdeckte man den ländlichen Charakter, genoß die »schönen Gärten« an der Spree, staunte über das »stattliche und wohlgebaute Schloß« und faßte die gesamte Stadtanlage als »zwei geteilt« auf. Befestigungsanlagen wurden aber vermißt. Dafür waren andere Hindernisse um so raffinierter angeordnet. Ihre Überwindung kostete in diesem launigen Versteckspiel einige Mühe. So hielt man den Freier mit seinen Leuten für »englische Soldaten« und wollte ihnen keine Herberge gewähren. Und als er sich doch noch zum Besuch der Predigt entschied, da wunderten sich die anwesenden Junker und fragten sich, »was ich für einer wäre und was ich hier wollte«.

Die Predigt ging über den »Reichen Mann« und Lazarus. Auch darüber »Wie wir in der Welt eine Comödie spielen«, doch so zu leben haben, daß ein jeder Christ nach dem Tode »vom Meister der Comödie, welcher Gott im Himmel ist, die Krone der Ehre bekommen möge«. Dieses Lebensziel wird jedoch nur erreicht, wenn man die Untugenden in sich bekämpft. Ob sich die kurfürstlichen Herrschaften davon beeindrucken ließen? Sie gewährten Gustav Adolf immerhin nach dieser Predigt eine Audienz[10]. Nach Hands Bericht soll er bei einer anderen Gelegenheit in einen abgedunkelten Saal geführt worden sein, wo er die Hände der ganz in Weiß gekleideten Fürstinnen küssen durfte. Danach habe es der König nach Arnims Vermittlung sogar geschafft, in die Kammer Maria Eleonoras eingelassen zu werden, um »von Ihrer Fürstlichen Gnade Mund einen Kuß zu bekommen«.

Die Zustimmung der Kurfürstin, die mit Georg Wilhelm nach dem Tode Johann Sigismunds kaum zu Streich kam, war gleichwohl nicht zu erhalten. Da die Schiffe aus Schweden erst zum Mittsommer verfügbar waren und man nicht glauben mochte, das Inkognito lange geheimhalten zu können, wurde beschlossen, weitere Fürstenhöfe im Heiligen Reich zu besuchen. Denn »Ihre Majestät wollte gerne noch einige andere Fräulein sehen, um dennoch zurechtkommen zu können, wenn dieser Handel (in Berlin wider Erwarten) nicht anginge«.

Dieser Entschluß kam einem Druckmittel gleich, wie es die Kunst der Komödie kennt. Als solche wurde auch manch ein Abschnitt dieser Reise empfunden, deren Fortsetzung der Obrist Arnim nach dem Berliner Besuch verhindern wollte. Er fürchtete nämlich die Gefahren in den zahlreichen katholischen Gebieten, die Gustav Adolf passieren mußte, konnte sich aber nicht durchsetzen. Der König, ohnedies von gesunder Neugier und Wissensdurst getrieben, wollte sich jetzt nicht die Gelegenheit entgehen lassen, die uralten Kernländer des Heiligen Reiches kennenzulernen, zumal weit unten im Elsaß seine Schwester Catharina auf ihn wartete, und er die Beziehungen zum Fürstenhaus in Baden zu erneuern gedachte, wo ihn *Sybille Magdalena* interessieren konnte.

Von Dessau aus wurde der Weg ins Reich fortgesetzt. Bald waren Halle und Querfurt erreicht. In Erfurt dann, das mehr als zehn Jahre später einen glanzvollen Einzug der siegreichen Schweden-Armee erleben und auch die Schattenseiten ertragen sollte, bestand Gustav Adolf nicht nur auf einer Führung durch die Kirche Sankt Peter, sondern durfte auch für das symbolische Entgelt von einem Dukaten mit seinem Gefolge an einer katholischen Messe der Dominikaner teilnehmen. Spanische Wände werden ihn abgeschirmt haben, so daß er von den übrigen Gläubigen nicht gesehen werden konnte[11].

Über die »große Abgötterei« der Catholischen soll er sich danach sehr verwundert haben, war doch die Feier des Mysteriums der Heiligen Messe nach Tridentinischem Ritus im Vergleich zum Zeremoniell der eigenen Kirche ein einziges Sinnenfest. Gotha, Fulda, Gelnhausen waren die nächsten Stationen. In Hanau erstand man trotz der schmalen Reisekasse »ein kleines schönes Diamant-Halsband«, und in Frankfurt am Main, der Wahl-, Krönungs- und Messestadt, verhandelte man gar bei einem Juwelier »um ein Diamant-Halsband für 8700 Rt«. Darmstadt ließ Gustav Adolf schnell hinter sich. Er wollte in Heilbronn eine Zusammenkunft der Evangelischen Union besuchen, die aber nach Worms verlegt werden sollte[12], so daß sich die Reisegesellschaft eines anderen besann und Heidelberg aufsuchte, um von dort aus Mannheim und Durlach zu erreichen.

Da jetzt der Besuch des anberaumten Unions-Tages unmöglich geworden war, nahm Gustav Adolf die Gelegenheit wahr, vom Feldlager bei Breisach aus ein Heer der Union in Augenschein zu nehmen. Dabei erlebte er eine Eigentümlichkeit der kontinentalen Kriegskunst. Die Unionstruppen hinderten den Feind nicht, den Rhein zu passieren, obgleich zumindest Scharmützel militärisch geboten waren. Zu dieser militärischen Maßnahme lag aber keine Zustimmung »der anderen unierten Fürsten« vor, so daß diese günstige Gelegenheit ungenutzt verstrich – politisch-rechtliche Absprachen hatten das militärisch unbedingt Gebotene behindert! Ein schlechtes Zeichen?

In Straßburg konnte sich Gustav Adolf des Eindrucks nicht erwehren, den das Münster auf ihn machte. Hier erfuhr er auch, wie schon so oft auf seiner Reise, daß so mancher das ferne Schweden aus eigenem Erleben kannte. So hatte der Pedell, der ihm mit anderen das Gotteshaus zeigen durfte, in Reinhold Daubs Regiment in Schweden als Soldat gedient. Den König erkannte er aber nicht. Hagenau im Elsaß und Weißenburg am Rande des Westerreichischen Berglandes standen anschließend auf dem Programm, bis man sich endlich nach Neucastell wandte, wo Catharina sehnsüchtig auf ihren Halbbruder wartete. Hier in der Lieblichkeit einer göttlichen Landschaft wurde zur großen Freude der Pfalzgräfin gemeinsam das Pfingstfest 1620 gefeiert. Verständlich, daß sie »bitterlich weinte«, als sich Gustav Adolf wieder auf den Weg begab, um über Landau und Speyer nach Heidelberg zu reisen, wo die Spannungen ins Unerträgliche zu wachsen drohten.

Während seines Aufenthaltes in Heidelberg fand eine Reihe politischer Gespräche statt, in denen auch der Vorschlag gemacht wurde, Gustav Adolf solle »nach Prag, zum König in Böhmen ziehen«, der sich verzweifelt darum bemühte, eine tragfähige Koalition gegen die Habsburgische Macht zusammenzubringen. Aus diesem Plan aber konnte nichts werden, weil er in jeder Beziehung unwägbar war und der Sinn dieser Reise auf den Abschluß eines Heiratskontraktes begrenzt bleiben mußte.

Von weiteren Verhandlungen an den besuchten Fürstenhöfen über die Werbung um eine andere Braut als Maria Eleonora ist hier keine Rede mehr. Wahrscheinlich wußte man in der engsten Umgebung des Königs, daß sich in Berlin doch einiges zu seinen Gunsten getan hatte. In Kassel dürften dann noch einmal einige Hindernisse beseitigt worden sein. Aber als Gustav Adolf Ende Juni wieder nach Schweden zurückgekehrt war[13], hatte er noch immer keine endgültige Gewißheit, ob sich der begonnene Heiratshandel wirklich vollenden ließ. Wie schon oft zuvor und noch häufiger nach diesem Einsatz sah er sich genötigt, den Kanzler Axel Oxenstierna ins Gefecht zu schikken, um doch noch an das Ziel seiner Wünsche zu gelangen.

Nur ein paar Wochen nach seiner Heimkehr aus dem Heiligen Reich, in dem eine gespannte Ruhe herrschte und alle politischen Gemüter nach Böhmen schauten, beauftragte er Axel Oxenstierna in einer besonderen Instruktion, endlich »mit IFG:de, dem Fräulein Maria Eleonora, geborener Kurfürstentochter einen christlichen Ehestand« so abzuschließen, wie es »in königlichen und fürstlichen Häusern üblich ist«.

Die Zuversicht Gustav Adolfs, die »Zustimmung der Kurfürstin« zu dieser Verbindung jetzt zu erhalten, gründete sich vornehmlich darauf, daß ihn Kurfürstin Anna als »ihren Sohn« angenommen hatte: ein untrügliches Zeichen familiärer Gewogenheit und Vertrauens. Das war die Grundlage aller weiteren Verhandlungen um Bedingungen und Bindungen, die bei diesem schwierigen Geschäft zu berücksichtigen waren. Mit stürmischer Hand, diesem Lieblingsgedanken der borussischen Historie, war hier wie sonst in der Politik wenig gewonnen[14]. Es mußte hart verhandelt werden.

Das galt vor allem für die Sicherheitspolitik. Sollte nämlich das Kurfürstliche Haus mit Georg Wilhelm an seiner Spitze wegen dieser Heiratsverbindung mit Schweden Probleme in Preußen mit Vasa-Polen bekommen, dann war Gustav Adolf bereit, dem jungen Kurfürsten »auf seine eigenen Kosten . . . 8000 Mann« oder »50 000 Rt im Monat« zum Unterhalt angeworbener Truppen zur Verfügung zu stellen. Ein Waffenstillstand zwischen Schweden und Polen sollte außerdem nur geschlossen werden, wenn dafür eine ausdrückliche Sicherheit Brandenburgs in Preußen gewährleistet wurde. Diese Zusage gelte allerdings nur, wenn Gustav Adolf selbst »nicht mit irgendeinem aktuellen Krieg belastet« sei, und drohe einer, dann reduziere sich diese Hilfe über den Sund um die Hälfte[15].

Die Eile, zu der Kanzler Oxenstierna angetrieben wurde, hatte Kosten- und Statusgründe. Der König fürchtete nicht wenig Spott und persönliche Wertminderung, wenn dieser Heiratshandel zu lange dauerte und am Ende doch noch scheitern sollte. Von »Verlobung« will er nichts wissen, sondern nur vom Abschluß eines »Heiratsvertrages« mit der Ankündigung, daß die Braut »in diesem Herbst« (1620) nach Stockholm komme[16].

Axel Oxenstierna machte sich also auf den Weg. Schlechtes Wetter jedoch zerschlug am schönen Flaggschiff »Krone« den Fockmast, so daß er nach einem Aufenthalt mit der »Schlüssel« seine Reise fortsetzen mußte[17]. Seinem einzigartigen Geschick, dieser Mischung aus Kompetenz und Charme, die ihn zu einem überlegt Überlegenen machte, ist es dann recht bald gelungen, selbst Kurfürstin Anna davon zu überzeugen, daß die Vorstellungen seines Königs auf Erfüllungen drängten und nicht mehr gewartet werden konnte, wenn von beiden Seiten Schaden abgewendet werden sollte. So kam es dann auch, daß Maria Eleonora – »unsere liebe Maitresse« – den Weg ins mitternächtige Reich antrat und sich auf eine königliche Hochzeit einzustellen begann[18].

Während in den Staatsgeschäften Probleme der Grenzziehung zwischen Schweden und dem Moskauer Zartum der Lösung harrten, niederländische Gesandte abzufertigen waren, Kriegsdrohungen aus Vasa-Polen begegnet werden mußte und die Entwicklung in Böhmen Anlaß zu Unruhe und Besorgnis gab, kümmerte sich Gustav Adolf um die Vorbereitungen zu dieser Hochzeit[19], deren Höhepunkt die Krönung Maria Eleonoras zur Königin sein sollte.

Doch vor alle diese Feiern hatte das materielle Interesse seine unverkennbaren Besitzzeichen gesetzt. Nach Schwedens Gesetz war ein König berechtigt und verpflichtet, seine Ehefrau mit einer sogenannten Morgengabe in Gestalt eines Leibgedings und Witwensitzes zu versorgen. Denn im Falle seines tödlichen Abganges mußte die Königin bei ihrem »Status und Stand« gehalten werden.

Gustav Adolf versorgte Maria Eleonora in dieser Hinsicht wahrhaft königlich. Mit Zustimmung der Königinwitwe Christina, seines Bruders Carl Filip und des Reichsrates (!) als Vertreter der Krone Schweden wurden der Brandenburgerin Schloß und Stadt Linköping überschrieben. Zahlreiche Häradsdörfer und Kirchspiele rundeten diesen lehnsrechtlichen Besitz ab, der jährlich etwa 40 000 Rt einbrachte. Patronats- und Jurisdiktionsrechte, selbständige Administration und andere Privilegien, wie verhältnismäßig geringere Leistungen bei außerordentlichen Belastungen des Reiches (meist im Kriegsfalle) oder bei Aushebungen von Soldaten ergänzten die materielle Ausstattung ihres Ehestandes. 4000 Schwedische Taler aus der Rentkammer wurden zusätzlich in jedem Jahr als »Spiel«- oder persönliches Handgeld geleistet. Damit konnte sie wirklich zufrieden sein[20]. Aber. Die Beherrschung eines solchen

Leibgedings erforderte eine geschulte Persönlichkeit mit politischem, rechtlichem und ökonomischen Verstand. Und das war Maria Eleonora bei all ihren guten Anlagen im Gegensatz zur Königinwitwe Christina nicht. Dafür durfte sie sich als eine der schönsten Frauen ihrer Zeit betrachten, die Anmut mit Menschlichkeit zu verbinden verstand. Tugenden, die sie brauchte, um den ungeheueren Erwartungsdruck aushalten zu können, die Unerbittlichkeit der vorhandenen Erbgesetze, die einen Thronfolger forderten. Von diesen Spannungen ist bei jenen, die sie als leicht hysterisch beurteilen, leider selten die Rede. Ohne die Berücksichtigung ihrer Lebensumstände wird man aber dieser Frau und ihren häufigen Todesängsten um Gustav Adolf nicht im mindesten gerecht[21].

An die Fertigkeiten des Verwaltens hatte am 27. November 1620 wohl kaum jemand gedacht, als sich die beiden unter großem Prunk und in strenger Beachtung von Rang, Namen und Amt bis in die Tanzordnung hinein vermählen ließen. Doch das zentrale Thema, der fundamentale Auftrag dieser Ehe kam immer wieder zur Sprache. Vor allem Axel Oxenstierna, ein begnadeter Redner, lenkte in seiner ausgefeilten Ansprache vor dem Brautbett, auf dem Gustav Adolf und Maria Eleonora nach altem Brauch zu sitzen hatten, alle Sinne der Anwesenden auf die »eheliche Liebe«. Dabei lobte er den »allerhöchsten Gott, den Stifter aller christlichen Ehen«, und kam nach einigen gezielten Seitenhieben auf diejenigen, »welche Hindernisse aufgerichtet haben«, zu der geforderten »Konservation des königlichen Geschlechts . . . in unserem lieben Vaterland«. Und das konnte hier nur heißen, daß sich diese Eheleute um das zu mühen hatten, was das Ziel dieser Verbindung sein mußte – »Kinder und Leibeserben«[22].

Und dieses Thema sollte noch an beiden zehren, sie auch demütigen und in einem stoischen und christlichen Sinne zugleich zur Demut gegenüber Gott und der Natur bringen! Vorerst aber hatten sie noch die Feier der Krönung zu bestehen. Sie wurde einen Tag nach der Hochzeit vollzogen. Während dieser Zeremonie, die im wesentlichen mit jener übereinstimmte, die

Gustav Adolf 1617 selbst erlebt hatte, erfuhr die teutsche Fürstin, wie sich in Schweden Thron und Altar begegneten.

Die Würdenträger der Kirche mit dem Erzbischof von Uppsala an der Spitze, der auch die Krönungshandlung an sich vor-

*Zeitgenössisches Gemälde mit Gustav Adolf und Maria Eleonora einige Jahre nach ihrer Hochzeit (KB – Stockholm).*

nehmen durfte, wurden von den Trägern der weltlichen Ämter in einer fast theatralischen Weise so umrahmt, daß ihr politischer Vorrang jedem sichtbar wurde. Das »Ecclesia in republica non respublica in ecclesia« konnte sich nicht mehr genauer darstellen. Maria Eleonora und ihre Mutter mußten außerdem erkennen, daß sie mit dieser Heirat, diesem ehelichen Vertrag zwischen zwei Häusern und Personen, nur eine Königin ohne Regierungsgewalt sein durfte. Denn es wurden ihr nur »vier Regalien« überreicht: Krone, Szepter, Apfel und Schlüssel[23]. Das Schwert, das Zeichen des inneren und äußeren Friedens und Ausdruck der Exekutiven, blieb dem König alleine überlassen. Er besaß die Vollziehende Gewalt – die Dominanz des Männlichen hatte auch damit ihre Szene.

Nach all den Staatszeremonien schritt man zu üppigen Mahlzeiten nach Art der Zeit mit Pfeffer, Ingwer, Mandeln, Rosinen, Zimt, Muskat, Nelken, Safran, Oliven und Kardamom überreich gewürzt und garniert. Konfekt und allerlei Spezerei verlockten die gekitzelten Gaumen. Weine aus Spanien und vom Rhein flossen in Strömen, gutes teutsches Bier aus Lübeck und Rostock nicht minder. Es wurde zum Tanz aufgespielt und sich an Komödien ergötzt[24].

Am Eingang des Winters gönnte das königliche Haus den versammelten Ständen des Reiches in Stockholm ein lautes Fest der Sinne. Kurzweil und Staatsaktion ließen mit ihrem heiteren Gepränge und ernsten Reden für ein paar Tage vergessen, welch grausame Spiele hinter den Kulissen auf die hochgestimmten Akteure warteten. Noch wußte man nicht, wie die Schlacht am *Weißen Berg* in der Nähe Prags vom 8. November ausgegangen war, ob und wie sich die übersandten schwedischen Kanonen bewährt hatten[25]. Aber es liefen die Vorbereitungen an, Friedrich V. und die Stände Böhmens in ihrem Kampf um die Freiheit von Norden her zu entlasten. Eine Diversion war vorgesehen, um Truppen von Vasa-Polen nicht gegen Böhmen zum Einsatz kommen zu lassen. Man wollte Druck ausüben und den Gegnern zeigen, zu welcher Machtdemonstration Schweden nach dieser gelungenen Hochzeit fähig war.

Ein gutes Jahr nach dem ersten Beilager hatten sich die Hoffnungen auf einen Thronerben noch nicht erfüllt, der Krieg gegen Vasa-Polen nach Ablauf des Waffenstillstandes war aber beschlossene Sache, und Maria Eleonora – »mein Hauskreuz« (Gustav Adolf) – beschlich nach ihrer ersten Fehlgeburt eine schreckliche Angst allein schon beim Gedanken daran, daß sich ihr »allerliebster Herr« zum Kriegstheater nach Livland einschiffen mußte. In ihrer Not wandte sie sich an die Pfalzgräfin Catharina, sie möge sich doch bei ihrem Bruder verwenden und »fleißig bitten, daß sich IKM:t nicht weiter in Gefahr begeben wolle«[26].

Diese inständige Bitte vertraute sie am 5. November 1621 ihrem Brief in der trügerischen Hoffnung an, sie könnte Gustav Adolf von dem abhalten, was er als notwendig erachtete, um die Sicherheit Schwedens zu erhöhen. Das war seiner Mutter schon nicht im Moskowitischen Krieg gelungen, noch weniger Oxenstierna. Und jetzt konnte er diesen Bitten auch nicht entsprechen, stand doch die »große Ehe« mit dem Reiche Schweden über seiner eigenen.

# Elend eines entthronten Königs

Ward Gustav Adolf nach der Krönung und der Kreuzküssung zum Abschluß eines ewigen Friedens das politische Leben zur Lust? Die Überschläge für die Kosten im laufenden Krieg gegen den entthronten König Sigismund[1], die Anschläge während der ruckartig betriebenen Ars militaris von Livland aus[2], die Aufschläge für die Stände zur Füllung leerer Staatskassen und Entrichtung der fälligen Rate für Älvsborg[3], die Beschläge für die Rüstpferde und die unverhofften Einschläge der Würgeengel von Pest und anderen Geißeln[4] waren nur eine einzige Last. Und als auch noch Axel Oxenstierna nicht beikam, obwohl er ihn dringend brauchte, da wäre jede Reaktion verständlich gewesen, die in einem heiligen Zorn gedonnert hätte, daß alles der Schlag treffen solle.

Diesen heißen Wunsch all jener, die das politische Wesen eines Menschen nur aus Fetisch-Qualitäten des Blutes erklären wollen (Vollblut-Politiker), erfüllte er nicht. Warum sollte er sich auch selbst entthronen? Vielmehr besann er sich auf eine andere Qualität, die er immer wieder für den Dienst im Weinberg des bedrohten Reiches einsetzte. Ist es nicht das Hindernis einer Krankheit, die den Kanzler vom Amte fernhält, schreibt er im April 1618 an den sonst so zuverlässigen Oxenstierna, »dann hoffe ich, daß Ihr, die ihr ein Mann seid, euere Privatsachen (thet enskylte) für das Gemeine zurückstellt«[5].

Der Kampf mit sich selbst für das Reich muß bestanden werden, wenn das Recht wirklich den wahren Menschen ausmachen soll. Man bedenke: Wo die »Tugenden der Vorväter ganz und gar vergessen werden«, dort zieht Sündenstrafe ein. Das Fortgeben von Festungen unter Verrat bezeugt dieses Verhalten bei Männern, unter denen sich »ein Teil noch mehr als der Weiber Blödheit vorgenommen hat« und es mit dieser elenden Schwäche dahin brachte, daß man nun »diese Schlösser und Länder mit schweren Geldsummen auslösen muß«[6]. Glaube doch ja keiner, daß da eine Herrschsucht (begärlighet til at herska) den König veranlaßt habe, zu einem Regiment und Herrenwesen zu treten, dessen Gang durch die Belastungen der Tage und der Geschichte zur Genüge ausweist, wie sehr es von des Glückes Unbestand abhängig ist[7]. Das muß man ihm nicht erzählen. Aus eigener Anschauung und Erfahrung ist ihm das schmerzhaft bewußt: Die Macht hat nur einen Sinn, wenn sie für das Gerechte eingesetzt wird. Dann ist sie auch im Recht, und das wird ihm doch weiterhin von Sigismund und dessen Anhang bestritten. Also hat man hier auch noch in der Nacht wachsam zu sein, damit in Zukunft nicht doch noch die papistische Finsternis das Licht des »reinen Wortes« im Norden verzehrt.

*»Gottes Gebot und die Natur.«* Darauf will er sich stützen. Und noch eins sei jedem ans Herz gelegt: »Ich bin mir selbst nicht weniger schuldig, meine eigene Sicherheit und Wohlfahrt zu suchen, als nur diejenige meiner Verwandten und des Vaterlandes. Denn die weisen Männer sagen, daß derjenige, welcher sich selbst nicht hilft, obwohl er es vermag (gitter), schlimmer ist als einer, der Vater und Mutter ermordet hat. Nun ist mir bekannt, nachdem mich Gott als Fürsten hat auf die Welt kommen lassen, daß ich auf Gedeih und Verderb mit dem Gemeinen Besten verbunden bin . . .«[8]

Wie aber überleben in dieser Welt voller Schlingen, in der man darauf lauert, daß er über sie stolpert und endlich zu Fall kommt? Man muß sich auf Fallen verstehen oder zumindest wissen, was die Nachbarn im Schilde führen, und dafür haben die eigenen Leute ihre männlichen Einsätze zu leisten, wenn das Menschenrecht nicht vor die Hunde gehen soll. Denn was da draußen vor sich geht, hat doch etwas mit Tieren zu tun, mit Untugenden, mit Gewalt, mit schreiendem Unrecht – und dazu will das Hantieren gelernt sein.

Ist es nicht so: »Die stolzen Polen wollen die Russen verachten.« Sie haben ihnen auch das Severische Land abgenommen und dazu noch die Stadt Smolensk. »Ohne Hilfe der Russen selbst hätte das nicht geschehen können. Und nun haben sie Angst, weil sie nicht wissen, wie lange sie die (Eroberungen) behalten werden.« Deshalb wird das umliegende Land verheert! Bei diesen Dingen vergesse man ja nicht, daß die Polen »nicht aus redlichen und christlichen Ursachen mit ihrer Heeresmacht dorthin gezogen sind und diese Erwerbungen getätigt haben, sondern wie tollwütige Füchse (ilsnedige refwar) haben sie sich hineingebissen, die Russen betrogen und dahin gebracht, ihnen dabei behilflich zu sein, ihr eigenes Land einzunehmen . . . Wie greuliche und hungrige Löwen haben sie dort geherrscht und regiert, bis sie die Russen durch ihr unbarmherziges Raffen und Rauben zwangen, sie wie Hunde zu vertreiben . . .«[9]

Das ist nicht nur Rhetorik, vollmundiges Dekor. Es ist der Hinweis darauf, daß sich jenseits der Grenzen Schwedens das Unrecht häuft, welches mit seinem steigenden Eigengewicht auf das Reich selbst zurückwirkt. Deshalb die Bereitschaft, neben dem Verhandeln mit Vasa-Polen immer wieder die eigene Schraube ein paar Gänge nach vorne zu drehen und wieder zurückzuweichen, wenn die Kriegsaktionen zu schwer fallen könnten. Dieses Verhalten ist nicht »aggressiv« im Sinne des Völkerrechts und der von ihm gedeckten Notwehr[10], die nach Lage der Dinge nicht im passiven Verharren stehenbleiben muß. Hier ging es wirklich ums Überleben. Und als Anfang November 1618 zwischen Vasa-Polen und Vasa-Schweden ein Waffenstillstand abgesprochen wurde[11], da war das nur eine Atempause, und der König spürte angesichts der unter teutscher Vermittlung angenäherten Positionen, daß sich da ein übler Geruch aufgestaut hatte, der sich in alle Folgeverhandlungen drängte. Sigismund war noch immer nicht bereit, Gustav Adolfs Recht zur Krone Schweden anzuerkennen, und das Überlassen der Festung Pernau an den Erbfeind wollte er schon gar nicht hinnehmen[12].

Drücken, damit der andere nicht erdrücken kann. Demnach konnte nur Weiterverhandeln die Sicherheit erhöhen, wenn es gleichzeitig mit Absprachen zum eingeschlossenen Dritten hin kombiniert wurde. Mit Rußland wurde deshalb auch die Grenzlegung forciert[13] und der gegenseitige Handel reguliert[14], während der erneute Versuch anstand, mit dem Nachbarn Dänemark, der gern als »Fuchs« bezeichnet wurde[15], in Verhandlungen über eine *Nordische Union* zu treten. Dies alles schien umso dringender zu sein, als sich die Krise in Böhmen auszuweiten begann, in der Sigismund mitmischen wollte – stets mit Blick auf Schweden.

In einer Instruktion an Axel Oxenstierna, Jesper Matsson, Johan Skytte und andere Reichsräte, die in Ulvsbäck eine Delegation aus Dänemark treffen sollten, läßt Gustav Adolf an seiner Beurteilung der aktuellen Lage keinen Zweifel. Sigismund hat nicht nur sein Erbrecht in Hinblick auf die Krone Schwedens im Sinn, sondern »in einem hohen Grade die Ausbreitung der catholischen Religion und der papistischen Abgötterei und die Okkupation dieser Nordischen Reiche, von welchen aus er dann wie aus einem bequemen Hafen den anderen leicht alle Mittel zur eigenen Defension abschneiden, sie bekriegen und überwältigen kann. Und da ja nicht nur KM:t in Schweden auf diese Weise angefochten wird, sondern auch IKM:t in Dänemark . . ., so wäre es ratsam, daß ein Bündnis zwischen IKM:t in Schweden und IKM:t in Dänemark errichtet wird – *gegen König Sigismund in Polen und seine Nachkommen*«[16].

Diese Union oder dieses Bündnis soll sich »gegen alle Feinde der Evangelischen Christenheit« richten, insbesondere gegen »die Papistische Liga« und den »Jesuitischen Haufen«, der überall wühle. Und: Sie soll offenstehen für »alle evangelischen Potentaten, Prinzen, Fürsten und Republiken«[17].

Gustav Adolfs Wunsch, mit Schweden und Dänemark, als »den beiden vornehmsten Pfeilern, worauf sich nach Gott in dieser Zeit die evangelische Religion stützen kann«[18], von Norden her zusammen mit den Niederlanden, England und auch den Hansestädten im Heiligen Reich der Expansion der Römischen Kräfte einen festen Riegel vorzuschieben, ist nicht erfüllt worden. Aber soviel wurde durch diese Initiative doch erreicht, daß sich Christian IV. nicht offen auf die Seite Vasa-Polens schlagen konnte. Das half für eine gewisse Zeit zumindest, den Druck zu mindern, der sich für Schweden nach dem Vergleich im Osten nun auch im Westen aufzubauen schien[19].

Die schwere innere Krise in den Niederlanden verbunden mit der Gefahr, daß sich Christian IV. dem siegreichen Moritz von Oranien näherte und damit Schweden von einem wichtigen Kreditgeber und Gegengewicht zu Dänemark drängte, bündelte sich mit den Aufladungen in Böhmen und der umliegenden Region. Da braute sich etwas zusammen, das schreckliche Entladungen verursachen konnte und nach Einsätzen verlangte, bei denen es einem beim bloßen Gedanken schwarz vor Augen werden mußte.

Was sich hier an »zuwachsender Gefahr« Metastasen gleich über den gesamten Corpus der Christenheit ausbreitete, war auf die Dauer nicht mehr zu lokalisieren. Hier baute sich ein *Universalwerk* auf. Das war den teutschen Ständen voll bewußt, als sie sich, wie schon erwähnt, an Gustav Adolf wandten[20].

Von ihren Regionen aus gesehen, gehörte die Krone Schweden zum Außenring im Norden. Ein fernes Land für Stände-Politiker, die am Wohlüberschaubaren hingen, das oft zu Unrecht als Kirchturmspolitik abgetan wird. Und doch war es nicht nur wegen der gemeinsamen Religion ganz nah. Die Reise Carl Filips mit seinen teutschen Gefolgsleuten ist aufmerksam registriert worden. Außerdem wußte man in diesen Kreisen zu gut, welche Auswirkungen es für sie selbst haben konnte, wenn der Türke sich regte, der vom Außenring im Süden her mittels Siebenbürgen auf Vasa-Polen drückte. Von den Verbindungen des Pfälzischen Hauses mit dem Hause Vasa in Schweden nicht zu reden. Daher auch am Ende ihres Schreibens an den König die inständige Bitte, »auf ferneres Ersuchen die Hand zu bieten und behilflich zu sein, auch in einer vertraulichen Correspondenz mit uns zu bleiben . . .«[21]

Dem letzten Teil der Bitte wollte er gerne entsprechen und fertigte auch einen Jan Rutgers mit entsprechenden Instruktionen nach Dresden und Prag ab. Einmal, damit er die Lage Friedrichs V. genau sondiere und in Erfahrung bringe, wie sich die Krise in einem Kriegsfall entwickeln würde, wie demnach die Teile des Innenringes aufeinander abstrahlen und der Außenring, vor allem die Hohe Pforte und Spanien, von Süden aktiv werden könne[22]. Was aber in dieser komplizierten Lage dem König und dem Kanzler besonders wichtig schien, war die unabdingbare Forderung, daß Böhmen offiziell in Stockholm um den Abschluß eines Defensiv-Bündnisses einkam. Das Insistieren auf dieser Bedingung der Hilfe hat etwas mit Völkerrecht zu tun und mit dem Bemühen des Königs, die gerechte Sache selbst der Form nach nicht auf unrechte Füße zu stellen[23]. Vorsicht, das ist die Abschätzung von Vorteilen auf lange Sicht. Vorsicht, das ist Verzicht auf einen Vorteil, der sich als Nachteil erweisen kann, wenn es um die Ziele eines Universalwerkes geht.

Diese Überlegungen stehen hinter der Haltung Gustav Adolfs und Axel Oxenstiernas, als sie sich die Glut betrachteten, aus der bald der Böhmische Brand entstehen sollte. Sie waren zu einem Nebenfeuer bereit, zu einer Diversion gegen Polen von Livland aus, um auf diese Weise die Kräfte Vasa-Polens zu binden, wenn es zwischen Böhmen und Habsburg zu entscheidenden Kämpfen kommen sollte[24]. Aber erst, wenn der Waffenstillstand mit Polen ausgelaufen war. Nein, man war nicht leichtfertig, eingegangene Verträge zu brechen, und das hatte nicht nur etwas mit den schlechten Staatsfinanzen zu tun, die es Gustav Adolf nicht ermöglichten, Friedrich V. und den Böhmen mit Subsidien beizuspringen[25]. Das war in der Regel Prinzip, auch wenn es manch eine günstige Gelegenheit gab, kurzfristig eine Schwäche des Gegners zu nutzen. Man wußte zu gut, daß Macht, die nur nach außen drängen will und dabei nicht aufs Recht dringen kann, nach kurzem Anlauf steckenbleiben wird, weil mit Kanonen allein keine Politik gemacht werden kann.

Rechthaberei allein aber genügte auch nicht. Es kam auf das richtige Maß an, das Abwägen von Absichten und Chancen, um das große Ziel doch noch zu erreichen: die nationale Sicherheit in einer universalen Sicherung. Das war die Substanz aller vernünftigen Politik unter Menschen, denen nicht zugemutet werden durfte, daß sie »von freien Leuten zu Sklaven gemacht« wurden[26].

Und was war ein Sklaven-Dasein mehr als die Einforderung des »blinden Gehorsams«, des *Kadavergehorsams,* der jedem freien Bürger die Würde des Rechts nahm, ihn zu einem Tier degradierte und mit Gewalt von *hohen Tieren* und anderen in Leibes- und Seelenqual gestürzt werden konnte?

Wie eine derartige Behandlung vor sich ging, hatten Abgesandte Schlesiens in Vasa-Polen erlebt, als in Böhmen schon die »grausamste Tyranney« und das »spanische Dominat«[27] im Gange waren. Sie wird hier ausführlich geschildert, nicht weil Sigismund III. von Polen als »reißendes Tier« dargestellt werden soll, was er schon aufgrund der Verfassung der Adelsrepublik nicht sein durfte, sondern um einen Eindruck davon zu vermitteln, wie sich der Mensch erniedrigen konnte, wenn er sich im Recht wähnte und dazu noch die Macht besaß, seine Rache zu zelebrieren, und zwar nicht nur in Hexenprozessen oder gegenüber einem gefallenen Weib[28].

Die schlesischen Gesandten, die in Polen sondieren sollten, was bei einer Ausweitung des Konfliktes in Böhmen zu erwarten war, hatten gehört, daß »ein Polnischer von Adel eines ansonsten guten Geschlechtes, ein *Piekarsky*«, auf Sigismund III. ein Attentat verübt haben soll. Als der König in der Kirche sein Gestühl betreten wollte, hätte dieser Mensch einen Streithammer (cziekan) gezogen und damit »zweimal unter das Angesicht und einmal in das Genick« Sigismunds geschlagen. Verwundet sei der König zu Boden gesunken, und wären da »nicht der junge Prinz mit dem Säbel und andere dazwischengegangen, hätte dieser Missetäter noch weiter fortgefahren«. Während seines Wütens soll er geschrieen haben, »der König hätte ihn zum Narren gemacht und seine Güter anderen eingeräumt«. Der Grund? Man hätte ihn, Piekarsky, für »wahnwitzig« gehalten und deshalb mit Vormündern versehen[29].

Es gibt Menschen, die über den Verlust ihres Besitzes den Verstand verlieren, sich selbst nicht mehr beherrschen können, wenn ihnen die materielle Existenz und damit auch in einem gewissen Sinne die ideelle Identität genommen worden ist. Was

Wunder, daß das Enteignen jede Beherrschung aufhob und zur Entäußerung führte, zur versuchten Vernichtung? Und auf der anderen Seite: Brauchte man sich zu verwundern, daß Sigismund entsprechend reagierte und das Vergeltungsprinzip anwandte? In seiner königlichen Clementia soll er dem Königsmörder persönlich verziehen haben. Da er diesen Fall auch nicht selbst als Richter entscheiden wollte, übergab er ihn dem Reichsrat und dem Reichstag zur *Examination*. Und diese beiden Organe sollen ihn zur schlimmsten Leibesstrafe verdammt und alle seine Nachkommen außerdem für unfähig erklärt haben, in Polen öffentliche Ämter zu bekleiden. Daneben sollen alle seine noch vorhandenen Güter dem Fiskus zugesprochen, sein Wohnsitz dem Erdboden gleichgemacht und darauf eine Steinsäule errichtet worden sein – zur Erinnerung an die verübte Schandtat.

Die bisherige Behandlung dieses Falles sollte alle mahnen, daß das Jus talionis (Vergeltungsrecht) kein Papier-Prinzip war und Sippenhaft selbst im Wahlreich Polen vererbt werden konnte. Doch mit diesen Maßnahmen gegen einen angeblich »Wahnwitzigen« und damit teilweise Entmenschten nicht genug. Er wurde zur weiteren Strafe »mit glühenden Zangen an den Brüsten und am Leib hin und her gerissen. Aus seiner Haut schnitt man Riemen und die Hand, darinnen er seinen Streithammer gehalten, wie auch der Arm, wurde mit einer Materia von Schwefel, Pech, Harz, Unschlitt und dergleichen bestrichen und angezündet. Darauf hat man ihm die verbliebene Faust abgeschlagen und ins Feuer geworfen . . . Ferner ist er von vier starken Rossen, welche an ihm genug zu ziehen gehabt, in Stücke gerissen worden. Darüber hat er noch gelebt und vernehmlich geschrieen, bis er endlich von dem Thornischen Henker ganz und gar verbrennet wurde.«

Bei seiner Marter soll er immerzu ein einziges Wort gerufen haben – Jesus[30].

Schauerlich ist der Mensch in der Fülle der Macht, schrecklich ist das Recht, wenn es nicht in seiner Gewalt durch Gnade gemildert wird. In ihr liegt doch das Göttliche und Menschliche zugleich, wenn selbst einem Todsünder verziehen wird. Doch wer in diesem trüben Ungewitter, das die ausgesandten Schlesier überall um sich herum aufziehen sahen, war schon zum Verzeihen bereit, wo doch die gnadenlose Verfolgung Andersgläubiger systematisch betrieben wurde, um auf diese Weise an ihre Besitztümer und Liegenschaften heranzukommen? Wer vom Besitzen besessen ist und weiß, wie er diesen Dämon zu steuern hat, um sich im Erfolg bestätigt zu sehen, der wird über den Feinsinn des Philosophen lächeln, über den Sonntagsspruch eines akademischen Habenichts – *»der Boden des Rechts aber ist das Geistige«*[31].

Im harten politischen Geschäft, das stets auch seine possessive Dimension hat, ob es sich um Verlehnungen dreht oder Steuern, um den Streit über Inseln oder die Verfügung über das Meer, gilt ein anderes Gesetz, das die Natur vorschreibt und in diesen wie in anderen Zeiten zur Anwendung kommt – *der Boden des Rechts ist der Boden*. Darum wurde gekämpft. Mit allen denkbaren Mitteln. War es da verwunderlich, daß manch einer im Sterben einen Gewinn sah und bei der Betrachtung des »Elends eines entthronten Königs« von einem »nahezu unerträglichen Ekel vor allen Menschen« erfaßt wurde?

Der Jargon der Eigentlichkeit, das Ausschalten des Ich aus jedem Erleben der Geschichte und Vernarrtheiten in die Macht der Ziffernstriche haben uns von der Frage nach dem Menschen gedrängt, uns aus dem Problem entlassen, daß er angeblich »kein richtiges Prinzip der Wahrheit, aber mehrere vorzügliche Prinzipien des Irrtums hat«[32].

Tödlich für jedes Anrennen, wenn diese Irrtümer auch noch erfolgreich sind, und doch auch ein Gewinn, weil jedes Ausräumen eines Irrtums uns dem Wahren näherbringt, wie bruchstückhaft es auch sein mag. Das macht den geradezu sinnlichen Reiz aus, an der Gestalt Gustav Adolfs zu erleben, wie die Umstände, denen er ausgesetzt ist, zwar auf ihn einwirken und ihn dauernd zu Korrekturen und neuen Überlegungen veranlassen, aber nicht seinen unzerstörbaren Kern erreichen – die Gewißheit seiner selbst.

*Macht zum Handeln,* dieses Faszinosum all jener, welche nicht viel vom Gewicht des Wartens halten, weil ihnen das Unvollendete verdächtig vorkommt und deshalb auch nicht das Kleinste der historischen Größe für fähig erachten, besaß Gustav Adolf genug. Ihre Rückversicherung im Reichsrat und Reichstag schwächte sie nicht, sondern erhöhte ihre Glaubwürdigkeit, wenn sie sich nach Maßgabe gerechter Ursachen und Bedingungen vortastete und dadurch auch als *Recht zum Sichern* Bestätigung fand.

Diese seine Kunst, die Verhältnisse für sich wirken zu lassen, indem er ihnen von Zeit zu Zeit mit regulierenden Stößen die Richtung wies, in der er die Entwicklung angelegt sehen wollte, vollendete sich mit jedem Unternehmen, das in Angriff genommen wurde. Rückschläge nahm er dabei meist mit einem stoischen Seufzer, wußte er doch, daß selbst dem Jupiter nicht alles gelang, nur weil sich ein Ochse in vielen Dingen zurückhalten mußte, die dem Göttervater gestattet wurden.

In der Hoffnung, daß auch das schlimmste Dunkel einmal »einen fröhlichen Sonnenschein zu Ruhe und Frieden« freigeben mußte, glaubten Schlesiens Stände, das gestrandete Staatsschiff wieder flottzubekommen[33]. Ein edler Gedanke, der gleichzeitig im mitternächtigen Reich auf eine ähnliche Weise den geistlichen Stand bewegte – er wollte nur, daß über dem ›Geisterschiff‹ auf dem »Kampfmeer«[34] ein neuer Wind wehte.

# Die Esel des Aristoteles

Schweigen im Lärm der Waffen und des Krieges aus Not die Gesetze, dann hat auch der Geist schwere Zeiten durchzustehen. Die Sehnsucht aber danach, daß »doch endlich der Mensch seinen Adel und seine Herrlichkeit verstünde«[1] und der Geist als Ausdruck eines göttlichen Ursprungs zu seinem Recht komme[2], können auch Waffen auf die Dauer nicht auslöschen. Schon gar nicht in einer Zeit, die alles Kriegen für eine gerechte Sache als Kunst auffaßte und sich immer wieder genötigt sah, das Schwert mit der Feder zu vertauschen, um sich nach dem Schlagabtausch auf dem Kampffeld in einen Wortkrieg zu stürzen. Und dieser wurde in der Regel mit allen Raffinements geführt, die ein gutes Latein aufbieten konnte. Der Wert dieser besonderen Wortgefechte zeigte sich spätestens bei zeitraubenden Verhandlungen, in denen kriegerische Gewinne gesichert oder die Verluste ausgeglichen werden mußten. Dazu aber waren wohlgeübte Unterhändler nötig.

In Axel Oxenstierna und Johan Skytte besaß Gustav Adolf neben den anderen Reichsräten ausgezeichnete Instrumente, die sich seit seinem Regierungsantritt immer wieder bewährt hatten, zuletzt im »ewigen Frieden« mit dem Moskauer Zartum und beim Abschluß eines Waffenstillstandes mit Polen oder bei den Verhandlungen mit den Niederlanden. Dem König war aber bewußt, daß ihre Bildung und ihr Geschick auf der obersten Ebene nur dann auf Dauer für Schweden Früchte tragen konnten, wenn der Unterbau für diese Elite erweitert wurde. Die besten Gesetze nützen nichts, wenn sie nicht von rechtskundigen Amtsleuten ausgeführt werden und auf ein unkundiges Volk treffen, das ihren Geist und Zweck nicht verstehen kann. Und so nutzte Gustav Adolf die kurze Periode des Nicht-Krieges, um in einer konzentrierten Kraftanstrengung die *Reformatio Academiae* zu betreiben[3].

Auf dem Reichstag von 1620 legte er – in erster Linie dem Klerus, der für das Erziehungswesen zuständig war – eine äußerst kritische Bestandsaufnahme vor. Es war dem König seit Jahren bekannt, wie übel es um die Administration des Reiches bestellt war. Dazu gehörte auch der Zustand der Universität in Uppsala, bei deren Niedergang und inneren Konflikten wir kurz verweilen wollen.

Im Jahre 1477 nach den Statuten der Universitäten in Bologna und Paris gegründet, als auch Tübingen und Mainz aus Rom die Erlaubnis erhalten hatten, im Umkreis einer theologischen Fakultät eine Lehranstalt aufzubauen[4], vermochte sie es bis zur Reformation kaum, ein größeres Gewicht zu entwikkeln. Ihre Arbeit, nur von einer Handvoll Akademiker geleitet, wurde immer wieder von den politischen Krisen gestört, die dem Bruch mit Rom und mit der Kalmarer Union voraufgingen. Und als dann Gustav I. nach 1523 in seiner Enteignungskampagne auch die Liegenschaften der Universität einzog, gab es keine Möglichkeit mehr, sich in ihrem Rahmen für Erziehung und Bildung einzusetzen[5]. Wer sich von nun an in Adel und Unadel den Buchkünsten widmen wollte, mußte vor allem an den protestantisch ausgerichteten Universitäten im Heiligen Reich studieren oder gar nach Leyden ausweichen[6].

Nach zaghaften Versuchen Johans III., mit einem königlichen Collegium wenigstens einen Teil des Bedarfes an Bildung im eigenen Land zu decken, gelang es erst 1593 dem *nationalen Konzil,* mit Hilfe Herzog Karls die alte Universität Uppsala wieder aufzurichten. Ihre materielle Ausstattung war aber denkbar schlecht und das intellektuelle Angebot noch zu dürftig, um als wirkliche Alternative zu den kontinentalen Universitäten gelten zu können.

Johan Skyttes Ausbildung vornehmlich in Marburg und diejenige von Axel und Gabriel Oxenstierna in Rostock, Wittenberg und Jena[7] in den Jahren des Bürgerkrieges vermitteln etwas davon, daß die Alma mater in Uppsala noch lange nicht den vorhandenen Ansprüchen gewachsen war und im Schatten der Waffen kaum gedeihen konnte.

Der Bürgerkrieg zwischen Herzog Karl und Sigismund III. hatte im Zeichen des Kampfes mit der Gegenreformation an Menschen und Institutionen gezehrt. Und so dauerte es bis 1606, ehe dieser Lehranstalt eine feste Ordnung eingezogen werden konnte. Ein Entwurf zu den geforderten *Konstitutionen,* wahrscheinlich aus der Feder des Theologen und großen Schulreformers Johannes Rudbeckius[8], läßt keinen Zweifel aufkommen, welchem Ideal man sich bei der Ausrichtung dieser Institution zu verschreiben gedachte. Gleich zu Beginn dieses Statuts beruft man sich auf die erprobte und überall in Europa vorherrschende Kunst, der Macht des ungezügelten Menschen den Riegel des Rechts und der Erziehung vorzuschieben: »Was Aristoteles in seiner Politik cap. 8 sagt, hat sich über eine lange Erfahrung hin als richtig erwiesen: ›Alles wird durch das Gesetz besser gemacht als durch den Willen der Menschen, welcher keine gesicherte Regel ist‹«[9].

In diesem programmatischen Wort erkennt man das Bestreben des nunmehr »auserkorenen Königs« Karl, nach den Wirren des überstandenen Bürgerkrieges die eigene Politik Stück um Stück zu verrechtlichen und die alten Vertragsorgane zu reaktivieren. Sein Interesse für die Verbesserung der Universität hatte sich zu diesem Zeitpunkt trotz gelegentlicher Schwierigkeiten mit den Uppsala-Professoren[10] verstärkt und auch den Boden dafür bereitet, vor allem die materielle Seite ihrer Tätigkeit leidlich zu sichern[11]. Der große Durchbruch zu einer grundlegenden Reform aber ließ auf sich warten. Denn bei allem Wohlwollen, das Gustav Adolf bereits 1611 bei seinem Regierungsantritt zu erkennen gegeben hatte[12], war in all den Jahren nichts Entscheidendes getan worden. Statt dessen war von 1610 an zwischen *Rudbeckius* und dem Gelehrten *Messenius* ein derart heftiger Streit entbrannt, daß an eine Reform von innen her kaum noch zu denken war.

Der Anlaß dieses geradezu mörderischen Tauziehens um Einfluß und Aufstieg im Amt war eine Rektorwahl, aus der Rudbeckius eindeutig als Sieger hervorgegangen war[13]. Die Ursache dieses aufregenden und gleichzeitig nervtötenden Kampfes war aber wohl die unterschiedliche geistige Haltung dieser beiden Hauptdarsteller. Rudbeckius, als Theologe natürlich Lutheraner nach der Augsburgischen Confession und als Philosoph an Aristoteles orientiert, traf in Messenius auf einen Gelehrten, der sich in einem angeberischen Brief an Axel Oxenstierna als »einzigen und ersten Doktor der Theologie« empfand, »der nach der Reformation in der Religion innerhalb der Grenzen des Königreich Schweden geboren worden ist«[14]. Und als Rudbeckius in einer Antrittsvorlesung die Jesuiten und ihre Wühlarbeit aufs Korn nahm, fühlte sich Messenius zu einer Herausforderung veranlaßt, die in die Richtung eines Krypto-Catholizismus wies, der ihn neben anderen Gründen einige Jahre später in einem Hochverratsprozeß zu Fall brachte[15].

Messenius war ein glänzender Lateiner, gut belesen und äußerst arbeitsam, aber doch von einer Machtlust angestachelt, die mitunter tragikomische Formen annehmen konnte. So scheute er sich nicht, seine Studenten zu einer Art Go-in zu veranlassen, als Rudbeckius gerade dabei war, inmitten der übrigen Kollegen das akademische Jahr und sein Rektorat mit einer Rede zu eröffnen. In dieser erläuterte er den Studenten die Bedeutung ihres Eides und mahnte sie, alle unmenschlichen Sitten aufzugeben und sich eines christlichen und ernsten Lebenswandels zu befleißigen, als plötzlich die Tür aufgebrochen wurde und Messenius mit seiner bewaffneten Schar alle Aufmerksamkeit auf sich zog. Heftig ergriff er das Wort und warf Rudbeckius vor, dieser würde mit seinen Ermahnungen an die Studenten nichts anderes tun, »als des Landes Jugend anzuschwärzen«. Und damit Rudbeckius ja recht Bescheid haben sollte, was Messenius von ihm hielt, durfte er sich das beste unter allen gebrauchten Schimpfwörtern aussuchen, die er unter Säbelrasseln zu hören bekam: Esel, Dummkopf, Dickschädel, Dreckdäne[16].

Wahrlich, der Erkenntnis als Mittel zur Wahrheit dienten diese Invektiven nicht. Doch mit solchen Szenarios des theatervernarrten Messenius nicht genug. Er wollte König in dieser akademischen Arena sein und band seine Studenten durch einen persönlichen Eid an sich, was um so besser gelingen konnte, als er die Vergabe der königlichen Stipendien vorzunehmen hatte[17]. Und diese teilte er vornehmlich an solche Adelssöhne aus, die ihm scheinbar blind ergeben waren, führten sie doch seine seltsamen Befehle aus oder handelten nach seinem Beispiel in eigener Willkür. Da wurden etwa von seinen Anhängern in Uppsala Fenster eingeschlagen, wurde auf dem Marktplatz der Buchhändler überfallen, wurden Besucher im öffentlichen Bad mit Gewalt unters Wasser gedrückt. Einigen war es sogar gelungen, ins Schloßgefängnis einzudringen, um dort mit den Gefangenen die Kleider zu tauschen, und anschließend mit Gewalt die Wachen zu überrennen. Andere wiederum machten sich einen großen Jux daraus, Bauern zu zwingen, sich als Pferde und Ochsen vor die eigenen Wagen zu spannen[18].

Heidenspäße – in Uppsala war zeitweise der Teufel los! Alle Ermahnungen des Königs, nicht durch Streit und Eitelkeit »die rechte Freiheit der Philosophie« zu mißbrauchen[19], reichten nur für eine trügerische Ruhe des Augenblicks. Die Drohungen mit harten Bestrafungen für die fortgesetzte Kette von Rechtsbrüchen und unchristlichem Benehmen[20] kühlten lediglich für den Moment die streitsüchtigen Gemüter. Schrie Messenius dem Rektor zu, er sei ein »Verräter«, so antwortete Rudbeckius: »Du kannst genauso gut ein Verräter sein, du . . . Jesuit«[21].

Der akademische Markt der Eitelkeiten, der Besserwisserei und Eigenliebe hatte seine Polarisierungen auskristallisiert, und indem das Heiratsnetz der Parteiungen immer enger gezogen wurde, das materielle Auskommen von Jahr zu Jahr schwerer fiel und die öffentliche Hand des Königs wenig Wirkung zeitigte, entstand ein vergiftetes Klima, das kaum noch zu bereinigen war. Alle *»Eselsbrücken des Aristoteles«*[22] schienen nicht mehr hinzureichen, um die verfeindeten »Pseudoprofessoren«[23] zum Nutzen der Akademie, des Königs und des Reiches ernsthaft zu ihrer eigentlichen Arbeit anzuhalten. Da sie schlecht entlohnt wurden, meist nur in Naturalien, und selbst auf Ackerbau und Viehzucht angewiesen waren[24], konnte kaum erwartet werden, daß sie alle auf einmal die Erleuchtung des Heiligen Geistes traf und sie wie ein Mann zur reinen Christlichen Ethik übergingen.

An ihren Forderungen, die im Gegensatz zur Nikomachischen Ethik des Aristoteles standen, drohte die Universität sogar auseinanderzubrechen: Nach der Rudbeckius-Messenius-Affäre machte sich der Bischof *Laurentius Paulinus Gothus* 1615 auf dem Kirchentag in Strängnäs dafür stark, klar zwischen der Kirche Christi mit ihrer Ethica Christiana und der Kirche des Satans mit der Heidnischen Ethik des Aristoteles zu unterscheiden und letztere aus allen Schulen zu verbannen[25].

Das war eine neue Kampfansage mit dem Ziel, den Gegnern Heidenangst zu machen! Und denen war bewußt: Setzte sich Paulinus durch, dann war es unmöglich, künftig auf rationale Weise Erkenntnis voranzutreiben. Hatten einst die Scholastiker die Theologie durch die Philosophie verdunkelt, so scheint nun die Theologie den Versuch zu unternehmen, die Philosophie anzuschwärzen. Aber hier lasse sich kein vernünftiger Mensch etwas weismachen. Gäbe es nur die Theologie als Wegweiser zur Ethik, dann wäre außerhalb der Kirche ein politisches Leben und ethisches Streben gar nicht möglich. Und das ist doch nicht haltbar. Man schaue nur auf den Apostel Paulus und lese in seinem 1. Brief an die Römer, daß das Gesetz in ihre Herzen geschrieben ist. Das Licht der Natur leuchtet stark genug, um dem Menschen klarzumachen, wie er auch in heidnischer Zeit als Bürger zu leben hat – im ethischen Erleben der Vernunft.

*Jonas Magni,* der Inhaber des Lehrstuhls für Geschichte und Politik samt Ethik, machte sich nach dem Kirchentag mit 46 Thesen zur *Defensio ethicae* mit solcherart Überlegungen Mut[26]. Der Höhepunkt in seiner Beweisführung von der Notwendigkeit und universellen Geltung gerade der als heidnisch verunglimpften Ethik des Aristoteles, die seit Luthers Verdikt immer wieder von der lutherischen Orthodoxie bekämpft wurde[27], war die Berufung auf die Goldene Regel in der Bergpredigt: »Was du nicht willst, das man dir tu, das füg auch keinem andern zu.«[28]

Auf diesem Fundamentalsatz des Neuen Testamentes, der das Gegenseitigkeitsprinzip aufnimmt und damit auch das

»Do, ut des« im Römischen Recht bestätigt, wird eine Generation später nicht nur Thomas Hobbes seine oft mißverstandene Staatslehre aufbauen[29], sondern auch François Voltaire den Inbegriff der Aufklärung erleben[30]. Hier wird er angeführt, um zu zeigen, daß Gott mit den Zehn Geboten die Kenntnisse über das Gesetz an sich so angelegt hat, daß diese eine Erklärung für das durch die Sünde verdunkelte Naturrecht sind und deshalb nur einen besonderen Grad an Klarheit verbreiten. Der Dekalog schließt demnach das Streben nach weiterer Erkenntnis der Wahrheit nicht aus, sondern fordert es geradezu. Und in diesem Sinne hat die Philosophie als ein Weg zur Wahrheit ihre Berechtigung und gibt auch den Heiden ihren Wert. Der Apostel Paulus hat sich selbst auf heidnische Denker berufen, und bedenkt man ernsthaft, daß die Wahrheit eine Emanation des Heiligen Geistes ist, des Dritten im Gottes-Bund, dann kann der Heiden Geist niemanden schrecken[31].

Die überlegte und bei aller Bestimmtheit ruhige Art, mit der Jonas Magni die Freiheit des Philosophierens und des Forschens verteidigt, ohne sich dogmatisch auf Plato, die Stoiker oder selbst Aristoteles zu beziehen, sondern nur das Wahre ihres Werkes anerkannt sehen möchte, war ein gutes Zeichen auf dem Weg der inneren Erneuerung. Denn genau diesen Geist brauchte ein Gemeinwesen, das sich in oft verwirrender Gärung befand und in das rationale Verstrebungen eingezogen werden mußten, wenn es überleben wollte. Magni weist dann auch den Vorwurf des Paulinus zurück, daß die Nikomachische Ethik eine Injustitia wäre, ein heidnischer Ausdruck des Ungerechten. Es fällt ihm dabei nicht schwer, das Unvernünftige in dieser Position nachzuweisen, spricht doch dieses Buch des Philosophen, der als Lehrer des Menschengeschlechts galt, von den göttlichen Bedingungen des Naturrechts und seinen mathematisierten Gesetzen, die zu allen Zeiten Gültigkeit besitzen. Ist also das Ungerechte ein Ausdruck der Sünde, weil das allgemeine Gesetz verletzt worden ist, so kann doch die nikomachische Bestimmung des Gerechten nicht die Qualität einer Sünde bekommen, nur weil Aristoteles ein Nicht-Christ war[32].

Gegen diese rational angelegte Verteidigung einer universalen Ethik, die von der Moraltheologie getrennt gehalten werden mußte, wenn sie nicht zu einem Werk menschlicher Willkür verkommen wollte, setzte Bischof Paulinus eine emotional aufgeladene Predigt, die etwas Schwärmerisches an sich hatte: »Erhebt euere Augen zur Höhe und betrachtet der himmlischen Feste Tiefe und des Himmels Anblick in dessen herrlichstem Schein, betrachtet die Sonne, dieses Werk des Schöpfers, das so wunderbar zu schauen ist. Im Süden verbrennt sie die Erde und niemand kann dort ihren Anblick ertragen. Das ist Gott, der den Dunst des Morgens schöpft und das Wasser in den Wolken bindet, auf daß es nicht auf einmal herniederstürzt. Er ist es aber auch, der den Regen wie Sturzbäche auf die Erde ſallen läßt«[33].

Diese poetisierenden Ergüsse konnten aber nur zum Schein das verhüllen, worum es in diesem säkularen Streit der Gelehrten ging. In einem wütenden wie ungerechtfertigten Angriff auf Jonas Magni läßt der Kirchenmann dann auch bald seine Katze aus dem Sack und ereifert sich: »Da du wider alle Vermutung uns öffentlich herausgefordert hast, auf das Streitfeld zu treten, so mögest du nicht darüber verwundert sein, wenn ich dir deine Schmähungen in dein Maul zurückstoße und deine persönliche Gestalt nach innen und außen in leibhaftigen Farben male und auf diese Weise Bezahlung leiste – Gleiches mit Gleichem«[34].

Hier lag also der Hund begraben. Paulinus war Anhänger des *Vergeltungsdenkens,* des jus talionis, wie es das Alte Testament und die Philosophie des Pythagoras als Inbegriff des Gerechten verstanden haben[35], während sich Magni für das *Verhältnismäßigkeitsprinzip,* das Proportionale im Gerechten, stark machte. Das war der Kern des Streites, den Paulinus in seinem mosaischen Eiferertum zu einer Strafdrohung steigerte, die selbst hartgesottene Geister bestürzen konnte. So schrie er den Respondenten Hunterus an, der ein Schüler des Magni war und nun mit dessen Positionen in das akademische Fegefeuer geschickt wurde: »Die Gesetze verlangten vor Zeiten, daß Vatermörder zusammen mit einem Hund, einem Hahn, einer Kreuzotter und einem Affen in einen Sack gesteckt und dann ins Wasser geworfen wurden. Die gleiche Strafe müßte mit Recht für dich, du freches Stück, gefordert werden, der mich mit seinen Lügen und Verleumdungen ermordet, ohne Rücksicht auf mein hohes Alter und die großen Anstrengungen, die ich für Schule und Universität geleistet habe und von denen meine Kräfte verschlissen wurden.«[36]

Wem aber war mit diesen ›heiligen‹ Zornesausbrüchen gegen die Vertreter des Naturrechtes gedient? Gustav Adolf selbst, durch seinen Lehrer Johan Skytte vom Ramismus als *Methode* überzeugt[37], wußte ebensogut wie Axel Oxenstierna, der neben seiner fast unmenschlichen Arbeitslast auch noch als De-facto-Kanzler der Universität in Uppsala betrachtet wurde und als Anlaufstelle aller denkbaren Klagen der Akademiker galt, was man der Proportio- und Circumstantia-Lehre der Nikomachischen Ethik zu verdanken hatte. Ohne deren konkrete Anwendung in der praktischen Politik und in der Kriegskunst war das höchste Ziel des Königtums – das gute und gerechte Leben – kaum zu erreichen. Und so bemühten sich beide um die Herstellung einer leidlichen Ruhe an der einzigen Akademie des Reiches, indem sie die Freiheit des Philosophierens in gewissen Rahmen sicherten und verschiedene Wege des Erkenntnisstrebens ermöglichten.

Es war ihnen aber bei allen Bemühungen seit 1611 stets auch bewußt, daß die materiellen Bedingungen wesentlich verbessert werden mußten, wenn diese Anstalt für die sich ausweitende Administration des Reiches einen realen Nutzen haben sollte. Denn die meisten Akademiker hatten nur die Religion im Kopf und wollten wenig für das weltliche Regiment und die Kultivierung des bürgerlichen Lebens leisten: »Dadurch ist das Land an nützlichen Leuten ganz steril und unfruchtbar geworden, und zwar so sehr, daß in diesen schweren und mittellosen Zeiten der Mangel an Leuten noch größer ist als das Fehlen von Geld.«[38]

Diese harte Kritik des Königs während des Jahres 1620 war berechtigt, und es ist mehr als verwunderlich, wieviel Geduld er mit den selbstgerechten Streithähnen aufgebracht hatte, die nun von ihm befragt wurden, was sie zu seinem Reformvorschlag zu sagen hatten. In diesem waren dreizehn Lehrstühle vorgesehen: Die Fakultät der *Theologie* erhielt dabei je einen für das Alte Testament, das Neue Testament und für die Loci theologici. Gleichzeitig mußten diese Professoren auch Beisitzer im Domkapitel zu Uppsala sein. Die *Jurisprudenz* wurde mit je einem Lehrstuhl für »Schwedens Gesetz« und für die »Institutiones juris civilis« versehen, zu der auch die »Philosophia moralis« gehörte. Man erkennt gerade hier, wie sehr sich Gustav Adolf mit seinen Senatoren darum bemühte, Schweden als integralen Bestandteil einer universalen Kultur zu betrachten, die ihre wesentlichen Impulse neben dem Alten Testament aus dem griechisch-römischen Erbe erhielt und dabei Sinn genug dafür aufbrachte, das Kommutative an aller Wissenschaft, ihres nationenneutralen Wesens, anzuerkennen. Zwei Medizinprofessuren und je eine für Hebräisch, Griechisch, Geschichte, Astronomie, Mathematik sowie eine Professur für Logik und Rhetorik rundeten den königlichen Vorschlag ab[39].

Was über dieses geistige Programm hinaus aber von nicht geringerer Bedeutung war, gehört in den ökonomischen Bereich der Reform. Denn der König schien bereit zu sein, diese Universität mit Kirchengütern zu versorgen, die während der Reformation eingezogen worden waren. Mit dieser Zuwendung sollte der Normal-Haushalt der Universität von 8110 Rt für jedes Jahr gesichert werden, um auf diese Weise den üblichen Naturallohn mit einer Geldsumme zu ersetzen, die Kommunität der Stipendiaten und Studenten zu versorgen und auch der Bibliothek das Nötige zukommen zu lassen. Ein Rentmeister und Notarius sollten dabei helfen, daß alles mit rechten Dingen zuging und solche Mißstände wie unter Messenius endgültig der Vergangenheit angehörten[40].

Gustav Adolf knüpfte an sein Angebot große Hoffnungen. Professoren und Studenten sollten erkennen, welche Chance ihnen von nun an geboten wurde, für das eigene Leben und das Gemeinwesen den höchsten Grad an Ausbildung und Bildung zu erlangen. Was natürlich auch dazu führen mußte, daß sie sich »als treue und dankbare Untertanen erweisen und dabei veranlaßt werden, sich desto fleißiger ihrer Berufung anzunehmen«[41]. Im aufflammenden Krieg mit Vasa-Polen war diese Forderung nicht verwunderlich und wesentlich leichter zu erfüllen, als den hohen Sinn des Königs und des Reichskanzlers, die gerne auswärtige Professoren in Uppsala gesehen hätten, aber dort auf nicht wenig Widerstand stießen. Man wollte im eigenen Saft braten und sich in den Streitereien untereinander Genüge tun, zumal sich im Lehrstand des Reiches das Beschäftigen mit Heiratspolitik untereinander als ein Bereich entwikkelt hatte, den man nicht von außen gestört sehen wollte.

Dennoch nahm die Regierung mit dem teutschen Juristen Johannes Hincius Kontakte auf, damit er »das schwedische Gesetz aus dem Römischen Recht deute«. Aber zu einer festen Bestallung scheint es nicht gekommen zu sein[42]. Auch der Versuch Gustav Adolfs, Nicolaus Granius aus Helmstedt nach Uppsala mit dem guten Jahreslohn von 800 Rt zu locken, schlug fehl. Der bekannte Mathematiker, in Strängnäs geboren, war auch nicht mit dem Hinweis auf seine Pflicht dem Vaterland gegenüber zu bewegen, sich nach Schweden zu begeben. Er hatte in dürftiger und schwerer Zeit im Heiligen Reich sein geistiges und materielles Auskommen gefunden und fühlte sich dort gebunden. Seine ausweichende Antwort auf das königliche Angebot läßt auch erkennen, daß er sich unter den Besserwissern in Uppsala kaum wohl fühlen würde[43].

Von ähnlichen Überlegungen ließ sich wohl auch Jacob Rudbeckius abschrecken, sein geruhsames Örebro mit dem seltsamen »Kampfmeer« im Schatten des Doms zu Uppsala zu vertauschen. Der jüngere Bruder von Johannes Rudbeckius sollte dort das Fach »Schwedische Sprache« übernehmen, deren Pflege und Schutz vor weiteren Verwilderungen Gustav Adolf hoch angelegen war. Daraus wurde nun nichts[44], und es ist schon bezeichnend für die zähe und oft bornierte Selbstgenügsamkeit dieser Wahrheitssucher, daß sie mit einer Übersetzung der »Physik« des Forsius ins Schwedische nicht die Chance wahrnahmen, die eigene Muttersprache wissenschaftsfähig zu machen, wie es der König gewünscht hatte[45]. Und der Umstand, daß Johannes Bureus außerhalb der Universität die

Übersetzung eines Fürstenspiegels aus der Feder des Aegidius de Colonna übernehmen mußte[46], belegt zusätzlich, daß man dem König trotz aller Privilegien und Förderung nicht in allem zu Willen war.

Nachdem die Universität in Johan Skytte 1622 einen Kanzler bekommen hatte[47], begann sie sich leidlich zu stabilisieren. Im Jahre 1624 sah sich der König veranlaßt, den immer noch schwachen ökonomischen Unterbau erheblich zu verstärken. Seine Lösung der anstehenden Probleme – die Einkünfte deckten nicht die Ausgaben des Haushaltes – vermittelt auch hier etwas Einzigartiges: Es ist die Verbindung von generösem Verhalten und Nützlichkeitsdenken, die ein Angebot macht und darauf hofft, daß es angenommen wird und in der Zukunft Früchte trägt. Gustav Adolf hat nichts aus purem Eigenwillen oktroyiert, sondern sich erst beraten und alle Möglichkeiten durchgespielt, um zur besten Lösung zu kommen. Und diese bestand hier darin, aus dem Erbe und Eigentum des Hauses Vasa der Universität Uppsala so viele Güter zur Verfügung zu stellen, daß sie materiell autonom werden konnte.

Gewiß, mit dem Tode Carl Filips (1622) waren dessen Herzogtum an die Krone gefallen und dessen Eigengüter an Gustav Adolf, so daß es wirklich etwas zu verteilen gab[48]. Aber es war seine Entscheidung für eine Institution, die dabei zu helfen hatte, nicht nur zu philosophieren, sondern auch Fachleute für die wachsende Administration auszubilden. Doch nicht genug mit dieser materiellen Autonomie, die über Generationen hin erhalten blieb. Der König wollte auch, daß sich diese Lehranstalt weitgehend selbst verwaltete und übertrug ihr daher in der Privilegierung von 1625 das Recht und die Pflicht, daß »die Justiz gehörig administriert wird«[49].

Die entsprechenden *Konstitutionen,* ein Höhepunkt in Europas Universitätsgeschichte, regelten dabei die gesamte innere Struktur der Universität bis hin zum Disputationswesen, dem auch ein Katalog jener Autoren beigegeben war, die als Autoritäten galten und im Rahmen der akademischen Freiheit eine Vielfalt an Ansichten und Positionen garantierten. So steht Ptolemäus neben Copernicus, läßt man in der Geometrie und

Arithmetik die Ramus-Methode zu, so wird auch die Mechanica Aristotelis erlaubt[50]. Und im Bereich der Geschichte als Fach erwartet man die Behandlung der Historia universalis und gestattet die Werke des Herodot, Thukydides und Xenophon ebenso wie die von Tacitus, Curtius oder neben anderen die von Polybios[51]. Man erwartet eine Integration der Kirchengeschichte mit den politischen und ökonomischen Werdegängen der Menschheit, will auch die Verbindungen zum Ethischen hin behandelt wissen, in dem die Vertragstheoretiker Althusius und Golius besonders empfohlen werden, und verlangt dann auch, daß man sich mit Fleiß um *»die Geschichte der Könige Schwedens und der Goten«* kümmere und darin die akademische Jugend unterweise[52].

An ihrer Ausbildung hing die Zukunft des Reiches, das an der Schwelle stand, in Europas Geschicke so einzugreifen, daß es in den Status einer gleichberechtigten, großen Macht kommen konnte, deren Repräsentanten auf alle Forderungen vorbereitet sein mußten, die sich aus einer solchen Stellung ergeben sollten. Deshalb fordert Gustav Adolf von der reichlich ausgestatteten Akademie, deren Kanzler Skytte einen eigenen Lehrstuhl hatte[53], daß sie mit Ernst ihre Aufgaben in Erkenntnis und Erziehung wahrnehme: »Aber vor allem anderen sollen die Jünglinge lernen, nicht niedrige und kleinmütige Gedanken über sich selbst und des Reiches gegenwärtigen Zustand zu hegen. Denn daraus wird doch gewöhnlich nur Klagen und Jammern geboren, Bewunderung für alles Ausländische und Mißtrauen zum eigenen Vermögen, große Taten auszuführen. All das ist das größte Hindernis in der Leitung eines Gemeinwesens. Durch Erziehung und Unterrichtung soll das behoben werden, so daß der Geist dieser Jünglinge jenes Erhebende erleben möge, das die gewisse Hoffnung hinsichtlich rühmenswerter Taten verschafft.«[54]

Gustav Adolf kannte seine Schweden gut genug, um zu wissen, was noch an Erziehung und eigenen Einsätzen zu leisten war, damit sich gegen verbreitete Kleingeisterei, Jammergeschrei und Neidhammelei ein nationales Bewußtsein formte, das sich seiner universalen Aufträge und Herausforderungen nicht schämte und Europa zeigte, daß seine Verachtung Schweden gegenüber unbegründet war und auf Unkenntnis beruhte. Aber ein großer Anfang war gemacht worden. Es lag jetzt nicht mehr am König allein, was sich daraus entwickelte und wie das eigene Volk diese Geste seines ordnenden und anregenden Geistes aufnahm. Er sollte nicht mehr das Glück haben, die Genugtuung zu erleben, wie nur zwanzig Jahre später in der teutschen Stadt *Osnabrück* neben erprobten Diplomaten wie Adler Salvius auch Jünglinge das politische Geschäft übten, die in Uppsala ihre Ausbildung bekommen haben. Mochte manch einer von ihnen beim Namen dieser Stadt an *Eselsbrück* denken[55], auch daran, daß es in Schweden noch immer eine Menge unruhiger »JA-Brüder« gab, die sich auf Eseleien verstanden, so zeigte es sich doch, wie nützlich es war, bei Aristoteles in die Lehre gegangen zu sein, ohne deshalb die Leistung anderer Denker völlig verwerfen zu wollen.

Auch das ist ein Stück Geistesfreiheit, das der König in engem Kontakt mit dem Reichsrat gegen viele Widerstände zu verwirklichen verstand in einer Zeit, deren politische Entwicklung außerhalb Schwedens ihn und alle Stände bald bis zum Äußersten fordern sollte. Aber diesmal kam auch beim Sprechen der Waffen das Gesetz zu Wort, und die Bildung hatte im Schutz einer Verfassung ihren stetigen Fortgang zum Nutzen eines ganzen Reiches.

# Verstärkung der Vormauer

Die Sicherheit Schwedens beruhte nicht nur auf dem vertraglichen Vertrauen zwischen dem König und den Verfassungsorganen des Reiches, sondern auch darauf, wie das Kernland von außen her geschützt werden konnte. Ein Blick nur auf die lange Küste genügte, um trotz des natürlichen Walles der Schäreninseln vor der Einfahrt nach Stockholm ihre Verletzlichkeit zu erkennen. Davon war immer wieder die Rede, wenn Invasionen besonders von seiten Vasa-Polens befürchtet wurden oder auch von Dänemark, das mit Bornholm, Gotland und Ösel drei strategisch wichtige Inseln besaß, von denen aus Schweden beunruhigt werden konnte. Betrachtete man die Ostsee als zweite Schutzzone, weil man über eine wachsende und schlagkräftige Flotte verfügte, dann wanderte der Blick unwillkürlich auf den Brückenkopf im ›Baltikum‹, auf Estland, mit der einst bedeutenden Hafenstadt Reval. Darüber verfügte Schweden schon seit 1561, als die Verteilung des Territoriums anstand, das mit dem Niedergang des Teutschen Ordens und der Hanse zum ›Erwerb‹ geradezu angeboten worden war[1].

Livland mit der wichtigen Hafenstadt Riga hätte die begonnene *Vormauer* Schwedens auf der anderen Seite der Ostsee erheblich verstärkt und damit nicht nur zur dänischen Insel Ösel ein Gegengewicht gebildet, sondern auch das »Dominium Maris Baltici« wirkungsvoll abgestützt. Es hat zahlreiche Versuche gegeben, dieses Land endgültig unter die Oberherrschaft der Krone Schweden zu bringen. Und das war nicht einfach, trafen doch hier schwedische, dänische, polnische und moskowitische Interessen zusammen[2].

Aber es waren nicht nur die äußeren Kräfte, die an diesem

Land zerrten, das schon bei der Wahl Sigismunds III. im Jahre 1587 zum König Polens Streitobjekt geworden war und zu einer schweren Vertrauenskrise zwischen Johan III. und Schwedens führenden Senatoren um Erik Sparre führen sollte[3]. Es gab auch innere Kräfte, die an ihm zehrten. War »Estland des Adels Himmel, der Pfaffen Paradies, der Fremden Goldgrube und der Bauern Hölle«[4], so war das unmittelbar anschließende Livland, das im Frieden Jam Zapolski (1582) und im Frieden von Teusina (1595) Teilungen zugunsten Polens und Schwedens erlebt hatte[5], nicht minder reich an Gegensätzen. Der meist teutschstämmige Adel war stark in seinem possessiven und politischen Selbstbewußtsein, und das Bürgertum in den Städten, vor allem aber in Riga, stand darin in nichts nach. Besonders die städtischen Korporationen bildeten einen Machtfaktor, mit dem schon Karl IX. während des Bürgerkrieges hart zu ringen hatte.

Geht man bei der Beurteilung der oft komplizierten politischen Lage in diesem Vormauer-Gebiet von der Fiktion eines »dualistischen Ständestaates in Livland« aus[6], dann muß das Unverständnis in der Begegnung zwischen Schweden und dem baltischen Ständewesen wachsen. Denn Herzog Karl ging es in seinem Reformprogramm vom Mai 1601 auf dem Landtag in Reval nicht darum, die vorhandenen Ständeorgane und Korporationen an sich zu bekämpfen, sondern darum vor allem, dieses Land im Inneren zu einem politischen Ausgleich und damit zur Ruhe zu bringen. Allein die Annahme seines Mottos »Alle für einen und einer für alle« drückt den Korporationsgedanken in seiner libertären Form aus und ist nichts anderes als eine Erweiterung des bekannten »Treu Herr – Treu Knecht«[7].

Der Widerstand des livländischen Adels gegen die substantiellen Reformen von Schweden aus ist verständlich, weil dadurch seine Autonomie erheblich beschnitten wurde und er zu lernen hatte, Eigenrechte auf Staatspflichten zu beziehen. Dazu gehörte die Leistung des adligen Rüstdienstes und damit auch eine weitgehende Bauernbefreiung aus Hörigkeitsverhältnissen. Das gesamte Gerichtswesen wurde nach schwedischen Mustern reformiert, das Schulwesen unter der tatkräftigen Anleitung von Johan Skytte in Gang gebracht, das mit der Gründung einer Universität in Dorpat gesteigert wurde und das Land an die europäischen Bildungstraditionen heranführte[8]. Und auch sonst wurde viel für die Verbesserung der Infrastruktur (Wegebau und Unterhalt) getan[9].

Dieser konzentrierte Einsatz wurde von Gustav Adolf fortgesetzt. Allerdings kostete ihn diese Arbeit einen hohen Preis. Denn nach der Eroberung Rigas, das im Inneren von Parteiungen zerrissen war und den Konflikt zwischen Vasa-Schweden und Vasa-Polen auf seine Weise ausdrückte, und erst nach mehrmaligem Stürmen im Herbst 1621 in seine Hand fiel[10], empfanden ihn sicher nicht allzu viele Mitglieder des Adels als einen »Adelskönig«. Er zog nämlich ihr gesamtes Land für die Krone Schweden ein und gab diese Güter nur dann an ihre früheren Besitzer zurück, wenn ein Gericht die Eigentumsfrage geklärt hatte. In Grundbüchern und Revisionslisten wurden die neuen Besitzstrukturen festgehalten und damit manch eine Willkür unterbunden. Der Adel Livlands hatte zu lernen, wie er sich als possessiver und politischer Stand in einem Gemeinwesen zu verhalten hatte, dessen König sich von dem Wahlspruch seines Lehrers Johan Skytte leiten ließ – »unus rex, una lex et grex unus«[11].

Darin erkennt man wieder das Programm des *libertären Legalismus* und das Bemühen, die Vormauer von innen her mit Frieden zu stärken, damit sie dem Mutterland gleichzeitig als Prellbock und Plattform dienen konnte, wenn neue Kämpfe mit Vasa-Polen anstanden. Und an dieser Front sollte es so bald keine Ruhe geben. Das lag aber nicht nur an Sigismund III. allein, der durch kriegerische Auseinandersetzungen mit dem Türken militärisch nur verhalten präsent sein konnte, dafür aber Gustav Adolf die »Occasion« bot, nach dem Kriegs- und Belagerungszug gegen Riga im Jahr danach wieder mit seiner Flotte und Armee aktiv zu werden[12].

Er wollte einen »ehrlichen Frieden« mit Vasa-Polen, und den konnte er nicht erreichen, solange Sigismund III., reichlich mit männlichen Erben gesegnet, immer noch darauf hoffte, sein Erbrecht auf die Krone Schweden wahrnehmen zu können.

Neben diesem dynastischen Konflikt, der die gesamte Reichspolitik beherrschte, erarbeitete er aber auch noch eine zweite Motivation für seine Kriegseinsätze in und um Livland. In Abstimmung mit Axel Oxenstierna erläuterte er den zum Reichs-

*Deckblatt einer teutschen Ausgabe des »Landslag« und »Stadslag« (KB – Stockholm).*

tag einberufenen Ständen im Februar 1622, daß er auch »das Vaterland vor dem Einfall der Polen sichern will und sonst das Reich erweitern und verbessern möchte«[13].

Man hat die Livland- und aktive Polen-Politik »aggressiv« genannt und darauf hingewiesen, daß Gustav Adolf in zunehmendem Maße den Reichsrat und den Reichstag vor vollendete Tatsachen gestellt und sich lediglich mit Axel Oxenstierna abgesprochen haben soll[14]. Bedenkt man, daß Allmogen nicht gerne auf die Reichstage kam und Gustav Adolf sogar 1611 zusagen mußte, nicht allzuviele Zusammenkünfte der Stände zu betreiben, dann läßt sich von ihm her keine anti-konstitutionale Haltung ausmachen, und mit dem Reichsrat und den Kollegienträgern hat er sich sehr sorgfältig abgestimmt[15]. Da ihm der aktive Part in der Politik zustand und er alle Einzelaspekte der jeweiligen Lage am besten und schnellsten überblickte, verwundert sein Eifer nicht, zumal er aus dem Westen Europas schlechte Nachrichten hörte.

Der »Evangelischen Unbestand und Unglück« beklagte Christian IV. in einem Schreiben an ihn und verband damit die Einladung zu einem Fürstentag in Segeberg. Denn es sei unbedingt nötig, »der gemeinen evangelischen Fürsten und Ständen Wohlstand im Römischen Reich zu sichern«, nachdem sich für diese der Zustand nach der Schlacht am Weißen Berg (1620) »sehr verschlechtert hat«[16]. Da konnte sich also in Zukunft etwas zusammenbrauen, das Schweden unmittelbar berührte, und in einem solchen Fall mußte Gustav Adolf nicht nur in seinem eigenen Reich alles in Ordnung gebracht haben – was bei allen Gärungen, Irrungen und neuen Steuern schon schwer genug war –, sondern auch die Vormauer so verstärkt haben, daß sie einem möglichen Druck von Vasa-Polen standhalten konnte.

Diese Art der Sicherheitspolitik schloß im Ernstfall die militärische Eroberung wichtiger Gebiete ein, um mit ihnen einen guten Frieden auszuhandeln. Krieg war ein Instrument der Politik, aber nicht ihr Wesen, und solange Sigismund III. nicht zu einem echten Frieden bereit war, sondern nur von einem Waffenstillstand zum anderen eilte, waren Kriegsoperationen nötig, doch lediglich in bescheidenem Umfange, weil die dazu nötigen Geldmittel nur mit wachsenden Schwierigkeiten von den eigenen Ständen und auf Europas Kreditmärkten zu erhalten waren[17].

Und dann brachte alles Kriegen bloß Ungemach ein. Zu Beginn des ersten Livland-Feldzuges 1621 zerschlug ihm ein furchtbarer Sturm einen Teil der Landungsflotte[18], und nun beim Sommer-Feldzug gegen K. Radziwiłł im Jahre 1622 überfiel ihn im Feldlager bei Mitau eine seltsame Krankheit, das heimtückische Dreitage-Fieber, bei dem es im erwähnten Rhythmus stets zu einem »bösen Tag« kommt. Als einzige Medizin dagegen verordnete sich Gustav Adolf eine Bewegungskur, indem er »mit schwerer Arbeit (travalie) sein Blut erhitzte«, also aller Wahrscheinlichkeit nach an militärischen Übungen aktiv teilnahm. Und mußte er sich einmal »etwas Ruhe gönnen, dann (wurde) IKM:t durch allerlei Schießen und Krach daran gehindert«. In seinem »Krankenzustand wären Hühnerfleisch und andere delicate Dinge das richtige Mittel«, aber »nirgendwo ist ein Huhn für IKM:t aufzutreiben, obwohl er es täglich braucht. Nicht einmal ein Schluck Bier, das ihm schmeckt, ist zu bekommen. Lediglich livländisches Dünnbier hat er vom Feldherrn (Jakob de la Gardie) erhalten und das hat ihm gar nicht geschmeckt.«[19]

Die eher mäßigen Erfolge auf militärischem Gebiet haben seine Stimmung wenig erhöhen können, und der Tod Carl Filips an einem anderen Fieber stürzte ihn in Trauer[20]. Aber er hatte es immerhin so weit gebracht, daß mit Polen wieder einmal verhandelt wurde[21]. Zur Erbauung gereichte diese Seite seines politischen Lebens nicht, und es bedurfte einer besonderen Natur, um sich während der Verhandlungen nicht von der ›Kultur der Winkelzüge‹ die Lust am Leben und an der Politik vergällen zu lassen. Er spürte, daß er jetzt seinem wichtigsten Instrument, dem Reichskanzler, für alle geleisteten Einsätze zum Erhalt der Vormauer eine Anerkennung zukommen lassen mußte, eine Geste der »Justitia distributiva«. Deshalb überschrieb er das »Bistum Wenden« in Livland an Axel Oxenstierna für seine außerordentlichen Verdienste, und zwar in seiner rechtlichen Qualität als Erblehen. Tritt nämlich eine »Veränderung im Regiment ein«, dann müssen er und seine Erben für die verlehnten Güter eine »Bekräftigung bei dem König einholen, der in die Regierung tritt«[22].

Der Feudal-Nexus kommt also voll zur Anwendung, und es sieht mitunter so aus, als lege es Gustav Adolf auch darauf an, die Vormauer immer weiter von der Küste weg in die angrenzende Landmasse hineinzuschieben, um für verdiente Amtsträger des Reiches neue Lehen in die Hand zu bekommen und damit auch neue Anreize zu schaffen, ihm und der Krone treue Dienste zu leisten[23].

Gerade in der Aktivierung des qualitativ Gerechten und in der Handhabung des Verteilens von Land und Leuten kann er sich auf friedfertige Weise als Adelskönig empfinden. Er weiß bei diesem bedeutsamen Vorgang genau, wodurch er seine innere Vormauer erhöht: Mit der Bindung des Adels an seine Interessen. Und diesem war auch bekannt, was die Reputation steigerte und womit man »Staat machen« konnte.

# Staatsraison . . .

Der »Kriege Elend« hat Gustav Adolf wenig Lust verschafft. In der Erfüllung dieses Handwerks, von dem in erbaulichen Stunden der männliche Geist schwärmen konnte und poetisch mit »Arte & Marte« die Gemüter erregte, fiel es ihm besonders schwer, »bei diesem Krach und Waffengeklirr lange Briefe zu schreiben«. Er hielt sich daher auch nur bei wesentlichen Dingen auf und fragte nach Wohl und Wehe, wie er es selbst aus seinem Umkreis mitteilte[1]. Und in diesen Schreiben an die nächsten Angehörigen konzentriert sich sein Interesse auf Tod und Geburt.

Das ist verständlich, denn er mußte seit 1621 immer stärker erleben, wie der Tod in seinem Hause zuschlagen konnte. Das erste Kind aus seiner Ehe mit Maria Eleonora starb bald nach der Geburt und deutete in der Sprache der Quellen an, daß bei der Königin die Säfte nicht genügend ausgebildet waren[2]. Und kaum war die alte Königin Catharina, Gustavs I. letzte Frau, im April 1622 zu Grabe getragen worden[3], da erschütterte ihn der Fiebertod seines Bruders Carl Filip. Seine Trauer darüber betraf nicht nur den Verlust eines nahestehenden Menschen, sondern auch die Schwächung des eigenen Hauses, war doch »meine Wohlfahrt mit der seinigen vermischt und mein Leben mit seinem versichert«[4]. Das vorzeitige Ableben seiner zweiten Tochter, die nach seiner Mutter auf den Namen Christina getauft worden war, bestätigte 1623 den Befund der Ärzte. Seine Frau hatte wahrscheinlich von der Natur zuviel vom Element des Feuers erhalten, um ihren Kindern genügend Lebenskraft zu geben[5].

Er hat dieses Hauskreuz geduldig getragen in der christlichen

Hoffnung, alle Abgeschiedenen dereinst wieder »in einer ewigen Freude sehen zu dürfen«[6]. Aber an der irdischen Maßgabe des Erbprinzips kam er nicht vorbei. Auch in seinem libertären Wesen war es unerbittlich. Der Status (Stand) seiner Dynastie verlangte im Hinblick auf das vertraglich gewährte Erbrecht zur Krone, daß dieses erfüllt wurde. Schließlich, was war ein Erbreich ohne Erben?

Diese Frage machte die Staatsraison des Hauses Vasa in Schweden aus. Es war eine Statusraison in dem Sinne, daß sich ihr völkerrechtlicher Wert nach außen hin erst dann als tragfähig erweisen würde, wenn das Erbrecht auch von Vasa-Polen in einem Frieden anerkannt worden war. Staatsraison ist demnach ein Mittel der Politik, um Statusqualitäten von souveränen Häusern und souveränen Kronen gegen andere Ansprüche durchzusetzen und international anerkannt zu bekommen. Sie ist aber nicht das Maß der Politik!

Rechts- und vertragsfähige Erben waren also die besten Voraussetzungen, um den Status eines Hauses zu sichern. Blieben sie aus, dann konnten die Stände nach dem Aussterben der erbberechtigten Linien der Dynastie wieder zu einer Wahl schreiten. Aber mittlerweile war es schon so weit gekommen, daß Wahlkönige von Erbwahlkönigen im Status geringer geachtet wurden und diese wiederum von den patrimonialen Erbpotentaten[7].

Es ist heute kaum noch vorstellbar, wie sich Staatsraison als Rangsicherung auswachsen und dabei zu Konflikten und langwierigen Verhandlungen führen konnte, die weit über das hinausgingen, was man wohl als Staatsvernunft ansehen möchte. Doch diese Zeit in all ihren Erschütterungen und Veränderungen hatte nicht nur einen völlig anderen Zeitbegriff als wir, sondern auch eine geradezu exzessive Einstellung zum Besitz in all seinen reichen Rechtsformen. Die *Beati Possidentes* (Glücklich Besitzenden) bestimmten die Politik in Form und Inhalt.

Die Substanz von Eigentum entschied nach dem Geburtsprinzip und nach Maßgabe von Machtübertragungen über Status und Rang eines Einzelfürsten wie seines Hauses: Der *ragione di stato* wurde die *ragione di dominio* vorgeschaltet![8]

Staatsraison ist unter diesen Bedingungen weniger eine Idee, in der man den Staat an sich als Ziel der Geschichte betrachten mußte[9]; sie geht auch nicht »primär von der Organismusvorstellung der Staatsindividualität und von der Notwendigkeit des Machtgebrauchs aus«[10], sondern erscheint in erster Linie als eine begründete und zureichende ›Einsicht ins Eigentum‹.

Ist bei Gustav Adolf von des »Reiches Staat« die Rede oder auch vom »Preußischen Staat« und später gar vom »Rheinischen Staat«[11], dann ist damit nicht die konstitutionale Grundlage des Gemeinwesens gemeint, sondern der materielle »Haushalt« im Sinne eines »Etats« oder »Status«. Die Obrigkeit war verpflichtet, diese Einsicht ins Eigentum zusammen mit den Organen der Stände zu organisieren, um die Überlebenschancen des Reiches und seiner Länder kennenzulernen. Gerechte Steuererhebungen waren doch nur möglich, wenn die Besitzverhältnisse aller Untertanen bekannt waren. Und dafür waren Grundbücher erforderlich, deren Zuverlässigkeit davon wiederum abhängig war, wie genau Grund und Boden, Haus und Hof vermessen wurden. Das Geometer-Wesen konnte sich hier verdient machen, und es ist ein Zeichen mehr für die Anstrengung Gustav Adolfs, seit 1628 verstärkt die Landvermesserei zu institutionalisieren[12], um auch darin zu zeigen, daß sein Königtum auf das Gerechte gerichtet war.

In der schönen Rechtsformel des alten Schwedisch von *Rå och Rör,* der *Fest- und Fahrhabe,* wie es nicht weniger gekonnt im Teutschen hieß, drückt sich diese Einsicht aus und macht Staatsraison zum Instrument des Gemeinen Besten. Wer diese Seite des Zauberwortes wegläßt und nur an seinen machiavellistischen Schatten denkt, dem bleibt lediglich das Wortgepränge. Etwa von dieser Art: »Swecus jedoch, Gustavus, der Schneekönig, trieb es nach der Staatsraison und ratio belli, nun seit bald zwanzig Jahren; immer die Sicherheit seines Reiches und die Handels-Vorteile, die Religion, die Größe Gottes, die Größe Schwedens, den Ruhm von Schwedens Herrscher in Einem vor Augen.«[13]

Wie ermüdend doch Reihungen sein können! Dieses »Treiben« denkt nur an Streitlust, an Haudegentum, an das Grobe auch. Es schafft keinen Raum für Unterscheidungen, für Nuancen und ein ernsthaftes Bemühen, das sich den Gefahren der Staatsraison in ihrer Anwendung nach außen bewußt bleibt und dabei Verständnis genug hat, den Machtgebrauch nicht in einen Mißbrauch münden zu lassen. Es gibt dafür genügend Beispiele, die höchst lehrreich sind, weil sie Einsichten in die Kunst des Unterscheidens vermitteln, ohne die in diesen Zeiten wenig gewonnen werden konnte, was Bestand haben sollte. Im folgenden ein paar Eindrücke.

Nachdem mit Kriegsoperationen kaum noch etwas zu erreichen war, weil dazu Mannschaften und Mittel fehlten, hatte Jakob de la Gardie Waffenstillstands-Verhandlungen mit der polnischen Seite aufgenommen. Aber was im Frühjahr 1622 vorsichtig begonnen wurde, war im Herbst dieses Jahres noch immer nicht abgeschlossen[14].

Der wichtigste Punkt war nach wie vor Sigismunds samt seiner Erben Verzicht auf seine Ansprüche der Krone Schweden gegenüber und die Lösung der Stände Schwedens von ihrem Treue-Eid aus dem Jahre 1594 – neben anderen Forderungen[15]. Die Besitzstandswahrung und Statussicherung durch die Titelfrage hatten absoluten Vorrang. Dabei zeigte es sich wieder, daß Eroberungen stets auch Verhandlungsobjekte waren, indem mit ihrer Restitution die eigene Konservation verstärkt wurde. Riga wurde dafür angeboten, doch mit dem Bescheid, in den möglichen Absprachen die Verfassung der Stadt zu garantieren![16]

Aber die Dinge kamen nicht recht voran, obgleich Axel Oxenstierna sein ganzes Können aufbot. Es wollte diesmal nicht ganz genügen, weil die beabsichtigte »Verlängerung des Stillstandes«, wie er nach Mitau abgeschlossen worden war und wegen der schier unüberbrückbaren Titel- und Erbrechtsfrage auf fünfzig Jahre ausgedehnt werden sollte[17], plötzlich eine neue Qualität bekam. Es war nämlich Gustav Adolf aufgefallen, daß dadurch »der Stillstand besser sein würde als der Friede mit den Bedingungen, die in der Neben-Instruktion

*Reichskanzler Axel Oxenstierna (1583–1654)*
*im Alter von 53 Jahren (KB – Stockholm).*

vorgeschrieben sind, was ich nicht gutheißen kann«. Der König gibt dem Kanzler zwar zu, daß er dessen »Intention ohne Einschränkung anerkennt, aber nicht die Art des Vorgehens«, nämlich die Stillstands-Absprachen so hochzutreiben, bis sie einen Frieden mehr als ersetzen, d. h. ohne daß Gustav Adolf selbst, sein Haus und die Krone Schweden die Vorteile eines richtigen Friedens erfahren und genießen können. Ein Stillstand ist eine Atempause, aber keine Absprache als gerechter Vergleich, weil die Ursachen des anstehenden Krieges erhalten bleiben, während sie im Frieden gelöscht werden.

Der Kanzler darf bei dieser Analyse, die einer Rechtsbelehrung gleichkommt, zusätzlich erfahren, was ein König noch zu bedenken hat: »Wir müssen der Billigkeit gemäß den *Gewissensgründen* folgen und nicht der *Staatsräson* (rationes conscientiae non status).«[18] Damit ist allen Ernstes auch gesagt, daß ein Stillstand letztlich nur etwas Akzidentielles ist, etwas Zufälliges im Sinne des Vorübergehenden, das keinen rechten Nutzen oder Profit ergibt. Wie sehr auch der Gegner »zu allen Zeiten die Staatsräson jeglichen Bündnisverträgen vorgezogen hat«, um eben der Substanz des echten Friedens auszuweichen, er kann das hier nicht mit gutem Gewissen tun. Schließlich würde einem solchen Dauer-Stillstand auch der Form nach etwas Wesentliches fehlen: »Die Solennia (Feierlichkeiten), die für einen festen Traktat nach den Bedingungen des Polnischen Staates erforderlich sind.«[19]

Er dachte dabei wohl an Feierlichkeiten, wie sie beim Russen mit der »Kreuzküssung« verbunden wurden, mit dem höchsten Zeichen des Vertrauens, den Frieden im HERRN für alle Zeiten gelten zu lassen. Davon war Vasa-Schweden in seinem Verhältnis zu Vasa-Polen noch weit entfernt. Aber es bedeutet viel, wenn Gustav Adolf hier vom »Polnischen Staat« spricht und damit die Verfassungen, die Substanz der Adelsrepublik meint, der Krone Polen auch, die bei den laufenden Verhandlungen von Sigismund III. und dessen Erben getrennt als Vertragspartner genannt wurde[20]. Am Frieden hing auch die Reputation von König und Krone, der Status unter den anderen Besitz-Ständen der Christenheit. Gustav Adolf läßt gegenüber

Axel Oxenstierna keinen Zweifel daran, auch wenn er in der gegenwärtigen Situation auf der Linie de la Gardies liegt und die Feuereinstellung als vernünftig empfindet: »Der Stillstand ist wohl gut und besser als die Fortsetzung des Krieges. Er verschafft die Gelegenheit, den Haushalt (statten) zu ordnen, uns mit neuen Heeren (exercitus) und Macht zu versichern, die gewonnenen Provinzen mit dem Reich zu solidieren, alle Gefahr auf Zeit hin zu differieren, was ja auch das Politische ist. Aber der Friede ist ein Ding, welches den Polen beinahe auf ewige Zeit hin von uns trennt.«[21]

Der wesentliche Grund für dieses dauernde Hinauszögern liegt seiner Ansicht darin, daß mit einem Friedensvertrag auf der Basis der Gleichberechtigung sich die Lage in dieser Groß-Region Europas ändern würde, und das müßte notwendigerweise einen Zustand (Status) ergeben, der an anderem Orte nicht willkommen sei: »Denn wer den Polnischen Staat (stat) richtig betrachtet, der kann zur Genüge sehen, daß er sehr mit Teutschland verwandt ist (at han slechtas mycket på Tysland), wo mächtige Privatpersonen große Interessen haben, daß der vorhandene Zustand (staten) unturbiert (unverwirrt) bleibt. Und diese Leute, die sozusagen ad clavum imperii (am Schlüssel des Reiches) sitzen[22], haben auch Macht genug, Hinderungen dafür vorzunehmen, daß etwas Neues begonnen wird. Und das hat eine große Bedeutung für die Bestätigung dieses Friedens, wenn er erreicht werden kann, der uns ohne Zweifel am meisten Nutzen bringt.«[23]

Krieg, der im Grunde eine Sünde ist, wenn er auf ungerechten Voraussetzungen aufbaut, darf also nur geführt werden, um wie in einer Gerichtssache die eigene Position dem Gegner vorzutragen. Ihm mit Waffenmacht zu zeigen, wo die Grenzen seiner Herausforderungen liegen und die eigenen Rechte beginnen. Wenn der Krieg als »*tätige Magie* die einzige Erklärung der antiken Welt ist, die Hand und Fuß hat«[24], und dafür spricht nicht wenig, dann kann man sagen, daß in den Zeiten der Wiederentdeckung der Antike und ihrer Wiedergeburt (Renaissance) die Verhältnisse sich in der Weise verändert haben, daß der Friede als das Ziel des Krieges zu einer *magischen Tat* geraten konnte: Nach den Zaubereien mit Begriffen (das Jonglieren mit dem »Staat« und seinen schillernden Bedeutungen legt das recht nahe) wurden die metaphysischen Mächte beschworen, das Ritual zu segnen, nachdem der Teufel aus dem kleinsten Detail getrieben worden ist und die reine Frucht des Friedens zum Genusse einlädt. Also, noch einmal die Anrufung der Geister der Versöhnung: »Gott und die Menschen, die Gerechtigkeit und unser Gewissen sollen da unsere Zeugen sein, daß wir alles getan haben, was getan werden kann, um ein friedliches Leben zu erhalten.«[25]

Während Hugo Grotius noch an seinem Compendium über das *Recht zu Krieg und Frieden* schrieb, das 1625 erscheinen sollte[26], hatte Gustav Adolf aus den bestehenden Traditionen des Natur- und Völkerrechts für sich die Konsequenzen gezogen und in dieser komplizierten Materie der Umsetzung von Recht in Macht für sich und seine Unterhändler die richtigen Worte gefunden. In ihrer hochgezogenen Semantik und bei allem juridischen Ernst überbrückt er aber die Abstraktionen der Kommutation und gibt Axel Oxenstierna ein farbiges Zeichen, einen Hinweis, was die Staatsraison im Bereich der Stillstands-Verhandlungen tun könne, um die festgefahrenen Positionen zu lockern. Mit dem Angebot in der Neben-Instruktion »sollen die Polen so weit einen Floh ins Ohr bekommen (få loppan i örat), daß sie den Stillstand nicht ausschlagen können, obgleich sie die Conditionen nicht gleich anzunehmen vermögen«.

Was immer auch nach bestem Wissen und Gewissen bei solchen Verhandlungen ins Gespräch gebracht wurde, ohne den Schein, das Locken mit leichtem Gewinn und das Kitzeln des Stolzes ging es wohl nicht. Der ›war of words‹, dieses rituelle Versperren der Wörter im Verhauen der Sprache, an dem schon manch ein Geschichtsschreiber verzweifelt ist, war also jenem Zustand und jener Vernunftslage vorgeschaltet, aus der sich die ›power in peace‹ neu gestalten durfte. In dieser Spannung vollzog sich das Politische für Gustav Adolf als ein dauernder Kampf gegen das Ungerechte und für die eigene Sicherheit, die mit der Staatsraison im akzidentiellen Sinn als Gebrauch von Machtmitteln nur bedingt zu erreichen war. Ein wirklicher

Friede setzte ihr ein Ende. Und dazu war man auf Sigismunds Seite noch nicht bereit. Also war es nur richtig, unterhalb dieser Schwelle im Umkreis eines bloßen Waffenstillstandes die eigenen Positionen zu stärken.

Deshalb auch der Rat an den Kanzler, in Riga etwas zu unternehmen. Denn dort »wurde Allmogen vom Magistrat discontentiert«[27], was soviel bedeuten sollte, daß sich die Magistratspartei um den eifrigen Herrn Ecke auf Kosten der Bürgerschaft eine Machtposition zugeschanzt hatte, die nur von einem auswärtigen Potentaten gesichert wurde, »nämlich vom König in Polen«. Und das war nicht länger zu ertragen. Es wäre unter diesen Umständen zu überlegen, »ob man nicht eine derartige Uneinigkeit nützen sollte, sich selbst zur Sicherheit«. Bei den vorhandenen Abweichlern mache man sich doch nichts vor: »Wie *politice oder magis simulate* sie mit uns umgehen, das wißt Ihr auch. Wie gefährlich es ist, solche (Factionen) in einer Grenzfestung zu haben, könnt Ihr zur Genüge selbst beurteilen. Wenn Ihr es jetzt ratsam fändet, mit Hilfe des Kriegsvolkes solche (Factionen) aus dem Ort zu schaffen und die Stadt dem Reich desto besser zu versichern, da scheint mir das der Mühe wert zu sein.«[28]

Welch eigenartiger Begriff von der Politik! Sie gilt ihm hier als Ausdruck des ›schnöden Scheins‹, als ein ›erhöhtes Heucheln‹, das nichts mit der »guten Ordnung und Politie« zu tun hat, die sonst dem Begriff seine gerechten Inhalte gibt. Politik aus gutem Grund ist die Kunst des Gleichen und Guten nach innen und außen, wenn sie in ehrlicher Friedensabsicht verhandelt. Das ist das wahre Sein. Wird sie aber nur als Instrument benutzt, um sich von Zeit zu Zeit in Kriegen zu messen und dabei nur kleinliches Eigeninteresse durchzusetzen, dann wird sie eine Staatsraison, die vom Gemeinen Besten wegführt. Und das ist nur Gaukelei.

Es ist eine Verschiebung der Inhalte zu spüren. Eine Dialektik, bei der man von Fall zu Fall neu prüfen muß, was die beteiligten Staatsmänner jeweils meinen, wenn sie die Staatsraison entweder im Guten oder im abwertenden Sinne benutzen und sich bei Legitimationen ihres politischen Handelns darauf berufen. All diesen Winkelzügen zu folgen, den Schattierungen nachzutasten und im Doppelbödigen den richtigen Ton zu finden, das war im Tagwerk der Diplomatie ein zermürbendes Geschäft. Und es ist nur zu verständlich, daß sich damit in einer auf Erbauung ausgerichteten Historie wenig Staat machen läßt, weil bei ihr die geduldige Durchdringung von Materie und Mensch nicht hoch im Kurs steht.

Alle Mühen von Gustav Adolfs und Axel Oxenstiernas Seite, die Polen-Frage zu lösen, mündeten nur in die Verlängerung des Stillstandes von Mitau um ein Jahr[29]. Verhandlungen wurden zwar weitergeführt[30], aber man wurde sich darüber schnell klar, daß sich auf das Verhältnis von Vasa-Schweden und Vasa-Polen nicht nur der schwärende bilaterale Konflikt auswirkte, sondern auch die Beziehungen zwischen zwei entfernten Mächten des Außenrings, die unter normalen Umständen bittere Gegner hätten sein müssen. Doch angesichts eines begonnenen Heiratshandels dämpfte man die Rivalitäten und vergaß für eine Weile, was man sich schon angetan hatte. Spanien und England versuchten sich an der Kraft der Kommutation und an den Aufträgen des Averroes – auf nicht geringe Kosten Gustav Adolfs!

Denn Madrid hatte mit seinen Geldzuwendungen Wien in der Hand und drückte auf Warschau, das sich trotz vieler Widerstände in der Szlachta und im Sejm (Reichstag) auf einen neuen Waffengang mit Schweden vorbereitete und dafür sogar Hilfe von England erhalten haben soll[31]. Was also tun, um nun im Frühjahr 1623 die Gefahr abzuwehren? Gustav Adolf mobilisierte die Flotte, nachdem ihm »zwei Schiffe von Danzig« her letzte Gewißheit gegeben haben, daß Sigismund entschlossen sei, mit »6000 Mann zu Fuß . . . einen feindlichen Einfall in unsere Länder ausführen zu wollen«[32].

Dafür ist also der Stillstand genutzt worden! Und wieder hatte er einen Beweis dafür, wie wichtig es war, endlich einen Zustand zu erreichen, der ihn nicht von einem Jahr zum anderen zwang, gegen viel Überzeugungen und Gewissensgründe kriegerische Dinge unternehmen zu müssen. Wie sehr ihm die bedrohliche Lage naheging, gibt er in einem Zusatz an Axel Oxenstierna zu erkennen: »Und nachdem wir befürchten, daß dies alles unserer lieben Gemahlin, wenn es ihr in aller Hast mitgeteilt würde, zu einem Entsetzen gereichen würde, begehren wir gnädiglich, daß Ihr damit prudenter umgeht . . .«[33]

Der Tod stand wieder vor der Tür, und Gustav Adolf mußte darum kämpfen, daß Schweden seine Freiheit behielt und irgendwann auch einmal einen Frieden erhalten könne. Niemand, der einen Einblick in seine Geschichte bekommen hat, wird deshalb sagen dürfen, daß er sich von der *Kriegsraison* hat treiben lassen. Sie war ihm bei allen Höhenflügen mehr als nur eine leidige Last.

# Alpträume und Visionen

Eine seltsame Hitze hielt zu dieser Zeit die Gemüter in Bewegung. Es war, als ob die Luft nicht nur alle Pest dorthin gelangen lasse, wo die Sünde den Menschen unter die Haut ging, sondern auch mit einer neuen Philosophie empfängliche Geister befächeln wolle. Drei Stadien hatten ihre Anhänger zu durchleben, um im Kampf mit den eigenen Schwächen vom *Traum* in *Ekstase* und von dort zu einem eigentümlichen *Enthusiasmus* zu kommen.

Was Wunder, daß diese Welt gerade Standespersonen in den Kopf stieg und ihr Verlangen nach Erhöhung an der Kirche vorbei den Weg nach innen lenkte, mit Entäußerungen lockte und nach Gewißheiten suchte. Die Wirkungen der »Theologia teutsch«, gerade ins Schwedische übersetzt[1], kamen noch hinzu, die Empfänglichkeiten für einen Spiritualismus zu steigern, der in der Nachfolge des Thomas von Kempen diese drei Stadien in die Forderungen nach Reinigung, Aufklärung und Vereinigung einbrachte. Im Eifer für die *Imitatio Christi* verzückt werden, alle Leiden und Plagen in Affektlosigkeit abprallen lassen und, nach innen gekehrt, auf Erkenntnis seiner selbst hoffen, das war das Neue. Die Eindrücke des Lebens sollten nicht in Affekten zum Ausdruck kommen![2]

Gustav Adolf, von Paracelsisten, Mystikern und Rosenkreuzern umgeben, die sich in diesem Labyrinth der täglichen Lasten und Laster einen Rest an innerem Gotteserleben bewahren wollten und sich einer *Praxis pietatis* näherten, um aller Roheit begegnen zu können[3], hat sich diesem Verlangen nicht verweigert. Der Bericht eines Teufelstraums im innigen Gespräch mit seinem Lehrer Johannes Bureus gibt die Richtung an, in der gesucht werden muß, wenn verstanden werden will, warum er trotz gelegentlicher Ausbrüche mit einer fast unerklärlichen Ruhe die andringenden Plagen, Mühen und Nöte ertragen konnte. Nein, er war nicht auf Rosen gebettet und hatte als König dennoch die Pflicht, neben dem Hauskreuz auch die Staatslasten zu tragen. Er hätte sich diesen Forderungen gegenüber anders verhalten können, aber mit der Annahme dieses Kreuzes im Jahre 1611 erfüllte er nicht nur das Gebot des Geburtsprinzips und die Vorschriften des Gesetzes, sondern folgte auch einem theosophischen Drang. Und diese Kunst der vergeistigenden Einkehr, während ringsum das Chaos tobte, bedurfte der mahnenden Abkehr, um sich im eigenen Streben zu vergewissern.

Im Traum erschien dem König »Henrik Horn. Er hielt ihn für einen Satan und beschwor ihn. Fragte auch, ob er an Jesum Christum glaube. Horn aber erwiderte: Nein, denn ich habe eine andere Offenbarung erhalten.« Bureus, der in der Umgebung des Königs nicht wenigen Sticheleien ausgesetzt war und sich oft dagegen wehren mußte, wegen seiner mystischen Anwandlungen religiös unzuverlässig zu sein, fand es wichtig, sich in seinem Tagebuch bei dieser Mitteilung (oder soll man es Beichte nennen?) vor Gustav Adolf zu rechtfertigen: »Sein Traum hindert ihn mehr als mich.«[4]

Tatsächlich beschäftigten den König solche Dinge, auch wenn er dem Aberglauben sonst abhold war, Judaisten und Schwärmern aus Gründen der inneren Sicherheit das Leben schwermachte und ihnen gelegentlich die erhitzten Köpfe vor die Füße legen ließ. Er gestattete es auch, daß Bureus von orthodoxen Theologen wie Johannes Bothvidius vor allem wegen seiner »Buccina« hart kritisiert wurde, aber aus seinen unmittelbaren Diensten wollte er ihn nicht entlassen. Bureus hatte für ihn einen Grad an Spiritualität erreicht, der ihm zusagte und die Möglichkeit bot, das Wirken der Nachtseiten des Lebens zu befragen. Deshalb weist er auch kurz vor der Abreise zum Kriegszug nach Preußen seinen Bruder Carl Filip zurecht, der in des Königs Kammer gekommen war und dort Bureus antraf. In einem frotzelnden Ton fragte der Prinz den Philosophen, ob dieser in all seinen Phantasien schon seine Todesstunde ausgerechnet habe. »Treib es nicht mit einem alten Mann«, mahnte Gustav Adolf, der in Arbeit vertieft war.

Carl Filip gehorchte auch für den Augenblick und erfreute sich an ein paar »frivolen Wortwechseln«, die er mit dem Bruder inszenierte, um urplötzlich wieder auf Bureus zu stoßen: »Ihr fahrt sicher nur einmal zur Hölle.« Der Lehrer des Königs aber, der mit diesem Überfall wohl an das traurige Los seiner Schwiegereltern erinnert werden sollte, die 1601 in Stockholm mit Schwert und Scheiterhaufen auch dafür büßen mußten, daß sie von einem Besuch im Himmel und in der Hölle Bericht gegeben hatten[5], erwiderte in der Ruhe der Selbstgewißheit: »Wer auf Christum baut, kann niemals fallen.« Carl Filip blieb seine Antwort nicht schuldig, eine Anspielung, die im Ernst Bureus den Kopf kosten konnte: »Das sagen alle Ketzer.« Und nachdem er den Gelehrten mit dem grauen fülligen Haupthaar und dem wallenden Bart eingehend gemustert hatte, zischte er: »Ihr seht so grausam aus.« Gustav Adolf schwieg, Bureus auch, aber Carl Filip hatte sich in Raserei gesteigert. Er wollte plötzlich wissen, ob Bureus zum Abendmahl gehe, und als dieser sich zu dem Vereinungsakt bekannte, war der Prinz nicht mehr zu halten: »Glaubt Ihr, daß das da Christi Leib und Blut ist?«

Weiß Gott, das war die Frage aller Fragen. Doch Bureus fürchtete sich nicht, seinen Glauben an die Transsubstantiation freudig zu bekunden und sich darüber zu verwundern, daß sich der Prinz anscheinend etwas anderes, ja vielleicht sogar »eine Lüge hat einbilden lassen«[6].

Dieser offene Schlagabtausch am 6. Juli 1621[7] stand ganz im Zeichen eines Krieges, dessen Natur Gustav Adolf nötigte, Bureus zu fragen, »ob ein christlicher König ohne Sünde einen Krieg nicht nur defensiv führen, sondern auch beginnen dürfe«[8]. Ein altes Problem und auch ein Alptraum wie jenes Erlebnis, das Bureus seinem Tagebuch anvertraute, daß ihn nämlich im Traum »Jesus Christus sein Herz sehen ließ. Es war zerrissen . . . und wie abgestorben (likasom twinat) meiner Sünden wegen.« War es da bei ihm, der sich immer seinen Ekstasen hingab, wenn sie nach außen drängten, verwunderlich, wenn er »im Traum wegen der vielen Übertretungen weinte, die sich die Schweden zuschulden kommen ließen«?[9]

Von den Nachtseiten des Rechts, schrecklichen Zeichen am Himmel, von Flüssen, die plötzlich aufhörten, Wasser zu führen, von Pest und hitzigem Fieber, Morast und weglosen Wäldern, Gerüchten und Schlägereien, von falschen Propheten und vom Wahnsinn des Krieges. Ein einziger Alptraum dieses Schweden bei Tag, wo »der König kaum herrscht und die Lüge regiert« und Gauner in hohem Ansehen stehen, ja jedem, der es hören will, die Einbildung ausmalen, daß »Schweden wie Atlas auf seinen Schultern den Erdkreis tragen wird«. Jetzt, wo man sich auf Imaginationen der Geschichte einzustellen hat, auf das Gaukelspiel der Gedanken und auf die Wahnvorstellungen all jener, die nach dem philosophischen Stein suchen, Kristalle befragen und an die Transmutation unedler Metalle in edle glauben. Oh, diese Zeitalter und ihre Folgen! Haben wir jetzt nicht »das Zeitalter der Bauern«, das von dem der »Krieger« abgelöst wird? Lebt der Bauer vom Feld und stirbt der Krieger im Feld, was bleibt da noch der Dreier-Imagination? Die Hoffnung auf die Pest! Sie »scheint eine große Veränderung zu betreiben«, im Leben der Menschen und ihrem Lauf durch die Zeiten, und wird »das dritte Zeitalter, das der Krämer, hervorbringen«. Wer es nicht begreifen will, nun denn: »Die Welt will betrogen sein.«[10]

Alles Schwindel. Wohl nie hat die Geschichte der Diplomatie einen solchen Chronisten erlebt wie den Dänen *Peder Gallt,* der Anfang 1622 nach Schweden kam und hier im Auftrag Christians IV. Kontakt zu Gustav Adolf, dem Hof und dem Reichsrat zu halten hatte und im Lauf von zwei Jahren allmählich das Gefühl bekam, in einem rasenden Wirbel nach allen Seiten greifen zu müssen, um dann doch nichts als Schatten in seinen adligen Händen halten zu dürfen. Seine Beschreibungen Schwedens sind Bilder aus einem Chaos, aus einer gärenden Masse, die ihn, den Rosenkreuzer, in Atem zu halten versteht, in einem Wechselbad von Tagträumen und Ekstasen einer Wirklichkeit, die ihm wenig Zeit und Luft gewährt, alles auf einen

Begriff zu bringen, was er erlebt, in einem Punkt zu vereinen.

Doch einige dieser Stütz-Punkte gibt es. Die Kernfrage des Politischen: Wird der Schwede das Dominium Maris von Riga bis Bornholm sichern können, und was wird aus seinem Vorgehen in Lappland, wo er sich mit dem Russen seit Teusina und Stolbova reibt und dennoch sein Interesse betreibt? Jetzt, wo eine Gesandtschaft aus Moskau erwartet wird, die irgendwo in diesem schwedischen Schwätzen über Gott und die Welt noch nicht zu Wort gekommen ist?[11] Die ganze Ostsee in der Hand dieses Gustav Adolf und dann noch der Griff da oben am Eismeer, die Schläge gegen Polen in Livland und jetzt auch in Preußen. Gut, seine Beziehungen zu den Niederlanden waren im Augenblick nicht gerade die besten, obgleich immer mehr Holländer für ihn arbeiteten, von Finspång aus die Erzeugnisse des Eisengusses vertrieben und, als schwedische Waren deklariert, den Sundzoll Dänemarks unterliefen[12], aber was baute sich da nach außen hin auf? Wirklich eine Großmacht?

Die innere Lage ließ den Dänen Peder Gallt darauf hoffen, daß die Kraft des Schweden-Dominats noch nicht voll entwikkelt werden konnte, weil zu viele Energien im Inneren verbraucht wurden. Das sind vor allem die drückenden Steuern, die Kontributionen und sonstigen Abgaben. Was immer auch die Reichstage beschließen mochten, entscheidend war nur, ob dies verwirklicht werden konnte und damit dem König die Möglichkeit gab, seine Ziele nach außen durch Leistungen von innen abzusichern. Was nützten alle Zusagen der Vertreter des Bauernstandes, wenn die Bauern hingingen und ihr Vieh abschlachteten, um auf diese Weise der bewilligten Abgabe für den König zu entgehen? In der Politik ging man vom Leben aus, der Schnitt durch die Gurgel bei Pferden, Kühen, Stieren, Ochsen, Rindern, Kälbern und allem Kleinvieh machte sie zu einem Griff ins Leere. Und dann noch der Aberglaube, daß das Besteuern von Vieh Krankheiten verursache[13].

Aber nicht nur die Bauern machten bei der aufgenommenen Kriegspolitik nicht mit, auch die Pastoren sahen es lieber, wenn der König zu Hause blieb und ihre Söhne nicht dem Feind aussetzte. Da mochte der Adel schon ein paar Zusagen machen, weil er sich bei der Fortsetzung des Kampfes gegen Vasa-Polen selbst einiges an Gewinn ausrechnete, aber die Subsidien dieses Standes mußten ja auch auf die eigenen Leute umgelegt werden, auf die Adelsbauern, und damit wurden eigene Privilegien berührt. Also Bewilligung schon, dann aber doch Reservationen, damit die Vorrechte nicht auf die Dauer ausgehöhlt werden: »Es hat noch nie einen solchen Zustand in Schweden gegeben ... Zwischen dem Adel und dem König herrscht ein großes Mißtrauen.«[14] Und wurde Adel gesagt, dann strahlte das auch auf den Reichsrat aus, in dessen Reihen sich die plötzlichen Krankheitsfälle gehäuft haben sollen, um Entscheidungen aus dem Weg zu gehen. Selbst der Kanzler Axel Oxenstierna und Johan Skytte finden sich nicht mehr ganz zurecht. Oder suchen sie nur ihren Machtanteil, so wie andere Hohe Herren ihren Marktanteil zu verstärken gedenken, wenn es um den Kopparberg bei Falun geht, wo des Königs Interessen nicht gerade zum besten stehen sollen. Und über all diese Spannungen hinaus geht das Gerücht, einer aus dem Pfälzischen Haus soll Gustav Adolfs Nachfolger werden, wenn diesem etwas zustoßen würde[15].

Seinen Bruder Carl Filip hat es schon getroffen. Schiffe holten ihn aus Narwa ab und liefen »mit großer Pracht« in Stockholm ein, und Peder Gallt stellte fest, daß die Ausstaffierung des Leichenzuges doch darauf schließen ließ, welche Möglichkeiten da noch in der Hinterhand aktiviert werden konnten[16]. Mochten auch aus Livland immer wieder Schiffe mit siechen Soldaten einlaufen und die Bauernhöfe veröden oder von Mädchen und Frauen bestellt werden, weil die Burschen und Männer nach Dänemark entlaufen sind, um dem Kriegsdienst zu entgehen; mochte die Pest an einigen Orten wüten und an anderen Würmer getrocknet werden, um davon Brot zu backen oder die »inopia salis et panis« kein Ende nehmen wollen[17] – in diesem Reich wurde dennoch hart daran gearbeitet, den Rechtsfrieden zu sichern und den Kriegsstandard zu erhöhen.

Gallt kommt in all seinen Aversionen und gelegentlichen Übertreibungen nicht umhin, nach Kopenhagen zu berichten, daß in Stockholm »täglich sehr schönes Fußvolk eintrifft, wohl geübte Leute, die gut bewaffnet werden«. Und von den Kriegsschiffen kann er auch nur sagen, daß sie »wohl montiert« sind. Ja, die beiden Schlachtschiffe »Reichsapfel« und »Drei Kronen« haben es ihm besonders angetan. Mit Staunen stellt er fest, daß sie in doppelter Reihe mit Kanonen bestückt sind. Oben die kleineren und unten die großen Geschütze[18]. Und was das Land selbst nicht an Soldaten aufbringen kann, das kommt aus dem Heiligen Reich. Ein Graf Mansfeld und ein Fürst Anhalt bringen Reiterei und Fußvolk, aus Schottland und England kommen andere Kontingente. Sind diese auch »du moyenne qualité«, so muß er doch zugeben, daß es Gustav Adolf gelungen ist, in dem Franzosen *La Chapelle* einen der besten Minenleger der Zeit in seine Dienste bekommen zu haben. Einen, der sich auf die Kunst des *Petardierens* verstand[19], und wer diese beherrschte, dem war vor keiner Festung bang.

Da wuchs etwas heran. Das spürte Gallt in all dem Brodeln. Er will aber nicht ganz glauben, daß sich beim Nachbarn Dänemarks ein Kraftkern aufbaut, und sieht nur die Schläge Gottes, der »diese Nation hart gestraft hat, weil sie stets das praktiziert, wovon sie nur Scham und Schande hat«, nämlich eine Lust, »ihre Amtspflichten zu verletzen«[20]. Aber die materiellen Nöte, der chronische Mangel an Geld und die Unzufriedenheit in allen Ständen waren immer dann wie weggeblasen, wenn die Glocken über das ganze Reich hin das Geschrei aufnahmen, dem König sei wieder einmal ein Sieg gelungen. Da lag dann dieses gebeutelte Volk vor seinen murrenden Hirten auf den Knien und sang das »Te Deum«, um nach diesem Rausch der Sinne wieder an ein Tagwerk zu gehen, das in seiner Last nur mit Trägheit zu ertragen war. »Ich bewundere den Triumph vor dem Sieg. Das ist sehr dreist . . ., mit Gott zu scherzen und ihm Brillen aufzusetzen.«[21]

Das war ein Mittel, Hirte und Herde an den König zu binden, an den Heger des Rechts, der rastlos unterwegs war. Es fällt auf, daß Gallt bei aller Kritik, die in Senatskreisen übel aufgenommen worden ist, weil die Berichte nach Kopenhagen doch zu sehr verzerrt hatten, was man auch anders hätte sehen können, bei Gustav Adolf einen Eifer für sein Amt feststellt, der bemerkenswert ist[22], aber auf die Schweden selbst wieder ein schlechtes Licht fallen läßt: »Dieses Volk will mit Gewalt traktiert werden – auf sklavische Weise.«[23]

Er meint damit wohl das Bedürfnis, von oben angetrieben zu werden, weil unten noch nicht recht gelernt worden ist, daß dem Untertan nicht nur Rechte vom König garantiert werden, sondern ihm gegenüber auch Pflichten zu erfüllen hat, wenn nicht alles in Unbestand geraten soll. Ein großer Erziehungsprozeß war für die Wirksamkeit dieser Gegenseitigkeit nötig. Manch einer erkannte dies schon, aber vielen war es zuwider, für die Sicherheit des inneren Friedens die Lasten eines Kriegs mitzutragen. »Die großen Bewegungen in der Landschaft Dalarna wegen der neuen Steuern« hatten zum Nachdenken veranlaßt, zumal sich die Unruhen bis nach Uppland und Väster-Götland streckten und man schlecht jenseits der Ostsee erfolgreich Krieg führen konnte, wenn im eigenen Kernland die Flammen der Aufständischen züngelten[24].

Verhaftungen einiger Verdächtiger genügten nicht. Das sah man in Stockholm und in der Umgebung Gustav Adolfs bald ein und suchte nach Auswegen. Als man zur Osterzeit 1624 einen gefunden hatte, und zwar in Gestalt der Abschaffung des einst bewilligten Zolles[25], da »stand ein teutscher Prophet auf, dessen Person unbekannt ist und weissagte zu Västerås, daß es zwischen Dänemark und Schweden Krieg geben würde. In diesem gewinnt der Dänenkönig zwei Schlachten, aber bei der dritten Schlacht wird er bei Vadstena gefangengenommen. Ein ganzes Jahr danach würde der Reichsrat Schwedens selbst Verrat betreiben und den schwedischen König ums Leben bringen, und all das würde innert drei Jahren geschehen . . .«[26]

Was wurde nicht schon alles vorhergesagt in diesen wirren Zeiten, die den Weltuntergang herannahen sahen und auf die Ankunft Christi warteten. Bureus stand mit diesem Glauben nicht allein[27]. Wurde er doch von der Hoffnung getragen, daß das dauernde Kriegen, die Überfälle der Pest und die Mißernten als Strafen Gottes für das fortgesetzte Sündigen einem reinigenden Ende entgegengehen müßten. Einem Blutvergießen, das alle Sünden sühnt. Sollte es dazu wirklich kommen, dann aber nach allen Regeln der Kunst und nicht durch Maßnahmen, die aus dem Dunkel heraus mit neuen Sünden den Erzübeln zu Leibe rücken wollten. Daher auch »hat der König in Schweden eine große heimliche Furcht vor Verrätern«[28], ob sie nun ins Reich gesickerte Papisten waren, deren jesuitischem Gemüt man nicht trauen durfte, und die deshalb über dem Richtblock ihr Blut vergossen[29], oder Anhänger des Judaismus, die mit ihren Israel-Visionen und Heilserwartungen einfache Gemüter für sich gewinnen konnten[30].

Diese Gefahren von falschen Propheten für den inneren Bestand Schwedens hat Gustav Adolf in diesen schwierigen Umbruchszeiten rechtzeitig erkannt, und er ließ in dieser Hinsicht nicht mit sich spaßen. Die Todesurteile in den bekannten Fällen wurden weniger aus Gründen der religiösen Einstellung gefällt, weil über das Gewissen kein König eine Macht besaß, als vielmehr in der Überzeugung, daß der Staat selbst sich von innen her schwächen und gar verzehren würde, bekäme er die Schwärmerei nicht unter Kontrolle.

Ekstase als Ausdruck geistiger Zucht und Vorstufe zum Enthusiasmus für das Kreuz Christi, die ersehnte Passion[31], will den unbedingten Ernst, die Konzentration. Und daran wollte es Gustav Adolf nicht mangeln lassen. Mit dem neuen »König der Juden« aber sollte er eine sonderbare Herausforderung erleben, die auf ihre Weise das Bizarre an der Umgebung dieses Königs auf eine neue Höhe treibt in Zeitläuften, da eine große Springflut die Hafenstädte der Ostsee heimsuchte[32] und das Weltende andeutete[33], Bureus von Krebsen ohne Beine träumte, die auf grünen Bäumen klebten und als Zeichen für eine noch größere Flut gedeutet wurden[34].

Wie war das alles auszuhalten? Stoa und Rosae Crucis sicherten den inneren Menschen, ließen es nicht zu, daß die äußeren Akzidentien die Substanz des Selbst zerstörten, verlangten aber ein Maß an Eigendisziplin, die etwas Asketisches hatte und dauernde Lernbereitschaft forderte, die Spannung zum Sprung in die Höhe und das augenblickliche Erkalten, der Verschluß bei Verdruß. Deshalb auch das Bemühen Gustav Adolfs, in einer selbstverfaßten Lebensgeschichte dem Leser eine Lebenshilfe zu geben, und sein Verlangen, das Griechische zu lernen, die Runenkunst zu fördern und an einem mittelalterlichen Fürstenspiegel zu arbeiten, der aus dem Denken des *Aegidius de Colonna* kommt. Bureus stand ihm dafür zur Verfügung, damit jeder im gerechten Königtum erkennt, was die Reinheit der Worte ausmacht, wenn des Menschen Lust am Dreck überhandnimmt, was die Klarheit der Gesetze bedeutet, wenn der Machtversessene rechtsvergessen handelt und einer Tiernatur anheimfällt, und welche ungeheuere Kraft daraus fließt, wenn König und Krone auf der Basis eines vertraglichen Erblehens das Vereinen und Vergleichen üben[35].

Gallt, der diese Mission nur als Rosenkreuzer überstehen konnte, sollte bald erleben, wie dieses Reich aus jenen inneren Antrieben her von seiner Elite hochgetrieben wurde, damit es in Zukunft nicht mehr »aller Leute Spott und Fußabstreifer« war. Ein neuer Alptraum warf seine realpolitischen Schatten voraus. Das Kriegsgerassel gegen Dänemark, besonders im Winter 1623, war nur ein Anfang[36], denn im inneren Kreis der Macht hatte man die Demütigung von Knäröd nicht vergessen. Vor allem ein Mann nicht, der im Jahre 1613 die Verhandlungen bei diesem Knebelfrieden zu leiten hatte, der der Philosophie vom Rosae Crucis nahestand und bei seiner inneren Reformarbeit für Krone und König einen eigenen Traum nährte, einen Wunsch, dessen Verwirklichung nicht nur Christian IV. zum Zittern bringen mußte. Es war Axel Oxenstierna, der 1626 seinem Bruder Gabriel das größte Geheimnis anvertraute, zu dem er fähig war: Seine Vision davon, »anderen Völkern gleich zu werden und einen Namen zu erhalten wie die Mächtigen in der Welt«[37].

# Auf Hehler und Pfennig . . .

Der König ließ den falschen Propheten, diesen Hehlern des reinen Wortes, mit gehöriger Münze heimzahlen, was sie mit ihren Verwirrungen angerichtet hatten. Dabei wußte er aber zu unterscheiden, was er sich selbst und was er der eigenen Orthodoxie schuldig war. Nicht jeden Verfolgungswunsch der Kirche Christi in Schweden wollte er erfüllen. Wie schon zu sehen war, besaß er eine große Empfänglichkeit für die Veredelung des Menschen, für das Bemühen um die Erkenntnis seines inneren Wertes, die Suche nach dem Kern seines eigentlichen Wesens. Und diesen hat Gott in des Menschen Herz gelegt, »wie einen versteckten Schatz in einem Acker, wie der Seele göttliches Licht«. Danach mußte gesucht werden, weil der Mensch seiner Natur nach verdorben war. Diese Suche aber hatte mit der Beherrschung des Körpers einzusetzen, mit der Dämpfung seiner Begierden fortzufahren und zur Einsicht vorzudringen, »daß Adam täglich sterben muß, damit Christus in ihm leben kann«[1].

Diese Haltung des teutschen Theosophen *Arndt* sagte Gustav Adolf zu[2], erinnerte sie ihn doch auch an jenes wunderbare Bild, das sein Vater auf der Eriksgata über das Wesen der Hand beim Eidschwur von Bauern gebraucht hatte[3]. Versenkung in sich selbst als Rettung vor dem Versinken im Morast der Unmoral war ein Teil des Ringens um den inneren Menschen. Doch wenn dieser zu sich gefunden hatte, durfte das nicht zur Passivität verleiten, sondern vielmehr zu neuer Kraft und Entschlossenheit. Das brauchte der König auch, um neben den Herausforderungen des »Eid- und Siegelbrechers« Sigismund und Vasa-Polens im Innern die Kontrolle zu behalten. Vor allem judaistischen Schwärmern mußte das Handwerk gelegt werden. Es war gerade noch zu ertragen, wenn sich ein gewisser Ziegler aus Nürnberg in Schweden »erwählter und gekrönter König zu Jerusalem« nannte, auch »Oberster der Brüder des Rosencreuzes und unüberwindlichstes Szepter des Königs in Zion«[4]. Aber wenn die Judaisten die kirchlichen Dogmen überhaupt verwarfen und damit begannen, selbst die Verfassung substantiell anzugreifen, dann mußte der König einschreiten, um nicht das ohnehin gespannte Verhältnis zur Kirche noch zusätzlich zu erschweren. Denn der Streit um das Consistorium generale, einen Gerichtshof für Rechtsbrüche im Rahmen der Kirche, hat die klerikalen Gemüter nicht weniger erregt als der Kampf um Zölle, Steuern und Kontributionen[5].

Umsicht war geboten. Und diese schloß Strenge und harte Drohungen nicht aus. Nicht umsonst soll Gustav Adolf alle »Juden, Zöllner«, die Geld zu liefern hatten, »Schinder und Landesverderber« genannt haben, die »Gift und Galle bekommen sollten, wenn sie seinem Willen nicht nachkommen wollten«[6]. Die Hehler, die sich hinter der Maske eines formellen Rechtsverhaltens bereicherten und ihren Ämtern oder Vorrechten nicht in gerechter Weise nachkamen, waren noch gefährlicher als die offensichtlichen Stehler. Hatten sie doch eine Reihe von Winkelzügen bereit, sich den Geboten des Königs zu entziehen, dessen »Gemüt und Contenance« sich angesichts der Schwäche und Sünden seiner Umgebung mehr als einmal in steigenden Zorn entladen konnte: »Denn Ihre M:t ist hitzig und sagt ex abrupto ihre Meinung.«[7]

Was der Däne Gallt beobachtet haben will, könnte das Klischee vom »heißen Vasa-Blut« bestätigen. Gewiß, das lebhafte Temperament dieses Königs ist bezeugt, auch sein Glaube an die Macht des Blutes, soweit sich daraus Rechts- und Erwerbsforderungen ableiten und begründen ließen, und das Wissen um die hippokratische Temperamentlehre. Aber die oft erwähnte Hitze läßt sich noch aus einem anderen Grund erklären. Und dieser hängt mit Gustav Adolfs Eigenschaft als König und Obrigkeit zusammen. Sie sollte sich in einem besonderen Fall vehement äußern, über den die Forschung bis jetzt nur beiläufige Andeutungen gemacht hat. Es handelt sich dabei um jenen teutschen Propheten, von dem Gallt schon einiges mitgeteilt hat.

Was er darüber nach Kopenhagen zu berichten wußte, hat dort gespannte Aufnahme gefunden. Denn über die Weissagung von einem Krieg zwischen Dänemark und Schweden hinaus erfahren Christian IV. und sein Kanzler Frijs, daß Gustav Adolf diesen Schwärmer »auf das Schloß in Västerås bringen und dort an seinem eigenen Tisch bewirten« ließ. Warum? Er soll die Namen der Kriegstreiber (autores caedis) genannt haben, »einige vom Reichsrat, die im Gemüt gut polnisch waren«. Und diese Konstellation konnte doch bei ihrer Realisierung nur bedeuten, daß Schweden jenem Doppeldruck ausgesetzt wird, den es seit Generationen zu mildern suchte. Denn wenn es sich gegen Dänemark verteidigen muß, dann steigt im gleichen Augenblick die Gefahr, daß Vasa-Polen bei Kalmar oder Stockholm ein Heer anlandet und Schwedens Kräfte an zwei Fronten verbraucht. Nicht umsonst ging in Schweden das bezeichnende Wort um: »Der König in Polen ist der König in Dänemark.«[8]

Die Angst vor einer Intervention an zwei neuralgischen Schlüsselpositionen beherrschte zeitweise die Gemüter in Regierung und Rat so sehr, daß schon Gerüchte reichten, um sich in Bereitschaft zu bringen[9], und dazu gehörte auch, die innere Abwehr zu verstärken. Geschäftemacher, die diese Kriegsangst für sich nutzten, Schwärmer, die ihren himmlischen Lohn aus Prophezeiungen ziehen wollten, waren doppelt verdächtig und galten als inneres Sicherheitsrisiko. Es war aber unter diesen Bedingungen nicht leicht, genau festzustellen, ob es sich bei einem solchen Gerücht um »ein bestelltes Werk« handelte oder nicht. Was den Verkünder von Västerås betraf, so glaubte man vornehmlich im Adel, wenn man Gallt trauen darf, daß es sich hier um nichts Echtes handeln könne. Und der König tat gut daran, diesen Menschen, der schon über das Reich hin als »Das Tuch« bekannt war, in den Dom zu Västerås führen zu lassen, um dort »vom Bischof und Klerikern quasi per exorcismum examiniert zu werden«[10].

Den Teufel austreiben, das setzt voraus, ein Innenleben zu kennen. Und das war nach allen vorhandenen selbstverfaßten Aufzeichnungen überaus reich. Einiges aus dem wilden Denken des »Matthias Rex Judeorum, Israelitorum et Suecijorum« oder »des Heiligen Römischen Reiches Erzmarschall« soll hier zu Worte kommen, weil gegenüber Gustav Adolf in den Bekenntnissen dieses Schneiders mit dem sinnigen Namen *Matthias Pfennig*[11] Vorwürfe und Anschuldigungen gemacht werden, die in Bauernkreisen durchaus auf einen günstigen Boden fallen konnten. Denn es war Pfennig offensichtlich gelungen, in der ewig unruhigen Landschaft Dalarna Anhänger zu gewinnen, und dies sicher nicht nur, weil er als Schneider Verständnis für die Eifersucht der Dalar-Bauern hatte, die sich schon wegen der Erhaltung ihrer Kleiderordnung mit Gustav I., angelegt haben sollen[12]. Ob er auch hinter dem Widerstand in der Zollfrage stand, ist noch nicht geklärt, auch nicht seine äußeren Lebensumstände. Dafür aber quillt der Bericht von seinen inneren Lebensreisen über.

Er wird mit einer Zeichnung eingeleitet, in der ein Herz und ein geflügelter Drache zu erkennen sind und ein Dreieck, zusammengesetzt aus allen Lastern des Menschen. Flankiert von Tiergestalten gleicht dieses Dreieck einem Spitzspaten, dessen Beherrschung die innere Schatzsuche ermöglicht und dabei den Boden für eine hypertrophe Selbstinszenierung bereitet: »Ich, Matthias Pfennig . . .«[13]

Er ist in diese Welt und nach Schweden, in sein Israel gekommen, um im Auftrag Gottes mit gerechten Strafen das zu reinigen, was hier die Sünden beschmutzt haben. Das Reich Schweden ist der Ort, wo er jetzt zu wirken hat, aber von hier aus hat der »Welt Sündenpfuhl« mit Feuer und Licht sein Ende zu erwarten. Die böse Frau Welt soll wieder in Reinheit erstrahlen und sich bereit halten, denn »der Bräutigam kommt in und aus der Mitternacht«. Und ein jeder soll wissen, was mit den »Waffen des Lichtes Gottes« unter allen Gottlosen und Frevlern angerichtet werden soll – »Gott sehen und das Land besitzen«.

Gott und Gut, Religio und Regio greifen auch bei diesem

Schwärmer unmittelbar ineinander und legitimieren ihm die Legitimation, dem »gewesenen König und Administrator Gustavus Adolphus« mitzuteilen, daß er, Matthias Pfennig, nach Schweden in das rechte Israel gekommen sei, um im Auftrag seines Vaters David und seines lieben Bruders Jesu Christi die Herrschaft von Dalarna aus anzutreten. Als ein »beherzter Löwe« wird er von nun an sein Szepter schwingen »von einem Meere bis zum anderen«. Jetzt in dieser Zeit, in der nach dem Jahre 1624 das Reich des Heiligen Geistes seinen Anfang nehmen sollte[14]. Gustav Adolf konnte aus diesen Bekenntnissen entnehmen, daß er »sich selber versehen hat. Und des Herren Zorn hast Du zu Deines Königreichs Finsternis über Dich gezogen. Als ein guter Freund und getreuer Bruder habe ich Dich öfters warnen und lehren wollen, aber Du hast mich zu Deinem Schaden nicht hören und meine Schriften annehmen wollen ..., so daß an mir kein Laster oder Schaden gefunden wird«.

Ist das wirklich nur Phantasie, der Ausbund einer Narretei, das Gaukelspiel eines Wichtigtuers? An dem schlechten Zustand Schwedens in dieser Zeit gab es keinen Zweifel. Pfennig nutzt die verbreitete Sehnsucht nach Ruhe und Frieden für sich und bedient sich dabei eines biblischen Gewandes, dessen Schnitte er vorzüglich beherrscht. In der Verbindung von Besitzstreben und Bekenntnisdrang kommt er dem Pulsschlag seiner Zeit sehr nahe, nicht weniger in seinem Aristokratismus und im Christuskult, der an das Rosencreuzertum denken läßt. Und Furcht vor dem Tod scheint er nicht zu kennen. Er nennt den Erzbischof Kenicius von Uppsala einen »alten Wolfsmagen« und den Vertrauten des Königs, den »Doktor Johannes Bothvidius«, einen »weisen und doch widerspenstigen Zauberer«, hält diese und andere Kleriker für amtsvergessen und heißt sie alle miteinander »Augendiener«, die mit »heuchlerischen silbernen und goldenen Kompaßzungen« nur ihren Vorteil suchen. Und wenn der »gewesene König Gustavus Adolphus« auch »alles für lauter Narretei und Fabelwerk hält«, was Matthias Pfennig zu sagen und zu raten hat, so soll er doch eines wissen: »Ich fürchte mich nicht, mein Leib und Leben zu verlieren. Denn der Höchste hält seine Hand über mich, und der Hüter Israels bewahrt mich, daß mich des Königs Zorn und Hitze nicht verbrennt . . . Ich fürchte nur, daß das Schwert über ihn kommt.«

Pfennig gibt hier einen wichtigen Hinweis darauf, daß im Zorn der Könige der heilige Zorn Gottes einen Ausdruck findet, der »so heiß und heftig« werden kann, wie es den Sünden der Menschen entsprechen muß. In der Verbindung von Zorn und Hitze liegt tatsächlich ein besonderes Merkmal des Königtums, das ja letztlich alle Entscheidungen fällen und ausführen lassen muß, sei es über Leben und Tod oder sei es über Krieg und Frieden. Gustav Adolf soll fast wortgetreu die Gedankengänge des Pfennig einmal als Argument gebraucht haben, um einen Bewunderer seines Heldenmutes abzuwehren. Dieser hatte »die Wunderwerke seines Lebens als sicheren Beweis« dafür angeführt, daß »Gott ihn (den König) zum Heil der Menschen hätte auf die Welt kommen lassen«, und alle Taten »ein Geschenk der Allmacht Gottes . . . wären«, ja eine Offenbarung der Gnade selbst. Dem König wollte diese Erklärung seiner Größe gar nicht gefallen. Er hielt seine Erfolge eher für die Wirkung und als »Merkmal seines Zornes«. Denn Gott »hält alle diejenigen für seine Feinde, die sich ihm nicht unterwerfen wollen. Er ist ein Strom, der die Gegenden verwüstet, durch die er fließt. Und da sich seine Waffen eben so weit als seine Hoffnung ausbreiten, so erfüllt er die Welt mit Schrecken, Elend und Verwirrung . . . Gott schreitet niemals von der Mittelstraße zum Äußersten, außer wenn er jemanden strafen will«[15].

Nichts anderes hat Matthias Pfennig in seinem Gefängnis wortreich dargestellt und in einer Art Fürstenspiegel festgehalten. Er möchte sich einen *»König der Gerechtigkeit«* vorstellen in einer Umwelt, in der »alle, ja alle nur das Ihrige suchen«, den Eigennutz demnach, und darüber treulos werden müssen. Deshalb seine inständige Bitte: »Hilf, lieber König, und nimm doch nicht mehr das Wenige von den Vielen, sondern nimm das Viele von den Wenigen.« Wenn das nicht eintritt, die Gerechtigkeit auf sich warten läßt und die »Hofheuchler«, »Isabelliten«,

»Baalspfaffen«, »Satansschüler« oder »Venusbuhler« nicht in ihrem unchristlichen Handwerk gehindert werden, dann wird es geschehen: »Es wird der gemeine Mann aufrührerisch werden wider alle seine Obrigkeit auf dem ganzen weiten Erdenrund. Sie werden euch (die Obrigkeiten) schlachten, gleich wie einen Haufen Kornmäuse mit Weib, Kindern und Gesinde. Es wird ganz und gar kein Erbarmen bei ihnen sein im Zorn.«

Wieder der Zorn. Er ist die Qualität des Göttlichen, das auch in den niederen Ständen lebt. In ihm reinigt sich das Leben von der Sünde. Der Zorn ist ein Born und weist den Weg zur Weisheit, welche »Könige macht und den Geringen aus dem Staube erhöht, einen Bauern zum Fürsten und einen Bettler zum höchsten Regenten und Haupt über die Könige auf Erden«. Das waren Ansprüche auf die Königsfähigkeit von unten und die Sehnsucht nach dem Leben eines »wahrhaftigen Ritters«, nach einem Kampf, der reinigt und läutert und all den Morast, die Not und Pein vergessen läßt, die in diesem Schweden und verdorbenen Israel auf die Gemüter schlagen. Also muß der Gegenschlag geführt werden, um den amtsvergessenen König zum Zittern zu bringen, zur Einkehr und die Hungrigen mit dem »rechten Himmelsbrot« zu nähren – mit dem Wort.

Wohin mit dessen Macht die Gemüter vor allem der Jugend geführt werden konnten, das war für Gustav Adolf immer eine Sorge, wenn er an die Kritik aus den Reihen des Klerus dachte und darüber im Senat sich seine Gedanken machte[16]. Und auch Pfennig wußte, welche Waffe er da gebrauchte, um damit »des Menschen Schwachheit und Verstand, daß er nicht so leicht glauben kann, was er nicht sieht«, zu vertreiben: »Darum ist des Priesters Mund nichts anderes als eine Büchse. Das Wort, so da stehet, ist das Pulver. Brot und Wein aber ergeben die Kugel, damit man den Leuten den Feuersbrand in ihre Herzen schießt . . . Gott Vater aber trägt die Büchse.«

Wieder das Herz. Es ist das Organ, wo man den Sitz des Lebens wähnt und aus dem die Qualität des Menschlichen strömen soll als Emanation göttlicher Gaben. »Mein Herz dichtet ein feines Lied. Ich will singen von einem König . . .« Pfennig gerät auf seinem Weg der Reinigung Schwedens allmählich in Ekstase und gleitet auf das Preisen des Liebesgottes zu, das Gustav Adolf ein paar schmerzhafte Erinnerungen bereiten soll.

Pfennig will »auf dem Berge Zion und im Heiligen Lande Israels« als ehrenhafter Ritter Gottes nicht mehr dulden, daß »alle Töchter Zions . . . mit bloßen Brüsten und nacktem Halse bis auf den halben Rücken vor die Augen der Menschen treten. Diese unzüchtige Weibertracht will der Herr, unser Gott und König, hier nicht länger leiden.« Und schon gar nicht, daß sie »mit den Heiden in der Hurerei liegen, daß sie nach Rom und Paris in eine rechte Teufelsschule gezogen werden«. Da kochte der Schneider, dem die Moden der oberen Stände und vornehmlich des Adels nicht gefallen wollen. Und mehr noch: Mit galliger Ironie prangerte er eine andere weibliche Sünde an: »Sie wollen schön sein (die Damen), weiß und schlank. Etliche werden von diesem Unfug so matt und krank, daß sie aus so großer Schönheit kaum gehen oder reden können . . . Wenn Milch, Wasser und Kreide schon so schön weiß machen, so macht ungelöschter Kalk und Arsenicum noch viel weißer«, auch das »Essen alter weißer Leinentücher« hilft der Sehnsucht ab, die richtige Adelsfarbe zu bekommen . . .

Was die Schwedinnen da alles abbekommen vom Meister Pfennig! Es will ihm auch nicht gefallen, was in diesem Reich mit Tanzen, Spielen, Raufen und Saufen die ganze Woche über an Zeit und Kraft vergeudet und im Einüben von Kniebeugen an Entwürdigung zugemutet wird. Und von der Königin erwartet er, daß sie »eine Mutter und Amme des ganzen Reiches sein soll – fein, ehrbar, züchtig, gottesfürchtig und fromm«. Aber damit noch nicht genug. Als »Matthias Leo, der Nordenkönig« und Bezwinger Gustav Adolfs, erhebt er Anspruch auf dessen Frau: »Glück zu, Glück zu«, macht er sich Mut, »die Kron ist dein, dazu seine eigene Frau . . . Maria Eleonora. Du bist schon genommen, wie ich von Gott vor einem Jahr gelehret, nun von deinem Mann . . . Du bist dem giftigen Todestrunk entronnen . . . Maria Eleonora, du bist mein.«

Die Ekstase steigert sich in Enthusiasmus und läßt die Macht des Eros in einen Eros der Macht übergehen, besessen vom Glauben an die Kraft der eigenen Potenz: »Und David sagt, daß die Frucht meiner Lenden alle Königreiche und Fürstentümer besitzen soll – hier auf Erden.« Dazu genügt ihm aber die Königin allein wohl nicht, mit deren Schicksal er ein böses Spiel treibt, war doch bekannt, daß sie eine »heiße und trockene Frau« war[17].

Er will die Vielweiberei. Denn »es ist dem Manne kein Maß noch Zahl gesetzt, weder im Alten noch im Neuen Testament, wie viele Weiber er haben soll«. Mit Berufung auf Jesaia will er »sieben Weiber« haben, dann sogar »zehn«. Am Rande dieser Textstelle steht der Vermerk, wohl von der Hand des Bischofs Rudbeckius, dem des Königs fleischlicher Sündenfall im Lager vor Pskov mißfallen hatte und nun im Kampf um das Consistorium mit Gustav Adolf querlag[18] – »polygamiam approbat«.

Und das war nach dem Gesetz von Schweden und der Kirche allein schon todeswürdig, von all den Majestätsbeleidigungen und seinem Aufruhr in Dalarna abgesehen. Doch das schreckte den »Schulmeister der ganzen Welt«, wie sich Matthias Pfennig auch nannte, recht wenig. Gegen Ende seiner Bekenntnisse trumpft er in der sicheren Erwartung der eigenen Hinrichtung denn auch auf und verkündet dem »König Gustavus Adolphus, was dein Urteil und Gericht Gottes über dich und deine Königin ist«. Der vorzeitige Tod Carl Filips ist Matthias Pfennig Beweis genug, daß das Schwert das Haus des Königs vernichten wird und ihn selbst dazu: »Denn alle Greuel und Verwüstung dieses Landes sollen mit dir aufgehoben werden, weil du sie alle hervorgebracht hast.«

In einem gezeichneten Wirbel aus Säulenstücken, Schwertern, Ketten, Pfeilen, Seilen, Handschellen und Nägeln findet die Raserei unter Berufung auf den Propheten Jesaia ein vorläufiges Ende[19]. Der Ausbruch einer Suggestion macht sich eine Imagination von der Furie. Von Schwindeln ergriffen steigert sich die Ohnmacht in eine Verfluchung des Mächtigen und Zornbewehrten. Ein Verhalten, das an die Rede des Königs im

Lager vor Nürnberg denken läßt oder an die Abrechnung Axel Leijonhuvuds, die dieser 1592 in fast blasphemischer Form der verhaßten Vasa-Brut entgegengeschleudert hat[20].

Wie aber endete diese Herausforderung königlicher Geduld und Autorität? Bureus berichtet über einen Zwischenfall, der in jeder Hinsicht bemerkenswert ist, weil er sich in einer schwierigen Lage während des Teutschen Krieges wiederholen sollte und einigen Aufschluß über die oft mißverstandene Hitze Gustav Adolfs gibt. Am 5. März 1627 nämlich wurde die Königin auf das Schloß Svartsjö gebracht. Und da geschah es: »Der König schlug Matthias Pfennig, den Propheten«[21].

War diese Handlung eines Königs unwürdig? Eine kleinliche Geste gegenüber einem Wehrlosen? Zeigte sich darin, daß alles Bemühen zur Beherrschung der Affekte nur Sonntagsgerede war, ein billiger Vorwand, um sich für Machtlaunen zu entschuldigen? Oder war das nur eine rein menschliche Reaktion, das Nachgeben einer Schwäche nach all den Beleidigungen, die Pfennig ausgeteilt hatte?

Nein. Es war die erlaubte und geforderte Reaktion der Obrigkeit! Ein Akt des Gerechten, des Rex justus! Durfte er Menschen zu Rittern schlagen, so war er auch berechtigt, Rechtsbrechern die Ehre zu nehmen. Hier vollzieht Gustav Adolf eine Forderung der Nikomachischen Ethik: »Wenn eine obrigkeitliche Person jemanden geschlagen hat, so darf sie nicht wiedergeschlagen werden, und wenn jemand eine solche Person geschlagen hat, so muß er nicht nur geschlagen, sondern auch sonst bestraft werden.«[22] Und diese letzte Forderung des Gerechten ließ Gustav Adolf am 28. April 1627 durch den Scharfrichter vollziehen. Da wurde nämlich um zehn Uhr vormittags »dem falschen Propheten Matthias Pfennig der Kopf abgeschlagen«[23].

Eine Woche später machte sich der König wieder einmal auf den Weg, um in eigener Person einen Kriegszug nach Preußen zu leiten; er verließ ein Reich, in dem es gärte und in dem die Wächter des Rechts alle Hände voll zu tun hatten, den Gemütern seiner Schweden beizubringen, daß ihre Sicherheit im Inneren nur so viel wert sein konnte, wie sie selbst bereit waren, sich nach außen hin verteidigen zu wollen. Dieses Bewußtsein libertärer Staatstreue setzte aber einen dauernden Reinigungsprozeß voraus, eine permanente »Erziehung zur Verfassung« im Geiste des Gerechten, und verlangte am Ende einen Enthusiasmus, der das Gemeinwohl dem Eigennutz überordnete.

Wie schwer das fallen konnte, haben Gallt und Pfennig auf ihre Weise beschrieben, und welche Anstrengungen unternommen werden mußten, um die Trägheit zu überwinden und eine nach innen gesicherte Politik treiben zu können, davon wird noch manch ein Wort gesagt werden müssen. Denn die Hehlerei und Pfennig-Fuchserei kam nicht nur bei den »niederen Ständen« und im ungebildeten Volk vor, sondern auch dort, wo bessere Einsicht erwartet werden konnte. Ja selbst im innersten Kreis der Regierung mußte Gustav Adolf gar nicht so selten seine ganze Autorität und Reputation einsetzen, um die Gemüter immer wieder aus ihren Erschlaffungen zu reißen.

Denn wer nur machtversessen war und dabei rechtsvergessen handelte, der brachte sich und das Reich um die Bedingungen des Überlebens, der höhlte auf die Dauer alle Glaubwürdigkeit aus, eine der stärksten Kräfte im gerechten Leben eines Gemeinwesens: »Ohne Kredit kann es keinen redlichen Verkehr (trafik) geben, und ohne Versicherung nicht gut geführt werden ... Das sind die Grundlagen für allen Handel und Wandel.« Das sagte Gustav Adolf dem dänischen Gesandten Gallt. Und er, der gerne auf Heller und Pfennig seinen Haushalt aufstellte und auf diese Weise auch abgerechnet haben wollte, fügte noch hinzu: »Wo einer seine Freiheit mißbraucht und darin überführt wird, der muß dafür billig büßen.«[24]

Den Hehlern ging es an den Kragen, Pfennig hat es gar den Kopf gekostet, aber das Rasen und Schwärmen, das Lachen und Weinen, Mars und Venus waren nur schwer zu zügeln. Was Wunder, wenn selbst diesem König die Lust vergehen konnte, einer Herde von Querköpfen Staatsvernunft beizubringen, und er sich nach seiner Abdankung zu sehnen begann.

# Teutsche Apotheke – Zwischenspiel

Die Giftringe der Pest und anderer Übel zogen ihre Kreise, stauten sich irgendwo in der Luft und zogen sich urplötzlich zusammen. Der Blick zum Himmel gab nur dem empfänglichen Geist eine Aufklärung, bei der jeder Gelehrte andere toxische Teufel an die Wand malte. Letzte Sicherheiten vermittelte er nicht. Selbst ein König mit dem »Sonnenblick des Genies«[1], dieser Wunderdroge aller Philosophen, die angesichts der Geschichte meist im Dunkel tappen, war hier machtlos. Er sah nichts, zumal die Kurzsichtigkeit seiner Augen ohnehin die weitere Welt nur in verschwommenen Konturen erlebte. Die Reaktionen des Nachbarn jedoch verschafften Klarheit: Christian IV. hatte die Grenzen nach Schweden hermetisch abriegeln lassen und nicht einmal Gustav Adolfs eigenen Briefboten durchgelassen. Man gab zur Erklärung dieses Verhaltens vor, es herrsche die Pest.

Wieder einmal muß diese Plage dafür herhalten, daß man sich offen über die Vergiftungen unterhält, die politisch zwischen den beiden nordischen Mächten Beschwerden verursachen. Denn »die Pest grassierte nicht in Väster-Götland oder Småland«, den nächsten Landschaften nach Dänemark hin, »sondern meist hier oben im Land. Außerdem waren die Wege im Sommer offen, als sie am heftigsten wütete und Gefahr im Verzuge war. Im Winter jedoch, als sie entweder aufhörte oder abnahm, die Luft auch nicht so bald infiziert werden konnte, sind die Wege geschlossen.« Wenn das nicht verwunderlich ist![2]

Eine ›politische Pest‹ war es wohl, die den emsigen Dänenkönig veranlaßte, sich sonderbar gegen seinen Nachbarn zu verhalten. Jetzt, wo es von England her neue Anläufe gab, die evangelischen Mächte um der »Causa communis« willen zu einer Allianz zu bringen, die sich die Restituierung Friedrichs V. in Böhmen zum Ziel setzen sollte, um mit dieser zu erzwingenden Maßnahme auch die drohende »Monarchia universalis« Habsburgs zu vereiteln[3]. Und in dieses Bündnis sollten ja gerade Dänemark und Schweden eingehen, deren Könige eifersüchtig darüber wachten, daß keiner von ihnen durch den anderen übervorteilt wurde. Dafür war es von Zeit zu Zeit nötig, sich vornehmlich in Ulvsbäck an der gemeinsamen Grenze in reinigende Redeschlachten zu begeben, Worte zu finden, die auf alle anstehenden und aufgestauten Probleme wie Balsam wirken sollten. Die Behandlung toxischer Zustände zweier Reichs-Corpora durch aufsaugende Begriffe. Wer beherrschte dieses politische Waschverfahren besser als Axel Oxenstierna? Ihm wurde also wieder der Auftrag erteilt, sich der dänischen Beschwerden anzunehmen und die gespannte Lage zu bereinigen[4], für deren Verfallsgrad Peder Gallt ja manch treffende Formulierung gefunden hatte.

Wer aber half dem Heiligen Reich und seinen freien Ständen, denen vom Habsburg-Kaiser und der Catholischen Liga her immer neue Wunden geschlagen wurden und die auch unter sich das Klima gerne vergifteten und die Brunnen dazu, aus denen sonst Vertrauen geschöpft werden konnte, das beste aller Heilmittel?

Moser, einer unserer großen Patrioten, wie man Verfassungsfreunde nannte, ehe die Revolution von 1789 in ihrem Lichtbedarf alles vor ihrer Zeit verdunkelte, was sie nicht zerstören konnte, hat uns »aus den traurigen Zeiten des Dreißigjährigen Krieges« eine Persiflage im Druck gesichert, die auf die gestellte Frage eine Antwort geben will und ins Dunkel Strahlen der Gegenwehr schickt, aus denen die Erkenntnis des Thukydides wie des Barrientos aufblitzt. Mit Moser gesprochen: »Da nichts Neues unter der Sonnen geschieht und in den Monden, so wie in der Politik das Neue alt wird und Altes einmal wieder zum Vorschein kommt, so mag dieses Blatt hier immerhin eine Stelle finden, um über alte und neue Zeiten Vergleichungen anzustellen.«[5]

Hier ist die ausgegrabene »Specification der Medicamente, so in den Officinen zu Paris und sonderlich in der geheimen Raths Apothecken zum künftigen Gebrauch in großer Copia praeparieret worden«, willkommen, vermittelt sie doch in ihrer Ironie, dieser wahrhaft »Affenteuerlichen Geschichtsklitterung« (Fischart), und allen Surrogaten mehr von den Krämpfen im Leib des Heiligen Reiches, als sich manch ein Stoffhuber einbilden mag. Gehen wir die Liste der zehn wichtigsten Wundermittel durch und erkennen in der List dieser Vernunft, daß des Menschen Recht auch in jenen Zeitläuften der Besitz an sich selber und um sich herum gewesen sein muß: Dessen Verlust aber auch die politischen Verstandessinne erheblich geschwächt hat.

1. Der *Syrupus majoris oboedientiae et venerationis erga Caesarem* ist »in der Teutschen Apotheke fast nicht mehr zu finden, weil sehr wenig danach gefragt wird. Soll Catholischen und Uncatholischen in gleicher Dosis eingegeben werden.« Von wem? Wo doch der Kaiser selbst nicht mehr viel vom gerechten Gehorsam und vom Vierten Gebot halten wollte und mit einseitigen Besteuerungen in diesem Jahr des Unheils 1624 jedem Stand zeigte[6], daß es in diesem Reich kein Honigschlecken mehr war, politisch zu sein.
2. Gewisse *Haupt-Pilulae.* Sie sollen »die aufsteigenden Dünste liberae futurae electionis beizeiten dissipieren (zerstreuen) und aus dem Kopfe bringen«. Wohlan! Man lasse doch künftig das Theater der Wahl des Kaisers und verkehre dieses demokratische Recht im engen Kreis der Kurfürsten in die Segnungen des Erbens, der patrimonialen Droge des Despotismus. Und dies, obgleich die Geschichte und Politik einiger Anrainer doch erläuterte, was der Depotismus zu leisten verstand[7].
3. Verschiedene *gelinde Corrosivae* (Ätzmittel), um »den Herrn Geistlichen und Prälaten den weltlichen Dominat allgemach wegzuziehen«. Da haben wir es! Habsburg ist weniger durch seine teuren Hochzeiten glücklich geworden als durch den gel-

lenden Hausschrei »Pfaffenhab ist mein Kammergut«[8]. Und diese Maxime lebte auch jetzt noch. Böhmen bekam sie zu spüren, und bald sollte das Restitutionsedikt jedem klarmachen, der politisch dachte, was doch die Obsession der Possession sich ausmalen konnte.

4. *Noduli laxativi und Clistir* für eine überschlaue »Operation, (nämlich) die Privilegia de non appellando nicht auf einmal, sondern unvermerkt nach und nach auszuziehen«. Brav! Warum wollen auch diese vermaledeiten Stände Gerichtsrechte ausüben und sich damit so autonom machen, daß bald nur noch Staaten im Staat vorhanden waren und das Heilige Reich zu einer schillernden Idee verkommen ließen? Gebt dem Kaiser, was des Kaisers ist, aber vergeßt euch dabei nicht! Es könnte sonst teuer zu stehen kommen. Mit Laxativen (Abführmitteln) ist nicht zu spaßen. Hat der Durchlauf erst einmal begonnen, spült er alles weg. Schon gab es ja zum Reichskammergericht in Speyer den Reichshofrat in Wien als Konkurrenz. Konkurrenz? Da lief wenig zusammen. . .[9]

5. *Zugpflaster.* Es muß nach den Ratschlägen dieses Reichsapothekers »in großer Quantität« vorhanden sein, um »armen Witwen und Waisen, auch anderer derer in großer Herren Cammer stehende Schulden herauszuziehen und dadurch zur Zahlung zu verhelfen«. Bravo! Ist das Weib nicht schon für sich selbst Strafe genug? Warum soll es mit seinen Kindern auch noch dafür leiden, daß sich der Mann unbedingt als Krieger aufspielen muß?

6. *Electuarium restitutionis de jure postlimini.* Will man es im übertragenen Sinne sagen, dann müßte man hier an eine Art Brech-Mittel denken und an seinen hohen Reiz, »die ehemaligen Reichs-Städte, die in Municipal-Städte transferiert worden sind, in den vorigen Stand zu setzen und dem rechten Oberhaupt zuzuwenden«. Geschenkt! Das Mediatisieren war ja schon immer ein Grundübel, wenn man die Welt von unten betrachtete und über sich die Verästelungen nicht mehr wahrnahm, dieses Schachtelsystem von Ständen und Zuständigkeiten, das in keine Schublade paßte und gescheiten Professoren des Natur- und Völkerrechts als »Respublica irregularis« (Pu-

fendorf) vorkam – als ein Monstrum. Wer aber den rechten Durchblick suchte, der fand bald heraus, daß dieses mediatisierte System notwendig war, damit der Kaiser ein Friedensfürst blieb und nicht auf Kosten des Reiches für sich selber Krieg führte. In Apotheken wird oft nur an Symptomen kuriert, und es wurde schon manch ein Mittel verabreicht, das einen Rausch als Heilschlaf auswies und danach beim bösen Erwachen alles in Nichts aufgelöst hatte.

7. *Compositio ex nitro et sulphure.* Man beachte dabei: »Mit Holzkohlen vermischt.« Damit sollen »die übrigen vielen Schlösser und Befestigungen als ulcera provinciarum weggeschafft werden, damit sie keine gefährlichen Inflammationes verursachen können«. Aua! Es strahlen die Schlösser wie Geschwüre ins Land. Eiterbeulen sind die Festungen all. Man denke nur, wie sich da einer als Herr fühlen könnte, der doch dem Kaiser untertan zu sein hat. Und man sprenge es aus: Rüstet das Reich ab, reißt die Mauern ein und reckt den Freunden nach allen Seiten die Hände der Freundschaft hin. Compositiones amicabiles – das muß die Botschaft sein. Hat nicht Monsieur Montaigne die Räuber beschämt und einfach dadurch besiegt, daß er in seinem Haus keine Riegel besaß? Und Montaigne hat das Heilige Reich als angenehm empfunden[10].

8. *Magen-Reinigung.* Wieder müssen die Reichs-Stände daran glauben. Sie dürfen bei dieser Prozedur sogar das Maul auftun, aber nichts sagen, denn sie sind »von den cruditatibus jurium Majestatis, pacis et belli, item confoederationis cum exteris, collectarum, vor allen Dingen auszusäubern. Durchgehend für Catholische und Uncatholische zu gebrauchen.« Also! Das ist doch so. Von etwas müssen sie wohl leben. Was nützt es, wenn ihnen der Magen ausgepumpt wird, und der Kaiser kann vor lauter Majestätsrechten nicht mehr gehen? Hat nicht diese föderative Struktur, das Delegieren von Hoheitsrechten, das Heilige Reich letztlich sehr stabil gemacht? Da lag doch der Fehler nicht am System an sich, sondern daran vor allem, daß die Stände aus Eigeninteresse oft vergessen wollten, daß aus ihren Rechten auch Pflichten gegenüber Kaiser und Reich flossen. Sie sollten bald kräftig daran erinnert werden.

9. Eine *starke Purganz*. Da steckt mit Sicherheit etwas Teuflisches drin. Und tatsächlich. Es soll angewandt werden, um »die geistlichen Güter herauszutreiben. Und wann die fructus percepti nicht mit fort wollen, muß das Medicament wiederholt und allenfalls die Dosis verdoppelt werden – denen Protestierenden allein zu gebrauchen.« Stark! Alle Rezeptbücher, die sich einen Jux draus machen, den Teufel mit Belzebub auszutreiben, oder die Pest mit der Cholera behandeln, verfallen auf solche Instrumente. Mit einem Schlag verkürzt man das Wörtchen »Religio« einfach auf »Regio« – das ist die große Reinigung. Die Frage war nur, ob sich die Anhänger des »reinen Wortes« diesen Feuertanz gefallen ließen, der ihnen den festen Glauben an Gut und Gott zum eigenen Nutzen austreiben wollte.

10. *Sudoriferum specificum*. Das ist auf die Zölle gerichtet, »so von alters her publici juris gewesen . . . mit der Dosis muß man sich nach der Constitution richten, ob das Subjectum leichtlich in Schweiß zu bringen«. Hört, hört! Man erinnert sich der Verfassung des Heiligen Römischen Reiches Teutscher Nation. Für viele ein rotes Tuch und Flickenteppich zugleich. Wer kennt sich schon in allen Winkelzügen dieses Cumulus-Systems aus? Da unterschätze man nicht die Feuerköpfe in der teutschen Politik und vergesse auch nicht, daß dieses enge Netz des Feudalwesens Schutz geboten hat, Friedenspflicht auferlegte und in Zeiten der Not so miserabel nicht war, wie es die »Söldner des Despotismus« gerne dargestellt haben[11].

Lassen wir den Ausflug ins Reich der politisierten Medikamente, die nach einer Auskunft des Heilpraktikers nur für »große Herren« zur Verfügung stehen, »die alles wohl bezahlen können. Denn Edelleute, Bürger und Bauern werden durch continuierliches Schröpfen und Aderlassen, so viel sie dessen nur immer ausstehen können, vom Überfluß curiert«[12]. Aber ein Mittelchen soll noch erwähnt werden. Es ist ein Extrakt aus »laudani opiati verfertigt«. Er soll »die Nordischen Cronen in ruhigem Schlaf halten, damit sie nicht zur Unzeit aufwachen«[13].

Was für Wunschträume und Imaginationen! Was für ein Popanz auch mit diesem Ständewesen, das sich nirgendwo in den Feudal-Systemen der anderen Gemeinwesen, mit Ausnahme der Regionen und Stadtstaaten Italiens, in dieser Dichte und Verschränkung ausgebildet hat! Was waren denn die anderen Länder gegen diese in sich vitale, aber im Recht gebändigte Machtmasse in der Mitte Europas, deren innere Schwerpunkte darüber entscheiden konnten, ob Europa sein Gleichgewicht bewahren durfte? Wer Paris eroberte, besaß ganz Frankreich. Man brauchte trotz der regionalen Vielfalt dieser Macht, die sich mit dem Kardinal Richelieu in diesem Jahr 1624 einen Ersten Minister des Königs zulegte[14], nur auf dieses Zentrum einzudringen, um sein Leben zu lähmen. Beim Heiligen Reich aber wußte kein Angreifer und Eroberer so richtig, wohin er sich wenden sollte, um Einfluß aufs Ganze zu bekommen.

Wien? Das gehörte nicht zum Heiligen Reich, Prag auch nicht recht, und doch wirkten von dort aus die Kräfte des Kaisers und des Königs von Böhmen mit seiner Kurstimme. Mainz? Es war eine Hauptstadt des Vaterlandes (Goethe), aber das benachbarte Frankfurt, wo die Kaiser gewählt und gekrönt wurden, war es nicht minder. Aachen? Es hatte hohen Symbolwert wie das römische Köln[15] und das reformatorische Augsburg, und an der zwar sinkenden, aber immer noch vorhandenen Macht der Hansestädte im Norden, von Bremen über Hamburg und Lübeck, kam keiner so recht vorbei, der sich breitmachen wollte. Und dann die wichtigen Stifte im Niedersächsischen Kreis! Wie gut war es, wenn man dort seine Söhne versorgen konnte, an den Strömen Zölle erheben durfte und am Überfluß sein Wohlgefallen hatte, auch wenn man gleichzeitig außerhalb des Heiligen Reiches stand.

Christian IV. von Dänemark kannte sich in diesem System aus. Er war der erste der beiden nordischen Könige, der gegen das Opiat aus der Teutschen Apotheke Gegenkräfte entwickelte und eifrig daran arbeitete, daß sein Sohn Friedrich 1621 Koadjutor in Bremen werden konnte, dann 1623 Bischof von Verden und nun 1624 Koadjutor in Halberstadt. Ein schlaues Spiel, das er da einfädelte. Koadjutoren. Das war die perfide Erfindung des Erbgeistes, um das Wahlprinzip zu unterlaufen. Da es zur korporativen und damit auf Verträge gerichteten Tradition in der Kirche gehörte, Bischöfe durch eine demokratisch angelegte Wahl zu bestimmen, ersann man den Koadjutor, den Beihelfer, der beim Hinscheiden des amtierenden Bischofs in einer Schein-Wahl den begehrten Sitz einnehmen durfte. Auf diese Weise konnten sich einige Fürstenfamilien auf ein Quasi-Erbe einstellen, das mit der Zeit die libertäre Substanz auch in diesem Bereich der Reichsverfassung zerreiben und ad absurdum führen mußte[16].

Doch das Spiel des »Fuchses« vom Sund, der alle Register seiner Reichsstandschaft zog und dennoch Souverän blieb[17], konnte nur gelingen, wenn er zum Äußersten nicht nur entschlossen, sondern auch vorbereitet und abgesichert war. Und daran ist er gescheitert, weil er die Verbindung von Religio und Regio nur äußerlich beherrschte, akzidentiell mit ihr hantierte. Abgesehen von seiner Niederlage im folgenden Kriegszug von 1626, der schlecht abgestimmt war[18], hatte er nur die Sicherung seiner Haus-Interessen im Kopf und erkannte nicht recht, daß seine Sicherheit auf Dauer nur dann bestehen konnte, wenn die Verfassung des Heiligen Reiches in ihrer Substanz erhalten blieb. Denn daran hing die Teutsche Libertät als wichtigster Schutz und Garant gegen die Kaiserische Diktatur des absoluten Dominats.

Kein Potentat dieser Zeit mußte in dieser Hinsicht soviel Lehrgeld zahlen wie Christian IV. nach 1626. Sein Purgatorium aber steckte Gustav Adolf manch ein Licht auf, obgleich er schon immer hellwach in diesen Dingen war[19].

# Beriksgata

Auch das Glück mit der zweiten Tochter Christina hatte nicht lange gewährt. Sie starb am 21. September 1624 und hinterließ in der Trauer nur die Hoffnung darauf, daß sich in der Zukunft der gnädige Gott erbarme und dem König das Hauskreuz mit einem gesunden und lebenskräftigen Erben erleichtere. Nach Auskunft von Abraham Graf Brahe wurde Gustav Adolfs Tochter am 8. Dezember in der Kirche des Gråmunkeklosters beigesetzt[1]. Der lange zeitliche Abstand zwischen Tod und Beerdigung erklärt sich wohl daraus, daß der König seinem Status gemäß die Großen des Reiches und wichtige Vertreter der Stände um sich versammelt haben wollte. Sie sollten der Königstochter nicht nur die letzte Ehre geben, sondern nach dem kirchlichen Trauerakt bereit sein, neue Überlegungen anzustellen, wie der Gefahr, die von Sigismund III. und Christian IV. ausging, begegnet werden konnte.

Sein dreißigster Geburtstag hinderte ihn dabei nicht, sich mit den anwesenden Senatoren darüber zu beraten, wie man den eingetretenen Verhältnissen am besten begegnen könne. Erforderten doch die gespannte Sicherheitslage Schwedens und der laufende Teutsche Krieg Maßnahmen, die zum ersten Male in der Geschichte Schwedens eine perpetuelle Armee oder ein stehendes Heer über unmittelbare Kriegszeiten hinaus notwendig erscheinen ließen[2]. Eine solche Armee durfte aber nicht als Instrument nach innen eingesetzt werden, um mit der Abschaffung der libertären Verfassung eine Königsdiktatur zu sichern, wie das soeben in Böhmen vorgeführt wurde[3]. Ihre Aufgabe hatte lediglich darin zu bestehen, Schweden nach außen zu sichern und dem König die Möglichkeit zu bieten, in militärischer Bereitschaft für seine rechtlichen Ziele zu wirken. Das war das Neue, aus einer Position der Stärke heraus Verhandlungen zu führen, die auf Dauer Sigismund III. mit seinen vielen Söhnen vom Erbrecht zur Krone Schweden fernhielten und Christian IV. mit seinen Söhnen so eindämmten, daß man künftig von dieser Seite keine Invasion zu fürchten hatte.

Anzeichen dafür gab es anscheinend genug, und Gustav Adolf sah sich gut beraten, am 10. Dezember die Lage mit den Senatoren eingehend zu besprechen. Denn die Nachricht von einem Bündnis zwischen Dänemark und Polen, das nur gegen Schweden gerichtet sein konnte, mußte ernstgenommen werden. Axel Oxenstierna entwickelte mit einigen gezielten Hinweisen all die Vorteile, die Vasa-Polen mit diesem Bündnis erreichen würde, während Dänemark nach außen hin den Neutralen spielen dürfte[4]. Bei aller Bereitschaft, sich nicht von diesen beiden Erbfeinden überraschen zu lassen, wollten die versammelten Senatoren erst einmal alle friedlichen Mittel ausschöpfen, um Gewißheiten zu erlangen, was da in Kopenhagen und Warschau wirklich gegen Schweden im Gange war: Erst Rat – dann Tat[5].

König, Kollegien und Reichsrat kamen in dieser Stizung überein, eine Gesandtschaft nach Dänemark zu schicken, die die Verhältnisse sondieren sollte, um »vor dem Gericht des Gewissens am besten versichert zu sein«[6].

War man sich in dieser Richtung recht sicher, so kam es bei der Frage der Fortsetzung des Waffenstillstandes mit Vasa-Polen zu einigen Meinungsverschiedenheiten, die erneut verdeutlichen, wie man die Kräfte im Staatensystem der Zeit vor allem unter den Bedingungen des Innenrings zu hantieren verstand. Die Militärs sahen zunächst nur die einzelnen Kriegsgewichte. Man dämmt Polen ein und dämpft den Dänen »mit vereinten Kräften«. Oder umgekehrt. Kann der Däne neutral oder gar in Schach gehalten werden, dann bekommt Polen die Kriegsmacht Schwedens zu spüren[7]. In diese Planspiele drängen sich jedoch die wesentlichen politischen Zielsetzungen, welche den Krieg lediglich als ein Instrument betrachteten, mit dem man das Substantielle sichern konnte.

Axel Oxenstierna erläuterte denn auch das Verwobene, mit dem nicht jeder so kunstvoll umgehen konnte wie er und der König selber. Als Gründe gegen eine Verlängerung des Waffenstillstandes mit Polen, der am 31. März 1625 auslaufen und für ein weiteres Jahr verlängert werden sollte, wenn er nicht rechtzeitig abgesagt wurde[8], führte der Kanzler drei wesentliche Punkte an: »In allen Sachen, welche die Reiche und das Regiment betreffen, ist die Gelegenheit (occasio) das Vornehmste; das geht aus den Empfehlungen aller Politici hervor: Besonders im Krieg muß die Gelegenheit in Acht genommen werden. Aus dem gefährdeten Zustand des Königreiches Polen läßt sich am meisten die Erwägung ableiten, daß die Litauer auf den kommenden Reichstagen einem Krieg nicht ihre Zustimmung geben wollten. Daraus folgt (doch), daß sie in diesem Jahr nichts Großes vorhaben«[9]. Die Bedrohung durch Tataren und Kosaken im Südosten hinderte diesen Erbfeind außerdem, sich an der Nordgrenze gegen Schweden zu engagieren:[10] Der Druck vom Außenring verschaffte der Regierung in Stockholm Möglichkeiten, die eigenen Kräfte im Innenring so einzusetzen, daß sich damit die Voraussetzungen verbesserten, die Sicherheit zu erhöhen. Die Betonung des Occasionalismus geht hier weniger auf Machiavelli zurück, dessen Schriften der Kanzler gut kannte[11] und die auch bald den neuen Konstitutionen der Universität Uppsala gemäß nur negativ behandelt werden durften[12], als vielmehr von der Vorstellung aus, in der Bereitschaft von Techne und Gnome nicht aus unwichtigen Anlässen heraus das *Kairos* zu versäumen, die rechte Gelegenheit, das Sicherheitssystem zu verbessern, das von realer Macht bestimmt wurde und nicht von geduldigem Papier!

Von dieser Position aus entwickelte er dann den zweiten Punkt: »Der Waffenstillstand hat nichts mit der (königlichen) Würde zu tun[13]. Denn mit Traktaten (allein) kann man sie (die Vasa-Polen) nicht dazu bringen, IKM:t als König Schwedens und die Krone als ein freies Reich anzuerkennen; was ja unleidlich ist. Das Beispiel aus der vertraglichen Absprache zwischen Spanien und den Niederlanden (zeigt das doch).«[14] Die Unterscheidung zwischen König und Krone ist fundamental.

Sie verweist die Senatoren und Gustav Adolf selbst auf eine Vertragslage zwischen Res und Personae, mit der gerade im Hinblick auf Polen gearbeitet wurde, wo das Bewußtsein der adligen Stände um den Eigenwert der Krone oft dazu führte, Sigismund III. in seinen haus- und dynastiebezogenen Plänen Schweden gegenüber manch ein Hindernis in den Weg zu legen. Ein Vorgehen, das Schweden selbst gerne anwandte, um König und Stände auszuspielen und später in der Distinktion von *Kaiser und Reich* als Hauptwaffe seiner Rechtfertigungen einsetzte[15].

In guter Übereinstimmung mit der 1622 abgefaßten Legitimation der Absetzung Sigismunds bringt Axel Oxenstierna als Repräsentant des Reiches dessen Rechts- und Sicherheitsbedürfnis in unmittelbaren Einklang mit der Legitimität Gustav Adolfs. Wird dieser von Vasa-Polen endlich als rechter Erbkönig anerkannt, dann war auch die Krone Schweden in ihrem Bestand gesichert, dann hatten alle Kriegshandlungen ihr Ziel erreicht – die Garantie des Rechts. Wurde also nur den Absprachen an sich vertraut und nicht auch ihrer faktischen Erzwingbarkeit, dann blieb »die Unsicherheit gleich groß«. Das ist die Einsicht des dritten Punktes, der auch noch damit begründet wird, daß »die Ausgaben gleich groß sind«, wenn von dieser Grundlage her »Schwedens Gefahr in einer Fehde« nicht behoben werden kann[16].

Gustav Adolf erkannte den Wert und Nutzen dieser Darlegungen voll an, war sich aber nicht ganz schlüssig, ob stets das Nützliche auch das Richtige ist oder »ob man sich nicht bisweilen dennoch auf das einlassen muß, was unnütz ist«? Das Protokoll ist an dieser Stelle leider beschädigt, so daß die weitere Beweisführung in diesem Sinne fehlt. Aber allein die Fragestellung zeigt, wie bemüht der König war, in diesen Dingen so abgesichert wie möglich in die Beschlußphase des Ratschlags zu gehen. Er ließ auch keinen im unklaren darüber, wie er Schritt für Schritt seinem Ziel näherkommen wollte: »Sind wir auf der Dänischen Seite sicher und der König in Polen nimmt sich vor uns nicht in Acht, können wir diese Gelegenheit (occasion) nutzen, wie es anno 1620 geschehen ist. Das heißt, Dorpat und Kochenhausen einnehmen. Dann wird Waffenstillstand geschlossen. Daß ich den bekommen (werde), daran zweifele ich nicht.«

Der örtlich begrenzte Schlag, die gezielte Eroberung, schafft Bedingungen für Verhandlungsspielraum, ohne daß es zu einem großen Krieg kommen muß. Gustav Adolf wollte also nicht, daß Waffenstillstand auf Waffenstillstand folgt und irgendwann zu einem Zeitfrieden führt, sondern er dachte daran, die Gelegenheit am Ende eines solchen Waffenschweigens zu nutzen, um die eigene Position durch eine berechnete Amplifikation (Gebietserwerb) zu verbessern. Und der Grund für dieses Verhalten? »Würden wir Waffenstillstand erhalten, ohne daß wir den Waffenstillstand absagen, . . . dann ergäbe sich daraus Disreputation und beim Feind der Eindruck, daß wir keinen Mut oder Kraft haben, uns zu verteidigen. Sagen wir ihn dagegen ab, zeigen wir Festigkeit (constantiam) und Entschlossenheit (magnanimitatem) und bringen den Feind zu dem, was wir wünschen.«[17]

Der König kann und darf demnach nicht nur von seinen eigenen Vorstellungen und Wünschen ausgehen, sich im Geist des Gesetzes rechtschaffen zu verhalten, sondern er muß auch damit rechnen, was der Erbfeind möglicherweise tut und mit aller Wahrscheinlichkeit von ihm denkt. Das ist ein Zeichen der Staatsraison, die im Kern Statusdenken ist und nichts mit der Staatsverherrlichung jener zu tun hat, die im Staat als Machtgebilde den Endzweck der Geschichte sehen[18].

Es sollte ja keiner der Anrainer Schwedens glauben, daß in diesem Reich die Ohnmacht regiere und man leichte Beute machen könne[19]. Deshalb muß man kriegsbereit sein. Aber bei aller Erbauung am Wort und nach allen Reden für den Krieg kommt doch die Überraschung im Beschluß selbst, daß man nämlich »danach trachtet, den Waffenstillstand zu verlängern«[20].

Erst mußte man genau wissen, welche zuverlässigen Informationen Gabriel Oxenstierna von seiner Mission am Hofe Christians IV. nach Stockholm mitbrachte, dann durfte man weitersehen[21].

In der Zwischenzeit aber gelang es, die anwesenden Ständevertreter auf die Forderung nach einem stehenden Heer einzustimmen, das auf der Grundlage eines besonderen Mühlenzolls teilweise unterhalten werden sollte[22]. Notwendig wurde die Entscheidung wohl nach dem Rückgang der einheimischen Kupferproduktion und infolge der angespannten Verkaufs- und Ertragslage auf dem europäischen Markt, nachdem sich Spanien für schwedisches Kupfer immer weniger zu interessieren schien[23]. Den Ständen war nach langen Beratungen klar, daß in diesen gefährlichen Zeiten, wo »alle unsere Nachbarn in Waffen stehen und das Feuer rund um uns herum brennt«, das Reich »mit einer ansehnlichen stetigen (städzwarande) Kriegsmacht versorgt« werden müsse, um »den Feind abzuhalten«. Eine solche Einrichtung sei unumgänglich, auch mit der Geschichte Schwedens durchaus vereinbar, wenn nicht mit dem Regiment das Reich selbst in unleidliche Gefahr geraten soll. Die anfallenden Kosten aber müßten so verteilt werden, daß die neue Belastung »den Armen zur Linderung« gereicht, während »die Reichen und Vermögenden das meiste tun müssen, haben sie doch auch das größte Interesse am Wohlstand des Reiches«[24].

Der Mühlenzoll trifft demnach Adel und Unadel und »gilt gleich, ob nun die Mühle der Krone, dem Adel oder den Steuerbauern gehört«. Hier hat ein jeder seine öffentliche Pflicht zu erfüllen und zu beweisen, was »treue Untertanen und Patrioten für KM:t und Vaterland« zu leisten imstande sind[25]. Die erhebenden Worte klangen zur Zeit des ersten offenen Wassers am 2. April 1625 gut, aber ob sie sich auch in der Praxis verwirklichen ließen, das war nach allem, was Gustav Adolf seit 1611 erlebt hatte, durchaus nicht sicher. Und so bemühte er sich, die Finanzierung seiner Armee bei den Vermögenden in Schweden auf Vorschuß abzustützen[26].

In diese Politik der Geldbeschaffung vor einer neuen Kraftprobe in Livland und Preußen ging auch ein ideologisches Moment ein, das in seiner konkreten Umsetzung etwas vom Streben dieses Königs vermittelt, aus dem Goticismus auch außerhalb der adligen und akademischen Kreise gehörig Kapital zu schlagen, im doppelten Sinne des Wortes. Wie das zuging, berichtet uns *Peder Eriksson,* der im Januar 1625 vom König in die wichtigsten Dörfer und Flecken in Uppland, Bergslagen und Norrland geschickt wurde, um dort für die Kriegskasse Gelder aufzunehmen und Stimmung für einen König zu machen, der als Inkarnation der besten Tugenden des alten Gotentums ausgegeben wurde.

Eriksson gehörte zu jener Schar unadliger Aufsteiger, die in der Bildung und in der Erweiterung des öffentlichen Ämterwesens ihre Chance sahen. Als Achtjähriger lief er nach dem Tode seines Vaters durch das von Pest und Krieg gezeichnete Stockholm und erbettelte für die Familie Brot[27]. Eine Tätigkeit, die ihn geprägt hat. Phantasie war dafür erforderlich, die Kunst des Überredens, das Dramatisieren und Mitleiderwecken, Anspannung aller rhetorischen Sinne. Nebenbei lernte er Lesen, Schreiben und Rechnen und avancierte allmählich, bis er bei Johan Skytte in der Königlichen Rechenkammer eine Art Schreiber wurde, in die Gunst des Königs kam und 1614 als dessen Kommissar nach Norrland ging, um dort Soldaten mit Sold und allerlei Kleidung zu versehen. Diesen Auftrag, das Kriegsvolk über Härnösand nach Rußland einzuschiffen, erfüllte er zur Zufriedenheit und wurde danach königlicher Aufkäufer im Faluner Kupfergebiet.

Ohne Phantasie und Finessen, Geschick und Gespür für Stimmungen und Marktlagen, Geldbedarf der Krone und Eigeninteresse der Bergleute konnte hier kaum einer etwas ausrichten. Eriksson schaffte es. Aber er war nicht nur auf Kupfer und Kapital fixiert, sondern dachte auch daran, einige geistige Schätze zu heben. Knapp dreißigjährig erhielt er von Gustav Adolf die Erlaubnis, eine zweijährige Bildungsreise und Erkundungsfahrt ins Heilige Reich, Holland, Frankreich und nach England zu unternehmen. Nach seiner Rückkehr wurde er 1624 Sekretär in der Kanzlei der Kammer und nun beauftragt, in den nördlichen Regionen des weitläufigen Reiches in seiner Goten-Manier mitten im Winter Geld loszueisen[28].

Das gelang ihm in der Hauptsache deshalb, weil er die Herzen aller »guten Herren und Männer« für die Geschichte der alten Goten erwärmen konnte, die von keiner Macht der Welt je unterworfen worden waren und jede Bedrohung ihrer Freiheit abgewehrt hätten. Bedenkt doch, rief er in seiner geschickt komponierten Rede den anfänglich wenig begeisterten Zuhörern zu, »in welcher Gefahr jetzt die wahren Evangelischen in der ganzen Christenheit schweben, indem eine Landschaft nach der anderen über ganz Teutschland hin und andere angrenzende Provinzen von den Papisten überwunden, jämmerlich verheert und eingenommen werden. Auch unser Feind, der König in Polen, schläft nicht, sondern hat mit seinen Jesuiten . . . Tag und Nacht nichts anderes im Sinn, als unser liebes Vaterland und dessen treue Einwohner in dessen Sklaverei und unter das Papistische Joch zu bringen . . .«

Dagegen müsse und wolle sich König Gustav Adolf wehren. Als »ein christlich hochaufgeklärter Herr, der unter die berühmtesten Potentaten gerechnet werden muß, die je in der Welt regiert haben, hat er ein waches Auge über alle seine treuen Untertanen und deren Wohlstand[29], spart auch nicht an Mühe und Fleiß, . . . um wie ein Vater seine Kinder vor einem feindlichen Anfall zu schützen, und setzt dabei seine eigene königliche hohe Person gegen unsere und des Vaterlandes schlimmste Feinde ein, ohne sein eigenes Leben und Blut zu achten«. Dieses Verhalten gehöre zu einem »unerschrockenen Kriegshelden«, dem es auch ein Anliegen sei, den »aufgeblasenen hoffärtigen Polen, die unsere uralte und berühmte Schwedische Nation immer wieder gering geschätzt und in großer Verachtung gehalten haben«, ein für allemal zu zeigen, daß diese ihnen nicht nur »gleich« sei, sondern auch in dem übertreffe, was »Mannestum und ritterliches Wesen im Krieg« betrifft – und dies sei nicht so wenig[30].

Vorbild in der Geschichte konnte kein Geringerer sein als der von Gustav Adolf selbst so geliebte »Berik, einstiger Svea und Göta-König«. Er sammelte ein »über die Maßen großes Kriegsheer aus Schwedischen und Götischen Männern samt Frauen, war doch das weibliche Geschlecht in jener Zeit von Kindheit an nicht weniger daran gewöhnt, Kriegsdienst zu leisten«. Und mit dieser Heeresmacht »begab er sich selbst zur

See und gelangte mit ihr zuerst nach Preußen, dann nach Pommern, Mecklenburg und Polen. Sie nahmen diese Länder mit mächtiger Hand ein, verweilten aber nicht lange in diesen eroberten Gebieten, sondern stürzten sich wie ein Bienenschwarm auf das übrige Europa . . . und zwangen die Untertanen seiner Königreiche«, Berik und seinen Nachfolgern »über viele Jahrhunderte hinweg Steuern zu entrichten«[31]. Der Endzweck dieser *Beriksgata* hatte sich demnach erfüllt.

Eriksson bezieht sich in diesem historisierten Eroberungsprogramm, in dem recht deutlich die Konturen der aktuellen Sicherheitspolitik zu erkennen sind, wenn man nur daran denkt, wie lebhaft Pommern und Mecklenburg in alle Überlegungen der Reichsleitung eingingen[32], auch im Norden des Heiligen Reiches so etwas errichten zu können wie die Vormauer in der baltischen Region, wo Preußen einen Eckstein ausmachen sollte, um Polen einzudämmen, auf Johannes Magnus und die Jordanes-Tradition. Er popularisiert die eigene Geschichte in einem hochwichtigen Auftrag und zieht dabei alle Register, um das heroische Mannestum der Goten im Kampf mit Persern und Römern zu belegen. Und dabei wird nicht nur deren einzigartige Kriegernatur gelobt, sondern auch ihr fast skurriler Sinn bei der Demonstration ihrer Eigenart. Als nämlich der Perser-König als Freier einer Göta-Prinzessin abgewiesen wurde, geschah das mit drei lebendigen Symbolen, die wohl zum Merkwürdigsten gehören, was die Geschichte in diesem Bereich zu bieten hat: Die stolzen Goten ließen dem verdutzten Darius »einen Vogel, eine Maus und eine Kröte« statt der Prinzessin überreichen[33].

Diese gotischen Gaben erinnern auf ihre Weise an das »unbegreifliche Werk« der göttlichen Dreifaltigkeit, die »im Himmel, auf der Erde und im Meer« wirkt[34], aber auch an das sonderbare Erleben des gotischen Königs Fabila mit Bären im Walde, wie es Cervantes zu einer Zeit überliefert hat[35], als Eriksson in den Straßen Stockholms Hungerphantasien nachhing und vom Glanz der Geschichte nur träumen konnte. Von den Gaukeleien auch, deren Lebenskraft in der Historie gerne übersehen wird, weil sie angeblich dem rationalen Geist aller Geschichte widersprechen, sich allem empirischen Eifer entziehen und den Fetisch der Fakten einfach auflaufen lassen. Eine Goten-Königin soll sich auf ähnliche Art besonders hervorgetan haben und mußte dafür von der Geschichtsschreibung manch abfälliges Urteil ertragen, Kopfschütteln auch darüber, wie sich Gustav Adolf mit solch einer Frau behelfen konnte und es mit ihren gelegentlichen Narreteien aushielt, als er auf seiner Beriksgata ins Herz des Heiligen Reiches vorgestoßen war. Maria Eleonora, von Fehlgeburten, Kindersterben und Todesangst um ihren »lieben Herrn« oft entnervt und am Ende ihrer Kraft, hatte trotz dieser schweren Belastungen etwas von dem bizarren Benehmen der Goten aufgenommen und sich selbst zu zelebrieren verstanden, das Eriksson so gekonnt in seine Rede eingebaut hat. Sie soll nämlich in Seligenstadt am Main mit einem sonderbaren Aufzug erschienen sein. Auf dem Pferd vor ihrem Wagen saß ihr Leibaffe. Sie hatte ihn mit einer Kapuzinerkutte ausstaffieren lassen, dazu schwenkte er einen Rosenkranz und deutete mit dem kahlgeschorenen Köpfchen die Tonsur an. Die teutsche Goten-Königin wollte auf diese Weise ihre Verachtung gegenüber der papistischen Abgötterei zum Ausdruck bringen[36]. Ein Affenspiel, das die Kriegsartikel ihres Helden mit dem Tode bestraften, wenn damit der evangelische Gottesdienst gelästert wurde[37]. Denn bei aller Lust an den närrischen Ausbrüchen des Menschen aus den Übeln dieses irdischen Jammertales durfte nicht vergessen werden, daß der Zorn Gottes die Zeichen am Wege der Geschichte setzt und von jedem den Ernst der Geschäfte einfordert.

Diesen Gedanken läßt Eriksson bei allen Abschweifungen und Lobesworten zum kriegerischen Ritterwesen der Schweden und Goten immer wieder anklingen[38]. Die Angst, unter »das Joch der Papistischen Irrlehren und des Antichrist« zu geraten und das künftige Dasein als »leibeigene Sklaven« zubringen zu müssen, wird kräftig geschürt, jedoch dann erträglich gemacht, wenn Vorschüsse zur Kriegskasse erbeten werden. Denn die dem König geliehenen Gelder sollen nicht nur mit den Schätzen der Geschichte entgolten werden, mit goldenen Worten aus dem Munde eines Nils Ragvaldson, Metastenus oder Johannes Magnus, sondern auch mit einer königlichen Sicherheit versehen sein. Auf Befehl Gustav Adolfs wird allen, »die irgendeinen Vorschuß erlegen, ein lobenswertes Interesse garantiert, 12 oder 14% fürs Jahr«. Und es ist dem König auch sehr daran gelegen, daß »das Kapital selbst samt sein Interesse versichert ist« und an einem bestimmten Termin zurückgezahlt werden soll[39].

Ehe Gustav Adolf in der möglichen Fehde mit Vasa-Polen oder gar gegen Dänemark einen Schuß abfeuern lassen kann, will er sich mit Vorschüssen versehen haben; er sucht hier unter den Vermögenden in allen Ständen einen Weg der inneren Kriegsfinanzierung. Der Aristokratismus in der Rede des Eriksson hinsichtlich der Tugend des Königs und der götischen Nachfahren ist also unverkennbar[40]. Er findet sich wieder in der Art und Weise, wie die *Potentes* dieser Nation angegangen werden, damit die *Pauperes* einige Linderung verspüren. Der Reichstagsbeschluß hat sich ja in dieser Hinsicht deutlich genug ausgesprochen und damit das more geometrico bestätigt. Ein prägendes Prinzip jeder qualitativ ausgerichteten Stände-Sozietät, die sich von einem Tugendbegriff leiten läßt oder auf einen solchen hingeführt wird.

Eriksson, der bald nach diesem Einsatz wegen einer Verleumdung beim König für einige Zeit in Ungnade gefallen war[41], dann aber nach einem Vorschuß von 10 000 Talern Silbermünze in sein Amt zurückkehren durfte und Jahre danach auch in den Adelsstand erhoben wurde[42], hat sich in diesem Sinne verhalten und damit jene Seite eines Königtums bestätigt, das Axel Oxenstierna einmal damit in seinem Wesen zu fassen suchte, daß er Gustav Adolf einen *Adelskönig* nannte[43]. Das war sein Ausdruck für die Beherrschung der geometrischen Kunst im Regiment, und damit war nicht nur das zivile Regierungssystem gemeint, sondern auch das militärische Instrument, dessen Kern in der Feldarmee das Adelsaufgebot auf Offiziersebene war, sonst aber neben dem geworbenen Kriegsvolk die Söhne vornehmlich der Wohlhabenden in den unadligen Ständen sein sollten, wenn es nach dem Willen dieses Königs ging.

Und diesen vergleicht Eriksson mit der »Sonne. So wie diese alles andere Licht an Klarheit übertrifft, so übertrifft auch IKM:t alle anderen Könige, die nun auf der Erde regieren.« Er selber hat auf seiner Reise durch Europa das große Lob über Gustav Adolf gehört. Was seine »hohe Weisheit, Vorsicht und sein Heroisches Mannestum im Krieg« angeht, wird von keinem anderen erreicht. Und in der Geschichte darf nur Alexander Magnus angeführt werden, wenn es nun einmal sein muß, den eigenen König in eine vergangene Relation zu bringen[44].

König und Licht gehören als Prinzip zusammen. Das konnte man bei der Totenehrung 1611 erkennen und bei Gustav Adolfs eigener Krönung 1617. Damit aber diese Sonne nicht zu stark auf die Menschen und Untertanen einstrahlt, bedarf es einer Milderung, einer Brechung. Und diese wurde zu dieser Zeit in den Wolken gesehen, in den ephoral angelegten Ämtern zwischen König und besitzständischem Volk[45]. Eine Zwischenmacht sollte dabei helfen, daß beide Teile zu ihrem Recht kamen. Kein Geringerer als Hugo Grotius faßte diese Metaphorik bei der Wahl Per Brahes zum Reichsdrost auf eine für seine Zeit typische Weise zusammen: »Der schwedische Himmel hat wieder seinen fünften Bereich bekommen, die Hand ihren fünften Finger, der Körper seinen fünften Sinn und sein Leben; und auf die gleiche Weise, wie, außer Sonne und Mond, fünf Sterne unser Planetensystem erhellen und beleben, so wird auch Schweden wieder von derselben Anzahl Sterne erhellt und beleuchtet. Mit dem Mond und dessen Zuwachs vergleiche ich IKM:t, die Königin: Sie wird uns eine Sonne geben, wenn es Gott gefällt . . . Durch (Gottes) glücklichen Rat möge Schweden der christlichen Welt Frieden schenken.«[46]

Diese Hoffnung, 1641 vorgetragen, lag 1625 nur in Reichweite eines goticistischen Traums, den Peder Eriksson im Dunkel der Mitternacht und in bitterer Winterkälte ausspinnen durfte. Aber waren nicht die Träume jene Räume, in denen der Mensch eine Zuflucht finden konnte, wenn ihn die rauhe Wirklichkeit packte und ihm das Verlangen nach dem Entflammen der Welt verweigert wurde? Der Traum, das war, wie der Geist zwischen Leib und Seele, die dritte Kraft zwischen Leben und

Tod. Bureus hat das so gut verstanden wie Calderon und sich sein Teil gedacht, als sich im Februar dieses Jahres »eine gefährliche Flut aus der Ostsee« auf Lübeck, Rostock und Wismar stürzte[47]. Und als in der Nacht zum 1. September 1625, »als alle Leute in den Betten lagen«, in Stockholm ein furchtbarer Brand ausbrach, der einen Teil der Stadt mit fliegendem Feuer überfiel, da verlor nicht nur Peder Eriksson ein Haus[48], sondern auch die »alte Königin« Christina. Und dem Statthalter Claes Horn blieb keine andere Erklärung für diese Heimsuchung als die Beschwörung des Himmels: »Gott der Allmächtige hat diese Stadt mit einer ziemlich hohen Strafe besucht . . .«[49]

Springflut und Feuersbrunst. Das waren böse Zeichen am Wege. Aber nicht jeder glaubte an den Untergang der Welt[50] oder ließ sich davon wenig beeindrucken und hoffte auf den Fortgang einer neuen Beriksgata mit einem Sprung nach Preußen, nachdem sich Christian IV. von Dänemark dazu durchgerungen hatte, in den Teutschen Krieg einzugreifen und das Feuer zu nähren, in das Gustav Adolf bald seine Eisen legte – Pflugscharen, die über Nacht zu Schwertern wurden.

# Man mache sich ein Bild

Wir bleiben beim Feuer, dem Aufleuchten der Sonne, und schreiten in Gedanken »die Scheite und Scheidelinien des Lebens« ab, so wie es sich Paracelsus gedacht hat. Dieses Element kann seiner Meinung nach nicht brennen, wenn es ihm an Luft fehlt und der Wind sich nicht regt. Man mache sich doch nur das Bild von einem Schiff, dessen Segel sich nicht bläht, um zu erkennen, welche Kraft hier angesprochen werden muß. Sie entfacht den Funkenregen und läßt die Gedanken verglühen. Im Anfeuern des »elementum ignis« zeigt sie uns den Weg zum »Leib der Seelen«, zu einem »Haus, darinnen die Seel des Menschen wohnet: Und also ist dasselbige Feuer der rechte Mensch . . . Es kann nicht brennen, ist gleich so viel, als sagte ich, es kann nicht leben«[1].

Als Gustav Adolf die Nachricht vom Tode seiner Mutter Christina erhielt, da ging ihm das »hoch zu Herzen«, war sie doch eine »so würdige und liebe Person«[2], in der aber eine Feuerseele brannte. Er hat es mehr als einmal zu spüren bekommen, daß diese Frau in einem hohen Maße zur Politik fähig war, sich aber in ihrem Witwenstand zurückhielt, wobei sie mit überwachen Sinnen allen Wegen ihres Sohnes in Gedanken folgte, ihm aus Geldverlegenheiten half und zu ihrem zweiten Vaterland eine »gute Affection« entwickelte[3].

Jetzt, am Ende des Jahres 1625, in dem alles verworrener denn je war und es selbst gutinformierten Leuten schwerfiel, sich in der Politik aus vernünftigen Gedanken eine Imagination zu bilden, hatte sich der Wind in ihr gelegt, war das Feuer eines durchglühten Lebens erloschen und der Atem versiegt. Sie stand ihm nicht mehr bei. Rat und Tat, Ruhe und Trost mußte er nun bei anderen suchen, die alle mit sich selbst genug zu tun hatten. In dieser Lage aber verfiel er trotz seiner Trauer nicht in ein unwürdiges Lamentieren. Er sieht ein, daß er sich »mit dem Willen Gottes und der göttlichen Vorsehung zufriedengeben muß«. Was ihm bleibt, ist nur die Anordnung einer würdigen Bestattung, für welche Christina nach Angaben Gustav Adolfs noch zu Lebzeiten Vorschläge gemacht hat, die nun verwirklicht werden sollten. Aber: Es ist »unser besonderer Wille, daß die Leiche nicht allzu üppig (sumptuose), doch gleichwohl als einer vorigen Königin von Schweden Körper accomodieret und geschmückt werden soll«.

Dietrich von Falkenberg, der einst Carl Filip auf seiner Reise ins Westerreich begleitet hatte und später der unglückliche Verteidiger von Magdeburg werden sollte, bekam diese Anweisung aus dem Feldlager des Königs und dazu noch eine Reihe von Sonderwünschen übermittelt. Die verstorbene Königin mußte in feinstes Seidentuch gekleidet und mit einer kostbaren Trauerdecke versehen werden, »wie sie für unsere selige kleine Tochter angefertigt worden war«. Dann hatte er »Krone, Szepter und einen Apfel aus Gold zu bestellen, doch alles ohne Edelsteine. Einzig und allein schwarz emailliert. Und man solle ihr die Krone aufs Haupt setzen, das Szepter und den Apfel aber neben der Leiche in den Sarg legen« und das Ganze so herrichten, daß der König sofort bei seiner Rückkehr die Beerdigung vornehmen könne.[4]

Das Vergängliche wird mit dem Glanz des Ewigen versehen, das Bild des Menschen durch Gold verklärt. Schon ist vergessen, daß fast ein Menschenalter zuvor, im Bürgerkrieg, diese Holsteinerin in Anspielung auf spanische Verhältnisse »die böse Isabella« genannt worden war und Schmähgedichte in Schweden kursierten. In einem dieser politisierten Poeme heißt es dazu: »O Gott, der das alleine kann / Zu stürzen einen solch greulichen Tyrann / Laß nie seine Iesabella Zwillinge tragen / Die Vater und Mutter nachschlagen / Sondern erlöse uns.«[5]

Nun war es also geschehen. Karl war schon seit fünfzehn Jahren tot, Carl Filip seit vier Jahren unter der Erde, kein Kind aus dem Schoß Maria Eleonoras hat das erste Lebensjahr überlebt und jetzt hatte auch noch Christina das Zeitliche gesegnet. Anlaß genug, über das eigene Leben nachzudenken und es in seiner geschichtlichen Gestalt mit einem ethischen Verlangen zu durchdringen, zumal es mit dem Geschick des eigenen Reiches unmittelbar verknüpft war. Wie man auch immer dazu stehen wollte, daß er als König über das Vergangene und Vergängliche nachdachte, »Schaden konnte es doch nicht anrichten, daß ich den Schwedischen ein Bild vom Zustand ihres Vaterlandes male und ihnen Gottes Hilfe und Beistand vor Augen stelle, den er uns Schwedischen in dieser schweren Zeit gewährt hat.«[6]

Es spricht einiges dafür, daß sich Gustav Adolf in dieser Zeit nach dem Feldzug in Livland und Kurland, sowie nach einer Abweisung Kur-Brandenburgs, das einen Eingriff Schwedens in den teutschen Bürgerkrieg gefordert hatte[7], mit seiner eigenen Geschichte befaßte[8].

Er wollte sich und seinen Untertanen Rechenschaft ablegen, ihnen politische Lebensgesetze aufzeigen und Verhaltensregeln lehren, die zu beherzigen waren, wenn das Reich in Zukunft überleben wollte. Das Bild, das er sich dabei macht, fällt nicht zugunsten der Anrainer aus. Wie oft haben sie »auf dieses Reiches Macht und Hilfe vertraut«? Und was haben die Schwedischen davon gehabt? »So wie es in der Welt zuzugehen pflegt: Undank war der Lohn. So hatte König Gustav dem König Christian in Dänemark geholfen (und) König Karl dem Großfürsten in Rußland. Es wurde von beiden mit Undank und Krieg gelohnt. In diesen Notlagen haben die Schwedischen auf Gott vertraut und auf sich selbst, und zwar im Wissen, daß es unter der Sonne nichts Unsteteres gibt als eine Macht, die nicht auf sich selbst beruht.«[9]

Damit meinte er jedoch nicht das Wesen eines »Selbsterhalters« im Sinne des »Samoderžec«, der als Großfürst und Zar von ganz Rußland im patrimonialen Sinne eines »Vatererbes« (Votčina) Land und Leute als Eigentum auffaßte und sie deshalb nicht zur individuellen Entfaltung kommen ließ[10], sondern eine Autonomie, wie sie sich Johannes Rudbeckius nach Maßgabe des libertären Legalismus in einer programmatischen Predigt vorgestellt hatte. Danach wäre es Unrecht, so heißt es dort, wenn ein König »das verlehnt und ewiglich verschenkt, was dem Erhalten des Regimentes dient, und sich dann gleichsam das an sich reißt, was eines anderen *Erbe und Eigen* ist, bis alle den Sklaven gleich werden«. Denn »es ist ein Unterschied zwischen einem Untertanen (subditum) und einem Sklaven (servum)«. Wo diese Grenze überschritten wird und nicht mehr das Wesen von *Mein und Dein* (Meum et Tuum) anerkannt werden kann, dort »ist die Obrigkeit ein Tyrann und kein König«[11].

Eigentumsgarantie ist Rechtsschutz und das Anerkennen von Vertragslagen zwischen Ständen, die für sich selber sorgen können und doch auch dem König geben, was sie ihm schuldig sind, damit der Staat nach innen und nach außen bewahrt bleibt. Um dieses reziproke System habe sich Gustav I. verdient gemacht, »und als er merkte, daß er nach der Art aller Menschen den Weg der Welten wandern muß, machte er ein Testament. In diesem sorgte er als ein guter König für die Kirche Gottes und schloß von seinen Kindern dasjenige vom Erbe aus, das von der Religion und dem Wissen um die Wahrheit fallen würde«[12].

Bekenntnis und Besitz wurden wieder einmal unmittelbar aufeinander bezogen. Doch die Hoffnung darauf, daß sich ein gerechtes Erbteil auf die »Eintracht von Brüdern« beruhigend auswirken könnte, erfüllte sich nicht. »Hierin hat König Gustav einen Fehler begangen. Denn brüderliche Eintracht ist selten genug zu finden, so wenig wie sich Macht und Eintracht an einer Stelle ergänzen. Die (neuen) Herzöge waren zu mächtige Untertanen. Denn wenn sich ein Untertan so stark fühlt, daß er sich gegen das (königliche) Regiment verteidigen kann, kümmert er sich um dieses nur noch wenig.« Und aus dieser Situation ist auch der Streit im Hause Vasa erwachsen, der Schweden lange Zeit belastet hat.

Mißgunst (afwundh) vergiftete das Glück der Dynastie und steigerte den Haß (haat) unter den Brüdern bis zum Bürgerkrieg hin, »und der Haß machte ihn (Erik XIV.) mißtrauisch. Das Mißtrauen jedoch ist eine Wurzel zum Unrecht, solange es auf Ungewißheiten baut. Das Unrecht wiederum ist eine Mutter zum allgemeinen Haß. Allgemeiner Haß (aber ist) ein Kampfmittel (een wigg), das Herr und Untertanen auseinandertreibt.«

An diesen Untugenden wäre Schweden fast zerbrochen, obgleich Erik XIV. mit vielen Tugenden begabt war und als »ein gelehrter und kluger Herr« angesehen wurde. Warum schlägt also Tugend in Untugend um? Ist es nur eine physische Schwäche und die »Krankheit des Wahnsinns«[13], die diesen Vasa zum schrecklichen Tyrannen werden ließ? Woher kommt bloß der Schrei des Volkes und anderer, den *Dante* in seinem Traktat »De Monarchia« in seiner merkwürdigen Dialektik auf einen zeitlosen Begriff gebracht hat: »Es lebe mein Tod, es sterbe mein Leben!«?[14]

Gustav Adolf antwortet auf alle diese Fragen, die er indirekt gestellt und an Beispielen aus Schwedens neuerer Geschichte problematisiert hat: »Hier haben wir Menschen auf das Werk aus Gottes Zorn zu achten, wie er bisweilen Exempel statuiert und dabei weder die Hohen noch die Niedrigen ausnimmt, Reiche wie Arme, Kluge wie Dumme trifft. Es bleibt uns deshalb nur die Bitte, daß uns alle die Göttliche Majestät vor dergleichen Unglück gnädigst bewahren wolle«[15].

Trotz aller Sünden der Schweden, die Johannes Bureus, den alten Lehrer des Königs, aus dem Schlaf schrecken konnten[16], bestand diese Gefahr des Bruderkampfes im Hause Vasa nicht mehr, nachdem er selbst nunmehr der letzte auf der Schwertseite war, der im Stammreich lebte und regierte. Was immer Gustav Adolf auch in dieser Zeit in goldene Worte zu fassen verstand – und er war ein glänzender Schriftsteller, den vor allem das poetische Vermögen der schwedischen Rechtssprache beeinflußt hatte[17] –, an dieser Einsicht führte kein Weg vorbei, die er einmal in der Klage über den Tod Carl Filips seiner Feder anvertraute: »Weder Heere noch Freunde oder Festungen geben einem Königshaus einen solch festen Halt wie die Vielzahl von Erben.«

Die inständige Bitte, Gott »wolle uns doch wegen unserer Sünden nicht so hoch strafen, daß die königliche Familie und ihr Stamm ganz und gar verlöschen«[18], bringt uns einem Menschen näher, der persönliche Leistung und planenden Verstand zu hoher Perfektion entwickelt hat, sich gleichwohl dem Zusammenwirken von Gott und Natur ausgeliefert fühlt. Es sterben ihm liebe Menschen weg, Träger des Erbrechts, und im eigenen Hause wächst nichts nach. Was für einen Sinn hatte da noch alles Streiten? »Auf Dich Herr setz ich meine Hoffnung« sang er zu Beginn dieses schweren Jahres, als gegen Dänemark mobilgemacht wurde[19]. Und bald danach wandte er seine Aufmerksamkeit auf den »Selbsterhalter« im Moskauer Zartum, auf das irdische Kämpfen, das ihm neben allen privat-politischen Nöten unentrinnbar auferlegt war.

Bei eingehender Betrachtung der Sicherheitslage bot sich ein überraschendes Bild. Denn Dänemark war es tatsächlich gelungen, die Generalstaaten und England für eine Allianz zu gewinnen, die eine bevorstehende Intervention Christians IV. ins Heilige Reich absichern sollte[20]. Für Gustav Adolf, dem der Konflikt mit Vasa-Polen wichtiger war als die Beteiligung an einem Unternehmen, dessen Ausgang kaum kalkuliert werden konnte, kam diese Entwicklung nicht ungelegen. Denn mit dem Versuch, militärisch in den *Teutschen Bürgerkrieg* einzugreifen, um eigene Besitzinteressen zu wahren, schied Dänemark als Druckmacht im Westen aus – es konnte also von Vasa-Polen nicht einmal indirekt genutzt werden[21].

Wandte der König seinen Blick nach Osten, dann ergab sich auch dort eine Konstellation, die einiges erwarten ließ. Die Fortschritte in der Kurland-Frage, und zwar hin zu einer Neutralität des Herzogtums zwischen Vasa-Polen und Vasa-Schweden, beruhigte das Vorfeld in der Baltischen Vormauer[22] und verwies gleichzeitig auf die Möglichkeiten, Sigismund III. von Preußen her unter Druck zu setzen. Voraussetzung für einen erfolgreichen Kriegszug gegen den Erbfeind im Süden war aber die Haltung des Moskauer Zartums und Siebenbürgens, dessen politisches Gewicht zwischen der Hohen Pforte, Habsburg und Vasa-Polen immer mehr zunahm, je zahlreicher die Krisenherde und Kriegsschauplätze in Mitteleuropa wurden[23].

Eine Gesandtschaft unter der Leitung zweier Edelleute teutscher Abstammung – Evert von Bremen und Heinrich von Ungern – wurde kurz vor Axel Oxenstiernas Abreise aus Reval nach Moskau abgefertigt. Sie sollte dort dem Zaren Michail und dem Patriarchen Filaret Europas Gesamtlage aus Schwedens Sicht darlegen und den beiden Mächtigen im Kreml energisch vor Augen führen, worin die Maximalziele der habsburgischen Interessen bestanden.

Wien und Madrid hatten dem Reichskanzler zufolge nichts anderes im Sinn, als den Protestantismus und die Orthodoxie zu vernichten, um dann mit der Aufteilung Europas in zwei papistische Interessensphären beginnen zu können. Sigismund III. sollte den gesamten Osten und Norden des Kontinents kontrollieren, während sich die beiden Habsburg-Mächte die Mitte, den Westen und den Süden zu unterstellen gedachten. Wurde dieser Plan einer absoluten Hegemonie verwirklicht, dann war der Zustand einer »universellen Monarchie« erreicht, der nicht nur Schwedens Souveränität ein Ende setzen würde, sondern auch derjenigen Rußlands. Und dagegen müsse etwas unternommen werden. Am besten wäre es, wenn das Moskauer Zartum seinen Waffenstillstand mit Vasa-Polen aus dem Jahre 1618 (Deulino) bräche und einen Diversions-Krieg gegen Sigismund III. beginne[24].

In Moskau hörte man sich in Ruhe an, was sich Schwedens Staatsmänner da ausgedacht hatten. Aber zu einem Bruch der eingegangenen Verträge war man nicht bereit und erteilte damit dem sonst so aufs Recht fixierten Nachbarn eine gehörige Lektion in Sachen Völkerrecht. Man beschied sich im Kreml mit dem Anprangern der »Ungerechtigkeit« des Königs von Polen, der in Rußland ein großes Blutvergießen zu verantworten habe; gab auch zu, daß er sich darauf vorbereite, »das Königreich Schweden zu verwirren«, aber mehr wollten Zar und Patriarch nicht zugestehen. Eine zweite Delegation im August 1626 erbrachte kein besseres Ergebnis[25].

Die Gesandtschaft *Filip Sadlers* nach Siebenbürgen führte

über Berlin, wo eine Hochzeit zwischen dem Calvinisten *Bethlen Gabor* und der Kurfürsten-Tochter Catharina, der Schwester Maria Eleonoras, deutlich machte, daß Georg Wilhelm daran interessiert schien, im möglichen Kampf mit seinem Lehnsherrn in Polen und in der Auseinandersetzung mit dem Habsburg-Kaiser die Zahl seiner Verbündeten zu erhöhen. Aber eine Heirat war noch keine wirkliche Garantie für künftige Hilfe und Ähnlichkeiten im Glauben schon gar nicht. Sadler mußte in Siebenbürgen erfahren, daß Fürst Gabor dem Schweden-König nicht damit dienen konnte, zum kommenden Sommer hin Vasa-Polen anzugreifen oder in der Lage zu sein, die Tataren und Zaporoger Kosaken von der Notwendigkeit zu überzeugen, daß sie mit ihren Truppen seinen Angriff unterstützen sollten[26].

Nachdem auch Camerarius in den Niederlanden wenig für Schweden ausrichten konnte[27], fand sich Gustav Adolf in seinen Kriegsplänen gegen Vasa-Polen wieder einmal auf sich selbst gestellt. Aber so ungünstig war seine Situation nicht, wenn man die vorhandene Lage im Innenring und Außenring berücksichtigte. Denn trotz der Absagen sicherten die Anrainer und anderen Außenmächte einen präventiven Schlag auf Preußen und Danzig alleine schon dadurch, daß sie Schweden nicht feindlich gesonnen waren. Es bot sich also geradezu an, diese Konstellation zu nutzen, nämlich dem entstandenen Sog nachzugeben und alle verfügbaren Kräfte auf das Einfallstor nach Polen und zum Heiligen Reich hin zu konzentrieren.

So stellte es sich für Gustav Adolf dar[28], aber in seinem Stände-Volk rumorte es an vielen Orten. Noch war ja nicht die *Messenius-Affäre* vergessen, das harte Strafgericht gegen eine vermeintliche Verschwörung schwedischer Papisten zugunsten Vasa-Polens[29], und die Gemüter nicht allein des »gemeinen Mannes«, sondern auch in den anderen Ständen wurden immer unruhiger angesichts der vielen Kriegszüge. Die dauernden Abgaben aller Art hatten Mißtrauen aufkommen lassen[30]. Deshalb versuchte der König im Zusammenhang mit der Beerdigung seiner Mutter Christina im Dom zu Strängnäs am 12. Mai 1626, den Reichsrat, die vornehmsten des Adels, die anwesenden Bischöfe und andere Kleriker in den Beschlußprozeß einzubeziehen, »wie man nun den Krieg gegen den Feind, den Polen, führen solle. Auf dem üblichen Weg von Livland aus oder mit einer Diversion auf Preußen«[31].

Die Entscheidung fiel auf die Durchführung einer See-Land-Operation. Nachdem die Finanzierung allen inneren Widerständen zum Trotz leidlich gesichert war[32], wurde die Intervention mit einem Schlag gegen den Hafen und die Schanze Pillau eingeleitet, durch die Einnahme Braunsbergs gestützt und nach Verstärkungen, die Axel Oxenstierna zu organisieren hatte, so ausgebaut, daß die schwedische Macht sich bald wie ein Riegel vor die Weichselmündung legte[33]. Geholfen hat dabei, daß sich die überrumpelten Stände Preußens nicht zu einem aktiven Widerstand bereit fanden, sondern »Neutralität« suchten, um im Konflikt zwischen den beiden Vasa-Mächten so wenig Schaden wie möglich tragen zu müssen[34].

Diese Intervention, rechtlich kaum vertretbar, weil ein Dritter im Kampf um die Anerkennung von Erb-Legitimität nur dafür besetzt wurde, daß er strategisch zwischen den beiden Rivalen lag, war militärisch gesehen ein erneuter Beweis für Gustav Adolfs Vermögen, Flotte und Heer bei einer günstigen Gelegenheit hervorragend zu koordinieren, zum Erfolg zu führen und sich beider Instrumente als Sicherung des Erreichten zu bedienen. Das ist den anderen Großen der Kriegsgeschichte von Alexander bis Napoleon nie recht gelungen[35].

Mit der Einsetzung Axel Oxenstiernas als Gouverneur über die besetzten Teile Preußens, aus denen die lukrativen Zölle des Handels von Danzig mit halb Europa gezogen werden sollten[36], hatte Gustav Adolf auf der Südküste des Baltischen Meeres einen Brückenkopf erobert, der als Druckmittel gegen Vasa-Polen genutzt und als Basis dafür verwendet werden konnte, um im Heiligen Reich zu intervenieren, wenn das in Zukunft einmal nötig sein sollte.

Im November wieder nach Stockholm zurückgekehrt, konnte er mit diesem Erfolg zufrieden sein, dem sich im Inneren noch ein zweiter hinzugesellte – die Annahme der *Ritterhaus-Ordnung* durch den Adel.

Seit der Einrichtung des Grafen- und Freiherrenstandes zu Beginn der Regierung Eriks XIV. (1561) hatte es außer zwei Neufassungen der Privilegien keinen ernsthaften Versuch gegeben, Ritterschaft und Adel in eine festere Ordnung zu bringen. Im Zuge der inneren Organisation vor allem der Reichstags-Sessionen seit 1617, die gleichzeitig eine erhebliche Ausweitung der politischen Bildung und juristischen Schulung verlangten, wurde doch mit jedem Jahr und jedem Reichstag deutlicher, »in welch großer Unordnung sich unser Stand befindet«[37].

Zu dieser Feststellung gelangten die Vertreter des Gesamtstandes während einer besonderen Zusammenkunft in Stockholm, die im März 1625 abgehalten wurde, um eine innere Reform zu beschließen. Denn es dürfe nicht weiter angehen, daß der vornehmste aller Stände im Reiche Schweden »in Despect komme«. Die kräftigen Impulse von Gustav Adolf und die Verpflichtung aus den Adelsprivilegien von 1612 und 1617, sich der Verantwortung für sich selbst und das Gemeinwesen bewußter zu werden und etwas zur eigenen Erziehung zu leisten, hatten trotz mancher Unlust und Gedankenlosigkeit dazu geführt, daß sich dieser Stand auf seine Autonomie besann. Selbstkritisch ging er mit sich um und rang sich dazu durch, »hier in der Hauptstadt Stockholm ein Ritterhaus zu errichten«. Es sollte nicht nur als Versammlungsort während der Reichstage und bei anderen festlichen Gelegenheiten dienen, sondern auch als eine Einrichtung, an der »unsere Kinder Exercitia zu halten hatten, wozu eine Schule angelegt werden soll«[38].

Mit diesen Absichten war es ihnen ernst, zumal sich der »Adelskönig« sehr erkenntlich gezeigt hatte. So wie er mit Bedacht die materielle Grundlage der Geistesadligen und ihres Schaffens in Uppsala durch eine großzügige Schenkung zu sichern verstand, so sehr lag es ihm am Herzen, seinen Beitrag zu der Repräsentation dieses Standes zu leisten. Er verehrte ihm »den neuen Kirchplatz an der Svartmunkagata«, damit dort das Adelshaus errichtet werden konnte. Und zu dessen Bau samt weiterem Unterhalt war man bereit, aus eigenen Mitteln feste Geldzuwendungen zu leisten und sich zu freiwilligen Schenkungen drängen zu lassen. Jedem Säumigen wurden harte Aufschläge angedroht, und wer sich dieser Ehrenpflicht des Standes entzog, hatte mit Ausschluß und Verachtung zu rechnen[39].

Es war ein großer Tag in der glänzenden Geschichte des Adels in Schweden, als man am 30. März 1625 diese Verpflichtung aus eigenen Stücken und mit der nötigen Autonomie unterschrieb. Als dann ein Jahr später Gustav Adolf den Einsatz damit lohnte, daß er zur *Ritterhaus-Ordnung* seine Zustimmung und königliche Bekräftigung erteilte, da leuchtete in all den Wirren und Unruhen der Zeit das Licht einer Aufklärung, die »more geometrico« das politische Leben auf die Autarkie des einzelnen richtete, ihm aber gleichzeitig die Verantwortung für das Ganze abverlangte: Der Wahlspruch »Arte & Marte« drückte diese Verbindung vorzüglich aus.

Voraussetzung für ein Gedeihen der neuen Ordnung aber war die Einhaltung einer inneren Standes-Disziplin, die ganz im Sinne der meritokratischen Macht des Königs auf das Verdienst gerichtet war, auf das Leistungsprinzip und damit auch auf die Erfüllung der »Justitia distributiva«! Aus ihrer Anwendung lebte der Adel so gut wie aus dem Geburtsprinzip, das auch seine Berücksichtigung fand, indem die seit 1561 eher vorsichtig betriebene Austeilung von Graf- und Freiherrschaften in einem Adelsgeschlecht als Erblehen anerkannt wurde und somit auf die Nachkommen übergehen konnte.

Diese Gruppe der Grafen und Freiherren, darunter die Brahes und Oxenstiernas, bildete in der Ritterhaus-Ordnung die »Prima classis« im Gesamtadel, den sogenannten »Herrenstand«. Die Angehörigen jener Geschlechter, die im Reichsrat vertreten waren, machten die »Secunda classis« oder den »Ritterstand« aus, während der übrige Adel in der »Tertia classis« als »Svennerstand« Sitz und Stimme genoß. Das Abstimmungssystem, konkreter Ausdruck einer korporativ angelegten Vertragsstruktur, war so geregelt worden, daß jedes Adelsgeschlecht eine Stimme besaß und in der Regel von seinem Haupt als Repräsentant des Familienbesitzes vertreten wurde. Kam es vor allem auf den Reichstagen zu Abstimmungen in Sachfragen, dann vollzog jede der drei Klassen, die man nicht als Kurien mißverstehen darf[40], diesen Vorgang für sich.

In der aus Erfahrung und Wissen gewonnenen Einsicht, daß sich auch die menschliche Natur im Adel trotz aller Erziehung regt und manch einem in den Sinn kommen kann, das Abstimmen ohne Abstimmen zu betreiben, wurde zur Regulierung dieses oft von widerstreitenden Interessen belasteten Vorgangs ein besonderer Vermittler oder Mediator bestellt – der *Landmarschall*.

In dieses wichtige Amt, das nur während eines Reichstages ausgeübt wurde, durfte der König einen Adligen aus den im Ritterhaus immatrikulierten Geschlechtern berufen. Bis 1686 ist dieser Auftrag keinem aus der Dritten Klasse und damit aus den Reihen des ›unbetitelten Adels‹ erteilt worden. Das Amt bestand nicht nur darin, »Sprecher des ganzen Standes« zu sein[41], sondern sein Inhaber hatte auch die »Communicatio juris« mit Ernst zu pflegen: Zwischen dem König, den Kollegien, dem Reichsrat, den eigenen drei Stände-Klassen und den drei Ständen des Unadels hatte er sich dafür einzusetzen, daß alle den Rahmen des Rechts wahrten und die Kunst des Kompromisses übten.

Die Stellung des Landmarschalls war so stark, daß ein Reichstag erst dann als geschlossen betrachtet wurde, wenn er seinen kostbaren Zeremonienstab abgelegt hatte. In dieser Einrichtung allein manifestiert sich Kraft und Können des libertären Parlamentarismus, in seinem reziproken Sicherheitsdenken stets das »eingeschlossene Dritte« zu bemühen. So wie die Reichsräte auf das »salvo jure tertii« zwischen König und Ständen zu achten hatten, so hatte sich auch der Landmarschall zu verhalten. Und die Träger dieses Amtes sollten jeder auf seine unverwechselbare Weise zeigen, welch hoher Stand der politischen Kultur in Schweden unter Gustav Adolf und nach ihm erreicht worden ist, und wie man fortan miteinander umzugehen hatte, wenn das Reich nicht durch innere Schwäche in Unbestand geraten sollte.

Man kann sich jetzt auch ein Bild davon machen, warum Schweden in zunehmendem Maße von innen her Krisen und Konflikte so bewältigen konnte, daß es nach außen an Stärke gewann. Bei aller Garantie von Geburtsrechten, ohne persönliche Leistung und praktische Erprobung wurde in diesem Reich niemand zu den öffentlichen Ämtern zugelassen. Adliger zu sein, war noch kein Verdienst, sondern vielmehr eine besondere Verpflichtung, sich für den Dienst an König und Krone nach bestem Vermögen auszubilden. Eine Ämterkäuflichkeit wie gleichzeitig in Frankreich hat es nicht gegeben[42]. Man hätte in einem derartigen Verfahren nicht nur eine große Schwächung der »Justitia distributiva« gesehen, eine fortschreitende Aushöhlung königlicher Verteilungskompetenz von unten und von den Reichen her, sondern auch sich selbst als Adliger erniedrigt.

Es ist das System der vermittelnden Kräfte, das Schweden an die Schwelle einer Großmacht gebracht hat, indem das Kleine in seiner Autonomie gebündelt wurde und damit Energien schuf, mit denen sich etwas ausrichten ließ. Kardinal Richelieu, mit einigen Vorurteilen gegenüber seinen eigenen Landsleuten behaftet, hat diese Möglichkeit der Macht im vertraglichen Recht nicht recht akzeptieren wollen und in seinem »Politischen Testament« eine merkwürdige Behauptung aufgestellt: »Die Logik verlangt das Vorhandensein einer geometrischen Proportion zwischen dem, was stützt, und dem, was gestützt werden muß. Es ist gewiß, daß nicht mittlere Kräfte einen so gewaltigen Körper wie dieses Königreich aufrechterhalten können.«[43]

Schwedens Reich war von seiner physischen Masse her mehr als doppelt so groß wie die Krone Frankreich, und seine Probleme im zivilen wie im militärischen Bereich waren angesichts der geringen Bevölkerungszahl mindestens so schwer zu lösen wie im Herrschaftsbereich Ludwigs XIII. Eines Potentaten, für den es mitunter demütigend war, unter diesem Kardinal ein König sein zu müssen, und dies in einer Zeit, wo auch Frankreich alle verfügbaren Kräfte einsetzen mußte, um sich der Einkreisung durch die Habsburg-Mächte zu erwehren. Aber statt den Adel und die anderen Stände zu aktivieren, sie an der Verantwortung zu beteiligen und ihnen ein Staatsziel zu vermitteln, in dem sie auch ihre eigenen Interessen erkennen konnten, hielt man es für besser, nicht nur die Auswüchse des Feudal-Systems zu bekämpfen, sondern dieses selbst in seinen Möglichkeiten zu verkennen. Der historische Preis der schleichenden Entpolitisierung sollte noch in furchtbarer Form bezahlt werden[44].

Stimmt also Ivans IV. Beobachtung im Streitgespräch mit dem widersetzlichen Fürsten Kurbskij: »Stets wirst du finden, daß ein Reich zerstört wird, wenn in ihm die Popen herrschen«?[45]

Das war in Frankreich mit der erneuten Berufung Richelieus im Jahre 1624 durchaus eine Gefahr, was immer auch an kurzfristiger Kraftentfaltung und als ein »erfolgreicher Irrtum« (Sartre) Geister zu faszinieren weiß, die nichts von der Geduld in der Geschichte wissen wollen. In Schweden war mit der Reformation der Klerus als gestaltende politische Kraft hinter den Adel gesetzt worden. Augenfällig für diese bedeutende Veränderung, die in Frankreich erst mit der Revolution nach 1789 gelingen sollte, ist allein schon die Besetzung des Reichskanzler-Amtes. Vor der Reformation war es in der Regel der Bischof von Strängnäs, der dieses hohe Amt bekleiden durfte. Seit dem Versuch Gustavs I. mit dem Hessen *Konrad von Pyhy* als Kanzler wurden nur noch einheimische Aristokraten berufen[46], wie in die anderen Ämter des Reiches auch.

Diese Umpolung der sozialen Trägerschaft und das Abdrängen der Kirche aus dem Weltlichen Regiment darf aber nicht so verstanden werden, als fühlten sich die Kleriker nur als Erfüllungsgehilfen der Könige und des Adels, der mit seinen Patronatsrechten einen großen Einfluß darauf hatte, wer von den ausgebildeten Pastoren in ein kirchliches Amt treten durfte[47]. Nein, die »Kirche Gottes« in Schweden faßte sich seit der Reformation als eine *Ecclesia militans* auf, als eine kämpfende Kirche gegen den Anti-Christ und damit gegen alle Versuche, den Papismus wieder einzuführen. Und in diesem Streit hat sie sich in ihren hervorragenden Repräsentanten nie gescheut, an den eigenen Königen oft heftige Kritik zu üben. Olaus Petri, der Luther-Schüler und Reformator, ließ sich die mitunter barbarischen Mißgriffe Gustavs I. nicht gefallen und begehrte ebenso unter Einsatz seines Lebens auf[48] wie später der unbeugsame Erzbischof Angermannus.[49] Und was der Klerus zur libertären Kultur Schwedens beigetragen hat, das zeigt sich auf jeder Seite der vorhandenen Akten zum nationalen Konzil von Uppsala im Jahre 1593 und in seinen Einsätzen danach[50].

Wie stark dieser Klerus trotz seiner Depossedierung in der Reformation immer noch war, hatte auch Gustav Adolf zu spüren bekommen. Der korporative Geist *Melanchthons* ist für die Kirchenmänner Schwedens so wichtig geworden wie die »Loci theologici« eines *Mathias Hafenreffer* oder die Schriften des *Martin Chemnitz*. Vor allem die dreifache Steigerung und die innere, qualitative Bestimmung der Kirche als eine Gemeinschaft von Gläubigen, die zur Sünde fähig sind (coetus malignantium), berufen werden können (coetus vocatorum) und sich als auserwählt betrachten dürfen (coetus electorum)[51], fällt dabei ins Auge.

Was Johannes Rudbeckius in der genaueren Beschreibung dieser inneren Zustände und äußeren Erscheinungsformen der Kirche – das dem Menschen Sichtbare und Unsichtbare, das Gott allein vorbehalten ist – anführt, erinnert an die Dreiteilung des Adels im Ritterhaus. Vor allem jedoch daran, daß sich in dieser Stufung der jeweilige Reinheitsgrad erhöht, das Gnadenerleben und Gotterfassen sich wie beim adligen Tugendbegriff und Leistungsvermögen von Ebene zu Ebene steigert[52]. Deshalb wurde auch im heftigen Streit um die Anwendung des »jus in sacra«, des Rechtes in Gottessachen und Kirchendingen, der Vorschlag Axel Oxenstiernas abgelehnt, in einem obersten Kirchengericht (Consistorium generale) neben sechs Klerikern auch sechs weltliche Beirichter zu bestallen. Die Überlegung des Kanzlers bei dieser Reform ging in Kenntnis des »landesherrlichen Kirchenregiments« seit der Annahme der Confessio Augustana (1530) davon aus, daß viele Kirchendinge »mit politischen durchmischt sind« und man diesem Zustand Rechnung tragen müsse[53]. Aber der Klerus widersetzte sich seit 1623 diesem Plan so heftig, daß auch Gustav Adolf im Jahre 1626 bei neuen Vorstößen zu einer Reform des kirchlichen Gerichtswesens auf der höchsten Ebene nicht durchdringen konnte[54].

Ein Zeichen mehr dafür, daß das korporative Selbstbewußtsein der Kirche Gottes in Gestalt ihrer Bischöfe manch eine Grenze selbst diesem König setzte, der früh gelernt und erkannt hatte, wie wichtig es für das sich verdichtende Gemeinwesen war, wenn die Stände an den inneren Reformen beteiligt wurden und nicht über ihre Köpfe hinweg Statute aufgezwungen bekamen, die ihnen das Leben schwermachten. Ein solches Verfahren erforderte Zeit, und Gustav Adolf war es nicht mehr vergönnt, in der Sache des Kirchengerichts etwas Endgültiges verordnen zu können. Das blieb Axel Oxenstierna vorbehalten, wie so vieles andere auch.

Aber die Diskussion über das Verhältnis von Krone und Kirche, in der das Römische Recht so wichtig war wie die Kenntnis der Verfassungen des Heiligen Reiches[55], hat gezeigt, welche Qualitäten im vornehmsten Stand des Unadels zum Vorschein kommen konnten. Nie ergibt sich bei der Sichtung der Quellen zu dieser faszinierenden Seite des Königtums unter Gustav Adolf der Eindruck der Isolation. Es dauerte zwar immer einige Zeit, ehe die einschlägige Literatur der Gelehrten des Kontinents bekannt wurde, so etwa die »Ideen des Pareus«[56], aber dafür hatte man eine Menge eigener Gedanken und war in der Welt des Alten und Neuen Testamentes zu Hause.

Und neben den Ranken der Ratio wucherten in vielen Köpfen absonderliche Träume. Johannes Bureus hatte zum Ende dieses ereignisreichen Jahres 1626 ein seltsames Erlebnis: »Ich habe im Traum Adam und Eva gesehen, wie sie ganz klein mit einem Löwen an einigen Bäumen saßen. Auf ihrem Leib trugen sie Kleider aus gefallenem Laub«[57]. Es war Herbst, und Bureus hatte seinem König ein paar Predigten über das »Leiden Christi« zu besorgen. Gustav Adolf zog sich mehr und mehr ins Gebet zurück, von der Hoffnung geleitet, der allmächtige Gott und die nicht weniger mächtige Natur möchten ihm doch wenigstens einmal noch gnädig und günstig sein.

Sie waren es. Am 7. Dezember »wurde Königin Maria Eleonora entbunden und erhielt zwischen sieben und acht Uhr am Abend eine Tochter«. Sie wurde am 17. Dezember getauft – auf den Namen *Christina*[58].

So hatte sich nun doch noch das Feuer etwas beruhigt und der Wind gelegt. Maria Eleonora als »heiße und trockene Frau« war wie durch ein Wunder ihren eigenen Elementen anvertraut worden. Erde und Wasser halfen ihr dabei, »kalt und feucht« zu bleiben, ihre Säfte zu behalten und an dieses Kind weiterzugeben[59], das erst für einen Jungen gehalten worden ist. Denn der ›kleine Unterschied‹ mit den großen Folgen war bei dem Mädchen so ausgebildet, wie es bei Pseudo-Hermaphroditen der Fall sein kann. Und damit hatten die Hebammen keine Erfahrung. Der Freudenschrei über den vermeintlichen Sohn verhallte schnell, aber Gustav Adolf war dieses kräftige Kind so lieb, als wenn es ein männlicher Leibeserbe gewesen wäre[60]. Es ging jetzt nur darum, daß es überlebte und von den Ständen des Reiches für den Fall als Thronfolgerin anerkannt wurde, daß er selbst den Tod fand, ohne daß ein anderer, ehelicher Erbe vorhanden war.

Das Streben nach dem Leben und das Sterben nach dem Leben. Von dieser Spannung wurde in den letzten Jahren die Gemütslage eines Königs beherrscht, dem keine Last erspart geblieben war: Die Not im Haus, und auf dem ›Feld der Ehre‹ alles andere als nur rauschhafte Siege.

Als er sich vor genau einem Jahr im Umkreis von Kurland mit Kosaken und Heiduken herumgeschlagen hatte, da wurde ihm das Elend in diesem irdischen Jammertal gleich doppelt bewußt. »Der Hunger und üble, kalte Quartiere«, schrieb er an Axel Oxenstierna, »hat uns von Kochenhausen getrieben. Auf dem Wege hierher habe ich mehr Elend und Jammer (yncka) gesehen als je zuvor in den fünfzehn Jahren, seit ich mich mit Krieg befaßt habe. Hier muß ich für das Kriegsvolk bröseln (smula), wie man es bei den Hühnern zu tun pflegt . . .«

Damit aber nicht genug. Kurz zuvor war er in einen Kugelhagel polnischer Sapieha-Truppen geraten. Vom anderen Ufer der Düna ließen sie auf den Schweden-Trupp mit dem König an der Spitze ihre Stücke los »und schossen das Pferd tot, auf dem ich gesessen bin. Darüber sind sie ohne Zweifel hochmütig geworden, aber ich habe hohe Ursache, Gott dafür zu danken, daß er mich gnädiglich an meine Sterblichkeit (dödelighet) erinnert hat und mich nicht durch das Tun meiner Feinde zu Fall brachte«[61].

Memento mori! Von diesem Zuruf des »inneren Menschen« lebte er nach außen, aber von außen her drang vieles auf ihn ein, das den »inneren Frieden« störte. Melancholie mischte sich in sein Feuer, überschattete zuweilen mit schönem Schein das schnöde Sein und machte ihn »mächtig mild«, sanft und in Güte gewogen[62]. Mitunter erweckt er den Eindruck, als könnte ihn das Wehe nicht in seinem Eigenwert vermindern und das Wohl nicht vermehren. Als bliebe er stets derselbe mit dem Einblick in die Substanz eines unzerstörbaren Kerns, aus dem das Leben seine Kraft zieht: »Ich danke Gott für Wohl und Wehe. Für das Wehe, daß Gott mich um meiner Sünden willen nicht höher gestraft hat, indem ich nur zwei meiner besten Kriegsschiffe verloren habe[63]. Für das Wohl, daß ich in diesen Tagen dem Feind eine Stadt, Nyenborg mit Namen, weggenommen habe und daß mein Kriegslager wie durch ein Wunder (underligen) mit einer stattlichen Reiterei verstärkt worden ist ... dem Vaterland und Gottes Kirche, die darin wohnt, zu Sicherheit und Nutzen«[64].

Man mache sich ein Bild von diesem Durchringen. Man stelle sich dieses Durchdringen von Schwermut und Gleichmut vor und erkenne, daß die fünf Farben des Menschen Auge nicht blind machen und die fünf Töne des Menschen Ohr nicht taub werden lassen, solange ihn die fünf Sinne beherrschen und er beherrscht in ihrem Sinne wirkt[65].

Diese Imagination stellt sich ein, wenn man das Umschlag-Bild betrachtet, das wir aus über hundert Porträts gegen Ende unserer Forschungsarbeit ausgewählt haben. Ein unbekannter Meister hat unserer Meinung nach das Wesen Gustav Adolfs als

König und Mensch auf eine einzigartige Weise erfaßt und mit seinen Mitteln umgesetzt. Man muß sich nicht auf einen »weisen Mann« berufen, der »vom Gesicht eines kleinen Jungen aus sagen kann, was aus ihm werden wird«, um dann ex post die Scheingewißheit zu verkünden, daß »Gustav Adolf viele Kennzeichen dafür gehabt habe, daß er ein mächtiger Potentat und Kriegsfürst werden mußte, der keine Gefahr achtete«[66]. Auf der anderen Seite läßt Montaigne der *Physiognomik* beim reifen Menschen einen Wert, der im Äußeren den »inneren Menschen« erkennen will: »Wenn nicht mein Gesicht für mich bürgte, wenn man nicht aus meinen Augen und aus meiner Stimme die Arglosigkeit meiner Gesinnung läse, ich hätte bei diesem rücksichtslosen Freimut, kreuz und quer alles herauszusagen, was mir durch den Kopf geht, und dreist über die Dinge zu urteilen, nicht so lange ohne Hader und Anfeindung bestehen können.«[67]

So gesehen trifft man bei diesem Porträt nicht auf ›blaue Augen‹ und braucht auch nicht bei allem Goticismus auf die Narrheit vom ›nordischen Wesen‹ zu schielen. Schwarz sind sie wie die Schwermut, die überall den Menschen befallen kann. Sie mustern jeden Betrachter, halten dessen Blick fest und den Gedanken gefangen, was dieser von seinem »wohlgeformten Bart, der Breite der Stirn und der Krümmung der Nase« halten mag. *Plutarch,* in Schweden gerne gelesen, hätte ein »männliches Aussehen« festgestellt, »welches ihn dem Antlitz des Herakles, wie man ihn auf Gemälden und Statuen darstellt, ähnlich erscheinen läßt«[68].

Heroisierungen dieser Art hat es im Sinne der Gestaltung eines Typus gegeben. *Hans von der Putts* Büste aus dem Jahre 1632 hat dieses Bedürfnis unaufdringlich eingefangen; aus Physiognomik, Charakter und historischer Leistung einen Kopf gestaltet, den ein Spitzenkragen stützt. Es ist, als bilde die Feinstruktur dieses Kragens die Wehranlagen der Städte nach, das spitze Verschachteln von Vorwerken, um dadurch auch das Zeichen dafür zu geben, über eine Redensart nachzudenken – Streit am Hals. Und auf das noch volle Haar am Hinterkopf hatte er einen Lorbeerkranz gesetzt, als wollte er sagen: Es ist vollbracht. Der König braucht sich nicht mehr die dunkelblonden Haare zu raufen[69].

All das fehlt auf unserem Bild, und doch haben beide den Ernst gemeinsam. Bei Putt in eine eherne Form gegossen, hier auf eine Weise in Farbe gesetzt, daß man nicht vergißt, wie

*Seitenansicht einer Büste von Gustav Adolf, die Hans von der Putt angefertigt hat (KB – Stockholm).*

verletzlich dieser König als Mensch war und wieviel Schutz er benötigte, um das auferlegte Leben in aller Not mit Würde hinzubringen. Der gepanzerte Arm und der Harnisch, diese stahlharte Hülle um einen fülligen, kräftigen Leib; wie sie doch den Gedanken aufkommen läßt, daß er Jahr für Jahr zur Sicherheit seines Reiches den Kopf hinhalten mußte! Und die Feldherrenbinde in den Nationalfarben Blau und Gelb. Nicht wie das Segel des Staatsschiffes bläht sie sich hinter ihm; es ist eher ein Gewölk mit seltsamen Windungen bis hin zu der Vorstellung, daß eine Schlange ihn umgreift. Als Kind soll er vor solchen Tieren keine Angst gekannt haben[70], aber er wußte genug von der Doppelzüngigkeit des Menschen, auch von der Doppelten Wahrheit und von der Doppelten Gerechtigkeit.

Das Gespaltene und Geteilte. Es mußte zu einer Einheit gebracht werden, sich in einem Dritten einlösen und auch entladen. Dauernd auf dem Sprung sein. Lauern. Und doch die Ruhe bewahren, wenn sich *Tyche* einstellen sollte – das Glück des Tüchtigen. Davon kann man sich hier ein Bild machen[71], wie ein Mensch aus seinen Gegensätzen zu sich selbst findet; sich wandelt und doch stets derselbe bleibt – in allem Streiten nur den einen Frieden im HERRN sucht.

# Von der Kriegskunst

Krieg ist ein Ausdruck der Sünde. Die Erinnerung daran, daß der Mensch aus dem Paradies vertrieben wurde und vor der Sintflut einen zweiten schweren Sündenfall beging – Kains Bluttat gegen den eigenen Bruder. Von dieser Erklärung aus gesehen, ist der Krieg das Unreine und erweckt auch nach Heraklit den Eindruck, daß den Menschen von Zeit zu Zeit »die Lust am Dreck« überfällt und ihm das Ausbreiten »schmutziger Wäsche« gefällt. Die libido dominandi schlägt dann zu, eine Herrschsucht mit meist verheerenden Folgen, weil sich gewisse Machthaber nicht mehr in der Gewalt haben, der Sehnsucht nach Sünde nachgeben und bewußt mit dem Tod Unschuldiger rechnen. Wer in einen solchen Zustand gerät, wird von der Unmilde beherrscht, läßt Untaten zu und treibt unter diesen Bedingungen einen bellum injustum – einen ungerechten Krieg.

Im Mißbrauch der Macht gibt der Mensch seine Sündhaftigkeit zu erkennen, die damit beginnt, daß gewisse Machthaber sich der Handhabe des Rechts entledigen, die Garanten aller Gesetze erledigen und nur noch die Verherrlichung ihrer selbst predigen. Sie wollen nicht mehr verträglich sein und schaffen mit den Waffen ihrer Gewalt jene Verträge ab, die ihnen angeblich die Hände binden. Diese Raserei nach innen bedarf der Sündenböcke, verlangt nach Blutbädern und sucht nicht selten eine Legitimation im Kampf nach außen. Tyrannis und Terror sind die Zeichen an diesem Kainswege eines rex injustus – eines ungerechten Königs.

Der ungerechte Krieg eines ungerechten Königs kann nur dazu führen, daß die beteiligten Menschen entmenscht werden, sich zu »wilden Tieren« entwickeln, weil das Gehege des Gesetzes zerbrochen und der Rahmen des Rechts als ein unabdingbarer Schutz der Schwachen und Waffenlosen der Verachtung preisgegeben wird[1]. In einer derartigen Verbindung von Entäußerungen gibt es keinen Platz mehr für Unterscheidungen, weil das Politische umfassend auf eine totale Identität hin ausgerichtet wird, auf eine absolute Konzentration aller verfügbaren Kräfte in der Person des Machthabers, der sie erprobt sehen will, um in einem Krieg seine Rechtfertigung zu finden und den inneren Terror durch äußere Taten zu verschleiern. Die Regime des Absolutismus haben sich mit ihren Machtapparaten in der Regel nach diesem Muster verhalten, indem sie Vertragsverfassungen zerstörten und den Kriegszustand nach innen so organisierten, daß er sich bei Bedarf und Gelegenheit nach außen bestätigen durfte. Nur unter diesen Voraussetzungen kann *Krieg als die Fortsetzung der Politik mit anderen Mitteln* verstanden werden[2], weil die Politik selbst von der bestehenden Kriegsverfassung her bestimmt wird. Sie allein gilt als Rückgrat des Staates und bereitet in der Militarisierung des einzelnen die Andacht zum Staate vor, indem nur von Pflichten die Rede ist, aber nicht auch von Rechten gesprochen wird[3].

Niemand wird bestreiten können, daß es sich bei dieser Art von Krieg um eine geschichtswirksame Macht handelt, die viele Mittel einzusetzen versteht, um als Faszinosum zu wirken. Als Droge gar für Politiker, Kriegsphilosophen und Geschichtsschreiber, die vom Anbeten der Macht an sich nie genug kriegen können, und zwar aus Mangel in die Einsicht von der Überlegenheit dessen, der aus Notwehr für seine Freiheit zu den Waffen des Rechts greift, um nach ihrem Gebrauch wieder in Ruhe und Frieden leben zu können. Von dieser Grundlage aus wird Krieg ein Akt der Abwehr und ein Bekenntnis zum Leben. Er wird zum letzten Mittel, zur »ultima ratio«, um Politik in friedlichen Formen wieder möglich zu machen. Der Endzweck dieses Kriegens besteht demnach nicht in der Vernichtung des Gegners, sondern in der Verrichtung von Verträgen, um die Streitenden wieder verträglich zu machen.

»Belli finis pax est.« Das ist der Auftrag des Grotius in

seinem grundlegenden Werk »De jure belli ac pacis«, das dem Publikum erstmals auf der Herbstmesse 1625 in Frankfurt am Main angeboten wurde und das in eine neue, vom Rechtsdenken in Spanien her beeinflußte Form brachte, was die Vertragstraditionen von Natur- und Völkerrecht her vorgegeben haben. Die Systematisierung des Gegenseitigkeitsprinzips (Do, ut des), die Anerkennung der Mathematisierung ethischen Grundverhaltens, der Personenneutralismus des Verkehrswesens, das in seiner Substanz auf die Goldene Regel der Bergpredigt verweist und gleichzeitig auch das Vergeltungsprinzip (jus talionis) aus dem Eigentums- und Entschädigungsdenken des Alten Testamentes berücksichtigt, sowie die Rechtfertigung einer Tat zur Abwehr von erlittenem Unrecht. All diese Zusammenhänge versetzen Grotius in die Lage, das einzugrenzen, was den *bellum justum* in seinem Wesen auszumachen hat und unter besonderen Bedingungen erlaubt – den gerechten Krieg[4].

Der Feind wird hier nicht zum Vernichtungsobjekt, sondern zu einem Vertragssubjekt. Deshalb wird der Krieg nur als temporärer Vorgang verstanden, der von Fall zu Fall eintritt und letztlich nichts anderes sein darf als ein Rechtszug zur Wiederherstellung des vertraglichen Friedens und der damit verbundenen politischen Sicherheit. Werden diese fundamentalen Voraussetzungen im Denken und Handeln der Frühen Neuzeit nicht beachtet, dann schleichen sich bei ihrer Darstellung immer Verzerrungen und Verirrungen ein. Man erkennt sie in der Regel schon daran, daß sie sich in Superlative flüchten und in dieser Form zu erkennen geben, daß der Inhalt des belobigten Gegenstandes nicht bekannt ist oder bewußt mißverstanden wird. So mag das Urteil eines NS-Schreibers, Gustav Adolfs »Kriegsartikel von 1621 gehörten zu den edelsten Dokumenten der Menschheit«[5], in emphatischeren Zeiten noch durchgehen, seine Nähe aber zum Militarismus und dessen Forderung nach »blindem Gehorsam« nimmt diesem Lob allen Wert, nicht weniger als der Versuch, »jenem echt-germanischen Heldenkönig am Ort seines Soldatentodes . . . ein würdiges Nationaldenkmal zu errichten«[6].

Zu diesem Schindluder ist es nicht gekommen, weil das NS-Regime das Gegenteil von dem unternahm, was sich Gustav Adolf und Hugo Grotius vorgenommen und mit bleibendem Wert zur Ausübung angeboten haben. Die Perversionen der NS-Tyrannis und anderer Machthaber in der Geschichte verlangen gerade danach, im Mißbrauch des Namens von Gustav Adolf und seines Königtums die Dinge nicht beim wirklichen Namen zu nennen. Dort auch, wo die List der Vernunft eine »reale Armee« in eine »royale Armee« übergehen läßt[7] und damit andeutet, daß König und Krieg zusammengehören wie Gesetz und Gericht, und alles Streiten nur ein Ziel haben darf, nämlich dem gebrochenen Recht wieder zur Macht zu verhelfen.

Das Bemühen, alle Formen der Kriegskunst (Ars militaris) in den Dienst der Friedenskunst (Ars aequi et boni) zu stellen, um damit etwas vom göttlichen Wesen im irdischen Dasein sichtbar zu machen, war bei Gustav Adolf sehr ausgeprägt. Desgleichen der Wunsch, erzieherisch auf sein unruhiges und relativ ungebildetes Stände-Volk einzuwirken. Vor allem in seinen Überlegungen zu einer *Kriegsvolks-Ordnung* lernt er selbst aus der Geschichte des republikanischen Rom und des israelitischen Volkes, daß die Sicherung eines Gemeinwesens nach außen nur dann effektiv betrieben werden kann, wenn Sicherheit nach innen besteht: neben der Ordnung in den Organen einer »Regierung des Rechts« auch »eine gute Kriegsordnung«.

Seine Techne als König und die Verfassungen des Reiches als Ausdruck des planenden Verstandes, der Gnome, reichen aber nur hin, wenn diesem Menschenwerk die »Gnade Gottes« erhalten bleibt, das christliche Bild der Tyche. Sie geht verloren, wenn sich das von ihr bedachte Volk aus dem Gehege seiner Gebote stiehlt, nicht mehr unter einem Hirten für das Gesetz leben will. Mit König David gelang dieses Bemühen. Dann aber traf die Israeliten der Zorn Gottes – »wegen ihrer Sünden«[8].

Sünde ist für Gustav Adolf ein Vertragsbruch, das ungerechtfertigte Entziehen von Vertrauen, ein Abweisen des Bundes mit

Gott, ein Fall in die Finsternis – Felonie. Sein Menschenbild wird von Gottesfurcht bestimmt, weil sie nur die Frucht der Freiheit genießen läßt, wenn die »Gesetzesträger« im Frieden auf Ordnung und im Kriege auf Zucht achten. Aus dieser Glaubensgewißheit heraus haben sich die »Steuerschuldigen« des Unadels als Fußvolk zur Verfügung gestellt und die »Steuerfreien« des Adels als Reiterei, um »unter des Königs Banner« in den Krieg zu ziehen. In dieser Untergebenheit erkannten beide Teile des Heeres, daß ihre Anführer bei Versäumnissen und Versündigungen Richter zu sein hatten, um das Rechtsaufgebot nicht in Unbestand zu bringen. In diesem Verhältnis erkannte man sich selbst in seinem Wert als vertragsfähiger Mensch, als ein animal rationale: »Auf diese Weise haben sich nun die Schwedischen in vielen hundert Jahren verteidigt und damit gleichsam Gesetz und Gericht unter sich aufrechterhalten. Darauf ist auch Schwedens Reichsrecht gegründet worden, und jedes einzelne Landschafts-Recht weist es auch aus.«

Wer sich also fragt, warum der »Göta-Name, welcher ohne Zweifel von Schweden aus seinen Anfang nahm, der ganzen Welt zu einem so großen Schrecken geworden ist«, der sollte daran denken, daß er aus der Verbindung von Rechtssinn und Kampfesmut floß. Und diese Quelle mußte nun wieder belebt werden, wenn Schweden in der weiteren Zukunft seine eigene Sicherheit gewährleisten wollte[9].

Dieser Rückgriff auf David-Rex-Traditionen und goticistisches Gebaren in der eigenen Geschichte, um daraus auch ein Soldatenbild zu formen, ist notwendig, um nicht dem verbreiteten Mißverständnis zum Opfer zu fallen, Gustav Adolf habe als militärischer Reformer allein Moritz von Oranien zum Vorbild gehabt[10]. Ein Blick auf den *Soldatenspiegel,* den er für den Reichs-Marsch als oberstem Heerführer des Reiches nach dem König selbst verfaßt hat, erweitert die Einsicht in ein Erneuerungswerk, das eine epochale Wende markierte und von seinen Trägern ein Höchstmaß an Leistung verlangte.

Der Reichs-Marsch nimmt nach dem Reichs-Drost »unter den fünf hohen Ämtern in Schweden den zweiten Rang ein« und gilt seit alters her als »Kriegsoberst«. Mit dieser Regelung

›Recht vor Macht‹ wurde dem Inhaber dieses wichtigen Amtes unmißverständlich klargemacht, in wessen Dienst er stand. Und was er sonst noch zu leisten hatte, wenn er neben dem König an der Spitze der Kriegsmacht Schwedens stehen wollte, wurde ihm zusätzlich ins Stammbuch geschrieben: Das Amt forderte »folgende Gaben – Tugend, Wissen, Vorsicht, Autorität und Glück«.

Es ist, als wollte der König den Träger dieses obersten Kriegsauftrages an die fünf Sinne erinnern, an die umfassende Anwendung dessen, was ein Mensch in Verbindung von natürlicher Anlage und gezielter Ausbildung aufbringen mußte, wenn er sich mit der Sicherheit des ganzen Reiches zu befassen hatte. Vor allem die Tugend als Ausdruck eines »unbefleckten Rufes« und der vollendeten Handhabe von »Rat und Tat« stellt hohe persönliche Anforderungen: »Unter diesem Wort Tugend fordere ich von ihm Ehrlichkeit im Leben, Strebsamkeit im Vollziehen, Arbeitswille im Vorhaben, Mannhaftigkeit in der Gefahr, Behendigkeit im Tun und Schnelligkeit im Vollbringen.«

Das ist altrömische Tugendlehre als ein Virtus-politica-Verhalten[11], das nicht weltfremden Idealen nachhängt, sondern mit aller erzieherischen Härte einen Einsatz im Amt verlangt, wie er bis zu diesem König in dieser Qualität, die er selbst vorlebte, noch nie gefordert worden war. Gustav Adolf bricht hier auch mit einem Tabu, einer fast snobistischen Haltung der obersten Militärkreise. Er will nicht mehr deren einseitige Ausrichtung auf die »lange Erfahrung« allein, sondern auch ernsthafte Ergänzung durch »fleißiges Studieren« der Kriegskunst in der Theorie: »Durch das Studieren findet man den sichersten Weg zu der Wissenschaft von der Kriegskunst. Denn dadurch kann man klug werden, wenn man fremder Kriegsleute Glück und Unglück betrachtet. Muß man doch sonst viel Eigengefahr bestehen, ehe man durch Erfahrung zu irgendeiner Vervollkommnung kommen kann. Deshalb will Ich auch fleißiges Lesen . . . empfohlen haben.«

Hier darf sich keiner entziehen, sondern jeder hat den Wert und Nutzen zu erkennen, den Autoren der Kriegskunst vermitteln, indem man bei ihnen »die Ordnungen verstehen lernt, die früher im Felde gebraucht wurden, besonders bei Manövern, beim Kriegszug selbst, in Scharmützeln, beim Erkunden und Wachehalten«. Dazu ist es auch nötig, die Geometrische Kunst zu erlernen. Wer ein Feldlager gut anlegen will, eine Festung bauen oder erobern möchte und natürlich eine Schlachtordnung vernünftig und wirkungsvoll zu staffeln gedenkt, der muß etwas von den Proportionen verstehen, vom Verhältnis der Einheiten untereinander und der Treffer miteinander[12]. Da muß einer bis in kleinste Verästelungen seines militärischen Instrumentes hinein Bescheid wissen und angeben können, warum er jetzt das Verhältnis der Pikenträger zu den Musketieren auf 2,16 : 1,92 festlegte und nicht mehr bei der oranischen Formation im Verhältnis 2,5 : 2,4 bleiben will, um dann bei veränderter Lage wieder zu einem anderen Verhältnis zu kommen, immer darauf bedacht, aus dem Möglichen den größten Effekt zu ziehen[13].

Das ist real. Das ist royal. Das ist königliche Kunst, wie aus dem Kleinen das Große wird, wie aus der Schwäche heraus schier unüberwindliche Stärke entstehen kann: »Durch das Studieren erhält er eine Erfahrung in der Geschichte, welche ein Licht ist zum rechten Verstand und eine Lehrmeisterin für das gemeine Leben . . . Hierdurch wird er unterrichtet, wie andere Kriegsherren ihre Aufgaben zu Ende geführt haben und mit welch klugen Anschlägen, vernünftigem Rat, tapferer Männlichkeit sie früher zu Felde gezogen sind – so auch, worin ihre Fehler bestanden haben«[14].

Gegen den stupiden Empirismus in der Kriegskunst wendet er ein, daß der Zeitaufwand zu hoch sei, ehe man zum »rechten Verstand« komme, so daß einer erst auf »seine alten Tage« das Amt eines Kriegsobersten ausfüllen kann. Und wie sieht es da in der Regel bei den Bewerbern aus? »Es fehlt oft genug die Gesundheit, die Lust und auch das Vermögen; ja nicht selten kommt auch noch das Vergessen hinzu . . .« Was also tun? Das Beste ist dauerndes Studieren und Lernen, was »unter Kriegsleuten bis heute meist verachtet worden ist«. Kommt zu dieser Anstrengung noch die Erfahrung aus dem Kriegshandwerk hinzu, dann »kann ein Mann bald zu einer Vervollkommnung in Kriegssachen so gut wie in anderen Künsten kommen«[15].

Für eine Kriegsvolks-Ordnung unter der Leitung eines Kriegsobersten sind diese Positionen fundamentaler Bestandteil eines geistigen Kanons, der seine Vorbilder bei Livius und Polybios hat[16], und dessen Verfechter auch gern bei Johann von Nassau in die Schule gegangen ist. Bei dessen Abschied als Schwedens Kriegsoberst in Livland 1602 war Gustav Adolf anwesend[17], und es ist bekannt, daß er von 1607 an einiges bei Dodo von Kniphausen gelernt hat. Dieser hatte in niederländischen Diensten viele Kriegsjahre zugebracht, wie Jakob de la Gardie auch, der bei Moritz von Oranien Oberst gewesen war[18].

Aus Gustav Adolfs eigenen Vorstellungen über die persönliche Qualität dessen, der nach ihm die Streitkräfte des Reiches im Ernst- und Kriegsfall zu führen hatte, läßt sich entnehmen, daß er mit Johann von Nassau auf der gleichen Linie lag. Dieser hatte doch in seinen berühmten »Observationes« nüchtern und einleuchtend festgestellt: »Da es nun einmal eine gegebene Tatsache ist, daß kein Mensch von Natur aus und vom Mutterleibe her sofort als Soldat geboren werden kann, sondern daß man ein solches Handwerk lernen und darin gradweise emporsteigen muß, soll man sich nicht von dem Schlagwort betrügen lassen, daß man aus den Büchern nichts zu entnehmen braucht. Wenn die Theorie voraufgegangen ist, wird die Praxis desto kräftiger und erfolgreicher.«[19]

Auch dieser Primat ›Theorie vor Praxis‹ bestätigt die Gesamtanlage einer Politik, die vom Recht auf Widerstand ausgeht und nur dann die Mittel des Krieges einsetzt, wenn alle anderen Versuche, zu einem vergleichsfähigen Zustand zu kommen, fehlgeschlagen sind. Alle Bilder vom »streitlustigen Soldaten«[20] oder einem »heiteren Kriegertum«[21] haben aus Unkenntnis der Verhältnisse nicht verstanden, wie der König eine Kunst zu beherrschen suchte, die in ihren Forderungen täglich mit dem Tod umzugehen hatte und bei der aller Ernst geboten war im Bewußtsein dessen auch, daß das Leben nur dann eine wirkliche Chance hatte, wenn man bereit war, es im Notfall in die Schanze zu schlagen. Das durfte aber nicht kopflos, draufgängerisch und nach Haudegenmanier vor sich gehen, sondern auf ritterliche, rationale und royale Weise. Und eine solche war nur dann vorhanden, wenn man innerlich dazu bereit und auch nach den gebotenen Ritualen erzogen war, die alle Elemente eines Rechtszuges in sich aufgenommen hatten und bei Bedarf weitergegeben werden mußten.

Das überwiegende Interesse der Kriegshistoriker an den taktischen und technischen Dingen des Teutschen Krieges und an der Armatur des Schwedenkönigs[22] hat das geistige, politische und damit auch ethische Moment völlig in den Hintergrund treten lassen oder sich an zählebigen Klischees erbaut: Von der besonderen Winterfestigkeit angefangen bis hin zur legendären Bauernarmee, die immer wieder herhalten muß, wenn Pathos die Unkenntnis zu ersetzen hat[23].

Wie schon mehrfach zu sehen war, wurde das öffentliche Leben Schwedens und damit auch die politische Biographie Gustav Adolfs vom »ersten offenen Wasser« und vom »ersten großen Frost« geprägt, so weit es nach außen gerichtet war und auf die nächste Nachbarschaft wie das übrige Europa bezogen wurde: »So fällt nun auch der Winter ein, mit langen und dunklen Nächten, und ist zu befürchten, daß wir Unwetter ausgesetzt werden, so daß es . . . gefährlich ist, eine Flotte in See stechen zu lassen.«[24] Derartige Seufzer waren von Gustav Adolf immer wieder zu vernehmen. Auch wenn er selbst zu dieser Jahreszeit eine gewisse Verteidigungsbereitschaft zeigte, so zog er es doch vor, die notwendigen Kriegszüge im Frühjahr einzuleiten und sich zeitig nach geeigneten Winterquartieren umzusehen, wenn sie noch nicht beendet waren[25].

Nach innen aber erhöhten sich im Winter die politischen Aktivitäten, wurden doch in dieser Zeit die meisten Reichstage gehalten, auf denen auch der Bauernstand sein Wort zu sagen hatte. Dessen Vertreter aus Kron- und Steuerbauern aber hatten es in der Regel schwer, sich den Vorstellungen des Königs von einer Gestellung in den einzelnen Rotten und Härads-Gebieten als untersten Musterungseinheiten zu widersetzen oder auch seinen Forderungen immer zu genügen. In seinem Bestreben, Reformansätze in Richtung einer Reaktivierung der Steuerschuldigen für den Kriegsdienst zur Verteidigung des Reiches auf eigenem Boden weiterzuführen, wie sie bei Olaus Magnus und Erik XIV. entworfen und teilweise auch ausgeführt wurden[26], geht er wie ein Richter vor und hält sich dabei vornehmlich neben den Kron- und Steuerbauern auch an die Adelsbauern, die auf den Reichstagen nicht repräsentiert waren. An die große Masse unterhalb dieser Standeskreise wendet er sich nur bedingt. Und im Aushebungsverfahren selbst gibt er strenge Anweisung, darauf zu achten, daß nicht »ein Bauer ausgehoben wird, wo man einen Knecht (dräng) ausheben könnte, was von geringem Nutzen wäre. Denn diejenigen, welche ihre eigenen Herren gewesen sind und Haus und Hof vorgestanden haben, können wenig Lust zum Kriege haben.« Bei der Organisation und Durchführung der Gestellung will er jedes »Chaos« vermeiden, Unfrieden erst gar nicht aufkommen lassen und die Sache so durchgeführt sehen, »daß allen das geschehe, was Recht ist«[27].

Und in diesem Fall verlangt er von den Steuerzahlern einen ähnlichen Beitrag zur Landesverteidigung wie von den Steuerbefreiten, vom Adel also, der mit seinem Rüstdienst militärisch präsent zu sein hatte. Sein Reformwerk zielt demnach auf die Besitzenden und auf die Gesunden im Umkreis des Bauernstandes, dessen Wehrbeitrag er nicht unter dem Aspekt der Ausbeutung des einfachen Volkes sieht, sondern im Geist der Geometrischen Kunst, die nicht nur Quantitäten mechanisch hinrechnet, sondern auf die Qualität dessen sieht, was in der Kriegskunst gebraucht wird. Bauer, das ist ein Reizwort für Romantiker und Anhänger des Klassenkampfes[28]. Gustav Adolf hat es aber sehr differenziert gesehen und sich unter den Gesunden »zweierlei Schlag« vorgenommen, aus denen vornehmlich die auszuhebenden Soldaten registriert, gemustert und als Fußvolk geübt werden sollten – *»junge Bauernsöhne und Gewerbetreibende, die . . . Vermögen haben«*[29].

Er will also nicht den steuerschuldigen Kronbauern, nicht

den selbsteignenden Steuerbauern und den mediatisierten Adelsbauern an sich, sondern deren Söhne und angestellten Hausknecht auch, wenn es nicht anders geht. »Junge Bauernsöhne, sage ich, scheinen mir am besten dazu zu dienen, weil diese ihre Eltern und Heimstatt haben. Die laufen nicht so leicht weg wie die anderen . . . Außerdem, je jünger sie zum Amt des Kriegsmannes kommen, desto besser lassen sie sich in denjenigen Bereichen belehren und daran gewöhnen, was dem Dienst eines Kriegsmannes zukommt.«

An dieser Stelle seiner Überlegungen verweist der König auf das antike Vorbild Vegetius, dessen Schriften neben denjenigen von Aelianus und Frontius seit der theoretischen Lehrzeit unter Johan Skytte eine Dauerlektüre waren, um die Einstellung zum Krieg als Akt der Abwehr zur Bewahrung des eigenen Lebens und Bodens zu festigen und dies dem Stände-Volk dauernd zu vermitteln. Im Rückgriff auf die Antike trifft sich Gustav Adolf mit seinem verhaßten Vorgänger Erik XIV. ebenso, wie mit den Trägern der Oranischen Heeresreform, so auch mit Lipsius[30]: Sie ist die gemeinsame Quelle.

Das Einbeziehen der »glücklich Besitzenden« in das defensiv angelegte Kriegswesen sollte diese darauf verweisen, daß ihr garantiertes Recht an Grund und Boden, Haus und Hof, Beruf und Bestallung auch Pflichten nach sich zog, nämlich diese Güter im Notfall zu verteidigen. Was dem Adel mit seinem Rüstdienst recht war, mußte dem Unadel billig sein, dem durch seine Besitzungen ein besonderes Bewußtsein und Statusgefühl zu eigen war, das Gustav Adolf in einer Weise bemüht, wie es nur ein aristokratisches Lebensprinzip entwickeln kann: Die zweite Gruppe neben den Bauernsöhnen muß außer ihrer Berufsständigkeit auch »Vermögen haben. Und zwar deshalb, weil all diejenigen, welche ihr Vermögen besitzen und ohne Not und Dürftigkeit aufwachsen, meistens größeren Mut haben als diejenigen, welche in Not und Unterdrückung (förtryck) von Jugend an daran gewöhnt werden, vor jedermann Angst zu haben. Ein Kriegsmann aber benötigt am meisten Mut und einen gewissen Geltungsdrang (thet sinne at han sigh låtter tyckia), indem er sich ja auch darum befleißigt, daß er anderen gleich sein möge und sich von Seinesgleichen nicht unterdrücken und verachten läßt. Wer arm ist, kann sich nicht so verhalten, weil er daran gewöhnt ist, das zu erdulden, was man über ihn daherredet.«

Guter Mut und gleiches Recht. Das sind die Qualitäten, die er von den neuen und auszuhebenden Kriegsleuten erwartet. Seine Hoffnungen richten sich demnach auf die »reichsten Bauern« und jene, die in der zweiten Gruppe zu Wohlstand gekommen sind und ihm die Auffassung bestätigen, daß »Bedürftigkeit den Mut nimmt. Wer aber sein eigenes Gewerbe (näring) hat, dem wächst das Herz. Eine Eigenschaft, die der Kriegsmann am meisten nötig hat«[31].

Nein, er will keine Bettler und Landstreicher, keine Kranken und nicht armer Leute Kind, sondern eine Auslese von Soldaten aus dem ›Bauernadel‹, von denen »keiner in den Dienst genommen werden soll, der jünger als 17 Jahre . . . und keiner, der älter als 50 Jahre ist«[32]. In seinen hohen Erwartungen geht er davon aus, daß mit einem genauen Musterungsverfahren und gehöriger Erziehung der Ausgehobenen »die Soldaten bei Allmogen (Bauernschaft) ein besseres Ansehen bekommen«. Wenn sie gleichzeitig »die Söhne der vornehmsten Männer jedes Kirchspiels (sockenmen) wären, dann würde auf diese Weise der Kriegsdienst nicht von allen so gehaßt und verachtet werden, wie es bisher der Fall war«[33].

Gustav Adolf ist sichtlich bemüht, in der Kombination von Kirchspiel und Härad mit der Deka-Rotte[34] ein nationales Wehrpotential heranzubilden, in dem begriffen wird, daß Besitzstreben auch den Preis seiner Erhaltung hat. Das Kriegen enthüllt hier seinen Doppelsinn als täglichen Kampf um die Besitzstandswahrung. Man denke hier nur an den Aufstieg des fast bettelarmen Adligen *Henrik Flemming,* der in seinem materiellen Dasein Schlimmeres zu ertragen hatte als manch ein Bauer[35], um zu verstehen, worauf Gustav Adolf generell hinauswollte: einen »edlen Stand« der Kriegsleute schaffen, auch und gerade von unten her, »der doch sonst zu allen Zeiten von allen Nationen in gehöriger Wertschätzung gehalten worden ist«. Die bisherige Zuchtlosigkeit, die unseligen Rechtsverletzungen und Gewalttaten des Kriegsvolkes haben aber dazu geführt, »daß unsere schwedischen Soldaten bis heute verachtet worden sind . . .«[36]

Das will er ändern, radikal im Sinne von der Wurzel her, worauf auch die Rechtsformel »i rote« hindeutet[37]. In seiner Schrift »Über der Kriegsleute Pflichten« spezifiziert er seinen Plan einer nationalen Heeresreform. Die Soldaten aus allen Ständen sollen erkennen, daß sie »entweder aus freiem Willen oder durch gesetzliche Aushebung gehalten sind, durch Waffen und Gewehre des Reiches Grenzen auf rechtliche Weise . . . zu verteidigen«[38].

Bei allen technischen Maßnahmen, vom Einschreiben in Wehrrollen über das sorgfältige Mustern bis hin zum eigentlichen Wehrdienst im eigenen Heimatbezirk[39], erkennt man das Bemühen des Königs, vor allem in den Ständen des Unadels mehr Verständnis dafür zu wecken, daß die eigenen Rechte nur erhalten werden können, wenn die Schweden selbst bereit sind, sich zu verteidigen. Dabei ist sich Gustav Adolf aber bewußt, daß selbst bei einem befriedigenden Funktionieren dieses Aushebungs-Systems die erhofften Effekte nicht an das heranreichen, was er zur realen Verteidigung der Krone Schweden brauchte.

»*Geworbene Soldaten sind besser als ausgehobene.*« Diese Erfahrung lag für ihn auf der Hand: »Erstens sind sie Freiwillige. Also haben sie zum Kriegsdienst Lust. Ein gezwungener Hund gehorcht nicht gern. Zweitens wird das Land selbst nicht entvölkert. Denn der Werber nimmt die Leute von allerhand Nationen. Drittens erhält man durch die Werbung geübtes Kriegsvolk, durch die Aushebung (aber nur) Bauern. Viertens, das Feldlager erhält durch Geworbene mehr Reputation als durch Ausgehobene – et bella constant fama«[40].

Geltung und guter Ruf. Sie sind beim Kriegführen oft wichtiger als alles andere. Und damit hier keine Versäumnisse vorkommen und dadurch dem König in seinem Verteidigungsauftrag kein Schaden entsteht, wird auf strenge Zucht in jedem Regiment geachtet, auf ein dauerndes Einwirken in dieser Misch-Armee aus geworbenem und ausgehobenem Kriegsvolk, dessen Kern das Adelsaufgebot ausmachte, ergänzt durch eine stetig steigende Anzahl von Kriegsschiffen in einer Flotte, die fast die gesamte Ostsee kontrollierte[41].

Der Entwurf zu den berühmten *Kriegsartikeln,* die oft erwähnt und selten gelesen werden, enthält in zwei Fassungen nicht weniger als 72 Einzelpunkte, in denen bis in letzte Einzelheiten hinein eine Ordnung festgeschrieben wird, die in Wirklichkeit nichts anderes ist als die Fassung eines Gerichtssystems, dem Verhaltensregeln und Strafzumessungen beigegeben sind.

Was sich Gustav Adolf hierbei ausgedacht hat, gleicht einem permanenten Reinigungsprozeß seines Kriegsvolkes, das in strenger Gottesfurcht und Manneszucht gehalten werden soll. Wer z. B. »Gottes Namen durch Fluchen mißbraucht . . ., soll mit seinem halben Monatssold büßen, den Armen und einem Soldaten-Hospital zugute, das errichtet werden soll, und beim kommenden Feldgebet (korum) hat er im Kreis (der Soldaten) auf seinen Knien Gott gegenüber Abbitte zu leisten«[42]. Wird ein »Feldprediger betrunken befunden, wenn er das Feldgebet halten soll, hat ihn das Feld-Gericht zweimal zu ermahnen und beim dritten Mal aus dem Lager zu weisen«. Wenn ein Soldat »Affenspiel« mit dem Gottesdienst treibt, wird er beim dritten Mal »arckebusiert«[43]. Auf die Einhaltung des Soldateneides dem König gegenüber wird großer Wert gelegt, aber von der Leistung eines »blinden Gehorsams«, wie ihn später sein Bewunderer Friedrich II. forderte[44], ist in diesen Kriegsartikeln nicht die Rede. Sehr wohl aber vom »gerechten Gehorsam«, der das vertragliche Gegenseitigkeitsprinzip voraussetzt[45].

Ein Schwerpunkt dieses Dokuments liegt trotz des Eigengewichtes in jedem Punkt beim Artikel 20, der kurz und bündig erklärt: »Dem König gehört auf Erden das Recht göttlichen Richtens. Er ist der höchste Richter sowohl im Feldlager als auch zu Hause.«[46] Mit dieser Feststellung aus dem Jahre 1621 bestätigt Gustav Adolf die Regelungen in der Gerichtsordnung von 1614, mit der das Svea Hofgericht seine Arbeit aufgenommen hatte, wobei die Kriegsgerichtsbarkeit jenem entzogen war. Ein Beleg mehr dafür, daß der König mit allem gebotenen Ernst darauf sah, seine Rechtsqualität substantiell nicht mindern zu lassen, auch wenn er sie akzidentiell durch jene Institution auf oberster Ebene nach Schwedens Gesetz und Verfassung samt Reichstagsbeschlüssen delegieren konnte[47].

Durfte in der Zivilgerichtsbarkeit der Reichs-Drost den König vertreten, so wird hier dem Reichs-Marsch diese Ehre und Funktion zuteil, implizit auch mit der Forderung verbunden, in diesem Amt ebenfalls den hohen Ansprüchen der Gerechtigkeit zu entsprechen[48], die stets von der Gegenseitigkeit des »Treu Herr – Treu Knecht« bestimmt werden mußte. Ein Prinzip, mit dem Gustav Adolf zehn Jahre später den aktiven Widerstand der in ihrem materiellen und geistlichen Besitzstand bedrohten Stände des Heiligen Reiches begründen und festigen sollte[49].

Wie stark dieses Vertragsverhalten sein politisches Denken und Handeln geprägt hat, konnte schon an einzelnen Fällen gezeigt werden. Im Artikel 46 dieses Entwurfs zur inneren Ordnung in seinem Heer aber erreicht es einen Höhepunkt. Hier wird deutlich, daß die Verfechter des *Befehlsnotstandes* und der positivistischen Rechtfertigungslehre von der »normativen Kraft des Faktischen« nichts mit dieser Tradition der politischen Kultur Europas zu tun haben, sondern deren Negation und Perversion sind. Ihr äußerliches Sich-Berufen auf Gustav Adolf vermittelt nur, daß sie ihn von innen her nicht verstanden haben oder nicht begreifen wollten. Denn was er hier zum Verhältnis von Befehlen und Befolgen fordert, kann in einer Diktatur nach dem Führerprinzip nie zur Anwendung kommen[50].

Es heißt in diesem zweiten Schwerpunkt und Substanzartikel: »Kein Soldat solle sich für zu schade halten, dem nachzukommen, was zum Besten des Königs befohlen wird, sei es Arbeit an Festungen, im Feldlager oder sonstwo. Wer gegen solche Aufträge (påbud) meutert und sich öffentlich dagegen mit Widerwillen aufwirft, wird mit dem Tode bestraft[51]. Doch Respekt und Ehrerbietung, welche die Soldaten dem Befehlshaber erweisen sollen, haben sich nur zu des Königs und des Reiches Bestem zu erstrecken – und zu nichts anderem. Wollte da einer auch etwas befehlen, das dagegen gerichtet ist, da sollen die Kriegsleute keine Folge leisten (ingen lydno stånda), sondern wer das verlangt, entsprechend bestraft werden.«[52]

Des Königs und des Reiches Bestes besteht in der Anwendung der politischen Kunst des Gleichen und Guten und damit im Vollzug von Schwedens Gesetz und allen Reichstagsbeschlüssen, die als Verträge gelten und somit das Gesamtverhalten auf allen Ebenen[53] bestimmen, selbst und gerade in diesem Bereich der Kriegskunst. Wie sehr Gustav Adolf auch um den geistigen Kanon seiner Royal-Armee besorgt war, in welcher die Offiziere und Generale ein hohes Maß an Autonomie und Eigenverantwortung besaßen, so sehr kümmerte er sich auch in seinem schier unermüdlichen Arbeitseifer um den höchsten Effekt der gegossenen Kanonen, der technischen Ausrüstung und des taktischen Könnens.

Das Aufkommen der *Feuerwaffen* hat den klassischen Kern des Kriegens, den Kampf Mann gegen Mann, nicht verhindert, sondern nur verzögert. In der weiteren Entwicklung dann der Pistolen, Gewehre und Kanonen mit all ihren leichteren oder schwereren Varianten bis hin zur Artillerie erweiterte sich diese Funktion. Das Feuern aus allen Rohren hatte nicht nur den Feind aufzuhalten und zu schwächen, sondern auch mit dem Verpulvern den Nahkampf vorzubereiten[54], demnach den entscheidenden Waffengang einzuleiten, an dessen Ende es entweder einen Meister im Feld gab oder nicht.

Die Feuerwaffen als Instrumente des Fernkampfes[55] und Randerscheinung – man denke nur daran, daß die Schützen noch immer den Schutz der Pikenträger brauchten und stets am Rande der Gewalthaufen postiert wurden[56] – gaben dem Fußvolk als Infanterie wieder das Hauptgewicht im Heere zurück, nachdem sich die Kriegsart der eidgenössischen Schweizer den Reiterheeren überlegen gezeigt hatte und die Einsicht wuchs, daß Feuerkraft allein nicht ausreicht, um das eigentliche Ziel des Kriegens zu erreichen. Und das war im äußersten Falle immer das Besetzen von Stadt oder Land[57].

Die Einwirkungen vom Rande her veränderten aber den

Kern. Man lockerte seine kompakte Masse, die nach dem Kriegs-Muster in Spanien vom *Terzio*-System bestimmt war, um die Verluste durch die Feuerwaffen zu vermindern. Dadurch erhöhte sich auch die Beweglichkeit im Feld und wurde der Boden für eine sogenannte Treffentaktik gelegt, d. h. einem ersten Schlagabtausch folgte ein zweiter, und mit der Reserve konnte gar noch ein dritter angeordnet werden. Diese Reform der Kriegskunst in Spanien, soweit sie das Feld und nicht eine Festung betraf, hatte ihre Vorbilder über das Einwirken der neuen Waffendimension hinaus im Kohortensystem Roms[58].

Dieser Bezug allein gibt schon zu erkennen, daß der Krieg keineswegs um seiner selbst willen geführt wurde, sondern Teil einer Lebensauffassung war, die sich Gedanken darüber machte, daß der Gebrauch von Waffen in erster Linie der Erhaltung des Lebens dienen mußte, und zwar mit allem, was es an Ambiente geschaffen hatte. Und aus diesem Verständnis heraus war man dem *Tacitismus* zugänglich; der Einsicht auch, daß zwar die Menschen andere sind, ihre Anzahl wechselt, aber nicht ihre Gewohnheiten[59]. Dazu gehörte auch der dauernde Drang zur Macht, der nur beherrscht werden konnte, wenn sich der Mensch durch Erziehung in der Gewalt behielt und sich im Zeichen des *Stoizismus* auch in einer kriegerischen Herausforderung an der Virtus übte, in der Mannestugend, um im Angesicht des Todes das Leben zu meistern[60].

Nicht die Waffen an sich waren daher entscheidend, sondern der innere Wert ihrer Träger. Das vermittelt die *Oranische Heeresreform*. Unter dem Motto »Pro lege, rege et grege« waren die niederländischen Stände oder Generalstaaten angetreten, sich gegen die Übergriffe Spaniens auf ihre geistliche und materielle Freiheit zur Wehr zu setzen[61]. Von den Gegebenheiten des Landes ausgehend, hatte bereits Wilhelm von Oranien eine Umorganisation der Defensivkunst begonnen, die dann seit 1590 durch Moritz von Oranien energisch weitergeführt wurde und zu jener »niederländischen Manier« führte, die Johann von Nassau zehn Jahre später in Schweden einübte und damit die »teutsche Art« allmählich verdrängte, ohne sie ganz zu ersetzen.

Das wichtigste Moment dieser Reform war die Verkleinerung der taktischen Einheit von 3000 Mann im Terzio zu jetzt 500 im Bataillon. Im Bestreben, Fernkampf und Nahkampf, Feuerwaffe und blanke Waffe optimal zu koordinieren und effektiv gegen den Gegner einzusetzen, trennte man auch die Schützen von den Pikenträgern, die mit ihren überlangen Spießen vor allem der Reiterei gehörigen Widerstand leisten konnten[62]. Dieses System der kleinen und kompakten Einheit, die meist aus Söldnern bestand[63], wurde ganz auf Defensive eingestellt, auf zähes Verteidigen, das in der Koordination mit den anderen Einheiten jedoch selten große Kraft für einen Angriff entwickeln konnte. Diese Kunst des gezielten Schlags zur Sicherung des Besitzes hatte wenig Sinn für eine offene Feldschlacht, die im gesamten Befreiungskrieg der Niederlande gegen Spanien nur im Jahre 1600 bei Nieuwport versucht und siegreich beendet wurde[64].

Beachtet man aber die Niederlage Karls IX. anno 1605 bei Kirchholm gegen das spanisch ausgerichtete Heer Vasa-Polens[65] und berücksichtigt man die Niederlage am Weißen Berg anno 1620, sowie die Niederlage Christians IV. bei Lutter am Barenberge (1626), dann ergibt sich daraus, daß die Kriegskunst der Spanier mit ihrem überaus stark besetzten Ersten Treffen in einer Schlacht doch derjenigen der Niederländer überlegen war, wenn die reine Defensive verlassen wurde. Aus diesen Beobachtungen zog Gustav Adolf nach langem Experimentieren und eingehenden Studien der Oranischen Reform seine eigenen Schlüsse. Hatte er »das Wesen der Kriegsart des Prinzen Moritz von Oranien zu Beginn als eine Regel angesehen«[66], so gelang es ihm nach den Erfahrungen mit Russen, Dänen und Polen, das zu gestalten, was in die Kriegsgeschichte als die *Schwedische Brigade* eingehen sollte.

Es würde hier zu weit führen, auf alle Einzelheiten einzugehen, aber die Erläuterung einiger Wesenszüge dieser einzigartigen Kampfeinheit erscheint angebracht. Angeleitet vom aristotelischen Organisationsprinzip des Wohlüberschaubaren, gelangte Gustav Adolf nach fast zwanzigjähriger Erprobung dazu, mit der Schwadron aus vier Kompanien in der *Infanterie* die unterste taktische Einheit zu bilden und mit der Brigade die höhere taktische Einheit, die zeitweise aus vier Schwadronen oder zwei Regimentern geformt wurde. Mit dem Eintritt in den Teutschen Krieg machten drei Schwadrone oder anderthalb Regimenter das innere Maß der Brigade aus. Die Struktur in der *Kavallerie* war weitgehend dieselbe, auch wenn deren Stärke zahlenmäßig bedeutend niedriger lag als die des Fußvolkes[67].

Mit diesem Brigaden-Modell verwirklichte Gustav Adolf auf geschmeidige Weise eine Idee, die sich bereits in *Georg Bastas'* Werk »Il maestro di campo generale« andeutete, als er Erfahrungen mit der spanischen und der niederländischen Art zu kombinieren suchte, um einen neuen Corpus zu erhalten, der aus der Defensive heraus offensiv werden und in der Offensive wiederum in die Defensive zurückgleiten konnte. Anders ausgedrückt: Er will *Kraft in der Breite,* die sich bei Bedarf entfalten kann und nicht ausschließlich *Masse aus der Tiefe,* die sich selber in der eigenen Wucht blockiert. Bastas war nicht ein theoretischer Träumer[68], sondern leitender General des Kaisers in Ungarn, ein guter Taktiker und auch im Brechen von Festungen geübt. Aber weder *Tilly,* seinem Kommandeur aus Brabant, noch *Wallenstein,* seinem Fähnrich aus Böhmen[69], sollte es vergönnt sein, dieses Problem zu lösen, wie man sich in einer offenen Feldschlacht aus einem *defensiven Verweilen* heraus auf ein *offensives Verkeilen* umstellen konnte, auf einen konzentrierten Stoß, der sich verbreiten und doch wieder versammeln konnte.

Bewegen im Verharren. Das war der Kern der neuen Kunst, die nicht als l'art pour l'art aufgefaßt wurde, sondern den Forderungen der Politik und den ökonomischen Bedingungen optimal zu entsprechen hatte. Es ist eine Kriegskunst Zug um Zug, deren Feuerpausen, Waffenstillstände oder Zeitfrieden zum Verhandeln genutzt wurden und die bei allem Rittersinn in Gestalt des gewährten Quartiers, des Accords oder freien Abzugs den Boden für eine andere Kunst bereiten sollte – die Friedenskunst.

Gustav Adolf hat diese schwierige Aufgabe in dauernder Bereitschaft zur Reform zu lösen verstanden, indem er sich einem kritischen Lernprozeß unterzog und immer wieder auf der Basis des Trialismus das durchspielte und erprobte, was man die »bataille en detail« nannte[70]. Daraus gestaltete sich auch das Drei-Reihen-Feuer der gewehrtragenden Infanterie und damit eine Feuermassierung, wie sie bis dahin unbekannt war. In der Kombination mit den leichten Geschützen, die schnell verlegt und massiert werden konnten, erhöhte sich zusätzlich die Beweglichkeit und letztlich Schlagkraft. Mit der Mischung aus Kavallerie und Infanterie, in der Regel zu zwei Haupttreffen gestaffelt, ergänzten sich Bewegen und Verharren zusätzlich, so daß mit dieser Struktur ein Instrument entstand, das nicht nur jedem denkbaren Gegner selbst bei zahlenmäßiger Überlegenheit gewachsen war, sondern auch den Kampf in sich selbst geschmeidig abfangen konnte, d. h. auch die Verluste durch Krankheit, Unfälle oder Desertion, die bei den Söldnern wie bei den Ausgehobenen je nach Lage der Dinge immer wieder versucht wurde[71].

Zieht man nach allem, was hier entwickelt wurde – und es wäre bei den oft grotesken Fehlurteilen späterer Kriegstheoretiker und Geschichtsschreiber gerade diesem Thema noch vieles hinzuzufügen[72] –, ein Fazit, dann bleibt nur die Feststellung, daß seine Reformarbeit auch im Heer tatsächlich etwas von einem »schöpferischen Genius« (Berenhorst) erkennen läßt. Er nimmt in seiner umfassenden Bildung und in der Glaubensgewißheit einer universalen Ethik Formen der Kriegskunst anderer Nationen kritisch auf, erprobt sie und findet in der Kombination mit einheimischen Strukturen einen mehr als tragfähigen Kompromiß – er setzt ein Maß und wird darin zum Muster.

Auswirkungen seiner Kriegskunst finden sich in der »Neuen Armee« Cromwells ebenso wie in der Heeresreform, die Raimondo Montecuccoli nach Wallensteins Ende im Habsburg-Heer angestrebt hat, womit er dem Prinzen Eugen vorarbeiten durfte. Was aber noch wichtiger scheint, ist sein Bemühen, mit der Erziehung des Kriegsobersten und der anderen Generale samt Offizieren und Mannschaften genau das zu mindern, was die Kriegsphilosophen in der Zeit des Neo-Absolutismus immer wieder ins Feld führten – den alleinigen Wert seiner Person in diesem Militärsystem[73]. In Wirklichkeit hat er immer danach gestrebt, das Königtum auch im Bereich des Krieges abzusichern und dafür diejenigen Ämter in der Regierungsverfassung gestärkt, denen die Landesverteidigung anvertraut war, den Reichs-Marsch vor allem und auch den Reichs-Admiral. Das waren nicht irgendwelche Militärposten, wie sie in absolutistischen Diktaturen vorkamen, sondern Reichs-Ämter auf Vertragsbasis, die sich bei der Frage nach Krieg oder Frieden wie der König selbst im Reichsrat und Reichstag rückversichern mußten!

Nichts macht diese libertäre Qualität, ja diesen Republikanismus seines Königtums besser sichtbar als die bisher völlig übersehenen Namen der Flaggschiffe seiner wachsenden Flotte. Als »Krone«, »Schwert«, »Szepter«, »Reichsapfel« und »Schlüssel«, wie sie in einer Erhebung zum Schiffsbestand von Axel Oxenstierna 1617 genannt werden[74], symbolisieren sie auf eine vorzügliche Weise das Bienengleichnis aus Senecas »De Clementia«, auf das Erik Sparre 1593 vor Sigismund III. ebenso Bezug nahm wie 1626 Richelieu vor Ludwig XIII.[75] Denn der König hat wie die Bienenkönigin zu sein – ohne Stachel! Ohne eigene Waffen demnach, und das bedeutet, daß das Reich mit seinem *ständischen Soldaten* den König schützen muß und er diesen geliehenen Stachel nur benutzen darf, um sich zu wehren. Der König ist nur der Sachwalter des Reiches; dessen Treuhänder und Tutor und hat in seinem Amt darauf zu sehen, daß sich das Reich unter ihm stärkt, damit es ihn in der Not stützen kann.

Daraus ergeben sich weitreichende Konsequenzen. Denn die Einrichtung eines *ständigen Soldaten* (miles perpetuus) muß unter diesen Bedingungen immer wieder vom Reichstag neu bewilligt werden. Das war zwar nicht einfach und auf der Basis des Mühlenzolls ein Unternehmen, das sich nicht recht bewähren wollte[76], aber es ist ein Zeichen mehr dafür, daß Gustav Adolf bei allen zeitweiligen Lockungen Recht vor Macht ergehen ließ. Und es ist mehr als nur eine Ironie, daß sein grandioser Versuch gescheitert ist, mit der »Vasa« das größte Kriegsschiff seiner Zeit in die Ostsee zu bringen. Die libertären Schiffsgeister duldeten es anscheinend nicht, daß sich der Hausname der Dynastie etwas herausnahm, was nur dem Reich und den »Drei Kronen« zustand . . .

Johannes Bureus notierte in seinem Tagebuch unter dem 10. August 1628: »Des Königs großes neues Schiff sank bei Stockholm.«[77] Wahrscheinlich brachte die einzigartige »Vasa«, die heute in gehobenem Zustand bewundert werden kann, die Disproportion von Masten und Corpus zum Kentern[78], und dies in einem Hafen, von dem das »Theatrum Europaeum« annahm, daß dieser »gegen die Sturmwinde also versehen und verwahret (ist), (so) daß die Schiffe daselbst ganz sicher ohne Einwerfung der Anker bleiben können«. Man weiß auch, daß »der König der Schweden zu Wasser ein sehr mächtiger König ist« und eine Kriegsmacht von »höchster Kriegsgeschwindigkeit« besitzt. Sie versetzt ihn sogar in die Lage, diese »nach Belieben auch außer dem Reich zu führen«[79].

Nach Belieben? Das war diesem König, einem »rex constitutus«, nicht erlaubt!

# Die schwedische Gefahr

Was sich doch manch ein Geschichts-Erzähler von der lädierten Seele schrieb, der nicht einsehen konnte, daß die Würde eines Fürsten etwas mit der Reputation seines Rechts-Status zu tun hatte! Nein, diese Würde allein durfte den Fürsten nicht machen, wie es da heißt, sondern »Kampf mit grimmen Feinden und Herausforderung des Schicksals machten ihn, einsame Höhe, brütender Trotz, verhängnisschwangere Entscheidungen«. Warum müssen Poeten immer nur danebengreifen, wenn sie Potentaten zum Gegenstand ihrer Wünsche machen, um das Kleinste von aller Größe auszuschließen?[1] Was ist denn an Erkenntnis gewonnen, wenn im Lästern über die rechten Titulaturen und das Bemühen um die gerechte Form von Verträgen mit einigem Wortpomp erklärt wird: »Gustav Adolf, stark und hell wie er war, und doch bloß der Enkel eines kleinen Edelmannes, trieb es hier so bunt wie seine gekrönten Brüder, wenn nicht am buntesten; einen Botschafter, dessen Creditiv ihm zu seinen anderen Würden nicht auch den des Potentissimus gab, wollte er gar nicht empfangen . . .«?[2]

Es war seine Verfassungspflicht, als »gesetzesgekrönter König« den Versuch zurückzuweisen, ihn in seinem Recht zu schmälern. Warum sollte er nicht fordern dürfen, was andere sich zumaßen, um aus einem Titelfehler heraus Rechts- und damit auch Besitzansprüche geltend zu machen? Und waren nicht alle Edelleute im Prinzip königsfähig, solange das Wahlrecht galt? War nicht auch Rudolf von Habsburg ein kleiner Schweizer Graf, der die Kaiserwürde tragen durfte? Weshalb also dieses Wortgepränge?

Jedes Zurückweichen in der Titularfrage konnte als Schwäche ausgelegt und gar als Kriegsgrund angesehen werden. Davon sind die Quellen übervoll. Nur hat unsere eigene Zeit die Einstellung zum Eigentum verloren, dessen Sicherung vor allem in der Frühen Neuzeit ein absoluter Lebensinhalt werden konnte, ob auf der untersten Ebene oder im Königsrang. Die Stände auf dem Reichstag von 1627, der wieder nach Stockholm einberufen worden war, haben diesen fundamentalen Zusammenhang jedoch begriffen. Der Streit zwischen Vasa-Polen und Vasa-Schweden war nämlich wieder einmal in das Stadium eines »offenen Krieges« getreten, »wodurch KM:t verursacht worden ist, nach der Beratung mit einigen der vornehmsten Stände, den Krieg nach Preußen zu verlegen. In der Hoffnung, daß der Feind, von seiner Gefahr bewegt, friedlichere Gedanken fassen würde«[3].

In diesem an Grotius erinnernden Gedanken gehen die Stände davon aus, daß »der Friede unter den zeitlichen Dingen das ist, was dem Menschen am meisten zugute kommt«, und der Krieg nur aus unabdingbarem Zwang und Not geführt wird, um sich nicht einem ungerechten Schandfrieden auszusetzen[4]. Denn das Friedensangebot aus Vasa-Polen konnte nicht angenommen werden, weil es »gegen unseres gnädigsten Königs Hoheit und aller Einwohner des Reiches Schweden Eid und Gelöbnis stritt, mit welchen wir IKM:t . . . verpflichtet und verbunden sind«[5].

Jede Herabsetzung des Königs von außen war eine Statusminderung der Krone selbst und betraf die Stände unmittelbar in ihrem vertraglichen Bündnis mit dem eigenen Souverän, der ihre nationale Unabhängigkeit zu schützen hatte. Man erkennt in dieser Stellungnahme sehr deutlich, wie sich Majestät und Libertät aufeinander beziehen und damit auch alle Sicherheitspolitik zur Verfassungspolitik machen. Der Hinweis darauf, daß »jeder zehnte Mann . . . ausgehoben werden soll, um im Dienste der Krone als ein Landsknecht gebraucht zu werden«, koppelt denn auch dieses Zugeständnis an den König mit der Rechtsbelehrung, daß diese und andere Maßnahmen »gegen die adligen Privilegien und andere Freiheiten streiten« und nur als Ausnahme von der Regel bewilligt werden[6].

Mit derartigen Einreden der Stände wollte sich Habsburg im besiegten Böhmen und Mähren nicht mehr belasten. Man war nun im Jahre 1627 so weit gekommen, daß die Verneuerte Landesordnung eingeführt werden konnte. Eine erste und gewalttätige Manifestation der strukturellen Wirkungen eines absoluten Dominats des Hauses Habsburg, das eine enorme Verschiebung der Besitzverhältnisse mit sich brachte und dabei unter dem Schein eines Fundamentalgesetzes, das kein Vertrag zwischen König und Krone mehr sein durfte[7], das gesamte libertäre Ständewesen enteignete und gleichzeitig entpolitisierte.

Ein großer Nutznießer im doppelten Sinn des Wortes wurde im Rahmen der laufenden Umschichtung und Patrimonialisierung des ehemaligen Kronbesitzes der Sieger über Christian IV., der einen »der ganzen Christenheit präjudizierlichen Krieg geführt« und sich dabei wider Kaiser und Reich so sehr vergangen hat. Denn in seinem aberwitzigen Unternehmen fand er aus Eigeninteresse wenig dabei, sich mit dem Türken und sogar den Heiden zu verbünden. Jetzt aber ist »seine Macht zerstreut und vernichtet, sind seine Erbländer eingenommen«[8].

*Wallenstein* goutierte den Fall des Dänenkönigs, den er am liebsten nicht nur aus dessen Ländern, sondern auch vom Thron gejagt hätte. Ein Gedanke, der über das Baltische Meer auf den Schwedenkönig zielte, um diesen im Norden so zu beschäftigen, daß er vom Heiligen Reich abgelenkt wurde und Wallenstein mit seinem Krieg gegen die evangelischen Reichsstände in Frieden ließ. Aber noch war das erst ein Gedanke, noch mußten erst einige Dinge geregelt werden, ehe mit ihm konkrete Politik getrieben werden konnte. Und dazu gehörten die Besitzsicherungen Wallensteins im Schlagkreis der erwähnten Landesordnung.

In Innerösterreich war mit der Erzwingung der katholischen Religion auch die Verfügung über den Besitz der Region absolutistisch entschieden worden, und Bayern drängte gleichzeitig in Wien auf die Sicherung der erblichen Kur. Ein Reichsstand demnach, dessen Repräsentant – Herzog Maximilian – nach Höherem strebte und dabei vor allem an die Erweiterung seines

Besitzstandes dachte, ohne sich um die Bindungen durch das libertäre Ständewesen behindern zu lassen[9]. Was Wunder, wenn sich Wallenstein angesichts dieses Ehrgeizes an der Überlegung wärmte: »Haben wir Kur-Bayern recht auf unserer Seite, so sind wir Patroni nicht allein von Teutschland, sondern von ganz Europa.«[10]

Patron sein und ein Patrimonium besitzen, über das man selbstherrlich verfügen kann – das war sein Traum. Und dessen Erfüllung kam er im Jahre 1627 ziemlich nahe. Denn erstens wurde Friedland zum Herzogtum erhoben, dann auch von der Landesordnung ausgenommen, und das Fürstentum Sagan erreichte gar die besondere Qualität eines »erbeigenen Besitztums«. Er hatte es nämlich dem ewig geldverlegenen Habsburg abgekauft. Es war 150 850 Gulden und »einen Heller« wert – gut rheinisch versteht sich![11]

Mit dieser Kaufaktion wurde er tatsächlich Patrimonialeigner und konnte von diesem Status aus Steuern erheben, ohne daß sich jemand einmischen durfte[12]. Wie stark dieses Denken in den Bahnen einer patrimonialen Politik ihn schon beherrschte, erkennt man auch aus einer Stellungnahme im Januar 1627. Während gleichzeitig Gustav Adolf mit den Ständen Schwedens auf Vertragsbasis verhandelt, rechnet sich Wallenstein auf ganz andere Weise den Gang der Geschichte aus: »Der König muß gedenken, daß er Monarch der Welt werden und nicht für sein Patrimonium allein (die Fürstentümer) Schweinitz und Jauer haben soll, wovon er ohnedies kein Einkommen hat. Ich hab kein Interesse dabei, betrachte allein I. kais. M:t Dienst, denn dero Glück und Ruin consistiert in guter oder böser Affektion der Armee ...«[13]

Besitzen durch Besetzen. Das ist der neue Weg aus dem libertären Ständewesen mit seinem Vertragsstaat hinein in die Militärdiktatur, die sich unterm Schein des Rechts und im Glanz einer sinnentleerten Krönung einzurichten begann. Es ist unter diesen Bedingungen völlig ausgeschlossen, was sich der englische Gesandte Anstruther zur Krönung der Königin in Prag hat einreden lassen. Die Stände Böhmens hätten Wallenstein, der zu dieser Zeit in Mecklenburg zu Gange war, dringend gebeten, sich zu dem Spektakel im Prager Dom einzufinden, um »seine mächtige Fürsprache bei dem Kaiser für die Wahrung der alten Landesrechte, besonders des Wahlrechtes, einzulegen«[14].

Wie hätte denn solch eine Bitte ausgesehen? Es wäre eine unerträgliche Herausforderung für Habsburg gewesen, das sich endlich am Ziel seiner Wünsche sah, und hätte ihn sofort in den Verdacht gebracht, der ihm neben anderen Gründen später das Leben kosten sollte – das Streben nach der Königskrone aufgrund des Wahlprinzips!

Dies war in seiner Vertragsnatur das diametrale Gegenprinzip zur »patrimonialen Entartung« (O. Hintze), die sich jetzt mit Vehemenz unter den Potentaten wie eine Epidemie auszubreiten begann und viele politische Köpfe nicht mehr schlafen ließ vor lauter Besitzgier und Statussteigerung. An die dritte Möglichkeit zwischen dem reinen Patrimonialstatus und den Wahlverträgen, wie sie in Schweden und in anderen Gemeinwesen der Christenheit mit Erfolg angewendet wurde, wollte man nur selten denken, weil das *Erblehen* nur ein erweiterter Wahlvertrag war. Gerade aber einen solchen schloß Ferdinand II. letztlich mit Wallenstein über dessen Besitzungen ab, die er aus der Hand des Habsburgers erhalten hatte. Das bedeutete im schlimmsten Fall, also bei einem Crimen laesae Majestatis, daß dem Herzog die Verfügungsgewalt wieder entzogen werden konnte, wenn Ferdinand II. der Meinung war, daß die mit Wallenstein abgesprochenen Verträge von diesem gebrochen wurden[15].

Der General und Emporkömmling mochte schlau sein, Habsburg war es zumindest in Besitzfragen nicht minder. Und diese waren meist entscheidend. Das Restitutionsedikt sollte es bald zeigen. Aber so weit waren die Dinge noch nicht gediehen. Denn Gustav Adolf hatte wieder einmal bewiesen, wie gut er die Kombination aus Flotte und Landheer beherrschte, als er an der Küste Preußens das vorführte, was Wallenstein im Juli 1626 für Mecklenburg fürchtete: »Sonsten ist gewiß, daß der König aus Schweden 15 000 (Mann) eingeschifft hat«, um dieses Herzogtum zu entsetzen. Und mehr noch, »der von

Brandenburg will sich mit ihm conjungieren, dahero wir izunder auf mehreres als je zuvor zu gedenken haben«[16].

Die *schwedische Gefahr* war ihm frühzeitig bewußt. Ein Blick auf die schon recht guten Karten genügte ihm, um zu erkennen, was für Einfallswege Weichsel, Oder, Elbe und Weser waren, um mit ihrer Beherrschung recht schnell Schlesien, Böhmen und die Erbländer Habsburgs zu erreichen, von den Kernregionen des Heiligen Reiches gar nicht zu reden[17]. Hatte der Schwede bei seinen Unternehmungen Erfolg, dann war das ganze Patrimonialwerk gefährdet. Denn er würde schon darauf sehen, daß er sich die Unterstützung bei denjenigen holte, die ihn als Befreier auffassen mußten, als Wiederhersteller libertärer Verhältnisse und damit Garant einer Eigentumsordnung nach Feudalverträgen.

Solche hatte auch der Kurfürst von Brandenburg mit der Belehnung Preußens durch die Krone Polen geschlossen, so daß er, von der Rechtsseite aus gesehen, seine Politik auf das Verhalten zweier Lehnsherren richten mußte: einmal gegenüber dem Kaiser im Heiligen Reich und dann gegenüber der Krone Polen in Preußen, die jetzt von Sigismund III. regiert wurde, dem schlimmsten Feind seines Schwagers.

Von einem einfachen Conjungieren Brandenburgs mit Schweden konnte also nicht die Rede sein, vielmehr mußte Georg Wilhelm den Versuch unternehmen, zwischen den Feuern einen gehörigen Schutz zu finden. Darum bemühte er sich auch nach Maßgabe seiner Mittel. Gustav Adolf teilte diese Haltung Berlins seinem Kanzler und Gouverneur Oxenstierna sogleich mit. Man habe ihm durch besondere Schreiben zu verstehen gegeben, daß »der Kurfürst Truppen nach Preußen schicken wolle, nicht um uns zu schaden, auch nicht um den Feind zu unterstützen, sondern nur um den Schutz des Seinigen willen . . .«[18]

Das war die Vorsicht eines Neutralen, der mit seinem calvinistischen Bekenntnis nur mittelbar unter den Rechtsschutz der Reichs-Constitutionen fiel und nun das Kunststück fertigbringen wollte, sich in diesem Kampf als Verteidiger seiner Lehen zu erzeigen. Das konnte unter den gegebenen Umständen nicht gutgehen. Denn von Dänen, Wallenstein-Truppen, Vasa-Polen und Vasa-Schweden unter Druck gesetzt, reichten die eigenen Kräfte von etwa 5000 Mann nicht hin, etwas wirklich Vernünftiges auszurichten. Die Verhandlungen mit dem Kaiser mittels *Hannibal von Dohna* zerschlugen sich, und unversehens sah er sich genötigt, im Abkommen von Lochstedt (Mai 1627) Gustav Adolf gegenüber Neutralität zu bewahren. Mit Hilfstruppen an den polnischen General *Koniecpolski* suchte er, den Sturm der Entrüstung in Warschau zu dämpfen, mußte aber erleben, daß sich diese Soldaten weigerten, gegen die Royal-Armee Gustav Adolfs zu kämpfen[19].

Das war ein sonderbares Zeichen für Georg Wilhelm und seine Ratgeber, die wohl auch erfahren durften, was für *Eggeberg* in Prag schon fast Gewißheit war: »Der Schwede habe dem Kaiser Hilfe gegen den Dänen angeboten, wenn er gegen Polen in seinen Angelegenheiten gesichert und ihm das Stück Dänemark überlassen (werden) würde, das er erobern könnte«[20]. Das war aufgebauscht. Wunschdenken. Denn was Axel Oxenstierna mittels Arnim angedeutet hatte, war auf den richtigen Tatbestand gerichtet, daß Gustav Adolf »mit der Röm. Kais. M:t niemals einen Streit oder Mißverständnis gehabt hat und nicht abgeneigt wäre, Freundschaft zu unterhalten und dieselbe zu IKM:t und dero Reiche zu vermehren und zu stärken«[21].

Es war ein Denkmodell. Mehr nicht. So wie jenes, demzufolge man Gustav Adolf zugestehe, »Dänemark . . . anzugreifen und die Orte, zu Dänemark gehörig, so an Schweden stoßen, wie auch Norwegen für sich erobern« zu wollen. Würde sich Schweden dann noch mit den Niederländern überwerfen, diesen »Zerstörern der Könige und Fürsten«, dann könnte auch Spanien in dieses Arrangement einbezogen und ein Friede zwischen Vasa-Polen und Vasa-Schweden vermittelt werden. Deshalb solle Arnim auf Anweisung Wallensteins auch noch warten, mit dem Verbrennen der schwedischen Flotte zu beginnen[22].

Auf welche seltsamen Ringschlüsse der böhmische General doch kommen konnte! Hätte denn diese Lösung Schwedens

Sicherheit wirklich auf Dauer garantiert? Eines war doch klar: Dieses Modell schloß ein, daß Habsburg nach dem Vorgehen in Böhmen ähnliche Verhältnisse im Heiligen Reich schaffen wollte. Diese Machtmasse in der Mitte Europas in einer einzigen Hand und mit einer wachsenden Flotte in der Ostsee ruhte doch nicht, ehe Schweden als letzte Bastion der Reformation erledigt worden war.

Gustav Adolf erkannte auch sogleich die Gefahr. Christian IV. teilte er dazu mit, daß man ihm von kaiserischer Seite ein Angebot gemacht habe. Ein »ewiger Friede mit dem Könige von Polen und der Krone Polen« wurde da offeriert und außerdem der »beständige Besitz von Livland und Preußen«. Aber damit nicht genug, Wien möchte dabei auch »uns den dänischen Thron als ein kaiserliches Lehen übertragen. (Alles nur) in der Absicht, mit solchen Vorspiegelungen unsere beiderseitige Conjunktion zu verhindern«[23].

Aber die Verteidigung der Ostsee und beider Reiche war eine lebenswichtige Aufgabe der zwei Könige des Nordens gegen eine Habsburg-Macht, die mit Gewalt und Kriegsrecht die Nordregionen des Heiligen Reiches verheerte und doch nur eine Gelegenheit suchte, nach der Demütigung Dänemarks die Schwächung Schwedens bis zu seinem Untergang zu betreiben. Die Nachrichten aus Dänemark waren beunruhigend genug, als Gustav Adolf am 24. Oktober 1627 wieder in Kalmar eintraf und »alle Sachen im Reich für uns in einem guten Stand« antraf[24].

Über den Winter hin wollte er in Schweden bleiben, während Axel Oxenstierna weitgehende Vollmachten für die Verteidigung Preußens erhielt[25]. Da war ja nicht nur die Bereitschaft gegenüber der andringenden Habsburg-Macht zu verstärken und eine mögliche Hilfe für Dänemark zu leisten, sondern auch die Arbeit zu bewältigen, die während des Winter-Reichstags in Stockholm anstand. Mit dem Beschluß vom Weihnachtstag dieses Jahres bewilligten die Stände, daß bei »IKM:t tödlichem Abgang« nach den Bestimmungen der Erbvereinigung von Norrköping (1604) und »nach Schwedens geschriebenem Gesetz[26] . . . die hochgeborene Fürstin und Fräulein Christina für unsere rechte Erbfürstin und Königin« gehalten werden soll, sofern der König »keinen ehelichen Sohn hinterlassen würde«[27].

Mit diesem Zugeständnis konnte Gustav Adolf zufrieden sein. Es erinnerte ihn aber auch daran, wie nahe er während des Feldzuges in Preußen dem Tode war, ohne daß eine derartige Rechts- und Erbzusage geleistet worden war, wie sie stets vom Wesen des Erblehens her erfolgen mußte. Hatte er doch bei Scharmützeln einen Schuß in die Hüfte und bald danach einen Schuß in den Hals bekommen, der ihm die rechte Hand lähmte[28]. Die Kriegsabenteuer in Preußen hatten ihre Spuren hinterlassen und wirkten in ihrem Eigengewicht ebenso weiter, wie das Kriegstheater selbst immer neue Szenarios aufzog, so daß sich bald ein Kriegsschauplatz in den anderen schob und die Gefahren Schlag auf Schlag erhöhte.

Mochte Wallenstein einmal die Lage so beschreiben, daß er »den Schweden gern zum Freunde haben will«, wenn dieser nur nicht ›gar zu mächtig‹ werde[29], so drehte Gustav Adolf diesen Spieß einer *schwedischen Gefahr* für die Habsburg-Macht um. Am 12. Januar 1628 läßt er durch die Ständevertreter den »Kaiser und die Päpstliche Liga« fortgesetzter Rechtsbrüche und Gewalttaten im Heiligen Römischen Reich beschuldigen. Einen Fürstenstand und eine Stadt nach der anderen hätten ihre Generale und Heere eingenommen und seien nun auch mit ihrem Unglück an die Ostsee gekommen. Der König von Dänemark hat diesen Kriegszug mit dem Verlust von Land und Leuten schon teuer bezahlen müssen. Es steht demnach zu erwarten, daß er »sich in kurzem auch unseren Grenzen nähert und uns nichts anderes bringt als des Reiches äußersten Verderb oder einen langwierigen und beschwerlichen Krieg«. Es handelt sich hier um eine »offenbare Gefahr für unser Vaterland und uns alle, dessen treue Einwohner«.

Ausgangspunkt, so wird festgestellt, ist der Bruch des Religionsfriedens im Heiligen Reich, und das Ziel dieses ungerechten Vorgehens könne nur darin bestehen, »uns allen Handel und Seefahrt wegzunehmen und sich die Oberherrschaft über die Ostsee anzumaßen, die seit uralten Zeiten der Krone Schweden gehört hat«. Wenn eine solche Politik erfolgreich sein sollte, könnte ihr Ergebnis doch nur in einer »Tyrannis gegenüber unseren Religionsverwandten« und über Schweden selbst bestehen. Gegen eine derartige Entwicklung aber durfte man im Bewußtsein einer »gerechten Sache« das aktive Widerstandsrecht wahrnehmen. Und das konnte hier nur bedeuten, daß dem König erlaubt werden muß, »die Last abzuwenden, indem der Kriegsschauplatz an einen Ort transferiert und verlegt wird, der dem Feinde unterworfen ist«[30].

Hier bestätigt der Reichstag, was im Reichsrat zusammen mit dem König immer wieder diskutiert worden ist: das Bemühen, den anstehenden Krieg dauernd von Schweden fernzuhalten und ihn dort zu führen, wo es den Feind empfindlich traf. Und bei der Verfolgung derartiger Ziele benötigte man die Unterstützung des dänischen Nachbarn zumindest als Deckung und Flankensicherung, wenn man gegen den Hauptfeind zu Felde ziehen mußte. Deshalb sollte darauf hingewirkt werden, daß Christian IV. »in seinem Status gehalten wird. Denn wenn dort eine Veränderung im Regiment einfallen will, wären wir auf dieser Seite wieder in einer Ungewißheit.« Ein Bündnis sei jetzt hochnötig[31]. Man mache sich unter diesen Umständen nichts mehr vor, die Habsburg-Macht sei mit ihrem Vorgehen im Heiligen Reich, gegen Dänemark und angesichts der Flottenpläne mit Energie dabei, sich »in der Ostsee ein absolutum Dominium zuzueignen«[32].

Von dort her rührte die Gefahr für die Freiheit der Religion und der Sicherheit in der Region. Wurde jetzt nichts unternommen, dann geriet alles in Unbestand. Alle Reputation war dann dahin, der gute Ruf dazu, und hatte die Habsburg-Macht erst alles erobert, dann brauchte man auch nicht mehr um Titulaturen zu streiten. Dann war alles zu spät.

# Stralsund – »Die Kunst des Schraubens«

Die Belagerung und baldige Eroberung der Stadt La Rochelle an der Küste vom Poitou schien im Jahre 1628 die Politik Richelieus zu bestätigen. Er wollte der Kompetenz des Königtums an jedem Ort in Frankreich Recht verschaffen. Wenn nötig auch mit Gewalt. Dabei ist es ihm gelungen, den Verfassungsauftrag der Katholizität des Landes durchzuführen und gleichzeitig ein Stück regionaler Autonomie zu zerschlagen. Das Risiko, das er während dieses Kriegszuges einging, war nicht gering. Denn England hatte auf dieses Einfallstor ein begehrliches Auge geworfen und war sogar zu einem Waffengang bereit, der sich dann doch nicht in aller Heftigkeit anließ. Als Erster Minister des Allerchristlichsten Königs handelte der Kardinal im Sinne eines politischen Ziels mit Blick auf die innere Stärkung der Königsmacht, um nach außen mit mehr Gewicht auftreten zu können, vor allem nach Nordosten hin und in die teutsche Machtmasse hinein[1].

Historisch gesehen, war aber sein Glaube, man könne mit dem Abbau von Ständerechten und Städtefreiheiten das Königtum stärken, Ausdruck einer irrenden Staatskunst, weil dadurch auf die Dauer die inneren Kräfte gelähmt wurden, ohne daß die neue Zentralmacht den eigenen Ansprüchen voll genügen konnte. Auf dieses Rezept ist aber nicht nur ein Kardinal gekommen. Auch Prälaten, Adlige und andere führten mitunter nichts anderes im Schilde, als sich auf Kosten einer blühenden Stadt »mit ihren ganzen Familien zu bereichern«. Bei diesem Vorgang einer sich ständig hochschraubenden Besitzgier und Einmischungsmanie verfielen die gewitzten Politisierer auf ein recht einfaches Mittel. Sie setzten alles in Bewegung, um einer solchen Stadt ihr »Recht und ihre Freiheiten zu entziehen«[2].

Unter solchen Umständen konnte nur ein böses Verhalten gedeihen: nämlich mit der Kontrolle dieser Stadt »Privatnutzen und Dominat zu befördern«, was nur zum Schaden des Ganzen gereichen konnte. Diese Sorte von Machtmenschen kümmerte sich nicht darum, daß nach Gottes Wort in einem gerechten Gemeinwesen alles in »gegenseitiger Achtung« (mutuum respectum) stehen müsse und sie »Rechten, Freiheiten und Gerechtigkeiten keinen Abbruch oder Einhalt tun sollen, so daß jedem das Seine zugeteilt werde«[3]. Das Recht ist demnach nichts anderes als die Macht in der Acht von Verträgen. Wer daran rührt, hat im Grunde nur eins im Sinn: Er will »uns imponieren und vorschreiben . . . es sei gut oder nicht, ohne alle Maße und Ordnung zu parieren«. Ein derartiges Verhalten will in seiner letzten Konsequenz nur noch eines: »Über uns eine absolutam potestatem zu statuieren mit einem mehr als tyrannischen Dominat«[4].

Diese Rechtsauskunft über ihr politisches Selbstverständnis teilten die Bürger der Stadt *Stralsund* im Jahre 1630 Gustav Adolf mit. Zu einem Zeitpunkt, als ihr erfolgreicher Kampf gegen die kaiserischen Generale Arnim und vor allem Wallenstein schon längst zu einem Symbol für verfassungsbezogenen Patriotismus geworden war[5]. Diese Auseinandersetzung hatte den Boden dafür mitbereitet, daß an vielen Orten des Heiligen Reiches der Zuruf gepflegt wurde: »Unrecht hält die Läng kein Fortgang / Obsgleich ein Weil führt großen Prang / Und tut der Wahrheit Leid und Trang / Geht's doch endlich zu Grund mit Zwang.«[6]

Und dieser Zwang kam von Gustav Adolf. Doch ehe man sich mit diesem Spruch einigen Mut zusprechen durfte, mußten erst jene Hindernisse beseitigt werden, welche in der Politik so manch ein Unternehmen verzögern konnten, weil sich immer wieder Bedenken ergaben, den entscheidenden Schritt vom Rat zur Tat zu wagen. Man bedenke doch, daß »nun mehr in der Welt eine *Kunst* (herrscht, alles) *auf Schrauben* zu stellen, damit man zu jeder begebenden Occasion Ausflüchte und Entschuldigen finden könnte«[7].

Axel Oxenstierna fand diese und andere goldene Worte, als er Anfang September 1628 vor dem Rat der Stadt Stralsund über Wesen und Wert des Beistandspaktes sprach und dabei die Gründe entwickelte, warum der Schwedenkönig erst jetzt zu einer massiven Hilfe bereit sei, »damit sie in ihrem uralten Staat[8], bei der reinen Evangelischen Religion, Augsburgischer Confession[9], ihre alte Teutsche und Hansestädtische Freiheit erhalten, die Commercia zu Wasser unturbieret (unverwirrt) verbleiben und Benachbarten, insonders IKM:t und dero Reich und Untertanen, nicht verletzet oder verunrechtiget werden möchten«.[10]

Das Besondere an seinem Auftreten war nämlich die Tatsache, daß Wallenstein seine Belagerung bereits aufgegeben hatte. Es war ihm das nicht gelungen, was Richelieu in La Rochelle erzwingen konnte und Gustav Adolf auch mit der tapferen Stadt Riga ein paar Jahre zuvor mit Verlust und letztlichem Erfolg erreicht hat – die Forderung gerechten Gehorsams. Wallenstein hatte völlig unterschätzt, welche Kräfte in einem sonst zerstrittenen Gemeinwesen mobilisiert werden können, wenn es an seine Substanz geht, die allen Bürgern als Grundlage ihrer materiellen und geistigen Existenz dient. Was immer auch Dänemark unter dem Obristen Holk, der später zur engen Umgebung Wallensteins gehören sollte, der Stadt an militärischer Hilfe genehmigt hat und Schweden nicht minder[11], es war die Leistung libertären Bürgersinns, seine Opferbereitschaft und Durchhaltevermögen, das sich stärker als Kanonen und Sturmbatterien erwiesen hat[12].

Gehorsam gegenüber Kaiser und Reich – ja! Aber er darf nicht »blind«, sondern muß »gerecht« sein. Wird dieses feste Fundament zwischen Obrigkeit und Untertanen von oben her verletzt und der Freiheitsvertrag gebrochen, dann mußte das Widerstandsrecht aktiviert werden. Das hat Stralsund im Bewußtsein getan, die eigene gerechte Sache zu verteidigen, wie schwer das auch immer fallen mochte. Denn unter der Bürgerschaft gab es schon die Herren »Saufaus«, »Sprichgroß, »Pumpsack«, »Ganzweis«, »Halbtoll« neben dem Haufen der »Stehfest«[13], und mit den beiden Sundschen Hunden – Christian IV. und Gustav Adolf –, die hier ihr Sicherheitsinteresse in der Ostsee verfolgten, standen sie trotz der gemeinsamen Religion nicht immer auf bestem Fuß[14]. Aber dieses Gemeinschaftswerk gelang. Und wenn man abwiegelnd sagt, daß Wallenstein nach seiner Niederlage Gründe hatte, die ihn dazu veranlaßten, die Eroberung Stralsunds gar nicht gewollt zu haben[15], dann wiegt sein Blutvergießen doppelt schwer, weil seine Gegner darin erkennen mußten, daß er es war, der einem Irrtum unterlag, das Recht brach und mit ungerechten Waffen aufgetreten ist[16].

Gut, er verstand sich in Gaukeleien mit Pappenheim darauf, seinen Ruf eines Hazardeurs herunterzuschrauben und die Niederlage gar als Sieg der Vernunft auszugeben[17], aber Vertrauen hat dieses Vorgehen mit Sicherheit nicht eingebracht. Wer im Namen des Kaisers auftritt und Gehorsam für das Ungerechte fordert, der hat doppelt betrogen, wie sehr er sich auch aus Wien und durch eigene Macht gedeckt sehen mochte. Denn *Kaiser und Reich,* das war bei aller Anerkennung und Sicherung lokaler und regionaler Selbständigkeit der Städte und Stände immer noch eine vertragliche Einheit und Friedensordnung auf der Basis der Gegenseitigkeit. Erst das Eintopfdenken der Zentralisten, »Söldner des Despotismus« (Fichte) und der Staatsfetischisten des Positivismus hat die Sinne für die Föderativ-Struktur der *Teutschen Freiheit* abgestumpft, die ihre Größe immer aus dem Kleinsten zog, aus dem Wohlüberschaubaren und aus der »alten Teutschen Aufrichtigkeit«[18].

Wer für diese substantiellen Dinge einer großen Tradition im Zeichen des Reichspatriotismus keinen Blick hat, muß sich mit Akzidentien behelfen und gerät dabei auf Abwege und in Irrgärten, in denen nur Verzerrungen wuchern können. Es ist sicher richtig, daß Stralsund im Laufe der Krise von 1628 an nach der Verdrängung der Dänen »der erste schwedische Stützpunkt auf deutschem Boden« wurde[19], wenn man Preußen einmal beiseite läßt, das ja kein Glied des Heiligen Reiches war. Aber der Schluß, daß Gustav Adolfs Forderung nach einer »Real-

*Zeitgenössische Karte zur Odermündung und der angrenzenden Regionen des Landungsgebietes (KB – Stockholm).*

unterwerfung« der Stadt nichts anderes bedeutet habe als »die glatte Inkorporierung Stralsunds in das schwedische Königreich«[20], zeigt nur, wie wenig es nützt, mit Projektionen zu arbeiten. Es wäre politisch töricht gewesen, diese Inkorporierung zu betreiben. Viel geschickter war es, diese Hansestadt und später auch Pommern als Reichslehen zu übernehmen, indem sie beide in ihrem vertraglichen Fundamentalstatus beim Heiligen Reich blieben, während sie wie eine Provinz Schwedens verwaltet wurden. Die Unterscheidungen von Sein und Schein, Jus und Lex, Constitution und Administration, Fundamentalgesetzen und Zivilgesetzen, hier dürfen sie wirken[21]. Mit diesem Kunstgriff sicherte sich die Krone Schweden auf durchaus billige und gerechte Weise die Reichsstandschaft. Und darauf kam es an, weil nur so die Politik vermittels auch des Niedersächsischen Kreises im Heiligen Reich kontrolliert und seine Verfassungen erhalten werden konnten. Zum Nutzen des Gleichgewichtes, und dabei hatte Stralsund trotz Schweden immer sein Eigengewicht geltend gemacht!

In die Zeit des Kampfes um Stralsund fallen auch erste Prophezeiungen über eine Befreiung der bedrängten Evangelischen im mit Kriegsrecht überzogenen Heiligen Reich. Man möchte ein Ende dieses unseligen Streitens erleben und greift im Zeichen des Enthusiasmus nach jedem Hinweis, der Erlösung verspricht.

Einige Flugschriften aus Stralsund nannten Gustav Adolf im üblichen Vergleichen mit Gestalten des Alten Testamentes einen Gideon und damit Befreier von allen kaiserischen Kräften, die etwas dagegen hatten, daß Andersgläubige ihr Leben in Ruhe und Frieden zubringen wollten[22]. Neben einer »verzückten Jungfrau« in Stettin und einem »verzückten Knaben« in Schwerin, die beide das Aufhören des Leidens prophezeiten, machte sich ein Schulmeister aus Altstadt in der Oberpfalz dadurch bekannt, daß er »Englische Erscheinungen« hatte. In der dritten sei ihm in der Luft gezeigt worden, wie »ein großer goldfarbener Löwe, welcher von Mitternacht gegen Teutschland hergezogen und in seinen vorderen Pfoten ein bloßes Schwert gehalten und damit die Verfolgten geschützet, die Verfolger grimmig niedergeschlagen« habe.

Verständlich, daß »der größte Haufen solches alles für ein Gedicht und Fabelwerk schimpflich verachtet und in den Wind geschlagen« hat. Denn an derartige Tagträume wollte kaum einer glauben, der sich aufgeklärt genug fühlte. Und doch sollte es sich in Wirklichkeit bald zutragen, daß sich Gustav Adolf »seiner Feinde mit übergroßer löwenmutiger Mannheit und Tapferkeit« annahm und bei seinem Unternehmen »Gott und seiner gerechten Sache trauete«[23].

Der *Löwe aus Mitternacht.* Das wurde bald die bestimmende Propaganda-Formel und Ausdruck der Sehnsucht, den Schlägen des Kaiserischen Adlers zu entgehen und das eigene Bekenntnis gesichert zu finden. »De leone septentrionali et ruina

Antichristi« konnten Schriften zu den Heilserwartungen lauten[24] und im barocken Heldenkult die Tugendlehre feiern. Hoffnung auf das reinigende Licht, den verbrennenden Blitz aus dem Norden begleiteten die Phantasien und Imaginationen. Dabei galt der Löwe nicht immer als positives Symbol. Noch in dem heftigen Streit zwischen Aristotelikern und Ramisten an der Universität Uppsala wurde der Satan und Antichrist mit einem brüllenden Löwen verglichen, der umherzieht und keine Ruhe gibt, bis die reine Lehre des Evangeliums verdunkelt oder ganz ausgelöscht ist[25].

Eine paracelsistische Variante des Löwenmotivs, die ab 1612 von den Rosenkreuzern aufgenommen und verbreitet wurde, findet sich in der Prophezeiung von den »Drei Schätzen«. Der eine von ihnen soll in Friaul versteckt sein, der andere zwischen Schwaben und Bayern und der dritte irgendwo zwischen Frankreich und Spanien. Sie sollen von drei altersmäßig verschiedenen Männern aufgespürt werden, und zwar »bald nach Abgang des letzten habsburgischen Kaisers Rudolphi«[26]. Das Heben dieser Schätze bringe Frieden, Einigkeit und die Ankunft des HERRN. Dabei tue sich besonders der Löwe von Norrland hervor, der mit seinem kleinen Haufen das kaiserische Riesenheer besiegt und sich neben Europa einen Teil von Afrika und Asien unterwirft. Der Löwe wird die Welt erneuern und alle Schismen in der Religion abstellen[27].

Die »Drei Schätze« konnten auch im Sinne einer Geschichtsdeutung ins Feld geführt werden. Nach dem Reich des Heidentums kam das Reich des Papsttums, und jetzt befindet man sich in der Übergangszeit zum Reich des reinen Wortes und der wahren Lehre. Oder: Man stellte sich nach dem Alten und Neuen Testament ein drittes vor, das Ewige Testament, dessen Zeiten nun angebrochen seien[28]. Mit der ersten Version hantierte der Poet und Abenteurer *Wivallius*, der sogar Nürnberg und Wallenstein in Aufregungen versetzen konnte[29], und mit der zweiten Version vornehmlich Johannes Bureus, der um 1625 zum ersten Male mit dieser verwickelten Schatztheorie in Berührung kam und sich selbst als den spurensicheren Löwen auffaßte – nicht aber Gustav Adolf[30].

Es ist nicht nur hier recht fraglich, ob die verbreiteten Löwen-Prophezeiungen in »irgendeiner Weise eine Triebkraft im Handeln« des Schwedenkönigs geworden sind[31]. Für die Propaganda mochte das Wappentier der Goten seine Dienste tun, das in der Funktion als Landschafts-Symbol wie der böhmische Löwe auch einen geteilten Schwanz besaß[32]. Was die Kraft des Königs nach außen hin meinte. Seine Stärke nach innen wurde dagegen von einem anderen Tier dargestellt, das immer wieder in Verbindung mit dem »Pro lege, rege et grege« gebraucht wurde – mit dem *Pelikan*[33].

In dieser Wechselwirkung von Kriegskunst und Friedenskunst, von Kraft und Fürsorge, muß man diesen König sehen, dem es in der Spannung von Gegensätzen stets darauf ankam, sich mittels Verträgen zu vergleichen. Für dieses harte Geschäft, bei dem auf jedes Wörtchen geachtet werden mußte, wenn die Verhandlungen anstanden, um nicht ungebührlich und mit Disreputation zu Schaden zu kommen, war es besonders wichtig, sich in der *Kunst des Schraubens* auszukennen. Gang um Gang mußte gesichert werden, damit man sich beim Aufstieg über die schiefe Ebene – eine Schraube ist ja nichts anderes – stets vergewissern konnte, wo man stand, ohne abzugleiten: Denn es galt ja, Schweden nicht nur groß, sondern vor allem gleich zu machen; ihm die von Vasa-Polen, Habsburg und deren Anhängern verweigerte Gleichberechtigung zu erkämpfen: Mit den »Waffen des Tieres«, weil die »Waffen des Menschen« nicht hinzureichen schienen!

In einem »schnell und confus verfaßten« Entwurf zur Frage des Waffenstillstandes mit Vasa-Polen, der nach komplizierten Verhandlungen bald in Altmark geschlossen werden sollte[34], nahm Gustav Adolf am 1. April 1628 auch Stellung zu dem aufgeflammten Teutschen Unwesen, wie der Bürgerkrieg im Heiligen Reich oft genannt wurde.

Er fürchtet darin ein stärkeres Engagieren der Habsburg-Heere in Preußen, wenn Schweden mit Polen übereinkomme, ja eine unerträgliche »Ausplünderung« dieses Landes[35], und dann auch den Versuch der Papisten, mittels Danzig ihre Flottenpläne zu realisieren. Daraus kann doch nur gefolgert werden: Sie werden »für die Schweden und Dänen die See so eng machen können, daß das unweigerlich den Ruin beider Reiche nach sich ziehen muß«.

Diese Pläne des Südens gegen den Norden reichten ja noch weiter. Bei Lichte besehen, war doch jetzt ein Zustand erreicht worden, in dem »all die Kriege, die in Europa geführt werden, ineinander vermischt und zu einem einzigen geworden sind. Die Papistischen Anschläge in Teutschland weisen es ebenso aus wie die Hilfe, die von den Spaniern für La Rochelle geleistet wird und im vergangenen Sommer gegen uns in Preußen betrieben wurde. Außerdem steht nach verschiedenen Consultationen am Kaiserhof fest, daß man sich vorgenommen habe, mit der Eroberung der nordischen Länder eine leibliche und seelische Tyrannis aufzudrängen. Dazu werden nun viele mächtige Armeen zusammengetrommelt, die durch die Ausplünderung Teutschlands unterhalten und eine Zeitlang fortbestehen werden.«

Aus dieser Steigerung der kaiserlichen Macht im Inneren ergab sich für Schweden und jedes andere ans Heilige Reich grenzende Land ein Zustand, der tödliche Auswirkungen haben mußte, wenn er nicht von den Anrainern bereinigt werden konnte. Wie aber sollten diese sich mit ihren relativ schwachen Kräften einer solch andringenden Überzahl erwehren, wie sie nun unter Tilly und Wallenstein auf dem Boden des Heiligen Reiches tobte und sich anschickte, nach außen zu drängen?

Als Lösung schlägt Gustav Adolf vor, diese Heeresmacht auf das Terrain eines Anrainers zu ziehen und ihr dort so stark zuzusetzen, daß sie sich wieder unter Verlust zurückziehen muß. Das kann gelingen »durch Gottes Gnade. Stürzt dieser doch durch sein gutes Behagen die Stolzen und erhöht an ihrer Stelle die Geringen.« Für diesen seltsamen Plan eignet sich seiner Meinung nach unter »allen Königreichen in Europa . . . nur Polen«!

Die Gründe dafür liegen auf der Hand: Es ist ein »großes, fruchtbares und offenes« Land, und zweitens ist es »ohnmächtig und kraftlos, ein solches Unternehmen zu hindern; drittens unser Feind . . ., so daß wir keine Sünde begehen, wenn wir einen solchen Anschlag in ihrem Land ausführen[36]; viertens ist es papistisch und vom Papst getrieben, so viel sie (die Polen) vermögen, alle frommen Christen zu verfolgen und zu verderben; fünftens (ist das Land) weitläufig, so daß die Kaiserischen nicht die Armee zerstreuen können«. Das nun würde mit der Zeit dazu führen, daß man durch eigene Aufrüstung bald »bastant sein werde« und damit die Stirn bieten könne. Es sei doch zu bedenken, was all die Absprachen zum Waffenstillstand wirklich einbrächten. Wie ist denn der *Spinola* in Flandern und vor Mainz im Heiligen Reich verfahren, und dann dieser Wallenstein, der doch nie um einen Vorwand verlegen ist, einen Vertrag hinterrücks zu brechen? Was dabei herauskommt, kann jeder sehen – »*der Teutschen Verderben*«[37].

So konfus war seine Überlegung gar nicht, und Axel Oxenstierna bedurfte nicht der letzten Anstrengung seiner besonderen »Geistesschärfe (ingenii acumen)«, die der König an ihm rühmte und für sich zu nutzen verstand[38], um zu erkennen, was Gustav Adolf im Sinn hatte: Schweden und die Ostsee werden dadurch gesichert, daß man auf polnischem Boden für die Teutsche Freiheit streitet!

Zu diesem Zeitpunkt, als noch nicht klar war, ob man unter der Vermittlung des Engländers *Thomas Roe* und des Franzosen *Hercule de Charnacé* mit Vasa-Polen einen Stillstand schließen solle, ist der Schwedenkönig geneigt, seine bisherige Haltung nicht aufzugeben, nämlich sich dem Teutschen Unwesen nicht unmittelbar auszusetzen. Aber die Angst, daß »der Wallensteiner oder irgendein anderer mit einer Armee in Preußen eindringt«, hat ihn nie verlassen[39]. Und lernwillig war er immer. Freimütig gibt er dem Kanzler gegenüber zu, daß »entweder die Zeit oder Gründe meine Meinung verändern« können[40].

Es dauerte auch nicht lange, bis er den Polen-Plan aufgab und ernsthaft über ein Auftreten der Macht Schwedens auf teutschem Reichsboden nachdachte. Mit den Absprachen in Stralsund hatte sich ja einiges getan, und dann war es doch so,

»daß wir in den kommenden Jahren mit dem Kaiser und dem Polen nichts anderes zu erwarten haben als offenbaren Krieg«. Darauf müsse man sich beizeiten einstellen, und aus diesem Grunde habe er hinsichtlich der Qualität einer Teutschen Expedition auch »eine andere Meinung« als der Kanzler. Gustav Adolf entwickelt dafür seine besonderen Gründe: Es sei »aus Erfahrung und mit guten Gründen nicht zu bestreiten, daß es besser ist, den Krieg im Land des Feindes zu führen, als ihn in seinem eigenen zu erwarten«. Und da Schweden unter dieser fundamentalen Voraussetzung »sowohl in Teutschland wie in Preußen und Livland Krieg führen muß, so ergeben sich Zweifel allein daraus, an welchem Ort man defensiv und an welchem man offensiv vorgehen soll; oder ob man sich an allen drei Orten defensiv verhalten soll«[41].

Auf die einzelnen Gründe »pro et contra«, die Axel Oxenstierna in seiner Stellungnahme entwickelt hat[42], wollte der König nicht näher eingehen. Es genügte ihm hier, dem Kanzler in Preußen darzulegen, »welche Gründe uns bewegen, warum wir es für ratsamer erachten, den Krieg in Teutschland offensiv und in Preußen defensiv zu führen«.

In diesen Punkten liegt das Schwergewicht der historischen Entscheidung, die Intervention in den Teutschen Krieg zu wagen. Es ist deshalb angebracht, sie ausführlich vorzustellen. Denn sie sind auf ihre Weise ein politisch-militärisches Lehrstück, das trotz aller noch ausstehenden Diskussionen vornehmlich mit dem Reichsrat in seiner Substanz erhalten blieb und nach der Bewältigung vieler Hindernisse mit einem Zielbewußtsein durchgesetzt wurde, das in der Geschichte nur selten seinesgleichen zu bieten hat.

Geht der König »mit einer Royal-Armee nach Teutschland«, dann folgen daraus einige nützliche Ergebnisse: »1. Wird dadurch der Wallensteiner von Preußen ferngehalten und davon abgehalten, den Polen zu entsetzen. 2. Wird er nicht mit Hoffnung und Bestand Stralsund belagern können. 3. Wird er schon gar nicht so tief nach Dänemark hineinstoßen können wie letztlich. 4. Wird er sich nicht so keck in die See begeben dürfen, wenn wir mit der Armee so nahe bei ihm sind . . . 5. Aus diesem Grunde wären auch die Grenzen Schwedens auf allen Seiten um so viel sicherer vor ihm. 6. Mit diesem Unternehmen würde man in Teutschland die unterdrückten Gemüter aufwecken, die heimlich nach einer Gelegenheit zur Erlösung seufzen, (so) auch sie etwas versuchen könnten. 7. Würde man besonders die Hanse-Städte zu Beständigkeit ermuntern, oder auch, da eine unter ihnen etwas anderes im Sinne hätte, könnte man so nahe auf die Finger schlagen, so daß sie sich nicht dazu unterstehen würde und es auch gar nicht könnte. 8. Würde auch Dänemark einen größeren Mut für seine Verteidigung zu Wasser und zu Land bekommen. 9. So wäre es auch von nicht geringem Nutzen, wenn man eine solche Armee nach Pommern verlegte, daß sie auf den Polen achten könne und mit Rücksicht auf die Oder ihren Wert habe . . . 10. Soll auch die Teutsche Reiterei . . . in Teutschland gebraucht werden . . . 11. Vor allen Dingen ist (die Expedition) hochnötig um Stralsund willen. Denn die Stadt ist uns mit Eid oder Verpflichtung nicht verbunden, sondern hat sich in der Allianz vorbehalten, unter seine vorige mittelbare und unmittelbare Obrigkeit zu gehören, so wie unter das Römische Reich . . . Und wo Stralsund da in den Zustand (stat) gesetzt werden könne, wie es bei Reval unter der Russenfehde der Fall war, da wäre Euer Gleichnis gut . . ., daß man diese Stadt mit dieser Expedition versichern könnte . . . 12. Obgleich von den Republiken der fremden Potentaten nichts Großes erwartet werden kann, so scheint es doch nicht ganz und gar unnütz, daß England, die Generalstaaten, Bethlen Gabor und einige andere diesen unseren Entschluß, wenn schon nicht in der Sache selbst, so doch mit einer guten Affektion höchlich prosequieren . . .«

Auch das Argument des Kanzlers, daß sich zwei so starke Armeen im Feld und »camp à camp« gelegen »alle Vorteile im Land« nehmen könnten, will der König nicht gelten lassen, weil er für den Anfang zumindest und im Bereich Preußens stets die Flotte zur Hand habe, so daß er »bald den Starken aufgeben und dafür den Schwachen angreifen kann«. Er hat also eine Land-Wasser-Operation vor Augen, die recht flexibel auf die jeweilige militärische Lage reagieren will. Noch manch anderen Grund führt er hinsichtlich Preußen aus, aber er bleibt bei seiner Überlegung, daß alle nützlichen Gründe mehr dafür sprechen, »gegen Teutschland offensiv vorzugehen, als es in Preußen zu tun«[43].

Am 5. März 1629 bekräftigt er seinen Entschluß, die Offensive zu wagen, zumal auch die Beziehungen mit Stralsund kompliziert genug sind, gilt doch »unser Accord nicht länger als bis zum 1. Mai«. Und gerade diese Stadt erscheint ihm lebenswichtig genug für die Zukunft. »Bedenkt doch, was uns das an Nutzen einbringt, wenn wir Stralsunds Hafen befreien könnten. Dadurch könnten wir nämlich die gesamte Ostsee halten, und wo wir das Glück hätten, das Land zu Rügen einzunehmen, könnten wir von selbigem Hafen aus die ganze teutsche Küste unterworfen (suspect) halten, mit Booten und Schiffen, was eine große Sicherheit für das Reich wäre – doch ohne Armee ist da nichts auszurichten«.[44]

Die Kräfte konzentrieren sich also auf Stralsund und Rügen, auf das auch Christian IV. ein Auge geworfen hatte und dessen Reaktionen bei der Begegnung mit Gustav Adolf im Grenzort Ulvsbäck dieser im gleichen Schreiben dem Reichskanzler mitteilt. Man habe sich dort im Pfarrhaus getroffen, wenig gegessen und »üblen Wein getrunken, der zu allem Unglück auch noch gefroren war«. Auf die Vorschläge, sich hinsichtlich der Friedensverhandlungen zwischen Kaiser und Christian IV. in Lübeck abzustimmen und gar das Projekt »eines Bündnisses zwischen beiden Reichen« zu betreiben, wollte der Däne aber kaum eingehen. Die »Geldnot« spielte wohl eine Rolle. Als aber Gustav Adolf einen guten Rat von seinem Nachbarn haben wollte, »wie man am besten den Teutschen Krieg führen müßte«, wurde Christian IV. plötzlich hellwach und fragte, »was ich mit dem Kaiser zu tun hätte, warum ich mich in das Teutsche Wesen mischte«.

Das sollte wohl davon ablenken, was konkret zur Absprache anstand. Mit einer letzten Anstrengung konnte der Däne bei der Bündnisfrage nur darauf verweisen, daß dies »mit Zustimmung der Stände geschehen müsse, und das erfordere seine Zeit«. Dann schien er wieder im Geist des Weines zu ertrinken. Gustav Adolf schwieg und wird sich beim Anblick des körperlichen und geistigen Verfalls sein Teil gedacht haben. Sein weiterer Kommentar dazu war nur noch: »Der König muß betrunken gewesen sein . . . Summa: Es kreißten die Berge, und es wurde eine lächerliche Maus geboren.«[45]

An eine gemeinsame Operation war also unter diesen Umständen nicht zu denken, wenn auch nicht alle Brücken abgebrochen waren und Hoffnung bestand, daß im Ernstfall »der König in Dänemark mit seinen Schiffen zureichend im Stande sein werde, die teutschen Häfen alleine zu blockieren«[46]. Demnach zu einem Flankenschutz verwendet werden könne. Einen solchen brauchte Gustav Adolf, wenn er seine Absicht verwirklichen wollte, »im Juni den Teutschen Krieg fortzusetzen«[47].

Aber so schnell war diese Absicht nicht in die Tat umzusetzen, mochte sich auch Axel Oxenstierna in Preußen noch so sehr anstrengen und sogar das Angebot des Moskauer Zartums locken, dem König im kommenden Krieg Truppen zur Verfügung zu stellen. Gustav Adolf lehnte dieses Angebot ab, war aber zufrieden, daß der östliche Nachbar sich so willig zeigte und mit Getreidelieferungen zur Hand gehen wollte[48]. Außerdem hatten sich die Dinge ja so entwickelt, daß ein Waffenstillstand mit Vasa-Polen in Reichweite gekommen war. Dabei mußte allerdings höllisch aufgepaßt werden. Dieser Erbfeind sollte nämlich so stark eingedämmt werden, daß die Basis in Preußen gesichert blieb, während man mit einer Invasion auf teutschem Reichsboden beschäftigt war. Und noch zwei andere Dinge kamen hinzu, welche verzögernd wirkten. Da war einmal die leidige Finanzierung des Unternehmens mit den zugehörigen Verhandlungen des Ludwig Camerarius bei den Generalstaaten[49] und dann auch das Wüten der Pest. Der König erlebte es wieder bei Dirschau, wie der Schwarze Tod ganze Regimenter vernichtete, die nur mühsam ersetzt werden konnten[50].

Hindernisse, wohin man auch schaute. Da war nicht viel

Platz für das Wunschdenken manch einer Geschichtserbauung, die sich am Rühmen seiner »ungestüm entschlossenen . . . Natur« nicht genug berauschen wollte[51]. Zähe Kleinarbeit war nötig, und alle Entschlossenheit brach sich immer wieder an neuen Rücksichten, Rückversicherungen und Rückgriffen. Und dazu bedurfte es eines hochdisziplinierten Gleichmuts, der einen unzerstörbaren Kern voraussetzte und aus Gewißheiten heraus die vorhandene Kraft erprobte, wenn es geboten war. Dafür mußte es aber einen »zureichenden Grund« (ratio sufficiens) und eine »gerechte Sache« (causa iusta) geben. Hemmnisse also, die jedes individuelle Temperament um so mehr zu berücksichtigen hatte, als es im Amt eines Königs und Kanzlers täglich in einer Weise gefordert wurde, die sich damals kaum ein Privatmann vorstellen konnte – und heute ebensowenig.

Es ist aus diesem Grunde verständlich, daß immer wieder nach einfachen Formeln gesucht wurde, die das Komplexe und Komplizierte im Labyrinth der Politik und der Weltläufte auf ein handliches Instrument reduzierten, um sich besser orientieren zu können. Dieses Bemühen führte im Falle von Gustav Adolf und Axel Oxenstierna dazu, daß eine Anekdote den Wert einer fast dogmatischen Deutung ihres Charakters bekommen hat, die hier kurz überprüft werden soll.

Von seiner »Swedish Ambassy« in den Jahren 1653 und 1654 berichtete der Gesandte Cromwells aus Stockholm interessante Dinge über Land und Leute. Darunter auch eine Begegnung mit dem Reichskanzler Axel Oxenstierna. Er soll in einem längeren Gespräch mit Whitelocke gesagt haben, als man sich über Gustav Adolf unterhielt:

»Wenn es bei diesem König einen Fehler gegeben hat, dann war es dieser, daß er manchmal sehr cholerisch sein konnte. Das war sein Temperament und er pflegte gewöhnlich zu mir zu sagen, Ihr seid zu phlegmatisch. Würde sich nicht etwas von meiner *Hitze* mit diesem Phlegma mischen, würden meine Geschäfte nicht zu einem solch guten Effekt kommen, den sie haben.«

Darauf soll Axel Oxenstierna geantwortet haben: »Sir. Wenn mein phlegmatisches Temperament nicht ein wenig *Kälte* mit Eurer Hitze mischen würde, hätten Eure Geschäfte nicht so ein gutes Gedeihen . . .«

Gustav Adolf soll darauf »herzlich gelacht« haben[52].

Ob diese Geschichte, die in Varianten auch anders erzählt werden kann, sich wirklich so zugetragen hat, ist zweifelhaft. Whitelocke ist in seinem Bericht weitgehend zuverlässig, aber hier benutzt er diese Anekdote, um zu illustrieren, daß der König seinem Kanzler stets die »liberty of speaking« gewährt habe[53]. Es kann hier also der Eindruck entstehen, als ob er diese Freiheit den anderen Amtsträgern in den Regierungskollegien und im Reichsrat vor allem nicht gewähren wollte. Tatsächlich hatten sie aber das Recht, den König von ihrem Amt aus »ungefragt« (oåtsport) zu beraten, und es gibt nicht einen einzigen Hinweis darauf, im gesamten Briefwechsel oder in den bewahrten Protokollen des Reichsrates, daß Gustav Adolf an seinem Kanzler etwas wegen dessen Phlegma auszusetzen gehabt hätte. Ganz im Gegenteil. Nie ist einem schwedischen Senator und Kanzler von einem König dieses Formates ein glänzenderes Zeugnis für Arbeit im Amt, Fleiß im Verhandeln und Leidenschaft für das Rechte ausgestellt worden. Die Krone wollte Gustav Adolf sogar niederlegen, wenn er nicht mehr diesen Staatsmann an seiner Seite haben dürfte[54].

Nein, die Erklärung für diesen idealtypologischen Bezug von *Hitze und Kälte* muß woanders gesucht werden. So bequem es auch sein mag, aus dieser Tradition das Klischee vom *Hitzigen Helden* und *Kalten Kanzler* zu kultivieren, das in der gesamten Historie zum Gemeinplatz geworden ist[55], so sehr sollte man über andere Bedingungen nachdenken, ehe das Vor-Urteil die Analyse ersetzt.

Der Hinweis auf den Einfluß der antiken Temperamentlehre in dieser Zeit hat nicht unwichtige Aufschlüsse darüber erbracht, daß sich Gustav Adolfs Tochter Christina als eine »heiße und trockene« Frau auffassen konnte. Ein vermännlichter Zustand also; wurden doch nach dieser Lehre die Elemente *Feuer und Wind* dem Mann und seinem Wesen zugeteilt, während die Frau mit ihrer Natur *Erde und Wasser* zu symbolisieren hatte und daher als »kalt und feucht« angesehen wurde, demnach eine Qualität besaß, die zu normalen Geburten führte. Was bei Maria Eleonora nicht der Fall war, so daß auch sie eher zum Hitzigen hin tendierte und die gängige Säftelehre bestätigte – wußte man doch nichts vom Einfluß der Hormone[56].

Mit Hilfe auch dieser polaren Zuordnung hat sich vor allem die Geschichtsphilosophie der Romantik auf ein dualistisches Ellipsenmodell zur Erklärung allen Geschichtsganges festgelegt und darin die Fürsten als »männliches Prinzip« dargestellt, das als Träger des Fortschritts und Gemeinnutztes gilt, während vornehmlich der Adel als Repräsentant des »weiblichen Prinzips« ausgegeben wird – der Verfechter des Erdgebundenen, des Rückschritts und Eigennutzes[57]. Wurden solche Typisierungen noch auf ganze Völker übertragen, wie das z. B. Nietzsche und Bismarck mit Eifer und Unkenntnis taten[58], dann standen historisierte Fehlschlüsse und politische Irrgänge unter Berufung auf die Natur schon fest, ehe sich eine rationale Einrede Gehör verschaffen konnte.

Die Historie zu Gustav Adolf und Axel Oxenstierna strotzt nur so von dieser Art, den Dingen auf den Grund zu gehen. Dabei liegt für das Verhältnis von *Kanzler und König* eine der Zeit gemäße Erklärung vor. Ihr Verhältnis regulierte sich nämlich nach den Bedingungen des Feudalwesens in Gestalt der Fundamentalforderung von *Rat und Tat*, in die ja auch das Amt des Drostes, Reichs-Marsches, Reichs-Admirals und Schatzmeisters samt des Reichsrates einging. Der König war also von seinem Amt her schon auf das Aktive bezogen, während die anderen Ämter des Reiches eher das Passive und Abwartende darzustellen hatten.

Eine Stelle aus dem »Buch Jesu Sirach«, das seit 1536 in einer schwedischen Übersetzung vorlag und besonders in Adels- und Klerus-Kreisen Verbreitung gefunden hatte, vermittelt diesen Bezug: »Das Regiment auf Erden steht in Gottes Hand. Er gibt ihm beizeiten einen tauglichen Regenten . . . Er gibt ihm auch einen nützlichen Kanzler.« Zur näheren Erklärung wird diesem Regenten oder König empfohlen: »Dämpfe nicht deinen Sinn, wenn du strafen sollst.«[59]

Was wir auch immer über die Temperamentsausbrüche Gustav Adolfs wissen, sie stehen fast durchweg in diesem Zeichen des Sirach. In der Hitze als Ausdruck ›heiligen Zorns‹ zeigt sich das Königtum als Vertreter des strafenden Gottes! Das oft pseudodramatisch beschworene »heiße Vasa-Blut« bekommt hierdurch eine besondere Erklärung. Damit sei nicht bestritten, daß Gustav Adolfs Temperament in hohem Maße vital war. Aber seine gesamte Tätigkeit als König zeigt doch in der täglichen Fron unaufhörlicher Arbeit, daß er ein *Mann des Maßes* war[60] und seine inneren Affekte durchweg in der Gewalt zu halten verstand. Überdies kümmerte sich die Politik um diese individuellen Zustände einzelner Staatsmänner überhaupt nicht. Das kommutative Wesen der Vertragswelt abstrahierte vollkommen von diesen Dingen, was leider nur allzu gern übersehen wird.

Gewiß, Axel Oxenstierna war dann und wann mit bestimmten Projekten nicht fertig geworden und entschuldigte sich in seiner aristokratischen Bescheidenheit damit, daß er zu langsam sei. Aber jeder wußte doch, daß diese Dinge Zeit brauchten und an seine Arbeitsleistung kaum einer außer dem König selbst heranreichte. Dieser hatte sich nun fast Jahr um Jahr dem Feuer des Krieges ausgesetzt und mußte ganz einfach vom Amt her unentwegt tätig sein. In seinem Verhalten war er jedoch kaltsinnig genug, sich an eine zweite Mahnung aus Jesu Sirach zu halten: »Blase nicht in das Feuer der Gottlosen, damit du nicht selber mitverbrennst.«[61]

Diese Politik, stets auf einer inneren Linie zu bleiben und mit den eigenen Kriegszügen gegen Vasa-Polen lediglich *Diversionen* zu betreiben, war mit dem Auftreten Wallensteins und in der Verbindung Gustav Adolfs mit Stralsund am Ende ihrer Möglichkeiten. Der König konnte sich nicht mehr länger neutral halten, d. h. nur mittelbar agieren. Dazu war es nötig, nicht nur das Moskauer Zartum bei der Stange zu halten und Dänemark anzuspornen, nach seiner demütigenden Niederlage nicht allen Mut zu verlieren, sondern auch mit dem Erbfeind in Polen in ein Verhältnis zu kommen, das ihn eindämmte, während der König auf teutschem Boden aktiv wurde.

Von kaiserischer Seite sah man sehr wohl, wohin es führen mußte, wenn man den Schweden nicht mehr mit Vasa-Polen auf Abstand halten konnte. Wallenstein soll bei der Beurteilung einer solchen Konstellation bereits 1627 gesagt haben, daß dieses nordische Reich ein »viel schlimmerer Feind als der Türke« sein werde[62]. Von der Mitte Europas aus gesehen und die ausgedehnten Regionen des Heiligen Reiches vor Augen wurde sich der General bewußt, wie eng bereits die Verhältnisse geworden waren. Schweden drückte ja schon von Preußen her, und der Türke vermochte von Siebenbürgen aus die Habsburg-Macht empfindlich zu stören, dessen Fürst Bethlen Gabor überdies mit Gustav Adolf verschwägert war. Da baute sich aus Nordosten und Südosten ein Doppelblock auf. Die Ursache schien in der »neuen aufgehenden Sonne« zu liegen. Richelieu hat diesen Ausdruck für Gustav Adolf gefunden[63] und wollte damit auch sagen, daß sich die Finsternis der Habsburg-Macht, die Frankreich umklammert hielt, für ihn von Osten her allmählich aufzulösen begann, indem die Wiener Gewalt ihrerseits vom Außenring der Gegenmächte eingekreist wurde.

Aber Wien fühlte sich wohl stark genug, erkannte nicht recht die neue Konstellation von den Rändern des Kontinents her. Wie ist es sonst zu erklären, daß man mit dem *Frieden zu Lübeck* am 12. Mai 1629 Dänemark recht glimpflich behandelte[64] und Schwedens Diplomaten so schimpflich abfertigte, daß daraus einer unter mehreren Kriegsgründen konstruiert werden konnte? Dänemark war mit diesem Frieden ja nicht unbedingt zum Freund und gar Bündnispartner mit Verpflichtungen geworden, Schweden hingegen konnte sich fortan als Feind betrachten und somit seine Rüstung intensivieren![65] Außerdem hat Wien in einer Art Machtrausch kurz zuvor das *Restitutionsedikt* erzwungen, mit dem geistliche Güter aus der Hand evangelischer Fürsten und Reichsstände samt Reichsstädten katholischen Voreignern wieder zugeführt werden sollten, und zwar unter dem Deckmantel eines kaiserlichen Exekutionsrechtes und Wahrnehmung des Kriegsrechtes, das in dieser Form von den Reichs-Constitutionen nicht gedeckt schien[66]. Da stellte sich also im Inneren eine zusätzliche Schwächung ein, welche in Wirklichkeit die Brücken zu Schweden hin festigen mußte, wenn diese Stände allein materiell ihren Besitzstand erhalten wollten. Von den ideellen Belastungen ganz abgesehen. Man brauchte doch nur daran zu denken, daß der Kaiser in Magdeburg ein Prämonstratenser-Kloster restituieren ließ und sich am Domschatz verging – wie ein Dieb –, um zu erkennen, wohin dieser Übermut aus militärischer Überlegenheit führen konnte. Am Ende doch nur in den Totalruin des Reiches[67].

Und daran konnte am wenigsten Schweden interessiert sein. Nicht weniger wurde Frankreich davon betroffen. Denn wenn es Habsburg gelingen sollte, mit Hilfe des Kriegsrechtes das gesamte Heilige Reich in seine patrimoniale und absolutistische Disposition zu zwingen, dann nutzten ihm die militärischen Erfolge im Krieg um Mantua und gegen die Hugenotten im Inneren recht wenig. Deshalb war es wichtig, Schweden aus dem polnischen Krieg zu lösen und im Teutschen Krieg zu binden[68].

Die Anstrengungen Charnacés und Thomas Roes – letzterer hatte sich lange in Konstantinopel und Indien aufgehalten und war nun für England in dieser lebenswichtigen Region diplomatisch tätig[69] – mündeten aber erst einmal in eine der üblichen Rangstreitigkeiten, in der Gustav Adolf »nicht Richter sein wollte«[70] und die dann doch noch unter Einwirkung von Axel Oxenstierna bereinigt wurde, um zu vernünftigen Verhandlungen zu gelangen. Und diese waren auch in der Einbeziehung Brandenburgs kompliziert genug. Vor allem die Titulaturfrage der Könige und insbesondere hinsichtlich des Schweden war Hauptanlaß, sich im Zeremoniellen aufzuhalten, ehe das Reelle bewältigt werden konnte. Und das bedeutete für Gustav Adolf in erster Linie Sicherung der ökonomischen Vorteile durch den Zoll von Pillau mit seiner territorialen Umgebung, das Freihalten Danzigs von Kriegsschiffen, die Räumung Preußens von kaiserischen Truppen und die Garantie Schwedens vor einem Angriff in Preußen von dritter Seite her[71].

Im Prinzip wurden diese Forderungen angenommen und auch ein Kompromiß in der Religionsfrage mit ihren Bindungen an das Eigentum beider Kirchen gefunden[72], der die enge Verflechtung von Religio und Regio unterstreicht. Wie besitzorientiert hier miteinander umgegangen wurde, vermittelt auch das Ringen um Einzelworte, in denen auf konkrete Weise das staatsrechtliche Selbstverständnis eines Gemeinwesens aufgehoben wurde. Die Unterhändler Polens achteten mit Argusaugen darauf, daß in dem Text des geplanten Waffen-Stillstandes nicht das Wort »posteri« (Nachkommen) verwendet wurde, sondern der Begriff »successores« (Nachfolger). Der Unterschied ist fundamental. Nachkommen setzen ein Erbrecht voraus, Nachfolger aber müssen das Wahlrecht beachten. Darin lag die Substanz der Goldenen Freiheit der Adelsrepublik Polens, die es gut verstand, dieses Prinzip zu sichern[73], aber dabei an Schweden einen Teil der materiellen Basis verlor, mit der es gegen auswärtige Mächte verteidigt werden konnte.

Axel Oxenstierna war wieder einmal ein entscheidender Erfolg gelungen. Denn mit dem *Abkommen von Altmark* hatte Schweden einen Zustand erreicht, daß »nun alle Häfen der Ostsee von Calmar über Livland und Preußen bis Danzig in IKM:ts Hände bleiben«[74] und die ausgehandelte Garantie zum Erheben der Zölle in Preußen zu einem guten Teil den Kosten abhelfen konnte, die mit der Teutschen Expedition anfallen sollten. Diese ökonomische Seite veranlaßte sogar den König, die Schwierigkeiten mit den Niederländern hinsichtlich einer Erneuerung der alten Allianz fast vergessen zu können, stand ihm doch die Aussicht vor Augen, daß »die Zölle und der Kornhandel mehr einbringen und vermuten (lassen, daß) wir durch diese Mittel besser Krieg führen können als mit den geringen und langsamen Subsidien, (welche) wir von denen vermuten können«[75].

Hoffnung keimte auf. Doch die Ernüchterungen blieben nicht aus. Denn der angestrengte Haushalt Preußens forderte erhebliche Mittel, und solange dort nicht die Verhältnisse in eine innere Balance gebracht worden waren, woran der König mit dem Kanzler arbeitete[76], war gegen die teutsche Seite hin nichts zu unternehmen. Gustav Adolf ist dieser Zusammenhang völlig klar, aber trotz aller Entschlossenheit hat er immer noch »seine Zweifel«, ob die Invasion stattfinden soll. Er will des Kanzlers Rat, das »ausführliche Consilium darüber, solange es offenes Wasser gibt«. Und in dieser Anforderung operiert er mit den Möglichkeiten des Gerüchtes. Der Kanzler soll mittels der kurfürstlichen Minister in Berlin den kaiserischen Ministern zu Ohren kommen lassen, daß man von seiten Schwedens zu einem Accord mit dem Kaiser bereit sei. Das Ziel einer derartigen Diversion auf diplomatischer Ebene würde Wien veranlassen, »den Krieg in Italien samt die Verfolgung in Teutschland desto eifriger fortzusetzen. Auf diese Weise disponieren sie die Gemüter und ebnen uns den Weg zum Besten.« Außerdem, »wenn die Könige in Frankreich und England uns mit Ernst in den Teutschen Krieg zu bringen suchen, so würden sie uns so viel schneller Subsidien präsentieren . . .«[77]

Ein Denkspiel nur. Der Auftakt aber zu neuen Beratungen. Denn auch diese Intervention mußte verfassungsmäßig durch den Reichsrat und Reichstag abgesichert werden. Und da war ja noch *ex jure gentium* einiges zu klären.

# Defensio Sueciae – Occupatio Germaniae

Die Zeichen eines Sturmes mehrten sich. Als Maria Eleonora am 1. August 1629 nach Stockholm kam, um hier im Schloß Drei Kronen die Ankunft Gustav Adolfs aus Preußen abzuwarten, hatte diese Stadt gerade eine apokalyptische Raserei erlebt. Als Nadelmacher und Priester der letzten Tage suchte ein Verwirrter im Durst nach Wahrheit das Peitschen aller Sinne und gab sich als vierter Engel der Offenbarung aus, als fleischgewordenes Himmelswesen mit dem Kelch. Sein Aufruf zur Abkehr von dieser Frau Welt konnte aber noch nicht verfangen. Der Mensch wollte mehr als nur das Kuriose, um sich kurieren zu lassen, und erhielt auch bald, was er anscheinend ersehnte. Denn am 4. September brach die Pest aus. Zuerst im Quartier auf dem Norrmalm. Jetzt drückten die Sünden von innen her durch die Haut. Jede Pestbeule war eine Insel der Verderbnis. Jeder Blutfluß ein Zeichen am Weg des Würgeengels. Er goß aus dem Gift der Luft in seinen glühenden Händen, wie in einem Kelch, wie in einem Schmelztiegel die Kugeln gegen die Sünder und ließ mit der Pest das zurück, was an Hoffnung im Schrei nach Gottes Wort beschworen wurde – den gereinigten Rest[1].

Leichengestank begleitete den König, als er sich Anfang Oktober Stockholm näherte, jedoch bald darauf nach Uppsala auswich, um mit allen erreichbaren Senatoren die neue Lage zu besprechen und seine Intervention in den Teutschen Krieg rechtlich abzusichern. In drei Beratungen setzte er sich dem reinigenden Feuer des Fragens aus, spielte alle Einwände durch, die – Einschüssen gleich – Schlaglichter darauf warfen, in welchem Maße König und Reichsrat darum ringen mußten – neben allen martialischen Maßnahmen –, die Entfaltung eigener Kriegsmacht mit den Forderungen einer universalen Moral in guten Einklang zu bringen. Ein Bemühen, wie es in dieser Dichte (zeitweise mit doppelter Protokollführung und gut zur Hälfte in einem äußerst komprimierten Latein gehalten) höchst selten in jener Zeit geübt wurde und noch keiner einschlägigen Analyse unterzogen worden ist.

Nur sie aber offenbart die erheblichen Spannungen in diesem König, vermittelt etwas von den inneren Kämpfen und läßt ahnen, wieviel Kraft aufgeboten werden mußte, um alle auftauchenden Skrupel zu dämpfen. Da leuchtet plötzlich ein Licht auf, in dessen Widerschein das Los über die teutsche Nation geworfen wird, über ein Gewand, das einem Flickenteppich gleicht und nun neu eingefärbt werden soll.

Acht Senatoren waren im Ratssaal versammelt, als Gustav Adolf am 27. Oktober die erste Session eröffnete. Darunter auch sein Halbbruder Gyllenhielm sowie Johan Skytte. Der König hielt eine kurze und konzise Rede, in welcher er den Senatoren die friedliche Absprache mit Vasa-Polen zur Rechtskontrolle anvertraut haben wollte, um dann auf den Kernpunkt der Zusammenkunft einzugehen:

»Was den neuen Krieg betrifft«, entwickelt er im zweiten Punkt seiner Ausführungen, »so wißt Ihr, daß ich schon seit langem vorhergesagt habe – der Kaiser wird uns auf den Hals kommen. Das hat er nun im vergangenen Sommer getan, so daß Ihr daraus ersehen könnt, wie richtig eine solche Vorhersage war. Und obgleich Ihr immer zum Krieg geraten habt, so ist es doch ganz gut, daß man das noch einmal durchdenkt, auf daß man nicht sagen möge, hier sei etwas unberaten (inconsulto) unternommen worden, wenn es schiefgeht.
Nun steht ja fest, wenn man darauf eingeht, daß der eine Krieg den anderen mit sich bringt. Und das bedeutet, während das Land geschwächt ist, ich trotzdem darüber beratschlagen will, damit nachher keiner über das Regiment murren möge. Dabei bitte ich zu Gott, daß er uns guten Rat verleiht . . .«

In der weiteren Vorgabe entwickelt er dann den Senatoren die Ausgangslage. Im Verhältnis zu Vasa-Polen habe er stückweise nachgegeben, d. h. nach dem militärischen Besetzen (occupatio) von wichtigen Teilen der Baltischen Küstenländer und Preußens wurde das friedliche Besitzen (restitutio) gesichert, indem man dem Gegner einiges einzuräumen hatte, um selbst einiges zu erhalten – »die Seeplätze Memel, Pillau als das Sicherste«. Was nun den Teutschen Krieg (Bellum Germanicum) betrifft, so wird ja davon nach der Klärung mit Vasa-Polen besonders das Bündnis mit Frankreich und England berührt. Dazu müsse man bis zum Eintreffen des französischen Gesandten Charnacé eine klare Haltung erarbeiten, um entsprechende Verhandlungen führen und Schweden gegebenenfalls abstützen zu können, wenn es sich wirklich auf eine Intervention einlassen sollte. Diese Annäherung war trotz der inneren Schwäche Frankreichs nötig, weil sich die Beziehungen zu den Generalstaaten merklich abgekühlt hatten[2] und die Gefahr bestand, daß sich die Holländer mit Dänemark arrangierten, ja gar in dieser Verbindung mit Spanien. Und damit wäre die Absicherung im Außenring Westeuropas wesentlich schwieriger geworden. Mehr noch, aus dieser Konstellation leitete sich auch die Frage ab, »ob es ratsam ist, übers Jahr den Teutschen Krieg offensiv oder defensiv fortzusetzen?«

Eine Antwort gab Gustav Adolf zunächst selbst, indem er nach der üblich gewordenen Verfahrensweise seine argumenta pro defensivo entwickelte:

Es sei für Schweden wesentlich besser, sich auf dem eigenen Boden zu verteidigen. Denn jetzt kämen die schwedische und finnische Armee nach Hause, und gäbe die vorgesehene Aushebung etwas her, dann wird das »eine bastante Armee gegen jeden Angreifer«. Und die Flotte sei auch auf einem guten Weg. Der König selbst halte bereits 28 Schiffe bereit, und kamen dann noch 20 Schiffe von den Städten des Reiches hinzu, dann war es möglich, »mit diesen 48 Kriegsschiffen die Ostsee zur Genüge zu verteidigen . . ., die teutschen Häfen zu sperren, so daß in 40 Jahren keine Teutsche Flotte mehr hochkommt«.

Wäre in dieser Lage noch mit Christian IV. und seiner Hilfe bei der Verteidigung der Ostsee zu rechnen, dann könnten auch die Holländer besser im Zaum gehalten werden, und Schweden würde an innerer Kraft und Stärke auf allen Gebieten zunehmen, so daß »uns kein Nachbar so leicht (facile) antasten könnte«[3].

Was der König hier in seiner Defensiv-Haltung an Argumenten vorbringt, läßt sich gut und gerne als Programm einer *bewaffneten Neutralität* auffassen, welche die Möglichkeit bietet, dem ganzen Reich eine Ruhepause zu gönnen, um das Erreichte auch von innen her, von einem Kraftkern aus zu sichern, der stark genug gemacht werden konnte, um die andringende Macht Habsburgs abzuwehren. Diese Position jedoch setzte voraus, daß der innere Sicherheitsring stabil blieb: Rußland mußte abgedrängt bleiben, Vasa-Polen eingedämmt und Dänemark kontrolliert. Das gelang aber nicht allein aus eigener Kraft. Auch der Außenring mußte leidlich seinen regulierenden Druck einbringen, d. h. Tataren und Osmanen hatten auf das Zartum und Vasa-Polen eine bindende Kraft auszuüben, wenn Schwedens eigene Macht ausreichen sollte, die unmittelbaren Nachbarn in Schach zu halten. Die Missionen Barons in die Tatarei und die Gesandtschaft Straßburgs bei der Hohen Pforte dienten genau diesem Sicherungsbedürfnis[4].

Für diese Atempause spricht auch die offensichtliche Erschöpfung Schwedens selbst. Gustav Adolf ist sich dessen bewußt. Kaum wird in den Kirchen Gott für den Frieden mit Polen gedankt, trifft schon die nächste Hiobsbotschaft ein – der Teutsche Krieg. »Unwille und üble Nachrede« müßten die Folgen sein. Und wie sollte man erfolgreich Krieg führen ohne gute Fama? Und dann noch mit einem Kriegsvolk, das unberechenbar scheint: »Denn die auswärtigen Soldaten sind untreu, gefährlich und kosten viel. Wir können uns also auf keinen anderen verlassen und niemand anders im Feld gebrauchen, als den schwedischen Soldaten.«

Aber woher im Inneren etwas nehmen, was kaum noch vorhanden ist, während draußen auf den Soldatenmärkten das Angebot steigt? Gustav Adolf sieht diese Konstellation sehr genau. Er weiß, daß der Krieg mittlerweile seine Eigendynamik entfaltet hat und nach neuer Nahrung sucht. Alte Konflikte sind dafür gerade recht. Und es glaube doch niemand daran, daß sich der Mensch im Vergleich mit einem anderen, dem er sich überlegen dünkt, selbstlos zufriedengibt. Weitet sich der Krieg aus – und dafür spricht ja einiges –, dann kann Schweden seine Vorhaben beim teutschen Nachbarn nur auf dessen Strömen ausführen: »Auf der Oder, der Weser, der Elbe, und das bringt uns beim Dänen, den Teutschen, Engländern, Holländern (und) allen Handeltreibenden nur Haß ein«. Also kann auch dieses Argument nur gegen eine offensive Kriegführung sprechen.

Weiterhin hat man ja auch neben diesem Kranz von Neidern aus dem westlichen Außen- und Innenring besonders auf Dänemark zu achten, weil doch bei einem Eingriff Schwedens dessen Länder und Ströme berührt und betroffen werden. Da ist einige Vorsicht, ja Rücksicht geboten. Denn trotz seiner Niederlage gegen die Kaiserischen läßt es sich »nicht minorenniter traktieren«, d. h. nicht wie ein schwaches Mündel behandeln, das sich von seinem schwedischen Tutor oder Vormund die Bedingungen eines Kriegszuges vorschreiben läßt – »er ist bei Kräften und stark«[5]. Man vergesse hierbei auch nicht, wie schnell sich Verbindungen lösen können, wenn Eigeninteressen auf dem Spiele stehen: »Die (General-)Staaten haben mit uns ein Bündnis geschlossen, einzig und allein zur Konservation der Elbe, (und zwar) gegen den Dänen; und dasselbe würden sie nun mit dem Dänen tun gegen uns. Also: Wir müssen in der (Ost-)see beider Flotten respektieren. Tilly und Wallenstein kommen da noch dazu.«[6]

Vergleicht man demnach die Kräfte Dänemarks und der Generalstaaten mit denjenigen Schwedens, dann liegt hier ein weiteres Argument vor, die Offensive nicht zu unternehmen, zumal die Kaiserischen ihren Druck verstärken dürften[7]. Aber nicht nur diese auswärtigen Bedingungen lassen die Intervention kaum geraten erscheinen, sondern auch der eigene Bestand läßt trotz aller Kriegserfahrung einige Befürchtungen aufkommen. »Wir können nicht mit einer . . . starken Armee übersetzen. Denn wir müssen wegen Dänemark viel Infanterie in Schweden halten. Das heißt doch, wir müssen meist fremdes (Kriegsvolk) gebrauchen. 15 000 Mann und 9000 Pferde haben wir in der Veranschlagung.«[8] Und dann die Schiffe dazu, besonders für die Pferde. Kommen Fußvolk und Reiterei separatim an, dann erhöht sich die Gefahr bei der Landung, womöglich muß gleich eine Schlacht geschlagen werden. Man denke da nur an die großen Kosten und das hohe Risiko[9].

Würde die Landung auch gelingen, der Fortgang der Intervention gesichert werden können, so wäre noch lange nicht alles gewonnen. Denn in diesem Heiligen Reich herrschen andere Zustände als in den meisten Gemeinwesen der Christenheit. Da gibt es einmal »verschiedene Amtsschaften (magistratus), von denen die eine die andere haßt, und dann verschiedene Religionen«. Da müssen die einen durch Einjagen von Furcht (metu) gezügelt, die anderen mit Hoffnungen (spe) gelockt und wieder andere mit Aussichten auf Ämter und Würden (officio) willig gestimmt werden, auf daß diese auf die Unwilligen einwirken. Es hat auch seine Schwierigkeit, »das Teutsche Kriegsvolk, das wir unbedingt brauchen, gegen das eigene Vaterland und die Obrigkeit einzusetzen«[10].

Und was da im Innenbereich an Problemen zu bewältigen ist und einen beim bloßen Gedanken daran von einer offensiven Kriegführung abhalten kann, wird ja auch von den Außenbedingungen her erschwert. Also noch einmal den Innenring-Außenring durchbuchstabieren, jetzt, wo man die Landung und die gelungene Intervention vor Augen hat. Der Däne treibt eine schlaue Schaukelpolitik: »Werden wir bedrängt, dann schlägt er sich auf unsere Seite, wird aber der Kaiser bedrängt, dann schlägt er sich auf dessen Seite.«[11] Damit ist nichts anderes gemeint als Christians IV. Versuch, zwischen Schweden und Heiligem Reich, mit denen er eine Grenze gemein und auch besondere Beziehungen hat – Condominium im Sund und Condominat in Holstein –, nicht in die Klemme zu geraten, d. h. auch sein Gewicht so zu verlagern, daß die Balance zwischen den beiden mächtigen Nachbarn zum eigenen Vorteil erhalten bleibt.

Gustav Adolf will mit diesem Hinweis sagen, daß Dänemark davon abgehalten werden muß, bei einem Druck Schwedens auf den Habsburger sich auf dessen Seite zu schlagen. Denn es besteht ja noch eine zusätzliche Gefahr – »der italienische und französische Krieg«. Was ist, wenn sie gerade in dem Augenblick beendet werden, gar zum Frieden führen, während »wir auf dieser Seite hier mit Kriegshandlungen beginnen«[12]? Da kann sich doch ein jeder denken, daß die freigesetzten Truppen nach Norden geworfen werden, dem Eindringling entgegen. Doch damit nicht genug, »auch von Moskau her (gibt) es Befürchtungen«. Es schieben sich plötzlich die stabilen Ringe ineinander und drücken von außen her das Einfallstor zu, das sich Schweden mühevoll genug freigehalten hat, um der Teutschen Gefahr zu begegnen, der Hegemonie Habsburgs, der Universalmonarchie mit ihrem unleidlichen absoluten Dominat!

So kann es aussehen, wenn Schweden die Initiative ergreift und offensiv vorgeht. Aber muß das alles so eintreten? »Wir haben doch zwei klare Ziele: Schwedens Verteidigung, Deutschlands Eroberung«[13].

An diesen Worten gibt es nichts zu deuteln. Die »occupatio« bedeutet zwar auch »Besetzung«, aber dieser muß die »Eroberung« vorausgehen, eine massive Kriegshandlung. Doch was ist damit bewiesen? Das häufige Ausspielen von »Deutschlands Eroberer« gegen »Deutschlands Erretter«, das die bisherige Geschichtsschreibung geprägt hat, bringt keine Erkenntnis, sondern zeigt nur, wie eine historische Entscheidung für ideologische Rechtfertigungen eingespannt worden ist[14]. Dieses Mißverständnis resultierte zu einem großen Teil aus der Unfähigkeit, die Ursache der Intervention Schwedens verstehen zu können. Ruhte das Heilige Reich in seinem libertären Bestand, wie er vor 1618 gegeben war und seit dem Augsburger Religionsfrieden von 1555 garantiert wurde, dann bedeutete dies für Schweden keine Gefahr oder Bedrohung seiner Sicherheit. Nun aber hatte Habsburg in Böhmen mit dem Kriegsrecht seine Diktatur etabliert und war dabei, das Restitutionsedikt durch seine Heere vollstrecken zu lassen. Dänemark hatte schon zu spüren bekommen, was für eine Kraft da von Wien aus die Verhältnisse zu verändern suchte. Schweden mußte demnach auf der Hut sein. Dabei genügte es nicht, im eigenen Reich den kaiserischen Angriff zu erwarten, vielmehr mußte alle Aufmerksamkeit darauf gerichtet werden, wie diese neue Macht effektiv eingedämmt werden konnte.

Und dazu gab es nur zwei Wege. Entweder durch Verhandlungen aus einer Position defensiver Stärke heraus oder mittels offensiven Kriegsdrucks. Bei der letzten Möglichkeit standen wiederum zwei Wege offen. Entweder erreichte man eine Wiederversöhnung mit dem Kaiser durch den Krieg einer anderen Macht, z. B. mit Hilfe des Französischen Krieges, oder man hatte selbst zu den Waffen zu greifen, um mit einem abgestuften Präventivschlag einen Frieden in Freiheit zu sichern, die ja durch das Vorgehen Tillys und Wallensteins hochgefährdet war. In der »Occupatio« wird also das entscheidende Mittel erkannt, die eigene »Defensio« zu sichern!

Diese Überlegung war aber leichter angestellt als ausgeführt. Schließlich durfte bei allen Planspielen hinsichtlich nationaler Sekurität und universaler Balance der menschliche Faktor nicht übersehen werden. Das Abstimmen der Gewichte von Gemeinwesen, wie es schon der »große Plan« Sullys von 1604 vorgesehen hatte[15], war eine Sache, eine ganz andere aber war es, ob die jeweiligen Machthaber das dauernde Tarieren auch real durchzusetzen verstanden. Und da konnten schon gewichtige Zweifel aufkommen. Gustav Adolf hatte sie alle beim Namen genannt. Doch gegen ein offensives Vorgehen in der Kriegsfrage sprach noch etwas ganz anderes – der »private Status« des Königs: »IM:t hat nun 30 Jahre lang gestritten[16] (und) befand sich dabei recht wohl. Nun wird aber dieser Krieg ein langer Krieg, so daß mein Körper nichts anderes zu erwarten hätte als Undank, Ärger, den Tod, üble Nachrede und alle (sonstigen) Beschwerden. Manch einer würde wohl mit mir in Frieden übereinkommen, der sonst – sei es durch meinen oder durch seinen Fehler – in meine Ungnade falle und in Unbestand käme.«[17]

Durfte dieser persönliche Dreißigjährige Krieg nicht mit einem Frieden enden, weil Gustav Adolf eine Schwäche für das

Streiten hatte und einfach nicht aufhören konnte? War es die übliche Ruhmsucht, der unwiderstehliche Erobererdrang oder gar ein Kriegskomplex, der ihn nicht zur Ruhe kommen lassen wollte? Die Stellungnahmen des Königs hinsichtlich der Einwände von Johan Skytte geben darauf eine Antwort, die jeden überraschen muß, der Geschichte nur auf Tatmenschen reduziert. Der ehemalige Lehrer Gustav Adolfs und jetzige Reichsrat greift in seinen Argumenten gegen eine offensive Kriegführung den Hinweis des Königs auf die *Natur* oder das *Wesen der Monarchie* auf, den dieser nur als Stichwort gegeben hat und führt näher aus: »Vom Wesen der Monarchie (aus betrachtet): Der Kaiser ist stark. Alle, der Däne und andere, haben ihn zu spüren bekommen. Man kann sie (diese Monarchie) nicht so leicht einnehmen: Es wäre auch gegen Gott und das Gewissen, einen Umsturz der Monarchie zu versuchen.«

Alles andere als das aber lag Gustav Adolf im Sinn, soweit er unter der Monarchie ein libertäres Vertragssystem verstand, auf das er sich in seiner direkten Antwort auch bezieht: »Alle Monarchien seien von einer Familie auf die andere übergegangen ... Von der Italienischen auf die Gallische von dieser auf die Fränkische. In der Römischen (Monarchie) löst unter hundert Familien die eine die andere ab. (Und) zweitens *besteht eine Monarchie nicht aus Personen, sondern aus Gesetzen*«[18].

Unter den vielen Fundamentalsätzen, die er zum vertraglichen Verhältnis zwischen König und Senat, König und Ständen im libertären Geist einer Regierung des Rechts als Ausdruck des Selbstverständnisses und als Mittel zur politischen Erziehung immer wieder verwendet hat, ist dieser ohne Zweifel der Höhepunkt schlechthin. Denn diese Formel nimmt nicht nur die Errungenschaften seines Königtums seit 1611 in sich auf, sondern ist auch ein substantieller Schlüssel zur Legitimation seiner Interventions-, Bündnis- und Sicherheitspolitik.

Mit dieser Unterscheidung nämlich, die von der Forschung bisher nicht beachtet worden ist, gelingt es ihm vorzüglich, Kaiser und Heiliges Reich getrennt zu betrachten und zu behandeln. Was er demnach gegen den Kaiser und damit gegen das Haus Habsburg auszufechten hat, tut er in erster Linie für das

Heilige Reich, dessen Vertragsverfassung Ferdinand II. seiner Meinung nach gebrochen hat. Und damit sichert er sich selbst auf der Basis des Göttlichen, Natürlichen und des Völkerrechts, wird doch die libertäre Verfassung des eigenen Reiches von diesen Bereichen so fundamental gesichert wie die teutsche Freiheit. Gerät diese in Gefahr, dann steht auch die eigene Sicherheit auf dem Spiel, und dabei kann man nicht mehr nur defensiv stillhalten. Es gibt beim gegenwärtigen Stand der Dinge deshalb nur eine wirklich effektive Möglichkeit, dem Übel abzuhelfen, d. h. sich mit dem Kaiser zu versöhnen oder zu vergleichen – und das ist *die Offensive*![19]

Jetzt erst, nachdem alle Defensiv-Positionen abgeklopft und durchgespielt sind und der König das Mächtesystem unter den Bedingungen des libertären Legalismus angelegt sieht, kommt er darauf zu sprechen, wie untragbar es für ihn und die Krone Schweden ist, sich dem Willen Habsburgs zu beugen und wie nötig, ihm in einer Offensive die Stirn zu bieten:

»Der Kaiser will alle ausrotten (extirpera), die nicht seiner Religion angehören. 2. Das Haus Österreich hat niemals aufgehört, nach einer Universalmacht in der Welt zu trachten. Nur drei (Mächte) können dies verhindern – Frankreich, die Generalstaaten, Schweden.« Und in diesem Hinderungskampf haben sich die Holländer nicht schlecht geschlagen. Das hat Wien mittlerweile nicht weniger eingesehen als seinen Irrtum, Schweden nicht schon früher angegriffen zu haben. Was hier in der Vergangenheit versäumt worden ist, soll aber jetzt wohl nachgeholt werden, und das kann doch für Schweden selbst nichts anderes sein als der Casus belli.

Der König geht dabei von der Annahme aus, daß sich der Kaiser nur aus einer Position der Stärke heraus etwas abringen läßt, und dazu ist es erforderlich, ihn mit einer Demonstration zumindest gleichwertiger Kriegsmacht nicht nur herauszufordern, sondern ihn von einem Treiben abzubringen, das nicht allein Schweden, sondern ganz Europa in Unbestand setzte. »Es ist (schon) billig«, schiebt Gustav Adolf an dieser Stelle der

Ratssitzung in sein Programm ein, »daß wir miteinander in einen Vertrag treten. (Aber) nun will uns der Kaiser geringschätzig (contemptim) und wie unmündig (minorenniter) traktieren.« Er will Schweden von oben herab seinen Willen diktieren, diese Krone und ihren König nicht als gleichwertig akzeptieren und damit auch nicht ein Gleichgewicht zwischen den Mächten der Respublica Christiana tolerieren. Einen solchen Zustand kann man aber auf die Dauer nicht ertragen, also muß er sich mit Krieg dazu zwingen lassen – »ergo bellum necessarium«!

An dieser Stelle der Darlegungen greift Gustav Adolf einen Punkt auf, der kenntlich macht, daß sich das Verhalten der Mächte untereinander verschoben hat hin zu einem Zustand, der alle Rahmen des Rechts zu sprengen drohte oder doch zumindest Verhältnisse schuf, bei denen Form und Inhalt auseinandertraten und Spaltungen verursachten, die jeden gehegten Krieg in Kleinkriege auflösten, ja selbst in Privatkriege, in Einzelaktionen, die aus jedem Rahmen fallen konnten: »Zu Wasser und zu Land ist der Krieg ja schon gegenwärtig (actuale bellum), obgleich er nicht feierlich erklärt worden ist.«[20]

Wohin aber konnten auf die Dauer solche Nadelstiche führen, diese anhaltenden Rechtsverletzungen, die so selten gesühnt wurden? Die erwünschte Sicherheit brachten sie nicht ein und entscheidende Schwächungen des Gegners auch nicht. Was demnach blieb, um endlich Remedur zu schaffen, war nur die Einsicht, daß »die Sicherheit besser in offensiver Art als auf defensive Weise erreicht wird«[21].

Hier gab Gabriel Oxenstierna, der Bruder des Reichskanzlers und bestinformierte Senator in dieser Runde, das Stichwort, den Namen jener Stadt, die für Schweden so viel Symbolkraft und Streitwert besaß wie La Rochelle für Frankreich und den Kardinal Richelieu[22] oder Smolensk für das Moskauer Zartum und den Patriarchen Filaret[23]. Es waren Städte, die an Nahtstellen von Machtsphären lagen, als Einfallstore und Ausgangspunkte zugleich aufgefaßt werden konnten, demnach eine Schlüsselfunktion innehatten. An der Sicherung dieser Städte schien auch die Sicherheit der an ihnen interessierten Länder zu hängen.

*Stralsund*, erläuterte der König, »umfaßt einen großen Teil des Meeres. Halten wir dort eine Flotte, dann kann diese nach zwei Seiten hin, auch an der Teutschen Küste entlang, die See sauberhalten.« Und käme dann noch Wismar in schwedische Hände, dann wäre es mit der kaiserischen Macht im Baltischen Meer so gut wie aus, und es bliebe ihr an diesem Meer kein Hafen übrig! Geschieht dies nicht, dann »wird sie von Wismar aus allen Handel und Wandel turbieren«[24], ganz davon abgesehen, daß die gegnerische Flotte »unser Übersetzen verhindern wird«. Dagegen gibt es nur ein wirksames Mittel: »Wir müssen in offensiver Art verhindern, daß er zur See an Stärke zunimmt ... Wir müssen sein Wachstum (incrementum) in Teutschland verhindern.« Führt er nämlich Krieg, dann »wird er in kurzem die Länder in Teutschland ruiniert haben. Und das bedeutet, Schweden wird desto sicherer sein, je schwächer jene sind«[25].

Dieses Denkmodell einer äußeren Sicherung durch innere Schwächung der Anrainer gilt für den Krieg an sich in seiner Durchführungsphase, jedoch nicht für dessen eigentliches Ziel, nämlich einen Frieden auf der Basis der Gleichberechtigung, die Wien nach Ansicht des Königs der Krone Schweden nicht zugestehen will. Im Gegenteil: »Der Hauptgrund des Krieges zwischen uns und dem Kaiser besteht doch darin, daß jener Schweden und das Baltische Meer erobern (occupare) will. Alles übrige, was uns der Kaiser bis jetzt zugemutet hat, sind lauter Verursachungen.«[26]

Ging man davon aus, dann mündete dies unmittelbar in die Forderung ein, das eigene Haus zu sichern, indem das derjenigen geschützt wurde, welche eine Vormauer-Funktion für Schweden übernommen hatten: »Die Stralsunder müssen beschützt werden. Wenn wir ihnen keinen Entsatz leisten, dann verlieren wir all unsere Reputation und Gottes Segen dazu.« Mit einer Expedition auf teutschen Reichsboden »trösten wir alle unsere Religionsverwandten. Unternehmen wir sie nicht, können wir es niemals vor Gott und der Welt verantworten, daß wir sie im Stich gelassen haben. Setzen wir nicht über, werden die Städte verzweifeln. Wir gönnen ihnen keineswegs die Atheisten (die Holländer) und auch nicht die Götzendiener (die Papisten).«[27]

Nach allen denkbaren Gründen und Wegen, welche die Staatsräson anzubieten hatte und die bis in Einzelheiten der kommenden Kriegsfinanzierung gehen konnten[28], wird jetzt im Zuge der inneren Begründung das Regio-Element mit dem Religio-Moment ergänzt, dessen nachgeordnete, aber stützende Funktion bestätigt. Gustav Adolf dachte wohl in erster Linie an die zahlreichen Städte im Heiligen Reich, die sich der Augsburgischen Confession angeschlossen hatten und in die Auseinandersetzungen hineingerieten, die Habsburg und die Liga vor allem mit dem politischen und kämpferischen Calvinismus auch auszufechten angetreten waren. Von Holland über die Pfalz bis nach Siebenbürgen reichte der Kampf dieser Confessio um Sicherung und Anerkennung, und nahm man die Hugenotten in Frankreich dazu, das Schweizer Kontingent, Brandenburg und selbst gewichtige Kreise in Litauen, dann zog sich auch eine Kette von Süden nach Norden durch die Christenheit, deren Glieder für erhebliche Unruhe sorgen konnten. Die Calvinisten waren ja bekanntlich nicht in den Rechtsschutz des Augsburger Religions- und Profanfriedens aufgenommen worden. Ein Umstand, der formalrechtlich von Habsburg genutzt werden konnte und einiges dazu beigetragen hat, das Heilige Reich in einen »seltsamen Zustand« zu versetzen[29].

Das Religions-Moment wird hier stets auf die Reichsverfassung bezogen, die auch gemeint ist, wenn die Restitution von Pommern und Mecklenburg gefordert wird, um Schwedens Sicherheit Bestand zu geben. Das ist das Ziel des Friedens[30], und deshalb muß offensiv Krieg geführt werden, weil dieser Zustand offensichtlich durch Verhandlungen allein nicht erreicht werden kann. »Wenn wir nicht (ins Reich) gehen, wird der Kaiser sich gegen uns in der See aufwerfen und uns Preußen und alles, was von der See abhängig ist, in Unbestand bringen (difficultera).« Gelingt aber die Landung, dann »werden die Böhmen zu den Waffen greifen, die Protestanten auch und die umliegenden Nachbarn wie der Franzose werden sich stark machen.« Und sollte es gegen alle Hoffnung dazu kommen, daß im Heiligen Reich die Dinge über den Haufen gehen, dann können sich »die Schweden immer noch nach Schweden retten«[31].

Der Rede kurzer Sinn: Sicherheit durch Frieden wird nur erreicht werden können, wenn der Kaiser mit Krieg überzogen wird, weil »Papier und Tinte dazu nicht hinreichen«[32].

An dieser Einsicht konnte nach allem, was an Argumenten vorgebracht worden war, keiner der Senatoren mehr vorbei. Auch bei der nächsten Zusammenkunft am 3. November hatten sich die Meinungen nicht geändert, so sehr auch »alle argumenta pro und contra wiederholt« worden sind. Sie mündeten schließlich in die Frage, »ob man übersetzen und den Krieg in Teutschland führen soll und alle teutschen Untertanen dazu bringt, nicht anders als alle Nachbarn des Römischen Reiches, uns zu unterstützen und dem Kaiser Schaden zuzufügen – oder nicht?«

Eine Antwort wurde vorab gegeben, ehe die einzelnen Senatoren ihr Votum verkündeten und begründeten, das dem König die letzte rechtliche Absicherung seines Vorhabens verlieh. Sie stammt wahrscheinlich von Gustav Adolf selbst und mischt auf eine unverwechselbare Weise die politische Bedeutung dieses historischen Beschlusses mit religiösen Andeutungen: »Uns ist der Stein auferlegt worden – nicht durch unseren, sondern durch des Kaisers Fehler[33] –, indem er uns nun so nahe gekommen ist. Das bedeutet, entweder müssen wir unterliegen oder den Stein von uns wälzen. Und: Entweder erwarten wir ihn in Calmar, oder wir treffen ihn in Stralsund.«

Alle Senatoren, acht an der Zahl, darunter auch der Reichsdrost Abraham Graf Brahe[34], stimmten in ihren Voten zu. Allerdings verwiesen Johan Skytte, Gabriel Oxenstierna und Johan Sparre mit Nachdruck darauf, daß der König neben der offensiven Kriegführung »alle Friedensmittel sucht«, den Krieg also nur als Mittel einsetzt, um Frieden und vertraglichen Vergleich zu finden[35].

Nachdem die Senatoren ihrer Verfassungspflicht und ihrem Ratseid nachgekommen waren, ergriff Gustav Adolf noch einmal das Wort und hielt eine Rede, die von Kraft und Einsicht geprägt ist, neben dem Licht die Schatten sieht und sich darauf einstellt:

»Euere Voten sind auf eine Weise begründet worden, daß derjenige, welcher sie bezweifeln will, entweder nichts von der Sache versteht oder aber Böses gegenüber dem Vaterland im Sinne hat. Die *Ursache* zur gemachten Vorlage hat nichts damit zu tun, daß ich daran gezweifelt hätte, wie richtig das Offensive ist, sondern ergab sich daraus, daß Ihr die Freiheit wahrgenommen habt, dagegen zu opponieren und jetzt so viel weniger Freiheit habt, im nachhinein zu disputieren, ob ich Recht oder Unrecht getan habe.
Ich finde unserer Sicherheit, Reputation und endlichem Frieden nichts Dienlicheres, als daß man beherzt (animose) den Feind angreift. So wie ich dabei darauf hoffe, daß dies dem Vaterland zum Guten gereicht, so geht meine Hoffnung auch dahin, daß man mir im entgegengesetzten Falle dieses Vorgehen nicht ankreiden wird. Denn ich verfolge damit keine andere Absicht, als den Nutzen des Vaterlandes (patriae utilitatem) zu wahren.
Wieviel Elend mich selbst dabei treffen wird, das sehe ich zur Genüge: Die Schwierigkeit, daß man aus Mangel an Geldmitteln nicht jederzeit jedermann zufriedenstellen kann, woraus ja Unzufriedenheit, Unwillen (und) Unbestand (folgen müssen). Die Mittellosigkeit selbst (und dann) der ungewisse Ausgang des Krieges. Wie könnte ich allein davon auf einen nichtigen leeren Ruhm hoffen? Ich habe doch das Beispiel vom König in Dänemark: In was für Übelstände ist er drinnen und draußen (domestica et externa) geraten? Und dann noch die üble Nachrede, wo der eine das ausstreut und der andere das, so daß auch davon kein Ruhm zu erwarten ist.
An Ruhm reicht es mir, so daß ich keinen mehr zu suchen brauche (satur sum gloriae, ut ampliorem non petam). Ich will damit nur sagen, Ihr sollt nicht meinen, mich würde hier nichtige Ruhmsucht oder eine andere Ursache zu diesem Unternehmen treiben. Einzig und allein der Nutzen und die Sicherheit des Vaterlandes leiten mich.

Wie auch alles laufen mag, deutet die Dinge stets zum Besten, bei den Jungen wie bei den Alten, auf daß alle Untertanen der Sache zugetan werden. Ich will euch dazu ermahnt haben, daß Ihr alles so betreibt, damit Ihr wie euere Kinder darin einen guten Ausgang und Ende seht, das uns Gott verlehnen möge. Ich für mich sehe nicht mehr, welche Ruhe ich zu erwarten habe, es sei denn die ewige Ruhe«[36].
Die Beschwörung des Todes wirft ihr bezeichnendes Licht auf das irdische Jammertal, das nach allen Kämpfen mit dem Russen, dem Dänen, dem Polen nun auch das Ringen mit den Teutschen erleben soll, mit den Kaiserischen. Es fällt auf, daß in dieser wohlgesetzten Rede jeder Hinweis auf eine Rettung der Religion vermieden worden ist und nur die *Sicherheit des Staates* von Belang scheint. Aber beides gehörte auf eine eigentümliche Weise zusammen wie das Zeichen »0« mit einer ganzen Zahl. Matthias Pfennig gebrauchte es in einer heftig ausgeworfenen Form – »0, 0, 0: Nichts, nichts, nichts«[37] –, und deutete damit an, daß die Null erst in Verbindung mit einer Zahl etwas wird, dabei aber deren Wert in erheblichem Maße steigern kann. Von Gott aus gesehen ist der Staat ein Nichts, aber mit ihm wird er zu dessen Instrument auf Erden, und die Religion als ein Ausfluß des Göttlichen hatte dafür zu wirken, daß sein Auftrag ausgeführt wurde. Im Ernst der Stunde war das Vindictam committere Deo inbegriffen, und bald nach dieser zweiten Session sollte man mit allem Nachdruck darauf zurückkommen und es beim Namen nennen[38].

Denn in Kopenhagen hatte sich zu dieser Zeit Christian IV. bemerkbar gemacht: Er war auf die Idee gekommen, zwischen dem Kaiser, mit dem er nach schwedischer Ansicht in Lübeck gegen die beiderseitigen Verträge einen Frieden geschlossen hatte, und dem kriegsentschlossenen Gustav Adolf eine Zwischenposition zu beziehen und die beiden Parteien zu Verhandlungen zu veranlassen[39].

Das aber schien dem König eher ein Manöver zu sein, bei dessen Auswertung alle Vorsicht geboten war. Deshalb tritt der Reichsrat am 10. November in Uppsala erneut zusammen, um die aktuelle Lage nach allen Seiten hin zu prüfen. Dabei wird vor allem eines klar: »Der Däne ist wie einer, der in einem kleinen Boot zwischen zwei große Schiffe geraten ist, die schon dabei sind, unmittelbar auf einander zuzufahren. Er winkt beide zur Seite, solange er vermag, damit er dann die Bretter von dem auflesen kann, der Schiffbruch (naufragium) erleidet. Genauso liegt der Däne zwischen dem König und dem Römischen Kaiser.«[40]

Die große Frage stand also an, wie er sich im Falle eines Krieges Schweden gegenüber verhalten werde. Würde er neutral sein wollen[41] oder aber sich auf seine Rechtsbindungen an den Kaiser als Oberlehnsherrn zurückziehen, die er mit Holstein vorschützen konnte und dadurch so neutral werden, daß dies gleichzeitig eine Stütze für den Kaiser war? »Unsere Angelegenheiten dulden in Teutschland keine Neutralen. Denn der Kaiser kann alle seine Untertanen zu Neutralen machen, und in einem solchen Fall hätten wir keinen, den wir anzutasten hätten.«[42]

Man weiß in Uppsala, daß Christian IV. »ein Fuchs ist« und mit diesem Rechtsgelenk zum Heiligen Reich hin, gleichsam als dänischer Souverän und teutscher Untertan, virtuos umgehen kann, um sich aus rechtlicher Sicht schadlos zu halten. Und um in dieser Hinsicht selbst nicht in die Klemme zu geraten, wird intensiv darüber beraten, wie man *Jus und Lex* zu gebrauchen hat, damit wir »ohne Schuld sind«[43]. Man will mit ihm in eine vertragliche Verbindung treten, um von seiner Seite aus sicherzugehen, daß er sich nicht im wirklichen Kriegsfalle auf die Seite Wiens schlägt. Und dazu bietet man ihm die »Hoffnung an, zu den Bistümern zu gelangen«, demnach zum Stift Verden an der Aller mit Aussicht auf das Erzbistum Bremen und zu Schwerin[44].

Die Konstellation hatte sich erheblich kompliziert. Ohne hinreichende Sicherung von Dänemark her war eine Intervention auf teutschem Reichsboden nicht geboten, und bei ihrer Unterlassung konnte auch niemand wissen, ob die Verhandlungen mit den Kaiserischen unter dänischer Vermittlung wirklich dazu führten, das eigene Dominium maris baltici so zu sichern, daß die teutsche Gefahr wirksam eingedämmt blieb.

In dieser Lage nun wurde ein Argument vorgebracht, das schlaglichtartig zeigt, wie neben dem legalistischen und religiösen Moment eine *ethische Position* abgefragt wird, um sich des Wertes der eigenen Entscheidung zu vergewissern. In den vorgebrachten »Rationes status«, die darauf hinausliefen, »den Juten (Dänen) anzutasten«, ihn also mit Krieg zu überziehen, um dadurch die eigene Nord- und Westflanke zu sichern, ehe man sich mit dem Kaiser anlegte, wird dazu folgende Frage gestellt: Wenn einer von der Gegenseitigkeit ausgeht und sich sagt, »was du nicht willst, das man dir tu, das füg auch keinem andern zu«, sich also nach der Goldenen Regel der Bergpredigt verhält, was ein rechter Christ ja tun soll, darf der dann trotzdem selber das tun, was der andere gegen ihn vorhat? Muß da nicht die Gewissenhaftigkeit gegenüber dem Staat, ja geradezu das Gewissen selber sagen, daß hier ein Abwarten in den Abgrund führt? Konkret: daß der Kaiser den schwedischen Gegner vermittels Dänemark angreifen läßt! Hätte man da nicht von schwedischer Seite selbst noch ein viel höheres Recht, dasselbe zu tun und sich gegen den Kaiser über dänisches Gebiet zu wenden, anstatt von Mecklenburg oder Pommern aus?[45]

*Notwehr bringt alle Regeln zur Umkehr.* Das ist der Schluß, der aus dem Durchspielen dieser Initiative von Christian IV. gezogen werden konnte und auch zu einem Plan lockte, den Wallenstein schon einmal den Schweden vorgaukeln ließ, um sich mit dieser Ostseemacht auf Kosten Dänemarks wenigstens zeitweilig zu arrangieren[46]. Wenn »wir nämlich Krieg mit dem Dänen haben, erhalten wir unbegrenzte Mittel gegen den Kaiser: 1. Seine Provinzen. Dorthin kann man zehn Regimenter geworbenes Kriegsvolk legen. 2. Die Abrechnung aus dem Zoll im Sund. 3. Ein paar tausend (Soldaten) werden nach Norwegen geschickt. 4. Werden die beiden Flotten zusammengeführt. 5. Vier (Regimenter) werden in Stralsund, vier auf der Flotte (davon zwei auf Schiffen, zwei auf Booten), drei in Kalmar, drei in Göteborg gehalten, 6000 Pferde und 12 Regimenter im Feld ...«[47]

Die Spekulation wächst sich aus, führt aber nicht zu dem gewünschten Ergebnis. Bleibt, wie so vieles, nur ein Denkmodell. Denn die Verhältnisse sind nicht so, wie sie sich am Vierkant, dem Beratungstisch des Reichsrates, manchmal darstellen lassen und zu einem Verteilen verleiten, noch ehe die Jagd selbst begonnen hat. Kein Zweifel, das Angebot der Zwischenposition Dänemarks hat die Gemüter zum Nachdenken veranlaßt und alle Beschlüsse zur Intervention in ein neues Licht gerückt. War man sich in Regierungskreisen Schwedens auch darüber einig, daß der Kaiser in seiner Amtsvergessenheit mit den Generalen Tilly und vor allem Wallenstein energisch dabei war, das Heilige Reich mittels des Kriegsrechtes von innen her zu erobern, so war man sich doch auch gleichzeitig darüber im klaren, daß das eigene Verteidigungswerk gegen diese Expansion noch lange nicht dadurch verwirklicht war, daß sich König und Reichsrat für eine Rückeroberung der *Teutschen Freiheit* stark machten. Hier mußte auch noch der Reichstag sein gewichtiges Wort einwerfen. Denn von ihm und den vier Ständen sollten die Bewilligungen eingeholt werden, die notwendig waren, wenn das königliche Heer, die Royal-Armee, bei diesem Kampf eine reale Chance haben sollte, Schwedens Sicherheit im Rahmen des Reiches zu erobern.

Diese Occupatio wurde demnach als Vollzug eines Rechtsaktes angesehen, die alte Vertragslage wiederherzustellen. Denn Schwedens Freiheit konnte nur dann überleben, wenn diese durch die Teutsche Freiheit gestützt und gesichert wurde. Eine Diktatur in Gestalt eines absoluten Dominats, das Habsburg über das Heilige Reich anstrebte und de facto mit Hilfe der vorhandenen Kriegsmacht bereits ausübte, war eine Dauergefahr, der jetzt begegnet werden mußte.

Es mag sein, daß dieses Bemühen um eingehende Distinktionen und innere Absicherungen wenig mit dem Vor-Urteil vom feurigen Tatmenschen Gustav Adolf übereinstimmt, gleichzeitig auch das Bild vom nüchternen Realpolitiker korrigiert und Vorstellungen Wiens über die *schwedische Canaglia* gegen dieses selber richtet. Eines steht aber fest: Hätte sich Gustav Adolf nicht diesen Spannungen von Macht und Moral immer wieder ausgesetzt, um in Beratungen mit dem Reichsrat und

Reichstag die beste Lösung zu finden, dann hätte er sich selbst und Schweden nicht in den Stand versetzen können, mit vereinten Kräften der Drohung aus dem Süden die Stirn zu bieten. Wie sie in der Wirklichkeit dann bewältigt wurde, war wieder eine ganz andere Geschichte, in jedem Falle aber – Stück-Werk.

# Der Gebrauch der Gifte

Das einzige Heilmittel gegen die Schwermut schien nicht das Grübeln zu sein, das Zerbröseln der Gedanken über Gott und die Welt, sondern nur die große Geste sich selbst gegenüber, das Reisen. *Hercule de Charnacé* besann sich nach dem vorzeitigen Tod seiner noch jungen Frau auf diese Art der Ablenkung und suchte in den Wüsten Afrikas und Arabiens dem Zugriff der Sinneslähmung zu entkommen. Als er in Palästina kehrtmachte, um aus dem Orient wieder ins Abendland zu gelangen, ließ er sich von Konstantinopel locken, und von dort aus gelang es ihm, Adels-Polen zu erreichen. Aber hier war nicht Sigismund III. sein Ziel, sondern Gustav Adolf, in dessen Kriegsdienste er getreten sein soll, als dieser wieder einmal Vasa-Polen veranlassen wollte, ihn endlich als rechtmäßigen König von Schweden anzuerkennen[1].

Ein Katholik im Solde eines Ketzerkönigs, der gegen einen Hauptverfechter der Gegenreformation sein Leben wagt! Wie reimt sich das zusammen, wenn er dann noch dabei beobachtet werden kann, wie er sich Jahre danach bemüht, zwischen Frankreich und Schweden eine Allianz zuwege zu bringen? Die »humeurs noires« haben nach Auskunft Richelieus das Gemüt des Diplomaten verdüstert[2], aber sie waren gewiß nicht die Ursache dafür, daß sich das Katholische mit dem Ketzerwesen vertragen konnte.

Wie schon an einigen Stellen zu sehen war, ist es die Vertragsnatur, welche den Beziehungen ungeahnte Möglichkeiten bietet. Ihr kommutatives Wesen läßt es unter den Bedingungen des »Ohne Ansehen der Person« zu, daß sich z. B. zwei gekrönte Häupter auf Vertragsbasis vergleichen können, die sich sonst von ihren ideologischen und religiösen Ansprüchen her wie Todfeinde bekämpfen müßten. Eine spätere Zeit, durch Machtdenken und Fortschrittsdünkel im *rechten* Gebrauch des *Rechts* vergiftet, hat diesen Bereich des *Gerechten* nur dem Privat*recht* zugestehen wollen[3], obgleich die Geschichte selber an unzähligen, aber meist unbekannten Beispielen zeigt, wie sehr doch die Kommutation gerade im Staatsrecht nach innen und nach außen gewirkt hat[4]. Sie ist auch die Voraussetzung dafür, daß hier die Maximen dessen zur Anwendung kommen können, was nach der Lehre des islamischen Philosophen Averroes »doppelte Wahrheit« genannt[5] und von Staatsunkundigen gern als »doppelte Moral« ausgegeben wird.

Tatsächlich haben sich die Staatsmänner der Frühen Neuzeit bei all ihrem Eifer für die Sicherung und Ausbreitung ihrer Religion oft in diesem Sinne verhalten, weil das Wahre im Glauben nicht in jedem Falle das Gute in der Politik ausschalten mußte. Diese Einsicht hatte etwas mit einer Überlebenstechnik zu tun und galt von Fall zu Fall als vernünftig und notwendig. Man durfte in den Kanzleien um so mehr dieses Mittel einsetzen, als man von der Trennung zwischen geistlichem Anspruch und politischer Forderung unterscheiden konnte, ohne deshalb gleich einem moralischen Nihilismus zu verfallen.

Richelieu hat diese Unterscheidung so meisterhaft zu handhaben gewußt, schon um die Einmischungen Roms in die eigene Politik abzuwehren[6], wie Gustav Adolf und Axel Oxenstierna oder auch Graf Olivares in Madrid. Dort hatte man im Kreis um den König als die Katholische Majestät früh genug erkennen müssen, wie man mit Andersgläubigen und Ketzern umzugehen hat, wenn die eigene Politik auf Dauer Erfolg haben sollte. Ja man entwickelte sogar eine äußerst raffinierte Variante des Averroes-Modelles, indem Bündnisse mit Ketzern erlaubt wurden, um einen Krieg zu beenden, jedoch nicht, um ihn zu beginnen. Das aber schien gerade Richelieu mit Gustav Adolf vorzuhaben, weshalb auch die Kritik Madrids an dem Vorgehen des Kardinals besonders heftig ausfallen mußte[7], ohne jedoch den Kardinal beirren oder entscheidend herausfordern zu können.

Da war Gustav Adolf schon ein anderes Kaliber, dessen Schnell- und Querschüsse mitunter nur schwer zu parieren waren. Charnacé hat das in den hektischen Monaten vor der Intervention und auch danach zu spüren bekommen: diese Kraft aus der Gewißheit und gleichzeitig die Schwäche aus Argwohn, dieses schleichende und verheerende Gift auf allen Ebenen des Staatslebens.

Von Bayern aus, wo er mit Maximilian und damit auch im Interesse der Liga verhandelt hatte, war er im Sommer 1629 Gast bei Christian IV. und erhielt dort von Richelieu am 29. Juni die Anweisung, den Sund zu überqueren, um dem Schwedenkönig einen Subsidienvertrag anzubieten. Dessen Hauptziel war darauf gerichtet, die Stände aller Konfessionen des Heiligen Reiches zum Widerstand gegen Habsburg zu veranlassen, um mit kriegerischen Aktionen dessen angestrebte Diktatur wieder den Bindungen der Reichsverfassung zu unterwerfen. Und das bedeutete vor allen Dingen, daß die enteigneten Fürsten und Stände wieder zu ihren Besitzständen und die umliegenden Mächte zu ihrer Sicherheit gelangten. Ein Hindernis war dabei nicht allein die Geldfrage, sondern auch das Bemühen Richelieus, Bayern und die Catholische Liga weitgehend zu schonen, und zwar durch eine besondere Neutralitätsgarantie von seiten Gustav Adolfs[8].

Das unterbreitete Angebot konnte den Geruch nicht loswerden, daß der Kardinal nichts anderes vorhatte, als in der Sicherheit des verdeckten Krieges die Schweden-Armee auf teutschen Reichsboden zu locken, um damit den eigenen Krieg gegen Habsburg um das Mantua-Erbe des *Herzogs von Nevers* günstiger zu beenden[9]. Gustav Adolf aber war unter diesen Vorzeichen nicht für ein Unternehmen zu begeistern, das nur gerechtfertigt werden konnte, wenn das Wiederherstellen und künftige Bewahren der teutschen Freiheit das Hauptziel war und blieb.

Daran läßt der Reichskanzler, dem der König den Auftrag zur Ausarbeitung von fundamentalen Richtlinien in der Teutschland-Politik und zu einer möglichen Allianz mit Frankreich gegeben hatte, keinen Zweifel[10]. In seinem 13-Punkte-

Programm wird deutlich, daß es sich hier nur darum handeln kann, die Reichsverfassung und ihre Eigentumsordnung auf der Grundlage von Verträgen zu erhalten und zu garantieren. Daran hängt die nationale Sicherheit Schwedens. Voraussetzung dafür ist aber die Entmilitarisierung des Heiligen Reiches im Rahmen einer umfassenden Abrüstung auch der Flotte und die Freigabe der Häfen, vor allem an den Mündungen der Ströme, den Einfallstoren für die nordische Schutzmacht[11].

Alle vorherigen Erklärungen zu diesen Kriegszielen erhalten in diesem konzisen Programm ihre politische Dimension und strategischen Wert. Es fällt dabei auf, daß im 14-Punkte-Entwurf zur Allianz das »Bündnis zwischen den . . . Königen der Schweden und Franzosen zur Verteidigung« ihrer eigenen Länder geschlossen werden soll und nicht auch zwischen den beiderseitigen Kronen[12]. Auch diese Unterscheidung muß hier beachtet werden. Sie ist die logische Folge nicht nur aus der Abgrenzung von jus und lex, sondern auch aus dem Verhältnis von res und personae, und ist darauf gerichtet, die souveränen Kronen selbst so lange als möglich aus einem Konflikt herauszuhalten, weil doch bei kriegerischen Unternehmungen dieser Art die Stände bemüht werden mußten und außerdem das Gebot auf alle Politik einwirkte, Schaden von der Krone zu wenden.

Wie eng aber dennoch dieses Verhältnis war und im Vorfeld der Traktation beachtet zu werden hatte, war schon in den Diskussionen des Königs mit dem Rat zu hören. Und Charnacé erhielt von Gustav Adolf in dieser Hinsicht eine gehörige Lektion in Distinktionsvermögen und Organbindung des Königtums. Als der Gesandte nämlich – seit dem 18. November in Schweden[13] – immer noch keine Instruktion mit Vertragsvollmacht erhalten hatte, wurde Gustav Adolf argwöhnisch und hielt Charnacé vor, die Allianz solle wohl zwischen ihm und dem Gesandten geschlossen werden. Die Kritik am Verhalten Ludwigs XIII. und damit Richelieus ist unüberhörbar, nicht weniger die Auskunft Gustav Adolfs über sein Selbstverständnis: »Ich bin nicht einer von diesen Herrschern, deren Macht nur von ihrem eigenen Willen begrenzt wird. Ich kann nichts bestimmen, ohne meine Ratsherren gehört zu haben.«[14]

Seine Kriegs- und Sicherheitspolitik gegenüber der absolutistischen Diktatur Habsburgs erhielt allein schon durch dieses Verhalten eine innere Berechtigung, indem er nichts weiter wahrnahm als ein universales Widerstandsrecht. Und zu dessen effektiver Anwendung war er sogar bereit, auf Anraten Charnacés eine Gesandtschaft mit Johan Skytte und Adler Salvius an der Spitze zu Ludwig XIII. abgehen zu lassen. Später wurde *Carl Banér* dazu ausersehen, aber keiner durfte diese Reise wirklich antreten. Denn in der Zeit nach dem 10. Dezember verdichteten sich die Anzeichen, daß Wien vielleicht doch noch mit Schweden einen friedlichen Ausweg aus der Krise suchte, zumal sich, wie erwähnt, Dänemark als Vermittler bereit erklärt hatte[15]. Im übrigen hatte Gustav Adolf recht sichere Nachrichten darüber, wie sich Frankreich mit seiner Armee bei Mantua aufgeführt hatte, wie die Generalstaaten um die versprochenen Subsidien aus Frankreich betrogen wurden und sich genötigt sahen, mit Spanien zu einem Ausgleich zu kommen, und wie in Frankreich selbst im Hause Bourbon ein wenig Vertrauen erweckender Bruderzwist entstanden ist. Also, warum sich nach dieser französischen Fasson richten, wenn man mit dem Kaiser nichts anderes als Frieden will?

Charnacé wollte abwiegeln, aber Gustav Adolf wurde heftig: »Es ist schon spät. Ich habe ein schlechtes Mittagessen bekommen. Mit Verlaub nehme ich nun mein Abendessen ein.«[16]

Die Verhandlungen zogen sich hin und mündeten schließlich in einen Kompromiß, der auf der Erwartung Gustav Adolfs basierte, daß im Falle des Ausbleibens von Subsidien Frankreich mit seiner Armee gleichzeitig ins Heilige Reich einmarschiere, wenn er dies selber tut. In diese Koordination der Kräfte, die Habsburg-Heere in eine Zange zu nehmen und Wien einem Zwei-Fronten-Druck auszusetzen, gehörte auch die Absprache, daß Frankreich jeden Angreifer Schwedens als seinen eigenen Feind betrachten werde[17].

Mit diesem Ergebnis kam Charnacé bald nach Fredriksborg und fand dort einen müden Christian IV. vor, der sich seit dem

Frieden von Lübeck kaum noch etwas zutraute und auch durch seinen aktiver eingestellten Sohn Ulrich nichts mehr in Richtung Krieg anstellen wollte. Fast aufs Jahr genau hatte er sich zwanzig Jahre zuvor mit dem Gedanken getragen, Schwedens Schwächen auszunützen, was ihm dann auch im Kalmar-Krieg und mit dem demütigenden Frieden von Knäröd 1613 teilweise gelungen war. Aber wohin hat ihn das süße Gift des Älvsborg-Geldes gebracht? Zu kostbar ausgestatteten Schlössern und nach der Katastrophe mit seiner Intervention in eine politische Lethargie, die sich auch durch den fortgesetzten Alkoholmißbrauch nicht in ein zielbewußtes Streben umsetzen ließ. Jetzt stand Schweden an der Schwelle zu einem historischen Einsatz, in dessen Folgen Christian IV. noch erleben sollte, daß sich Hybris auf die Dauer nicht auszahlt. Richelieu zog denn auch später in seinen »Erinnerungen« aus dieser Lage im Norden und im Bereich der Ostsee den einzig richtigen Schluß, daß zu Beginn des neuen Jahrzehnts »bloß der König von Schweden übriggeblieben war, auf den Teutschland und dessen Nachbarfürsten ihre Blicke werfen konnten, als es galt, sich der wachsenden Tyrannei des Hauses Österreich gegen das Reich zu widersetzen«[18].

Die Befürchtung des Kardinals, Habsburg könnte tatsächlich mit Spaniens Hilfe nach der absoluten Hegemonie in Europa und damit nach der Weltherrschaft greifen, wenn Wallenstein seinen Siegeszug fortsetzt und das Heilige Reich vollkommen unter Kriegsrecht gerät, war anscheinend schon so groß geworden, daß man Charnacé neue Anweisungen gab, die Subsidien zu erhöhen. Bis zu 700 000 livres (280 000 Reichstaler) wollte man dem Schwedenkönig anbieten, wenn er dafür ein Jahr lang 30 000 Mann zu Fuß und zwischen 6000 und 8000 Mann zu Roß ins Feld führte. Bedingung für diese Hilfe sollte aber sein, daß aus der Form der Allianz hervorging, was im Grunde gegen das Prinzip der Gegenseitigkeit und Kommutation verstieß – Gustav Adolf sollte als der Hilfesuchende bezeichnet werden![19]

Eine Forderung, die dem auf Gleichberechtigung erpichten Schwedenkönig mit nichts auf der Welt abzukaufen war. Was war schon der Allerchristlichste König in seinem Glauben, daß er allen Königen im Rang vorangehen dürfe[20], gegen die Tatsache, daß er König über die beiden ältesten Völker der Menschheit war und damit auch das älteste Königtum repräsentierte? Man versteht jetzt an dieser für die Zeit fundamentalen Frage nach Rang und Reputation den Wert des Goticismus und Gustav Adolfs unermüdliches Wirken für die Beweislage dieser nationalen Qualität. In diesem Sinn hatte auch Johannes Bureus seine Runenstudien zu betreiben, damit nicht mit den Behauptungen des Vormius Dänemark als das Ursprungsland der Runenschrift galt und somit Schweden in seinem Anspruch minderte, das Urland auch für diese Schrift zu sein[21].

Charnacé hat sich in diesem entscheidenden Punkt auch nicht annähernd durchsetzen können und bei den übrigen Forderungen Frankreichs – Sicherung des Besitzstandes der Liga und Anerkennung des Bayern-Herzogs als des rechtmäßigen Inhabers des Kurfürstentums der Pfalz – erst recht nicht[22].

Das interessante Moment an dieser Position vom 18. Dezember 1629, die Charnacé jetzt als Verhandlungsgrundlage zu unterbreiten hatte, war aber die bewußte Politik Richelieus, die Catholische Liga vom Haus Habsburg »getrennt« zu halten. Und was noch wichtiger war: Hier »handele es sich nicht um die Tatsache der Religion, sondern um die Freiheit des (Heiligen) Reiches«[23].

Diese Freiheit aber war auf Verträge ausgerichtet, die seit dem Augsburger Religions-, Profan- und Landfrieden von 1555 von ihrer Natur aus die Toleranz zwischen den beiden Hauptbekenntnissen sicherten und damit auch deren Besitzstand. Schob man diesen in den Vordergrund, dann konnte man gleichzeitig etwas für die jeweilige Religion ausrichten, und darum ging es hier. Das hat die Regierung Schwedens sofort erkannt, und sie hat auch gesehen, wie sich die Dinge dadurch komplizieren mußten, daß Friedrich V. von der Pfalz als Calvinist strenggenommen nicht unter den Verfassungs- und Rechtsschutz von 1555 fallen konnte. Eine Garantie Schwedens für Maximilian in diesem Kurfürstentum hatte demnach zur Folge, daß sich die Niederlande und England sperren würden und womöglich das calvinistische Brandenburg dazu. Was wäre also mit einer solchen Allianz gewonnen?[24]

Es war unter diesen Umständen für Charnacé nicht leicht, Gustav Adolf zu einem Zusammengehen mit Frankreich zu bewegen. Sein Versuch, den König während der in Västerås gewährten Audienz Anfang März 1630 davon zu überzeugen, daß er im Heiligen Reich wie ein Messias empfangen werde und das Land überreich an lebenswichtigen und kriegsnotwendigen Waren sei, scheiterte allein schon daran, daß der König besser informiert war und sich auch nicht von der vagen Vision täuschen ließ, er könne mit Hilfe Frankreichs das Morgenland erobern und sich gar zu dessen Kaiser machen. So freundlich gesinnt waren die teutschen Stände gar nicht. Man brauche doch nur *Johann Georg* von Sachsen zu betrachten, die Liga selbst und den auf Rache gestimmten Tilly, der nur noch dafür lebte, gegen die Ketzer in den Krieg zu ziehen. Und dann war Dänemark trotz seiner Schwäche nicht recht zu trauen. Ja, der König klärte sogar den Monsieur Charnacé darüber auf, daß die Politik Maximilians von Bayern so angelegt sei, Frankreich im entscheidenden Augenblick hinters Licht zu führen, d. h. sich bei Erwägung des Eigeninteresses auf die Seite des Kaisers zu schlagen[25].

Nein, bei aller denkbaren Freundschaft mit Frankreich, mit diesem Charnacé kam man nicht zurecht; wollte es auch nicht, nachdem dieser von *Courmenin,* der auf der Rückreise von seiner Gesandtschaft in Moskau[26] in Schweden Station gemacht hatte und ein wenig den Angeber spielen wollte, beim König angeschwärzt worden war[27]. Der Argwohn, dieses Gift, das auf die Dauer jede Macht zerstören kann, nagte in diesem König, der in zwanzig Jahren aktiver Politik gelernt hatte, zwischen Worten und Werken messerscharf zu unterscheiden und dabei gerne heftig wurde, um in hochgetriebenen Worten den Gegenpart zu veranlassen, die Wahrheit zu sagen. Er als König durfte in solchen Augenblicken die Affekte ins Spiel bringen. Das hatte also nichts damit zu tun, daß den »Vasas das Mißtrauen im Blut lag«[28], sondern dieses Verhalten war ein Mittel der Königs-Hitze, um Klarheit zu bekommen und sich nicht belügen und betrügen zu lassen, schon gar nicht von irgendeinem Gesandten, mochte dieser auch vom Allerchristlichsten König geschickt sein.

Nachdem die Verhandlungen auch an den Forderungen Gustav Adolfs gescheitert waren, schrieb er dem Kanzler am 17. März nach Preußen: »Die Ursache, warum man diesmal mit ihm nichts schließen konnte, liegt darin, daß wir es beim gegenwärtigen Stand der Dinge nicht für gut gefunden haben, uns so hoch zu des Königs in Frankreich nutum und arbitrium zu verpflichten – und das für nur drei Tonnen Gold. Wir sind uns dabei sicher genug, daß der größte Teil der Versprechen und Zusagen seines Gesandten schlecht begründet wurde, so daß man darauf nicht bauen konnte.«[29]

Also keine Allianz, keine Achse Stockholm–Paris, und dies zu einem Zeitpunkt, als Gustav Adolf bald nicht mehr wußte, »was wir zuerst oder zuletzt beginnen wollen«. Mußte nicht etwas gegen den plötzlich wieder aus der Betäubung erwachten Christian IV. getan werden? Er läßt »heimlich werben, (die Insel) Ruden verschanzen; steht (sogar) im Handel mit den pommerschen Landständen, um die Insel Rügen zu kaufen«. Was soll man dazu sagen und dann tun? Im eigenen Reich will es auch schwerfallen, die Stände zusammenzubringen, so den Reichstag; und der Reichsrat selbst ist mit Aufträgen in den einzelnen Provinzen beschäftigt genug; aus Preußen kommen gar »fliegende Zeitungen« über einen Aufstand . . . Aber eins scheint jetzt sicher zu sein – »sich ranhalten, das Ziel eines Traktats mit den Kaiserischen« zu erreichen![30]

Was soll er in dieser verfahrenen Lage glauben? Und dann noch diese unmögliche Sache mit der teutschen Reiterei in Preußen, die auf ihren gerechten Sold wartete und an der Grenze zur Meuterei stand. Die Kosten wuchsen, aber dieser Teil der Armatur war so wichtig wie die Flotte, deren Wert Charnacé während seiner Verhandlungen nie begriffen hatte:[31] »Wir können nicht anders und mit Bestand nach Teutschland gehen, als daß wir auf jeden Fall zu einer Bataille bereit sein müssen, und dafür ist es nötig, stark an Kavallerie zu sein. Und wo die Fremden (Reiter) etwas im Sinne hätten, so hoffen wir doch, sie genügend mit den Schwedischen balancieren zu können ...«[32]

Hoffnung hält den König aufrecht, sein »impetus ingenii« (Axel Oxenstierna), dieses »Griffige im Gemüt«, das nach einer seltsamen Erfüllung seines politischen Lebens drängt und immer wieder in der Vorbereitung aller Pläne auf ein »großes scrupulum« stößt, auf ein Grübeln darüber, nichts zur Unzeit zu wagen oder sich in Notlagen drücken zu lassen, die alles doppelt schwermachen[33]. Da sich die Arbeit mit Charnacé zerschlagen hat und das Traktieren mit den Kaiserischen ja noch nichts Gewisses erbracht haben kann, konzentriert sich sein ganzes Interesse auf Axel Oxenstierna: »Die ganze Achse dieser Sache (cardo rei) beruht darauf, daß wir nichts haben entscheiden können, ob wir mit Macht übersetzen oder nicht, solange wir nicht von Euch darüber in Gewißheit versetzt werden, was Ihr verifizieren könnt oder nicht ... Denn wenn wir von Euch keinen Nutzen haben und wo nicht die teutschen Reiter mit einem Sold für zwei Monate zufriedengestellt werden können, da sehen wir nicht, wie wir so stark übersetzen können, wie es notwendig ist.«

Wieder ist es der Kanzler, von dem der König ein »solidum consilium« erwartet, ehe die wirkliche Entscheidung fällt. Aus Mangel an zureichenden Informationen denkt Gustav Adolf sogar daran, »ob es nicht die köstlichste Gelegenheit (occasion) wäre, Danzig zu belagern«? Aber da steht das Abkommen von Altmark dazwischen, das nicht ohne große Not gebrochen werden konnte: ein Gedanke nur und die Bitte um schnelle eingehende Aufklärung über die wirkliche Lage in Preußen[34].

Das war am 24. März 1630, und am 8. April wird das Memorial datiert, mit dem Lars Grubbe zum Reichskanzler abgefertigt wird und in dem der König seine Vorstellungen entwickelt, wie man sich in der »Teutschen Expedition« zu verhalten habe. Ziel dieses Unternehmens muß es sein, vom Dänen nicht das schwedische »Dominium Maris Baltici« erschüttern zu lassen und sich für alles einzusetzen, was der »Sicherheit Schwedens« dienen kann[35]. In der zusätzlich übermittelten Instruktion für den Kanzler, der die Friedensverhandlungen in Danzig mit den kaiserischen Abgesandten führen soll, wird außerdem deutlich, daß es Gustav Adolf nicht ganz Ernst gewesen sein kann, mit Wien zu einer Absprache zu gelangen, die seinen Interessen und denjenigen der Evangelischen Stände im Heiligen Reich entsprachen. Dafür fühlte man sich in der Casa de Austria zu stark. Wallensteins militärische Erfolge sprachen scheinbar für sich, weshalb auch die Forderung Schwedens nach einer ›kaiserfreien Zone‹ in den Nord-Kreisen des Heiligen Reiches unrealistisch erschien[36] – Spielmaterial.

Seinen Blick auf den Außenring gerichtet, auf den Krieg um Mantua und die Diversion in Ungarn, wo kaiserische Truppen gebunden werden konnten[37], und im Aktivieren des Innenrings, der von Karelien bis Preußen reicht[38], bewegt sich Gustav Adolf in Abstimmung mit dem fernen Axel Oxenstierna auf die entscheidende Phase seines politischen und privaten Lebens zu, von der niemand sagen konnte, welchen Ausgang sie für alle Beteiligten haben würde.

Aber es gab einen klaren politischen Auftrag, dem jetzt militärisch zugearbeitet werden sollte, und in Paris verglich *Père Joseph* den Gotenkönig mit der Wirkung von Gift[39]. Das läßt an die Schlange denken, an Sünde und Krieg; aber auch an das Doppelzüngige, dem er bald begegnen sollte.

# »Über die ganze Welt hin«

Soll man es ein »wundersames Schauspiel« nennen, ein Stück Poesie gar, das sich die hohe Politik am 19. Mai 1630 erlaubt hat, als Gustav Adolf in feierlichem Zug mit den Senatoren des Reiches zu seinem Thron schritt, um im großen Saal des Schlosses zu Stockholm den Beschluß des Reichstages zu vernehmen? Anlaß, Inhalt und Ziel dieses Ereignisses sind so beschaffen, daß es in der Geschichte des christlichen Europa nur wenige Beispiele gibt, die sich mit diesem Staatsakt messen können. Denn hier kommt ein »gesetzesgekrönter König«, umgeben von den Hütern des Rechts und aller Verfassungen des Reichs, zu seinem Volk, bei dessen Vertretern er sich Absicherungen holen will, rechtliche und ökonomische Garantien für seinen historischen Entschluß, die »Waffe der Gewalt« einzusetzen, um dem Recht im Heiligen Reich zu seinem früheren Status zu verhelfen.

Nach Wochen anstrengender Beratungen, verstärkter Rüstung und wachsender Spannungen hinsichtlich der Haltung des Dänenkönigs durfte der Staatssekretär *Adler Salvius* nun offiziell und in rechtlicher Form das verlesen, was sich in enger Kommunikation zwischen König, Rat und Reich zu einem einzigen politischen Willen vereinigt hatte. Dabei verschaffte die gezielte Erinnerung an den glücklichen Kriegszug gegen Sigismund und die Krone Polen manch einem kleingläubigen Gemüt Hoffnung auf das künftige Gelingen im Teutschen Krieg. Hatte nicht der König im Ringen mit dem papistischen Vasa »Mut und Mannhaftigkeit« bewiesen? Ein Blick auf den rechten Arm des Königs, der seit dem Halsschuß im Scharmützel von Dirschau gelähmt war[1], bestätigte jedem, daß der König bereit war, sein Leben in die Schanze zu schlagen. Es schien so, als ob bei all seinen »heroischen und christlichen Anschlägen« der Geist Gottes über ihm schwebte, zumal jedem Waffengang sein Bemühen vorausging, »alle friedlichen Mittel zu versuchen«. Jetzt jedoch, wo der »Traktat von Danzig« unter dänischer Vermittlung mit dem kaiserlichen Gesandten *Dohna* ausgehandelt werden sollte, standen die Dinge so, daß mit den Waffen nachgeholfen werden mußte, sollte jemals die Sicherheit »des Reiches Schweden, der Ostsee, Stralsunds und unserer Religionsverwandten« erreicht werden.

Für dieses Unternehmen versprachen die Ständevertreter in ihrem Beschluß, dem König »mit äußerster Macht und Vermögen« unter die Arme zu greifen, waren sie doch nach eingehender Prüfung der neuen Lage zu der Einsicht gekommen, daß »wir gezwungen worden sind, weiter in diesem Krieg zu bleiben«. Zu seiner Finanzierung wurde dann auch eine Reihe von Hilfen genehmigt und Verständnis dafür aufgebracht, daß der vierte Stand für dieses Jahr von der Aushebung befreit worden war. Allmogen (die Bauernschaft) wurde aus der Gunst des Königs heraus, der damit ganz besondere Ziele verfolgte, nur darauf verpflichtet, der aufgestellten Kriegsmacht eine entsprechende Summe Geld oder Naturalien im Gegenwert zu liefern[2]. Da aber seine Vertreter aus jedem Härad nicht zu diesem Reichstag berufen worden waren[3], sollten Kommissare vom Herbst an in jeder Landschaft des Reiches die nötigen Verhandlungen führen, um den »gemeinen Mann« von der gerechten Sache des Kriegseintritts zu überzeugen[4].

Gustav Adolf durfte nach dem Wortlaut dieses Reichstagsbeschlusses davon ausgehen, daß die versprochenen Lieferungen aller Stände zu seiner Zufriedenheit und zur »Verstärkung der Armee« eintreffen würden[5]. Denn die Siegel der Stände gaben dem Beschluß die Kraft eines Eides, der jeden besonders in die Pflicht nahm. Eingedenk der Hauptsünden seiner Schweden jedoch, von denen nicht jeder Axel Oxenstierna hieß und die ihren starken Worten häufig nur schwache Werke folgen ließen, wenn sie nicht dauernd unter Druck gesetzt, ermahnt und angetrieben wurden, wollte es der König nicht bei diesem

Beschluß belassen. Nach dessen Verlesen hielt er deshalb auch um des offiziellen Abschieds willen eine seiner erprobten Lehrreden. In ihr wurden nach antikem Vorbild Lob und Tadel verteilt[6], Geben und Nehmen eingefordert, Leben und Tod zur Sprache gebracht, aber nicht eine einseitige *Liebe zum Volk* in dem Sinne, wie es sich eine spätere Zeit zurechtgelegt hat.[7]

Ohne Umschweife machte der König den Anwesenden im dicht besetzten Reichssaal klar, daß sie sich nach dem langen Krieg mit Polen nun auf einen noch »beschwerlicheren und weitläufigeren Krieg mit dem Kaiser und dessen Anhängern« einzustellen hätten. Materielle Kriegshilfe sei unabdingbar, um damit »das *teutsche fremde Kriegsvolk* zu unterhalten. Denn durch dieses ist es dem Bauern und Landmann möglich, seine Hausknechte und eigene Mannshilfe zu behalten. Er sitzt demnach sicher in seinem Haus und Hof, wenn er nur eine kleine Hilfe leistet, und dies zu einer Zeit, wo unsere Nachbarn, die dem Krieg selbst und allen Einquartierungen ausgesetzt sind, tagtäglich ihren Tod erwarten und sogar all ihr Vermögen dem eigenen Feind überlassen müssen.«

Wäre Gustav Adolf wirklich überzeugt gewesen, daß seine Stände-Schweden »in vollem Bewußtsein ihrer hohen Verantwortung ihre Sonderbewilligungen«[8] termingetreu einhalten wollten, hätte sich die anschließende Ermahnung ebenso erübrigt wie die nochmalige Begründung seines historischen Entschlusses, diesen Krieg mit dem Habsburg-Kaiser zu wagen: »Ich nehme Gott den Allerhöchsten, vor dessen Antlitz ich hier sitze, zum Zeugen, daß ich diese Forderung nicht aus eigenem Begehren oder aus Kriegslust auf mich nehme, sondern daß ich dazu nachdrücklich gereizt und genötigt worden bin, über viele Jahre hin. Denkt nur daran, welchen Affront uns die Kaiserischen bei unserer Gesandtschaft nach Lübeck zugemutet haben und wie sie mit ihrem Feldmarschall unseren Feinden, den Polen, mit einer großen Armee beigesprungen sind, so daß wir gegen diese einen noch größeren Erfolg gehabt hätten, wenn diese Hilfe unterblieben wäre. Außerdem sind wir von unseren hochbedrängten benachbarten Verwandten und Schwägern dazu aufgefordert, ja selbst von weitab wohnenden Königen mit höchstem Fleiß dazu berufen worden, diesen Krieg zu führen. Und das Höchste dabei besteht darin, daß unsere unterdrückten Religionsverwandten vom papistischen Joch befreit werden müssen. Das wird, so hoffen wir es, mit Gottes Gnade geschehen können.«[9]

Der König durfte bei diesen Erinnerungen schon darauf hoffen, daß sich der eine oder andere ins Gedächtnis rief, was er und Schweden in ihrem Dreißigjährigen Krieg mit Polen an Beleidigungen und Belastungen aller Art auszustehen hatten. Da war immer wieder im Kreis um Sigismund von »Meineiden« die Rede, und alle Bewohner des mitternächtigen Reiches sahen sich als »Rebellen« beschimpft[10]. Damit nicht genug, die Beschuldigungen erreichten ihren Höhepunkt mit dem Vorwurf an Gustav Adolf, »mit Waffen in Livland und Litauen und zuletzt in Preußen« eingefallen zu sein »unter dem Vorwand, man beginge gegen unschuldige Menschen großes Unrecht«. Als ob »nicht die Polnische Republik uns den Krieg erklärt habe. Gott und die gerechte Welt mögen darüber urteilen, ob irgendwann eine ehrliche Nation größere Veranlassung zum Krieg gehabt haben kann als hier, wo ein König in seiner königlichen Würde und Reputation und eine Nation in ihrem guten Namen und Ruf so schändlich angegriffen worden sind«[11].

An Rechtfertigungen von schwedischer Seite mangelte es also nicht, wenn man die Gegner des Unrechts bezichtigen konnte und daraus die Legitimationen für das eigene Vorgehen zog, dessen Richtung trotz Reichsrat und Reichstag der König weitgehend selbst bestimmen durfte, während die Erfüllung Gesetzen gehorchte, über die der freie Wille keine Macht besaß. Gustav Adolf scheute sich denn auch nicht, auf der Höhe seines Lebens vom Tod zu sprechen, der am Ende eines Leidensweges und einer Sorgenbahn auf jeden wartet: »Und so wie es im Leben nach der Einsicht zu gehen pflegt, daß der Krug so lange zum Brunnen geht, bis er bricht, so wird es nun auch mir widerfahren, habe ich doch bei so vielen Gelegenheiten und Gefahren für des Reiches Schweden Wohlfahrt mein Blut vergießen müssen. Gewiß, bis jetzt habe ich durch Gottes gnädigen Schutz an Leib und Leben keinen großen Schaden zu nehmen brauchen, doch schließlich und endlich wird es doch nicht zu verhindern sein. Deshalb möchte ich euch alle, Schwedens anwesende und abwesende Untertanen und Stände, nun vor meiner Abreise samt und sonders Gott dem Allerhöchsten allergnädigst anbefohlen haben – ich meine euere Seele, eueren Leib und all euere Wohlfahrt. Dabei wünsche ich, daß wir uns nach diesem üblen und mühevollen Leben nach Gottes eigenem Behagen in den himmlischen und unvergänglichen, uns von Gott bereiteten . . . Freuden finden und treffen werden.«[12]

Es ist, als habe der König – wie im Theater seiner Zeit – mit diesem »Memento mori« für ein paar Augenblicke einen Zwischenvorhang herabgelassen, um mit eindringlichen Worten jedem die Gestalt der »zwei Wege« von Natur und Gnade zu verdeutlichen[13]. Die Kenntnis der Rhetorik und das eigene Geschick im Umgang mit dem Wort als Waffe des Geistes, der sich die Welt des Leibes zu ergründen und die der Seele anzueignen sucht, geben ihm die Möglichkeit, sich seiner Person zu entheben und in vermittelter Form den Trägern des Reiches die Einsicht des Heraklit darzulegen: »Nicht mich, sondern den Logos müßt ihr vernehmen.«[14]

Nur unter dieser Bedingung wird verständlich, was Gustav Adolf jedem einzelnen Stand im Fortgang seiner Rede zu beachten aufgibt, indem er libertären Staatssinn, ständisches Rangbewußtsein und ein barockes Wachstumsdenken auf eine Weise zu mischen versteht, die von seinem Tod auf das Leben der Nation verweist, von seiner Endlichkeit als König auf die Ewigkeit der ältesten Krone in Europa. In diesem Sinne ruft er den Senatoren zu: »Ich wünsche von ganzem Herzen, daß es euch niemals an guten Ratschlägen fehlen wird, damit ihr eurer Berufung und dem Ratsamte entsprechen könnt. Und das heißt, daß hier Gottes Ehre und sein heiliges Wort und Lehre unverfälscht gelten mögen und bei uns und unseren Nachkommen im Vaterlande eine Bleibe haben. Frieden und Einigkeit mögen wachsen und gedeihen, und aller Widerwille, Uneinigkeit und Aufruhr halte sich fern. Möge es euch niemals ... an Nachkommen mangeln, damit solche Personen nachwachsen, die dem Reich und seinem Regiment zur Stärke, Gerechtigkeit und Hilfe gereichen. Dazu will ich euch von ganzem Herzen in meinem Lebewohl alles Gute gewünscht haben«[15].

Manch einem der anwesenden Reichsräte werden die Worte des Königs zu Herzen gegangen sein, aber ein jeder von ihnen wußte, daß in den vergangenen Kriegslagen häufig guter Rat mehr als teuer war. Sie kannten die Anspannung im Haushalt des Reiches, brauchten sich nur den dauernden Kampf um den Kredit auf den Geldmärkten Europas zu vergegenwärtigen, um sich über den vorgetragenen Optimismus des Königs zu wundern, und dachten sie an seinen möglichen vorzeitigen Tod, dann fiel ihnen wahrscheinlich nicht das Freudenreich der ewigen Seligkeit ein, sondern die irdischen Gefahren für die Existenz des Reiches überhaupt. Und wenn selbst der Inbegriff von Geist und Geduld, von Rat und Tat – Axel Oxenstierna – fast an den vorhandenen Nöten verzweifelte und manchmal nicht mehr wußte, wie denn der neue Kriegszug des Königs von Preußen aus wirksam gesichert und unterstützt werden konnte, wie sollte sich da ein anderer Senator zu helfen wissen?

Ein Jahr vor diesem festlichen Szenarium des Abschieds hatte der Reichskanzler aus Elbing seinem Bruder Gabriel geschrieben: »Ich versichere Dir, daß all der Dienst, den ich IKM:t und dem Vaterland nun im 18. Jahr geleistet habe, nichts anderes ist als ein Witz (ett skemptt) gegen das Leben, das ich in diesem Herbst und zu Beginn des Winters hier durchzustehen hatte.«[16] In dieser Klage des Kanzlers schwingt auch die Trauer um seinen ältesten Sohn Gustav mit, den die Pest hingerafft hatte[17] und nun weder dem König noch dem Reich zu Diensten stehen konnte.

Dieses Beispiel war nur eines unter anderen, und der König hatte allen Grund, den hart arbeitenden Senatoren Mut für eine ungewisse Zukunft zu machen und für sie den Beistand Gottes zu erflehen. In dessen besonderen Schutz befahl er auch Ritterschaft und Adel. Dabei versäumte er es nicht, diesen Hauptträger seiner Herrschaft und des Heeres neben allem religiösen Aufwand auf den Geist des von ihm geförderten Goticismus einzuschwören. »Ich wünsche«, führte er dazu aus, »daß ihr in eurer männlichen und ritterlichen Absicht fortfahren wollt, so daß ihr und euere Nachfahren den ruhmvollen ... und unsterblichen Namen der alten Göter, unserer Vorväter, *über die ganze Welt hin* tragen möget. Dieser Name war seit langem vergessen und ist von den Fremden fast verachtet worden. Aber jetzt ist er aufs neue emporgestiegen und er möge sich erneuern, sofern sie sich, die sich während meiner Regierungszeit männlich verhalten ... haben, hernach nicht anders benehmen wollen. Dadurch lasset ihr aufleuchten, daß ihr vom Geschlecht der Göter und deren Nachfahren stammt, die sich beinahe die ganze Welt mit vielen Königreichen unterworfen haben und ihre Herrschaft viele hundert Jahre lang auszuüben vermochten. Indem ihr euch weiterhin im Krieg für das Vaterland gebrauchen laßt, werdet ihr euch einen unsterblichen Namen erwerben. Von Königen und Regenten geachtet, werdet ihr auch mit Gütern und Gehöften bedacht werden, so daß der adelige Stand mit Reputation versehen sei.«[18]

Waren also die Vorwürfe der Polen doch nicht ganz unberechtigt, wenn sie im Machtgebaren dieses Königs an den Küsten der Ostsee den Versuch einer »Usurpation fremder Reiche« ausmachten?[19] Und konnte hier in Abwandlung eines Wortes von Axel Oxenstierna der *sekurative Imperativ* Schwedens nicht so verstanden werden, daß man die Konservation des Reiches durch seine Amplifikation betrieb, durch fortgesetzten Erwerb neuer Länder, um die Vormauer auf der anderen Seite des Baltischen Meeres zu verstärken? Mit einer derartigen Sicherung der Kernlande erweiterten sich nicht nur die Grenzen des großen Reiches, sondern auch die Möglichkeiten dieses und anderer Könige, im erfolgreichen Besetzen das Besitzen so zu gestalten, daß der Adel im Kriegen einen materiellen Anreiz bekam. Der götische Name allein reichte da nicht aus, aber im Winken mit Gütererwerb konnte mit dieser Verbindung die Motivation für den Teutschen Krieg gesteigert werden.

Wurden die alten Göter dem Adelsstand als eine Art neue Götter empfohlen, als Vorbilder eines beinahe klassenbezogenen Nationalismus, der im Rückgriff auf einen Mythos ein Minderwertigkeitsgefühl überwinden sollte und den Charakter eines ideologischen Wechsels auf die Zukunft annahm, so durfte der geistliche Stand aus dem Munde dieses Adelskönigs etwas ganz anderes vernehmen: »Ich will euch hiermit ein Lebewohl sagen und ermahnt haben, daß ihr euch um Einigkeit befleißigt ... und euere Zuhörer bei der Stange haltet, deren Herz ihr in eurer Gewalt habt. Ihr könnt es drehen und wenden, wohin es euch gelüstet. Sie sollen ihrer Obrigkeit treu bleiben, rechtsinnig sein und ihre Pflicht mit Gehorsam und im Guten tun.«

Hatte Gustav Adolf dem Adel vornehmlich die militärische Sicherung Schwedens nach außen aufgetragen, so verlangt er hier vom Klerus die moralische Sicherung der Ständesozietät nach innen. Auf »Eintracht« hätten Bischöfe, Superintendenten und Pastoren zu achten und darauf hinzuwirken, daß der Unadel »sich nicht von einem Haufen böser Menschen verführen« lasse. Diese Aufgabe könne aber nach Ansicht des Königs nur gelingen, wenn sich der geistliche Stand in seinen Einzelgliedern gebührend aufführt: »Ihr sollt auch selbst ihnen mit gutem und tadellosem Beispiel vorangehen, so daß sie sich nicht nur aufgrund eurer Gelehrsamkeit und Ermahnung anständig und ruhig verhalten, sondern auch nach dem Vorbild eures Lebenswandels. Insbesondere sollt ihr euch vor der Hoffart in acht nehmen, damit daraus im Reich kein Zerfall verursacht werde.« Mit der eindringlichen Warnung, es ja nicht im eigenen Stand zu »Parteiungen« kommen zu lassen, wobei an die Messenius-Krise und das Gezerre um das Consistorium generale gedacht werden konnte[20], verpflichtete er den Klerus zusätzlich darauf, sich um Bauern und sonstige Untertanen so zu bemühen, daß sie diejenigen Abgaben, die sie »der Krone und ihren Gutsherren ... schuldig sind«, ohne Murren leisten[21].

Auch hiermit betonte der König als Treuhänder der Krone seine besondere Beziehungen zum Adel, dem als Inhaber des Jus patronatus ein Großteil des Klerus zur Hand zu gehen hatte, um die »niederen Stände« in Staatszucht und Steuergehorsam zu halten. Verteilte Gustav Adolf an seinen Adel Lob und eröffnete er ihm götischen Ruhm, so wird dem Klerus der deutlich vorgetragene Tadel nicht geschmeckt haben, beobachteten doch seine kritischen Köpfe, daß die »Hoffart« gerade in Adelskreisen um sich gegriffen hatte. Spendeten früher die großen Geschlechter reichlich für die Kirche und Schulen, so wurde jetzt dieses einst löbliche Verhalten als Papisterei verächtlich gemacht, um gleichzeitig die eigenen Herrensitze und Schlösser mit ausländischem Luxus zu versehen, kontinentale Kleidermoden nachzumachen und andere adlige Statussymbole zu erwerben[22].

Der König glaubte wohl, mit einer Standpauke vor allen Ständen die Abneigungen zwischen Adel und Klerus abfangen zu können. Aber die Spannungen blieben erhalten und verschärften sich noch, als die Autorität eines Königs fehlte, der nach den wenig schmeichelhaften Worten an die Geistlichen nun den Vertretern der Städte des Reiches sein Lebewohl entbot und ihnen wünschte, »daß ihre kleinen Katen große Steinhäuser werden mögen, ihre kleinen Boote große Schiffe und Fahrzeuge, und daß das Öl in eueren Krügen niemals versiegen und fehlen möge«[23].

Die biblische Anleihe war nicht Dekor, sondern die ernste Hoffnung auf den Erhalt und Ausbau von Handel und Wandel in den Städten. Denn damit erhöhte sich ihre Steuerkraft, die benötigt wurde, um Schwedens Gesamtheer in Höhe von fast 80 000 Mann neben anderen Einnahmen finanzieren zu können. Dazu gehörte auch die Aufrüstung der Flotte, ohne die das Heer nur die Hälfte wert war. Und dafür hatten die Städte in einem besonderen Beschluß vom 9. Dezember 1629 einen erheblichen Beitrag versprochen, nämlich eine ansehnliche Zahl größerer Schiffe für den Fracht- und Kriegsgebrauch zu liefern[24]. Auch wenn Gustav Adolf mit der Einlösung des Städte-Beschlusses zum Zeitpunkt seiner Rede nicht ganz zufrieden war[25], so konnte er dennoch den Willen zur gezielten Investition in den Schiffsbau erkennen[26]. Gleichzeitig aber schien ihm der angesprochene Fortgang im zügigen Verändern der Bausubstanz von Holz- zu Steinhäusern nicht zu genügen. Denn nur wenige Tage nach seinem Zuruf im Reichssaal trieb er in einem Schreiben den Bürgermeister und Rat der Hauptstadt zu verstärkter Initiative an. Er duldet keinen »längeren Aufschub« mehr und verlangt, daß »solche Holzhäuser und Fachwerkgebäude, die anderen festen Bauten zum Schaden gereichen«, abgerissen werden müssen, damit »dann in der Stadt gute und feste Steinhäuser errichtet« werden können. Wer kein Geld hat, die eigenen Umbauten vorzunehmen, der solle seine Bauplätze verkaufen. So kategorisch konnte er bei seinen Anordnungen sein, und damit an seinem Willen keine unnötigen Zweifel aufkamen, drohte er bei Versäumnissen seine »Ungnade« an. Sein Ziel war es, daß »die Stadt gehörig ausgebaut und populiert wird«[27].

Es sollte aber noch einige Zeit dauern, bis Stockholm mit neuen Adelspalästen und Bürgerhäusern, Brücken und öffentlichen Gebäuden auch in seiner Gestalt den imperialen Charakter bekam, den es mit seinem politischen Anspruch und militärischen Leistungen schon seit einigen Jahren besaß[28] und der nun in diesem Krieg einer neuen Bewährung harrte. In einem Ringen mit dem Kaiser, der sich fast zur gleichen Zeit auf den Weg begab, um in Regensburg vor allem die Kurfürsten des Heiligen Reiches in der Hoffnung zu treffen, einen Ausgleich mit der Liga und eine Antwort auf die Frage zu finden, ob Wallenstein weiterhin das oberste Kommando über die kaiserlichen Heere führen sollte[29].

Davon wußte Gustav Adolf zum Zeitpunkt seiner Abschiedsrede noch nichts Genaues, wohl aber war ihm die zaghafte Haltung des »gemeinen Mannes und Allmogens« in seinem eigenen Reich vertraut, die immer nur den Frieden wollte, ohne nach Maßgabe der »hohen Herren« und »Staatsmänner« verstehen zu wollen, daß nur derjenige den ersehnten Frieden sichern konnte, der für eine gerechte Sache zum Krieg bereit war, zum Kampf gegen die Sünde und für die Reinheit des eigenen Gewissens. Darüber mochte der König reden, sooft er wollte, »doch der Pöbel, draus unser Land bestehet«, mochte es »nicht begreifen. Denn in ihm ist kein Rat, keine Vernunft, kein Unterscheidungsvermögen, keine Umsicht.« Diese Einschätzung der niederen Stände und Allmogens schrieb Gustav Adolf einmal seinem pfälzischen Schwager Johann Casimir[30]. Und es deutet nichts darauf hin, daß er seine Meinung in dieser Zeit seiner schwersten Entscheidung ins Gegenteil verkehrt hätte. Daß er den vierten Stand nicht zu diesem Reichstag bestellt hatte, belegt zur Genüge sein früheres Urteil, und doch entbietet er dem bäuerlichen Stand sein Lebewohl und wünscht seinen Mitgliedern, »daß ihre Wiesen grünen, ihre Felder hundertfach tragen mögen, so daß ihre Scheunen gefüllt werden. Und sie selber mögen zur Genüge zunehmen und wachsen, damit sie mit Freude und ohne Seufzen ihre Pflicht und Rechte wahrnehmen können«[31].

Mit einer letzten Anrufung der göttlichen Gnade, die er für sein Reich und dessen Einwohner erflehte, fand die Rede Gustav Adolfs ein Ende. Der Reichstag war geschlossen, sein Entschluß von oben durch einen Beschluß von unten endgültig gesichert. Was jetzt begann, war der Versuch, alle Pläne in die Tat umzusetzen, und da sollte sich, wie schon häufig zuvor, die alte Erfahrung bestätigen, daß der Teufel nicht nur im Detail steckte und sich niemand an den tausend Sorgen vorbeidrücken konnte, die ein Kriegszug dieses Ausmaßes verursachte – auch dieser König nicht.

Das Schauspiel, geschickt inszeniert und von einer gewissen Poeterei durchdrungen, deren Sinn danach stand, »den Himmel nachzuahmen«, wie Lipsius – neben Grotius und Seneca Lieblingsautor des belesenen Königs – einmal eine Station am Weg zur wahren Höhe des Geistes nannte[32], hatte seine Kehrseiten. Zwischen den wohlgesetzten Worten waren die Spannungen, Nöte und Ängste herauszuhören, mit denen diese Ständesozietät zu leben hatte und die sich unter dem Druck des bevorstehenden Krieges in unwägbare Zustände steigern konnten. War es also Gustav Adolf wirklich gelungen, dieses größte Kriegsunternehmen in der Geschichte Schwedens auf »reinen Patriotismus und edlen Nationalstolz«[33] zu gründen? Trotz zeitweiliger Entrückung in die Gefilde des Goticismus und des Adels-Nationalismus, in dem sich auch das Programm der »zwei Nationen« wiederfindet[34], verhielt sich der König realistisch genug, das Männliche als Ritterideal mit der Hoffnung auf Besitzerwerb zu verbinden, wußte er doch, daß ihm nur wenige Idealritter zur Verfügung standen. Und der verbreiteten Ansicht, daß der »Kampf mit grimmen Feinden und Herausforderungen des Schicksals«, daß »einsame Höhe, brütender Trotz, verhängnisschwangere Entscheidungen« erst den wirklichen Fürsten ausmachen[35], stellt er den langen Prozeß der Beratungen und Beschlüsse des Reiches entgegen, verhält sich bei allem Eigenwillen verfassungsgemäß und entwickelt seine Politik im festgefügten Rahmen des Rechts. Er schließt den Rat und den Reichstag nicht aus, um auf eigene Faust Arkanpolitik zu treiben, sondern bindet sie an eine Verantwortung, wie sie nur aus einem fundamentalen Vertrag resultieren kann, aus der Gegenseitigkeit von Majestät und Libertät, die sich beide über die Autorität des Rechts und damit in Gestalt des mediatorischen Senats ergänzen sollen.

Wer bei allen Krisen, Mängeln und Schwächen, mit denen der König in seiner Politik fertigwerden mußte, nach dem Geheimnis seines Erfolges fragt, wird einen Schlüssel dazu in diesem erprobten Verhalten finden, mittels der Organe des Reiches alle Kräfte zu mobilisieren und das Ständevolk an den Aufgaben des Staates unmittelbar teilnehmen zu lassen. Den Wert dieser libertären Auffassung vom Staat als Inbegriff einer durchorganisierten Societas civilis erkennt man erst, wenn man sich die Rede Richelieus vergegenwärtigt, die dieser am 13. Januar 1629 vor Ludwig XIII., der Königinmutter und *Jean Suffren,* dem Beichtvater des Königs, gehalten hat. Darin hält der Kardinal und »Erste Minister« dem bereits 28 Jahre alten König ein Sündenregister vor, das erhebliche Zweifel an den Qualitäten des angeblich »Ersten Monarchen der Erde« aufkommen läßt. Im Vergleich zu den Aktivitäten und der Arbeit, die sich Gustav Adolf unentwegt auferlegt hat, wirkt Ludwig XIII. im vorgetragenen Fürstenspiegel des Kardinals fast wie eine Karikatur[36]. Und sieht man, wie Richelieu bestrebt ist, dem König zur Sicherung seiner Autorität die Schwächung der Großen des Reiches und das Abdrängen der Stände und Korporationen zu empfehlen[37], dann wird verständlicher, warum die Bourbonen-

Monarchie trotz wortreicher Ansprüche und größerer Menschenzahl in der teutschen und europäischen Politik weniger ausrichtete als das libertäre Schweden. Sie verbrauchte nämlich nicht nur im Kampf mit den Hugenotten erhebliche Energien nach innen, sondern auch im Ausschalten der Stände von der hohen Politik.

Während in Schweden die »fünf hohen Ämter« immer mehr an Gewicht gewannen und von Gustav Adolf gefördert wurden, ohne daß er sich etwas von seiner Majestät als König vergab, wurden entsprechende Ämter von Richelieu aufgehoben. So besonders das Amt des Großadmirals, das der Kardinal-Premier benutzte, um in veränderter Form den Aufbau der neuen Flotte zu betreiben. Als »Großmeister und Generalintendant der Schiffahrt und des Handels« wäre es ihm nicht eingefallen, das Bürgertum der Städte dafür zu interessieren und ihnen auch noch ihre Standesrechte zu garantieren[38]. Nein, die Politik Richelieus war trotz Anleihen beim Herrschaftssymbol der »Bienenkönigin«[39] nicht darauf gerichtet, die Stellung Frankreichs von der verstärkten Mitwirkung des politischen Ständewesens abhängig zu machen, sondern dieses so weit wie möglich zurückzudrängen. Auf diese Weise glaubte er, das Gewicht des »Allerchristlichsten Königs« in der europäischen Politik zu erhöhen, seine Reputation zu steigern und Frankreichs Monarchie als erhabenste der Christenheit erscheinen zu lassen[40].

Richelieu, der schon am Beispiel der Generalstaaten gesehen hat, zu welchen politischen und militärischen Taten die Libertät des Ständewesens führen konnte, wenn es sich zielgerichtet zu bündeln verstand[41], sollte bald erfahren, daß er mit dem »Goten«, wie er Gustav Adolf gerne nannte[42], und den anderen Vertretern der Krone Schweden, namentlich Axel Oxenstierna, nicht so umspringen durfte wie mit einigen Großen des feudalen Frankreich, dem die libertäre Verdichtung wie in Schweden nur in Ansätzen gestattet worden war. Auf der anderen Seite aber fühlte man sich unter dem Lilienbanner in ähnlicher Weise wie schwedische und spanische »Goten« von Gott zu Höherem berufen: »Das Volk Israel war von Gott auserwählt und geliebt wegen der Erhabenheit seiner Väter; die Franzosen dürfen mehr als andere Nationen der Christenheit hoffen, aufgrund der wahren Erkenntnis Gottes und seines Sohnes, die sie nie verloren haben, auserwählt zu sein.«[43]

Nahm der »Allerchristlichste König« das *katholikos* seiner Kirche ernst, nachdem er es bei seinem Herrschaftsantritt beschwören mußte[44], dann durften die römischen Kräfte auf die Wirkung dieses *Über die ganze Erde hin* im Zeichen der Gegenreformation einiges erhoffen. Die Staatspolitik ging aber ganz andere Wege und griff bald nach der Macht Schwedens, dessen König bereit war, seine Heere selbst in die Schlachten zu führen.

In der Zeit nach der Entlassung des Reichstages wurde die schleichende Unruhe des Königs vor dem Eintritt in den Teutschen Krieg nicht in freudige Erwartung verwandelt. Vielmehr steigerte sie sich in der Beobachtung aller auftretenden Mängel und Mißstände in schwere Zweifel und Sorgen um die Zukunft. Besonders in seiner Instruktion für die Regierungs- und Reichsräte erfährt man wichtige Ergänzungen zu den Ermahnungen, die er in seiner Abschiedsrede hatte anklingen lassen.

Die Senatoren, die »dauernd in Stockholm bleiben« sollten, hatten mit äußerstem Fleiß darauf zu achten, daß bis zu des Königs »glücklicher Heimkunft . . . alle Sachen im Reich in ihrem guten Stand gehalten werden«. Diese Auflage galt nicht nur der geregelten Arbeit im Senat und in den hohen Ämtern des Reiches, sondern auch dem Bestreben, alles zu unternehmen, um die Stände »in ihrem untertänigen Gehorsam« zu halten. Zwar rechnet der König nicht mit dem wirklichen Ausbruch eines Bauern-Aufstandes, sollten aber die Nachbarn einen solchen schüren, dann seien Regierung und Rat verpflichtet, derartige Umtriebe energisch zu bekämpfen. »Ein guter Teil des schwedischen und finnischen Kriegsvolkes« müsse dann dafür eingesetzt werden, wobei vor allem auf »des Adels Rüstdienst« zurückgegriffen werden könne, der bei Gefahr zu jeder Zeit beansprucht werden dürfe. Auf die »Aktionen des Königs in Dänemark, des Russen und Polen« sollten sie ein wachsames Auge haben, sich dauernd mittels der schwedischen Agenten informieren und in Bereitschaft halten. Johann Kasimir wird die Sicherung Kalmars und *Hermann Wrangel* diejenige von Älvsborg aufgetragen, wenn der Däne sich rühren sollte, während er mit dem Teutschen Krieg befaßt ist. Anweisungen für Finnland und Livland vermitteln etwas von der Umsicht und Vorsicht, den großen Stoß gegen die Macht des Kaisers von allen Seiten her abzusichern und durch »die innere Gefahr« unter keinen Umständen schwächen zu lassen.

Zur Abwehr einer »ausländischen Gefahr oder eines inneren Aufruhrs« gehörten aber nicht nur die militärischen Maßnahmen, sondern auch die genaue Regelung des diplomatischen Verhaltens während der Abwesenheit des Königs und nicht zuletzt, trotz großer Belastungen, der Rechtsfrieden im Reich. Dessen Wahrung vornehmlich bei der Behandlung aller Revisionssachen sollte dem Reichsrat hoch angelegen sein, damit in diesen Fällen und im allgemeinen erkannt wird, »was Recht und Gesetz ist«[45].

Nach der Abfassung dieser Anweisungen, die erst am 15. Juni 1630 im Senat verlesen wurden[46], begab sich Gustav Adolf an Bord einer Yacht auf die Fahrt von Stockholm zur Flotte in den Schären um Södertörn. Dort traf er am 31. Mai ein und gestattete Maria Eleonora, ihn zu besuchen[47], solange der Wind heftig aus Südwest blies und ihn hinderte, die Flotte mit der Armee auf die offene See zu bringen. Noch am 2. Juni hofft er in einem Schreiben an Johan Kasimir, »im Laufe von zwei oder drei Tagen auf See zu kommen«[48] und entwickelt in der erzwungenen Wartezeit eine fieberhafte Aktivität.

Dazu gehörte nicht allein die Unterstützung für einen Holländer, der »eine Maschine de perpetuo mobili unter den Händen« hatte, sondern auch die strenge Ermahnung an den Magistrat von Stockholm, die Erfindung »einer Wasserkunst« für die Stadt nicht zu vernachlässigen. Außerdem verordnete er einen Hermann Meyer als Informator für seinen natürlichen Sohn *Gustav Gustavsson,* der in Västerås seine Ausbildung auch mit Hilfe eines Franzosen vervollkommnen sollte. Mehr noch, er vermachte Abraham Cabeliau, dem »Generaldirektor über die Schiffskompanie«, eine bedeutende Donation an Gütern in Bromma und Sollentuna, sorgte also für die Familie seines einzigen Sohnes, die lebendige Erinnerung an den Kriegszug in Rußland vor fünfzehn Jahren. Genaue Anordnungen zum Ausbau der Schloßkapelle und Stallungen sowie zu notwendigen Ausbesserungen am Schloß in Svartsjö beschäftigen ihn ebenso wie der aufgekommene Konflikt zwischen der Hansestadt Hamburg und dem Dänenkönig, der sich schon lange die Zollkontrolle über die Elbe gewünscht hatte[49].

Nachdem sich der Reichsrat in dieser Sache, von der sich Gustav Adolf einiges erhoffte, so ausgesprochen hatte, daß der König die Gelegenheit benutzen sollte, zwischen beiden eine Vermittlerposition zu seinem eigenen Nutzen zu betreiben[50], wollte er auch die Meinung Axel Oxenstiernas hören. Am 2. Juni entwickelt er dem in Elbing (Preußen) weilenden Kanzler kurz und bündig die eingetretene Lage, die ihm wie ein Gewitter in dem Dunkel erschienen sein muß, das er in einem anderen Schreiben vom selben Tag entwickelt hat. Nach seinen Überlegungen zu der befürchteten Diversion der Kaiserischen Truppen gegen Preußen, seinen Anweisungen zum Traktat von Danzig und zu Militaria, darunter das Angebot ungarischer Obristen, dem König einige Regimenter zuführen zu wollen, macht sich die gestiegene Spannung Luft, bricht die Unzufriedenheit des Königs hervor, und Oxenstierna muß vernehmen, daß es um den Zustand der bevorstehenden Expedition in den Teutschen Krieg nicht zum Besten bestellt sei.

Der Kanzler soll sich ja nicht die Danziger zum Feinde machen, denn »wir finden die Sachen hier zu Hause so beschaffen, daß je weniger Feinde wir hätten, desto besser. Denn alle Dinge gehen hier so beschwerlich, daß uns selbst die Lust zu diesem Krieg vergeht. Wohin wir auch blicken, so sehen wir, wie groß die Untreue ist, worüber wir uns nicht genug verwundern können.« Er klagt über die Offiziere, die für ein ganzes Regiment von 1200 Mann das Geld bekommen, aber dann nur mit »800

Mann im Regiment« zur Verfügung stehen. Und die anderen Unterschlagungen, deren er sich kaum erwehren kann, lassen ihn auf den Gedanken kommen, die Verhandlungen mit dem kaiserlichen Gesandten, Hannibal von Dohna, doch dahin zu bringen, einen »redlichen Akkord« zu erreichen, und zwar mit dem Erhalt Stralsunds – zu »unserer größeren Sicherheit«. Darin sieht Gustav Adolf angesichts der sich häufenden Schwierigkeiten in seiner nächsten Umgebung einen Ausweg, wenn »uns das Glück in Teutschland so widerwärtig werden könnte«, daß sich daraus ein »gewisser Schaden« entwikkele[51].

Seine Stimmung hat sich nach diesen trüben Aussichten im eigenen Lager gewiß nicht gebessert, als er am Tage nach dieser ausführlichen Korrespondenz mit dem Kanzler die Gesandten Pommerns empfing, die auf ihrem Seeweg zur Flotte gestoßen waren[52]. Denn was die drei Männer über den militärischen Zustand im Norden des Heiligen Reiches berichteten, war keineswegs ermunternd, auch wenn einmal von der tendenziösen Schwarzmalerei abgesehen wurde, die den Zweck hatte, die Landung der königlichen Armee von Pommern auf diplomatischem Wege abzuwehren. Gustav Adolf aber ließ sich davon nicht sonderlich beeindrucken, sondern erklärte nur seine Entschlossenheit, diesen Kriegszug zur Befreiung der Häfen, zur Restitution Mecklenburgs und vor allem zur Sicherheit Schwedens zu wagen, wobei er erwartete, daß sich Pommern nicht neutral verhalte, sondern ihm gewogen sei[53].

Die starken Worte sollten Eindruck machen und wohl den König selbst für eine Weile vergessen lassen, daß sein Unternehmen trotz aller Anstrengungen auf schwachen Füßen stand, und er fast in der Art eines Glücksritters auf eine Chance und Gelegenheit setzte, die immer weniger berechenbar erschien. Zahlreiche Schreiben und Überlegungen zur Finanzierung der Expedition zeigen, wie sich Gustav Adolf in eindringlichen Ermahnungen immer wieder innerlich aufbauen muß, um allein die Spannungen ertragen zu können, die sich aus der Verantwortung der Intervention ergaben. Aber seine und Schwedens Zukunft hing nicht allein an seinem königlichen Willen, sondern vor allem auch daran, ob die geplanten Zulieferungen für sein Expeditionscorps rechtzeitig eintrafen.

So darf Philip Skeding, der einstige Zeremonienmeister bei seiner Hochzeit, die ernste Anordnung entgegennehmen, daß Gustav Adolf bei seiner Ankunft »auf teutschem Boden . . . die Reiter von Reval« zur Verfügung haben will: aus einer Stadt und Landschaft, in der es große Widerstände gegen die schwedische Herrschaft gab. Das war dem König bekannt. Deshalb drohte er auch von Älvsnabben aus, den »Untergang« dieser Stadt zu betreiben, wenn sie sich seinen Wünschen nicht fügen wollte. Dazu gehörte auch der Getreidehandel, auf den sich »unser Haushalt zu einem großen Teil gründet«. Skeding soll sich mit Johan Skytte in Finnland gründlich darum kümmern, »daß wir so viel Getreide wie möglich bekommen«[54]. Aber der König hatte diese und andere Rechnungen ohne den Wind gemacht, der immer noch aus Südwesten blies, aus jener Richtung, wo Spanien lag. Und je länger die große Flotte zwischen Muskö und Utö lag, desto eindringlicher wurden die Schreiben des Königs. Die Mahnungen nahmen teilweise den Charakter von Warnungen an, und diese verwandelten sich in Drohungen. In alle Himmelsrichtungen schickte er seine Schreiben ab. Von Narwa bis Amsterdam, in Riga und Elbing, in Reval und Stralsund lasen die Statthalter schwedischer Macht und Interessen die Wünsche Gustav Adolfs, und in seinem Kopf liefen gleichzeitig immer neue Zahlenkombinationen ab, wie im Normalfall die ersten vier Monate der Intervention bezahlt werden konnten, wie der »teutsche Kriegshaushalt« zunächst von Schweden aus zu sichern war.

Claes Fleming und die anderen Kammerräte durften die Zahlenwerke entgegennehmen, die der König auf den Reichstaler genau berechnet und jeweils auf die vier Anfangsmonate Juni, Juli, August und September verteilt hatte. Da waren die Salz-Lizenzen mit »100 000 Talern«, die Vieh- und Fünfmarks-Hilfe mit »249 145 Reichstalern« und der Mühlenzoll mit »40 000 Reichstalern« ausgewiesen. Die möglichen Erträge aus dem Großen Zoll, dem Kupfer- und Getreidehandel sollten zusätzlich den erwarteten Geldbedarf absichern, der auf über eine

Million Reichstaler steigen sollte[55], und das begleitende Geschäft mit Wechseln trieb nicht allein den Senatoren den Schwindel in den Kopf ob all der Forderungen von König und Armee, die zusammen mit den an Bord zusammengepferchten Pferden die eingelagerten Vorräte in Windeseile verbrauchten, ohne militärisch tätig zu sein.

Während er sich neben der dramatischen Finanzlage, die auch durch die Einnahmen in Preußen nicht so abgesichert werden konnte, wie man sich das ausgerechnet hatte[56], mit der Bestückung von Schiffen beschäftigte, sich darüber ärgerte, daß Louis de Geer für die »Flotte untaugliches Segeltuch« geliefert hatte, und anordnete, daß einige »Kunstmeister . . . aus Teutschland« nach Schweden gerufen werden mögen[57], beobachtete er mit Sorge, daß er nicht von der Stelle kam. Das »fortdauernde Gegenwetter« machte ihm zu schaffen. Er forderte deshalb am 10. Juni »nötigen Entsatz« in Form von Lebensmitteln, damit »die Armee nicht Hunger leide zu unseres und des Reiches unheilbarem Schaden«. Deshalb ist es sein königlicher Wille, »daß die Bauern auf ganz Öland . . . sofort eine Tonne Brot an die Nordküste fahren«, dazu auch Fleisch oder Fisch. Und alles soll »so proportioniert« werden, daß es für die Bauern tragbar ist, die alles in »gutem Geld bezahlt erhalten«[58]. Einen Tag später unternimmt er mit der Flotte einen beinahe verzweifelten Versuch, trotz des ungünstigen Windes am frühen Morgen aus den Schären zu kommen. Am Abend desselben Tages aber muß er bei Medelsten wieder vor Anker gehen[59].

Der König sieht sich in eine »große Schwierigkeit« versetzt und verlangt vom Senat in Stockholm dringend »Bier und Brot und allerhand Essenswaren«. Ein Rückzug dieser Armee nach Stockholm und ihre Anlandung auf schwedischem Boden aus Proviantmangel sei die »größte Disreputation«, in die er und Schweden geraten könnten. Neben dem Reichsrat werden alle Städte entlang der Küstenregionen aufgefordert, die eingeschiffte Armee mit gehörigen Nahrungsmitteln zu versorgen und Heu samt Hafer zu beschaffen[60].

Daran hing es also, ob Gustav Adolf in den Teutschen Krieg

eingreifen könne, daß die dramatische Versorgungslage umgehend gebessert würde, befürchtete er doch neben Meutereien auch den Ausbruch von Krankheiten. Da tat sich über qualvolle Tage hin ein Abgrund auf, der ihn im doppelten Sinn des Wortes dazu zwang, auf den Himmel zu blicken und um günstigen Wind zu beten. Und dennoch fand er Zeit, sich um Einzelheiten der Geschenke zu kümmern, die der Gesandtschaft unter dem Franzosen Baron nach der Tatarei genehmigt werden sollten, so daß »KM:t davon Ehre und Reputation haben kann«. Der Reichsrat, verzweifelt bemüht, Geld und Nahrungsmittel für die Armee aufzubringen[61], wird sich darüber seine eigenen Gedanken gemacht haben, nicht anders als über den Wunsch des Königs, dem englischen Gesandten eine Goldkette zu verehren, dazu ein Konterfei mit seinem Bild, das »mit Diamanten besetzt« sein soll. Ein besonderes Silbergeschirr habe noch hinzuzukommen und alles im Gegenwert von »8000 Reichstalern«. Außerdem sei ja darauf zu achten, »daß dieses Geschenk ... ansehnlicher wird ... als das, was dem Franzosen gegeben wird«, weil der Gesandte aus England in seinem Auftrag »mehr Arbeit« zu leisten hatte und besonders auf »KM:ts Bestem« bedacht war[62].

Auch hier wieder erprobt er das abgestufte, proportionierte Denken, das den gegebenen Bedingungen gerecht werden will. So, wie die schlechte Versorgung einer Söldnerarmee zur Schädigung seines Ansehens führen kann, so verhält es sich auch in Diplomatenkreisen. Die Politik hat neben guten Worten und tatkräftigem Handeln auch in Geschenken ihren Preis, der sich selten nach der Lage des jeweiligen Haushaltes richtete oder nach Bedenken vorsichtiger Räte fragte. Gustav Adolf kannte den Wert dieser Gunstbezeigungen, nützte den Drang nach Bestätigungen dieser Art und betrachtete sie als flankierende Maßnahmen für harte und manchmal lebenswichtige Verhandlungen. Zu welchem Endzweck solche geführt werden sollten, hatten die eigenen Diplomaten erfahren, die er am 6. Juni zu Axel Oxenstierna abgefertigt hatte, damit sie unter dänischer Vermittlung zu einer Verständigung mit Dohna kommen könnten[63]. Und zehn Tage später entwickelte er ein Programm, wie in Lübeck zwischen Dänemark und dem Kaiser ein Friede auszuhandeln sei, in dem auch die monetären Auslagen im Sinne einer Entschädigung zu verhandeln wären. Da winkte Lohn für viele Mühen, und, was noch wichtiger schien, die Drohungen der kaiserischen Macht und die Warnungen vor den dänischen Waffen sollten durch eine gezielte Abrüstung in Zukunft nicht mehr schrecken. Gab es im Norden des Heiligen Reiches eine ›kaiserfreie Zone‹, waren die Häfen außerdem dadurch befriedet, daß dort »keine Kriegsschiffe gehalten oder eine Flotte ausgerüstet werde«, und Dänemark gezwungen, »seine ganze Armee abzudanken«, dann konnten die Schweden unter ihren Eichen und Linden die Ruhe genießen, zumal wenn noch ausgehandelt wurde, »daß der Kaiser dem König in Polen keinen Beistand gegen KM:t und Schwedens Krone mache«. Dafür wollte er im Gegenzug Stralsund herausrücken, wenn man ihm die angefallenen Kosten begleiche und überhaupt Pommern, Mecklenburg, Holstein und die Bistümer im Norden in den Verfassungszustand gesetzt würden, wie er »vor diesem Krieg bestanden hat«[64].

Eine kühne Kalkulation, ein Maximalprogramm, das wie viele zuvor darauf abgestellt war, nach Abstrichen Schwedens Sicherheit einzuhandeln und ihm damit zu bestätigen, daß sein König einer gerechten Sache gedient habe und dafür schadlos gehalten werden müsse. Das Völkerrecht sah unter diesen Bedingungen die erstrebte Belohnung vor. Aber ehe es so weit kommen konnte, mußten doch die Waffen sprechen, gerade jetzt, wo alle Kräfte zum Äußersten mobilisiert wurden. Da fehlte nur noch der Wind. Er kam wie ein Geschenk des Himmels in letzter Stunde am 17. Juni. Von Südwest sprang er endlich nach vielen Gebeten auf Nordost. Mit 10 052 Mann Fußvolk, 2590 Reitern und 600 Mann für die Artillerie stach Gustav Adolf mit einer Flotte von ungefähr siebzig Segeln am Nachmittag dieses Tages ». . . in Gottes Namen« in See[65].

Nur einen Tag danach traf diese Armada auf eine Galeere von Stralsund. Sie brachte dem König nach den zermürbenden Wochen eine gute Nachricht. Dem Obristen *Alexander Leslie* war es nämlich gelungen, »die Schanze auf Rügen« zu erobern[66].

Ein Unternehmen, das Gustav Adolf zeitweise zu riskant erschienen war[67], aber dann doch von Stralsund aus gewagt werden mußte, wenn nicht die Kaiserischen ihren Vorteil mit der Kontrolle über Usedom und der Befestigung von Wolgast so verstärken wollten, daß das Landungsunternehmen des Königs erschwert, wenn nicht verhindert werden konnte. Am 7. Juni hatte es der schottische Obrist unternommen, nach einigen vorbereitenden Maßnahmen, das Verteidigungswerk »mit stürmender Hand« zu erobern: »Des Feindes Volk ist zum Teil niedergemacht, zum Teil ist ihnen Quartier gegeben worden, und ist nunmehr das ganze Land Rügen, mit Gottes Hilfe, vom Feinde liberiert und entfreiet.«[68]

Rügen, der »beste Ort von Pommern«, wie Wallenstein die Insel im Litorina-Meer vor Stralsund nannte[69], und auf den der Dänenkönig immer wieder ein besonderes Auge geworfen hatte[70], war jetzt in der Hand des Schweden, ohne daß Wien und Wallenstein selbst sonderlich reagieren wollten. Am 31. Mai hatte der General des Kaisers zu Memmingen seinen prächtigen Einzug gehalten und wartete dort die Entscheidungen ab[71], die sein Herr mit den Kurfürsten des Heiligen Reiches in Regensburg zu verhandeln hatte. Dort langte Ferdinand II. mit Familie und Gefolge am 9. Juni an[72], während Richelieu in der Champagne eine Armee aufzustellen begann, nachdem der Kaiser im Bistum Metz die strategisch nicht unbedeutenden Plätze Vic und Moyenvic hatte besetzen lassen[73] und Olivares an einem Gutachten arbeitete. In diesem Dokument erschien Frankreich unter Ludwig XIII. und dem Kardinal als Hauptgegner Spaniens. Der Catholischen Liga wurde gar bescheinigt, sich gegen Philipp IV. in den letzten Jahren »tyrannisch und rücksichtslos« verhalten zu haben. Ein Angriff auf Frankreich vom Heiligen Reich aus müßte den Kardinal veranlassen, Truppen seines Königs aus Italien abzuziehen. Der Kampf um Mantua könnte sich dadurch für den Kaiser und auch Spanien günstiger gestalten. Und wenn man außerdem gegen die holländischen »Rebellen« Front machen und sich des Schweden erwehren könnte, müßte man nicht vom »Ruin der ganzen casa de Austria und der kaiserlichen Macht« reden. Deren Verfall sei aber nur aufzuhalten, wenn die Liga und vor allem ihr Haupt, der Bayern-Herzog Maximilian, dem Kaiser botmäßig gemacht würden. Es sei doch auf die Dauer unerträglich, »daß Bayern weiterhin ganz Europa tyrannisiert und dessen Schiedsrichter wird, ohne einen Taler auszugeben«. Als Rezept will Olivares dem Staatsrat Spaniens die Spaltung der Liga empfehlen und Ferdinand II. zu energischem Vorgehen treiben[74]. Kurz: Er wünscht frischen Wind für die Politik in und um das Heilige Reich, mit dessen Sicherheit auch diejenige Spaniens verknüpft wurde[75].

Da meldeten sich hochfliegende Pläne zu Wort, und dachte man an die kaiserlichen Heere von über 130 000 Mann, die auch mit spanischem Geld finanziert wurden[76], dann ließ sich mit dieser Militärmasse einiges ausrichten, wenn sie auf ein einziges Ziel konzentriert wurde. Aber ein Teil operierte noch in Italien, in der Pfalz, in Lothringen und 20 000 Mann unter Torquato Conti in Mecklenburg und Pommern. Im Grunde standen dem Kaiser und seinem Oberbefehlshaber Wallenstein fünf Armeen zur Verfügung, deren Kräfte aber durch die unterschiedlichen »sedes belli« so gebunden waren, daß sie sich nicht in kurzer Zeit zu einem militärischen Unternehmen, gar zu einer Abwehrschlacht zusammenbringen ließen[77].

Ein Zustand, den unter anderen Vorzeichen *Christian Wilhelm von Brandenburg* vor der Intervention Schwedens zu einem kuriosen Entwurf veranlaßte, den er Gustav Adolf unterbreitete. Danach sollte eine erste Armee von Pommern aus über Mecklenburg und Verden nach Bremen vorstoßen und sich dort mit der zweiten Armee, die von den Generalstaaten geworben wurde, so vereinigen, daß beide die nördlichen Kreise des Heiligen Reiches von den Truppen des Habsburg-Kaisers säuberten und danach in der Lage waren, über Halberstadt und Hildesheim in die »Pfaffengasse« zu kommen, in die Länder um Rhein und Main, demnach in den alten »Kern des Reiches«, der bald das Dritte Deutschland genannt werden sollte[78]. Eine 50 000 Mann starke dritte Armee sollte unter dem Befehl des Fürsten von Siebenbürgen auf des Kaisers Erbländer zumarschieren, während eine 40 000 Mann zählende vierte Armee, die von den teutschen Fürsten aufgestellt werden sollte, von Norden her ebenfalls auf die Erbländer angesetzt wurde. In zwei konzentrierten Zangenbewegungen konnte auf diese Weise der Kaiser endlich gezwungen werden, seine aggressive Politik mit dem Restitutionsedikt aufzugeben, wenn gleichzeitig noch die fünfte Armee erfolgreich war, dem ganzen Unternehmen die Krone aufsetzte. Ihr Auftrag sah nichts Geringeres vor, als daß der Schwedenkönig selbst mit etwa sechzig Schiffen eine Invasion in Spanien vornahm, gestützt von einer Koalition, die alle Länder des europäischen Nordens umfaßte, ergänzt von Rußland, Siebenbürgen, der Türkei, der Schweizer Eidgenossenschaft und Frankreich[79].

War das die Ausgeburt eines Phantasten oder stand dahinter der Ernst einer Imagination? Die Deckung dieses Unternehmens durch die angeführten Länder und Reiche war durchaus denkbar, wenngleich nur in einer äußerst günstigen Konstellation wirklich machbar. Und was die Invasion Schwedens in Spanien betrifft: Hatte nicht die schwedische Regierung schon unter Karl IX. befürchtet, daß Spanien seine Truppen in Archangelsk landen könnte, um Schweden von Norden aus mit Sigismunds Armee von Süden her in die Zange zu nehmen? War nicht die Gefahr realistisch, Spanien könnte mittels seiner Flotte von teutschen Ostseehäfen aus in Schweden intervenieren? Und warnte nicht Axel Oxenstierna im Einverständnis mit dem König den Reichsrat vor einem spanischen Anschlag auf Älvsborg mit anschließender Invasion in Schweden?[80] Wie, wenn man diese Drohung umkehrte, sich zusätzlich die Absicherung einer Landung in Spanien von England und Frankreich garantieren ließ? Da bestanden einige Chancen. Aber die größte Unsicherheit ging von Dänemark aus, das mit Spanien und selbst dem Kaiser wichtige Verbindungen hielt[81], deren Wirkungen in Stockholm nicht jederzeit berechenbar erschienen. Ganz abgesehen davon, daß der Nachschub bei einer Schweden-Invasion in Spanien ein Hasard-Spiel geworden wäre und keineswegs sicher war, daß die vier anderen Armeen so siegreich operierten, wie es sich der Administrator von Magdeburg ausgedacht hatte. Nein, aus diesem spanischen Projekt wurde so wenig wie aus dem späteren »griechischen Projekt«, das die Schwedenarmee gegen den Türken lenken sollte.

Es ist, als rassele da eine Gedankenkette, als riefe Paracelsus einigen politischen Köpfen zu, daß »der Glauben die Imagination gibt, die Imagination ein Gestirn und das Gestirn einen Effekt«[82]. Doch dieser hat mit dem Affekt der Menschen zu kämpfen, mit den Hindernissen der Sünde und den Launen der unbeherrschbaren Natur. Wie diese mit dem Schwedenkönig umgesprungen ist, viele Erfahrungen buchstäblich über Bord gehen lassen konnte, war schon zu sehen. Nun aber, den Kopf voll Zahlen und Forderungen und, irgendwo tief in seinem rundlichen Leib verborgen, dumpfe Ahnungen, die Vorboten der Angst und des Gottvertrauens, kreuzt seine Flotte vor Rügen und sucht im Wirrwarr des wechselnden Windes[83] auf dem Wasser einen Halt, will vor Anker gehen. Aber nicht nur der Wind spielte nicht mit, auch die Hitze trug dazu bei, daß Gustav Adolf den engen Eingang zu den *Labyrinthen*, wie er einmal die Verwicklungen des Teutschen Krieges genannt hatte[84], nur von seinem Flaggschiff aus in Augenschein nehmen konnte. In der Nacht des 25. Juni, die in diesen Breiten dem längsten Tag des Jahres voraufging, bestieg der König ein Boot und »recognoscierte das Land Usedom«, die Insel am Auslauf der Peene. Seine Eindrücke müssen ihn in seinem Entschluß bestätigt haben, vor der nördlichen Landzunge dieser Insel die Anker zu werfen und die Landung seiner Streitmacht von nominell 13 242 Mann zu wagen.

Am 26. Juni 1630 hatte das Warten auf Bewegung und Einsatz des militärischen Geräts ein Ende. Zum Auftakt dieser denkwürdigen Invasion ist Gustav Adolf im Schutz der Schiffskanonen am Nachmittag dieses Tages »in Gottes Namen zu Land gefahren«, im Angesicht des ganzen Heeres der Gefahr trotzend, die während und nach der erfolgten Landung von Torquato Contis Truppen drohte. Aber das gesamte Unternehmen lief ohne Störung von Land aus wie geplant ab. Nur am Abend soll es ein »ziemliches Gewitter« gegeben haben, »mit Donner und Blitz«[85]. Für die Menschen dieser Zeit himmlische Mächte und Zeichen, die noch im Jahre 1588 mithalfen, die

Armada Spaniens an der Küste Englands und im Auslauf der Themse zu zerstören. Diesmal aber schien es, als wollten sie mit dem Donner das Gebrüll des »Löwen aus Mitternacht« ankündigen.

Mit Genugtung stellte man fest, daß die Ankunft des Gideon aus dem Norden[86] mit dem hundertsten Jahrestag der Confessio Augustana zusammenfiel, dem Bekenntnis der »Kirche Gottes« in Schweden und deren Anhänger im Heiligen Reich, wo ihnen vom Kaiser aus Bekehrungswut und Besitzgier mit der militärischen Durchsetzung des Restitutionsediktes der irdische Boden ihres Glaubens entzogen wurde[87]. Die erhaltenen Schriften des Königs sagen allerdings über diesen zufälligen, aber hochsymbolischen Bezug nichts; sie lassen auch außer acht, daß der 25. Juni für ihn der Jahrestag seines ersten Kriegszuges war. An diesem Tag anno 1611 war er nämlich aufgebrochen, um der von Dänemark bedrohten Region im Süden seines Reiches zu Hilfe zu eilen. Damals hatte er kaum ahnen können, welch einzigartige Laufbahn als Feldherr und König ihm beschieden sein sollte, aber jetzt war ihm längst bewußt geworden, daß er nicht nur seinen Rubikon überschritten hatte, sondern auch vor dem Eingang zum Hades stand.

Doch die Aussicht auf den Tod lähmte ihn nicht. Hatte er in den vergangenen Wochen häufig genug gegen Untreue und Unlust ankämpfen müssen, so verlangte der mitunter komplizierte Ablauf der Landung höchste Konzentration, wollte er den Kern seiner Kriegsmacht – dies »Häuflein klein«[88] – unbeschadet auf teutschen Boden bringen. In der Bewältigung dieses Unternehmens – eine der großen Leistungen in der Kriegsgeschichte[89] – offenbarte sich aber nicht nur nach allen rationalen Regeln der zeitgenössischen Kriegskunst die Fähigkeit zweckgerichteter Operation, sondern in ihrem Gefolge auch das, was zur Metaphysik der Macht gehört – das Charisma.

In seinem Bericht an den Reichsrat in Stockholm beschreibt *Lars Grubbe* den Verlauf der Landung und verweist dabei vor allem darauf, daß »Gott das Glück und die Gnade gegeben hat«, die feindlichen Truppen vom Landungsort fernzuhalten. »Gottes Segen« sei darin sichtbar geworden. Und wie um sich selbst der Wirklichkeit zu versichern, führt er das Versäumnis der Conti-Truppen auf das »unverständige Commando« zurück und auch darauf, daß sie von »einem besonderen Schrecken« erfaßt worden seien – so ging zumindest ein Gerücht[90].

Die Senatoren werden es mit Erleichterung aufgenommen haben, daß Gustav Adolf wieder einmal das Kriegsglück zur Seite gestanden hatte – die Tyche. Sie wußten aber bei diesem Bezug, daß nur demjenigen die Segnungen dieser Göttin zuteil wurden, der sich des planenden Verstandes (gnome) und aller persönlichen Fertigkeit (techne) befleißigt hatte. Aus diesem Dreiklang innerer Ergänzung und Steigerung leitete sich wirkliches Charisma ab, eine göttliche Gnadengabe, die Menschenwerk in großer Not und Entäußerung einen nicht erwarteten Erfolg gewähren konnte, wenn es sich um Gerechtigkeit mühte.

Wird diese Verbindung nicht beachtet, der auch die Integration von Ethik, Ratio und Macht entspricht, dann wird das Aneignen der Vorstellung vom großen Individuum dieser Zeit erheblich verzerrt. Ja, es wird nicht gelingen können, wenn an Stelle auch dieser Trichotomie ein Begriff von Charisma tritt, der sich aus dem künstlichen Dualismus von Ethik und Politik konstruiert und nichts mehr von der Kraft der Gegenseitigkeit wissen will, die aus den dualen Aufträgen von »Gott und Recht« oder »König und Rat« hergeleitet wird[91].

Nur unter diesen Bedingungen erschließt sich etwas von der personalen Wirkung dieses Königs, und man begreift dann auch, warum sich Axel Oxenstierna in der späteren Einschätzung dieser geglückten Invasion dazu verleiten läßt, in der Begründung seiner weiteren Kriegspolitik die charismatische Qualität Gustav Adolfs zu bemühen. Im Reichsrat sagte er dazu: »Ich habe . . . KM:t geraten, daß Sie sich nicht mit der Armee auf teutschen Boden begeben solle . . . Grubbe weiß darüber einiges zu berichten. Hätte Ihre Königliche Majestät auf meinen Rat gehört, wäre Sie Gebieter des ganzen Nordens (arbiter totius Septentrionis) geworden, aber nun kann die Tat-

*Zeitgenössisches Flugblatt zur Landung Gustav Adolfs mit Motiven aus dem Buch der Offenbarung (KB – Stockholm).*

sache, daß der König nach Teutschland gegangen ist, nur als ein Fatum und Gottes Fügung (dispositio divina) angesehen werden, nachdem Gott ... Ihre Königliche Majestät dazu bestimmt hatte, der Unterdrücker des Kaisers (oppressorem Caesaris) zu sein.«

Hier wird die Metaphysik der Macht beim Namen genannt und sofort auf ihre realen Gründe bezogen. Denn das ist dem Kanzler klar, daß sich ohne diese Entscheidung die Machtlage binnen kurzer Zeit so gestaltet hätte, wie es unter keinen Umständen kommen durfte, wenn Schweden in Sicherheit leben wollte. Der Kaiser hätte nämlich in der Ostsee eine große Flotte erhalten, Kopenhagen gestürmt und auch Stralsund eingenommen, Schweden also von allen Seiten unter unerhörten Druck gesetzt[92]. Ein Vorgehen, das Gustav Adolf nun auf seine Weise im Bewußtsein einer gottgefälligen und gerechten Sache gegen den eidbrüchigen und rechtsvergessenen Habsburg-Kaiser durchzuführen bemüht war, der nicht nur mit dem Vorwurf des Verfassungsbruches konfrontiert wurde, sondern sich auch der Forderungen der Kurfürsten zu erwehren hatte, Wallenstein von der obersten Heeresführung zu entbinden, und in seinen Geldsorgen nicht einmal in der Lage sein wollte, die hohen Gehaltsrückstände für den Astronomen Johannes Kepler zu begleichen[93].

Ein seltsamer Gegner, dem sich Gustav Adolf von Stralsund und dem bald eroberten Stettin aus nähern wollte. Man muß Ferdinand II. nicht gleich einen Faulenzer nennen, weil er gerne auf die Jagd ging und den Räten um Eggenberg samt anderen Kreaturen viel von der politischen Arbeit abtrat. Aber ein Stimmungsbild, das uns Questenberg aus der nächsten Umgebung des Kaisers nur wenige Monate nach der Landung des Schwedenkönigs hinterlassen hat, macht deutlich, daß von ihm aus wenig gelingen konnte, solange Gottvertrauen nur in Worten bestand und selbst diese noch mit äußerster Kraft einem erlahmenden Gemüt abgerungen werden mußten[94].

Was ließ Ferdinand II. so erschlaffen? Ihn, der doch auch Tatkraft gezeigt hat, Böhmen nach dem Weißen Berg umzugestalten wußte, diesem Land der Libertät 1627 eine »Verordnung« oktroyierte, die ihm das Dominium absolutum und eine Kurstimme sicherte und zwei Jahre später gar mit dem Restitutionsedikt diese Politik der Depossedierung so forcierte, daß es der Schwede zu einem rechtlichen Anlaß machen konnte, von ihm die Einhaltung seiner Verfassungseide als Kaiser des Heiligen Reiches zu fordern? War es die Melancholie des Alters, die auch über dem polnischen Hof lag, wo Sigismund dem Tod entgegendämmerte[95] und die kommende Königswahl Gustav Adolf einige Chancen bot, Polen aus seinem Krieg herauszuhalten? Der Wein, der Christian IV. von Dänemark und Johann Georg von Sachsen nur der Wahrheit näherbrachte, daß ihre Handlungskraft immer schwächer wurde, konnte es nicht sein, legte sich der Kaiser doch hier eher Mäßigung auf, dafür aber das zunehmende Gefühl einer Ohnmacht, die libertären Kräfte des großen und regional gefaßten Reiches nicht mehr kontrollieren, geschweige denn konzentrieren zu können. Spanien zahlte ja schon den Großteil der Heeresausgaben[96], Wallenstein hatte aus seinen eigenen Ländereien mehr als üblich beigesteuert[97], und von den Erbländern war kaum noch Großes zu erwarten, Böhmen hatte mehr als seine Schuldigkeit tun müssen, und Ungarn hatte eigene Bedürfnisse.

War der Geist Gottes vom Kaiser und seinem Haus gewichen? Manch einer glaubte es, und wenn man die Angaben ernstnahm, die aus Regensburg bei Axel Oxenstierna in Elbing eintrafen, daß nämlich sein König und er selbst ermordet werden sollten[98], dann durfte man sich über den Zustand des Gegners seine Gedanken machen und auch auf Gerüchte hören. Sie bewirkten oft mehr als Plakate samt Erlasse und waren durchaus nicht immer »poetisch«, schon gar nicht jenes, das Wallenstein beschuldigte, »er habe dem König von Schweden einen Mörder gesandt«[99].

Mord an Ketzern und Rebellen war kein Mord, und hatte man ihnen ein Wort gegeben, so war es in Wahrheit nichts wert, konnte gebrochen werden, als hätte man Heiden vor sich und nicht christliche Geschöpfe Gottes. Unter diesen metaphysisch abgesicherten Bedingungen eines politischen Freibriefes[100] war dem Kaiser und dem religiös unsicheren Wallenstein kaum beizukommen. Aber als sich die angenommene Poesie in einen realen Anschlag auf das Leben Gustav Adolfs verwandelte, erhöhte seine Abwehr die Achtung vor dem König und ließ das Walten Gottes jedem sichtbar werden, der im schwedischen Kriegslager daran glauben wollte. Was Grubbe in Lageberichten an Axel Oxenstierna über die Gefahren mitteilte, in denen der König zeitweise geschwebt hatte, war Anlaß genug, der göttlichen Vorsehung für ihren erneuten Schutz zu danken.

Was war geschehen? Die Kaiserischen Truppen – fast 10 000 Mann Fußvolk und über 2000 Reiter – hatten Mitte Juli bei Gartz ein Lager bezogen[101]. Gustav Adolf, über den Zustand seiner Reiterei bekümmert und darum besorgt, wie die Paßlage um das zuvor eingenommene Stargard und Gartz selbst beschaffen ist, hatte den Rittmeister Platow ausgeschickt, um die Gegend zu erkunden. In dessen Gefolge befand sich auch ein Oberst-Leutenant namens Quint – »ein Italiener«. Und dieser hatte sich durch merkwürdige Manöver in die Hand des Feindes begeben, um bald darauf als Anführer eines kaiserischen Trupps vor der Schanze des Königs zu erscheinen. Sein »Schelmenstück« hätte nach Grubbes Beobachtung leicht zu einem »größeren Unglück« werden können, wäre Gustav Adolf nicht der Teufel zu Hilfe gekommen. Einer seiner guten teutschen Offiziere, der am Tage zuvor mit der gesamten Reiterei eingetroffen war. Mit ihrer Stoßkraft gelang es dann auch, den Anschlag dieses Quint abzuwehren, der nicht nur »ein Katholik« war, sondern vor seinem Eintritt in die Dienste des Hofmarschalls Falkenberg »beim Feind gedient hatte« und mit einem anderen italienischen Rittmeister unter einer Decke steckte. Dieser hatte im vergangenen Winter bei Gustav Adolf um Anstellung in seinem Heer ersucht, war aber nicht angenommen worden und sah sich nun genötigt, »auf eigene Kosten« die Kriegsexpedition mitzumachen. Als er dann im königlichen Lager Worte gebrauchte, die auf einen »großen Verrat« schließen ließen, wurde er auf Befehl des Königs »in Eisen« gelegt, was dann wohl zum Überlaufen des Quint geführt hatte[102]. Nach einer scharfen Examination – »doch ohne jegliche Folterung« – gab dieser Rittmeister zu, »daß Quint und er mit Torquato Conti Korrespondenz gehalten haben, und daß Quint einmal vorhatte, des Königs Person auf Usedom etwas Übles zuzufügen, wären da nicht ein paar Hofjunker in dessen Gefolge gewesen . . .«[103]

Conti. Das war doch des Kaisers General und eine Kreatur Wallensteins, neben Collalto, del Maestro und Piccolomini ein wichtiger Welscher in seiner Umgebung, der aus dem Militärdienst bei Papst und Curie zu dem Condottiere gestoßen war, bei Stralsund erlebte, daß sein General mit allen irdischen Kräften nicht »die Ketten des Himmels« zersprengen konnte und jetzt nach all dem Warten den Schweden leibhaftig vor sich hatte, dies »reißend Tier«, wie ihn der spanische Hof nannte[104]. Wie sich der »Schneekönig« da mit seiner Streitmacht zu entfalten begann, nachdem Städte und viele Schanzen gefallen waren, Stettin nicht minder, und seine Reiterei schon die Oder hinauf und hinab operiert hatte, um sich für wuchtige Schläge zu »erfrischen«! Was blieb ihm anderes übrig, als seinen nächsten Patron um Hilfe anzugehen? Dieser aber, in dessen Gelenken die Gicht pochte und der mit schweren Gedanken von Memmingen aus das Regensburger Treiben verfolgte, war vorerst nur zu einer müden Feststellung bereit: »Der Schwed hat sich Rügens und Usedoms bemächtigt, die Pommern halten alle mit ihm wie nicht weniger die Märker und Hansestädt. Torquato (Conti) begehrt Succurs, denn er ist bei weitem den Schweden nicht stark genug – ich kann ihm keinen Menschen schicken.«[105]

War das Zweckpessimismus oder einfach Unkenntnis der wirklichen Lage? Der Pommern-Herzog Bogislav hatte schließlich in Regensburg um Hilfe gegen Gustav Adolf angehalten[106]. Als sie auf sich warten ließ, sah er sich genötigt, mit dem Schwedenkönig eine Allianz einzugehen, die ihm Land und Leben kosten konnte, wenn den Befreier aus dem Norden das Kriegsglück verlassen sollte, und Schwedens Reichsregierung das nicht erfüllen konnte, was der König als Schutz für die Hilfe versprochen hatte[107]. Und um die Märker, namentlich seinen Schwager Georg Wilhelm, mußte Gustav Adolf ebenso kämpfen, wie die Gunst der Hansestädte hart umworben sein wollte. Mehr noch, so stark, wie er von Conti und Wallenstein eingeschätzt wurde, fühlte er sich gar nicht. Er wartete noch immer auf Verstärkungen. Gewiß, von *Åke Tott* aus Livland und Johan Skytte aus Finnland waren Reiter eingetroffen[108], aber lange nicht in dem Umfange, wie er gewünscht hatte. Und aus dem Feldlager bei Stettin warnt er den Kanzler nicht nur vor den großen dänischen Rüstungen »zur See«, sondern beklagt auch den »täglichen Verlust unserer Armee« und verlangt nach der teutschen Reiterei aus Preußen, »weil uns hier Torquato Conti bei Gartz mit einer starken Armee auf dem Hals liegt« und veranlaßt werden könnte, »uns von unserem freien Willen zu zwingen hin zu irgendeinem hasardartigen Schlagabtausch (bataglie)«.[109]

Dazu wollte er es jetzt noch nicht kommen lassen. Erst Schanze für Schanze, Stadt für Stadt einnehmen, um die Basis zu sichern und ein Hinterland zu gewinnen, während gleichzeitig die Diplomaten das Vorfeld mit friedlichen Mitteln zu bereinigen suchten, angewiesen waren, mit Worten zu erwerben, was nicht der Waffen bedurfte, der ultima ratio, die dann eine Herausforderung Gottes und des Glücks war, wenn sie nicht genügend vorbereitet wurde. Vorsicht war der Kern des Krieges, Umsicht der Rahmen aller Politik und Nachsicht die Kraft des Siegers, dessen Sinn bei allem Nachsetzen und Niederhauen des Feindes nicht auf völlige Vernichtung des Gegners gerichtet war, sondern in erster Linie darauf, ihm den freien Willen zu nehmen, für den Augenblick weiteren Schaden anzurichten. Hatte das *Belli finis pax est*, dieser Auftrag des Völkerrechts überhaupt einen Wert, dann doch nur unter diesen Voraussetzungen einer Verrichtung von Verträgen nach dem Kräftemessen im Kampf und nicht einer Vernichtung des Feindes um jeden Preis.

Das ist die Schule des Grotius, dessen Schriften Gustav Adolf gerade auf diesem Kriegszug als Hauptlektüre seinen kurzsichtigen Augen verordnet hatte, und seiner spanischen Vorläufer. Es ist auch die Erneuerung eines alten Kriegsbrauches und Festigung der überkommenen Kriegskunst, den Feind als Gegner, als Gegensatz zu begreifen und nicht als ein Widerspruch, der keine Fähigkeit zur Vermittlung hat. Ohne diese Auffassung vom Kriege bleibt die Gewährung von Quartier, Accord und freiem Abzug mit Fahnen und klingendem Spiel ebenso unverständlich wie das dreifache Instrument der Politik, die sich vom Waffenstillstand zum Zeitfrieden und schließlich zum Ewigen Frieden durchzuringen hat, um dem Krieg mit seinen Schrecknissen im Namen der Gerechtigkeit einen Sinn zu geben – als das Walten Gottes.

Aber: Die ganze Kunst, vor und nach einem Kampf alle Kräfte auf einen Ausgleich, eine Vermittlung und letztlich auf einen Vertrag zu richten, auf ein mediatorisches Drittes, schloß nicht aus, für die eigene Seite klare Verhältnisse zu schaffen, wenn Verhandlungen keinen Erfolg erbrachten. So bemühte sich Gustav Adolf nach dem wohl erwarteten Scheitern des »Danziger Traktates«, das Dohna dem Conti anzeigte, noch ehe er es den dänischen Mediatoren oder Axel Oxenstierna definitiv eröffnete[110], um *Georg Wilhelm*. Dabei stieß er aber auf zögernde Ablehnung, die sich mit der Zeit so verhärtete, daß der König vom Kurfürsten mehr Schlechtes zu befürchten, als Gutes zu erwarten hatte. Um aus der bedrohlichen Lage herauszukommen, bat er Axel Oxenstierna, dieser möchte doch die Regierungsräte von Preußen veranlassen, den Kurfürsten unter anderem davon abzuhalten, »etwas Feindliches gegen uns hier im Römischen Reich zu beschließen«. Die Räte sollten auf Georg Wilhelm einwirken, »sich nicht in diesen Handel einmischen (inmiscera) zu wollen« in der Hoffnung, es könnte zwischen ihm und seinem Schwager doch noch »etwas Gutes gestiftet werden«[111].

Der König will also in dieser Lage zumindest eine neutrale Position Brandenburgs erreichen und stimmt dafür seine Diplomatie auf einen Ausgleich ein, auf ein Abwarten dessen, den er noch nicht wie den Pommern-Herzog für eine Allianz gegen den Kaiser gewinnen konnte. Als aber dann nach weiteren Vorstößen Abgesandte des Kurfürsten bei ihm eintrafen, um die zögernde Haltung Georg Wilhelms zu erläutern, soll Gustav Adolf die bekannten Worte gebraucht haben: »Was ist das doch für ein Ding, Neutralität? Ich verstehe es nicht . . . Ich will von einer Neutralität nichts wissen und hören. Seine Liebden muß Freund oder Feind sein. Wenn ich an die Grenze komme, so muß sie sich kalt oder warm erklären. Hier streiten Gott und Teufel. Will seine Liebden es mit Gott halten, so trete sie zu mir. Will sie es aber mit dem Teufel halten, so muß sie fürwahr mit mir fechten. Tertium non dabitur, dessen seid gewiß.«[112]

# Widerstand dem »Tyrannen«

Eine offizielle Kriegserklärung der Krone Schweden an das Heilige Reich hat es nicht gegeben. Gustav Adolf sah sich aber veranlaßt, in einer Art »Kriegsmanifest« seine Gründe darzulegen, warum er zu den Waffen gegriffen habe. Dieses Dokument hat keinen rechtlichen Wert, es sollte lediglich der teutschen Öffentlichkeit von den bereits gesicherten Städten und Orten an der pommerschen Küste aus Erläuterungen geben und die Stimmung für den Einsatz der Royal-Armee günstiger gestalten.

Was in Teutsch und Latein verbreitet worden ist[1], mündete in die beschwörende Feststellung, daß der König »bei seinem friedfertigen Vorhaben allzeit so beständig verharret« habe, wie es nur möglich war. Alles, was von ihm »die ganze Zeit dieses währenden Teutschen Krieges« unternommen wurde, war darauf gerichtet, »Freund und *neutral* unverrückt zu bleiben ... Kein Anlaß oder Schein zu einiger Offens wurde gegeben. Aber jetzt könne (der König) nicht vorbei, solcher Unbilligkeit wegen bei der ganzen Welt aus rechtmäßigen Schmerzen zu klagen.«

Und diese Unbilligkeit war die Folge einer destruktiven Politik des Habsburg-Kaisers, dem die Reichs-Constitutionen lästig geworden waren und der nach seiner Haus-Diktatur in Böhmen nun danach trachtete, alle Rechtssicherheit und Besitzgarantie abzubauen. Deshalb sei »dieser Krieg nicht wider das Römische Reich angefangen, mit dem IKM:t keine Feindschaft haben, sondern einzig und allein darum, daß Ihrer eigenen, der Ihrigen und gemeiner Freiheit Schutz und Ihre Nachbarn in den Stand gesetzet, worin die ganze Nachbarschaft so lange Zeit ruhig floriert (hat) und bis die Stadt Stralsund, die Ostsee und das Königreich Schweden ihrer Sicherheit mehr getrauen können«.

Unter diesen Bedingungen, die aus dem Recht auf Widerstand abgeleitet sind und von der Berechtigung ausgehen, daß Tyrannen als Verursacher des Ungerechten bekämpft werden dürfen und sogar bekriegt werden müssen, wenn Gottes Gebote und die Gesetze der Natur erhalten bleiben sollen, kommt das Manifest zu dem Schluß: »Es werden alle aufrichtigen Teutschen und die ganze Christenheit sich IKM:t Unschuld und zu Abschaffung so unbilliger Verfolgung rechtmäßig angefangenen Krieg wohl gefallen lassen.«[2]

Was an diesem Dokument besonders auffällt, ist der Versuch, die Krone Schweden und das Heilige Reich so weit wie möglich aus der anstehenden Streitlage herauszuhalten, ihr Gewicht bei der Rechtslage aber um so stärker ins Spiel zu bringen: vor allem das Heilige Reich als Rechtsobjekt neben und auch über einem rechtsvergessenen Kaiser. Außerdem handelt es sich hier nicht um einen isolierten Vorgang, um das notdürftige Kaschieren eines aggressiven Aktes, sondern um eine politische Strategie, die bis in letzte Verästelungen hineinwirkte.

Das zeigte sich bei den Verhandlungen zwischen Abgesandten Gustav Adolfs und einigen pommerschen Räten über einen Allianzvertrag, der für die erste Phase der Konsolidierung der militärischen Erfolge ein Mustervertrag werden sollte. Die Erwartungsrechte, die Kur-Brandenburg für den Fall des Aussterbens der Herzog-Dynastie besaß, und die daraus resultierenden Schutzverpflichtungen Georg Wilhelms hinsichtlich Pommerns, im Falle militärischer Behelligung durch eine dritte Macht einzugreifen, waren anfangs nur scheinbar ein Hindernis für die Schweden-Delegation. Angeführt von Dietrich Falkenberg, dem neben anderen der erfahrene Filip Sadler assistierte, kam man bald zum substantiellen Punkt, als es um die Frage ging, ob für diese Allianz der »Consensus electoris« (Zustimmung des Kurfürsten) erforderlich sei, oder ob man darauf auch verzichten könne. Falkenberg formulierte dafür die entscheidende Begründung, die man in Schweden bei Erik XIV.

und Sigismund III. erfolgreich erprobt hatte: »Alle politici sagen, daß auch Untertanen in vielen Fällen ihre eigenen Herren summo jure (aus höchstem Recht) absetzen können. Dafür seien Beispiele vorhanden. Dies ist ein harter Punkt, davon sollte sich die ganze Allianz stoßen (fernhalten). (Aber) man sehe die Vereinigungen (im Sinne von Verträgen) mit Kur-Brandenburg an, ob er die gehalten (habe). Man sollte doch nur den jetzigen Stand der Dinge considerieren, wie grausam wir traktiert werden. Regia maiestas (der König) hat dem kurfürstlichen Gesandten Bergman ins Angesicht gesagt: Wo euer Kurfürst nicht mithilft, so soll er nichts von diesen Landen haben. Dies wäre das Fundament des ganzen Vertrages.«

Mit Pommern will man Kur-Brandenburg zum Nachgeben bringen, indem Georg Wilhelm klargemacht wird, was er laut Vertrag mit Pommern diesem Herzog und der Landschaft schuldig ist. Gerade jetzt, wo die Kaiserischen gegen die Kriegs-Ordnungen des Heiligen Reiches verstoßen haben. Hält sich Berlin nicht an die getroffenen Abmachungen, ist Pommern in seinen Pflichten ebenso frei wie in der Wahrnehmung seiner Eigenrechte gegen den willkürlich vorgehenden Kaiser. Das ist Schwedens Verhandlungsposition, und Falkenberg ist sensibel genug, aus der komplizierten Rechtslage einiges an politischer Spannung verbal herauszunehmen: »Wir trauen Euch als ehrlichen Leuten, aber weil Ihr allzeit ein Auge auf das Reich, Polen und den Kurfürsten habet, deswegen müssen wir umsichtig (circumspect) handeln. Im Krieg ist es nicht erlaubt, zweimal zu sündigen (in bello non licet bis peccare). Wir müssen stehen und fallen zugleich. Zweierlei Motive haben IKM:t bewogen (einzugreifen). 1. Er befürchtet, daß der Feind diese Orte occupieren und so mächtig werden könnte, daß er dem Königreich Schweden Schaden zufügen könnte. 2. Dem (gegen das) Papsttum zu steuern.«[3]

Das waren die unumstößlichen Positionen. Diese mußten einsichtig gemacht werden, damit von den Ständen der Landschaft entsprechende Gelder bewilligt werden konnten. Und das war ein mühsamer Prozeß, zumal immer wieder nachgefragt werden mußte, was Georg Wilhelm in Berlin dazu meinte. Aber die letzte Entscheidung des wankelmütigen Kurfürsten wollte man von schwedischer Seite nicht länger abwarten. »Vermöge des Rechtes kann dies keinen scrupulum gebären«, weil er ja verpflichtet war, »diese Lande zu retten«. Er hat sich darum kaum gekümmert, also ist die Vertragsbindung Pommerns an ihn nicht mehr vorhanden: dafür aber Schwedens Angebot einer Allianz.[4]

Als die Verhandlungen über diese Verbindung in eine Sackgasse zu geraten drohten, griff Gustav Adolf mit einer seiner geschliffenen Reden in den Prozeß ein. Vor dem Herzog und der Landschaft entfaltete er zu Stettin am 22. August seine Position und erteilte dabei eine gehörige Rechtslektion:

». . . Dafern Ihr wollet beim römischen Reich bleiben und Euch dabei erhalten, so werdet Ihr als tapfere Leute die Wehre fassen und dem, der Euch allen guten Willen bezeigt, unter die Arme greifen. Sollte auch ein Dorf verbrennen, so sind es casus inevitabiles (unausweichliche Fälle). Wann der Feind weg ist, dann können die Dörfer wieder aufgebaut werden. Dagegen, wenn der Feind überhand haben sollte, würden sie Euch hassen, eueren Gottesdienst verhindern und in die äußerste Gefahr setzen.
Ihr Herren, wenn meine Worte etwas gelten sollen, so bezeuge ich vor Gott dem Allmächtigen, der ein Herzenskundiger ist, daß ich Euch als meine Landsleute mit Treuen meine. Den Feind alsfort wegzutreiben, wäre unmöglich. Aber was immer raisonabel (ist), das will ich tun, daß man es mir zu Dank haben solle. Trachtet darauf 1. Daß die großen Contributionen abgeschafft und die Aufgebot im Lande geschehen, 2. Daß die Allianz eine Endschaft gewinne.
Ich sehe, daß ihr einen Respekt auf den Kurfürsten und Polen habt. Soviel den Kurfürsten betrifft, behüte mich Gott, daß ich Seiner Liebden in etwas präjudizieren sollte. Will ihm (auch) ganz gerne die Succession gönnen. Weil aber S.L. diese Lande nun drei Jahre verlassen und, wie ich vernehme, Euch vielleicht zu verfolgen gedenket, so kann ich nicht sehen, wie Ihr nicht Eurer Pflicht daher erlassen sein solltet. Dann so viel, als ich aus

dem Politischen (ex politicis) erfahren habe, heißt es »*Treu Herr, treu Knecht*«. Gegenseitige Verpflichtung (obligatio reciproca). Daher (ist) der Kurfürst zu vermahnen, beizutreten. Ich sehe nichts lieber, dann daß S.L. als ein tapferer Kurfürst sich der Sachen anmaßen möchte ... Ich habe Euch vor vier Jahren verschonet, um der Nachbar- und Freundschaft willen, so zwischen der Cron Schweden und Pommern aufgerichtet. Derhalben, Ihr Herrn, wollet die Allianz, so ich vorgeschlagen, eingehen.

Was die Pacta (Verträge) mit Polen betrifft, will ich nicht hoffen, daß diese Allianz die Freundschaft aufheben könne ... Es wäre ja ein sechsjähriger Friede (1629 in Altmark) getroffen, dem dies (hier) nicht zuwider steht.

Ich habe jetzt zwei Lager. Wenn Ihr Euch zu Torquato Conti schlagen wollet, so könnet Ihr nicht. Derhalben ist's um meinetwillen nicht zu tun, sondern Euch zu konservieren. Um dessetwillen (ist) auch die Befestigung dieser Stadt nötig, was bisher schändlich verzögert worden ist ... Ihr habet allhie Weib, Kinder, Haus und Hof, sehet nun selber zu, wie schändlich die Stadt lieget. Bitte um Christi willen, Hab, Gut, Kinder anzusehen.

Ich habe Bedenken, eine Garnison darin zu lassen. Itzo gehet es zu bösem Wetter, da ein Unglück geschehen sollte, will ich hiermit öffentlich protestiert haben, vor Gott entschuldigt sein. Ich muß bekennen, daß die Armen mehr getan als ich begehret. Diejenigen aber, welche in Palästen (palatiis) sitzen, die müssen besser dran. Wann die Ströme frieren, so ist's ein Dorf. Wann das nicht geschieht, so ist der Herzog aus, die Räthe, Bürger seid aus ... Bitte um Christi willen, wo es nicht geschieht, werdet ihr den Harpyen in die Hand fallen. Ihr werdet auch Feinde an uns selbst haben ... (Außerdem) nun sind unsere Waffen in euerer Stadt; nach dem Kriegsrecht seid ihr mein. Ich habe Stettin in der Hand, den Herzog, die fürstlichen Räte, den Rat, und Ihr wollet noch an dem Feind hängen? So Ihr beherzt seid, könnt Ihr den Kurfürsten zwingen. Ich will Euch schützen ... Am Willen hängt kein Unrecht.«[5]

Auf allen Ebenen gestaltete sich für Gustav Adolf das Politische aus Verträgen, aus dem Mechanismus der Gegenseitigkeit. Ist dieser nicht erfüllt worden, bietet er sich als neuer und natürlicher Oberherr an; was er tun kann, wenn er von der Universalität des Rechtes und des Gerechten ausgeht.

Mit dieser »Waffe des Rechts« hat der Schweden-König seinen weiteren Kriegszug Stück um Stück vorbereiten oder nachbereiten lassen, wenn seine »siegreichen Waffen« militärischer Macht gefordert worden waren, ehe es zu angebotenen Absprachen kommen konnte. Mit den »Waffen der Gewalt« ist Wallenstein im Namen des Habsburg-Kaisers vorgegangen, der sich in Regensburg herbe Kritik anhören mußte und auch veranlaßt wurde, den böhmischen General zu entlassen[6]. Die Wirkungen des praktisch geübten Kriegsrechtes in einer ehemals so dicht gewirkten Friedens- und Eigentumsordnung waren im doppelten Sinn des Wortes verheerend und gaben Kaiser Ferdinand II. keinen Anlaß, mit dieser Entwicklung zufrieden zu sein.

Was nutzte ihm der Friede mit Christian IV. von Dänemark, wenn er jetzt den »schwedischen Einbruch« befürchten mußte, der sich womöglich auf die evangelischen Stände stützen konnte? Die Delegation aus Pommern bekam in Regensburg sehr schnell zu spüren, wo in diesem Krieg die Fronten verliefen. Denn als die Landung Gustav Adolfs bekannt wurde, fiel der Verdacht sofort auf den Herzog Bogislav. Von Verrat war die Rede, aber nicht davon, daß »die drei Odereinfahrten von den Kaiserlichen verlassen und die kaiserliche Armee bei Ankunft des Königs nicht zu Hilfe gekommen sei«[7].

Das waren harte Tatsachen! Was half es, daß Ferdinand II. in einer Audienz für die Pommern-Gesandtschaft meinte, es »gereiche ihm zum besonderen Mißfallen, daß die Soldateska so übel gehaust (habe)«?[8] An der destruktiven Kriegs- und Depossedierungspolitik von Wien und Regensburg aus gibt es keinen Zweifel. Man probte den Krieg gegen die eigene Nation und hörte nicht mehr darauf, was Herzog Bogislav am 1. Oktober 1630 dem Kaiser in Erinnerung brachte: »Ersuche ich hiermit EKaisM:t, daß dieselbe wider mich keine ungleichen Gedanken fasse, viel weniger (trotz) ungehörter Sachen etwas Präjudizierliches statuiere, sondern mich und meine Lande bei des Heiligen Reiches Fundamentalsatzungen conservieren, bevorab die unter Christen *unerhörte Tyranney* mit Brennen, Schänden, Rauben, Plündern, Morden und dergleichen barbarischen Untaten bei der Soldatesca durch eine exemplarische Bestrafung abstellen (möchte) und also mich neben meinen Landen empfinden lassen, daß EKaisM:t als eine christliche Obrigkeit an solchen abscheulichen Mißhandlungen ein großes Mißfallen tragen und mich weiter, als allbereits geschehen, beschweren zu lassen nicht geneigt sein.«[9]

Hatte die Argumentation Gustav Adolfs schon Früchte getragen? Die Anmahnung der Polarität von Verfassungsstaat und Kriegszustand legt das nahe. »Fundamentalsatzungen« und »Tyranney« vertragen sich nicht. Da steht der Rechtsanspruch auf ein gutes, gerechtes und gleiches Leben gegen den Machtanspruch eines Oberherrn, der mit Gewalt nicht nur seine Vorstellung von der Kirche Gottes verwirklicht sehen will, sondern seine Besitzbasis erweitern möchte. Aber das Eintreten für den *libertären Legalismus* von der Ebene des Herzogs hin zu der des Kaisers schloß nicht aus, daß der Herzog von seiner Stellung aus nach unten zu den Städten seines Herrschaftsbereiches gleichzeitig absolutistische Anwandlungen bekam. Gustav Adolf muß deshalb dem Herzog erneut eine Rechtsbelehrung erteilen, als dieser mit Stralsund nicht zurechtkommen wollte. »Er könne die Stralsunder nicht durch Zwangsmittel zu blindem Gehorsam (ad caecam obedientiam) anhalten.« Das schrieb der Schwedenkönig dem Pommernherzog aus seinem Feldlager bei Stettin am 29. November. Denn ein solches Vorgehen »würde seinem Bündnis mit der Stadt zuwider sein. Dieselbe habe es übrigens nicht verdient, daß sie ihrer mit ihrem Blut erfochtenen Rechte ohne vorhergehende Kenntnis verkürzt werden sollte. Er werde (aber) nicht dulden, daß die Stralsunder Schmähschriften wider den Herzog veröffentlichten. Wenn die Stadt aber eine unstrafbare Apologie wider die Landverderber zu veröffentlichen gemeint sei, so sehe er nicht ein, wie man ihnen das mit Fug verwehren könne«[10].

Es ist von wegweisender Bedeutung, wie sich Gustav Adolf als König und Kriegsherr auf teutschem Reichsboden aufführte. Er beherrschte in der Tat den »furchtbaren Beruf des Gerechten« (Nietzsche), sah sich andauernd genötigt, mit Erschlaffungen der politischen Kultur auf allen Ebenen zu kämpfen, und mußte erkennen, daß nicht alle evangelischen Stände sich für die eigenen Interessen so einsetzen wollten, wie es erforderlich gewesen wäre, um das Überleben des Heiligen Reiches als Rechtsstaat zu sichern.

Wie sollte das aber gelingen, wenn die Obrigkeiten sich ihren vertraglichen Pflichten entzogen? Nicht die Teilung der Teutschen Nation in protestantische und papistische Stände hat diesen Bürgerkrieg mit seiner europäischen Dimension verursacht, sondern jene *Palast-Kreise*, die nichts mehr vom verfassungsbezogenen Patriotismus wissen wollten und wenig von Disziplin oder einer konsequenten »Erziehung zur Verfassung«. In ihnen wucherten all die Krankheiten, welche die »Teutsche Apotheke« kaum bekämpfen konnte, und die Rechtsverwilderung von oben zeigt alle Anzeichen, wie sie in der Geschichte Gemeinwesen bieten, deren Eliten sich einer Einsicht des *Francis Bacon* verschließen. In der selbstgefälligen Lust an der Umkehrung aller Werte kümmert sie nicht dessen kluger Zuruf »Wissen ist Macht«, sondern es wird daraus ein politisiertes Opiat gebraut, aus dem nur Unheil erwachsen kann – ›Macht ist Wissen‹.

Manch einem mag es genügen, die Größe eines »welthistorischen Individuums« mit Hegel darin zu erkennen, daß dieses aus dem Erledigen einer substantiellen Zwecksetzung heraus »eine Stufe in dem Fortschreitungsgange des allgemeinen Geistes bildet«[11]. Doch was ist damit bei Staatsmännern gewonnen, deren Denken und Handeln nicht auf einen imaginären Weltgeist bezogen war, sondern auf ein konkretes Wertgesetz, an dem Recht und Unrecht abgelesen werden konnten? Eine Antwort, die hier befugt ist, hat uns Nietzsche gegeben: »Wenn ihr euch . . . in die Geschichte großer Männer hineinlebt, so werdet ihr aus ihr ein oberstes Gebot lernen, reif zu werden und jenem lähmenden Erziehungsbanne der Zeit zu entfliehen, die ihren Nutzen darin sieht, euch nicht reif werden zu lassen, um euch, die Unreifen, zu beherrschen und auszubeuten. Und wenn ihr nach Biographien verlangt, dann nicht nach jenen mit dem Refrain ›Herr Soundso und seine Zeit‹, sondern nach solchen, auf deren Titelblatte es heißen müßte ›ein Kämpfer gegen seine Zeit‹«[12].

Das ist ein Schlüssel zum Geheimnis der Geschichte zweier Staatsmänner, deren Größe aus einem schier aussichtslosen Kampf erwachsen ist: gegen sich selbst und eine oft verständnislose und feindliche Umwelt. Man schaue nur einmal in den Brief hinein, den Gustav Adolf am 4. Dezember 1630 von Gollnow aus an Axel Oxenstierna in Elbing geschickt hat, um ein Gespür dafür zu bekommen, was Nietzsche gegen Hegel erahnt hat.

»Es wäre zu wünschen«, schrieb der mit Arbeit überlastete König, »daß es mehrere gäbe, die mit gleichermaßen Bescheidenheit, Treue und Wissen alle Sachen hantierten; dann würden ohne Zweifel des Reiches Erfordernisse und unser aller Freiheit und Wohlfahrt sicherer stehen. Aber, so wie Gott seine Gaben unterschiedlich austeilt, so gibt es um der Sünde willen bei den Menschen verschiedene Fehler. Und bei diesen kommt mir in des Reiches Angelegenheiten ein Teil so groß vor, daß ich beim Gedanken an den guten Ausgang aller Forderungen schier verzweifeln möchte, gäbe Gott vom Himmel her nicht zuweilen einen Rat, wo man sonst keinen sieht . . . Ihr seid ein Instrument, das mir Gott gegeben hat, damit mir dadurch die schweren Lasten erleichtert werden . . . Gott, der uns bis jetzt ohne Ungemach guten Fortgang gewährt hat, verlehne uns die Gnade, daß unsere gerechte Sache triumphieren möge . . . Unseren Zustand würde ich Euch gerne erläutern, aber meine Hand, die seit den Treffen von Dirschau steif geworden ist, läßt es wohl nicht zu. Doch wißt, daß der Feind an Infanterie schwach ist und in gleicher Weise an Cavallerie. Er hat hinsichtlich der Winterquartiere (aber) große Vorteile. Denn vor unseren Augen ist ganz Teutschland seinem Rauben ausgesetzt . . .«[13]

Ein König erkennt das Genie seines Kanzlers und weiß, daß dazu nicht nur natürliche Anlagen gehören, sondern permanente Erziehung zur Arbeit. In dieser Bindung haben sich beide verzehrt und mit unermüdlichem Fleiß daran mitgewirkt, daß die wichtigsten materiellen Mittel Schwedens, nämlich Kupfer und Korn, eingesetzt wurden, um den Kriegszug im kommenden Frühjahr des Jahres 1631 mit fester Energie fortzuführen. Neue Schwierigkeiten aber deuteten jetzt schon an, was ihren persönlichen Qualitäten noch abverlangt werden sollte, wenn aus der vorgegebenen Struktur des Heiligen Reiches und aus dem Charakter des eigenen Heeres-Systems heraus die Ereignisse gesteuert und die Verhältnisse beherrscht werden sollten – zur Abwehr von Terror und Tyrannis.

# Krieg auf Kredit

Die Vorstellung von der Schnelligkeit der Royal-Armee auf teutschem Reichsboden und von ihrer Feuerkraft hat zusammen mit dem Glauben an die Streitlust des Tatmenschen Gustav Adolf und seine Entschlußfreudigkeit ein Bild vom Blitz-Krieg entworfen[1], das sich nicht zu entfärben scheint, obgleich seine Grundierung, bei Lichte besehen, eine Menge Schwachstellen hat. Denn die erfolgreiche Kombination aus Bewegen und Besetzen wurde nicht selten mit äußerster Mühe erkauft. Ja oft sah es so aus, als ob der bloße Hunger die Soldaten tiefer in den teutschen Raum hineintreibe und den König mitziehe, der häufig genug mit gedachten Talern jonglieren mußte, viele gute Worte aufzubringen hatte und manchmal auch ein hartes Exempel statuierte, um seine Brigaden in leidlicher Marsch- und Kampfform zu bewahren.

In seinem Verhalten gab er das weiter, was ihm die realen Umstände abnötigten, die oft seinen Willen blockierten. Im dauernden Wechsel von Geduld und Hader wurde der Glaube an Geld und Hafer Belastungen ausgesetzt, die das weit überschritten, was der König im Russischen Krieg oder während der Polnischen Fehde erlebt hatte. Damals wagte er kalkulierte Vorstöße, um seine Vormauer zu verstärken, jetzt aber galt es, Vorsorge dafür zu treffen, daß die Hauptarmee nicht geschwächt wurde und damit die gesamte Sicherheitspolitik in Gefahr geriet[2].

Der Schrei nach Brot und Geld ging in alle Richtungen, aber vor allem bis nach Elbing, wo Axel Oxenstierna alle Hände voll zu tun hatte, nicht nur Preußen zu sichern, sondern von hier aus auch den König gezielt zu versorgen. Dieser Schrei kam gleich nach den militärischen und politischen Plänen. »Wir können mit der Hauptarmee unserem Vaterland keinen besseren Dienst erweisen, als daß wir die Küste vollständig säubern, uns Rostock und Wismar samt Mecklenburg bemächtigen. Dann könnte sich auch die Gelegenheit ergeben, daß wir die Elbe einnehmen, Magdeburg sekundieren und die Städte Lübeck und Hamburg in unsere Devotion bringen.« Die Not erfordert es, im Sommer Rostock und Wismar zu belagern. Aber Belagerungen werfen die Armee auf sich selbst, sie kann sich nur bedingt vom Land ernähren und muß versorgt werden. Sold ist nötig, wenigstens für einen oder zwei Monate, wenn die Soldaten willig gehalten werden sollen und »einige tausend Tonnen Brot«. Und da »Wir auf Euch das größte Vertrauen setzen, nachdem Uns an anderen Orten nur eitle Entschuldigungen entgegenkommen und wenig Hoffnung gemacht wird, eine Entsetzung zu erhalten, so begehren wir von Euch gnädigst . . .«[3]

Axel Oxenstierna hat diesen Notruf aus Stettin und danach oft vernehmen dürfen. Aus Königsberg, Danzig, Elbing und Braunsberg erwartete Gustav Adolf »etwa 10 000 Tonnen Brot monatlich« und für den kommenden Monat Mai »kontante (verfügbare) Gelder«[4]. Und dann sollte er ein sicherndes Auge auf Kolberg haben[5], eine Flotte in Preußen auf die Beine bringen, den Getreidehandel ankurbeln, Wechselgeschäfte tätigen, auf die Licencen achten, gutes Fußvolk bereitstellen[6] und noch diese Maßnahmen nach innen und auf den König gerichtet so absichern, daß von Polen her trotz des Altmark-Abkommens kein Druck auf die Operationen westlich der Oder ausgeübt wurde: Denn »Tilly liegt uns ziemlich stark auf dem Hals«[7].

Als Druckmittel zur weiteren Eindämmung Vasa-Polens hatte der Kanzler eine Kandidatur um die Krone Polens ins Gespräch gebracht, von der Gustav Adolf nicht sonderlich erbaut war, sie aber als politisches Ablenkungsmanöver zulassen wollte. »Nun fällt Uns schon diese unsere Regierung schwer genug, daß Wir keine große Lust haben, uns mit einer weiteren Bürde zu belasten«, erklärt er dem Kanzler, fügt aber sogleich hinzu, dieser solle wohl »öffentlich die Aussicht verbreiten, was für einen Nutzen die Krone Polen und die Stände daraus ziehen könnten«, vornehmlich aber die Stadt Danzig. Doch Vorsicht sei geboten, und das Ziel mit dieser Kandidatur sollte eher sein, wie man in die Beratungen der Stände »eine gewisse Verwirrung bringen und sie in Factionen spalten könnte, welche uns dann zu einem guten Ende in diesem Krieg dienlich sein dürften«[8].

Die Gefahr bei diesem Vorgehen bestand darin, daß sich Gustav Adolf bei Polens Protestanten in Mißkredit brachte und der politische Erfolg einer Erhöhung der inneren Splitterung tatsächlich ausblieb, ja ins Gegenteil umschlagen konnte. Es wird sich noch zeigen, wie er sich in dieser hochwichtigen Frage der Thronfolge in Polen trotz aller Ahnungen verkalkulieren sollte: nicht weniger als in der Versorgung seiner Truppen. Denn sein Streben, die notwendigen Wechselgeschäfte ordentlich abzuwickeln, »auf daß der Kredit überall gehalten werden kann«[9], scheiterte nicht selten an einer Wirklichkeit, in der Schwedens Sicherungsschätze, nämlich Korn und Kupfer, nicht rechtzeitig geliefert werden konnten und die realen Geldzuflüsse eher Rinnsalen glichen, die nur eine Aufgabe zu erfüllen schienen – das Fortschwemmen der Felle[10].

»Den Kredit zu stabilisieren.« Das ist Gustav Adolfs dauerndes Anliegen. Wird dieser Rückhalt an den Getreidebörsen, auf den Kupfermärkten und bei den Geldhändlern untergraben, wird der Vorschuß auf Vertrauen verweigert, dann kann auch der kontinuierliche Zug der Armeen, der Vormarsch in die Länder des Feindes hinein, nicht recht gelingen. Immer häufiger werden die Notrufe des Königs an den Kanzler in einem Preußen, das schon Zeichen der Ermattungen zeigt. Er soll »einige tausend Tonnen Hafer aufkaufen und KM:t bei der erst besten Gelegenheit zusenden, weil die Reiterei heruntergekommen ist«. Und dann hat sogar »KM:ts Armee gewankt – wegen der üblen Bezahlung« des Soldes. Der König scheut sich nicht, von ihrer Schwäche zu sprechen und treibt den Kanzler zu »seinem höchsten Fleiß, Geldmittel aufzutreiben und KM:t mit einer gewissen Anzahl Soldaten fürs Erste zu sekundieren«[11].

In einer solchen Lage genügte es nicht, dem Kanzler allein die

Kompetenzen im Getreidehandel zu überlassen, auf daß er aus allen Ostsee-Provinzen die Zufuhr koordinierte und damit die Royal-Armee versorgte[12], es mußte auch in und mit dieser Armada etwas geschehen, das von den anhaltenden Nöten ablenkte. Und dafür sorgte Tilly. Er war auf dem Marsch von Neu-Brandenburg auf Magdeburg, das dem Kaiserischen Heer nur entgehen konnte, wenn es Gustav Adolf gelang, Tilly mit einer *Diversion* auf sich zu ziehen. Dazu schien dem König Frankfurt an der Oder der richtige Platz zu sein. Die Eroberung dieser Stadt hatte Gewicht, konnte doch mit ihr die Oder auf- und abwärts kontrolliert werden – darin Magdeburg sehr ähnlich.[13] Während in Warschau der Reichstag seinem Ende entgegenging und in Leipzig der Conventstag der Evangelischen Fürsten und Stände auch kurz vor dem Abschluß stand[14], demnach guter Rat neue Taten vorbereiten und Gefahren abwenden sollte, gab Gustav Adolf seinen Truppen Gelegenheit, ihre Belagerungskunst zu erproben. Und sie enttäuschten ihn nicht. Die Sturmabteilungen und Spreng-Einheiten verstanden ihr Geschäft und nahmen »mit Furie« diese gut befestigte Stadt »ohne besonderes Blutvergießen« in den eigenen Reihen »nach anderthalb Tagen Belagerung und einem Beschuß von ungefähr einer Stunde«[15].

Erstaunlich war an »diesem herrlichen Sieg«, daß die hohe Anzahl kaiserischer Offiziere und Mannschaften nicht in der Lage war, die Stellung wenigstens so lange zu halten, bis Tilly zum Entsatz herangekommen war. Ja, sie konnten es auch nicht verhindern, daß der Schwedenkönig auf der anderen Oderseite auch noch Landsberg nahm und sich mit seinem Feldmarschall *Gustav Horn* vereinigen konnte[16], was diesen Sieg in jeder Weise abrundete. Die Zeitabstimmung war vorzüglich gelungen. Die Furie von Frankfurt bestätigte den königlichen Feldherrn in der Kunst, aus einem Sog den Sieg zu formen. Und als noch aus Warschau die Nachricht eintraf, daß Polens Reichstag nichts beschlossen hat, »was den Anschein zu Krieg oder Verunsicherung gegen Uns gibt«, da wurde Gustav Adolf klar, daß er jetzt erst die Möglichkeit hatte, »ins Römische Reich zu gehen, wohin es ihn auch immer gelüstete, um unseren unterdrückten und ins Elend geführten Religionsverwandten einen nachdrücklichen Beistand zu leisten«. Der Geist Gottes, den er in diesem Erfolg erneut am Werke sah, hatte neue Kraft vermittelt, die Niederlage des Gegners aber auch dem eigenen Heer vor allem Fußvolk zugeführt, das in Regimentsstärke vom Kaiser zum König wechselte. Und damit mußten sich gleichzeitig die Probleme der Versorgung erhöhen. Die Schatten der Not ließen sich nicht durch Freudenfeuer vertreiben, sondern kehrten mit doppelter Wucht zurück. In ihrem Sog wurde schon manch ein Sieg verdorben. Von dieser Wahrheit wurde auch Gustav Adolf schnell eingeholt, und wieder geht der Ruf nach Elbing: »Begehren Wir von Euch gnädiglich, von dem Wir Unseren größten und höchsten Kredit zu dieser Kriegsexpedition erwarten, . . .«[17]

Das war am 9. April. Aber eine nennenswerte Verbesserung seiner Lage von Preußen aus war noch nicht eingetreten, als er am 22. April den Zustand der Royal-Armee in düsteren Farben malte. Bekommt er nicht das in Aussicht gestellte Geld, weiß er nicht mehr, wie »Wir Unsere Sachen weiterhin ausführen sollen. Denn wir haben jetzt an Geldern ganz und gar nichts mehr zum Austeilen. Unsere Reiter haben seit einigen Monaten nicht einen einzigen Pfennig erhalten, sondern sich vom Raub ernährt, wodurch sie sich mehr geschadet als geholfen haben. Und durch ihr Verhalten wurde auch die Zuneigung bei vielen verdorben, die Uns ziemlich wohlgesonnen waren«[18].

In Anbetracht der Situation in Frankfurt und im Bewußtsein, daß in Stockholm, Riga und Narwa einige Hohe Herren nicht so folgen wollten, wie es dieser Krieg erforderte, trieb der König seine Betrübnisse so hoch, daß nur noch eine Hoffnung übrigblieb: »Wären Wir nicht so stark Eures Fleißes gewiß, Unsere Mittel zu verbessern, wollten Wir lieber *Szepter und Krone niederlegen*, als in diesem Wesen fortfahren. Hätten wir nur einmal so viel, daß wir den Reitern ein Quartal bezahlen könnten, wäre eine Hoffnung da, ihre Bereitschaft zu erhalten, aber wenn das nicht geschehen kann, haben wir nichts anderes, . . . als deren Ruin zu vermuten. Die Anzahl der Reiter beträgt fast 14 000 Mann, aber nicht einmal

5000 davon sind beritten«. Und für deren Pferde war kein Hafer aufzutreiben[19].

So weit war er also mit diesem Kriegszug gekommen, daß er dem Kanzler wieder einmal beteuern mußte, was das für eine unerträgliche Last sein konnte, König sein zu dürfen. Vom lustigen Kriegshandwerk ist da nicht die Rede und auch nichts davon, was Tilly in Neu-Brandenburg angerichtet hat, als er belagern, stürmen und niederhauen ließ, was an schwedischer Besatzung in diesem befestigten Ort gelegen hatte. Daß die Furie von Frankfurt des Königs Antwort auf das Unglück droben in der Mark war, ging aus den Schreiben des Königs an den Kanzler nicht hervor. Und doch muß man es so sehen. Mehr noch, mit seinem Erfolg, der endgültig seine Realpräsenz unterstrich, wurden Kaiser und Liga in all dem Schrecken unsicher gemacht. Denn wer die Oder beherrschte, der kontrollierte Polen, strahlte auf den Kern des Reiches aus, und dem eröffnete sich über Schlesien der Weg nach Böhmen, gar nach Wien, wo Ferdinand II. kaum noch Schlaf finden konnte[20].

Überwach ist auch Tilly. Er setzt seine gepeinigten Haufen gen Magdeburg in Bewegung, dem Gustav Adolf zu Hilfe kommen will, aber aus der materiellen Schwäche heraus nicht in dem Maße leisten kann, wie sie beabsichtigt war. Dietrich von Falkenberg, der tapfere Kommandant der hehren Stadt in schwedischen Händen, hält sie bis zum Äußersten, bis zum endgültigen Sturm von 20. Mai, der nun mit seinem Schrecken und der Feuersmacht für alle Evangelischen im Heiligen Reich zu einem Fanal wurde[21], und den Zögernden klarmachte, daß eine Rettung nur noch von Gustav Adolf kommen konnte.

Doch bis zu diesem denkwürdigen Tag, einem Wendepunkt in der Geschichte des Teutschen Krieges und im Bewußtsein der Teutschen als religiös gespaltener Nation, deren politische Einheit im Rahmen des Reichs zu zerbrechen drohte, hatte sich für Gustav Adolf die Lage nicht gebessert. Verzweifelt mußte er zusehen, wie sich in seinem Heer die Exzesse steigerten, ohne daß er dagegen etwas unternehmen konnte; wie sein Kredit verfiel; täglich Meutereien drohten; wie er Polen im Auge behalten mußte und sich Sorgen über die Rüstungen zu machen hatte, die in Dänemark forciert wurden, um eine schlagkräftige Flotte in die Ostsee zu bringen. Und dann Tilly und Pappenheim vor sich! Hinter sich aber und weit im Norden schien das eigene Reich in Ruhe und Trägheit vor sich hinzudösen: »Von Schweden haben wir noch keinen Pfennig erhalten«! Was Wunder, daß ihm nachtschwarze Gedanken kamen und sein Bitten um Geld aus Preußen nicht mehr weit vom Betteln entfernt war: »Wir stehen in größter Gefahr, wie es mit diesem Wesen abgehen mag, am meisten, wenn Uns noch ein Unglück zustoßen könnte, was Gott doch abwenden möge.«[22]

Und dieser Gott sparte nicht mit weiteren Prüfungen. Kaum von Frankfurt über Berlin und Potsdam nach Spandau gekommen, darf der König erfahren, daß »Erik Larsson mit uns Handel treibt, wie es ihm gefällt«, mit »eitlen Kaufmannsgriffen« und einem Wechselverhalten, auf das kein Vertrauen zu setzen war. Er konnte noch nicht einmal »den Kredit stabilisieren, daß man durch Wechsel auf Holland oder Hamburg hier etwas ausrichten konnte . . . (Er) hat Uns so weit in Mißkredit gebracht, daß man . . . weder in Stettin noch in Stralsund etwas aufbringen konnte. Und, als dieses Gerücht hierher gekommen ist, sind alle so scheu geworden, daß wir darüber in die größte Mittellosigkeit geraten sind.«[23]

Das schrieb er am Tag des Sturmes auf Magdeburg dem Kanzler nach Elbing, den er gerne bei sich gehabt hätte, weil die anfallenden Traktate mit Fürsten und Ständen harte Arbeit erforderten, vor allem auch im sprachlichen Gewand und dafür das beste Latein, um Schwedens Reputation nicht auch noch auf diesem Felde verkommen zu lassen[24]. Sein guter Ruf stand plötzlich auf allen Ebenen auf dem Spiel, und wie sollte man Krieg führen ohne die Stärke der Fama? Ohne die Kraft des Vertrauens? Ohne die Macht des Kredits? Waffen allein genügten da nicht, und wer Politik nur als Wille verstand, der hatte nichts von ihr begriffen.

Kleinere Summen, dann und wann ein Wechsel schufen keine grundlegende Abhilfe. Sie führten dem deprimierten König nur um so nachdrücklicher vor Augen, daß man mit ein paar Fäden das Loch nicht stopfen konnte. 17 000 Dukaten da und dann mal 100 000 Reichstaler. Was war das schon im Lauf von vier Monaten für ein so großes Heer? Der König hatte seinen Zustand nicht übertrieben, als er Mitte Juli dem Kanzler aus dem Lager von Werben zu erkennen gab, »wie wir uns mit größter Armut, Plage und Unordnung zusammen mit der Armee in dieser Zeit geholfen haben, in der wir von allen unseren Helfern verlassen worden sind und nur noch vom Raub (ex rapto), zum Schaden und Verdruß aller unserer Freunde, den Krieg führen konnten. Und das hat sich immer noch nicht geändert, weil wir keine anderen Mittel haben, mit denen wir das Kriegsvolk zufriedenstellen können als diejenigen, welche sie sich selbst mit unleidlichem Plündern und Rauben usurpieren«[25].

Der Krieg, anfänglich auf sichere Mittel gebaut und durch Kredit gestützt, hatte sein materielles Eigengewicht erhalten. Eine innere Dynamik, die alle politischen Landgewinne zu zerschlagen drohte, wenn sie nicht von außen mit kontinuierlichen und ordentlichen Geldmitteln unter Kontrolle gebracht wurde. Der Krieg nährte den Krieg und näherte sich im Rauben dem Tierhaften, zerbrach das Gehege des Rechts und trieb zu Entäußerungen. Das Symbol des Löwen aus der Mitternacht hatte nicht nur den Wert der Befreiung, sondern auch die Nachtseite der Zerstörung. Dessen war sich Gustav Adolf bewußt: »Not kennt kein Gebot, sondern die Übeltat«[26].

Unter diesem Umständen vermochten nur militärische Aktionen den Übelständen so weit abzuhelfen, daß die Nähe des Todes die Qualen des Hungers dämpfte, das Betteln um Geld vom Beten zu Gott übertönt werden konnte. Manch einer, dem es noch nicht die teutsche Heldensprache verschlagen hatte, wird dabei die alte Einsicht in ihrem Doppelsinn abgeschmeckt haben, die Heraklit erst verständlich macht: Die Kunst des Kriegens ist das Kriegen!

In diesem Sinne trieben sich der Däne *Holk* und der Italiener *Montecuccoli* – ihn zählte Gustav Adolf in Frankfurt an der Oder unter seine Gefangenen[27]; außerdem sollte er später nach schwedischem Muster eine Heeresreform im Kaiserischen Bereich beginnen[28] – in der Nähe von Werben herum und mußten mit ihren Reitern Lehrgeld bezahlen. Der König zersprengte sie nämlich bei Wolmerstadt und glaubte gar, daß sie »in diesem Jahr kaum mehr auf die Beine kommen werden«. Solche Scharmützel und kleine Siege schafften ein wenig Luft, ließen das Bedrückende der ausstehenden Bezahlungen vergessen und bauten die Hoffnung auf, bald den großen Schlag ausführen zu können, der aus aller Not befreite.

Schon »hat sich Tilly mit Pappenheim konjungiert und ist im Anmarsch«[29]. Aber es sollte noch einige Wochen dauern, bis die Entladung der Hungerleider dem ganzen Krieg einen Höhepunkt bescheren durfte, von dessen Ausgang im politischen Sinne gezehrt werden konnte. Doch auch das war nur möglich, weil vor der Schlacht die Politik selbst Voraussetzungen schuf, um den militärischen Effekt zu sichern. Krieg auf Kredit, das bedeutete nicht nur das Anschaffen von Geldern, sondern auch die Kunst, selbst in äußersten Notzeiten die Glaubwürdigkeit zu bewahren, das Zutrauen in den Sinn dieses Streitens.

Gustav Adolf hat gerade in dieser Notphase, von Feinden bedrängt und von vielen Freunden verlassen, nach Dirschau seine härteste Bewährungsprobe durchgestanden. Eine Zeit, die gerne bei der Behandlung seiner Geschichte übergangen wird und aus der zu erfahren ist, wie er auf das Kleinste zurückgeworfen wird und das Schwerste zu ertragen hat – die Pflicht, König zu sein. Was wäre aus ihm geworden, hätte er nicht wie vier Jahre zuvor in Preußen Axel Oxenstierna als letzten Halt gehabt? Und was hätte alles Kriegen eingebracht, wäre es ihm nicht gelungen, in einer Kette von Verträgen den Boden dafür zu bereiten, dem Ziel dieser Teutschen Expedition näherzukommen – einem Frieden in Freiheit?

# Im Schlagkreis von Bärwalde

Das Geschick des gotischen Königs Fabila mit Bären im Walde, das Cervantes unter der Kreuzfahrt seines Löwenritters wie eine Sternschnuppe aufleuchten läßt[1], stand Gustav Adolf nicht vor Augen, als er sich in Bärwalde (Neumark) auf die Verhandlungen mit Hercule de Charnacé vorbereitete. Aber etwas von Narretei hat ihre Beziehung schon. Denn das Brüllen des »Löwen aus Mitternacht« hatte den besonders schwermütig gestimmten Franzosen sehr verschreckt und verstimmt. Doch was war auch im Dickicht der Diplomatie, beim gnadenlosen Schachern um Subsidien und blanke Taler zu erwarten? Beinahe mit Todesverachtung stürzte sich dieser Namens-Hercules auf Druck aus Paris also doch wieder ins Gehölz, zog durch Sturm und Eis, um den König in Bärwalde zu treffen, damit endlich ein Abkommen zwischen diesem und Ludwig XIII. geschlossen werden konnte, das Frankreichs Staatsmännern zumindest die Chance bot, auf die weitere Politik Schwedens einwirken zu können[2].

Aber ehe Charnacé aus der Kälte in die Hitze eines Wortgefechtes geriet, mit dem der Schwedenkönig gerne Verhandlungen einleitete, hatte sich dieser in seiner Neigung, Gesetz und Gewissen immer wieder in Übereinstimmung zu bringen, bei seinem und des Reiches Schweden Kanzler rückversichern wollen, indem er um eine äußerst subtile Rechtsbelehrung seines Unternehmens anfragen ließ.

Skrupel flackerten wieder einmal in seinem Rechtssinn auf. Dabei hatte er allen Anlaß, zum Jahreswechsel 30/31 recht zufrieden zu sein. Denn die Anstrengungen der vergangenen Wochen und Monate hatten sich gelohnt. Mit der Einnahme der

Oder-Übergänge bei Gartz und Greifenhagen hatte er sich nicht nur Hinterpommern (ohne Kolberg) zu sichern verstanden, sondern auch den Zugriff auf die Neumark.

Dieser Durchbruch, »ohne irgendeinen Verlust« gelungen, bot jetzt die Möglichkeit, mit Nachdruck die »Entsetzung Magdeburgs« zu betreiben. Dazu brauchte der König und Feldherr aber »zwei- oder dreitausend Soldaten aus Preußen«. Also bittet er Axel Oxenstierna in Elbing, ihm ein derartiges Kontingent zur Verfügung zu stellen. Das sollte seiner Meinung nach dem Kanzler und Gouverneur zu diesem Zeitpunkt um so leichter fallen, als Vasa-Polen aufgrund der Anwesenheit seiner Royal-Armee im Umkreis der Oder und damit in Reichweite der Grenze so stark gebunden sei, daß ein ernsthafter Angriff von dieser Seite in Preußen wohl kaum zu befürchten war. Bei der Verlegung dieser Truppen aber habe man mit größter Sorgfalt darauf zu achten, daß dies ohne Verderben des Landes zu geschehen habe[3].

Diese Befürchtung allein deutet schon an, wie sehr sich Gustav Adolf um seinen Ruf, die Fama, zu sorgen begann, konnte doch gerade diese nicht meßbare, aber für jeden Kriegskredit notwendige Kraft des guten Namens und Leu-Mundes in schwierigen Lagen entscheidend werden[4]. Ein Schreiben Axel Oxenstiernas zu einigen »politischen Fragepunkten«, welche das »Gerechte und Billige im Teutschen Krieg des Königs« betreffen, belegen hier aufs neue, was für Gedanken den obersten Kriegsherrn Schwedens bewegt haben – der status conscientiae.

Auf ein Ersuchen Gustav Adolfs sollte er sich im Vorfeld des Vertrages von Bärwalde dazu äußern und dabei behilflich sein, den kurzgefaßten Traktat »De causis belli Germanici« substantiell zu erweitern. In diesem Programm zum Eingang der Teutschen Expedition, das eine förmliche Kriegserklärung an den Kaiser wenigstens stückweise ersetzen sollte, waren in teutscher Sprache die wesentlichen Gründe für Schwedens Eingreifen dargelegt und verbreitet worden[5].

Mit diesem propagandistischen Einsatz war der Kanzler für den Anfang zwar zufrieden, gibt aber zu, daß man diese Anstrengungen noch verstärken könne. Es wäre demnach nicht übel, teilt er seinem König mit, wenn man geeignete Leute fände, die sich in dieser wichtigen Angelegenheit mit guten und gerechten Gründen äußern wollten: »Da die Sache die Teutschen am meisten betrifft, wäre es nicht abwegig, wenn man einen teutschen Rechtsgelehrten (doctorem juris) oder einen anderen gescheiten Menschen auftreiben könnte, der diese Materie nach ihrer Art mit Dokumenten, Briefen und Schreiben auszuführen verstünde. Dies würde ohne Zweifel Beifall unter den Leuten finden.«

Bei diesem Vorschlag habe man in erster Linie an die Korrespondenz des Königs mit den Kurfürsten und insbesondere mit Johann Georg von Sachsen zu denken, dann an den Schriftwechsel mit dem Kaiser, mit Wallenstein und Tilly. Der Schutzvertrag zwischen Stralsund und Schweden dürfte hier auch einiges zur Aufklärung beitragen. Aber er, der Reichskanzler, sei im Augenblick nicht in der Lage, die ihm zugestellten Fragepunkte aus dem Handgelenk zu beantworten. Ihre Natur sei so beschaffen, daß sie »ein gutes Ingenium eine Zeitlang aufhalten« können, »wenn sie politice und theologice in ihrem Wesen . . .erklärt werden sollen«[6]. Es sei nicht zu verkennen, daß in dieser Materie gewichtige Dinge steckten, die sorgfältig erwogen und ausformuliert werden müßten, ob nun die Begründung »aus der Heiligen Schrift, der Natur und aller Völker Sitten und Gesetz« genommen werden oder aus »vernünftigen Beispielen«, wie sie die Geschichte zu bieten habe.

Eine Erörterung der gestellten Fragen wollte ihm aber »für dieses Mal angesichts der anderen Aufträge schwerfallen, zumal es nun all die Jahre mit sich gebracht hätten, daß bei ihm ein Gutteil der vorhandenen scholastischen Phantasien in Vergessenheit geraten seien«[7]. Bestünde aber der König auf seiner Exegese, da wollte er sich darum kümmern, wenn man ihm die notwendige Zeit lasse. Axel Oxenstierna hofft dabei, daß ihn der König wegen dieser abschlägigen Auskunft nicht mit Mißtrauen belege und ihm gewogen bleibe[8].

Worum ging es nun in diesen besonderen Fragepunkten, die den Kanzler zu Vorsicht und Zögern veranlaßten und bisher die

Historie nicht näher zu interessieren vermochten? Unterm Datum vom 1. März 1631, als Gustav Adolf schon wieder in Stettin weilte und von dort aus Oxenstierna zwei hochwichtige Schreiben schickte[9], ist eine Auflistung dieser Fragen überliefert, die also schon vor dem 17. Januar dieses Jahres formuliert worden sein müssen[10]. Es spricht trotz dieser sehr späten Datierung vieles dafür, daß sich Gustav Adolf vor dem Zusammentreffen mit Charnacé noch einmal umfassend in den anstehenden Rechts- und Verfahrensfragen seiner Politik absichern wollte. Denn sie zielen auf den substantiellen Kern eines gerechten Grundverhaltens, das in einer Allianz unmittelbar berührt wurde, zumal wenn diese mit einer Macht geschlossen wurde, die unter normalen Umständen ins gegnerische Lager gehörte.

So will er denn im ersten Punkt auch wissen, ob »ein Potentat seinem Freund gegen dessen Feinde zu Hilfe kommen dürfe, ehe er gesetzliche Mittel zum Vergleichen angeboten hat«? Das ist die Kernfrage allen Widerstandsrechtes gegen die Tyrannis eines Rechts- und Friedensbrechers. Eine positive Antwort dazu setzte voraus, daß sich die Lage vor dem Bruch so zugespitzt haben muß, daß eine Gefahr im Verzuge (periculum in mora) alle Gesetzeswege abgeschnitten hatte oder aber der Gegner von einer Art war, die jeden Erfolg oder Kompromiß von vorneherein ausweglos erscheinen ließ[11].

Der syllogistische Sinn dieser Eingangsfrage setzt sich in der zweiten fort, wenn Gustav Adolf darüber eine Aufklärung haben will, »ob ein Potentat mit offener Gewalt und voller Heerkraft einen König antasten dürfe, der ihn nicht erzürnt hat und von dem auch kein Gefahrenstand (periculum status) ausgeht, und zwar einzig und allein aus dem Grunde, daß dessen Freund sein Feind ist«?

Damit ist der Schlag gegen den eingeschlossenen Dritten gemeint, der sich unter Umständen neutral halten will, aber in Wirklichkeit gerade mit dieser Haltung den unmittelbaren Gegner unterstützt. Diese Konstellation war in der damaligen Politik die schwierigste von allen denkbaren. Sie betraf hier die Beziehung des Habsburg-Kaisers zur Reichsstadt Stralsund, die in einem Schutzbündnis mit Schweden stand[12]; konnte aber auch auf die Verbindung Schwedens mit den Niederlanden gemünzt werden und damit Spanien betreffen, das mit der Hilfe an Vasa-Polen auch von dieser Seite her auf die Sicherheitslage Schwedens ausstrahlte und bald auch als Hauptgegner in die Überlegungen des Königs einbezogen wurde[13].

Hier wird der Stellvertreter-Krieg zur Diskussion gestellt, dieses äußerst listige Verfahren, andere für sich in den Krieg zu treiben. Eben dies fürchtete Gustav Adolf zeitweise, als er sich mit Charnacé in Allianzverhandlungen ein Jahr zuvor eingelassen hatte, und es ist nur folgerichtig, daß der dritte Fragepunkt dieses Problem aufnimmt, »ob das nicht ein vollständiger Kriegszustand und Friedensbruch ist, wenn ein Potentat Heere, die besoldet sind, mit allem Zubehör einem anderen König in die Hände gibt und ihn damit antasten läßt«?

Den konkreten Anlaß zu dieser Besorgnis hatte der Habsburg-Kaiser mittels Wallenstein geliefert, als dieser Sigismund III. vollausgerüstete Truppen zur Verfügung stellte und damit Schweden in Preußen unter Druck zu setzen vermochte[14]. Aus einer solchen Lage ergibt sich fast zwangsläufig die Frage, »ob ein König oder eine Republik zum Dulden verpflichtet ist, wenn ein fremder Herr deren offenbaren Feinden hilft«.

Darf demnach um die Ecke geschlagen werden, wenn der Nachweis einer solchen Hilfe erbracht worden ist? Diese Frage zielt vor allem auf den Außenring einer Sicherheitsstruktur, weil von dort derartige Unterstützungen am ehesten geleistet werden können, ohne sofort bemerkt zu werden. Man braucht nur an Spanien und an den Türken zu denken oder auch an den Moskowiter und England, um zu erkennen, in welchen Schlagkreis Schweden geraten und welches Ringsystem es für die eigene Sicherheit entwickeln mußte. Das war die Kunst, dauernd die Gewichte in beiden Ringen zu kennen und jede Veränderung wahrzunehmen, damit man im eigenen Agieren nicht in einen unverhofften Unbestand geriet. Mit Sorge registrierte deshalb Axel Oxenstierna die Nachricht, daß »in Siebenbürgen . . . die Prinzessin, Frau Catharina, unserer allergnädigsten Königin Schwester, vom Regiment gesetzt worden sei, weil sie mit dem Kaiser und den Katholischen in eine Kollision geraten war. Einer der Prinzipial-Magnaten des Landes, Ragozi mit Namen, sei vom Türken zum Fürsten von Siebenbürgen erklärt worden. Und dann wären in Oberungarn zwischen ihm und dem Palatinum Ungariae kleinere Scharmützel verlaufen. Die Zeit wird alles geben«[15].

Diese inneren Machtverschiebungen hatten aber unmittelbare Auswirkungen stets dann, wenn die nächste Nachbarschaft davon betroffen war und den inneren Sicherheitsring in seiner Balance störte. Das war in einem gewissen Sinne bei Stralsund der Fall und betraf auch die Spannungen zwischen den Hansestädten und Dänemark oder zwischen den Herzögen und Landständen vornehmlich in den nördlichen Kreisen des Heiligen Reiches. Deshalb spricht Gustav Adolf in den folgenden Punkten auch die Rechtsfrage bei der Abweisung Schwedens von den Friedensverhandlungen zu Lübeck und den Abbruch bei der Traktation in Danzig an. Und diese wird mit der Vertrauensfrage gekoppelt, d. h. alles Traktieren mit dem Kaiser wird davon auch abhängig gemacht, ob man ihm überhaupt trauen darf. Schließlich hat ja »das Rauben der Kaiserischen« die Intervention im Heiligen Reich verursacht, weil einige Reichsfürsten und Stände ihren Schutzverpflichtungen nicht nachgekommen sind. Damit ist auch die Frage indirekt beantwortet, ob es die Pommern verdient haben, daß sie unter den Schweden »im laufenden Krieg einiges zu erdulden haben«.

Man kann ihnen das in der Not wohl zumuten, ohne den Bogen zu überspannen. Daher die Anweisung des Königs, beim Durchmarsch der eigenen Truppen auf gute Ordnung zu achten. Nur weil diese im Heiligen Reich selbst gefährdet ist, und die neuen Machtverhältnisse für Schweden eine schwere Zukunftsbedrohung bedeuten, hat man zu den Waffen gegriffen, ohne nach altem Feudalbrauch einen förmlichen »Absagebrief und Herold« zu schicken[16]. Ist in dieser Situation also nicht die Frage erlaubt, »ob nicht die Teutschen Fürsten und Städte samt anderen Evangelischen Potentaten uns Schwedischen gegen den Kaiser helfen sollten, der alle Evangelischen haßt und verfolgt«?[17]

Darauf konnte die Antwort nur positiv ausfallen. Aber was waren hypothetische Bejahungen gegen eine Wirklichkeit, in welcher von einem Jubeln der betroffenen Reichsstände über die Intervention Schwedens kaum die Rede sein konnte?[18] Deren bisherige Reaktion sah doch eher abwartend aus, und der Wert der getroffenen Absprachen mit ihnen mußte sich auf dem Convent in Leipzig erst noch erweisen. Wer für das Verhalten der teutschen Fürsten nur das abgegriffene Etikett »Kleinmut« bereithalten kann[19], hat nicht recht erkannt, wie kompliziert die Verhältnisse mittlerweile geworden waren. Die Anfragen Gustav Adolfs beim Reichskanzler zeigen doch, daß auch er dauernd mit neuen Überlegungen und Kombinationen befaßt war. Jeder Schritt mußte bei allem Eigengewicht des Militärischen durchdacht sein, und eine definitive Entscheidung konnte oft Jahre auf sich warten lassen.

»Die Zeit bringt Rosen.« Dieses stoische Wort *Nils Tungels*[20], dem als Gesandter Gustav Adolfs bei Richelieu im vergangenen Jahr für Schweden schwere Demütigungen zugefügt worden waren[21], sollte sich bei der Ankunft Charnacés in Bärwalde wieder einmal als richtig erweisen. Denn auf besonderen Druck des Kardinals hin, der in der Intervention des Königs eher ein willkommenes Ablenkungsmanöver für sein eigenes Vorgehen in Italien sah[22], wurde einigen substantiellen Wünschen Gustav Adolfs nachgegeben. Jetzt konnte man plötzlich die Bedingungen der vertraglichen Kommutation in der Anerkennung förmlicher Gleichberechtigung zugestehen. In der Rangfrage erlaubte man, daß beim Abschluß der Allianz Gustav Adolf im französischen Text an erster Stelle genannt wurde und Ludwig XIII. entsprechend im schwedischen[23].

Für die Reputation Gustav Adolfs und die Sicherung des rechtlichen Status seines Königtums, die auf die Krone Schweden übertragen werden konnte, war diese Antwort von nicht zu unterschätzender Bedeutung, zumal sie von einer wichtigen Macht kam, die ideologisch ins andere Lager gehörte. In der Subsidienfrage nun, bei der Richelieu stets die Geldnöte der eigenen Krone zu berücksichtigen hatte und deshalb sehr gern Umschichtungs-Geschäfte tätigte – vor allem mit der Republik

Venedig, die auch Gustav Adolf geneigt war[24] –, einigte man sich auf 120 000 Reichstaler, zahlbar an jedem 15. Mai und 15. November für jedes Jahr, solange das Bündnis währte[25]. Das war nicht sonderlich viel, aber doch genug, um in all den unsicheren Posten des Kriegshaushaltes einen festen Zuschuß verbuchen zu können, der überdies zwar dem König ökonomisch unter die Arme griff, ihm aber gleichzeitig politisch weitgehend die Hände freiließ.

Das läßt sich aus seiner Neutralitätserklärung für die Catholische Liga und Bayern herauslesen. Er gibt sie nur unter der Bedingung ab, daß sie von Ludwig XIII. erbeten worden ist (kein geringer Prestigegewinn!) und diese beiden Mächte nichts auf ihrer Seite gegen ihn und seine Verbündeten unternehmen. Die Fragepunkte an Axel Oxenstierna finden sich also hier in praktische Allianzpolitik umgesetzt[26].

Nachgegeben hat Gustav Adolf nur in der Weise, daß er im Rahmen dieses bilateralen Abkommens, das in seinen Folgeabkommen bis zum »universalen Frieden« von 1648 hin die Eingriffe in die politischen Verhältnisse des Heiligen Reiches sichern sollte, die Stellung der Papisten an den Orten dulden wollte, »an denen die Ausübung der römisch-katholischen Religion stattfindet«[27].

Man kann darin den *Gedanken der religiösen Toleranz* verwirklicht sehen, sollte dabei aber nicht übersehen, daß Gustav Adolf hier nur den Aufträgen der Reichsverfassung Rechnung trägt, deren Wiederherstellung stets das Ziel seiner Interventionspolitik gewesen war. Sowenig Richelieu nach der Eroberung von La Rochelle »den Hugenotten freie Religionsausübung zugestanden« hat[28], so wenig war es den Calvinisten in Schweden selbst erlaubt, sich dieser Freiheit zu erfreuen. Sogar der Direktor der schwedischen Schiffskompanie, Großvater seines natürlichen Sohnes, Abraham Cabeliau, hatte große Schwierigkeiten, in seinem Haus den Calvinismus zu pflegen[29], in dem Gustav Adolf gar eine Form des Atheismus erkannt hatte. Das hinderte den König aber nicht, gerade mit dem politischen Calvinismus zu operieren. Es muß also auch hier zwischen den einzelnen Konfessionen des Protestantismus von Fall zu Fall unterschieden werden, um nicht Verzerrungen zu kultivieren.

Das Ergebnis von Bärwalde vom 23. Januar 1631 konnte sich trotz aller Winkelzüge, Rangstreitigkeiten und Feilscherei von Gustav Adolfs Seite vertreten lassen, weil mit Frankreich im Südwesten des Heiligen Reiches, den Niederlanden und der Schweizer Eidgenossenschaft[30] sich ein neuer Innenring gestaltete, der kaiserische Truppen band oder ihre Bewegungen erschwerte und ihm damit die Gelegenheit bot, seinen Kriegszug aus Nordosten fortzusetzen. Mit diesem Abkommen war es sogar möglich, aufkommenden moskowitischen Wünschen nachzugeben, auf teutschem Reichsboden eine eigene Armee zu werben, um sie bei Bedarf gegen Polen einzusetzen[31].

Doch bei aller Freude über dieses Abkommen, das mit zahlreichen Böllerschüssen gefeiert wurde, die andrängenden Probleme wurden dadurch nicht gelöst. Eingehende Überlegungen zur weiteren Kriegsfinanzierung mußten bald nach der Ratifikation mit Axel Oxenstierna angestellt werden[32]. Und als die Nachricht vom Leipziger Convent der protestierenden Stände eintraf, daß man dem König zwar beispringen, aber nicht die »absolute Administration« in der gemeinsamen Kriegführung gegen den Habsburg-Kaiser zuerkennen wolle[33], da durfte Gustav Adolf ahnen, was noch an Diplomatie, Drohung und Durchhalten zu leisten war, ehe das Hauptziel in Sichtweite kommen konnte.

Was immer auch für dieses Ziel der hohen Politik geleistet werden mußte, die Würgeengel in den Fiebernischen dieses irdischen Jammertales kümmerten sich nicht viel darum, was sich die Menschen ausdachten, um voreinander sicher zu sein. Wie Schlagschatten lauerten sie den Erdengästen auf, um sie mit dem Platzen von Pestbeulen austropfen zu lassen. Ob König oder Kind, ihrem Griff konnte keiner entfliehen – auch eine grausame Kommutation. Eine neutral waltende Kraft, die nur auszuhalten war, wenn Gegenkräfte gefunden wurden, solange sie die Betroffenen noch nicht um den Verstand gebracht hatte: die Steigerung des stoischen Gleichmuts, der den Tod als Ausdruck der Natur ohne Klagen annimmt, und die Zuflucht ins Gottvertrauen, aus der die Heilsgewißheit strömte, am Ende aller Tage unterm Urteil eines gerechten Gottes die Auferstehung des Fleisches zu erleben.

Charnacé wußte schon, warum er das dunkle Gemüt nach dem Tode seiner Frau in sich wuchern ließ, während er gleichzeitig mit harter Arbeit betraut war. Da schoßen Schwarzflüsse in die reine Rationalität und erinnerten ihn daran, daß der Mensch auch noch aus anderen Dingen bestand, als sich nur über Vertragstexte zu beugen. Gustav Horn, mit dem er im Lager von Bärwalde zusammengetroffen war und der neben Johan Sparre und Carl Banér als Repräsentant des Senats dieses Abkommen unterzeichnete[34], ehe es ratifiziert wurde, hatte diese Erfahrung des Franzosen noch vor sich. Sie traf ihn aber recht bald und hat uns eine Reihe von Zeichen hinterlassen, die auf eine eigentümliche Weise zum Schlagkreis von Bärwalde gehören, weil sie neben dem Los des französischen Gesandten im Schatten der hohen Politik die Aufmerksamkeit auf etwas Menschliches richten. Auf die Spannung zwischen Amts- und Ehepflicht und darin der Stimme eines Kindes Gehör verschaffen, dessen Erinnerungen zusammen mit einem Brief seines Vaters und seines Großvaters etwas Bewegendes in der Geschichte dieses Teutschen Krieges vermitteln: der Versuch, im Leben den Tod eines geliebten Menschen zu überwinden.

Einen Tag nur nach dem Geburtstag seiner zweijährigen Tochter Agneta[35] sieht sich Gustav Horn im brandenburgischen Rathenow veranlaßt, seinem Schwiegervater Axel Oxenstierna die traurigste Nachricht seines noch jungen Lebens mitzuteilen. Christina, die einzige Tochter des Reichskanzlers und seit drei Jahren die Gemahlin des Generals und Senators, ist am 8. August 1631 »zwischen 5 und 6 Uhr zu abends durch den zeitlichen Tod aus diesem Jammertal hingenommen. Dero Seele der liebe Gott gnädig und barmherzig ihr auch am Jüngsten Tag eine fröhliche Auferstehung verleihen wolle«[36].

Diese eher sachlichen Auskünfte sagen nichts von der »großen Bestürzung und Herzeleid«, die Gustav Horn und seine beiden Kinder getroffen haben, wohl aber sein Bericht an Axel Oxenstierna, wie alles verlaufen sei. Bald nach ihrer Ankunft aus Schweden in Wolgast[37] und nachdem sie mit ihrem Mann

»etliche Wochen in großer Liebe und Freude sicher gelebt« hatte, wurde sie von »einer schweren Krankheit und pestilenzischem Fieber heimgesucht«. Obgleich Horn mit seinen Truppen nach Schlesien gehen mußte, sorgte er für ihre ärztliche Pflege, die auch bald Linderung und sogar Besserung verschaffte[38].

Gerade in diesem Zustand, wo sie alle nur denkbare Pflege gebraucht hätte, bekam er aber von Gustav Adolf »die Order, daß ich mit der Armee schleunig aufbrechen und zu deroselben stoßen sollte. Aus diesem Grunde war ich verursacht, IKM:t mein Hauskreuz kundzutun und (habe) untertänigst gebeten, daß IKM:t einen anderen schicken wollte, der die Armee abführen könnte, weil ich meine liebe Ehefrau nicht in solcher Not verlassen könnte, zudem ich auch nicht wüßte, wie lange ich selbst, der ich meiner lieben Ehefrau aus ehelicher Liebe und Pflicht Handreichung getan und gepflegt habe, von solchem Gift frei bleiben würde.«

Doch der lange Weg zum König und dessen dreimalige Aufforderung, endlich mit seinem Armeeteil herbeizukommen[39], hat keinen Aufschub mehr dulden können, so daß er dem Befehl genügen mußte. Es ist ihm jedoch noch gelungen, seine Frau auf Anraten der Ärzte übers Land nach Stettin zu bringen, wo sie mit einem Schiff nach Schweden zurückkehren sollte. Die eingetretene Besserung ließ ihn bald Abschied nehmen, in der Hoffnung, daß sie wider Erwarten gesund werden würde. In großer Eile verfügte er sich dann nach Spandau und erfuhr dort, daß der König seine »Compassion wegen meines Hauskreuzes bezeuge« und trotz der Ungelegenheit ihm gerne die Erlaubnis erteile, »daß ich zurückbleibe, wann es nicht anders sein könnte«. Das nützte ihm aber jetzt wenig, da sich das Kriegstheater entwickelt hatte, und so entschloß er sich, nachdem er gute Nachricht aus Stettin bekommen hatte, Gustav Adolf nicht noch einmal um einen »Urlaub« zur Krankenpflege anzugehen. Denn daraus hätte dieser am Ende doch noch in seinem Mitleiden »sinistre Gedanken um mich fassen« können. Um so mehr überraschte ihn dann die Nachricht von ihrem Tode: »Und kann noch nicht wissen, was für ein Symptom zu der Krankheit, welche an sich selbst nicht mehr gefährlich gewesen, geschlagen (und) meinem lieben Ehegatten den Tod verursacht und mich in dieses Herzeleid gestürzet hat«[40].

Er war also bis an die äußerste Grenze dessen gegangen, was er sich aus privaten Gründen gegen seinen Amtseid als Reichsrat und General erlauben durfte. Der König, selbst nur kurz mit seinem Hauskreuz verbunden[41], hatte bei allen Belastungen Verständnis, und der Kanzler in Elbing antwortete ihm als Vater der Verstorbenen in einer Weise, die seinen Trostbrief in stoischer Ruhe und absoluter Glaubensgewißheit zu den ganz großen Dokumenten menschlicher Geschichte macht[42]. Nicht anders auch die Erinnerung des Mädchens *Agneta Horn Gustavdotter*, in der neben einer auch heute noch zu Herzen gehenden Klage über den Tod der geliebten Mutter und die böse Behandlung durch die Umgebung[43] eine denkwürdige Erklärung für die Todesursache erzählt wird.

Christina Oxenstierna fühlte sich besser, erhob sich sogar von ihrem Krankenlager, »träumte (aber) in einer Nacht, daß mein Herr Vater geschlagen[44] war. Davon wurde sie so sehr erschreckt, daß sie im Traum unversehens an einer Eiterbeule kratzte, so daß sie ein Loch bekam. . . Und kurz darauf setzte ein heftiges Frieren ein, und fiel sie aufs neue (in ihre Krankheit) und mußte auf diese Weise ihr Leben in ihren besten und jungen Jahren einsetzen, als sie nicht älter als 22 Jahre geworden war«[45].

Was Agneta Horn im weiteren von Hunger und Not zu berichten hat, stellt ihrer Umgebung vom Kindermädchen bis zur hochadligen Ebba Lejonhuvud, die mit Klas Horn verheiratet war und sich der Kinder annahm, ein schlechtes Zeugnis aus[46], gibt aber von der Königin Maria Eleonora ein recht mildes Bild. Sie, die mit ihrer eigenen Not hinreichend belastet war, nahm das Mädchen in ihren mütterlichen Schutz[47] und ihre Fürsorge. Eine Geste, die ihr aus Gründen einer unbarmherzigen Staatsraison bei der eigenen Tochter in dieser Form nicht erlaubt worden war[48].

Lassen wir den Schlagkreis hier enden mit dem versöhnlichen Bild, daß eine leidgeprüfte und auch gedemütigte Königin Trost darin findet, mit einem durch Tod und Krieg entwürdigten Mädchen in ihrer Kammer zu spielen[49], während sich die hohe Politik im Gehege der Kommutation nicht von solchen Gefühlen leiten lassen durfte. Denn dabei ging es nicht ums Leben eines einzelnen, sondern ums Überleben des Ganzen, und das hat sich noch nie der Compassion fähig erweisen dürfen.

# »Unserer Nation Gebrechen«

Nach dem Abkommen von Bärwalde sah sich der König veranlaßt, auf dem weiteren Kriegszug in Richtung Mecklenburg den Kriegsetat zu regulieren und die Einkünfte so zu sichern, daß den wachsenden Armeen in ihrem monetären Bedarf und materiellen Forderungen kein unzumutbarer Schaden entstand, der ihn selbst und das ganze Unternehmen gefährden konnte. Bei seinen Berechnungen für das laufende Jahr hoffte er vor allem auf die Hilfe aus den Ländern der Krone Schweden, die bis jetzt recht schleppend angelaufen war und nur besser werden konnte.

Mit einigen Erwartungen muß er deshalb dem großen Schreiben des Reichsrates entgegengesehen haben, das ihm Ende November von Uppsala aus zugestellt worden war. Aber nach dem Brechen der Siegel traute er kaum seinen Augen. Denn was die Senatoren ihm da aus Schweden berichteten und zu empfehlen wußten, war nicht das, was er jetzt gebrauchen konnte. Die Hohen Herren des Senats würdigten zwar »die große Mühe und Gefahr«, die der König für sie und das ganze Reich auf sich genommen hatte, billigten auch die Aufstellung von fünf Armeen, um den Feind mit diesem konzentrierten Druck endlich zum Frieden zwingen zu können, aber bei der entscheidenden Frage nach den Geldmitteln verweisen sie darauf, daß solche wegen eines großen Defizits im Ordentlichen Haushalt des Reiches kaum aufzubringen seien, was immer auch über den Kriegshaushalt abgewickelt werden könne. Als Hauptgrund wird »eine große Mißernte« angegeben. Vor allem die wichtigen Landschaften Väster- und Östergötland seien davon betroffen, »so daß der Kornpreis von Tag zu Tag steigt«.

Diese schlechte Nachricht bekümmerte sie selbst nicht wenig. Doch hofften sie darauf, der König möchte sie »ohne Mißfallen aufnehmen«. Aber wie sollte er bei aller Beherrschung und Geduld hier ein ruhiges Verständnis aufbringen, wenn ihm noch Probleme mit der bewilligten Aushebung, mit dem eingeführten Kupfergeld und gar mit dem Kreditwesen aufgetischt wurden, deren Lösung er dem Senat zutrauen durfte? Und dann noch als Krönung des Ganzen wurden ihm »nicht mehr als die 9887 Reichstaler« an Zuschuß angeboten, die von einem Zoll-Factor zu erwarten waren, während allein »107 464 Reichstaler für den Kriegsetat in allen Landesteilen« noch ausstanden und nicht eingetrieben werden konnten[1].

Gustav Adolf war außer sich. In einem Antwortschreiben vom 3. Februar aus dem Kriegslager von Neu-Brandenburg liest er den Senatoren die Leviten und zeigt ihnen, wie Reichstagsbeschlüsse zu interpretieren und durchzuführen sind. Die Viehsteuer, eine nicht unerhebliche Einnahmequelle, war 1629 auf zwei Jahre hin jeweils auf den Sommer von den Ständen des Reiches bewilligt worden, aber bisher nur einmal in die Erhebung gekommen[2]. Was soll man also von einem Senat halten, der seinen Verfassungspflichten bei der Vollstreckung von allgemeinen Beschlüssen nicht nachkommen konnte oder gar nicht wollte, daß sie vollzogen wurden? Wieviel »gutes Vertrauen haben wir zu Schwedens Ständen und besonders zu Euch ihr guten Herren gehabt«? Sollten sie nicht »mit aller Macht und Willigkeit«, ja mit dem höchsten Fleiß darauf sehen, ihm »die Bürde zu erleichtern, die wir für Euere Wohlfahrt nach Gottes gutem Willen weit von zu Hause weg in Feindesland, großer Gefahr und Arbeit unterworfen, tragen müssen«? War es nicht aller Absicht, »daß diese wohlbegonnene Sache nicht aus Mangel an (Geld)-Mitteln verlorengehen möge, und der Krieg nicht auf Euere eigene Tür gewendet werde – zu Sklaverei und Ruin des Vaterlandes«?

Den großen Worten vor der Teutschen Expedition waren nach Ansicht des enttäuschten Königs keine großen Werke gefolgt. Nur eines schien zu stimmen: »Schlappheit (ömheet)« und »die geringe Sorge um das Allgemeine (die stets *unserer*

*Nation Gebrechen* gewesen ist) haben in Schweden mehr Macht als die angeführten Gründe«. Was daraus bald erwachsen müsse, sei eine Sache, die kaum verantwortet werden könne. Denn was haben Senat und Stände in Schweden in Wirklichkeit getan? Sie haben »Uns um Unsere Zuversicht betrogen« und Veranlassung dafür gegeben, »daß Wir eine Rechnung aufgemacht haben, wo keine gemacht werden sollte«![3]

Was Richelieu nur privat zu äußern wagte, als er die Franzosen und ihren Kult um den Eigennutz geißelte, wobei er ihnen vorwarf, daß sie den Vipern ähnlich seien und gar bereit, die Eingeweide der eigenen Mutter aufzufressen[4], hält Gustav Adolf in einem offiziellen Staatsschreiben dem Senat vor und mit diesem auch den Ständen, die schließlich mit den Reichstagsbeschlüssen zum Teutschen Krieg wesentliche Verpflichtungen eingegangen waren. Wie sollte mit 9887 Talern »ein Heer von 96 000 Mann aus allerhand Nationen und Zungen« bezahlt werden, das der König unter Waffen halten mußte, um die gestellte Aufgabe bewältigen zu können? Es stand angesichts dieser Lage außer Frage, »daß Wir wohl alles brauchten, was zusammengeführt werden kann, um diese Armee zu unterhalten und vor Meuterei zu bewahren«. Mehr noch, der König hätte auch »Gründe und Recht genug«, alles für diesen Unterhalt von Senat und Ständen zu fordern. Aber, er möchte diese Berechtigung nicht auf die Spitze treiben. Denn ungeachtet dessen, daß da anscheinend ein Teil seinen Privatnutzen sucht und auf ungerechtfertigte Weise sich »mit Allmogens Schweiß und Blut« in die eigene Tasche zu wirtschaften versteht, fühlt er sich trotz allem der »Liebe des Vaterlandes und dessen Einwohner in Uns gewiß« und hält sie für »so groß, daß Wir lieber auf die erwähnten Hilfen verzichten wollen, als falschen ungeduldigen Menschen die Gelegenheit zu geben, Uns zu verleumden«.

Doch wenn auf andere Mittel zur Kriegführung ausgewichen werden müßte, sollte ja keiner kommen und sich später beschweren. Denn bei einem unvermuteten Rückschlag »ist dies nicht unsere Schuld, wenn das Vaterland und alle dessen treue Einwohner durch die üble Bezahlung der Armee in Unbestand und Unglück geraten«[5]. Er selbst sei weiterhin bereit, alles für »die Christen zu tun, die in Unterdrückung leben« und sich für »des Vaterlandes und der Nachkommenden Sicherheit« einzusetzen, selbst wenn »unsere Oster- und Pfingstnacht nach Gottes Willen unserem Weihnachtsabend gleich sein sollte«. Gemeint war die Vorbereitung zum Sturm auf Greifenhagen, die am 24. Dezember von ihm veranlaßt worden war und am nächsten Tag auch zur erfolgreichen Ausführung kam[6].

Nach diesem geharnischten Auftakt rechnet der König den Reichsräten vor, wie sich die Dinge eigentlich verhalten. Er wird plötzlich zum Rat seines und des Reiches Rat und legt die Schwierigkeiten so aus, daß sie zu seiner These vom Eigennutz passen. Am steigenden Getreidepreis ist weniger die Mißernte schuld, die ihm nach anderen Berichten aus Schweden nicht so schlimm vorkommt, als vielmehr das Streben derjenigen, »die am meisten haben (und) mit dem Schaden anderer reich werden wollen«. Da wird manch einer im Senat geschluckt haben, als ihm diese Ansicht zu Ohren gekommen ist, zielt die Kritik des Königs doch gerade auf diejenigen im Umkreis des Senats, die hier ein Geschäft witterten, aber jetzt mit einem Ausfuhrverbot belegt werden, das nach einem Plan von Axel Oxenstierna die Getreidelage in Schweden selbst verbessern sollte[7].

Mit diesen Seitenhieben nicht genug. Die Rechenkammer darf hören, daß die Haushaltsangaben mit ihrer »Contrabalance« nicht stimmen können und man dem König zugemutet habe, sich mit »einer Spiegelfechterei« abzugeben[8]. Und was die Durchführung der bewilligten Aushebung neuer Soldaten betrifft, so warnt er die Senatoren, ja auf diejenigen zu achten, die damit befaßt sind, damit nicht durch Rechtsbrüche und allerlei Übergriffe beim Eintreiben ausgerissener Soldaten die Lage im Lande selbst verschlimmert werde. Es solle sich keiner unterstehen, »irgendeinen Unschuldigen einzuschüchtern und unsere armen Untertanen . . . auszubeuten«[9].

Hätten sich alle Beschlüsse ordnungsgemäß vollziehen lassen, dann wäre darin das libertäre System selbst vorzüglich bestätigt worden, indem der König Rat (consilium) von oben und Hilfe (auxilium) von unten entgegennehmen durfte. So aber muß er seine Majestät einsetzen, um den Trägern von Autorität (Reichsrat) und Libertät (Reichstag) ins Gewissen zu reden, sich nicht nur auf die eigenen Rechte zu berufen, sondern sich auch darauf zu besinnen, daß damit Pflichten verbunden sind. Die Klage über die »übliche Schlappheit, wenn die Sachen des Allgemeinen betrieben werden müssen«, erscheint ihm berechtigt, und in einem Brief vom selben Tag an den Pfalzgrafen und Schwager *Johann Casimir* kann er sich in dieser Hinsicht nicht zurückhalten[10]. Er bittet diesen teutschen Fürsten, dem er schon in Bärwalde die Vollmacht erteilt hat, in der Rechenkammer die Obereinsicht zu führen[11], »Uns die gute Freundschaft zu beweisen und die Sachen auf die Weise zu betreiben, daß Uns die Reste Unseres Kriegsetats aus den Pachtverträgen, den großen Zöllen und aus dem Kupfergeschäft rechtzeitig und auf schnellstem Wege geleistet werden«. Und was in Finnland und Livland anhängig sei, soll ihm ebenso mitgeteilt werden, wie die ausgebliebenen »fünf Kompanien Reiter« endlich auf teutschem Reichsboden zu erscheinen haben[12].

Der König hatte seinem Zorn Luft verschafft. Die Schlaffen sollten aus ihrem Schlaf gerissen werden, aus dem Zustand des Trägen, der »rathe« oder dem Feind jeden Fortgangs, mußten doch alle Kräfte angespannt werden, um dieses Werk zu einem guten Ausgang zu bringen. Und dafür hatte Gustav Adolf mit der Landung und Sicherung seiner Operationsbasis von Preußen über Pommern hinaus und am Oderstrom hinab eine wichtige Voraussetzung geschaffen, die sich in diesen Tagen erweiterte. Denn es »ist auch Uns eine gewaltige Tür geöffnet durch die Verbindung mit der Stadt Magdeburg . . . Dem Feinde ist dadurch die Zufuhr auf der Elbe gesperret, daß er unterhalb der selbigen Stadt nicht wohl seinen Unterhalt bekommen kann«[13].

Der Feind? Das waren nicht nur die Kaiserischen unter Tilly und Pappenheim, während Wallenstein grollen und schmollen durfte[14], sondern auch die Spanischen, die mit den Dänischen in Glückstadt an der Elbe ihr Glück versuchten, um auch Hamburg gefügig zu halten, das vom Spanienhandel abhängig war und in den Verhandlungen mit Adler Salvius wegen eines Bündnisses und Unterstützung Gustav Adolfs nachdrücklich darauf bestehen sollte, so neutral zu sein, daß man von beiden Seiten die Vorteile nutzen konnte, ohne diesen zu schaden[15]. Der Feind! Von dem weiß Gustav Adolf zu berichten, »daß die Kaiserische Armee sehr geschwächet (ist). Glaube nicht, daß sie in ganz Teutschland zehntausend Mann zu Fuß effective itzo sein«[16]. Er dachte wohl an Tilly, der im Schlagkreis der Schweden-Armee zwischen Oder und Elbe rochierte und ebenso verzweifelt auf Hilfe wartete wie sein nordischer Gegner. »Die Gefahr, die Not, die Armut«, schreibt er fast gleichzeitig mit den Klagen Gustav Adolfs, »wächst nicht nur täglich, sondern stündlich und augenblicklich für beide Heere«, womit er das Kaiserische und Ligistische Heer meint. »Darum ist der Sache nicht mit Hin- und Rückschreiben, mit Mahnen, Flehen, Vertrösten, noch viel weniger mit dem Ausschreiben von Zusammenkünften und Beratungen gedient; es muß ihr schleunigst durch die Tat geholfen werden. Wenn dies nicht geschieht, ist die unfehlbare und gewisse Folge, daß sich die ganze Kriegslawine in die Länder der Bundesfürsten stürzt«[17].

Die Worte des königlichen Feldherrn sind mit denjenigen des kaiserischen austauschbar und deuten den Unwillen an, dem laufenden Kriegswesen die nötigen Mittel zu geben. Eine Haltung, die sich rächen muß, weil beim Ausbleiben der zugesagten Hilfe der Krieg sich das holt, was er braucht und noch einiges mehr! Tilly hat es schmerzhaft erfahren und bald erleben müssen, wie sich dieses Kriegstheater auch politisch gegen ihn und Wien wendete. Der König hatte also nicht so unrecht, als er nach Stockholm meldete, wie sich »auch der Teutschen Fürsten und Stände Gemüter vom Kaiser ab und zu Uns gewendet (haben), (so) daß, wenn Wir glücklich . . . continuieren sollten, wir von ihnen guten Vorschub zu vermuten haben«[18].

Doch von der Zuversicht auszugehen, war eine Sache; Zusagen erfüllt zu sehen eine ganz andere. Und dazwischen waren die erforderlichen Kriegsbewegungen auszuführen, während die verfügbaren Mittel immer weniger wurden und die Angegriffenen im eigenen Land bei Rechtfertigungen Zuflucht suchten. Obgleich der königliche Brief vom 3. Februar bereits am 3. März in Stockholm angekommen war, brauchten die Senatoren bis zum 28. März Zeit, um eine Antwort auf die Zuchtrede des Königs zu finden.

Sie wehrten sich gegen die Vorwürfe aus Neu-Brandenburg und wollten gar nicht erkennen, daß sie »mit Rat oder Tat« den Verlust des Vertrauens verursacht haben könnten, der ihnen hart zu Gemüte gehe. Denn die Verzögerungen in der Leistung von Bewilligungen sei doch auch eine Sache der Stände selbst, und außerdem bedürfte es zur Erhebung dieser Bewilligungen einer besonderen Vollmacht des Königs. Denn dieses Recht sei ein Regal der königlichen Majestät, in das der Rat nicht eingreifen dürfe, »nachdem es uns auch sowohl nach Schwedens Gesetz und nach allen anderen Beschlüssen streng verboten worden ist und von uns nicht verantwortet werden könnte, den Ständen entweder etwas zu verkünden, zu verordnen und aufzuerlegen – ohne IKM:ts Mandat und Vollmachten«.

Die Senatoren waren der Ansicht, daß die Beschlüsse des Reichstages von 1629 in ihrer Rechtswirksamkeit bereits ausgelaufen waren. Daher die Vorsicht und Bitte um Nachsicht an den König, er möge doch dem Reichsrat die Entschuldigung gewähren, wenn er »durch ein Mißverständnis erzürnt worden ist«[19]. Es sei keineswegs die Schlappheit (ömheet) im Senat, wenn sich Fehler in die Berechnungen zum Kriegsetat eingeschlichen hätten, sondern man müsse sie bei den Kammerräten und Factor-Stellen suchen, welche die Zahlen geliefert haben. Den Vorwurf der Verleumdung des Königs wollen sie auch nicht auf sich sitzen lassen, viel weniger den der privaten Bereicherung durch Ausbeutung von Allmogen, und was die Vorschläge des Königs betrifft, so können sie nach der Rechtslage nur zum Teil verwirklicht werden. Gustav Adolf darf erfahren, daß sich die Senatoren nicht dem Vorwurf aussetzen lassen wollen, statt nur zu raten, in des Königs Abwesenheit ohne dessen besondere Aufträge das Regieren in der Weise zu betreiben, daß der Vollzug von Forderungen an die Stände dem Vertrag mit ihnen vorausgehen soll[20].

Jeder der neun Senatoren, der diese Antwort ins Heilige Reich unterschrieben hat, wußte zu gut, wohin im Ernstfall eine Handlungsweise führen konnte, die als Vergehen gegen des Königs Majestät aufgefaßt werden konnte. Die Schatten des Blutbades von Linköping waren noch lang genug, um die Gemüter in den düsteren Winternächten zu erreichen. Man spürt die dunklen Ahnungen aus dem Brief der aufgeschreckten Senatoren, den sie einen Monat später an Axel Oxenstierna nach Preußen schickten, um sich neben den Absprachen zum Kornhandel seinen Rat in dieser unangenehmen Sache einzuholen, wissen sie doch nicht, was »dieses ungnädige Schreiben (des Königs) verursacht haben könnte«. Denn sie haben mit ihren Auskünften über die wirkliche Lage in Schweden und im Haushalt des Reiches »nichts anderes geschrieben, als was unsere Pflicht . . . ist«[21].

Der Kanzler gibt seinen Kollegen auch eine Stellungnahme. Sie ist ein Musterbeispiel für seine Staatskunst. Er erklärt den Senatoren die Notwendigkeit der äußersten Kraftanspannung im Krieg, besonders in »diesem Teutschen Krieg gegen den Kaiser, einen mächtigen Potentaten, der von der Catholischen Liga gestützt wird«, ohne auf die vom König erwähnte Schlappheit direkt einzugehen. Und er macht ihnen klar, daß er zwar an ihrem Recht und an der Sache selbst keinen Zweifel habe, aber doch in der Handhabung der Form des Senatsschreibens eine Ursache sehe, die dem König unangenehm sein mußte. Dieser weiß doch auch, daß Not am Mann ist, und hat neben der hohen Verantwortung tausend Dinge am Hals, ohne sich zu beschweren oder sie gleich zu erkennen zu geben. Deshalb müsse man von seiten der Senatoren immer auf neue Mittel sinnen, wie der Not abzuhelfen sei, und nicht so sehr darauf den Blick lenken, daß sie vorhanden ist. »Wenn wir unsere Berufung richtig ausüben wollen, müssen wir oft die Beschwernisse verringern und auf andere ausweichen, unbesehen dessen, was wir selbst besser wissen und aus eigenem Gefühl heraus beurteilen können.« In diesem Sinne habe man sich vorzusehen und »mit Geduld die Beschwernisse zu tragen«, bis andere Zeiten kommen. Es sei denn, daß sie möglicherweise »im Land einen Aufruhr entstehen lassen«. Das dürfe man nicht zulassen oder gar dem König verbergen. Aber man habe sich davor zu hüten, sich selbst und den Senat »verhaßt und verachtet« zu machen, wo es in diesen Zeiten nur ein Staatsziel geben könne, nämlich »das Gemeine Beste jederzeit am höchsten in acht zu nehmen«[22].

Was Axel Oxenstierna, dem der König selbst das beste Zeugnis eines Ratgebers ausgestellt hatte, neben vielen anderen Ratschlägen seinen Kollegen sagen wollte, war nichts anderes, als sich an der Gegenwart der königlichen Majestät in der Fülle ihrer Macht so anzustrengen, daß diese in der Acht des Rechts blieb, um dieses selbst nicht in Verruf zu bringen. Stets um einen Gedanken weiter sein, das ist die Tugend in der Not. Sie bringt Autorität ein und läßt das Vertrauen gedeihen. *»Regum aures sua natura sunt tenerae«*, ruft er den Hohen Herren zu und sagt damit, daß sie auf der Hut sein sollen und ihre Worte im Umgang mit dem König so zu wählen haben, daß sie der Sache dienen und nicht von der Form her Unruhe erzeugen, wo Zuversicht vermittelt werden muß. Denn, wie gesagt – *Könige hören das Gras wachsen!*[23]

Der Senat nahm diesen Hinweis des Kanzlers recht dankbar auf und entschuldigte sich mit leichter Ironie dafür, daß man in der Form nicht dem höchsten Standard im Stil entsprochen, sondern in aller Einfalt das gefaßt habe, »was sich nicht so leicht durch die Blume sagen läßt«. Und ist Axel Oxenstierna nicht zur Stelle, dann erscheint diese Aufgabe doppelt schwer[24]. Er wird es mit einiger Erleichterung quittiert haben, daß sich die Spannungen mit dem König zu lösen begannen. Aber mit der Abreise der Königin Maria Eleonora nach Stralsund, die Gustav Adolf gefordert hatte, um nicht bei den Teutschen aufgrund ihrer Abwesenheit in eine unleidliche Disreputation zu geraten[25], deutete sich eine neue Sorge an. Denn mit der Königin erhöhte sich auch das Sicherheitsrisiko und mußten Pflichten der Repräsentation erfüllt werden, welche zusätzliche Kosten verursachten. Aber konnte man dem König verwehren, nach diesem harten Jahr der Gefahr und des Verzichts wieder Maria Eleonora zu sehen, die ohnedies nur im gesicherten Hinterland ihren Aufenthalt nehmen durfte, solange der Kriegszug nicht seinen Wendepunkt gefunden hatte?

Und auf den wurde zugearbeitet. Wohl war es Gustav Adolf bewußt, daß in seinem Machtbereich »an vielen Orten der Wille fehlt und an anderen wieder der Verstand«. Aber was blieb ihm unter solchen Umständen übrig? Er mußte zusehen, »wie wir mit den anderen zurechtkommen können«. So versuchte er in einem Brief an Axel Oxenstierna die Lage zu meistern[26], in die ihn Eigennutz und Trägheit angeblich getrieben haben und die nur durch noch intensivere Anstrengungen wieder unter Kontrolle kommen konnte. Waren es aber wirklich nur die persönlichen Schwächen der eigenen Mitarbeiter, der Nationalcharakter gar, der dieses Unternehmen in Unbestand brachte, wenn der König nicht höllisch aufpaßte und die Amtsführung der Untergebenen überwachte? Später, als die Wechselgeschäfte Erik Larssons nicht griffen und einen Augenblick lang die Angst an den Zusammenbruch von *de Witte* gemahnte, dem Finanzier Wallensteins[27], durfte sich der König wieder in seiner Annahme bestätigt sehen.

Ohne Zweifel, die persönlichen Qualitäten der einzelnen Staatsmänner spielten eine große Rolle in diesem Kriegstheater und seinem schwierigen Unterhalt, aber was blieb dann noch als Erklärung, wenn selbst ein Huomo del Stato vom Format Axel Oxenstiernas den Forderungen des Königs nicht nachkommen konnte, obgleich an seinem Fleiß, Willen und Ernst jegliche Kritik versagte? Gustav Adolf sollte die Antwort darauf in den folgenden Monaten recht schwerfallen.

# Norma futurarum actionum

Der Krieg in diesem Zeitalter des sich säkularisierenden Völkerrechtes wurde nicht als Fortsetzung der Politik mit anderen Mitteln aufgefaßt oder empfunden[1], sondern als Durchsetzung eines politischen Ziels, das nur ein Friede in Freiheit sein durfte. Der Grotianische Satz *Belli finis pax est* war der unabdingbare Inbegriff alles Streitens. Krieg, das war das letzte Mittel, um eine zerbrochene Vertragslage wieder herzustellen: ein Gleichgewicht.

Nur unter diesen Bedingungen wird die dauernde Legitimation der *gerechten Sache* verständlich, weil sie erst den Hinweis darauf gibt, daß die Gegenseite bestehende Verträge gebrochen und damit auch den Krieg verursacht hat. Krieg, das ist die Wahrnehmung eines aktiven Widerstandsrechtes; das ist die Einklage des Friedens und der Versuch, mit Machtmitteln einen *Status quo ante* herzustellen, der Sicherheit gewährte.

Diese Positionen muß man sich immer wieder in Erinnerung rufen, wenn man von den Gegebenheiten her verstehen will, was Gustav Adolf im Inneren seiner Politik bewegt hat. Das Retten des politischen Protestantismus war die Grundlage von Schwedens Sicherheit. Wer also diese Rettungsaktion gegen das nationale Sicherungsbedürfnis ausspielt, wie es in der Regel der Fall ist[2], der hat bei aller Mühe den Kern der Kriegspolitik dieses Königs nicht erfaßt, der aus Verträgen lebte und aus dem Verfassungsbruch des Kaisers das Recht herleitete, intervenieren zu dürfen. Nationale Sicherheitspolitik war demnach nur möglich als Ausdruck einer europäischen Innenpolitik. Aus diesem Grunde verkennt jene Ansicht völlig die Intentionen Gustav Adolfs, die da behauptet, daß er »nach der militärischen

Überwältigung des Kaisers und der Liga keine bloße Wiederherstellung der alten Zustände, sondern eine neue politische Ordnung des Reiches« wollte[3].

In diese Deutung mischt sich auch die Vorstellung, der König habe bewußt nach der Kaiserkrone gegriffen. Wie schon an der Kandidatur zur Krone Polens zu ersehen war und noch nähere Beleuchtung erfahren wird, kann diese Unterstellung endgültig aufgegeben werden. Was immer auch als rhetorisches Mittel noch in dieser Hinsicht zum Einsatz kommen sollte, es hat mit der Innenwelt seiner Politik und Pläne nichts zu tun[4]. Außerdem muß beim Stand der Dinge im Sommer 1631 verstärkt darauf geachtet werden, was zur akzidentiellen Zielsetzung *während* des laufenden Krieges gehörte und wie die beabsichtigte Ordnung *nach* seinem Ablauf in Gestalt eines »universellen Friedens« substantiell auszusehen hatte.

Bereits im April kann Gustav Adolf dem Kanzler neben all seinen Hilferufen und nach all dem Lamentieren, wie Wallenstein gern und nicht ganz zu Unrecht das Verhalten Schwedens drei Jahre zuvor genannt hatte[5], mitteilen, daß »sich jetzt die Kurfürsten vom Kaiser geschlagen haben, und wir am Werke sind, mit dem Kurfürsten von Brandenburg eine Allianz zu schließen, wie sie mit dem Fürsten von Pommern erreicht worden ist. Der Landgraf von Hessen (Kassel) ist auch auf einem guten Weg; glaube auch ohne Zweifel, daß er sich accomodieren (bequemen) wird. Kur-Sachsen ist auch so weit gekommen, daß es kaum noch umhin kann, in die Waffen zu treten.« In der Verbindung mit Brandenburg wuchs dem König die Möglichkeit zu, über »den größten Teil seiner Festungen« zu verfügen. Dafür aber benötigte er neues Kriegsvolk, nicht anders als für die Sicherung Landbergs, des Odergebietes und zum »Entsatz von Magdeburg, mit dem wir uns herumquälen (martla)«[6].

Es gab also schon eine gewisse Grundlage der Gegenseitigkeit, die jetzt vor allem von Adler Salvius erweitert und gleichzeitig verdichtet werden sollte. Salvius, einst Stipendiat von Axel Oxenstierna, war neben *Sten Bielke* einer der besten Diplomaten Schwedens aus der jüngeren Generation. Vor allem in

Frankreich ausgebildet, in Medizin und Rechtswesen gleich gut bewandert, sprachgewandt und in goticistischem Geist dem Spanier *Saavedra Fajardo* zugetan, dabei durch die Verheiratung mit der Witwe eines Goldschmiedes zu Vermögen gekommen[7], fand er das Vertrauen des Königs. Er hatte die Mission zu bewältigen, wie nach dem Convent von Leipzig »ein neues evangelisches Haupt« zu bestimmen sei und wie zwischen diesem und »den evangelischen Ständen . . . eine neue Verfassung« errichtet werden könne: demnach eine besondere Ordnung für die Art der weiteren Kriegführung gegen den Kaiser und die Liga.

Für die festere Organisation der Alliierten in Form einer zielgerichteten Confōderation stellte Gustav Adolf in der sogenannten *Norma futurarum actionum* eine fundamentale Überlegung an, die nicht nur den häufigen Vorwurf des Groben widerlegt, sondern erneut bestätigt, wie sehr er das Wesen des wechselseitigen Feudaldenkens verinnerlicht hatte und statt einer grundstürzenden Mutation im Heiligen Reich eine stabilisierende Mutuation mit den eigenen Bundesgenossen suchte. »Im Krieg«, so läßt er sich vernehmen, »müssen zwei Dinge erwogen werden. Nämlich die Art des richtigen Kriegführens und deren Ausübung. Die erstere scheint mehr der geistigen, die letztere mehr der körperlichen Verfassung zu entsprechen.« Das bedeutet konkret, daß man bei der Art der Kriegführung »nichts ohne gemeinsamen Rat beschließen wird«. Doch bei der Tat muß dem Kriegführenden selbst »freie Hand bleiben«[8].

Die Unterscheidung von Deliberation und Exekution, von »Consilium et auxilium«, von »Treu Herr – Treu Knecht«, von Rat und Tat ist das eindeutige Kennzeichen einer Gewaltenteilung, wie sie nur Vertragslagen ermöglichen können. Nicht umsonst beruft sich der König hierbei auf die »gegenseitigen Verträge (mutua pacta)« zwischen Haupt und Gliedern.

Ihr Vollzug allein erscheint ihm in der gegenwärtigen Lage als das einzig Richtige, weil in ihnen die Fähigkeit zur Mediation, zum künftigen Vergleich vorausgesetzt wird. Und nichts ist beim eingetretenen Stand der Dinge wichtiger, als in Verhandlungen mit der Gegenseite das Kriegsziel zu erreichen. Denn im Augenblick sieht es doch im teutschen Bereich so aus, »daß ein Teil den anderen mittels der Waffen (per arma) ruinieren müßte«, um den eigenen Zweck vollständig durchzusetzen. Doch war das wirklich von seiten der Protestierenden, der in sich zerstrittenen Verfassungspartei im Heiligen Reich, je möglich? Selbst mit der Hilfe des Königs? Was der Gegenseite mit der Unterstützung Spaniens schon nicht gelingen wollte, war doch bei allem Selbstbewußtsein und Gottvertrauen kaum mit Schweden zu erreichen. Bis zur höchsten Ebene hin ein Gleichgewicht zu schaffen, das war schon viel und würde ja auch den Sicherheitswunsch aus diesem Krieg erfüllen, könnte doch keinen anderen »Mitteldingen als den gütlichen Compositionen getrauet werden«[9].

Eine militärische Überwältigung Habsburgs war unter den gegebenen Umständen (rebus sic stantibus) kaum denkbar, wohl aber das Koordinieren der Kräfte auf der protestierenden Seite und damit auch das Regulieren der weiteren Kriegführung durch ein oberstes Haupt, einen Kriegsherrn, dem das »absolute Direktorium«, die vollständige Leitung der Kriegshandlungen anvertraut werden mußte. In diesem Amt durfte man nicht eine absolutistische Handhabe der verfügbaren Truppen sehen, sondern nur einen Auftrag zur ungeteilten obersten Heeresleitung und zum effektiven Vollzug aller Kriegsbeschlüsse, d. h. »in executione belli«!

Dieses Anerbieten Gustav Adolfs steht ganz im Zeichen des dualen Depotismus und ist eine Manifestation gegen den dominialen Despotismus, wie er auf Habsburgs Seite immer wieder erprobt wurde und auch seine zweifelhaften Erfolge hatte, weil dem Raten der Fürsten und Stände selten die unmittelbaren Taten folgten. Der König weiß aus Erfahrung mit den eigenen Ständen sehr wohl, daß »Worte und Traktate den Sack nicht füllen wollten«, und besteht darauf, daß ihm die protestierenden Stände im Heiligen Reich für sein Entgegenkommen eine Satisfaktion leisten, eine materielle Entschädigung für seine Kriegführung. Nach allem Raten und Reden mußten endlich die Taten in Angriff genommen werden. Dazu gehörte vor allem das Eintreiben bewilligter Gelder zum Unterhalt der Armee, der gewährleistet sein muß, wenn der König nicht »wider seinen herzlichen Willen die gemeine evangelische Sache quittieren« und damit die Bedrängten in weiteren Unbestand bringen soll. Diese Drohung hält er für berechtigt angesichts der Art und Weise, wie sie nach Tagfahrten und Conventen im Reich oft genug demonstriert worden ist. »In Teutschland«, meint Gustav Adolf, »ist im Bereich der Ratschläge leider immer Tag und keine Nacht, und was den Vollzug (executionem) betrifft immer Nacht und kein Tag.« Wie schon Tilly geklagt hat, so läßt sich auch sein Gegner aus, wenn auch im Vertrauen darauf, daß die Beibehaltung der Stände-Organe ihren Nutzen haben kann: »Von den Conventen und Tagfahrten (dietis) wird zwar nichts Fundamentales zu erhoffen sein. Das ergibt sich sonnenklar aus der gegenwärtigen Lage der Dinge. Gleichwohl aber fällt darin dennoch viel Nützliches und Hilfreiches öfters vor. Ob nun wohl solche Convente dahero in ihrem alten Gang zu lassen, so ist doch daneben hochnötig, daß IKM:t einen Stand nach dem anderen abpflücken (decerpieren), mit demselben getrennt (separatim) etwas schließen und somit Schritt für Schritt zu einer zuverlässigen Erhebung (solidum fastigium) kommen werden«[10].

Das »Teile und Herrsche« hatte eine neue Variante bekommen, blieb jedoch im Rahmen des guten Vertrauens. Darum sollte sich Adler Salvius stets bemühen. Denn Vertrauen zwischen den Verbündeten war eine große Macht, die Substanz des vertraglichen Ständewesens. Stellte sie sich nicht ein, dann war politische Ohnmacht die Folge, wie sehr auch der einzelne Stand seiner bloßen Macht vertrauen wollte. Gelang mit dieser Mission nicht das beabsichtigte Conjungieren auch mit Kur-Sachsen, das sich als Haupt der Evangelischen betrachtete, dann durften sich diese bald auf ein besonderes Conjugieren einstellen, auf ein Unterjochen nicht nur durch Tillys Truppen[11], sondern auch durch eine Politik Wiens, das sich zunehmend von Spanien unter Druck gesetzt fühlte. Denn Graf Olivares drängte mit dem Staatsrat darauf, daß Ferdinand II. für alle bisherigen Hilfeleistungen über eine Satisfaktion Spaniens mit sich reden ließ, dessen territoriale Ansprüche auch auf jenes Land gerichtet waren, das Gustav Adolf zur Sicherung Schwedens ausgesucht, besetzt und bereits durch eine Allianz an sich gebunden hatte – Pommern![12]

In die Motivation dieser Politik Spaniens, das sich um die Aktivierung des von Schweden eingedämmten Polen bemühte und neben dem unter Druck stehenden Frankreich mit seinen inneren Auseinandersetzungen[13] England und Dänemark einzusetzen gedachte, um gegen den vorrückenden Schwedenkönig etwas zu unternehmen[14], ging eine Position ein, die für Schwedens Politik wiederum aus ähnlichen Gründen von Gewicht war und den Hintergedanken erhellt, der mit dem Erwerb der obersten Kriegsleitung verbunden war. Madrid stellte nämlich seine Politik darauf ab, daß Philipp IV. von seinen Rechtstiteln her ein Reichsstand war und diesen Status erweitert sehen wollte. Das Begehren nach Satisfaktion im Heiligen Reich war demnach nichts anderes, als zur weiteren Sicherheit Spaniens direkt im Verfassungssystem dieses umkämpften und umworbenen Gemeinwesens präsent zu sein[15].

Genau das war neben vielen anderen Forderungen des Tages die Absicht Gustav Adolfs für die Zukunft: Die Krone Schweden mußte nach diesem Krieg gleichfalls Reichsstand werden! Und dies setzte voraus, daß die »Constitution de l'Empire« in ihrer Substanz erhalten blieb, weil nur sie das Gleichgewicht in Europa sichern konnte. Der Plan, Kaiser zu werden, war unter diesen Bedingungen mehr als unklug. Doch als Haupt eines Corpus Evangelicorum war es bei den Friedensverhandlungen leichter, die territoriale Satisfaktion zu erreichen[16].

Noch war es nicht soweit, alle protestierenden Stände – Lutheraner und Calvinisten – unter einen schwedischen Hut zu bringen, aber die Petarden-Politik, nämlich »die einzelnen (Stände und Städte) zu poussieren, bis daß auch man alle desto bequemer . . . zu einer allgemeinen Evangelischen Vereinigung . . . bringen könnte«[17], sollte bald nach der Sicherung Brandenburgs und Mecklenburgs[18] Erfolge zeitigen. Vor allem die Allianz mit dem Landgrafen *Wilhelm von Hessen* (Kassel), die am 12. August im Lager von Werben an der Elbe zustande kam, faßt die bisherige Legitimation der Intervention in den Teutschen Krieg zusammen, um geradezu als Modell dafür zu dienen, künftigen Allianzen den Weg zu bahnen.

Gustav Adolf geht in diesem Dokument des Widerstandes davon aus, daß der Kaiser ihn »merklich lädiert, affrontiert und beschimpft (hat), auch unsere Anverwandten und benachbarten Teutschen Evangelischen Kurfürsten, Fürsten und Stände wider . . . ihr Recht und Gerechtigkeiten in geistlichen und weltlichen Sachen dermaßen feindselig bedrängt und unterdrückt« hat, daß der Status des Königs in Schweden ernsthaft bedroht war und die Notwendigkeit anstand, »dem aber zeitig vorzukommen (und) mit einer ansehnlichen Armee zu Roß und Fuß auf des Römischen Reiches Boden in unserer Nachbarschaft übersetzen müssen«.

Am Präventivschlag und seiner Berechtigung wird also kein Zweifel gelassen. Und auch Landgraf Wilhelm ließ an seiner Haltung nichts deuteln. Er wisse gar wohl, »welcher Gestalt das Heilige Römische Reich verfasset (ist), und was darin so wohl dero Kais. M:t als auch dessen Gliedern . . . einer dem anderen reciproce zu leisten obliegt«. Für seinen Teil und nach »gesundem rechtmäßigen Verstand« hat er nichts gegen die vorhandene Verfassung unternommen, wohl aber der Kaiser schon seit einigen Jahren. »Alles vielfältige unablässige Submittieren, Intercedieren, Supplicieren, Provocieren« hat nichts genützt. »Unterm Vorwand der Justiz in geistlichen und weltlichen Rechten« und im Verbund mit der »Päpstlichen Liga« und deren Generale habe man sich »gegen des Heiligen Römischen Reichs Fundamentalverfassungen« vergangen, »worauf die so hoch beschworene Kaiserliche Capitulation sich steuert und lehnet«, ja die Stände »mit öffentlicher Kriegsmacht überziehen und dero Lande und Leute durch unerhörte mehr denn barbarische Mittel bis auf den innersten Grad aussaugen und erschöpfen lassen«. Wie hat doch Tilly im Auftrag des Kaisers gehaust, »uns gleichsam das Messer an die Gurgel gesetzt, alle Stege und Wege zu der Justiz verhauen«! In einem solchen Fall habe man die unabdingbare Pflicht, sich »zu schützen und zu defendieren, . . . Gewalt mit Gewalt vermöge Gottes Wort, der Natur und aller Völker Rechten durch göttlichen Beistand abzuwenden«. Alle legalen Mittel waren demnach erschöpft, die Übergriffe von seiten des Kaisers zu meistern und wieder zu einem verträglichen Vergleich zu bringen. Zum Schutz der Evangelischen Kirche, zur »Wiedererbringung der heilsamen Justiz im Heiligen Römischen Reich« und zur »Abschaffung aller gewaltsamer Zunötigung« habe man sich entschlossen, mit Gustav Adolf eine »christliche, redliche und rechtschaffene Allianz und Confoederation« einzugehen. Das ist das letzte Mittel, um »des Römischen Reiches Liberation, Restitution und Conservation« zu erreichen. Und für dieses Ziel will man »*für einen Mann stehen*, Gutes und Böses miteinander ausstehen, wie es des Krieges Geleg- und Ungelegenheiten bringen mögen«. Dabei sollte jedermann wissen, daß es bei der Restituierung des heruntergekommenen Reiches nur darum gehen kann, »Stand, Wesen und Freiheit« in den Stand zu bringen, die »vor der Zeit der Böhmischen und Pfälzischen Unruhe gewesen ist« – also Status quo ante 1618![19]

Das war ein klarer eindeutiger Bescheid, nach fortgesetzten Vertragsbrüchen aus Notwehr die Waffen gegen den eigenen Lehnsherrn zu erheben, um Leib und Leben, Land und Leuten, Gut und Gott das zu erhalten, was ihnen im Stand des Rechtsfriedens zukommen muß. Und ebenso sicher wird Gustav Adolf als oberster Schutz- und Kriegsherr angenommen. »In Kriegssachen (muß) auch ein gewisses Haupt sein, welches das *absolutum directorium* führt und den Krieg zum Besten dirigiert.« Diesen Auftrag nimmt Gustav Adolf jedoch nur unter der Bedingung an, daß dieser »mit . . . der Alliierten Rat« zu geschehen habe, während ihm das »Handeln und Vollziehen« bleibt[20]. Es wird ihm deshalb auch zur Verwaltung des anfallenden Geld-Haushaltes dieser Conföderation ein »stetiger qualifizierter Kriegsrat zur Seite stehen, welcher demselben als unser Legatus ad Confoederatos . . . mit Rat und Tat assistieren . . . soll«[21]. Das spätere *Consilium formatum* deutet sich hier unmißverständlich an. Nicht weniger setzt sich auch das Vertragsdenken bis ins Detail dort durch, wo in diesem umfassenden Bündnis Konflikte auftreten können, die auf gerechte Weise gelöst werden müssen. Kommt es demnach zu einem Streit der Vertragspartner, dann wird jede Seite »zwei unparteiische Leute vorschlagen und uns noch eines gemeinen dritten Obmanns vergleichen«. Dieses Gremium – eine Art Quinquevirat wie die fünf hohen Ämter der Krone Schwedens – hat dann über »Wohl und Wehe« zu befinden![22]

Vom »Tertium non dabitur« bei der ersten Konfrontation Gustav Adolfs mit Kur-Brandenburgs Gesandtem vor etwa einem Jahr bis zu diesem »Tertium datur« spannt sich der Bogen eines politischen Bewußtseins, das in den Begegnungen nach außen mit Worten das Unverbindliche nicht ertragen will, nach innen aber, in den eigenen Werken, genug rechten Verstand hat, um das Verbindende im institutionellen Dritten zu schätzen und zu schützen. Hier erkennt man vorzüglich das Wesen dieser politischen Biographie eines Adelskönigs, der von einem Vertrag einen Ertrag erwartet, den er allein nicht erzielen könnte. Die Gegenseite dafür schaut bei ihrer Handbietung, wie es heißt, vornehmlich darauf, daß sich aus diesem Ertrag ein Vertrag gestaltet, der ihr auf Dauer Sicherheit gewährt und nach Ablauf des Krieges wieder die Normallage herstellt.

So erkennt man in Gustav Adolf nach Maßgabe des Lehnswesens den Dominus directus, dem man »das Dominium billig und gänzlich lassen« will, »die utilia (Nutzerträge) aber davon (muß er) in die gemeine Cassa bringen, doch nach erlangtem Zweck (soll) die Utilität dem Domino . . . mit dem Eigentum consolidiert und auch dabei manuteniert (erhalten) werden«, d. h. mit dem Kriegs- und Allianzende wird die Eigentumsordnung aus dieser Not-Nutzen-Relation zugunsten des vorhandenen natürlichen Oberherrn (des Landgrafen) vom Kriegsherrn (dem König) wieder restituiert[23]. Wie ernst man es mit den Eigentumsverhältnissen nahm, vermittelt darüber hinaus auch der besondere Punkt in dieser Verteidigungs-Allianz, daß diejenigen »Untersassen und Lehnsleute« des Landgrafen, welche den feindlichen Armeen Hilfe leisten, ihre Güter konfisziert bekommen, seien es nun »Allodial- oder Feudalgüter«. Auch Leib und Ehre stehen bei einem solchen Verhalten auf dem Spiel, und jeder solle wissen, daß man »mit der Exekution streng verfahren und vorgehen wolle«[24].

In der Abwehr des Kaisers und der Exekution seines Restitutions-Ediktes von 1629, in dessen Namen ja auch Tilly letztlich seine Waffen gegen widerspenstige Reichsstände führte, griff man also in diesem Bündnis zu den gleichen Mitteln, um die eigenen Leute bei der Stange zu halten. Das war der Preis, den die Verbündeten über die monatlichen Stützgelder hinaus auch noch zu entrichten hatten, aber weniger zu belasten schien als die Aussicht einer weitgehenden Enteignung durch den Kai-

*Propagandablatt zur Allianz zwischen Gustav Adolf (links) und dem Kurfürsten Johann Georg von Sachsen zu der Schlacht bei Breitenfeld (KB – Stockholm).*

ser. Und »das schwere Joch des Papsttums« wollte auch keiner der Interessierten tragen[25]. So kam bald nach dem Abkommen mit Hessen endgültig auch die Verbindung mit Kur-Brandenburg zustande. Sie konzentrierte sich vor allem auf den Unterhalt der Royal-Armee, der für August, September und Oktober »40 250 Taler auf jeden Monat gegeben werden« sollen, was mit Stände-Bewilligungen verbunden war[26].

Hatte sich Georg Wilhelm am 31. August im Feldlager vor Wittenberg mit Gustav Adolf verständigt, dessen natürlicher Sohn Gustav Gustavsson Ehrenrektor der Universität in dieser Luther-Stadt wurde, nachdem man dem König als Erretter und Befreier gehuldigt hatte[27], so fand sich am 1. September auch Johann Georg von Kur-Sachsen bereit, mit dem König »als ein Mann zu stehen« und ihm »die völlige Direktion zu überlassen«[28].

Also zwei Wochen vor Breitenfeld war Gustav Adolfs diplomatischer Offensive der Durchbruch gelungen, den er sich im Frühjahr erhofft hatte. Adler Salvius hatte gute Arbeit geleistet und unschätzbare Erfahrungen dafür gesammelt, dereinst ein noch größeres Werk für Schweden zu betreiben, als er zum Chefverhandler in Osnabrück ernannt werden sollte. Aber bis zu diesem Auftrag gingen noch ein paar harte Jahre ins Land, mußte das Heilige Reich noch viel Unseliges durchmachen, bis es »zur vollendeten Rettung der unterdrückten teutschen Nation« kommen konnte[29].

Als diese Hoffnung in der Allianz mit den Fürsten zu Sachsen-Anhalt ausgedrückt wurde, wußte man schon, was eine Woche zuvor bei Leipzig geschehen war; man hatte erkannt, was es bedeutete, wenn Lutheraner und Calvinisten ihre eigenen Religionshändel untereinander zurückstellten und das gemeinsame politische Ziel zu verwirklichen suchten, die Macht Wiens daran zu hindern, offensichtliches Unrecht mit Hilfe öffentlicher Gewalt für Recht zu erklären. Denn, was noch vor einem halben Jahr gar nicht so rosig ausgesehen hat, und manch einer gar für unmöglich ansehen wollte, das war auf sonderbare Weise geglückt. Die militärischen Kräfte der protestierenden Stände hatten sich koordinieren und konjungieren lassen. Gustav Adolf hatte es tatsächlich fertiggebracht, in seinem Petarden-Stil die wichtigsten Gemüter unter seinen Oberbefehl zu bringen und sich Tilly in einer offenen Schlacht zu stellen.

Wer noch immer an den stürmenden Tatmenschen glaubt, den sollte der Ratschlag vor der Schlacht auf dem Breiten Feld zu der Einsicht bringen, daß Gustav Adolfs Tatendrang bei aller Ungeduld, die in Krisenlagen verständlicherweise hochkommen konnte, kein Hasardspiel war, sondern der Schlußpunkt eines kalkulierten Risikos. Er dachte nach, rechnete durch, dann erst rückte er vor. Tilly sollte erleben, was dieser dreifache Ernst an Kraft entwickeln konnte, wenn er zur Entladung kam.

# Breitenfeld – »Gott mit uns«

Des Kaisers Armee rückte schon auf Leipzig zu. Tilly führte den Oberbefehl und brannte darauf, endlich das widerspenstige Kursachsen mit dem Glück seiner Waffen dem Kaiser botmäßig zu machen und den Siegeszug des Ketzer-Königs aus Schweden zum Stehen zu bringen. »Wer kann wider Gott?« soll sein Kriegsruf gewesen sein. Eine Frage, die nicht gerade von absoluter Gewißheit gesättigt war und auf verborgene Zweifel zielte, wie sie sich auch in Kurfürst Johann Georg immer wieder zu regen begannen, wenn die Entscheidung anstand, ob er nun für den Kaiser, für den König oder für das Heilige Reich kämpfen solle.

Am 1. September 1631 hatte er sich endlich durchgerungen, mit Gustav Adolf ein Bündnis einzugehen. Es entsprach in seiner Anlage jenen Bedingungen, die in der »Norma futurarum actionum« nach dem Convent zu Leipzig als Richtschnur galten. Dem König wurde demnach der Oberbefehl über beide Armeen, dem Kurfürsten aber ein Beratungsrecht bei gleichzeitiger Verpflichtung zugestanden, die Royal-Armee so lange zu versorgen, wie sie sich auf dem Gebiete Sachsens bewegen mußte[1].

Georg Wilhelm von Kur-Brandenburg war an diesem Tag in das Lager Gustav Adolfs bei Wittenberg gekommen und nahm mit diesem das Mittagsmahl ein. Ein versöhnliches Zeichen, das die Stimmung verbesserte. Und das war hochnötig. Denn die Einnahme von Leipzig konnte sofort wieder schwache Gemüter schwankend machen. Die Stadt soll angezündet worden sein. Eine Fackel in der Ebene, bei der jeder an das unglückliche Magdeburg dachte und auch an manch eine andere Stadt, die in diesem unseligen Krieg im bitteren Sinn des Wortes ›daran glauben mußte‹.

Die Konjunktion der Armeen Sachsens und Schwedens erfolgte am 5. September in der Nähe von Düben. Nach der freundlichen Begrüßung zwischen Kurfürst und König wurde vor allem das Sachsen-Heer besichtigt. Es »war etwa 20 000 Mann stark« und bestand aus »gut bestücktem Kriegsvolk, das schön anzusehen war«[2], dessen Kampfwert sich aber erst noch herausstellen mußte: also ein unsicherer Faktor.

In Gustav Adolfs Zelt wurden eingehende Beratungen aufgenommen, wie jetzt nach dem politischen Bündnis militärisch zu verfahren sei. Dabei gab es eine Überraschung. Denn der König wollte wissen, »wie man den Feind anfallen wolle, ob man ihn mittels Diversionen Zug um Zug ermüden oder aber ihm eine offene Feldschlacht liefern« müsse. Er war sich demnach gar nicht schlüssig, und er neigte eher dazu, sich mit dem Divertieren vorerst zu begnügen. Er begründete sein Zögern ganz im Geist der Defensiv-Anlage der oranischen Kriegskunst mit der »großen Gefahr«, daß durch eine Niederlage nicht nur die beiden konjungierten Armeen und das Land der beiden verbündeten Kurfürsten in Schwierigkeiten gebracht werden könnte, »sondern auch das gesamte gemeine Wesen«[3].

Eine leicht abweichende Darstellung dieses entscheidenden Gesprächs gibt das recht zuverlässige »Diarium«: »Ihre M:t haben zwar am Anfang darwider geredet. Es wäre eine große Sache, auf einmal so viel zu hazardieren. Sie für Ihre (eigene) Person fürchteten zwar keinen Tod, hätten (auch) nichts anderes zu verlieren dann Ihre Armee und Leben, welches Sie längstens der guten Sache geweiht (hätten). Es sollten aber beide Kurfürsten bedenken, wie leis ihr Kurhut säße, da es übel abliefe. . .«[4]

Darüber hat Gustav Adolf gegenüber Kanzler Oxenstierna in seinem Bericht über das kommende Ereignis nichts erwähnt. Und der Verfasser des »Tagebuchs« meinte auch, daß der König in dieser Zeit erhöhter Kampfbegierde nur deshalb zu solchen Worten gegriffen habe, um die wahre Gemütslage der beiden

Kurfürsten zu sondieren. Das gehörte zu seiner Art, mit harschen Worten zum Kern vorzustoßen, wenn er sich seiner Partner in einer Sache nicht ganz sicher war, die auf Leben und Tod ging. Johann Georg, der am nächsten betroffen war, soll dann auch auf Ehre und Gewissen versichert haben, daß er fest entschlossen sei, im Falle einer offenen Schlacht »als Soldat zu handeln«[5].

Am Tage nach dem Entschluß, den Kaiserischen in einer offenen Schlacht zu begegnen – der ersten Gustav Adolfs überhaupt –, überschritten die konjungierten Armeen das Flüßchen Mulde und bezogen bei Lindenhain ein Lager. In einem Dorf ganz in der Nähe quartierte sich der König ein. Hier soll er in der Nacht vor der Schlacht auf dem *Breiten Feld* nicht weit von Leipzig entfernt einen sonderbaren Traum gehabt haben.

Er traf darin auf den kaiserischen Feldherrn Tilly und versuchte, diesen an den Haaren zu ziehen. Doch vermochte er es nicht, ihn längere Zeit festzuhalten, denn Tilly biß ihm in den linken Arm. Erinnert man sich nur des Teufelstraumes mit Henrik Horn und der Beschwörung des Satans von 1620 oder auch an seinen Traum von 1622, als er glaubte, König Sigismund III. gefangengenommen zu haben[6], dann kann man ahnen, wieso sich die innere Anspannung bis zum Äußersten im Traum artikulieren konnte. Und diese Dinge hatten auf den paracelsistisch geprägten Gustav Adolf nicht wenig Einfluß, zumal es der linke Arm war und nicht der rechte, mit dem man alle heiligen Eide zu leisten und das Schwert der Gerechtigkeit zu führen hatte. Sollte das Traumerlebnis die Befürchtung ausdrücken, daß ihm Tilly entwischen würde? Aber ehe es so weit käme, sollte dieser hautnah erfahren, daß der Schneekönig gelernt hatte, die Vorteile aus der spanischen und oranischen Kriegskunst optimal zu kombinieren: Die großen Massen, die Wucht der Gewalthaufen, der Druck der Terzios, das konnte durch seine neue und flexible Treffentaktik aufgefangen und im Gegenschlag zurückgeworfen werden. Denn Gustav Adolfs Soldaten aus aller Herren Länder hat-

*Flugblätter mit den Kampflosungen. Links Gustav Adolf zusammen mit Johann Georg. Rechts Tilly (KB – Stockholm).*

ten inzwischen gut gelernt, was es hieß, in Disziplin von Defensive auf Offensive umschalten zu können. So war es gedacht. Und wenn die Sachsen-Armee hielt, was die schönen Uniformen versprachen, dann konnte unter dem gemeinsamen Schlachtruf »Gott mit uns« kaum etwas schiefgehen. Wenn . . .

Am 7. September marschierten die Abteilungen der konjungierten Heere auf Tillys Armee zu. Dieser hatte sich auf dem sogenannten Breiten Feld, gar nicht so weit von Lützen entfernt, auf einer Anhöhe »vergattert«. Hinter seiner aufgepflanzten Artillerie erwartete er in geballter Schlachtordnung mit einem tiefgestaffelten Großkern das Heer der Ketzer.

Aufgrund der Trockenzeit, die den ganzen Sommer 1631 angehalten hatte, bildeten sich während des Marsches der Sachsen- und Schwedenkontingente auf den Wegen riesige Staubwolken. Sie hüllten das vorgesehene Schlachtfeld in einer ähnlichen Weise ein, wie es einst Alexander bei Gaugamela widerfahren ist[7].

Abgesehen von der günstigen Stellung und der etwas besseren Sicht, hatte Tilly außerdem nach Gustav Adolfs Urteil »die Sonne und das Wetter als großen Vorteil auf seiner Seite«. Trotz des Nachteils, eine ziemlich ausgehungerte und schlecht gerüstete Armee befehligen zu müssen, befand er sich in einer Position starker Ruhe und damit in der konzentrierten Lage des geballten Kerns. Und ein solcher wollte erst einmal aufgebrochen sein, d. h. das Nahziel der Schlacht, die gegen 14 Uhr begonnen wurde, hatte darin zu bestehen, Tilly aus seinen Vorteilen zu treiben.

Das war leichter gedacht als ausgeführt. Denn, um »dem Feind unter die Augen treten zu können«, mußte eine Art Paß bewältigt werden. Dabei befehligte Gustav Adolf den rechten Flügel der Konjungierten und Johann Georg den linken Flügel. Ihre Brigaden näherten sich dem Gegner Schritt um Schritt. Als Tilly rechnen konnte, daß die Einschläge die Kampfreihen der Ketzer erreichen würden, gab er den Befehl zum *Spielen der Kanonen*. Mit diesem Feuer eröffnete er eine Kanonade, die fast vier Stunden gedauert haben soll. Die Artillerie der Konjungierten antwortete bald in einem Feuer-Rhythmus von »drei Schuß für einen«, war also Tillys Schußfolge ziemlich überlegen, zumal die dichten Reihen seiner Gewalthaufen den Einschlägen viel stärker ausgesetzt waren als die weiter gestaffelten Brigaden der Gegner.

Bei diesem Duell der Artillerien wurde ein »ziemlicher Schaden« angerichtet, der die Sachsen-Armee schwächte und zu entmutigen drohte, griffen doch Tillys Truppen mit Kraft und Geschick gerade diesen Teil der Konjungierten an. Und dabei konnten entscheidende Einbrüche nicht verhindert werden. Als nämlich »die besten der Hauptleute (constaplerne) gefallen waren, ergriffen ihre Untergebenen die Flucht und ließen die Kanonen im Stich. Die Sächsische Infanterie benahm sich nicht besser. Kompanieweise nahm sie die Beine in die Hand und verbreitete beim Fliehen (die falsche Nachricht), daß wir geschlagen wären und alles verloren sei. Das verursachte bei denjenigen, welche bei unseren Wagen und bei der Bagage waren, einen großen Schrecken ...«

Offiziere und Mannschaften der Sachsen-Armee wichen zurück, und der Kurfürst, der sich wie ein Soldat verhalten wollte, flüchtete Hals über Kopf vom Schlachtfeld – »mit seiner gesamten Leibcompanie«. Er hielt mit seiner panikartigen Flucht erst inne, als er in das Dorf Eulenberg gekommen war. Die Schlacht aber wogte unterdessen hin und her.

In dieser schwierigen Lage mußte sich erweisen, was die seit Jahren eingeübte Brigaden-Armee wirklich wert war. Bewährte sich das System des beweglichen Umschaltens, dann wurde damit eine neue Dimension der Kriegskunst eröffnet. Gustav Adolf berichtet selbst über diese kritische Phase: »Unser Kriegsvolk, sowohl das schwedische als auch das teutsche, hielt sich ... trefflich gut. Ja, die Leute drängelten sich fast, um nach vorne kommandiert zu werden.«

Nach vorne. Das bedeutete für das Zentrum und den rechten Flügel unter seinem Oberbefehl, eine entfaltete Konzentration von Kraft aufbrechen zu müssen, und das gegen Soldaten, die Siegesluft zu wittern begannen. Bei jedem Treffen standen sie »wie ein Berg«. Der König, immer bereit, die Tapferkeit und das Geschick eines guten Gegners anzuerkennen, ist des Lobes voll und gibt zu, daß »auf der einen und anderen Seite lange mit solch einem brennenden Eifer (ardeur) gefochten wurde, daß es fast zweifelhaft schien, welche Seite wohl den Sieg davontragen würde«.

Aber nach vielen Stunden Kampf mußten die Soldaten Tillys weichen. Die *Bataille en detail* hatte sich bewährt. Im Nahkampf zäh niedergerungen und durch dauernde Kompaktstöße der Royal-Armee ermattet, deren Einheiten sich zerstreuen und wieder sammeln konnten, »wandte uns der Feind mit dem ganzen Haufen den Rücken und ließ uns als Meister im Felde zurück«.

Es war mittlerweile Abend geworden. Das Verfolgen des fliehenden Feindes dauerte bis in die tiefe Nacht. Inmitten von Tausenden von Toten und von den Schmerzensschreien der Verwundeten umgeben, sammelte sich der Rest der Royal-Armee und »ruhte sich auf dem Schlachtfelde aus«[8].

Nicht die vielen geglückten und mitunter genial angelegten Belagerungen von befestigten Städten, nicht das einzigartige Operieren und Kombinieren von Flotte und Heer haben Gustav Adolf den Ruhm eines Feldherrn eingebracht, sondern der siegreiche Ausgang dieser Schlacht. Dabei ist es im Erfassen des militärischen Ablaufs auf dem Breiten Feld oft zu Mißverständnissen gekommen, weil vor allem die Clausewitz-Schule aus Unkenntnis und Überlegenheitsdünkel die Eigentümlichkeiten der Kriegskunst in dieser Zeit nicht berücksichtigt hat.

Vom Vernichtungsgedanken eher verwirrt denn in der Lage, einen Krieg und seine Schlachten anders zu denken, hat diese Richtung angenommen, daß der linke Flügel von Tillys Schlachtordnung umfaßt worden sei, während gleichzeitig ein Angriff auf sein geballtes Zentrum erfolgte[9]. Tatsächlich aber verhielt es sich nach den vorhandenen Quellen ganz anders. Tillys Kraftkern zog zwar die Konjungierten an, aber als deren linker Flügel mit den Sachsen wich, spaltete er sich selbst in Bewegung und Umfassung auf. Dadurch aber wurde die Royal-Armee fast gezwungen, von der Kraft aus der Breite umzuschalten auf Stärke in der Tiefe. Sie mußte selbst zu einem Kraftkern werden, geradezu auf der Stelle treten, um dann in erweiterten Stößen Tillys verdünnte Reihen zusätzlich zu schwächen und schließlich aufzureiben.

An völliger Vernichtung, dem ›totalen Ruinieren‹, war man zu dieser Zeit nicht sonderlich interessiert. Es galt, dem Gegner den »eigenen Willen« aufzuzwingen, und zwar so nachhaltig, daß er mit seiner Flucht den »Meister im Felde« anerkannte. Dieses Verhalten hatte etwas mit ritterlichem Kampfsinn zu tun, war ein Ritual der Stärke. Daneben aber schaute man auch auf den praktischen Wert, auf die Kompensation der erlittenen Verluste: Wir »haben so viele Gefangene gemacht, daß wir davon unsere alten Regimenter komplettieren und ganz neue errichten können«[10].

Was der König hier dem Kanzler zur Schlacht bei Breitenfeld, wie sie später genannt wurde, obgleich die Zeit selbst durchgehend von der Schlacht bei Leipzig sprach, ganz selbstverständlich mitteilte, vermittelt etwas vom Kriegen, das Blutvergießen nur im äußersten Fall in Kauf nimmt. Vom *Cannae-Syndrom* war man hier weit entfernt, von jener Vorstellung nämlich, jede Schlacht nur auf das Vernichten auszurichten, und dies einzig und allein dadurch, daß alle Bewegungen lediglich auf die Organisation des Umfassens abgestellt wurden.

Betrachten wir die Bataille en detail zwischen den Kontingenten Pappenheims und Banérs: Pappenheim begann vom linken Flügel der Kaiserischen in den rechten Flügel der Konjungierten unter dem Befehl von *Gustav Banér* einzudringen. Das gelang aber nicht recht, und der kaiserische Befehlshaber sah sich genötigt, seine kompakten Frontalangriffe gegen die Royal-Armee aufzusplittern und auf die Flanken zu verteilen. Damit aber leitete er eine Bewegung ein, die seinen Kern verdünnte, ins Divertieren geriet, den inneren Zusammenhalt seines Flügels schwächte und letztlich auch die notwendige Verbindung zum Kern des kaiserischen Heeres verlieren mußte. Banér gelang es dabei, diesen großen Flügel bis auf drei Regimenter aufzureiben, weil er im Divertieren des Gegners ein Komprimieren seiner eigenen Einheiten vollziehen konnte, eine Bewegung auf sich selbst, die den Kontakt zum Kern nicht verlor.

Szenenwechsel. Als die Sachsen auf dem linken Flügel der Konjungierten immer stärker zu weichen begannen, vermochte es Gustav Horn (der vom Schicksal so Geschlagene), den Vormarsch der Kaiserischen abzufangen, indem er die Flanken verteidigte. Das aber war nur möglich und wirkungsvoll, weil ihm das »zweite Treffen« des Kerns, der »zweite Schlag«, zu Hilfe kommen konnte und der Rest der Reiterei aus dem Sachsenheer den Druck minderte. Im Detail gesehen, das Clausewitz so verabscheut hat[11], gelingt es, Reiterei und Fußvolk (Piken- und Musketenträger) optimal zu kombinieren. Reichliches Bewegen und leidliches Beharren, Vorwärtsdrang und Abfangkraft, gezieltes Zerstreuen und doch alles im Zusammenhang. Das hat Tillys Schlachtordnung zu schaffen gemacht und seine schwerfälligen Terzios, diese gewaltigen Gevierthaufen, in ihrer geballten inneren Ladung blockiert, sie an der vollen Entfaltung gehindert.

Das neue System Gustav Adolfs, das Kleine zu bündeln und es in der Spannung von Bewegen und Beharren so zum Einsatz zu bringen, daß sich das Gesamtheer an jedem Punkt der Schlacht stützen konnte, hat hier seine Feuerprobe bestanden. Und nichts hat diese im Grunde einfache, aber geniale Anlage nachdrücklicher bestätigt als die Flucht der Sachsen. Immerhin hatten die Konjungierten etwa 42 000 Mann aufgeboten, und davon lösten sich mitten im Kampf etwas weniger als die Hälfte, d. h. Gustav Adolf standen bei der Entscheidung im »zweiten Haupttreffen« nur noch ungefähr 22 000 Mann zur Verfügung, und das gegen 32 000 Mann auf Tillys Seite[12].

Modern gesprochen, darf man sagen, daß es ihm gelungen ist, die »second strike capability« in Gestalt des »zweiten Haupttreffens« optimal einzusetzen. Aber nicht mit Hilfe äußerer Quantitäten als Massen, sondern in Gestalt innerer Qualitäten in Maßen. Mit drei Worten ausgedrückt – *robur ex re!*

Stärke aus der »gerechten Sache«, Kraft aus einem stabilen Kern, Festigkeit aus innerem Vermögen. Im Zusammenwirken dieser Faktoren bestand seine Kriegskunst, erfüllte sich das Abstimmen von Techne, Gnome und Tyche. Das »Wohlüberschaubare« und »Wohlproportionierte« hatte auf dem Breiten Feld gesiegt, weil sich die Royal-Armee bei Verlusten zu neuen Formationen zusammenziehen konnte, das Verdichten gelernt hatte, das Bündeln vereinzelter Kräfte. Das Wort des Kirchenmannes Rudbeckius, der den Krieg aus eigenem Erleben kannte und sich darüber auch Gedanken machte, hat in dieser welthistorischen Schlacht eine glänzende Bestätigung gefunden: »In Zeiten des Krieges ist es auch besser, wenige aber gute Kriegsleute zu haben, die wohl unterhalten werden, als viele, die ausgehungert (uthswultne) sind und daher unfähig zum Kampf (owige)«[13].

Das berühmte »Häuflein klein« als David-Goliath-Motiv ist nur der ideologische Ausdruck eines Denkens in Qualitäten, das sich vom Sündhaften und Schwachen zum Tugendhaften und Starken steigert in der Gewißheit, daß der Tüchtige und somit Gereinigte das besondere Gefallen der Allmacht findet. Tilly, dieser persönlich so tapfere und tugendhafte Mann, der in der Schlacht von drei Kugeln verletzt worden war und nach Halberstadt flüchten konnte, drückte dieses Besondere am Kampf und Krieg in seinem Bericht nach Wien in bewegten Worten aus – »das Unglück hat zuletzt mehr gewaltet als das Glück«[14].

Bei allem Wohlgefallen, für das Gustav Adolf »die größte Ursache hatte, Gott zu danken«[15], bedrückte ihn das Wehe eines Gefallenen, den er unter seinen teutschen Offizieren hoch geschätzt hatte – den Tod des Obristen Teufel. Neben ihm gab es auch noch andere, schmerzhafte Verluste. Erschöpfung machte sich breit nach dem schauerlichen »Gemetzel«, Ernüchterung auch und Trauer. »Auf eine ganze Meile Wegs lag alles voller toter Körper«, Leichengestank trieb über die Ebene, und inmitten dieses Chaos »hatte IKM:t für ihren großen Travail eine schlechte Mahlzeit. Ein Capitain von des Obristen Winckel Regiment brachte Deroselben Brot und ein kaltes Huhn. Dazu mußten Sie Wasser trinken, bis endlich Wein kam«[16].

War Gustav Adolf nach diesem Sieg über Tilly und die Armee des Habsburg-Kaisers wirklich ein »glückhafter Kriegsfürst« geworden, dem jetzt sogar die einst so hochnäsigen Gegner bescheinigten, daß er »kühn und klug« sei und mit Verstand und Wachsamkeit seine Kunst betreibe?[17] Für das Gelingen in der Schlacht hatte er harte Vorarbeit leisten müssen, politische wie militärische. Wie aber nutzte man diesen glänzenden Sieg aus, der ihm als Feldherr »unsterblichen Ruhm« einbringen sollte?[18] Ihm, der ausgezogen war, ohne an den Erwerb eines solchen Titels denken zu wollen? War nicht das Glück, die Fortune, wie man später sagte, erst dann nach menschlichem Maße vollkommen, wenn der militärische Sieg politisch für den Frieden genutzt wurde, und zwar sofort?

Durfte er sich jetzt lange in der Nähe von Leipzig aufhalten? War es nicht nach Lage der Dinge ratsam, alle Kräfte erneut aufzubieten, um den Marsch auf Wien zu unternehmen? Führte nicht jede Verzögerung dazu, daß sich die Situation nach *Cannae* wiederholte und Gustav Adolf zu einem *neuen Hannibal* wurde?

Viele dachten so, und selbst Axel Oxenstierna war der Ansicht, daß der König »nach der Leipziger Schlacht« auch anders hätte verfahren können. Bei der Erläuterung zur Rückberufung Wallensteins in das Generalat meinte er dazu: »Unter anderem muß hier angemerkt werden, daß der Kaiser niemals hätte subsistieren können, wenn der selige König sofort auf die Erbländer (des Kaisers) zugegangen wäre und den Marsch auf den Rheinstrom zu hintangestellt hätte . . .«

Worte des Reichskanzlers, die nicht in Mainz gefallen sind, sondern bei einer Session des Reichsrates im Jahre 1650! Hatte Axel Oxenstierna neunzehn Jahre nach dieser denkwürdigen Schlacht bereits vergessen, daß ein solcher Marsch materiell kaum möglich war, strategisch äußerst zweifelhaft schien und politisch wenig eingebracht hätte? Nein. Sein begründender Zusatz, daß ein solches Unternehmen vorausgesetzt hätte, die evangelischen Stände im Heiligen Reich »sich selbst zu überlassen«, gibt die rechte Antwort[19]. Es war zwar eine wichtige Schlacht gewonnen, aber noch lange nicht der Krieg, und bei dem desolaten Zustand, in dem sich Johann Georg befand, war bei aller Verlockung an einen Gewaltmarsch nach Wien tatsächlich nicht zu denken. Der erhaltene Briefwechsel zwischen König und Kanzler aus dieser Zeit spricht auch von ganz anderen Dingen: Es fehlte an Geld und Material.

Bei aller Freude über diesen Sieg verlor Gustav Adolf nicht seinen wachen Sinn für das Mögliche und Nötige. Von Halle aus, wo er nach der Verfolgungsjagd auf die versprengten Kaiserischen am 10. September eingetroffen war, gab er Axel Oxenstierna auch unumwunden zu verstehen, daß die weitere Sicherung der verbündeten Länder und Stände von Preußen über Pommern bis nach Brandenburg, Mecklenburg und Sachsen hinein nicht allein von seinen »siegreichen Waffen« abhängig sei, sondern auch vom Wirken einer »guten Münze«.

Er setzte demnach auf die »fides publica«, stützte sich auf ein begründetes Vertrauen und machte Vorschläge, die schwedische Kupfermünze mit einer »schwedischen Goldmünze« auszutauschen. Sie sollte im Verkehr zwischen der eigenen Armee und dem Umland im Heiligen Reich die Verhältnisse bessern helfen[20].

So sicher er in dieser wichtigen Frage der inneren Versorgung und äußeren Garantie seines Kriegszuges wirkt, so unruhig erscheint er auf dessen Fortsetzung nach Süden, auf Thüringen zu, dem Rheinstrom und Mainz entgegen. Dorthin, wo er die Macht Spaniens aufspüren konnte. Was nützte ihm Wien, wenn der Habsburg-Kaiser von Madrid aus finanziert und militärisch unterstützt wurde? Er mußte also seine weiteren Unternehmungen nicht auf lautstarke Akzidentien richten, sondern auf das Substantielle, auf die Kernlande des Heiligen Reiches und nicht auf die Erblande Habsburgs! Es ging doch politisch und possessiv darum, nach »dem herrlichen Sieg über den Feind ... die Restitution unserer bedrängten Religionsverwandten« zu versuchen. Und zu diesem schwierigen Prozeß der politischen Umsetzung eines militärischen Erfolges brauchte er die unmittelbare Nähe des Kanzlers. Deshalb gibt er ihm auch Order, aus Preußen herbeizukommen, damit er seinen weiteren Taten eine vernünftige und rechtsgesicherte Beratung voraufgehen lassen konnte[21].

Gut. Der Sieg hat das Selbstvertrauen gestärkt, die Royal-Armee hat mit ihrer außerordentlichen Leistung und Fama allen Bedrängten im Heiligen Reich Mut zufließen lassen, aber jetzt standen wieder Verhandlungen an, um das Erreichte mit Verträgen zu sichern. Und das war oft ein mühsames, zähes Geschäft, zumal er bei allem Charisma und Willen, in seiner Vielvölker-Armee strenge Manneszucht zu halten, nicht hinter jedem Soldaten stehen konnte und mit Auswüchsen fertigwerden mußte, die ihm keine Freude bereiteten.

Halten wir uns etwas in Erfurt auf, um einen erneuten Einblick in das Wesen und Wirken dieses Königs während seines schwersten Krieges zu erhalten. Seinen Einzug in diese ehrwürdige und überwiegend katholische Stadt, die er bereits im Jahre 1620 kennengelernt hatte[22], hielt er am 22. September, nachdem er den Schutz dieser Religion nach den Bedingungen von Bärwalde zugesagt hatte.

Als er nachmittags durch das Andreastor ritt, dröhnte vom hohen Dom die »Maria gloriosa«, und alle anderen Glocken der Stadt stimmten mit ein. Das Schmettern von Trompeten und Fanfarenklänge mischten sich darunter. Das evangelische Volk säumte die engen Straßen und jubelte Gustav Adolf zu, der an der Spitze der finnischen Reiterei die Gunst der Stunde genoß und in der »Hohen Lilie« sein Quartier bezog: in jenem stattlichen Gasthaus, wo Luther als »Junker Jörg« verkehrt haben soll.

Nachdem seine Offiziere in Bürgerhäusern, Klöstern und im »Mainzer Hof« untergebracht waren, auch die 14 000 Mann starke Armee ihr Lager gefunden hatte, begab er sich ins Peter-Kloster. Dort rechtfertigte er vor Dominikaner-Mönchen und Jesuiten seine Intervention. In gutem Latein erläuterte er den Kirchenmännern, daß er weder ihren Herrn, den Erzbischof von Mainz, noch ihren Oberherrn, den Kaiser in Wien, »auch nur mit einem Wort beleidigt habe«. Dieser jedoch »ist zuerst mit einem Heer gegen mich ausgerückt. Außerdem ist jedermann bekannt, wie er meine Verwandten behandelt hat, die Herzöge von Mecklenburg und Pommern und kürzlich die Markgrafen von Brandenburg. Entweder hat er ihnen ihre Länder weggenommen oder sie verwüsten lassen.«

Kann man, darf man einem solchen Vorgehen tatenlos zusehen? Sie sollten das bei sich bedenken und auf ihren Herrn in Mainz einwirken, daß er mit der Unterstützung Tillys aufhöre. Darüber hinaus erwarte er ihr eidliches Versprechen, »nichts gegen mich und meine Verbündeten zu unternehmen oder zu sagen«.

Mit Blick auf die anwesenden Jesuiten konnte er sich eine bissige Bemerkung nicht verkneifen – »wenn man ihnen nur trauen darf«. Argwohn konnte sich bei ihm in rasender Eile zu heftigem Mißtrauen steigern, wenn er spürte, daß ihm jemand Schaden zufügen wollte. Aber er war dennoch bereit, ihrem künftigen Eid »Vertrauen zu schenken«. Darin war er klug beraten, denn er konnte mit seinem Verhalten zeigen, was seine *königliche Milde* wert war. Man wußte nämlich in diesen kirchlichen Kreisen, daß er einst in der *Messenius-Affäre* von 1624 dem teutschen Jesuiten Schacht das Leben gelassen hatte, obwohl dessen Wühlarbeit mit dem Tode bestraft werden konnte. Als die Rede darauf kam, soll Gustav Adolf, zu seinen Offizieren gewandt, gesagt haben: »Oh, (dieser Schacht), das war ein böser Mann. Er hat mir den besten unter meinen Sekretären abtrunnig gemacht.«[23] Dann gab er den Patres einen guten Rat: »Nehmen Sie nur Wachen in Ihr Haus. Denn ich muß gestehen, daß ich freche Soldaten habe. Doch soll Sie mit meinem Willen und Wissen niemand kränken.«

Er wiederholte seine Garantie auch für die Stadt und den katholischen Klerus, nachdem sich diese bereit erklärt hatte, »IKM:t, dero Erben und Königreich, auch Herren Alliierten, getreu, hold und gewärtig zu sein . . ., solange dieser Religionskrieg währe oder in anderer Weise nicht verglichen werde«[24].

Was immer auch Gustav Adolfs subjektive Absicht war, das objektive Dasein folgte in diesen kriegerischen Zeiten nicht immer seinen Befehlen. Es ging in Erfurt bald das Wort um »Frisch auf Soldat/ Gott gebe uns zu stehlen/ Von früh bis spat«. Aber nach dem geleisteten Treue-Eid der Stadt trat eine Normalisierung ein, sogar der katholische Gottesdienst wurde wieder zugelassen, und als die Königin Maria Eleonora aus Schweden eingetroffen war, durfte Erfurt erleben, daß Gustav Adolf nicht nur eine schöne, sondern auch eine durchaus verständige Frau besaß.

Am Neujahrstage 1632 hatte sie, »die Krone auf dem Haupt«, den hohen Dom betreten und damit alle Christen beehrt. Als man ihr dann bei der Abreise ein gewisses »Präsentgeld« verehren wollte, soll sie diese Aufmerksamkeit mit den

Worten zurückgewiesen haben: »Hat Erfurt noch Geld, kann es dieses für sich selbst besser gebrauchen.«[25]

Von Erfurt aus setzte Gustav Adolf bald seinen Kriegszug nach Süden fort. Am 26. September steht er in Arnstadt (Thüringen), das ein Jahr später Schauplatz wichtiger Absprachen werden sollte[26]. Und am 9. Oktober schreibt er schon von Würzburg aus dem Kanzler nach Elbing (Preußen) einen Brief, in dem er sich ziemlich beunruhigt zeigt, weil ihm die Haltung Englands unklar erscheint. Er befürchtet sogar, man könnte in Whitehall allmählich veranlaßt werden, »widrige Ratschläge und Allianzen gegen uns zu betreiben«. Axel Oxenstierna soll da mit seiner Diplomatie wirken und so schnell wie möglich zu ihm in den Südwesten des Heiligen Reiches kommen.

Das Schreiben war etwa vier Wochen unterwegs[27], und in dieser Zeit vermochte es der König, aus seinem Sieg bei Breitenfeld politisches Kapital zu schlagen. Sein Glück sei ein Zeichen der »Rache Gottes« gegen alle »verübte Tyrannei« im Heiligen Reich, während er nur gekommen sei, um »dem werten Frieden nachzujagen«.

Die widerspenstige Stadt Würzburg und die Stände Frankens erhielten von ihm in diesem Sinne eine gehörige Rechtsbelehrung. So habe ihm der Versuch der Catholischen Liga »höchlich mißfallen«, zur Unterdrückung der Evangelischen Stände nichts anderes zu unternehmen als die »Einführung des bei allen *freien Teutschen* verhaßten *absoluten Dominats*«. Und diesem können die erwähnten Stände als »redliche Patrioten ihres Vaterlandes Teutscher Nation ... keineswegs beipflichten«[28].

Er appelliert immer wieder an einen Patriotismus, für den die »Patria« in erster Linie das ›Land besitzender Väter‹ ist, dessen Sicherheit darin zu bestehen hat, daß die entsprechenden Verträge in Gestalt vorhandener Fundamentalverfassungen unbedingt und gewaltfrei eingehalten werden. Mit der Kette von Enteignungen und possessiven Umschichtungen, wie sie im Gefolge des »Restitutionsediktes« von 1629 mit militärischer Gewalt erzwungen worden sind, konnte er sich nicht anfreunden. Denn mit dieser Politik wurde nicht nur im Heiligen Reich die Gegenreformation auf geistlichem Gebiet durchgeführt, sondern auch eine Diktatur unter dem kaiserlichen Deckmantel etabliert. Und deren Wirken setzte nicht nur die Teutsche Freiheit außer Kraft, sondern gefährdete in einem hohen Maße auch die Freiheit Schwedens.

An diesem Standpunkt ließ Gustav Adolf nicht rütteln. Es fiel ihm dabei allerdings nicht selten schwer, Verständnis für evangelische Stände aufzubringen, die da glaubten, sie könnten sich in diesem Konflikt auf Leben und Tod in vornehmer Abkapselung »neutral« halten, während gleichzeitig seltsame Träume von »Weltherrschaft« erregbare Gemüter in Wallung brachten und rechtlich gesinnte Senatoren zu angestrengtem Nachdenken veranlaßten.

# Fantasticon . . .

Der Sieg auf dem Breiten Feld bei Leipzig hat einige Gemüter zum Glühen gebracht. In Moskau fühlte sich Patriarch Filaret in seiner Politik bestätigt; veranlaßte auch, daß zur Ehre des Schwedenkönigs in Kirchen und Klöstern die Glocken geläutet wurden[1], und dachte nun verstärkt daran, Vasa-Polen politisch und militärisch unter Druck zu setzen. Die Vorstellung einer großen Einkreisung des verhaßten Nachbarn nahm Gestalt an, nachdem Gustav Adolf selbst den Plan verfolgt hatte, »hier in Teutschland ein großes und gewaltiges Kriegsheer aus Teutschen und Fremden« anwerben zu lassen, um es dann von Pommern aus gegen Vasa-Polen einzusetzen, während das Moskauer Zartum gleichzeitig seine Truppen, die auch zumeist aus »teutschem Kriegsvolk« bestanden, gegen Smolensk marschieren ließ. Vorausgesetzt, daß dieses konzentrierte Umfassen und gezielte Eindringen in das Gebiet der Adelsrepublik von Süden her durch den Tataren-Khan und den Osmanen-Sultan gesichert war[2].

Dieses Vorhaben entsprach durchaus einer realistischen Überlegung, Sigismund III. endlich von seinen Ansprüchen auf den Zarenthron und auf Smolensk abzubringen und gleichzeitig auch von den Erbrechten zur Krone Schweden zu drängen, deren Einfordern immer wieder zu neuen Kriegen trieb und die erreichte Sicherheitslage dieser Macht gefährdete. Auch in diesem Falle störte es Gustav Adolf und die Regierung in Stockholm nicht, daß man es beim Russen strenggenommen mit einem Ketzer und »alten Erbfeind« und beim Türken mit einem Heiden und »Erbfeind der Christenheit« zu tun hatte. Unter den Bedingungen der notwendigen Bündnispolitik zur Erhöhung der nationalen Sicherheit und Anerkennung dynastischer Besitzstände durften und mußten diese inneren Qualitäten der Freunde und Verbündeten außer acht gelassen werden. Das kommutative Vertragsdenken verschaffte den Staatsmännern in dieser Hinsicht die Voraussetzungen, auf Dogmen der eigenen Religion keine Rücksicht nehmen zu müssen: Stolbova war dafür ebenso ein Beispiel wie die Absprachen von Altmark und Bärwalde.

Diese Bedingungen im inneren Kreis der hohen Politik hinderten aber niemanden daran, von privater Warte aus das Entsprechen von Religion und Politik nach außen hin einzufordern und neben der Realpolitik Pläne zu schmieden, die das Phantastische streiften. Breitenfeld wirkte hier wie eine Art Befreiung und Fingerzeig der »Vorsehung Gottes«. Darauf berief sich der Grieche *Romanus Nicephori* im Spätherbst 1631, als er sich von Paris aus ins Heilige Reich begab, um, von Rostock kommend, Gustav Adolf zu erreichen, den Gott dazu ausersehen habe, nicht nur »die große Sehnsucht« der unterdrückten Teutschen nach Befreiung zu erfüllen, sondern auch derjenigen der Griechen zu entsprechen. In überquellender Lust am Wort fleht er den Schwedenkönig an, seine »wohlwollenden Augen auf unser immer noch elendes und vieler Seufzer würdiges Griechenland zu richten«, das für seine Zukunft in Freiheit glänzende Kriegstaten nötig hat, wenn es vom »türkischen Joch« erlöst werden soll[3].

Romanus Nicephori, der Makedonier und Pastor aus Korinth, trug sich mit dem Gedanken eines Kreuzzuges gegen das Osmanische Imperium, der schon 1617 vom Herzog von Nevers und Erben der Paläologen (oströmische Kaiserdynastie) begonnen werden sollte. Zu diesem Zweck wurde er auch vom Patriarchen *Timotheus* nach Frankreich geschickt, um dort etwa zur gleichen Zeit Verhandlungen aufzunehmen, als sich in Böhmen die Entscheidung zwischen Habsburg und den Ständen anbahnte. Seine Mission hatte Anfang 1620 jedoch nicht zum Erfolg geführt, weil nach dem vorzeitigen Tod des Timotheus die Unterstützung aus Konstantinopel fehlte, und der Papst so wenig Interesse an diesem Projekt zeigte, wie es dem Allerchristlichsten König Probleme bereitete, Karl von Nevers gar zum Kaiser von Byzanz zu machen. Gleichwohl war Nicephori in Paris geblieben, hatte sich als Sprachlehrer durchgeschlagen und verfolgte nun nach dem Krieg um Mantua den Feldzug Gustav Adolfs mit steigender Hoffnung auf eine Befreiungsaktion für seine griechische Heimat. Dafür wollte er sogar einige tausend Soldaten auf die Beine bringen. Wie sehr er sich auch für diese Idee begeistern mochte und dabei auf die Hilfe seiner teutschen Freunde Clingius und Zinzerlingius rechnen konnte, die sich vermittels Adler Salvius beim König zu verwenden gedachten, ein Kreuzzug gegen den »Antichrist im Morgenland und Abendland« kam nicht zustande[4].

Wohl sollen Gustav Adolfs Soldaten etwa zur gleichen Zeit gesungen haben »Erhalt uns Herr bei Deinem Wort/ und steur' des Papstes und Türken Mord«[5]. Und auch Herr Wivallius träumte in seinem *Fantasticon* davon, daß sich ein neuer Augustus aus Schweden der ganzen Welt bemächtige, auf daß sich dabei »die Ottomanen zu Luthers Lehre bekehren . . . und die Perser Augustus ehren«[6]. Aber diese Phantasien waren nichts weiter als jene Ecksteine der Narren, die sich Paracelsus gemäß der Imagination in den Weg legen konnten, jener klaren Kraft, ohne die der planende Verstand nicht auskommen durfte, wenn er das Nötige ins Auge faßte, um das Erreichte zu sichern und nach Lage der Dinge zu erweitern.

Diese Kunst war nicht Sache der Privatleute und Poeten, sondern mußte von den Staatsmännern beherrscht werden, die dauernd gefordert waren, sich ein Bild von ihrer jeweiligen Lage zu machen und dies immer wieder zu überprüfen. Gustav Adolf war darin wie Axel Oxenstierna ein Meister, den inneren Zustand seines Machtbereichs stets im Rahmen der äußeren Bedingungen zu sichern und dabei die Imagination zu erproben. Dazu gehörte auch, das jeweilige Operationsfeld in der Nähe durch einen denkbaren Sicherheitsring in der Ferne zu schützen. Sollte diese geradezu lebenswichtige Kombination gelingen, dann durfte er auf die Qualität und das innere System der einbezogenen Mächte nur insofern Rücksicht nehmen, als sie zum eigenen Nutzen neutralisiert werden konnten.

In seiner eindringlichen Vorausschau vom Spätherbst 1630 hat er diese Denkweise der Prüfung des Kanzlers unterzogen und konnte nun ein Jahr danach feststellen, daß sie sich wieder einmal bewährt hatte. Denn wie hätte er seine Unternehmungen auf teutschem Reichsboden erfolgreich durchführen können, wenn nicht der Außenring seiner Sicherheitspolitik mit Diversionen oder nur mit der Drohung gehalten hätte, solche rechtzeitig anzustellen? Gewiß, auf diese Dimension »kann man nicht bauen«, meint der König, aber sie hat doch unterhalb der reinen Phantasie soviel Realität, daß man auf diese bei allen Plänen zu achten hat. Denn es sei doch so, »daß große Imperien, die aneinander grenzen, einander nicht lange unmolestiert (unbeschwert) zu lassen pflegen. Und aus diesem Grunde kann es leicht geschehen, daß das Römische Reich mit dem Türkischen Imperium in Krieg geraten müßte, wenn wir diesen Krieg etwas in die Länge ziehen könnten. Alle Anzeichen bestätigen das. Obgleich der Türke in Asien großes Glück und Erfolg hat, so ist er gleichwohl auf dieser Seite doch mehr zum Frieden geneigt. Man muß demnach annehmen, daß er . . . das Römische Reich mit Krieg antasten möchte, sobald er dort etwas zur Ruhe kommt. Denn lange stillzusitzen ist nicht seine Sache. Das alles zusammen könnte eine große Veränderung anrichten und uns um so viel schneller zu einem zuträglicheren Akkord verhelfen . . .«[7]

Geraten demnach Imperien aneinander, erhöhen sich die Möglichkeiten einer wachsamen und wohlgerüsteten Mittelmacht, die Schweden trotz seines steigenden Gewichtes ungefähr in dem Maße war wie die Niederlande. Die Staatsmänner der Generalstaaten hatten seit ihrem säkularen Kampf mit Spanien erkannt, welche Vorteile sich ergeben konnten, wenn man die Freundschaft der Hohen Pforte suchte. Ja im Laufe dieser Annäherung bildete sich sogar eine Sicherheitsideologie aus, die unter dem Namen *Turko-Calvinismus* dem übrigen Europa anzeigte, daß man im Osmanischen Imperium keineswegs mehr das Schreckgespenst des »Antichristen« erblickte, sondern im Gegenteil eine Großmacht, die tolerant genug sein konnte, ein fremdes Bekenntnis politisch anzuerkennen und sogar aus der Ferne für seine staatliche Sicherheit zu wirken[8].

Man kann sagen, so wie Schweden das Moskauer Zartum mit seiner Sicherheitspolitik trotz Abdrängen von der Ostsee allmählich in die Belange der Respublica Christiana hineinzog, so verstand es die Stände-Union der Niederlande, das Osmanische Imperium für die eigene Politik nutzbar zu machen. Seit 1611 unterhielt man in Constantinopel einen ständigen Gesandten und demonstrierte mit dieser Maßnahme auf eigenwillige Weise die konsequente Anwendung des Sine-respectu-Prinzips im kommutativ angelegten Völkerrecht. Aus politischer Not erzwang man eine rechtliche Tugend, deren Verwertbarkeit *Cornelius Haga* als Jurist und Gesandter bis 1639 immer wieder beweisen konnte[9]. Mit der Ernennung von *Johann Möller* 1631 zum ersten ständigen Gesandten einer europäischen Macht in Moskau[10] folgte die Krone Schweden dem Beispiel der Niederlande auf ihre Art. Zwei aufstrebende Mittelmächte ziehen aus ihren spezifischen Sicherheitsinteressen die Konsequenzen und machen »Russia et Turcia«, seit Generationen der Inbegriff von Ketzertum und Christenhaß, vertragswürdig und damit auch rechtsfähig im Sinne eines Völkerrechts, das sich seines christlichen Bezugs zu entkleiden beginnt[11].

Die Abfertigung von *Paul Straßburg* nach Siebenbürgen und zur Hohen Pforte im April 1631 verdeutlicht nur, welche Bedeutung Gustav Adolf dem Außenring im Osten bereits zumaß, dem auch der Tataren-Khan zugerechnet wurde, an den zuvor schon eine Gesandtschaft abgeschickt worden war[12]. Straßburg, einer der vielen guten Diplomaten, die sich von teutscher Seite dem Schwedenkönig zur Verfügung stellten[13], traf in Konstantinopel den emsig wirksamen Haga an und fand mit dessen Hilfe bald Zugang zum Patriarchen *Cyrillus*, bei dem er die Sympathien für Schweden vertiefen konnte. Der Patriarch, mit den kirchlichen und politischen Verhältnissen von Makedonien bis »in die Moskau« gut vertraut, ließ es sich dann auch nicht nehmen, Gustav Adolf im Sommer 1632 für seine »wundersamen Erfolge« auf teutschem Boden zu gratulieren. Jeder Sieg des Königs wurde als Gewinn vor allem gegen die Wühlarbeit der Jesuiten empfunden, die auch dem Patriarchen zu schaffen machte, und hatte in hohem Grade die Zustimmung der »Aula Ottomanica« gefunden, die an der Südflanke viele gegnerische Kräfte binden konnte[14].

Mit der osmanischen Karte wurde also in hohem Maße gespielt, je länger der Teutsche Krieg dauerte, zu dem auch der Kampf der Niederlande mit Spanien um die Unabhängigkeit gehörte[15]. Um eine politische Daseinsform, deren Erhalt nach außen hin harte Einsätze erforderte und deren Sicherung oft zu Koalitionen zwang. Sie erscheinen auf den ersten Blick unnatürlich, bei näherem Hinsehen aber geben sie zu erkennen, daß das Organisieren von Notwehr und nationaler Selbstbehauptung eine hohe Imagination erfordert haben muß, der etwas Reales abgerungen werden konnte, ein eigenes Stück Wertordnung, das auf die vorhandene Weltordnung einzuwirken und diese gebührend zu verändern hatte. Die Niederländer und ihre Nachahmer, die Schweden, haben dieses Spiel gut beherrscht, oft wesentlich besser als die meist überschätzten Vertreter der Richelieu-Diplomatie.

Wie schwer es diese mitunter hatten, sich mit den Repräsentanten der Krone Schweden auch nach Bärwalde zu arrangieren, durfte *St. Etienne* erleben, als er mit Gustav Adolf wegen der Neutralität Bayerns in eine heftige Diskussion geriet, die Axel Oxenstierna in einem längeren Lagebericht vom 25. April 1632 in ihren wesentlichen Teilen wiedergegeben hat. Der Drohung von französischer Seite, der Allerchristlichste König könnte sich bei der unnachgiebigen Haltung Gustav Adolfs veranlaßt sehen, dem Bayern-Fürsten ein Heer von 40 000 Mann als Hilfe zu schicken, begegnete er recht lakonisch und forsch: »Es gelte deroselben gleich, mit was (für einer) Nation sie fechten.« Und wie bei einem Kartenspiel setzte er darauf noch einen Trumpf: »Wenn es dazu gekommen, so wäre auch der *Türke* noch IM:t guter Freund.«[16]

Als St. Etienne, der vom König davor schon harte Zurechtweisungen einstecken mußte, daraufhin einwarf, »daß der Türke der Christenheit abgesagter Erzfeind sei«, hatte er nicht nur das alte und bekannte Bemühen Frankreichs um die Gunst der Hohen Pforte vergessen[17], sondern durfte sich auch eine Belehrung in Sachen Staatsraison anhören. »Wenngleich der Türke nur mit IM:t Freundschaft hielte, so hätten IM:t eben darum nicht Ursache, auch sein Feind zu sein, denn des Türken und der Papisten Abgötterei seien IM:t diesfalls nur wie die anderen verhaßt. Wollte der Türke aber IM:t Freund nicht sein, könnten IM:t ihn so wohl bekriegen als andere. Denn Sie wüßten wohl, daß der Allerhöchste über Ihr Deroselben beistehe, wie Sie es vor Leipzig erfahren . . .«[18]

War also der Plan des Romanus Nicopheri durch des Salvius Vermittlung doch bis zum König vorgedrungen? Feststeht, daß er an einen Kreuzzug gegen das Osmanische Imperium nie gedacht hat, sondern dessen Existenz von außen her dafür einzusetzen suchte, um Habsburg von Siebenbürgen und Ungarn her unter Druck zu bringen oder doch zumindest in Spannung zu halten. Gleichzeitig wollte er auch Polen mit dem östlichen Außenring in Schach halten. Er stimmte in dieser Hinsicht vollkommen mit dem Reichskanzler überein, der ihm Anfang 1630 aus Elbing schrieb, »daß in Polen Furcht vor dem Türken, dem Tataren und dem Russen herrscht, aber sonst ist nichts anderes zu hören, als daß die Polen mit IKM:t gute Freundschaft zu halten suchen«[19].

Unmittelbar nach dem Waffenstillstand von Altmark war auch von seiten Vasa-Polens zu diesem Zeitpunkt kaum etwas anderes zu erwarten, zumal Sigismunds ältester Sohn Władysław seine Sympathien für Gustav Adolf und selbst die Protestanten im Doppelreich Polen-Litauen bei Gelegenheit durchblicken ließ, also auf einen Ausgleich bedacht war[20]. Doch diese Chance wurde von Gustav Adolf nicht recht erkannt oder zumindest anderen Überlegungen untergeordnet, die ihm nach allen Verhandlungen seit Breitenfeld wichtiger schienen. So greift er im Mai 1632 von Augsburg aus von Konstellationen in der Nähe, wie z. B. die Anerkennung der Neutralität Triers[21], auf Ziele in der Ferne. Möllers Bericht aus Moskau sagt ihm zu, »im Namen des Großfürsten in Pommern eine Armee aufzurichten und damit die Polen zu bedrängen«. Dieser Plan hat für ihn eine »große Bedeutung«, weil man mit diesem militärischen Mittel zumindest den Effekt erzielt, »daß die Polen auf diese Weise distrahiert (zersplittert) werden und somit den Kaiserischen gegen uns keine Assistenz leisten können«[22].

Seine Imagination ging in erster Linie von der Konfrontation aus und deren umfassender Beherrschung. Dafür mußten Mittel gefunden werden und so effektiv zur Anwendung kommen, daß von außen nicht unnötig gefährdet wurde, was von innen heraus mit und seit Breitenfeld auf allen Ebenen erkämpft und leidlich gesichert worden war. Lähmen durch Eindämmen. Das war der Grundgedanke in der Sicherungspolitik gegenüber Polen, der so intensiv ausgereizt wurde, daß er sich mit den Abmachungen von Altmark gerade noch vertreten ließ, ohne dieses mühsam erkämpfte Abkommen ernsthaft zu gefährden[23].

So erfolgreich für den Augenblick und die nähere Zukunft der Außenring im Osten durch die Neutralisierung Vasa-Polens auch aussehen mochte, so schwierig war es für Gustav Adolf, seine weiteren Operationen im Heiligen Reich vom Norden und Westen her abzustützen. Denn er muß feststellen, »wie wir auch von den Spanischen mit aller Macht auf feindliche Weise angetastet werden«. Auf dem Reichsboden selbst weiß er sich dagegen schon zu wehren, aber Madrid ist auch in der Nordsee aktiv und kann dort zur Bedrohung werden. Deshalb hält er es für gut und richtig, »in Göteborg eine Schiffskompagnie anzurichten, welche in der Nordsee die spanische Seglation (Seefahrt) durch Freibeuterei . . . erschweren und behindern könnte«. Sein Ziel mit dieser Maßnahme liegt im eigenen Schutz und demjenigen der Freunde, geht es doch darum, daß »die Spanischen und unsere Feinde dadurch Schaden nehmen« und ihre Tätigkeiten einschränken oder gar einstellen. Als historisches Beispiel und Vorbild dient Gustav Adolf hier die Politik »der Königin Elisabeth in England«, die nur eine Generation davor mit den Kaperfahrten eines *Francis Drake* die Bewegungen der Flotte Spaniens nicht wenig behindert hatte[24]. Zur rechtlichen Absicherung dieser Maßnahmen bittet er den Reichskanzler darum, daß er »zu diesem Zwecke ein Manifest verfassen wolle, in dem die Ursachen dargelegt werden sollen, warum wir gezwungen worden sind, Spanien auf diese Weise anzugreifen . . .«[25]

Immer wieder Spanien, das nun unter Philipp IV. in einer gefährlichen Schwächeperiode Wiens hochaktiv geworden war und alles daransetzen wollte, um aus eigenen Sicherheitsinteressen gegen Frankreich vor allem »die Ehre und Größe der teutschen Nation« zu retten. Und das konnte unter den gegebenen Umständen nur bedeuten, mit der Ruhe des Reiches die eigenen Besitzstände zu wahren und dafür auch im »substantiellen Punkt« der Beziehungen von Region und Religion bereit zu sein, Zugeständnisse zu machen, die mehr waren als nur das Abtreten von Akzidentien[26]. Aber es war ein mühsamer Weg, den politischen Willen mittels echter Verhandlungen zu einem realen Vollzug mit Zukunftsgarantien zu bringen, zumal in diesem Labyrinth, das für Überraschungen immer gut war. Und zwar nicht allein auf der papistischen Seite, sondern auch bei den evangelischen Mächten. Denn dort war man über die Erfolge des Schwedenkönigs nicht immer und überall erfreut. Im Geheimen dachte man in gewissen Kreisen schon darüber nach, wie es in Zukunft zu »einer Zusammensetzung Englands, Dänemarks und der Generalstaaten« kommen könnte, »um die Balance zwischen uns (den Schweden) und dem Hause Österreich zu halten«[27].

Welche Befürchtungen standen hinter solchen Plänen, von denen Gustav Adolf Kenntnis hatte? Mit seinem Sieg bei Breitenfeld, den Eroberungen in der Pfaffengasse und nach dem siegreichen Vertreiben Tillys vom Lech im April 1632 war Schweden endgültig aus dem Status einer starken Mittelmacht in die Qualität einer Großmacht versetzt worden, die eine Eigendynamik entwickelte. Zur eigenen Sicherheit aber mußte Schweden berechenbar bleiben und mit einem Gegengewicht versehen werden, weil sich sein nationaler Auftrag in Richtung einer universalen Forderung zu verselbständigen drohte. Es stand die Frage an, ob bei der anhaltenden Schwäche Habsburgs und der Liga Europa eine Hegemonie Schwedens auferlegt werden sollte und damit auch der Griff nach der Weltherrschaft.

Unruhe konnte manch einen bei diesem Gedanken befallen, der vor und während der Offensive des Jahres 1632 erleben durfte, daß sich das Gaukelspiel des gehegten götischen Geistes und sein Traum davon, Europas Ordnungsmacht zu werden, Schlag auf Schlag in reale Politik verwandelt hatte und damit Anforderungen stellte, die Schweden trotz Geschick und Genie seiner beiden führenden Staatsmänner auf die Dauer nicht zu tragen vermochte, wenn sie beide ausfallen sollten.

Wie besorgt man in dieser Hinsicht bereits im engeren Beraterkreis geworden war, vermittelt eine Diskussion im Reichsrat, die bisher gerne übergangen wurde, aber den Kern des Problems trifft und das Wesen dieser politischen Biographie ausmacht. Gustav Adolf ließ nämlich beim Reichsrat anfragen, ob er nach Lage der Dinge und nach allen Regeln des Völkerrechts der Krone Spanien offiziell den Krieg erklären solle oder nicht. Die götische Macht des Nordens fordert diejenige des Südens auf teutschem Reichsboden heraus. Da konnten Schwindel die Gemüter packen und zu Phantasien reizen, wie sie Wivallius mit nationalem Sendungspathos beschrieben hatte und dem Reichsrat zur Kenntnis kommen ließ[28]. Brauchte man auf diesen ›König der Narren‹ nicht zu hören, so stand doch fest, daß der eigene König den Reichsrat nicht zum Narren halten wollte, sondern mit Ernst diesen Zweikampf suchte, dessen glücklicher Ausgang jeden normalen Verstand übersteigen mußte.

# »Dominium totius orbis«

In der Sehnsucht nach dem heiligen und kostbaren Frieden war man sich über die Kriegsverdienste Gustav Adolfs als »Protector religionis« ziemlich einig[1] und hoffte darauf: »daß der Allmächtige die Wiederstiftung des Friedens nunmehr in Eurer Königl. Würden christliche Hände gleichsam gelegt und vertrauet . . ., so lange die Welt stehet« – bis zum »Tag der herrlichen Ankunft Jesu Christi«[2].

Am Friedenswillen des Königs gab es in den eigenen Reihen kaum einen Zweifel. Mit Nachdruck wurde darauf verwiesen, »daß KM:t den Krieg für den Frieden und die Sicherheit seiner Grenzen führe« und im Geist des Hugo Grotius einen »friedliebenden Sinn« gezeigt habe, der allerdings auf »leidliche Friedenskonditionen« gerichtet sei, mit deren Hilfe »ein reputierlicher, sicherer und universaler Friede erreicht werden kann«. Und dazu wurde als »prinzipalste Bedingung« die Wiederherstellung des Heiligen Reiches genannt, die Rückkehr demnach zu dem Status, »wie er 1618 gewesen war«. Das aber bedeutete wiederum, daß »der Kaiser seine eigentümliche Rechts-Prätension fahrenlassen muß, die er nun über Böhmen und die anderen inkorporierten Länder hat, welche er sich aufgrund des Kriegsrechtes (jure belli) in der Zwischenzeit erblich zugeeignet hat«[3].

Solange in dieser fundamentalen Frage kein substantielles Nachgeben oder Entgegenkommen angezeigt wurde, konnte von einer Aufgabe der geplanten Kriegsaktionen keine Rede sein. Denn ein einseitiges Vorgehen hätte das angestrebte Ziel eines Friedens unter Rechtsgarantien und die Sicherung der libertären Verfassung des Heiligen Reiches ohne Not erschwert und womöglich dem Vorschub geleistet, was man unter soviel Mühen immer bekämpft hat – die angestrebte Weltherrschaft des Hauses Habsburg.

Dessen immer schwächere Stellung machte den Kaiser und seine nächste Umgebung angesichts der bedrohlichen Lage vom Lech her, wo das Schweden-Heer sich einmal mehr Tilly überlegen gezeigt hat[4], und von Böhmen aus, wo sich ein Sachsen-Heer festgesetzt hatte[5], zu Friedensverhandlungen geneigt, zumal seine Kriegführung von spanischen Subsidien abhängig war[6]. Aber die Casa de Austria war in diesen schwierigen Monaten zu einer Überraschung fähig, wie sie auch im Falle Vasa-Polens in ähnlicher Form zu beobachten war. Die anhaltenden Schläge der Schweden haben zwar zu Lähmungen geführt, aber gleichzeitig auch den Rest der politischen Sinne in einen äußersten Reizzustand getrieben, in dem sich Dinge realisierten, die selbst Phantasten sich nicht ausmalen konnten.

Und so geschah es denn auch, daß am 14. April zu Göllersdorf eine Absprache getroffen wurde, die viele nicht mehr für möglich gehalten hatten. Denn Wallenstein ließ sich nach seinem drei Monate währenden Generalat (vom 1. Januar bis zum 31. März 1632) sowie nach einer Trotzphase und Bedenkzeit vom Kaiser einen Auftrag geben, der ihn nicht nur vom »General-Capo über unsere kaiserliche Armada« zum »Generalissimus« beförderte[7], sondern ihn auch mit einer Fülle von Kompetenzen ausstattete, von deren Umfang der päpstliche Nuntius *Rocci* nach Rom berichtete, daß Wallenstein dadurch »an Rechten wie an Waffenmacht gleichsam größer sein wird als der Kaiser«[8].

Das war übertrieben wie vieles an der zeitgenössischen und späteren Deutung dieses Göllersdorfer Generalats. Gewiß, laut Theatrum Europaeum »solte ihme das angenommene Generalat in absolutissima forma conferiret seyn«, wobei allerlei Zuständigkeit im Rahmen des Kriegsrechts und der Kriegführung geregelt wurden, sowie Entschädigungen in Gestalt von »einem Oesterreichischen Erbland«, und bei einer Friedens-Traktation Mecklenburg erneut in Aussicht standen[9]. Aber was war an dieser Absprache, deren Echtheit oft bestritten worden ist[10], so überzogen, daß man darin den unbändigen Ehrgeiz eines Emporkömmlings witterte, ja auch die Ursache zu seinem »Verrat« am Kaiser und zu seinem Untergang sehen konnte?[11]

Seit Ranke vor allem ist aus den Bedingungen dieses Generalats ein Popanz gemacht worden. Denn von einer substantiellen Entmachtung des Kaisers und Oberhauptes der Casa de Austria kann keine Rede sein, weil Wallenstein seine Befugnisse nur »in absolutissima forma« erhalten hatte, und das bedeutete nichts anderes als das zeitlich begrenzte Recht – »bis ein Universal-Frieden im Reich Teutscher Nation stabiliret würde«[12] –, Kompetenzen des Kaisers als Mandat zu vollziehen. Der Auftrag war nur Akzidens in höchster Form, nicht aber Substanz, war auf instrumentelles Wirken abgestellt und nicht auf eine Veränderung des Wesens im Status des Kaisers selbst.

Man versteht dieses Göllersdorfer Generalat vielleicht erst dann richtig, wenn man ein Angebot heranzieht, das Gustav Adolf ein halbes Jahr später dem »Feldmarschall Arnheim . . . zu Vermehrung seiner Reputation und seines Nutzens« sowie zu »guter Assistenz« des Königs unterbreiten ließ. Es heißt darin: »Insonderheit würde solches seiner Charge so gar nit nachteilig sein, daß dieselbe hierdurch vielmehr erhoben werden sollte, alldieweil IKM:t erbietig wären, ihm eine Armee zu untergeben, die er seinem Gutachten nach à part führen und *absolute* commandieren (soll), auch von niemanden als IKM:t selbsten dependieren. So würde er auch hierdurch sowohl zu seinen pommerschen Prätensionen und Gütern gelangen . . . auch mit Erhöhung seiner Person (in den) Herren- oder Grafenstand gedienet . . .«[13]

Die Wortform »absolute« entspricht hier voll und ganz der Wendung »in absolutissima forma« und meint auch nach ihrem Inhalt die gleiche Funktion. Der Inhaber übertragener Kompetenzen ist im Bereich seiner Armee höchster Kriegsherr und damit auch Richter und darf seine Rechte ohne Einschränkung durch eine Institution oder Person zum Nutzen des Auftraggebers handhaben.

Wird also im Falle Wallensteins von einer »neuen Diktatur«

gesprochen[14], dann muß sogleich hinzugefügt werden, daß es sich hier nur um eine zeitlich beschränkte Auftragslage handelt, die in ihrer Ausrichtung der altrömischen Dictatura ähnelt, nämlich mit außerordentlichen Mitteln einen gemeinen Notstand zu beheben, und von den Zugeständnissen her dem entspricht, was in einer effektiven Armeeführung als unabdingbar angesehen wurde – der Oberbefehl in einer einzigen Hand!

Denkt man auch hier an Gustav Adolfs »Norma futurarum actionum«[15], dann erscheint die Göllersdorfer Absprache nicht mehr so monströs. Waren denn die versprochenen Entschädigungen für den Einsatz von Leib und Leben, das Wallenstein mit diesem Generalat erneut riskierte, wirklich so überzogen, wo es gegen den ersten Feldherrn und das beste Heer der Zeit ging? Gegen einen König, der im Begriffe war, trotz aller Friedenssehnsucht mit seinen Armeen eine Entscheidung zu erzwingen und jetzt einen gleichwertigen Gegner brauchte? Gerade jetzt, wo auch der Schweden-Kanzler mit allen Fähigkeiten eines Militärs und in der Eigenschaft eines kommandierenden Generals[16] die militärische Macht des »Hauses Hispanien« zwischen Mosel und Main abzuwehren hatte und im evangelischen Lager über Friedenspläne nachgedacht wurde. Es ging dabei um die alles entscheidende Frage, ob die protestantischen Kräfte zu einem Gleichgewicht (aequilibrium) so fähig wären, daß die eigene Religion und die Teutsche Freiheit erhalten werden könnten[17].

An diesen beiden Stichworten konnten sich die Gemüter erhitzen, in ihrem Namen wurde dieser Krieg auch begründet, und von der wirksamen Garantie ihres realen Inhalts hing es ab, wie lange noch Blut vergossen werden mußte, bis die Kräfte aus Erschöpfung friedensbereit sein oder aus Einsicht in die eigenen Grenzen den Mut zum Kompromiß finden würden. Einen nicht unwichtigen Denkanstoß in diese Richtung gab der Reichsrat Schwedens just an dem Tage, als zu Göllersdorf Wallenstein »Generalissimus« wurde, Tilly ebenso mit dem Tode rang wie Sigismund III. und Gustav Adolf sich entschlossen hatte, »die Donau hinunter zu arbeiten . . . und also ganz Bayern unter uns zu bringen oder zum wenigsten zu verderben«[18].

Der Reichsrat, bald von Bauernunruhen in der ewig eigenwilligen Landschaft Dalarna und diversen Kirchenhändeln in Spannung gehalten, von allerlei Geldforderungen gebeutelt und mit Justizsachen so überlaufen, wie mit dem Rüstdienst und der geforderten Aufrüstung beschwert, vom Kupferhandel in Atem gehalten und vom Getreidegeschäft entmutigt[19], konnte sich erst jetzt, am 14. April, wirklich die Zeit nehmen, die Anfragen des kämpfenden Königs einer rechtlichen Prüfung zu unterziehen, ihm eine ordentliche Auskunft darüber zu geben, ob er die Kriegsaktionen Spaniens im Heiligen Reich »als einen Friedensbruch ausdeuten soll und deshalb (dieser Macht) im Auftrag der Krone Schweden einen öffentlichen Krieg erklären« dürfe. Oder, ob »die Krone Schweden hiervon auszunehmen« sei und er allein in seinem Namen mit diesem Gegner weiterkämpfen solle, »so weit es die Teutsche Libertät und diesen Teutschen Krieg betrifft«. Oder auch, ob er sich bei Spanien um die »vorige Freundschaft (und) Neutralität« bemühen solle, die ja trotz der religiösen Unterschiede nicht nur ökonomische Vorteile für Schweden eingebracht hatten[20].

Bewunderer absoluter Macht und schneller Entscheidungen, die nichts mit der Substanz-Akzidens-Relation anfangen können, mag dieses Vorgehen des Königs verwundern, haben sie doch noch nie recht verstanden, worin seine Staatskunst bestand. Nämlich in der Einsicht, daß ein Gemeinwesen gerade in Kriegszeiten und während nationaler Notstände um so stärker wird, je mehr sich dessen oberster Machtträger bei fundamentalen Entscheidungen im Recht versichert und dafür um Rat fragt, sich den Bedingungen von »consilium et auxilium« beugt – Rat und Hilfe sucht.

Gustav Adolf hat sich dieser Mühe und Kontrolle immer wieder unterzogen, wußte er doch, daß er nur ein Depositarius des Reiches war, ein Treuhänder der Krone Schweden, ein Administrator, dem die Handhabe von Akzidentien anvertraut war und der in substantiellen Dingen den Reichsrat, und wenn nötig, den Reichstag zu fragen hatte. Dieses libertäre System war demnach so angelegt, daß die Reichsräte zwar akzidentiell etwas von seiner Amtsgewalt einbehielten, aber dadurch das Königsamt an sich in seiner Substanz dauerhafter machten. Dieses Nehmen vermehrte tatsächlich seinen vertraglichen Wert. Das Königtum wurde also mit diesem rechtlichen Rückgriff nicht schwächer, sondern stärker. Ganz so, wie es Aristoteles beobachtet und empfohlen hatte[21] und noch Machiavelli in einem lichten Augenblick erwähnenswert empfand, als er den Wert von Institutionen erkannte, die das Werk eines weisen Fürsten über dessen Tod hinaus sichern konnten[22], und die Klugheit selbst auf die Fähigkeit im Staate bezog, nach einer Beratung die Tat für sich sprechen zu lassen[23].

Genau das erwartete Gustav Adolf von den erfahrenen Reichsräten, die über Jahrzehnte hin gelernt hatten, wie man mit Rechts- und Tatfragen umzugehen hatte und daher auch wußten, daß es besondere Situationen geben konnte, in denen die *Krone an sich* vom *König* als getrennt angesehen werden durfte und mußte, um einen möglichen Schaden von ihr zu wenden. Nur wer diesen Willen zur Distinktion nicht anerkennen kann, wird davon überrascht sein, was der Feldherr *Jakob de la Gardie* bei der Eröffnung der Diskussion geltend macht. In der Frage des Friedensbruches und seiner rechtlichen Einschätzung steht für ihn fest, »daß nicht der König in Spanien den Frieden gebrochen hat, sondern wir, welche auf den Spanier losgegangen sind und ihm seinen Besitz in der Pfalz turbiert (verwirrt) haben«[24].

Von der Beherrschung oder Kontrolle dieser Region aber machte gerade Graf Olivares im Staatsrat, dem konstitutionalen Gegenstück zum Reichsrat in Schweden, die künftige Sicherheit Spaniens vor allem gegenüber Frankreich abhängig, ja sogar seine Weltgeltung. Diese wurde in diesen ehrbewußten Kreisen in erster Linie noch immer daran gemessen, welche Reputation die Krone Spanien in der Respublica Christiana genoß und wie sie sich jetzt aus der Bedrohung durch Frankreich und Schweden zu lösen versuchte, zumal der Krieg mit den Niederlanden noch nicht überstanden war[25]. Die Argumentation de la Gardies hätte ihm gewiß gefallen, bestätigt sie doch die verdeckte Kriegführung Spaniens, den Stellvertreterkrieg, der die Krone an sich aus dem Spiel zu halten trachtet, um sie als Friedensmittler einbringen zu können.

Verständlich, daß Gabriel Oxenstierna, der Bruder des Reichskanzlers, gegen die Position des Grafen de la Gardie argumentiert und in der üblichen Kausalbegründung auf ein paar unbestreitbare Tatsachen hinweist: »Der König in Spanien hat unseren Feinden beigestanden, (hat) seine fliegenden Fahnen gegen KM:t geschickt. Davon abgesehen, ist Spanien von uns nicht so gekränkt worden, daß diese Unternehmungen folgen mußten. Ergo hat Spanien den Frieden gebrochen.«

Dieser Beweisführung vermag de la Gardie nicht ohne weiteres zu folgen und erwidert, »daß Spanien den Kaiser nicht stärker unterstützt habe, als es nach dem Bündnisrecht (jure confoederationis) geboten war. Er ließ auch nicht seine Kriegsvölker an der Leipziger Schlacht (Breitenfeld) teilnehmen, schon gar nicht bei Würzburg und an anderen Orten, bis (unser König) dorthin gekommen ist, wo er seine (eigene) Garnison hatte. Und daraus folgt zwingend, daß gegenüber Schweden keine Feindseligkeit begangen worden ist, sondern daß der Spanier nach Maßgabe des Völkerrechts (jure gentium) sein eigenes Land verteidigt hat.« Den Einspruch Oxenstiernas, daß »der Spanier uns dadurch gekränkt hat, daß er seinen General nach Mainz gegen (unseren König) geschickt hat«, will de la Gardie nicht gelten lassen, weil »der Spanier dies als Herzog von Burgund (qua Dux Burgundiae) getan hat«[26].

Es kommt dem Feldherrn hier in rechtlich exakten Positionen darauf an, im Sinne der Anfrage Gustav Adolfs die Krone Schweden von einer möglichen Kriegserklärung auszunehmen, demnach den Unterschied von König und Krone, »Rex et Regnum«, so auszureizen, daß dem König die politische Initiative blieb, während dem Reich eine damit verbundene Verantwortung erspart werden konnte. Bei dem Einwand allerdings, daß Wallensteins und damit auch Spaniens »Flotte in Wismar« doch Grund genug sei, von einem Friedensbruch auszugehen, kann de la Gardie nicht umhin, hier beizupflichten, allerdings mit einer wichtigen Einschränkung. »Der Spanier«, so führt er dazu aus, »könnte aus diesem Grund als Feind der Krone

Schweden gehalten werden, aber ihm deswegen den Krieg zu erklären, könne er nicht für ratsam halten.« Dagegen wäre eine Kriegserklärung gegen Spanien »im Auftrag der Evangelischen« durchaus denkbar, um damit auch die Krone Schweden aus dem Spiel zu lassen.

Oxenstierna erscheint diese Argumentation als zu eng, greift aber gern den Hinweis auf die Evangelischen Stände auf und versucht, mit Hilfe einer Interessenidentität die Krone Schweden in eine mögliche Kriegserklärung einzubeziehen. Denn »alle Bündnisse zwischen (unserem König) und den Evangelischen laufen darauf hinaus, daß sie sich bis zum Ende des Teutschen Krieges gegenseitig helfen sollen. Außerdem sind auch Rex und Regnum so miteinander verknüpft *(für Uns und unsere Königreiche etc.)*, daß sie nicht getrennt werden können.«

Einen der reichsten Adligen Schwedens und bald auch Gegner des Kriegskurses des Reichskanzlers, *Per Graf Brahe*, vermochte diese Position nicht ganz zu überzeugen und schwenkt auf die Linie de la Gardies ein. Gustav Adolf könne zwar »dem Spanier mit Rücksicht auf den Teutschen Krieg den Krieg erklären, und zwar als ein Verteidiger der evangelischen Religion, aber nicht in seiner Eigenschaft als König Schwedens«. Der wichtigste Grund für diese Haltung, die akademisch anmutende Unterscheidung politisch konkret werden zu lassen, lag wohl in den Rücksichten auf den Beschluß des Reichstages zur Teutschen Expedition und im Verfassungsgebot, daß eine Kriegserklärung im Namen der Krone nur nach Beratung und Beschluß mit den Ständen auf einem Reichstag erfolgen durfte, wollte der König nicht ohne Not seinen Verfassungseid brechen. Die Senatoren betreiben also hier ihren Auftrag als Gesetzeswächter und sind sich auch der Folgen bewußt, die mit einer Kriegserklärung im Namen der Krone verbunden sind, sollte der König durch einen vorzeitigen Tod nicht mehr zur Verfügung stehen. Wie unbequem und nachteilig eine solche Lage im laufenden Krieg oder bei kommenden Friedensverhandlungen werden mußte, konnte sich ein jeder ausrechnen. Hielt man aber die Krone bei derartigen Handlungen zurück, dann konnte unter Umständen der Schaden kleingehalten werden.

Jeder im Senat wußte, daß die Realität des Krieges immer wieder mit seiner stetig wechselnden Tatsachenlage den Forderungen des Rechts geradezu davonlief, seine Schranken durchbrach und seinem Wesen hohnsprechen konnte. Aber jedem Senator war auch bekannt, daß irgendwann in der Zukunft der Zeitpunkt des Mangels, der Schwäche und der Erschöpfung kommen wird, an dem das Recht die Realität des Krieges einholt und selbst vollendete Tatsachen wieder nach seinen Prinzipien korrigieren kann. Dafür mußte man gewappnet sein, und da war es doch besser, die Krone Schweden in einer günstigen Position zu halten. Daß Gustav Adolf selbst diesen Gedanken zur Diskussion gestellt hat, bestätigt erneut, was seine eigene politische Biographie in ihrem Kern und Wesen ausmacht – durch Kontrolle das Vertrauen stärken.

Unter diesen Bedingungen werden die scharfen Gegenpositionen verständlich, sind sie doch nötig, damit bei der endgültigen Stellungnahme des Reichsrats die denkbar höchste Klarheit besteht. Nur damit ist dem kämpfenden König wirklich gedient, daß er Rechtssicherungen erhält und darauf hoffen darf, in seinen Entscheidungen nicht allein gelassen zu werden. So kommen denn die Reichsräte auch zu dem vorläufigen Ergebnis, daß eine offizielle Kriegserklärung an Spanien im Namen der Krone Schweden zu diesem Zeitpunkt nicht viel helfen würde. Mit höchster Präzision nennt Gabriel Oxenstierna die Gründe der Ablehnung: »1. Wegen des Teutschen Krieges, 2. Haben wir noch den Polnischen Krieg (zu bestehen), 3. Haben wir den Dänen als einen Nachbarn, der uns auflauert, 4. Der Russe ist auch nicht der beste (Nachbar) und kann bald von einem Freund zu einem Feinde werden, 5. Die Holländer sind in einem solchen Fall auch nicht sonderlich verläßlich, zumal sie über die Zölle in Preußen immer noch aufgebracht sind, 6. Der Engländer würde Verdacht schöpfen, als wäre es (unserem König) in den Sinn gekommen, nach der Weltherrschaft (imperium totius orbis) zu streben.«

Nachdem de la Gardie noch hinzugefügt hatte, »daß sich der Franzose, wenn er das sähe, zurückziehen und (unseren König) allein mit dem Spanier herumschlagen lassen würde«, schloß sich mit erneuten Hinweisen auf den nötigen Ruin Dänemarks[27] die begonnene Argumentationskette. Der Ausblick auf diese Zukunft konnte Schwindel erregen, wenn man daran dachte, daß der König im Kampf gegen die »Begehrlichkeit Spaniens nach dem absoluten Dominium« plötzlich allein stehen und der Außenring der Absicherung sich schlagartig in eine Bedrohung verwandeln konnte, in eine Einkreisung durch die eigenen Freunde[28].

Wie hätte der König unter solchen Bedingungen sich zum Herrn der Welt (dominus mundi) machen können? Nein, das war wirkliches Gaukelspiel, und niemand, der sich politischen Realitätssinn bewahrt hatte, konnte dessen Lockungen nachgeben.

Zwei Tage nach dieser Sitzung war man zu den abschließenden Vota bereit. Mit großem Ernst wurde noch einmal auf die »gerechte Sache« und die »rechtmäßige Ursache« zur Intervention in den Teutschen Krieg hingewiesen und davor auch mit Nachdruck gewarnt, das eigene Unternehmen zu einem wirklichen Religionskrieg eskalieren zu lassen. Wie dicht auch das religiöse Moment mit seinen Besitzbezügen in die hohe Politik und Staatsraison eingewoben war, geradezu seinen roten Faden darstellte, es durfte dennoch nicht dazu benutzt werden, »die Religion zur Grundlage des Krieges« zu machen. Denn in einem solchen Falle, gibt man zu bedenken, »müssen wir auch dem Papst, dem Franzosen und allen Papisten den Krieg erklären«. Was wäre damit aber gewonnen, wenn sich Frankreich von seinen Verpflichtungen aus dem Abkommen von Bärwalde zurückziehen würde, ohne daß sich Schweden gleichzeitig der Abstützungen durch die eigenen Religionsverwandten vollkommen sicher sein könnte? Spekulationen würden noch mehr ins Kraut schießen, als sie ohnehin schon im Umlauf waren, allerlei Gerüchte die gute Fama des Königs zerstören und das Mißtrauen nähren, als giere Gustav Adolf nach dem *Dominium totius orbis,* nach der *Weltherrschaft* im Sinne einer nur von ihm getragenen Hegemonie über das Heilige Reich und damit über Europa[29].

Es genügte doch wohl, daß »das Baltische Meer, dessen Dominium (unserem König) ohne Einrede gehört«, von der Flotte Spaniens nicht mehr verunsichert werden konnte und der Plan gescheitert war, »uns zu Sklaven machen zu wollen«[30]. Gewiß, aber sicher war es nicht, ob dieser Zustand erhalten werden konnte, denn in der Welt der Herren ging es zuweilen wunderlich zu.

## »Höchst erzürnt« – in Hoechst

Die Lage hatte sich entspannt. Nach der Drohung, sich der freien Reichsstadt Frankfurt »mit Gewalt zu bemächtigen«, wenn sie sich nicht »im Guten« bereit fände, das Königs-Heer aufzunehmen, waren einige Widerstände im Rat der Stadt zusammengebrochen. Trotz des Nachgeplänkels im Gefolge einer dringenden Ermahnung *Anselm Casimirs,* des Kurfürsten von Mainz, diese Hauptstadt des Heiligen Reiches ja bei der »beständigen Devotion« gegenüber dem Kaiser zu halten, fand sich der Rat nach Rücksprachen bei der Bürgerschaft bereit, aus der »bevorstehenden Gefahr und dem angedrohten Ernst« die Konsequenzen zu ziehen.

Am 16. November bewilligte ein Ratsbeschluß Gustav Adolf das Passieren der Stadt und gab damit die angestrebte Neutralität auf. Eine gewisse Erleichterung wurde der Wahl- und Krönungsstadt der römisch-teutschen Kaiser vom Schweden-König dadurch gewährt, daß die Stadt selbst auf dem westlichen Ufer des Mains von einer Garnison verschont blieb. Dafür aber sollte Sachsenhausen auf dem anderen Ufer »600 Mann zu wirklicher Wehrung der Brücken einnehmen«. Die Geldforderungen für den Unterhalt des »evangelischen Defensionswerkes« waren aber noch nicht ganz bewilligt worden, und zu der Frage, ob und wann eine Vereidigung der Stadt auf den König stattfinden solle, ließ die endgültige Antwort auch noch auf sich warten[1].

Mit den erbrachten Vorleistungen konnte Gustav Adolf zunächst zufrieden sein. Und so marschierte er »mit der ganzen Armee durch Frankfurt . . . auf Hoechst« zu. Es war der 17. November, und am Tage dieses merkwürdigen Ereignisses,

»welches von morgens acht Uhr bis gegen vier Uhr nachmittags gewährt« hat, erlebte ein unbekannter vornehmer Bürger Frankfurts das Charisma dieses Königs auf höchstpersönliche Weise.

Der König soll nach dessen Angaben mitten »unter seinem Fußvolk auf einem schwarzen spanischen Pferd in einem roten Scharlach mit silberbesticktem Rock eingeritten« sein. Ein ansprechendes Bild, dessen Eindrücke sich noch verstärken mußten, wenn man ihn als Mittelpunkt seiner 600 Mann starken Leibgarde in Augenschein nehmen konnte und dann noch bei der Tafel nicht recht wußte, ob man sich bei dem farbigen Bericht des Königs über die Leipziger Schlacht (Breitenfeld) aufhalten sollte oder beim Lichtspiel »eines sehr großen . . . Diamantringes, so auf 12 000 Kronen kommt«, den er an seiner Hand sehen ließ. Das einnehmende Äußere fand noch seine Steigerung durch die Art, wie sich der König zu der Anwesenheit des spanischen Kriegsvolkes in Mainz und an vielen Orten der Pfaffengasse äußerte: »Ich weiß nit, was ich den Spaniern getan, daß die . . . sich mir widersetzen.« Soll sich aber der Spanier unterstehen, »mich zu attaquieren, so will ich ihm wissen zu parieren und zu begegnen, daß Er's wohl wird bleiben lassen. Auch zu Madrid in seiner Residenz soll er nicht sicher sein . . .«

Auf diese Art redete er gern und gab damit Anlaß, die Phantasie zu reizen, das Selbstvertrauen zu fördern und jenen Mut einzuflößen, die angesichts der Forderungen des Krieges kraftlos zu werden drohten, war doch dieses Streiten nicht nur der Ausgang zum Frieden, sondern für manch einen der Tafelrunde auch der Eingang zum Tode, ein Veitstanz. Tanzen aber gehörte für den König zum Leben und so gab er sich »fast bis Mitternacht« diesem Vergnügen hin, wobei er sich galant um »etliche Frauenzimmer aus der Stadt« bemühte und alle Anwesenden mit seinem aufgeräumten Gemüt überraschte. »Ist sich zu verwundern«, vermerkt der Bürger in seinem Schreiben an einen Freund in Augsburg, »wie familiär, höflich und freundlich dieser König ist, daß, wer Ihn nur ansichtig wird, vor Freude muß liebgewinnen. Mit dem geringsten Kind darf er reden, auch mit Bauern so freundlich, daß nit zu sagen ist.«

Was diesen angeregten Beobachter aber noch mehr ins Staunen bringt, ist die Art und Weise, wie der König Anordnungen gibt und seine Entschlüsse faßt. Er verrichtet nämlich »alles im Beisein etlicher hundert Personen, die alles anhören« und gibt sich dabei »so allegro und courage[2], als wann Er aller Sorgen frei wäre, und ist sonderlich eine Lust zu sehen, wann er ißt, wiewohl er Essen und Trinken mag. Er läßt die fremden Leute hinten und vorne herumstehen, faßt die Leute wohl ins Gesicht. Ist ein überaus schöner Herr, von Angesicht sehr fett und (mit) einem ziemlich roten spitzigen Bart (versehen), kurzes Haar und mittelmäßige Länge. Kleidet sich täglich um . . .«

Die äußere Erscheinung dieses »teueren Helden« scheint dem Betrachter mit dessen innerer Berufung gut übereinzustimmen. Er berichtet dem Augsburger Freund dazu einiges und läßt seinem Enthusiasmus freien Lauf. Der König habe während einer Audienz »bei Hanau auf freiem Feld« teutschen Zweiflern erklärt, daß sie sich ihm gegenüber »nit feindselig erzeigen sollen und ihn an seiner Intention hindern, denn er wäre von Gott berufen, die Christenheit zu schützen und derselben Rettung zu schaffen«.

Wo persönlicher Charme und politisches Charisma sich auf die beobachtete Weise ergänzen, ist der Wunsch nicht weit, an diesen Gnadengaben selbst teilzuhaben. Und so unterläßt es der Bewunderer auch nicht, sich »für glückselig zu schätzen, diesem teueren Helden zu dienen, wann ich auch gleich mein Leben sollte darüber einbüßen – so sehr habe ich mich in diesen König verliebt«[3].

An diesem Erleben der Persönlichkeit des Schwedenkönigs mag vieles aus einer echten Begeisterung heraus seine Richtigkeit haben und einiges an der Erscheinung und zum Gemüt Gustav Adolfs im Kern getroffen haben, aber daß der Dienst in seiner Nähe unter gewissen Umständen auch seine Tücken haben konnte, das mußte der junge Adelsmann *Erik Rålamb* erfahren, als er am Tage nach dem prachtvollen Durchzug dem König und eingeladenen teutschen Fürsten aus der näheren

Umgebung an der Tafel im Schloß zu Hoechst Aufwartungen machen sollte.

Der 23jährige Kammerjunker war im Gefolge der Königin Maria Eleonora ins Heilige Reich gekommen und hatte somit auch dem König zu Diensten zu stehen, der seinen Vater zum Präsidenten des Hofgerichtes in Åbo (Turku) gemacht hatte und an diesen Bror Anderson Rålamb eine seltsame Erinnerung behielt. Denn es war diesem 1618 gelungen, sich so sehr »den einen Fuß zu vertreten, daß er auf diesem weder stehen noch ihn auf der Erde halten konnte«. Er war daher nicht in der Lage, eine wichtige Musterung durchzuführen, und der König sah sich genötigt, nach Rücksprache bei Axel Oxenstierna sich anderweitig zu behelfen[4]. Nun aber vermochte Gustav Adolf bei der Einteilung des Tafeldienstes aus Mangel an geeignetem Personal keinen anderen einzuteilen als den gelehrten Rålamb. Er durfte dessen Aufmerksamkeit und Diensteifer um so mehr erwarten, als er diesem Geschlecht zu seinem sozialen Aufstieg verholfen hatte und nun davon ausgehen konnte, daß der Kammerjunker sich anzustrengen verstand. Kenntnisse allein in den Buchkünsten und in orientalischen Sprachen, die sich Rålamb in Uppsala und an der Sorbonne bei Jonas Hambraei erworben hatte[5], genügten hier an der Tafel des Königs nicht, wo an diesem Abend nur teutsch gesprochen wurde. Vielmehr hatte er eine Feuerprobe zu bestehen, indem er mit seinem vornehmen Dienst die Reputation des Königs zu erhalten hatte.

Diese Erwartung konnte er am besten erfüllen, wenn er den Anweisungen des Königs nachkam. Doch an diesem Anspruch ist er gescheitert. Nach seinen Angaben hatte er am gleichen Tag »durch ein Pferd einen Schaden an seiner Hand bekommen«, so daß es ihm schier unmöglich war, in der Umgebung des Königs das Aufschneiden der Speisen und das Credenzen des Weins nach allen Regeln der Tafelkunst zu besorgen. Zwar will er sich darum eifrig bemüht haben, »der Order Ihrer M:t nachzukommen. Aber als ich sah, daß es mir kaum gelingen wollte, eine Gabel in meiner Hand zu halten, wurde meine

Confusion so groß, was ich wohl umgehend tun sollte . . ., daß ich dachte, gut daran zu tun, wenn ich mich hinter einem anderen aufstellen würde, welcher in diesem Auftrag Ihre M:t besser contentieren könnte«. Zu dieser eigenmächtigen Veränderung der vom König angestellten Rangordnung fühlte er sich genötigt, weil er »befürchtete, daß sich Ihre M:t über mich erzürnen würde, wenn ich bei der Anwesenheit solcher Herren einen Fehler beginge«.

Noch wenig erfahren, was die Reputation eines Königs im Umkreis von Fürsten selbst und gerade bei einer derartigen Festivität bedeutete, beging er mit seinem Verhalten den größten Fehler, indem er die königliche Anweisung nicht genau befolgte. Die Behinderung der Hand schien ihm außerdem weniger auszumachen, als er zunächst angegeben hat, denn wie hätte er sonst hinter dem Kammerjunker des Königs seinen Auftrag ausführen können? Es fiel ihm auch schwer, sein Verhalten dem erbosten König zu erklären, der sich erst den teutschen Hofmarschall vorknöpfte, »als alle gegangen waren«, und ihn wegen der großen Unordnung sofort entließ. Auf die Frage Gustav Adolfs, ob ihm nicht anbefohlen worden sei, an der Tafel aufzuwarten, vermochte er in seiner Furcht nur auf die geschwollene Hand hinzuweisen und den König »auf das Untertänigste um Gunst und Gnade zu bitten. Das aber verschlug nicht.« Dafür bekam *Nils Graf Brahe* vom König den Auftrag, den unglücklichen Rålamb »ins Eisen« zu schlagen und gefangenzuhalten. Als er dann noch einmal den aufs höchste erzürnten König um Gnade anging, »schlug Ihre M:t auf mich ein und haute mir dann mit seinem Degen auf den Kopf, daß diese Waffe in drei Stücke zersprang«[6].

Man ist versucht, hier an den Zorn Alexanders zu denken, als er bei einem Gelage nach einem sich eskalierenden Wortwechsel mit Kleitos diesen mit einem Speer ums Leben brachte[7]. Gewalttätiger Zorn im Rausch durfte in der Regel auf eine gewisse Nachsicht rechnen und galt nicht unbedingt als grundlegende Schwäche des Charakters. Außerdem wurde der Zorn eines Königs im Falle eines unmittelbar erlebten Rechtsbruches als strafende Gerechtigkeit empfunden, zumal sich das Vergehen gegen den König selbst richtete. Darum geht es in diesem Fall und nicht um einen erneuten Beweis für das »heiße Vasablut«.

Die Folgen dieses Vorfalles, der sich noch dadurch komplizierte, daß Rålamb kurz vor der Verhaftung die Flucht ergriff, untertauchte und in der Armee wie in der Umgebung fieberhaft gesucht wurde, verdeutlichen einmal mehr, wie Gustav Adolf seine Stellung als König und oberster Richter auffaßte und wie er um die Reputation eines gekrönten Hauptes besorgt zu sein hatte, wenn nicht seine Fama leiden sollte.

Der König, mit dem Plan beschäftigt, von Frankfurt aus den Rheingau zu erobern und sich auf die Gefahr einzustellen, die der freien Reichsstadt Nürnberg durch ein Liga-Heer drohte[8], schrieb nur einen Tag nach dem nächtlichen Auftritt an den Reichsrat in Stockholm, sich dieses Falles anzunehmen mit dem Bescheid, den Vater des verschwundenen Rålamb von seinem Amt zu suspendieren und ihm auch die vom König gewährten Verlehnungen so lange zu entziehen, bis sich der Sohn gestellt habe. In einem Zusatzschreiben zehn Tage später spezifiziert Gustav Adolf die Sachlage und gibt seine Version des »ungehorsamen Anstellens«. Rålamb soll nach diesen Angaben die ihm aufgetragene Bewirtung nicht vorgenommen haben, sondern »sich aus dem Saal begeben . . . und Uns bei dieser Mahlzeit keinen weiteren Dienst getan. Wie hoch uns das offendiert hat, könnt ihr guten Herren leicht beurteilen . . . Am meisten weil so viele Fremde gemerkt haben, wie wenig Respekt Uns in diesem Fall zuteil worden ist. Wir vermuten auch, daß ihr guten Herren ein derartiges Vorgehen nicht gelten lassen werdet . . . und über diese Untat . . . ein solches Urteil fällen werdet, das ihr unserem Respekt und dem Gehorsam unserer Untertanen gemäß findet«[9].

Bei dieser Anordnung allein blieb es aber nicht. Denn während die Vorbereitungen anliefen, um sich mit der »Armada von hinnen zu begeben und der belagerten Stadt Nürnberg zu succurieren«, und der Magistrat der Stadt Frankfurt sich vom König immer stärker bedrängt sah, endlich auf ihn und die Krone Schweden einen Eid zu leisten[10], wurde er noch deutlicher. Der Reichsrat darf vernehmen, wie sehr sich der König über Rålambs Verschwinden zusätzlich erregte, fühlte er sich doch dadurch nur noch mehr verletzt und veranlaßt, sich zu rechtfertigen: »Es steht Uns nicht an, seine ungehorsame stolze Stutzigkeit . . . zu dulden.«

Hier spricht aus Gustav Adolf der König als Träger des Gerechten und Vertreter des Rechts, das auf doppelte Weise gebrochen worden war. Und da er gern den Dingen auf den Grund ging, stets nach den Ursachen fragte, kam er darauf, daß »sein Vater ihn zu einer solchen Untugend erzogen hat, und daß darunter etwas anderes stecken mag, daß er Uns auf so hoffärtige Weise erzürnen durfte«. Als Gegenmaßnahme verlangt er noch einmal die Stornierung aller Verlehnungen an den Vater Rålambs, bis sich dieser vor den Reichsräten als seinen Richtern einfindet. Auch die Anordnung, den Gerichtspräsidenten unter Hausarrest zu stellen, wird erneut bestätigt. Gustav Adolf ist entschlossen, hier ein Exempel zu statuieren, damit sich andere Eltern danach richten können und künftig darauf achten, wie »sie ihre Kinder zu besserem Gehorsam, Ehre und Respekt gegenüber ihrer Obrigkeit erziehen sollen«. Damit keine Fehlschlüsse gezogen wurden, verweist er die Reichsräte unmißverständlich darauf, daß er ihnen diesen Fall überläßt, »damit Wir diese Aktion gesetzlich gegen ihn ausführen lassen können«[11].

Der Vater des Flüchtigen wurde am gleichen Tag mit einem Schreiben vom König unterrichtet, der nicht mit Vorwürfen spart und auf angebliche Versäumnisse in der Erziehung hinweist. Will sich Bror Andersson Rålamb wieder mit dem König »versöhnen«, dann solle er dazu beitragen, daß sein Sohn sich stelle. Ansonsten verliere er alle »Wohltaten und Ehren, die Ihr von Uns bekommen habt«[12].

Erst am 11. April 1632, als Gustav Adolf bereits in Augsburg stand und im Begriffe war, dort den regulären »papistischen Rat« der Stadt abzusetzen und kraft seines Kriegsrechtes einen neuen nach Augsburgischem Bekenntnis einzusetzen[13], konnte sich der Reichsrat in Stockholm die Rålamb-Affäre vornehmen. In der anberaumten Sitzung wurde festgestellt, daß man der Anordnung des Königs »de facto« nachgekommen sei und Bror Andersson durch den Senator *Jöns Kurck* ersetzt habe. Auch wolle man den jungen Rålamb für sein ungehöriges Benehmen gehörig in die Pflicht nehmen. »Aber«, so wurde auch von den Reichsräten und Gesetzeswächtern angemerkt, »der Vater kann seines Sohnes Missetat nicht erdulden und entgelten.« Der König wurde also nachdrücklich an das Recht des Reiches erinnert und damit an das Prinzip der individuellen Verantwortung, das eine Sippenhaft nicht dulden darf! Was der König aus verständlichem Zorn und Eifer für seine Ehre »de facto« anordnet, ist eine Sache, was aber »de jure« zu erfolgen hat, erscheint den Senatoren in einem anderen Licht, zumal sie sich aus Kenntnis ihres Kollegen gar nicht vorstellen können, daß der Vater die Ursache für das Fehlverhalten des Sohnes sein soll. Dieser hatte doch sein »ganzes Vermögen« darauf verwendet, den Sohn in fremden Ländern studieren zu lassen, damit er dadurch dem König und seinem Reich um so besser zu Diensten stehen könne. Neben der Rechtsbelehrung richtet man jedoch die inständige Bitte an den König, nicht durch die Missetat Erik Rålambs den »ganzen Ruin und Verderben« dieses Geschlechtes herbeiführen zu wollen[14].

Die Antwort Gustav Adolfs erfolgte aus dem Feldlager zu Nürnberg am 26. Juni. Während er eine äußerst schwierige militärische Lage zu bestehen hat und mit dem Zusammentreffen der Armeen Wallensteins und Maximilians von Bayern rechnen muß[15], findet er neben allen hochpolitischen Forderungen des Tages noch Zeit, gerade in dieser Sache zu reagieren. Den Hinweis der Senatoren, daß der Vater »nicht seines Sohnes Rechtsbruch (brott) entgelten soll«, hält er für »eine Sache, die ihr Bedenken hat«. Er will damit sagen, daß ihm an diesem Prinzip sehr gelegen ist. Aber man müsse dennoch zur rechten Ursache des Fehlverhaltens vordringen, und die liege nun einmal in offensichtlichen Mängeln der Erziehung, stehen doch die geistigen Gaben des jungen Rålamb außer Zweifel. Was Gustav Adolf über den Bruch der individuellen Verantwortung hinaus irritiert und so engagiert sein läßt, ist die willentliche Störung eines anderen Rechtsprinzips, das bei ihm noch höher im Wert steht als die Ablehnung der Sippenhaft, die hier ja nur als Druckmittel eingesetzt wird, damit sich Rålamb dem Recht und seinem Gericht nicht länger entzieht, also den Mut aufbringt, sein Fehlverhalten zu sühnen: Es ist die Gegenseitigkeit!

Der Vater als vertraglicher Lehnsträger hat die Bedingungen der »obligatio mutua« auch an seinen Sohn als Erben weiterzugeben und ihm beizubringen, daß er in der Anerkennung und Wertschätzung des Königs sich selbst bestätigt, ja erhöht. Was Gustav Adolf hier so unversöhnlich macht, ist die Enttäuschung darüber, daß ein Adliger dieses geistigen Formats nicht die gute Gelegenheit wahrnimmt, im schuldigen Dienst des Königs »selbst Ehre haben zu können«, zumal er »von so geringer Herkunft ist, und, so weit es den Vater betrifft, von einem Bauerngeschlecht« herstammt. Mit anderen Worten, Erik Rålamb wußte nicht die Erhöhung seines Geschlechtes durch diesen König zu schätzen und hatte nach Ansicht Gustav Adolfs zusätzlich seine eigene Auszeichnung, nämlich vom König als Kammerjunker angenommen worden zu sein, ungehörig außer acht gelassen, wo doch in der Regel solche Dienste von einer »Standesperson« eingenommen werden. Die Furcht, Rålamb könne sogar zu den Feinden übergelaufen sein, erhöhte noch die unnachgiebige Haltung des Königs, obgleich diese Gefahr nicht bestanden hat[16]. Gustav Adolf besteht nun auf dem Sequester (Einzug) aller gemachten Verlehnungen und auf einer gerichtlichen Behandlung. Danach will er sich bereit finden, was Bror Andersson Rålamb »oder seinen Kindern von solchen Wohltaten vergönnt werden soll oder nicht«[17].

Seine Anweisungen waren erstaunlich schnell in Stockholm angekommen und fanden auch baldige Behandlung im Reichsrat, der um »christliche Liebe und Mitleid« für Rålambs Vater bittet, aber auch ein »gerechtes Urteil« in Aussicht stellt und dem bedrängten König »Wohlgang, langes und geruhsames Regiment, Siege und Triumphe über alle IKM:ts und des Reiches Schweden Feinde«[18] wünscht.

Diese Stellungnahme des Reichsrates erreichte ihn am 4. Oktober in Pfalz-Neuburg, wo er am Tage zuvor angekommen war und die große Entscheidung anstand, ob er sich nach dem Rat Axel Oxenstiernas auf Regensburg und dann nach Passau verfügen solle oder aber den Zug nach Norden unternehmen müsse, um das von Wallenstein und Pappenheim bedrohte Sachsen zu entsetzen[19]. Der König hat, so weit zu sehen ist, auf diese Eingabe nicht mehr schriftlich reagiert oder die Gelegenheit ergriffen, die erbetene Clementia oder Milde walten zu lassen, wie sehr auch der Kanzler und die Königin sich für Erik Rålamb verwendet haben mochten[20]. War das Starrsinn, kleinliche Rechthaberei und die Demonstration königlicher Macht gegenüber einem ungeschickten Adligen? Ein Verhalten, das in keinem vernünftigen Verhältnis zu der begangenen Tat stand?

Keineswegs. Der König wollte nur, daß die gerechte Balance von Rechten und Pflichten wieder hergestellt wurde, nachdem er selbst in seinem Amt beleidigt worden war. Er selbst ist dazu verpflichtet, dieses Vergehen zu ahnden, um das Königtum nach innen nicht in Verruf zu bringen, nachdem es schon nach außen in einen gewissen Mißkredit gekommen war. Und als Kenner des Livius wußte er, daß das Gesetz, wenn es wirken sollte, hart und unerbittlich wie Gestein zu sein hatte, wollte er nicht als dessen Repräsentant durch Übertretungen seiner Untertanen selbst gesteinigt werden.

Erik Rålamb war durch sein Verhalten zum Feind geworden und vermochte es nicht, den König aus dem Untergrund heraus zu einer Gnadengeste zu bewegen[21]. In seiner Not wollte er sogar sein Leben dafür hergeben, um seinen Fehler wiedergutzumachen[22].

Dazu kam er auf eine eigentümliche Weise, als ihn Axel Oxenstierna in seine eiserne Disziplin nahm und als seinen »geheimen Rat« an der Gesandtschaft nach Paris im Jahre 1635 teilnehmen ließ. Von einem Pferd getreten, starb er am Wundfieber – im Hause des Hugo Grotius.[23]

# Von Mainz aus – der Friede?

Noch ehe das ereignisreiche Jahr 1631 glücklich zu Ende gegangen war, teilte Gustav Adolf »denen dreyen geistlichen Kurfürsten« von Mainz, Köln und Trier mit, daß ihm der allmächtige Gott »viel Gnade und Sieg verliehen« habe und er »nunmehr einen ziemlichen Fuß auf den hochteutschen Boden gesetzet, auch sich des Main- und Rheinstromes bester Pässe bemächtiget«[1].

Besonders der Kurfürst und Reichs-Erzkanzler Anselm Kasimir hat bei dieser Anmahnung des Schwedenkönigs aufgemerkt, war er doch als nächster den konzentrierten Angriffen der Royal-Armee ausgesetzt. Dieser war es, von Hoechst und Frankfurt über Heidelberg kommend, und nach einem Schwenk auf Gernsheim zu, gelungen, vom rechten auf das linke Rheinufer überzusetzen: Am 7. Dezember wurde nach einem glänzenden Manöver Oppenheim erobert und Spaniens Kriegsvolk nach Südwesten abgedrängt[2].

Zwei Tage nach diesem historischen Ereignis, bei dem spanische und schwedische »Goten« an Europas Zentralstrom aufeinander getroffen waren, die Großmacht des Nordens auf die Weltmacht des Südens, teilte Gustav Adolf aus diesem Oppenheim mit, daß »der Kaiser und die Papisten mit Fleiß darauf drängen, zu einer Übereinkunft zu kommen«. Und für die Aushandlung dieser »hochwichtigen Sache« bedurfte es dringend der Anwesenheit des Reichskanzlers[3], den er in Mainz begrüßen wollte: in einer der Hauptstädte des Heiligen Reiches.

Gut zwei Wochen nach dem spektakulären Rhein-Übergang, an den später die »Schwedensäule« erinnern sollte, ein hoher

Obelisk mit dem gekrönten gotischen Löwen auf seiner Spitze – das Wahrzeichen schwedischer Macht bis ins Herz Europas[4] –, hatte sich Gustav Adolf mit einer Reihe von Spezialeinheiten an Mainz herangearbeitet und die Stadt nach allen Regeln seiner Kriegskunst eingekreist. Schon sollten Petarden (Sprengminen) an das berühmte Grautor geschraubt werden, um es zur Erleichterung eines Sturms aufzusprengen, da kapitulierte die Besatzung. Gustav Adolf gewährte ihr einen ehrenvollen Accord, indem er sie schwören ließ, »innerhalb von drei Monaten nicht wider IKM:t zu dienen«[5].

Für die Anhänger der Vernichtungs-Kunst muß dieses Verhalten sonderbar erscheinen, einen Gegner in voller Ausrüstung abziehen zu lassen und ihn nur mit einem Eid von weiteren Kampfhandlungen abzuhalten. Der ritterliche Geist aber und der politische Sinn des Kriegens, alle Handlungen auf den Frieden zu richten und damit auf das Leben, erklären diese Entscheidung. Man war nicht schlecht beraten, weil so das eigene Kriegsvolk geschont wurde, und konnte außerdem beweisen, was man sich selbst bei Zeugnissen der Tugend und Tapferkeit des Gegners schuldig war. Gustav Adolf hat sich bei entsprechenden Gelegenheiten stets hiervon leiten lassen und mit dieser seiner ritterlichen Art der Kriegskunst dazu beigetragen, seine Fama, seinen Leumund zu verbessern[6].

So nobel er gegenüber militärischen Gegnern sein konnte, so hart wurden oft die Zivilisten herangezogen, wenn es galt, materielle Unterstützung der Royal-Armee einzufordern. Die Höhe der Kontributionen im Schreiben an die drei Kurfürsten war schon überraschend[7], die Forderungen an die Bürger von Mainz übertrafen sie jedoch erheblich[8]. Als sie am 23. Dezember verkündet wurden, erbleichte manch einer. Aber als der König am Weihnachtsabend die von den Spaniern bereits in Mitleidenschaft gezogene Stadt in Besitz nahm, da keimte zugleich auch die Hoffnung auf, daß sich mit der königlichen Hofhaltung im Schloß die Verhältnisse bessern könnten.

Allein, der König bestand auf der Erfüllung seiner Forderungen, bei der sich die Judenschaft hervorgetan haben soll[9], und begann auch bald damit, die seit dem »Mainzer Blutbad« von

*Zeitgenössische Ansicht der Festungsanlage »Gustavsburg« (UB – Frankfurt am Main).*

1462 stornierte Verfassung nach Maßgabe eigener Grundsätze so zu restaurieren, daß sich die Stadt unter schwedischer Leitung wieder selbst verwalten konnte. Dabei hatte er jedoch nicht im Sinn, die innere Struktur des Heiligen Reiches völlig zu verändern und es von Mainz aus »als fremdländischer Eroberer absolutistisch zu beherrschen«[10], sondern alles, was im Sinne des etablierten »Staates« organisatorisch unternommen wurde, war lediglich auf Effektivität gerichtet, auf die Versorgung seiner Armee. Es gehörte zum Prinzip der Machterhaltung, sofort nach einer Eroberung leistungsfähige Strukturen zu schaffen oder zu reaktivieren: In diesem Sinne muß der »schwedische Staat in Mainz« verstanden werden[11].

Die Einnahme dieser Stadt hat, wie schon oft zuvor bei anderen Unternehmungen des Königs, Staunen ausgelöst. Da konnte man einmal die militärische Leistung als solche bewundern, die sich mit dem Bau einer Festung noch steigerte, wurde ihr doch der Name »Gustavsburg« gegeben[12] – ein sichtbares Zeichen seiner Ansprüche auf teutschem Boden. Und dann die politische: Er zog von Mainz aus auch weitere wichtige Fäden seiner bisher nur erfolgreichen Intervention. Richelieu merkte sogleich auf und schickte Charnacé nach Mainz, wo dieser durch seine Selbstjustiz gegen den verhaßten Courmenin mehr von sich reden machte[13], als daß er Gustav Adolf der französischen Politik näherbringen konnte.

Gewiß, auf die Neutralität von Kur-Trier ließ sich Gustav Adolf ein, obgleich er im erwähnten Anmahnungsschreiben erklärte, er wolle von den drei Kurfürsten wissen, »ob sie Feind oder Freund seien, beim Kaiser oder IKM:t halten wollen. Dessen sollten sie sich endlich resolvieren, denn IKM:t wollten durchaus von keiner Neutralität etwas halten noch wissen«[14]. Aber die übrige Reichspolitik konnte man ihm bei allem Eifer der »Neutralisten« nicht aus der Hand winden. Der Landgraf *Georg* von Hessen-Darmstadt, der sich als eine Art Universalfriedensstifter sah, bekam zu spüren, daß sich Gustav Adolf nicht von seinen ursprünglichen Zielen abdrängen lassen wollte. Auch er sieht den »sonderlichen Trieb des friedfertigen Gottes« und weiß sich »in unserem Gewissen wohl rein und unschuldig« trotz der »so hoch ausgeschlagenen Kriegsflammen«, aber einen Universalfrieden konnte man nicht so einfach herbeireden[15].

Da war doch der ewige Zögerer aus Kur-Sachsen. Johann Georg tat alles zur »Zertrennung der Unions-Verwandten«. Und deren Sicherheit in Religion und Region, an Gott und Gut, mußte bei einem solchen Friedenswerk garantiert werden, sonst war die gesamte Intervention Schwedens nicht viel wert. Während der berühmten Tafelrunde zu Mainz am 25. Februar konnte sich Gustav Adolf in Anwesenheit Friedrichs V. von Böhmen und anderer Fürsten in diesem substantiellen Punkt nicht zurückhalten: »Für meine Person könnte ich wohl leicht mit dem Kaiser accordieren und nach Schweden gehen. Wie es aber Euch Reichs-Fürsten und den armen Untertanen ergehen würde, und was für einen Tanz sie mit Euch spielen würden, kann man leichtlich erachten.«[16]

Und mit dieser Haltung hatte er nicht unrecht, auch wenn das Urteil wohl zu hart ausgefallen war, daß Landgraf Georg von Hessen-Darmstadt ein ›kaiserisches‹ oder gar ein ›spanisches Gemüt‹ habe. Zuverlässig war er jedenfalls nicht. Dafür aber durfte sich Gustav Adolf auf den Landgrafen Wilhelm von Hessen-Cassel stützen, der nach dieser Tafelrunde ein Gutachten darüber verfaßte, wie »ein erwünschter Universalfriede im Heiligen Römischen Reich teutscher Nation getroffen werden sollte«[17].

Von Mainz aus nährte sich die große Hoffnung, daß Gustav Adolf nach seinen Siegen »neben dem Schwert die Feder in der Hand haben« werde und sich damit Schritt für Schritt dem Frieden zu nähern gedenke. Durchaus in diesem Sinne verlangte dann auch der Hessen-Plan zur *universalen Pacifikation* substantielle Sicherungen für das künftige Zusammenleben. Und dazu wurden gewichtige Vorschläge unterbreitet.

»Vor das erste: Nachdem die vornehmste Ursache derer evangelischen Armatur die Freiheit des Gewissens . . . ist, wir dasselbige auch mit Gott, es gehe uns darüber auch, wie es wolle . . . beständig resolviert seind, daß ohne Unterschied so wohl genannte reformierte als auch genannte lutherische im Religionsfrieden ausdrücklich begriffen sein sollen.«

Das war ein Angebot an das calvinistische Brandenburg, an die calvinistische Pfalz und all die anderen Anhänger dieser Confession im Reich, die seit 1555 nicht unmittelbar dem Schutz des Religionsfriedens unterstanden und nun im Teutschen Krieg das aktivste Element geworden waren. Konnte man die Reformierten auf diese Weise einbeziehen, dann mußte gleichzeitig gefordert werden, daß es »keinem römischen Kaiser gebührt«, bei der Auslegung des Religionsfriedens nach eigenem Gutdünken zu verfahren, sondern daß all diese Probleme »vor sämtliche Reichsstände« ausgebreitet werden müssen.

Die Konstitutionalisierung der Religions- und Gewissensfreiheit wurde also eingefordert und damit die Abschaffung des Restitutionsediktes.[18] In die gleiche Richtung wies auch der Plan, »die geistlichen Kurfürsten nicht mehr zu einer Wahl eines römischen Kaisers antreten zu lassen, sondern an deren Statt die weltlichen zu Deputationstagen zu benennen und die evangelischen Stände zu brauchen, zu constituieren und dieselbe denen weltlichen Kurfürsten zu adjungieren und diese in einem kräftigen Gesetz auf ewig (legem perpetuo valituram) zu redigieren«. Diese Vorschläge zur rechtlichen Regulierung des Feudalwesens mittels des Reichstages, die unabdingbare Reform des Reichskammergerichts und das Abdrängen des »kaiserlichen Hofprozesses« zeigen die Schwerpunkte eines konstitutionalen Maximalprogramms, in das auch der Abschluß einer »Confoederation« der evangelischen Stände mit Gustav Adolf eingehen sollte, der »als ein zu dieser Sache von Gott erwähltes Instrument und Rüst- und Werkzeug ist« und mit den bedrängten Ständen in der vorhandenen »Kriegsverfassung« bleiben solle, bis der Endzweck erreicht sei – ein »allgemeiner Friede« mit »Generalamnestie« und »Schadensersatz«[19].

Absagen an Rechtfertigungen von »Königsermordung« gehören ebenso dazu wie die Belobigung des Schwedenkönigs als *Protector Evangelicorum* und die Abwehr aller »spaniolizierten Herzen«, welche nur darauf ausgerichtet seien, die Evangelischen zu »Trennungen« zu treiben. Apropos Spanien. Dem »Hause Hispanien, der spanischen Monarchie Begierde zur Revanche«, müsse ein Riegel vorgeschoben werden. Es sei jedoch dabei zu beachten, »wie dessen Macht in ein solch Gleichgewicht (aequilibrium) gestellt werde, daß es sich mit den Seinigen begnügen . . . müßte«. Und es soll »kein römischer Kaiser oder König dem Papst weder itzo noch in künftig zu ewigen Zeiten einige Gerechtigkeit gestehen«[20].

Ein vernünftiges Programm, bei dem nicht nur die Verfassungsdimension überrascht, wie sie sich dann später auch im Westfälischen Frieden durchsetzen sollte, sondern auch die Abwesenheit Frankreichs. Schweden und Spanien sind hier die politischen Pole, nicht anders als bei der Ausübung der Kriegskunst. Und es ist mehr als nur eine äußere Symbolik, daß Gustav Adolf von Mainz aus in Verbindung mit seinen häufigen Aufenthalten in Frankfurt beim Reichsrat in Stockholm anfragen ließ, ob er Spanien den Krieg erklären dürfe[21], nachdem der Friede wieder in weite Ferne gerückt war.

# Ein bizarrer Zukunftsplan

Mit Beginn des Feldzuges Anfang März 1632, dessen Hauptstöße dem halsstarrigen Bayern-Herzog Maximilian galten und der als große Druckbewegung gegen den Habsburg-Kaiser samt seinen Erblanden, die Liga und auch gegen Spaniens Macht am Rhein angelegt worden war[1], entwickelte Gustav Adolf eine fieberhafte Aktivität.

Von Kitzingen aus kümmerte er sich um den Verbleib seiner nächsten Umgebung, traf für die Militaria weitreichende Anordnungen und dachte an die kommenden Aufgaben der Dynastie. Vor allem wollte er seine »herzallerliebste Gemahlin« in Sicherheit wissen. Axel Oxenstierna durfte sie in seine Obhut nehmen. Außerdem sollte er zusammen mit Herzog *Bernhard von Weimar* den Raum zwischen Mosel und Main decken. Dafür wurde ihm hauptsächlich die Rheinische Armee zur Verfügung gestellt. Für sich selbst sah Gustav Adolf einen Entlastungszug vor, mit dem er dem von Tilly hart bedrängten General Gustav Horn zu Hilfe kommen wollte, um dann die Royal-Armee in den Fränkischen und Schwäbischen Kreis des Heiligen Reiches zu lenken.

Maria Eleonora sollte auf Wunsch des Königs vornehmlich in Frankfurt am Main oder auf dem Schloß zu Hoechst ihre Zeit verbringen. Auch Würzburg konnte unter günstigeren Bedingungen als ihr Aufenthaltsort in Frage kommen. Im Falle eines feindlichen Andringens aber, ob von Tilly oder von Pappenheim aus, der mit diesem Kriegszug von Sachsen weggelockt werden sollte[2], wollte er die Königin mit einem Convoy nach Spandau ins Brandenburgische gebracht sehen, und wenn nötig nach Stettin, dem Ausfallhafen nach Schweden[3].

Dort erlebte seine Tochter Christina im Kreis um seine Halbschwester Catharina erste Vorbereitungen auf ihr Dasein als Vasa-Erbin und mögliche Thronfolgerin, ohne zu ahnen, was für einen Plan ihr Vater auf diesem Kriegszug für ihre und Schwedens Zukunft entwickelt hatte.

Das, was er Axel Oxenstierna bereits zuvor »mündlich zu erkennen gegeben hat«, wird nun Mitte März schriftlich als ernsthaftes Zukunftsprojekt entworfen: Es ist die »Brandenburgische Heirat«.

Gustav Adolf ging in seinen Vorstellungen von der Sorge aus, wie Schweden unter Wahrung seiner nationalen Souveränität und inneren Verfassung im Falle des Ausbleibens eines männlichen Erben »mit dem Haus Brandenburg und all denjenigen Ländern, die wir hier gewinnen können, durch selbige Heirat in eine Verbindung gebracht werden möchte. Und zwar dergestalt, daß jedes (Gemeinwesen) für sich seine Gesetzesordnung und Gerechtsame abgetrennt behalte, während gleichzeitig alles zusammen ein Corpus werden möchte und von einem Haupte abhänge. Und sollte uns Gott doch noch mit männlichen Erben segnen, da bleibe dieser Prinz hier bei unserem jus belli (Kriegsrecht). Unsere Tochter aber behalte ihr Recht auf die gleiche Weise, nach der die spanischen Königstöchter in den Niederlanden regieren . . .«

Grundbedingung für diese Heirat mußte aber sein, daß der calvinistische *Friedrich Wilhelm,* der als der »Große Kurfürst« in die Geschichte eingehen sollte, »in unserer Lutherischen Religion und daheim in Schweden erzogen werden müßte«. Wie wichtig dem König diese Bestimmung war, geht auch aus dem Hinweis hervor, daß dieses Bündnis zwischen Schweden und Brandenburg sofort hinfällig würde, käme der Prinz auf die Idee, »irgendeine Veränderung . . . in der Religion durchführen« zu wollen[4].

Axel Oxenstierna sollte zu diesem Plan eine genauere Instruktion ausarbeiten, um dann mit Kur-Brandenburg Verhandlungen aufnehmen zu können, die noch zehn Jahre später,

*Imagination: Gustav Adolf zusammen mit seiner erwachsenen Tochter und Erbin Christina (KB – Stockholm).*

als Friedrich Wilhelm die Regierung bereits übernommen hatte, einige Gemüter bewegten[5]. Jetzt aber dienten sie einem Sicherungszweck, wurde doch Georg Wilhelm mit dieser Aussicht auf einen Staatenbund bei der Stange gehalten. Außerdem bestand die Möglichkeit, auf dynastischer Ebene das leidige Nachfolgeproblem in Pommern zu bereinigen. Aufgewertet wurde dieses Projekt auch noch dadurch, daß Gustav Adolf nach eigener Aussage nicht mehr daran glauben mochte – wenn er es je ernsthaft getan hat –, nach dem Tode seines Erbfeindes Sigismund III. von den Adelsständen Polens zum König gewählt zu werden. Und dies, obgleich seine Kandidatur weiterhin von Georg Wilhelm betrieben werden sollte. Allerdings jetzt als politische Diversion, um »in der polnischen Krone allerhand Faktionen anzustiften, wodurch wir vor ihnen um soviel sicherer werden können«[6].

Das Steigern der eigenen Stärke durch Diversionen oder

Splitterungen der Gegner. Das ist ein römisches Prinzip. Und Gustav Adolf hat es immer wieder im Wissen genutzt, daß allein schon gezielte Gerüchte gewisse Dinge in eine erwünschte Richtung bringen konnten. Zu dieser Seite seines politischen Verhaltens gehört auch die gelegentliche Andeutung, wie er das *römisch-teutsche Kaisertum* handhaben würde[7].

Allein der Heiratsplan mit Brandenburg macht unmißverständlich klar, daß Gustav Adolf nie wirklich ernsthaft überlegt hat, für sich die Kaiserkrone zu erwerben und damit auch einen Universalanspruch auf die ganze Christenheit zu erheben. Ein solches Streben hätte nur zu unnützen Spekulationen geführt und die ohnehin recht schwierige Mächte-Balance zusätzlich gestört. Es reichte, wenn der Senat in Stockholm aufgeschreckten Gedanken über die Möglichkeit einer »Weltherrschaft« Schwedens und dieses Königs nachhing[8], zumal jeder Universalanspruch als Streben nach einer »absoluten Monarchie« ausgelegt werden konnte, also einer absolutistisch angelegten Hegemonie, die nichts mehr vom libertären Kaisertum wissen wollte[9].

Gustav Adolf hatte bei seinem Kriegszug am Main entlang in Richtung Nürnberg andere Sorgen, als über ein Kaisertum nachzudenken, das ganz offensichtlich seine Verfassungsfunktionen nicht mehr so wahrnehmen konnte, wie es die Reichs-Constitutionen vorgesehen hatten. Dafür waren die einzelnen Stände in beiden religiösen Lagern doch zu mächtig geworden, hatten sich auch schon so weit in ihrer Autonomie entwickelt, daß sie sich nur schwer hätten integrieren lassen. Wollte Gustav Adolf das Heilige Reich nach Maßgabe der »Trois Prérogatives« regieren, so wie er es in der Dreiheit von des Königs Majestät, des Senates Autorität und der Stände Libertät in Schweden selbst tat[10], dann hätten ihm Kompetenzen zustehen müssen, die der »Constitution de l'Empire« gemäß bereits von den Kurfürsten ausgeübt wurden.

Das libertäre Kaisertum – und nur das hätte ihn interessieren können – war schon durch die oberen Stände des Heiligen Reiches so stark mediatisiert worden, daß es politisch kaum erstrebenswert gewesen wäre. Nein, es spricht nichts dafür, daß Gustav Adolf in diesem Falle Ehrgeiz entwickelt hätte[11]. Und die später kolportierte Idee, er hätte gleichsam mit der Beherrschung des »Dominium Maris Baltici« beabsichtigt, »Kaiser von Skandinavien« zu werden, ist Teil eines Fantasticons, der in der Geschichte keinen zuverlässigen Beleg finden kann[12].

# »Ekel vor eurer Nation«

Was er dem *Teutschen* an sich zu verdanken hatte, war Gustav Adolf stets bewußt, ohne zu verkennen, daß es sich hierbei um eine seltsam gespaltene Nation handelte. Er beherrschte die Sprache seiner Mutter, einer Fürstin des Heiligen Reiches, wie seine Muttersprache. In Wort und Schrift hatte er sich frühzeitig darin geübt und schätzte ihre Psalmen, die Blumennamen und Gedichte; die Sprichwörter, die Ausdrücke des Redlichen und des Rechtlichen. Epochale Staatsverträge wie der Friede von Stettin (1570) oder wichtige Abmachungen mit dem Moskauer Zartum wurden in Teutsch verhandelt und verbindlich abgefaßt[1]. Und dachte er nur an den starken Einfluß des »Kaiserrechtes« oder anderer »löblicher Constitutionen« des Heiligen Römischen Reiches Teutscher Nation auf die innere Verfassung Schwedens, dann erkannte er, zu welchen Leistungen die libertäre Kultur der Teutschen fähig war. Was sie von der vertraglichen Vielfalt in ihrem Feudal-System und aus dem vorherrschenden Föderativwesen an die Nachbarn weitergeben konnten.

Dieses Heilige Reich war eine schier unerschöpfliche Quelle für denjenigen, der im »guten Leben« das Ziel aller »gerechten Politik« sah. Und was konnte menschenfreundlicher sein als diese dezentralisierte Rechts- und Friedensordnung in der Mitte Europas, die nie einen Angriffskrieg erklärt hatte und seit 1555 neben Siebenbürgen das einzige Gemeinwesen in der Christenheit war, das sich in religiöser Toleranz übte? Montaigne lobte nicht nur das »ausgezeichnete Brot«, den »guten Wein« – an beidem labten sich Gustav Adolfs Soldaten –, sondern zog auch »in vielen Punkten die Annehmlichkeiten dieses Landes weit den französischen vor«. Mochte auch ihre »Freiheitsliebe« mitunter übertrieben erscheinen und sonderbare Formen des Umgangs ausbilden[2], am Reichtum des Landes kann sich der Edle aus Bordeaux, dem ein Teutscher das Latein beigebracht hat, nicht sattsehen: »Was die Aufwartung bei Tisch betrifft, machen sie solchen Aufwand an Lebensmitteln und bringen in die Gerichte eine solche Abwechslung an Suppen, Saucen und Salaten, und das alles ist in den guten Gasthäusern mit solchem Wohlgeschmack zubereitet, daß kaum die Küche des französischen Adels damit verglichen werden kann. Auch fände man in unseren Schlössern wenige derartig geschmückte Säle. Uns unbekannt waren die Quittensuppe und Suppen, in die gebackene Äpfel geschnitten wurden.«[3]

Aus der Fülle des Lebens und des inneren Friedens gegriffen. So stellte sich das Heilige Reich in seinen südlichen Regionen und Kreisen dem Monsieur Montaigne dar. Das war um 1580, als sich der Edle der Buchkünste, angewidert von den Bürgerkriegen in Frankreich, dem teutschen Nachbarn zuwandte, in vielem einen Ekel vor seiner eigenen Nation empfand und über allem Nationalen auf etwas Wesentliches im Menschen kam, das uns auch hier beim Zug Gustav Adolfs in den Süden des Heiligen Reiches einen Fingerzeig gibt: »Es ist ein Brauch, der den Völkern ungemeine Vorteile bringt, bei denen er geachtet wird, und sehr wünschenswert für alle guten Fürsten, die sich zu beschweren haben, daß man das Andenken der schlechten ebenso behandelt wie das ihre. Wir schulden allen Königen ohne Unterschied Untertänigkeit und Gehorsam, denn diese gehen ihr Amt an; Verehrung aber, und mehr noch Zuneigung, schulden wir nur ihren Tugenden.«[4]

Ein König als Hort des Rechts kann also trotz aller nationalen Bindung als Träger einer universalen Qualität angesehen werden, als Heger des Gerechten. Nur so wird auch verständlich, daß Soldaten und Offiziere aus aller Herren Ländern unter den Fahnen Gustav Adolfs ihr Leben wagten, der nun über Kitzingen, Nürnberg und Donauwörth auf das neue Heer der Liga zumarschierte. Am 5. April 1632 ließ er »im Angesicht der ganzen feindlichen Armee, (des) General-Grafen von Tilly und des Bayernfürsten (Maximilian) selber, eine Brücke über den Lech schlagen« und bedrängte dabei »den Feind dermaßen, daß er sich zu retirieren gezwungen worden (ist), da dann der Tilly durch einen Schenkel geschossen, die meisten bayerischen Bauern ausgerissen . . ., das Städtlein Rain neben vier Stücken verlassen, und die feindliche Armee geradenwegs auf Ingolstadt marschiert ist. Der Herzog in Bayern aber (hat) neben dem Tilly zu Neuburg übernachtet . . .«[5]

Als dann nach dieser erneuten Demonstration seiner Kriegskunst Gustav Adolf »vor Augsburg gerückt« war und am 8. April »das Hauptquartier zu Lechhausen« aufschlug, traf von Neuburg her ein Gesandter Maximilians ein, um sich vornehmlich über die *Neutralität* auszulassen, die Bayern mit Hilfe Frankreichs vom Schwedenkönig zugesichert worden war. Der König soll bei der Vernehmung dieses Abgesandten in seiner eigentümlichen Art »sehr hart zugesprochen« haben. Denn im Verhalten Maximilians, nämlich das Liga-Heer aktiv unterstützt zu haben, erkannte er die von diesem »selbst verursachte Nichtigkeit der Neutralität«.

Im Verlauf der weiteren Vernehmung redete sich Gustav Adolf in Rage, kam auf Treu und Glauben zu sprechen und warf dem unglücklichen Boten vor, »daß Ihr Herr wie Sie und Sie wie Ihr Herr wäre. Sie gingen beiderseits damit um, wie sie ihn (Gustav Adolf) betrügen möchten«[6]. Er mahnte hier nichts anderes an als seinen ehernen Grundsatz, den er aus dem teutschen Feudalrecht gelernt und für sein eigenes politisches Leben verinnerlicht hatte – »Treu Herr – Treu Knecht«.

In der Furcht, politisch von seinen Gegnern übervorteilt zu werden, verhärtete Gustav Adolf, erlebte er doch immer wieder, wie stark im Laufe nur einer einzigen Generation die Sitten in diesem Heiligen Reich verwildert und nun im Zeichen dieses unseligen Krieges auf einen Tiefstand geraten waren, der kaum behoben werden konnte. Die politischen Leidenschaften und das possessive Eigeninteresse galten mehr als alles Reden über den Wert des Friedens und über die segensreiche Ruhe im Recht.

Es war unter diesen Bedingungen mehr als fraglich, ob sein Verhalten wirklich in seinem aufrechten Wesen verstanden wurde. So mahnt er die Stadt Augsburg an, deren Symbolwert für das erste Fundamentalgesetz des Reiches Schweden in Gestalt der *Augsburgischen Confession* kaum noch zu steigern war, die Übergabe friedlich zu leisten und dabei zu bedenken, daß es »weltkundig ist, aus welchen Ursachen Wir Unsere Waffen so tief in das Reich gesetzt haben«. Als eine »freie Stadt in Ruhe« wolle er sie betrachten, und seine eigenen »Kriegshändel« seien »zu keines Standes Betrug, viel mehr aber zu ihrer Eliberation (Befreiung), . . . zu unserer christlichen und gemeinnützigen Intention« angestellt worden.

Angesichts der Tatsache, daß Augsburg »unsere offenen Feinde in (die) Stadt aufgenommen« hat, erwartet er, daß sie sich »der bayerischen und anderen fremden Garnisonen entschlagen« und sich auf seine Seite stellen[7].

In der Antwort dieser Stadt an den König wird das Elend der politisierten Glaubensspaltung, wird die Not und das »Herzeleid« des Bürgerkrieges zur Sprache gebracht und wortreich erklärt, »daß wir für unsere wenigen Personen dergleichen Verfassung niemals zu Sinn genommen hätten. Weil es aber die Kaiserliche Majestät, als deren wir gelobt und geschworen sein, ernstlich befohlen, und unserem eingewendeten Bitten zu wider, als haben wir es als gehorsamste Untertanen geschehen lassen«. Der Magistrat hofft in seinem ausgewogenen Schreiben, das sich auf die »catholische als der augsburgischen Confession zugetane Bürgerschaft und Schutzverwandte« bezieht, daß der König »einige Ungnade auf uns nit werfen« wolle[8].

Eine zusätzliche Bitte von seiten »der augsburgischen Confession zugewandten Bürger . . ., unser zu verschonen und uns um fremder Ursachen nicht entgelten zu lassen«[9], machte es dem Schweden-König nicht leichter, die militärisch eingekreiste Hauptstadt der evangelischen Christenheit unbehelligt zu lassen, solange die ligistische Garnison keine Ruhe gab und seine Royal-Armee unter Beschuß nahm. Ein erneuter Vorstoß zeigte Gustav Adolf durchaus gewogen, vernahm er es doch »gern, daß Ihr dannoch nicht gesinnet seid, den florentem statum (blühenden Zustand) vorsetzlich in Gefahr zu stecken, noch Uns in einiges Zuwiderstreben oder Gegenwehr zu gebrauchen«. Aber er will den Abzug der Kaiserischen Truppen und kündigt auch an, »wie Wir dann anders nicht als Euere Stadt in Alte Freiheit gestellt zu sein begehren«. Und damit der Abzug schmackhaft gemacht werden konnte, stellte er »besagter Garnison einen leidlichen Accord« in Aussicht.

Was kaum für möglich gehalten wurde, traf noch am gleichen Tag seines Schreibens vom 9. April ein: »Die feindliche Besatzung ist mit Sack und Pack, Ober- und Unterwehr abgezogen.«[10] Gustav Adolf durfte mit diesem Ergebnis zufrieden sein, wenn man bedenkt, welchem Druck bis hin zur nackten Existenzangst die gespaltene Bürgerschaft ausgesetzt war, der er dann noch eine Krise zumutete. Denn nach einigen Verhandlungen in Lechhausen setzte er am 13. April »den papistischen Rat ab und den evangelischen wieder ein« und ließ am Tag danach »den ganzen Rat samt der Bürgerschaft« ihm mit erhobenen Fingern schwören, »daß sie Ihro als ihrem natürlichen Herrn und der Kron Schweden getreu und huld sein wollten«.

Nach diesem Vertragsakt, der heute sehr befremdlich vorkommen mag, sich aber aus dem Feudal-Recht und der von Montaigne erwähnten Universalität des gerechten Königtums erklärt, dessen Bedingungen der Kaiser als »Tyrann« und feindliche Macht gegen die eigenen Stände nicht mehr erfüllen wollte, wurde »die Mahlzeit gehalten. Und ist Ihrer Majestät von dem Rat und der evangelischen Bürgerschaft neben Wein, Hafer und Fischen ein schöner Schreibtisch von 12 000 Reichstalern erkauft und verehrt worden«[11].

Was konnte er unter diesen Umständen Besseres erwarten? Die Belastungen vertraglicher Loyalität müssen hoch gewesen sein, und er vermochte sein Verhalten nur dadurch zu rechtfertigen, daß all sein Tun lediglich darauf gerichtet war, die Ungerechtigkeiten des Habsburg-Kaisers und seiner Instrumente abzustellen.

Er fühlte sich vom Unrecht angewidert, sah in der Depossedierung und Entpolitisierung der »evangelischen Nation« unter den Teutschen ein unchristliches Verhalten, eine Pervertierung der Verpflichtungen, die eine gerechte Obrigkeit den Ständen gegenüber zu erfüllen hatte. Aber bei allen redlichen Gründen, irgendwo scheint ihm unwohl gewesen zu sein. Denn als ihm bei einem Erkundigungsritt vor Ingolstadt das Pferd wieder einmal unter seinem Leib weggeschossen und Markgraf *Christopher* von Baden-Durlach »mit einer Stückkugel durch den Kopf geschossen worden ist«, fühlte er sich veranlaßt, in die Totenrede auf den Getreuen eine harte Rechtfertigung und Kritik einfließen zu lassen.

»Der tödliche Hintritt des Herrn Markgrafen von Durlach«, begann der König seine Rede, wenn man dem Wortlaut des Theatrum Europaeum glauben darf, »welcher ein Herr von vielen Tugenden war und deswegen höchlich zu betrauern ist, und diese rauchende Kugel erinnern mich meiner Sterblichkeit. Ich bin den gleichen Zufällen unterworfen wie der ärmste Soldat in meiner Armada. Denn dies ist der Alte Bund und das Gesetz der Natur, darwider mich weder meine hohe Geburt noch Cron, noch Victorien befreien können. Muß mich deswegen in den Willen und die Vorsehung Gottes geben, welcher, wann er mich von dieser Welt hinwegnimmt, darum nicht die *gerechte Sache* verlassen wird, die Ich verfechte, nämlich *Teutschland in seine alte Freiheit zu setzen.*
Er kann wohl einen anderen erwecken, der verständiger, herzhafter und streitbarer ist denn Ich. Einen, der diesem Krieg zum guten Ende helfen wird. Mir ist nicht verborgen (geblieben), daß mein glücklicher Erfolg viele Neidharte erwecket, die sagen möchten und die Einfältigen überreden wollen, ich suchte nichts, als andere zu plündern und mich zu bereichern.
Aber ich will die beraubten (spolierten) Fürsten selbst zu Zeugen nehmen, die ich wieder in ihren Stand gesetzt habe; meine

Creditoren, von denen Ich zu Frankfurt (am Main) und anderswo große Summen Geld entlehnt habe und dann so manche Gefahr, deren ich mich freiwillig unterworfen (und fragen), ob Ich mein Königreich, und was mir sonsten lieb ist, zu einer anderen Intention verlassen (habe), als dem Hause Österreich zu widerstehen und den lieben und sicheren Frieden wiederzubringen . . .«
An dieser Stelle seiner Rede soll Gustav Adolf durch »ein Geschrei unter den Umstehenden« gestört worden sein. Man habe ihn »zum Teil mit Tränen« inständig gebeten, er möge sich doch »inskünftig besser wahrnehmen und sie wie bisher führen und kommandieren. Sie aber wollten ihm treu bleiben und hinfüro ihr Bestes nach Vermögen tun«[12].

In der Kunst der Rhetorik, des gezielten Wortes, das wankende Gemüter zu festigen verstand, wirkte sein Charisma um so mehr, als jeder in seinem Umkreis mit eigenen Augen erlebt hatte, wie die Allmacht schützend ihre Hand über ihn hielt. War er wirklich ein besonderes, auserwähltes Instrument Gottes, das am Erlösungswerk Christi als innerer Befreiung vom Tod ebenso seinen Anteil hatte wie am Betreiben der äußeren Befreiung von einer ungerechten Macht? Weite Lande hatte Gustav Adolf durchmessen, doch er ahnte schon, daß sein Licht auch Schatten warf: Immer mehr war von »Schwedengreueln« die Rede.

Aber was taten denn die Spanier jetzt wieder in den alten Gebieten der ewig gebeutelten Pfalz, wo Axel Oxenstierna mit seinen Truppen zu stützen suchte, was zu stürzen begann und doch nicht verhindern konnte, daß ein ungeduldiger und mutloser teutscher Obrist namens »Horneck den Spanischen die Stadt Speier ohne einzige Not, und als eben der Succurs vorhanden, übergeben« hat? Sollte man da nicht von Verrat sprechen dürfen?[13] Und hatte er sich nicht immer darum bemüht, seine Kriegszüge im Rahmen der »Ratio belli« zu halten? Hat er sich nicht stets erkenntlich und zugänglich gezeigt, wenn Kontributionen und Brandschatzungen gemildert werden sollten?

Gerade jetzt wieder, als er am 7. Mai »mit der ganzen Armee vor die Stadt München gekommen (ist), das Kriegsvolk in Bataille gestellt (hat) und mittags gegen 12 Uhr mit 3 Regimentern neben König Friedrich V., dem Pfalzgrafen August, dem Herzog von Weimar und dem von Holstein . . . in die Stadt geritten ist« und bei aller Drohung seine Auffassung von Clementia unters Volk brachte?

Und dabei war ihm wieder das Glück auf eine eigentümliche Weise hold, als wollte sich die Vorstellung von den Drei Schätzen gerade unter seinen Augen erfüllen: Paracelsus ante portas. Denn ein Bauer gab ihm »auf Befragen« einen entscheidenden Hinweis darauf, wo Herzog Maximilian in der Eile gewichtige Teile seiner Artillerie vergraben hatte. »Worauf Ihre Majestät nachsuchen und viele schöne Stücke, Carthaunen und Mörser herausgraben lassen. Darunter befanden sich etliche churpfälzische, braunschweigische und dänische Stücke, welche dreifach übereinander in der Erde gelegen.«

Was Wunder, daß sich Gustav Adolf nach all dem politischen Gezerre um Maximilians Neutralität und Frankreichs Kulissenspiel[14] über die Hebung dieses Kriegs-Schatzes freute. Der Chronist stellte dazu fest, daß »die Bauern zum Arbeiten sehr willig waren, weil Ihre Majestät ihnen selbsten eine Handvoll Ducaten gegeben und ihnen den Modus gewiesen hat, wie sie die Stücke herausziehen sollen; sich auch auf die Pflöcke zu einem niedergesetzt und anziehen lassen«.

Hand anlegen. Das war diesem König nicht fremd. Und nach getaner Arbeit suchte er Trost und seelischen Beistand in der Predigt. So gab er am 9. Mai die Anweisung, »in einem Gemach des Schlosses evangelisch zu predigen«. Nach der Vernehmung des Wortes Gottes ließ er die Anwesenden das Lied anstimmen »Nun freut euch liebe Christengemeind«. Danach ritt er durch die Stadt zum Frauen-Dom, die eine »päpstische Kirche« war, um dort die Zeremonien bei einer Andacht zu beobachten. War das ein Teil seiner unstillbaren Neugier, Ausdruck der »veri inquisitio atque investigatio«, der eigenen Prüfung und Erforschung des Wahren?[15] Oder ein Stück praktizierte Toleranz?

Ein Schuß Politik war sicher auch dabei. Denn als er den Dom wieder verließ, »haben Sie Dukaten unter das Volk werfen lassen«. Das häuft die Sympathien und kostet nicht allzu viel, macht populär und zahlt sich aus. Im nächsten Augenblick aber sitzt er auf seinem Hengst und reitet ins Zeughaus, um besondere Kanonen, »so die 12 Apostel genennet«, von München nach Augsburg schaffen zu lassen[16].

Sein Blick ging nach Westen, wo die Spanier unter dem Befehl von *Don Philippe de Silva* den Reichskanzler Schwedens veranlaßten, seine Qualitäten auch als Feldherr unter Beweis zu stellen[17]. Und Gustav Adolf konnte mit ihm in dieser Hinsicht ebenfalls zufrieden sein. Er hoffte, daß sich zwischen dem Mainzer Schwerpunkt und seinem eigenen um München herum allmählich ein Kriegsschauplatz aufbaue, der endlich die Entscheidung nach all diesem Herumziehen bringen würde.

Wallenstein sollte ihm diesen Wunsch fast erfüllen. Seit Anfang Juli führte er sein kaiserisches und ligistisches Kriegsvolk von Osten her ins Fränkische und bezog bald gegenüber der freien Reichsstadt Nürnberg, die sich an Gustav Adolf hielt und ihn in überreichem Maße als Befreier geehrt hatte[18], ein festes Lager. Die Kriegslage verdichtete sich. Oxenstierna wurde angewiesen, von Mainz und Frankfurt aus alle verfügbaren Kontingente den Main hinauf nach Franken zu führen und sich mit der Royal-Armee des Königs zu vereinigen. Das gelang am 9. August relativ reibungslos, weil Wallenstein keine nennenswerten Anstrengungen unternommen hatte, diese Konjunktion zu verhindern.

Was immer auch seine wirklichen Gründe gewesen sein mögen, eines hatte er mit seinem Beharren und Stillsitzen erreicht: Die stark angewachsene Schweden-Armee mußte bei ihrer Größe trotz fruchtbarer Sommerzeit allmählich in Versorgungsschwierigkeiten geraten, wenn Gustav Adolf nicht der entscheidende Schlag gegen ihn gelang. Und die Schweden ließen nichts unversucht, den böhmischen General aus dessen unbestreitbaren Geländevorteilen im Schutz der *Alten Feste* bei Nürnberg herauszuschießen. Besonders seit dem 24. August zog Gustav Adolf alle Register seiner Kriegskunst[19]. Doch er spürte, daß Wallenstein in der Zwischenzeit einiges hinzugelernt hatte. Und außerdem fühlte Gustav Adolf wie so oft, daß all sein Können stets auch davon abhängig war, wie sich seine eigenen Offiziere verhielten.

Die Heißsporne und Ungeduldigen unter ihnen, Gift bei jedem kalkulierten Gegenschlag, haben ihm manch einen Plan durchkreuzt[20], seine Nervosität gesteigert[21] und ihn bald dahin gebracht, daß er sich zu einer geharnischten Strafpredigt durchringen mußte, wie sie in der Kriegsgeschichte der Teutschen einmalig sein dürfte.

An welchem Tag er diese Rede gehalten hat, ist nicht bekannt, ebensowenig ihr genauer Wortlaut. Der Kern indessen ist erhalten geblieben.

»Ihr Fürsten, ihr Grafen, ihr Herren, ihr Edelleute. Ihr seid diejenigen, welche Untreue und Frevel am selbsteigenen Vaterland beweisen. Ihr ruiniert, verderbt und verheert es selbst.

Ihr Obersten, ihr Offiziere, vom höchsten bis zum niedrigsten, ihr seid diejenigen, welche stehlen und rauben, ohne Unterschied und keinen ausgenommen. Ihr bestehlet euere Glaubensgenossen, ihr gebet mir Ursache, daß ich einen Ekel an euch habe . . .

Euch, meine Feldobersten und auch alle meine niedrigeren Offiziere, habe ich als brave Cavaliers allemal hochgeschätzt. Dieses Bekenntnis lege ich itzt zu euerer Ehre ab. Gleichzeitig bezeuge ich auch, daß ihr mir bei allen Gelegenheiten des vorfallenden Kriegsdienstes, hauptsächlich aber in den Stunden eines Treffens, Beweise eurer Tapferkeit gegeben habt, welche meinen eifrigsten Wünschen vollkommene Genüge geleistet haben.

Allein, wenn ich die seit einiger Zeit verübten Plünderungen, Erpressungen und Grausamkeiten erwäge . . ., wenn ich bedenke, daß ihr als Personen von Stand, Abkunft, Erziehung und zureichenden Einkünften euch der eben besagten Ausschweifungen schuldig gemacht habt oder Mitschuldige solcher Übeltaten gewesen seid, die eine gute Manneszucht weder selbst beobachten, noch auf die Beachtung derselben sehen, so gestehe ich, daß meine Brust mit Erstaunen und Erschrecken gefüllt wird.

Richtet euere Augen nach innen und betrachtet euer Gewissen. Weiter will ich nichts bitten.

Ist dieser Fall nicht recht kläglich und traurig? Ist es nicht ein verhaßter Anblick für das höchste Wesen, daß ein Christ und der sich sogar zu einerlei Lehrsätzen bekennet, einen anderen ausplündern kann, daß Brüder ihre Brüder unglücklich machen, daß Freunde ihre Freunde verderben? Selbst die Teufel, so viel man von ihnen mutmaßen kann, besitzen mehr Gerechtigkeit und weniger Unmenschlichkeit.

Wie oft hat der Kummer meine Brust durchbohrt, wenn die Stimme des Gerüchts mir bei unzähligen Gelegenheiten zu Ohren bringt, daß die schwedischen Soldaten grausamer und ausschweifender als die kaiserischen sind! Allein hier liegt der Irrtum. Alle meine Kriegsvölker werden Schweden genannt: Das Verbrechen aber stammet eigentlich von geborenen Teutschen her!

Oh, hätte ich den Hang und die Neigung dieser Nation so gekannt, wie ich sie itzt kenne. Hätte ich gewußt, daß ihr, geborene Teutsche, nicht mehr natürliche Liebe zu einem Lande trägt, das euere Mutter ist . . ., daß ihr ihm nicht bessere Dienste leisten und keine stärkere Treue gegen dasselbe entdekken würdet, so glaubet mir bei der Ehre eines Kriegers, ich würde zu euerem Wohle nie ein Pferd gesattelt, noch weniger aber mein Leben, meine Reiche und meinen Ruhm, wie auch die Personen dieser tapferen und getreuen Leute, die mich hierher begleitet, um euretwillen in Gefahr gestürzt haben.

Nein. Denn da ich nunmehr sehe, daß ihr vor Wut brennt, euer Vaterland selbst zu verheeren, so würden mich Wahl und Einsicht angetrieben haben, euch in eben diesem Zustande, worinnen ich euch fand, oder mit anderen Worten zu sagen, in den Tiefen der geistlichen wie der leiblichen Sklaverei, worin ihr gestürzt und versenkt waret, einfach stecken zu lassen . . .

Glücklich, dreimal glücklich wäre mein Zustand gewesen, wenn ich in meinen Reichen geblieben und nicht so weit gezogen wäre, solche Untaten zu sehen, wie ich sie mir anschauen mußte ... Vielleicht werdet ihr sagen, es fehle euch an Geld ... Allein, ihr mit eurem Plündern, Erpressen und Rauben, ihr macht die Ehre meines Credits zweifelhaft, und ihr beraubt mich der Mittel, meine Mächte zu unterhalten. Was für einen Anteil habe ich in irgendeinem Falle an eurem Plündern gehabt? Überhaupt keinen.

Ich beteuere demnach hier in Gegenwart des höchsten Wesens, und was ich sagte, ist heilig wahr, daß ich mich in diesem ganzen Kriege noch nicht um sechs Taler bereichert habe ... Überdies weiß auch das höchste Wesen, daß ich nie eine andere Absicht geheget, als durch die Bewirkung der göttlichen Hilfe jeglichen Menschen wieder in sein Eigentum einzusetzen und jeglichem Eigentum wieder seinen rechten Besitzer zu geben ...

Lasset euch, wie es Soldaten gebühret, an eurem Sold begnügen und lebet nicht wie Banditen und Croaten vom Stehlen und Plündern. Widrigenfalls werdet ihr vom höchsten bis zum niedrigsten allemal in einem üblen Nachruf stehen und ich werde mit solchen Helfern nie siegen können ...«[22]

Persönlich tapfer und politisch verdorben. Ist das nicht das Bild, das viele Offiziere seit dem Teutschen Krieg immer wieder geboten haben? Die Angehörigen einer ›adligen Nation‹, eines besonderen Geburtskreises, der sich seiner freiheitlichen Verantwortung nicht bewußt wird oder nicht mehr zwischen ›Mein und Dein‹ unterscheiden will, weil er das Enteignen als Entwurzeln begreifen mußte. »Ist der Mensch erst im Eigentume als Vernunft« (Hegel), dann wird er sich außerhalb nur Hemmungslosigkeit hingeben wollen, wenn sich die Gelegenheit bietet. Das ist die Psychologie des Plünderns und der widerrechtlichen Aneignung, der die Einsicht des *Hermokrates* fehlt: »Ich tadle an niemandem den Willen zu herrschen, wohl aber allzu rasche Bereitschaft, sich zu ducken; denn so ist nun einmal des Menschen Art: zu herrschen über alles, was nachgibt, aber sich abzusichern gegen alles, was angreift.«[23]

Den letzten Teil scheinen diese adligen Offiziere nicht verstanden zu haben, wenn sie je Thukydides gelesen haben[24].

Denn diese Sicherungen setzen die Garantien durch Gesetze voraus, an deren Zustandekommen man sich beteiligt und denen man sich unterwirft. Was also nötig gewesen wäre, war das, was der König selbst und nach ihm Schwedens Adel und Unadel erfahren haben – eine unablässige »Erziehung zur Verfassung«.

Gustav Adolf war enttäuscht, daß er gerade im Heiligen Reich bei seinen teutschen Offizieren das anmahnen mußte, was er in der Begegnung mit der politischen und libertären Kultur dieses Gemeinwesens schätzen gelernt hatte – »die alte teutsche Redlichkeit«.

# »Der Habicht auf dem Zaun ...«

Nun hatte er bald neun Wochen lang im Lager bei Nürnberg ausgehalten und darauf auch gehofft, daß die konzentrierte Macht der Habsburg-Heere und Liga-Truppen ihren Druck lockerten oder an Sogkraft verlören. Denn es bestand noch immer die Gefahr, daß der Gegner aus seinem massierten Stillhalten heraus doch noch zu einer massiven Bewegung kommen könnte, die auf seinen Unbestand zielte. Er bittet deshalb Axel Oxenstierna, seinen Marsch mit dem Kriegsvolk zu forcieren und mit ihm die Vereinigung der Teiltruppen (Konjunktion) so zu betreiben, daß der Feind weder gegen die Kanzler-Armee noch das Königs-Lager wirklich etwas unternehmen könne[1]. Mit einiger Erleichterung stellte der König dann auch am 13. August fest, daß sich der Obrist Holk, der erwähnte Däne im Dienste des Habsburg-Kaisers, mit einer ansehnlichen Zahl Kriegsvolk zu Fuß und zu Pferd aus Wallensteins Lager aufgemacht habe und nun »im Marsch gegen Hof sein soll«. Und er fügt zur Analyse der neuen Lage die Ansicht hinzu, daß eine »solche Splitterung der Armee (Wallensteins) wenig dienen, uns aber nichts schaden kann«[2].

Die Kräfte des Gegners spalten, um sie im geeigneten Augenblick mit einer gut abgestimmten Operation der eigenen zusammengefaßten Kriegsmacht (Konjunktion) zu überwältigen. Das war stets seine Kunst und sein Vermögen, etwas Großes kleinzukriegen und das Kleine zu Großem fähig zu machen. Diese besondere Art des Divide et impera wandte er gerne, wie schon an verschiedenen Fällen zu ersehen war, auch in seiner Sicherheitspolitik an. Den Versuch nämlich, unter Wahrung bestimmter äußerer Formen und Mittel im Inneren eines gegnerischen Gemeinwesens so weit zu gehen, wie man kann. Sollte dieses Agieren nicht zum gewünschten Erfolg führen, dann mag man sich damit bescheiden, daß der Einsatz zumindest nicht geschadet hat[3].

In diesem Glauben läßt er sich die Anweisungen des Reichskanzlers zur »polnischen Legationssache« gefallen und bekräftigt damit seine Haltung, den Parteigängern im Sejm »alles zu versprechen, was begehrt wird«, weil dadurch die »Sachen in diesem Lande in ein großes Durcheinander geraten werden, das zu nichts anderem führen kann als zur Sicherheit unseres Staates«[4].

Das politische Ablenkungsmanöver (Diversion) nach innen wurde mit dem Einsatz von Geld und Gesandten nun auf die Spitze getrieben, in einen wirren Zustand hinein, aus dem für Schweden mit verhältnismäßig geringen Mitteln ein großer Effekt erzielt werden konnte. Ein Ergebnis, das über die Abmachungen von Altmark hinausging und besonders die Unsicherheit auszunützen gedachte, die mit dem Tode Sigismunds III. in Polen entstehen mußte. Denn dort waren die Stände der Adels-Nation mindestens so eifrig, ihr Recht der freien Königswahl gesichert zu sehen, wie es die Stände Böhmens 1619 durchzusetzen vermochten, aber dann doch der Vorstellung Habsburgs vom Erbrecht weichen mußten. In jenem Jahr hatte Gustav Adolf den Vasa in Polen noch zu fürchten. Er nannte ihn deshalb auch unter dem Eindruck einer realen Bedrohung »den entschiedenen Feind der evangelischen Christenheit in den Nordischen Reichen« und warf ihm vor, er wolle nichts Geringeres erreichen als die »Ausbreitung der katholischen Religion und der Papistischen Abgötterei und die Eroberung dieser Nordischen Reiche«[5].

Jetzt aber, mehr als ein Jahrzehnt danach, hatte sich die Situation grundlegend geändert. Polens Eindämmung war gelungen, und es hatte den Anschein, als übertrage sich die Leibesschwäche des Vasa-Königs auf die Adelsrepublik selbst, die Zug um Zug von Schweden politisch ausmanövriert worden war und gar erleben mußte, daß Gustav Adolf ein gefährliches Spiel mit einem ihrer Kardinalrechte (freie Königswahl) trieb.

Bald nach Altmark, aber noch vor seiner Intervention in den Teutschen Krieg wies er Axel Oxenstierna an, von Preußen aus die eigene Kandidatur zu Polens Thron vorzubereiten, weil doch »der König in Polen jetzt sehr kränklich ist, so daß seine Lebenszeit nicht mehr lange zu währen scheint. Deshalb soll der Kanzler das Fundament dazu legen, auf welche Weise KM:t als Candidatus Regni vor anderen verordnet werden möge«[6].

Dieser Wunsch ging jedoch nicht so schnell in Erfüllung, wie er wohl gehofft hatte. Denn der Tod, dieses Mittel zur Belebung der Politik, erlöste seinen erbitterten Gegner erst am 19. April 1632 aus dem irdischen Jammertal. An diesem Tage stand Gustav Adolf vor Ingolstadt. Im Wissen um die Truppenbewegungen Tillys von Regensburg her und um den Marsch der spanischen Macht auf den Rhein und Worms zu, verbrachte er diesen denkwürdigen Tag mit Erkundigungen im Gelände. Leichte Scharmützel sollen auch vorgekommen sein. Und über die Donau ließ er eine Schiffsbrücke schlagen, die mit Schanzen gesichert wurde. In der Nacht nahm die Feindberührung zu. Am Morgen dann war der Tod eines Majors namens Wrangel zu beklagen[7]. Ein Kopfschuß hatte sein Leben beendet. Ein böses Vorzeichen? Nun, nur wenige Stunden danach wäre Gustav Adolf beinahe das widerfahren, was er sich bei Sigismund so sehnlichst gewünscht hatte und nur einen Atemzug Zeit davor tatsächlich eingetreten war.

Der Chronist des »Diariums« berichtet uns: »Ihre M:t haben die Infanterie in das Quartier gegenüber Ingolstadt ordentlich logieren lassen. Und indem Ihre M:t wiederum im Erkunden begriffen waren, ungefähr um zehn Uhr vormittags, ist Ihrer M:t Pferd, auf dem Sie geritten, von einer Stückenkugel getroffen worden – und geblieben. Ihre M:t aber durch Gottes Gnade unversehrt davongekommen. Das Pferd aber, welches in der Erde begraben worden ist, wurde von denen in Ingolstadt nach Ihrer M:t Abzug wieder aus der Erde hervorgesucht und die Haut abgezogen, wie dann selbige ausgefüllte Haut noch zu Ingolstadt zu einem Gedächtnis aufgehoben und in Ehren gehalten wird.«[8]

Solche Vorkommnisse haben Gustav Adolf stets zu denken

gegeben und ins Grübeln über den eigenen Tod versetzt. Mitunter konnte er darob sogar in ein heftiges Fieber fallen. So geschah es auch hier[9]. Es ist, als brauchte er einen Augenblick der inneren Besinnung und einer Erregung wie bei der fliehenden Hitze, um sich des Fingerzeiges Gottes zu erwehren, um im Gespräch mit sich selbst und durch ein ausgiebiges Schwitzen wieder ins Reine zu kommen und den Schock zu überwinden. Andererseits, war es nicht auch ein wundersames Zeichen der Vorsehung, ihn vor einem plötzlichen Verderben bewahrt zu haben, jetzt in dieser kritischen Lage, wo alles mit Ernst betrieben werden mußte? Auch das seit über einem Jahr aus Sicherheitsgründen angebahnte Projekt seiner polnischen Thronkandidatur. Axel Oxenstierna erinnerte ihn bald nach diesem Vorfall, bei dem mit einem Schlag zwei Vasas von der Bühne hätten abtreten können, an die Natur des Vorhabens in Polen.

Mit Nachdruck ermahnt er den König, »bei sich selbst ganz fest zu bedenken, ob IKM:t es für ihren Status von Nutzen findet und danach strebt, die Polnische Krone zu erwerben, oder ob es einzig und allein pro forma und aus einer anderen Absicht heraus geschieht«. Denke Gustav Adolf ernsthaft an den Erwerb dieser Krone, dann müssen alle Verfassungsartikel »wohl überlegt werden«, welche von den vorigen Königen Polens angenommen und beschworen worden sind.

Aus diesem Grunde habe er als Kanzler dem Bürgermeister *Ulrich* von Riga, der in dieser Kandidatur das wichtigste Instrument war und eigens nach Würzburg gekommen ist, um nähere Instruktionen für das weitere Vorgehen einzuholen, den Auftrag erteilt, »alle Konditionen aufzusetzen und diese aus König Heinrichs II. in Frankreich, König Stephans (in Ungarn) und Sigismunds III. Versicherungen und Eiden zusammenzustellen«. Diese Liste der Verfassungskonditionen in Polen sollte Aufschluß darüber geben, was Gustav Adolf im Falle seiner Wahl in Analogie zu seiner »Versicherung« von 1611 und zu seinem Verfassungseid von 1617 in Schweden nun von seiten der Adelsrepublik zu erwarten hatte. Dem Kanzler hatte »der größte Teil der Konditionen« zugesagt, doch bei den essentiellen Bestimmungen der *Pacta Conventa* zur Verpflichtung des

Königs, besonders die verlorenen Gebiete wieder unter die Oberhoheit der Krone Polen zu bringen, erwartete er vom König selber entsprechende Vorstellungen und notwendige Anweisungen[10].

Vor allem das alte Streitobjekt Livland und das neue in Gestalt von Teilen Preußens kommen ihm als die größten Hindernisse vor, obgleich gerade sie das territoriale Lockmittel sein

*Zeitgenössisches Gemälde mit Gustav Adolf in der »polnischen Tracht«, neben sich die Königskrone der Adelsrepublik Polen (KB – Stockholm).*

konnten, um Gustav Adolfs Thronkandidatur gegen alle Widerstände im Sejm zu einem Erfolg zu führen. Gerade mit dieser Kopplung hatte ja auch der Fürst Radziwiłł aus Litauen in seinem Bemühen operiert, den Schwedenkönig in Polen ins Spiel zu bringen und gegen die ›spanische Partei‹ auf die Vorteile hinzuweisen, die sich aus dieser Wahl für die Republik ergeben konnten[11]. Diese Verbindung hatte tatsächlich etwas Bestechendes, hätte man doch unter diesem gekrönten Haupt einen langwierigen Länderstreit ebenso beheben können, wie in der Sicherung des Protestantismus einen Zustand genießen dürfen, der durch Schwedens avancierte Waffenmacht und Heereskraft dauerhaft zu werden schien. Axel Oxenstierna ist aber selbst zu einem solchen Preis nicht bereit, erkennt er doch die Gefahren für Schweden selbst, das seit Jahrzehnten dafür Gut und Blut eingesetzt hat, die baltische »Vormauer« Stück um Stück zu verstärken, um damit das nationale Kernland zu schützen[12].

Dennoch scheint es ihm wichtig, der Delegation nach Warschau zum Wahlreichstag genaue Instruktionen zu erteilen. Er fürchtet nämlich neben den Nachteilen für Radziwiłł und dessen Haus eine weitere Disreputation des Königs und der Krone Schweden in diesem Teil des Sicherheitsvorfeldes[13]. Natürlich dachte er dabei vor allem an das unglückliche Agieren des Gesandten Roussel in dieser Kandidatursache. Dessen Auftrumpfen in Warschau beim Wahl-Reichstag im März 1632 hatte viel böses Blut geschaffen. Weniger wohl durch den Hinweis, die Vasas in Polen strebten danach, mit der Errichtung eines Erbreiches das *Dominium Absolutum* zu handhaben[14], wie es ja den verbündeten Habsburgern 1627 in Böhmen gelungen war, als vielmehr mit der zugemuteten Kandidatur des Schweden. Roussels eigenes Instrument, Lazarus Mavius, befand sich sogar in Lebensgefahr, als er dem Sejm von dieser Absicht Mitteilung machte. »Aufhängen!« wurde geschrien, und Radziwiłł hatte alle Mühe, die Wogen der Erregung zu glätten und für seine eigene Haltung nicht noch mehr in unleidlichen Verdacht zu geraten[15].

Dieses Zwischenspiel endete damit, daß sich Gustav Adolf

genötigt sah, Johan Skytte von Freising aus Vollmacht zu erteilen, diesen Roussel, der offensichtlich seine Instruktion und Aufträge eigenmächtig überschritten hatte, in Haft zu nehmen. Aber als diese Anweisung drei Monate später bei Skytte in Livland eintraf, hatte sich Roussel, der etwas von dem Abenteuerhaften eines Farensbach in sich trug, bereits nach Rußland abgesetzt[16].

Fast zur gleichen Zeit hatte Gustav Adolf seine definitive Haltung zu dieser Kandidatur eingenommen. Es ging ihm dabei lediglich darum, »unser Vaterland von seinen starken Feinden zu befreien«, und dazu gab es außer dem offenen Krieg, den man in Altmark auf eine gewisse Zeit hin beendet hatte, nur ein wirksames Mittel, und das war die Schwächung nach innen durch Steigerung des anstehenden Wahlstreites. Was immer auch für Konditionen von diesem Königtum verlangt wurden, er selbst wolle sich bei seiner Kandidatur nur »im Conditionalis« verhalten, demnach mit der Anmeldung seines Interesses die Uneinigkeit zwischen protestantischen und papistischen Sejm-Adligen erhöhen, was notwendigerweise zu politischen Lähmungen führen mußte. Die innere Ohnmacht Polens war nach Altmark ein guter Garant für die Sicherheit Schwedens. Sollte dieses Ziel auch 20 000 Reichstaler für die Gesandtschaft kosten, die Axel Oxenstierna »aus den Zöllen in Preußen« nehmen sollte, dann sei das eine gute Anlage, die »das Vaterland wenig präjudizieren« kann[17].

Unter solchen Voraussetzungen konnte die Gesandtschaft mit dem geschickten Sten Bielke an der Spitze wenig ausrichten, zumal sich Radziwiłł nicht mehr zur Verfügung halten wollte, der Landmarschall Sobiesky so wenig zugänglich war wie Johannes Wezyk, der Erzbischof von Gnesen und oberste Repräsentant der Republik während eines Interregnums, und auch Brandenburg nur zu einem Aufschub der Wahl Władysław IV. bereit schien[18]. Mit dieser politischen Diversion erreichte man tatsächlich nur das Gegenteil dessen, was Gustav Adolf beabsichtigt hatte. Er trieb mit seiner Kandidatur die Szlachta nicht in eine hocherwünschte Splitterung und Ohnmacht, sondern veranlaßte die Parteiungen zu einer einzigartigen Manifestation in der Geschichte der polnischen Königswahlen. Am 3. November 1632 wählte nämlich der Sejm den ältesten Sohn Sigismunds III. aus dessen erster Ehe – Władysław – zum König Polens, und zwar einhellig![19]

Zu diesem Zeitpunkt bewegte sich Gustav Adolf schon mit seinem Hauptheer auf Wallensteins Armee zu und wartete nur darauf, bis durch seine Quartier-Manöver bei Naumburg des Kaisers General getäuscht wurde, der dann seinerseits die Vereinigung mit Pappenheims Truppen wieder auflöste und diesen gen Halle schickte[20]. Wieder einmal hoffte er hier auf die Wirkung seines Erfolgsrezepts, das im Falle Polens mit diesem Wahlergebnis allerdings vollkommen gescheitert war. Das muß man klar sehen. Was er in der Kriegskunst perfekt beherrschte, nämlich durch Separieren des Gegners das eigene Parieren in seinem Wert zu erhöhen und damit den Sieg vorzubereiten, war in seiner Übertragung auf die polnische Politik ins gefährliche Gegenteil umgeschlagen. Dabei standen die Zeichen für eine andere Politik gar nicht so schlecht. Schließlich war Władysław nicht nur ein Befürworter der Toleranz gegenüber den Protestanten im Doppelreich Polen-Litauen, sondern auch ein geheimer Bewunderer seines schwedischen Verwandten, von dem er einmal gesagt haben soll: »König Gustavus könnte hierbei auch seinem eigenen Hause zum Besten viel Gutes schaffen, wenn er sich zu dieser Conjunction mehr als zur Separation verstehen wollte . . .«[21]

Hierbei? Władysławs Kampf gegen seine Stiefmutter *Konstantia* aus dem Hause Habsburg, die gerne einen ihrer eigenen Söhne gewählt sehen wollte, hätte für Gustav Adolf die Möglichkeit geboten, sich bei der Wahl Władysławs für die weitere Zukunft ein hohes Maß an Einfluß zu sichern. Jenes treffende Wort der Zeit, daß er als *»der Habicht auf dem Zaun* (die Polen) hielt im Zaum«[22], wäre dann ein Stück Wirklichkeit geblieben und hätte der Krone Schweden und ihren Staatsmännern in der Folgezeit manch eine Herausforderung erleichtert.

Aber was waren hier Worte, die denjenigen nicht mehr antreffen durften, der zur Einsicht fähig, zur Umkehr bereit und auch zu einem tätigen Neubeginn den Willen aufbringen konnte? Er hatte gelernt, als König das Steuern durch Streuen wie eine Kunst zu betreiben, die sich in seinem zwanzigjährigen Bestreben immer wieder bewährt hatte, dem Gerechten zu entsprechen, das Zuträgliche zu erproben und auch das Glück zu versuchen, wo das Rationale an seine Grenzen gelangt war. In Schweden selbst ist ihm das gelungen, weil er hier trotz vieler Widerstände von unten her das Sicherheitsbedürfnis seines Reiches als einen nationalen Auftrag glaubhaft machen konnte und die Separation der Stände auf der Basis einer Vertragsverfassung als Inbegriff der Krone auffassen konnte. In Polen wurde die Separation nicht betrieben, um tatsächlich und ernsthaft zur Krone zu gelangen, deshalb ist dieses Vorgehen trotz seiner aufschiebenden Wirkungen auch erfolglos geblieben. Nicht anders auch im Heiligen Reich, wo das Streben nach dem Kaisertum nicht einmal ins Stadium einer realen Diversion gelangt ist. Berufungen auf die gemeinsame Religion genügten auf die Dauer nicht, zumal die Gegensätze zwischen Luthertum und dem Calvinismus gerade jetzt wieder aufbrachen und selbst den Böhmenkönig Friedrich V. verschrecken konnten, wenn Gustav Adolf die Sicherung der Lutherischen in seinem restituierten Kurfürstentum forderte[23]. Auch der Appell an den materiellen Besitzstand und dessen Sekurität trug nicht weit, wenn sich die einzelnen Häuser, wie vor allem das Hessische, fast erbarmungslos um einzelne Ländereien befehdeten[24].

Nein, es war trotz vieler Gemeinsamkeiten mit dem schwedischen Invasor und trotz unzähliger Feindschaften zwischen den Ständen des Heiligen Reiches immer noch ein patriotisches Potential vorhanden, das Gustav Adolf nicht für sich nutzen konnte. Deshalb bereitet es ihm einige Not, die »rechte Ursache dieser Conjunction« zwischen den evangelischen Ständen und dem Kaiser zu verstehen, die sich da im Herbst 1632 um den Feldmarschall Arnim herum anzubahnen schien. Er begreift da auch nicht, daß man »in gemein bei den teutschen Canzleien . . . nicht recht teutsch herausginge« und am Verhalten des Kaisers vorbeisähe und dabei »nicht frei rund bekennen, daß er den Religions- und Profanfrieden seiner geschworenen Capitulation zuwider den Ständen nicht gehalten (habe), sondern noch immer den Kaiser liebkosen wolle, allermaßen auch Herzog Johann Albrecht in Mecklenburg in seiner ›Apologia‹ ihn den frommen Kaiser nennete und nur die Jesuiten und kaiserlichen Räte beschuldigte, da ihn doch dieser fromme Kaiser wider Gott und Recht von Land und Leuten getrieben. Desgleichen wollte die gute Stadt Frankfurt (am Main) noch immer gut kaiserisch sein und dürfte Dr. Erasmus wohl schwören, der Kaiser wäre noch sein Herr . . .«[25]

Dahin war es nun auch im Heiligen Reich gekommen, daß all das Separieren der Stände, so begründet es vom Ziel des vorgegebenen Völkerrechts gewesen sein mag, um die eigene Intervention zu legitimieren, in sein Gegenteil umzuschlagen drohte, weil sich Gustav Adolf selbst nicht als dauerhafte Alternative zu dem sonst abgelehnten Kaiser Ferdinand II. anbieten konnte. Er zieht in seinen Klagen und Verwunderungen alle rationalen Argumente heran, um sich das Verhalten der schwankenden Stände auf seiner Seite zu erklären, wo nach vierzehn Jahren Krieg und Verwilderungen emotionale Sehnsüchte aufkamen, der Ruf, den »Untergang der teutschen Nation« zu verhindern.

Die Staatsmänner Spaniens hatten diesen Umschwung frühzeitig erkannt und bemühten sich, das nationale Moment gegen Frankreich auszuspielen, dessen König verdächtigt wurde, im Heiligen Reich nach dem Kaisertum zu streben. Noch war man nicht ganz bereit, es mit Richelieu im Reich aufzunehmen, aber es genügte ja schon, wenn es dem stets gestützten Wallenstein gelingen sollte, das »reißend Tier« aus der Mitternacht endlich zu bändigen und womöglich dem Löwen das Leben zu nehmen oder doch mindest sein Würgeengel zu sein[26].

# Im großen Labyrinth

Das erhoffte Wunderspiel war also nicht eingetreten. Weder hatte sich das Heer des Bayern-Fürsten allmählich im eigenen und verwüsteten Land verzehrt, noch lösten sich Wallensteins Truppen aus Mangel an Proviant in ein Nichts auf. Dafür durfte der König selber erleben, daß der Brotmangel in Nürnberg und das fehlende Futter für die Pferde seinem eigenen Heer über alles bisher erlebte Maß hinaus zugesetzt hatten. Von 14 000 Pferden sollen ihm nach Angaben Axel Oxenstiernas nur noch 4000 geblieben sein. Durch diese Verluste genötigt, mußte sich Gustav Adolf »zum Abzug entscheiden, auf daß sich die Armee wieder erholen konnte«[1].

In guter Ordnung hatte er am 8. September die Reichsstadt verlassen, für deren Sicherheit der Reichskanzler zusammen mit General Kniphausen und sieben Regimentern Fußvolk in der nächsten Zeit Sorge tragen mußte[2]. Bald gelangt er nach Windsheim im Fränkischen und bereitet dort Entscheidungen vor, deren Beratung von Unsicherheiten gekennzeichnet ist. Der König weiß nicht recht, wie er den Abzug Wallensteins von Nürnberg einordnen soll. Gut, er marschiert nach Forchheim, »ob aber der Herzog in Bayern mit ihm oder an die Donau gezogen« ist, das war eine wichtige Frage, auf die er noch keine Antwort wußte. In dieser Lage entwickelte er zwei Vorschläge zum weiteren Verhalten. Er schickte erstens Bernhard von Weimar nach Thüringen und noch ein Stück weiter, damit er zusammen mit seinem Bruder »auf des Feindes Aktionen achtgeben und Kur-Sachsen auf den Notfall . . . assistieren«, während er selbst »nach Schwaben gehen, allda unsere Armee recolligieren und die Österreichischen Lande suchen« könnte.

Für diesen Plan sprachen die Umstände und Motive, daß noch nicht zu erkennen war, »wie der Feind dieser Zeit auf Sachsen gehen oder allda etwas Wichtiges möge, weil er doch die Zeit über sehr ruiniert« ist, sich durch Abzweigung einiger Regimenter an Bayern »noch mehr geschwächt (hat), Kur-Sachsen hingegen victorieus und aus dem Ruin der Kaiserischen in Schlesien zweifelsohne so gewachsen, daß er für sich selbst bastant (ist), dem Wallenstein den Kopf zu bieten«. Außerdem ist kaum anzunehmen, daß sich der Generalissimus bei der sich nähernden Winterzeit mit irgendeiner Belagerung aufhalten werde, sondern eher daran interessiert sei, »ein tüchtiges Heer« zu versorgen, »also mehr auf die Winterquartiere als anderes bedacht sein« dürfte. Im Gegenzug ist dabei auch zu bedenken, daß sich die Royal-Armee in Schwaben zur gleichen Zeit stärken kann und der Plan zur Ausführung ansteht, von hier aus »die Österreichischen Erblande (zu) okkupieren oder gar wohl die Donau abwärts (zu) arbeiten, den Ober-Ennserischen Bauern an der Hand zu sein und dem Feind in Österreich ein solche Feuer anzuzünden, daß er genug daran zu löschen hätte«. Aus der Verlagerung des Schwerpunktes ergäbe sich dann fast von selbst, daß »Wallenstein ohne allen Zweifel zurückgezogen und von Kur-Sachsen divertiert werden sollte«.

Die Verteilung der Kräfte auf den teutschen Raum wird im Geist der Gegengewichte wieder einmal durchgespielt, um am Eingang des Winters durch Sicherung der eigenen Positionen die Möglichkeiten der Verhandlungen zu erproben, obgleich die Zweifel gestiegen waren, die teutschen Fürsten, Stände und Städte unter einen Hut zu bekommen und vereint gegen den Kaiser einzusetzen[3]. Zweifel, die sich auf das Konzentrieren als Prinzip übertrugen und dieses nur in besonderen Fällen ertragen wollten. Das wird deutlich bei der Erörterung des zweiten Vorschlags.

Wäre es nicht unter Umständen doch besser, »daß wir unsere ganze Streitkraft (forza) zusammenzögen, damit Wallenstein folgten und Kur-Sachsen in Person versicherten, Herzog Bernhard (von Weimar) aber . . . nach Schwaben schickten und allda sein Spiel spielen ließen«?[4] Das Ergebnis dieses Planes war nicht so sehr auf Wallenstein gerichtet, sondern vielmehr darauf, Johann Georg im Ausnützen seines Notfalles »vielleicht auch zu näherem Verständnis (zu) bringen«. Doch galt es hier zu bedenken, mit entsprechenden Maßnahmen »das Land hierdurch in gänzliche Desolation (zu) setzen«. Und es war ja auch noch nicht sicher, ob es dem König gelingen würde, das große Heer wirklich unter seinen Oberbefehl zu bekommen, mit dem er nach Sachsen aufbrechen sollte. Überdies mußte dabei beachtet werden, daß »so große Lager nit lange beisammen leben können und wir erfahren (haben), was (für eine) Incommodität es hat, wenn man alle Streitkräfte (forza) zusammenzieht und dem Feind hin und wieder seinen Willen läßt«[5].

So sieht Gustav Adolf die Lage und ist sich unschlüssig, welchen Plan er ausführen soll. Der Rat des Reichskanzlers ist ihm zu diesem Zeitpunkt wichtiger als alles andere. Aber der ist ja auch von Informationen darüber abhängig, wie sich Wallenstein und Maximilian verhalten. Um sich zusätzliche Informationen zu verschaffen, nützt Gustav Adolf einen kurzen Aufenthalt in Nürnberg, der durch die Nachricht von einem feindlichen Angriff auf Lauf veranlaßt worden war[6], und besichtigt nach dem Abschied von Axel Oxenstierna, dessen Erkundungsreisen in die beiden sächsischen Kreise aufgeschoben wurden[7], das von Wallenstein verlassene Lager. Nach einer vorläufigen Schätzung kommt er dabei auf einen Bestand an Fußvolk von »allerhöchstens 13 050 Soldaten« und »in über 4680 Reiter«. Wurden noch Kontingente zu Fuß und zu Pferde aus den umliegenden Dörfern hinzugerechnet, dann belief sich »die ganze Armee auf . . . 22 000 Mann zum höchsten«[8].

Als er diese Angaben Axel Oxenstierna zustellte, der sie überprüfen lassen sollte, befand er sich mit dem Hauptheer schon auf dem Weg nach Ansbach und gelangte bald darauf nach Dinkelsbühl, wo er sich mit einer delikaten Sache beschäftigen mußte. Dem Obristen *Truchsess,* einem seiner Untergebenen von fränkischem Adel, war von den eigenen Offizieren vorgeworfen worden, er habe bestimmte Gelder, die im Fränkischen Kreis zum Unterhalt der Royal-Armee aufgebracht worden waren, veruntreut und damit keine geringe Ursache zur »Unwilligkeit des Kriegsvolkes« gegeben. Würde man ein solches Verhalten einreißen lassen und kein Exempel statuieren, gäbe es bald noch »eine größere Unordnung« und »einen schier unheilbaren Schaden«. Aber eine Verhaftung war trotz des verletzten Treue-Verhältnisses zum König eine Sache, die überlegt sein wollte, weil hier die Privilegien des Adels hineinwirkten. Gustav Adolf suchte einen Kompromiß. Truchsess sollte bis zu einer Gerichtsverhandlung »für sich eine Bürgschaft von 100 000 Reichstaler« aufbringen. Gelang es dem Obristen nicht, diese enorme Summe aufzubringen, dann mußte er »selbst Bürge werden«, bis sein Fall rechtlich behandelt war[9].

Es muß diesem Adligen gelungen sein, sich wieder das volle Vertrauen des Königs zu sichern, denn nur einige Wochen später befindet er sich in dessen nächster Umgebung, als die Entscheidung mit Wallenstein ansteht. Und dazu hat sich Gustav Adolf im schwäbischen Oberndorf in der Weise bestimmen lassen, daß er den beabsichtigten Zug »an den Bodensee« aufgibt und sich nach Norden wendet, um sich nach der Wiedereroberung von Rain[10] dem angeblichen Vorhaben Pappenheims und Wallensteins zu widersetzen, nämlich »eine Conjunction zwischen ihnen« zu verhindern.

Dieser Beschluß aus dem Hauptquartier wurde am 29. September formuliert und dem Reichskanzler mitgeteilt, aber nicht nur dies. Gustav Adolf dachte auch daran, Bernhard von Weimar dem Pappenheim entgegenzuschicken, um die wichtigsten Städte am Obermain und die zugehörigen Pässe zu sichern. Er solle sich darin aber ja »nit bloquieren lassen, sondern da der Feind ihm zu stark, und Pappenheim zugleich andringen und sich mit Wallenstein konjungieren würde«, da solle er »allgemach weichen und sich auf uns gegen Rothenburg und Nördlingen zu, retirieren . . .«[11]

Er hofft, selbst »ein solches Corpus zusammenzubringen, welches dem Feind nit allein aequal, sondern überlegen sein möchte, insonderheit weil sich die Entrittenen täglich einfinden und wir allhier allbereit in die 6000 Pferde und 10 000 Mann zu Fuß stark sind«. Zu diesem Zeitpunkt glaubt er noch, daß Bernhard von Weimar den Raum zwischen Sachsen und Franken sichern, ja daß Johann Georg sich im Ernstfall gegen Wallenstein behaupten könne. Selbst die Mission Axel Oxenstiernas wird wieder ins Auge gefaßt und des Königs eigener Zug an den Bodensee ins Gespräch gebracht[12]. Anscheinend nahm man die Berichte Nicolais aus Dresden doch nicht so ernst, wie

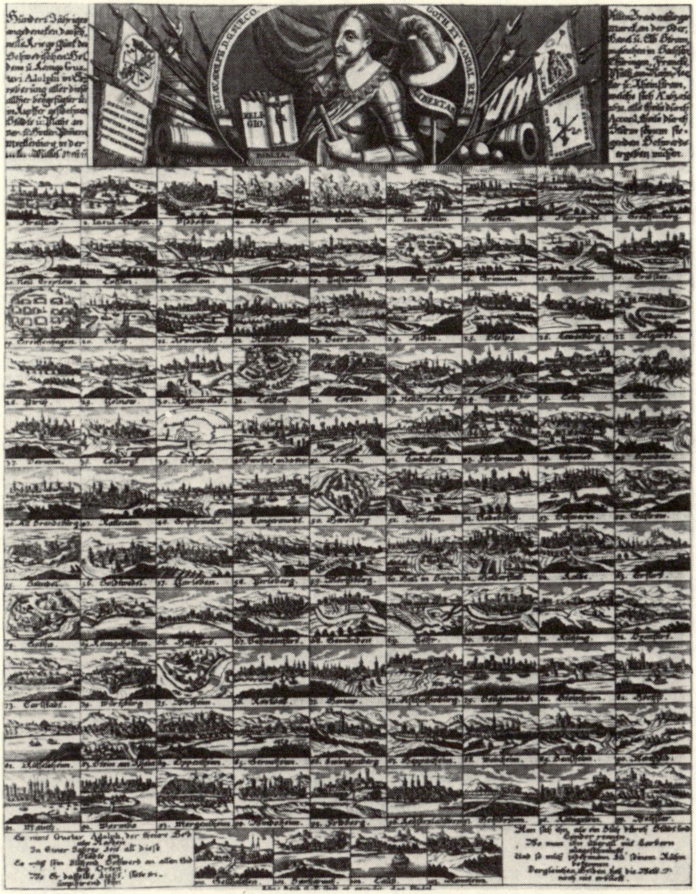

*Aufreihung der wichtigsten Städte und Festungen, die Gustav Adolf mit seinen Heerführern in Teutschland eingenommen hat (UB – Frankfurt am Main).*

schwierig es für Kur-Sachsen trotz des Kriegszuges nach Böhmen geworden war, nun unter »des Feindes unbehindertem großen Progreß von einem Ort zum anderen« das eigene Land zu sichern. »Sollten Ihre D:t auch nicht balde von IKM:t kräftige Hilfen (valida auxilia) bekommen, werden Ihrer D:t in kurzem alle Mittel, dero Armee zu unterhalten und den Krieg länger zu continuieren, ganz und gar abgeschnitten. Ich habe allbereit vergangenen Winter in meinen Briefen an Ihre KM:t selbst oder an des Herrn Reichskanzlers Exzellenz Erinnerung getan . . ., daß es die Unmöglichkeit selbst wäre, den Krieg länger zu führen, derowegen Ihre D:t auch desto mehr bedacht sein sollten auf Accommodement mit dem Kaiser, die von ihm vorgeschlagenen Friedensmittel beizeiten akzeptieren und keineswegs ausschlagen.«[13]

Jetzt war also die Lage noch ernster geworden. Sachsens Diversion nach Böhmen und Schlesien hatte an den verfügbaren Kräften gezehrt und konnte nicht länger als Gegengewicht zu Pappenheim und Wallenstein gelten. Deshalb entschließt sich Gustav Adolf, die beabsichtigte Belagerung von Regensburg aufzugeben und endgültig den Weg in die entgegengesetzte Richtung einzuschlagen, damit nicht dieser wichtige Reichs-Kreis ganz zugrunde gerichtet wird. Aus diesem Grunde findet es der König »ratsamer und unserem Vaterlande zuträglicher, für diesmal mehr nach Norden als (nach) Süden zu sehen und (dem) berührten Unheil zuvorzukommen«.

Er verfolgt diesen Plan um so nachdrücklicher, als er die Sicherheitsinteressen in den südlichen Kreisen des Heiligen Reiches »in gute Verfassung gestellt« sieht und mit dem Projekt eines *Consilium formatum* für die teutschen Fürsten und Stände, das zunächst in Ulm seinen Sitz haben soll, eine zusätzliche Stütze in sein Sicherungssystem einzuziehen gedenkt[14]. Da sich Gustav Horn im Elsaß behaupten kann und mit der Belagerung von Benfeld begonnen hat, nach dessen Eroberung die gesamte Region gut zu kontrollieren war[15], auch Baudissin die Verbindung zu Hessen-Kassel herzustellen in der Lage schien[16], also der Süden und Westen leidlich abgesichert waren, konzentrierte sich der König ganz auf den bevorstehenden Zug nach Sachsen.

Gewiß, er hatte mit einigem Erstaunen feststellen müssen, daß der Böhmenkönig Friedrich V. einen »nicht geringen Unwillen« bezeugt hat, weil ihm die Restituierung seines Kurfürstentums so lange dauerte[17], im Hessischen Haus alte Güterstreitigkeiten ausgebrochen waren und »die Reformierten leichtlich etwas ... ausbrüten dürften«[18], aber diese möglichen Blockaden konnten jetzt nicht ein Grund sein, die nächstliegende Herausforderung aufzuschieben.

In diesem Sinne hatte der König am 7. Oktober von Pfalz-Neuburg aus an den Kanzler geschrieben. Am gleichen Tag teilt ihm Axel Oxenstierna aus Nürnberg mit, daß sich der Feind von Coburg aus in Marsch gesetzt habe, um wieder zurückzukehren. Er weiß aber noch nicht, ob Wallenstein und Maximilian zusammen herankommen oder der eine auf Bayern geht, während der andere sich nach Böhmen wendet. Diese Bewegung könnte Sachsen etwas Luft verschaffen, wo »es überall schlecht steht«. Ja selbst von Stettin und Stralsund würden unangenehme Nachrichten kommen, wie ruiniert das Land dort sei, und selbst Baudissin sei unter erheblichen Druck geraten. Es sei mit allem Ernst zu bedenken, daß der Feind »Meister im Feld zu spielen« beginne und »ihm folglich alle unsere Mittel zuwachsen«.

Es hatte sich also ein neuer Schwerpunkt gebildet. Ein Kern hatte im entblößten Hinterraum Sogkraft entwickelt, der unbedingt begegnet werden mußte. Diese wichtige Nachricht hat Gustav Adolf nie erreicht. Das Schreiben wurde abgefangen[19].

Im Gegenzug gelingt es dem Kanzler, Briefe zu erhalten, aus denen zu entnehmen ist, daß sich Wallenstein mit Pappenheim konjungieren will, »und daß der Feind ein großes Auge darauf hat, Kur-Sachsen zu ruinieren und folglich die Sache in Schlesien wieder zu restituieren«. Wallenstein baute mit seinen Truppen dort oben ein Kriegstheater auf, während Maximilian auf Regensburg zieht, um Bayern zu retten und die österreichischen Bauern zu dämpfen. Das sind die sicheren Informationen, die den König auch erreichen. Aber über die wirklichen Pläne Wallensteins und die tatsächliche Stärke der Bayern-Armee kann der Kanzler noch nichts Gewisses mitteilen. Außerdem muß er sich in Nürnberg selbst mit dem herrschenden »Kleinmut« in Rat und Bürgerschaft der Stadt herumschlagen, seit bekannt geworden ist, daß er die Stadt verlassen soll, um nach Sachsen zu gehen. Und noch etwas beschäftigt den überlasteten Kanzler: Herzog *Franz Albrecht* von Sachsen-Lauenburg ist bei ihm in Nürnberg aufgetaucht und »scheint zu Ihrer M:t Dienst affektioniert zu sein«. Nach einem längeren Gespräch mit ihm kommt Axel Oxenstierna zu dem Schluß, daß der Herzog zwar »genug raisonnabel ist, mehr als einer von seinen anderen Brüdern, aber wie weit ihm zu trauen ist, gibt die Zeit – Ihre M:t entscheidet am besten selbst«[20].

Dieses Angebot hat Gustav Adolf in der nächsten Folgezeit wohl am wenigsten Kopfzerbrechen bereitet, findet sich diese Abenteurer-Natur doch bald in der Umgebung des Königs. Wichtiger war da schon der Plan Oxenstiernas, jetzt Maximilian anzugreifen, ehe Wallenstein an die Reihe kommt. Aber der König fürchtet das kräftezehrende Ausweichen des Bayern-Fürsten mit der unausweichlichen Folge, »daß wir wegen des Hungers nichts anderes als den augenblicklichen Untergang (praesentissimam ruinam) unserer Armee zu gewarten hätten«[21].

Es bleibt also dabei: Der nächste Kriegszug geht nach Norden, auf Sachsen zu und erfordert in dem sich steigernden Gewirr neben den militärischen Maßnahmen vor allem eine politische Sicherung des neuen Rückraumes. Dazu beordert der König den Kanzler zu sich, um seine Entschlüsse eingehend durch Vorberatungen klären und festigen zu können. Das entsprechende Schreiben für diese Zusammenkunft, die weitreichende Folgen haben sollte und neben der Intervention selbst das wichtigste Politikum der Zeit von seiten Schwedens im Heiligen Reich genannt zu werden verdient, ging von Nördlingen »nachts um 12 Uhr ab« und trug die Anschrift: »Cito, cito, citissime«[22].

Schnelligkeit war Trumpf. Und so wie er den Kanzler rasch im sichernden Convoy zu sich kommen läßt, treibt er auch die eigenen Truppen an, durchquert in knapp zwei Wochen den schwierigen Raum zwischen Nördlingen und Arnstadt, um dort seine Pläne zur künftigen Struktur des Evangelischen Wesens im Heiligen Reich in eine Form zu bringen, die es Axel Oxenstierna erlaubte, in einer politischen Offensive im Süden nachzufassen, während der König im Norden militärisch aktiv wurde.

Die intensiven Beratungen zu Arnstadt wurden zunächst darauf gerichtet, wie die Kriegsverfassung im Rheinischen, Fränkischen, Schwäbischen und Burgundischen Kreis in Ordnung gebracht werden könne. Und das bedeutete nichts anderes als die Aufstellung von vier Armeen im Strom-Dreieck von Rhein, Main und Donau, um die Verbindungen zur Schweizer Eidgenossenschaft und zu den Niederlanden zu halten[23]. Außerdem sollten Spaniens Truppen spüren, was diese Verteidigungskonzeption unter Schwedens Leitung wert war, und Richelieu hatte erneut zu erkennen, daß er mit dieser Macht ernsthaft umzugehen hatte[24]. Mit jeder Festung unter Schwedens Kontrolle wurde das südliche Defensionsareal so verstärkt, daß der Royal-Armee im Norden Sicherheit zufloß, während sie selbst Sicherungen des Gesamtwerkes zu erhalten und zu erweitern hatte[25].

Das gelang politisch am besten damit, daß man neben den militärischen Maßnahmen alle Möglichkeiten nutzte, die sich aus dem verschachtelten Verfassungssystem der einzelnen Kreise ergeben konnten und von einem oberen Organ koordiniert wurden. Dafür wurde das *Consilium formatum* geschaffen. Die Hauptaufgabe dieses Stände-Rates bestand in Abwesenheit des Königs vornehmlich darin, wichtige Justizsachen zu erledigen und »mit seinem Rat der Regierung zur Hand zu gehen«. Ein zweites Consilium hatte sich unterhalb dieses Gremiums, dessen Präsident *Reinhard von Solms* werden sollte[26], um den materiellen und monetären Haushalt zu kümmern, soweit er das Verteidigungswerk betraf und gemeinsame Belange der vereinigten Kreis-Stände anging[27].

Gustav Adolf war sehr darum bemüht, seinem Politik-Verständnis von Rat und Tat auch hier Geltung zu verschaffen und alle wichtigen Entscheidungen durch die Stände vorberaten zu lassen. Was er in der von Axel Oxenstierna ausgearbeiteten *Regierungsform* für sein eigenes Reich nach Maßgabe des Landslag festgeschrieben sehen wollte[28], fand in diesem Organisationsversuch innerhalb des Verfassungssystems im Heiligen Reich eine vertragliche Entsprechung und sollte materiell mit Hilfe einer Verbrauchssteuer (Akzise) nach niederländischem Vorbild die bevorstehenden Aufgaben absichern[29].

Mehr noch: Der König fand sich zur Anerkennung der religiösen Sonderlage bereit und wollte die Gewissensfreiheit anerkennen. Der Kanzler wird als Legat dabei angewiesen, »über unsere Christliche Religion, die Augsburgische Confession, in den besetzten Ländern zu wachen, seien sie nun katholisch oder calvinistisch, damit sie durch Gottes Gnade erhalten bleibe«. Besonders in der Pfalz, die immer noch nicht an Friedrich V. zurückgegeben worden war[30], sollte darauf geachtet werden, daß in den »Lutherischen Gemeinden ... lutherische Prediger ordiniert werden und in den besetzten katholischen Orten stets eine Kirche oder zwei je nach Bedarf für die Lutherische Gemeinde in Verfügung genommen wird, (wobei) jedoch die anderen in ihrem Gewissen und Gottesdienst ungehindert bleiben«[31].

Solche Zugeständnisse waren in Schweden selbst de jure nicht möglich, auch wenn ein wichtiger Gedanke aus seinen Verfassungsgarantien von 1611 und 1617 anklingt, nämlich die Freiheit des Gewissens[32]. Dort hatte die Kirchenverfassung einen Riegel vorgeschoben, den er als König nur im Einzelfall de facto lockern konnte, aber nicht de jure und generell lösen durfte. Im Heiligen Reich jedoch mußte er von Bedingungen ausgehen, die auf eine vertragliche und damit kommutative Gleichheit der Bekenntnisse zielten. Tatsächlich bereitete er mit dieser Initiative von Arnstadt einen Zustand vor, der im universalen Frieden von 1648 Gestalt annehmen sollte. Als substantielle Ergänzung dazu muß auch sein Bemühen gedeutet werden, dem geplanten Verfassungs-Corpus der Evangelischen Stände einen gleichwertigen Einfluß auf die Besetzung des *Reichskammergerichts* in Speyer zu sichern, dessen Richterstellen nur Katholiken einnehmen durften. Natürlich erwartete Gustav Adolf von diesem Reform-Programm als einer Vorstufe des kommenden Friedens die endgültige Trennung der Stände vom vertragsbrüchigen Kaiser und ihre aufrichtige Hinwendung zu seiner »Direktion und Protektion«[33].

Trotz harten Geschäfts im Kleinen und täglicher Fron des Mangels ist hier der lange Atem des Königs zu spüren. Der Wille eines Reformers wird sichtbar, der tradierte Strukturen erhalten, auch nicht das Reich in eine andere Form gießen möchte, wie da und dort in gegnerischen Kreisen vermutet wurde[34], sondern sie unter neuen Bedingungen beleben will, um dadurch sein Ziel, die Sicherheit, zu erreichen. Er veranschlagt sehr hoch, daß die eingegangenen »Verträge fest eingehalten werden« und sich das weitere Verhalten der einbezogenen Fürsten, Stände und Städte stets an »Rat und Tat« orientiert[35].

Dieses Reformwerk, das schon auf den *Heilbronner Bund* (1633) hindeutet, war nicht darauf abgestellt, die Spaltung des Heiligen Reiches zu vertiefen, sondern beide Teile gleichwertig zu machen. Nur auf dieser Grundlage schien ein Ausgleich dauerhaft zu werden, wenn sich beide Parteien im Rahmen der Verfassungslage von 1618 so einigen konnten, daß mit der Sicherung der *teutschen Freiheit* gleichzeitig auch die Sicherheit der Nachbarn gewährleistet wurde.

Hier findet der konstitutionale Bezug aller Politik und ihre Ausrichtung auf ein kommutatives Vertragswesen noch einmal eine nachdrückliche Bestätigung. Das Ziel Schwedens durfte demnach nicht darin bestehen, einen Frieden um jeden Preis zu erhalten, sondern hatte darauf gerichtet zu sein, wie der Frieden durch Freiheit gesichert werden konnte. Man war sich schon lange vor diesen Beratungen im Hauptquartier zu Arnstadt (Thüringen) darüber im klaren, daß das Unheil im Heiligen Reich aus den diktatorischen Ansprüchen des absoluten Dominats floß, das unterbunden werden mußte, wenn die Anrainer in Ruhe und Frieden leben wollten.

Diese Dimension des Sicherheitsdenkens ist von den Vertretern der reinen Machthistorie späterer Generationen deshalb auch nicht erkannt worden, weil man den Forderungen des

Rechts und des Gerechten nur einen instrumentellen Charakter zumessen wollte und nicht akzeptieren konnte, daß Schwedens Staatsmänner, von den eigenen Verhältnissen ausgehend, hier substantiell dachten und entsprechend vorgingen[36].

Als Gustav Adolf am 27. Oktober in Arnstadt von Axel Oxenstierna Abschied nahm, hatte er dem Reichskanzler in dessen neuer Eigenschaft als Legat mit seinen Plänen ein politisches Vermächtnis mitgegeben, das am Tage nach der Abreise des Kanzlers dem Landgrafen Georg von Hessen-Darmstadt in einer Kurzfassung mitgeteilt wurde[37]. Einem Reichsstand, der sich in den vergangenen zwei Jahren als Friedensvermittler betätigt und sich mit seiner Haltung als Neutralist manch ein Mißtrauen zugezogen hat. Denn in seinem Streben nach einem Ausgleich mit dem Kaiser und den Papisten wollte er nicht sehen, daß diese »mit lauter Betrug umgingen und es ihnen wegen eines Friedens ganz kein Ernst sei. Sie hätten IM:t so oft betrogen, daß Sie . . . nicht weiter traueten; könnten den Evangelischen viel erzählen«[38].

Mit solchen Seitenhieben soll Axel Oxenstierna während einer Konferenz zu Königshofen die Gesandten des eigenwilligen Landgrafen bearbeitet haben. Das üble Spiel des Bayern-Fürsten wegen der Neutralität, die mit Hilfe Frankreichs betrieben wurde[39], kam dabei ebenso zur Sprache wie Wallensteins Gegaukel vor Nürnberg, als Frieden signalisiert wurde, obgleich niemand im gegnerischen Lager wirklich daran interessiert war. Harte Worte bekamen die Hessen da zu hören. Denn alle diese Verzögerungen waren doch Teil eines abgekarteten Spieles, letztlich nur darauf angelegt, das eigene »Heil am König zu versuchen. Darob könne ja nun ein Blinder sehen, was die Papisten für einen Frieden suchten.«

Während sich Schweden bemühte, mit militärischer Macht und auf jedem Verhandlungswege die Freiheit der Stände des Heiligen Reiches zu sichern und damit auch ihren eigenen Besitzstand, den das Restitutionsedikt immer noch bedrohte, hatte man auf der anderen Seite nichts anderes im Sinn gehabt, als Johann Georg mit vagen Versprechungen »von Ihrer M:t abzureißen . . . Aber es wäre gefehlet, und darum brauchten sie nun andere Griffe. In Summa: Der König werde nicht mehr trauen und so lange mit ihnen fechten, bis er sie zur Erden gelegt, mit seinem Knie auf ihrem Halse säße und den Degen an die Gurgel ihnen stehen hätte, so würde er alsdann sagen – ›so und so mache nun Frieden‹«[40].

War der Verhandlungsfrieden auf der Basis der Gleichwertigkeit nicht zu erreichen, dann mußte ein Siegfrieden die Lösung bringen. Das war die unmißverständliche Drohung, um die Neutralisten auf die eigene Seite zu ziehen. Diese rechtfertigten sich damit, daß sie dem König stets beim Unterhalt seiner Royal-Armee geholfen hätten. Gewiß. Axel Oxenstierna gab das gerne zu. Aber was waren denn all diese Akzidentien im Rahmen der »Ratio militaris« wirklich wert?[41] Jetzt, wo es um die Substanz ging, und der König wieder einmal die Hauptarmee und mit ihr sein Leben aufs Spiel setzen mußte?

Gefahren waren im Verzug – pericula in mora[42]. Kein Zweifel konnte mehr bestehen: Es war Wallenstein gelungen, Gustav Adolf zu veranlassen, »in Person« nach Sachsen zu kommen[43]. Doch darf daraus der Schluß gezogen werden, daß er dem kaiserischen Generalissimus »folgen wird, weil er ihm folgen muß«?[44]

Das ist ein Stück Scheinlogik. Denn Gustav Adolf wandte sich nach Norden, weil ihm der Süden ziemlich gesichert erschien und er dem Bündnisvertrag mit Kur-Sachsen in wirklicher Not und Gefahr Folge zu leisten hatte. Er will vertragstreu sein, um weiterhin vertragswürdig zu bleiben. Nur unter diesen Voraussetzungen waren das angestrebte Reformwerk und das beabsichtigte Sicherheitssystem auf Dauer zu verwirklichen. Die Herstellung der Ordnung im gesamten Norden des Heiligen Reiches war der substantielle Punkt in dieser militärischen Operation und politischen Offensive. Wallenstein war nur der Anlaß zu diesem Kriegszug, nicht aber die Ursache. Das geht auch aus der Zuversicht des Königs im Hauptquartier zu Buttstadt hervor. In diesen anstrengenden Tagen Ende Oktober hatte er »das feste Vertrauen zu Gott, dessen Gnade und Beistand Wir bisher in vielen Wegen gespüret, seine göttliche Allmacht werde wie bisher unsere Waffen segnen und Unser

Vorhaben gedeihen lassen«. Er rechnet an diesem Ort, der nicht weit von Weimar entfernt in Richtung Leipzig lag, durchaus mit einer offenen Schlacht, wenn er von dem »erhaltenen glücklichen Success« spricht, nach dem er das Herzogtum Braunschweig gänzlich von feindlichen Truppen zu säubern gedenkt[45].

Von Arnstadt aus war er über Erfurt an diesen Ort gezogen und hatte unterwegs ein sonderbares Glück. Denn es wurden drei wichtige Schreiben Wallensteins abgefangen, von denen das an den General *Aldringen* am wertvollsten war. Gustav Adolf erfährt nämlich, daß Wallenstein mit Pappenheims Vorgehen gegen Hildesheim gar nicht einverstanden ist[46]. Außerdem erwartet er vom Bayern-Fürsten eine »kategorische Resolution« hinsichtlich *Ossa,* der ihm zur Unterstützung angewiesen werden soll, und nicht zuletzt möchte er bei Bedarf auch über das Bayern-Aufgebot verfügen[47].

Es stand also nicht zum Besten auf der Kaiserischen Seite. Aber es war doch das gelungen, was Pappenheim in einem Postscriptum dem Kurfürsten von Köln mitgeteilt und in dem er gefordert hat: »Unser vornehmstes Ziel (scopus) soll es sein, nit wie man oben kriege, sondern wie man den Krieg von oben herabziehen solle.«[48] Das ist mit Wallensteins Diversion auf Sachsen in der Weise geglückt, daß sich dort die Haupt-Armee Schwedens eingefunden hat, gegen die sich der Generalissimus einige Erfolge zutraute, auch wenn er sich über die Schnelligkeit des Anmarsches nicht genug verwundern konnte. Im Schreiben an Aldringen drückt er auch seine ganze Überzeugung in einem doppelsinnigen Stichwort aus: »Haben wir den König gedämpfet, da seind die anderen alle gefallen.«[49]

Auch das ist Scheinlogik, wird doch etwas ganz Wesentliches der Politik und Position Schwedens außer acht gelassen. Das dauernde Bemühen darum, mittels Verträgen und Aufbau einer Infrastruktur zwar die Personen und Akteure nicht überflüssig zu machen, wohl aber bei ihrem Abgang, der unverhofft genug eintrat, institutionell so gesichert zu sein, daß der Verlust ohne allzu großen Nachteil abgefangen werden konnte. Diese dichte Kombination aus Res und Personae, Regnum und Rex oder aus

Land und Leuten im Sinne einer Vertragseinheit hat Wallenstein in ihrer Effizienz nicht verstanden oder aus seinem Machtdenken heraus nicht mehr richtig einschätzen können.

Seine Einstellung gegenüber dem politischen Ständewesen in Böhmen und das Gutheißen des Erb-Absolutismus Habsburgs mit seinem extremen Personalismus, Nepotismus und Intrigenwesen bis hin zum politischen Mord haben ihm wohl die Möglichkeiten geboten, seine Organisationstalente zu entfalten und sich als Herzog über Friedland und Mecklenburg einen Namen als Verwalter zu machen, doch den höheren Sinn des Staatsdenkens auf der Grundlage der Gegenseitigkeit hat er für sich nicht verwerten können. Er bleibt auch in seinen kurzfristigen Erfolgen auf seltsame Weise der Condottiere, der Nur-Militär, und den *Instinkt eines Feudalherrn* besaß er in Wirklichkeit nicht[50].

Wie hätte er sich sonst so gleichgültig gegenüber den Vertrags-Zeremonien in Mecklenburg verhalten können, die den Ständen so wichtig waren? Sie sollten ihn zu nichts verpflichten, ihn gar zu einer Mutuation veranlassen, wo doch all seine Machtsinne auf Mutation gerichtet waren! Er konnte prunken, den Versuchungen des Neureichen nicht widerstehen und sich gar »als des Adels Freund« ausgeben, wenn dieser auf sein Appellationsrecht verzichtete. Eine Organklage vor dem Reichskammergericht wegen Verfassungsbrüchen und damit auch der vorhandenen Feudalverträge war nicht nach seinem Geschmack. Und machten die Stände irgendwelche »Impertinenzen«, dann durften sie recht schnell mit seinen Machtmaximen unmittelbare Bekanntschaft schließen: »Nun sage ich, sie sollen mich nicht auf solche Weise traktieren, wie sie die vorigen Herzöge traktiert haben, denn ich werde es gewiß nicht leiden und zum Ersten zu der Landräte und Vornehmsten Güter, auch den Personen greifen.«[51]

Die Drohung mit Besitzverlust und Inhaftierung war also die Antwort auf die Verfassungsfrage in einem Reichslehen, das absolutistischer Machtpraxis unterworfen wurde. Wie sollte dieser selbsternannte Adelsfreund die große Friedensfrage lösen können, wenn er schon im Kleinen zeigte, wie unwillig er war,

Geben und Nehmen in ein Gleichgewicht zu bringen? Wäre es dem Adelskönig Gustav Adolf je eingefallen, sich auf diese Weise des Reichsrates und des Reichstages zu entledigen oder sie zu Kreaturen seiner Machtlaune herabzuwürdigen?

Axel Oxenstierna, nach dem Urteil von Hugo Grotius »der größte Staatsmann seiner Zeit«, wußte schon, warum er im Reichsrat diesem König vor allen Senatoren diesen Titel gegeben hat[52]. Er meinte damit nicht nur die günstige Lehnspolitik Gustav Adolfs und die Bevorzugung des Adelsstandes in den wichtigen Ämtern des Reiches Schweden, sondern auch dessen Vermögen, eine individuelle Leistung so zu entlohnen, daß Recht und Pflicht in ihrem inneren Gleichgewicht blieben und sich die Autonomie des einzelnen in der Gemeinschaft aller bestätigt und gestärkt betrachten durfte. Das war Staatskunst nach Maßgabe des *more geometrico*. Das Übermaß der Geschenke hingegen, die Wallenstein verteilen konnte, beweist nur, daß ihm bei aller faktischen Machtfülle, hoher Intelligenz und ökonomischem Geschick etwas Wesentliches fehlte, um ein König zu sein – er beherrschte nicht die Kunst des Gleichen und Guten, den Inbegriff aller gerechten Politik!

Und wie sehr er sich auch über Johann Georg von Sachsen in verächtlichem Ton auslassen mochte und dem Kurfürsten ausmalte, daß sein Gang *»in einem großen Labyrinth«* fast dem Tanz auf einer Eisdecke gleiche, die »unter ihm an allen Ecken zu brechen« droht[53], so fand er sich doch selbst nach der Einnahme von Leipzig in einer Lage, die immer wirrer zu werden schien. Er hatte sich lange um das Erscheinen von Pappenheim sorgen müssen, *Gallas* gar auf die Suche nach *Marradas* und *Ilow* im Schlesischen geschickt, um ihn dann doch wieder in Richtung Meißen umzudirigieren. Und wie es sich mit Aldringen und Maximilian wirklich verhielt, war nicht in Einzelheiten abzusehen[54]. Gleichzeitig aber bestand die Gefahr, die eigene Streitmacht von etwa 17 000 Mann in eine Zange geraten zu lassen, wenn es Arnim gelingen sollte, die Sachsen-Armee rechtzeitig aus Schlesien heranzubringen und mit der Schweden-Armee zu koordinieren. Da konnte er einem furchtbaren Würgegriff ausgesetzt werden und am Ende mehr verlieren, als er zu gewinnen beabsichtigt hatte. Denn seiner Diversion fehlte die politische Dimension, die Gustav Adolf in seiner militärischen Planung immer gegenwärtig hatte. Und so zeigt er sich mit seiner gesamten Streitmacht vor *Weißenfels,* um den König zu einer Schlacht zu locken[55].

Dieser aber hatte sich inzwischen bei Naumburg gut verschanzt und dachte nicht daran, diese Herausforderung anzunehmen. Wallenstein, der Anlaß seines Blitzzuges von Süden nach Norden, wollte doch etwas von ihm, und er konnte warten, darauf hoffen, daß sich diese Konzentration vor ihm mangels Gegenschlag wieder auflösen würde. Und tatsächlich! Wallenstein war unschlüssig, ob er den Angriff wagen sollte. Vielleicht dachte er an Nürnberg und die besondere Schwierigkeit, eine verschanzte Armee dieses Formates mit Erfolg anzutasten. Er kehrte jedenfalls unverrichteterdinge am 4. November in sein Hauptquartier in der kleinen Stadt Lützen zurück. An eine offene Schlacht, an einen Stellungskampf, gar ans Ausmanövrieren war jetzt nicht mehr zu denken. Eher schon an geeignete Winterquartiere, ans Eingraben und Abwarten. Deshalb löste er die vereinigte Streitmacht auch auf, verteilte die gebündelte Energie auf das verbliebene Umland in Dörfer und Höfe und ließ Pappenheim sogar nach Halle ziehen[56].

Auf eine derartig günstige Gelegenheit hatte aber Gustav Adolf geradezu gewartet. Ob er durch abgefangene Briefe oder durch Gefangene von diesem Zustand in Wallensteins Lager unterrichtet wurde, ist nicht mit letzter Sicherheit zu sagen. Die angelaufene Separation war aber für ihn das entscheidende Zeichen zur eigenen Konzentration und Aufladung der Kräfte. Und so veranlaßt er den gezielten Aufbruch von Naumburg. Es war der 5. November 1632, als sich etwa 13 000 Mann zu Fuß und gegen 6000 zu Pferd mit einem Gutteil Artillerie in Bewegung setzten[57], um die Kaiserischen und Wallenstein in Lützen zu *besuchen.*

# Lützen – ein letztes Leiden

Ein seltsamer Zustand dieses Krieges: Es gehen zwar nicht Armeen in den weiten Räumen des Heiligen Reiches verloren[1], aber zu gewinnen gibt es nur etwas, wenn das Spiel von Kraftkern und Leerraum beherrscht wird.

Noch streiten sich die Philosophen, ob es ein Vakuum überhaupt geben könne. Allen voran weist *Descartes* – der Freund der einstigen Königin von Böhmen und bald auch ein Verehrer der einzigen Tochter Gustav Adolfs, die ihn aus dem niederländischen Exil nach Stockholm kommen läßt, wo er ihr mit einem mathematischen Gottesbeweis den Weg zur Römischen Kirche ebnet und sie ihn zu einer Klärung des *Unendlichen* veranlaßt[2] – die Denkposition vom leeren Raum zurück, läßt aber gleichzeitig die Fülle der Welt durch das *Unbestimmbare* erklären[3]. Was hier in der Spannung von theologischem Anspruch und philosophischem Einspruch allmählich zu einer erstaunlichen Konversion führt und damit zu einer inneren Besitzergreifung Gottes oder des Höchsten Wesens, hat in der Kriegskunst eine denkwürdige Entsprechung. Ihre Mittel werden von seiten Schwedens eingesetzt, um das *Unumschränkte* im Machtanspruch Habsburgs zu verhindern. Dieser Fülle im Sinne des absoluten Dominats und seiner unbegrenzten Herrschaft mußte ein Raum abgetrotzt werden, der Schweden die Möglichkeit gab, den eigenen Bedingungen gemäß zu überleben: ein Leerraum oder doch zumindest ein entleerter Raum, dem Zugriff Habsburgs und der Universalmonarchie entzogen!

*Otto von Guericke,* aus der unglücklichen Stadt Magdeburg und zeitweise im Kriegsdienst Schwedens, sollte mit einer leergesaugten Kugel die Innenkräfte eines Vakuums bald im Experiment nachweisen[4]. Und dies zu einem Zeitpunkt, als die Schlacht von Lützen bereits Geschichte geworden war, dieses Ringen zweier Hauptheere, die in ihren Bewegungen einiges vom Prinzip der Entleerung und Anfüllung vorweggenommen haben.

In der Kriegskunst wurde gerne mit dem Wunder der Auflösung in ein Nichts gespielt. Ihr ging in der Regel die Auftrennung konzentrierter Kräfte voraus, welche die Gelegenheit (Occasion) bot, bei gleichzeitiger Konzentration der eigenen Kriegsmacht die durch den Gegner entstandene Entleerung zu füllen. Dabei wußten die Strategen, daß Fülle in dieser Art nur kurzfristig auszuhalten war und wieder einer Entleerung weichen mußte, einer Entspannung oder Verteilung auf einen Basisraum.

Fülle und Leere. Das sind Beziehungen wie die Allmacht des Unendlichen zur Ohnmacht des Endlichen, wie Gottes Gnade zur Sünde des Menschen, der im Gefühl absoluter Verlassenheit das irdische Leben ein Jammertal nennt und im Kampf mit sich selbst auf die ewigen Freuden des Himmels hofft, auf den Anblick des Absoluten, auf den Augenblick der Erfüllung allen Strebens, nämlich im Sterben den Umschlag vom Mangel ins Vollkommene zu erleben.

Im Umfeld dieser Beziehungen hatte Gustav Adolf unter der Verantwortung eines Königs und Schutzherrn ein Dasein zu meistern, das ihn immer wieder heftigen Spannungen aussetzte und Anfechtungen bereithielt, die an die Grenze aller Belastbarkeit gehen konnten. Es ist daher nicht verwunderlich, daß er sich über alles individuelle Können und Planen hinaus dem Höchsten Wesen anvertraute und zur Gestaltung seiner eigenen Geschichte die Bitte fand: »Gott gebe mir so zu leben, daß ich nach diesem Leben mit Christo ewig leben möge und daß ich mich auf Erden für meine Taten nicht zu schämen brauche.«[5]

Das Sich-Schämen. Es setzt die Anerkennung einer Wertordnung voraus, das Bewußtsein, einer Untugend erlegen zu sein, wo Tugend erforderlich gewesen wäre, Selbstdisziplin und der Verzicht auf die *Vanitas,* dieses Andringen zerstörerischer Kräfte bis hin zur Sinnentleerung und Völlerei, die den Menschen taub und dann zu Staub macht. Das Erschrecken darüber hat manch einen in dieser Zeit schnell zermürbt, zumal in einem Krieg, der alles an Grausamkeit zu bieten hatte, wozu menschliche Entäußerung fähig sein konnte, der die Feuerkraft der Armadas erhöht hatte wie nie zuvor und der ein ganzes Land verwüstete, das Heilige Reich – das Schlachtfeld Europas.

Und auf diesem zerwühlten Boden, der den Traum von einem *Teutschen Helden* in die ermatteten Sinne steigen ließ, um diese Lotterwelt mit einem Zauberschwert von allem Unrat zu befreien und ein Reich des Friedens zu errichten[6], steht jetzt wieder ein Kampf auf Leben und Tod an. Angeführt von einem König und Kriegsherrn, auf den sich viele Hoffnungen des Friedens gründeten. Aber was war das Verhoffen, wenn gleich daneben das Verachten wie ein Schlagschatten zitterte? Frieden, das war das mühsame Komprimieren von Kräften zu einem tragfähigen Kompromiß, und der existierte vorerst nur als Plan, als Denkvorgabe, die jetzt darauf zielte, Sicherheit *vor* Habsburg und seinen Universalansprüchen zu gewinnen, nachdem das Bemühen gescheitert war, europaweite Sicherheit *mit* Habsburg zu erreichen. Die Imagination, die Vorstöße des Geistes, die im Gewirr der sperrigen Interessen Klarheit aufblitzen ließen, war auf wenig Ernst gestoßen, der Feind noch zu sehr verstockt, um die komplizierte Lage in einem Frieden entwirren zu können. Also mußten die Waffen sprechen, zumal sie einer »gerechten Sache« dienten. Zu deren Einsatz waren sie da, und Gustav Adolf zögerte jetzt nicht mehr, sie in einem neuen Gang zu erproben.

Auf Lützen zu geht der Marsch. Bald trifft die Royal-Armee auf Teile der Kaiserischen Reiterei, die im Vorfeld von Wallensteins Hauptquartier überrascht werden. *Colloredo* hat Mühe, sich der Schläge bei Rippach zu erwehren. Dort, über den »bösen Weg« hin, den der Generalissimus für unpassierbar gehalten hatte, setzte Gustav Adolf seinen Durchbruch an und ließ scharmützeln. Wäre nicht die Nacht hereingebrochen, dann hätte »man ohne Zweifel die ganze feindliche Armee in Confusion bringen und schlagen können, inmaßen denn schon zwei feindliche Standarten diesen Abend erobert worden (sind)«[7].

War das ein verheißungsvoller Anfang oder nur der süße Beginn zu einem bitteren Ende? Wallenstein nahm diesen Angriff blutig ernst. Auch er war zum »Cito. Citissime« fähig und läßt auf schnellen Pferden Pappenheim nach Halle die unglaubliche Nachricht zustellen: »Der Feind marschiert hereinwärts. Der Herr lasse alles stehen und liegen und incaminiere sich herzu mit allem Volk und Stücken, auf daß er morgen früh bei uns sich befinden kann ... Er ist schon an dem Paß, wo gestern der böse Weg gewesen ist.«[8]

Die Nacht schien die Kaiserischen vor einem Desaster gerettet zu haben. Aus dem Scharmützeln konnte jetzt der Übergang zum Schlachten nicht mehr vollzogen werden. Trompeten gaben das Zeichen zum Sammeln. Die Royal-Armee scharte sich um den König und logierte die Nacht über im freien Feld und »im Angesicht der feindlichen Armee«[9].

Diese war im Fackelschein eifrig bemüht, von Wallenstein, dem Dänen Holk und dem Italiener *Piccolomini* angetrieben, sich während der ganzen Nacht mit allerlei Batterien und Laufgräben zu sichern. Die Hindernisse waren ein deutliches Anzeichen dafür, daß sich Wallenstein auf eine zunächst defensive Anlage der kommenden Auseinandersetzung konzentrierte, auf die Überlegung, die Angriffe der Royal-Armee in einem künstlichen Labyrinth zu brechen, um dann unterm fortgesetzten Spielen der Kanonen in die Reihen des Gegners hinein konzentrierte Hauptstöße anzusetzen, sobald Pappenheim mit der Verstärkung herangekommen war.

Mit der Kombination aus natürlichen Vorteilen des Geländes um Lützen und aufgeworfenen Hindernissen sollten die vorhandenen Mängel ausgeglichen oder doch zumindest reduziert werden. Abgesehen von Pappenheims Leuten und denen von Aldringen, der auch noch nicht zur Verfügung stand[10], gab es an Artillerie weniger als benötigt wurde, so daß der gesamte linke Flügel seiner Hauptarmee ohne diesen Feuerschutz und Kraftstoß auskommen mußte. Wie überhaupt Wallensteins Armada nicht mit jenen leichteren Feldgeschützen ausgerüstet war, die in ihrer schnellen Handhabe und geschickten Bündelung die Schlagkraft und Beweglichkeit der Royal-Armee bedeutend verstärken konnten. Hier galt der bewährte Grundsatz: Aus Kleinem etwas Großes wachsen lassen. Wallenstein aber zog es offenbar vor, trotz der Lockerungen in der Tiefe aus der defensiven Massierung heraus den Gegner zu zerstreuen. Diese Konzept hatte sich bei der Alten Feste vor Nürnberg bewährt. Warum sollte es jetzt versagen? Deshalb werden auf einer leichten Anhöhe um vier Windmühlen herum vierzehn schwere Geschütze eingegraben. Sein Hauptkern mußte stark sein. Um ihn zusätzlich zu stützen, wird noch ein Nebenkern mit sieben Geschützen angelegt, auf der linken Seite vor seiner Hauptmasse[11].

Die Anlage dieser Kerne, verbunden durch Fußvolk und Reiterei, die beide nach Schweden-Art gestaffelt wurden, war in der Masse von etwa 17 000 Mann[12] schwer zu zerstreuen. Wirkte ihr Sog und gelang nach dem Brechen der gegnerischen Angriffe im rechten Augenblick der kompakte Stoß im ersten und im zweiten Haupttreffen, dann konnte diese Bewegung aus der Tiefe heraus für den Gegner verheerend wirken, wenn dieser sich selbst nicht mehr im Abfangen sammeln durfte.

Doch von der Absicht hin zur Ausführung war es ein weiter Weg. Noch mußten Pappenheims Reiter die Rolle des Pappkameraden spielen, waren nicht real gegenwärtig, und die vorhandenen Truppen nicht nur vom Schanzen ermüdet, sondern auch wegen der schlechten Proviantlage der letzten Zeit nicht gerade in bester körperlicher Verfassung. Ihr Kampfwert ließ zu wünschen übrig und erinnert fatal an die Situation ein Jahr zuvor, als Tilly fast an der gleichen Stelle sein Glück gegen Gustav Adolf versuchte. Die Nähe des Feindes und des Todes mag aber in Erwartung des Sieges und der Plünderung manch ein Hungergefühl gedämpft haben. Und dachten die Geforderten nur einen einzigen Augenblick lang an das Befinden ihres obersten Feldherrn, dann mochte das eigene Weh zwar nicht als Wohl vorgekommen sein, wohl aber als eine Art Linderung, wenn man daran dachte, wie generös der General sein konnte, wenn er aus dem Überfluß schöpfen durfte und die schwarze Galle nicht sein Gemüt beschwerte.

Er trug schon schwer genug am Podagra. Dieser Gichtfluß

pochte in seinen Zehen und bereitete ihm heftige Schmerzen, wenn er nach dem Verlassen der Sänfte das Leibroß bestieg und sich mit Kraft in die Steigbügel zu stemmen hatte[13]. Würde er mit Würde seinen Kampf mit sich selbst im Ringen mit dem ersten Feldherrn der Zeit durchstehen?

Der rote Mantel des Generalissimus verdeckte viel, gab aber zu erkennen, daß es an ihm auch hängt, was diese Schlacht am Ende einbringen konnte. Ihm selbst, seinem Herrn, Habsburg, der Liga, vielleicht sogar dem Heiligen Reich und natürlich seinen Offizieren und Mannschaften, die unter dem Zeichen des Doppeladlers mit dem Doppelnamen »Jesus-Maria« einen geistigen Schlachtruf verinnerlichen mußten, der unter diesen Bedingungen recht müde wirkte. Was hat sich bei dieser römischen Anleihe wohl der Protestant Holk gedacht, der auf dem linken Flügel Pappenheim zu vertreten hatte?[14]

Dieser Anruf wirkt wie das ferne Echo aus dem Munde Slawatas, als ihn die patriotischen Böhmen aus dem Prager Schloßfenster stießen und er im Fallen auf himmlischen Händen getragen wurde. Ein altes Wunder, mit dem das große Leiden über Böhmen und das Heilige Reich gekommen war und das dazu verleiten konnte, vom Menschen auf Gott zu schließen. Sollte es sich hier bei Lützen wiederholen? Der Mensch konnte sich das schon denken, aber er mußte es Gott überlassen, wie dieser alles zu lenken gedachte. Wallenstein war nüchtern genug, sich in diesem Sinne nicht zu überschätzen[15], wie ehrgeizig und machtversessen er sich auch sonst geben konnte.

Mit dieser Einstellung unterschied er sich kaum von seinem Gegner Gustav Adolf, der am frühen Morgen dieses denkwürdigen 6. November 1632 in seiner Kutsche saß und im Gebet mit seinem Gott die Zwiesprache suchte, während Prediger das Heer mit Soldaten aus vieler Herren Ländern veranlaßten, dem Beispiel des Königs zu folgen. Bei seiner Andacht hielt er ein Schnupftuch in den Händen[16], die ihn dauernd an das Treffen von Dirschau erinnerten, an den Schuß, der ihm die rechte Hand gelähmt hatte. Er war damit nicht weniger behindert als Wallenstein mit seinen Gichtfüßen. Denn in der Regel wurde mit der Linken der Zügel des

Leibrosses gehalten, während mit der Rechten gefeuert und gefochten wurde.

Anscheinend kam er mit diesem kaum beachteten Nachteil gut zurecht, nicht weniger als mit dem Anrufen des Höchsten Wesens, als dessen Instrument er sich auffaßte und damit von Gott auf den Menschen schloß, vom Unendlichen auf das Endliche, von der Substanz auf die Akzidens. Mit dem Schlachtruf *»Gott mit uns«* will er dieser Auffassung entsprechen und auch sagen, daß dieses bevorstehende Ringen nicht unmittelbar etwas *einbringen* soll, sondern etwas *ausrichten* muß – das Ausfechten der »gerechten Sache«!

Einbringen oder ausrichten. Das macht den Unterschied in der Kampfmoral beider Heere aus, die sich in einem entscheidenden Augenblick der Schlacht auf eine denkwürdige Weise manifestieren wird und zeigt, was innere Motivation und Charisma des Kriegsherrn bedeuten, wenn die Quantitäten etwa gleich groß sind und es im Ablauf der Schlacht zu einer ernsten Krise kommt.

Von einer feurigen Ansprache des Königs vor dem etwa 19 000 Mann starken Heer[17] ist nichts sicher überliefert[18]. Auch die hartnäckige Fama von einem besonderen Schwert »mit talismanischen Sprüchen und Figuren, durch dessen geheime Kraft (Gustav Adolf) mehr als durch sein kluges Kommando und durch Mut und Tapferkeit seiner Kriegsheere ausgerichtet« haben soll, läßt sich nicht bestätigen[19]. Sie erinnert an den Mythos vom Teutschen Helden[20] und auch an den »kleinen Ring« des Narrenkönigs und Poeten Wivallius, von dem dieser einmal behauptete, daß es darin »einen kleinen Teufel gäbe, der mich alles lehrt, was ich sagen, antworten, tun und lassen soll«[21]. Aber etwas Sonderbares ist doch von ihm sicher verbürgt.

Obgleich er von der Existenz des Teufels überzeugt war, wollte sich Gustav Adolf nicht mit einem Kreuz, dem Zeichen Gottes, schützen, was durchaus verständlich gewesen wäre, sondern mit einem in Gold gefaßten Türkisstein, wie sie in den Felsen von Piruskua vorkamen. Den trug er an einer goldenen Kette um den Hals[22]. Dieses Verhalten hat etwas Paracelsistisches, verlagert den Glauben vom Wunderspiel in der Kriegskunst auf den Wunderstein in der Transmutationskunst. Es ist wie ein Griff nach dem Verwandeln des Unedlen ins Edle, des Sündhaften ins Geläuterte. Bei aller Ablehnung des Aberglaubens der Zeit: Seine Neigungen zu Mysterien und unerklärlichen Erscheinungen stehen außer Zweifel[23].

War es ein »philosophischer Stein«, der »Vogel des Hermes«, das Zeichen zur Beschwörung einer anderen Natur? Jetzt, wo wieder einmal das Tor des Todes weit geöffnet wurde und tausendfach der Ruf nach den Schutzengeln in den Novemberhimmel geschickt wurde? Er krönte jedenfalls die eher unauffällige Kleidung des Königs, von der man einiges weiß. Auf seinem rundlichen Leib[24] trug er drei Hemden aus feingewebtem Linnen, darüber ein Spezial-Koller aus mehreren Schichten Elchleder und mit Ärmeln versehen, das trotz einer gewissen Steifheit leichter als Brustschutz zu tragen war als ein Harnisch aus Stahlblech, den auf der Gegenseite auch Wallenstein mit einem Koller ersetzt hatte[25]. Ein Überrock soll das gelbliche Koller verdeckt haben[26] und auf Leinenstrümpfe und Stiefel gefallen sein, an denen Sporen prangten, die mit Diamanten besetzt und in Gold gefaßt waren[27].

In Gottes und aller guten Geister Namen setzte er in diesem Aufzug, »als der Tag anbrach«, seine Armee in Marsch – »in voller Bataille auf den Feind zu«[28]. Etwa gegen 10 Uhr scheint sie in die Ebene zwischen einem Flößergraben und dem Hauptweg von Lützen nach Leipzig eingezogen zu sein und sich in zwei Haupttreffen gestaffelt zu haben. Das Kommando auf dem linken Flügel übergab der König Bernhard von Weimar, den Befehl über das Fußvolk in der Mitte durfte Nils Graf Brahe übernehmen, während er selbst sich den rechten Flügel vorbehielt und dabei ziemlich nahe an der Nahtstelle zum Fußvolk hin Position bezog, gleich vorne bei der ersten Linie, die mit vierzig Geschützen bewehrt war[29].

Verläßlichen Angaben zufolge hat es den oft erwähnten Nebel beim Aufmarsch der Royal-Armee nicht gegeben[30]. Er hätte die Aufstellung beider Heere erheblich erschwert, ja eigentlich unmöglich gemacht. Denn im Nebel zu kommandieren und Kampfordnungen nach allen Regeln der Kriegskunst aufzustellen, bedeutete fast, die Schlacht aufs Spiel zu setzen, indem man den Widrigkeiten des Tages Aktionen abzwang, die man aus guten Gründen in der Nacht zu vermeiden suchte.

Gegen 11 Uhr begann das »Spielen« von Wallensteins Artillerie auf die Royal-Armee zu, ohne jedoch einen »sonderbaren Schaden« anzurichten[31]. Kurz darauf gab Gustav Adolf das Zeichen zum eigenen Angriff im ersten Haupttreffen. Mit den angeblichen Worten »Nun wollen wir daran im Namen des Herrn: Jesu, Jesu, Jesu hilf mir, heut zur Ehre deines heiligen Namens zu streiten«[32], rückt er vor, und zwar so weit, daß er »dem Feind unter die Stücke (Kanonen)« kommen konnte. Damit verschaffte er sich gleich zu Beginn den Vorteil, Wallensteins Nebenkern zu neutralisieren, indem er sich an der Spitze des Stenbock-Regimentes mit einem Großteil der Småland-Reiter »sieben feindlicher Stücke bemächtigte«. Eben jene, die den Hauptkern sichern und den rechten Flügel der Royal-Armee schwächen sollten. Sie gingen aber bald darauf wieder verloren[33], möglicherweise deshalb, weil das Fußvolk unter Nils Brahe bei einem Kraftstoß der Kaiserischen eine Weile lang zu weichen begann und der König in einem Schwenk mit seinen Reitern diese Schwächung der Mitte zu wenden versuchte, sich also auf Einheiten der gegnerischen Reiterei stürzen mußte, um das eigene Fußvolk zu stützen.

In dieser Phase soll der König von einer Musketenkugel getroffen worden sein. Wie es übereinstimmend heißt – in den linken, in den gesunden Arm. Auch sein Pferd soll dabei einen Halsschuß erhalten haben[34]. Schulenburg, sein teutscher Stallmeister, habe sofort die mißliche Lage Gustav Adolfs erkannt und dem Pferd in den Zügel gegriffen, so daß der König absteigen und sich den Schaden näher betrachten konnte. Schnell entschlossen ordnet er an, aus dem aufgerissenen Kollerärmel zusätzlich ein Stück Leder herauszuschneiden, um einen provisorischen Verband anzulegen. Das aber scheint nicht gelingen zu wollen. Das Koller muß abgenommen werden, um mit Kompressen die Wunde abzudecken und den geborstenen Armknochen leidlich zu schienen. Der Lederschutz wird wieder an-

*»Streiff«. Das Pferd, das Gustav Adolf in der Hauptphase der Schlacht bei Lützen geritten hat (Livrustkammaren – Stockholm).*

gelegt (der Überrock auch?), der König steigt zu Pferd und treibt die Soldaten in seiner nächsten Umgebung an, den Kampf fortzusetzen[35], der nun auf allen Seiten »mit einer solchen furia« entbrannt war, »daß niemand je solches gesehen«[36].

Zu diesem Zeitpunkt erst mischte sich ein atmosphärischer Zustand in den laufenden Kampf ein, der manch einem wie ein himmlisches Zeichen vorkommen konnte, aber aus einer natürlichen Ursache heraus erklärt wurde. Denn »das Städtlein Lützen (war) an drei Orten in Brand gesteckt worden«[37], so daß bald danach »ein solch dicker Nebel einfiel, daß einer den anderen auf vier Schritt kaum zu sehen vermochte«[38]. Berücksichtigt man daneben noch den Pulverdampf, die Schwefelwolken, den aufgewirbelten Staub und sonstige Rauchschwaden, dann erklärt es sich gut, warum sich die folgenden und hochdramatischen Szenen mit und um Gustav Adolf nur in einem relativ engen Bereich des gesamten Schlachtfeldes abgespielt haben konnten und im sonstigen Kampfszenario kaum Beachtung fanden.

Einem der einschlägigen Berichte zufolge, die sich besonders um den Hergang nach dem Armschuß bemüht haben, soll der König von einsetzenden Wundschmerzen geplagt und durch Blutverlust geschwächt, um Geleit aus der Schlacht gebeten haben. Seine Bitte richtete er auf Französisch an den Herzog, dem Axel Oxenstierna nicht recht trauen wollte und der gar als eine »Kreatur Wallensteins« ausgegeben werden konnte – Franz Albrecht[39].

Es ist schon sonderbar, daß Gustav Adolf gerade ihm die Ehre angedeihen ließ, neben ihm in die Schlacht zu reiten, und nun auch noch dessen Hilfe erbitten mußte. Diese Beziehung ist von großer Bedeutung, wie gleich zu sehen sein wird. Denn nach der vorgegebenen Lesart soll Franz Albrecht den König gestützt haben. Sein späterer Hinweis auf das Blut Gustav Adolfs, das sich auf seinem eigenen Koller befinde[40], kann diese Angabe zu einem Teil bestätigen, wenn man nicht von einer anderen Lesart ausgeht, daß dieser Herzog nicht von Wallenstein, wohl aber vom Kardinal Richelieu gedungen worden sei, den mächtig gewordenen Schwedenkönig im Getümmel der Schlacht zu *ermorden*[41].

Auch wenn man noch den Umstand hinzunimmt, daß mit Truchsess eine weitere, recht zwielichtige Figur zum unmittelbaren Gefolge des Königs in der Schlacht gehörte, der wegen der Unterschlagungsaffäre in Franken einiges zuzutrauen war, so scheint es doch abwegig zu sein, einer zeitgenössischen Vermutung nachzuhängen, die auf schwedischer Seite kolportiert worden ist[42]. Denn immerhin befand sich doch noch des Königs Leibknecht in der Nähe, und auch der Page Leubelfing folgte dicht hinter Gustav Adolf, der von Aktionen dieser beiden Abenteurer gegen den Feldherrn nichts zu berichten wußte[43]. Vieles spricht bei aller Unsicherheit für die Version, derzufolge Gustav Adolf etwa gegen 13 Uhr mit seinem kleinen Gefolge von anstürmenden Kaiserischen Reitern aufgebracht wurde und aus nächster Nähe einen Schuß in den Rücken, unter das rechte Schulterblatt erhielt. Ob der

Schütze *Moritz von Falkenberg* war, ein Verwandter des Verteidigers von Magdeburg und nur ein paar Tage vor der Schlacht aus schwedischer Gefangenschaft entlassen, ist nicht auszuschließen[44]. Ein Schuß von Schulenburg soll diesen dreisten Verfolger vom Pferd gestreckt haben, während gleichzeitig der Leibknecht den Tod fand und weitere Angreifer dem König durch das Koller und die Hemden hindurch mindestens zwei Stiche beigebracht haben, ohne ihn jedoch damit zu verletzen[45].

In dieser äußersten Bedrängnis, so ist zu lesen, erhielt Franz Albrecht einen Streifschuß am Kopf. Wohl in einem Reflex löst er sich vom König. Der fällt vom Pferd, bleibt in einem der Steigbügel hängen und wird von dem Tier ein Stück am Boden entlanggeschleift[46]. Der Herzog ergreift daraufhin die Flucht. Auch Truchsess sprengt davon. Im Glauben, der König sei tot, bemüht er sich, dieses Ereignis den noch vorhandenen Kommandeuren der hart kämpfenden Royal-Armee anzuzeigen[47].

Einigen Angaben zufolge muß es aber in dem Geplagten noch ein paar schwache Lebensgeister gegeben haben. Denn Leubelfing, auch erst vor wenigen Tagen mit dem König bekannt geworden, beeilt sich, dem Schwerverwundeten aufs Pferd zu helfen. Das gelingt ihm aber nicht, ist bei dem massigen Körper und der weichenden Lebenskraft auch nicht verwunderlich, kann sich der König mit seinen Verwundungen doch kaum bewegen oder aus eigenem Willen die angebotene Hilfe unterstützen.

Diese Begegnung von König und Page im letzten Aufbäumen vor dem Zugriff des Todes hat etwas Bewegendes, weckt doch Leubelfing, der fast genau so alt ist wie Gustav Adolfs einziger, aber unehelicher Sohn, die Erinnerung an den Eros im Lager vor Pskov, an Sünde und Schuld, Cupido und Culpa. Auch daran, daß es dem König nicht gelungen ist, sein eigenes Geschlecht auf der Schwertseite legitim fortzupflanzen, so daß mit ihm der männliche Vasa-Stamm in Schweden ausstirbt. Noch beim Heiratsplan für die Spinnseite im Frühjahr hatte er die Hoffnung auf einen männlichen Erben nicht aufgegeben. Aber jetzt, inmitten des Schlachtens und Schreiens, ging auch sie den Weg alles Vergänglichen und löste sich in einem letzten Seufzer auf – *dum spiro spero*.

Kaiserische Kürassiere stürmten heran, wahrscheinlich aus der doch noch eingetroffenen Reiterei Pappenheims, die in die Ausfransungen und Verkeilungen von Wallensteins Nebenkern her eindrangen und dem rechten Flügel samt Zentrum der Royal-Armee trotz ihres anstrengenden Ritts von Halle her heftig zusetzten. Ein gewisser *Mortellini* – sein Name allein schon ist todbringend genug – treibt sie auf die beiden Einsamen zu. Als Leubelfing bei ihrer Ankunft gefragt wird, was das für einer sei, der da am Boden liege, soll er geantwortet haben, es sei ein Offizier, was so falsch nicht war. Für seine Auskunft werden ihm zwei Pistolenschüsse verpaßt und drei Degenstiche dazu. Doch der Tod trat nicht ein. Er lebte noch neun Tage nach der Schlacht[48].

Dagegen muß ein erneuter Kopfschuß, womöglich aus der Pistole des Obristen Mortellini, der bald darauf selbst fallen sollte, Gustav Adolf endgültig das Ende gebracht haben, während ihm noch mit einem Schwertstreich die rechte Brust aufgerissen wurde[49]. Gierige Hände griffen nun nach seiner Halskette, nach dem Koller, den Hemden, Stiefeln und Sporen. Einige der Reiter wollten ihn sogar mit sich wegziehen wie ein Beutestück, ließen den Leblosen aber zurück, als sie von Schwedischen in eigene Bedrängnis gebracht wurden. Einer der Plünderer verpaßte dem geschundenen und aus vielen Wunden blutenden Leib des Königs[50] noch einen Schwertstreich in den Rücken[51], ehe er im Nebel verschwand.

Erst etwa eine halbe Stunde nach diesem ›Ritterschlag‹ eines Verruchten wird Gustav Adolfs Leiche von den eigenen Leuten gefunden und sicher aus dem Schlachtgetümmel gebracht. Auf einem Munitionswagen wird sie bei Einbruch der Nacht auf holperigen Wegen in den nahe gelegenen Ort Meuchen gefahren und in der kleinen Kirche notdürftig aufgebahrt[52], während draußen immer noch Kämpfe toben und ein eindeutiger Sieger nicht zu erkennen ist.

Dafür aber hat die Kriegsgeschichte und der damit verbundene Manneskult der höchsten Entäußerung eine recht seltene

*Der »Pelikan« als Symbol des Königsopfers und der Auferstehung bei Hulsius, Amsterdam 1642 (Livrustkammaren – Stockholm).*

Erfahrung machen dürfen, an deren Deutlichkeit es keinen Zweifel gibt. Als sich nämlich die Nachricht vom Tod des Königs allmählich in den Reihen der Royal-Armee verbreitet, lähmt sie nicht die Soldaten oder treibt sie zur Flucht, was durchaus verständlich gewesen wäre, sondern läßt sie in ihrer Kampfkraft wachsen! Diese höchst wirkungsvoll gebündelten Brigaden hatten die furchtbaren Entladungen des Kaiserischen Hauptkerns trotz hoher Verluste tatsächlich abzufangen verstanden[53], und Bernhard von Weimar, den man auch verdächtigt hat, den König in der Schlacht ermordet zu haben[54], vermochte es vom linken Flügel aus, Wallensteins und Piccolominis Druck nicht nur standzuhalten, sondern auch nach dem gemeldeten Ausfall des Königs, zu dem noch der Tod Nils Brahes kam, den weiteren Zusammenhalt der Kampfeinheiten zu sichern[55].

Eine große militärische Leistung. Aber was noch mehr verwundert, sie war nur möglich wegen der Disziplin in der Royal-Armee und aufgrund ihrer Kampfmoral. Eine annähernd rationale Erklärung dafür ergibt sich aus dem Vergleich mit Pappenheims Reiterei. Von Halle aus, wo kräftig geplündert worden war, hatte er sie über die Tiefebene geradezu herangepeitscht und in die Schlacht geworfen. Aber gleich bei seinem ersten Anritt wird er schwer verwundet[56] und stürzt vom Pferd. Angesichts dieses Mißgeschicks ergreift seine Reiterscharen aus Kroaten und Teutschen eine Panik. Doch sie führt nicht sofort zu einer wilden Flucht, sondern wird in ihrer Energie auf ein einziges Ziel umgelenkt – auf das gnadenlose Plündern der *eigenen Bagage*![57]

Die spontane Klage des persönlich so tapferen Pappenheim – »Ach, Ihr Brüder, daß Gott erbarm! Ist denn keiner mehr, der für den Kaiser treulich fechten will?«[58] – offenbart nicht nur sein Dilemma als Heerführer, sondern auch das der Kaiserischen Armee unter Wallenstein. Es fehlte ihnen bei allem Eifer, Können und Mut an einem charismatischen Feldherrn. Gustav Adolf war es! Der König soll von Moritz von Falkenberg höhnisch ein »Vogel« gerufen worden sein[59]. Ja, das war er in einem hohen, in einem begnadeten Sinn eher als der *Löwe aus Mitternacht,* nämlich in Gestalt jenes *Pelikans,* der sich für das Leben der eigenen Jungen die Brust aufhackt, um sie mit dem Gnadenfluß seines Blutes zu beleben und zu erquicken. An dieses Königsopfer aber ist jener Kampfauftrag gebunden, den Alfons von Aragonien mit dem Königsamt verbunden und Wilhelm von Oranien im Ringen mit dem Dominat Spaniens erfolgreich ausgefochten hat: das libertäre Pro lege, rege et grege.[60]

Auf eine einzigartige Weise hat Gustav Adolf von Schweden sein politisches Leben auf die Verwirklichung dieses Programms gerichtet und es verstanden, die Sache der Gewissensfreiheit im Heiligen Reich mit der Sicherheit seines eigenen Reiches zu verknüpfen und dafür auch die persönlichen Konsequenzen zu tragen, den Preis für die politische Kultur der Freiheit zu entrichten, den Tod nicht zu scheuen, wenn andere ein Leben im Recht mit Macht unters Joch einer Sklaverei zwingen wollen. Von diesem Geist ist etwas auf sein Heer übergegangen, das auf das Fechten für einen Frieden in Freiheit ausgerichtet worden war und im Fall des *gerechten Königs* an die Sicherung der *gerechten Sache* erinnert wurde, während sich die Gegenseite im Selbstverständnis viel schwerer tat.

Was hatte denn auch der Kaiser zu bieten? Und erst sein Generalissimus? Mit Genugtuung soll Ferdinand II. das blutbefleckte Koller Gustav Adolfs entgegengenommen haben[61], um bald nach Wallensteins Blutgericht zu Prag, in dem er einige »Feiglinge« von Lützen hinrichten ließ[62], diesen selbst, der sich als Sieger fühlte[63] und das »reißend Tier« aus dem Norden endlich auf seiner Bahn angehalten hatte, in der kalten Pracht zu Eger überfallen zu lassen – den Befehl auf Mord gerichtet![64]

Nach diesem unrühmlichen Tod, dem der Gedanke vorausgegangen sein soll, Wallenstein wolle sich mit Hilfe Schwedens zum König von Böhmen machen[65], setzten Nachfahren auf den Zinnsarg des zeitweise Gewaltigen das Motto: ». . . Dum pro Deo, pro Ecclesia, pro Caesare, pro Patria fortiter pugnavit et triumphavit«[66]. Man wird nach allem, was zuvor gesagt worden ist, ohne Mühe erkennen können, wie weit das von Aragonien, den Niederlanden und Schweden entfernt ist – von Gustav Adolf.

# Geringe Mittel – Große Macht

Wie schwer sich doch einige Gelehrte tun, wenn sie bei der Beurteilung einer Gestalt der Geschichte nach dem Begriff der »Größe« vorgehen sollen! Und wie sie sich auch an den Bedingungen dieses Begriffs vergehen, wenn sie ihn am politischen Leben von Tyrannen und Diktatoren erproben! In der Regel verfallen sie dabei auf listige Scheinfragen nach dem Muster »kann man ihn ›groß‹ nennen?«[1] und begnügen sich mit beruhigenden Ausreden, wie sie sich aus Hegels Weltgeist-Phantasien ableiten lassen[2] oder geben sich mit der Auskunft Jacob Burckhardts zufrieden, daß »sich alles Große in der wunderbaren Gestalt Caesars sammelt«[3].

Erstaunlich, daß ein Republikaner ein solches Urteil über einen Machtmenschen finden konnte, der sich durch Verfassungsbrüche, Terror und offensichtliches Unrecht hervorgetan hatte. Die Faszination absoluter Macht hat hierbei anscheinend in Vergessenheit geraten lassen, welche Macht das Vertrauen ist und wie ohnmächtig einer werden kann, der nur der bloßen Macht vertrauen will. Eine verbreitete Überschätzung des Willens ausgesprochener Tatmenschen in der Geschichte hat wohl die Einsicht verstellt, daß »die wahre Größe nicht darin besteht, daß man tut, was man will; sondern daß man nichts will, als was man soll.«[4]

Diese Haltung ist an Gesetzen orientiert und zeugt von einer disziplinierten Leidenschaft für das Recht, das Größe nur als Anerkennung des rechten Maßes und gesetzter Grenzen begreifen kann, aber jede Entäußerung aus Herrschsucht verwerfen muß. Denn die daraus wachsende Hybris mit ihrer Menschenverachtung ist die gesteigerte Absage an jenes Bemühen, natürliche Anlagen mit Hilfe einer »Erziehung zur Verfassung« so auszubilden, daß sie in der Verbindung mit den Möglichkeiten eines planenden Verstandes in einer Weise politisch werden, die keine Tat aus der Verantwortung entläßt. Dazu aber sind Institutionen notwendig, Begrenzungen demnach, die nicht ohne Not überschritten werden dürfen.

Darin liegt der wahre Sinn der Größe vor der Geschichte. Königin Christina, »die Tochter des großen Gustav« (A. Oxenstierna), hat mit der erwähnten Bestimmung dieses Ehrentitels den Weg gewiesen und den Blick dafür geschärft, die libertäre Leistung ihres Vaters zu erkennen. Sein politisches Werk zwischen 1611 und 1632 ist ein einzigartiger Beweis dafür, welche Taten im Rahmen und in der Ruhe des Rechts möglich sind: Es bestätigt auch die Ansicht Machiavellis, daß »das Heil eines Freistaates oder eines Königreiches« auch davon abhängt, daß der jeweilige Machthaber »dem Staate Einrichtungen gibt, durch die dieser sich auch nach seinem Tode erhalten kann«[5].

Darauf war Gustav Adolfs Staatskunst stets gerichtet. Es ist aber meist von einer akademischen Nachwelt selten verstanden worden, daß die Dauer in einem Gemeinwesen nur dann garantiert ist, wenn die Freiheit gesichert bleibt und von den Staatsmännern wie Staatsbürgern erkannt wird, daß ein »ordentliches Regiment« nur dann wirklich Bestand hat, wenn »dem König die Majestät, dem Rat die Autorität und den Ständen ihr Recht und ihre Libertät« in einer vertraglichen Integration erhalten bleiben[6].

So steht es in der Präambel zur »Regierungsform« von 1634, einer ›Regierungsverfassung‹, die Axel Oxenstierna auf Geheiß Gustav Adolfs ausgearbeitet und dem Reichsrat samt Reichstag zu Beratung und Beschluß von Frankfurt am Main aus zugeschickt hat, damit das Reich Schweden auf der Basis seiner ›cumulativen Constitution‹ während der Vormundschaftszeit seiner noch unmündigen Tochter mit einem Höchstmaß an politischer Vernunft regiert werden konnte – dem Reich und der Thronfolgerin zu Sicherheit und der Royal-Armee in Teutschland zum Nutzen[7].

Aus Unkenntnis der wirklichen Verhältnisse und im bequemen Glauben an einen Willenskult mit seinen Geniestreichen blieb dieser strukturelle Zusammenhang im politischen Leben Gustav Adolfs immer wieder unerörtert. Deshalb ist auch verständlich, wie Clausewitz und seine Epigonen annehmen konnten, daß »es also nicht der Stoß der Waffen ist, an welchem Gustav Adolfs militärisch-politisches Gebäude zerschellte. Des Königs Tod war die einzige Ursache. In seinem Willen verbanden sich alle Fäden dieses Ganzen, und sobald dieser große Wille aufgehört hatte zu wollen, zu schaffen und zu wirken, löste sich auch das Gewebe als ein Ganzes auf und tat nur noch teilweise seine Wirkung«[8].

Wer könnte nach allem, was hier in Fragmenten dargestellt worden ist, je bestreiten, daß dieser König in seinem »freien Willen« ungemein schöpferisch war und sich auf allen Ebenen des Staatslebens bemerkbar machte? Aber er wollte und konnte nicht die »Seele des Staates« (anima rei publicae) sein. Denn dieser Ehrentitel war der Reichskanzlei vorbehalten[9], die mit vier weiteren Regierungskollegien leben und sich im Reichsrat rückversichern mußte. Eine Institution, die den König zwar nicht entbehrlich machte, auch mitunter schwerfällig wirkte, aber zusammen mit dem Reichstag ein Garant dafür war, daß das Reich Schweden jeden toten König überleben konnte, was die »Söldner des Despotismus« (Fichte) wohl nie verstehen werden.

Axel Oxenstierna tat recht und gut daran, nach dem Tode Gustav Adolfs sofort den Reichsrat vom Stand der Dinge zu unterrichten. Seine Schreiben aber waren lange unterwegs. Noch am 30. November 1632 mußten die Senatoren nach Meldungen aus Stralsund davon ausgehen, daß der König »neulich gegen Wallenstein einen Sieg errungen haben soll«[10]. Damit konnte nur Lützen gemeint sein. Und ganz so falsch war diese Auskunft nicht, fühlte man sich doch auf schwedischer Seite als Sieger. Bernhard von Weimar, der von jetzt an neben Gustav Horn die Royal-Armee zu führen hatte, bestätigte dem Reichskanzler das Ergebnis von Lützen: »Gott . . . hat bei diesem großen Unglück den Sieg beschert, also auch daß sich der Feind nicht wieder wohl versammeln kann ... und zweifelsohne nach Böhmen gehet.«[11]

Genau nach diesen Bedingungen – Beherrschen des Schlachtfeldes und Zerstreuen des Gegners – begründete auch Axel Oxenstierna den Sieg vom 6. November und hoffte, daß sich die Senatoren in Stockholm trotz des eingetretenen Unglücks dafür stark machen, die Teutsche Expedition weiterhin zu stützen[12].

Er wußte recht gut, daß es in Senatskreisen Tendenzen gab, sich aus diesem Engagement im Teutschen Bürgerkrieg zurückzuziehen. Aber die Sachlage ließ diesen Strömungen kaum eine Chance. Denn die Gefahr, die von Dünkirchen ausging, war noch nicht gebannt. Während die Hauptkontingente der Royal-Armee auf reichsteutschem Boden kämpften, fühlte sich Schweden immer wieder von den Spaniern bedroht, von Freibeutern, die von der Nordsee her Göteborg und damit das Reich gefährden konnten.

Man führte also in Unkenntnis des Todes von Gustav Adolf die Spanien-Debatte vom Frühjahr weiter und kam in diesen trüben Novemberwochen zu einem Ergebnis, das mit einem einzigen Gedanken das politische Lebenswerk des gefallenen Königs im Kern erfaßt hat. Zunächst fürchtete man, »daß IKM:t durch dieses Wesen, nämlich den Angriff auf Spanien, die ganze Welt gegen sich aufbringen dürfte, und zwar die Gefahr einer *absoluten Monarchie,* die IKM:t im Sinne haben könnte«[13].

Die Senatoren hatten zum Zeitpunkt dieser Diskussion noch keine Nachricht darüber erhalten, daß mit der einhelligen Wahl Władysław IV. die Politik Gustav Adolfs gescheitert war, Polen nicht nur durch seine Anrainer einzudämmen, sondern auch durch innere Zerrissenheit gefügig zu halten. Die Belagerung von Philippsburg durch Frankreich verdeutlichte außerdem, daß das beabsichtigte Abdrängen des »Allerchristlichsten Königs« auf die Dauer nicht möglich war und seine Versuche kaum aufzuhalten sein würden, Spanien von der politischen Szene des Heiligen Reiches zu verdrängen. Eine Macht, die jetzt wieder versuchte, sich mit Dänemark hinsichtlich des Elbzolles zu arrangieren. Und das bedeutete sofort für Schweden eine ernsthafte Gefährdung der eigenen Zukunftspläne. »Eins ist sicher«, faßte Per Banér die Lage zusammen, »wenn der König in Dänemark etwas beginnen will, können wir nicht daran denken, eine große Macht gegen Spanien einzusetzen«[14].

Diese Befürchtung war um so mehr berechtigt, als sich gleichzeitig die Generalstaaten mit Spanien zu vergleichen suchten. Der Grad der inneren Erschöpfung hatte beide Mächte an den Verhandlungstisch gebracht[15], so daß es keineswegs sicher war, ob schwedischen Freibeutern, die von Göteborg aus gegen Spanien und Dünkirchen eingesetzt werden sollten[16], bei Gefahr Schutz in holländischen Häfen gewährt würde. Man führte zwar in der Sitzung vom 6. Dezember 1632 viele gerechte Gründe an, die das Experiment mit einer Freibeuter-Truppe stützen konnten, aber die Realisierung hatte ihre vorhersehbaren Schwierigkeiten. Dennoch glaubte der Reichs-Admiral Gyllenhielm, daß Schweden bald in einen unmittelbaren Krieg mit Spanien geraten werde. Tritt dieser vor Jahren noch kaum denkbare Fall ein, dann sollte man trotz aller vorhandenen Übel und Beschwernisse darauf vertrauen, was »doch gleichwohl die Erfahrung zeigt, daß wir *mit geringen Mitteln ziemlich hochgekommen* sind . . .«[17]

Per Brahe, der bald nach dieser Diskussion über eine »Spezial-Kompanie« für das Freibeuterwesen und über die »unzureichenden Kräfte« Schwedens die ›Friedens-Partei‹ im Senat anführen sollte, bestätigte in seinem Votum dieses Motiv in der Politik Schwedens: »Eines gilt es noch zu bedenken. Obgleich uns der Feind Unrecht zugefügt hat, so scheint es gleichwohl billig zu sein, daß man einen männlichen Mut faßt; denn wir wissen aus Erfahrung, daß Gott genug unsere geringen Mittel mit einem glücklichen Ausgang gesegnet hat. Man rufe sich nur den Verlauf des Teutschen Krieges in Erinnerung . . . Doch sollte man nicht in Gottes geheime Ratschlüsse fassen . . .«[18]

Die Warnung war deutlich genug. Auf das Glück allein durfte eine verantwortungsbewußte Politik nicht gebaut werden. Vielmehr mußte weiterhin die Kunst gepflegt werden, mit

*Wahrscheinlich letztes Porträt Gustav Adolfs.*
*Eine Rötelzeichnung von Lorenz Strauch (KB – Stockholm).*

den vorhandenen Mitteln den größten denkbaren Effekt zu erzielen. Das aber konnte nur gelingen, wenn man die Kräfte zu bündeln verstand und sie bei günstiger Gelegenheit anwandte. Die Kombination aus Occasion und Necessità war gefragt, aber nicht im Sinne einer Staatsraison, die nur kurzfristig auf begrenzte Interessenpolitik gerichtet war, sondern die in langen Fristen dachte und durch Schwedens Gesetz wie durch das Völkerrecht gedeckt war. Rechtsvermittelt mußte die eigene Macht in Verbindung mit geliehener Macht unter Ausnutzung der Schwächen, die ein Gegner hatte, ihre Möglichkeiten wahrnehmen, wenn des »Reiches Konservation, ja Amplifikation« betrieben werden sollte[19].

Darüber war man sich im Senat grundsätzlich einig. Wie diese nationale Sicherheitspolitik im europäischen Umfeld aber ohne König mit Erfolg gehandhabt werden konnte, das wollte sich an diesem 7. Dezember 1632 niemand vorstellen. Am nächsten Tag trafen von der Grenze her sichere Nachrichten darüber ein, daß der »tödliche Abgang« Gustav Adolfs kein Gerücht mehr war, sondern unabweisbare Gewißheit. Das Protokoll des Reichsrates vermerkt zu dieser betrüblichen Mitteilung: »Der Senat verbrachte diesen Tag in Weinen und Klagen«[20].

Bald nach diesem Schock kamen auch die ersten Schreiben Axel Oxenstiernas vornehmlich aus Frankfurt am Main an, wo er im Schloß des Deutschen Ordens als *Legat in Teutschland* seine außerordentlichen Vollmachten wahrnahm und in dieser bedrängten Lage jedermann zeigen konnte, daß er ein besonderer *Uomo del Stato* war. Wie kein zweiter in der Geschichte Schwedens und auch Europas hatte er neben und mit dem gefallenen König sein politisches Genie zur Entfaltung bringen können. Er selbst war das grandiose Beispiel für libertäre Staatskunst und das Vermögen Gustav Adolfs, Qualitäten seiner Untertanen nicht aus Geltungssucht, Statusdünkel und Eitelkeit zu blockieren, was bei Ferdinand II., Papst Urban VIII., Karl I. von England oder Philipp IV. von Spanien so gut der Fall war wie bei Richelieu.

Axel Oxenstierna, der nun eine doppelte Last zu tragen hatte und bei der Nachricht vom Tode Gustav Adolfs die erste schlaflose Nacht seines arbeitsreichen Daseins erlebte, fand neben Worten des Trostes und brüderlicher Ermahnung in all seiner Trauer und inneren Not ein Urteil über den König, wie es nur verfaßt werden kann, wenn die Größe vor der Geschichte auf das Kleinste zurückgeführt wird:

»In der Welt gibt es keinen, der in dieser Zeit diesem König gleich wäre. Ein solcher ist in vielen hundert Jahren nicht angetroffen worden. (Ich) weiß auch nicht, ob nach uns so leicht wieder einer von dieser Art kommen wird. So mag er mit Recht bei uns der *weise und große König Gustav* heißen – Vater des Vaterlandes. In Schweden hat niemals einer regiert, der ihm gleich genannt werden dürfte. Wir wissen das. Aber auch alle fremden Nationen, Freund und Feind, müssen davon Zeugnis geben«[21].

# Anhang

# Zeittafel

1397 Kalmarer Union: Schweden, Dänemark u. Norwegen sollten nur noch »einen König und nicht mehrere haben«. Erich von Pommern. Dieser Zusammenschluß war auch gegen die Teutsche Hanse gerichtet.
1442 Kodifizierung des »Landslag« unter dem Unions-König Christopher aus dem teutschen Hause Wittelsbach.
1520 »Blutbad von Stockholm«. Auflösung der Kalmarer Union.
1523 Wahl Gustav Erikssons (Vasa) zum König. Reformation.
1527 Endgültiger Bruch mit Rom und der universalen Kirche.
1544 *Erbvereinigung* von Västerås: Annahme einer nationalen Dynastie unter Beibehaltung alter Vertragsverfassungen.
1550 Geburt Herzog Karls von Södermanland. Jüngster Sohn Gustavs I. aus zweiter Ehe mit Margareta Leijonhuvud.
1560 Tod Gustavs I. Sein Sohn aus der ersten Ehe mit Catharina von Sachsen-Lauenburg wird als Erik XIV. Schwedens erster Erbkönig.
1569 Johan III. wird nach der Absetzung des »Tyrannen« Erik XIV. Schwedens neuer Erbkönig.
1570 Friede von Stettin. Er beendet den Siebenjahr-Krieg mit Dänemark und Teilen der Teutschen Hanse.
1571 Kirchen-Ordnung und Beginn des »Liturgischen Streites«. Faktische Spaltung Schwedens in der Religionsfrage.
1578 Annäherungsversuch Spaniens an Schweden.

1583 Geburt Axel Oxenstiernas, Wallensteins und des Hugo Grotius.
1585 Geburt Richelieus.
1587 Sigismunds III. Wahl zum König von Polen: Sohn Johans III. und Catharina Jagellonica von Polen. Livland-Streit.
1592 Tod Johans III. Herzog Karl von Södermanland heiratet in zweiter Ehe Christina von Holstein.
1593 Das »nationale Konzil« von Uppsala. Annahme der *Religionsvereinigung* und Abwehr der Gegenreformation.
1594 Sigismund III. wird Schwedens Erbkönig. *Am 9. Dezember wird Gustav Adolf in Stockholm geboren.*
1595 Frieden von Teusina. Ende des Kriegens mit dem Moskauer Zartum.
1598 Herzog Karl von Södermanland gewinnt die Schlacht bei Stångebro gegen Sigismund III. Aufladung des Bürgerkrieges. Das Ende des Rurikiden-Hauses in Rußland.
1600 »Blutbad von Linköping«. Giordano Bruno auf dem Scheiterhaufen.
1602 Neue Ordnung für den Reichsrat. Rekonstitutionalisierung.
1604 Verneuerte Erbvereinigung von Norrköping auf die Linie des nun »auserkorenen Königs« Karl IX. Beginn der systematischen Erziehung Gustav Adolfs.
1605 Karls IX. schwere Niederlage bei Kirchholm gegen Sigismund III. Beginn der Heeres- und Rechtsreform.
1607 Krönung Karls IX. und Festigung des Verfassungsstaates.
1608 Drucklegung des »Landslag«. Prot. Stände gehen im Hl. Reich zur Wahrung ihrer Verfassungs- und Eigentumsrechte die »Union« ein.
1609 Vorletzte »Eriksgata« des libertären Schweden. Axel Oxenstierna tritt in den Reichsrat ein. Jülicher Erbsache bewegt fast ganz Europa. Gründung der Catholischen Liga. Schwedens Intervention in den Russischen Bürgerkrieg zur »Rettung der griechischen Religion« und der »Freiheit des Russischen Reiches«.

1610 Ermordung Heinrichs IV. von Frankreich.

1611 Christian IV. von Dänemark eröffnet den »Kalmar-Krieg«. Tod Karls IX. Gustav Adolf wird vorzeitig für »mündig« erklärt und übernimmt aufgrund eines Herrschaftsvertrages die »volle Regierung«. Aussicht auf den vakanten Zarenthron.

1612 Axel Oxenstierna wird »sein und des Reiches Schweden Kanzler«. Garantie der »Adelsprivilegien«.

1613 Friede von Knäröd mit Dänemark: Aufgabe der Region um das Nordkap. Verpfändung der Festung Älvsborg bis 1619. Im Moskauer Zartum wird das Haus Romanov als nationale Dynastie angenommen.

1614 Svea Hofgericht. Beginn einer dauernden Heeresreform. In Frankreich letzte Einberufung der Generalstände.

1615 Krieg in Rußland. Der PG Johann Kasimir heiratet Gustav Adolfs Halbschwester Catharina, wird damit Stammvater des Pfälzischen Hauses in Schweden.

1616 Krieg gegen Vasa-Polen. Verstärkte innere Unruhen.

1617 Krönung Gustav Adolfs. Reichstagsordnung und andere fundamentale Statute. »Ewiger Friede« mit Rußland.

1618 Reise Carl Filips nach »Westerreich«. Der »Fenstersturz« in Prag: Beginn des Teutschen Krieges. Zeitfrieden zwischen Vasa-Polen und dem neuen Moskauer Zartum. Staatskrise in den Niederlanden.

1619 Ferdinand II. wird zum römisch-teutschen Kaiser und Friedrich V. von der Pfalz zum König von Böhmen gewählt.

1620 Gustav Adolf heiratet Maria Eleonora von Brandenburg. Die Schlacht am Weißen Berg geht für Friedrich V., den »Winterkönig«, verloren. In Böhmen setzt die Gegenreformation ein.

1621 Krieg um die »Baltische Vormauer«. Eroberung Rigas.

1622 Tod Carl Filips in Narwa. Johann Kasimir wird ein Sohn geboren – der spätere Karl X. Gustav.

1623 Die »Liga von Paris« zwischen Frankreich, Savoyen und der Republik Venedig. Veltlin-Konflikt. Tod der zweiten Tochter Gustav Adolfs.

1624 Richelieu tritt sein Zweites Ministerium an. Buckingham erhält in England eine ähnliche Stellung. Beginn innerer Reformen in Schweden. Krise mit Dänemark.

1625 Tod Jakobs I. von England. Haager Bündnis hauptsächlich zwischen England, den Niederlanden und Dänemark. Wallenstein organisiert das Habsburg-Heer.

1626 Christian IV. scheitert mit seinem Kriegszug ins Heilige Reich. Gustav Adolf landet in Preußen: Beginn des Gouvernements unter Axel Oxenstierna. Ritterhausordnung. *Geburt Christinas.*

1627 Christina wird vom Reichsrat und Reichstag als Nachfolgerin Gustav Adolfs »erkoren«. Tilly und Wallenstein drängen den Dänen ab. Der Konflikt zwischen England und Frankreich um La Rochelle treibt auf einen Höhepunkt.

1628 Böhmen steht unter Kriegsrecht und wird als absolutistische Diktatur gefestigt. Wallenstein scheitert mit der Belagerung Stralsunds.

1629 Zeitfrieden zwischen Schweden und Vasa-Polen in Altmark unter frz. und engl. Vermittlung. Richelieu und Mazarin treffen sich in Lyon. Restitutions-Edikt: Verschärfung der Bürgerkriegslage im Hl. Reich. Interventionspläne Schwedens.

1630 Tod Keplers. Schwedens Invasion gelingt vom 26. Juni an. Kurfürstentag zu Regensburg. Wallenstein wird entlassen. Siegeszug der Royal-Armee.

1631 Abkommen von Bärwalde zwischen Schweden und Frankreich. Tilly zerstört Magdeburg und wird bei Breitenfeld (Leipzig) von Gustav Adolf geschlagen. Gustav Adolf zieht an den Rhein, trifft auf die Macht Spaniens.

1632 Wallenstein wird erneut berufen. Verschwörung der Marie de Medici (Mutter Ludwigs XIII.) mit Spanien. Gustav Adolfs Kriegszug durch die Süd-Kreise des Hl. Reiches. Die Wende bei Nürnberg. Tod Sigismunds III. Am 6. November die Schlacht bei Lützen – Gustav Adolf fällt.

1633 Axel Oxenstierna wird Direktor des »Heilbronner Bundes«. Richelieus Eroberungspläne bis zum Rhein.
1634 Annahme der »Regierungsform« durch den Reichsrat und Reichstag. Schwere Niederlage Schwedens bei Nördlingen. Ermordung Wallensteins.
1635 Hugo Grotius wird Schwedens Gesandter in Paris. Prager Frieden. Treffen Axel Oxenstiernas mit Richelieu in Compiègne: Allianz zwischen Schweden und Frankreich, das jetzt erst aktiv in den Teutschen Bürgerkrieg eingreift.
1636 Rückkehr Axel Oxenstiernas nach zehnjähriger Abwesenheit nach Schweden. Kampf von »Falken« und »Tauben« im Reichsrat über die weitere Kriegsbeteiligung.
1638 Schweden setzt sich in Nordamerika als Kolonialmacht fest.
1639 Tod Bernhard von Weimars.
1640 Friedrich Wilhelm von Brandenburg beginnt sein Regiment.
1641 Seine Heirat mit Christina von Schweden kommt nicht zustande.
1642 Tod Richelieus. Friedensverhandlungen für Münster und Osnabrück vorbereitet.
1643 Tod Ludwigs XIII. Mazarin wird Erster Minister.
1644 Christina wird als »mündig« erklärt und übernimmt nach Abschluß eines Herrschaftsvertrages die volle Regierung.
1645 Die Krise mit Dänemark führt zum Krieg. Militärisch und politisch gelungene Revanche Axel Oxenstiernas für Knäröd. Im Frieden zu Brömsebro erhält Schweden Jämtland und u. a. Gotland. Tod des Hugo Grotius.
1648 Der »universale Friede« zu Münster und Osnabrück: Schweden erhält als »Satisfaktion« Vorpommern mit Wismar und Bremen mit Verden als »Reichslehen«; wird mit Frankreich zusammen »Garantiemacht« dieses WF und bleibt es bis 1779. Muß Pommern erst 1814 an Preußen abtreten.
1650 Innere Unruhen. Herzog Karl von Pfalz-Zweibrücken wird »Erbprinz« Schwedens.

1654 Christina dankt ab, tritt ein Jahr später zum katholischen Glauben über. Herzog Karl wird nach Abschluß eines Herrschaftsvertrages, des dritten, den Axel Oxenstierna ausgearbeitet hat, Schwedens Erbkönig: Das Pfälzische Haus bleibt bis zum Tode Karls XII. im Jahre 1718 auf dem Thron. Nach der Abdankung und Annahme des neuen Königs samt Herrschergeschlechts stirbt *Axel Oxenstierna – der Kanzler der Christenheit.*

# Genealogie des Hauses Vasa (agnatische Abfolge)

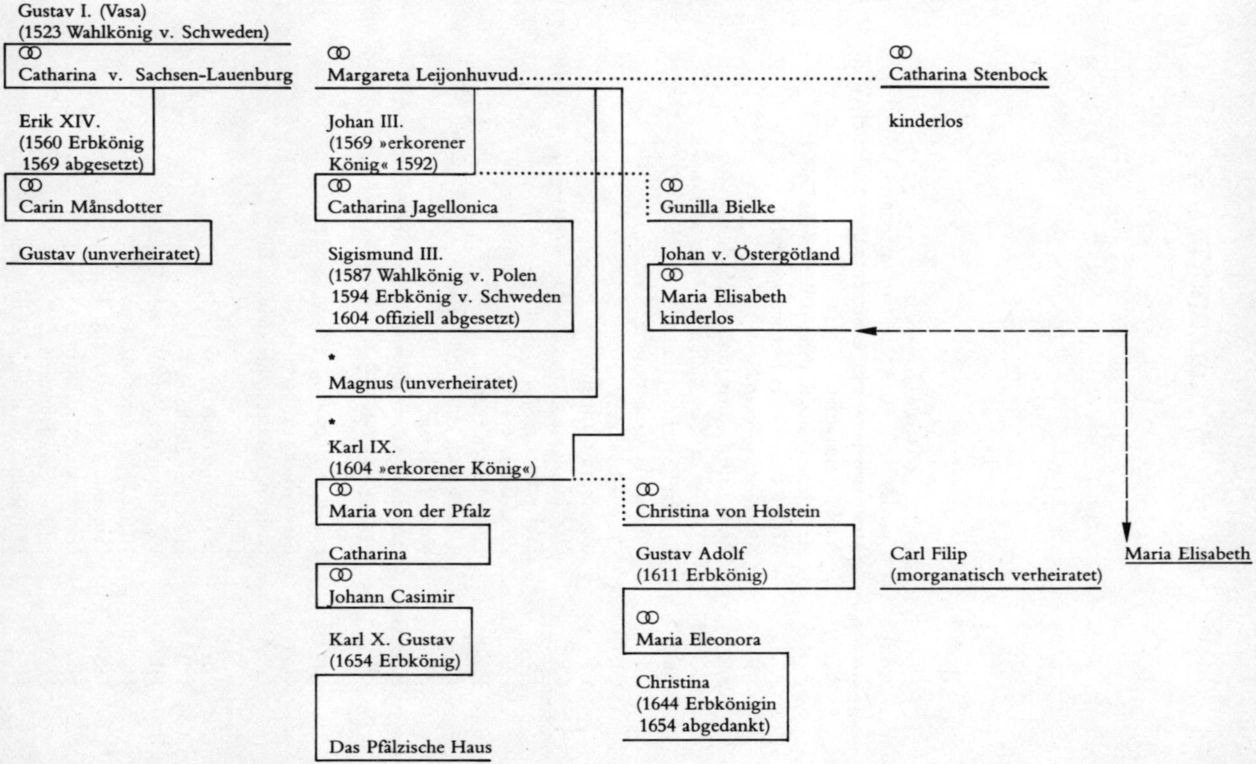

# Abkürzungen

| | |
|---|---|
| aaO. | am angegebenen Ort |
| AASF | Annales Academiae Scientiarum Fennicae |
| AHGA | Archiv für Hessische Geschichte und Altertumskunde |
| AO | Axel Oxenstierna |
| AOSB | A. Oxenstiernas Skrifter och Brevväxling |
| AÖG | Archiv für österreichische Geschichte |
| AR | Algemeen Rijksarchief |
| ARG | Archiv für Reformationsgeschichte |
| BGSM | Beiträge zur Geschichte der Stadt Mainz |
| BL | Biographiskt Lexikon |
| cC | cumulative Constitution |
| CE | Corpus Evangelicorum |
| Cf | Consilium formatum |
| CF | Carl Filip |
| Eb | Erzbischof |
| EB | Ebba Brahe |
| E.D. | Euere Durchlaucht |
| EHR | The English Historical Review |
| FT | Finsk Tidskrift |
| FThLG | Forschungen zur thüringischen Landesgeschichte |
| FWG | Fischer Weltgeschichte |
| GA | Gustav Adolf |
| GHÅ | Göteborgs Högskolas Årsskrift |
| GsA | Gesammelte Abhandlungen |
| GStA | Geheimes Staatsarchiv (München) |
| GV | Gustav Vasa |
| HA | Historiallinen Arkisto |
| HB | Historiskt Bibliotek |
| HEG | Handbuch der Europäischen Geschichte |
| HGbll | Hansische Geschichtsblätter |
| HGR | Handbuch der Geschichte Rußlands |
| HH | Historiska Handlingar |
| HJb | Historisches Jahrbuch |
| HSkH | Handlingar rörande Skandinaviens Historia |

| | |
|---|---|
| HTd | Historisk Tidsskrift (dänisch) |
| HTs | Historisk Tidskrift (schwedisch) |
| HVj | Historische Vierteljahrsschrift |
| HVSU | Humanistiska Vetenskapssamfundet i Uppsala |
| HZ | Historische Zeitschrift |
| IEG | Institut für Europäische Geschichte |
| IKM:t | Ihre Königliche Majestät |
| JbGOE | Jahrbücher für die Geschichte Osteuropas |
| JS | Johan Skytte |
| KÅ | Kyrkohistorisk Årsskrift |
| KB | Kungliga Biblioteket |
| KBH | Kungliga Bibliotekets Handlingar |
| KGAS | Konung Gustaf Adolfs Skrifter |
| KGF Reg. | Konung Gustaf den Förstes Registratur |
| KM:t | Königliche Majestät |
| KO | Kirchen-Ordnung |
| KV | Kriegs-Volk |
| KVHAH | Kungliga Vetenskapsakademiens Handlingar |
| Kh | Kwartalnik historyczny |
| LL | Landslag |
| LUÅ | Lunds Universitets Årsskrift |
| MblRhLk | Mitteilungsblätter der rheinhessischen Landeskunde |
| ME | Maria Eleonora |
| MKA | Meddelanden från Krigsarkivet |
| MlG | Mitteilungen aus der livländischen Geschichte |
| MRA | Meddelanden från Riksarkivet |
| MVjKPWG | Mainzer Vierteljahreshefte für Kultur, Politik, Wirtschaft, Geschichte |
| NE | Nikomachische Ethik |
| NF | Neue Folge |
| NISb | Novgorodskij Istoričeskij Sbornik |
| NMT | Ny Militär Tidskrift |
| NT | Neues Testament |
| NTt | Nordisk Tidskrift |
| NWB | Neue Wissenschaftliche Bibliothek |
| PG | Pfalzgraf |
| PHT | Personhistorisk Tidskrift |
| QAmrhKG | Quellen und Abhandlungen der mittelrheinischen Kirchengeschichte |
| RA | Riksarkivet (Stockholm) |
| RDI | Revue du droit international |
| RF | Regeringsform |
| RGO | Rättegångsordinantia |
| RH | Revue Historique |
| RKG | Reichskammergericht |

| | |
|---|---|
| RR | Riksrådet |
| Rreg | Riksregistraturet |
| Rt | Reichstaler |
| RT | Reichstag |
| RTB | Reichstagsbeschluß |
| SA | Stadt-Archiv (Frankfurt am Main = Ffm) |
| SB | Stadt-Bibliothek (Mainz) |
| SSb | Skandinavskij Sbornik |
| SBG | Schweizer Beiträge zur Allgemeinen Geschichte |
| SBL | Svenskt Biografiskt Lexikon |
| SEER | The Slavonic and East European Review |
| SEHR | Scandinavian Economic History Review |
| SHVU | Skrifter: Humanistiska Vetenskapssamfundet i Uppsala |
| SJT | Svensk Juristtidning |
| SKA | Svenskt Krigshistoriskt Arkiv |
| SRA | Svenska Riksdagsakter |
| SRAP | Sveriges Ridderskaps- och Adels Riksdagsprotokoll |
| SRP | Svenska Riksrådets Protokoll |
| Sst | Svenska stadsförbundets tidskrift |
| STK | Svensk teologisk kvartalskrift |
| StvT | Statsvetenskaplig Tidskrift |
| Sv.D | Svenska Dagbladet |
| TE | Theatrum Europaeum |
| Tt | Teologisk tidskrift |
| TvG | Tijdschrift voor Geschiedenis |
| UB | Universitätsbibliothek |
| UD | Utrikes Departementet |
| UUÅ | Uppsala Universitets Årsskrift |
| VHAAH | Vitterhets- Historie- och Antikvitetsakademiens Handlingar |
| W | Wallenstein |
| WF | Westfälischer Friede |
| WS | Waffenstillstand |
| ZfP | Zeitschrift für Politik |
| ZGORh | Zeitschrift für die Geschichte des Oberrheins |
| ZH | Zapiski Historyczne |
| ZKG | Zeitschrift für Kirchengeschichte |
| ZOf | Zeitschrift für Ostforschung |
| ZVGS | Zeitschrift des Vereins für die Geschichte Schlesiens |

# Anmerkungen

Das Vermessen der Geschichte nach allen Regeln positivistischer und ökonometrischer Kunst hat etwas Vermessenes. Den Glauben nämlich, im quantitativen Erfassen von Lebensabläufen und Zuständen Geschichte ›objektiv‹ zu machen. Doch alle Kalküle der »Scientia quantitatis«, die seit etwa einer Generation den Großteil des Wissenschaftsbetriebes in Schweden beherrscht, entheben nicht des qualitativen Urteils. Die Beschwörung der Dogmen des »Dualismus«, des »Teutonismus«, der »Aristokratieverdammung« oder des Neo-Marxismus verdeutlichen die zusätzlichen Belastungen einer Historiographie, die sich bei der Erschließung einer Anthropologie sehr schwertut. Das Fehlen von Biographien und Monographien über bedeutende Staatsmänner der Neuzeit gibt zu erkennen, wohin der Rückzug in die Schein-Objektivität der Ökonometrie geführt hat: Über aller »Kärrnerarbeit« (Nietzsche) im überkommenen Material der Geschichte wird ihr Kern vergessen – der Mensch in seinen Labyrinthen.

Das hier gewählte System integrierter Anmerkungen und ergänzender Literaturhinweise verschafft jedem an Einzelproblemen interessierten Leser den geeigneten Einstieg in die Überfülle und will nur ein Leitfaden sein. Samuel E. Brings *Bibliografisk handbok till Sveriges historia* von 1934 bietet neben der bisher in sieben Bänden herausgegebenen *Svensk historisk bibliografi* eine weitere Möglichkeit, der Diskussion über die Geschichte Gustav Adolfs zu folgen, von den Bibliographien in hier verwendeten Publikationen ganz abgesehen.

Alle angegebenen Daten wurden dem »alten Stil« gemäß angeführt. Dadurch verschiebt sich die Zeitangabe um jeweils zehn Tage. Die Schlacht bei Lützen fand demnach nicht am 16. November (neuer Stil), sondern am 6. November 1632 statt. Schreibweisen in den Quellen wurden leicht korrigiert. Mit der Entscheidung für »teutsch« statt »deutsch« wird nicht nur der überwiegenden Diktion in den Quellen entsprochen, sondern auch auf das libertäre Wesen vor 1806 (Ende des Heiligen Römischen Reiches Teutscher Nation) hingewiesen.

## Wie Gold unter den Menschen:

**1** SRA I:2:1:1, 1611–1612, 1931, S. 140: Wir haben hier das Ritual bei der Totenkrönung Karls IX. am 5. Jan. 1612 gewählt, weil GA beim Regierungsantritt im Angesicht seines toten Vaters die Bedeutung der von AO angeführten Bezüge nicht mehr eindringlicher erleben konnte. **2** Die Wortform »Gustav Adolf« wurde ohne das Zeichen der Abfolge benutzt. Im Hinblick auf seinen Großvater Gustav I. wurde er »Gustav II. Adolf« genannt. In der Zeit selbst aber hat man außer in öffentlichen Dokumenten in der Regel den Doppelnamen allein benutzt. **3** Zu diesem RT s. u. S. 167 f. Es ist zu bedauern, daß die Reichstagsakten zum Treffen der Stände im Spätsommer 1617 noch nicht publiziert werden konnten. **4** Dazu s. u. S. 57 und die Rede GA's vor Herzog und Landschaft Pommern in Stettin am 22. Aug. 1630, Bär, Die Politik Pommerns während des Dreißigjährigen Krieges, 1896, S. 277. **5** SRA I:2:1:1, S. 140. **6** Ibidem. Der Rechts- u. Machtfunktion dieses Symbols entspricht auch die Staatsmaxime: »Praemiis et poenis continentur respublica; si non metus poenae et spes praemii, tunc in ambiguo respublica.« Sie war 1617 ebenso zu hören wie noch 1642, in: SRP, 1642, S. 278 (AO). **7** Zum Umfeld dieser Fundamentalbezüge Barudio, Das Wohlproportionierte Regiment, Diss. masch., 1973 (UB Ffm), passim: Die ältere Forschung hat sich über den Trialismus von König, Senat und Reichstag im Geist des positivistischen »Dualismus« hinweggesetzt, vgl. Hildebrand, E., Den svenska statsförfattningens historiska utveckling från äldsta tid till våra dagar, 1896; vgl. Lagerroth, Frihetstidens författning, 1915, S. 115: Das »harmonische Zusammenwirken aller Gesellschaftskräfte« zu GA's Zeit verschleiert die Abstinenz von der Diskussion über die Trichotomie der Vertragslage im »inneren Staatsrecht« (Hegel); vgl. Runeby, Monarchia mixta. Maktfördelningsdebatt i Sverige under den tidigare stormaktstiden, 1962, S. 8 ff. **8** Gustafsson, Virtus politica. Politisk etik och nationellt svärmeri i den tidigare stormakttidens Litteratur, in: Lychnos 15, 1956; ders. Dienstadel, Tugendadel und Politesse mondaine. Aristokratische Bildungsideale in der schwed. Großmachtszeit, in: Arte et Marte (hrsg. Lohmeier), 1978, S. 109–127: So verdienstvoll die beiden Arbeiten auch sind, G. läßt dabei weitgehend die pol. Struktur unberücksichtigt, s. den Vergleich zwischen K. Rålamb (S. 120) und E. Lindschöld (S. 125); vgl. Barudio, Absolutismus – Zerstörung der »libertären Verfassung«. Studien zur ›Karolinischen Eingewalt‹ in Schweden zwischen 1680 und 1693, 1976, passim. **9** Almquist, J. A., Tornérspelet vid kröningen 1617. Ett bidrag till 1600-talets bibliografi, in: Donum Grapeanum, 1945, S. 3: A. hat nur erhaltene »Plakate« dieses Ereignisses abgedruckt und ihre bibliogr. Seite behandelt; vgl. die aggressive, aber nicht überzeugende Arbeit von Strindberg, Ax., Bondenöd och stormaktsdröm. Studier över skedet 1630–1718, 1934, S. 11 f. **10** Almquist, aaO., S. 4 ff.: Der Komplex bedürfte in seinem europ. Umkreis einer umfass. Studie, vgl. Reitzenstein, Rittertum und Ritterschaft, 1972, S. 47 ff. **11** Koyré, Mystiques, spirituels, alchimistes du XVIe siècle allemand, 1971, S. 97, Anm. 1. **12** Lindroth, Paracelsismen i Sverige till 1600-talets mitt, in: Lychnos, 7, 1943, S. 92 ff. **13** Söderberg, Nicolaus Ragvaldis tal i Basel 1434, in: Samlaren XVII, 1896, S. 187–195; vgl. Tunberg, Götarnas rike, 1940; vgl. Weibull, C., Goternas utvandring från Sverige, in: Scandia 1957. **14** Nerman, Die Herkunft und die frühesten Auswanderungen der Germanen, in: VHAAH, 34, 1924. **15** Thalmann, Ludwig Tieck, 1955, Vorwort, S. 7. **16** Almquist, Donum Grapeanum, S. 5. **17** Karl IX. war als Herzog v. Södermanland in erster Ehe mit Maria von der Pfalz verheiratet, aus der diese Tochter stammte. Zu ihrem Heiratsvertrag mit dem calv. Pfälzer s. AOSB, II:1, S. 69–73. **18** Almquist, Donum Grapeanum, S. 7. **19** A. Brahes tidebok, 1920, S. 111. **20** Lindberg, G., Johannes Rudbeckius, 1927, S. 77, s. a. seine Auffassung gegenüber der Geschichte als »Lehrerin für das Leben und die Sitten«, S. 163. **21** Arckenholtz, Merkwürdigkeiten z. Gesch. der Königin Christina, I, 1751, S. 15 (Thomas Füller über GA). **22** KGAS, S. 70: Die Stelle ist fast poetisch, wie GA überhaupt ein elegantes Schwedisch schrieb – trotz der Durchmischung mit lat. oder frz. Fachausdrücken aus Recht und Kriegskunst. Die Stelle lautet im Orig. »att then rättefulle tijden icke mina dygder *glömma*, och mina feel *giömma* måtte«. **23** Ibidem, S. 70: »Trälldom« ist Sklaverei in dem Rechtssinn, daß der »tral« nur einen verdinglichten Rechtscharakter hat, demnach nicht vertragsfähig und »mündig« ist. **24** Ibidem, S. 71.

# Schwedens Reich:

**1** Svalenius, Gustav Vasa, 1963 (1950), S. 254. Hier auch das Leben als »Pilgerfahrt«; vgl. seinen Sohn, Herzog Karl, in seiner Rim-Chrönika, 1759, S. 1: In seinem ersten Lebensjahr starb seine Mutter Margareta Leijonhuvud. **2** Wir beziehen uns hier auf Nordström, J. J. (hrsg.), Lagförslag i Carl IX:s tid, 1864, S. 6: »Swerikes Rijke är af Hedna werld sammankommit af Swea Land och Götha: Swea kallades Nordanskogh, och Götha Sunnanskogh.« **3** Vgl. Franz, Herzog Bernhard von Sachsen-Weimar, in: FThlG, 1958, S. 46: »So wie GA von den engen Grenzen seines Heimatlandes ... daranging, eine Großmacht aufzubauen.« Vom Klischee der Enge und des »Häuflein klein« scheint man nicht wegkommen zu können. **4** KGAS, S. 74 (Autobiographie GA's). **5** Ranke, Die Römischen Päpste, 1953 (Disgression über Königin Christine v. Schweden), S. 201, s. a. S. 192: Schweden, »das Land, wo das Luthertum zuerst die gesamte Verfassung politisch umgestaltete ...« **6** Droysen, Gustaf Adolf, 1869, S. 3. **7** Ibidem, S. 6 ff. **8** Hintze, Die schwed. Verfassung u. das Problem der konstit. Regierung, in: ZfP, 1913, S. 493. **9** Ibidem, S. 497 ff. **10** Ibidem, S. 496. Die soziologistisch angelegten Arbeiten Hintzes zur Verfass. gesch. Alt-Europas suchen Ideal-Typen u. verzerren die vorhandenen Real-Typen erheblich, vgl. ders., Staat und Verfassung. Gesammelte Abh. z. allgem. Verfass.gesch., 1962 (2. erw. Aufl.); kritisch u. konstruktiv Bofinger, Die Rolle des Luthertums in der Gesch. des dt. Ständeparlamentarismus, in: Festgabe f. Hanns Rückert, 1966. **11** Brunner, Land und Herrschaft, 1959 (4. Aufl.), versuchte eine quellenbezogene Abkehr von der Machthistorie, blieb aber dem gängigen »Dualismus«-Modell verhaftet. **12** y Gasset, Über das Römische Imperium, dt. 1964 (1942), S. 33. **13** Vgl. Hartung, Zur Entwicklung der Verfass.gesch.schreibung in Deutschland, 1956: Diese Schule hat ›borussische Behördenkunde‹ getrieben, rechtsferne Verwaltungslehre; ähnlich in Schweden s. Carlsson/Rosén, Svensk historia, 2 Bde, 1962: Gilt als Standardwerk im akad. Unterricht. **14** Lagförslag, S. 8: »Nu är till Konungerijket Swerike Konunger wäliande och eij ärfwande.« **15** Vgl. Tunberg, Gustav Vasas konungaval år 1523, 1923; vgl. Kumlien, Gustav Vasa och kungavalet i Strängnäs 1523, in: HTs 1960. **16** Klärungen zum Jubiläumswerk »Sveriges Riksdag« (1935) bei Kumlien, Problemet om den svenska riksdagens uppkomst, in: HTs, 1947, S. 18–48. Die vier Reichstagsstände waren schon lange vor 1435 ausgebildet, vgl. Stavenow, Sveriges Riksdag. Ett jubileum och en jubileumsskrift, in: HTs, 1935, S. 102: Der erste »Herrentag« für 1191 belegt, seit 1359 Einzelbestimmungen für die Stände; vgl. Carlsson, G., Arboga möte 1435, in: HTs, 1936. **17** Zum Begriff der »Emphyteuse«, allerdings nicht auf das Staatsrecht übertragen, Runeby, Monarchia mixta, 1962, S. 387 ff.; vgl. Barudio, Absolutismus – Zerstörung der ›libertären Verfassung‹, 1976, S. 12 ff., 38 ff. **18** Vgl. Carlsson/Rosén, Svensk historia, I, S. 411: Die Ignoranz gegenüber dem Vertragscharakter des Landslag und der Erbvereinigung führte zur Fehldeutung der »erblichen Lehen«; vgl. Andersson, Förebilden för Gustav Vasas arvförening, in: Scandia 1931. **19** Vgl. Hildebrand, K. G., Gustav Vasas arvförening, in: HTs, 1934. **20** Swedlund, Grev- och friherreskapen i Sverige och Finland, 1936; vgl. Lundqvist, K. G., Om hertigdömenas statsrättsliga ställning till kronan i Sverige 1556–1622, 1895. **21** Zettersten, Svenska flottans historia åren 1522–1634, 1890; vgl. Petrini, Källstudier till Erik XIV:s och Nordiska sjuårskrigets historia, in: Lychnos, 1945; vgl. Stille, De ledande idéerna i krigföringen i Norden 1563–70, in: LUÅ, 14:11, 1918, S. 3: Vertritt den »Einkreisungs«-Gedanken. **22** Andersson, Erik XIV., 1943; vgl. Vejde, Erik XIV och ödeläggelsen av Ronneby 1564, in: Scandia 1929; vgl. Annell, Erik XIV:s etiska föreställningar och deras inflytande på hans politik, in: Lychnos 1945; s. a. die Übersicht bei Roberts, The early Vasas, 1962. **23** Stiernman, Alla riksdagars och mötens besluth, I, 1728, S. 298 (Absetzungs-Erklärung der Stände von 1569); zum Verhältnis von »Sklave« und »Pferd« im älteren Recht Schwedens s. Holmbäck/Wessén (hrsg.), Svenska landskapslagar 1933, S. 162 und Strauch (hrsg.), Das Ostgötenrecht, 1971. S. 159. **24** Ibidem, S. 308/09. **25** Vgl. Clason, Studier i 1600-talets svenska statsrätt. Johannes Loccenius och hans lära om rikets »fundamentallagar«, in: StvT, 1901; vgl. Runeby, Monarchia mixta, S. 240 ff. **26** Hildebrand, E., Gustav Vasas söner, in: Sveriges historia till våra dagar, V, 1923; Lorichs, Konung Johan III:s ständiga legat i Polen och hans tid, 1569–84, 1893; vgl. Hildebrand, K., Johan III och Europas katolska makter 1568–1580, 1898. **27** Tham, Den svenska utrikespolitikens historia, I:2, 1560–1648, 1960; vgl. Szelagowski, A., Der Kampf um die Ostsee 1544–1621, 1916; vgl. Hjärne, H., Till belysning af Polens nordiska politik närmast före kongressen i Stettin 1570, 1884; ders., Svensk-ryska förhandlingar 1564–1572, in: SHVU 1897. **28** s. Wilde-Stockmeyer, Sklaverei auf Island. Unters. zur rechtlich-soz. Situation u. lit. Darstellung der Sklaven im skand. Mittelalter, 1978, S. 69 ff. **29** Almquist, J. E., Om ärftlig besittningsrätt till jord före det sjuttonde seklets slut, 1929; s.u. S. 168. **30** Kjöllerström, Kyrka och stat i Sverige efter reformationen, in: STK 1953; vgl. Sandblad, Kring konflikten mellan Gustav Vasa och reformatorerna, in: Lychnos, 1941. **31** Barudio, Das Wohlproportionierte Regiment, 1973. **32** Zum ›Rechtsumritt‹ der Eriksgata s. u. S. 82 f. **33** KGF Reg, II, 1525, 1864, S. 270 ff.; zur Heiratsgeschichte mit Polen, dem Hl. Reich, Frankreich u. England s. Sprinchorn, Om Sveriges politiska förbindelser med Frankrike före Gustaf II Adolfs tid, in: HB, 1888, S. 7 ff. **34** KGF Reg. XXV, 1555, 1910, S. 289: Gustav I. rechnet in einem Brief an den Herzog Albrecht v. Preußen bei einem Kriegsausbruch mit Rußland auf die Hilfe des »tatarischen Kaisers Crymskij genannt«; Barudio, Moskau, in: HGR, II, 1981, S. 95; gut aufgearbeitet jetzt von Zernack, Die außenpolitischen Folgen der Smuta u. die Wiederherstellung des äußeren Friedens nach 1613, in: HGR, II, S. 37 ff. **35** Zur inneren Natur der Sicherheits- u. Außenpolitik Schwedens s. u. S. 388. **36** Vgl. Reichard, Die maritime Politik der Habsburger im siebzehnten Jhd., 1867; Leitsch, Moskau und die Politik des Kaiserhofs im XVII. Jhd., 1960. **37** Westling, Det Nordiska Sjuårskrigets Historia, in: HB, 1880, S. 41–112; zu de la Gardie s. SBL, 10, 1931, S. 610-628; Wrangel, Pontus de la Gardie och hans slägt i Frankrike under 15-och 1600-talen, in: HTs, 1890, S. 253-269. **38** Almquist, H., Den politiska krisen och konungavalet i Polen år 1587, in: GHÅ, 20:2, 1916, S. 22 f.: Die Vorfrage zum Status Livlands, das als »Erblehen« betrachtet wurde; vgl. Uebersberger, Österreich und Rußland seit dem Ende des 15. Jhds., I, 1488–1605, 1906; vgl. Biaudet, Les origines de la candidature de Sigismond Vasa au trône de Pologne; ders., Sixte-Quint et la candidature de Sigismond de Suède au trône de Pologne en 1587, in: AASF, Ser. B, II, 1911. **39** Hildebrand, K., Upsala möte 1593, 1893; zu den intensiven Verhandlungen s. SRA, I:1:3; 1592-97, 1894, S. 300 ff.: Vorschläge zur Sicherung der Religion; des Königs Verfassungseid, in: Stiernman, I, S. 406/07; Sigismunds Protest gegen seine »Versicherung« von 1594, in: HTs, 1900, S. 383/84 (Latein). **40** Hildebrand, E., Regeringsformer, S. 6; vgl. Clason, aaO., S. 177. Unter einer cC versteht man einen Bestand an fundamentalen Verfassungsstatuten, die zeitlich unterschiedlich als Verträge angenommen worden sind; sich also nicht wie in der frz. Verfassungstradition *völlig ersetzen,* sondern sich *gegenseitig ergänzen,* sich cumulieren, s. Barudio, Absolutismus (FWG 25), S. 27. **41** Febvre, Martin Luther, dt. 1976 (1928), S. 22: »Die verabscheuenswerte aristotellessche Ethik ist in ihrer Gesamtheit der Todfeind der Gnade ...«, aber noch 1508 soll er ihr positiv gegenübergestanden haben, S. 180; vgl. dazu das Urteil von AO bei der Visitatio universitatis in Uppsala anno 1637; »IG:de lobte auch Aristotelis Ethicam ...«, Runeby, Monarchia mixta, S. 255. **42** SRA, I:1:3, 1592-97, S. 384. **43** Philippson, Westeuropa im Zeitalter von Philipp II., Elisabeth und Heinrich IV., 1882, S. 155; vgl. Lademacher, Die Stellung des Prinzen v. Oranien als Statthalter in den Niederlanden von 1572 bis 1584, 1958; Einleitung zu der Staatsschrift Pro lege, rege et grege, in: HH, 27, 1924–25, S. 5. Eine vergleichende Monographie Schweden–Spanien wäre hochnötig, s. zum Hintergrund dieser Schrift auch die Quellensammlung Johan III och Filipo II. Depescher från det spanska sändebudet till Sverige kapten Francisco de Eraso 1578–1579, in: HTs, 1886, S. 1–50; vgl. Sprinchorn, Om Sveriges förbindelser med nederländerna, in: HTs, 1885. **44** Pro lege, in: HH, 27, S. 22; vgl. Post, A Romano-Canonical Maxim, ›Quod omnes tangit‹ in Bracton, in: Traditio, 4, 1946, S. 197 ff.; vgl. Gagnér, Studien zur Ideengesch. der Gesetzgebung, 1960, S. 51: Findet kein Verhältnis zum Vertragswesen. **45** Pro lege, in: HH, 27, S. 24 ff.; vgl. Strömberg-Back, Lagen, rätten, läran. Politisk och kyrklig idédebatt i Sverige under Johan III:s tid, 1963, S. 24 (problematisch); vgl. Söderqvist, Studierrörande förhållandet mellan Johan III och hertig Karl (1576–1582), in: HTs, 1903/04, **46** Pro lege, S. 41 ff. **47** Vgl. Strömberg-Back, aaO., S. 26: Privilegien sind Ausdruck der ›vertikalen Ungleichheit‹ und der verschied. Qualitäten in einem Gemeinwesen. Das Ausspielen von Qualität u. Quantität hat in der pol. Theorie verheerend gewirkt; vgl. Church, Constitutional thought in sixteenth-Century France, 1941; vgl. Runeby, Monarchia mixtra, S. 253. **48** Aus der überreichen Literatur Hammargren, Den liturgiska striden under Konung Johan III, 1898. **49** Zum Hintergrund Edén, Den svenska riksstyrelsens reorganisation 1594–1602, in: HTs, 1901. **50** Es ging hochdramatisch zu, weil gleichzeitig die Wahl des Eb von Uppsala anstand, s. Kjöllerström, Biskopstillsättningar i Sverige 1531–1951, in: LUÅ, 48:5, 1952, S. 47: Nach K. soll Sigismund nicht vom neuen Eb Angermannus, sondern vom Strängnäs-Bischof Petrus Jonae gekrönt worden sein – nicht ganz sicher! **51** Vgl. Edén, in: HTs, 1901, S. 178 ff. analysiert nicht die »Regimentsordnung für Herzog Karl u. des Reiches Rat« vom 10. Juli 1594, in: Stiernman, I, S. 423–429. **52** Boëthius, Hertig Karls och svenska riksrådets samregering 1594–1596, in: HTs, 1884. **53** RA, Kungl. Arkiv 6, Konung Karl IX, K 17; vgl. Hermansson, Karl IX och ständerna. Tronfrågan och författningsutvecklingen i Sverige 1598–1611, 1962, S. 93 ff. **54** Zu seinen pers. Lebensumständen s. die Darstellung von Palme, S. U., in: SBL, 20, 1973, S. 631–641. **55** RA, Kungl. Arkiv 6. **56** Wie schnell er auf die Geburt im rechtl. Sinne reagierte, geht aus der Neufassung seines 1594er Testamentes im April 1595 hervor, in: RA, Kungl. Arkiv 6. Darin wünscht er seinem »jungen Sohn und Manneserben (dem hochgeborenen Fürsten Herrn Gustaf Adolf) . . . zu seiner Lebzeit viele glückselige, gute Jahre«. Im Juni 1595 erfolgte eine Neufassung des Testamentes. **57** Machiavelli, Discorsi, S. 30. **58** Sjödin, En pamflett av år 1592 mot Vasahuset, in: HTs, 1930, S. 329 ff. **59** Ibidem, S. 331 ff. **60** Ibidem, S. 340 ff. **61** Konung Gustav Ericssons märkvärdiga yttranden om Sveriges konung och svenska Folket, in: HSkH, 1, 1816, S. 38. Es scheint ein fast archetypisches Verhalten zu sein, daß sich ein Geschlecht, zur Königswürde gelangt, stets metaphysisch zu vermitteln sucht, vgl. Meier, Caesar, 1982, S. 70 (Abstammung von der Venus); s. u. S. 75 zum Goticismus. **62** Die »teutsche Periode« wurde von seinem teutschen Kanzler, dem Hessen *Konrad von Pyhy* geprägt. Wegen angebl. Veruntreuungen abgesetzt und bis zum Tod in Haft gehalten. Eine moderne Studie über diesen gescheiterten Staatsmann wäre dringend nötig, s. Svalenius, Gustav Vasa, S. 160 ff.; vgl. Lönnroth, Gustav Vasas finanspolitik 1538–1542, in: Festskrift Eli F. Heckscher, 1944; Hammarström, I., The ›price revolution‹ of the sixteenth century some Swedish evidence, in: SEHR 1957. Zur Situation im Hl. Reich während des Schmalkaldischen Krieges und der weiteren sozialen u. rechtl. Differenzierung Press, Kaiser Karl V., König Ferdinand u. die Entstehung der Reichsritterschaft, in: IEG Mainz, Vorträge 60, 1976. **63** Carlsson, G., Nils Dacke och Europa, 1958/59. Die Verbindungen des Bauernführers aus Småland gingen bis zu Kaiser Karl V.; vgl. Åberg, Nils Dacke och Landsfadern, 1960. **64** Der Luther-Schüler und Rechtsberater der Stadt Stockholm hat vor allem in seiner »Schwedischen Chronik« den neuen König hart ins Gericht genommen u. wurde u. a. dafür mit dem Tode bedroht, s. Almquist, J. E., Dödsdomen över Olaus Petri den 2 januari 1540, in: Festskrift Nils Stjernberg 1940. Mit einem horrenden Lösegeld kaufte die Stadt Stockholm den unerschrockenen Olaus Petri frei; s. a. Schmidt, G., Die Richterregeln des Olaus Petri. Ihre Bedeutung im allg. u. für die Entwicklung des schwed. Strafprozeßrechts vom 14. bis

16. Jhd., 1966. Schon die Unlogik im Untertitel zeigt die Problematik, die sich durch den Teutonismus noch erhöht. **65** HSkH, 1, 1816, S. 39 ff. **66** Zum Hintergrund die zahlreichen Akten in: SRA, I:4, S. 748 ff.; vgl. Tunberg, De svenska rådsherrarna och krisen i Sveriges historia 1597–1598, in: HTs, 1916, S. 195: Ein wichtiger »Vorschlag zur Regierungsordnung in Schweden«; vgl. Almquist, H., Bidrag till kännedomen om striden mellan konung Sigismund och hertig Karl 1598–1599, in: GHÅ, 1916. **67** Das Gerichtsprotokoll in: HSkH, 1834, S. 256; zur Quellenkritik, die aber nicht die Substantialia betrifft vgl. Palme, S.U., Rättegångsprotokollet från Linköpingsräfsten år 1600. En källkritisk granskning, in: HTs, 1938, S. 18–45. **68** HSkH, 1834, S. 221, 233, 272, 278, 281; Hermansson, Karl IX, S. 19 ff. **69** Ibidem, S. 317 ff.; vgl. Ahlqvist, Om aristokratiens förhållande till konungamakten under Johan den tredjes regering, I, 1864; vgl. zur ökon. Lage Nilsson, Kampen om de adliga privilegierna 1526–1594, 1952. **70** HSkH, 1834, S. 261. **71** Konung Carl den IX:des Rim-Chrönika, 1759, S. 64 (eig. Übers.).

## Erziehung zur Verfassung:

**1** Brahe, P., Oeconomia eller Hushållsbok för ungt adelsfolk, (um 1580), S. 16; s. S. 29: »Der mächtige Kriegsfürst Alexander Magnus hat als Lehrer den weisen Philosophen Aristotelem gehabt . . .«; s. Frühsorge, Die Gattung der ›Oeconomia‹ als Spiegel adligen Lebens . . . Per Brahe, Schering Rosenhane, Johannes Rist, in: Arte et Marte. Studien zur Adelskultur des Barockzeitalters in Schweden, Dänemark und Schleswig-Holstein, (hrsg.) Lohmeier, 1978, S. 85 ff. **2** Skytte, Een kort Underwijsning: Uthi huad Konster och Dygder Een Fursteligh Person skall sigh öfwe och bruke, 1604: Alle weiteren Angaben o. S. aus dieser Quelle. Zu den rechtl. Hintergründen dieser Lehrerwahl s. Hermannsson, Karl IX, S. 94, 104 ff.; vgl. Berg, Johan Skytte. Hans ungdom och verksamhet under Karl IX:s regering, 1920, passim. **3** Hildebrand, H., Minne af Riksantikvarien Johannes Bureus, 1910, S. 32 ff.; vgl. Abdruck seiner Tagesnotizen, die Hildebrand ausgelassen hat, in: Samlaren, 4, 1883, S. 35 ff. **4** Carlsson, E., Landskapsrätt och myndighetsålder. Några rättshistoriska problem, in: HTs, 1948, S. 37 f. Für die Fürsten und Könige gab es eine Sonderregelung. Sie sollten nach dem RTB von 1604 nur die »halbe Regierung« mit 18 Jahren und die »ganze Regierung« mit 24 Jahren erhalten, wurden also staatsrechtlich in Stufen »mündig«, s. u. S. 101. **5** Montaigne, Essais, dt. 1953, S. 736/37: An vielen Stellen seiner Reflexionen kritisch mit Aristoteles. **6** Aristoteles, Politik, dt. 1968, S. 32 (1260a). **7** Skytte, Underwijsning. **8** Zum Ramismus, abgeleitet vom Namen des frz. Gelehrten Pierre de la Ramée (1515–1572), der in der Bartholomäusnacht ermordet wurde; s. Lobstein, Petrus Ramus, 1878; vgl. Sjöstrand, Till ramismens historia i Sverige, in: Lychnos 1940. **9** Aristoteles, Politik, S. 188 (1310 a). **10** Stiernman, I, S. 542: Der Zusatz »und Erbfürst« vermittelt eindeutig das Wirken des Erblehens! **11** Hermansson, Karl IX, S. 127 ff. **12** Vgl. Nordlund, Den svenska reformationstidens allmänna statsrättsliga idéer . . ., 1900, passim; vgl. zum Einfluß des *Teutonismus* Beard, Eine ökonomische Interpretation der am. Verfassung, dt. 1974 (1913), S. 56 ff. **13** Aristoteles, Nikomachische Ethik, dt. 1969, S. 130 (1132 a 19–b8). **14** Skytte, Underwijsning; Barudio, Absolutismus (FWG 25), S. 29, 89, 192 ff. **15** Die Voraussetzung dafür war allerdings stets, daß sich Herzog Johan von Öster-Götland an seinen feierlichen Erbverzicht hielt, s. Hermansson, Karl IX, S. 204 f: Karl hatte auch in Krisenzeiten den Plan, bei seinem vorzeitigen Tod doch Johan als seinen Nachfolger zu empfehlen. **16** Skytte, Underwijsning. Die offene Sprache ist nur möglich, weil er aus der Autorität der Sache spricht. **17** Barudio, Das wohlproportionierte Regiment, Kap. II. **18** Skytte, Underwijsning; s. Brahe, Oeconomia, S. 45 ff. **19** Thukydides, Der Peloponnesische Krieg, dt. 1973, S. 232. Zur Kenntnis seiner Schriften s. Brahe, Oeconomia, S. 18; s. u. S. 245 das Leseprogramm an der Universität Upps. **20** Skytte, Underwijsning. **21** Vgl. Munktell, Mose Lag och svensk rättsutveckling, in:

Lychnos, 1936, S. 131–150: In wesentlichen Zuordnungen unsicher, so beim Talionsprinzip (S. 134). Zum Einfluß des Mosaischen Rechtes in Karls IX. Reformarbeit (S. 139); vgl. Westman, De svenska rättskällornas historia, 1912, S. 79 ff. (problematisch). **22** Skytte, Underwijsning; s. a. Brahe, Oeconomia, S. 15: »So weiß auch fast jeder Mann, wie dienlich die Arithmetica ist ... Geometria dient den Kriegssachen.« **23** Zum Einfluß des *Proportionalismus* s. Barudio, Das wohlproportionierte Regiment, Teil II; selbst in der Forderung der Sozialdemokratie, den »aristotelischen Kulturstaat« errichten zu wollen, findet sich diese Definition des Gerechten, machte sich doch diese pol. Partei für das Verhältniswahlrecht stark (arithmetisch) und für eine progressive Besteuerung (geometrisch), s. Schulz, Proletarier, Klassenkämpfer, Staatsbürger. 100 Jahre deutsche Arbeiterbewegung, 1963, S. 54 ff. Das gleiche Wahlrecht gilt auch heute noch in Schweden: Ohne Proporz ist kaum gerechte Politik möglich! **24** Aristoteles, Politik, S. 167 ff. (1302 b). **25** Aristoteles, Nikomachische Ethik, S. 130 (1132 b 8–29). **26** Skytte, Underwijsning. **27** »Allmogen« könnte als »Gesamtvermögen« oder »Res publica« verstanden werden, bezieht sich doch der König stets auf das materielle Vermögen der Stände und deren Belastung, die zustimmungspflichtig ist. »Allmogen« meint im engeren Sinne auch die »Bauernschaft«. **28** Skytte, Underwijsning. Zum Proportionalismus im Abstimmen z. B. von Pikenträgern und Musketieren s. u. S. 337 (Kriegskunst) **29** Hemleben, Kepler, 1971, S. 52/53 ff. **30** AOSB, I:1, S. 248: AO zur Geschichte des Königs und seiner Sprachkenntnisse: »... bekam auch in seinen jungen Jahren eine vollkommene Wissenschaft und Gespür (kenslo) für viele fremde Sprachen, so daß er Latein, Teutsch, Niederländisch, Französisch, Italienisch rein sprach, als sei er darin geboren, verstand Spanisch, Englisch, Schottisch; und hatte Kenntnisse vom Polnischen und Moskowitischen«. **31** Berg, Skytte, passim; Svennung, Zur Gesch. des Goticismus, in: SHVU, 44:2, B, 1967, S. 84 ff. neben anderen Schriften zu diesem Thema im gleichen Band. **32** Barudio, Absolutismus (FWG 25), S. 16. **33** Zum Umfeld dieses oft vernachlässigten Themas Guénon, Le règne de la quantité et les signes des temps, 1945, S. 46 ff. **34** AOSB, II:1, S 48. **35** Hildebrand, Bureus, S. 10 ff. Auch B. war äußerst sprachbegabt. Neben Latein u. Griechisch beherrschte er das Hebräische und einiges vom Arabischen. **36** Ibidem, S. 12 ff. Später schien ihm der Wein- und Biergenuß besser zu bekommen; ibidem, S. 60: »War ich beim König, tranken uns zu« (10. 9. 1624). **37** Ibidem (5. 11. 1624). **38** Ibidem, S. 24 ff. **39** Ibidem, S. 59: »Am 6. 7. 1624 gab der König Bureus den Auftrag, ein Vorwort zur *Königsordnung* zu schreiben«; verzerrte u. weitgehend irreführende Deutung bei Lagerroth, Um styrilsi konunga, in: Festskrift S. U. Palme, 1971, S. 152–157; vgl. Runeby, Monarchia mixta, S. 223 ff. **40** RA, R 4760 (Riksdagsacta 1607 Uppsala): Bericht über den Krönungszug u. die Krönung. **41** Ibidem; s. a. die Erklärung der Stände zur Absetzung in Örebro vom 24. 4. 1606, in: Stiernman, I, S. 627; vgl. Nyqvist, Om riksdagen i Uppsala år 1607, 1865; vgl. Hermansson, Karl IX, S. 215 ff. **42** RA, Kungl. Arkiv. Handskriftsamlingen, Gustaf II Adolf och Kristina. Diese Tagesaufzeichnungen aus dem Jahre 1607 haben ein eigentümliches Schriftbild. Es setzt sich aus zwei unterschiedl. Handstilen zusammen, von denen der eine auf Kanzleiübung zeigt, also nicht von GA's eigener Hand stammt. Die »Invectiva«, Übungen im Latein, besonders Ciceros Reden gegen Catilina, bei denen dieser mit Hogenskild Bielke ausgetauscht wurde, müssen vor 1605 entstanden sein. Denn in diesem Jahr wurde B. hingerichtet, aber nicht vor 1604, weil von »Serrenissimus Rex« gesprochen wird, und das war Herzog Karl formell erst seit dem RTB. **43** Norlin, Svenska kyrkans historia efter reformationen, I:1, 1864, S. 224 ff.; vgl. Ahnlund, Ståndsriksdagens utdaning 1592–1672, 1932, S. 85 ff.: s. u. S. 331. **44** RA, Kungl. Arkiv, G II A; s. zur Klärung der Annahme, GA habe in Padua bei Galilei studiert Adlerbeth, Anmärkningar rörande svenska prinsen Gustafs vistande i Padua, in: KVHAH, 7, 1802, S. 68–75. Es spricht einiges dafür, daß es der Sohn Eriks XIV. mit Karin Månsdotter war, den GA hier auch meint. Er war Alchimist, Katholik und stand mit dem Kreis um Kaiser Rudolf II. in Kontakt. **45** RA, Kungl. Arkiv, G II A. »Kunskap« im Sinne von »Wissen« und »Wissenschaft«=Kenntnis. **46** Die praktische Anwendung dieser Maxime unten bei der

»Kriegskunst« S. 336. **47** Fox, Alexander der Große, dt. 1977 (1973), S. 69/70. **48** Ohlsson, Abraham Angermannus. En biografisk studie, 1946. **49** Der Hinweis auf Per Banér zeigt, daß das Versöhnungswerk mit den Nachkommen der »Herren von Linköping« lange vor 1611 begonnen hatte, s. SBL, 2, 1920, S. 658-665 **50** Mörner war zeitweise GA's »Zuchtmeister«, s. zu dieser Familie Stenbock, Mörnerska släktboken 1468–1653, 1909. **51** RA, Kungl. Arkiv, G II A: Die Stelle lautet: »Leges divinae et humanae praecipiunt regibus et omnibus magistratibus ut defendant innocentes et maxime eos, qui propter religionem affliguntur, die 4. Martii anno 1607.« **52** Seneca, Vom wahren Leben. Ausgewählte Schriften, o. J., (A. Th. Lang), passim.

## Eriksgata:

**1** Wir hoffen, mit einem Aufsatz zu diesem Problem demnächst einige Aufklärungen geben zu können; vgl. Konungs Balk Landslag (1442), S. 17; vgl. Lagförslag i Carl IX:s tid, 1864, S. 16. **2** Lindroth, H., Eriksgata, in: HTs, 32, 1912, S. 125–130. **3** Wadstein, Eriksgata, in: HTs, 34, 1914, S. 38–42: Antwort auf Lindroth. **4** Vgl. Wadstein, Tvenne frågor ur den fornsvenska statsrätten. 1. Västgötalagens konong vraekae, 2. Eriksgata, in: HTs, 1899, S. 91–124. **5** Koyré, Mystiques, S. 104: Die Vierheit ergibt sich daraus, daß »daselbige *Corpus* aller vier Elemente ist in drei *Species* geteilt ...« **6** s. u. S. 393; vgl. Hermansson, Karl IX och ständerna, S. 255 ff. **7** Treumann, Die Monarchomachen, 1895 (teilweise veraltet); vgl. Lagarde, Recherches sur l'ésprit politique de la Réforme, 1926, S. 122 ff., 269 ff.; vgl. Hermansson, Karl IX, S. 306 ff.; Runeby, Monarchia mixta, 1962, passim. **8** SRA 1:2:1, 1612, S. 205 ff.; vgl. Runeby, Monarchia mixta, S. 88. **9** Sahlgren, Forntida vägar. Säbybron och Eriksgatan, in: Uplands Fornminnesföreningens tidskrift, h. 26, 1909; vgl. Nordén, Stångebro och Gamlabro. »Eriksgatans« huvudbroar i Östergötland och bebyggelsehävden vid dem, in: Ymer 1929. **10** Vgl. Meier, Caesar, 1982, S. 523: »Daß er jedoch, indem er Unrecht tat, zum König wurde, ließ er damals durchgehen ...« In ihrer mangelhaften Begriffsklärung und durchgehend hypothetischen Stellungnahmen probl. Beitrag zur Recht-Macht-Relation. **11** Lagförslag i Carl IX:s tid, S. 16: »Tolf äga i Konungs Rådhe wara af Riddarom och Swenom, och eij flere.« Diese Anzahl konnte selten gehalten werden und war meist größer, besonders unter GA. Sie wuchs mit der Ausweitung der Aufgaben. **12** Artaud, Heliogabal, S. 74 ff. **13** s. Anm. 7; Barudio, Absolutismus, 1976, S. 78 ff. **14** Aristoteles, Politik, dt. 1968, S. 197 ff.: Dieser Gedanke, daß man etwas an einer Kompetenz nimmt, um sie zu stärken, ist für republikanisches und freiheitliches Denken konstitutiv und erklärt auch die »Konkurrenz« als Zusammengehen der Kräfte für eine Aufgabe – das Erfüllen des Gerechten. **15** Stolpe, Birgitta i Sverige, 1974, S. 156 ff.; ders., Drottning Kristina, 1966, S. 13 ff. **16** Bendz, Göta hovrätt genom seklerna, 1935: Zur 300-Jahrfeier seines Bestehens. **17** Almquist, H., Göteborgs historia, I, 1929. **18** Palme, Karl IX – Bondekonung?, in: Kungligt och kvinnligt, 1958, S. 710–718: Das Verdikt von Axel Leojonhuvud über Karl IX. macht P. dann zum »Volksführer«; daß Polen auch noch zu »Sigismunds eigenem Erbreich« wird, obgleich es Wahlreich war, zeigt u. a. die vielen Schwächen in dieser und anderen Arbeiten P's. **19** Hermansson, Karl IX, S. 127 f. **20** Annerstedt, Olaus Martini, 1904, S. 4 ff.; vgl. Holmdahl, Karl IX:s förmenta kalvinism, 1924, S. 237 ff.; vgl. Bloch, Karl IX som teolog och religiös personlighet, 1918. **20** Der Bericht des »Per Persson Ubsaliensi« in: RA, Kungl. arkiv, K. 19. Es spricht alles dafür, daß es sich hier um Petrus Petrejus handelt, der 1592 bei Goclenius in Marburg promoviert wurde, vgl. Tarkiainen, Petrus Petrejus som skildrare av Ryssland, in: Lychnos, 1971/72, S. 247–283.

# Ein Adelskönig:

**1** Hemleben, Kepler, 1977 (1971), S. 67. **2** Ibidem, S. 89 ff. **3** Sondén, Johan Skytte och Oxenstiernorna, in: HTs, 1900, S. 114/115, Anm. 1. Skyttes Beziehungen zu England u. besonders zu Jakob I. wurden immer wieder pol. genutzt, s. Berg, Johan Skytte. Hans ungdom och verksamhet under Karl IX:s regering, 1920. Eine Gesamtbiographie fehlt auch hier. **4** Zit. n. Hemleben, aaO., S. 90. **5** Pleijel, De tre huvudstånden i äldre tiders Sverige, in: STK, 1948, S. 89/90; zu Leben u. Werk des streitbaren Bischofs s. Lundström, Laurentius Paulinus Gothus, 2 Bde, 1893–98. Der Trialismus fand auch in seiner dreibändigen »Ethica christiana«, der ersten Staatslehre in schwed. Sprache, ihren Niederschlag. Dem »Friedensregiment«, 1628, folgte das »Kriegsregiment«, 1629 und diesem die sog. »Archomenoscopia«, die Lehre »Über der Untertanen Stand und Schuldigkeit«, 1630. **6** Pleijel, aaO., S. 91: Luthers Position: »Tres enim hierarchias ordinavit Deus contra diabolum, scilicet oeconomiam, politiam et ecclesiam. . .« **7** Stiernman, I, S. 594–625; vgl. Hermansson, Karl IX, S. 204 ff. **8** Ibidem, S. 606; vgl. Hasselberg, Halv regering. Ett tema i 1600-talets svenska statsrätt, in: HVSU, 1963–64. **9** Stockholm Magazin, 2, 1780, S. 780: Matthias Soop wurde zu seinem Französisch- und Johan Skytte zum Latein-Lehrer bestellt. **10** Generalstaben (hrsg.), Sveriges Krig, 1611–1632, I, 1936, S. 132 ff.; vgl. Wadén, Berättande källor till Calmarkrigets historia, 1938. **11** Ahnlund, Gustav Adolf den Store, 1932, dt. 1938 ohne den Ehrentitel, S. 44 f.; vgl. Moberg, Otrons artiklar, 1973, S. 42 ff.: M. deutet eine Episode aus dem Kalmar-Krieg, in der GA einen Strafzug durch Schonen angeführt hat, als Beweis für Geschichts-Fälschung durch die offizielle Historie, sagt aber nicht, daß von Christian IV. aus der Krieg begonnen wurde und es auf Leben u. Tod ging: Krieg war kein »Kinderspiel« (barnelek), das Überleben stand auf dem Spiel. **12** Bohrn, Nyköpings Renässans-Slott och Herkules Mida, in: VHAAH, 49, 1941, S. 39 ff. **13** AOSB, I:1, S. 247 (AO zur Biographie GA's). **14** Rim-Chrönika, S. 72; vgl. Clason, Historiska betraktelser af Karl IX., in: HTs, 1906, S. 146 ff., der Versuch, Gesch. für seine pol. Ziele einzuspannen. Interessant auch die Beurteilung der Schweden, die er manchmal schlimmer einschätzt als Bären u. Wölfe. Dabei benutzte er gerne Redensarten aus dem Hl. Reich: »Der Schweden Art gleicht dem teutschen Sprichwort, ›dir nichts und mir nichts, so haben wir alle beede nichts‹«, S. 142. **15** Ödberg, Om vestgöta-adelsmannen Tord Bonde till Stensholmen och hans tid (1550–1628), 1903, S. 46, Anm. 1; vgl. Palme, Till kännedomen om Karl IX:s muntliga framställningssätt. Några lybska bidrag, in: HTs, 1938, S. 288–295: Teutsche Quellen zu seiner markigen Ausdrucksweise. **16** Zum Ablauf dieses Schauprozesses s. den Bericht des jungen AO, in: AOSB, I:1, S. 8 ff.; vgl. Tham, Axel Oxenstierna. Hans ungdom och verksamhet intill år 1612, 1935; vgl. Andersson, J., Riksdagen i Stockholm 1605, 1875; zu diesem Senator (es fehlt auch hier eine Biographie), in: SBL, 1, S. 197–207; vgl. Theiner, Schweden u. seine Stellung zum heiligen Stuhl unter Johan III., Sigismund III. und Karl IX., I, 1838 (immer noch von den Quellen her die beste Monographie zum Thema). **17** Ödberg, aaO., S. 47 ff. **18** Leinberg, Nya underrättelser om Petrus Petrosa, in: HA, 1901–02, S. 358 ff.; vgl. Lindberg, Kring Petrus Petrosa, in: PHT, 1929–30, S. 25 ff.; vgl. Hermansson, Karl IX, S. 299 ff.; s. a. Berg (hrsg.), Hertig Carls slaktarebenck, 1915. **19** Almquist, H., En fransk kondottier i Sverige på Karl IX:s tid, in: PHT, 1911, S. 1 ff.; vgl. de Sacy, L'honneur François ou histoire des vertus, VI, 1771, S. 20 ff. **20** Vgl. Nilsson, Reaktionen mot systemskiftet 1611. En linje i Gustaf II Adolfs politik, in: Scandia 1950. **21** Hatzopoulos/Loukopoulos, Ein Königreich für Alexander. Philipp von Makedonien, 1982. **22** Zit. n. Fox, Alexander der Große, dt. 1974/1977 (1973), S. 70. **23** Ödberg, aaO., S. 47: Dieses Adelsgeschlecht kam aus dem Brandenburgischen nach Schweden. **24** Stenbock (hrsg.), Mörnerska släktboken 1468–1653, 1909, S. 61; vgl. die heftige Ermahnung Karls IX. an GA vom 12. Juli 1608 u. die Vertretung des kranken Königs am 7. Dez. 1610 bei Blees, Gustav II Adolf och Estland. Kyrka, skola och rättsväsende, 1932, S. 14 ff. **25** Hildebrand, Karl IX:s testamente och tronskiftet 1611, in: HTs, 1895, S. 1 ff. **26** Vgl. nur Hessler, Gustaf II Adolfs konungaförsäkran, in: Scandia 1932, S. 204: »Als die Krone erblich wurde, schien die wesentliche Voraussetzung für ein erfolgreiches konstitutionalistisches Bestreben verlorengegangen zu sein.« Man kann die tatsächliche Vertragslage nicht gründlicher mißverstehen. **27** SRA, I:2:1:1, 1611–12, 1931, S. 3. **28** Seit seiner Ernennung zum RR (1609) wurde er neben dem Kanzler Svante Bielke mehr und mehr in der Kanzlei tätig u. am 6. 1. 1612 von GA zum Reichskanzler bestellt, s. u. S. 119. **29** SRA, I:2:1:1, S. 3 ff. **30** Ibidem, S. 13–20. **31** RA, Rreg. 1611, fol. 45/46. **32** SRA, I:2:1:1, S. 36 ff. Zu den Bemühungen um Herzog Johan und Senator Nils Bielke ibidem, S. 23/24. Zur Proposition ibidem, S. 37 ff. Zu Rußland u. Dänemark RA, Rreg. 1611, fol. 11–14 (an Jakob P. de la Gardie), fol. 42 ff. (an Nils Stiernsköld). Zur Vorbereitung der Totenkrönung mußten viele Aufträge an Gold- und Silberschmiede vergeben werden s. RA, Rreg. 1611, fol. 35, s. Upmark, Guld- och Silversmeder i Sverige 1520–1850, 1943, S. 30 ff. **33** SRA, I:2:1:1, S. 29 ff.; vgl. AOSB, I:1, S. 48: AO ließ in seinen Tagebuchaufz. das Datum der Renuntiation aus. **34** Vahle, Die Rezeption römischer Staatstheorie in der zweiten Hälfte des 16. Jhds durch Jan Zamoyski, 1968, S. 73 zum geistigen Umfeld: Kanzler Zamoyski hatte in Padua studiert, war mit der Republik Venedig u. ihren Institutionen so vertraut wie mit dem röm. Recht, von gleicher Qualität wie auf schwed. Seite Erik Sparre; Caro, Das Interregnum Polens im Jahre 1587 und die Parteikämpfe der Häuser Zborowski u. Zamoyski. Nach Quellen bearbeitet, 1861; vgl. Schramm, Der polnische Adel u. die Reformation (1548–1607), 1965; Śliwiński, Jan Zamoyski, kanclerz i hetman wielki koronny, 1947; vgl. Sobieski, Henryk Walezy, Stefan Bathory, Zygmunt III (1572–1632), 1923; vgl. Almquist, H., Polskt författningslif under Sigismund III, in: HTs, 1912. **35** SRA, I:2:1:1, S. 56/57. **36** Stiernman, I, S. 651–58. **37** SRA, I:2:1:1, S. 71/72. **38** Zum Problem s. Hägglund, Theologie u. Philosophie bei Luther u. in der occamistischen Tradition. Luthers Stellung zur Theorie von der doppelten Wahrheit, in: LUÅ, 51:4, 1955, S. 88 ff.: Es mußte das Kunststück gelingen, die Philosophie des Aristoteles u. des Averroes in Einklang zu bringen u. gleichzeitig an den Lehren der Kirche festzuhalten; Luthers Satz »philosophia est error in theologia« zeigt die aufgetretenen Spannungen von *äußerem Leben* u. *innerem Menschen* an, vgl. Heim, Zur Gesch. des Satzes von der doppelten Wahrheit, in: Festschrift Theodor von Haering, 1918, S. 90 mit Rücksicht auf den Satz des Thomas v. Aquin »Veritas est adaequatio rei et intellectus«. **39** Zum Entwurf SRA, I:2:1:1, S. 102–111. **40** Ibidem, S. 72. **41** Ibidem, S. 59; wer sich von der Kürze dieses Artikels befremden läßt, denke an den Art. 3 in der RF von 1634: »Könige besitzen das Recht, über Burgen und Lande und all ihr und der Krone Recht zu schalten und walten, wie es das Gesetz vermeldt« (eig. Übers.), in: Hildebrand, E., Regeringsformer, S. 7. Die Formel »äger« drückt in ihrem Doppelsinn von »besitzen« und »berechtigt sein« genau den Bezug von Recht und Eigentum aus; nicht anders »råda«, dessen Doppelsinn von »beraten« und »beherrschen« eines Mündels (råda von ma ratha!) den Grundsatz »populus est instar pupilli« (Das Volk ist einem Mündel gleich) erfaßt. Wir halten diesen Artikel 3 für den sprachlich u. sachlich besten des gesamten Staatsrechts in Schweden; vgl. Wessén, Svenskt lagspråk, 1968, leider sehr teutonistisch u. autochthonistisch ausgerichtet, s. Erklärung zum Begriff »lag« (Gesetz), das er nicht auf lat. »lex, legis« beziehen möchte, S. 10 f. **42** SRA, I:2:1:1, S. 59; vgl. Backhaus, Reichsterritorium u. schwedische Provinz, 1969, S. 161 setzt den Reichskanzler sogar an die erste Stelle. Ignoranz des Rechts und seiner Regeln rächt sich immer, wenn Ökonometrie zum Selbstzweck wird. Zu dem schweren Verfassungskonflikt des Ämteraustausches zwischen Marsch u. Drost bei der Vormundschaftsregelung 1660 für Karl XI. s. Runeby, Monarchia mixta, S. 521 ff.; vgl. Barudio, Absolutismus, 1976, S. 88 ff. **43** SRA, I:2:1:1, S. 72; vgl. Hasselberg, Kungamaktens och adelns förhandlingspositioner 1611, in: Festskrift Sven Ulric Palme, 1972, S. 100: Man hat viel über die angeblich »adelsfeindliche Politik« unter der Leitung von Johan Skytte und Karls IX. Sekretär Mickel Olofsson spekuliert. Diese Stelle erscheint aber weniger »adelsfeindlich« denn als Ausdruck pol. Vernunft. **44** »1. 4. (1625) 6 1/3 vormittags sagte mir der König das Östbo Härads-Gericht zu . . .«, in: Hildebrand, Minne af riksantikvarien Johannes Bureus, 1910,

S. 60. **45** SRA, I:2:1:1, S. 73. Eine konstitutionale Sicherung lange vor der »Petition of rights« und »Bill of rights« in England, vgl. Hildebrand, E., in: HTs, 1895, S. 26: in seiner Darstellung zu sehr auf Machtkampf fixiert – wie die übrige schwed. Historie auch –, eine Tradition aus der »Freiheits«-Zeit nach 1718 fortführend. **46** SRA, I:2:1:1, S. 73. **47** Ibidem. Zur »nomothetikè« als »Gesetzgebung« vgl. Gagnér, aaO., S. 59: Mißversteht Johannes Loccenius, »einer der Begründer der Rechtswiss. in Schweden«, völlig. Er gehört nicht »zu den Theoretikern der unbegrenzten kgl. Gesetzgebungsmacht« nach 1680; vgl. Barudio, Absolutismus, 1976, S. 122 ff. **48** SRA, I:2:1:1, S. 73: Aus dieser Verpflichtung hat die spätere Machthistorie einige Verdächtigungen gegen GA abgeleitet, s. u. S. 254. **49** Ibidem, S. 76. **50** Brunner, Vom Gottesgnadentum zum monarchischen Prinzip, in: NWB, 17, 1967, S. 122; s. Barudio, Absolutismus, 1976, S. 134 ff. **51** SRA, I:2:1:1, S. 77 ff.; Stiernman, I, S. 658 ff. **52** Vgl. Schumpeter, Die Krise des Steuerstaates, in: Aufsätze zur Soziologie, 1953, S. 14: Sch. erkennt zwar den Einfluß der »Patrimonialisierung der Persönlichkeit« und weiß etwas vom Mißtrauen zwischen Ständen und Fürsten im 16. Jhd. (»Steuerstaat«), bleibt aber doch an der Oberfläche; vgl. Boldt, Der Ausnahmezustand in historischer Perspektive, in: Der Staat, 1967, S. 412 ff. Daß der »Ausnahmezustand« als »casus necessitatis« den ›libertären Verfassungsstaat‹ aufheben muß, um den ›patrimonialen Fürstenstaat‹ einzurichten, geht ihm wie der »Deutschen Staatslehre« im allgem. nicht auf; vgl. Barudio, Absolutismus, 1976, S. 123 ff. **53** Zit. n. Benjamin, Allegorie und Emblem, in: NWB, 7, 1970, S. 394: Bei B. wird die Formel »zugelassen« als »zu gelassen« wiedergegeben. Diese Schreibweise verzerrt aber erheblich den intendierten Sinn. **54** SRA, I:2:1:1, S. 139 ff. **55** AOSB, II:1, S. 1/2. **56** Ahnlund, Axel Oxenstierna, 1940, S. 356 ff. **57** Erlanger, Richelieu, 1975, S. 18 ff. **58** Ahnlund, Axel Oxenstierna, S. 202 ff. **59** Die Absage an »Wille, Freundschaft, Haß oder Neid« u. die Abkehr von »Eigennutz, Haß oder Gewalt, Feindschaft oder Freundschaft, Clandenken=mågsämjo oder Verwandtschaft« waren Essentials des Reichsrats-Eides, den auch AO geleistet hat, s. Hermansson, Karl IX., S. 137 ff.; GA's wunderbarer Brief vom 4. Dez. 1630 an AO spricht zwar von einer »storge naturalis«, die er für den Kanzler empfindet, aber das ist mehr eine ›natürliche Zuneigung‹ im Sinne einer Seelen-Verwandtschaft, die ins Politische hineinwirkt, dieses aber nicht von innen her bestimmt, s. AOSB, II:1, S. 670. **60** AOSB, I:1, S. 2; vgl. Forsell, Kungl. Maj:ts kanslis historia, I, 1935; vgl. Edén, Den svenska centralregeringens utveckling till kollegial organisation i början af sjuttonde århundradet 1602–1634, 1902; vgl. Haralds, Kansliet – anima regni, in: StvT, 1928. **61** Pro lege, S. 71 ff. **62** Paracelsus, Die Geheimnisse, 1941, S. 196 ff., 324 ff. **63** Plessner, Die verspätete Nation, 1974 (1959), S. 52: Diese Arbeit des Zoologen u. Sozialphilosophen P. strotzt nur so vor Unkenntnis. Daß sie unter bundesdt. Politologen geradezu ein Kultbuch werden konnte, sagt einiges über den intellektuellen Zustand dieses Berufsstandes aus; vgl. Bendix, Könige oder Volk, I, dt. 1980 (1978), S. 221: »Der Ständestaat Brandenburg war von einem konstitutionellen Staat sehr verschieden. Die Menschen waren Untertanen, keine Bürger, und daher ohne alle politischen Rechte.« B. nennt nicht eine einzige Quelle zur Gesch. Preußens, fühlt sich aber zum Urteil berechtigt. Schon der Titel seiner Arbeit gehört zum Arsenal des »Dualismus« u. zum Denken in Ausschließlichkeiten; vgl. Barudio, Absolutismus (FWG 25), S. 191. **64** Almqvist, C. J. L., Svenska fattigdomens betydelse, in: Sveriges litteratur, VIII, 1965, S. 245: Die Spaltung setzt sich nach A.s Meinung auch dort fort, wo die Hälfte der in Schweden ansässigen Familien »sich von Ausländern herleitet«. Interessant der Neo-Goticismus bei ihm, S. 255: ». . . der Spanier und der Schweizer, die mit uns in einer nahen Verwandtschaft stehen«. **65** Vgl. Sjödell, Kungamakt och aristokrati i svensk 1900-talsdebatt. En studie i dualistisk historiesyn, in: HTs, 1965. **66** Zit. n. Truns, Der deutsche Späthumanismus um 1600 als Standeskultur, in: NWB, 7, S. 147. **67** Luther, Werke, VI, »An den christl. Adel deutscher Nation . . .«, S. 428: Auch hier bezieht er sich auf die Qualitäten der Drei Stände. Der Papst hat sich an das »Tu ora, Du solt beten«, der Kaiser an das »Tu protege, Du solt schützen« und der Gemeine Mann an das »Tu labora, Du solt arbeiten« zu halten. **68** SRA, 1:1:3:1, (1894–

1910) S. 51. **69** v. Aretin, Einleitung zu NWB, 67 (Der Aufgeklärte Absolutismus), 1974, S. 44. **70** SRA, I:2:1:1, S. 114 ff.; vgl. Nilsson, Det gamla frälset, in: Festkrift Arthur Thomson, 1961; ders., Krona och frälse i Sverige 1523–1594. Rusttjänst, länsväsende, godspolitik, 1947; ders., Länen och godsen i kampen mellan Sigismund och hertig Karl, in: Nordiska historikermötet i Göteborg 1951, 1951. **71** Ibidem, S. 115 ff. **72** Hintze, in: ZfP, 1913, S. 493: Er ist aber angesichts der von Fahlbeck, Die Regierungsform Schwedens, 1911 vorgelegten Fakten bereit zuzugeben, »wie irreführend die Anwendung solcher vieldeutiger Schlagwörter wie ›Dualismus‹ sein kann«, zieht jedoch für die Verfassungslagen auf dem Kontinent nicht die Konsequenzen! **73** Zit. n. Meier, Caesar, 1982, S. 29: Jacob Burckhardt gilt heute in der älteren dt. Historie trotz seiner zahlreichen Fehlurteile als ›Vaterfigur‹ und Geschichts-Guru. **74** Das lineare Fortschrittsdenken hat auch in der nicht-marxistischen Historie das Klischee vom aufkommenden Bürgertum kultiviert, indem der ökon. Prozeß vom Eigentumsbegriff weitgehend abgekoppelt worden ist. Gute Klärung bei Macpherson, Die politische Theorie des Besitzindividualismus, dt. 1973 (1967), (1963); vgl. Holldack, Der Physiokratismus und die absolute Monarchie, in: NWB, 67, S. 140 ff.; welche Schwierigkeiten Marxisten haben, von ihren Dogmen Abschied zu nehmen bei Hoffmann, P., Entwicklungsetappen und Besonderheiten des Absolutismus in Rußland, in: NWB, 67, S. 341; vgl. Barudio, Absolutismus (FWG 25), S. 376 ff. **75** SRA, I:2:1:1, S. 116 ff.: Die »Freiheitsmeile« bedeutete für den Adel und seine Bauern eine weitgehende Befreiung von Lehnsabgaben. Man könnte diese Maßnahme besonders von 1612 als Investitionsanreiz verstehen, den materiell wichtigsten Stand im Reich zu fördern; vgl. Nilsson, Reduktion eller kontribution, in: Scandia 1958; Almquist, J. A., Frälsegodsen i Sverige under storhetstiden, I–III, 1931–1947; vgl. die Entwicklung auf der unadligen Seite Lindberg, F., Hantverkarna, I, Medeltid och äldre Vasatid, 1947. **76** Tunberg, Alsnö stadga. Några kritiska synpunkter, in: HTs, 1911: Legt die Kodifizierung dieses grundlegenden Statuts auf das Jahr 1279, S. 229 ff.; vgl. Annell, Alsnö stadga och rusttjänsten, in: HTs, 1941: Bezieht sich auf das Jahr 1280 oder 1281, S. 58 ff.; vgl. auch Jägerskiöld, Adelsprivilegier i Sverige och Danmark, in: HTs, 1934, S. 258: Erkennt im Adel Schwedens nur das Streben, die Machtausweitung des Vasa-Königtums zu begrenzen. Es ging diesem aber in erster Linie darum, die Machtausübung im Rahmen des Rechts zu sichern. **77** SRA, I:2:1:1, S. 121 ff. **78** Ibidem, S. 120 ff. **79** Ibidem, S. 121. **80** Lohmeier (hrsg.), Arte et Marte. Studien zur Adelskultur des Barockzeitalters in Schweden, Dänemark und Schleswig-Holstein, 1978; s. u. S. 320. **81** Nordström, Historieromantik och politik under Gustav Adolfs tid. Peder Erikssons oration 1625, in: Lychnos 1937, S. 381, s. u. S. 303. **82** Zamoscii, De Senatu Romano libri duo, 1563; s. Vahle, aaO., S. 27 ff. **83** Dieses Sündenregister geht wahrscheinlich auf Johannes Magnus zurück, den letzten kath. Eb von Uppsala, der im röm. Exil zusammen mit seinem Bruder Olaus Magnus mit einer Reihe von Publikationen den Ruf der alten Goten mehrte und dafür in Schweden in hohem Ansehen stand. **84** Burckhardt, Richelieu, III, S. 192/93. **85** AOSB, I:1, S. 48: AO berichtet, daß im Nov. 1611 ein Gesandter »von Novgorod nach Nyköping« gekommen sei mit der schriftl. Bitte der »Novgoroder Herrschaft, worin IKM:t und die Krone Schweden als Schutzherrn und einer von IM:ts Söhnen als ihr Großfürst begehrt werden«. Zum Hintergrund Almquist, H., Tsarvalet år 1613. Karl Filip och Mikael Romanov, in: Historiska studier tillägnad H. Hjärne, 1908, S. 197 ff.; ders. Sverge och Ryssland 1595–1611, 1907, S. 254 ff.; zum Einfluß des Kriegsobersten s. Grill, Jacob de la Gardie, affärsmannen och politikern 1608–1636, 1949, S. 23 ff.; vgl. Zamjatin, K voprosu ob izbranii Karla Filippa na russkij prestol (1611–1616), 1913; vgl. Zernack, in: HGR, II, 1981, S. 37 ff. **86** Fleischhacker, Die staats- und völkerrechtlichen Grundlagen der moskauischen Außenpolitik (14.–17. Jhd.), 1938; vgl. Figarovskij, Otpor švedskim interventam v Novgorode, in: NISb, 1938, S. 67–82. **87** Tyszkowski, Gustaw Adolf wobec Polski i Moskwy (1611–1616), 1930; vgl. Maciszewski, Polska a Moskwa 1603–1618, 1968; vgl. HGR, II, S. 43 ff. **88** Grill, aaO., passim; RA, Rreg. 1609, fol. 12–24: Instruktionen für de la Gardie, wie er sich in dem innerrussischen

Konflikt verhalten soll; RA, Muscovitica, 17, Handlingar angående Karl Filips val till tsar 1613–1615. Zum russisch-schwed. Krieg demnachst Barudio, Axel Oxenstierna. **89** AOSB, II:1, S. 9–17. **90** AOSB, I:1, S. 53: Aus AO's Tagebuch der Friedensverhandlungen; S. 64: Ein goticistisches Argument, daß nämlich Schweden »so alt, wenn nicht älter als Dänemark ist«. **91** Sverges traktater, V, S. 215 ff.; zum Wettlauf der Seemächte im hohen Norden Malo, Les Corsaires Dunkerquois et Jean Bart, I, 1912; Enewald, Sverige och Finnmarken, 1920; vgl. Johnsen, Finmarkens politiske historie, 1923. **92** Sverges traktater, V, S. 220 ff. **93** Roberts, Gustavus Adolphus, I, S. 63/64.

## Königliches Tagewerk:

**1** Die Anekdote, daß er als Junge geweint und mit seinem Schicksal gehadert hätte, als er die große Arbeitslast als König auf sich zukommen sah, läßt sich nicht sicher belegen; vgl. die Begründung von Adler Salvius gegenüber Königin Christina beim Eintritt in das »Collegium Cancellariae«, daß man dort »alles . . . wissen muß«, s. Lindroth, Paracelsismen i Sverige till 1600-talets mitt, Lychnos 7, 1943, S. 488. **2** s. die Begründung bei der Errichtung des Hofgerichtes: »Stockholm ist der Königssitz . . ., liegt auch so gut wie in der Mitte des Reiches«, in: SRA 1:2:1, S. 406 ff., s. u. S. 425. **3** Oft auch »von Scheiding« geschrieben, s. SBL, NF, 9, 1882, S. 341 ff. **4** BL öfver namnkunnige svenska män, 10, 1844, S. 319 ff. Eine Biographie oder Monographie über diesen bedeutenden Bruder des Reichskanzlers fehlt noch immer. **5** RA, Rreg. 1613, fol. 381–391. **6** Zur besonderen Lage dieses Gebietes s. Lundkvist, S., Rörlighet och social struktur i 1610-talets Sverige, in: HTs 1974, S. 192-258; s. auch Lindroth, Gruvbrytning och kopparhantering vid Stora Kopparberget intill 1800-talets början, I-II, 1955; vgl. Forsslund, Falu Gruva och Stora Kopparbergs bergslag, 5, 1936, S. 50 ff. **7** RA, Rreg. 1613, fol. 394 f.; vgl. Almquist, J. A., Den civila lokalförvaltningen i Sverige 1523–1680. **8** Sacklén, Sveriges Läkarehistoria ifrån konung Gustaf I:s till närvarande tid, I–II: 2, 1822–24; Forsstrand, En Stockholmsläkare under förra hälften av 1600-talet. Jakob Robertson, livmedikus hos Gustav II Adolf, in: Samfundet S:t Eriks Årsbok 1925, S. 41 ff.; Lindroth, Paracelsismen, S. 449 ff. **9** RA, Rreg 1613, fol. 398. **10** KGAS, S. 107 ff.

## Svea Hofgericht:

**1** Siehe nur die gestaffelten Geldstrafen Schmedeman, Kongl. Stadgar Förordningar, Brev och Resolutioner 1528–1701 angående Justitia, 1706, S. 130 f. Hat einer dem Hausmädchen ›beigewohnt‹, »soll er 160 Taler büßen und sie 40 Taler«. **2** Ibidem, S. 131; vgl. das Strafmaß in Herzog Johans Fürstentum, in: HTs, 1941. **3** SRA 1:2:1, S. 499. **4** Ibidem, S. 501 f. **5** Ibidem, S. 502 f.; vgl. zur sozialen Lage der niederen Stände und besonders der Bauern Lundkvist, S., Resurser, skattetryck och fattigdom i 1610-talets Sverige, in: Bördor, bönder, börd i 1600-talets Sverige, 1979. **6** Gustafsson, L., Virtus politica, 1956, passim. **7** Schmidt, Die Richterregeln des Olavus Petri, 1966, S. 82 ff.; vgl. Barudio, Absolutismus (FWG 25), S. 39. Die schwed. Formel »lag och rätt« kann zwar als »Gesetz und Recht« übersetzt werden, da aber das Recht als JUS dem Gesetz als LEX vorgeordnet ist, kann hier nur die Wiedergabe »Gesetz und Gericht« richtig sein. **8** Bendz, Om hovrätterna från deras uppkomst till 1734 års lag, 1934. **9** Haralds, Konungsdom och konungsnämnd. En studie i Gustav Adolfs regeringssätt, in: HTs, 1927, S. 28-46, ders., Hofrätten »parlament«, in: HTs, 1914, S. 123 ff.; vgl. Westman, in: Minnesskrift ägnad 1734 års lag, I, 1934, S. 50 ff. meint im Geist des Neo-Goticismus: »Wenige Institutionen in unserem Land dürften so frei von auswärtigem Einfluß geschaffen worden sein wie das

Hofgericht durch die Gerichtsordnung«; vgl. Almquist, J. E., Bidrag till frågan om Svea hovrätts uppkomst, in: SJT 1940, S. 473 ff. **10** RA, E 553, Ox. saml. AO führt in einer Bücherliste seiner Hausbibliothek folgende Bücher und Arbeiten zu diesem Komplex an: Constitutiones Caroli V Criminalis, Caroli V Policeyordnung, Collectio Constitutionum Imperialium, Institutions et droit des françois (1609), Cammergerichtsordnung (!), Ordinatio Camerae Imperialis (!), Fürstliche Württembergische Hofgerichtsordnung (!). Wie vertraut AO damit war, zeigt auch die Reform des RKG durch ihn selbst und im WF von 1648, s. u. S. 594. **11** Die schwed. Bezeichnung »nämnd« meint eine Art Schöffenrat, was dem Verhältnis von Fassen und Fällen auch entspricht, kann daneben einen Ausschuß bezeichnen. Der Terminus »Beirat« trifft unserer Meinung den Sinn von »nämnd« am besten, weil er auf die »Tat« zielt, das Vollstrecken, was Sache des Königs war. **12** SRA 1:2:1, S. 399 ff.; vgl. den RTB von Linköping 1602. **13** Petrén, Kring Svea hovrätts tillblivelse, in: SJT 1945, S. 180 f. **14** Vgl. Runeby, Monarchia mixta, S. 89 ff. **15** Diese beiden altertüml. Begriffe aus Schwedens Rechtssprache bezeichnen im Lat. »Defekt« und »Exzeß«. Unsere Übersetzung ist eine Eigenschöpfung, s. a. Barudio, Absolutismus, 1976, S. 148 f. **16** »Sanningen utlåta« ist die entspr. Rechtsformel; Schmedeman, Kungl. Stadgar, 1706, S. 142. **17** Ibidem, S. 143. **18** Johansen, Nordische Mission. Revals Gründung u. die Schwedensiedlung in Estland, 1951. **19** Vgl. nur den Punkt 16 in der RGO: Bei einer Todesstrafe, wo einer »wegen einiger Umstände aus christlichem Erwägen am Leben gelassen werde – das wollen wir uns selbst vorbehalten haben«, Schmedeman, Kongl. Stadgar, S. 139. **20** Barudio, Absolutismus (FWG 25), passim. **21** Die Propositionen und Anfragen des Königs mit Reaktionen dazu sind gut dok. in SRA 1:2:1:2; vgl. Lundqvist, K. G., Om hertigdömenas statsrättsliga ställning till kronan i Sverige 1556–1622, 1895. **22** SRA 1:2:1, S. 500. **23** Schmedeman, Kongl. Stadgar, S. 140; Tortur war nach Schwedens Gesetz nicht erlaubt, wurde aber von Fall zu Fall angewendet, s. Munktell, H., Tortyren i svensk rättshistoria, Lychnos 1939. **24** Schmedeman, Kongl. Stadgar, S. 138; zu den einzelnen, recht kritischen Stellungnahmen der Königinwitwen, der Herzöge und der Stände SRA 1:2:1, S. 400 ff.; vgl. Runeby, Monarchia mixta, S. 92 ff. **25** Schmedeman, Kongl. Stadgar, S. 146. **26** s. o. die Erziehung Gustav Adolfs S. 71; Runeby, Monarchia mixta, S. 158, 255. **27** Schmedeman, Kongl. Stadgar, S. 143 ff.; vgl. Runeby, Monarchia mixta, S. 93 ff. **28** Dieses Gericht kam vor allem durch die RF von 1634 zustande, nachdem zuvor schon in Åbo (Turku) und in Dorpat seit 1622 zwei weitere Hofgerichte installiert worden waren, s. Bendz, Göta hovrätt genom seklerna, 1935. Dessen erster Präsident war Johan Skytte! **29** Schmedeman, Kongl. Stadgar, S. 137. **30** Petrén, Svea Hovrätt 350 år, in: SJT, 1964, S. 677. Brahe hat hier die volle Unterstützung des Königs, der sich für die Autorität und Qualität der Muttersprache einsetzt. Was er als Rechtssprache aus einer langen Tradition heraus festigen kann, gelingt nicht beim Versuch, Schwedisch als Wissenschaftssprache zu etablieren, s. u. S. 246. **31** Zum Tode Carl Filips s. u. S. 255. **32** Burckhardt, Richelieu, I, S. 38 f; Barudio, Absolutismus (FWG 25), S. 92 f. **33** Einen schönen Beleg dafür gibt GA in einer Antwort auf eine Stellungnahme der Königinwitwe Catharina Stenbock, Gustavs I. letzte Ehefrau, als in dieser Diskussion um die RGO auch die Frage der Gesetzgebung berührt wird und er an die alten Gesetze erinnert wurde. Er hält dem entgegen: Man habe dabei weniger darauf zu achten, »was *alt* ist, sondern was *gut* gewesen ist«.

## Hauptsachen und Nebenstunden:

**1** Sprinchorn, Om Sveriges politiska förbindelser med Frankrike före Gustav II Adolfs tid, in: HB, VII, 1888, S. 33 ff.; vgl. Lorenz, Die kirchlich-pol. Parteibildungen in Deutschland vor Beginn des 30jährigen Krieges im Spiegel der konfess. Polemik, 1903. **2** Mousnier, Ein Königsmord in Frankreich, dt. 1970 (1964); Ritter, M., Die Memoiren Sullys und der große Plan Heinrichs IV., in: Abh. d. III. Classe d.k.Ak.d.Wiss. XI. Bd. III. Abth., S. 3–53. **3** Sprinchorn, aaO., S. 14: Im Frieden von Crépy zwischen Kaiser Karl V. und Franz I. wurde auch Schweden aufgenommen (1544). Hundert Jahre später ergab sich beinahe die gleiche Konstellation; vgl. Lundkvist, Gustav Vasa och Europa. Svensk handels- och utrikespolitik 1534–1557, 1962; vgl. Heidrich, Karl V. und die deutschen Protestanten, 2 Bde, 1911–12; vgl. Hasenclever, Die Geheimartikel zum Frieden von Crépy, in: ZKG, 1926–27. **4** Mousnier, Königsmord, S. 255 (problematisch); vgl. Burckhardt, Richelieu, I, 1966, S. 26 ff.; vgl. Barudio, Absolutismus (FWG 25), S. 91 ff. **5** Sondén, Johan Skytte och Oxenstiernorna, in: HTs, 1900, S. 114/115: Das lat. Zitat ist ungenau übersetzt, »religio« ist hier nicht »Gottesfurcht«, sondern die *Rechtsbindung des Bekenntnisses*; entgegen allen Gerüchten war die Legation nicht auf eine Heiratsverhandlung gerichtet, s. RA, Esplundaarkivet. Depositio Skytteana A 3. E 5410: Legation 1610. **6** s. Baker (hrsg.), The Letters of Elizabeth, Queen of Bohemia. With an introduction by C. V. Wedgwood, 1953. **7** s. Davies, The Early Stuarts 1603–1660, in: The Oxford History of England, IX, 1937; zum näh. Umfeld s. Tham, Den svenska utrikespolitikens historia, I:2, 1560–1648, 1960 (Übersicht). **8** SBL, V, 1925, S. 679: Ihre Lebensdaten 1596–1674. **9** Mit dieser Heiratspolitik wurde Status-Sicherung und intern. Anerkennung betrieben, s. o. S. 53 u. s. u. S. 219. **10** SRA, 1.2:1, 1611–1612, 1931 S. 264: Der Klerus »sehe nicht gern, daß Ehen in dem zweiten Glied lineae aequalis in unserem lieben Vaterland erlaubt werden mögen«. Es war ein klarer Bruch der KO von 1572 und des Konzilsbeschlusses von 1593. Auch gegen das Jus divinum, nach Röm. 13 »eine große Sünde«. Christina reagiert und meint, daß die Ehe »mehr dem weltlichen als dem geistlichen Stand ankommt, wenn man sonst den Ordnungen . . . des Papstes vorbeigehen will«. Außerdem »nach Schwedens Gesetz« werde eine Ehe »mit des Vaters und der Mutter und der nächsten Anverwandten Ja und Zustimmung« geschlossen; vgl. Sjöholm, Några arvsrättsliga problem i de svenska medeltidslagarna, in: Scandia, 1968, S. 164–195 (krit. gegen den vorherrsch. Teutonismus). **11** AOSB, II:1, S. 70: C. soll »ihr freies exercitium religionis nießen, in welchem sie geboren und erzogen ist«. **12** SBL, V, S. 678 f. **13** Brahe, P., Oeconomia, S. 37: Das Sprichwort wird teutsch zitiert mit lat. Entsprechungen: »Aulica vita splendida miseria«. **14** KGAS, S. 574 ff. **15** Ahnlund, Gustav Adolf den store, 1932, S. 63. **16** Ihre Lebensdaten 1535–1621. Heiratete GV 1552, blieb kinderlos. **17** Pyritz, Paul Fleming und der Petrarkismus, in: NWB, 7, 1970 (1932), S. 336 ff. **18** Ibidem, S. 340. **19** KGAS, S. 575. **20** Pyritz, Paul Flemings deutsche Liebeslyrik, in: NWB, 7, 1970, S. 440 ff.: Bei allen Verdiensten ist P. nicht immer überzeugend. **21** KGAS, S. 584: Er wünscht ihr außerdem »viele Mal 100 000 gute Nächte«, klagt über seine Schreibnot und daß er es in Heimlichkeit tun muß, bezeichnet seine Handschrift als »übel« und das Papier als »grob und beschissen . . . ich habe in der Eile kein anderes bekommen können«, ohne Datum. **22** Stenbock, Till brefväxlingen mellan Gustaf Adolf och Ebba Brahe, in: PHT, 1914, S. 114 ff. **23** Zit. n. Schöne, Emblematik u. Drama im Zeitalter des Barock, 1964, S. 217. **24** Stenbock, aaO., S. 112 f. **25** KGAS, S. 581: Dankt dem allmächtigen Gott, »daß ich in Eurem faveur (Gunst) meine Feinde überwunden habe«, Narwa, 20. Sept. 1614. Erinnert EB an ihr »Versprechen=edert löffte«, daß »Ihr mich vor allen anderen Mannspersonen alleine lieben wollet«, ohne Datum, S. 583. **26** KGAS, S. 614 (unsere Übersetz.). Es ist möglich, daß er diese Verse nach einer erneuten ›Enttäuschung‹ mit einer finn. Edeldame aus dem Geschlecht der Flemming geschrieben hat. Nicht zu verwechseln mit Paul Fleming, der aus Reval stammte. **27** AOSB, II:1, S. 30: Die Anfertigungen wurden wahrscheinlich für die niederl. Gesandten gebraucht. **28** SBL, X, 1931, S. 634–657.: Er hatte 1615 den neuen Titel »Feldherr« bekommen wegen der Kriegführung in Rl., erhielt 1617 bei GA's Krönung von diesem den Ritterschlag und wurde 1620 nach Axel Rynnings Tod »Reichs-Marsch«. EB durfte einmal die zeittypischen Worte von ihm hören »Lebwohl, lebwohl mein Herz, lebwohl mein Hühnchen«; zum Vergleich der Frauen mit Tieren s. den »Frauenhasser« Richelieu bei Erlanger, Richelieu, dt. 1975 (1967–70), S. 39 ff. **29** Ahnlund, Axel Oxenstierna, S. 189 ff.: Es soll bei einem dramatischen Höhepunkt dieser Ebba-Comödie sogar »Maulschellen« gegeben haben. **30** SRA, 1:2:1:2, 1932, S. 186: In dieser Stellungnahme lag auch eine Kritik an de la Gardies Handel mit Novgorod: Dieser liege ihr »hart auf dem Herzen«. **31** AOSB, I:1, S. 505–507. Die Warnungen des Kanzlers, den Krieg so massiv fortzusetzen, fanden ihre Bestätigung, waren doch die Grundlagen eines großen Erfolges nicht vorhanden; vgl. Sveriges krig 1611–1632, I, 1936, passim. **32** Werwing, Konung Sigismundus och konung Carl den IX:des Historier, 4. Buch, 1747 (Stiernman), S. 155/156 f. **33** SRA, 1:2:1:2, 1932, S. 357 ff. **34** RA, K 19; KGAS, S. 121. **35** Rudbeckius, Fridhz-Predikan hållen uthi Rußland. 1. September 1615, 1635. **36** Sveriges krig, 1611–1632, I, S. 522 ff.; vgl. Ahnlund, Axel Oxenstierna, S. 194 ff. **37** Rudbeckius, aaO., Teil III; vgl. Lindberg, G., Johannes Rudbeckius som predikant, 1927, S. 138 ff. In diesem Jahr hat GA für *dreimaliges Fluchen* die Todesstrafe verhängt, s. Gierow, Bidrag till det svenska militärkyrkoväsendets historia, in: KÅ, 1917, S. 218 ff. **38** Fröding, Grefve Gustaf Gustafssons av Vasaborg mor, in: HTs, 1902, S. 145–158. Die Identität zwischen der *Margareta Cabeliau* und einer *Margareta Slotts* ist immer noch nicht ganz geklärt. Einen wichtigen Schritt dazu bei Gustafsson, Margareta Cabeliau – Margareta Slotts. Ett meddelande om en autografsamling och ett fynd däri, in: PHT, 1953, S. 8–13. **39** KGAS, S. 616/617. **40** Er leistete GA immer wieder gute Dienste, wurde 1629 Direktor der neu gegründeten »Schiffskompanie« und hatte wegen seinem calvinistischen Glauben einige Schwierigkeiten, s. u. S. 424, Anm. 26. **41** Fröding, in: HTs, 1902, S. 147 ff.: Die Strafpredigt unter vier Augen liegt nur in einer Abschrift vor. **42** 1618 heiratete M. Cabeliau den Petardier Jakob Trello und wurde dafür vom Hof verköstigt; auch für die Ausstaffierung des natürl. Königssohnes erhielt sie Zuwendungen, sowie das Benhammar-Gut in Uppland, s. Rreg., 7. Juni 1619. Wäre sie vor dem Beilager bei Pskov verheiratet gewesen, wie Ahnlund, Gustav Adolf den store, S. 72 annimmt, dann hätte sich GA gegen das Neunte Gebot (!) vergangen, was im Angesicht der Kirche noch schlimmer gewesen wäre. **43** Antwort des RR vom 7. Jan. 1615, in: MSRA, VIII, S. 258 (Pkt. 5). **44** SRA, 1:2:1:2, 1932, S. 185.

## Krönungen

**1** SRA 2:1–2, 1617, 1943–54, S. 15, 19. **2** Ibidem, S. 335 ff., s. a. Johan Skyttes Beachtung des »Lübischen Rechtes« bei der Strafzumessung von Sexualdelikten S. 302 ff. **3** Ibidem, S. 3 ff.; vgl. Norberg, Polen i svensk politik 1617–1626, 1974, S. 42 ff. **4** SRA 2:1–2, 1617, S. 5 ff. **5** AR, Eerste Afdelning, Staten-General, Nr. 12571–4: Sweeden. Stucken, dienendes tot het rapport von Sweeden ende Ruslant 1615 ende 1616. Die weiteren Akten wurden aus diesem ungedruckten Bestand entnommen. Für die Zeit von 1611 bis 1630 wäre eine moderne Aufarbeitung der Relation zwischen Rußland und Schweden dringend nötig, vgl. Schybergson, Sverge och Ryssland under förra hälften af sjuttonde seklet, in: FT, 1893, S. 340 ff.; s. a. HGR, II, 1981, S. 1. **6** SRA 2:1–2, 1617, S. 147 ff.; vgl. Lindstén, När Elfsborgs lösen betalades, in: Historiska studier tillägnade L. Stavenow, 1924. **7** s. die Berichte in: HB 1879, S. 615 ff. **8** AR, Nr. 12571–4. Es spricht viel dafür, daß die Mediatoren davon überzeugt waren, aber hier kam es auf das »Vergleichen« an. Zeitweise hatte man auch Isaak Massa zur Beratung hinzugezogen, s. Massa, Histoire des guerres de la Moscovie (1601–1610), I, 1866. **9** Lubimenko, Les relations commerciales et politiques de l'Angleterre avec la Russie avant Pierre le Grand, 1933; Vreede, Nederland en Zweden in staatkundige Betrekking, I–II, 1841–1844; vgl. Öhberg, Russia and the World Market in the Seventeenth Century, in: SEHR, 3, 1955. **10** AR, Nr. 12571–4, Die Resolution GA's vom 10. Juni 1616 auf die Proposition der Mediatoren – auf deutsch. Die Verhandlungssprache war in der Regel deutsch wie schon 1570 beim Stettiner Frieden. Ein Zeichen mehr für die Wertschätzung des Deutschen, das erst ein Jahrhundert später nach Nystad 1721 mehr und mehr vom Franz. verdrängt wurde. »Die Halsstarrigkeit der schwed. Gesandten« wurde dagegen von Zaren-Seite hervorgehoben, 24. Feb. 1616 (Moskau). **11** AR, Nr. 12571–4, Schreiben vom 3. März 1616 (Åbo). Die endgültige Summe waren »20 000 Rubel in gutem Geld«, in: Sverges Traktater, V, S. 250. **12** SRA 2:1–2, S. 6 ff., s. a. Norberg, Polen, S. 38 f. **13** Ibidem, S. 8. Zur Bedeutung der »Fama« s. u. S. 343. **14** Ibidem, S. 15: GA meinte damit die Propaganda von Sigismund aus, die anscheinend einige Wirkung hatte, vgl. Ahnlund, Gustav Adolf den Store, 1932, S. 242 ff. (s. dt. Ausgabe); vgl. Arnoldsson, Krigspropagandan i Sverige före trettioåriga kriget, in: GHÅ, XLVII, 1941, S. 5, Anm. 4. **15** SRA 2:1–2, 1617, S. 20. **16** Ibidem, S. 22 ff. **17** Ibidem, S. 23 ff.; vgl. Sveriges Riksdag, I:III, 1933 (Ahnlund). **18** Ibidem, S. 24. **19** Ibidem: Klerus und Städte-Bürger werden weitgehend entschuldigt. Sie waren auch nicht so zahlreich wie die beiden gescholtenen Stände. Der Adel hatte nach einer Deputierten-Liste für den RT 1617 in Stockholm 192 nominelle Vertreter, der Klerus 66, die 49 Städte 82 und Allmogen gar 198, S. 351–368. Zusammengenommen weit mehr als der heutige RT, der fünfmal soviel Schweden repräsentieren muß! **20** Ibidem, S. 26; s. a. AOSB, II:1, S. 103. **21** Ibidem, S. 24. Zu den entstehenden Rangordnungen im Hl. Reich s. Deutsche Reichstagsakten unter Kaiser Karl V., Bd. 2, 1896. **22** Sveriges Riksdag, I:III, 1592–1672, 1933. **23** Hintze, Die schwedische Verfassung und das Problem der konstitutionellen Regierung, in: ZfP, 1913, S. 496 ff.; vgl. Schieche, Der schwedische Ratskonstitutionalismus im 17. Jhd., in: Festgabe f. M. Braubach, 1964. Ein neuer Denkansatz vom Vertragswesen her bei Bärsch, Der Staatsbegriff in der neueren deutschen Staatslehre u. seine theor. Implikationen, 1974. **24** SRA 2:1–2, 1617, S. 28 ff. Nach dem Privatrecht, das 15 Jahre für die Volljährigkeit vorgesehen hat, wäre die Vormundschaft beendet gewesen, aber CF fiel unter die Bestimmungen von 1604. **25** Ibidem, S. 184–187. **26** Lindberg, Hertig Johan, in: HTs, 1941, S. 136 f. **27** SRA 2:1–2, S. 203 f. **28** Ibidem, s. u. S. 185. **29** Ibidem, S. 294: Herzog Johan möchte rechtlich eingezogene Krongüter wieder in seine Verfügung bringen. Daher auch das Hochschrauben des Konflikts. **30** Ibidem, S. 288 ff. **31** Ibidem, S. 207 ff. **32** Ibidem, S. 267 ff.; ein Beispiel u. a. ist der Werdegang des alten Geschlechtes der Posses, das Sigismund die Treue gehalten hat, s. Broomé, Ätten Posses historia 1500–1625, 1960. **33** Ibidem, S. 205: In ihrem scharfen Protest und Appell an den RT, eine Verringerung der Rechte von CF nicht zuzulassen, die allerdings nicht konkret genannt wurden, erweiterte die Königinwitwe noch diese Formel »salvo tamen jure regis, regni et *principum haereditariorum*«. **34** Ibidem, S. 183: Man wollte sich an das halten, was seinem Vater gewährt worden war. **35** Ibidem, S. 147, 174, 187; s. a. AOSB, II:1, S. 109 ff. **36** Ibidem, S. 221; vgl. Söderberg, Sveriges ekonomiska struktur och utveckling under Gustaf II Adolf, ungedr. Arbeit in: Gustav Adolfsverket, vol. 28, 1935. **37** Ibidem, S. 221: Man gibt aber zu, daß für den Fisch auch »Zölle« dem König entrichtet werden müssen. **38** s. u. S. 177; vgl. Kuujo, Raja-Karjala Ruotsin vallan aikana (Grenz-Karelien unter der Herrschaft Schwedens), 1963; vgl. Öhlander, Bidrag till kännedomen om Ingermanlands historia och förvaltning, I, 1617–1945, 1898. **39** Dahlgren, Louis de Geer 1587–1652. Hans lif och verk, 1923, S. 93 ff. **40** Ibidem, S. 96 ff.; vgl. Heckscher, Sveriges ekonomiska historia från Gustav Vasa, I:2, 1936. **41** KGAS, S. 156. **42** Ibidem, S. 157. **43** Sverges traktater, V, S. 242. **44** Hammarstrand, Försök till en historisk framställning af förhandlingarna om Sveriges deltagande i trettioåriga kriget till fördraget i Beerwalde d. 13. Januari 1631, 1855–58, S. 46 ff. **45** Norberg, Polen, S. 41; vgl. zur Bedeutung dieser Stadt und zum Problem der Freibeuterei als Art der Kriegführung zur See s. Malo, Les Corsaires Dunkerquois, 1912. **46** Thyresson, Sverige och det protestantiska Europa från Knäredfreden till Rigas erövring, 1928; Szelagowski, Der Kampf um die Ostsee (1544–1621), 1916; vgl. Czapliński, Polish-Danish Relations 1598–1648. Poland at the XIth International Congress of Historical Sciences in Stockholm, 1960. **47** Norberg, Polen, S. 41 ff. **48** Konopczyński, Dzieje Polski nowożytnej, I (1506–1648), 1936, S. 249 ff.; vgl. Wisner, Opinia szlachecka Rzeczypospolitej wobec polityki Zygmunta III w latach 1587–1632, in: ZH, 1973, S. 10 ff.; Norberg, Polen, S. 47 ff. **49** Sveriges krig 1611–32, 2, S. 28 ff.; Norberg, Polen, S. 48 ff.; vgl. Roberts, Gustavus Adolphus, I, S. 164 ff.; Broomé, Nils Stiernsköld, 1950,

S. 107 ff.; Seraphim, Der Kurländer Wolmar Farensbach. Ein Parteigänger und Verräter des 17. Jahrhunderts. Aus der kurländischen Vergangenheit, 1893. **50** KGAS, S. 179: Zu »Gottes Zorn« über die Sünden der Schweden im Entwurf S. 166 ff. **51** Ibidem, S. 180/181: Zur »einstigen schrecklichen Macht des Russen« und »seiner Tapferkeit im Krieg« im Entwurf S. 159 ff. **52** Schaeder, Das dritte Rom, 2. Aufl. 1957, passim; zum Problem des »Universalen« und der »Weltherrschaft« s. u. S. 530. **53** KGAS, S. 181; Sverges traktater, V, S. 249: Darin wird ausdrücklich erklärt, daß diese Gebiete »König Gustav Adolf zu Schweden, IKM:t Erben und Nachkommenden des Reiches Schweden Königen *und der Krone Schweden* zu ewiglichem Eigentum . . . cediert«. **54** Ibidem, S. 181–183. **55** Ibidem, S. 182. **56** Ibidem, S. 184 ff.; Attman, Freden i Stolbova. En aspekt, in: Scandia 1949; vgl Šaskol'skij, Stolbovskij mir 1617 g. i torgovye otnošenija Rossij so švedskim gosudarstvom, 1964. **57** Ibidem, S. 185. **58** Šaskol'skij, Stolbovskij mir, passim; vgl. Attman, Den ryska marknaden i 1500-talets baltiska politik, 1944. **59** s. Angaben in: HGR, II, S. 93. **60** Zu diesem Projekt AOSB, II:1, S. 42 ff., das Schreiben GA's an AO zur Eroberung der Halbinsel Kola und von A. **61** KGAS, S. 185 ff. Es war durchaus ein wichtiges Motiv, die Vormauer nach Osten auch deshalb zu verstärken, um dort Verlehnungen vorzunehmen, AO und JS oder Jakob de la Gardie und andere Adlige sind auf diese Weise vom König entlohnt und entschädigt worden. **62** Sverges traktater, V, S. 249: »Ewiges Eigentum« wurde auf »ewige Zeit« bezogen, in der Regel für die Dauer regierender Regenten aus einer Dynastie. **63** KGAS, S. 177; Zernack, Von Stolbova nach Nystad. Rußland und die Ostsee in der Pol. des 17. u. 18. Jhds. in: JbGOE, NF 1972, S. 77–95. **64** Zit. n. Tarkiainen, Faran från öst i svensk säkerhetspolitisk diskussion inför Stolbovafreden, in: Scandia, 1974, S. 43 ff. Es sollte 1632 und 1646 einige Schwierigkeiten geben, s. dazu demnächst Barudio, Axel Oxenstierna. **65** Sverges traktater, V, S. 262/263. **66** Platonov, Smutnoe vremie, 1924; vgl. HRG, II, S. 36 ff. **67** Maciszewski, Polska a Moskwa 1603–1618; vgl. Godziszewski, Polska a Moskwa za Władysława IV., 1930. **68** Ahnlund, Axel Oxenstierna, S. 206: Die feierliche Zeremonie der kirchlichen Beeidigung des »ewigen Friedens« fand zum »Mittsommer« 1618 in der Storkyrka-Stockholm statt. **69** GA hatte keine sonderlich gute Meinung von seinem Nachbarn. Das gelegentliche Lob diente in der Regel nur, um die eigene Leistung zu würdigen. »Russen« waren auch für ihn »Barbaren«, s. Tarkiainen, »Vår Gamble Arffiende Ryssen«. Synen på Ryssland i Sverige 1595–1621 och andra studier kring den svenska Rysslandbilden från tidigare stormaktstid, 1974; vgl. Šaskol'skij, Cele wojen szwedzkich przeciwko Rosij w XVI i początkach XVII w., in: ZH, 1975, S. 37–54. **70** Barudio, Moskau, in: HGR, II, S. 88 f.: Es ist nicht ohne Reiz, daß die schwed. Seite das Zartum mehrere Male besonders nach 1626 lockte, gegen alle Absprachen eine Diversion gegen Vasa-Polen zu beginnen; vgl. Poršnev, Tridcatiletnjaja vojna i vstuplenie v nee Švecii i Moskovskogo gosudarstva, 1976, S. 153 ff. **71** KGAS, S. 185. **72** Ibidem, S. 191. **73** Ibidem, S. 193: Dieses Bekenntnis zum Leben kontrastiert stark zu seiner sonstigen Lebensklage über das »irdische Jammertal«, ist aber Ausdruck des Janus-Denkens der Zeit. **74** Ibidem, S. 195: Wie sein Vater legitimiert sich auch GA über die nationale Leistung Gustavs I. immer wieder im Sinne einer »Revolutio«, einer »Rückwälzung« und Herstellung des »guten alten Rechts«. **75** Ibidem, S. 196: zum *Eigenstreben* und Egoismus seiner Schweden s. u. S. 484 f. **76** Ibidem, S. 197/198: Auffallend die häufige Anrufung der »Vorsehung«, die ja ein Essential des Calvinismus in Gestalt der »Prädestination« war und nicht des ›echten Luthertums‹. **77** Ibidem, S. 199: Wichtig dabei die Betonung des *Eigenwillens,* der auch nicht zum Fundamental-Bereich des Lutheranismus gehört! **78** In einem Entwurf zu einer entspr. Rede sagte er das ausdrücklich: Zur Vaterlandsliebe sind wir verbunden »durch Gottes Gebot, durch die Natur, durch aller Völker Recht (alla folcks lagh) . . .«, KGAS, S. 190. **79** Das Verhältnis *Regiment-Gubernation* entspricht hier der Relation *Substanz-Akzidens,* die sich in einem Vertrag vermittelt. **80** KGAS, S. 201/202. **81** AOSB, I:1, S. 228: AO's »Wahrhaftige Ursachen« zur Absetzung Sigismunds, geschr. 1622 mit dem zentralen Satz: »Dagegen aber hat König S. sich beflissen wider seinen getanen Eid, des Reiches Fundamentalgesetzen und Satzung, die *Regierung des Rechts* von hinnen in die Krone Polen zu führen, von dannen das Reich zu administrieren«; Das Problem der »Fundamentalgesetze« ist in der Forschung erst andiskutiert, vgl. Clason, Studier i 1600-talets svenska statsrätt, in: StvT, 1901; Barudio, Das Wohlproportionierte Regiment, masch. 1976 (UB Ffm), passim. **82** SRA 2:1–2, S. 351 ff. **83** Carlsson, A. B., Riksrådsutnämningarna i januari år 1617, in: HTs 1917, S. 37 f. **84** s. RTB bei Stiernman, Alla mötens beslut, I, S. 723–735. **85** Ahnlund, Axel Oxenstierna, S. 206. Eine Monographie zur »Krönung« in Schweden fehlt, s. Janzon, Erik XIV:s Krönungsritual, in: KÅ, 1959, S. 175 ff.; vgl. Sjödell, Johan III:s Krönigsed, in: KÅ, 1969, S. 78, 83: S. erkennt nicht die Vertragslage von Landslag u. Erbvereinigung u. versteht deshalb auch nicht den Sinn der Eide.

## Eine Reise nach Westerreich:

**1** Renz, Jean Bodin. Ein Beitrag zur Gesch. der historischen Methode im 16. Jhd., 1905, S. 50 ff.; s. a. Barudio, Absolutismus (FWG 25), S. 88 f.; vgl. Ahnlund, Axel Oxenstierna, S. 203, wo er im Vergleich mit dem Kanzler vom »warmblütigeren« König spricht, s. u. S. 377. **2** SRA 1:2:1, S. 195 f. **3** Ahnlund, Axel Oxenstierna, S. 230 ff., s. o. S. 151. **4** Der entsprechende Brief des Herzogs, in: HSkH, 5, S. 43 ff.; s. RA, Kungl. Arkiv, Hertig Karl Filip. Brev och handlingar, K 360, Reisebericht; vgl. SBL, 20, 1973–75, S. 710–14; s. Loenbom, Berättelse om . . . hertigens Carl Philips lefwerne och utländska resor, 1772. **5** Lindberg, Hertig Johan, in: HTs, 1941, S. 113–149. **6** In gleichem Stil hat man sich auch unter GA's Reise durch das Reich im Jahre 1620 verhalten, s. u. S. 215. **7** Zum Problem Heckscher, Ett svenskt krigsskadestånd för 300 år sedan, in: Ekonomisk-historiska studier, 1936; vgl. Molbech, Christian IV Breve, 1848, S. 56/57, sein Kommentar zur Älvsborg-Rate. **8** Im Kartenspielen, Biertrinken, Diamantengeschäften und Pferdekult ein Könner und Gönner, s. Nyerup, Dagbøger, 1825, passim. **9** Petersen, E. L., Fra domaenestat til skattestat. Syntese og fortolkning, 1974; vgl. a. Friis, Rigsraadet og statsfinanserne, in: HTd, 10. R., VI. Bd. 1942–44. **10** den Tex, Oldenbarnevelt, III, 1609–1619, 1966, S. 556; s. a. AOSB, II:10, S. 179–254. **11** RA, Reisebericht; s. Nyerup, Dagbøger, S. 2: Er sollte für Spanien und gegen die Holländer den Sund sperren! Auch ein poln. Gesandter war zugegen, Ch. IV. sollte Sigismund Schwedentit. geben. **12** Ibidem, S. 4 ff.; Goll, Der Convent von Segeberg 1621, 1875, S. 10 ff. **13** RA, Reisebericht; Molbech, Breve, S. 53 zur »indianischen Seglation.« Der Holländer Roelant Crape gab ihm die Idee zur Gründung der Companie 1616; Kriegsschiffe »Elefant« und »David« schickte er nach Ceylon, Erwerb von Trankebar; vgl. Munch, Købstadsstyrelsen i Danmark fra Kristian IV's tid til enevaeldens ophør, I, 1900. **14** Molbech, Breve, S. 57. C IV an Sinclair unterm Datum vom 18. 2. 1618: »Elfsborg ist . . . nun gegen des ganzen Volkes Ansicht erlegt worden . . . ziemlich hart und mußte der König . . . das Silbergeschirr zu Münzen schlagen lassen, auf daß die Summe erlegt werden konnte«. **15** RA, Reisebericht. Zu seiner Gesch. Reiter, Kristian Tyrann, 1943. **16** Kumlien, Gustav Vasa och kungavalet i Strängnäs 1523, in: HTs, 1960. **17** Etzler, Gustav Vasas förhållande till Sturesläkten före hans val till konung, in: HTs, 1924; ders. Gustav Vasa och Sturehuset, in: HTs 1926. Rosén, Svensk historia, I, 1962, S. 405 ff. **18** Tham, Den svenska utrikespolitikens historia, I:2, 1560–1648; s. a. Dollinger, Die Hanse, S. 417 f. **19** Rabb (hrsg.), The thirty year's war. Problems of motive, extent and effect, 1964; vgl. Steinberg, The Thirty year's war and the conflict for European hegemony 1600–1660, 1966. **20** Lohmeier (hrsg.), Arte et marte, 1978. **21** s. Preuß, Söldnerführer unter Landgraf Philip dem Großmütigen von Hessen (1518–1567). Aufbau u. Verwaltung einer personalen Friedensorganisation in »Kriegssachen«, in: Quellen u. Forsch, z. hess. Gesch., 30, 1975. **22** Nordström, De yverbornes ö, 1943, S. 66 ff. **23** s. o. S. 144. **24** Wir kommen darauf in einem Aufsatz zurück. **25** RA, Germanica, Evangeliska Unionens . . . Bref till K.M:t, 1614, 1619–21. **26** Zur Interpretation dieses Bildes gab es später eine heftige Diskussion, vgl. Heidrich, Dürer und die Reformation, 1909; Martin, Albrecht Dürer. Die vier Apostel, 1963. **27** Montaigne, Süddeutsches Reisetagebuch, dt. 1947, S. 14 ff. **28** RA, Reisebericht. **29** RA, Kungl. Arkiv, K 360, Ehevertrag mit Elisabeth Ribbing, gedr. in: Tidningar utg. i Upsala, 1773, Nr. 41; S. SBL, 20, S. 712. **30** Lindberg, Hertig Johan, in: HTs, 1941, S. 139 ff.

## Der Böhmische Brand:

**1** Gindely, Gesch. des 30jährigen Krieges, I, 1869; vgl. Sturmberger, Aufstand in Böhmen, 1959. Zu der üblichen Darstellung vom Sturz der kaiserl. Räte Slawata und Martinitz gibt es in: Acta Bohemica, 1620, S. 7 eine abweichende Schilderung, indem noch ein »Herr Smisantzki« die Fenestration erlebte. Slawata wird »oberster Landhofrichter« genannt; vgl. Jessen (hrsg.), Der Dreißigjährige Krieg in Augenzeugenberichten, 2. Aufl. 1972, S. 23 ff.; s. Polišenský (hrsg.), Documenta Bohemica Bellum Tricennale Illustrantia, I, Der Krieg u. die Gesellschaft in Europa 1618–1648, dt. 1971. **2** Acta bohemica, S. 2. **3** Zu den Verbindungen Schlesiens mit der Krone Böhmen und den Beziehungen zu Polen s. Palm (hrsg.), Acta publica. Verhandlungen und Correspondenzen der schlesischen Fürsten und Stände – 1618, 1865, S. 63, 67, 144, 282; Acta publica – 1619, 1869, passim: Eine überaus reiche, wenig benutzte Quellensammlung. **4** AR, Eerste Afdeling, Staten-General, Nummer 12569–57$^{2}$, jaar 1620, Duijtsland mit wesentlichem Material; vgl. Aitzema, Historia pacis, a foederatis Belgis ab anno 1621 ad hoc usque tempus tractatus, 1654. **5** Veraltet, aber zur Orientierung immer noch brauchbar Ranke, Die Osmanen und die spanische Monarchie im 16. u. 17. Jhd, 1956; vgl. Masson, Histoire du commerce français dans le Levant au XVIIe siècle, 1897; Heeringa, Bronnen tot de Geschiedenes van den Levantschen Handel, I, 1590–1660, 1910, passim; vgl. Straub, Pax et Imperium. Spaniens Kampf um seine Friedensordnung in Europa zwischen 1617 und 1635, 1980, S. 109 ff. **6** Zu dieser umstrittenen Frage Straub, Pax et Imperium, S. 117; vgl. Albrecht, Die auswärtige Politik Maximilians von Bayern 1618–1635, 1962, S. 55 ff. und Tapié, La politique étrangère de la France et le début de la guerre de trente ans, 1934, S. 99 ff. **7** Turba, Geschichte des Thronfolgerechtes in allen habsb. Ländern bis zur Pragm. Sanktion Kaiser Karls VI., 1903, S. 153; vgl. Barudio, Absolutismus (FWG 25), 1981, S. 268 f. **8** Die Belege für diese Koppelung sind überaus zahlreich, s. nur Palm, Acta Publica – 1619, S. 283; vgl. Straub, Pax et Imperium, S. 12 ff.; Barudio, Absolutismus (FWG 25), passim. **9** s. Questenbergs Bekenntnis nach der Niederlage Tillys bei Breitenfeld in: Förster, Albrechts von Wallenstein . . . eigenhändige, vertrauliche Briefe und amtliche Schreiben aus den Jahren 1627 bis 1634, II, 1829, S. 168 f. **10** Der *Patriotismus* ist als Gegenbegriff zum *Royalismus* in Alteuropa stets verfassungs- und eigentumsbezogen, s. Barudio, Absolutismus (FWG 25), s. 53, 193, 292. **11** Acta Bohemica, 1620, S. 46 ff. **12** Ibidem, S. 49 ff.: »Romani ignoscendo crescunt.« **13** Straub, Pax et Imperium, S. 132 ff. **14** Acta Bohemica, S. 20 ff. **15** s. Einleitung zu Acta Bohemica. Dieses Urphänomen des Politischen findet sich auch in der Diskussion über Machiavelli und Tacitus wieder, vgl. Toffanin, Macchiavelli e il Tacitismo, 1921. **16** Acta Bohemica, S. 11 ff. **17** Der verheerende Einfluß des Rechtspositivismus als Rechtfertigungslehre des Neo-Absolutismus nach 1806 hat diesen Bezug immer wieder verdunkelt, vgl. Meisner, Staats- u. Regierungsformen in Deutschland seit dem 16. Jhd., in: NWB, 17, S. 332 f. **18** Acta Bohemica, S. 97. Bedenken der »Direktoren«: Es sei »aber unwidersprechlich, daß das Wahlrecht nicht ein *jus personale* sondern *reale* und auf jegliches Kurfürstentum *tanquam in rem* gewidmet und radiciert sei«, s. Barudio, Absolutismus (FWG 25), S. 269. **19** Ibidem, S. 98. Man beruft sich ausdrücklich auf die »Güldene Bull Caroli IV.« und auf die Reichsverfassung, übernimmt also Rechtsprinzipien aus der Zeit vor der Reformation nicht anders als in Schweden mit dem LL von 1442. **20** Depner, Das

Fürstentum Siebenbürgen im Kampf gegen Habsburg, 1938; Szekfü, Bethlen Gábor, 1929. **21** Diese Einrichtung spielte später bei der Organisierung des CE eine zentrale Rolle, s. u. S. 593. **22** Diesen Anspruch erhob aber auch der Kurfürst von Sachsen! **23** Palm, Acta publica – 1619, S. 361 ff. **24** Ritter, M., Die pfälzische Politik und die böhmische Königswahl 1619, in: HZ 1897, S. 239–283; vgl. Gindely, Friedrich V. von der Pfalz von 1622 bis zu seinem Tode, 1884; vgl. Schubert, Die pfälzische Exilregierung im Dreißigjährigen Krieg, in: ZGORh, 1954; ders., Ludwig Camerarius; Polisenský, Anglie a Bílá Hora. The Bohemian War and British Policy 1618–1620, 1949. **26** Egler, Die Spanier in der linksrheinischen Pfalz 1620–1632, in: QAmrhKG, 13, 1971, S. 113–154; vgl. Chudoba, Spain and the Empire 1519–1643, 1952. **27** Jessen, Augenzeugenberichte, S. 81 ff.; Oman, Elizabeth of Bohemia, 1938. **28** AR, Eerste Afdeling, Staten-General, Nummer $12569–57^2$, ohne Seitenangabe, Datum: 4./14. Januar 1620. **29** den Tex, Oldenbarnevelt, III, S. 468, 609, 747, 753 ff. **30** Erslev (hrsg.), Aktstykker og Oplysninger til Rigsraadets og Staendermødernes Historie i Christian IV.s Tid, I–III, 1883–90; s. Christiansen, Die Stellung König Christians IV. v. D. zu den Ereignissen im dt. Reich und zu den Plänen einer ev. Allianz 1618–25, 1937. **31** Goll, Der Convent von Segeberg – 1621, 1875, S. 13. C. IV. kümmerte sich hier wenig um das Urteil des RKG von 1618, das ausdrücklich den Rechtsstatus Hamburgs als »freie Stadt« anerkannte. 1620 begann er dann die Befestigung von Glückstadt zu bauen mit der Rückendeckung durch Spanien, dessen Handel wiederum stark auf Hamburg einwirkte. **32** zum Hintergrund Ellehøj, Christian IV.s Tidsalder, in: Danmarks historie, Bd. 7, 1964; vgl. Barudio, Absolutismus (FWG 25), S. 160 ff. **33** AR, passim; Goll, Segeberg, S. 9. **34** Straub, Pax et Imperium, S. 141 ff. **35** Christian von Anhalt hatte bereits 1609 einen Beitritt der Böhmen zur *Union* gewünscht, sich aber auch fast zehn Jahre danach nicht durchsetzen können, s. Krebs, Christian von Anhalt, 1872, S. 119 f. Auf dem Rottenburger Tag kam die endgültige Ablehnung; Mann, Wallenstein, S. 208 verkennt die wirkliche Lage: von einem Eingreifen »dürfen« war schon rechtlich keine Möglichkeit gegeben, s. a. S. 263. **36** Über diesen fundamentalen Zusammenhang ist sich Mann, Wallenstein, S. 218 (Der Kampf um das Erbe) neben anderen Historikern auch auf unterer Ebene nicht klar, auch Straub, Pax et Imperium, S. 55 nicht; vgl. RA, Germanica, Evangeliska Unionens . . ., Datum: 24. Juni 1619 – 19. Sept. 1619 in Stockholm praesent. **37** Ibidem: Dem König wird die »zuwachsende Gefahr« dargestellt, weil es kein *Partikularwerk* bleiben, sondern ein *Universalwerk* sein wird. Man verweist auch auf ein »ferneres Ersuchen, die Hand zu bieten und behilflich zu sein«. Das konnte formalrechtlich die Aufforderung zur Intervention sein. **38** AR, Eerste Afdeling, Staten General, 12569–58, Copien-Buch zu Schreiben, die den Bremer Stiftsfall betreffen.

## Auf dem Wege zum Hauskreuz:

**1** AOSB, II:1, S. 95 (Memorial für AO). **2** Ibidem, S. 97; s a. die Ratschläge des Senats zu dieser Zeit, die Bauern außerdem militärisch »i rote« zu fassen, in: MSR, VIII, 1884, S. 261 ff.; s. u. S. 343. **3** Brahe, P., Oeconomia, S. 39/40: Die Empfehlung »Hohe Krippen sind nichts für niedrige Pferde« drückt das Statusdenken u. das rangmäßige Abgrenzen aus, das im Falle GA und ME durchbrochen wurde. **4** AOSB, II:1, S. 99/100: »ut parcius de connubio agat«. Zum weiteren Hintergrund Ahnlund, Gustav Adolf den store, 1932, (dt. 1938); Arnheim, Gustav Adolfs Gemahlin Maria Eleonore von Brandenburg, in: Hohenzollern-Jahrbuch, 7 (1903), 11 (1907). **5** Zit. n. Hammarstrand, Försök till en historisk framställning af förhandlingarna om Sveriges deltagande i trettioåriga kriget till fördraget i Beerwalde . . ., 1855–58, S. 138 ff.: Gleichzeitig gab es auch Bestrebungen von Sigismund III., Christian IV. und Jakob I., eine Heirat zwischen einem ihrer Söhne mit ME zu betreiben; vgl. Opgenoort, Friedrich Wilhelm, I, 1971, S. 45. **6** Hintze, O., Calvinismus und Staatsräson in Brandenburg zu Beginn des 17. Jhds, in: GsA, III, 1967; vgl. Matthias, Über die Lehre von der Willensfreiheit in der altlutherischen Theologie, in: ZKG, 1963, S. 109–133. Der König berief sich auf den »freien Willen« bes. im militärischen Bereich als Ausdruck des Beherrschens eines Operationsgebietes; vgl. Hubatsch, Gustav Adolf – ein christlicher Staatsmann?, in: Unruhe des Nordens, 1956, S. 36–42. **7** Johan Hands Dagbok under K. Gustaf II Adolfs resa till Tyskland 1620, in: HH, 8, 1879: Am 26. April, so begründet Hand das Vertrauen zum König, »erlaubte mir IKM:t, seine Hand zu küssen«, S. 3. Alle weiteren Zitate und Daten aus dieser Quelle; vgl. Roberts, Gustavus Adolphus, I, S. 177 f.: Zu GA's erstem Versuch eines Besuches in Berlin 1618 oder 1619 (weiterhin unsicher). **8** s. nur die Gesandtschaft AO's im Winter 1606/07 wegen Margareta Elisabeth, in: AOSB, I:1, S. 31 ff.: Eine Monographie zu diesen Beziehungen wäre von dt. Seite dringend nötig. **9** KGAS, S. 399–470; Vitense, Geschichte von Mecklenburg, 1920; s. a. zum späteren Verhältnis Schulenburg, Die Vertreibung der mecklenburgischen Herzöge Adolf Friedrich und Johann Albrecht und ihre Restitution, 1892. **10** KGAS, S. 91/92. **11** Vgl. Mann, Wallenstein, 1971 (4. Aufl.), S. 263: »In Erfurt soll er sich in eine katholische Kirche eingeschlichen . . . haben.« **12** RA, Germanica, Evangeliska Unions . . . bref till KM:t. Schreiben vom 20. Juni 1620 an GA nach Stockholm, dort präsent am 15. August. Man berichtet über die Begegnung beider Heere. Sie lagen »kaum eine halbe Stunde voneinander«. Jetzt wolle man auch »in dieser Verfassung *für einen Mann* stehen . . .«. Das Schreiben ist aus Ulm datiert. **13** Molbech (hrsg.), Christian IV:s Breve, 1848, S. 75: Unterm Datum 4. Juli 1620 an den Kanzler Christian Frijs: »Um König Gustavo wird hier gesagt, daß er wieder in Schweden sein soll.« Man beobachtete also genau seine Bewegungen. **14** Koser, Geschichte d. brandenburgischen Politik bis zum Westfälischen Frieden von 1648, I, 1913, S. 432. **15** AOSB, II:1, S. 142. **16** Ibidem, S. 143: GA ist es sehr angelegen, daß die »Substantialia der Ehe« geregelt werden, d. h. auch für ME die Garantie ihres »Rechtes und Sicherheit« (S. 140). Bei der rechtlichen Absicherung beruft er sich ausdrücklich darauf, was »sonst das Landslag und (andere) Statuten aufrechterhalten« (S. 141). AO hatte in dieser Anleitung insgesamt 53 Punkte zu beachten und darüber zu verhandeln! **17** Ibidem, S. 146 ff. Fast symbolisch für diese Reise ist, daß das Kriegsschiff »Mars leck geschlagen ist« und nicht zur Überfahrt verwendet werden konnte (S. 147). **18** GA dachte an eine Überfahrt zur See, in: AOSB, II:1, S. 143, »solange es noch offenes Wasser gibt«, aber mit ziemlicher Sicherheit gelangten ME und Gefolge über Dänemark nach Schweden. **19** AOSB, II:1, S. 149–153. **20** Ibidem, S. 141, s. a. Rreg. 1620 (Juli–Dez.), Morgengabe-Brief, fol. 779–784: Über dieses Handgeld darf sie »nach ihrem *guten Willen* verfahren«. **21** Vgl. Stolpe, Drottning Kristina, 1966 (auch dt. Ausgabe 1967), S. 47 verzerrte einiges im Urteil dieser Ehe; ist auch sonst unsicher: »Als Siebzehnjähriger wurde er zum König des Landes gekrönt!« Tatsächlich war es 1617 und da war GA bereits 23 Jahre alt. **22** AOSB, I:1, S. 615–619. **23** Rreg. 1620, fol. 789 ff. **24** Ibidem, fol. 790 ff.; AOSB, II:1, S. 152; s. a. den üppigen »Hofverzehr« außerhalb der Festtage, in: RA, Kungl. Arkiv, I:8, Odaterade handlingar rör. Kungl. Hovet K 8. Allein an einem Samstag wurden *50 Gerichte* auf die königl. Tafel gebracht. Darunter »Hechte mit Lemonen«, »Lachs mit Rosinen und Mandeln«, allerlei Pasteten, Torten und Fruchtsud. An einem Sonntag gab es sogar *53 Gerichte*, darunter viel Kalb- und Hühnerfleisch, auch Elch und Gänsegerichte, viel »*Hispanisches Brot*«, kaum Fisch, dafür Reis und Rosenwasser reichlich. Das Mästen wurde wie eine Kunst betrieben, z. B. bei Ochsen: »Müssen in Halseisen gelegt werden, also daß sie nicht lecken können oder mit den Hörnern reiben . . . mit Häcksel dreimal am Tage gefüttert« (teutsch). **25** AOSB, II:1, S. 147/148. **26** RA, Stegeborgs Saml. Skrifvelser till Johan Casimir och hans gemåhl, E 40, Ser. III:A. Das Verhältnis muß zwischen beiden Fürstinnen recht gut gewesen sein. So ME an Catharina am 17. Okt. 1621 auf teutsch: Sie habe sie »so herzlich lieb, als wenn dieselbe meine eigene Schwester wäre«.

## Elend eines entthronten Königs:

**1** Norberg, Polen, S. 50: So wurden für 1617 an das KV in Livland 101 107 Rt ausbezahlt. **2** Sveriges krig 1611–32, I, S. 40 ff. **3** s. die Bestandsaufnahme AO's in: AOSB, I:1, S. 446–448; Rreg. 11. 7. 1618: Patent zur »Landtågsgärd«, einer Sonderbelastung, zu der er nur die Zustimmung des RR und seiner Mutter eingeholt hat, was durch die Notlage begründet war und keine Degradierung des RT bedeutete; vgl. Norberg, Polen, S. 67 ff. **4** Seine Klage über diese unregierbaren Faktoren in einem Rede-Entwurf zum Krönungs-RT 1617, in: KGAS, S. 171: »Der Krieg brachte viele um den Hals, der Hunger macht manch einen arm: Die Pest schonte keinen.« **5** AOSB, II:1, S. 118. **6** In dem erwähnten Rede-Entwurf 1617, KGAS, S. 172. Natürlich war er von der Auffassung einer gewissen Inferiorität der Frau im allgemeinen nach Ansicht der Zeit überzeugt, hatte aber vor »hohen Frauen« seinen Respekt. GA war davon überzeugt, daß Älvsborg wie Kalmar im Krieg gegen Dänemark durch billigen Verrat dem Gegner überlassen wurden. **7** KGAS, S. 189: Entwurf zu einer Rede (27. 8. 1617). **8** Ibidem, S 194. **9** Ibidem, S. 159/160: Rede-Entwurf zum Krönungs-RT 1617. Zum Tier-Motiv s. u. S. 370. **10** Norberg, Polen, S. 75. Diese sonst verdienstvolle Arbeit kennt die Rechts-Dimension überhaupt nicht u. zielt daher auch in den Bewertungen am Kern vorbei. **11** Konopczyński, Chronologia sejmów polskich 1493–1793, 1948; Norberg, Polen, S. 68 ff. **12** Norberg, Polen, S. 73: GA's Halbbruder und Reichs-Admiral Gyllenhielm war für das Überlassen Pernaus. **13** Sverges traktater, V, S. 270 ff.: Rågangsbref. **14** Attman, in: Scandia 1949, S. 46; Šaskol'skij, Stolbovskij mir, passim; vgl. Vajnštejn, Rossija i tridcatiletnjaja vojna 1618–1648, 1947, S. 102 ff. **15** s. u. S. 390. **16** AOSB, II:1, S. 123 ff. **17** Ibidem, S. 126. **18** Ibidem, S. 122 ff. **19** Zum Hintergrund immer noch aufschlußreich Thyresson, Sverige och det protestantiska Europa från Knäredfreden till Rigas erövring, 1928, S. 160 ff.: Hier auch die Gefahr einer dänisch-niederl. Annäherung auf Kosten Schwedens. **20** RA, Germanica, Evangeliska Unionens . . . bref. 1614, 1619–21 (Original). **21** Ibidem: Die Stelle läßt offen und hoffen, daß eine Intervention möglich ist. **22** Thyresson, Sverige, S. 206 ff.; vgl. Norberg, Polen, S. 90 ff. **23** Vgl. Norberg, Polen, S. 91 ff. **24** Thyresson, Sverige, S 217 ff.; vgl. Norberg, Polen, S. 93 ff. **25** Hammarstrand, Försök till en historisk framställning . . ., S. 185 ff. **26** AOSB, I:1, S. 228 ff.; s. o. S. 135. **27** Palm, Acta publica, 1620, 1872, S. 238 ff.: Damit war die Wirkung der habsburgischen Haus-, Erb- und Privatverträge über Böhmens Verfügung gemeint, die aus ihrem patrimonialen Wesen heraus die libertäre Verfassung zerstören mußten, s. a. S. 250 und 300. **28** Schormann, Hexenprozesse in Deutschland, 1981. **29** Palm, Acta publica, S. 278 ff., s. a. den Hinweis über die steigende Nervosität in der Adels-Republik. Denn »Tataren und Türken feierten nicht«, sie veranstalteten Raubzüge bis nach Warschau und entführten Tausende in die »barbarische Dienstbarkeit«. **30** Ibidem, S. 283 ff. **31** Zit. n. Adorno, Negative Dialektik, 1966, S. 348 ff. **32** Zu Pascals Reflexionen hins. der Macht-Recht-Relation s. Béguin, Blaise Pascal in Selbstzeugnissen und Bilddokumenten, 1959, S. 75 f., 135 ff.; vgl. Barudio, Absolutismus (FWG 25), S. 106 ff. **33** Palm, Acta publica, S. 292 ff. **34** Die Gegend um den Dom zu Uppsala wurde mitunter »kamphavet« (Kampfmeer) genannt, wohl in Anspielung darauf, daß in den Gebäuden der Universität, die in Rufweite zum Dom lag, um die »Wahrheit« gekämpft wurde. Das Motto der Universität Uppsala lautet denn auch »Gratiae Veritas Naturae«.

## Die Esel des Aristoteles:

**1** Ein Auftrag der »Rosenkreutzer« seit ihrem Auftreten 1615 in Frankfurt am Main, s. Lindroth, Paracelsismen, S. 142; vgl. Peuckert, Die Rosenkreutzer. Zur Gesch. einer Reformation, 1928. **2** Hildebrand, H., Minne af Riksantikvarien Johannes Bureus, 1910,

S. 278 ff. **3** Zur Gesch. der Universität immer noch grundlegend, wenn auch ohne Tiefgang bei der recht knappen Darstellung der Geistesgesch. Annerstedt, Upsala Universitets historia, I, 1477–1654, 1877, S. 180 ff. **4** Zu diesen beiden Landes-Universitäten s. Dekker-Hauff (hrsg.), 500 Jahre Eberhard-Karls-Universität Tübingen, 3 Bde, 1977; vgl. Jens, Eine dt. Universität. 500 Jahre Tübinger Gelehrtenrepublik, 1977; Just/Mathy, Die Universität Mainz, 1965. **5** Annerstedt, aaO., S. 51 f.; vgl. Lindroth, A history of Uppsala University 1477–1977, 1976. **6** Annerstedt, aaO., S. 53 f. **7** Ahnlund, Axel Oxenstierna, 1940, S. 37 ff. Zu diesen beiden Oxenstierna-Brüdern gesellte sich noch der Bruder Krister, der jedoch bald nach Schweden aus Gesundheitsgründen zurückkehren mußte. **8** Annerstedt, aaO., S. 122 f. **9** Annerstedt, aaO., Bihang I, S. 65 ff. **10** Hermansson, Karl IX och ständerna, S. 219 ff. **11** Annerstedt, aaO., Bihang I, S. 79 ff. **12** Ibidem, S. 90 ff. **13** Ibidem, S. 82 ff. **14** Annerstedt, aaO., S. 153 f. **15** Ibidern, S. 147, 154 ff.; vgl. auch Söderberg Historieskrifvaren Arnold Johan Messenius, in: UUÅ, 43: 1903; Bolin, Till Messeniemas släkthistoria, in: PHT 1936, S. 65–76. **16** Annerstedt, aaO., S. 155 f. **17** Ibidem, S. 157. Das konnte nur deshalb gelingen, weil Messenius mit dem provisorischen Rektor Raumannus in einem guten Einvernehmen stand. **18** Ibidem, S. 159 f. **19** Ibidem, S. 152. **20** Ibidem, S. 157 ff. **21** Ibidem, S. 160. **22** Ibidem, S. 170: Raumannus benutzt diese Formel in einem Beschwerdebrief an AO über den einflußreichen Aristoteliker Lenaeus, der später im Wettstreit mit J. Rudbeckius Eb von Uppsala werden sollte. **23** Ibidem, S. 169: Raumannus meinte an gleicher Stelle, daß die Vorlesungen des Lenaeus während drei Jahren keine drei Taler wert wären. **24** Annerstedt, aaO., Bihang I, S. 98 ff.: Die Professoren klagen AO, daß »ein großer Teil von uns in großer Armut lebt und so geringe Einkünfte hat, daß sie ihr Patrimonium (Vatererbe) verzehren und jährlich tiefer in Schulden geraten . . .«, vgl. S. 171 Prof. Wallius an AO (1621), er habe nicht einmal »Platz für ein Huhn« und müsse zu seinen »Büchern greifen«, die er verkauft, um leben zu können. **25** Ibidem, S. 171. **26** Ibidem, S. 172 f. **27** Febvre, Luther, S. 180. **28** Annerstedt, aaO., S. 173. **29** Hobbes, Leviathan, dt. 1965, S. 125 ff.; vgl. Watkins, Hobbes' system of ideas, 1965, S. 47 ff. **30** Noyes, Voltaire, dt. 1976, S. 315 ff.; vgl. Barudio, Absolutismus (FWG 25), S. 148. **31** Annerstedt, aaO., S. 173 f. **32** Ibidem, S. 174. **33** Ibidem, S. 175. **34** Ibidem, S. 176. **35** Vgl. Radbruch, Rechtsphilosophie, 1932, S. 126 ff.; vgl. Moraux, À la recherche de l'Aristote perdu. Le Dialogue »Sur la Justice«, 1957, S. 119 ff. **36** Annerstedt, aaO., S. 177. An seinen Einsätzen sonst für das Gedeihen der Universität gibt es keinen Zweifel, s. Lundström, Laurentius Paulinus Gothus, I–II, 1893–1898; vgl. Runeby, Monarchia mixta, S. 146, 198 f. **37** Annerstedt, aaO., S. 151 ff.; s. o. S. 66. **38** Ibidem, S. 186. **39** Ibidem, S. 187 ff.; vgl. Runeby, Monarchia mixta, S. 171 f. **40** Ibidem, S. 189. **41** Ibidem, S. 191. **42** Ibidem, S. 194; vgl. die recht teutonistisch eingestimmte Arbeit von Nordlund, Den svenska Reformationstidens allmänna statsrättsliga idéer i deras samband med den politiska utvecklingen, 1900, S. 171 ff., S. 245: »Die Reformationszeit erhält nun ihren staatsrechtlichen Charakter durch den politischen und ideellen Streit der nationalen germanischen Staatsanschauung mit diesen fremden Geistesrichtungen«, d. h. mit Bodin. **43** Annerstedt, aaO., S. 193. **44** Ibidem, S. 249; vgl. Källquist, Jacob Rudbeckius' latinstad. Ett pedagogiskt dokument från Gustav II Adolfs tid, in: Lychnos 1936, S. 151–179; ders., Till Latinundervisningens historia i Sverige. Ett par notiser om Jacob Rudbeckius, in: Lychnos 1937, S. 221–226. **45** Lindroth, Paracelsismen, S. 410 ff. Forsius war Paracelsist, Anhänger der Drei-Prinzipien-Lehre und stand in Verbindung mit dem »Propheten« Jan Olofsson, s. u. S. 279. **46** Runeby, Monarchia mixta, S. 226 f. **47** Annerstedt, aaO., S. 195. **48** Ibidem, S. 197 ff. **49** Ibidem, Bihang I, S. 234. **50** Ibidem, Bihang I, S. 277. **51** Ibidem, Bihang I, S. 252. **52** Ibidem, Bihang I, S. 278 f. **53** Runeby, Monarchia mixta, S. 162 f.: Dieser Lehrstuhl existiert heute noch! **54** Zit. n. Nordström, Tal vid Gustav Adolffesten i rikssalen på Upsala slott den 5. Nov. 1932, in: NTt, 1932, S. 477. **55** »Åsna«, ausgesprochen »Osna«, ist im Schwedischen ein Lehnwort aus dem Lateinischen »Asinus=Esel«. Osnabrück selbst war Verhandlungsort der prot. Mächte mit den pap. Gegnern, bis es 1648 zum »universalen

Frieden« kam. Johan Oxenstierna, der Sohn des Reichskanzlers, war dort zeitweise neben Adler Salvius Chefverhandler Schwedens. Das Wort von seinem Vater AO »mein Sohn, wenn du nur wüßtest, mit wieviel Dummheit die Welt regiert wird«, stammt wahrscheinlich nicht von ihm, s. demnächst Barudio, Axel Oxenstierna.

## Verstärkung der Vormauer:

**1** Zum Hintergrund: Nordström, Den livländska ordensstatens upplösning 1558–1562, in: FT 1936; vgl. Arnell, Die Auflösung des livl. Ordensstaates, 1937; Vogel, Die Ostseekämpfe 1561–1721, 1938; Staemmler, Preußen und Livland in ihrem Verhältnis z. Krone Polen 1561–1586, (masch.) 1949; Rauch, Zur Gesch. des schwed. Dominium Maris Baltici, in: Welt als Geschichte, 12, 1952. **2** Attman, Den ryska marknaden i 1500-talets baltiska politik 1558–1595, 1944; vgl. Villon, Trade between England and Russia in the second half of the sixteenth century, in: EHR, 1948; Wittram, Baltische Gesch. 1180–1918, 1951; vgl. Hildebrand, K., Johan III och Europas katolska makter 1568–1580, 1898; Blees, Gustav II Adolf och Estland. Kyrka, skola och rättsväsende, 1932, S. 76: »Es ist niemand heimlich . . ., daß der Moskowiter anfangs her und in allewege, ein *Erbfeind* dieser livländ. Landschaften, ja wohl der ganzen Christenheit« (Salomon Henning). **3** Almquist, H., Den politiska krisen och konungavalet i Polen år 1587, in: GHÅ, 20, 1914, S. 176, 185 ff. **4** Zit. n. Blees, aaO., S. 35. **5** Stökl, Russ. Gesch., 2. erw. Aufl., 1965, S. 245; vgl. Donnert, Der livl. Ordensritterstaat u. Rußl., 1963; vgl. Almquist, H., Sverige och Ryssland 1595–1611, 1907. **6** Blees, aaO., S. 77; vgl. Liljedahl, Gustav Adolf och Livland, in: SvT, 22, 1932, S. 75 ff. **7** Zit. n. Blees, aaO., S. 80 ff.; vgl. Hermansson, Karl IX och ständerna, S. 178 ff.; vgl. Post, Quod omnes tangit, in: Traditio, 4, 1946, S. 197 ff. **8** Liljedahl, Svensk förvaltning i Livland 1617–1634, 1933; Bergman, Universitetet i Dorpat, 1934; vgl. Runeby, Monarchia mixta, S. 261 ff.; vgl. Gebhardt, Handbuch der dt. Gesch., II, 1967, S. 612; s. a. Wittram, Die Universität Dorpat im 19. Jhd., in: ZOf, 1, 1952. **9** Blees, aaO., S. 80 ff. **10** Thyresson, Sverige och det protestantiska Europa från Knäredfreden till Rigas erövring, 1928; vgl. Norberg, Polen i svensk politik 1617–26, 1974, S. 124 ff.; zum handelspol. Interesse Polens an Riga s. Dorošenko, Eksport Rygi na zachód w okresie przynależności do Rzeczypospolitej (1562–1620), in: ZH, 1966; vgl. Jensch, Der Handel Rigas im 17. Jhd., in: MIG, 24:2, 1930. **11** Zit. n. Blees, aaO., S. 86: »Ein König, ein Gesetz und ein Volk.« **12** Norberg, Polen, S. 132 ff. **13** RA, Rreg. 1622, 18. Feb.; vgl. Norberg, Polen, S. 134. **14** Norberg, Polen, S. 135 ff. **15** s. nur die erhaltenen Absprachen mit dem RR, in: MSRA, VIII, 1884, S. 270 ff. **16** RA, Rreg. 1621, 22. Feb.; vgl. Goll, Der Convent von Segeberg (1621), 1875; Die Einladung an GA steht auch im Zeichen der Angst: »Der König v. Schweden zieht vor Riga . . . Gott verbiete, daß er dessen mächtig wird, denn unsere Rüstkammer ist leer . . . Gott verbiete, daß wir es mit dem Schweden zu tun bekommen«, am 4. Juli 1621, in: Molbech, Christian IV:s Breve, 1848, S. 103. **17** Die Kriegsfinanzierung gut aufgelistet bei Norberg, Polen, S. 120 ff., 133 ff. **18** AOSB, II:1, S. 156 ff.: »Die Flotte wurde auseinandergetrieben und (das) lehrte mich, wie abenteuerlich es ist, eine große Anzahl Kriegsvolk über die See zu bringen.« **19** RA, E 562, Oxenstierna av Södermöre, Ser. B, Brev till AO: Schreiben von Svante Banér vom 25. Juli 1622. **21** Norberg, Polen, S. 150 ff. **22** AOSB, II:1, S. 194; s. a. GA's Erlaubnis vor seiner Abreise nach Livland, daß AO in seiner Freiherrenschaft Kimito (Finnland) eine Stadt anlegen dürfe. **23** In der oft einseitig dargestellten handelspol. Seite geht dieser Aspekt der Expansionspol. von GA meist unter, vgl. Attman, Till det svenska östersjöväldets problematik, in: Studier tillägnade Curt Weibull, 1946.

## Staatsraison . . .:

**1** KGAS, S. 563, 5. Aug. 1625 an Catharina. **2** Dazu näher u. S. 326. **3** KGAS, S. 557, 3. April 1622. **4** Ibidem, S. 556; vgl. o. S. 247. **5** Diese Annahme beruhte im wes. auf den Zuordnungen, wie sie bei Aristoteles in seiner Schrift »De generatione animalium« vorkommen, vgl. Stolpe, Drottning Kristina, 1966, S. 53 f. **6** KGAS, S. 567. **7** Ivan IV. sagte dem Wahlkönig Sigismund II. August von Polen einmal: »Du bist im Tun nicht frei, weil du ein eingesetzter Herrscher bist und kein Erbherrscher.« Er stellt also die Frage nach dem Wert eines »rex constitutus«. Als solcher galt auch der Erbwahlkönig Johan III. v. Schweden, den er einen »Schweinehirten« nannte, zum Problem Barudio, Absolutismus (FWG 25), S. 375; dazu gehört auch die Duplex-Majestas-Theorie, vgl. Runeby, Monarchia mixta, S. 177 ff. **8** Machiavelli, Discorsi. Gedanken über Politik und Staatsführung, dt. 1977 (2. verb. Aufl.), S. 41; eines unter vielen Beispielen aus der »röm. Gesch.«: »Alle Kaiser, die durch Erbgang zur Regierung kamen, waren schlechte Regenten mit Ausnahme von Titus; alle, die durch Adoption zur Regierung gekommen sind, waren gute Regenten, wie die fünf Kaiser von Nerva bis Marc Aurel . . .«; vgl. Meinecke, Die Idee der Staatsräson, 1976 (4. Aufl.), S. 406 ff. Bei allem Materialreichtum hat M. den Eigentumsbezug fast völlig ausgeblendet, sich auf den »Dualismus« beschränkt und zum libertären Staatsdenken der Neuzeit keinen Zugang gefunden; vgl. Macpherson, Die pol. Theorie des Besitzindividualismus, dt. 1973. **9** Die Mißverständnisse der »Deutschen Staatslehre« seit 1806 kulminieren z. B. bei dem ehem. Verfassungsrichter Jahrreiss, Die Souveränität der Staaten, in: NWB, 17, 1967 (1955), S. 50: »Der souveräne Nationalstaat ist nach den Gesetzen des Lebens selbst der richtige Staat, das letzte Wort der Geschichte, zumal dann, wenn sich die Nation staatlich als Demokratie konstituiert, als souveräne Nationaldemokratie.« Er bezieht sich dabei auf Toynbee und »den schwed. Forscher Rudolf Kjellén in seinen weltbekannten Untersuchungen über den ›Staat als Lebensform‹ . . .« Kjellén stand als Organizist ganz in der dt. Tradition. **10** Schubert, Die deutschen Reichstage, 1967, S. 345 ff. Bei aller Gelehrsamkeit hält sich Sch. an die Lehre vom »Dualismus« u. erkennt nicht das Verhältnis von Substanz u. Akzidens in seiner strukturbildenden Qualität: »Doch Bodins Ausführungen über den Unterschied von état und gouvernement waren nur sehr beiläufiger Art«, S. 340; vgl. Barudio, Absolutismus (FWG 25), S. 88 ff.; vgl. zum Einfluß Bodins und seiner Vertragslehre in England Krautheim, Die Souveränitätskonzeption in den engl. Verfassungskonflikten des 17. Jhds, 1977, S. 99 ff. (in vielen Teilen wird hier die ältere Bodin-Auffassung vom ›Absolutisten‹ widerlegt!) **11** Müller, Der schwedische Staat in Mainz 1631–1636, in: BGSM, 24, 1979, S. 240 (sehr problematisch). **12** s. Festschrift Svenska lantmäteriet 1628–1928, 3 Bde, 1928; zu seinem Interesse schon davor, in: AOSB, II:1, S. 340 (25. Mai 1627). **13** Mann, Wallenstein, 1971 (4. Aufl.), S. 461. **14** Norberg, Polen, S. 150 f., 158 ff. **15** AOSB, II:1, S. 185 f., 195 ff. (Vollmacht für die Kommissare); vgl. AO's teutschen Bericht über die Ursachen der Absetzung Sigismunds, in: AOSB, I:1, S. 225–233; s. a. AOSB, II:1, S. 200 ff. **16** Norberg, Polen, S. 162; vgl. Cronholm, Sveriges historia under Gustaf II Adolfs regering, I, 1857, S. 425 ff. **17** Norberg, Polen, S. 160. Eine wichtige Forderung neben anderen Substanz-Punkten war hier auch Prinz Władysław's Verzicht als Zaren-Prätendent auf *Ingermanland,* das durch den Stolbova-Frieden an Schweden gekommen war. **18** AOSB, II:1, S. 210: Bezeichnend ist, daß hier die Pluralform »rationes status« gebraucht wird, was fast immer der Fall ist. Damit ist auch das Instrumentelle gemeint. Der dt. Ausdruck Staatsraison verdeckt in seiner Kompaktheit diese Funktion. **19** Ibidem, S. 211; vgl. Norberg, Polen, S. 162: Er läßt diese Frage völlig außer Acht. Wie zuvor die rechtliche, so spielt auch die ethische Dimension bei ihm keine Rolle. Mit dem häufig verwendeten Attribut »aggressiv« hins. der Politik GA's und AO's gegenüber Polen wird aber ein hochgeladener Wertbegriff benutzt. **20** Norberg, Polen, S. 160; 154: Zu einem möglichen Separatabkommen mit Litauen, **21** AOSB, II:1, S. 211; vgl. Norberg, Polen, S. 163: Die Problematik Frieden-Stillstand ist ihm nicht aufgegangen, sieht GA's Politik nur als »tentativ«. AO hatte schon vor der Ankunft dieses Schlüsselschreibens eine Verlängerung abgeschlossen. **22** Mit dieser Formel »am Schlüssel des Reiches« meint GA mit großer Wahrscheinlichkeit die neuen Adligen in Böhmen, d. h. die Privatisierung durch Habsburgs Besitzpolitik. Norberg, Polen, S. 162 hat die Stelle mißverstanden, wenn er von »mächtigen Privatpersonen in Polen spricht«. Mit »imperium« war in der Regel das Heilige Reich gemeint; ein Bezug, den N. nicht nennt. **23** AOSB, II:1, S. 211. **24** Artaud, Heliogabal oder der Anarchist auf dem Thron, dt. 1967, 2. Aufl. 1978, S. 75 ff. **25** AOSB, II:1, S. 211. **26** Wolf, Grotius, Pufendorf, Thomasius, 1927; vgl. Meinecke, Die Idee der Staatsräson, S. 246 f.: M. ganz auf die Staatskraft der Staatsräson fixiert, findet zur ethischen Dimension bei Grotius kein rechtes Verhältnis. **27** Mit »Allmogen« meint GA hier die Bürgerschaft, während der Begriff sonst auf die »Bauernschaft« angewendet wird und auch als Bezeichnung für den »gemeinen Mann« gilt. **28** AOSB, II:1, S. 212; vgl. Norberg, Polen, S. 164: GA's Furcht vor »List oder übles Praktizieren« hins. Riga. **29** Norberg, Polen, S. 166; vgl. Ericsson, aaO., S. 218. **30** Norberg, Polen, S. 167. **31** Gardiner, Prince Charles and the spanish marriage, I, 18 S. 293 ff.; vgl. Schybergson, Underhandlingarna, S. 20 f.; vgl. Ericsson, aaO., S. 254 f.; vgl. Norberg, Polen, S. 175 ff.; s. a. Borowy, Anglicy, Szkoci i Irlandczycy w wojsku polskim za Zygmunta III. Studie z dziejów kultury polskiej, 1949. **32** AOSB, II:1, S. 215/216. **33** Ibidem, S. 216: Der Grund für seine Bitte lag darin, daß ME schwanger war mit dem erwähnten Kind Christina, das noch im gleichen Jahr starb, vgl. Stolpe, Drottning Kristina, S. 50.

## Alpträume und Visionen:

**1** Lindroth, Paracelsismen i Sverige till 1600-talets mitt, Lychnos 7, 1943, S. 429; vgl. Walde, Johannes Bureus och den svenska bibelöversättningen under Gustav II. Adolfs tid, 1925. **2** Lindroth, aaO., S. 428: Ein Beispiel mehr gegen die lutherische Ohnmachtslehre. **3** s. Estborn, Evangeliska svenska bönböcker under reformationstidevarvet, 1929. **4** Hildebrand, H., Minne af Riksantikvarien Johannes Bureus, 1910, S. 54 nicht immer zuverlässig, vgl. Samlaren, 4, 1883, S. 73 ff.; vgl. Lindroth, aaO., S. 159. **5** H. Hildebrand, Minne, S. 57 f. **6** Ibidem, S. 55. **7** Ibidem, S. 56; Lindroth gibt den 8. Juli an (S. 159), was auch nach Rreg. nicht stimmt. **8** Ibidem, S. 59; vgl. unten die Debatte zum Kriegseintritt S. 386. **9** Ibidem, S. 45, 49. **10** Peder Gallts depescher 1622–1624, in: HH, 26:1, 1920, S. 8, 79. Diese Zeitalter-Folge erscheint recht originell, vgl. dazu die Vier-Reich-Lehre, s. a. Baur, Die christl. Lehre von der Dreieinigkeit und Menschwerdung Gottes in ihrer gesch. Entwicklung, III, 1843. **11** Gallt, aaO., S. 17, 61. **12** Ibidem, S. 36, 95, 110. **13** Ibidem, S. 22 ff., 33, 44 f. **14** Ibidem, S. 16, 42. **15** Ibidem, S. 18 f., 25. **16** Ibidem, S. 38 ff., vgl. oben Kapitel zu CF, S. 253. **17** Ibidem, S. 33. »Mangel an Salz und Brot« war nicht das einzige, was er zu beklagen hatte, auch das Fehlen von Papier, S. 59 und überhaupt ist Stockholm »eine sehr unbequeme Stadt«, »alles ist doppelt so teuer wie in Dänemark, ausgenommen Osmundeisen ...«, S. 41 ff. **18** Ibidem, S. 27 ff. Zur Flotte und ihren Flaggschiffen s. u. S. 351. **19** Ibidem, S. 33. Zu La Chapelle s. SBL, X, S. 600–602. **20** Ibidem, S. 67: »Adeo haec gens gaudet praevaricari«, vgl. o. die Todsünden der Schweden, S. 129. **21** Ibidem, S. 40: »Miror ante victoriam triumphum.« Er bezieht sich hier auf die Eroberung von Festungen in Kurland, was er für eine »Fabel« hält. **22** Ibidem, S. 58 ff. **23** Ibidem, S. 56. Gallt meint damit auch den extremen Eigennutzen unter den Schweden, »sie werden nicht durch die Billigkeit (aequitate) bewegt«, »meinen, sie achten keinen« und selbst aus dem Tod wollen sie bei Dienstleistungen Nutzen ziehen (lucrum ex morte facere), S. 59; vgl. unten GA's Kritik am »Gebrechen unserer Nation«, S. 484. **24** Ibidem, S. 56 f. **25** Ibidem, S. 109 ff. **26** Ibidem, S. 109; vgl. oben Kapitel zu »Mathias Pfennig«, S. 280. **27** Lindroth, aaO., S. 93 f., 233: Bureus glaubte, daß 1648 der Heilige Geist herniedersteigt. Er verteilte alle seine Besitztümer und wartete auf dessen

Ankunft. Königin Christinna zeigte sich aber in seiner materiellen Armut erkenntlich, vgl. Ekeblad und Gyllenhielms Spiritualismus; vgl. Wadstein, Die eskatologische Ideengruppe: Antichrist, Weltsabbat, Weltende und Weltgericht, 1896. **28** Gallt, aaO., S. 40 f. **29** Zum Prozeß gegen Zacharias Anthelius und zwei weitere Katholiken 1624 s. Lindroth, aaO., S. 421; s. u. S. 517. **30** Ibidem, S. 422; vgl. Norlin, Fyra svenska judaister på Gustaf II Adolfs tid, in: Tt, 9, 1896. **31** Wie sehr den König dieses Christus-Verlangen zeitweise beherrschen konnte, deutete Bureus an, als er am 26. November 1626 »zu K.M:t Bedarf« Predigten über die »Passio Christi« beschafft, Hildebrand, aaO., S. 103. **32** Bureus, in: Samlaren, 4, S. 90, fehlt bei Hildebrands Abdruck. **33** Ibidem, S. 94. **34** Ibidem, S. 102. **35** Zu diesem Buch mit dem lat. Titel »De regimine principum«, das GA als »Kungastyrelse« übersetzt haben wollte, vgl. Lagerroth, in: Festschrift S. U. Palme, S. 152–157: L. bewegt sich nur in den Bahnen eines dogmatisierten Dualismus. Als Rechtspositivist kann er nicht das Wesen und Wirken von Verträgen erkennen, deshalb findet er auch in seiner Interpretation zu diesem Buch kein Verhältnis zum »Erblehen«. **36** Gallt, aaO., S. 47 ff.: Empfindet GA als »verrückt«, sieht auch »keine justa causa« zur Mobilmachung und Konzentration des Kriegsvolkes an der Grenze und rät Christian IV., kriegsbereit zu sein. **37** AOSB, I:3, S. 385.

## Auf Hehler und Pfennig:

**1** Lindroth, Paracelsismen, S. 432 ff. **2** Westin, Negotiations about Church unity 1628–1634, John Durie. Gustavus Adolphus. Axel Oxenstierna, in: UUÅ, 72:1: 1932, S. 1–318. **3** Siehe o. S. 97. In dieser Symbol- und Bildsprache lag eine Abkehr vom orthodoxen Buchstabenglauben im »reinen Wort« und eine Hinwendung zur »Vorsehung«, weshalb die Orthodoxie auch die Theosophie in einem Atemzug mit dem Calvinismus bekämpfte, vgl. Lindroth, aaO., S. 424 und Peuckert, Rosenkreutzer. **4** v. Soden, Kriegs- und Sittengeschichte der Reichsstadt Nürnberg vom Ende des sechzehnten Jahrhunderts bis zur Schlacht bei Breitenfeld, I, 1860; vgl. Peuckert, aaO., S. 147 ff. **5** Cnattingius, Den centrala kyrkostyrelsen i Sverige 1611–1636, 1939. **6** Gallt, aaO., S. 28 f. Eine Geschichte der Juden in Schweden fehlt noch immer! **7** Ibidem, S. 31 f. Das »ex abrupto« war weniger ein Charakterzug der Hitze als vielmehr eine taktische Technik, die auch in der Kriegskunst vorkam: Durch plötzliches Abkehren die Überrumpelung vorbereiten oder Sicherheit gewinnen. **8** Gallt, aaO., S. 89. **9** Vgl. die Diskussion zwischen GA und Reichsrat am 10. Dezember 1624, in: SRP, I, S. 4 ff. **10** Gallt, aaO., S. 109 ff.; vgl. Ahnlund, Vem var »Duken«?, in: HTs, 1938, S. 400. Sichert nur den deutschen Namen. **11** Lindroth, Paracelsismen, S. 422 f. **12** Gallt, aaO., S. 100 f. **13** RA, Acta ecclesiastica, Serie II: 27; Lindroth und Ahnlund sind in ihren Quellenangaben ungenau. Diese Confessio müßte ediert werden. Sie ist in Deutsch verfaßt, mit schwedischen und lat. Einsprengseln, teilweise schwer leserlich. **14** Lindroth, Paracelsismen, S. 414. Vor allem der Gelehrte Sigfridus Forsius, der hoch in der Gunst des Königs stand, aber bei den Professoren in Uppsala auf Ablehnung stieß, hatte das Jahr 1624 ausersehen, das bei der Fassung des WF eine große Rolle spielen sollte! **15** Zit. n. Archenholtz, Merkwürdigkeiten zur Gesch. der Königin Christina, I, 1751, S. 14 ff., vgl. unten Schlußkapitel, S. 618. **16** SRP, I, S. 49. **17** Vgl. Stolpe, Drottning Kristina, 1961, S. 47; vgl. die dt. Ausgabe 1967 (3. Aufl.). **18** Siehe u. S. 324. **19** RA, Acta ecclesiastica, Serie II: 27, ohne Seitenangabe. Probleme des Wiedertäufertums, des Chiliasmus u. a. konnten aus Platzmangel nicht behandelt werden. **20** Siehe o. S. 56. **21** Bureus, Samlaren, 4, S. 105. **22** Aristoteles, Nik. Ethik, 1. c. V 8; vgl. Bloch, Naturrecht und menschliche Würde, 1961 (Ges.ausgabe, Bd. 6), S. 55 f. **23** Bureus, Samlaren, 4, S. 106. **24** Gallt, aaO., S. 76. Zur Frage des »Kredits« s. u. S. 462 f.

## Teutsche Apotheke – Zwischenspiel:

**1** Zu dieser Metapher von Schiller, die von Clausewitz übernommen u. auf GA angewandt wurde, manchmal auch als »Adlerblick« ausgegeben, demnächst Barudio, Der »kalte Blick« des Kanzlers. Traditionen eines Klischees, s. Schiller, Gesch. des Dreißigjährigen Krieges, in: Werke in drei Bänden, II, 1966, S. 133: »Mitten in dem schwärzesten Dunkel der Schlacht war es licht in seinem Geiste; allgegenwärtig mit seinem Blicke, vergaß er den Tod, der ihn umringte . . . und seinem beleuchtenden Adlerblick entging keine Heldentat.« **2** AOSB, II:1, S. 236 (Instruktion vom 1. Mai 1624). **3** Schybergson, Underhandlingarna om en Evangelisk Allians åren 1624–25. Ett bidrag till trettioåriga krigets historia, 1880, S. 33 f.; vgl. Rydfors, De diplomatiska förbindelserna mellan Sverige och England 1624-maj 1630, 1890; vgl. Weiss, E., Die Unterstützung Friedrichs V. von der Pfalz durch Jakob I. und Karl I. von England im Dreißigjährigen Krieg (1618-1632), 1966. **4** AOSB, II:1, S. 243 ff. **5** Moser, Patriotisches Archiv, 4, 1786, S. 493. **6** Bartel, Zur Kritik des Berichtes über die Brucker Conferenz 25. Nov. 1626, 1890, S. 44 ff.; die neue Lage der Eigentumsverschiebungen auch in Böhmen dok. Fürst Liechtenstein 1624 recht gut, s. Mann, Wallenstein, S. 254 ff. **7** Wir benutzen diese Formel als libertäres Gegenstück zum Despotismus, s. Barudio, Absolutismus (FWG 25), S. 128 ff. **8** Koller, Princeps in ecclesia. Untersuchungen z. Kirchenpolitik Herzog Albrechts V. v. Österreich, in: AÖG, 124, 1964, S. 38 ff. **9** s. Weitzel, Der Kampf um die Appellation ans Reichskammergericht, 1976; s. a. Müller, Ha., Oberhof und neuzeitl. Territorialstaat, 1978 (mit reichhalt. Bibliographie); vgl. für die spätere Zeit Modéer, Gerichtsbarkeiten der schwed. Krone im deutschen Reichsterritorium, 1975. **10** Wolf, E., Idee und Wirklichkeit des Reiches im dt. Rechtsdenken des 16. u. 17. Jhds, in: Reich u. Recht in der dt. Philosophie, hrsg. v. Larenz, I, 1943. **11** s. Wenkebach, Bestrebungen zur Erhaltung der Einheit des Heiligen Römischen Reiches in den Reichsschlüssen von 1663–1806, 1970 **12** Moser, Patriotisches Archiv, 4, S. 495 ff. **13** Ibidem, S. 496. **14** Burckhardt, Richelieu, I, S. 155; Erlanger, Richelieu, dt. 1978, S. 208 f. **15** Zur Hauptstadt-Problematik s. Eckermann, Gespräche mit Goethe, 1976, S. 731; vgl. Mann, Wallenstein, S. 381 f. **16** Schybergson, Underhandlingarna, S. 9: Natürl. wirft Sch. diesem Feudalsystem »der Stände Eigennutz und Kleingeist« vor (S. 6), aber das ist Klischee, weil in der Haltung der Stände eine ganz andere Auffassung von Politik steckte – das »eu zen« und das »Wohlüberschaubare«, vgl. Barudio, Absolutismus (FWG 25), S. 307 ff. **17** Christiansen, Die Stellung König Christians IV. zu den Ereignissen im Deutschen Reich und zu den Plänen einer ev. Allianz 1618–1625, 1937; zum Problem der Verbindung von Untertan u. Souverän s. Barudio, Absolutismus (FWG 25), S. 205 ff. **18** Bartel, Brucker Konferenz, S. 21, Sieg W's an der Dessauer Brücke und die Frage einer »offensiven Kriegführung«; vgl. Mann, Wallenstein, S. 351 ff. **19** Weibull, M., Gustaf II Adolf och Christian IV 1624–1625, in: LUÅ, 31, 1895.

## Beriksgata:

**1** SRP, 1624, S. 4, Anm. 1; vgl. Rothlieb, Beskrifning öfver Kongl. Riddarholms-Kyrkan, 1822, S. 119 f. **2** Die Ämter des Reichs-Marschs und Reichs-Admirals als Dauermandate waren auf die Verwaltung von Festungen und Flotte gerichtet, nur defensiv angelegt und auf Ad-hoc-Zustände bezogen; außerdem hatten sie politische, d. h. ephorale Funktionen als Königskontrolle zu versehen, s. Runeby, Monarchia mixta, S. 220; vgl. Barudio, Das Wohlproportionierte Regiment, passim. **3** Die übliche Kopplung von »stehendem Heer« und Absolutismus berücksichtigt nicht die libertären Ausnahmen, s. Barudio, Absolutismus (FWG 25), S. 30, 206 ff. **4** SRP, 1624, S. 4. **5** Ibidem, S. 5: »Nemo patitur cogitationis poenam, nisi sequitur effectus. Omnia prius esse consilio tentanda quam armis« (Johan Skytte). **6** Ibidem, Skytte benutzt die Formel »in foro conscientiae«, und das Protokoll von der Hand Lars Nilssons vermerkt: »Rex assentiebatur.« **7** Ibidem, S. 7. **8** Norberg, Polen i svensk politik, S. 225 f. **9** In dieser Passage ist der Begriff »verke« unsicher, dürfte aber im Sinne von »utverka« zu verstehen sein. **10** s. Baranowski, Polska a tatarszczyna w latach 1624–1629. 1948, Kap. I u. II; vgl. Korzon, Dzieje wojen i wojskowości w Polsce epoka przedrozbiorowa, 1912, S. 221 ff. und 314 ff.; vgl. Norberg, Polen, S. 222. **11** In seiner Hand- und Hausbibliothek ist einiges von und zu Machiavelli verzeichnet, RA, E 553, Ox. saml.; vgl. Ahnlund, Axel Oxenstierna, S. 44; vgl. eine Briefstelle bei seinem Lehrer Piscator von 1610, wo dieser von der Jenaer Universität nur Gutes zu berichten hat, aber vom Zustand des Hl. Reiches wegen der »Jülicher Erbsache« meint, er werde von den Feinden turbiert, und zu denen rechnet er auch die »Machiavellicos«, Brulin, En otryckt brevväxling från Axel Oxenstiernas yngre år, in: Septentrionalia et orientalia, Festskrift B. Karlgren, 1959, S. 75 f. **12** Vgl. Runeby, Monarchia mixta, S. 161, 258. **13** Norberg, Polen, S. 221 deutet das »ex dignitate« als »ej värdigt«. Das ist aber hier nicht gemeint, sondern ein WS wird nicht mit dem vollen Rechtstitel des Königs geschlossen. Das ist der Unterschied zum Zeitfrieden od. Ewigen Frieden. **14** SRP, 1624, S. 6; vgl. Norberg, Polen, S. 221. Er übersieht hier nicht nur die Vertragsrelation König-Krone, sondern preßt die Worte des Kanzlers auch zu einem irreführenden Sinn, weil »Traktate« nicht »Verhandlungen« sind, sondern deren Abschluß! Die Wertung von König und Kanzler als »klar aggressive Haltung« (S. 222) berücksichtigt nicht den vorgegebenen Rechtsrahmen u. versteht damit auch nicht recht das kommende Zögern. **15** s. u. S. 534; vgl. Ericsson, Gustav II Adolf och Sigismund 1621–1623, 1928 und Weibull, M., Gustaf II Adolf och Christian IV 1624–1625, in: LUÅ, del 31, 1895. Diese Distinktion fehlt hier völlig. **16** SRP, 1624, S. 7. **17** Ibidem, S. 7; vgl. Norberg, Polen, S. 221. **18** Meinecke, Die Idee der Staatsräson, 1957. Es ist der große Nachteil dieser Arbeit, daß sie von einer Staats-Hypostasierung ausgeht, wo Distinktionen und Analysen des Besitzdenkens nötig wären. **19** SRP, 1624, S. 8. **20** Ibidem, S. 8. Es ist hier nicht sicher, in welcher Form die »Resolution« gefaßt wurde; vgl. auch die Haltung von K. Radziwiłł zur Verlängerung des WS. Er war zumindest ein Sympathisant GA's, der einige Jahre später bei seiner Thronkandidatur in Polen eine wichtige Rolle spielen sollte, s. Wisner, Wojna inflancka 1625–1629. Studia i materiały do historii wojskowości, XVI, 1970, S. 39 ff. **21** Der WS wurde dann doch nicht verlängert. Man hat von schwed. Seite die Frist verstreichen lassen. Die Proteste Polens waren formalrechtlich absolut erlaubt und korrekt, vgl. Norberg, Polen, S. 225 f. **22** Nach Brahes »Tidebok« soll die Bewilligung des »Mühlenzolls=Qvarnetullen« bereits Mitte Dezember 1624 erfolgt sein, in: SRP, 1624, S. 4, Anm. 1; s. Barudio, Absolutismus, 1976, S. 52 ff. **23** Norberg, Polen, S. 230; vgl. Heckscher, Den europeiska kopparmarknaden under 1600-talet, in: Scandia 1938, S. 223; vgl. Olsen, Kobberpolitik i den svenske Stormagtstid, in: Scandia 1937, S. 38, 297; ders. zum Einfluß der japanischen Kupfers in holländ. Händen und als Störfaktor für das Schweden-Kupfer, Professor Eli Heckscher og det japanske Kobber, in: Scandia 1938; vgl. Wolontis, Kopparmyntningen i Sverige 1624–1714, 1936. **24** Stiernman, Alla mötens beslut, I, S. 781 f.; Lindegren, Utskrivning och utsugning, 1980, S. 11 f.: Diese Arbeit ist ein Schulbeispiel für den Scheinempirismus marxistisch angehauchter Positivisten. **25** Ibidem, S. 783 ff.; vgl. Norberg, Polen, S. 224. Mißversteht den Beratungsprozeß zur Entscheidung über Krieg und Frieden, die letztlich beim König allein lag, auch nach der »Versicherung« von 1611. **26** Eine interessante Auflistung von Einzelpersonen und Rechtspersonen bei Norberg, Polen, S. 231 ff. In der berechneten Gesamtsumme von 522 501 Rt standen z. B. AO mit 2500 Rt, die Königinwitwe Christina mit 8357 oder Russische Bojaren mit 4000 Rt zu Buche, ergänzt wurden diese Beiträge durch den Kupferzoll, die Viehsteuer oder einen Mehlzoll; s. a. Wittrock, Svenska Handelskompaniet och kopparhandeln under Gustaf II Adolf, 1919, S. 51 ff. **27** Nordström, Historieromantik och politik under Gustav Adolfs tid. Peder Erikssons Oration 1625, in: Lychnos 1937, S. 378: »och ropa panem propter Deum« nach Broman, Peder Eriksson Rosenskiölds Ätt- och Lefwerne, 1735. Eine moderne Biographie über diesen Aufsteiger wäre mehr als wünschenswert. **28** Ibidem,

S. 380. **29** Der oft erwähnte Begriff »Wohlstand« verweist auf das aristotelische Ziel aller Politik im Rahmen der Kunst des Gleichen und Guten, nämlich auf das »eu zen« – das »gute Leben«. Das ist hier gemeint. **30** Nordström, Lychnos 1937, S. 382. Das Polen-Bild dieser Generation war natürlich geprägt vom Vasa-Gegensatz. Einen gewissen Einblick gibt der Bericht Carl Carlsson Gyllenhielms, der mehr als zehn Jahre in poln. Gefangenschaft zugebracht hat, s. HH, 20, S. 387: »Hier gab es weder Barmherzigkeit, Treue oder Glauben«, dennoch der Versuch zur Versöhnung S. 390, s. a. seine von der Stoa geprägte Schrift »Scholae captivitatis«, 1644, zum Rosenkreutzertum tendierend, s. Lindroth, Paracelsismen, S. 430 ff. **31** Nordström, Lychnos 1937, S. 383. **32** Gut referiert bei Norberg, Polen, S. 233 ff.; Ahnlund, Gustaf II Adolf och det tyska kriget 1620–1625, in: HTs 1917, S. 268 f. u. Roberts, Gustavus Adolphus, I, S. 234 ff. **33** Nordström, Lychnos 1937, S. 385. **34** Hildebrand, H., Minne af Riksantikvarien Johannes Bureus, 1910, S. 280: Die drei Tiere symbolisieren die drei angegebenen Elemente (ist nur eine Vermutung). **35** Cervantes, Don Quixote, dt. 1961, S. 342. Es würde sich lohnen, Cervantes, Saavedra und Calderon auf den götischen Gehalt in ihren Werken hin genauer zu untersuchen; Nordström, De yverbornes ö, 1934: Zu teutonistisch eingestimmt. **37** Zit. nach Frohnhäuser, Gustav Adolf und die Schweden in Mainz und am Rhein. Zur Erinn. an die 300jährige Wiederkehr des Geburtstages GA's, 1894, S. 108. Diese Episode wurde vom Prior Leonhard Walz überliefert. Sein Kommentar zu diesem Affenspiel? »Eines lächerlichen Weibes würdige Belustigung«!, vgl. KGAS, S. 244, s. o. S. 28 f. **38** Nordström, Lychnos 1937, S. 385. **39** Ibidem, S. 390. »Interesse« meint hier eindeutig »Anteil« oder »Beteiligung« an einem gemeinsamen Capital-Fonds. **40** Ibidem, S. 382, 383: »Die schwedischen Vorväter ... mit einem solchen ritterlichen Mut und Mannestum begabt ... vor allen anderen Menschen in der ganzen Welt«, S. 388 ff. **41** Ibidem, S. 380. Nach Bromans Angaben. Forschungslücke. **42** Eriksson wurde von Karl I. von England geadelt, ähnlich wie sein Ziehvater Johan Skytte von Jakob I., und erhielt den Namen »Rosenskiöld«, war seit 1636 Justizpräsident in Göteborg, s. Almquist, H., Göteborgs historia, I, 1929. **43** SRP, 1643, S. 160. **44** Nordström, Lychnos 1937, S. 389, zu Alexander S. 386 ff. **45** Das »Parlement de Paris« und die Wolken-Metapher zur Zeit der Fronde, s. Barudio, Absolutismus (FWG 25), S. 103 ff. **46** Der Brief des Grotius vom 24. Juli 1641, in: HSkH, 2, 1818, S. 68 ff. Grotius war zu dieser Zeit Botschafter Schwedens in Paris! **47** Samlaren, 4, S. 90. **48** Nordström, Lychnos 1937, S. 380. Er baute das zerstörte Haus wieder auf und verkaufte es dann an Gabriel Oxenstierna. **49** Horn in seinem Bericht an AO, in: Adlersparre, 1, S. 92 ff. Wichtig der Hinweis, »daß ich niemals raten werde, irgendein Fachwerkhaus zu bauen, die sind viel gefährlicher und schädlicher als irgendein Holzhaus«. Die Vorliebe GA's und AO's für Steinhäuser dürfte in dieser Katastrophe eine Ursache haben, s. u. S. 425. **50** Peuckert, Die Rosenkreutzer, S. 208 f.

## Man mache sich ein Bild:

**1** Zit. N. Koyré, Mystiques, S. 96, Anm. 1. Zum Verhältnis von »elementiertem« und »siderischem Leib«, von Leben und Tod Paracelsus, Die Geheimnisse, 1941, S. 304 ff. **2** RA, Kungl. Arkiv, K 79, GA's Schreiben an Falkenberg vom 12. Jan. 1626. **3** Ibidem: s. die Auflistungen ihrer Geld- und Grundstücksgeschäfte. So stellte sie in der schweren Krise von 1623 nicht weniger als »199 127« und 1624 sogar »266 718« Rt zur Verfügung gegen Verpfändungen u. a. der Provinz Närike. **4** Ibidem, Brief an Falkenberg. **5** RA, politiska strids- och partiskrifter i slutet af 1500- och början af 1600-talet (eig. Übers.). **6** KGAS, S. 68. **7** Norberg, Polen, S. 268; vgl. Ahnlund, Tyska Kriget, S. 93 ff. **8** Hildebrand, Bureus, S. 61: »14. 11. 1627. . . war der König bei mir in der Glaskammer und las mir seine Chronik vor.« Er muß also davor schon länger an seiner Autobiographie gearbeitet haben, die stilistisch sehr ausgefeilt ist. Eine nicht ganz so sichere Auskunft

»12. 1. 1627. . . Kam der König wieder; bekam das opus regium (königliche Werk) präsentiert und (der König) bat um Griechisch-Lektionen«, in: Samlaren, 4, 1883, S. 104. **9** KGAS, S. 72. **10** Zum Hintergrund jetzt Torke, Die staatsbedingte Gesellschaft im Moskauer Reich. Zar und Zemlja in der altrussischen Herrschaftsverfassung, 1613-1689, 1974; vgl. Neubauer, Car und Selbstherrscher. Beiträge zur Gesch. der Autokratie in Rußland, 1964; zu Autokratie und Patrimonium s. Barudio, Absolutismus (FWG 25), S. 374 ff.; Torke, Die neuere Sowjethistoriographie zum Problem des russischen Absolutismus, in: Forschungen zur Osteuropäischen Geschichte, 20, 1973, S. 113-133. **11** Runeby, Monarchia mixta, S. 140/41; Aus Rudbeckius' berühmter Predigtschrift »Beatum regis sceptrum«. **12** KGAS, S. 75. **13** Zur angeblichen Geisteskrankheit Eriks XIV. s. Wigert, Erik XIV. Hans sinnessjukdom, 1920; eine schwere Gemütserkrankung hatte auch Herzog Magnus, der zweitälteste Sohn aus der Ehe Gustavs I. mit Margareta Leijonhuvud. **14** Zit. n. Machiavelli, Discorsi, S. 136. **15** KGAS, S.78. **16** Hildebrand, Bureus, S. 49: z. B. am 14. 9. 1626. **17** Kein König hatte sich zuvor so sehr um die Pflege der schwedischen Sprache bemüht wie GA; vgl. Wessén, Svenskt lagspråk, 1968 (Dokumentenband, in der Wortanalyse eher dürftig); vgl. Schlyter, Ordbok till Sveriges Gamla Lagar, 1877. **18** Konung Gustaf II Adolfs egenhändiga concept till Personalier öfver Hertig Carl Filip, in: HSkH, 27, 1845, S. 151/52/53. **19** Hildebrand, Bureus, S. 48 (9. 1. 1626). **20** Christansen, Die Stellung König Christians IV. von Dänemark zu den Ereignissen im dt. Reich und zu den Plänen einer evangelischen Allianz 1618/25, 1937. **21** Norberg, Polen, S. 261; vgl. Ahnlund, Gustav II Adolfs första preussiska fälttåg och den europeiska krisen 1626, in: HTs, 1918; Roberts, Gustavus Adolphus, II, S. 305 ff.; vgl. Tham, Den svenska utrikespolitiskens historia, I:2, 1560-1648, S. 143 ff. **22** Norberg, Polen, S. 271 ff. **23** Vgl. Wibling, Sveriges förhållande till Siebenbürgen 1623-1648, 1890; Norberg, Polen, S. 271. **24** Barudio, Moskau, in: HGR, II, S. 88 ff. **25** Norrman, Gustaf Adolfs politik mot Ryssland och Polen under tyska kriget 1630-1632, 1943, S. 8 ff. **26** Zum WS zwischen Vasa-Polen und dem Moskauer Zartum seit 1618 jetzt Zernack, Die außenpol. Folgen der Smuta, in: HGR, II, S. 42 ff. **27** Norberg, Polen, S. 268; vgl. Schubert, Ludwig Camerarius, 1573-1651. Eine Biographie, 1955; s. auch Geyl, The Netherlands in the Seventeenth Century, I, 1609-1648, 1961. **28** AOSB, II:1, S. 291-305. **29** Söderberg, Högförräderimålet emot Arnold Johan Messenius 1624, in: HTs, 1901, S. 3 ff. **30** GA am 29. 12. 1625 an den RR, in: RA, Rreg. 1625. **31** SRP, 1626, S. 32. **32** s. Proposition vom 23. 11. 1626, in: MRA, VIII, S. 276 ff.; zur Vor-Finanzierung vgl. Norberg, Polen, S. 274 ff. **33** Böhme, Die schwedische Besetzung des Weichseldeltas 1626-1636, 1963. **34** AOSB, II:1, S. 307/08: GA's Bericht über die geglückte Landung an AO. **35** s. u. S. 440 f. **36** AOSB, II:1, S. 316-326; vgl. Seeberg-Elfverfeldt, Die preußischen Stände und Polen unter Kurfürst Georg Wilhelm bis zum Tode Sigismunds III (1620-1632), in: Altpreußische Forschungen, 13, 1936; Wendt, Det svenska licentväsendet i Preußen 1627-1635, 1933. **37** Stiernman, I, S. 780. **38** Ibidem, S. 781; vgl. Runeby, Monarchia mixta, S. 174: Zum »Collegium illustre« beim Ritterhaus. **39** Ibidem, S. 780. **40** Paul, Gustav Adolf, 1964, S. 32: Der im Ritterhaus immatrikulierte Adel als korporativ angelegter Gesamtstand hat die Qualität einer »Kurie«, nicht jedoch die einzelne »Klasse«! **41** Ibidem, S. 32; vgl. Hallendorf, Lantmarskalken, in: Sveriges riddarhus, 1926: diese Einrichtung scheint weniger ein Vorbild im teutschen als vielmehr im polnischen Verfassungsleben gehabt zu haben. **42** Mousnier, Les institutions de la France sous la Monarchie absolue, I, 1974, S. 505 ff. **43** Zit. n. Burckhardt, Richelieu, III, S. 190 ff.: Das ist ein unbedingtes Bekenntnis zur Hierarchie »more geometrico«, einer qualitativen Stände- und Staatsstruktur, die auch nach außen hin gesucht wird; vgl. Wollenberg, Richelieu, S. 40: W. erkennt nicht recht diese mathematisierte Dimension des Denkens bei Richelieu. **44** War die Revolution von 1789 »ein Werk der Philosophie« (Lichtenberg), dann doch jener Art, die dem Föderativen nichts zutraut und vom Zentralisieren Wunder erhofft. Die Kritik Proudhons kann nicht genauer sein, s. dazu Wittfogel, Die Orientalische Despotie, dt. 1977 (1963), S. 482 ff. **45** Zit. n. Barudio, Absolutismus (FWG 25), S. 374. **46** Zum Amt des Kanzlers demnächst Barudio, Axel

Oxenstierna. Zu Konrad von Pyhy fehlt immer noch eine Biographie, vgl. zur »teutschen Periode« Rosén, Svensk historia, I, 1962, S. 396-407 mit Lit.hinweisen. **47** Zum »Jus patronatus« in den Adelsprivilegien von 1612, s. SRA, I:2:1:1, S. 415 ff. **48** Almquist, J. E., Dödsdomen över Olaus Petri den 2 januari 1540, in: Festskrift till Nils Stjernberg, 1940. **49** Ohlsson, Abraham Angermannus. En biografisk studie, in: Samlingar och studier till svenska kyrkans historia, 13, 1946. **50** Vgl. Hildebrand, K., Undersökningar till Uppsala mötes historia, in: HTs, 1893; Cnattingius, Uppsala möte 1593. Konturer av en kyrkokris, 1943; Ahnlund, »Nu är Sverige blivet en man«, in: Tradition och historia, 1956. **51** Cnattingius, Johannes Rudbeckius och hans europeiska bakgrund, 1943, S. 11/12. **52** Ibidem, S. 14 ff, 32: Hier die Drei-Stände-Lehre. **53** Ibidem, S. 68; vgl. Sehling, Die evangelischen Kirchenordnungen des XVI. Jhds, I, 1902; Müller, K., Die Anfänge der Konsistorialverfassung im luth. Deutschland, in: HZ, 1909. **54** Ibidem, S. 75 ff.: C. hat trotz des Hinweises auf den Einfluß des römischen Rechtes die Mutuation von Recht und Pflicht auch im Verhältnis Kirche-Staat übersehen. Die Formel vom »quod omnes tangit«, S. 80 belegt es. Gute Korrektur gegenüber der dt. Verfassungsforschung, S. 83: Die Formel »cujus regio, ejus religio« ist im Augsburger Religionsfrieden *nicht* festgeschrieben worden! **55** Ibidem, S. 84 ff. **56** Ibidem, S. 73 ff. **57** Samlaren, 4, 1883, S. 102. **58** Ibidem, S. 103. **59** Stolpe, Drottning Kristina, S. 55. **60** Ibidem, S. 58. **61** AOSB, II:1, S. 276. **62** Johannes Bureus, mit dem GA einen sehr vertraulichen Umgang pflegte, hat zu den Stimmungen des Königs eine Reihe von entspr. Angaben gemacht, Hildebrand, Bureus, S. 60 ff; Samlaren, 4, 1883, S. 102 f. **63** Eines davon war die »Vasa« mit ihrem mysteriösen Untergang im Hafen von Stockholm. **64** KGAS, S. 568 (12. Sept. 1628). **65** Eine gute Einstimmung auf diese Lebenshaltung der Zeit bei Montaigne, Essais, S. 121 ff: »Philosophieren heißt sterben lernen.« **66** Egenhändiga anteckninger af Carl Carlsson Gyllenhielm rörande tiden 1597-1601, in: HH, 20, 1905, S. 303 ff. **67** Montaigne, Essais, S. 841 ff. **68** Zit. n. Meier, Caesar, S. 495: Diese Plutarch-Stelle wird auf eine abgebildete Büste des Marcus Antonius bezogen, an der nichts von einem »wohlgeformten Bart« zu erkennen ist. **69** Diese Büste ist heute auf den 100-Kronen-Scheinen der Reichsbank Schwedens abgebildet zusammen mit dem Wahlspruch »hic robur et securitas« (hier herrscht Stärke und Sicherheit). Sinnigerweise darf AO das Wasserzeichen sein. **70** Gyllenhielm, in: HH, 20, 1905, S. 303. **71** Das Bild nach Statens Porträttsamling, Gripsholms slott, inv. nr Grh 1675, foto: Nationalmuseum Stockholm.

## Von der Kriegskunst:

**1** Zum weiteren Verständnis s.o. GA's Rechtfertigung des Kriegszuges gegen das Moskauer Zartum S. 159; s. a. Machiavelli, Der Fürst, dt. 1961, S. 103 ff.; Pons de Castelvi, Gustavo Adolfo. Rey de Suecia vencedor y vencido en Alemania, 1648, S. 12 ff., diese negative Beurteilung des Gotentums wird hier vor allem auf die Zeit vor dem Übertritt der Goten zum Christentum und bei GA auf das neue Ketzertum bezogen, vgl. Straub, E., Pax et Imperium, S. 54, Anm. 170. **2** Clausewitz, Vom Kriege, 1974, S. 25 f. Der Primat der Politik ist hier nicht auf den Konstitutionalismus gerichtet, sondern vom Neo-Absolutismus abhängig; rechtsfern fällt auch die Diskussion über den »gerechten« und »ungerechten Krieg« fort, d. h. die ethische Dimension wird von einem Politikbegriff abgedrängt, der den Angriffskrieg ermöglicht, S. 670 f.; vgl. Barkmann, Gustav II Adolfs militära gärning i den krigsvetenskapliga litteraturens belysning, in: HTs, 1932, S. 284 ff.; vgl. auch Aron, Clausewitz. Den Krieg denken, dt. 1980. **3** Hauptvertreter der ›Entrechtlichung‹ in der Verfassungshistoriographie und Begründer einer eher soziologistischen Behördenkunde ist O. Hintze in zahlreichen, oft recht quellenfernen Aufsätzen, s. Staat und Verfassung. Gesammelte Abhandlungen zur allg. Verfassungsgeschichte, 3. erw. Aufl. 1970. Auf schwed. Seite neben Fahlbeck, Die Regierungsform Schwedens, 1911, vor allem Hjärne, E., Från Vasatiden till Frihetstiden, 1927 und der von G. Jellinek stark beeinflußte Lagerroth, Frihetstidens Författning, 1915: Alle Arbeiten ohne eigentlichen Rechts- und Vertragsbezug! **4** Grotius, De jure belli ac pacis, libri tres, 1625; Scupin / Scheuner (hrsg.), Althusiusbibliographie, 2 Bde, 1973; Eysinga, Hugo Grotius. Eine biograph. Skizze, dt. 1952; vgl. seinen von der Forschung unausgewerteten Briefwechsel mit AO, in: AOSB, II: 2 (1633–39), 1889; ibidem, II: 4 (1640–1645), 1891; vgl. Reibstein, Johannes Althusius als Fortsetzer der Schule von Salamanca, 1955. **5** Chilian, »Geknechtete befreite er«. Warum ein Gustav-Adolf-Nationaldenkmal, 1939, S. 21. Abgesehen von seinem Zweck ist dieses Buch eine Fundgrube der Rezeptionsgeschichte zu GA und damit in all seiner Einseitigkeit (Strindbergs Theaterstück zu GA wird hochnäsig abgetan) doch brauchbar. **6** Ibidem, S. VII: Rede von NS-Innenminister Frick am 4. Dez. 1937 in Stockholm vor der Deutsch-Schwedischen Gesellschaft. **7** Unter der *Royalen* Armee wird in erster Linie der Hauptcorpus gemeint, der in der Regel vom König selbst geführt wird im Gegensatz zur *Bastanten* Armee, die von Feldmarschällen oder Generalen eingesetzt wird. Die Doppelbedeutung des span. Wortes »real« für »königlich« und »wirklich« hat auch in anderen Sprachen seine Entsprechung gefunden, wenn von »königlich entsetzen« und einem »realen Succurs« gesprochen wird, s. Tingsten, L., Några data angående Gustaf II Adolfs basering och operationsplaner i Tyskland 1630-32, in: HTs, 1928, S. 323. **8** KGAS, S. 1; vgl. die Klagen des Kanzlers Olivares über die Jugend Kastiliens, die »voller Sünde« und »ohne Erziehung« sei, Straub, Pax et Imperium, S. 97. Wie »Religionskrieg« und »Todsünde« in der Politik des Kaisers gekoppelt wurden ibidem, S. 444. **9** KGAS, S. 2 ff. **10** Schmitthenner, Krieg u. Kriegführung im Wandel der Weltgeschichte, 1929, S. 275 ff.; Liddell Hart, Great captains unveiled, 1927 (Gustavus Addphus – founder of modern war). **11** Gustafsson, Virtus politica, Lychnos. **12** KGAS, S. 65. **13** Barkman, Gustav Adolfs regementsorganisation vid det inhemska infanteriet, in: MKA, I, 1931, S. 80. GA gibt hier den Pikenträgern den Vorzug, weil er von seinen inneren Verhältnissen ausgehen muß, den Zugang geeigneter Leute und Ausrüstung zu berücksichtigen hat. B. Arbeit als kriegstechnische Analyse ist das Beste, was es auf diesem Gebiet zu GA gibt; die dt. Arbeiten von Rüstow, Jähns, Delbrück oder Schmitthenner sind mit Barkman in wesentlichen Teilen völlig überholt, ebenso Schildknecht und Böckler. Zuverlässig ist Jany, Gesch. der Königl. Preußischen Armee, 1928. **14** KGAS, S. 66. **15** KGAS, S. 67. **16** Ibidem, S. 70 f., GA's Selbstbiographie. **17** Barkman, Regementsorganisation, S. 70. **18** RA, Rreg 23. 8. 1607 und 9. 11. 1608, s. Svenska akademiens handlingar, 1794, S. 170; zu Jakob de la Gardie s. SBL, 10, S. 634–657; als Bauherr s. Unman, De la Gardieska palatset Makalös och dess Kvarlefvor, in: Samfundet S:t Eriks Årsbok, 1909 (falsche Autorenangabe in SBL). **19** zit. n. Barkman, Regementsorganisation, S. 72. **20** Mann, Wallenstein, S. 263. Wenn GA's gelegentlich von der »Lust zum Krieg« spricht, dann meint er nicht das Draufgängerische, das in dieser Zuordnung liegt. **21** Diwald, Wallenstein, S. 496. Von dem »Genialen« in Wallensteins »Feldherrnkunst« überzeugt, ohne dies wirklich zu begründen, wird GA's Leistung nach der Art von Bülows mißverstanden, S. 500: »Als Taktiker war Gustav Adolf unerreicht, als Stratege zählt er zu einer ablaufenden Ära«. **22** Barkman, HTs, 1932, S. 282 ff. **23** Noch neulich Müller, H. D., Der schwedische Staat in Mainz 1631-1636, in: BGSM, 24, 1979, S. 19: »Gut gedrillte Bauernarmee.« Diese Arbeit strotzt vor Mißverständnissen; das Urteil Johann von Nassaus über Schwedens Soldaten: »Sonsten gäbe das Fußvolk wegen ihres Gehorsams und weil sie große Arbeit, Hunger, *Hitze und Frost* vertragen und sich leichtlich behelfen könnten, auch gar kein Weibsvolk und Troß mit sich führten, gar gute Soldaten«, in: HH, 20, S. 397 (seine Aufzeichnungen). **24** AOSB, II:1, S. 372, am 29. 11. 1627 an AO. **25** s. Generalstaben, Sveriges Krieg 1611-1632, 3, S. 481 ff. **26** O. Magnus' Werk »Über die Art der Kriegführung«, in: Opera VII, Kap. 6, 7, 8, 12 und XI, Kap. 27. Erik XIV. hat die »teutsche Art« der Infanterie nach dem Fähnlein-Muster vor allem im Befehlsbereich reformiert, s. Barkman, Regementsorg., S. 63 ff.; Andersson, Erik XIV. och Machiavelli, in: Scandia 1931: Hier v. a. wichtig der

Hinweis auf die Notwendigkeit einer nationalen Armee u. das gemeinsame Interesse an der röm. Antike. **27** KGAS, S. 10, vgl. S. 59, wo er die Beachtung einschärft, »wie das Volk im Lande *rechtlich* aufgeteilt wird«. Zur Lage der Bauern-Stände Nilsson, Reduktion eller kontribution, in: Scandia, 1958, S. 73 f.; vgl. Swenne, Svenska adeln, 1933; Almquist, J. A., Frälsegodsen i Sverige under storhetstiden, I-III, 1931-1947; Lindegren, Utskrivning och utsugning, 1980: Ökonometrische Gaukelei mit vulgärmarxistischen Bewertungsmaßstäben und Ignoranz der übrigen Forschung z. B. im Bereich »Absolutismus« S. 17. **28** Strindberg, A., Bondenöd och Stormaktsdröm. Studier över skedet 1630-1718, 1937. Auch hier überzeugt der marx. Ansatz nicht. Allein das Leitmotiv des dt. Bauern aus Johannes Vogel, Meditationes emblematicae de restaurata pace Germaniae vermittelt die völlig andere Lage des hochdifferenzierten Bauernstandes in Schweden, wo es keine Leibeigenschaft gab und wo der König bewußt den Söldneranteil ausbaute, um auch Allmogen zu schonen, s. u. S. 418. **29** KGAS, S. 38. **30** Die Deutung der Lipsius-Position im Sinne des absolutistischen Machtstaates hat nichts mit dem ›libertären Lipsius‹ zu tun, s. Oestreich, Justus Lipsius als Theoretiker des neuzeitlichen Machtstaates, in: HZ 1956; vgl. Runeby, Monarchia mixta, S. 364 f. u. Barudio, Absolutismus (FWG 25), S. 14, 190, ders., Karolinische Eingewalt, S. 20 f. **31** KGAS, S. 38 f. **32** Ibidem, S. 59. Die Altersgrenze hat er oft fließen lassen, v. a. im Verhältnis von »Gemusterten« und »Ausgehobenen«. Unterste Grenze war aber nach 1620 das erreichte 15. Lebensjahr beim Mustern und das 18. beim richtigen Gestellen. Mit 15 Jahren war man nach dem Privatrecht nicht mehr »Kind«, sondern erwachsen und damit vertragsfähig, vgl. Barkman, Regementsorg., S. 118 ff., in diesem Punkt unsicher. **33** Ibidem, S. 38. **34** Jede Rotte umfaßte *zehn Soldaten* unter einem Rottenführer. **35** s. Herr Henric Flemmings egenhändiga anteckningar om sitt lefnads-lopp, in: S. Loenbom (hrsg.), Uplysningar i Swenska Historien, I, 1773, S. 39 ff. Aus Platzmangel konnte diese farbige Schilderung eines Aufstiegs bis zum Statthalter von Narwa und Großunternehmer hier nicht weiter verwendet werden; ist noch nicht ausgewertet. **36** KGAS, S. 40 f. **37** Die dt. Wiedergabe von »rote« als »Rotte« ist nur dann korrekt, wenn auf diesen Bezug verwiesen wird. Es wäre von hohem Wert, das schwed. »rote« einem Vergleich mit dem frz. »roture« zu unterziehen, das »unadlige Geburt« bedeutet und in Verbindung mit »terre en roture« auch »unadliges Land«. Das entspricht genau der Situation in Schweden. Nimmt man noch hinzu, daß »roturier« auch »der Bürger« und »rotule« »der Brustschild« bedeutet, dann ergibt sich eine gem. Wurzel... **38** KGAS, S. 62 f. **39** Zu den Einzelheiten s. Barkman, Regementsorg., S. 120 ff., dort auch der Unterschied zwischen Land- und Feldregimentern und Hinweise auf den »Härad« als Basis seit Gustavs I. Reform nach 1544. **40** KGAS, S. 61. **41** s. Wendt, E., Amiralitetskollegiets historia, I (1634-1695), 1950. **42** KGAS, S. 243. Im Fluchen lag eine Heraufbeschwörung des Teufels, die auch außerhalb des Kriegswesens schwer geahndet wurde, ohne großen Erfolg. Noch heute ist »fan=Teufel« fester Bestandteil der schwed. Umgangssprache. **43** Ibidem, S. 244 (Punkt 8). **44** Friedrich, Politisches Testament von 1752, S. 106; s. die Verbindung von »gerechtem Gehorsam« und vertraglicher »Friedenskunst« bei Molesworth, in: Barudio, Absolutismus (FWG 25), S. 173 ff. **45** KGAS, S. 245 (Punkt 17). **46** Ibidem, S. 245 (Punkt 20). **47** s. die praktische Anwendung seines Kassationsrechtes ibidem, S. 242, s. o. S. 145. **48** Ibidem, S. 245 (Punkt 22). **49** Bär, Die Politik Pommerns während des Dreißigjährigen Krieges, 1896, S. 277 ff., s. u. S. 454. **50** Die schlimme Tradition des »blinden Gehorsams« seit den Tagen des »Soldatenkönigs« und Friedrichs II. in Preußen drückt sich auch darin aus, daß die Armee im Hohenzollern-Staat nicht auf eine Verfassung vereidigt wurde, sondern auf den Monokraten und dessen Haus – bis 1918! 1922 wurde das Politische Testament von F. II zum ersten Male in dt. veröffentlicht! Eine vergleichende Analyse der Wirkung des »Kadavergehorsams« als Kennzeichen totalitärer Systeme wäre dringend geboten; vgl. Fest, Hitler, 1974 (7. Aufl.) S. 673, 974 ff.: Erkennt das Problem nicht. **51** KGAS, S. 251 (Punkt 46), wörtlich heißt die schwed. Formel »wird am Leben gestraft=straffas till lifwet«. **52** Ibidem, S. 251. Ob hiermit auch die Todesstrafe gemeint ist, läßt sich nicht mit letzter Sicherheit sagen, vgl. die Artikel 46 und 55 zur Bestrafung von Befehlshabern und Offizieren. **53** Zum näheren Verständnis der Formel des »Gemeinen Besten« s. Barudio, Karolinische Eingewalt, S. 129 f.; vgl. auch in der Form des »Gemeinwohls« Steinvorth, Stationen der politischen Theorie, 1981. **54** Vgl. Jähns, Gesch. der Kriegswissenschaften, I, 1889, S. 571, II, S. 878, 917 ff. **55** Barkman, Regementsorg., S. 88 ff. **56** Ibidem, S. 5 ff. Die Ansicht, daß GA die Piken abgeschafft hätte, trifft nicht zu. Im Gegenteil; sie sind substantiell, was Rüstow nicht weiß, s. Barkman, HTs 1932, S. 288. Zur Schweizer und Spaniens überlegener Ars militaris vgl. Machiavelli, Der Fürst, dt. 1978 (1961), S. 141. **57** Die ersten Werbungen in der Schweiz ließ Karl IX. im Januar 1610 für Schweden anstellen, s. Haas, Schwedens Politik gegenüber der Eidgenossenschaft während des Dreißigjährigen Krieges, in: SBG, 1951, S. 72 ff.; GA läßt bei der Annäherung an die Eidgenossenschaft mit dem »gotischen« Ursprung von Schweizern und Schweden operieren! **58** Barkman, Regementsorg., S.8 ff. **59** Alamos de Barrientos: »Otros son los hombres, los nombres, pero no los costumbres«, zit. n. Straub, Pax et imperium, S. 84. Zum Einfluß des Tacitismus in Schweden s. Ahnlund, Tradition och historia, S. 83 f. **60** Im Todesbegriff liegt die Lebensauffassung, die Ansicht nämlich, ihn als ein Teil der menschlichen Natur zu betrachten, ihn also nicht zu fürchten; vgl. Benjamin, in: NWB, 7, S. 403 ff. **61** Pro lege, S. 5; vgl. van Gelder, Vrijheid en onvrijheid in de Republiek, I, 1572-1619, 1947. **62** Die Pike war eine Erfindung der Schweizer, die allerdings beim Kampf Infanterie gegen Infanterie von Nachteil war, s. Barkman, aaO., S. 2 f., 209. **63** Die »Generalstaaten« haben seit ihren Unionen von 1579 also nicht selbst gekämpft, sondern Söldner dafür unterhalten. Schon diese Art der Kriegführung nach Auftrag erzwang hohe Effektivität und Verminderung der Verluste für die Geldgeber, vgl. Hallema, Prins Maurits, 1949. **64** Zum Problem der Feldschlacht und ihrem möglichen Ausweichen s. Delbrück, Geschichte der Kriegskunst, IV, 1920, S. 352 ff, s. u. S. 505 GA's Zögern vor der Schlacht bei Breitenfeld. **65** In dieser Schlacht entrann Karl IX. knapp dem Tod. Das schwed. Heer befand sich noch im Umbruch, s. Tranér, Konung Karl IX:s krig i Livland åren 1602–1605, 1876. **66** HSkH, 2, 1816, S. 96 ff.; vgl. Barkman, Regementsorg., S. 96 ff.; vgl. Schmitthenner, Krieg und Kriegführung im Wandel der Weltgeschichte, 1930, S. 275 ff. **67** Barkman, in: HTs, 1932, S. 268. Leider konnte er aus Geldmangel auch seine Studien zur Kavallerie nicht vollenden. **68** Mann, Wallenstein, S. 83. Das harte Urteil über die »weltfremden Vorstellungen der Federprofession« ist hier nicht angebracht, vgl. Delbrück, aaO., IV, S. 186. **69** Dvorský, Albrecht z Valdstejna az na konec roku 1621, 1892, S. 48. **70** Barkman, Regementsorg., S. 83. **71** Zur Behandlung der Desertierten s. die Kriegsartikel 36, 37 (hierin wird die Not »aus Hunger oder Kälte« berücksichtigt), KGAS, S. 247. **72** Barkman, in: HTs, 1932, S. 274 ff. **73** So vor allem Clausewitz, Strategische Beleuchtung, S. 87 f.: Allein die Tatsache, daß das schwed. Kriegstheater nicht nach dem Tode des Königs zusammengebrochen ist, ja sogar die schwere Niederlage von Nördlingen 1634 verdaute und unter Torstensson zu neuen Siegen kam, spricht gegen diesen Personalismus, wie er für das absolut. Denken typisch ist. **74** AOSB, I:1, S. 435 ff. **75** Burckhardt, Richelieu, II, 1966 (2. Aufl.), S. 8. Es spricht für Richelieus Auffassung von der Überzeitlichkeit Frankreichs in der Krone und gegen die verbreitete Ansicht von Absolutismus bei ihm, daß er als Organisator der Flotte dem ersten Flaggschiff den Namen »La Couronne« geben ließ! Vgl. Wollenberg, Richelieu. Staatsräson und Kircheninteresse, 1977, S. 96 ff. 103 ff. **76** Zum Problem der »perpetuellen Armee« von 1627 an s. Barudio, Karolinische Eingewalt, S. 51 ff. **77** Samlaren, 4, S. 114. **78** SRP, 1628, S. 223. Der Kapitän machte die »ranckhet« (wahrscheinlich das Mißverhältnis von Masten und Schiffscorpus) für das Sinken verantwortlich. **79** Theatrum Europaeum, II, S. 228. **80** Ibidem, S. 226/227.

## Die schwedische Gefahr:

**1** Mann, Wallenstein, S. 730 f. **2** Ibidem, S. 729; vgl. Roberts, Gustavus Adolphus, II S. 397 f. **3** Stiernman, Alla mötens beslut, I, S. 787. **4** Ibidem, S. 793 (Neben-Abschied). **5** Ibidem, S. 788; vgl. Ahnlund, Gustaf Adolf inför tyska kriget, 1918, S. 22 ff, hat für diese konstitutionale Dimension der Sicherheits- und Kriegspolitik kein Auge. **6** Ibidem, S. 788; vgl. den Hinweis von Jakob de la Gardie, daß GA oft in die Privilegien des Adels eingegriffen habe, in: SRP, 1634, S. 361; vgl. Runeby, Monarchia mixta, S. 284: Der Hinweis des Reichs-Marsches darf also nicht als Kritik am König aufgefaßt werden. **7** Codex Juris Bohemici, V:II, 1888, S. 10/11; vgl. Barudio, Absolutismus (FWG 25), S. 270 f. **8** Hallwich, Fünf Bücher der Geschichte Wallensteins, II, 1910, S. 329 ff: Den Begriff »Erbländer« im Sinne, wie ihn das Haus Habsburg in Österreich gebraucht hat, gab es in Dänemark nicht. Sollte W. entgangen sein, daß Dänemark ein Wahlreich war? **9** Huch, Wallenstein, 1920, S. 97 f; vgl. Albrecht, Die auswärtige Politik, S. 158 f; vgl. Straub, Pax et Imperium, S. 232 f. **10** Hallwich, II, S. 301: W. an Collalto am 29. 11. 1627; vgl. Tarda, Briefe Albrecht v. W. an Karl von Harrach, 1625-1627, 1879, S. 491, den 29. Juli 1627: »In ein paar Tagen marschiere ich nach T. Der aus Bayern hat die anderen Kurfürsten an sich gehängt. Wollte gern solches verhindern. Der Possen wird ihm aber nicht angehen. Denn er wollte allein gern DOMINUS DOMINANTIUM im Reich sein«; vgl. ibidem, S. 476: »Kommt allein von Bayern. Denn er will nicht, daß der Kaiser mächtig im Reich ist, drum sucht er alle Mittel (es) zu verhindern«, 2. Febr. 1627. Die absolutistischen Absichten sind ganz offensichtlich. **11** Hallwich, II, S. 326. **12** Ibidem, S. 322: Er könne das »ohne der Landoffiziere Bewilligung tun, weil die Güter mein sein«. **13** Tarda, Briefe, S. 475, den 30. Jan. 1627: W. ist zu diesem Zeitpunkt über Wien empört, weil ihm nicht genügend Mittel gewährt werden, den Kriegszug zu finanzieren, vgl. Mann, Wallenstein, S. 529 und 542 zu seinem »unwiderstehlichen Drang zur Oberherrschaft«. **14** Hallwich, II, S. 332; vgl. Mann, Wallenstein, S. 507 ff. **15** Hallwich, II, S. 319. **16** Tarda, Briefe, S. 386, den 7. Juli 1626. **17** Ibidem, S. 387: »Des Königs aus Schweden Intention ist, sobald er ausgeschifft ist, sich an den Oderstrom zu machen. . .«, an St. Julien, s. a. an Aschersleben vom 10. Juli 1626. **18** AOSB, II:1, S. 336, den 20. Dez. 1630. **19** Ahnlund, Gustaf Adolf inför tyska kriget, S. 22 ff. **20** Hallwich, II, S. 335. **21** AOSB, I:3, S. 634 f. **22** Hallwich, II, S. 339; vgl. Gindely, Die maritimen Pläne der Habsburger und die Antheilnahme Kaiser Ferdinands II. am poln.-schwed. Kriege während der Jahre 1627-1629, 1890; vgl. Schmitz, Die maritime Politik der Habsburger in den Jahren 1625-1628, 1903; vgl. auch die materialreiche Arbeit von Böhme, Die schwed. Besetzung des Weichseldeltas 1626-1636, 1963. **23** Hallwich, II, S. 340 ff. **24** AOSB, II:1, S. 352. **25** AOSB, II:1, S. 316-323; vgl. Ahnlund, Axel Oxenstierna, S. 415 ff. **25** Stolpe, Drottning Kristina, 1966, S. 59 ff. **26** Ibidem, S. 62 ff. **27** Stiernman, Alla mötens beslut, I, S. 797. **28** Zu den näheren Umständen s. Ahnlund, Axel Oxenstierna, S. 440 ff. Die Kleider mit dem Kugelloch des Hüftschusses vom 24. Mai 1627 ließ GA als Erinnerungsstücke aufbewahren. Sie können als Beginn der »Livrustkammar« in der Funktion als Haus-Museum gelten (Auskunft von Anna Hess, Livrustkammar-Stockholm). **29** Hallwich, II, S. 342: W. erläutert diese Position mit dem Zusatz »denn amor et dominium non patitur socium. Doch die Traktation muß auf alle Weise gehen.« Er wollte sich demnach vom Prinzip her nicht auf eine vertragliche Drittwirkung von »Imperium et Libertas« beziehen, konnte sich aber ein vertragsähnliches Abkommen oder Abstimmen mit Schweden vorstellen; vgl. Mann, Wallenstein, S. 729 – irreführend. **30** Stiernman, I, S. 809. **31** Ibidem, S. 810. **32** Ibidem, S. 831. Zu diesem bisher wenig beachteten Fundamentalbegriff s. Barudio, Absolutismus (FWG 25), S. 29, 164 ff.

## Stralsund – »Die Kunst des Schraubens«:

**1** Burckhardt, Richelieu, II, S. 300 f; vgl. Wollenberg, Richelieu, S. 171; vgl. Barudio, Absolutismus (FWG 25), S. 95 f. **2** Zober (hrsg.), Ungedruckte Briefe A. v. Wallensteins und Gustav Adolfs des Großen, 1830, S. 68. **3** Ibidem: In der lat. Formel »ut suum cuique tribuatur« drückt sich natürlich ein Kernsatz der NE aus. Ein Beleg mehr für die Universalität des autonomen Eignerprinzips. **4** Ibidem, S. 69: Zur Verbindung von »absoluta potestas« und »tyrannischem Dominat« s. Barudio, Absolutismus (FWG 25), S. 199 ff. **5** Vgl. Mann, Wallenstein, S. 549. **6** Teilstück aus einem Flugblatt zu »Augsburgs« Befreiung, auf dem GA Alexander und Caesar gleich bewertet wird (in Leipzig 1632 bei Hans-Jacob Gabbern), in: KB, Planschavd. GA Nr. 85. **7** AOSB, I:1, S. 533. **8** Ibidem, S. 531: »Stat« meint hier den Rechtszustand. Der Begriff ist noch nicht im rechtspositiv. Sinne als Entelechie aufgeladen. **9** Ibidem; Mann, Wallenstein, S. 552 versucht, »mit einer Portion Calvinismus« den »holländischen, oder wenn man will, »schweizerischen Geist« in Stralsund zu erklären, ohne ihn nachzuweisen. Tatsächlich waren Holland und die Schweiz noch bis 1648 Glieder des Reiches, wenn auch mit hoher Autonomie. Ihr republ. Geist war dem Heil. Reich durchweg eigentümlich. **10** Ibidem, S. 532. **11** Bär, Die Politik Pommerns während des Dreißigjährigen Krieges, 1896, S. 216 ff, 231 ff. **12** Vgl. Mack, Die Hanse und die Belagerung Stralsunds im Jahre 1628, in: HGbl 1892, 1893. **13** Zober, aaO., S. 95 ff: Aus Liedern zur Belagerung. **14** Bär, Die Politik Pommerns, S. 222: GA hat den Accord zwischen W. und Stralsund als »betrüglich« aufgefaßt, aber doch erkannt, daß er aus »der Stadt wahrer Not abgeschlossen worden sei«. **15** Mann, Wallenstein, S. 565 ff. **16** Bär, aaO., S. 226: AO: »Übrigens sei der König, da Stralsund wider kaiserlichen Willen bedrängt worden, auch nicht wider den Kaiser. Das Bündnis mit der Stadt gehe nur auf Verteidigung, nicht auf Angriff.« **17** Mann, Wallenstein, S. 549 f. **18** AOSB, I:1, S. 533: Auf diese Formel kamen AO und GA immer wieder zurück. Sie ist Ausdruck des »fides publica« und damit des öff. Vertragswesens. **19** Mann, Wallenstein, S. 570. **20** Ibidem, S. 572; Roberts, Gustavus Adolphus, II, S. 365 ff; vgl. Fock, Aus den letzten Tagen Pommerscher Selbständigkeit. Wallenstein und der Große Kurfürst vor Stralsund, 1872, S. 321 ff. **21** Back, Herzog und Landschaft, 1955; vgl. Backhaus, Reichsterritorium oder schwedische Provinz, 1976. In beiden Arbeiten zu Pommerns Verfassungsgeschichte wird mit dem rechtspositiv. Dualismus operiert, deshalb auch die zahlreichen Fehleinschätzungen. **22** Mann, Wallenstein, S. 559; s. a. Grünbaum, Über die Publizistik des Dreißigjährigen Krieges von 1626-1629, 1880; Arnoldsson, Krigspropagandan i Sverige före trettioåriga kriget, in: GHÅ, XLVII, 1941, S. 3-36 mit dt. Zusammenf. **23** TE, 1629-1633, II, 1646, S. 226 ff. **24** Lindroth, Paracelsismen, S. 175 ff. **25** Annerstedt, Upsala Universitets Historia, I, S. 175 ff. **26** Lindroth, Paracelsismen, S. 178. Im Original ist statt »habsburgisch« das Attribut »osterisch« verwendet worden. **27** Ibidem, S. 179. **28** Ibidem, S. 229 ff. **29** Lövgren, Wivallius som patriotisk siare, in: Samlaren, 1912, S. 85 ff., s. u. S. 522. **30** Lindroth, Paracelsismen, S. 180 ff. **31** Ahnlund, Gustav Adolf, lejonprofetian och astrologin, in: HTs, 1939, S. 39 ff. **32** In Böhmen hatte diese Teilung »Böhmen und Mähren« zu symbolisieren, in Schweden wohl »Väster- und Östergötland«. Eine vergleichende Studie zur Staats-Emblematik wäre hochnötig, vgl. Schöne, Emblematik u. Drama im Zeitalter des Barock, 1964. **33** Eine Studie zu diesem Symbol wird von uns vorbereitet. Zu seiner ma Bedeutung als Auferstehungssymbol s. Kulturhistoriskt Lexikon för nordisk medeltid, XIII, 1968, Sp. 160 f. **34** Brulin, Stilleståndet i Altmark 1629, in: Hist. studier tilläg. H. Hjärne, 1908, S. 259 ff. **35** AOSB, II:1, S. 395. **36** Hier ist z. B. ein konkreter Bezug von *Sünde und Krieg* hergestellt, s. o. S. 158. **37** AOSB, II:1, S. 396/397. **38** Ibidem, S. 400. **39** Ibidem, S. 404: 20. April 1628 an AO. **40** Ibidem, S. 399. **41** Ibidem, S. 446: 30. Dez. 1628; vgl. Ahnlund, Gustaf Adolf inför tyska kriget, S. 116 ff.; ders., Axel Oxenstierna, S. 518 ff. **42** AOSB, I:4, S. 269-288. **43** AOSB, II:1, S. 448 ff. **44** Ibidem, S. 462/463. **45** Ibidem, S. 464; vgl. Ahnlund, Gustaf Adolf inför tyska kriget, S. 241; vgl. Wedgwood, Der Dreißigjährige Krieg, dt. 1971, S. 218. Das

Szenario in Ulvsbäck ist sehr dramatisiert: »Vor Erregung zitternd, hielt er (GA) dem König von Dänemark die geballte Faust unter die Nase. . .« **46** Ibidem, S. 468: 7. April 1629. **47** Ibidem, S. 467 ff. **48** Der Diplomat Monier war im Januar 1629 nach Moskau geschickt worden, s. Ahnlund, Gustaf Adolf inför tyska kriget, S. 125 ff.; Norrman, Gustaf Adolfs politik, S. 137. **49** AOSB, II:1, S. 486 ff.; vgl. Schybergson, Sveriges och Hollands diplomatiska förbindelser 1621-1630, 1881, S. LXXXVII. Zu diesem Zeitpunkt lief das 15jährige Abkommen von 1614 aus; s. o. S. 156. **50** AOSB, II:1, S. 489 ff. **51** Wedgwood, aaO., S. 237. Das Porträt von AO ist ebenso irreführend: »Sein bester Freund war sein grauhaariger Kanzler AO, eine schweigsame Gelehrtennatur, von dem allein er Rat und Tadel annahm«. **52** Whitelocke, A Journal of the Swedish Ambassy in the years 1653 and 1654; 1772, I, S. 347 ff. **53** Die Formel wird gleichwertig mit »freedom of speaking« gebraucht; vgl. Runeby, Monarchia mixta, S. 374 f. **54** AOSB, II:1, S. 669 ff.: 4. Dez. 1630. GA hatte auch allen Anlaß dazu. Denn was dem Kanzler in Preußen zugemutet und von ihm geleistet worden war, gehört in die besonderen Annalen der Geschichte, Ahnlund, Axel Oxenstierna, S. 585 ff. **55** Mann, Wallenstein, S. 1035: AO's »kalter Blick«; vgl. Suvanto, Die deutsche Politik Oxenstiernas und Wallenstein, 1979, S. 13; Burckhardt, Richelieu, II, S. 339 und 378 ff. **56** Stolpe, Drottning Kristina, S. 62 ff. Auch hier wirkte der Aristotelismus mit der Schrift »De generatione animalium«. **57** Eine Studie zum Einfluß Adam Müllers auf Erik Gustaf Geijer und die »Aristokratieverdammung« in der schwed. Historie wäre hochnötig und reizvoll, s. Barudio, Absolutismus (FWG 25), S. 385, Anm. 8. **58** Bei Nietzsche ist diese Polarität ein durchgehender Topos ohne jeden Erkenntniswert, im Grunde geschichtsphilos. Spielmaterial s. Nietzsche, Sämtl. Werke (Schlechta), II, 1967, S. 132; 393; zu Bismarcks Wort »Es gibt männliche und weibliche Nationen; die Russen und die Dänen gehören zu den letzteren« s. Ekelund, Veri Similia, I-II, (1915/16), 1963, S. 31 ff. **59** Sjögren (hrsg.), Bibelöversättningarna av år 1536, III, 1960. **60** Stolpe, Drottning Kristina, S. 47 ff. **61** Sjögren, aaO., o. S. **62** Zit. n. Droysen, Gustaf Adolf, I, 1869, S. 302. **63** Mémoires du cardinal de Richelieu, V, S. 119. **64** Zu den näheren Umständen s. Fridericia, Danmarks ydre politiske Historie 1629-1635, 1876, S. 106 ff. **65** Ahnlund, Gustaf Adolf inför tyska kriget, S. 156 ff.; vgl. Wilmanns, Der Lübecker Friede, 1905. **66** Zu dem besonderen Status in dieser Frage vgl. Günter, Das Restitutionsedikt von 1629 und die kath. Restauration Altwirtembergs, 1901; vgl. Loch, Fürstbischof Johann Georg II. v. Bamberg als Präsident der Kaiserl. Commission f. den fränkischen Kreis zur Durchführung des Restitutionsedikts, in: 39. Bericht des Historischen Vereins Bambergs, 1877. **67** Hallwich, Fünf Bücher, II, S. 289, 294: Der Kaiser veranlaßte, die »Stifter Magdeburg und Halberstadt *jure belli* (zu) apprehendieren«, 297; vgl. Wittich, Magdeburg, Gustav Adolf und Tilly, I, S. 129 ff.; vgl. Ritter, M., Der Ursprung des Restitutionsedikts, in: HZ, 1896, S. 97. **68** Brulin, Altmark, S. 268 ff. **69** Ibidem, S. 281; vgl. Rydfors, De diplomatiska förbindelserna mellan Sverige och England 1624–maj 1630, 1890; s. a. Letters relating to the mission of Sir Thomas Roe to Gustavus Adolphus 1629-1630, in: Camden Miscellany, 7, 1875. **70** AOSB, II:1, S. 514: Der Streit flammte am Ende der Verhandl. noch einmal auf, als sich Charnacé weigerte, im Titel des engl. Königs die Formel »Franciae Rex« zu dulden, s. Brulin, Altmark, S. 306. **71** Brulin, Altmark, S. 291 ff. **72** AOSB, I:4, S. 767. Diese Frage war sehr umkämpft s. Brulin. Altmark, S. 291, 294, 305. **73** Brulin, Altmark, S. 301. **74** AOSB, I:4, S. 623 ff.; vgl. die Ansicht von Thomas Roe: »Your Lordship may see the scope of the King of Swede to be master of all the ports and trade from Narve to Stralsond, which is a matter of great consideration. . .«, in: Letters, S. 37. **75** Rreg. 1629, in einem Brief vom 15. Aug. an D. Falkenberg; zu den Zöllen oder Lizenzen Wendt, Det svenska licentväsendet i Preussen 1627–1635, 1933. **76** AOSB, II:1, S. 522: 10. Okt. 1629 (s. 529). **77** AOSB, II:1, S. 527 ff.: 21. Okt. 1629.

## Defensio Sueciae – Occupatio Germaniae:

**1** Bureus in: Samlaren, 4, S. 120 ff., vgl. Lindroth, Paracelsismen, S. 422 ff. **2** Schybergson, Sveriges och Hollands diplomatiska förbindelser 1621–1630, 1881. **3** SRP, 1629, S. 219. **4** Jarring, Gustaf II Adolf och tartarerna på krim, in: NMT, 5, 1932, S. 306 ff. Der König hat am 8. Jan. 30 einer Tataren-Gesandtschaft des Khans Djan Beh Gerej Audienz gewährt, der von Olearius über Schwedens Rüstung informiert worden war, s. o. S. 47. **5** SRP, 1629, S. 219. **6** Ibidem, S. 220. **7** GA ließ sich von der angeblichen Geldnot Christians IV., die dieser beim Grenztreffen in Ulvsbäck angeführt hat, nicht beeindrucken; vgl. Albrecht, Die Politik Maximilians von Bayern 1618-1635, 1962, S. 58 f.; vgl. Straub, Pax et Imperium, S. 394 f. **8** SRP, 1629, S. 220; vgl. Barkman, aaO., S. 188, der Plan vom Sommer 1629. **9** Ibidem, S. 220 f. Hier wird noch ein Vorschlag gemacht, »wenn wir nicht in Teutschland einmarschieren«. Dann »müsse auf jeder Seite von Rügen eine Flotte liegen«. Diese Stelle ist in ihrer Plazierung innerhalb des Protokolls unsicher. **10** Ibidem, S. 221; vgl. AO's frühere Einstellung zur Lage im Heiligen Reich s. o. S. 365 und Mann, Wallenstein, S. 264 ff. **11** Ibidem, S. 221; vgl. Ahnlund, Gustaf Adolf inför tyska kriget, S. 258. Der Vorschlag in Anm. 1 die Formel »tränger oss« als »tränger (han) oss« zu lesen, ergibt keinen Sinn und nimmt auch der Kritik an Struck, Gustav Adolf und die schwed. Satisfaktion, 1889, S. 15, sowie an Droysen, Gustav Adolf, II, S. 32 einigen Wert; vgl. zum weiteren Verständnis dieser Stelle u. Anm. 44, S. 401. **12** Ibidem, S. 221 (Punkt IX). Zum Mechanismus »Frieden mit dem Franzosen« und Schwedens Kampf gegen den Kaiser S. 222 (Diese Quellenstelle ist unsicher); vgl. Fagniez, Richelieu et l'Allemagne, in: RH, 16, 1891, S. 35 ff.; vgl. auch Roberts, aaO., II, S. 466 f und Straub, Pax et Imperium, S. 375 ff. **13** Ibidem, S. 221 (Punkt XV); vgl. Ahnlund, Gustaf Adolf inför tyska kriget, S. 259. Über die rechtlich-ethische Seite ist sich A. nicht im klaren. **14** Hier sei nur die Auseinandersetzung erwähnt Klopp, Tilly im Dreißigjährigen Krieg, 2 Bde, 1861 und Benedey, Tilly und Gustav Adolf nach Onno Klopp, in: HZ, VII, S. 381 ff. Klopp, zum Katholizismus konvertiert, geht von der reinen »Eroberungslust« des Königs aus, vgl. u. S. 595 f. **15** Nys, La théorie de l'équilibre européen, in: RDI, 25, 1930, S. 426; vgl. Zeller, Le principe de l'équilibre dans la politique internationale avant 1789, in: RH, 1956, S. 25 ff. **16** SRP, 1629, S. 219, Anm. 2. GA bezog sich hier auf die Begegnung mit der Flotte in Kalmar 1599. Ein bemerkenswerter Zufall, der dem Teutschen Krieg dessen Gesamtdauer vorwegnimmt, aber auch verdeutlicht, wie lange Vasa-Schweden und Vasa-Polen miteinander gerungen haben. **17** Ibidem, S. 220. **18** Ibidem, S. 222; vgl. Ahnlund, Gustaf Adolf inför tyska kriget, S. 260: A. hat auch diesen Bezug mißverstanden. Skytte meinte nicht »die in der deutschen Staatslehre gängige Auffassung hinsichtlich der erhabenen Art der deutsch-römischen Monarchie«, sondern die Substanz der Monarchie überhaupt als Ausdruck einer Gottes- und Naturordnung unter der Bedingung, daß »Res« und »Persona« geschieden wurden. **19** Ibidem, S. 223: »Melius possumus offensivo quam defensivo reconciliari cum Caesare.« **20** Ibidem, S. 223. Die solenne Kriegserklärung hatte nach einem alten Ritual mit Herolden zu erfolgen, die offiziell den Frieden aufkündigten. Mit dieser Art des *versteckten Krieges* außerhalb und unterhalb der Bedingungen des Völkerrechts beginnt die Zeit des *begrenzten Konflikts*. Zur Problematik des nichterklärten Krieges s. u. S. 470. **21** Ibidem, S. 223. Der Gedanke vom Angriff als bester Verteidigung liegt hier offen zutage, vgl. Clausewitz, Vom Kriege, 1980, S. 583 ff. **22** Burckhardt, Richelieu, II, S. 321 ff. **23** Keep, The Regime of Filaret (1619-1633), in: SEER, 1959-60; vgl. Barudio, Moskau und der Dreißigjährige Krieg, in: HRG, II, S. 87 f.; **24** SRP, 1629, S. 224; vgl. Voges, Der Kampf um das Dominium Maris Baltici 1629-1645, 1938. **25** Ibidem, S. 224, vgl. unten seine Politik gegenüber Vasa-Polen S. 576. **26** Ibidem, S. 225. **27** Ibidem, S. 225. **28** Ibidem. Vgl. die Globalsumme von 500 000 Rt hier mit dem Betrag von 400 000 Rt, die Frankreich GA im Januar 1629 angeboten hat, ibidem, S. 222. Zur eingehenden Diskussion hins. der Kriegsfinanzierung s. Ekholm, Landberg, Nordlund, Nilsson, Det kontinentala krigets ekonomi, 1971; Torstendahl, Om svenska stormaktskrigens finansiering, in: HTs, 95, 1975, S. 88-95. **29** Zum Problem des pol. Calvinismus s. Press, Calvinismus und Territorialstaat, 1970; vgl. Bohatec, Calvins Lehre von Staat und Kirche, 1937; ders., Calvin u. das Recht, 1934; Schelven, Der Generalstab des pol. Calv. in Zentraleuropa zu Beginn des 30jährigen Krieges, in: ARG, 1939. Auch Wallensteins Stellungnahme zum Lübecker Frieden 1628 bei Burckhardt, II, S. 321 ff. **30** SRP, 1629, S. 226; zu Pommern neben Bär, passim auch Fock, Aus den letzten Tagen Pommerscher Selbständigkeit. Wallenstein und der Große Kurfürst vor Stalsund, 1872; zu Mecklenburg s. Schulenburg, Die Vertreibung der mecklenburgischen Herzöge Adolf Friedrich und Johann Albrecht und ihre Restitution, 1892. **31** SRP, 1629, S. 226: Und dies mit Hilfe »von 30 Kriegsschiffen«. **32** Ibidem (Punkt XI). Diese Formulierung kommt auch bei Axel Oxenstierna vor und ist Ausdruck einer Realpolitik, die Verträge vollzogen sehen will! **33** Ibidem, S. 227: »non nostro, sed Imperatoris vitio.« Damit wird die Ursache in das Vorgehen in Preußen gelegt und die Rechtfertigung für die eigenen Maßnahmen begründet. **34** Brahe war schon auf den Tod krank und meinte, »es sei das Beste. . ., den Krieg in Teutschland zu führen«. Er starb bald danach. **35** SRP, 1629, S. 227/228. Krieg ist hier nur die ultima ratio zur Erzwingbarkeit des Friedens! **36** Ibidem, S. 228/229; vgl. u. S. 420 die Ahnung vom Tod. **37** RA, Acta ecclesiastica, Serie II: 27, S. 63. **38** SRP, 1629, S. 231. Diese Formel »Durch Gott die Befreiung besorgen« wird auf Christian IV. bezogen und meint wohl dessen Position in Ulvsbäck. Von schwed. Seite aus war man sich hier dessen bewußt, daß die gemeinsame Religion mit Dänemark bei allen sonstigen gemeinsamen Interessen nicht heißen konnte, »sein Dominium in der Ostsee zu dulden«. **39** Ahnlund, Gustav Adolf inför tyska kriget, S. 261 ff; vgl. Fridericia, Danmarks ydre politiske Historie, S. 130 ff.; vgl. SRP, 1629, S. 232 ff. **40** SRP, 1629, S. 234. **41** Ibidem, S. 230. **42** Ibidem, S. 231; vgl. A. Oxenstiernas Beobachtung von 1620: »Die meisten in diesen Gegenden (des Heiligen Reiches) scheinen die Neutralität als das Sicherste zu pflegen«. Diese Haltung bedeutete auch, kein selbständiges Völkerrechts-Subjekt zu sein und damit im Konflikt nach außen hin nicht vertragsfähig und nach innen aufs *Reichskammergericht in Speyer* verwiesen, das hier auch angeführt wird, S. 235. **43** Ibidem, S. 233: »Si deinde peccaverit, jure antastas. Lex gjöres först, att vij ähro uthan skuldh.« **44** Ibidem, S. 233/234. **45** Ibidem, S. 234: »4. Etsi quod tibi non vis fieri, alteri ne facias, tamen quod alter tibi vult facere, an non eidem tu quoque id facias, conscientia Status?. . .« **46** Hallwich, Fünf Bücher, II, S. 338 ff, s. o. S. 359. **47** SRP, 1629, S. 237.

## Der Gebrauch der Gifte:

**1** Weibull, L., De diplomatiska förbindelserna mellan Sverige och Frankrike 1629–1631, in: LUÅ, XXXVI, 1900, S. 10. **2** Avenel, Lettres, instructions. . ., VIII, 1, S. 317. **3** Radbruch, Rechtsphilosophie, 1932, S. 126 ff; vgl. Kriele, Kriterien der Gerechtigkeit. Zum Problem des rechtsphilosophischen und politischen Relativismus, 1963. Er findet keinen Zugang zum aristot. Begriff des »Gerechten«, S. 59 ff, verzerrt auch Radbruch S. 16; vgl. Lasson, A., System der Rechtsphilosophie, 1882 (1967), S. 223 ff: »Das Gerechte, wie es das inhaltliche Prinzip des Rechtes bildet, ist zuerst und mit bleibenden Resultaten von ARISTOTELES analysiert worden; an ihn hat sich die ganze Begriffsentwicklung auch ferner anzuschließen«. Er hat sich leider nicht durchsetzen können. Eine moderne Diskussion von schwed. Seite zum »Gerechten« fehlt völlig. **4** Barudio, Das Wohlproportionierte Regiment, 1976, Kap. II passim; s. o. S. 67. **5** Vgl. Heim, Zur Gesch. des Satzes von der Doppelten Wahrheit. Studien zur systematischen Theologie, in: Festschrift Theodor von Heering zum 70. Geburtstag, 1918, S. 90 ff. Der hier angegebene Bezug zum Staatsrecht müßte neu untersucht werden. **6** Wollenberg, Richelieu. Staatsraison und Kircheninteresse, 1977, S. 186 ff. Zu Autoritäten-fixiert, Vertragsgedanke wird nicht berücksichtigt. **7** Straub, Pax et Imperium, 1980, S. 28 ff. **8** Weibull, in: LUÅ, XXXVI, S. 13 ff.

**9** Ibidem, S. 15 f.; s. a. GA in seinem Brief vom 24. 3. 1630 an AO, in: AOSB, II:1, S. 573. **10** AOSB, I:1, S. 536-538. **11** Bei der Restitutions-Frage ist nicht vom »König von Böhmen« die Rede, wie Weibull, in: LUÅ, 1900, S. 17 angibt, der an manchen Stellen sehr ungenau ist. **12** AOSB, I:1, S. 537. Es ist zwar von den »Regibus Sueciae et Galliae« im Punkt 3 die Rede, aber die entscheidende Formel »Rex et Regnum« fehlt, vgl. u. S. 537. **13** Weibull, aaO., S. 19. Charnacé kam zusammen mit Jacob de la Gardie von Preußen und Axel Oxenstierna her, mit dem er sich zu diesem Zeitpunkt gut verstand. **14** Zit. n. Weibull, aaO., S. 20. **15** Ibidem, S. 23. Zum Mantua-Krieg: Straub, Pax et Imperium, S. 371 ff.; zur Lage in den Niederlanden: de Boer, Die Friedensverhandlungen zwischen Spanien und den Niederlanden 1631/1632, 1898. **16** Weibull, aaO., S. 23. GA speiste mit diesen Worten den Gesandten ab, um ihn auf den nächsten Tag zu vertrösten, an dem er Depeschen und Resolution bekommen sollte, sowie Anweisungen zu Absprachen via den Niederlanden. **17** Ibidem, S. 25: Lat. Resolution des Königs, die auch als weitere Grundlage für Ludwig Camerarius im Haag gedacht war, mit dem Paris in seinem Namen verhandeln sollte. **18** Ibidem, S. 26: Weibull ist hier sehr ungenau; »tyrannie naissante« ist mehr als »växande öfvermakt«, und den Hinweis auf das Reich (»à l'empire«) läßt er ganz weg. Auf diesen Vertrags- und Rechtsbruch kam es aber gerade an, wie W. für diese Seite der Politik überhaupt keinen Blick hat! **19** Ibidem, S. 27, vgl. u. S. 475. **20** Wollenberg, Richelieu, S. 193 ff; vgl. Straub, Pax et Imperium, S. 29 ff. **21** Lindroth, Paracelsismen, S. 238 zum Vormius-Streit über die »Adulruna rediviva«; s. a. J. Bureus, in: Samlaren, 4, S. 112, Aufzeich. zum 20. 4. 1628: »Vidi primo Olavi Vorms FASTOS DANICOS. . . bekam Zahnweh, das seit 40 Jahren verschwunden war. . . Raicus gab mir Heilmittel, lockte mit vitrioli spiritu das Zahnweh hervor«; zu Raicus, der sich als Paracelsist in hippokratischem Gewand der *Pest* und dem *Podagra* mit der »tatarischen Theorie« näherte Lindroth, Paracelsismen, S. 330. Raicus machte sich unter J. Skytte vor allem um den Beginn der Universität in Dorpat verdient. **22** Weibull, aaO., S. 28. **23** Mémoires de Richelieu, VI, S. 398. **24** Weibull, aaO., S. 29 ff. **25** Zu den Verbindungen Charnacés nach München s. Albrecht, Die auswärtige Politik, S. 218 ff. **26** Tongas, L'Ambassadeur Louis Deshayes de Courmenin (1600-1632). Les relations de la France avec l'Empire Ottoman, le Danemark, la Suède, la Perse et la Russie, 1937; s. Barudio, in: HRG, II, S. 90. **27** Weibull, aaO., S. 45 f. Zum dramatischen Ende des Eitelkeitsstreites und der Ehrabschneidung s. Burckhardt, Richelieu, II, S. 332 f.; s. u. S. 554. **28** Weibull, aaO., S. 20. Das ist das Erstaunliche, wie der reine Positivismus immer wieder zu solchen Klischees greifen muß, wenn er das Bedürfnis nach Bewertung nicht ganz verdrängen kann, vgl. S. 62, 71. **29** AOSB, II:2, S. 568 f.; vgl. Weibull, aaO., S. 44: Er verdreht völlig den Sinn dieser Briefstelle! 30 SPR, 1629, S. 223. **31** Weibull, aaO., S. 35. Die Flotte war in Frankreich erst im Ausbau und hatte über den Küstenschutz hinaus nur wenige operative Aufgaben. Das notwendige Zusammenwirken von Flotte und Heer war Charnacé nicht recht klar, vgl. Burckhardt, Richelieu, II, S. 17 ff. »Marine und Kriegshäfen«. **32** AOSB, II:1, S. 570. **33** Ibidem, S. 571. **34** Ibidem, S. 572-574. **35** Ibidem, S. 581, 583. **36** Ibidem, S. 593 (1). **37** Ibidem, S. 573 ff. **38** Ibidem, S. 577 ff. **39** Zit. n. Weibull, aaO., S. 65 (Père Joseph); vgl. Fagniez, Le Père Joseph et Richelieu, 2 Bde., 1894.

## »Über die ganze Welt hin«:

**1** AOSB, II:1, S. 669; s. u. S. 607. **2** Stiernman, I, S. 819, 821. **3** SRAP, 1629, I, 1904, S. 144. In seiner Proposition begründet GA die Einberufung »der vornehmsten der Reichs-Stände« damit, daß es jetzt weniger um neue Beschlüsse gehe als vielmehr darum, die vorigen RTB »ins Werk zu setzen«. Die Jahreszeit verhinderte außerdem, daß die Bauern von der Feldarbeit zum Reichstag kommen konnten. **4** Stiernman, I, S. 822; Furcht vor der »inneren Gefahr«, d. h. vor Bauernaufständen schwang in seiner »Instruktion« an den

RR mit, der darin Verhaltensregeln während seiner Abwesenheit erhielt, RA, Rreg. 1630 (30. Mai), Punkt 11; vgl. auch die Ansicht des dän. Agenten *Knudsen* über den Zustand Süd- und Mittelschwedens: »Das Land ist ganz verarmt und ziemlich desperat«, Ahnlund, Tyska kriget, S. 359. **5** Stiernman, I, S. 821. **6** Das Gegenstück der »Lehrrede« war die »Lobrede« mit ihren Eigenheiten, vgl. Kayser, Der rhetorische Grundzug von Harsdörffers Zeit und die gattungsgebundene Haltung, in: NWB, 7, 1970 (4. Auflage), S. 327 f. **7** Zur Abwehr des Absolutismus berief man sich 1682 auf dem RT zu Stockh. auf GA u. beschwor seine angebl. Worte, »er sei der Liebe und Treue seiner Untertanen so stark versichert, daß er einem jeden sein Haupt in den Schoß legen könnte, um sich auszuruhen, wenn es nötig sein sollte. Das würde sich kein anderer Potentat so leicht erdreisten können«, in: SRAP, 1682, S. 282 ff.; Barudio, Absolutismus – Zerstörung der ›libertären Verfassung‹, 1976, S. 224 ff. **8** Paul, Gustav Adolf. Christ und Held, 1964, S. 55. **9** SRAP, 1630, S. 630; vgl. Ahnlund, Tyska kriget, S. 402 ff. **10** AOSB, I:1, S. 156: Aus dem Tagebuch von AO zu den Verhandl. mit Polen u. Brandenb. unter niederl. Vermittlung. **11** Ibidem, S. 157 ff. **12** SRAP, 1630, S. 630. Die Redensart vom »Krug« soll er schon 1629 gebraucht haben, als er den Bau seines Grabmales verfügte, Rothlieb, Beskrifning öfver kongl. Riddarholms-Kyrkan, 1822, S. 114 ff.; s. a. Cervantes, Don Quixote, dt. 1961, S. 165. **13** Milch, Will-Erich Peuckert. Pansophie. Ein Versuch zur Gesch. der weißen u. schwarzen Magie (1936), in: NWB, 7, S. 418 ff. **14** Zit. n. Misch, Der Weg in die Philosophie, 1950 (2. Aufl.), S. 382 (Metaphysische Urworte). **15** SRAP, 1630, S. 630/31; vgl. seine »Instruktion« an den RR. **16** AOSB, I:4, S. 335 (20. Jan. 1629). **17** Ibidem, S. 695 (14. Nov. 1629). **18** SRAP, 1630, S. 631. **19** AOSB, I:1, S. 156 (usurpationem sceptrorum alienorum). **20** Cnattingius, Den centrala kyrkostyrelsen i Sverige 1611-1636, 1939; vgl. Lindegård, Consistorium regni och frågan om kyrklig överstyrelse. . . 1571-1686, 1957. **21** SRAP, 1630, S. 632/33. **22** Runeby, Monarchia mixta, S. 280 f.; vgl. Lövgren, Ståndsstridens uppkomst, 1915, S. 14 ff. Zur Abschottung des Adels vom Unadel selbst in der »communio publica et privata«, im öff. und priv. Empfang des Abendmahls Lindquist, D., Nattvarden i svenskt kultliv, in: LUÅ, 43:7, 1947, S. 7 ff. **23** SRAP, 1630, S. 633. **24** Stiernman, I, S. 816-818. **25** »Instruktion« an RR, Punkt 16 (Flottenausrüstung, Matrosenwerbung), RA, Rreg. 1630 (Mai); ibidem, 4. Juni, Städte werden ermahnt, ihre Handelsschiffe auf den Krieg umzurüsten und Matrosen zu gestellen. **26** Zettersten, Svenska flottans historia åren 1522-1634, 1890; vgl. Hornborg, Sveriges sjöförsvar från äldsta tider till våra dagar, in: Det levande förflutna, 6, 1944; am 2. Juni verfügt er an Abraham Cabeliau, den Großvater seines nat. Sohnes und »Generaldirektors über die Schiffskompanie« (1629 gegr.) eine bedeutende Donation, ein Zeichen auch dafür, daß er Vertrauen in dessen Arbeit hatte, RA, Rreg. 1630. **27** RA, Rreg. 1630, 3. Juni; vgl. Lindberg, 1619 års stadga om städernas administration, in: Sst, 1937; Heckscher, Den ekonomiska innebörden av 1500- och 1600-talens svenska stadsgrundningar, in: HTs 1923; vgl. Herlitz, Ur den svenska stadsbyggnadslagstiftningens historia, in: Sst, 1922. **28** Dahlgren, S. W., Stockholm. Sveriges huvudstad, 3 Bde, 1897. **29** Mann, Wallenstein, S. 681 ff.; vgl. AO's Einschätzung der Lage am 30. Nov. 1628: »Dessein des Kaisers, Wallensteins und der Cath. Liga ist dieser, alle teutschen Fürsten und Stände unter des Kaisers *dominium absolutum* zu drängen. . . Des Wallensteiners Hoffnung und Ehrgeiz (ambition) ist unersättlich, und wird vom Kaiser so groß gemacht u. bestärkt, daß er nun alle seine Hoffnungen für erfüllbar hält«, in: AOSB, I:4, S. 277. **30** Hammarstrand, Historisk öfversikt, S. 183. **31** SRAP, 1630, S. 633; vgl. Droysen, Gustaf Adolf, II, S. 148: In seiner Darstellung der Rede verwechselte er den Klerus mit den »Adligen« und ließ auch das Verhältnis Klerus-Bauern aus, das wichtige Mittel zur »Sozialdisziplinierung« (Oestreich). **32** Trunz, Der deutsche Späthumanismus um 1600 als Standeskultur, in: NWB, 7, S. 162 f. **33** Clausewitz, Strategische Beleuchtung mehrerer Feldzüge, in: Hinterlassene Werke, 1862 (2. Aufl.), S. 6: C. bemühte sich sehr, GA gegen den Dünkel der ›Kriegsphilosophen‹ des 18. Jhds. und seiner eigenen Zeit in Schutz zu nehmen, hat aber selbst das Wesentliche an GA mißverstanden, vgl. Barkman, Gustav II Adolfs militära gärning i den krigsvetenskapliga litteraturens belysning, in: HTs 1932, S. 285 f. **34** Die Abschiedsrede in ihrer dualen Anlage hat es sehr deutlich werden lassen: Der Adel soll »die Goten« sein, nicht der Unadel, s. o. S. 122. **35** Zit. n. Mann, Wallenstein, S. 730. **36** Burckhardt, Richelieu, S. 7 ff.; vgl. Erlanger, Richelieu, dt. 1975 (1967-70), S. 332-335, Referat von Tapié, La France de Louis XIII et de Richelieu, 1932. **37** Burckhardt, Richelieu, II, S. 15 f. **38** Ibidem, S. 29, 33; vgl. Zeller, Richelieu et les ministres de Louis XIII de 1621 à 1624, 1880; Lublinskaya, French absolutism: the crucial phase 1620-1629, 1968; s. a. La Bruyère, La marine de Richelieu, 1958. **39** Burckhardt, Richelieu, II, S. 8: B. läßt dieses Symbol unerörtert. Konsequent im Sinne Senecas angewandt war es ein Zeichen für Eigentumsordnung der libertären Verfassung, und tatsächlich hat Richelieu den König nicht zum patrimonialen Eigentümer der Krone Frankreich gemacht. Er bleibt auf der Ebene des »nezessitären Absolutismus«, s. Barudio, Absolutismus (FWG 25), S. 96 f.; vgl. Dickmann, Rechtsgedanke und Machtpolitik, in: HZ, 1963, S. 277; vgl. Wollenberg, Richelieu. Staatsräson und Kircheninteresse, 1977, S. 96 ff. **40** Wollenberg, Richelieu, S. 107 ff. **41** Pange, Charnacé et l'alliance franco-hollandaise 1633-1637, 1905. **42** Burckhardt, Richelieu, I, S. 338 ff., II, S. 323 ff.; vgl. Albrecht, Richelieu, Gustav Adolf und das Reich, 1959. **43** Zit. n. Straub, Pax et imperium, S. 42. **44** Zur »Katholizität« Frks als »Fundamentalgesetz«, gegen das Heinrich IV. mit dem »Edikt von Nantes« verstoßen hat s. Mousnier, Les institutions de la France sous la Monarchie absolue, I, 1974, S. 503 ff.; vgl. Barudio, Absolutismus (FWG 25), S. 94 f. Zum Attribut »katholisch« nicht im Sinne von Religion, Autorität oder Tugend, sondern als Ausdruck dafür, daß z. B. die span. Könige »ihr Reich ausdehnen wollen« s. Straub, Pax et imperium, S. 35. **45** RA, Rreg. 1630, »Instruktion«. **46** SRP, 1630, S. 9 f. **47** Sveriges Krig, 3, S. 383 ff. **48** RA, Rreg. 1630. **49** Ibidem, 3. Juni 1630; AOSB, II:1, S. 613; vgl. Fridericia, Danmarks ydre politiske historie, 2 Bde., 1876-81. **50** SRP, 1630, S. 36. **51** AOSB, II:1, S. 612 ff. **52** Ahnlund, Tyska kriget, S. 380. **53** Ibidem, S. 381. **54** RA, Rreg. 3. Juni 1630; zur Getreidefrage s. die lebhafte Diskussion über unterschiedl. Zahlen Ekholm, Rysk spannmål och svenska krigsfinanser 1629-1633, in: Scandia 40, 1974, S. 57-103; s. a. Barudio, Moskau, in: HRG, S. 91 ff. **55** Sörensson, Ekonomi och krigföring under Gustav II Adolfs tyska fälttåg 1630-1632, in: Scandia, 1932, S. 2. **56** Vgl. Wendt, Det svenska licentväsendet i Preußen 1627-1635, 1933; vgl. Ekholm, L., Landberg, Nordlund, Nilsson, Det kontinentala krigets ekonomi, 1971; s. a. die Auflistungen in: Svenskt Krigshistoriskt Arkiv, I, 1856. **57** RA, Rreg. 5. Juni 1630. **58** Ibidem, 10. Juni 1630. **59** Ibidem, 12. Juni 1630. **60** Ibidem, vgl. die Reaktion im RR, in: SRP, 1630, S. 14. **61** SRP, 1630, S. 18. **62** RA, Rreg. 11. Juni 1630. **63** AOSB, II:1, S. 616/17; vgl. Droysen, Gustaf Adolf, S. 135 ff., spricht GA alle Ernsthaftigkeit zu und Habsburg (Österreich) ab; vgl. Mann, Wallenstein, S. 692 ff.: »die kaiserl. Vertreter langten pünklich an, die Dänen spät, die Schweden nie. . .« Wie man sieht »Poeterei«. **64** RA, Rreg. 16. Juni 1630. **65** SKA, I, Nr. 492, S. 697 (Grubbes Bericht an den RR). **66** Ibidem, Nr. 491, S. 695. **67** AOSB, II:1, S. 580 (Vorsicht wegen Dänemark); vgl. ibidem, S. 610. **68** SKA, I, S. 696. **69** Mann, Wallenstein, S. 550. **70** AOSB, II:1, S. 580. Die Örtlichkeiten kannten AO und der Oberst Leslie aus einer gemeinsamen Begegnung bei Rügen, s. AOSB, I:4, S. 241 (2. Okt. 1628). **71** Mann, Wallenstein, S. 693; vgl. Gindely, Waldstein während seines ersten Generalats, im Lichte der gleichzeitigen Quellen. 1625-1630, II, 1886, S. 265 ff. **72** Mann, Wallenstein, S. 693. **73** Burckhardt, Richelieu, II, S. 381 ff.; vgl. Erlanger, Richelieu, S. 346 ff.; der Gouverneur über dieses Gebiet war der Marquis de Feuquières, »Marschall von Frankreich«, der bald eine wichtige Rolle in der Diplomatie des Teutschen Krieges spielen sollte, s. Mann, Wallenstein, S. 911. **74** Straub, Pax et imperium, S. 408 f. **75** Ibidem, S. 409; vgl. Albrecht, Die auswärtige Politik Maximilians von Bayern 1618-1635, 1962, S. 299. **76** Straub, Pax et imperium, S. 417 ff. **77** Zur »Straffung der deutschen Energien« s. Mann, Wallenstein, S. 721 ff. **78** Die Territorien längs des Rheins und bis zur Elbe hin hatten schon immer ein Eigenbewußtsein als Alt-Kern des Heiligen Reiches gegenüber den viel jüngeren Herrschaften Österreich oder Brandenburg-Preußen. Besonders deutlich wurde dies nach 1806. Wir hoffen darauf in einem Aufsatz zurückkommen zu können. **79** SKA, I, S. XXV, Anm. 8. **80** AOSB, I:6, S. 35 ff., 50 ff. **81** Fridericia Danmarks, S. 154 f.; diese überaus wichtige Beziehung müßte neu aufgearbeitet werden, s. Rodenas Vilar, La política europea de España durante la guerra de treinta anos 1624–1630, 1967. **82** Koyré, Mystiques, S. 95, Anm. 1. **83** »Diarium«, in: HH, 30, 1940, S. 15. **84** AOSB, II:1, S. 553. **85** »Diarium«, in: HH, 30, S. 16; vgl. den Bericht Grubbes an den RR, in: SKA, I, S. 697 ff. **86** Vor allem die prot. Flugblätter bedienten sich dieses alttest. Motivs, s. die gute Sammlung in KB, planschavdelning; Böttcher, Die schwed. Propaganda im prot. Deutschland 1628-1636, 1951; Fey, Gustaf Adolf im Lichte der Gesch. (Flugschriften des ev. Bundes), 1894; vgl. Nordström, Lejonet från Norden, in: Samlaren 1934. **87** Droysen, Gustaf Adolf, II, S. 151: In den Niederlanden soll Camerarius die Landung mit den an Caesar erinnernden Worten verkündet haben: »Der Würfel ist jetzt gefallen: Ihre Königliche Majestät hat nicht den Rubicon, sondern das weite Meer überschritten.« **88** Kitzig, Gustav Adolf, Jacobus Fabricius u. Michael Altenburg, die drei Urheber des Liedes Verzage nicht, du Häuflein klein, 1935. **89** Fox, Alexander der Große, dt. 1977 (1973), S. 107: Er »meisterte wie Napoleon. . . seine Seemacht niemals«; zu Caesars Handhabung der Flotte s. Meier, Caesar, 1982, S. 342 (an der Küste Britanniens), S. 500 (Überfahrt nach Africa); vgl. Thomazi, Napoléon et ses marins, 1950; vgl. Mackesy, The War in the Mediterranean, 1957; das Urteil Napoleons über GA, in: Mémoires de Napoléon, VIII, 1830, S. 90: »Gustave-Adolphe traversa la Baltique, s'empara de l'île de Rugen, de la Poméranie. . . Une si courte carrière a laissé de grands souvenirs par la hardiesse, la rapidité des mouvements, l'ordonnance et l'intrépidité des troupes. Gustave-Adolphe était animé des principes d'Alexandre, d'Annibal et de César.« Vom Wert der See-Land-Operation, die GA mehrfach gelangen, sagt er hier nichts; vgl. Cochenhausen (hrsg.), Führertum. 25 Lebensbilder von Feldherrn aller Zeiten. (Auf Veranlassung des Reichswehrministers Dr. Groener), 1930 (2. Aufl.), S. 97-111 über GA (Hauptmann F. Wolf): Klischeegetränkt und auf den »unbedingten Gehorsam« gerichtet. GA erhielt Vorbild-Charakter für das Offizierscorps der Reichswehr – als Folge einer Kette von Fehlurteilen. Kein Verfassungsbezug seiner Politik! **90** SKA, I, S. 697 f. **91** Benjamin, Allegorie und Emblem, in: NWB, 7, S. 402: Die Passage »Was Gott und Recht befihlt/ und Rath und König schleußt« aus Hallmanns Stück »Mariamne« vermittelt auch im Theater den libertären Geist. **92** SRP, 1636, S. 394. **93** Hemleben, Kepler, S. 133: Kepler hatte »11 817 Gulden« Forderungen an die kaiserl. Kasse; zum Treffen des Kaisers mit den Kurfürsten u. anderen Ständen s. Heyne, Der Kurfürstentag von Regensburg 1630, 1866; Keller, Die Friedensverh. zwischen Frankreich u. dem Kaiser auf dem Regensb. Kurfürstentag 1630, 1902; vgl. Straub, Pax et imperium, S. 415 ff. **94** Mann, Wallenstein, S. 898/99 f. **95** AOSB, II:1, S. 582, s. u. S. 577. **96** Straub, Pax et imperium, S. 401 ff. **97** Mann, Wallenstein, S. 698 ff. **98** AOSB, I:5, S. 508. **99** Mann, Wallenstein, S. 731. **100** Ketzer- und Tyrannenmord bedingen sich dadurch, daß beide außerhalb des Gesetzes stehen, »vogelfrei« sind, damit auch nicht mehr vertragsfähig; s. Lambert, Ketzerei im Mittelalter, dt. 1981; vgl. Kjöllerström, Tyrannbegreppet under medeltiden, in: Scandia, 1944. **101** SKA, I, Nr. 498, S. 705 ff. **102** Ibidem, Nr. 496, S. 703. **103** Ibidem, Nr. 497, S. 704. **104** Mann, Wallenstein, S. 467. **105** Ibidem, S. 693. **106** Bär, Die Politik Pommerns, S. 258 ff. **107** Ibidem, S. 263-69, Entwurf zu einer schwed.-pomm. Allianz: ». . . wir nunmehr bei drei Jahren wider die heilsame Reichs- und Creysverfassungen, die offenbare Constitution des Landfriedens, auch aufgerichtete Capitulationes . . . zu nit geringer Vorschimpfung der kaiserl. Hoheit selbsten, beleget«, also klare Rechtsbrüche Wiens. **108** AOSB, II:1, S. 624 ff.; vgl. Sveriges Krig, 1611-1632, III, S. 231; vgl. Droysen, Gustaf Adolf, II, S. 163 (hat die Darstellung weitgeh. aus dem SKA gearbeitet). **109** AOSB, II:1, S. 626 f., 627. **110** AOSB, II:1, S. 629; AOSB, I:5, S. 463: AO war sich noch unschlüssig, ob der »zerschlagene Traktat . . . mit allem abrumpiert, oder ob er (nur) suspendiert ist«, überläßt GA das Urteil. **111** AOSB, II:1, S. 651/652. **112** Droysen, Gustav Adolf, II, S. 223, 225 ff. Diese Stelle ist oft vom Kontext und der Politik GA's gelöst so interpretiert worden, als sei der König grundsätzlich gegen Neutralität und »Neutralisten«. Er selbst hat damit von Gelegenheit zu Gelegenheit operiert und wußte, daß das »Ein Drittes wird nicht zugelassen« nicht absolut gesetzt werden durfte.

## Widerstand dem »Tyrannen«:

**1** AOSB, I:6, S. 56 ff.; vgl. Klemming, Samtida skrifter rörande Sveriges förhållanden till fremmande magter, in: KBH, 1883. **2** Zober, Ungedruckte Briefe A. v. Wallensteins u. Gustav Adolfs des Großen, 1830, S. 81 ff. **3** Bär, Die Politik Pommerns, S. 272 ff. **4** Ibidem, S. 275 ff.: Die Bedenken der »Landschaft« Pommern wegen der Vertragslage mit Georg Wilhelm gingen vom Normalfall aus; vgl. zum Verhältnis Pommern-Schweden Back, Herzog und Landschaft. Pol. Ideen u. Verfassungsprogramme in Schwedisch-Pommern um die Mitte des 17. Jhds, 1955 (problematisiert das »Dualismus«-Modell, ohne gegen die »dt. Staatslehre« die Konsequenzen zu ziehen); vgl. Backhaus, Reichsterritorium und schwedische Provinz. Vorpommern unter Karls XI. Vormündern 1660-1672, S. 13 ff. (staatsrechtl. irreführend, weil Pommern als »Reichslehen« *wie* eine Provinz Schwedens administriert wurde!), S. 137 ff. **5** Bär, Die Politik Pommerns, S. 276-278: Der Schlußsatz »volenti non fit iniuria« meint den ›guten Willen‹ als Ausdruck einer Vertragslage nach ›Treu und Glauben‹, die von Georg Wilhelm zu diesem Zeitpunkt nicht erfüllt wird; zur Einnahme Stettins s. SKA, I, S. 700/701; das »Kriegsrecht« bedeutet hier ›absolutes Verfügungsrecht über Land und Leute‹. Die Frage war nur, auf welche Weise es gehandhabt wurde. GA suchte dabei ein verfassungskonformes Verhalten. **6** Mann, Wallenstein, S. 725: Die Verfassungsdimension wird von M. verzerrt, auch die Gesamtlage hier mißverstanden, weil »deutsche Katholiken u. Lutheraner« ausgespielt werden, wo es doch wesentlich um die Calvinisten u. die Reichs-Constitutionen ging. Sein hartes Urteil »Gustav Adolf ignorierte die feinen Unterschiede« ist nicht haltbar. **7** Bär, Die Politik Pommerns, S. 281 ff., 283. **8** Ibidem, S. 283 f.; Erzherzog Leopold, der Wallenstein gerne »einen Hundbuben« nannte, berichtete dem Kaiser schon geraume Zeit zuvor von den Greueln der Wallenstein-Armee in Pommern und um Stralsund, in: Forster, II, S. 29 ff.: Spricht den Kaiser von Schuld frei. **9** Bär, Die Politik Pommerns, S. 283/284. **10** Ibidem, S. 285. **11** Vgl. Gall, Bismarck. Der weiße Revolutionär, 1980 (3. Aufl.), S. 17. **12** Nietzsche, Vom Nutzen u. Nachteil der Historie, in: Werke (Schlechta), I, 1967, S. 147. **13** AOSB, II:1, S. 671/72.

## Krieg auf Kredit:

**1** Vor allem auf zahlreichen Flugblättern werden »Blitz« und »Krieg« immer wieder genannt. Emblem dafür ist das Schwert, das GA aus den Wolken gereicht wird. Das Klischee des »Hellen« und »Schnellen« bei G. Mann, Wallenstein, S. 729, vgl. aber die Kritik an der »Blitzesschnelligkeit« S. 735 f.; vgl. Diwald, Wallenstein, S. 501 f. **2** Diese Dimension wird kaum berücksichtigt bei D. Norrman, Gustaf Adolfs politik, S. 10 ff.; vgl. a. Poršnev, Bor'ba vokrug švedsko-russkogo sojuza v 1631-1633gg, in: SSb, 1, 1956, S. 11 ff.; Mann, aaO., S. 735. **3** AOSB, II:1, S. 693 f.: 1.3.31. **4** Ibidem, S. 695: 2.3.31. **5** Ibidem, S. 696: 5.3.31. Kolberg erscheint dem König als »der principalste Ort in Pommern« und muß »wegen Danzig« gehalten werden. **6** Ibidem, S. 697 ff.: 11. 3. 31. Des Königs Resolution auf des Kanzlers Anfragen, vgl. Wendt, Det svenska licentväsendet i Preußen 1627-1635, 1933; Ekholm, passim. **7** AOSB, II:1, S. 696: 5.3.31. **8** Ibidem, S. 690; vgl. unten das Kap. zur Kandidatur S. 575. **9** Ibidem, S. 697, 698, 702. **10** Der Getreidehandel etwa von Rußland her wurde auch dadurch erschwert, daß die Qualität nicht besonders hoch war und die Kaufleute Hollands und Englands wegen der schwed. Licencen unzufrieden waren, s. a. Öhberg, Russia and the World Market in the Seventeenth Century, in: SEHR, 1955. **11** AOSB, II:1, S. 699 f. **12** Ibidem, S. 700: 11. 3. 31. Damit wurden auch die Befugnisse von Johan Skytte in Livland beschnitten. **13** S. u. S. **14** zum Conventstag s. Boëthius, HTs, 1917, S. 114–126. **15** AOSB, II:1, S. 704 ff: 9. 4. 31. Die eigenen Truppen haben bei den Flüchtenden »alles niedergehauen, was sie antreffen konnten«. **16** Zu G. Horns Lage in dieser Zeit seine Briefe an Axel Oxenstierna, in: AOSB, II:8. **17** AOSB, II:1, S. 706 f. **18** Ibidem, S. 708. **19** Ibidem, S. 709. Zu den Königsbelastungen s. o. S. 133. **20** Roberts, aaO., II, S. 481 ff.; Mann, aaO., S. 745; Diwald, Wallenstein, S. 457 f. **21** Wittich, Magdeburg, Gustav Adolf u. Tilly, I, 1874, S. 494 ff.; Mann, aaO., S. 748 ff. **22** AOSB, II:1, S. 720. **23** Ibidem, S. 724 ff. **24** Ibidem, S. 714. Die Hauptlast trug der König selbst, weil Grubbe mit den schwed. Sachen vollauf beschäftigt war. **25** Ibidem, S. 734: 16. 7. 31; vgl. das Schreiben des Königs an Herzog Bogislav vom 23. 7. 31. Darin sieht er im Herzog und den Pommern-Ständen die *einzige Hoffnung*, sich mit sog. Assistenzgeldern in Höhe von 100 000 Talern zu versorgen, in: Bär, Pommern, S. 286–287. **26** AOSB, II:1, S. 737: 31. 7. 31; Mann, aaO., S. 735 ff. **27** AOSB, II:1, S. 704. **28** A. Veltze (hrsg.), Ausgewählte Schriften des Fürsten R. Montecuccoli, II:2, 1899, S. 30 ff. M. geleitete auch Gustav Adolfs Tochter Christina ein Stück von Innsbruck aus (1655). **29** AOSB, II:1, S. 737.

## Im Schlagkreis von Bärwalde:

**1** Cervantes, Don Quixote, dt. 1961, S. 342; natürlich kann »Bärwalde« auch von »Beer(en)walde« kommen. . . **2** Weibull, L., in: LUÅ XXXVI, S. 66; vgl. Burckhardt, Richelieu, II, S. 338. Er kennt nicht die wirklichen Hintergründe. Die Angaben zu AO, dem »alterslosen Jugendfreund« GA's (was er nicht war), sind überwiegend falsch; vgl. demnächst Barudio, Axel Oxenstierna. **3** AOSB, II:1, S. 676 f. **4** s. o. im Kapitel zur »Kriegskunst«, S. 343. **5** AOSB, I:6, S. 55. **6** Ibidem, S. 56. Die Prädominanz des Politischen auch hier! **7** Ibidem, S. 57. Mit »Phantasien« meinte AO nicht das Verdikt des Paracelsus, daß die Phantasie »ein Eckstein der Narren« sei, sondern es ist sein Ausdruck für das Imaginäre, das Vorstellbare, das in die Zukunft gerichtete Spekulieren auch mit Argumenten aus dem Vergangenen. Zum Unterschied von »Phantasie« und »Imagination« bei Paracelsus vgl. Koyré, Mystiques, 1971, S. 97 f. **8** Ibidem, S. 57. Der Brief trägt das Datum 17. Jan. 1631, kann also selbst unter günstigen Bedingungen kaum bis zum 23. Jan. zum König gelangt sein, der die Verhandlungen mit Charnacé allein zu führen hatte. **9** AOSB, II:1, S. 692–695. **10** Ein Brief mit diesen Fragepunkten von GA an AO war nicht auszumachen. Sie sind gedruckt in: HSkH, 2, 1816 und bei Styffe, KGAS, S. 315 ohne nähere Erläuterung. **11** Zu diesem Komplex weiterhin fundamental Kern, Gottesgnadentum und Widerstandsrecht, passim. **12** AOSB, I:1, S. 528–535. **13** s. u. S. 536; vgl. Straub, Pax et Imperium, S. 435 ff. **14** s. Wallensteins Rechtfertigung in einem Schreiben an Christian IV. in: Förster, Briefe, II, S. 26: »Der Krone Polen (also nicht Sigismund, dem Vasa) ward in höchster Not das Kaiserl. Kriegsvolk zugeschickt. . . Das Hilfscorps hat gute Dienste getan. *Gustav Adolf* hatte das poln. Heer geschlagen und zerstreut, so, daß Polen den Schweden hätte *dienstbar* werden müssen. . .« »Allein, den Kaiserl. Truppen wurde der bedungene Sold nicht bezahlt.« **15** AOSB, I:5, S. 748, Brief vom 23. Dez. 1630 an den Bruder Gabriel O.; vgl. Wibling, Sveriges förhållande till Siebenbürgen 1623–1648, 1899. Der »Palatinum Ungariae« hatte Vizekönig-Funktionen und einen Ephoren-Auftrag, s. Barudio, Absolutismus (FWG 25), S. 275. **16** GA stellt die Frage nach diesem Rechts- und Kriegsbrauch im Pkt. 5. Hier wirkt schon das Überraschungsmoment und die »Occasion«, jedoch auch die »Necessità«. **17** HSkH, 2, S. 103. **18** Weibull, aaO., S. 56: »Ein jubilierender Mut erfüllte wieder Deutschlands Protestanten.« **19** Ibidem, S. 63. Zu dem

Argument Johann Georgs von Sachsen, daß die Reichs-Konstitutionen genügen würden, um das Verhältnis zur Liga zu regulieren, wenn sie nur Beachtung fänden, findet Weibull keinen Zugang und verfehlt damit auch das konstitutionale Element in GA's Interventions- und Sicherheitspolitik. **20** P. Sondén (hrsg.), Svenske Residenten Lars Nilsson Tungels efterlämnade Papper, in: HH, 22, 1907, S. 8 (5. Febr. 1632). Die hier gedruckten Quellenstücke können als Ergänzung zu Irmer, Die Verhandlungen Schwedens, gelten. **21** Weibull, aaO., S. 50 ff. Im Sinne der Vergeltung (jus talionis), die bei der Kommutation erlaubt war, hat GA nach Kenntnisnahme der Behandlung Tungels den Ton gegenüber Charnacé erheblich verschärft. **22** Straub, Pax et Imperium, S. 434 ff.; vgl. Albrecht, Die auswärtige Politik, S. 309 ff. **23** Weibull, aaO., S. 67 ff. **24** Bühring, Venedig, Gustav Adolf und Rohan. Ein Beitrag zur allg. pol. Gesch. im Zeitalter des Dreißigjährigen Krieges aus venezianischen Quellen, 1885, passim; zu Venedigs Rolle in der Sicherheitspolitik prot. Mächte s. Rein, Paolo Sarpi und die Protestanten, 1904, S. 39 ff. **25** Sverges traktater, V:1, S. 440. Das Bündnis sollte »fünf Jahre« gelten und am 1. März 1636 (a. S.) auslaufen. Die Angabe bei Weibull, aaO., S. 68, daß »400 000 Rt« ausgemacht worden seien, stimmt also nicht. Auch Burckhardt, Richelieu, II, S. 341 liegt mit seinen »400 000 écus« nicht richtig. Die Stelle im lat. Original spricht nur von »300 000 librarum Turonesium, id est 120 000 thalerorum imperialium«! **26** Sverges traktater, V:1, S. 441 »Cautio Neutralitatis«; vgl. Weibull, aaO., S. 68/69; vgl. Albrecht, Die auswärtige Politik. **27** Sverges traktater, V:1, S. 439; Weibull, aaO., S. 69; Anm. 3 zitiert nach Moser, Patriotisches Archiv, VI, S. 166 und läßt die wichtigste Passage aus, nämlich die Fundamentalformel »secundum leges ac constitutiones Imperii«. Der beste Beleg für sein Unverständnis des Verfassungs- und Rechtsbezuges in der Sicherheitspolitik Schwedens. **28** Weibull, aaO., S. 69 f. **29** SRP, 1628, S. 115: »Ist es allen kundig und offenbar, daß in Cabeliaus Haus die calvinistische Religion ausgeübt wird« – soll ihm untersagt werden; vgl. o. S. 424. **30** Haas, Schwedens Politik gegenüber der Eidgenossenschaft während des Dreißigjährigen Krieges, in: SBG, 1951, S. 98 ff.; vgl. Fäh, Gustav Adolf und die Eidgenossen 1629-1632, 1887. **31** Norrman, Gustaf Adolfs politik, S. 56. **32** AOSB, II:1, S. 696-699: GA's 14-Punkte-Programm vom 11. März 1631 (Angermünde). **33** AOSB, II:8, S. 44 ff. GA war nach Auskunft von Gustav Horn damit sehr unzufrieden, weil ein »plurium imperium in Kriegssachen immer schädlich war«. **34** Sverges traktater, V:1, S. 440. **35** Agneta Horns lefverne, 1908, S. 15: »Anno 1629 den 18 augusti. . . kl. 7 är jag, Agneta Horn Gustafdotter, föd hit till denna onda och för mig mycket mödosamma världen uti staden Riga, mig själf till all som största sorg och vedervärtighet«. **36** AOSB, II:8, S. 49 (19. August 1631). **37** Agneta Horns lefverne, S. 17 f. **38** AOSB, II:8, S. 50. **39** Ibidem, S. 51. **40** Ibidem, S. 52. **41** GA hat seine Frau Maria Eleonora, die etwa zur gleichen Zeit aus Schweden gekommen war, in Erfurt wieder getroffen, s. Arnheim, in: Hohenzollern-jahrbuch, 1904, S. 205. **42** AOSB, I:6, S. 430 f.; s. demnächst Barudio, Axel Oxenstierna. **43** Agneta Horns lefverne, S. 24 ff. Die Kinder bekamen »Schläge mit der Rute, so daß wir wie abgezogene Eichhörnchen (flådda ekorrar) aussahen. . . . Und was am schlimmsten war, alle hatten Angst vor uns, weil unsere Mutter an der Pest gestorben war.« **44** »Geschlagen« meint hier mit Sicherheit ›militärische Niederlage‹. War das gar eine Vorahnung der Katastrophe Gustav Horns bei Nördlingen nur drei Jahre nach dem Tod seiner Frau? **45** Ibidem, S. 19. **46** Ibidem, S. 26. Agneta und ihr jüngerer Bruder mußten u. a. bei »Frau Ebba« in Wolgast in einem Zimmer leben, »wo alle Fenster zerschlagen waren; und wenn es schneite, lagen Schneewehen in der Kammer und es gab keine Stelle, wo wir Feuer machen konnten«. Die »große Kälte« hielt ihr Bruder nicht aus, fast verhungert und erfroren »mußte er sterben, als er nur vierzehn Tage bei Frau Ebba gewesen war«. **47** Ibidem, S. 30 f. **48** Zu der von Axel Oxenstierna veranlaßten »Separation« der noch unmündigen Königin Christina von ihrer Mutter Maria Eleonora s. SRP, 1636, S. 489–501. Das Porträt von Sven Stolpe über das »bornierte und selbstsüchtige« Wesen dieser Frau findet sich bei Agneta Horn nicht bestätigt, s. Stolpe, Drottning Kristina, S. 49 ff. Er hat, wie viele andere Historiker auch, nie den unerhörten Druck berücksichtigt, den diese Frau allein schon dadurch auszuhalten hatte, daß von ihr endlich ein Thronerbe geboren wurde: Schwanger, Kindestod, schwanger, Kindestod. . . So verdienstvoll die Forschungen von Ariès, L'Enfant et la vie familiale sous l'ancien régime, 1960 sind, sie behandeln nur die frz. und engl. Verhältnisse. Für eine Geschichte der Kinder wünschte man sich, daß auch der Norden Europas in gleicher Weise berücksichtigt wird. **49** Agneta Horn lefverne, S. 30. ME nannte die Kleine »Agnetchin«.

## »Unserer Nation Gebrechen«:

**1** Die Akten zu diesem Fall bei Adlersparre, Historiska samlingar, III, 1797, S. 274-281. Antwort des RR auf einen Brief des Königs. **2** Zum RTB vgl. Stiernman, I, S. 798, 814. **3** Adlersparre, III, S. 284 ff. **4** Burckhardt, Richelieu, III, S. 192 f. **5** Adlersparre, III, S. 285. **6** Ibidem, S. 286 f. vgl. Mathias Pfennig und »Ich komme zu tun o Gott deinen Willen« mit den drei Hauptfeiertagen der Kirche, in: RA, Ae, Serie II:27, 51. **7** Ibidem, S. 287, zur Getreidelage s. L. Ekholm, Rysk spannmål och svenska krigsfinanser 1629-1633, in: Scandia, 40:1974, S. 57–103, vgl. Det kontinentala krigets ekonomi, 1971, S. 469. **8** Ibidem, S. 287. Gerade am Begriff der »Contrabalance« erkennt man erneut, wie fundamental das Prinzip der Gegenseitigkeit zu wirken hatte. **9** Ein Brief des Königs an den FM Herman Wrangel, Würzburg, den 6. Nov. 31 in: Rreg, 1631, f. 619 erneuert seine Einstellung. **10** Adlersparre, III, S. 293. **11** Reg, 1631, f.31-34. Mit dem Auftrag an Johann Casimir unterläuft GA zwar formell das Verfassungsgebot des Indigenats für die hohen Reichsämter, aber aus dieser faktischen Amtseinsicht leitete sich für den PG kein Recht her, später in den Vormundschaftsregierung für Christina zu sitzen, vgl. SBL, 20, S. 204–210; vgl. Pfalzgreven Johann Kasimirs anteckningar vid tronskiftet 1632, in: HTs, 1955, S. 160–168, vgl. Carlsson, A. B., Riksdrots- och riksskattmästarevalet 1634, in: HTs, 1911, S. 204–210. **12** Adlersparre, III, S. 294 f. **13** Ibidem, S. 297. Hier teilt er auch den Abschluß von Bärwalde mit, die guten Aussichten mit Venedig, England und den Niederlanden. **14** A. Ernstberger, Wallensteins Heeressabotage und die Breitenfelder Schlacht, in: HZ, 1930. **15** Sverges Traktater, V:1, S. 575-583. **16** Adlersparre, III, S. 299 f. Zur Gesamtstärke der Kaiserischen s. Villermont, Tilly ou la guerre de trente ans, 1860, S. 175 f.; vgl. Mann, Wallenstein, S. 747 ff. **17** Burckhardt, Richelieu, II, S. 342 f. **18** Adlersparre, III, S. 298. **19** Ibidem, S. 304 und 306, **20** Ibidem, S. 313. **21** Ibidem, S. 316. **22** Ibidem, S. 322. Darauf wird der Kanzler in Zukunft immer wieder zurückkommen, s. SRP, 1636, S. 446. **23** Ibidem, S. 321. **24** Ibidem, S. 329. Die schwed. Formel: »Hwadh sigh intet wäl förblommere låter«. **25** Ibidem, S. 302. Hier bittet er auch darum, daß »meine Schwester mein Kind wollte zu sich nehmen, dann ich sie nicht mit heraus haben will«. **26** AOSB, II:1, S. 686 aus dem Lager von Demmin, den 13. Feb. 31. **27** Zum Finanzzusammenbruch auch durch Wechsel bei de Witte und Wallenstein s. A. Ernstberger, Hans de Witte. Finanzmann Wallensteins, 1954; vgl. G. Mann, Wallenstein, S. 698 ff.

## Norma futurarum actionum:

**1** Clausewitz, Vom Kriege (Hinterlassenes Werk. Ungekürzter Text), 1980, S. 34 ff; vgl. Dill (hrsg.), Clausewitz in Perspektive. Materialien zu Carl von Clausewitz: Vom Kriege, 1980. Wir halten Clausewitz für *maßlos überschätzt* u. hoffen, auf seine ›Philosophie‹ zurückkommen zu können. **2** Droysen, Gustaf Adolf, II, S. 18, Anm. 2, liefert ein geradezu klassisches Mißverständnis dafür, daß Religion und Recht, Confession und Constitution, Gott und Gut, Religio et regio zusammengehören und nicht so gegeneinander ausgespielt werden dürfen, wie er es in seiner Apologie hinsichtlich der Verfechter der »Rettung des Evangeliums« tut: »Nicht um Deutschland zu retten, sondern um Schweden zu beschützen«. Der Schutz war nur durch die Rettung sprich Restituierung des Religionsfriedens von 1555 möglich! **3** Koppe, Gustav Adolfs deutsche Politik: Pro libertate Germaniae oder contra?, in: Jomsburg, 1941, S. 320 ff. **4** Vgl. Schäfer, Gustaf Adolf und Deutschland, 1923, passim; s. u. S. 560. **5** Hallwich, Fünf Bücher, II, S. 338. **6** AOSB II:1, S. 713/14 (24. April 1631). Der Bereich »Magdeburg« wurde aus Platzgründen nicht aufgenommen, ist aber im Kontext vorhanden; zu Magdeburg die Quellenpubl. Lohmann, Die Zerstörung Magdeburgs: Aufzeichn. d. Bürgermeisters Otto v. Guericke und anderen, 1913; Neubauer, Wallenstein und die Stadt Magdeburg, 1891; zur Frage »warum kam Gustaf Adolf nicht?« s. Droysen, Gustav Adolf, II, S. 321 ff. **7** Lundgren, Johan Adler Salvius. Problem kring freden, krigsekonomin och maktkampen, 1945; Boëthius, Salvius i den nedersaxiska kretsen maj-dec. 1631, in: HTs, 1910, S. 155 ff. **8** Boëthius, »Norma futurarum actionum«, in: HTs, 1911, S. 203. **9** Ibidem, S. 207. **10** Ibidem, S. 208 ff. **11** Der Umschlag von »Freiheit in ewige Knechtschaft« erfordere, »das auf Teutschland lastende span. u. österr. Joch ein für allemal zu zerbrechen«. Damit wurde Johann Georg von Kur-Sachsen bearbeitet, der bald Tillys Angriff zu spüren bekam; Droysen, Gustav Adolf, II, S. 219/220; vgl. Mann, Wallenstein, S. 740: Mißversteht die Stelle. Nicht GA schreibt an Johann Georg, sondern auf sein Betreiben hin der Administrator Christian Wilhelm. **12** Wie GA versucht, Lehns- und Ständewesen, demnach Vertragsbereiche, im Rahmen der Allianz, aber nicht gegen das Heilige Reich, in die Pflicht der Not zu nehmen s. Bär, Die Politik Pommerns, S. 285 ff. **13** Erlanger, Richelieu, S. 356 ff. **14** Straub, Pax et imperium, S. 235 ff. **15** Ibidem, S. 442 f. **16** Vgl. Struck, Gustav Adolf u. die schwedische Satisfaktion, in: HVj, 1899. Die Ansicht, Pommern sei von Schweden »annektiert« worden, ist unter Berücksichtigung des Völker- und Reichsrechtes nicht zu halten; vgl. die Rechtsbelehrung von AO bei Backhaus, Reichsterritorium, S. 18 f.; B. trennt Lehnsverhältnis u. Reichsstandschaft, S. 48, tatsächlich bedingen sie sich nach Maßgabe des »haereditarium feudum« (Erblehens), als das bes. Vorpommern unter die Krone Schweden kommt und doch beim Hl. Reich bleibt! **17** Sverges traktater, V:1, 1890-1903, S. 512. **18** Aus Platzgründen wurde das Kapitel über »Mecklenburg« nicht aufgenommen, ist aber präsent. Zum Verhältnis GA's von Herzog Adolf Friedrich von M. s. den Briefwechsel in: KGAS, bes. den Brief vom 11. Dec. 1626, die pol. Zukunft u. den Niedergang der lib. Kultur vorausahnend: »Schließlich was das Allgemeine Wesen betrifft, davon kann ich nichts mehr discourieren, denn es nun so böse ist, daß es ärger nicht groß werden kann. Dann die Zeiten seind kommen, daß das Zeitliche dem Ewigen vorgezogen wird und das man heute gelästert hat, lobet man morgen, und dessen Freund man gestern war, dessen Feind ist man heute, welches von sich gebäret, wenige gefunden werden, die beständige Resolution in ihren selbst eigenen Sachen fassen können, dann sie nicht wissen, ob sie Lutherisch oder ob sie Päpstisch, ob sie Kaiserisch oder ob sie Dänisch ob sie endlich frei oder Sklaven sein wollen ...«, KGAS, S. 466/67; zum Feldzug Sveriges Krig, 1611-1632, 3–5, passim; vgl. Droysen, Gustaf Adolf, II, S. 280 ff. **19** Sverges traktater, V:1, S. 476 ff.; vgl. Geyso, Die schwedenfreundliche Politik Hessens im Jahre 1631-1634, 1923. **20** Ibidem, S. 482. **21** Ibidem, S. 483. **22** Ibidem, S. 489. **23** Ibidem, S. 487. **24** Ibidem, S. 489. **25** Ibidem, die Allianz mit den Fürsten zu Sachsen-Anhalt, S. 526. **26** Ibidem, S. 507 ff.; vgl. Höjer, Brandenburgs brytning med Sverige efter Gustav Adolfs död, in: HTs, 1948, S. 197-238. **27** Arckenholtz, II, S. 207. **28** Sverges traktater, V:1, S. 514. **29** Ibidem, S. 526. Fundamental war für diese Rettung, daß man aus dem »Kriegsrecht (ius belli), wodurch nach aller Völker Recht die Eide der Untertanen (juramenta subditorum) aufgehoben würden« (Salvius im Jahre 1640 zu pommerschen Deputierten), wieder auf die Constitution des Hl. Reiches kam, vgl. Backhaus, Reichsterritorium, S. 38, Anm. 24 und 27.

# Breitenfeld – »Gott mit uns«:

**1** Sverges traktater, V:1, S. 513: »Capitulatio inter regem Sueciae et electorem Saxoniae«, Capitulation bedeutet hier »Unterwerfung« nur im Sinne der »capituli« des Allianz-Vertrages; ähnlich der Wahl-Capitulation der röm-teutschen Kaiser. **2** AOSB, II:1, S.739 (»Relation om victorien vidh Leipzig«); vgl. Lundkvist, S., Slaget vid Breitenfeld 1631, in: HTs, 1963, S. 23: Er spricht von »cirka 17 300 Mann«. **3** AOSB, II:1, S. 740 f. **4** »Diarium«, in: HH, 30:3, S. 27. **5** Ibidem. Zur Quellenlage der Schlacht u. zur Droysen-Opitz-Kontroverse s. Lundkvist, aaO., mit überzeugender Analyse. Sie ist Basis unserer Darstellung. **6** Lundkvist, aaO., S. 16; zum Sigismund-Traum Hildebrand, H., Minne af Riksantikvarien Johannes Bureus, 1910, S. 59. **7** Fox, Alexander der Große, S. 313; vgl. Fuller, The Generalship of Alexander the Great, 1958, S. 178 ff. **8** AOSB, II:1, S. 741 ff.; zur Ausgangslage Tillys s. Ernstberger, Wallensteins Heeressabotage und die Breitenfelder Schlacht (1631), in: HZ, 1930; vgl. Mann, Wallenstein, S. 752 ff., 756; vgl. Villermont, Tilly 1860, S. 790 ff. **9** Clausewitz, Strategische Beleuchtung, S. 16: C. gibt selbst zu, »daß der Geist des dreißigjährigen Krieges uns fremd geworden ist. . .«, Das zeigt sich nicht nur in der Verwendung der Bezeichnung »Österreicher« für die Truppen des Habsburg-Kaisers, sondern auch in vielen, auf Unkenntnis beruhenden Urteilen. So hat sich Johann Georg nicht »ohne Einschränkung in die Arme Gustaf Adolfs« geworfen, S. 35 und vom Ablauf der Schlacht sagt er nur Dürftiges, dazu bei Lundkvist, aaO., S. 18 ff. **10** AOSB, II:1, S. 742. **11** »Wer nicht pedantisch an der Form klebt«, das ist bei Clausewitz, Strategische Beleuchtung, S. 81/82 immer wieder die Ausrede für Genauigkeit im Detail, s. a. ders., Vom Kriege, S. 44: »Weil es eine Pedanterie wäre«. Genie- und Augen-Kult – »wir sind nicht pedantisch genug«, S. 56 – ersetzen oft die Kenntnisse im einzelnen. Daraus erklärt sich wohl auch der Erfolg bei den Nicht-Militärs und außerhalb der oberen Staatssphäre!; vgl. Aron, Clausewitz, 2 Bde., 1980. **12** Zur Kampfstärke schwanken die Angaben Lundkvist, aaO., S. 23 ff.; vgl. Mann, Wallenstein, S. 752. **13** Zit. n. Lindberg, Johannes Rudbeckius, S. 135. **14** Villermont, Tilly, S. 795. **15** AOSB, II:1, S. 742. **16** »Diarium«, in: HH, 30:3, S. 28. **17** Hallwich, Briefe und Akten, I., S. 556 f. **18** »Diarium«, in: HH, 30.3, S. 28. **19** SRP, 1650, S. 115; vgl. Clausewitz, Strategische Beleuchtung, S. 40: GA sei auch deshalb nicht nach Süden marschiert, weil er »für die Protestanten in Wien alles hätte erhalten können, für sich (aber) nichts«. . . **20** AOSB, II:1, S. 743 ff; vgl. zur Geld- und Wirtschaftspolitik Wittrock, Svenska handelskompaniet och kopparhandeln under Gustaf II Adolf, 1919; vgl. Bothe, Gustav Adolfs und seines Kanzlers wirtschaftspolitische Absichten auf Deutschland, 1910, hier vor allem die Kontakte zu dem niederl. Finanzier James Usselinx. **21** AOSB, II:1, S. 745: Hier entwickelt er auch den »statum belli«, d. h. Winterquartiere in Thüringen und Ausstrahlen auf Würzburg, Franken u. den Rhein zu, während Johann Georg den Osten zur Oder hin zu sichern hat, will sich auch »Magdeburg bemächtigen« – wegen der Elbe. **22** s. o. S. 217. **23** Zu diesem Fall s. Söderberg, Högförräderimålet emot Arnold Johan Messenius 1624, in: HTs, 1901, S. 1-23. Das Urteil vom Svea Hofgericht gründete sich auf die Artikel 1, 2 und 6 des Örebro-Status von 1617 zur Abwehr der Subversion von Polen her; vgl. Schauerte, Gustav Adolf u. die Katholiken in Erfurt, S. 11, Anm. 1 (gibt eine verzerrte Darstellung); vgl. Pieper, Die Propaganda-Congregation u. die nord. Missionen im 17. Jhd., 1886, S. 12 ff. **24** Sverges traktater, V:1, S. 534; vgl. Schauderte, aaO., S. 12 f. Die Formel »Religionskrieg« wird nur selten gebraucht; vgl. Söltl, Der Religionskrieg in Deutschland, 1850; zum Problem s. Straub, Pax et imperium, S. 64 ff. **25** Schauderte, aaO., S. 19 ff. **26** s. u. S. 593. **27** AOSB, II:1, S. 748. **28** Sverges traktater, V:1, S. 563 ff: Ein »offener Brief« GA's an die Stadt Würzburg und das Land Franken; vgl. Deinert, Die schwedische Epoche in Franken von 1631–1635, 1966; vgl. Wandruszka, Reichspatriotismus u. Reichspolitik zur Zeit des Prager Friedens, 1955 (problematisch).

## Fantasticon. . . .:

**1** Norrman, Gustaf Adolfs politik, S. 36. **2** Ibidem, S. 12 f; Barudio, Moskau, in: HRG, II, S. 92 ff mit Literatur. **3** Boëthius, A., Romanus Nicephori och Gustav Adolf, in: HTs 1912, S. 296-303. **4** Ibidem, S. 303. **5** Ibidem, S. 300. **6** Lövgren, Wivallius som patriotisk siare samt Wivallii grafskrift, in: Samlaren 1912, S. 82 ff, s. a. die Passage danach: »Dann bekommen die Polen Bürgerkrieg ins Land/ Dann rufen die Moskowiter Hilf, Hilf und Beistand.« **7** AOSB, II:1, S. 654-56. **8** Mout, Calvinoturcisme in de Zeventiende eeuw, in: TvG, 1978. **9** Ernstberger, Europas Widerstand gegen Hollands erste Gesandtschaft bei der Pforte (1612), 1956; vgl. De Groot, The Ottoman empire and the Dutch Republic, 1978; **10** Norrman, aaO., S. 49 ff. **11** Hering, Ökumenisches Patriarchat u. europäische Politik 1620-1638, 1968. **12** Er wird auf Veranlassung A. Oxenstiernas im Winter 1627 in den Dienst Schwedens übernommen und mit einer Mission nach Siebenbürgen betraut, AOSB, II:1, S. 374 f. **13** Die Briefe sind abgedruckt bei Archenholtz, I, 1751, S. 127-28. **14** Ibidem, S. 128. **15** de Boer, Die Friedensverhandlungen zwischen Spanien und den Niederlanden 1631/32, 1898; Israel, The Dutch Republic and the Hispanic world 1606–1661, 1982. **16** SKA, II, S. 432 ff. **17** Fagniez, Le Père Joseph et Richelieu, I, S. 120 ff; vgl. Wittek, The rise of the Ottoman empire, 1938: Der Einfluß der Hohen Pforte ist hier in der älteren Forschung oft übersehen worden, s. Fagniez, Richelieu et l'Allemagne (1624-1630), in: RH, 1891, S. 1-40, nicht anders in der jüngeren, s. Wollenberg, Richelieu, 1977, S. 55 ff. **18** SKA, II, S. 432, mit »Leipzig« ist wiederum »Breitenfeld« gemeint. **19** AOSB I; 5, S. 56. **20** Szelągowski, Układy królewicza Władysława i dysydentów z Gustawem Adolfem w r. 1632, in: KH, 1899, S. 683-733, s. u. S. 582. **21** AOSB, II:1, S. 801 f. **22** AOSB, II:1, S. 802 f **23** Ibidem: An einen »Stillstandsbruch« mit dieser Maßnahme glaubt er hier nicht. **24** Ibidem, S. 803 f. **25** AOSB, II:1, S. 803. **26** Zit. n. Straub, Pax et Imperium, S. 454 f.

## »Dominium totius orbis«:

**1** Irmer, Die Verhandlungen Schwedens, I, 1888, S. 72. **2** Ibidem, S. 64 f. (Landgraf Georg/Hessen-D. an GA). **3** Ibidem, S. 92/93 (Nicolai an Grubbe, 30. Dec. 1631). **4** Sveriges Krig, 5, S. 286. **5** Eine Verbindung des Schweden-Heeres mit dem Sachsen-Heer in Böhmen hält GA für »wenig rationabel«, weil nicht »Böheimb und Schlesien das rechte Magazin, daraus dem Feinde seine Kräfte an Volk, Geld und Munition zuwachsen. . ., sondern vielmehr diese Pfaffenländer und reiche mächtige Städte, welche man ihnen abschneiden u. zum gesamten Vorteil ziehen muß«, GA an Ph. Reinhard, Grafen zu Solms (29. April 1632), Irmer, I, S. 166. Ein Beleg mehr gegen die Wien-These. **6** Straub, Pax et imperium, S. 446 ff.; wie dramatisch sich die neue Lage auswirkte, vermittelt der Frontwechsel Philipps von Sötern, des Kurfürsten von Trier, indem er von der habsburg. Seite auf die frz. schwenkte, s. Weber, H., Frankreich, Kur-Trier, der Rhein und das Reich 1623-1635, 1969, S. 24 ff.; GA hat die Neutralität Kur-Triers dann geduldet. **7** Michael, Wallensteins Vertrag mit dem Kaiser im Jahre 1632, in: HZ, 1902, S. 387. **8** Ibidem, S. 389 (Urteil des päpstl. Nuntius Rocci). **9** Ibidem, S. 390 f. **10** Mann, Wallenstein, S. 830 ff.; vgl. Diwald, Wallenstein, 1975 (1969), S. 488. **11** Ritter, Der Untergang Wallensteins, in: HZ, 1906, S. 235 ff. **12** Michael, aaO., S. 393 (Punkt 3 nach der TE-Fassung). **13** Irmer, I, S. 271 (Nebenmemorial von GA für den Grafen v. Brandenstein, 29. Sept. 1632). **14** Mann, Wallenstein, S. 833: M. verwendet hier den Begriff »Capitulation« fast im heutigen Sinne der unbedingten Unterwerfung und Aufgabe aller Machtmittel; vgl. Diwald, Wallenstein, S. 488: D. macht ihn zum »unbeschränkten Diktator« u. mißversteht im Vergleich mit GA den neuen Status. GA war nicht »Schweden in eigener Person« und Wallenstein nicht »das Reich in eigener Person«. Ignoranz gegenüber Rechtslagen rächt sich immer. **15** s. o.

S. 494. **16** AOSB, II:1, S. 756-759. **17** Irmer, I, S. 133 (Gutachten d. Landgrafen Wilhelm von Hessen-K. zu einem »Universalfrieden«. Es war von GA angefordert worden, 5. März 1632). **18** AOSB, II:1, S. 778. **19** SRP, 1632, S. 170 ff. **20** Ibidem, S. 154 **21** Aristoteles, Politik, dt. 1968 (1965), S. 197 (1313 a). **22** Machiavelli, Der Fürst, dt. 1978 (1951), S. 110 (Lob der »Verfassung und Regierung« in Frk.), S. 46 ff. **23** Vgl. Machiavelli, Discorsi, dt. 1977, S. 36 ff. **24** SRP, 1632, S. 154 ff. **25** Straub, Pax et imperium, S. 453 (Die spanische Politik während des schwed. Krieges). **26** SRP, 1632, S. 155 ff. **27** Ibidem, S. 156. **28** Ibidem, S. 157. **29** Ibidem, S. 158 ff. 160. **30** Ibidem, S. 162/163.

## »Höchst erzürnt« – in Hoechst:

**1** SA (Ffm), Menning- oder Bürgermeisterbuch, 1631, fol. 71-74. **2** »Diarium«, in: HH, 30:3, S. 35. **3** KGAS, S. 37-43. **4** AOSB, II:1, S. 115/116. **5** Handlingar rörande Erik Brorsson Rålambs förhållande till konung Gustaf den 2: Adolf, in: HB, 1879, S. 514. **6** Ibidem, S. 512 ff. **7** Fox, Alexander, S. 419/420. **8** »Diarium«, in: HH, 30:3, S. 56 f. **9** HB, 1879, S. 152 ff. **10** SA (Ffm), Menningbuch 1631, fol. 75-81. Am 29. Nov. 1631 wurde die »Assecuration« für GA gebilligt. Zum Thema »Die Schweden in Frankfurt« hoffen wir, demnächst zurückkommen zu können. **11** HB, S. 513. **12** Ibidem, S. 514. **13** »Diarium«, in: HH, 30:3, S. 46 ff, s. u. S. 565. **14** SRP, 1632, S. 152 (zu weiteren Akten s. Adlersparre, Historiska samlingar, I, S. 151-174). **15** AOSB, II:1, S. 810 f. **16** HB, S. 155. **17** Adlersparre, I, S. 169 f. **18** Ibidem, S. 172 ff. **19** AOSB, II:1, S. 811 f. **20** HB, S. 514 f. **21** Ibidem, S. 514 (Supplication blieb ohne Erfolg). **22** Ibidem, S. 515. **23** Ibidem. Seine Teilnahme an einer Gesandtschaft Schwedens nach Persien zur Aktivierung des Außenringes wurde aufgrund des Hoechster Vorfalles verweigert.

## Von Mainz aus – der Friede?

**1** SB (Mainz, Mog m 2808: Copia derer Tractations-Puncten/ So die Kön. May. zu Schweden etc denen dreyen geistlichen Kurfürsten proponieren lassen. . . 1631. Darin will GA u. a. »jederzeit Durchzüge und Musterplätze und notdürftigen Proviant«, Werberecht in ihren Ländern und »die Augsburgische Confession in Ihren Gebieten und Landen passieren zu lassen«, s. u. S. 597. **2** Sveriges Krig, 5, S. 428 ff.; vgl. AOSB, II:1, S. 748/49: In diesem Brief an AO bezieht er sich nur auf den Friedensvorschlag des Landgrafen Georg u. hält den mil. Rheinübergang nicht einmal für erwähnenswert; vgl. Egler, Die Spanier in der linksrhein. Pfalz 1620-1632, in: QAmrhKG, 13, 1971, S. 113-154; s. a. Burkhard, Anselm Casimir Wambold v. Umstadt. Erzbischof u. Kurfürst v. Mainz. Seine Vorgesch. u. Wahl, in: AHGA, NF 13, 1922, S. 334 ff. **3** AOSB, II:1, S. 748; zu der Reise des Kanzlers von der Weichsel an den Rhein Suvanto, Die deutsche Politik Oxenstiernas und Wallenstein, 1979, S. 50 ff.; laut »Diarium«, in HH, 30:3, S. 37 war AO am 22. Januar 1632 in Frankfurt am Main. **4** Aufschlußreiche Akten zur Gesch. der »Schwedensäule« bei Erfelden, von den Papisten auch »Schandsäule« genannt, in: RA, UD 2454 a (Dossiersystem), dann auch im TE, 1679 (II), S. 492/93 mit Bild u. Beschreibung; s. a. Granlund, »Die Schwedensäule« och Gustafsburg. Två svenska minnesmärken vid Rhen, in: HB, 1880, S. 559-571. **5** SB (Mainz), Mog m 2808; vgl. Kahlenberg, Die Festungskommandanten von Mainz im 17. Jhd., in: MblRhLk, 11, 1962; vgl. Chudoba, Spain and the Empire 1519-1643, 1952; vgl. Straub, Pax et imperium, S. 454 f. **6** Ein Beispiel nur unter vielen: »Den 21. Feb. (1632) haben IM:t das Schloß Kreuznach, nachdem Sie zuvorher Bresche geschossen, mit stürmender Hand einbekommen; die Garnison hat sich ergeben, die Fahnen präsentiert, die Waffen niedergelegt, aber wegen ihrer Tapferkeit wieder bekommen«,

»Diarium«, in: HH, 30:3, S. 37. **7** SB (Mainz) Mog m 2808: »monatlich 40 000 Rt«. **8** Die Bürgerschaft sollte 80 000 Rt Brandschatzung entrichten, der Klerus ebenfalls 80 000 Rt und die Judenschaft 20 000 Rt; Falck, Die Mainzer Schwedenzeit vor 350 Jahren. I: Unter dem Regiment des Königs Gustav Adolf, in: MVjKPWG, I:4, 1981, S. 106; vgl. SB (Mainz) Mog 2808, Angaben zur Eroberung von Mainz: »die Geistlichen aber samt der Landschaft 600 000 Reichstaler geben müssen«. **9** Falck, aaO., S. 106 (zur Rettung ihrer Synagoge). In der alten Synagoge, die 1473 in die Allerheiligen-Kapelle umgewandelt worden war, durften auf Veranlassung GA's die Reformierten (Calvinisten) ihren Gottesdienst halten, s. Brück, Gesch. der Stadt Mainz, V, 1462-1648, 1972, S. 1 ff. **10** Müller, Der schwedische Staat in Mainz, S. 240 ff, vgl. S. 18 zur Verhinderung des »absoluten Dominats im Reich«. **11** Ibidem, S. 239: »Doch der Schwedenkönig wollte mehr.« Jedoch nur die rechtliche Restituierung z. B. von Mainz zum Nutzen für sich und diese Stadt selbst, die seit dem 28. Okt. 1462 ihre Selbstverwaltung verloren hatte und als »Pfaffennest« mit dem Vicedom-System die Bürger entpolitisierte. AO war es vor allem, der die Stadt-Organe reaktivierte! Nur dieser innere Verfassungsabbau erklärt die constitutionale Tätigkeit von seiten Schwedens, und das Forster-Experiment von 1793 an hat den gleichen hist. Hintergrund. **12** Neliba, Geschichte der Gustavsburg 1632-1648, in: Die Burg, 28/29, 1973. **13** »Diarium«, in: HH, 30:3, S. 36: »Den 30. Dec. 1631 ist der frz. Gesandte Charnacé nach Mainz kommen«; Burckhardt, Richelieu, II, S. 332 ff.: Charnacé entführte den bei GA in der Gunst stehenden frz. Diplomaten, als dieser am 15. August 1632 mit einer schwed. Eskorte Mainz verlassen wollte, brachte er ihn bei Ludwig XIII. vor Gericht, wurde hingerichtet. Ein schwerer Verstoß gegen GA's Reputation! **14** SB (Mainz) Mog m 2808. **15** Irmer, I, S. 123 f. **16** Zit. n. Moser, Patriotisches Archiv, 4, 1786, S. 469 ff. **17** Irmer, I, S. 125–133. Die »Zweifel« (Dubia) von schwed. Seite an einer ernsthaften Verständigung zwischen Pap. u. Prot. »in eine rechte teutsche vertrauliche Einigkeit« kommen aus der Geltung des »Erzketzer«-Begriffs beim Gegner, der keinen Vertrag einhalten will u. dann auch daraus, daß die »Evangelischen noch zur Zeit unter sich selbsten nicht einig wären«, aus der Neigung zum ›Neutralismus‹ und man denke an Bodins Hinweis auf 1552, als die prot. Stände »den damaligen König in Frk. Henricum II. zu einem defensorem religionis et libertatis in Teutschland erfordert«, aber nach dem Passauer Vertrag »wieder nach Haus gewiesen. Sollte es nun IKM:t itzo ingleichen begegnen, dürfte es so wohl, wie damals nicht ablaufen«, ibidem, S. 136 ff. **18** Irmer, I, S. 127 f. **19** Ibidem, S. 130 f. **20** Ibidem, S. 133. **21** s. o. S. 534 f.

## Ein bizarrer Zukunftsplan:

**1** Zum Hintergrund Albrecht, Die auswärtige Politik, S. 343 ff.; ders., Richelieu, Gustav Adolf und das Reich, passim; vgl. Straub, Pax et imperium, S. 447 ff.; vgl. Droysen, Gustaf Adolf, II, S. 567, 628 ff.; vgl. AOSB, I:6; S. 575 (26. Dec. 1631): Schon hier deuten sich die europaweiten Druckpunkte an – Pfalz, Dünkirchen, Älvsborg, Schweden; vgl. Soden, Gustaf Adolf und sein Heer in Süddeutschland, I, 1865; über GA war München gut unterrichtet und gab die Informationen an Wien weiter s. GStA (München), Kasten schwarz 13472/1 a–d, z. B. Brief vom 28. März 1632 an den Kaiser. Tilly klagte, wenn ihm »dies Schwedisch Kriegsvolk über den Hals kommen sollte, daß er demselben genugsamen Widerstand zu tun zu schwach sein möchte . . .« **2** AOSB, II:1, S. 761, 768 f. **3** Ibidem, S. 755/56. **4** Ibidem, S. 767 f.: Auch hier zeigt sich die constitutionale Qualität der »Religion« als erstes Fundamentalgesetz der cC Schwedens. **5** Opgenoort, Friedrich Wilhelm, I, 1971, S. 116 ff.: O. gelangt nicht über Schulze hinaus und mißversteht aus Unkenntnis der schwed. Quellen die Haltung der Vormundschaftsreg. unter der prakt. Leitung von AO. Grund der ablehnenden Position der Reg. war ihre mangelhafte Rechtsqualität bei einer Heirat, außerdem wurde Christina 1644 volljährig erklärt, s. demnächst

Barudio, Axel Oxenstierna 6 AOSB, II:1, S. 767 (16. März 1632), s. u. S. 576. **7** Vgl. Duchardt, Protestantisches Kaisertum und altes Reich. Die Diskussion über die Konfession des Kaisers in Politik, Publizistik u. Staatsrecht, 1977, S. 147 ff. **8** SRP, 1632, S. 144 ff., s. o. S. 539. **9** Die in der dt. Geschichtsschreibung häufig geäußerte Spekulation, GA hätte seine Militärmacht in Richtung Absolutismus führen können, zuletzt Müller, Der schwedische Staat, S. 240. *Ayora Valmisoto* benennt diese Mutation von innen her mit deutlichen Worten: »Es ist ein recht altes Gaukelspiel der Tyrannen, ihre Ambition mit der Berufung auf die Freiheit des Volkes zu verbergen. Indem man das Volk überzeugt, man sorge sich um seine Freiheit, strebt man nur danach, es zu unterwerfen und zu versklaven« (im Jahre 1646), zit. n. Straub, Pax et imperium, S. 65. Das war die wahre Politik Wiens; vgl. Sturmberger, Kaiser Ferdinand II, und das Problem des Absolutismus, 1957; vgl. Barudio, Absolutismus (FWG 25), S. 270, zur Kritik aus den eigenen Haus-Reihen am »arbiträren Despotismus« S. 308 ff. **10** Barudio, Das Wohlproportionierte Regiment, passim; Hildebrand, E. (hrsg.), Sveriges regeringsformer 1634-1809, S. 2 ff. **11** Irmer, I, S. 129: Allein das wichtigste Recht aus der »justitia distributiva«, nämlich Lehen zu vergeben, sollte dem Kaiser nach dem hess. Gutachten zum Universalfrieden untersagt sein. Ein Recht, das GA als libertärer König stets ausgeübt hat. **12** Ahnlund, »Kejsardömet Skandinavien«, in: HTs, 1931, S. 266 ff.: A. berichtet hier auch einen der Gründe, die *Dietrich Schäfer* veranlaßt haben, eine größere Arbeit über GA abzubrechen, weil dieser nicht aus prot. Idealismus gehandelt habe. Schäfer ist der Fälschung in: HSkH, 2, 1816, S. 101 ff. über »Kaiser von Skandinavien« erlegen, ebenso Droysen, Gustaf Adolf, II, S. 666 ff.

## »Ekel vor eurer Nation«:

**1** Sverges traktater, IV, S. 380 ff., ibidem, V, S. 168 ff., 242 ff. (Friede von Stolbova). Wie dominant das »Teutsche« als Vertrags- und Verkehrssprache war, vermitteln auch die »teutschen« Kanzlei-Abteilungen in Schweden und Dänemark. **2** Aus dem süddeutschen Reisetagebuch des Herrn Michel de Montaigne 1580, dt. 1947, S. 23 ff., 17: »Um einen zu ehren, tritt man bei den Teutschen immer an seine linke Seite. . .; sich auf seiner rechten Seite zu halten, gilt als Beleidigung, denn nach ihrer Meinung muß man ihm die rechte Seite frei lassen, damit er die Hand an die Waffen legen kann.« **3** Ibidem, S. 20/21. **4** Montaigne, Essais, dt. 1953, S. 64 f. **5** »Diarium«, in: HH, 30:3, S. 40. **6** Ibidem, S. 41. **7** Ibidem, S. 42. **8** Ibidem, S. 43. **9** Ibidem, S. 44. **10** Ibidem, S. 45. **11** Ibidem, S. 47: Während seines Aufenthaltes in Augsburg hatte GA »in Fuggers Behausung das Losament genommen«. Zu seinen Aktivitäten u. Rechtfertigungen in Augsburg paßt gut eine zeitgen. Schrift »Gottes u. des Heiligen Römischen Reiches Licht-Putzer«, worin es u. a. heißt: »Ein für alle Mal müssen wir mit dem Papste Rechnung halten, ihn zur Restitution der durch ihn *ermordeten Seelen* und *geraubten Güter* zwingen, das Heilige Römische Reich von seinem unchristl. Joch los und ledig machen«, gegen »die absolute Gewalt des römischen Stuhles«! »Warum sollte ich nicht schwedisch sein?«, aus einer anderen Schrift (Weimar, März 1632): »Kaiserisch bin ich, so lange der Kaiser Kaiser ist, so lange er hält, was er versprochen, so lange er mich u. das Reich schützt u. den hochbeteuerten Religionsfrieden nicht bricht. . . Ich halt's mit dem, der es mit Gott u. seinem Wort hält, es sei *Schwed oder Kaiser*. Jetzt ist nicht der Kaiser Kaiser, sondern der Jesuit ist Kaiser. . .« (kursiv von uns), zit. n. Opel, Zur Erinnerung an Gustav Adolf, 1894, S. 30 ff. und 36 ff. **12** TE, 1629-1633 (II), 1646, S. 640 ff.; »Diarium«, in: HH, 30:3, S. 48: »Uff dato ist Tilly in Ingolstadt gestorben«; vgl. auch die Reaktion Kardinal Richelieus auf den 6. Nov. 1632. in: Burckhardt, Richelieu, II, S. 376. **13** »Diarium«, in: HH, 30:3, S. 49; s. die Reaktion von GA, in: AOSB, II:1, S. 803: Er fordert von AO darüber einen »scharfen u. unpassionierten Gerichtsgang«. **14** »Diarium«, in: HH, 30:3, S. 49 ff. **15** Blumenberg, Der Prozeß der theoretischen Neugierde, 1973 (1966), S. 66 ff.: In diesem Cicero-Wort aus »De officiis, I:4, 13 können wir keinen Widerspruch erkennen, halten auch die Übersetzung bei B. »veri« für »Wahrheit« statt des »Wahren« für irreführend, weil damit das Prozeßhafte am »Wahren«, das Heranarbeiten, verdrängt wird. **16** »Diarium«, in: HH, 30:3, S. 50; über die »Pathologie des Krieges« gab es von Maximilians Seite manch eine Klage hinsichtlich der Royal-Armee, er sieht aber auch den Sitten-Verfall in den eigenen Reihen und muß sich am 4. Juni 1632 von GA sagen lassen, daß Tillys Leute getroffene Accorde nicht gehalten und geplündert hätten. Der König hofft darauf, »daß E. D. als ein Teutscher Fürst an dergleichen gelübdebrüchigen Proceduren. . . nit Gefallen haben«. Er warnt auch davor, seine eigenen Soldaten mit weiterer »Unbesonnenheit« zu reizen, denn dieses Verhalten sei »wider aller Völker Recht und üblichen Kriegsgebrauch«, in: GStA (München), Kasten schwarz 13472/1 a–d. **17** »Diarium«, in: HH, 30:3, S. 46; AOSB, II:1, S. 794 (16. Mai 1632). Seine Anweisungen von München aus sind hier von bes. Interesse, weil er sie »einzig und allein als Rat« betrachtet u. dem Kanzler »die Disposition läßt« – der König wird zum Berater seines Beraters. **18** Soden, aaO., S. 399 f.; vgl. TE, 1629-1633, S. 633: Das folgende Gedicht auf die Lage: »Nürnberg des Reiches Zierd auserkoren/ Der Feind dir hat den Tod geschworen/ Doch Gott sich gnädig zu dir wend/ Aus Schweden dir ein Vater send/ Der vor dich unterm Himmelssaal/ Wacht mit all seiner Heldenzahl/ Drum hilf, daß ihnen nichts gebrist/ Ihr Wohlstand dein Erlösung ist/ Gern Magdeburg jetzt alles tät/ Wann nit nach Schad der Rat zu spät.« **19** »Diarium«, in: HH, 30:3, S. 54 ff., 58; vgl. Mann, Wallenstein, S. 844 ff., 847: Von Bedeutung ist, daß Wallenstein auch an die Wirkung eines »einzigen Schlages (colpo)« glaubt. Geht dieser für GA ungünstig aus, dann werden »sich viel Sachen im Reich ändern«, s. u. S. 585 GA's Glaube an das »Wunderspiel« einer Total-Auflösung; vgl. Roberts, Gustavus Adolphus, II, S. 726 ff. **20** AOSB, I:7, S. 611 (5. Nov. 1632 an den RR): AO gibt einen gedrängten, aber genauen Bericht von den Nürnberger Ereignissen u. meint hier zum 24. August u. zum Kampf um die Alte Feste, daß sich »ein Teil junger Offiziere, von der Hitze getrieben, sich zu schnell engagierten. . .« **21** Stenbock, Mörnerska släktboken 1468-1653, 1909, S. 58: Carl Mörner, ein Sohn von Otto M., dem »Zuchtmeister« GA's, »traf den König bei Nürnberg, sprach mit ihm und fand ihn zu dieser Zeit ziemlich unruhig«. Er berichtet auch vom schrecklichen Tod seines Cousins »Gustav Adolf Mörner«, der zwischen Nürnberg u. Sulzbach eine Einheit der Royal-Armee führte u. im feindl. Lager so »in Stücke gehauen wurde, daß seine Gebeine nicht zu finden waren«. Wallensteins Eingriff (»Pardon«) bewahrte die anderen Gefangenen vor dem gleichen Tod. **22** Zu einer kürzeren, aber in der Form härteren Fassung s. TE, 1629-1633, 1646, S. 654. Die Zeitangabe vom 29. Juni 1632 »auf den Tag Petri und Pauli« läßt sich noch nicht sichern. Wir folgen hier dem Wortlaut, wie ihn Harte, Das Leben Gustav Adolphs des Großen, König von Schweden, dt. 1760, S. 373 ff. abgedruckt hat. Harte ist zwar in vielen Einzelheiten unzuverlässig, aber diese Rede, über Chemnitz, Pufendorf u. Schefferus vermittelt, trifft den rhet. Duktus der GA-Reden genau. **23** Thukydides, Der Peloponnesische Krieg, dt. 1973 (1966), S. 247. **24** Wie schwer es war, unter dem teutschen Adel ein »qualifiziert subjectum für einen Hofmeister« und »Prinzenerzieher« zu bekommen, wird in einem Schreiben vom 4. Sept. 1632 an Maximilian beklagt, in: GStA (München), Kasten schwarz 13472/1 a–d.

## »Der Habicht auf dem Zaun. . .«

**1** AOSB, II:1, S. 836. **2** Ibidem, S. 837. **3** Darin sehen wir die Wirkung seiner ›Petarden-Politik‹. Das Legen und Zünden von Sprengminen schafft den Einstieg oder verunsichert. Mit dieser Art will er zu seinen Gunsten *stören*, aber nicht *zerstören*, ist doch sein Verhalten wie bei Jakob I. von England darauf gerichtet, »die von Gott verliehene Macht zum Aufbau (ad aedificationem), nicht zum Abbau (non ad destructionem)« zu gebrauchen, s. Kenyon, The Stuart Constitutions 1603-1688. Documents and Commentary, 1966, S. 13;

s. u. S. 151; vgl. Brandt, Die Entfaltung der schwed. Großmacht (1611-1654), in: HEG, III, 1971. **4** AOSB, II:1, S. 824 (1. Aug. 1632): »Staat« meint hier einen »Zustand«. **5** AOSB, II:1, S. 123. **6** AOSB, II:1, S. 582 (8. April 1630). **7** »Diarium«, in: HH, 30.3, S. 48. **8** Ibidem, S. 48. **9** Wejle, Sveriges Politik mot Polen 1630-1635, 1901, S. 19 ff. **10** AOSB, I:7, S. 496. **11** Wejle, aaO., S. 36 ff. **12** AOSB, I:7, S. 498. **13** Wejle, aaO., S. 19 ff. **14** Szelagowski, Układy królewicza Władysława i dysydentów z Gustawem Adolfem w r. 1632, in: KH, 1899, S. 685 ff. **15** Wejle, aaO., S. 32. **16** Ibidem, S. 33. **17** AOSB, II:1, S. 824. **18** Wejle, aaO., S. 54. **19** Ibidem, S. 58. **20** Mann, Wallenstein, S. 871 ff. **21** Szelągowski, aaO., S. 721. **22** Wejle, aaO., S. 65. **23** AOSB, II:1, S. 863; Irmer, I, S. 280, Anm. 1, Bericht vom 28. Okt. 1632 der darmstädtischen Gesandten: »Der König von Böhmen wollte das Seinige auch kurzum wieder haben, dem hat IM:t (GA) etwas von der Reformation oder Introduktion der lutherischen evangelischen Religion in die Pfalz gesagt, darüber er ungehalten worden und unbegrüßt davon gezogen wäre.« **24** AOSB, II:1, S. 854 ff. **25** Irmer, I, S. 265 ff.: Johann Albrecht vertrat die Güstrow-Linie u. war Calvinist, Adolf Friedrich repräsentierte die Schwerin-Linie u. war Lutheraner. Der Riß ging durch die Familie u. machte das Verhältnis Religio-Regio zu einer privaten wie pol. Lebenslast; vgl. Mann, Wallenstein, S. 507 ff., 573 ff.; vgl. o. S. 453. **26** Straub, Pax et imperium, S. 458 ff.

## Im großen Labyrinth:

**1** AOSB, I:7, S. 612, 5. Nov. 1632, Bericht an den Reichsrat. **2** Ibidem, S. 613 ff. **3** AOSB, II:1, S. 841 ff. **4** Ibidem, S. 840. **5** Der Hinweis auf Nürnberg und Zirndorf ist deutlich, aber auch die Analogie zum Verhältnis zweier großer Imperien, s. o. S. 35. **6** Ibidem, S. 842. **7** Die Kreditive an die Kurfürsten von Sachsen u. Brandenburg, an den Erzbischof von Bremen, den Fürsten von Sachsen-Anhalt, die Herzöge von Mecklenburg, Braunschweig und Pommern sowie an den Bischof von Minden waren bereits am 3. 9. in Fürth ausgestellt worden; drei Tage später auch an die Hansestädte Lübeck, Bremen und Hamburg, s. Anm. S. 842. **8** AOSB, II:1, S. 844 f. **9** Ibidem, S. 845 f. **10** AOSB, I:7, S. 613. Der Kommandant Mitzkefall hat sich zur Übergabe zwingen lassen, obgleich Gustav Adolf zum Entsatz im Anzug war. Er wurde dafür hingerichtet. **11** AOSB, II:1, S. 847 f. **12** Ibidem, S. 849. Der König überläßt es dem Kanzler, ob er die geplante Reise antreten kann. Er wünscht es schon, »weil unser Staat dort periclitiert und durch üble Administration in Gefahr gesetzt wird«, vgl. die Haltung des Kanzlers in: AOSB, I:7, S. 612. **13** Irmer, Verhandlungen, I, S. 277 ff.; vgl. B. Boëthius, Svenskarna i de nedersachsiska och westfaliska kustländerna juli 1630-november 1632, 1912. **14** AOSB, II:1, S. 852 ff. Zum Cf vgl. o. die Ansicht der Stände Böhmens zur Politik Friedrichs V. S. 204. **15** AOSB, I:7, S. 586 ff.; Zur Lage im Elsaß während dieser Zeit: H. Lutz, F.H. Schubert, H. Weber, Frankreich und das Reich im 16. u. 17. Jhd., 1968. **16** AOSB, II:1, S. 848; vgl. Rommel, Geschichte v. Hessen, VIII, S. 202 ff. **17** AOSB, II:1, S. 854; vgl. auch Axel Oxenstiernas Verwunderung über »seine Consilia« in dieser Sache. Friedrich V. müsse doch wissen, daß »es nicht praecise in I K M:t Händen liegt, ihm (das Kft) in integrum zu restituieren«, AOSB, I:7, S. 596. **18** AOSB, II:1, S. 854. Mit den Reformierten sind die Calvinisten gemeint, die sonst Schwedens wichtigste Stützen waren. **19** AOSB, I:7, S. 585 ff. **20** AOSB, I:7, S. 593. Seit der Heirat Gustavs I. mit Catharina von Sachsen-Lauenburg gab es immer wieder gute Verbindungen zum Hause Vasa in Schweden, wo sich Franz A. auch einmal aufgehalten hat und nach einem ungebührlichen Betragen von Gustav Adolf zurechtgewiesen worden ist. Stand davor in kaiserischem Dienst, vgl. Hallwich, Wallenstein, I, S. 670 und G. Mann, Wallenstein, S. 450; s. u. S. 612. **21** AOSB, II:1, S. 855; s. a. die Anweisungen Maximilians an die Hofräte in München, »die Proviantzufuhr aus unseren Landen nach Augsburg möglichst abzuschneiden«

in: GStA, Kasten schwarz 13472/1 a-d. Es wurde mit dieser Maßnahme schon im August begonnen und im Oktober forziert. **22** AOSB, II:1, S. 856. Am gleichen Tag geht von Pappenheim ein Schreiben an Maximilian über die Erfolge gegen Baudissin, das Vorgehen gegen Wolfenbüttel und die »rebellische Stadt Hildesheim«, in: GStA, aaO. **23** AOSB, II:1, S. 857 ff.; vgl. L. Haas, Schwedens Politik, S. 113 ff. **24** Vgl. E. Straub, Pax et Imperium, S. 460 ff. **25** Besonders war Gustav Adolf dabei der Bau der Feste Gustavsburg gegenüber Mainz angelegen AOSB, II:1, S. 859; vgl. E. Neliba, Geschichte der Gustavsburg 1632-1648, in: Die Burg, Nr. 28/29, Juni 1973. **26** AOSB, II:1, S. 865, vgl. B. Boëthius, Filip Reinhardt von Solms och Gustav Adolf, in: HTs 1917; allein diese Maßnahme wie das gesamte Projekt widerspricht der oft vertretenen Ansicht, Frankreich habe unter dem direkten Einfluß von Feuquières »reichlich dafür gesorgt, daß dem Direktor des Konvents jede allzu gefährliche Machtfülle von vornherein beschnitten wurde«, s. hierzu L. Haas, Schwedens Politik, S. 115 ff. **27** AOSB, II:1, S. 865 f. **28** AOSB, I:7, S. 648. »Om Regeringsformen«, s. u. S. 619. **29** AOSB, II:1, S. 867. **30** Ibidem, S. 863. Dem Kurfürsten wurde Alzey als vorläufige Residenz angeboten und nicht erlaubt, »in seinem eigenen Land einige Werbungen zu eigener Hand anzustellen«. Nur die materielle Lage soll ihm gesichert werden. **31** Ibidem, S. 863, Punkt 16, in dem auch die Essentials einer Kirchenverfassung genannt werden »Superintendent und Consistorium«. **32** Vgl. o. S. 110. **33** Ibidem, S. 866. Diese Forderung schloß auch ein, daß Frankreich vom Reich ferngehalten wurde. s. S. 863 ff. **34** Irmer, Verhandlungen, I., S. 15, 114; vgl. H. Duchardt, Protestantisches Kaisertum und altes Reich, 1977, S. 147: »Gustav Adolf und die weitere schwedische Wahlpolitik«. Erschließt kein grundlegend neues Material; vgl. o. S. 560. **35** AOSB, II:1, S. 862. **36** Kretzschmar, Der Heilbronner Bund, 1632–1635, 1922. **37** Irmer, Verhandlungen, I, S. 284 f. Die »Fundamentalursache dieses Unheils«, das jetzt ausgehalten werden muß, sieht er dabei vor allem im »Mangel gebührender Handreichung« der deutschen Fürsten als »Mitinteressenten«. **38** Ibidem, I, S. 289 ff. Von der Ehrlichkeit der Kaiserischen hat der Reichskanzler noch nie etwas gehalten. **39** Ibidem, vgl. Albrecht, Die auswärtige Politik Maximilians von Bayern, S. 343 f.; vgl. Straub, Pax et Imperium, S. 446 f. **40** Irmer, Verhandlungen, I, S. 290. Selbst diese emphatische Stellungnahme widerspricht dem Vernichtungs-Gedanken. **41** Ibidem, S. 288. Die Hessen verweisen auf »viel 100 000 Pfund Brot daneben Hafer, Heu, Fleisch und anderes mehr«. **42** Dieser Topos taucht immer wieder auf, s. Gustav Adolfs Schreiben an die Fränkische Ritterschaft vom 24. Okt. zu Arnstadt, in: SKA, III, S. 683 ff. Verweist hier darauf, daß er Johann Georg »kraft habenden Bündnisses eilfertigst zu succurieren« habe. **43** AOSB, II:1, S. 854. **44** H. Diwald, Wallenstein, S. 500 f. **45** Gustav Adolf an Steinberg, 30. 10. 32 in Buttstadt, in: SKA III, S. 687; vgl. Kretzschmar, Gustav Adolfs Pläne und Ziele in Deutschland und die Herzöge zu Braunschweig und Lüneburg, 1904. **46** AOSB, II:1, S. 869; vgl. Pappenheims Bericht in Anm. 22, G. Droysen, Gustav Adolf, II, S. 640, s. a. G. Mann, Wallenstein, S. 862. **47** AOSB, II:1, S. 869. **48** GStA, aaO., Pappenheim beschwert sich in diesem Schreiben über Maximilian und fügt noch hinzu: »Ich aber muß den Krieg wider meinen Willen noch mehr in mein Vaterland hinaufziehen.« **49** AOSB, II:1, S. 869. **50** G. Mann, Wallenstein, S. 574 f. **51** Schulenburg, Die Vertreibung, S. 13 f. **52** S. o. S. **53** Hallwich, Briefe und Akten, III, S. 324, vgl. G. Mann, Wallenstein, S. 871 ff. **54** G. Mann, Wallenstein, S. 869 ff. Die Einnahme von Leipzig wurde Gustav Adolf am 22. 10. in Schleussingen gemeldet, knapp eine Woche später erfährt er die Einnahme von Benfeld durch Gustav Horn, s. »Diarium« in: HH, 30:3, S. 62 ff. **55** G. Mann, Wallenstein, S. 874 ff. **56** Ibidem, S. 875. **57** Sveriges krig, 6, S. 399 ff.

## Lützen – ein letztes Leiden:

**1** Mann, Wallenstein, S. 861. **2** Stolpe, Drottning Kristina, S. 167 f. **3** Ibidem; vgl. Cassirer, Drottning Christina och Descartes, 1940; vgl. Nordström, Cartesius och drottning Kristinas omvändelse, in: Lychnos 1941. **4** Guericke, Gesch. der Belagerung, Eroberung und Zerstörung v. Magdeburg, 1882 (2. Aufl.) (1631); ders., Experimenta nova. . . de vacuo spatio, 1672 (1663), dt. 1881; Hoffmann, F. W., Otto von Guericke, 1874. **5** KGAS, S. 72 (Autobiographie). **6** Hohoff, Grimmelshausen, 1978, S. 67. **7** »Diarium«, in: HH, 30:3, S. 62; vgl. Mann, Wallenstein, S. 876 f. Von dt. Seite gibt es zwei Darstellungen dieser Schlacht, die zwar wesentliche Einzelheiten gesichert haben, aber doch problematisch sind s. Deuticke, Die Schlacht bei Lützen, 1917; vgl. Seidler, Untersuchungen über die Schlacht bei Lützen 1632, 1954. **8** Deuticke, aaO., S. 62; vgl. Mann, Wallenstein, S. 876. **9** »Diarium«, in: HH, 30:3, S. 62. **10** Daneben fehlten die Kontingente von Ossa, Montecuccoli, Schauenburg, Ilow und Gronsfeld, s. Mann, Wallenstein, S. 873: Auf kais. Seite standen ca. 35 000 zur Verfügung, allerdings erst im Laufe der Schlacht. **11** Mann, Wallenstein, S. 880: M. ist unsicher in der Terminologie. »Divisionen« im heutigen Sinne gab es nicht. Ihre Anzahl »je tausend« läßt auf »Regimenter« schließen, was auch die schwed. Kriegskunst bestätigt, von der W. viel gelernt hat. **12** Nach Seidler, aaO., S. 42 begann W. mit 16 000 Mann die Schlacht. **13** Mann, Wallenstein, S. 881 spricht von »samtumwickelten Steigbügeln«, Diwald, Wallenstein, S. 502: »Die Steigbügel müssen mit Seide umwickelt sein . . .« **14** Mann, Wallenstein, S. 880; s. a. Holks Bericht über diese Schlacht bei Hallwich, Briefe und Akten, III, S. 500 ff. **15** Die eher defensive Anlage macht dies deutlich, gibt aber gleichzeitig zu erkennen, daß damit ein »Vernichten« des Gegners als Ganzes nicht möglich war, vgl. Mann, Wallenstein, S. 881. **16** »Diarium«, in: HH, 30:3, S. 62: Der König saß dabei »in der Kutsche«. **17** Sveriges Krig, 6, S. 408 ff.; vgl. Seidler, aaO., S. 44. **18** Vgl. Fyra relationer om slaget vid Lützen, in: HTs, 1932, S. 299–309. Die Angabe von Johann Hülsshorst – »also ist IM:t zu Ross gesessen, *ohne Waffen* . . .« – kann auf das Fehlen eines Harnischs bezogen sein. Die Lähmung der rechten Hand wird nicht problematisiert bei Cederström (hrsg.), Gustav II Adolf vid Lützen. Livrustkammarens Lützenminnen, 1944, S. 63 ff. Bringt außer detaillierter Beschreibungen keine wesentl. neuen Erkenntnisse; vgl. Wittrock, Gustav II Adolfs död enligt de litterära källorna, in: HTs, 1933, S. 161–178. **19** Wallin, De gladio Gustavi II magico, Disp. 1728, S. 97: Der Respondent Salin beruft sich auf GA von 1621 u. Kriegsartikel, die ja gegen alle »Zauberkunst« im Heer gerichtet waren, weil »alles Glück von Gott kommt«. **20** Hohoff, Grimmelshausen, S. 67. **21** Schück, Lars Wivallius, 1893, S. 132 f. **22** Bürgi, Mars Sueco-germanicus, 1641, S. 230. **23** Lindroth, Paracelsismen, S. 387 ff.; s. a. die Angaben bei Bureus, in: Samlaren, 4, 1883, S. 42 (er dediziert GA eine Schrift über Mysterien), S. 43. (23. Okt. 1616 »kam König GA nach Jursö, wo das Mädchen acht Tage zuvor von den Toten auferstanden ist«.) **24** Diwald, Wallenstein, S. 502: GA »sitzt auf seinem riesigen weißen Leibroß. Der König hat in letzter Zeit erheblich an Gewicht zugenommen« und soll nur schwer geeignete Pferde bekommen haben. D. übernimmt Behauptungen Gförers; vgl. den zuverlässigeren Amnéus, Om Gustaf II Adolfs död, in: HB, 1879, S. 8: GA wechselte unter dem Vormarsch das Pferd, wählte einen »schwarz-braunen Springer«, den er schon bei Breitenfeld geritten hat. Nach der Überlieferung wird das Pferd »Streiff« genannt, weil es ein Geschenk des Obristen Streiff gewesen sein soll (Amnéus nimmt den General Baudissin an). Es steht, auf einen inneren Holzcorpus gezogen, heute in der »Livrustkammar« im Kgl. Schloß zu Stockholm u. ist eher klein denn mächtig; vgl. Mann, Wallenstein, S. 885 spricht auch von einem »Schimmel«. **25** Amnéus, aaO., S. 7; Diwald, Wallenstein, S. 502: W. »kämpft nur im Lederkoller, der Küraß ist ihm lästig« (kein Quellennachweis). **26** Amnéus, aaO., S. 7: Unter den erhaltenen Kleiderstücken fehlt der Überrock. **27** Irmer, II, 1889, S. 103: Nach dem Bericht des schwed. Residenten Nicolai in Dresden habe Holk »ein Rädchen (molette) von IM:t Sporen« erhalten, »welche in Gold gefaßt und mit Diamanten versehen« waren. Die erhaltenen Sporen bestätigen das; vgl. Mann, Wallenstein, S. 886: »silberne Sporen«. **28** »Diarium«, in: HH, 30:3, S. 63. **29** Sveriges Krig, 6, S. 402. **30** »Diarium«, in: HH, 30:3, S. 63, s. u. S. 611, Anm. 37; vgl. Diwald, Wallenstein, S. 502: »Der 16. November beginnt mit Nebel, er hebt sich erst am späten Vormittag«; vgl. Mann, Wallenstein, S. 882, verbleibt allgemein – »in Rauch und Nebel«. **31** »Diarium«, in: HH, 30:3, S. 63. **32** Zit. n. Amnéus, aaO., S. 8: A. geht auch vom Nebel aus, der sich gelockert u. GA zum Angriff veranlaßt haben sollte. **33** »Diarium«, in: HH, 30:3, S. 63. **34** Amnéus, aaO., S. 11. Nach Kreilsheims Bericht: Es muß bei »Streiff« ein Streifschuß gewesen sein. Vgl. Cederström, aaO., S. 70 ff. **35** Amnéus, aaO., S. 11: Der Historiker u. Rechtsmediziner Amnéus hat im Eifer des Beschreibungsgefechts aus den vorhandenen Quellen übersehen, daß GA auch einen Überrock getragen haben soll, was zusätzl. ein Hindernis gewesen sein muß. **36** Aretin, Wallenstein. . . Anhang mit Urkunden, 1846, S. 62 ff.; Mann, Wallenstein, S. 882. **37** »Diarium«, in: HH, 30:3, S. 63: Der Chronist nimmt an, daß »der Feind« den Brand gelegt hat. Warum? Wo Lützen doch für das Kampf-Konzept erhalten bleiben muß! Mann, Wallenstein, S. 891 u. Diwald, Wallenstein, S. 502 konstatieren nur das »Brennen« an sich. **38** »Diarium«, in: HH, 30:3, S. 63: Es war demnach eine ähnliche Situation wie gut ein Jahr zuvor bei Breitenfeld im Staub, s. o. S. 508. **39** Irmer, II, S. 43: Aus dem Konferenzprotokoll AO's mit der kurf. Reg. in Berlin (12. Febr. 1633): »Herzog Franz Albrecht. . . ist ganz eine creatur des Herzogs zu Friedland.« **40** Ibidem: »Er hat Gustavi mortem Friedlando per literas notifiziert u. geschrieben, wie er in seinen Armen gestorben, hat des Königs Blut auf seinem Koller gezeiget«; vgl. Irmer, III, 1891, S. 392 ff. **41** Irmer, III, S. 391 ff; vgl. Burckhardt, Richelieu, II, S. 377; vgl. Roberts, Gustavus Adolphus, II, S. 772. **42** Ibidem, S. 391. **43** Leubelfings eigener Erlebnisbericht bei Droysen, G., Gedruckte Relationen über die Schlacht bei Lützen, 1932. **44** Amnéus, aaO., S. 12 ff. **45** Ibidem: Die Einstiche am erhaltenen Lederkoller (einst in Wien, heute in der »Livrustkammar« in Stockholm) sind gut zu erkennen. **46** Ibidem, S. 13. **47** Ibidem; vgl. Mann, Wallenstein, S. 885/86. **48** Amnéus, aaO., S. 13 ff. An dem Äußeren war GA kaum als König oder Feldherr zu erkennen, u. selbst der schöne Sattel, den »Streiff« trug, hat nur am Vorderteil eine Stickerei, die als eine Art Hoheitszeichen ausgeführt war – einen gotischen Löwen. **49** Amnéus, aaO., S. 13: Die Wunde wurde aller Wahrscheinlichkeit nach von einem sog. »pedarm« (épée d'armes), einem geraden u. spitzen Schwert beigebracht, S. 17. **50** Durch die Angaben von Casparus, GA's Wundarzt u. Apotheker, der auch die vorläufige Balsamierung vorgenommen hat, sind neun (9) Wunden sicher, Amnéus, aaO., S. 14 f. **51** Ibidem: Das Koller trägt aber davon keine sichtbaren Spuren. **52** Ibidem, S. 20. **53** Sveriges Krig, 6, S. 403. **54** Droysen, Bernhard von Weimar, II, S. 256. **55** Sveriges Krig, 6, S. 404; zu Brahe, in: SBL, I, S. 321 ff.; zu Piccolomini s. Elster, Piccolomini-Studien, 1911; vgl. Mann, Wallenstein, S. 891. **56** Seidler, Untersuchungen, S. 52 ff. **57** Nach Holks Bericht, in: HB, 1879, S. 137 ff. **58** Mann, Wallenstein, S. 883. **59** Amnéus, aaO., S. 12. **60** Zum aufkommenden Pelikan-Kult in dieser Zeit s. Kylander, Oratio de pelicano, 1633; vgl. Friberg, Den svenske Herkules, Studier i Stiernhielms diktning, in: VHAAH, 61, 1950, S. 43 ff.; s. a. Rudbeckius, P., Insignis Adolescentia, 1624: Eine Gedichtsammlung auch zu Lehrzwecken nach Manlius, Locorum communium collectanea, 1566, S. 415 (»Hoc pinxit Rex, et ascripsit symbolum: Pro lege et grege«). Es heißt bei R. »König Alfons hatte ein Symbol/ Das ließ er malen an Orten wohl/ Wie ein Pelikan die Brust sich hackt/ Seinen Jungen zu Leben und Trost gedacht. . ./ Über dies Bild ließ er schreiben/ Pro lege et pro grege will ich mich entleiben« (eig. Übers.), s. o. S. 50 f. **61** Piccolomini hatte es erbeutet und schickte es nach Wien, Amnéus, aaO., S. 17 ff.; vgl. Förster, Briefe, II, S. 307; vgl. Mann, Wallenstein, S. 893. **62** Seidler, Das Prager Blutgericht 1633, 1937. **63** Mann, Wallenstein, S. 890: Kritisiert jene, »die an das Phantom ihres Sieges glauben«. Von der Kriegskunst her war nicht das Übernachten auf dem Schlachtfeld entscheidend, s. u. S. 620. **64** Jedin, Die Relation Ottavio Piccolominis über Wallensteins Schuld und Ende, in: ZVGS, LXV, 1931; vgl. Mann, Wallenstein, S. 1147 f. **65** Hildebrand, E., Wallenstein und seine Verbindungen mit Schweden. Aktenstücke aus dem

Schwedischen Reichsarchiv zu Stockholm, 1885; s. a. Irmer, III, S. 394 ff. Zu dieser schwierigen Frage demnächst Barudio, Axel Oxenstierna. **66** Zit. n. Mann, Wallenstein, S. 1177: »Solange er tapfer für Gott, für die Kirche, für den Kaiser, für das Vaterland gekämpft und gesiegt hat.«

## Geringe Mittel – große Macht:

**1** Fest, Hitler. Eine Biographie, 1974 (7. Aufl.) (1973), S. 25. **2** Gall, Bismarck. Der weiße Revolutionär, 1980 (3. Aufl.), S. 17. **3** Meier, Caesar, 1982, S. 28. **4** Königin Christina, in: Arckenholtz, Merkwürdigkeiten z. Gesch. der Königin Christina, II, 1752, S. 85 (»Nebenstunden«). In diesen Aphorismen, die sich mit denen eines La Rochefoucauld messen können, verteidigt sie Caesar (S. 84), spricht dort auch vom »unredlichen Aristoteles« und meint: »Alexander war, seiner Fehler ungeachtet, dennoch der größte Mann« (S. 110), sowie »Friedlands Gedanken vom Kriegen zeigten, daß er ein großer Mann war« (S. 114). Ihren Vater hätte sie höher geschätzt als Alexander u. Caesar, wäre er nicht der ›König der Ketzer‹ gewesen. Ganz in seinem Geist gibt sie zu: »Man muß sich nicht einbilden, daß große Leute keine Fehler haben. Der einzige Vorteil, den sie vor dem Pöbel haben, ist, daß sie selbige erkennen« (S. 101), s. o. S. 35. **5** Machiavelli, Discorsi, S. 46. **6** Sie wurde im Geiste des Lundenser Weibull-Positivismus vollkommen mißverstanden, geradezu als Betrugswerk AO's an GA aufgefaßt s. Nilsson, 1634 års regeringsform, ders., Axel Oxenstierna och regeringsformen 1634, beide Arbeiten in: Scandia 1937: N. hat auf einer dürftigen Quellenbasis eine »antimonarchische Tendenz« in dieser Verfassung ausgemacht, die jedoch nicht vorhanden ist; vgl. Ahnlund, En misslyckad omvärdering, in: Sv.D. 12. Mai 1937, s. a. in: HTs, 1937, S. 179 ff.; vgl. Barudio, Das Wohlproportionierte Regiment, passim. **7** Allein die Tatsache, daß Schweden mit der schweren Niederlage von Nördlingen 1634 fertig wurde und den weiteren Krieg trug bis zum WF von 1648, müßte doch für sich sprechen; vgl. Ahnlund, Königin Christine von Schweden u. Reichskanzler Axel Oxenstierna, in: HJb, 1955. **8** Clausewitz, Strategische Beleuchtung, S. 87. **9** Ahnlund, Axel Oxenstierna, 1940, S. 339 ff. **10** SRP, 1632, S. 242. **11** AOSB, II: 7:1, S. 111 ff. **12** AOSB, I:7, S. 641 ff. (14. Nov. 1632). **13** SRP, 1632, S. 245 (Meinung »eines Teiles der wohlgeborenen Herren«). **14** Ibidem, S. 244. **15** de Boer, Die Friedensverhandl. zwischen Spanien u. den Niederlanden 1631/32 , 1898. **16** Zu diesen Plänen GA's s. AOSB, II:1, S. 802 ff.: GA erwartet gar von AO, daß er ein entsprech. »Manifest« zur Freibeuterei verfasse und sich dabei auf »die Königin Elisabeth in England und andere Potentaten« berufe, S. 803 (Die Angaben »812« und »750« im Register dieses Bandes sind unrichtig); SRP, 1632, S. 246 ff.; vgl. Malo, Les corsaires dunkerquoises, I, 1913. Die Freibeuterei galt als das ›geringere Übel‹ gegenüber einem ›offenen Krieg‹, s. Gabriel G. Oxenstierna, in: SRP, 1632, S. 246, sie muß als Sonderform des »kleinen Krieges« betrachtet werden; vgl. Kunisch, Der kleine Krieg. Studien zum Heerwesen des Absolutismus, 1973 (problematisch). **17** SRP, 1632, S. 249. **18** Ibidem, S. 251. **19** AOSB, I:7, S. 649 (14. Nov. 1632). **20** SRP, 1632, S. 251. **21** AOSB, I:7, S. 641 (14. Nov. 1632).

# Literaturhinweise

*Abel*, G., Stoizismus und Frühe Neuzeit, 1978.
*Almquist*, J.E., Domsagor och häradshövdingar i Stockholms och Uppsala län, in: PHT, 1946.
ders., Herrgårdarna i Sverige under Reformationstiden (1523-1611), 1960.
*Altmann*, H., Die Reichspolitik Maximilians I. von Bayern, 1616-18, in: Briefe und Akten zur Geschichte des 30jährigen Krieges, 1978.
*Baethgen*, F., Der Engelspapst. Idee und Erscheinung, 1943.
*Barkman/Lundkvist*, S., Kungliga Svea Livgardes historia, III:1, (1611-1632), 1963.
*Barwick*, K., Probleme der stoischen Sprachlehre und Rhetorik, 1957.
*Binz*, G., Literarische Kriegsbeute aus Mainz in schwedischen Bibliotheken, in: Mainzer Zeitschrift, 12/13, 1917/18.
*Bloch*, F., Die Entwicklung des königlichen Heimfallsrechtes im böhmisch-mährischen Landrecht, in: Prager Studien aus dem Gebiete der Geschichtswissenschaft, 14, 1909.
*Bloch*, G., Les origines du Senat Romain. Recherches sur la formation et la dissolution du Senat Patricien, 1885.
*Boëthius*, B., Till Gustav II Adolfs Minne, in: HTs, 1932.
*Bracher*, U., Gustav Adolf von Schweden. Eine historische Biographie, 1971.
*Brandenburg*, E., Martin Luthers Anschauung vom Staate und der Gesellschaft, 1901.
*Brandt*, O., Der Freiheitskampf Schwedens unter Gustaf Wasa, 1931.
*Brandt*, R., Eigentumstheorien von Grotius bis Kant, 1974.
*Brück*, A.Ph., Schwedische »Donationen« aus Kurmainzischem Besitz, in: Hessisches Jahrbuch für Landesgeschichte, 7, 1957.
*Chowaniec*, C., Poglady polityczne rokoszan 1606-1607 wobec doktryn monarchomachów francuskich, in: Reformacja w Polsce, 1924.
*Chroust*, A.H., Hugo Grotius and the Scholastic Natural Law Tradition, in: The New Scholasticum, 1943.
*Dahlgren*, E.W. (hrsg.), Louis de Geers Brev och Affärshandlingar 1614-1652, in: HH, 29, 1934.
*Dähnert*, J.C., Sammlung gemeiner und besonderer Pommerscher und Rügischer Lands-Urkunden, Gesetze, Privilegien, Verträge, Constitutionen und Ordnungen, 1-3, 1765-1769.
*Doeberl*, M., Das Kaiserprojekt und die letzten Absichten Gustav Adolfs von Schweden nach bayerischer Auffassung, in: Forschungen zur Geschichte Bayerns, 15, 1907.
*Donnert*, E., Das Moskauer Rußland. Kultur und Geistesleben im 15. und 16. Jhd., 1976.
*Dreitzel*, H., Protestantischer Aristotelismus und absoluter Staat. Die »Politica« des Henning Arnisaeus (ca. 1585-1636), 1970.
*Duchardt*, H., Der Kampf um die Parität im Kammerrichteramt zwischen Augsburger Religionsfrieden und 30jährigem Krieg, in: ARG, 1978.
*Ebner*, H., Das freie Eigentum. Ein Beitrag zur Verfassungsgeschichte des Mittelalters, 1969.

*Edén*, N., Gustaf Adolfs riksdagsordning, Profföreläsning, 1902.

*Egelhaaf*, G., Gustav Adolf in Deutschland. 1630-1632, 1901.

*Eichberg*, H., Geometrie als barocke Verhaltensnorm, in: Zeitschrift für historische Forschung, 1, 1977.

*Ekholm*, G., Ur Tacitusforskningens Annaler. Spillsäd från ett forskningsområde, in: Lychnos, 1937.

*Ekman*, E., Three decades of research on Gustavus Adolphus, in: Journal of Modern History, 1966.

*Ernby*, E., Adeln och bondejorden. En studie rörande skattefrälset i Oppunda härad under 1600-talet, 1975.

*Eschenburg*, R., Der ökonomische Ansatz zu einer Theorie der Verfassung, 1977.

*Evans*, R.J.W., The Making of the Habsburg monarchy, 1550-1700, 1979.

*Fabian*, E., Die Entstehung des Schmalkaldischen Bundes und seiner Verfassung 1529-1531/32, 1962.

*Fleischer*, M., The Institutionalization of Humanism in Protestant Silesia, in: ARG, 1975.

*Fuller*, J.C.F., L'influence de l'armement sur l'histoire, 1948.

*Gindely*, A., Waldstein während seines ersten Generalats im Lichte der gleichzeitigen Quellen 1625-1630, 1886 (Nachdruck 1972).

*Glamann*, K., Dutch-Asiatic trade 1620-1740, 1958.

*Goetze*, S., Die Politik des schwedischen Reichskanzlers Axel Oxenstierna gegenüber Kaiser und Reich, in: Beiträge zur Sozial- und Wirtschaftsgeschichte, 3, 1971.

*Goll*, J., Die französische Heirat, 1876.

*Groh*, D., Rußland und das Selbstverständnis Europas, 1961.

*Gross*, L., Die Geschichte der deutschen Reichshofkanzlei von 1559 bis 1806, 1933.

*Hägerström*, A., Recht, Pflicht und bindende Kraft des Vertrages. Nach römischer und naturrechtlicher Anschauung, in: Skrifter: HVSU, 44:3, 1965.

*Hahlweg*, W. (hrsg.), Die Heeresreform der Oranier. Das Kriegsbuch des Grafen Johann von Nassau-Siegen, in: Veröffentlichungen der Historischen Kommission für Naussau 20, 1973.

*Hahr*, A., Drottning Katarina Jagellonica och Vasarenässansen, in: Skrifter: HVSU, 34, 1940-42.

*Hallwich*, H., Wallenstein und die Sachsen in Böhmen 1631-1632, in: Forschungen zur deutschen Geschichte, 21, 1881.

*Hassinger*, E., Das Werden des neuzeitlichen Europa 1300-1600, 1959.

*Hergsell*, G., Die Fechtkunst im 15. und 16. Jhd., 1896.

*Hermesdorf*, B.H.D., Erasmus en de juristen van zijn tidjd, in: Tijdschrift voor Rechtsgeschiedenis, 1937.

*Heurgren*, P.G., Svensk Militärpost i krig och fred från 1600-talet fram till andra världskriget, 1961.

*Hildebrand*, E., Den svenska diplomatiens organisation i Tyskland under 1600-talet, in: HTs, 1884.

*Hofer*, E., Die Beziehungen Mecklenburgs zu Kaiser und Reich (1620-1683), 1956.

*Holl*, K., Luther und die mittelalterliche Zunftverfassung, 1928.

*Holm*, F., Sveriges allmänna postväsen. 1620-1718, 1936.

*Honecker*, M., Cura religionis magistratus christiani. Studien zum Kirchenrecht im Luthertum des 17. Jhds, 1968.

*Holmquist*, Hj., Svenska kyrkan under Gustav II Adolf 1611-1632, in: Svenska kyrkans historia, IV:1, 1936.

ders., Forschungen zur Kirchengeschichte Schwedens in der Wasazeit (1523-1654). Sammelbericht über die Epoche, in: ARG, 1939.

*Hroch*, M., Valdštejnova politika v severnim Nemecku v letech 1629-1630, in: Sbornik Historicky, 1957.

ders., The Thirty Years War, 1971.
*Hroch/Polišensky*, J., Svedska Politika a česke stavovske povstáni 1618-1620, in: Sbornik Historicky, 1959.
*Huesbe Llanos*, M.A., Henning Arnisaeus. Untersuchungen zum Einfluß der Schule von Salamanca auf das lutherische Staatsdenken im 17. Jhd., 1965.
*Huizinga*, J., Erasmus, 1936.
*Huschke* W., Herzog Wilhelm von Weimar als Statthalter Gustaf Adolfs in Thüringen und schwedischer Generalleutnant 1631-1635, 1936.
*Imhof*, A., Christian III. von Dänemark, Landgraf Philipp von Hessen und Gustav Wasa. Bemühungen um ein Bündnis zwischen den drei evangelischen Staaten 1537 bis 1544 und die Hintergründe ihres Scheiterns, in: ARG, 1971.
*Immekeppel*, H., Das Herzogtum Preußen von 1603 bis 1618, in: Studien zur Geschichte Preußens, 24, 1975.
*Irmer*, G., Hans Georg von Arnim. Lebensbild eines protestantischen Feldherrn und Staatsmannes aus der Zeit des Dreißigjährigen Krieges, 1894.
*Jeannin*, P., L'Europe du Nord-Quest et du Nord aux XVIIe et XVIIIe siècles, 1969.
*Kahlenberg*, F.P., Die Festungskommandanten von Mainz im 17. Jhd., in: Mitteilungsblätter der rheinhessischen Landeskunde, 11, 1962.
*Kann*, R.A., A History of the Habsburg Empire 1526-1918, 1974.
*Karttunen*, L., Antonio Possevino. Un diplomate pontifical au XVIe siècle, 1908.
*Katsch*, F., Die Entstehung und der wahre Endzweck der Freimaurerei, 1897.
*Kirchner*, G., Fortuna in Dichtung und Emblematik des Barock, 1970.
*Klerk de Reus*, G.C., Geschichtlicher Überblick der administrativen, rechtlichen und finanziellen Entwicklung der niederländisch-ostindischen Kompagnie, 1894.
*Kjöllerström*, S., Über die Frage der »successio apostolica« in der schwedischen Kirche, in: ARG 1939.
*Kjöllerström*, S., Striden om 1571 års kyrkoordning under 1600-talet, in: STK, 16, 1940.
*Koneczyn*, F., Jan III Waza i missya Possewina, 1901.
*Layer*, M., Principien des Enteignungsrechtes, 1902.
*Leitsch*, W., Sultan Ahmed I. und Michael Romanov im Jahre 1614, in: Jahrbücher für die Geschichte Osteuropas, 4, 1956.
*Leman*, A., Urbain VIII et la rivalité de la France et de la maison d'Autriche de 1631 à 1635, 1920.
*Lenk*, T., Svenska flaggan, in: Svenska Turistföreningens tidning, 1941.
*Liljedahl*, R., Svensk förvaltning i Livland 1617-1634, 1933.
*Lindblom*, J.A., Legatio Johannis Skytte senioris in Dania, 1786.
*Ljungberg*, H., Den nordiska religionen och kristendomen. Studier över det nordiska religionsskiftet under vikingatiden, 1938.
*Lundin*, H., Johannes Baazius' kyrkliga reformprogram, 1944.
*Lundkvist*, S. Gustav Vasa och Europa. Svenska handels- och utrikespolitik 1534-1557, 1960.
*Margolin*, J.C., La Religion d'Erasme et l'Allemagne des Lumières, in: ARG, 1981.
*Markov*, W., Wollte Gustav Adolf deutscher Kaiser werden?, in: Allgemeine Evangelisch-Lutherische Kirchenzeitung, 65, 1932.
*Maurer*, W., Das Verhältnis des Staates zur Kirche nach humanistischer Anschauung vornehmlich bei Erasmus, 1930.
*Meienberger*, P., Johann Rudolf Schmid zum Schwarzenhorn als kaiserlicher Resident in Konstantinopel in den Jahren 1629-1643, in: Geist und Werk der Zeiten. Arbeiten aus dem Historischen Seminar der Universität Zürich, 37, 1973.
*Messow*, H.Chr., Die Hansestädte 1627-28, 1952.
*Michelsen*, A., Der ehemalige Oberhof zu Lübeck und seine Rechtssprüche, 1839 (Neudruck 1969).
*Müller*, H.H., Barockforschung: Ideologie und Methode. Ein Kapitel deutscher Wissenschaftsgeschichte. 1870-1930, 1973.

*Neuhaus*, H., Reichstag und Supplikationsausschuß 1521-1594, 1977.
*Oestreich* G., Der römische Stoizismus und die oranische Heeresreform, in: HZ, 1953.
*Oppermann*, C.J.A., The English Missionaries in Sweden and Finland, 1937.
*Paul*, J., Die Ziele der Stralsunder Politik im Dreißigjährigen Krieg, in: Festschrift für Erich Brandenburg, 1928.
ders., Gustaf Adolf, I-III, 1932.
*Pekař*, J., Wallenstein 1630–1634, I–II. 1937.
*Perandi*, A., Das ordentliche Verfahren in bürgerlichen Streitsachen vor dem estländischen Oberlandgericht zur schwedischen Zeit, 1938.
*Pitz*, E., Geschichtliche Strukturen, Betrachtungen zur angeblichen Grundlagenkrise der Geschichtswissenschaft, in: HZ 1964.
*Plaschka*, R., Das böhmische Staatsrecht in tschechischer Sicht, in: ZOf, 8, 1959.
*Pleijel*, H., Symboliken såsom teologisk forskningsgren. En historisk överblick, in: STK, 13, 1937.
*Polišensky*, J., Zur Problematik des Dreißigjährigen Krieges und der Wallensteinfrage. Aus 500 Jahren deutsch-tschechoslowakischer Geschichte, 1958.
*Pufendorf*, S., Die Verfassung des deutschen Reiches, dt. 1976.
*Raphael*, D.D., Justice and liberty. Proceedings of the Aristotelian Society, 1951.
*Reuleaux*, O., Die geschichtliche Entwicklung des Befestigungswesens vom Aufkommen der Pulvergeschütze bis zur Neuzeit, 1912.
*Riezler*, S. von, Geschichte Baierns, V, (1597-1651), 1903.
*Ritter*, M., Deutsche Geschichte im Zeitalter der Gegenreformation und des Dreißigjährigen Krieges, 1908.
*Roberts*, M., Essays in Swedish History, 1967.
ders., Sweden as a great power 1611–1697, 1968 (Dokumentenband).
ders., Gustavus Adolphus and the rise of Sweden, 1973.
*Roosbroeck*, R. van, Wilhelm von Oranien, der Rebell, 1959.
*Rosenberg*, R. von, Soldatenwerbung und militärisches Durchzugsrecht im Zeitalter des Absolutismus, 1973.
*Rudolf*, H.U., Der Dreißigjährige Krieg, in: Wege der Forschung, 1977.
*Rudolph*, H., Einige Gesichtspunkte zum Thema »Paracelsus und Luther«, in: ARG, 1981.
*Schieche*, E., Josef Pekař und die Wallensteinforschung, in: Zeitschrift des Vereins für die Geschichte Schlesiens, 72, 1938.
*Schmertosch*, R. von, Die böhmischen Exulanten unter der Kursächsischen Regierung in Dresden, in: Neues Archiv für sächsische Geschichte und Altertumskunde, 22, 1902.
*Schulze*, W., Landesdefension und Staatsbildung. Studien zum Kriegswesen des innerösterreichischen Territorialstaates (1564-1619), in: Veröffentlichungen der Kommission für Neuere Geschichte Österreichs, 60, 1973.
*Spliet*, H., Die Schwarzhäupter in ihrem Verhältnis zur deutschen kolonialen Ständegeschichte in Livland, in: ZOf, 3, 1954 (Forschungsbericht).
*Srbik*, H. von, Wallensteins Ende. Ursachen, Verlauf und Folgen der Katastrophe, 1952.
*Steckzén*, B., Till frågan om krigskollegii uppkomst, in: HTs, 1931.
*Stieve*, F., Der Ursprung des Dreißigjährigen Krieges, 1607-1619, 1875.
*Straub*, J., Imperium et libertas. Eine Tacitus-Reminiszenz im politischen Programm Disraelis, in: Festgabe für Max Braubach, 1964.
*Sturmberger*, H., Aufstand in Böhmen, der Beginn des Dreißigjährigen Krieges, 1959.
Beginn des Dreißigjährigen Krieges, 1959.
*Svennung*, J., Scandinavia und Scandia, 1963.
ders., Jordanes und Scandia, 1967.
ders., Skandinavien bei Plinius und Ptolemaios, 1974.
*Svensson*, S., Kristian den andres planer på en arktis expedition och deras forutsättningar. Ett bidrag till de geografiska upptäckternas ideologi, in: LUÅ, 54:5, 1960.
*Szarota*, E.M., Die gelehrte Welt des 17. Jhds. über Polen, 1972.

*Tarkiainen,* K., Studier i Rossica externa, in: Lychnos, 1969.
ders., Den svenska synen på den grekisk-ortodoxa religionen i början på1600-talet, in: KÅ, 1971.
*Taube,* A. von Von ständischer Libertät zu nationaler Selbstbehauptung, in: ZOf, 6, 1957 (Forschungsbericht).
*Thadden,* R. v., Die brandenburgisch-preußischen Hofprediger im 17. und 18. Jhd. Ein Beitrag zur Geschichte der absolutistischen Staatsgesellschaft in Brandenburg-Preußen, 1959.
*Themel,* K., Dokumente von der Entstehung der Konkordienformel, in: ARG, 1973.
*Thuau,* E., Raison d'État et pensée politique à l'époque de Richelieu, 1966.
*Toman,* H., Das Böhmische Staatsrecht und die Entwicklung der österreichischen Reichsidee vom Jahre 1527-1848, 1872.
ders., Schicksale des Böhmischen Staatsrechts in den Jahren 1620-1627, 1870.
*Tracy,* J., Erasmus. The growth of a mind, 1972.
*Uhsemann,* E., Stralsunds Sieg über Wallenstein, 1928.
*Vahl,* H., Calvinismus und Demokratie im Spiegel der Forschung, in: ARG, 1975.
*Vierhaus,* R. (hrsg.), Der Adel vor der Revolution. Zur sozialen und politischen Funktion des Adels im vorrevolutionären Europa, 1971.
*Waaranen,* J.E., Handlingar upplysande Finlands historia under Karl IX:s tid, 1866.
*Westphal,* O., Gustav Adolf und die Grundlagen der schwedischen Macht, 1932.
*Weydt,* G., Der Simplicissimusdichter und sein Werk, 1969.
*Willers,* U., Greve Gustaf Gustafssons av Vasaborg mor och dråpet på Peder Galle, in: HTs, 1946.
*Wittich,* K., Zur Würdigung Hans Georg von Arnims, in: Neues Archiv für Sächsische Geschichte, 22, 1902.
*Wittmann,* T., Das Goldene Zeitalter der Niederlande, 1975.
*Wittrock,* G., Krigskollegii historia, 1630-1697, I, 1930.
ders., Gustav Adolf, dt. 1936.
*Zalęski,* S., Jezuici w Polsce, I, 1900.

# Namen- und Sachregister

Ihrer Häufigkeit wegen wurden »Gustav Adolf« und »Schweden« nicht eigens aufgenommen. Die Begriffe »König« und »Krone« tragen sie jedoch mit. Aus Platzgründen konnten nur die wichtigsten Hinweise berücksichtigt werden. Die Abkürzung (F) bedeutet (Frieden).


Aachen 197, 295
Abdankung 288, 378, 464
Abendland 51, 73, 92, 405, 522
Aberglaube 74, 269, 272
Abrüstung 408, 436
Absetzung 22, 126, 300
absolutes Direktorium 477, 495, 499, 502
absolutes Dominat 14, 201, 203, 205, 296, 312, 315, 355, 362, 364, 391, 403, 518, 595
Absolutismus 40, 42 f., 45, 51, 76, 90, 112, 152, 201, 208, 332, 355, 382, 409, 456, 495, 553, 560, 599, 621
Adel 13, 16, 20, 25, 27, 46, 49, 57, 64 f., 71, 80, 88, 90–93, 97, 111 ff., 122–129, 134, 136 f., 142, 144, 146, 168 f., 172, 175, 177, 188 f., 232, 237, 251 f., 256, 273, 280 f., 285, 294, 300, 302, 307, 314, 317 f., 320 f., 323 f., 335, 341, 363, 379, 421–424, 429, 450, 559, 574, 587
Adelsaufgebot 65, 109, 126, 307, 344
Adelsbauern 126, 211, 273, 340
Adelskapitalismus 126
Adelskönig 117, 124, 253, 307, 319, 500, 600
Adelsnation 128, 426, 576
Adelsparlament 319 f.
Adelsprivilegien 111, 124 f., 319, 354, 588
Adelsrepublik (s. Polen)
Administration (s. Regierungswesen)
Admiral (s. Reichs-Admiral)
Adolf Carlsson, Pseudonym Gustav Adolfs 214
Aegidius de Colonna 76, 247, 277
Ägypten 94
Älvsborg 95, 103 f., 156, 164, 172, 186, 188, 226, 410, 430, 439
Ämterwesen 137, 143, 205, 233, 236, 256, 322
Afrika 47, 369, 405
Akzidens 15, 34, 110, 114, 145, 261, 276, 296, 298, 345, 366, 493, 515, 528, 532, 534, 597, 608
Alarik 30, 32 f.
(Herzog) Alba 202
Albrecht v. Mecklenburg 215
Aldringen 598, 600, 605
Alexander der Große 15, 70, 79, 105, 308, 318, 508, 545
Alfons v. Aragonien 49, 616
Allianz 290, 315, 374, 383, 387, 393, 405, 408, 412 f., 447, 449, 451–454, 472 f., 475, 493, 497–500, 502, 518, 587
Allmogen (s. Bauern)
Alsnö-Statut 126
Altertum (s. Antike)
Altes Testament 12, 30, 33, 70, 118, 159, 243, 245, 286, 325, 368 f., 471
Alteuropa 39, 49, 50, 56, 68, 70
Altheim 173
Althusius 248
Altmark (F) 370, 383, 454, 461, 521, 527, 575 f., 581
Amsterdam 433
Anabaptismus 110
Angermannus, Abraham 80, 324
(Kurfürstin) Anna 212, 217, 219 f., 224
Anna v. Österreich 427

Annweiler 195
Ansbach 587
(Kurfürst) Anselm Casimir 541, 551
Anstruther, Robert 356
Antichrist (s. Papismus) 522 f.
Antike 73, 78, 245, 341
Appellation 144 f., 170, 292, 599
Arabien 94, 405
Aragonien 617
Arboga 98 f.
Archangelsk 176, 439
Aristokratie (s. Adel)
Aristoteles 46, 49, 70 f., 79, 105, 236, 239–242, 248, 349, 369, 535
Arithmetik 70, 72, 248
Arkanpolitik 201, 427
Armee 42, 375, 387, 409, 417, 430, 434, 436 f., 447, 482, 498, 585, 590, 604
Arndt 278
(General) Arnim 176, 217, 359, 364, 532, 583, 600
Arnstadt 518, 593 f., 596, 598
Arte et Marte 128, 192, 257, 320
Artillerie 346, 436, 508, 601, 610
Aschaffenburg 193
Asien 175, 369, 523
Aufklärung 124, 242, 289
Aufrüstung 372, 381, 416, 447, 465, 534
Aufstände 43, 86, 202, 205, 275, 430
Augsburg 196, 295, 526, 542, 547, 564 f.
Augsburgische Confession 20, 49, 52, 110, 239, 324, 365, 397, 441, 547, 558, 565, 594
Aushebung 65, 221, 343, 350, 387, 417, 483
Außenring 47, 58, 174, 201, 206, 208, 230 f., 266, 299, 317, 381, 387 ff., 415, 473, 523 f., 527, 539
Autarkie 74, 127, 320
Autonomie 121, 127, 170, 197, 215, 247, 251, 292, 312, 322, 346, 363, 560, 600
Autorität 22, 52, 94, 132, 148, 181, 287 f., 424, 427, 486, 490, 619
Averroes 73, 151, 266
Åbo (Turku) 544
Åland 89

Bacon, Francis 457
Baden 196, 217
Baden-Baden 196
Bärwalde 469 f., 475, 477, 479, 482, 486, 516, 521, 525, 539
Balance (s. Gleichgewicht)
Baldus de Ubaldus 122
Baltisches Meer 27, 130, 175, 178, 190, 198, 250, 272, 275 f., 318, 344, 352, 355, 360 f., 366, 372, 375, 383, 387 ff., 396, 402, 410, 417, 422, 439, 443, 451, 463, 465, 524, 540
Baltische Vormauer 45, 98, 115, 132, 250, 252, 256, 315, 387, 422, 460, 580
Banér, Axel 195 f.
Banér, Carl 409, 478
Banér, Gustav 62, 511
Banér, Per 80, 621
(Diplomat) Baron 388, 435
Barrientos 16, 290
Bastas, Georg 349
Baudissin590 f.
Bauern(stand) 20, 45, 95 f., 113, 123, 136, 140, 143 f., 168 f., 172, 175, 179, 211, 240, 251, 272 f., 278, 281, 284, 294, 302, 339 f., 342 f., 417 f., 423, 426, 434, 543
Bauernarmee 339
Bauernbefreiung 251
Bauernkönig 97
Bayern 208, 355 f., 369, 407, 438, 476, 525, 533, 564, 591
Befreiung 368, 437, 447, 467, 499, 521 f., 565, 570
Belli finis pax est 332, 448, 492
bellum justum (s. Krieg)
Benfeld 590
Berenhorst 350
Bergbau 127, 137
Bergpredigt 241, 333, 402
Berik 26 ff., 30, 32 f., 304
Beriksgata 297, 306, 309
Berlin 10, 197, 212 f., 216 f., 219, 316, 358, 384, 452, 466
Bernhard v. Weimar 557, 569, 586, 588, 609, 615, 620
Bergslagen 303
Bethlen Gabor 203 f., 208, 317, 374, 381, 438
bewaffnete Neutralität 388
Bewilligung 205, 273, 375, 403, 496, 502
Bielke, Hogenskild 103
Bielke, Nils 107, 116
Bielke, Sten 493, 581
Bielke, Ture 61 f.
Bienengleichnis 351, 428
Billigkeit 288, 470
Birckholtz 212
Bismarck 10, 379
Blekinge 75
blinder Gehorsam 14, 231, 333, 344, 456
Blutbad 13, 44, 56, 69, 97, 189, 332, 489, 552
Bodensee 588 f.
Bodin, Jean 66, 184
Böhmen 198, 200–203, 205–209, 214, 219, 221, 224, 229–232, 290, 292, 295, 297, 349, 355 f., 358, 360, 391, 397, 444 f., 450, 521, 576, 583, 590 f., 599, 607, 620
Böhmischer Krieg 200, 214, 499
Böhmische Confession 203
Bogislav v. Pommern 214, 447, 455 f.
Bologna 237

Boris Godunov 85
Bornholm 134, 214, 250, 272
Bothvidius, Johannes 269, 282
Brabant 349
Brahe, Abraham 33, 116, 297, 398
Brahe, Ebba 93, 151, 153 f., 156 f., 160, 170, 198
Brahe, Magnus 80, 93, 116, 148
Brahe, Nils 545, 609, 615
Brahe, Per 308, 537, 622
Brahe, Tycho 72
Brandenburg 212 f., 220, 358, 382, 397, 412, 449, 451 f., 497, 500 f., 504, 515 f., 555, 558, 581
Brandenburgische Heirat 558
Braunau (Böhmen) 203
Braunsberg 318
Braunschweig 191, 312, 598
Brederode 164 f.
Breitenfeld 11, 502 ff., 507, 510 ff., 514, 518, 520 f., 526 f., 536, 542
Bremen 187, 190 f., 197, 207 ff., 295, 401, 438
Brueghel, Pieter 163
Bruno, Giordano 62
Buchkünste 79, 237, 563
Bureus, Johannes 64, 73–76, 78, 112, 158, 246, 268 ff., 287, 309, 314,325,352,369,411
Bürgerkrieg 14 f., 43, 48, 52, 55 f., 74, 86, 93, 122, 130, 141, 165, 171, 203, 210, 237 f., 251, 311, 313, 370, 457, 563, 565
Bürger(tum) 20, 87, 113, 123, 143, 168, 172, 251, 294, 365, 428, 565 f., 592
Burgos 29
Burgund 536
Buttstadt 597
Byzanz (s. Konstantinopel) 40
Cabeliau, Abraham 160, 431, 476
Cabeliau, Margareta 160, 163, 211
Caesar 87, 94, 203, 618
Calderon 309
Calvinismus 52, 78, 110, 151, 158, 204, 208, 212 f., 317, 358, 382, 397, 411, 428, 476, 497, 502, 555, 583, 591, 594
Camerarius, Ludwig 317, 376
Cannae-Syndrom 511, 514
Carl Filip 77, 89, 102, 104, 117, 130, 144, 167, 170, 184, 186 f., 189, 191, 193–199, 221, 230, 247, 255, 257, 269, 270, 273, 286, 311, 314
Casa de Austria (s. Haus Habsburg)
(Obrist) Castaldo 202
Catharina v. Brandenburg 317, 473
Catharina v. Sachsen-Lauenburg 38
Catharina Jagellonica 43 f.
Catharina Stenbock 144, 146, 154, 257
Catharina (Vasa) 30, 53, 116, 118, 152, 155, 195, 212, 217 f., 225, 558
Catholische Liga 187, 206, 208, 229, 290, 361, 397, 407, 411 f., 425, 437 f., 465, 476, 487, 489, 493 f., 498, 518, 528, 557, 563 f., 575, 607
Catholizismus (s. Papismus)
Causa Bohemica 205
causa justa (s. gerechte Sache)
Cervantes 305, 469
Champagne 437
Charisma 441 f., 515, 542, 568, 616
Charnacé, Hercule de 372, 382, 387, 405, 407–413, 469, 472 f., 475, 554
Chesnecopherus, Nils 171
Chemnitz, Martin 324
China 96
Christenheit 47, 74, 119 f., 164, 206, 213, 390, 395, 397, 428 f., 520, 524 f., 535, 543, 560, 562, 566, 576
Christian II. v. Dänemark 44, 57, 85, 180, 189
Christian III. 312
Christian IV. 94 f., 102, 130 f., 186 f., 189, 197, 206 f., 230, 254, 271, 275, 277, 289, 295–298, 301, 309, 315, 348, 355, 360, 362, 366, 375, 388, 390, 399, 401 f., 407, 409, 413, 430 f., 437, 444, 455, 621
Christian Wilhelm v. Brandenburg 438 f.
Christina (Alexandra) 326, 360, 378, 480, 558, 602, 619
Christina v. Holstein 53, 79 f., 89, 91, 104, 106 ff., 116, 118, 130, 144, 146, 153, 155, 158, 170 f., 181, 189, 198, 212, 221 f., 225, 308–311, 317, 562
Christina Oxenstierna 478, 480
Christina (Vasa) 257, 311
Christopher v. Baden-Durlach 567
Christopher v. Wittelsbach 39
Cicero 66, 73, 78
Classon, Jöran 88
Clausewitz 12, 332, 510, 619
Clementia 17, 149, 233, 351, 517, 550, 569
Coburg 591
Collalto 446
Colloredo 604
Comenius 110
Commercia (s. Handel und Wandel)
Commines 68
Compiègne 120
Concordienbuch 110
Condominat 390

Condominium 390
Condottiere 104, 446, 599
Confessio Augustana (s. Augsburgische Confession)
Consensus electoris 451
Consensus ordinum (s. Bewilligung)
Consilium et auxilium 124, 494, 534
Consilium formatum 204, 590, 593
Consistorium generale (s. Gerichtswesen)
Constitution (s. Verfassung)
Conti 438, 440, 442, 446 ff., 454
Conventstage 463, 475, 477, 487, 494 f., 504
Copernicus 247
Coporie 176
Corpus Evangelicorum 497
Courmenin 412, 554
Crimen laesae majestatis (s. Staatsverbrechen)
Cromwell 350, 377
cumulative Constitution 49, 109, 619
Cupido 160 f.
(Patriarch) Cyrillus 248

Dacke, Nils 60
Dänemark 14, 23, 45–48, 75 f., 85, 93 ff., 97, 107, 109, 114, 131 f., 135, 150, 164, 184 ff., 188 f., 204, 207, 212, 229 f., 250, 272 f., 277, 280, 289 f., 295, 298, 300, 307, 309, 315, 359, 361 f., 365, 371, 373–376, 381, 387–391, 393, 400, 402 f., 409, 411 f., 429, 436, 441, 444, 455, 466, 497, 528, 621
Dahn 196
Dalarna 142, 275, 281 f., 534
Dante 314
Danzig 134, 174, 197, 317 f., 370, 382 f., 414, 417, 431, 448, 461 f., 474
Darius 305
Darmstadt 193, 218
David (Rex) 282, 286, 334 f.
de Besche 172
de Boissize 150
de Geer, Louis 110, 172, 434
Dekalog 115, 141 f., 159, 161 f., 227, 242, 394, 451
de la Gardie, Jakob 130, 157, 255, 260, 338, 535 f., 538
de la Gardie, Pontus 48
de Medina, Francisco 187
den Haag 187, 208
demokratisches Prinzip 291, 296
Depossedierung (s. Enteignung)
Depotismus 291, 485, 495, 534
Descartes 151, 602
de Silva, Philippe 570
Despotismus 291, 366, 495, 620
Dessau 217
Dezentralisierung 562
Deulino 316
Deutsche Staatslehre 14, 106, 123
Diktatur 14 f., 141, 202, 296 f., 345, 351, 356, 391, 403, 407, 409, 519, 532, 595
Dinkelsbühl 587
Diplomatie 158, 249, 266, 271, 381, 384, 430, 435, 448 f., 469, 477, 493, 502, 518, 525
Dirschau 376, 416, 468, 607
Diversion 207, 224, 231, 316 f., 380, 384, 415, 431, 463, 505, 511, 523, 559, 576, 586, 590, 598, 601
Dohna, Hannibal v. 359, 417, 432, 435, 448
Dominikaner (Orden) 217, 516
Dominium absolutum 444, 539, 580
Dominium directum 42, 51
Dominium maris 131
Dominium Maris Baltici 45, 250, 272, 401, 414, 540, 561
Dominium totius orbis 530
Dominium utile 42, 52, 54
Donationsbriefe 42, 170 f., 173
Donau 533, 577, 593
Donauwörth 563
Doppelte Gerechtigkeit 73, 123, 330
Doppelte Moral 406
Doppelte Wahrheit 73, 330, 406
Dorpat 252, 300 f.
Drake, Francis 527
»Dreißigjähriger Krieg« 392, 419
Dreitagefieber 255
Dreiteilung (s. Trialismus)
Dresden 197, 230, 589
Drittes Rom 175
Drost (s. Reichs-Drost)
Dualismus 14, 111, 113, 122 f., 251, 379, 442
Duc de Levis 126
Düna 174, 327
Dünamünde 174
Dünkirchen 173, 621 f.
Dürer, Albrecht 197
Dynastie 41, 53, 111, 116 ff., 198, 352, 451

Ecclesia in republica 224
Eggenberg 259, 444
Ehe (s. Vertragswesen)
Eidbekräftigungsfahrt 82, 84, 92
Eide 44, 51, 53, 61, 82 f., 86, 90, 92 f., 96 f., 106, 109, 111, 113, 137, 164, 182, 239 f., 260, 278, 344, 354, 374, 398, 417,

419, 429, 443 f., 480, 506, 517, 537, 541, 546, 552, 566, 578
Eidgangsfahrt 82, 92
(Schweizer) Eidgenossenschaft 204, 206, 346, 397, 439, 477, 593
Eigennutz 283, 288, 293, 303, 355, 364, 379, 412, 484, 491, 565
Eigentum 17, 93, 125, 128, 201, 205, 234, 237, 247, 252, 258 f., 341, 353 f., 358, 383, 408, 455, 500, 573
Einkreisung 47, 208, 322, 381, 539, 552, 565
Elbe 358, 389, 461, 486 f., 497
Elbing 421, 431, 433, 445, 458, 460 f., 464, 466, 470, 489, 518, 526
Elisabeth I. v. England 527
Elisabeth Stuart (Böhmen) 151, 206, 602
Elsaß 195, 217 f., 590
Emphyteuse (s. Erblehen)
Empirismus 336
England (Groß-Britannien) 15, 48, 150, 164 f., 177, 204 f., 229, 266, 274, 290, 303, 315, 363, 374, 382, 384, 387, 389, 411, 435, 439, 441, 473, 497, 518, 528, 538
Enteignung 237, 324, 407, 444, 455, 518, 567, 599
Entmilitarisierung 408
Entschädigung (s. Satisfaktion) 333, 436, 510, 556
Ephoren 68, 86 f., 90, 308
Erasmus v. Rotterdam 64
Erbfeind 45 f., 94, 102, 118, 131, 150, 166, 169, 178, 212, 228, 298 f., 301, 315, 376, 381, 520
Erbfolge (s. Thronfolge) 49, 85, 92, 199, 453
Erbfürsten 109, 131, 158, 167, 170, 173, 180, 314, 361
Erbgesetze (s. Gesetz) 222
Erbkonflikte 191, 198
Erbkönig(tum) 38, 41–44, 48 f., 104 f., 109, 111, 181, 300
Erbländer 355, 439
(Habsburgische) Erbländer 358, 438, 445, 514 f., 531, 557, 585 f.
Erb-Legitimität 318
Erblehen 38, 41, 76, 85, 106, 277, 320, 357, 361
Erbprinzip 51, 109, 117, 202, 258
Erbrecht 41, 49, 76, 85, 161, 252, 260, 298, 315, 383, 520, 530, 576
Erbreich 20, 111, 580
Erbuntertanen 207
Erbvereinigung 38, 42, 51, 68, 101, 106, 109, 181, 360
Erbwahlkönige 258
Erbwesen 13, 29, 65, 149, 164, 201, 208, 247, 313
Erich v. Pommern 85
Erfurt 217, 516 f.
Erik XIV. v. Schweden 13, 22, 38, 42 f., 49, 56 f., 78, 85, 102, 124, 181, 313 f., 319, 340 f., 351
Eriksgata 47, 61, 82 f., 86 f., 92, 96, 99, 138, 185, 278
Eriksson, Peder 303, 305 ff., 309
Ernst v. Sachsen 186
Eroberung 385, 387, 391 f., 403, 422, 452, 576, 588
Eros 149, 151, 154, 157, 160 f., 185 f., 211, 613
Erster Punischer Krieg 78
Erziehung 64, 66, 76, 81, 129, 159, 172, 237 f., 248, 275, 288, 319, 336 347, 351, 393, 457, 548, 574, 619
Eskilstuna 91
Estland 174, 250
Ethik 39, 49, 66, 68, 70, 73, 97, 123, 147, 159, 162, 241 ff., 248, 287, 312, 339, 350, 386, 402, 442
Europa 12, 14, 27, 38, 73 f., 76, 99, 150, 175, 184, 193 f., 198, 200 f., 213, 238, 247 ff., 254 f., 295, 305, 307, 316, 318, 339, 345, 356, 360, 369, 371, 381, 394, 410, 420, 438, 497, 528 f., 539, 551 f., 562, 604, 623 f.
Evangelische (Stände) 196, 254, 304, 355, 368, 415, 455 f., 464 f., 474, 477, 494, 496, 514, 516, 518 f., 537, 555 f., 594, 596
Evangelische Religion (s. Protestantismus)
Ewiges Testament 369
ex jure gentium (s. Völkerrecht)

Faber 190
Falkenberg, Dietrich v. 190, 195, 311, 446, 451 f., 465
Falkenberg, Moritz v. 613, 616
Falun (Kupfergebiet) 137, 273, 303
Fama (Leumund) 29, 103, 166, 343, 362, 388, 399, 419, 466, 470, 515, 552, 608
Farensbach 174
Faustrecht 142, 210
Felonie (s. Lehnswesen)
Fenstersturz (Prag) 200, 607
(Kaiser) Ferdinand II. 203, 357, 375, 394, 425, 437 f., 444, 455, 465, 496, 584, 607, 624
Fernkampf 346, 348
Feudalnexus 50 f., 125, 136, 256
Feudalverträge 122, 358
Feudalwesen 14, 41, 70, 182, 208, 294, 323, 379, 474, 494, 556, 562, 566, 599
Feuerwaffen 346 ff.

Fichte 366, 620
Fides publica 114, 121, 133, 147, 166, 170 f., 178, 183, 198, 250, 261, 290, 334, 366, 461 f., 466, 483, 488, 490, 496, 515, 517, 538
(Patriarch) Filaret 316, 395, 520
Finnland 43, 89, 105, 135, 166, 176, 430, 433, 447, 486
Finspång 272
Fischart 291
Flandern 372
Fleming, Paul 154, 156
Flemming, Clas 78, 433
Flemming, Henrich 342
Flotte 42, 104, 211, 250, 252, 255, 266, 318, 339, 344, 357, 359 f., 374, 389, 396, 402, 408, 413, 424, 428, 430, 432 ff., 436, 439 f., 443, 466, 510, 527
Flottenpläne 362, 371, 540
Flugschriften 368
Föderativwesen 187, 293, 366, 562
Forbesius 78, 80, 158
Fortschrittsdenken 12, 40, 379
(Landschaft) Franken 197, 518, 570, 585, 589, 612
Frankfurt am Main 120, 192, 197, 203, 218, 295, 333, 541, 546, 551, 556 f., 568, 570, 584, 619, 624
Frankfurt/Oder 463–467
Frankreich 33, 48, 85, 95, 129, 148, 150, 196, 204, 207, 295, 303, 322, 363, 369, 381 f., 384, 387, 394 f., 397, 405, 407, 409, 412, 428, 437, 439, 469, 477, 494, 521, 525, 528, 535, 538, 552, 563 f., 569, 584, 596, 621
Franz Albrecht v. Sachsen-Lauenburg 592, 612 f.
Franz I. v. Frankreich 150
Französischer Krieg 391 f.
Freibeuterei 527, 621 f.
freier Wille 48, 57, 105, 184, 213, 343, 419, 447, 620
Freiheit(en) 14 f., 25, 34, 40 f., 50, 84, 87, 107, 109, 111, 119, 124, 126, 130, 173, 177, 187, 201 f., 224, 231, 240, 242, 244, 247, 267, 288, 304, 332, 334, 347, 354, 362, 365, 378, 392, 394, 403, 407, 411, 450, 458, 468, 492, 499, 519, 521, 563, 566 f., 595, 616, 619
Freiherrenstand 42, 319 f.
Freistaat 56
Freimärkte 172
Freundschaft 23, 34, 121, 147, 212, 215, 293, 359, 412, 454, 486, 523, 526, 534
Friaul 207, 369
Frieden 23, 35, 52, 108, 131, 133, 136, 158, 163, 165 f., 175 ff., 179, 193, 202, 204, 207, 226, 236, 252, 254, 283, 333, 351, 354, 360 f., 369, 375, 386, 391 f., 396 f., 409, 414, 420, 425, 448, 455, 468, 472, 476, 492, 513, 518, 523, 530, 532, 535 ff., 542, 554 f., 562, 565, 590
(Herzogtum) Friedland 356, 599
Friedrich II. v. Preußen 11, 344
Friedrich III. v. Dänemark 207, 295
Friedrich V. v. Böhmen 151, 193, 197, 203 ff., 207 ff., 213 f., 224, 231, 290, 411, 554, 569, 583, 591, 594
Friedrich Wilhelm v. Brandenburg 559 f.
Frijs, Christian 131, 186, 280
Führertum 345
Fünf hohe Ämter 23 f., 46, 85, 104, 107, 111, 133, 182, 335, 351, 428 f., 500
Fürstenrat 53, 92
Fürstenspiegel 247, 283, 427
Fürstentag 254
Fulda 218
Fundamentalgesetze 49, 203, 355, 367, 456, 518, 565

Gallas 600
Gallt, Peder 271, 273 f., 277, 279, 288, 290
Gartz 445, 447, 470
Gaugamela 508
Geburtsprinzip 64, 80, 117, 120, 122, 128, 258, 269, 320
Gegenreformation 52, 73, 238, 405, 419, 519
Gegenseitigkeit 20, 51, 84, 90, 106, 113, 120, 125, 136, 139, 144, 203, 241, 275, 313, 321, 333, 344, 364, 366, 402, 410, 427, 442, 454 f., 493 f., 498, 549
geharnischter Reichstag 122
gehegter Krieg (s. Krieg)
Geiseln 84, 90
Geistesadel 66
Geistesfreiheit 249
Gelnhausen 218
gemeine Beste 137 f., 227, 259, 265, 288, 345 f., 379, 484, 490
gemeiner Mann 86, 107, 284, 317, 425
Gemeinwesen 166, 168, 178, 193, 201, 205, 242, 245, 252, 259, 288, 295, 319, 325, 334, 364 f., 383, 390, 392, 457, 497, 534, 558, 574, 576 (s. Staat)
Generalamnestie 556
Generalstände 148
Generalstaaten (s. Niederlande)

Geometerwesen 259
Geometrie (s. Gerechtigkeit) 70 f., 101, 117, 124, 247, 307, 320, 322, 337, 340, 443, 600
Georg v. Hessen 554, 596
Georg Wilhelm v. Brandenburg 217, 220, 317, 358 f., 447, 449, 451 f., 502, 504, 558 f.
gerechter Gehorsam 84, 291, 344, 365, 423, 429, 546, 563
gerechte Sache 231, 236, 362, 365, 369, 377, 425, 436, 458, 492, 512, 539, 567, 604, 608, 617
Gerechtigkeit 11, 24, 26, 39, 50, 52, 58, 65 ff., 69–73, 80, 84, 90, 101, 111, 114, 133, 139, 144, 146 f., 156, 159, 163, 165, 173, 179, 182, 206, 227, 235, 242 f., 255, 259, 261, 264, 279, 281, 283, 287 f., 316, 320, 322, 333, 345, 353 f., 361, 364 f., 367, 406, 420, 435, 442, 448, 455 ff., 470 f., 478, 498, 499, 506, 545, 547, 556, 562 f., 566, 572, 583, 596, 600
Gerichtsbezirk (s. Härad) 88, 95, 417
Gerichtshof 144 f., 148
Gerichtsmonopol 142
Gerichtstag 91, 93, 145
Gerichtswesen 20, 42, 67 f., 72, 84, 87, 96, 103, 107, 112, 114, 122, 133, 141 f., 144 f., 147, 169, 173, 209, 233, 251, 279, 286, 292, 298, 325, 335, 344, 423, 430, 549
Gerichtszug 82
»germanisches Staatsrecht« 67
Geschichtswissenschaft (s. Historie)
Gesetz 24, 50, 84, 87, 90, 114, 144, 148, 178, 238, 241, 301, 331, 334 f., 556, 574, 618
Gesetzbücher 51
Gesetzgebung 51 f., 113
gesetzesgekrönter König (s. König-*tum*)
Gesetzeswächter 56, 68, 113, 287, 416, 537
Gewaltenteilung 494
Gewalthaufen 346, 506, 508
Gewerbe 172
Gewissensfreiheit 110, 261, 298, 402, 470, 555, 594, 616
Gideon 368, 441
Gleichgewicht 67, 72, 125, 295, 368, 390, 392, 395, 413, 471, 492, 495, 528, 533, 550, 556, 560, 600
Gleichheit 52, 72, 113, 204, 342, 456
Glückstadt 486
Gnesen 581
Gobierno espagnol 50
Godunov, Boris 175
Goethe 295
Gog und Magog 29, 75
Goldene Freiheit 383
Goldene Regel 241, 333, 402
Golius 248
Göllersdorf 531, 533
Göllersdorfer Generalat 532
Gollnow 458
Göteborg (Gotenburg) 95, 402, 527, 621 f.
Göta Hofgericht 93
Goten (Göter) 29, 32, 94, 102, 192, 248, 305 f., 423, 428, 551
Goticismus 26, 28, 73, 76, 95, 192, 302 f., 307, 328, 335, 411, 424, 426, 529
Gotland 214, 250
»Gott mit uns« 11, 507, 608
Gottes Kirche (s. Kirche)
Göttliches Recht (s. Dekalog)
Grafenstand 42, 157, 319 f., 532
Greifenhagen 170, 485
Griechenland 521 f.
»griechisches Projekt« 440
Groß-Britannien (s. England)
Großmacht 11, 45, 120, 272, 277, 322, 370, 523, 528
Grotius, Hugo 110, 120 f., 207, 264, 308, 332 ff., 354, 426, 448, 530, 550, 600
Grubbe, Lars 414, 442, 445 f.
Guericke, Otto v. 602
Guicciardini 28
Gustav I. v. Schweden 26, 38, 40–44, 46, 51, 57 f., 60 f., 118, 150, 154, 180, 190, 237, 257, 281, 312 f., 323 f.
Gustav II. Adolf passim
Gustav III. 152
Gustav Gustavsson 160, 430, 502
Gustavsburg 553
Gyllenhielm, Carl Carlsson 136, 386, 622
Gyllenstierna, Göran 80, 116

Hälsingborg 185
Härad 339, 342
Häradsdörfer 221
Häradsgericht 168, 179
Härnösand 135, 303
Hafenreffer, Mathias 324
Haga, Cornelius 207, 524
Halberstadt 295, 438, 513
Halland 75
Halle 217, 582, 605, 614, 616
Hambraei, Jonas 544
Hamburg 187, 190, 197, 295, 431, 466, 486
Hanau 543
Handel und Wandel 110, 140, 172, 176, 188, 190, 229, 259, 288, 318, 361, 365, 389, 396, 424, 428, 466, 486

Handelsordnung 172
Handfeste 109
Hansestädte 45, 139, 187, 189 ff., 204, 207, 229, 250, 295, 365, 367, 374, 447, 474
Hauptstadt 53, 197
Hauswesen 340 f.
Haus Bourbon 409, 428
Haus Godunov 85
Haus Habsburg 14, 45, 48, 88, 129, 150, 194, 200–203, 205, 207 f., 231, 290, 315 f., 355 ff., 360, 382, 391, 393 f., 397, 403, 407, 409 ff., 415, 437, 477, 495, 521, 528, 531, 533, 556, 568, 576, 602, 604, 607
Haus Hessen 190, 502, 583, 590 f.
Haus Hispanien (s. Habsburg)
Haus Hohenzollern (Brandenburg) 212, 220, 558
Haus Holstein 209
Haus Pfalz-Zweibrücken 30, 230, 273
Haus Romanov 177
Haus Vasa 41, 43, 53 f., 58, 83, 86, 92, 94, 98, 115, 118, 156, 172, 187, 189 f., 195, 198 f., 212, 215, 224, 230, 247, 257 f., 300, 313 f., 318, 557, 613
Haus Wittelsbach 39
Hausdiktatur 450
Haushalt (Etat) 245, 247, 288, 383, 433, 485, 489, 593
Heeresreform 191 f., 467
Heerwesen (s. Krieg) 40, 104, 318, 335, 346, 357, 403, 422, 425, 467
Hegel 14, 457 f., 473, 618
Hegemonie 175, 316, 391, 394, 410, 539, 556, 560
Heidelberg 102, 193 f., 218 f., 551
Heidentum 35, 39, 84, 355, 369, 445
Heiduken 326
Heilbronn 208, 218
Heilbronner Bund 595
Heilige Birgitta 92
Heiliger Knut 189
Heiliges (Römisches) Reich (Teutscher Nation) 14, 45 f., 48, 58, 89, 109, 119, 150, 152, 185, 189, 191–197, 199 f., 204, 206, 208 f., 212 f., 215 ff., 219, 229, 237, 246, 254, 274, 281, 290–295, 303, 305 f., 315, 317 f., 325, 345, 355, 358, 360 ff., 364, 366 f., 370 f., 381 f., 390 f., 393 f., 397 f., 404, 407–411, 415 f., 425, 432, 436 ff., 441, 444, 449–453, 456 f., 459, 462, 465, 474, 476 f., 489, 495, 497 f., 502, 514 f., 518 f., 521, 523, 527, 531, 539, 541, 544, 551, 553, 555, 557, 562 ff., 583 f., 590, 592, 595, 602, 604, 607, 616, 621
Heinrich II. v. Frankreich 33, 578
Heinrich IV. 107, 150
Heiratswesen 47, 185, 199, 212, 219 f., 246, 266, 317
Heldenkult 14, 308, 328, 333, 369, 417, 543
Helmstedt 246
Herakles 328
Heraklit 331, 420, 467
Hermokrates 573
Herodot 248
Herrentage (s. Reichstag)
Herrschaftsvertrag (s. Vertragswesen 20, 29, 41, 43, 49, 84, 86, 106, 108, 114 f.
Herzöge 50 f., 89, 116, 146, 171, 215, 313, 453 f., 599
Hexenprozesse 232
Hildesheim 438, 598
Hinterpommern 470
Historie 9, 14 f., 38, 40, 102, 152, 220, 266, 391, 472, 595
Hitze und Kälte 378
Hobbes, Thomas 242
Hoechst 541, 543, 551, 557
Hofgericht 140, 146, 148, 194, 344, 544
Hoheit (s. Majestät)
Hohe Pforte (s. Osmanisches Reich)
(General) Holk 467, 655, 667
Holstein 188 f., 195, 206, 390, 436
Holsteiner Hausstreit 209
Hölderlin 12
homo homini lupus 142
Horn, Agneta 478, 480 f.
Horn, Claes 309, 480
Horn, Gustav 463, 478, 506, 511, 557, 590
Horn, Henrik 157, 269
Hugenotten (s. Calvinismus)
Humanismus 74

(General) Ilow 600
Immunitäten 111
Indien 94, 382
Indigenat 112, 203
Industrie 172
in executione belli (s. Krieg)
Infanterie (s. Krieg) 346, 349 f., 390, 458, 508, 577, 601, 606
Ingermanland 135
Ingolstadt 564, 567, 577
Inkorporierung 367
Innenring 47, 201, 206, 208, 231, 298 f., 317, 388 f., 415, 474, 477
Innerösterreich 355
Inter arma silent leges 142
Interregnum 107 f.
Intervention 15, 150, 165, 213, 250, 266, 280, 312, 315, 318, 373, 376, 384 f., 387, 389 ff., 393, 396, 398, 401, 403, 407, 409 f., 414, 432 f., 437–444, 455, 468, 470,

474 ff., 486, 498, 516, 539, 553 f., 557, 584, 621
Invasion (s. Intervention)
Isidor v. Sevilla 29
Iskander Pascha 174
Israel 118, 276, 282 f., 285, 334, 428
Italien 295, 384, 437 f., 475
Italienischer Krieg 391
Ivan IV. 47, 323
Ivangorod 176

Jama 176
Jam Zapolski (F) 251
Jämtland 107
Jakob I. v. England 100, 151, 205
Jena 120, 237
Jesuiten 229, 239 f., 276, 304, 516, 525
Jordanes 305
Jönköping 93, 148
Jönsson, Bertil 80
Johan III. v. Schweden 43 ff., 48, 52, 58, 62, 74, 92, 102, 124, 126, 185, 215, 237, 251
Johann v. Nassau 191, 338, 347
Johan v. Östergötland 77, 80, 86, 91 f., 102, 106–109, 111 ff., 117, 136, 144, 152, 167, 170, 181, 199
Johann Albrecht v. Mecklenburg 584
Johann Casimir 30, 32, 110, 152, 195, 212–215, 430, 486
Johann Georg v. Sachsen 412, 444, 471, 502, 504, 508, 514, 587, 589, 596, 600
Johann Sigismund v. Brandenburg 212, 217
(Père) Joseph 415
Judaismus 269, 276, 278
Judenschaft 552
Jülicher Erbsache 150, 198, 209
Jütland (s. Dänemark)
Jurisdiktion 144, 146, 170, 221
jus belli (s. Kriegsrecht)
jus in sacra (s. Kirche)
jus regis (s. König-*tum*)
jus regni (s. Ständewesen)
jus talionis (s. Vergeltungsprinzip)
justitia commutativa (s. Arithmetik)
justitia distributiva (s. Geometrie)
Jussoila, Johannes 103
Jute (s. Dänemark)

Kabbala 30, 74
›kaiserfreie Zone‹ 415, 436
Kaiser(tum) 10, 29, 57, 109, 150, 192, 194, 197, 203, 214, 293, 295, 349, 353, 358 f., 361, 366, 373, 381 f., 386, 392–395, 398, 400, 402, 409, 411, 418, 425, 430, 436–439, 441, 443 ff., 451, 455 f., 465, 471 f., 477, 487, 489, 493 f., 499, 501, 504, 513, 516, 530 ff., 541, 551, 554, 556, 560, 584, 590
Kaiser und Reich 300, 355, 365 f.
»Kaiser v. Skandinavien« 561
Kaiserkrone 493, 560
Kaiserrecht (kejsarelag) 194, 592
Kalmar 74, 102, 130 f., 280, 360, 383, 398, 402, 430
Kalmar-Krieg 214, 410
Kalmarer Union 41, 48, 189, 237
Kammergut 292
(Thron)-Kandidatur (s. Polen)
Kant 73
Kanzler (s. Reichs-Kanzler)
Kapitulation 109, 583
Kardinalrechte 576
Karelien 415
Karl I. v. England 624
(Kaiser) Karl V. 150, 180
Karl IX. v. Schweden 13, 20, 43, 48, 52 ff., 56 ff., 61 ff., 65, 67, 79, 82–85, 87–89, 101 f., 104, 106 ff., 116, 118, 120, 124, 130, 141, 150, 161, 213, 215, 237 f., 251, 278, 311 f., 348, 439
Karl XI. 14
Karl XII. 14
Kaspisches Meer 175
Kassation 145
Kassel 191 f., 219
katholikos 429
Kavallerie (s. Reiterei)
Kepler, Johannes 72, 100, 444
Ketzer(tum) 405 f., 412, 445, 520, 524
Ketzerheer 507
Ketzerkönig 504
Kexholm 176
Kirche 34, 48, 114, 152, 168, 179, 224, 278, 286, 296, 313, 323 f., 327, 383, 424, 441, 456, 534, 594
Kircheneigentum 57, 203, 245
Kirchholm 348
Kitzingen 557, 563
Klassenkampf 340
Klassensystem 320 f.
Kleitos 545
Klerus 20, 46, 78, 92, 113, 118, 142, 158, 235, 237, 251, 271, 282, 284, 291, 318, 323, 363, 423, 517
Knäröd (F) 114, 131, 149, 187, 277, 410
Kniphausen, Dodo v. 338, 585
Kochenhausen 301, 326
Kohortensystem 347
Kolberg 461, 470
Kollegien (s. Regierungswesen)
Kolonisierung 172
Kommutation (s. Gerechtigkeit u. Vertragswesen) 67, 71 ff., 110, 121, 123, 139, 147,

152, 184, 212, 245, 264, 266, 333, 380, 405 f., 410, 475, 477, 481, 521, 524, 594
Köln 197, 295, 551, 598
(General) Koniecpolski 359
König(tum) 13, 19, 20, 24 f., 29, 34, 38, 41, 51, 57 ff., 76, 83 f., 86 ff., 93, 96, 106 f., 109–113, 116 ff., 131 ff., 136, 139, 141–145, 147 f., 151 f., 157, 159, 161 ff., 166 f., 170, 174, 181 f., 187, 190, 231, 233, 244, 248, 259, 277 f., 283, 295, 297, 299, 307, 312, 325, 331, 334, 351 f., 361 ff., 372 f., 377, 380, 393, 396, 401, 408, 411, 416 f., 419, 427 f., 439, 444, 449 f., 459 f., 462, 465 f., 468, 471 f., 475 ff., 483, 485 f., 488, 490 f., 493, 500, 504 f., 511, 518, 529 f., 533, 535 f., 540, 547 f., 550, 563, 565 ff., 578, 580 f., 583, 585, 587 f., 593, 604, 611, 613, 616 f., 620, 624
Königsberg 461
Königsgericht 145
Königshofen 596
Königswahl 41, 559, 576, 580, 582
Königswege 81, 87, 89 f.
König und Rat 111
König und Krone 51, 395
Kontributionen 272, 279, 453, 568
Konstantia v. Habsburg 582
Konstantinopel 40, 207, 382, 405, 521, 524
Konzil (Basel) 29
Konzil (Uppsala) 49, 74, 124, 237, 324
Kopenhagen 188, 197, 273 f, 280, 298, 400, 443
Kornhandel 383, 459, 461 ff., 489, 534
Korinth 521
Korporationswesen 251, 296, 320, 324 f., 427
Kosaken 299, 317, 326
Kreditwesen 197, 204, 230, 255, 288, 460, 462, 464 ff., 468, 483, 568, 573
Kreuzküssung 178, 226, 261
Krieg 23, 52, 69, 88, 96, 108, 118, 127, 133, 137, 142, 149 f., 164, 166, 174, 178, 187, 198, 202, 208, 220 f., 225 f., 231, 245, 252, 254, 257, 260, 263, 283, 299 f., 300, 303, 317 f., 326, 331, 338, 341, 351, 354, 361, 380, 384, 386, 389, 391 f., 395, 402, 406, 409, 412, 415, 417 f., 425, 438, 444, 462 f., 467 f., 474, 477, 482, 487, 491 f., 494 f., 508 f., 520, 523, 529, 542, 590, 603, 622
Kriegsartikel 306, 333, 344
Kriegsdienst 97, 273, 304, 340, 342 f.
Kriegserklärung 395, 450, 470, 534, 536–539, 556
Kriegsgerichtsbarkeit 344
Kriegshaushalt 476, 482 f., 486
Kriegskunst 12, 72, 128 f., 186, 192, 218, 226, 236, 334, 336 f., 346–350, 370, 441, 448, 467, 509 f., 512, 552, 556, 564, 570, 575, 582 f., 603, 610
»Kriegsmanifest« 450
Kriegsräson 267, 568
Kriegsrecht 201, 360, 369, 382, 391, 403, 410, 454, 530, 531, 558
Kriegsschiffe 174, 214, 327, 343, 351, 382, 434
Kriegstheater 25, 225, 331, 487, 491, 591
Kriegsverfassung 40, 332, 556, 593
Kriegsvolk 211, 303, 307, 316, 343 f., 390, 429, 467, 493, 563, 551 f., 569, 588
Kriegsvolks-Ordnung 334, 337
Kriegswesen 34, 61, 110, 159, 163, 165, 175, 336, 340, 342, 458, 544, 586, 601
Kroaten 573, 616
Kronbauern (s. Bauern)
Krone 19, 44, 53, 116 f., 132, 134, 161–165, 167, 173, 179, 181, 185, 192, 200, 207, 221, 247, 252, 300, 303, 343, 354, 361, 394, 408, 428, 436, 450 f., 454, 475, 524, 535 ff., 580, 583
Krönung 19, 21, 23, 26, 53, 56, 76 ff., 82 ff., 90, 115 f., 131, 138, 152, 161 f., 174, 179, 182, 184, 205, 216, 221 f., 226, 295, 308, 356
Krongut 51, 70, 82, 93, 112, 127, 136, 187, 247
Krypto-Calvinismus 48
Krypto-Catholizismus 48, 239
Kulturkampf 10
Kunst des Gleichen und Guten (s. Regierungswesen)
Kupfer 172, 188, 302, 433, 459, 486, 534
Kupfergeld 483
(Fürst) Kurbskij 323
Kurck, Jöns 548
Kurfürst(en) 193 f., 203 ff., 212, 291, 358, 425, 437, 443, 449, 452 ff., 471, 493, 498, 504 ff., 551 f. 555 f. 560
Kurien 321
Kurland 27, 174, 312, 315, 326
Kur-Stimmen 203, 295, 355, 444

La borde de Luxe 104
La Chapelle 274

Ladoga-See 166, 211
Lagsagu (s. Gerichtswesen)
Land 23, 294, 456
Land und Leute 65, 94, 126, 186, 213, 256, 312, 361, 377, 453, 499, 584, 599
Landau 219
Landfriede 123, 125
Landmarschall 321, 581
Landsberg/Oder 463, 493
Landschaft 452 f.
Landslag (s. Reichsrecht)
Landtage 251
Landung (s. Intervention)
Lappland 272
La Rochelle 363, 365, 371, 395, 476
Larsson, Erik 466, 491
Laurentius Paulinus Gothus 101, 118, 241 ff.
Lech 564
Lehnsfürst 51, 98
Lehnsbriefe 51, 170
Lehnsherr 212, 317
Lehnsrecht 43, 221
Lehnswesen 40, 54, 70 f., 93, 112, 125, 181, 184, 234, 256, 313, 335, 358, 360, 401, 499 f., 545, 547, 600
Leibeigenschaft 45, 58
Leijonhuvud, Abraham 150
Leijonhuvud, Axel 58, 104, 130, 287
Leijonhuvud, Ebba 480
Leijonhuvud, Margareta 43
Leipzig 463, 475, 477, 494, 502, 504, 506, 511, 514, 520, 526, 598, 600, 609
Leipziger Schlacht (s. Breitenfeld)
Leistungsprinzip 128, 320, 335 f.
Leslie, Alexander 436
Leubelfing 612 ff.
Leyden 237
liberaler Vertragsstaat 70
libertärer Legalismus 252, 312 f., 394, 456
libertäre Kultur 574
libertäre Verfassung (s. Libertät)
Libertät 12, 15, 22, 42, 67 f., 70, 73, 76, 86, 90, 97, 103, 114, 122, 125, 132, 182, 200, 288, 296 f., 351, 354 ff., 358, 366, 372, 393 f., 403, 427, 444, 485 f., 534, 619
»liberty of speaking« 378
Linköping 13, 62 f., 97, 221, 489
Lipsius, Justus 68, 341, 426
Litauen (s. Polen) 299, 397, 419, 580, 582
Liturgischer Streit 52
Livius 9, 148, 174, 338, 550
Livland 45, 47, 96, 98, 166, 173 f., 184, 191, 212, 216, 231, 250 f., 253 ff., 272, 302, 312, 318, 360, 373, 383, 419, 430, 447, 486, 579
Lochstedt 359
London 176
Löwe aus Mitternacht 11, 199, 441, 467, 469, 584
Lothringen 438
Ludwig XIII. v. Frankreich 295, 322, 351, 408 f., 413, 427, 437, 469, 476, 621
Lübeck 134, 139, 145, 172, 189 f., 197, 224, 295, 309, 375, 418, 436, 461, 474
Lübeck (F) 381, 400
Lüneburg 191
Luther 49, 241, 323, 502, 516, 522
Lutheraner (s. Evangelische) 239, 497, 502
Lutheranismus 12, 123, 241, 582
Lutter am Barenberge (Schlacht 1626) 348
Lützen (Stadt und Schlacht 1632) 10 f., 507, 601–604, 607, 609, 611, 620
Machiavelli 16, 56, 141, 148, 210, 299, 535, 618
Macht (Wesen u. Funktion) 13, 23, 62, 65, 113, 133, 187, 227, 231, 234, 238, 284, 301, 313, 322, 334, 347, 351, 403, 430, 441 ff., 616, 618
Macht und Mündigkeit 22, 111
Machtstaat 11, 14, 40, 43
Mächtesystem 394
Madrid 50, 201 f., 266, 316, 406, 497, 515, 542
Mähren 355
Magdeburg 197, 311, 382, 440, 461, 463, 465 f., 470, 486, 493, 504, 602
Magie 74, 133
Magistrate 148, 565
Magni, Jonas 241 ff.
Magnus, Johannes 305, 307
Magnus, Olaus 430
Main 438, 551, 557, 593
Mainz 193, 197, 203, 295, 372, 514 ff., 536, 541 ff., 551–554, 556, 570
Majestät 60, 88, 116, 118, 131 f., 181, 217, 354, 427, 486, 488, 490, 619
Majestätsbrief 201, 209
Majestätsrechte 293
Majestätsverbrechen 170, 357
Makedonien 524
Malaspina 53
Manneserbe 54
Mannesmut 27, 98, 192, 622
Manneswert 60, 66, 68, 151, 179, 188, 224, 226, 292, 337, 368, 380, 422, 427, 614
Manneszucht 65, 75, 344, 571
Mannheim 194, 218
Mantua (Krieg) 382, 407, 409, 415, 437, 522
Manufakturen 127
Marburg 73, 192, 237
Marc Aurel 37

Margareta I. v. Dänemark 189
Maria v. d. Pfalz 53, 116
Maria Eleonara 11, 212 f., 217, 219, 221 f., 224 f., 227, 267, 285 ff., 306, 311, 317, 325, 379, 385, 490, 517, 544, 550, 557
Maria Elisabeth (Vasa) 118, 152, 199
Maria Medici 107
Maria Stuart 85
Mariestad 98
Marktprinzip 67, 139, 172, 239, 302 f.
Marradas 600
Mars 27
(Kaiser) Mathias 202 f.
Mathematik 72, 242, 245
Matsson, Jesper 229
Maximilian I. v. Bayern 206, 355, 407, 411, 438, 448, 557, 564, 569, 585, 591 f., 596, 600
Mecklenburg 80, 155, 305, 356f., 397, 402, 432, 436, 438, 461, 482, 497, 515 f., 531, 599
Medelsten 434
Mediatisierung 43, 292, 341, 561
Mediatoren (s. Senatoren)
Medizinalwesen 137, 245
Meier, Marcus 190
Meißen 600
Meister im Felde 346, 349, 509
Melanchthon 324
Memento mori 189, 420
Memmingen 437, 447
Menschenbild 157, 226, 234, 236, 239, 278, 310, 327, 335
Menschenrecht 227
Menschheit 411
Merick 164 f.
Messenius 238 ff., 245, 317, 423, 517
Metz 196, 437
Meuchen 614
(Zar) Michail 164, 316
Miles perpetuus (s. stehendes Heer)
Militarisierung 332
Militarismus 333
Minden 191
Mitau 255, 260, 266
Miterbe 53
Mitkönig 53
Mittelmacht 523, 528
Möller, Johann 524, 526
Monarchie 11, 56, 67, 87, 90, 133, 182, 208, 314, 356, 393, 428
Monarchomachen 90
Montaigne 66, 197, 293, 328, 562 f., 566
Montecuccoli 350, 467
Montesquieu 193
Mora 142 f.
more geometrico (s. Geometrie)
morganatische Ehe 199
Morgengabe 221
Morgenland 412, 522
Moritz v. Nassau 191, 213
Moritz v. Oranien 230, 335, 338, 347 f.
Mortellini 614
Mosaisches Gesetz (s. Vergeltungsprinzip) 70
Mosaismus 243
Mosel 557
Moser 290
Moses 143
Moskau 47, 85, 165, 176, 184, 207, 272, 316, 391, 412, 520, 524
Moskauer Zartum 14, 23, 45 f., 48, 72, 78, 85 f., 91, 108, 129 f., 149 f., 157 f., 162–165, 172 f., 176 f., 221, 228, 236, 303, 312, 315 f., 376, 381, 388, 395, 431, 459, 477, 510, 524, 562, 582
Moskowiter (Russen) 47, 102, 165, 169, 174–177, 227, 228, 261, 348, 400, 430, 473, 526
Moskowitischer Krieg 225, 374, 460
Mörner, Otto 80, 105
Mühlhausen 209
Mühlenzoll 302, 351, 433
München 197, 569 f.
Mündigkeit 65
Mulde 506
Musketiere 337, 511
Mutuation (s. Gegenseitigkeit) 599

Nahkampf 348
Napoleon 318
Närike 98
Narwa 137, 154, 273, 433, 464
Nation(alismus) 14, 29 f., 36, 73, 77, 110, 128 f., 132, 192, 195, 197, 202, 248, 274, 307, 342 f., 350, 386, 420, 423, 426, 429, 465, 482, 484, 502, 525, 528 f., 532, 562 f., 584, 624
Nationalfarben 329
Nationalcharakter 491
Naturrecht 115, 227, 242, 244, 264, 292, 333, 394, 471, 499,
Naumburg 582, 601
Necessität 467 f., 489, 622
Neo-Absolutismus 351
Nepotismus 599
Neu-Brandenburg 463 f., 483, 488
Neues Testament 241, 245, 286, 325, 369
Neumark 470
Neutralität 298, 315, 318, 358 f., 380, 401, 407, 432, 449 f., 472, 476 f., 487, 519, 522, 525 f., 534, 541, 554, 564, 596, 597
(Herzog von) Nevers 407, 521 f.
Nicephori, Romanus 521 f., 526
(Diplomat) Nicolai 589
Niederlande 48, 50, 95, 120, 132, 134, 150, 164 f., 177, 187, 200, 205, 208, 213, 221, 229 f., 236, 272, 299, 303, 315, 317, 338, 394, 397, 409, 411, 428, 437 f., 466, 473, 477,

523 ff., 528, 535, 538, 593, 617, 622
Niedersachsen 188
Niedersächsischer Kreis 295, 397
Nietzsche 10, 379, 457 f.
Nieuwport (Schlacht) 348
Noah 29
Nördlingen 588, 593
Norma futurarum actionum 494, 504, 533
Nöteborg 176
Nomismus 76, 393
Nomophylax (s. Gesetzeswächter)
Nomothetike (s. Gesetzgebung)
Nordische Union 229, 375
Nordisches Wesen 11, 328
Nordsee 173, 527, 621
Normandie 363
Norrbotten 135
Norrköping 76, 92, 101
Norrland 135, 303, 369
Norwegen 359, 402
Notstand 42, 83, 533 f., 565
Notwehr 44, 332, 499, 525
Novgorodische Stände 130, 165
Nürnberg 197, 206, 286, 369, 546, 548, 563, 570, 575, 585, 591 f., 596, 601, 606
Nyborg 189
Nyköping 53, 91, 102, 106 f., 113, 115, 129, 185, 195

Ober-Ennserische Bauern 586, 591
Oberhof (Gericht) 145
Oberpfalz 368
obligatio reciproca (s. Gegenseitigkeit)
oboedientia caeca (s. blinder Gehorsam)
Obrigkeit 58, 62, 110, 182, 390, 567
Occasionalismus 299, 300, 318, 414, 432, 603, 622
occupatio (s. Eroberung)
Oder 358, 374, 389, 446, 455, 461, 463, 465, 470, 486 f., 493
Odin 27, 59
Ohne Ansehen der Person (s. Kommutation)
(Graf) Olivares 406, 437 f., 496, 535
Ökonomie 113, 216, 382
Öland 131, 214, 434
Örebro 98, 103, 144, 148, 162, 167, 169, 173, 246
Örebro-Statut 172
Orient (Morgenland) 405, 412
Ösel 131, 250
Österreich 202
(Haus) Österreich (s. Haus Habsburg)
Olaus Martini 78, 80
Olaus Petri 60, 144, 324
Oldenbarnevelt 187, 207
Oldendorp 190
Oppenheim 551
Oranische Heeresreform 341, 347 f.
Oranische Kriegskunst 191, 347, 505 f.
orientalisches Kaisertum 94
(russische) Orthodoxie 72, 316
Osmanisches Reich 35, 200, 204, 207, 231, 315, 388, 439 f., 473, 523–526
Osmanen-Sultan 520
Osnabrück 120, 249, 502
(Obrist) Ossa 598
Öster-Götland 91 f., 482
Ostindische Companie 188
Ostsee (s. Baltisches Meer)
(Kaiser) Otto I. 197
Oxenstierna, Axel 14, 49, 76, 106 ff., 117, 119, 121, 127, 131 f., 143 ff., 156 ff., 167, 169, 182, 219 f., 222, 225 f., 229, 231, 236 f., 239, 246, 253, 255, 261 f., 264, 266 f., 273, 277, 290, 298, 300, 307, 316, 318, 324 ff., 351, 358 ff., 365, 372 f., 376 ff., 383, 406, 413 ff. 417, 421 f., 428, 431, 435, 439, 442, 445, 447 f., 458–462, 465 f., 468–472, 475–478, 483, 489 ff., 493, 505, 511, 514 f., 518, 522 f., 527, 533, 536, 544, 550 f., 557, 568, 570, 575, 578, 580, 585, 587, 589, 591 ff., 596 ff., 600, 619 f., 624
Oxenstierna, Gabriel 136, 167, 237, 277, 301, 395, 398, 421, 536 f.
Oxenstierna, Johan 120

pacta conventa 109, 578
Palästina 405
Palatinum Ungariae 474
Papismus 25, 103, 110, 151, 171, 180, 207, 218, 229, 275, 304, 306, 316 f., 323, 369, 371 f., 397, 419, 424, 476, 526, 539, 590
Pappenheim 366, 466, 486, 511, 550, 557, 582, 588, 590, 598, 600 f., 605 ff., 614 f.
Papst(tum) 29, 173, 369, 452, 502, 556
Paracelsus 17, 28 f., 74 f., 82, 122, 268, 310, 369, 506, 522, 569, 608
Pareus 325
Paris 120, 144, 150, 195, 237, 285, 290, 295, 413, 415, 469, 550,
Parlament 168, 205
Parlamentarismus (s. Ständewesen)
Parlement de Paris 144, 148
Passau 550
Patrimonialismus 38, 42 f., 72, 85, 201, 205, 208, 312, 355–358
Patriotismus 103, 201, 209, 290, 302, 364, 366, 426, 457, 518, 583
Patronatsrechte 221, 323, 423

Persien 96, 305
Pest 273, 275, 289, 294, 303, 376, 385, 421, 477 f.
Paulinismus 36, 199
(Apostel) Paulus 23, 119, 199, 241 f.
Peene 440
Peipus-See 166, 211
Pelikan 49, 370, 615 f.
Pernau 174, 228
perpetuelle Armee (s. stehendes Heer)
Personalismus 205, 351, 393
Persson, Per 83, 85 f., 90, 96, 103, 177
Petardieren 274, 463, 552
Petrarkismus 154
»Pfaffengasse« 438, 528, 542
Pfalz 195, 200, 203, 213, 397, 411, 438, 535, 568
Pfalz-Neuburg 549, 591
»Pfälzische Unruhe« 499
Pfennig, Mathias 280 ff., 284, 286 ff.
Philipp IV. v. Spanien 437, 497, 528, 624
Philipp v. Hessen 490
Philipp v. Makedonien 104
Philippsburg 621
Philosophie 241 ff., 245
Physiognomik 328
Piccolomini 446, 605, 615
Piekarsky 232
Pikenträger 337, 346, 348, 511
Pillau 318, 382
Planetensystem 308
Plato 36, 74, 242
Plutarch 328
Poeterey 156 f., 243, 314, 359, 426, 445, 522
Polen 44 ff., 48 f., 61, 83, 91, 93, 96, 104, 109, 128, 130, 132, 136 f., 150, 164 ff., 169, 173 f., 177, 187, 198, 200, 207 f., 212, 220 f., 224 f., 228–233, 236, 246, 250 ff., 254 f. 261 f., 264, 266, 272 f., 280, 298 ff., 304 f., 307, 315–318, 348, 354, 358 f., 370–373, 376, 380–383, 386, 388, 400, 405, 416, 418, 422, 430, 444, 452 f., 460–463, 465, 470, 497, 520, 526 f., 531, 538, 559, 576 ff., 582, 621
Polen-Litauen 526
Polen-Partei 171
Politik 142, 272, 290, 406, 412, 435, 438, 442, 468, 472, 481, 521, 570, 577, 595, 600, 622
Polybios 248, 338
Pommern 80, 85, 195, 214, 305, 366, 374, 397, 402, 413, 432, 436 ff., 447, 450 f., 453, 455, 470, 474, 486, 493, 497, 515 f., 520, 526, 532, 559
Portugiesen 94
Positivismus 9, 14, 345, 366
Posse, Göran 62
Potsdam 466
Prädestination (s. Vorsehung)
Prag 197, 200, 219, 224, 230, 295, 356 f., 359, 407
Prämonstratenser (Orden) 382
Präventivschlag 392, 498
Preußen 47, 197, 212, 220, 269, 287, 302, 304, 309, 317 f., 354, 357 f., 360 f., 370 f., 373–376, 381, 383, 385, 387, 397, 414 f., 447, 464, 466, 468, 470, 473, 486, 489, 514 f., 577, 579, 581
Prinz Eugen 350
Privilegien 172 f., 177, 221, 247, 273
Proklos 100
Pro lege, rege et grege 49 f., 55, 120, 347, 370, 616
Proportionalismus (s. Gerechtigkeit) 67, 70 f., 100, 243 f., 337, 352, 434 f., 512
»protector religionis« 530, 537, 556, 594, 603
Protestanten (s. Evangelische Stände) 73, 293, 397, 462, 526, 582
Protestantische Union 187, 199, 204, 213, 218
Protestantismus 39, 44, 49, 209, 316, 476, 492, 580
Prozeßordnung 147
Pseudo-Hermaphrodit 326
Pskov 159 f., 286, 613
Ptolemäus 247
Pufendorf, Samuel 292
Putt, Hans von der 328 f.
Pyhy, Konrad v. 323
Pythagoras 243
Pythagoräer 70

Querfurt 217
Questenberg 444
Quinquevirat (s. »Fünf hohe Ämter«) 500
Quint 445 f.
Quod omnes tangit (s. Bewilligung) 51

Radziwiłł 174, 255, 580
Ragozi 474
(König) Ragvald 84
Ragvaldsson 29, 306
Rain 564, 588
Ramismus 66, 73, 244, 248, 369
Ratio(nalismus) 32, 74 f., 305, 379, 442, 478
rationes belli (s. Kriegsräson)
Rebellion 202, 419, 437, 445
Recht 11, 13 f., 24, 34, 40, 50, 54, 56, 58, 60, 62, 65, 67, 69, 72 f., 80 f., 83, 85, 87, 90 f., 97, 103, 113 f., 121, 125, 132, 138 f., 165, 179, 181 f., 184, 191 ff., 198, 200, 202, 209, 231, 234 f., 238, 273, 297, 300, 308, 313, 320, 322, 331–334, 339 f., 343,

351, 363 f., 378, 382, 395, 399, 419, 427, 430, 453 ff., 457, 467, 472, 474, 484, 486, 488, 490, 492, 494, 497 f., 502, 530, 538, 545, 547 ff., 565, 596, 616, 618 f.
Recht und Gesetz (Jus et lex) 23, 84, 86, 126, 430
Rechtsfrieden 93, 96
Rechtshoheit 146
Rechtspositivismus 113
Rechtsschutz 112, 135, 137 f.
Rechtsräson 149, 151, 199
Rechtssprache 314
Rechtsstaat 15, 42, 62, 121, 125, 457
Reformatio Academiae 237
Reformation 12, 39, 41, 46, 48 f., 57, 82, 111, 237, 239, 245, 323, 325, 360
reformierte Religion (s. Calvinismus)
Regalien 22, 116, 182, 224
Regensburg 196, 425, 437, 445, 447, 455, 550, 577, 590, 591
Regierungsform (1634) 49, 351, 594, 619
Regierungskollegien 148, 254, 298, 378, 429, 620
Regierungswesen 35, 104, 108 f., 117, 121, 128, 148, 171, 182, 192, 265, 334 f., 349, 367, 370, 600
Regio 193, 197, 199, 213, 230, 281, 294 ff., 303, 355, 362, 381, 383, 441, 444, 535, 554, 590
Reich 23 f., 88, 164, 166, 171–174, 180, 185, 249, 293, 297, 300, 323, 354, 369, 375, 387, 394, 403, 417, 420, 425, 482 f.
Reichs-Admiral 22, 351, 379
Reichsbanner 24
Reichs-Constitutionen (Heiliges Reich) 198, 358, 382, 407, 450, 456, 476, 497 f., 560, 562
Reichs-Drost 23, 86, 112, 116, 148, 335, 345, 379, 398
Reichs-Erzkanzler 551
Reichshofrat 292
Reichskammergericht 194, 292, 556, 599
Reichs-Kanzler (s. Axel Oxenstierna) 24, 50, 86, 106, 112, 119 f., 124, 143, 156 f., 169, 171, 182, 189, 226, 231, 246, 255, 299, 316, 323, 372–375, 377, 379 f., 395, 471, 526, 537
Reichs-Kreise 557, 563, 587, 593
Reichslehen 367, 599
Reichs-Marsch 23, 86, 93, 112, 335, 345, 351, 379
Reichspatriotismus (s. Patriotismus)
Reichsrat 22 ff., 41, 51 ff., 56, 61, 67, 69, 86 ff., 98, 102 ff., 106–109, 111 f., 114, 116, 132 f., 138, 143, 148, 162 ff., 167, 170, 181 f., 207, 221, 229, 233 f., 249, 254, 271, 273, 280, 284, 298, 317, 321, 351, 362, 373, 378, 384, 393 f., 400, 403 f., 408, 413, 416, 419, 427, 430 f., 434, 439, 441 f., 482 f., 488, 514, 529, 533 ff., 538, 546 f., 549, 556, 560, 600, 619 f., 623 f.
Reichsrecht 39, 42, 49, 82 f., 88, 104, 109, 111 f., 126, 144, 170, 335, 594
Reichsstandschaft 206, 296, 367
Reichsstädte 381
Reichstag 20, 22, 41, 46, 52, 104, 106 ff., 111, 113 f., 127, 130, 138, 142, 144, 148, 162, 164, 167–174, 182, 196, 207, 233 f., 237, 253 f., 272, 299, 307, 319, 321, 339 f., 345 f., 351, 360, 362, 384, 403 f., 413, 417 ff., 426, 429, 463, 484, 534, 537, 550, 600
Reichstagsordnung 169, 179
Reichsverfassung 208
Reiterei 136, 208, 335, 348 ff., 413, 445 f., 458, 462, 464, 486, 511, 516, 587, 601, 604, 606, 610, 615
Religion 80, 110, 119, 123, 150 f., 158, 193, 230 f., 244, 259, 281, 294, 296, 313, 355, 362, 365 f., 369, 383, 390, 400, 406, 411, 516, 521, 533, 554, 576, 594
Religionskrieg 517, 539
Religionsvereinigung 49
Renuntiationen 109
Repräsentation 319 f., 417
Republik(anismus) 11, 40, 45, 50, 56, 87, 90, 97, 182, 193, 202 f., 229, 334, 351, 374, 473, 475
Reputation 25, 29, 35, 119, 165, 191, 201, 213, 256, 262, 288, 301, 343, 353, 362, 396, 399, 411, 419, 422, 428, 435, 466, 475, 490, 530, 532, 535, 544 ff.
Respublica Christiana (s. Christenheit) 47, 395
Restituierung 165, 290, 397, 432, 499 f., 515, 531, 583, 591
Restitutionsedikt 292, 357, 381, 391, 439, 441, 444, 500, 518, 555, 596
Reval 144, 146, 250 f., 316, 374, 433
Revolution 290, 323
rex justus (s. König-*tum*)
Rhein 194, 196, 205, 218, 224, 438, 514 f., 551, 557, 577, 593
Rhetorik 160, 175, 228, 245, 303, 420, 493, 567
Ribbing, Elisabeth 199
Ribbing, Seved 116
Ribbing, Lindorm 167

(Kardinal) Richelieu 119 f., 129, 295, 322 f., 351, 363, 365, 381, 395, 405 ff., 410 f., 427 f., 437, 475 f., 484, 525, 554, 612, 624
Richterregeln 144
Riga 148, 172, 174, 250 f., 260, 272, 365, 433, 464, 578
Ritterhaus 127, 192, 319, 324
Ritterhaus-Ordnung 318, 320
Ritterschaft (s. Adel)
Ritterwesen 27, 65, 93, 152, 154, 156, 184, 192, 196, 284 f., 287, 304, 306, 338, 349, 427, 552
(Nuntius) Rocci 531
Roe, Thomas 372, 382
Rom 12, 19, 40, 45, 56 f., 87, 202, 237, 285, 334, 406, 531
Römer 78, 80, 96, 241
Römisch-teutscher Kaiser (s. Kaiser-*tum*)
Römische Kirche (s. Papismus) 60, 73
Römisches Recht 51, 242, 246, 325
Römischer Senat 128
Rosellus 208
Rosenkreuzertum 12, 268, 271, 276 f., 282, 369
Rostock 120, 215, 224, 237, 309, 461, 521
Roussel 580 f.
Royal-Armee 334, 373, 403, 450, 463, 470, 487, 504, 509 ff., 515, 551 f., 557, 566, 570, 586 f., 593, 597, 604 f., 609 f., 613 ff., 619 ff.
Rudbeckius, Jacob 246
Rudbeckius, Johannes 33, 158 f., 161, 238, 246, 286, 312, 324, 512
Ruden 413
(Kaiser) Rudolf v. Habsburg 194, 353
(Kaiser) Rudolf II. 72, 369
Rügen 214, 375, 413, 436 f., 440, 447
Runenkunst 76, 277, 411
Russenfehde (s. Moskowitischer Krieg)
Russia et Turcia 524
Rüstdienst 65, 126, 251, 340 f., 429, 534
Rutgers, Jan 230
Rynning, Axel 53, 90, 116
Rålamb, Bror Anderson 544, 547, 549
Rålamb, Erik 543–550

Saavedra Fajardo 494
Sachsen 208, 214, 412, 493, 496, 502, 504, 515, 550, 554, 557, 585 f., 589–592, 597 f.
Sachsen-Anhalt 502
Sachsenhausen 541
Sachsen-Heer 507 ff., 512, 600
Sachsenspiegel 197
Sadler, Filip 316 f., 451
Saint Etienne 525
Salisches Gesetz 85
Salvius, Johan Adler 120, 249, 409, 416, 493, 496, 502, 526
Samen 131
Satisfaktion 165, 495 f.
(Reichs)-Schatzmeister 23, 112, 379
Schatztheorie 369, 569
Schiffskompanie 431, 476
Schlesien 200, 232, 235, 358, 465, 586, 590 f., 600
Schleswig 189
Schmähschriften 456
Schmalkaldener Krieg 150
Scholastik 43, 66, 241, 471
Schonen (Skåne) 75
Schottland 78, 85, 184, 274
(Zar) Šujskij 85, 91, 312
Schulenburg 610
Schulwesen 251, 319
Schwaben 196, 369, 585 f.
Schwabenspiegel 197
Schweden-Armee (s. Royal-Armee)
Schwedens Gesetz 52, 61, 87, 107 f., 121, 125, 143 ff., 170, 173, 211, 221, 245 f., 286, 345 f., 360, 488, 623
»Schwedengreuel« 568
»Schwedensäule« 552
Schwedische Brigade (s. Kriegswesen)
Schweiz (s. Eidgenossenschaft)
Schwerin 215, 401
second strike capability 512
Sekurität (s. Sicherheit)
Selbstherrschaft (s. Absolutismus)
Selbstverwaltung 247, 553
sekurativer Imperativ 48, 422,
Senatoren 13, 41 f., 46, 51, 56, 62, 68, 118, 124, 126, 136, 138, 156, 161, 163 ff., 236, 245, 251, 298, 300, 308, 321, 378, 385, 387, 395, 398, 408, 416, 420, 429, 434 f., 478, 488 f., 519, 600, 620 f.
Seneca 17, 46, 80, 133, 149, 154, 351, 426
Siam 96
Sicherheit 47, 198, 202, 206, 212, 220, 227 f., 231, 250, 254, 264, 280, 299 f., 305, 329, 333, 336, 354, 360, 362, 375, 391–395, 397 ff., 403, 408 f., 414, 417, 423, 432, 436, 438, 469, 473, 485, 492, 495, 500, 522 ff., 528, 554, 575, 582, 590, 593, 616, 619, 623
Siebenbürgen 200, 204, 230, 315 ff., 381, 397, 438, 473 f., 524, 526, 562
Siebenjahrs-Krieg 42
Sigismund III. v. Polen u. Schweden 20, 22, 48 ff., 52 f., 56, 61 f., 65, 67, 77, 83, 85 ff., 91 ff., 98,

102, 130, 136, 141, 151, 161, 163, 166, 169 f., 173, 177, 181, 185, 212, 226–229, 232 f., 251 f., 254, 262, 266, 278, 297 f., 300, 304, 315 f., 351, 358, 405, 416, 419, 436, 439, 444, 452, 473, 506, 520, 526, 533, 559, 576, 578, 582
Sigismund August v. Polen 45
Sippenhaft 233, 548 f.
Skara 98
Skeding, Philipp 135, 432 f.
Sklaverei 35 f., 58, 60, 133, 231, 304, 313, 483, 540, 572, 616
Skytte, Johan 64, 66 ff., 71, 73, 75 f., 78, 80, 93, 100, 143, 151, 158, 182, 187, 192, 229, 236 f., 244, 247 f., 252, 273, 303, 341, 386, 393, 398, 409, 433, 447, 589
Slawata 607
Smolensk 228, 395, 520
Småland 93 f., 135, 289, 610
Societas civilis (s. Gemeinwesen) 427
Soliman 94
Solms, Reinhold Philipp v. 192, 593
Södermanland 89, 91, 101, 185
Soldatenbild 335, 338, 343, 388
Soldaten-Hospital 344
Soldatenmärkte 388
Soldatenspiegel 335
Söldnerwesen 45, 65, 71, 104, 307, 350, 435, 460
Sonnengleichnis 290, 308
Soop, Mathias 190, 195
Souverän(ität) 163, 258, 296, 316, 354, 401, 408, 558
Spandau 466, 557
Spanien 14, 48, 94, 188, 200, 202, 205, 207, 224, 231, 299, 302, 332, 347 f., 359, 369, 387, 409 f., 433, 437, 439, 441, 444, 474, 495 f., 515, 523, 525, 527 f., 533–536, 538, 542, 551, 556 f., 584, 593, 612, 621
spanisches Dominat (s. Weltherrschaft) 232
»spanisches Projekt« 439
Sparta 68
Sparre, Erik 50 f., 61 f., 103, 122, 124, 126, 155, 251, 351
Sparre, Johan 398, 478
Sparre, Lars 155, 194
Speyer 144, 194, 219, 292, 568
(General) Spinola 372
Staat 12, 34, 47, 56, 68, 115, 119, 122, 125, 133, 141, 147, 259, 276, 301, 365, 535, 553
Staatenbund 559
Staatensystem 298
Staatskunst 12, 57, 363, 489, 534, 600, 624
Staatslehre 242
Staatsmord 207
Staatsraison 152, 258, 261, 264 f., 288, 301, 367, 402, 480, 526, 539, 622
Staatsrat (s. Reichsrat) 535
Staatsrecht (s. Recht u. Verfassung) 14, 105 f., 383, 406
Staatsschiff 235
Staatssklaven 201
Staatsstreich 152
Staatsverbrechen 44
Staatsverträge 562
Staatsziel 322
Städtewesen 175 f., 194, 196 f., 204, 209, 251, 292, 328, 361, 363, 366, 387, 396, 424, 428, 434, 446, 450, 456, 474, 497, 510, 541
Stadslag 104, 172
Stände(wesen) 20, 38, 41 ff., 46, 50 ff., 56, 58, 60 ff., 67 f., 72, 76 f., 84, 86 f., 89, 94, 101, 103, 106 ff., 110–115, 117 f., 122, 132, 137, 140, 143, 148 ff., 152, 155, 161, 164, 168–174, 179–182, 193, 196 ff., 201 ff., 205 f., 208 f., 215, 224, 230, 235, 246, 249, 251, 254 f., 260, 262, 274, 284 f., 288, 290, 292 f., 295, 297, 301, 307, 313, 317–322, 326, 341 ff., 345, 347, 351, 354 ff., 360 f., 363, 366, 376, 381 f., 392, 403, 407 f., 412, 413, 417 f., 420, 426 ff., 452, 457, 463, 466, 474 f., 484, 487 f., 495–498, 500, 502, 514, 518, 521, 555, 566 f., 576, 583, 586, 590, 592, 596, 599
Status 212, 214, 220 f., 248, 297, 301, 341, 354, 356, 362, 392, 424, 475, 492, 498 f.
Staufer-Zeit 195
stehendes Heer 96, 297, 301, 351
Stellvertreter-Krieg 473, 535
Stettin 368, 444, 446 f., 453 f., 461, 466, 472, 557, 562, 591
Stettin (F) 45, 48, 104
Steuerbauern (s. Bauern)
Steuern 71, 144, 234, 259, 272, 275, 279, 291, 305, 356, 483
Stoa 16, 54, 78, 154, 157, 222, 235, 242, 276, 347, 377, 475, 477
Stockholm 13, 43 f., 57, 87 ff., 134 f., 146 f., 153, 172, 189, 192, 197, 220, 224, 231, 250, 270, 273 ff., 280, 299, 301, 303, 305, 309, 318 f., 352, 354, 360, 377, 413, 416, 425, 430, 434, 439, 441, 464, 487 f., 520, 549, 556, 560, 602, 620
Stolbova (F) 173, 177, 272, 521

Stralsund 364–368, 372–375, 380, 396, 398, 402, 417, 432 f., 436 f., 471 f., 474, 490, 591, 620
Straßburg, Paul 388, 524
Straßburg 196, 218
Strängnäs 91, 100, 118, 241, 246, 317, 323
Strelitzen 96
Strindberg, August 13
Stångebro (Schlacht) 61
Subsidien 231, 273, 383 f., 407, 409 f., 469, 475, 531
Substanz 15 f., 34, 38, 47, 85 f., 110, 113 f., 139, 145, 203, 231, 258, 262, 276, 296, 298, 327, 333, 344 f., 365, 373, 383, 451, 493, 496 f., 515, 528, 530, 532, 534 f., 597, 608
Sully 150, 392
Sundzoll 272, 402
Sündenwesen 35, 78, 141, 146, 149, 157–160, 198, 226, 242, 263, 268, 270, 275 f., 279, 281, 283 f., 314, 324, 331, 334, 372, 385, 415, 417, 425, 440, 458
Szlachta (s. Polen)

Tacitus 16, 68, 248, 347
Tataren 47 f., 299, 317, 388, 435, 526
Tataren-Khan 520, 524
Temperamentlehre 279, 325, 377
Tertium comparationis 321, 448, 472 (s. Trialismus)
Terzio-System 347 f., 506, 512
Testament 42, 51, 53 f., 101, 106, 173, 313, 322
(Obrist) Teufel 446, 513
Teusina (F) 251, 272
Teutonismus 11
Teutsche Freiheit (s. Libertät)
Teutscher Krieg 10, 14, 40, 287, 297, 309, 312, 315, 339, 349, 373, 376, 382, 384 f., 387 f., 416, 422, 430 f., 434, 440, 450, 465, 470, 484, 489, 498, 525, 534, 537 ff., 574, 621 f.
Teutsche Periode 59
Teutschland 10, 95, 131, 193, 206, 212, 263, 304, 356, 368, 371, 373 ff., 384, 391, 396, 398, 413, 432, 434, 443, 458, 486 f., 495, 520, 529, 567, 619, 624
Theatrum Europaeum 352, 531, 567
Theologie 241, 245, 268
Thomas von Kempen 79, 268
(polnische) Thronkandidatur 559, 577 f., 580
Thüringen 515, 518, 585, 595
Thukydides 9, 69, 175, 248, 290, 572,
Tier-Analogie 141 f., 200, 227, 229, 232, 281, 305, 326, 332, 343, 366, 368, 446, 454, 582, 617
Tilly 349, 371, 389, 392, 403, 461, 463–466, 468, 471, 486 f., 496, 500, 503, 506 ff., 510, 512 f., 516, 533, 557, 564, 577, 606
(Patriarch) Timotheus 521
Toleranz 395, 411, 473, 476, 562, 569, 582
Tortur 103, 146
Totenkrönung 108, 115, 311
Translatio imperii 20, 105
Transmutation 271, 609
Transsubstantiation 270
Treffentaktik 347, 506
Treuhänderschaft 42, 51, 53, 82, 90, 127, 351, 389, 532, 534
Treu Herr – Treu Knecht 20, 57, 109, 251, 313, 345, 454, 494, 564
Trialismus 41, 74, 97, 101, 113, 115, 122, 170, 178, 242, 272, 324, 330, 350, 560, 619
Trichotomie 442
(Kur)-Trier 526, 551, 554
Trois prérogatives (s. Trialismus)
Truchsess 587, 612 f.
Tschernembl 201
Türkischer Kaiser 94, 207
»Türkisches Joch« (s. Osmanisches Reich) 521
Tugend(lehre) 30, 32, 70, 336, 347, 369, 552, 563
Tungel, Nils 475
Turko-Calvinismus 523
Turnier(en) 25 f., 65, 91, 185
Tutor (s. Treuhänderschaft)
Tyrannis 13 f., 22, 40, 43 f., 57 f., 69, 84, 102, 116, 150, 180, 206, 232, 314, 331, 364, 371, 437, 456, 459, 472, 518, 566

Uhlefeldt, Jakob 189
Ulvsbäck 76, 229, 290, 375
Ulm 590
Unadel 13, 46, 71, 80, 92 f., 112, 117, 120, 122 f., 127 ff., 137, 143, 146, 237, 302, 307, 313, 321, 325, 335, 340 f., 343, 423, 426, 574
Ungarn 94, 204, 349, 415, 445, 474
»universaler Friede« (s. Friede)
Universität Uppsala 237, 244, 246 f., 299, 369
Uppland 275, 303
Uppsala 19, 53, 57, 90, 92, 179, 182, 224, 240, 245 f., 282, 319, 324, 385, 400, 482, 544
Uppsala öde (s. Krongut)
(Papst) Urban VIII. 624
Urvolk 29
Usedom 437, 440, 446 f.
Usurpator 91, 213, 422

Vadstena 92, 185
Väster-Götland 84, 95, 153, 275, 289, 482
Västerås 41, 142, 181, 275, 280, 412, 430
Vaterland 86, 209, 222, 295, 327, 361, 390, 399, 420 ff., 461, 484 f., 590, 624
Vasa-Erben 62, 86, 101, 412
»Vasa« (Kriegsschiff) 352
Vegetius 341
Venedig 48, 83, 204, 207, 476
verdeckter Krieg 407
Verden 295, 401, 438
Verfassung 14 f., 22, 39, 46, 49 f., 66, 68, 86, 96 f., 103, 106, 122, 125 f., 149, 183, 201, 203, 237, 249, 260, 279, 294, 296, 325, 332, 334, 345, 354, 367, 408, 456, 492, 497 f., 553, 556, 558, 578, 583, 593 f.
Verfassungsstaat 40, 70, 73, 125, 182
Vergeltungsprinzip 70, 233, 243, 333
Verneuerte Landesordnung (s. Böhmen)
Vernunft 97, 101, 110, 241, 291, 366, 425
Versicherung 109, 578
Vertragswesen 12, 14, 41 f., 44, 50 f., 62, 65, 67 f., 71, 85, 97, 106, 109 f., 113, 119, 122 f., 126, 136, 139, 144, 147, 151 f., 161 f., 165, 168 f., 171, 177, 182, 184, 212, 219, 224, 231, 238, 277, 296, 300, 313, 316, 322, 331 f., 345 f., 353, 355 ff., 370, 372, 380, 393 ff., 398, 401, 405, 408, 411, 427, 448, 451 f., 454 f., 457, 468, 478, 488, 492 f., 499 f., 515, 518, 521, 535, 562, 566, 583, 595, 598 f.
Vertrauen (s. fides publica)
Viborg 130
Vielweiberei 286
Vittsjö 132
Volk (s. Stände)
Völkerrecht 104, 228, 231, 258, 264, 292, 316, 333, 384, 394, 436, 448, 471, 499, 524, 536, 623
Voltaire 242
Vormius 76, 411
Vormundschaft 53, 108, 170, 181, 232, 389
Vorsehung 48, 54, 213, 311, 445, 521
Votčina (s. Patrimonalismus)

Waffenstillstand 220, 225, 228, 231, 236, 254, 260, 262, 266, 298 f., 301, 316, 349, 370, 372, 376, 383, 448
Wahlkönigtum 41, 49, 109, 207 ff., 233, 251, 258
Wahlprinzip 20, 44, 109, 193, 202 ff., 208, 218, 238, 291, 295 f., 357
Wallenstein 349 f., 355–259, 361, 364 ff., 369, 371 ff., 380, 389, 392, 402 f., 418, 425, 437 f., 443–447, 455, 471, 473, 493, 514, 531 ff., 536, 548, 550, 570 f., 575, 582, 584–592, 596–599, 604–607, 609 f., 612, 615 ff., 620
Warschau 266, 298, 359, 463, 580
Wasgau 195 f.
Wehrdienst 65, 127
Weichsel 318, 358
Weißenburg 195 f., 218
Weißer Berg (Schlacht) 224, 254, 348, 444
Weltherrschaft (s. Universalmonarchie) 519, 528, 530 f., 538 f., 560, 602
Werbeminne 154
Werben 467, 497
Weser 191, 358, 389
Westerreich 195, 311
Westfälischer Friede (s. Friede) 47, 119, 556, 594
Widerstand(srecht) 22, 44, 52, 83 ff., 152, 171, 201, 251, 318, 338, 345, 348, 362, 365, 407, 409, 451, 472, 492, 498
Wien 10, 201 f., 205, 208, 266, 292, 295, 316, 355, 360, 371, 381, 384, 391, 394, 396, 401, 409, 414 f., 455, 465, 487, 496, 502, 513 f., 516, 526
Wilhelm v. Hessen 191, 493, 497 f., 555
Wilhelm v. Oranien 15, 120, 347, 616
Wismar 309, 461
Wittenberg 120, 237, 502, 504
Wivallius 369, 522, 529, 608
Władysław IV. v. Polen 151, 177, 526, 581 f., 621
Wolgast 437, 478
Worms 218, 577
Wrangel, Hermann 430
Wullenweber 190
Württemberg 144, 196
Würzburg 518, 536, 557, 578

Xenophon 248

Zamoyski, Jan 128
Zar und Großfürst 91, 130, 177, 312, 316
Zeitfriede (s. Friede)
Ziegenhain 192
Ziegler 279
Zivilgerichtsbarkeit 345
Zollwesen 71, 137, 275, 279, 294 f., 318, 382 f., 433, 461, 483, 486, 538, 581
Zuchtrede 488, 571 ff.
Zweibrücken 195
Zweikampf 102, 184, 529
»zwei Nationen« (s. Nationalismus)
Zwischenmacht (s. Reichsrat)

**Bitte umblättern:**

auf den nächsten Seiten informieren wir Sie über weitere interessante Fischer Taschenbücher.

# Das Zeitalter des Absolutismus und der Aufklärung 1648–1779

Herausgegeben und verfaßt von
Günter Barudio
Fischer Weltgeschichte Band 25

Dieser Band der Fischer Weltgeschichte behandelt den historischen Werdegang Europas 1648 bis 1779 – das Zeitalter des Absolutismus und der Aufklärung. Der Verfasser, Günter Barudio, konzentrierte sich dabei vor allem auf das Verhältnis von Recht und Macht, Eigentum und Verfassung. Der Leser wird anhand von sechs repräsentativen Fällen, denen noch ein Exkurs beigegeben ist, in die Mechanismen einer Machtstruktur eingeführt, aus deren Wirkungen das entstanden sein soll, was noch immer häufig der »moderne Staat« genannt wird. Dieser aber verdankt als »Verfassungsstaat« und Garant der »Menschenrechte« seine vertraglichen Grundlagen einem Zustand, den die absolutistisch gesinnten Fürsten während und nach dem Dreißigjährigen Krieg zugunsten ihrer Dynastien radikal und oft unter dramatischen Umständen verändern, bis sich die ständischen Kräfte unter dem Einfluß der Aufklärung wieder an eine besitzgebundene Freiheit erinnern, deren Sicherung gegen die »absoluten Herren« oft auf revolutionäre Weise erzwungen werden muß.

**Fischer Taschenbuch Verlag**

fi 317/1

# Biographien / Erinnerungen
# Tagebücher
# Zeitgeschichte

**Wladislaw Bartoszewski**
**Das Warschauer Ghetto – wie es wirklich war**
Zeugenbericht eines Christen
Band 3459

**Floris B. Bakels**
**Nacht und Nebel**
Der Bericht eines holländischen Christen aus deutschen Gefängnissen und Konzentrationslagern
Band 3468

**Georg Denzler/ Volker Fabricius**
**Die Kirchen im Dritten Reich**
Christen und Nazis Hand in Hand?
Bd. 1: **Darstellung**
Band 4320
Bd. 2: **Dokumente**
Band 4321

**Gottfried Bermann-Fischer**
**Bedroht, bewahrt**
Weg eines Verlegers
Band 1169

**Anne Frank**
**Das Tagebuch der Anne Frank**
Band 77

**Ernst Fraenkel**
**Der Doppelstaat**
Eine der großen Analysen des faschistischen Herrschaftssystems in Deutschland
Band 4305

**Gustav M. Gilbert**
**Nürnberger Tagebuch**
Gespräche der Angeklagten mit dem amerikanischen Gerichtspsychologen
Band 1885

**John Heartfield**
**Krieg im Frieden**
Fotomontagen zur Zeit 1930–1938
Band 3465

**Ruth Herzog**
**Shalom Naomi?**
Brief an ein Kind
Band 5102

**Wilhelm Hoegner**
**Flucht vor Hitler**
Erinnerungen an die Kapitulation der ersten deutschen Republik 1933
Band 3420

**Wieslaw Kielar**
**Anus Mundi**
**Fünf Jahre Auschwitz**
Band 3469

**Joel König**
**David**
Aufzeichnungen eines Überlebenden
Band 2196

fi 37/3a

**Fischer Taschenbuch Verlag**

## Biographien / Erinnerungen
## Tagebücher
# Zeitgeschichte

**Walter Kolbenhoff**
**Von unserm Fleisch und Blut**
Band 2034
**Schellingstraße 48**
Erfahrungen mit Deutschland
Band 5867

**Jochen von Lang**
**Der Sekretär**
Martin Bormann: Der Mann, der Hitler beherrschte
Band 3430

**Hermann Langbein**
**. . . nicht wie die Schafe zur Schlachtbank**
Band 3486

**Primo Levi**
**Atempause**
Eine Nachkriegsodyssee
Band 2105

**Primo Levi**
**Ist das ein Mensch?**
Erinnerungen an Auschwitz
Band 2226

**Ernst Loewy**
**Literatur unterm Hakenkreuz**
Das Dritte Reich und seine Dichtung
Eine Dokumentation
Band 4303

**Kazimierz Moczarski**
**Gespräche mit dem Henker**
Das Leben des SS-Gruppenführers und Generalleutnants der Polizei
Band 3466

**Franz Neumann**
**Behemoth**
**Struktur und Praxis des Nationalsozialismus 1933–1944**
Band 4306

**Ernst Papanek**
**Die Kinder von Montmorency**
Band 3494

**Ernst Schnabel**
**Anne Frank**
**Spur eines Kindes**
Band 5089

**Gerhard Schoenberner**
**Der gelbe Stern**
Die Judenverfolgung in Europa 1933–1945
Band 3463

**Inge Scholl**
**Die weiße Rose**
Band 88

fi 37/3b

**Fischer Taschenbuch Verlag**

# Frühgeschichte der Bundesrepublik Deutschland

Band 4311

Ein Standardwerk auf der Grundlage neuesten Quellenmaterials, das mit vielen liebgewonnenen Legenden aufräumt. Beschrieben wird die Rolle der Bizone mit Sitz in Frankfurt und die des trizonalen Verfassungsparlaments in Bonn bis hin zur Verkündung des Grundgesetzes.

Band 4310

Bisher gesperrtes Archivmaterial ist nunmehr wieder zugänglich geworden. Der Historiker Graml setzt sich mit einseitigen Legendenbildungen auseinander, die den Blick für die Entstehungsgeschichte der Bundesrepublik verstellen. Er weist nach, daß die Teilung Deutschlands schon während des Zweiten Weltkrieges seitens der Alliierten beschlossene Sache war.

fi 391/2

**Fischer Taschenbuch Verlag**

# Das Zwanzigste Jahrhundert

**in 3 Bänden**

**Europa 1918–1945**
Fischer Weltgeschichte Band 34
Herausgegeben und verfaßt von R. A. C. Parker

Der Autor behandelt vor allem zwei Probleme, unter deren Nachwirkungen wir auch heute noch zu leiden haben: Aufstieg und Erscheinungsformen des Faschismus in Europa und Ursprung und Verlauf des Zweiten Weltkriegs. Unter diesem Blickwinkel werden Weltwirtschaftskrise und soziale Spannungen, nationale Rivalitäten und politische Radikalisierung geschildert; zugleich tritt ihre gegenseitige Verflechtung hervor, denn – so Parker – »wenigstens in der modernen Welt sind politische Veränderungen zugleich Ursachen und Folgen wirtschaftlicher und sozialer Veränderungen«.

**Europa nach dem Zweiten Weltkrieg**
Fischer Weltgeschichte Band 35
Herausgegeben von Wolfgang Benz und Hermann Graml

In diesem Band wird die europäische Geschichte von 1945 bis heute aufgearbeitet. Er beginnt mit einem Kapitel über die politischen Blockbildungen im Anschluß an den Zweiten Weltkrieg, an das sich je zwei Kapitel über die Entwicklungen in West- und Osteuropa anschließen und eines über den schwierigen Gang der europäischen Entspannung bis hin zur Krise dieser Politik.

**Weltprobleme zwischen den Machtblöcken**
Fischer Weltgeschichte Band 36
Herausgegeben von Wolfgang Benz und Hermann Graml

In diesem Band werden die wichtigsten zeitgenössischen Konfliktherde beschrieben und auf ihren strukturellen Zusammenhang hin untersucht. Die Spannweite reicht von Nordirland bis Kambodscha, vom Aufbruch der arabisch-islamischen Welt über die Befreiungsbewegungen in Afrika und Asien bis hin zur Entstehung der Volksrepublik China als neuem Machtfaktor in der Weltpolitik. Den Abschluß bilden Überlegungen zu Problemen der Entwicklungsländer, zur Entwicklungspolitik und zum Nord-Süd-Konflikt.